[제8판]

헌법학 입문

한 수 웅

法 文 社

제8판 머리말

올해도 독자 여러분들의 성원과 호응에 힘입어 제8판을 출간하게 되었다. 제8판에서는 제7판의 내용을 그대로 유지하면서, 몇 군데 부분적인 개고가 이루어졌다.

무엇보다도 첫째, 재산권보장과 관련하여 독자의 이해를 돕기 위하여 '내용규정이 수용적 효과를 초래하는 경우의 위헌심사' 부분에 '분리이론을 채택한 헌법재판소의 판례'를 추가하였다(제3편 제4장 제10절 V. 2. 다.). 둘째, '공직취임권'과 관련하여 그 서술내용을 일부 수정·보완하였다(제3편 제5장 제3절 II.). 셋째, '환경권' 부분에서는 기존의 헌법재판소 판례를 보다 쉽게 이해할 수 있도록 서술체계를 새롭게 정리하고 서술내용을 보완하였다(제3편 제7장 제6절). 나아가, 일부 누락된 헌법재판소결정을 보완하였고, 2024년 12월까지의 헌법재판소 판례와 법령개정사항을 반영하였다.

제8판의 출간에도 여러 분들이 도움을 주셨는데, 특히 해외 연수로 바쁜 와중에도 법령개정사항의 검토를 맡아준 송호춘 박사, 저자를 위해 지원과 노고를 아끼시지 않는 법문사 사장님, 노윤정 차장님, 유진걸 과장님께 감사드린다.

2025. 2. 15.
저자 韓 秀 雄

제7판 머리말

독자 여러분들의 성원과 호응에 힘입어 올해 제7판을 출간하게 되었다. 제7판에서도 제6판의 내용을 그대로 유지하면서, 독자의 이해를 돕기 위하여 몇 군데 부분적인 개고가 이루어졌다. 나아가, 일부 누락된 헌법재판소결정을 보완하였고, 2023년 12월까지의 헌법재판소 판례와 법령개정사항을 반영하였다.

제7판의 출간에도 여러 분들이 도움을 주셨는데, 특히 법령개정 여부를 검토해 준 박사과정의 송호춘 변호사, 저자를 위해 지원을 아끼시지 않는 법문사 사장님, 노윤정 차장님, 유진걸 과장님께 감사드린다.

2024. 2. 1.
저자 韓 秀 雄

제6판 머리말

올해도 독자 여러분들의 성원에 힘입어 제6판을 출간하게 되었다.

제6판에서는 제5판의 내용을 그대로 유지하면서, 몇 가지 사항에 대하여 부분적인 개고가 이루어졌다. 무엇보다도 첫째, '근로의 권리' 부분에서 그 동안 축적된 헌법재판소 판례를 반영하여 근로의 권리의 '법적 성격'에 관한 서술을 새롭게 정리하였다(제3편 제7장 제3절 Ⅱ. 2.). 둘째, 권리구제형 헌법소원의 대상 중에서 '사법작용'과 관련하여 '재판소원금지'에 대한 독자의 이해를 돕기 위해 '법원의 재판에 대한 헌법소원'의 의미, 재판소원금지의 의미, 한정위헌결정과 관련하여 헌법재판소와 법원이 충돌하는 이유 등에 관한 서술을 추가하였다(제4편 제5장 제3절 제3항 Ⅲ. 3.). 셋째, '탄핵심판' 부분에서는 최근 선고된 헌법재판소결정을 반영하여 '공직자의 사임, 해임, 퇴임이나 사망 또는 국회의 임기종료의 경우 절차의 진행여부'에 관한 서술을 보완하였다(제4편 제5장 제3절 제6항 Ⅰ. 2.). 나아가, 일부 누락된 헌법재판소결정을 보완하였고, 2022년 6월까지의 헌법재판소 판례와 법령개정사항을 반영하였다.

제6판의 출간에도 많은 분들이 도움을 주셨는데, 특히 법령개정 여부를 검토해 준 박사과정의 송호춘 변호사, 저자를 위해 지원을 아끼시지 않는 법문사 사장님, 노윤정 차장님, 유진걸 과장님께 감사드린다.

2022. 8. 8.
저자 韓 秀 雄

제5판 머리말

2017년 저자의 '헌법학 입문' 교과서가 발간된 이래, 그동안 독자 여러분들의 꾸준한 성원에 힘입어 올해는 제5판을 출간하게 되었다. '입문'치고는 상당히 양도 방대하고 그 내용 또한 쉽지 않음에도 불구하고, 저자의 '헌법학 입문'에 보내준 독자들의 지속적인 관심과 성원에 다시 한 번 감사드린다.

제5판에서는 제4판의 내용을 그대로 유지하면서, 저자가 그 내용의 보완이 필요하다고 판단한 몇 가지 사항에 대하여 부분적인 개고가 이루어졌다. 나아가, 일부 누락된 헌법재판소결정을 보완하였고, 2021년 6월까지의 헌법재판소 판례와 법령개정사항을 반영하였다.

저자는 제5판의 출간을 맞아 뒤늦게나마, 중앙대학교 법학전문대학원의 졸업생인 '김영민 변호사'와 '나인식 변호사'에게 고마운 마음을 전하고 싶다. 위 두 사람은 초판을 발간할 당시에 변호사시험 준비에 여념이 없었음에도 기꺼이 교정작업을 맡아주었는데, 저자는 지금까지 그에 대한 고마움을 이 책의 머리말에 담지 못하였다.

한편, 제5판의 출간에도 많은 분들이 도움을 주셨는데, 특히 법령개정 여부를 검토해 준 박사과정의 송호춘 변호사, 저자를 위해 실질적인 지원을 아끼시지 않는 법문사 사장님, 노윤정 차장님, 유진걸 대리님께 감사드린다.

2021. 7. 15.
저자 韓 秀 雄

제4판 머리말

2017년 여름 '헌법학 입문'을 출간한 이래, 매년 개정판을 발간하여 올해 제4판을 맞게 되었다. 그동안 저자의 '헌법학 입문'에 대하여 보여준 독자들의 관심과 성원에 깊이 감사드린다.

제4판에서는 제3판의 내용을 그대로 유지하면서, 일부 누락된 헌법재판소결정을 보완하였고, 나아가 2020년 6월까지의 헌법재판소 판례와 법령개정사항을 반영하였다.

제4판의 출간에도 여러 분의 도움을 받았는데, 특히 법령개정 여부를 검토해 준 박사과정의 송호춘 변호사, 좋은 책을 만들기 위해 지원을 아끼시지 않는 법문사 사장님을 비롯하여 노윤정 차장님과 유진걸 대리님께 감사의 말씀을 드린다.

2020. 8. 2.
저자 韓 秀 雄

제3판 머리말

올해도 독자 여러분들의 성원에 힘입어 제3판을 내게 되었다. 원래 '헌법학입문'은 가을 학기가 시작되는 시기에 맞추어 8월 말경에 출간되었으나, 올해는 제2판이 조기에 품절되는 상황이 발생하여 부득이 제3판 개정작업이 약 2달 정도 앞당겨 이루어지게 되었다.

제3판에서는 제2판의 내용을 그대로 유지하면서, 제4편 제5장 제3절 제4항 '헌법재판소법 제68조 제2항의 헌법소원심판'과 관련하여 '한정위헌청구' 부분(IV.)을 새롭게 정리하였고, 그 외에 보완의 필요성이 있는 몇 가지 사항에 관하여 부분적으로 수정하였다. 나아가, 2019년 4월까지의 헌법재판소 판례와 법률개정사항을 반영하였다.

제3판의 개정작업에서도 많은 분들이 도움을 주셨는데, 특히 바쁜 중에도 기꺼이 교정을 맡아주고 법률개정 여부를 확인해 준 송호춘 변호사, 저자를 위하여 지원을 아끼시지 않는 법문사 사장님, 노윤정 차장님, 유진걸 대리님께 감사드린다.

2019. 5. 26.
저자 韓 秀 雄

제2판 머리말

독자 여러분들의 성원과 호응에 힘입어 제2판을 출간하게 되었다. 제2판에서는 제1판의 내용을 그대로 유지하면서, 일부 누락된 헌법재판소결정을 보완하였고, 나아가 작년 여름 초판이 출간된 이후 2018년 6월 말까지 선고된 헌법재판소결정 중에서 중요한 결정들을 '판례'에 추가하였다. 또한, 개정된 법률의 경우에도 2018년 6월까지의 내용을 반영하였다.

헌법학 입문은 헌법을 처음으로 접하는 학생들에게는 헌법의 기본지식을 전달하는 '입문서'로서, 변호사시험 등 각종 시험을 앞두고 체계적으로 복습하고자 하는 학생들에게는 '시험대비용 수험서'로서 집필된 교과서이다. 저자가 중앙대학교 법학전문대학원에서 헌법을 강의하면서 느낀 것은, 학생들이 처음 맞이하는 중간・기말시험에서 사례 답안을 작성함에 있어서 답안 작성의 방법을 모르기 때문에 큰 어려움을 겪는다는 것이었고, 나아가 3학년이 되어 변호사시험을 준비하는 과정에서도 본안판단의 심사구조나 적법요건의 작성 방법을 제대로 이해하지 못하기 때문에 자신이 알고 있는 것도 제대로 답안으로 표현하지 못한다는 것이었다.

그래서 제2판에서는 학생들에게 '작은 도움'이라도 주기 위하여, 저자가 수년째 담당하고 있는 3학년 대상의 변호사시험 대비용 '공법종합' 강의의 내용 중에서 가장 기본적인 것을 '부록'의 형태로 본문 뒤에 담기로 결정하였다. 부록은 '제1장 본안판단의 심사구조'와 '제2장 심판유형별 적법요건'으로 구성되어 있다. 물론, 저자는 교과서에 이러한 내용의 부록을 담는 것이 과연 적절한 것인지, '입문적 성격의 교과서'를 '조잡한 수험서'로 변형시키는 것은 아닌지, 나름 많은 고민을 하였으나, 일단 학생들을 대상으로 하여 학생들을 위한 교과서를 집필한 이상, 학생들에게 도움이 되는 내용이라면 이를 담지 않을 이유가 없다는 결론에 이르게 되었다. 앞으로 부록에 대한 학생들의 호응이 좋다면, 다음 판에서는 '개별영역별 헌법적 문제의 심사구조'도 지면이 허용하는 범위 내에서 부록에 담는 것도 고려해 볼 생각이다.

제2판의 개정작업에서도 많은 분들이 도움을 주셨는데, 특히 바쁜 중에도 기꺼이 교정을 맡아주고 법률개정 여부를 확인해 준 송호춘 변호사, 저자를 위하여 실질적인 지원을 아끼시지 않는 법문사 사장님, 노윤정 차장님, 유진걸 님께 깊이 감사드린다.

2018. 7. 24.
저자 韓 秀 雄

머 리 말

I.

'헌법학 입문'은 저자가 2011년 '헌법학' 교과서를 출간한 이래 '헌법학'을 교재로 삼아 중앙대학교 법학전문대학원에서 헌법을 강의하는 과정에서 나온 산물이다. '헌법학 입문'은 헌법에 처음 접근하고자 하는 법과대학 학생과 법학전문대학원 학생에게는 헌법의 길로 인도하는 입문서이고, 변호사시험 등 각종 시험을 앞두고 헌법을 체계적으로 복습하고자 하는 학생에게는 시험대비용 수험서이다.

저자는 2011년 그 동안의 연구 성과를 바탕으로 '헌법학' 교과서를 출간하였고, 저자의 '헌법학'은 학생과 법조 실무가의 꾸준한 관심과 호응에 힘입어 매년 개정판을 발간하면서 올해 7판을 맞이하였다. 학부과정부터 독일 법학을 접한 저자에게 독일 헌법이론을 체계적으로 소개하는 교과서의 집필은 후학에 대하여 져야 하는 무거운 책임이었고, 저자는 '헌법학'의 발간을 통하여 후학에 대한 소임을 다하였다고 생각하였다. 그러나 시간이 지남에 따라 '헌법학'교과서의 방대한 양으로 인하여 헌법에 접근하는 것이 어렵다고 호소하는 학생들을 접하면서, 헌법을 배우는 길에 처음 들어선 학생들이 헌법 전반에 관하여 보다 쉽게 조감할 수 있는 입문적 성격의 교과서를 집필해야 할 필요성을 느끼기 시작하였다.

그러나 '헌법학 입문'을 집필하고자 하는 저자의 도전은 곧 '어떻게 헌법에 관한 기본적 이해를 적은 지면을 통하여 전달할 수 있는가' 하는 근본적인 문제에 부딪히게 되었다. 단순히 기존 '헌법학'의 양을 줄이고 그 내용을 축약하는 것만으로는 입문서로서의 역할을 할 수 없고, 오히려 충분한 서술의 부족으로 인하여 헌법에 대한 이해보다는 이론의 암기를 강요하는 교과서로 전락할 우려가 있기 때문이었다. 이러한 상황에서 '헌법학'이 담고 있는 본질적인 내용을 전부 반영하면서도 양을 최소화하는 작업은 매우 어려운 것이었다. '헌법학 입문'의 집필에 착수하였을 당시에는 오백면을 넘기지 않는 것이 저자의 목표였으나, 원래의 의도로는 학생들에게 반드시 전달해야 할 최소한의 내용조차 담을 수 없다는 것을 집필 과정에서 깨닫게 되었고, 결국 '헌법학 입문'은 칠백 면을 넘어 마무리되었다. 이 과정에서 독자의 이해를 돕고 가독성(可讀性)을 높이기 위하여 매 주제마다 체계를 새롭게 구성하고 문장을 다듬는 작업이 불가피하였다.

II.

'헌법학 입문'을 집필하면서 저자의 일차적인 목표는, 학생들로 하여금 헌법에 관한 전반적인 이해를 바탕으로 구체적인 헌법적 분쟁을 해결할 수 있는 능력을 갖추게 하는 것이었다. 이러한 의도에서, 우선 헌법적 문제를 해결하는데 필요한 기본적인 헌법이론을 매 주제별로 체계적으로 서술하였고, 이어서 관련된 주요 헌법재판소결정을 필요한 부분만 간략하게 소개하는 서술 체계를 취하였다. 이러한 방법으로 학생들이 헌법의 이론적 체계도 조감하면서 동시에 헌법이론이 헌법실무에서 어떻게 적용되고 반영되는지를 확인할 수 있도록 하였다. 헌법이론과 다양한 논증가능성은 헌법적 분쟁을 해결하기 위한 기본도구이며, 이러한 도구를 제대로 사용하는 방법을 익히는 것이 헌법학을 배우는 과정이다.

헌법재판이 활성화됨에 따라 헌법 교과서에서도 헌법재판소의 판례를 소개하고 반영하는 것이 필수적인 것이 되었다. 그러나 헌법재판소 판례를 이해하기 위하여 필요한 이론적 기반을 갖추지 아니하고 판례를 읽고 암기하는 것은 큰 의미가 없다. 헌법학에서 최종적 결론은 절대적인 것도 아니고 크게 중요하지도 않다. 학생들이 익혀야 하는 것은 판례의 내용이 아니라 판례의 바탕을 이루고 있는 논증의 방법이다. 즉, 헌법 판례를 익히는 것이 중요한 것이 아니라 헌법 판례를 이해하고 평가하고 비판할 수 있는 안목을 기르는 것이 중요한 것이다. '헌법학 입문'에서는 주요 헌법재판소결정을 거의 빠짐없이 소개하면서도, 동시에 저자의 관점에서 헌법재판소결정에 오류가 있거나 개선의 여지가 있는 경우에는 이에 대한 비판을 아끼지 아니하였다.

'헌법학 입문'에서는 독자들이 교과서의 서술내용을 보다 잘 조감하도록, 필자가 강조하고 싶은 내용을 부분적으로 '굵은 글씨체'로 표기하는 모험을 감행하였다. 그리고 헌법적 문제의 해결에 불필요하다고 판단되는 추상적인 이론의 소개, 무익한 학설의 대립 등은 모두 생략하였다. 나아가, 가능하면 지면을 절약하기 위하여 헌법재판소결정의 인용은 괄호 안에 할주(割註)로 처리하였고, 각주도 '주요 참고문헌'으로 대신함으로써 각주를 다는 것도 최소화하였다. 헌법재판소결정을 인용하는 경우, '결정요지' 부분에서 인용한 경우에는 판례집의 권수와 면수를 기재하지 않았고, 반면에 '결정이유' 중에서 인용한 경우에는 독자가 쉽게 찾을 수 있도록 해당 판례집의 권수와 면수를 기재하였다.

Ⅲ.

마지막으로, 이 책을 출간하도록 지원해 주신 많은 분들께 감사의 말씀을 드리고자 한다. 특히, 모든 국민이 누구나 쉽게 읽을 수 있는 헌법 입문서의 집필 필요성을 강조하시고 이를 끊임없이 격려하신 김문희 전(前) 헌법재판관님, 헌법재판소에서 근무하던 저자를 대학으로 이끌어 주신 권영설 교수님께 다시 한 번 감사의 말씀을 드린다. 요번에 저자가 집필한 것은 비록 학생을 주된 대상으로 하는 입문서이지만, 저자의 학문적 깊이가 더해지는 언젠가에는 일반국민을 대상으로 하는 입문서를 집필할 수 있기를 꿈꾸어 본다.

그리고 학업으로 바쁜 중에도 기꺼이 교정을 맡아준 중앙대학교 법학전문대학원 학생들, 같은 대학원을 졸업하고 군법무관으로 근무하는 송호춘 변호사에게도 다시 한 번 고마운 마음을 전한다. 또한, 이 책의 출판을 가능하게 해 주신 법문사 사장님, 수고스러운 편집 작업을 맡아 주신 노윤정 차장님과 영업부의 유진걸 님께도 깊이 감사드린다.

이 책을 사랑하는 어머니 이계숙 여사님께 바친다.

2017. 8. 10.

저자 韓 秀 雄

차 례

제 1 편 헌법의 일반원리

제 1 장 국가와 헌법 (3~5)

제 2 장 헌법의 개념 및 성격 (6~18)

제 3 장 헌법의 제정·개정·변천 (19～27)

제 4 장 헌법의 해석 (28～37)

제 5 장 헌법의 수호 (38～46)

제 2 편 대한민국 헌법의 기본원리

제3편 기본권론

제 7 장 사회적 기본권 (460~513)

제 4 편 권력구조

제 1 장 정부형태 (521~525)

제 2 장 국 회 (526~586)

제 4 장 법 원 (648~666)

부 록

주요 참고문헌

국내문헌

계희열, 헌법학(上), (中), 박영사, 2004

권영성, 헌법학원론, 법문사, 2010

김철수, 헌법학개론, 박영사, 2007

성낙인, 헌법학, 법문사, 2017

한수웅, 헌법학, 법문사, 2021

한수웅, 기본권의 새로운 이해, 법문사, 2020

한수웅, 헌법상 권력구조의 재조명, 법문사, 2021

한태연, 헌법학, 법문사, 1983

홍성방, 헌법학(上), (中), (下), 박영사, 2014, 2015, 2016

허영, 한국헌법론, 박영사, 2017

헌법재판소, 헌법재판실무제요, 제1개정증보판, 2008

헌법재판연구원, 주석 헌법재판소법, 2015

외국문헌

Arnim, Hans Herbert von, Staatslehre der Bundesrepublik Deutschland, 1984

Badura, Peter, Staatsrecht, 5. Aufl. 2012

Badura/Dreier(Hg.), Festschrift 50 Jahre Bundesverfassungsgericht, Band I, II, 2001

Battis, Ulrich, Einführung in das Staatsrecht, 5. Aufl. 2011

Benda, Ernst/Klein, Eckart, Verfassungsprozeßrecht, 2. Aufl. 2001

Benda/Maihofer/Vogel(Hg.), Handbuch des Verfassungsrechts, 2. Aufl. 1994

Bumke, Christian/Voßkuhle, Andreas, Casebook Verfassungsrecht, 2013

Degenhart, Christoph, Staatsrecht I, 11. Aufl. 1995

Dreier, Horst, Idee und Gestalt des freiheitlichen Verfassungsstaates, 2014

Glaeser, Walter Schmitt, Der freiheitliche Staat des Grundgesetzes, 2012

Hesse, Konrad, Grundzüge des Verfassungsrechts der BRD, 14. Aufl. 1984

Heun, Werner, Die Verfassungsordnung der Bundesrepublik Deutschland, 2012

Hillgruber, Christian/Goos, Christoph, Verfassungsprozessrecht, 3. Aufl. 2011

Ipsen, Jörn, Staatsrecht II (Grundrechte), 4. Aufl. 2001

Ipsen, Jörn, Staatsrecht I (Staatsorganisationsrecht), 17. Aufl. 2005

Isensee/Kirchhof(Hg.), Handbuch des Staatsrechts der BRD, Band I, II, III, IV, V, VI, 1987

Kloepfer, Michael, Staatsrecht Kompakt, 1. Aufl. 2012

Kloepfer, Michael, Verfassungsrecht, 2010

Maurer, Hartmut, Staatsrecht, 1999

Merten/Papier(Hg.), Handbuch der Grundrechte in Deutschland und Europa, Band I, II, III, IV, 2004–2011

Michael, Lothar/Morlok, Martin, Grundrechte, 3. Aufl. 2012

Morlok, Martin/Michael, Lothar, Staatsorganisationsrecht, 1. Aufl. 2013

Münch, Ingo von, Staatsrecht I, 6. Aufl. 2000

Münch, Ingo von, Staatsrecht II, 5. Aufl. 2002

Münch, Ingo von/Kunig, Philip, Grundgesetzkommentar Band 1, 5. Aufl. 2000

Münch, Ingo von/Kunig, Philip, Grundgesetzkommentar Band 2, 5. Aufl. 2001

Pieroth, Bodo/Schlink, Bernhard, Grundrecht Staatsrecht II, 16. Aufl. 2000

Richter/Schuppert/Bumke, Casebook Verfassungsrecht, 4. Aufl. 2001

Sachs, Michael, Verfassungsrecht II Grundrechte, 2000

Schlaich, Klaus/Korioth, Stefan, Das Bundesverfassungsgericht, 5. Aufl. 2001

Starck, Christian(Hg.), Bundesverfassungsgericht und Grundgesetz I, 1976

Starck, Christian(Hg.), Bundesverfassungsgericht und Grundgesetz II, 1976

Stein, Ekkehart/Frank, Götz, Staatsrecht, 17. Aufl. 2000

Zippelius, Reinhold, Allgemeine Staatslehre, 7. Aufl. 1980

Zippelius, Reinhold, Geschichte der Staatsideen, 5. Aufl. 1985

Zippelius, Reinhold/Würtenberger, Thomas, Deutsches Staatsrecht, 31. Aufl. 2005

제1편

헌법의 일반원리

제1장 국가와 헌법
제2장 헌법의 개념 및 성격
제3장 헌법의 제정 · 개정 · 변천
제4장 헌법의 해석
제5장 헌법의 수호

제 1 장 국가와 헌법

Ⅰ. 헌법학에서 국가와 헌법의 관계

헌법(憲法)의 규율대상은 국가이므로, **헌법은 국가 없이는 생각할 수 없다**. 국가는 헌법의 대상이고 전제조건이다. 헌법은 국가 내에서 효력을 발휘하고 실현된다. 한편, **국가는 헌법 없이는 존재할 수 없다**. 헌법으로부터 분리된 국가는 구체적 실체가 없는 추상적 존재이며 이론적 산물이다. 모든 조직이 행위와 의사형성의 조건을 확정하는 규범을 필요로 하는 것과 마찬가지로, 국가도 필연적으로 헌법에 의하여 특정한 형태로 형성되어야 한다. 이러한 의미에서 모든 국가는 자신의 성격을 규정하는 헌법을 가지고 있으며, **'좋은 국가형태'에 대한 질문은 곧 '좋은 헌법'에 대한 질문**으로 귀결된다.

Ⅱ. 헌법학에서 국가의 개념

국가는 **인간에 대한 정치적 지배의 조직**이다. 인간에 대한 모든 정치적 지배에 있어서 필수적인 것은 지배를 받는 '인간의 복종'이다. 국가란, **피지배자에 대하여 구속력 있는 명령을 내리고 이를 강제로 관철할 수 있는 지배조직**을 의미한다. 이집트나 메소포타미아 같은 고대국가는 효과적인 지배를 조직화하였다는 점에서 위와 같은 의미에서의 '국가'에 해당한다. 그러나 현대적 의미의 국가는 근대에 들어와 비로소 점진적으로 형성되었다.

우리가 오늘날 이해하는 '국가', 즉 **'현대적 의미의 국가'는 주권의 개념에 기초한 국가(주권국가), 절대국가에서 탄생**하였다. 절대국가의 탄생에 크게 기여한 것은 **보댕**(Jean Bodin, 1530－1596)**과 홉스**(Tomas Hobbes, 1588－1679)**의 국가이론**이다. 보댕과 홉스는 국가를 '외적인 평화와 내적인 안전을 보장하는 주권적인 결정단위'로 정의하였다. 이러한 목표 때문에 국가는 성립되었으며, 국가는 외부에 대하여 독립적이고 내부에 대해서는 최고의 권력인 '주권'을 부여받았다고 보았다. 이러한 의미에서 **국가는 개인에게 평화와 안전을 확보하기 위한 최소한의 조건**에 해당하였다. 절대국가의 성립과 함께 '정치적 지배의 단위'로서 '국가' 및 국가권력의 완전성(完全性)으로서 '주권'과 같은 새로운 개념이 정착되었다.

자신의 국민을 효과적으로 보호할 수 있는 강력한 절대국가는 동시에 국민을 억압하기에도 충분히 강력하였다. 이에 따라 강력한 주권국가에 대한 요청과 함께, **국가권력 제한의 필요성과 국가권력 정당성의 문제가 제기**되었고, 개인이 안전을 누리기 위하여 모든 자연적 권리를 국가에게 양도하는 것이 반드시 요청되는 것은 아니라는 견해가 점차 힘을 얻게 되었다. 대표적으로 **로크**(John Locke)는 국가는 평화와 안전뿐만 아니라 개인의 자유도 보장해야 한다고 주장하였다. 보댕과 홉스에 의하여 이론적으로 체계화된 현대국가는 프랑스의 혁명을 통하여 완성되었다. 1789년의 프랑스 인권선언 제2조에서 국가는 '천부적이고 선국가적인 개인의 권리와 자유를 보장하기 위한 정치적 지배의 조직'으로 선언되었다. 이제 **국가는 개인의 자유를 보장하기 위하여 존재하는 정치적 지배**의 형태가 되었다. 이로써 현대국가는 정치적 지배를 헌법에 의하여 규율하고 구속하는 '헌법국가'에 의하여 완결되었다.

Ⅲ. 현대국가의 본질적 특징

1. 국가의 포괄적인 과제

계몽주의시대 이래로, **국가와 그의 공권력행사**는 법과 평화를 보장하고 개인의 권리와 자유를 보호하는 **국가의 과제에 의하여 정당화**된다. 국가와 국가권력의 행사는 그 자체가 자기목적(自己目的)이 아니라 국가공동체로 결속한 개인의 삶과 복리에 기여하는 것을 목적으로 한다.

오늘날 국가는 일련의 정치적 · 사회적 과제를 가지고 있다. 법과 내적 평화의 유지, 개인의 생명, 자유 및 재산의 보호, 내부적 · 외부적으로 국가주권의 관철은 국가의 **전통적인 과제**이자 본질적이고 포기할 수 없는 과제이다. 현대국가에서는 이러한 고전적인 과제에 대하여 '복지와 문화'라는 **새로운 과제**가 추가된다. 현대국가의 특징은 사회보장과 복지 · 경제발전 · 교육 · 문화와 학문의 발전 · 환경보전 등에 대한 포괄적인 책임을 지고 있다는 것이다.

2. 법에 의한 국가과제의 이행

국가의 과제이행을 위한 본질적 수단은 법이다. 법치국가에서는 법을 통하여 국가권력이 통제되고 사회영역이 규율되며, 정의로운 사회질서가 형성된다. **법은 질서유지와 사회형성의 수단**이다.

3. 물리적 강제력에 대한 국가의 독점권

국가만이 국가과제의 수행, 특히 법질서와 평화질서의 보장을 위하여 물리적 강제력을 사용할 수 있다. 물리적 강제력에 대한 국가의 독점권에 대응하는 것이 국민에 대한 **'사적 폭력의 금지'**이다. 국가의 내적 평화를 위하여 국민은 자신의 권리를 스스로 관철하고자 시도해서는 아니 되고, 자신의 권리를 실현하기 위해서는 국가의 도움을 요청해야 한다. **국가에 의한 권리구제절차의 보장**은 물리적 강제력에 대한 국가독점권과 개인에 의한 자력구제(自力救濟)의 금지에 대응하는 필연적인 요청이다.

4. 공법상의 법인으로서 국가

법적인 관점에서 국가는 공법상(公法上)의 법인(法人)이다. **국가법인설**(國家法人說)이란, 국가는 개개의 국민으로 구성되지만 개개의 국민과는 상이한 독립된 법인격을 가진 권리주체로서 공법인이라고 하는 이론이다. 법인으로서 국가는 그 자체로서 권리와 의무의 주체로서 기관을 통하여 활동한다. 국가법인설은 **'국가와 개인의 관계'를 '법적 관계'로 형성**하는 이론적 근거로서, 법치국가의 본질적 요소이다.

Ⅳ. 국가법과 헌법

1. 국가법(실질적 의미의 헌법)

국가법은 국가권력에의 접근방법(선거), 국가권력의 행사와 그 한계 및 국가권력의 통제 등 **국가의 정치질서를 규율하는 법**으로, 국가의 기본원리, 최고국가기관의 조직 · 구성과 관할, 국가에 대한 국민의 기본적 권리를 확정하는 법규범을 포괄한다. 또한, 국가의 3요소인 국민, 영토, 주권과 관련된 사항을 규율하는 규정(예컨대 국적법)도 국가법에 속한다.

한편, 헌법이 국가법에 속하는 사항을 모두 규정할 수는 없으므로, 헌법은 기본적인 사항만을 규율하고 구체적인 것의 규율을 입법자에게 위임하고 있다(가령, 정당에 관하여 헌법 제8조 제3항, 공직선거에 관하여 헌법 제41조 제3항, 제67조 제5항 등). 따라서 국가법에 속하는 사항은 헌법 외에도 다수의 법률(정당법, 공직선거법, 국회법, 정부조직법, 법원조직법, 헌법재판소법 등)에 의하여 규율되고 있다.

2. 헌 법(형식적 의미의 헌법)

국가법의 대부분은 하나의 특별한 법률에 규정되어 있는데, 이러한 법률을 '헌법'이라고 한다. 헌법도 법률이지만, 헌법제정권력에 의하여 제정되고 '헌법의 우위'라는 특수한 지위를 가진다는 점에서 다른 법규범과 구분된다.

3. 국가법과 헌법의 관계

국가법은 전반적으로 헌법에 의하여 규율되고 있으나, 국가법이 헌법과 일치하는 것은 아니다. **국가법**은 국가의 정치질서를 규율하는 '실체적 헌법'이란 특정 규율대상과 연관되는 것이므로, 내용적으로 결정된다. 이에 대하여 **헌법**은 헌법전(憲法典)에 수용된 모든 규정을 말하는 것이므로, '헌법전'이라는 형식을 기준으로 삼고 있다. 이에 따라, 학계에서는 '형식과 내용'을 구분의 관점으로 하여 헌법을 **'형식적 의미'의 헌법과 '실질적 의미'의 헌법**으로 구분하고 있는데, 이러한 구분은 바로 헌법과 국가법의 구분과 일치하는 것이다. '형식적 의미의 헌법'은 헌법전에 담겨진 모든 규정을 말하는 것이고, '실질적 의미의 헌법'은 국가법의 내용을 가진 모든 규정을 말하는 것이다.

제 2 장 헌법의 개념 및 성격

Ⅰ. 헌법의 개념과 과제

1. 현대적 의미의 헌법의 생성

역사적으로 현대적 의미의 헌법의 탄생은, 한편으로는 헌법의 규율대상인 **'현대적 의미의 국가의 성립'**과, 다른 한편으로는 정치적 지배의 정당성에 대하여 의문을 제기하는 **'계몽주의적 자연법사상'**에 기인한다. 이러한 배경에서 탄생한 최초의 현대적 헌법은 미국의 연방헌법(1787)과 프랑스의 혁명헌법(1791)이다.

가. 현대적 의미의 국가의 성립

헌법의 규율대상은 정치적 지배의 조직인 국가이다. 그러나 인류의 역사에서 오랫동안 헌법의 규율대상인 **'통일적이고 일원적인 지배권력을 가진 국가'**가 존재하지 않았다. 유럽에서 **절대국가·주권국가의 탄생**과 함께 비로소 법적으로 통일적이고 일원적인 규율을 요청하는 현대적 의미의 국가가 형성되었다. 그러나 절대국가에서 헌법의 규율대상인 '현대적 의미의 국가'는 존재하였으나, 절대국가란 바로 '법적인 구속의 부정'을 의미하였기 때문에, 헌법에 의한 규율의 필요성이 인정되지 않았다.

나. 미국·프랑스의 혁명과 자연법적 계약이론

헌법의 탄생에 기여한 획기적인 사건은, 바로 1776년과 1789년의 미국과 프랑스에서의 혁명이었다. 미국과 프랑스의 혁명세력은 자신의 행위를 정당화하기 위하여 자연법사상에 기초하여 정의로운 질서와 기본적 인권의 우위를 주장하였고, 이러한 사고를 버지니아 권리장전(1776), 미연방헌법(1787), 프랑스 인권선언(1789) 및 혁명헌법(1791) 등의 형태로 실정법적으로 확인하였다.

자연법사상은 국가에게 개인의 권리와 자유에 봉사하는 존재 의미를 부여하면서 정치적 지배의 정당성에 대하여 의문을 제기하였고, 국가를 '정당성을 필요로 하는 인간 이성의 창작물'로 이해하였다. 자연법적 계약이론에 의하면, **지배를 받는 자에 의하여 정치적 지배가 정당화되어야** 한다는 것은 필수적이었고, 정치적 지배의 정당성은 지배를 받는 자의 동의 여부에 달려있는 것이었다. 이로써 종교적·전통적으로 정당화된 군주주권주의는 합리적 이성에 기초하는 **'민주적 자기지배의 원칙'**에 그 자리를 양보하게 되었다.

인간에 대한 인간의 지배가 어떻게 정당화될 수 있는지를 규명하기 위하여, **'자연법적 계약이론'**은 모든 사람이 평등하고 자유로운 가운데 지배가 없는 상태를 상정하였다. 인간이 '자연적 자유와 평등'을 '지배의 상태'와 교환하고자 하는 이유를 계약론자들은 자연 상태에서의 자유의 근본적인 불안전성에 있다고 보았고, 조직된 강력한 국가권력의 설립은 평화와 안전, 자유의 보장을 위하여 합리적인 이성에 의하여 요청되는 것이었다. 이러한 조건 하에서 정치적 지배는 오로지 모든 사람의 자발적인 합의(모든 사람의 모든 사람과의 국가계약)에 의하여 정당화될 수 있는 것이었다. 모든 정치적 지배는 지배를 받는 자의 동의에 기초해야 한다는 **혁명적인 사고를 실정법적으로 확인**한 것이 바로 최초의 현대적 헌법이다. 이제 헌법은 정치적 지배를 법적으로 구속하고 정당화하는 과제를 담당하게 되었다.

2. 헌법의 개념

가. 헌법 개념의 변화

헌법(독일어로는 Verfassung, 라틴어로는 constitutio, 영어나 불어로는 constitution)은 원래 일반적인 어의(語義)에 있어서, 의학에서 인간의 신체적·정신적 상태를 말하는 것과 같이 '상태'를 서술하는 개념이다. 헌법이라는 표현이 정치적·법적 용어로 수용됨에 따라, '헌법'은 개인의 신체가 아니라 국가라는 **'정치적 공동체의 상태'를 서술하는 개념**으로 사용되었다. 그 후, 헌법은 14세기에서 16세기에 걸쳐 서술적 개념에서 규범적 개념으로 전환되었다. 이로써 헌법은 모든 비규범적 요소를 배제하고 오로지 기본법(leges fundamentales), 즉 **'국가공동체에게 중요한 근본적인 법규범이나 법문서'**만을 말하는 것으로 그 의미가 축소되었다.

18세기 후반, 미국과 프랑스에서의 혁명은 다시 한 번 헌법의 규범적 의미를 축소하였다. 이제 **헌법전(憲法典)이라는 하나의 문서**가 기존의 다수 지배계약과 기본법전을 대체하였다. 현대헌법은 미국과 프랑스의 혁명과정에서 발생한 일련의 권리선언과 헌법전을 통하여 결정적으로 형성되었는데, 이러한 법문서들은 오늘날까지도 헌법의 전범(典範)이자 원형으로 기능하고 있다. 현대헌법의 편성형식도 이 당시에 이미 확정되었다. 헌법은 한편으로는 권리장전(bill of rights)의 형태로 개인의 권리를 보장하면서, 다른 한편으로는 정치적 의사형성을 비롯하여 국가의 구조와 조직 등 통치의 틀을 규율하게 되었다. 이제 헌법은 **'기본권보장과 국가조직'이라는 뚜렷한 유형형성적 요소를 가진 규범적 개념**이 되었다. **1789년 프랑스 인권선언 제16조**("권리의 보장이 확립되지 아니하고 권력의 분립이 확정되지 아니한 사회는 헌법을 가지지 아니한다.")는 '권리의 보장'과 '권력의 분립'을 헌법의 구성요소로서 언급함으로써, 이미 그 당시에 헌법의 개념에 관하여 오늘날까지도 유효한 정의를 내리고 있다.

나. 국가공동체의 법적 기본질서

오늘날 모든 국가공동체는 **정치적 질서의 기본 틀**을 확정하여 이를 하나의 헌법전(憲法典)에 담고 있는데, 이를 통상 '헌법'이라 한다. 헌법은 '정치적 지배의 규범화'의 특수한 형태로서, 국가영역 내에서 **정치적 지배가 법적으로 준수해야 하는 규칙**을 확정한다. 헌법의 목적은 정치적 지배를 법적으로 구속하고자 하는 것이다. 이로써 **헌법국가(입헌국가)**란 정치적 지배를 헌법에 의하여 규율하고 구속하는 국가이다.

헌법은 국민의 광범위한 합의에 기초하는 '사회적 공동생활과 정치적 지배의 기본원칙'을 확정하여 이를 일상적이고 지속적인 정치적 논쟁의 대상에서 배제함으로써, 국가의 법적 기본질서로 기능한다. 헌법은 최고규범성을 가지는 **'국가공동체의 법적 기본질서'**이다. 헌법은 국가권력의 조직과 행사, 국가과제 및 기본권에 관한 근본규범을 포괄하는 국가의 기본법, **국가의 정치생활을 규율하는 기본법**이다.

헌법이란 **국가조직과 기본권보장으로 구성되는 국가의 기본법**이다. 헌법은 국가조직을 통하여 입법부 · 집행부 · 사법부와 같은 국가기관을 구성하여 각 기관에게 권한을 부여하고 권한행사의 방법과 절차를 규율하며, 기본권보장을 통하여 국가에 대한 개인의 기본적 지위를 규율한다. 헌법은 한편으로는 국가권력을 구성하고 조직하며 다른 한편으로는 국가권력을 제한한다는 점에서, 국가의 지배를 조직하고 정당화하면서 동시에 제한한다,

다. 한국 헌법의 구조적 체계

우리 헌법은 전문으로 시작하여 제1장 총강, 제2장 국민의 권리와 의무, 제3장 국회, 제4장 정부, 제5장 법원, 제6장 헌법재판소, 제7장 선거관리, 제8장 지방자치, 제9장 경제, 제10장 헌법개정 등 **전부 10장으로 구성**되어 있다.

헌법은 **'기본권보장에 관한 부분'을 '국가조직' 앞에** 자리 잡게 함으로써, 국가권력에 대하여 '개인과 그의 존엄성'을 강조하고 있다. 기본권보장이 국가조직(권력구조 또는 통치구조) 앞에 위치하는 헌법의 구조적 체계는 **'개인과 국가의 관계'**에 관하여, 개인이 국가를 위하여 존재하는 것이 아니라 국가가 개인을 위하여 존재하는 것임을 표현하고 있다. 나아가, 헌법은 전문에서 "… 우리들과 우리들의 자손의 안전과 자유와 행복을 영원히 확보할 것을 다짐하면서 …"라고 하여, **개인의 '안전 · 자유 · 행복'이 헌법과 국가의 궁극적 목적**임을 밝히고 있다. 이로써 국가는 개인의 인간다운 생존의 기본조건으로서 존재하는 것이다. 국가는 그 자체로서 독자적인 가치가 아니라, 단지 국가공동체로 결합한 개인에 봉사하는 도구적 기능을 가진다. **인간존엄성의 실현과 개인의 자유보장**이 모든 국가권력의 궁극적 목적이자, 국가권력의 행사를 정당화하는 이유이다.

또한, 헌법이 국가조직에 관한 부분에서도 국회를 행정부와 사법부 앞에 규정함으로써 '국민의 대표자로 구성된 의회가 국정의 중심이 된다'고 하는 **의회주의 또는 국민주권주의**를 강조하고 있다. 의회는 입법을 통하여 행정작용과 사법작용을 구속함으로써 다른 국가기관과 국가의사형성을 실질적으로 지배한다.

3. 헌법의 과제

가. 국가권력의 제한

헌법은 **국가권력을 제한하면서 기능적으로 조직하는 과제** 및 '국가권력의 민주화'와 '국가목표의 제시'를 통하여 **국가권력을 정당화하는 과제**를 가지고 있다.

일차적으로, 헌법은 **국가권력을 제한하기 위한 법적 도구로서 탄생**하였다. 역사적으로 헌법생성의 출발점이자 헌법의 일차적인 과제는 국가권력을 제한함으로써 개인의 자유를 보장하는 것에 있다. 1789년 프랑스 인권선언 제2조는 "모든 정치적 결사의 목적은 인간의 자연적이고 소멸될 수 없는 권리의 보장에 있다."고 선언하여, 국가 그 자체가 개인의 자유를 보장하기 위한 도구에 불과하다는 것을 밝히고 있다. 헌법은 국가가 무엇을 할 수 있고 결정할 수 있는지, 즉 국가행위의 가능성을 제한함으로써 국가행위에 규범적 한계를 설정한다. 현대헌법은 국가권력의 제한을

기본권보장과 권력분립원리 등 **'법치국가원리'**를 통하여 실현하고 있다.

나. 국가권력의 기능적 조직

헌법의 또 다른 과제는 **국가권력의 기능적이고 효과적인 조직화**에 있다. 헌법은 국가권력의 남용을 방지하고 국가권력을 제한해야 하지만, 국가기능을 마비시키고자 하는 것은 아니다. 헌법은 한편으로는 국가권력을 제한하면서, 다른 한편으로는 국가과제의 효과적인 이행을 보장해야 하는 과제를 가지고 있다.

헌법은 국가기관을 구성하고 국가기능을 배분하여 국가기관에게 특정한 권한을 부여한다. **헌법상 법치국가적 권한질서의 확립**을 통하여 국가기관 간의 권한분쟁이 방지되고 효과적인 작업분할의 제도가 확립되어야 한다. 국가기관의 구성과 구조에 비추어 특정한 국가기능을 이행하기에 가장 적합한 국가기관에게 이를 위임하는 것이 헌법의 지도적 이념이다.

다. 국가권력의 정당화

(1) 국가의 정치적 지배, 즉 국민에 대하여 구속력 있는 결정을 내리는 국가권력은 별도의 정당성을 필요로 하므로, 국가가 무엇 때문에 존재하고 무엇을 위하여 활동하는지, 왜 국민이 국가권력에 복종해야 하는지, 즉 국가권력의 정당성에 대한 질문은 불가피하다.

국가권력의 정당성은 일차적으로 **국가권력의 민주화**, 즉 **국민이 국가행위의 내용을 민주적으로 결정한다는 것**으로부터 나온다. 민주국가에서 국가의 모든 중요한 결정은 국민의 선거에 의하여 선출된 대표자로 구성되는 대표기관인 의회에서 내려진다. 이로써 국민이 국가의 결정에 복종한다는 것은, 국가에 의하여 일방적으로 내려진 결정에 복종하는 것이 아니라, 자신이 스스로 선출한 대표기관의 결정에 복종하는 것이며, 이는 곧 자신이 내린 결정에 복종하는 것이 된다. 헌법은 국가행위의 내용이 국민에 의하여 민주적으로 결정되는 것을 가능하게 함으로써, 국가와 국가행위에 정당성을 부여한다. 헌법은 **'민주주의원리'**의 수용을 통하여 국가권력의 정당성을 확보하고자 시도하고 있다.

(2) 나아가, 국가권력의 정당성은 **국가의 과제**로부터 나온다. 국가의 정당성은 국가가 과제이행을 통하여 국민에게 불가결한 급부를 제공한다는 것에 있다. 국가공동체의 구성원이 국가권력을 인정하고 받아들이는 이유는, 평화와 안전, 자유가 보장되기 위해서는 국가에 의한 정치적 지배가 불가피하다는 인식에 있다. 따라서 헌법은 **평화와 안전, 자유의 보장, 사회정의의 실현 등 국가과제**에 관한 기본적인 규정을 담고 있어야 한다. 특히 **'사회국가원리'**와 같은 국가목표규정의 수용은 국민에 대한 사회국가적 급부를 통하여 국가를 정당화하는 데 기여한다. 이러한 점에서 헌법은 '국가 설립목적의 달성을 위한 미래의 정치적 설계도', '행복을 추구하기 위한 국민의 계획'(Emer de Vattel, 1714 - 1767)이라고 할 수 있다.

우리 헌법은 전문에서 "우리 대한국민은"이라는 표현을 통하여 헌법제정의 주체가 국민이라는 것을 표명하면서, "우리들과 우리들의 자손의 안전과 자유와 행복을 영원히 확보할 것"이라는 표현을 통하여 **국가와 헌법의 최종적인 목표가 '개인의 복리'**에 있다는 것을 명시적으로 밝히고 있다.

Ⅱ. 헌법의 특징

1. 헌법의 정치성 · 이념성

가. 정치적 성격

(1) 헌법은 다른 법규범과 비교할 때 정치적 성격이 강하다. **헌법의 규율대상이 정치질서**라는 점에서, 헌법은 정치적 성격을 가지고 있다. 헌법은 정치적 국가기관을 창설하고 국가의 정치적 과정을 규율한다. 헌법에 의하여 국가의 정치적 과정이 규율되고 형성된다. 헌법은 국가의 정치생활이 이루어져야 하는 구속력 있는 법적 울타리, 즉 정치에 대한 행위기준이다.

나아가, **헌법이 정치적으로 제정**된다는 점에서, 헌법은 정치적 성격을 가지고 있다. 헌법은 제정 당시의 정치적 현실과 권력관계를 반영한 규범으로, 대립하는 여러 정치적 세력 간의 투쟁과 타협을 통하여 제정된다. 공화제 또는 군주제인지, 대통령제 또는 의원내각제인지, 자유권적 기본권만을 규정할 것인지 아니면 사회적 기본권도 수용할 것인지 등에 관한 선택은 규범적인 것이 아니라 정치적인 것이고, 대립하는 정치적 세력 간의 투쟁과 타협의 산물이다.

(2) 헌법과 정치의 관계는 곧 **헌법과 입법자의 관계**를 의미한다. 헌법의 목적은 국가의 정치적 지배를 법적으로 구속하고자 하는 것이다. 그러나 헌법에 의한 '정치의 법적 구속'은 완전한 구속일 수 없다. 헌법에 의하여 완전히 정치를 규범화한다는 것은 '정치의 부정(否定)', 즉 입법자에 의한 사회적 형성의 부정을 의미한다. 미래의 정치를 확정적으로 규율하는 헌법은 사회현상의 끊임없는 변화에 직면하여 국가공동체의 법적 기본질서로서 전혀 기능할 수 없다. 헌법은 정치를 대체하고자 하는 것이 아니라 유도하고 합리화하고자 하는 것이다. **헌법은 정치에 대하여 한계를 설정하고 지침과 방향을 제시하는 '규범적 울타리'**일 뿐이다. 입법자는 헌법을 집행하는 것이 아니라 헌법의 테두리 내에서 **헌법을 실현하고 구체화하는 것**이다.

나. 이념적 성격

헌법은 국가의 정치질서에 관한 국민의 선택과 결단을 의미하고, 이는 필연적으로 특정한 가치체계에 대한 선택과 결정을 의미한다. **헌법은 특정한 가치체계의 표현**으로, 정치적 운명공동체인 국민의 역사적 체험 및 헌법 제정 당시의 지배적인 이념을 담고 있다. 헌법은 특정한 기본가치에 그 바탕을 두고, 특정한 기본가치를 가능하면 이상적으로 실현할 수 있도록 구체적으로 형성된다. 이로써 헌법을 구성하는 모든 제도와 규범은 **특정한 기본가치를 실현하기 위한 수단**과 도구로서 이해된다.

우리 헌법은 제10조에서 **'인간의 존엄성'**을 최고의 가치이자 헌법원칙으로서 선언하고 있다. 인간의 존엄성은 헌법의 가장 근본적인 가치결정이자, 헌법을 구성하는 최고의 원리이다. 기본권의 보장과 헌법의 기본원리(민주주의원리, 법치국가원리, 사회국가원리)는 모두 인간의 존엄성을 실현하기 위한 필수적 수단으로서의 의미를 가진다. 이러한 의미에서 인간존엄성보장과 그 외의 헌법규범은 목적과 수단의 관계에 있다.

헌법상 최고의 가치인 인간존엄성으로부터 이를 실현하기 위한 불가결한 조건으로서 **'자유민**

주적 기본질서'가 도출된다. 헌법은 전문, 제4조 및 제8조에서 '자유민주적 기본질서'를 자신이 지향하는 가치질서로 천명하고 있다. 자유민주적 기본질서는 오늘날 개인의 기본적 인권이 보장되고 민주적 정치질서가 생존하기 위한 기본조건에 속하는 것이다. 결국, 우리 헌법이 선택한 가치질서는 **'인간의 존엄성을 가치의 정점으로 하는 자유민주적 기본질서'**라 할 수 있다.

2. 헌법의 규범성

헌법은 국가 법질서 내에서 최고규범으로서, **법적 구속력을 가지고 현실정치를 통제하고 국가권력행사를 규율**하는 규범성을 가지고 있다. 헌법은 정치와 공권력행사에 대한 구속력 있는 규범이자 기준이다.

가. 최고규범성(헌법의 우위)

헌법의 최고규범성 또는 헌법의 우위란, 헌법은 국내 최고의 법원(法源)으로서 **다른 법규범에 대하여 우위를 차지한다**는 것을 말한다. 따라서 모든 법규범은 헌법에 부합해야 하고 헌법에 위반되어서는 안 된다. 헌법에 위반되는 법규범은 무효이다. 나아가, 헌법의 우위란, 입법자를 비롯하여 **모든 국가권력이 헌법의 구속을 받는다**는 것을 의미한다. 국가공권력의 모든 결정과 행위는 헌법에 부합해야 하며, 헌법에 위반되어서는 안 된다. 이에 따라 위헌적인 법규범은 무효이며, 헌법에 위반되는 행정청과 법원의 결정은 그 위헌여부를 심사하는 권리구제절차에서 취소된다.

헌법의 우위는 **헌법재판을 통하여 보장되고 관철**된다. 헌법의 우위는 헌법에 명시적으로 규정되어 있지 않다. 그러나 헌법재판이 '실정헌법의 존재'와 '헌법의 우위'를 전제조건으로 한다는 점에서, 헌법의 우위는 법규범이나 국가행위의 위헌여부를 심사할 수 있는 **헌법재판제도를 통하여 간접적으로 표현**되고 있다(제107조 제1항 및 제111조 제1항).

나. 모든 국가기관의 헌법에의 기속성

(1) 입법자의 헌법에의 기속

입법자는 입법기능을 이행함에 있어서 헌법을 존중해야 하고 헌법에 위배되어서는 안 된다. **법률로써 기본권을 제한하는 경우**, 입법자는 과잉금지원칙(비례의 원칙)이나 본질적 내용의 침해금지와 같은 기본권제한에 관한 헌법적 원칙을 준수해야 한다. 또한, 입법자가 **법률로써 헌법을 실현하고 구체화하는 경우**, 헌법의 정신에 부합하게 구체적으로 형성해야 한다는 구속을 받는다. 가령, 입법자가 헌법의 민주주의원리를 선거법이나 정당법 등을 통하여 구체화하는 경우, 헌법상의 선거원칙, 헌법상의 기본원리인 국민주권의 원리, 헌법상 정당조항, 복수정당제 등에 위반해서는 안 된다.

(2) 행정부의 헌법에의 기속

행정부는 법집행기관으로서 **법규범의 해석과 적용에 있어서** 헌법의 구속을 받는다. 따라서 법규범의 해석에 있어서 여러 가지 해석가능성이 고려된다면, 행정청은 헌법에 부합하는 해석가능성을 선택해야 한다. 특히 행정청에게 재량이 주어진 경우, 행정청은 재량을 행사함에 있어서 고려되는 여러 행위가능성 중에서 기본권을 가장 적게 침해하는 가능성을 선택해야 한다. 행정청이 과잉금지원칙에 위배되게 재량을 잘못 행사하는 경우에는 헌법에 위반하게 된다. 뿐만 아니라, 행정부가 행정입법을 제정하는 경우에는 헌법에 의하여 입법자와 동일한 내용의 구속을 받는다.

(3) 사법부의 헌법에의 기속

법원은 법적용기관으로서 **법규범의 해석과 적용에 있어서** 헌법의 구속을 받는다. 따라서 법원은 헌법에 부합하게 법규범을 해석・적용함으로써, 행정청이나 하급심법원이 헌법에 위반되게 법규범을 해석・적용한 경우에는 위헌적인 행정행위를 취소하고 위헌적인 하급심 판결을 파기・환송해야 한다.

나아가, 법원이 헌법의 구속을 받는다는 것은, 위헌적인 법규범을 구체적 소송사건에서 적용해서는 안 된다는 것을 의미한다. 구체적인 소송사건에 적용되는 행정입법(명령이나 규칙)이 위헌이라고 판단되는 경우, 법원은 당해사건에 그러한 행정입법을 적용해서는 안 되며(헌법 제107조 제2항), 당해 소송사건에 적용되는 법률이 위헌이라고 판단되는 경우에는 법원은 소송절차를 정지하고 헌법재판소에 위헌심판을 제청해야 한다(헌법 제107조 제1항).

다. 헌법의 강화된 존속력

헌법에는 최고규범성과 헌법의 우위라는 특별한 효력이 부여되기 때문에, 헌법의 존속력을 강화하기 위하여 일반적으로 **헌법개정의 요건을 까다롭게 규정**하고 있다. 법률이 재적의원 과반수의 출석과 출석의원 과반수의 찬성을 요구하는 '단순 과반수'에 의하여 개정될 수 있는 반면, 헌법개정은 보통 가중된 정족수(가령, 재적의원 2/3 이상)나 이에 더하여 국민투표에 의한 국민의 동의를 필요로 한다.

3. 헌법의 추상성과 개방성

가. 헌법의 추상성

헌법규범은 다른 법규범에 비하여 **불명확하고 간결하며 추상적이고 함축적으로 규정**되어 있다. 헌법은 그 본질상 불완전하다. 헌법은 모든 것을 다 규율할 수 없다. 헌법은 국가생활의 중요한 것, 본질적인 것만을 규율한다. 헌법은 **단지 정치질서의 기본 틀만을 확정**하고 그 외의 모든 문제는 입법자에게 규율하도록 위임하고 있다.

한편, 모든 헌법규범이 동일한 정도의 추상성과 간결성을 보이는 것은 아니다. **국가기관의 조직, 절차 및 권한에 관한 규정**과 같이, 헌법 스스로가 명확하고 구체적인 표현을 통하여 국가기관의 조직과 관할을 획정하는 경우에는 그 구체성에 있어서 법률과 크게 다를 바가 없고, 따라서 본질적으로 법률과 달리 해석해야 할 이유가 없다.[1] 그러나 일련의 헌법규범, 특히 **기본권조항이나 국가목표조항**은 매우 불명확하고 간결하게 규정되어 있다.

나. 헌법의 개방성

헌법의 개방성이란, 헌법규범의 내용을 제정 당시에 확정하지 아니하고 **법현실의 발전에 따라 규범의 내용이 형성되도록 개방적으로 규정**하는 것을 말한다. 헌법제정자가 제정 당시 미래의 사

1) 가령, 헌법 제48조("국회는 의장 1인과 부의장 2인을 선출한다.")를 비롯하여 다수의 헌법규범은 별도의 헌법해석이 필요 없을 정도로 구체적이고 일의적이다. 반면, 헌법 제4조의 '자유민주적 기본질서'와 같이 고도의 추상성과 개방성을 가지는 헌법규범도 있다.

회적 · 정치적 발전을 예측할 수 없는 경우 또는 정치적 세력 간의 대립으로 인하여 헌법의 내용에 관하여 합의할 수 없는 경우, 이를 규율하지 아니한 채 미래의 발전에 따라 규범의 내용이 형성되도록 개방적인 상태로 내버려두게 된다. 대표적으로, **기본권조항**은 미래의 발전에 대하여 개방적으로 규정되어, 해석의 주체에게 매우 광범위한 해석의 여지를 부여하고 있다.

헌법은 추상성과 개방성으로 말미암아, 그 의미와 내용을 밝히는 **해석과 구체화를 필요**로 하며, 나아가 **사회현상의 변화에 적응할 수 있는 능력**을 부여받는다. 바로 이러한 헌법의 적응능력으로 말미암아, 헌법은 사회현상의 변화에도 불구하고 상당한 기간 동안 정치질서의 기본 틀로서의 기능을 유지할 수 있는 것이다. 헌법이 지나치게 구체적이고 확정적으로 규정된 경우에는 빈번한 헌법개정을 초래하게 된다.

Ⅲ. 헌법의 기능

1. 국가행위의 한계규범으로서 규범적 울타리

헌법은 일차적으로 개인의 자유를 보장하기 위하여 국가권력을 제한하는 규범체계, **국가권력 통제의 도구**로서 기능한다. 이로써 헌법은 국가행위가 넘어서는 안 되는 규범적 울타리, 즉 **국가행위의 한계규범**으로서의 의미를 가진다. 국가권력을 제한하는 대표적인 헌법적 수단은, 기본권보장을 통하여 '국민과의 관계'에서 국가권력을 제한하는 방법 및 권력분립을 통하여 권력의 집중을 방지하고 상호견제의 방법으로 '국가권력 내적으로' 권력을 제한하는 방법이다.

2. 정치와 법에 대하여 방향과 지침을 제시하는 국가공동체의 법적 기본질서

헌법은 단지 소극적으로 국가권력을 제한하고자 하는 것이 아니라, **적극적으로 국가에 대하여 그 실현을 요청**함으로써 **국가공동체의 정치생활을 형성하고 유도**하고자 한다. 헌법은 국가행위에 대하여 구속력 있는 지침을 제시한다. 헌법은 그의 기본원칙에 따라 정치적 공동체가 형성되고 국가과제가 이행되며 공동체 내에서 분쟁해결의 절차가 규율되는 국가공동체의 법적 기본질서이다. 이로써 헌법은 정치와 법에 대하여 구속력을 가지고 방향과 지침을 제시하는 법적 기본질서이다.

Ⅳ. 헌법의 분류

1. 형식과 내용에 의한 분류

가. 형식적 또는 실질적 의미의 헌법

헌법의 개념이 규율형식에 의하여 또는 규율내용에 의하여 규정되는지에 따라 헌법은 형식적 또는 실질적 의미의 헌법으로 구분된다. **실질적 의미의 헌법**은 규율대상에 의하여 내용적으로 규정되는 반면, **형식적 의미의 헌법**은 헌법전(憲法典)이라는 그 규율형식에 의하여 규정된다. **형식적 의미의 헌법**은 단지 '헌법전에 수용된 규정'만을 포함하기 때문에, 우리가 일반적으로 '헌법' 또는 '헌법전'이라 지칭하는 것은 형식적 의미의 헌법을 말한다. 이에 대하여, **실질적 의미의 헌법**은 국가법의 내용을 가진 모든 규정을 포함한다. 이러한 구분은 바로 '헌법과 국가법의 구분'과 일치한다(제1편 제1장 Ⅳ. 참조).

나. 헌법유보

실질적 의미의 헌법에 속하는 사항 중에서 **특정 사항은 단지 형식적인 의미의 헌법에 의해서만 규율될 수 있는데, 이를 헌법유보**(憲法留保)라 한다. 일반적으로, 실질적 의미의 헌법에 속하는 사항이 반드시 헌법전(憲法典)에 규율되어야 하는 것은 아니고, 헌법은 이에 관한 규율을 입법자에 위임할 수 있다.

그러나 헌법의 규율체계에 따라 단지 헌법전에만 규율될 수 있는 사항이 있는데, 이에 속하는 대표적인 것이 **권력분립질서, 즉 국가기관 상호간의 관계**이다. 국가기관 상호간의 관계는 헌법전에 확정적으로 규정되어야 하며, 단지 헌법개정을 통해서만 변경될 수 있다. 국민도 선거와 국민투표의 형태로 국가권력을 행사하는 한, 헌법기관으로 기능하므로, 국민과 대의기관 사이의 '국가권력 행사에 관한 헌법적 권한의 배분'은 확정적이다. 만일 헌법이 국가기관 상호간의 관계를 스스로 확정적으로 규율하지 아니하고 입법자에게 규율하도록 위임한다면, 입법자는 다른 국가기관과의 관계에서 자신의 관할과 권한을 스스로 정할 수 있을 것이다.

그러므로 국가기관의 권한에 관한 헌법규정은 그 권한의 한계를 제시하는 확정적인 규정으로 이해해야 하고, 이러한 의미에서 해석되어야 한다. 가령, **헌법 제60조**에서 국회의 동의를 받아야 하는 조약을 언급한다면, 이는 예시적인 것이 아니라 열거적·확정적인 것이며, **헌법 제62조**에서 국회의 출석·답변요구권을 규정한다면, 국회가 출석·답변을 요구할 수 있는 대상기관은 열거적인 것이고, **헌법 제79조**에서 국회의 동의를 얻어야 하는 사면의 유형을 언급한다면 이는 열거적인 것으로 이해해야 한다.

2. 존재형식에 의한 분류(성문헌법과 불문헌법)

가. 성문헌법

헌법이 헌법전(憲法典)의 형식으로 존재하는 경우, 이를 성문헌법(成文憲法)이라 한다. 오늘날 대부분의 국가가 성문헌법을 채택하고 있다. 성문헌법은 헌법의 내용을 명시적으로 성문화(成文化)하여 객관적으로 다툴 수 없도록 함으로써, **법적 명확성과 안정성**에 기여한다.

오늘날 대부분의 성문헌법국가가 '헌법의 우위' 또는 '헌법의 최고규범성'을 인정하고 있으며, 이에 따라 '성문헌법의 존재'와 '헌법의 우위'를 전제조건으로 하는 **헌법재판이 가능**하다는 것에 성문헌법국가의 특징이 있다. 뿐만 아니라, 대부분의 성문헌법이 헌법에 특별한 효력(헌법의 우위)을 인정함으로써 헌법개정의 요건을 까다롭게 규정하는 **경성헌법**(硬性憲法)의 성격을 취하고 있다.

나. 불문헌법

헌법이 존재하기는 하나, 헌법전의 형식이 아니라 불문법적으로 존재하는 경우, 이를 불문헌법(不文憲法)이라 한다. 불문헌법국가로서 영국, 뉴질랜드 등을 들 수 있는데, 이러한 국가에서 **헌법은 국가적 관행으로 존재**한다. 불문헌법의 국가에서는 **정치질서가 불문의 헌법적 관행에 의하여 규율**된다.

불문헌법의 경우, 헌법에 특별한 효력을 부여하지 않기 때문에 헌법의 우위나 최고규범성이 인정되지 않으며, 이에 따라 헌법의 우위를 전제로 하는 **헌법재판제도도 존재하지 않는다**는 것에 그 특징이 있다. 또한, 불문헌법의 경우 법률보다 엄격한 별도의 헌법개정절차가 인정되지 않으므로, **예외 없이 연성헌법**(軟性憲法)의 성격을 가진다.

다. 성문헌법국가에서 불문법적 요소의 인정 여부

(1) 성문헌법으로부터 헌법해석을 통한 불문법적 요소의 도출

성문헌법은 모든 헌법적 사항을 빠짐없이 규율할 수 없으며, 헌법의 해석과 적용을 통하여 실현되고 구체화되고 보완되어야 한다. 성문헌법은 사회현상의 변화에 따라 헌법의 규범적 효력을 유지하기 위해서도 **불문법적 요소에 의한 보완을 필요**로 한다. 헌법해석을 통하여 성문헌법으로부터 불문법적 요소를 도출하는 것은 미래의 발전에 대하여 **개방적인 헌법의 필수적인 현상**이다. **헌법은 제37조 제1항**에서 "국민의 자유와 권리는 헌법에 열거되지 아니한 이유로 경시되지 아니한다."고 하여, 헌법전에 명문으로 규정된 기본권 외에도 헌법해석을 통하여 새로운 기본권을 인정할 수 있다는 것, 즉 성문헌법으로부터 불문법적 요소를 도출할 수 있음을 명시적으로 밝히고 있다. 헌법재판소는 종래 헌법해석을 통하여 성문헌법으로부터 다수의 불문법적 요소를 도출함으로써 실정헌법을 실현하고 발전시키고 보완하였다.[2)]

(2) 관습헌법(헌법관습법)

성문헌법에 기초하여 헌법의 규범적 테두리 내에서 헌법해석을 통하여 불문법적 요소를 도출하는 경우와 구분해야 하는 것은, **성문헌법의 범주를 벗어나** 헌법적 관행으로서 불문헌법(관습헌법)을 인정하는 경우이다. 헌법해석을 통하여 불문법적 요소를 도출하는 경우, 불문법적 요소는 성문헌법에 그 효력의 근거를 두고 있으며, 성문헌법에 내재하는 것이다. 반면, 관습헌법은 성문헌법 밖에 존재하는 법, 즉 헌법제정에 기인하지 않는 법이다. 관습헌법이란, **그 효력의 근거를 성문헌법이 아니라 법적 확신에 의하여 유지되는 관행에 두고 있는 법원**(法源)을 말한다.

관습법은 법의 모든 영역에서 생성될 수 있으며, 헌법의 영역에서도 관습법은 존재할 수 있다. **관습법으로 인정되기 위해서는 객관적 요소**로서 '장기간 지속된 일반적인 관행'이 존재해야 하고, **주관적 요소**로서 '관행의 준수가 법적으로 구속력을 가진다는 당사자들의 확신'이 있어야 한다. 물론, 관행을 헌법적 차원의 관습법으로 인정하기 위해서는, 당사자들의 확신에 따라 관습법이 헌법적 지위와 구속력을 가지고 있다는 부가적인 요소가 필요하다. 관습법은 당사자의 법적 확신에 의하여 지탱되는 **관행이 관습법으로 강화되었는지를 확인하는 국가기관을 필요**로 한다. 이를 확인하는 것은 법관의 과제이며, 헌법관습법의 경우 헌법재판소의 과제이다.

성문헌법에서도 이를 보완하는 관습법의 형성이 이론적으로 가능하지만, 실제로는 **성문헌법국가에서 헌법관습법**은 거의 인정되지 않는다. 대부분의 경우, 성문헌법의 개방성에 비추어 성문헌법에 근거하여 해석을 통하여 불문법적 요소를 도출할 수 있다는 점에서, 헌법관습법을 인정해야

---

2) 가령, 헌법재판소는 법치국가원리와 관련하여 헌법에 명시적으로 규정된 것 외에 법률의 명확성원칙, 신뢰보호의 원칙 등을 도출하였고, 또한, 행복추구권으로부터 인격권과 개인정보자기결정권을 도출한다든지, 표현의 자유로부터 국민의 알권리를 도출하는 등, 헌법에 명시적으로 규정된 기본권 외에 헌법해석을 통하여 다른 기본권을 도출하였다.

할 필요가 없다. 다른 한편으로는, 헌법적 관행이 형성되었다 하더라도, 이러한 관행이 헌법관습법으로 강화되었는지, 이에 관한 당사자의 법적 확신이 존재하는지에 관하여 언제나 논란과 의문의 여지가 있기 때문에, **일반국민과의 관계에서 관습헌법을 인정하는 것은 거의 불가능**하며, 기껏해야 국가기관 사이에서 또는 국가기관 내부적으로 관습헌법이 인정될 수 있을 뿐이다.[3)]

판 례 헌법재판소는 **'수도이전 사건'에서 처음으로** 헌법적 관행에 기초하여 **관습헌법을 인정**하였다. 행정수도를 충청권지역으로 이전하는 것을 내용으로 하는 '신행정수도의 건설을 위한 특별조치법'에 대하여 국민들이 헌법소원심판을 청구한 **'수도이전 사건'**(헌재 2004. 10. 21. 2004헌마554등)에서, 헌법재판소는 "성문헌법이라고 하여도 그 속에 모든 헌법사항을 빠짐없이 완전히 규율하는 것은 불가능하고 또한 헌법은 국가의 기본법으로서 간결성과 함축성을 추구하기 때문에 **형식적 헌법전에는 기재되지 아니한 사항이라도 이를 불문헌법 내지 관습헌법으로 인정할 소지**가 있다."고 확인하면서, "관습헌법이 성립하기 위하여서는 관습이 성립하는 사항이 단지 법률로 정할 사항이 아니라 반드시 헌법에 의하여 규율되어 법률에 대하여 효력상 우위를 가져야 할 만큼 **헌법적으로 중요한 기본적 사항**이 되어야 한다."고 하면서, 구체적으로 "**관습헌법이 성립하기 위하여서는** 관습법의 성립에서 요구되는 일반적 성립 요건이 충족되어야 한다. 첫째, **기본적 헌법사항에 관하여 어떠한 관행 내지 관례가 존재**하고, 둘째, 그 관행은 국민이 그 존재를 인식하고 사라지지 않을 관행이라고 인정할 만큼 충분한 기간 동안 반복 내지 계속되어야 하며(**반복·계속성**), 셋째, 관행은 지속성을 가져야 하는 것으로서 그 중간에 반대되는 관행이 이루어져서는 아니 되고(**항상성**), 넷째, 관행은 여러 가지 해석이 가능할 정도로 모호한 것이 아닌 명확한 내용을 가진 것이어야 한다(**명료성**). 또한 다섯째, 이러한 관행이 헌법관습으로서 국민들의 승인 내지 확신 또는 폭넓은 컨센서스를 얻어 국민이 강제력을 가진다고 믿고 있어야 한다(**국민적 합의**)."고 하여 구체적 요건을 제시하고 있다.

헌법재판소는 위와 같은 요건에 근거하여 '우리나라의 수도가 서울이라는 것'을 불문의 관습헌법으로 인정하였고, 나아가 관습헌법은 헌법의 일부로서 성문헌법과 동일한 효력을 가지기 때문에, 헌법 제130조에 의거한 헌법개정의 방법에 의하여 또는 자신을 지탱하고 있는 국민적 합의를 상실함으로써 폐지될 수 있는데, 국민적 합의가 상실되어 관습헌법이 자연히 사멸하지 않은 상황에서 관습헌법사항을 헌법개정절차 없이 법률로 변경하는 것은 헌법개정에 있어서 국민이 가지는 국민투표권의 행사를 배제한 것으로 국민투표권을 침해하는 것이라고 하여 위 법률을 위헌으로 선언하였다.

헌법재판소는 수도이전 결정에서 **해석의 대상으로 삼을만한 성문헌법조항이 전혀 존재하지 않기 때문에** 성문헌법의 해석을 통하여 불문법적 요소를 도출할 수 없었다. 그러한 경우, 헌법재판소는 헌법재판의 심사기준이 존재하지 않는다는 이유로 합헌결정을 할 수도 있었으나, 위 결정에서는 **관습헌법에 근거하여 헌법재판의 심사기준을 도출**함으로써 논란의 대상이 되었다. 관습헌법의 생성을 위한 객관적 요소로서 '지속적인 관행'은 인정할 수 있으나, 이러한 관행이 헌법적 지위와 구속력을 가진다는 일반국민의 합의가 존재하는지는 의문이라는 점에서, '우리나라의 수도가 서울인 것'이 관습헌법에 해당하는지의 문제가 제기되었다.

3. 개정의 용이성(容易性)에 의한 분류(경성헌법과 연성헌법)

헌법의 개정이 용이한지의 관점에서, 헌법은 경성헌법과 연성헌법으로 구분할 수 있다. **경성헌법(硬性憲法)**이란, 법률보다 까다로운 절차를 통하여 개정할 수 있는 헌법을 말한다. 대부분의 성

3) 가령, 독일의 경우 학계의 일부 견해는 의회기 불연속의 원칙(Grundsatz der parlamentarischen Diskontinuität)에 헌법관습법의 성격을 부여하고 있다.

문헌법국가에서 헌법의 특별한 효력(헌법의 우위)이 인정되기 때문에, 헌법의 존속력을 강화하기 위하여 헌법개정의 요건을 까다롭게 규정하고 있다. 이에 대하여, **연성헌법(軟性憲法)**이란 법률과 동일한 절차로써 개정할 수 있는 헌법을 말한다. 불문헌법은 예외 없이 연성헌법이다.

Ⅴ. 헌법규정의 유형

1. 기본권규정

기본권규정은 국가와 개인의 관계를 규율하는 규범으로서 **개인의 주관적 권리**를 도출할 수 있는 헌법규범이다. 개인의 주관적 권리가 국가에 의하여 침해당하는 경우, 기본권은 **권리구제절차**를 통하여 관철되고 보장된다는 특징을 가진다.

2. 헌법위임

헌법이 특정 국가기관에게 구체적인 행위의무를 부과하는 경우, 이러한 헌법규범을 **헌법위임(憲法委任)**이라 한다. 헌법이 입법자에게 특정한 사안이나 영역을 규율해야 할 구체적인 입법의무를 부과하는 경우, 이러한 헌법규범을 **입법위임(立法委任)**이라 한다. 헌법위임은 입법자뿐만 아니라 행정과 사법도 구속한다는 점에서 입법위임과 구별된다. 그러나 헌법은 일반적으로 입법자에게 입법의무를 부과함으로써 입법자를 직접 구속하고, 입법자는 법률의 제정을 통하여 집행부와 사법부를 구속하기 때문에, **헌법위임은 일반적으로 입법위임의 형태**로 나타난다. 국가기관이 헌법적 의무를 이행함으로써 헌법위임은 적어도 잠정적으로 완수된다.

입법위임으로는, **국가조직의 영역에서는** 국민이 되는 요건을 정해야 할 입법자의 의무(헌법 제2조 제1항), 선거에 관하여 규율해야 할 의무(헌법 제41조 제3항, 제67조 제5항), 공무원제도에 관하여 규율해야 할 의무(헌법 제7조 제2항), 정당제도에 관하여 규율해야 할 의무(헌법 제8조 제3항) 등을 예로 들 수 있고, **기본권의 영역에서는** 방송과 신문의 시설기준과 기능을 규율해야 할 의무(헌법 제21조 제3항), 의무교육 및 교육제도에 관하여 규율해야 할 의무(헌법 제31조 제2항 및 제6항), 최저임금제와 근로조건의 기준에 관하여 규율해야 할 의무(헌법 제32조 제1항 및 제3항) 등을 들 수 있다. 헌법소송의 관점에서, 입법위임은 '입법부작위에 대한 헌법소원'과 관련하여 특별한 의미를 가진다.

3. 국가목표규정

가. 의미

헌법이 국가기관에게 특정 과제를 지속적으로 이행해야 할 의무를 부과하는 경우, 이러한 헌법규범을 국가목표규정이라 한다. 국가목표규정은 헌법위임과는 달리 특정한 국가행위를 해야 할 구체적인 의무를 담고 있는 것이 아니라, 국가공동체의 일반적인 목표설정으로서 **국가행위에 대하여 지속적으로 방향과 지침을 제시**한다. 이로써 국가목표규정은 국가행위의 지침이자 법규범의 적용에 있어서 해석의 지침으로 기능한다. 헌법위임의 경우, 국가기관에 의한 헌법적 의무의 이행과 더불어 헌법위임이 적어도 잠정적으로 완수되는 반면, 국가목표조항은 입법자에 의하여 지속적으로 실현되어야 하는 과제이자 법규범의 해석에 있어서 고려되어야 하는 지속적인 기준으로

작용한다.[4]

국가목표규정은 **국가기관에 대하여 구속력**을 가진다. 그러나 국가목표규정의 헌법적 구속력은 단지 일반적 목표의 제시에 국한되는 것이고, 목표실현의 수단과 방법은 국가기관에게 위임된다. 국가목표규정은 일차적으로 입법자를 향하고 있는 것으로, 어떠한 방법으로 입법자가 그에게 부과된 국가과제를 이행할 것인지에 관하여 **광범위한 형성의 자유를 부여**하고 있다. 따라서 국가목표조항으로부터 국가의 구체적 행위의무를 도출할 수 없으며, 이에 대응하는 개인의 주관적 권리도 인정되지 않으므로, 개인은 원칙적으로 국가목표의 실현여부를 소송을 통하여 다툴 수 없다.

국가목표규정은 부여된 기능에 따라 **'정치적 목표를 확정하는 목표규정'**과 **'사회국가적 요청을 구체화하고 확정하는 목표규정'**으로 대별할 수 있다. 국가목표규정의 예로는, 통일의 지향(헌법 제4조), 국제평화의 유지(헌법 제5조), 인간의 존엄성(헌법 제10조), 국민의 교육(헌법 제31조), 근로자의 고용증진(헌법 제32조 제1항), 국민의 인간다운 생활의 보장(헌법 제34조), 환경의 보전(헌법 제35조 제1항), 양성의 평등 및 모성의 보호(헌법 제36조), 국민경제의 성장과 안정 · 소득의 분배 · 경제력의 남용방지(헌법 제119조 제2항) 등을 비롯하여 헌법 제9장에 규정된 일련의 경제정책적 국가목표조항을 들 수 있다.

나. 국가목표규정의 실현

사회현상의 변화에 따라 항상 지속적으로 새로운 국가과제가 발생하고 국가는 때로는 예측할 수 없는 과제에 부딪히기 때문에, 국가의 목표는 변화하는 상황에 따라 그 상호관계에 있어서 항상 새롭게 확정되어야 한다. 따라서 국가목표를 헌법에 명시적으로 규정하였다는 것은, 헌법에 규정된 국가목표를 다른 국가목표의 희생 하에서 우선적으로 실현해야 한다는 것을 의미하지 않는다. 헌법에 특정 국가목표가 규정되었다고 하는 것은 이러한 국가목표의 무조건적인 실현을 의미하는 것이 아니라, **법익교량과정이나 입법과정을 비롯한 정책수립과정에서 헌법에 규정된 국가목표의 적절한 고려를 요청**하는 것이다.

4) 그러나 이러한 차이에도 불구하고 헌법위임과 국가목표규정 사이의 경계설정이 언제나 명확한 것은 아니다. 사회국가원리나 사회적 기본권이 일반적으로 국가목표규정이자 동시에 헌법위임으로 간주되고 있다.

제 3 장 헌법의 제정 · 개정 · 변천

Ⅰ. 헌법의 제정

1. 헌법제정권력

가. 의미

성문헌법은 헌법의 제정을 전제로 하는데, '누가 헌법을 제정하는지'의 헌법제정권력의 문제는 **헌법의 정당성**의 관점에서 근본적인 문제이다. 헌법제정권력은 국가공동체에서 정치적 지배의 기원이 어디에 있는지, 국가의 정치적 지배가 어떻게 정당화되어야 하는지에 관한 문제로서, 헌법의 제정을 정당화하는 기능을 한다.[1)]

헌법의 제정은 새로운 정치질서의 형성, 국가의 새로운 출발을 의미한다. 그러므로 헌법의 제정은 아무 때나 임의로 이루어지는 것이 아니라, 헌법의 제정을 요청하고 정당화하는 특수한 상황을 전제로 한다. 헌법제정권력을 행사하는 상황이란, 가령 혁명이나 신생국가의 탄생 등 새로운 정치질서를 형성해야 하는 상황이다. 따라서 헌법제정권력에 관한 이론이 **프랑스 혁명기에 혁명의 이론으로 발생**한 것은 우연이 아니다. 프랑스 혁명헌법(1791)의 설계자이자 국민주권이론가인 **시예에스(Abbé Sieyès)**는 그의 저서 "제3신분이란 무엇인가?"(Qu'est-ce que le tiers état?, 1789)에서 오로지 국민에게만 귀속되고 단지 그에 의해서만 행사될 수 있는 시원적이고 절대적인 권력을 '헌법제정권력'이라고 표현하였다.

최초의 현대헌법은 구질서와의 급진적인 단절과 새로운 정치질서의 창설을 의미하는 것이었다. **미연방헌법과 프랑스 인권선언**은 모두 서문에서 "우리 국민은"의 표현으로 시작하고 있다. "우리 국민은"이라는 표현에는 현대 헌법국가의 발생에 있어서 특징적인 **'정치적 사고의 혁명'**이 담겨있다. 여기서 혁명적인 것은, 국민이 기존의 전통과 군주제를 부정하고 자신을 '새로운 국가질서의 창조자이자 최종적인 기원'으로 스스로 임명하는 것에 있다. 미국과 프랑스에서 헌법제정은, **국민이 민주적 자기지배의 사고에 기초하여 새로운 정치질서를 창조하는 권한을 스스로에게 부여**하는 것, 즉 자기수권(自己授權)을 의미하는 것이었다.

나. 시예에스의 헌법제정권력론

(1) **시예에스의 헌법제정권력론**은 첫째, 헌법제정권력은 그 당시 프랑스 혁명의 주체인 제3계급인 시민계급에 속한다는 것이고, 둘째, '형성적 권력'인 헌법제정권력과 '형성된 권력'의 구분에

1) 가령, 군주주권의 국가에서는 군주만이 유일한 헌법제정권력의 주체이다. 군주에 의하여 제정되는 흠정헌법의 정당성은 군주주권에 입각하고 있으며, 군주주권은 '군주의 권력은 신으로부터 유래한다'고 하는 왕권신수설(王權神授說)에 기초하고 있다.

기초하여, 형성적 권력은 기존의 법질서에 의하여 아무런 구속을 받지 않는 반면, 형성된 권력은 형성적 권력에 의하여 구속을 받는다는 것으로 요약될 수 있다.

형성적 권력은 헌법을 창조하는 권력으로, 헌법의 제정을 통하여 국가의 규범적 기초를 확정하는 권력이다. 형성적 권력은 창조적·시원적 권력이기 때문에, 종래의 법질서에 의한 구속을 받지 않는다. 헌법제정권력의 시원성으로부터 자기정당화의 힘이 나온다. 반면에, **형성된 권력**은 헌법제정권력에 의하여 창설된 국가기관(의회, 정부 등)과 그에 속하는 권한을 말한다. 의회, 정부를 비롯하여 헌법에 의하여 구성된 모든 헌법기관이 이에 속한다. 국민도 선거나 국민투표의 형태로 국가의사형성에 참여하는 한, 형성된 권력에 속한다. 형성된 권력은 창조된 또는 전래적 권력으로서 형성적 권력의 구속을 받는다. 따라서 형성된 국가기관은 헌법의 구속을 받고 헌법에 의하여 설정된 한계 내에서 활동해야 한다.

(2) 시예에스는 '헌법제정권력론'을 통하여 혁명헌법의 제정이 군주를 비롯한 기존 질서의 협력과 동의를 필요로 하지 않는다는 것을 논증함으로써, **시민계급의 혁명헌법을 정당화**하고자 시도하였다. 그의 헌법제정권력론은 민주적 원칙에 의한 헌법제정의 최소요건을 제시함으로써, 오늘날 **국민주권원리에 의한 헌법생성의 여부를 판단하는 기준**이 되었다. 나아가, 헌법제정권력론은 시원적인 상위(上位)의 '헌법제정권력'과 그에 의하여 조직되어 헌법의 구속을 받는 하위(下位)의 '형성된 권력'을 구분함으로써 **'헌법의 우위' 사고가 싹트는 출발점**이 되었다.

시예에스의 헌법제정권력론은 **독일 공법학자인 칼 슈미트**(Carl Schmitt)에 의하여 계승되어 **헌법제정권력과 헌법개정권력을 구분하는 이론으로 발전**하였고, 이로써 헌법개정의 한계를 밝히는 이론적 기초가 되었다. **시예에스**의 주된 의도는 헌법제정권력의 시원성을 강조하여 혁명헌법을 정당화하고자 하는 것이었고, 헌법개정의 한계에 관한 문제는 그의 관심사가 아니었다. 반면에, **칼 슈미트**는 시예에스가 제시한 '형성적 권력과 형성된 권력'의 구분에 기초하여 '헌법제정권력과 헌법개정권력'을 대치시키고 헌법개정권력은 형성된 권력으로서 형성적 권력인 헌법제정권력의 구속을 받는다고 주장함으로써 헌법개정의 한계를 도출하고자 시도하였다.

2. 헌법제정권력의 주체

가. 시대에 따른 변화

헌법제정권력의 주체는 군주, 국민 또는 경우에 따라서는 국민의 일부 집단(프랑스 혁명기의 제3계급, 사회주의국가의 프롤레타리아계급 등)이 될 수 있다. 역사적으로 볼 때 헌법제정권력의 주체는 시대에 따라 변화하였다. 헌법제정권력의 주체가 누구인지에 따라, 군주주권의 국가에서 군주에 의하여 일방적으로 제정되는 **흠정헌법**(欽定憲法), 입헌군주제의 국가에서 군주와 시민의 대표인 의회의 합의에 의하여 제정되는 **협약헌법**(協約憲法), 국민주권의 국가에서 국민에 의하여 제정되는 **민정헌법**(民定憲法)으로 구분된다. 1789년 시예에스에 의하여 헌법제정권력이 국민에게 있다고 주장되었음에도 불구하고, 19세기에는 위 세 가지 헌법유형이 공존하는 현상을 보여주고 있다. 그러나 20세기에 와서는 국민주권원리에 기초한 헌법제정이 보편화되었다.

나. 민주국가에서 헌법제정권력의 주체

국민주권사상에 기초하는 민주국가에서 헌법제정권력의 주체는 **국민**이다. **국민주권주의**의 본질적 내용에 속하는 것은, 국민이 헌법제정권력을 가진다는 것, 국가공동체 정치질서의 기본성격을 확정하는 권한이 국민에게 귀속된다는 것이다. **국민의 헌법제정권력**은 국민주권주의에 있어서 필수적이다. **헌법은 전문**에서 "유구한 역사와 전통에 빛나는 우리 대한국민은 … 1948년 7월 12일에 제정되고 …"이라고 하여 헌법제정권력의 주체가 국민임을 명시적으로 밝히면서, **제1조 제2항**에서 "대한민국의 주권은 국민에게 있고,…"라고 규정함으로써 국민주권주의를 선언하고 있다.

3. 헌법제정의 절차

헌법제정의 절차는 동시에 **헌법제정권력(제헌권)의 행사방법**을 의미한다. 제헌권의 행사방법은 국민이 제헌권을 직접 행사하는 방법과 대의기관을 통하여 간접적으로 행사하는 방법으로 크게 나누어 볼 수 있다.

국민은 대표자를 선출하여 대표자에게 헌법제정을 위임함으로써 **대표자를 통하여 헌법제정권력을 행사**할 수 있다(대의기관에 의한 제헌권의 행사). 국민이 제헌의회를 선출하고 선출된 제헌의회에서 헌법안을 기초하여 이를 의결하는 방법이다. 1948년 한국헌법은 이러한 방법으로 제정되었다. 한편, 국민은 헌법위원회에 의하여 작성된 **헌법안에 대하여 국민투표로 확정함으로써 직접 헌법제정권력을 행사**할 수 있다(제헌권의 직접 행사). 이 경우, 헌법안을 기초하는 헌법위원회는 국민에 의하여 직접 선출될 필요가 없다. 나아가, 국민은 제헌의회를 선출하여 제헌의회에서 의결된 헌법안에 대하여 국민이 다시 국민투표로 확정할 수도 있는데, 이는 국민이 가장 강력하게 헌법제정권력을 행사하는 방법에 해당한다.

4. 헌법제정권력의 한계

가. 규범적 한계

헌법제정권력의 한계란, 헌법제정권력이 아무런 구속을 받지 않고 자유롭게 헌법의 내용을 형성할 수 있는지에 관한 문제이다. **시예에스의 헌법제정권력론에 따라** 헌법제정권력을 시원적 권력으로 이해하는 경우, 헌법제정권력은 규범적으로 구법질서에 의한 어떠한 제약도 받지 않는다. 헌법의 제정행위는 일종의 혁명적 성격을 가지기 때문이다.

나. 사실상의 한계

헌법제정권력은 비록 구법질서에 의한 규범적 제약을 받지는 않지만, 규율대상인 **'헌법의 본질'**에 의한 구속 및 헌법 제정 당시의 **'보편적이고 지배적인 기본가치'**에 의한 구속을 받는다.

(1) 헌법은 그 본질적인 기능을 이행할 수 있도록 그 내용에 있어서 형성되어야 한다는 의미에서, 헌법제정권력은 **헌법의 기능과 과제로부터 나오는 구속**을 받는다. 헌법은 **국가권력을 제한해야 하고 기능적으로 조직해야 하며 정당화해야** 한다. 헌법은 이러한 기능과 과제를 이행하기 위하여 필수적인 규정을 담고 있어야 한다. 나아가, 헌법은 본질적으로 **공동체 통합의 질서이자 법적 평화질서**이다. 헌법제정권력은, 헌법이 이러한 질서로서 기능할 수 있도록 헌법의 내용을 형성해야 한다는 사실상의 구속을 받는다. 가령, 인종차별원칙에 기초하는 '과거 남아연방의 헌법'이 이

러한 기능을 이행할 수 없다는 것은 명백하다.

(2) 헌법제정권력은 헌법의 규범적 효력을 확보하기 위하여 **헌법 제정 당시의 보편적이고 지배적인 기본가치를 존중해야 한다는 구속**을 받는다. 헌법은 국가공동체의 정치생활을 규율하는 법규범인데, 헌법이 법적 구속력을 가지고 헌법현실을 규율하는 규범적 효력을 가지기 위해서는 헌법이 국민에 의하여 지지되고 정당한 것으로 수용되어야 한다. 헌법의 규범적 효력은 국가에 의하여 강제될 수 있는 것이 아니라 **국민의 자발적인 동의와 지지에 의존**하고 있다. **인간의 존엄성 및 기본적 인권의 보장**은 오늘날 문명사회에서 보편적 가치에 속하는 것이고, **자유민주적 기본질서**는 개인의 자유가 보장되기 위한 기본조건이자 민주적 정치질서가 생존하기 위한 기본조건에 속하는 것이다. 이러한 기본가치를 경시하는 헌법은 헌법의 규범력을 유지하기 위하여 필요한 국민의 동의와 지지를 얻을 수 없을 것이다. 따라서 헌법 제정 당시의 보편적이고 지배적인 기본가치는 헌법제정권력의 사실상의 한계를 의미한다.

Ⅱ. 헌법의 개정

1. 헌법개정의 의미

헌법의 개정이란 기존의 헌법을 변경하는 행위를 말한다. 헌법개정은 성문헌법에서만 문제될 수 있다. 헌법개정은 개정되는 **헌법규정 문언(文言)의 명시적인 변경**을 요구한다(법문변경의 원칙). 무엇이 헌법에 속하는 것인지를 명확하게 규정하여 다툼을 없애기 위하여, 즉 성문헌법의 장점을 유지하기 위하여, 헌법개정은 법적 명확성과 안정성의 관점에서 법문의 변경을 요구한다.

헌법을 개정하는 이유는 일반적으로 법규범을 개정하는 이유와 동일하다. 헌법현실이 변화하면 헌법규범도 변화해야 한다. 헌법규범이 헌법현실에 적응하지 못하는 경우, 헌법규범과 헌법현실 사이에 괴리가 발생하여 헌법규범이 헌법현실을 규율하는 규범력을 상실할 수 있다. **헌법의 규범적 효력을 유지하기 위하여** 헌법은 개정을 필요로 한다. 한편, 헌법은 공동체의 법적 기본질서로서 안정적 · 지속적 · 항구적이어야 한다. **너무 빈번한 헌법개정**은 헌법의 안정성과 항구성을 저해하고 헌법에 대한 신뢰와 권위, 결국 규범적 효력을 약화시킬 수 있다. 따라서 대부분의 국가에서는 경성헌법의 성격을 채택하여 헌법개정을 어렵게 하고 있다.

2. 헌법의 변천

(1) 개념

헌법의 변천은 헌법규정의 외형적인 변화나 **법문의 변경이 없이 시대의 변천에 따라 헌법이 새로운 의미와 내용을 얻게 되는 경우**를 말한다. 헌법의 변천은 헌법규범을 새로운 해석과 적용을 통하여 변화하는 사회현상에 적응시키는 작업이다.

법의 변천은 법의 모든 영역에서 공통적으로 발생하는 현상으로, **시간의 흐름에 따른 법의 발전과정**이다. 1787년에 제정된 미연방헌법이 200년이 지난 오늘날에도 헌법의 규범력을 유지하고 있는 것은, 헌법규정의 새로운 해석과 적용을 통하여 헌법규범을 변화하는 사회현상에 끊임없이 적응시켜온 결과, 즉 부단한 헌법변천의 결과라 할 수 있다. 또한, 1896년에 제정된 독일 민법이

1세기 이상이 지난 오늘날에도 그대로 적용될 수 있는 것은 부단한 법발전과정의 결과이다.

헌법의 변천은 **특히 기본권의 영역**에서 빈번하게 찾아볼 수 있다. 자유를 위협하는 새로운 현상이 발생한다면, 기본권은 이에 대한 보호를 제공해야 한다. 따라서 자유를 위협하는 사회현상의 변화에 따라 기본권의 기능이나 보호범위가 달라진다.[2] **헌법은 제37조 제1항**에서 "국민의 자유와 권리는 헌법에 열거되지 아니한 이유로 경시되지 아니한다."고 규정하여, 헌법에 명시적으로 규정된 기본권 외에도 헌법적으로 보장되는 기본권이 있다는 것을 밝힘으로써, **헌법해석을 통한 헌법의 변천을 허용**하고 있다. 헌법 제37조 제1항은 헌법해석을 통하여 새로운 기본권을 인정함으로써 국가, 특히 헌법의 최종적 해석권자인 헌법재판소에게 개인의 자유를 위협하는 새로운 상황에 대처할 의무를 부과하고 있다.

(2) 헌법변천을 허용하는 이유

사회현상의 변화에 따라 매번 헌법개정을 하는 경우, **너무 빈번한 헌법개정**을 수반하고 **자유로운 법발전과정을 저해**할 우려가 있다. 사회현상의 변화를 예측할 수 없는 상황에서 규범의 내용을 확정하기 어려울 뿐만 아니라, 미래의 발전에 대하여 개방적인 규정으로 유지하기 위하여 헌법변천은 허용되어야 할 뿐만 아니라 헌법적으로 요청되는 것이다.

(3) 헌법변천의 한계

헌법변천은 헌법개정 없이도 헌법해석을 통하여 헌법규정을 적용할 수 있는 가능성이 존재하는 때까지, 즉 헌법해석을 통하여 헌법현실을 규율할 수 있고 이로써 헌법의 규범력을 유지할 수 있을 때까지 허용된다. 이러한 가능성이 소진된 후에는 헌법개정의 문제가 제기된다. 따라서 **헌법변천의 한계의 문제는 헌법해석의 한계의 문제**를 의미한다. 그러나 **헌법변천의 한계는 단지 이론적으로만 확인가능**하다. 헌법의 최종적인 해석권자인 헌법재판소가 설사 무리한 헌법해석을 통하여 헌법변천의 한계를 넘는다 하더라도, 이에 관하여 심사할 수 있는 가능성이 없다는 점에서, 헌법실무에서 그 한계의 확인은 사실상 불가능하다.

3. 헌법개정의 절차

헌법개정의 절차는 누가 어떠한 조건 하에서 헌법을 개정할 수 있는지의 문제에 관한 것인데, 헌법제정권력은 **헌법개정에 관한 규정**을 통하여 헌법개정의 과제를 헌법개정권력에게 위임하고 있다.

입법기관에 의한 방법은 헌법개정권한을 입법기관인 의회에 부여함으로써 의회의 의결로써 헌법을 개정하는 방법인데, 독일을 비롯한 대다수의 민주국가가 채택하고 있다. 오늘날 대부분의 민주국가에서 헌법을 개정함에 있어서 의회를 필수적으로 거치도록 규정하고 있다. **국민투표에 의한 방법**은 의회에서 심의 · 의결한 개헌안을 국민투표에 붙이거나(현행 한국헌법) 또는 의회의 의

---

2) **헌법재판소의 판례에서 나타난 자유권의 기능변화**에 관하여 보건대, 오늘날 개인의 자유가 국가권력뿐만 아니라 사인에 의해서도 위협받게 되자, 이러한 사회현상에 대처하기 위하여 자유권을 '대국가적 방어권'이자 '사인의 기본권침해로부터 사인을 보호해야 할 국가의 보호의무'로서 해석하게 되었다. 또한, **자유권 보호범위의 변화**에 관하여 보건대, 오늘날의 정보사회에서 공권력에 의한 개인 정보의 수집과 처리에 의하여 개인의 자유가 위협받는 상황에 비추어, 변화한 사회현상에서 새로이 발생하는 위협으로부터 개인을 보호하기 위하여, 헌법상의 행복추구권으로부터 '개인정보의 공개와 이용에 관하여 스스로 결정할 자기결정권'(개인정보자기결정권)을 인정하게 되었다.

결 없이 국민이 직접 국민투표의 형태로 개헌안에 관하여 결정하는 방법이다. 한편, **별도의 헌법 개정기관을 소집하는 방법**도 있으나, 이는 거의 채택되고 있지 않다.

4. 현행 헌법상 헌법개정절차

가. 구체적인 개헌절차

(1) 헌법개정은 **국회재적의원 과반수 또는 대통령의 발의**로 제안된다(헌법 제128조 제1항).

(2) 제안된 **헌법개정안**은 국민에게 주지시키기 위하여 **대통령이 20일 이상 공고**한다(헌법 제129조). **개헌안 공고절차**는, 공고기간 동안 국민의 자유로운 의견교환과 토론, 비판을 통하여 헌법개정에 관한 국민의사(여론)형성을 가능하게 함으로써, 국회가 헌법개정안에 대하여 의결함에 있어서 형성된 국민의사를 고려할 수 있도록 하기 위한 것이다.

(3) 현행 헌법상 개헌절차는 **'헌법개정안에 대한 국회의 의결' 및 '국민투표에 의한 헌법개정의 확정'**이라는 2단계로 구성되어 있다(헌법 제130조). 우리 헌법에서 헌법개정권력은 국회와 국민이다. 헌법개정절차가 일반법률의 개정절차(헌법 제49조)보다 까다롭게 규정되어 있다는 점에서 **경성헌법**이다.

국회의 의결은 재적의원 2/3 이상의 동의를 필요로 한다(헌법 제130조 제1항). 이와 같이 **가중된 정족수를 요청하는 이유**는, 일반적인 정치세력구도의 경우 야당의 동의를 얻어야 헌법개정이 가능하도록 함으로써 광범위한 지지기반 위에서 헌법개정이 이루어지도록 하고, 다른 한편으로는 단순 과반수의 지지에 의하여 헌법의 존속력이 위협받는 것을 방지하고자 하는 것이다. 국회에서 의결된 헌법개정안이 **국민투표**에 붙여져 국회의원선거권자 과반수의 투표와 투표자 과반수의 찬성을 얻은 경우에는 헌법개정은 확정된다(헌법 제130조 제2항 및 제3항).

(4) 대통령은 **확정된 개정안을 즉시 공포**해야 한다(헌법 제130조 제3항).

나. 대통령의 임기연장이나 중임변경을 위한 헌법개정

헌법은 제70조에서 "대통령의 임기는 5년으로 하며, 중임할 수 없다."고 하면서, **제128조 제2항**에서 "대통령의 임기연장 또는 중임변경을 위한 헌법개정은 그 헌법개정 제안 당시의 대통령에 대하여는 효력이 없다."고 규정하고 있다. **헌법 제128조 제2항의 취지**는, 대통령이 자신의 장기집권을 위하여 헌법을 개정하고자 하는 시도를 사전에 차단하고자 하는 것에 있다. 위 헌법조항은 대통령의 임기연장 또는 중임변경을 위한 헌법개정을 금지함으로써 헌법개정의 한계를 규정하는 조항이 아니라, 이러한 내용의 헌법개정이 허용되는 것을 당연한 전제로 하여,[3] 헌법개정의 경우에 단지 그 효력이 개정 당시의 대통령에 대해서는 미치지 않는다는 것을 규정한 조항으로서 **헌법개정의 효력을 제한하는 규정**이다.

다. 헌법개정절차의 개정 문제

헌법개정절차는 헌법제정권력이 헌법개정권력으로부터 헌법을 보호하기 위한 안전장치라 할

---

3) 한편, 대통령의 임기연장을 위한 헌법개정과 관련하여, 대통령의 임기를 가령 10년 등으로 과도하게 장기로 연장할 수 있는지 의문이 제기된다. 대의제 민주주의에서 대의기관의 선거는 적정한 주기로 실시되어야 하며, 그러한 경우에만 선거는 주기적인 국민심판을 통하여 대의기관에게 국가권력을 한시적으로 위임하는 본래의 기능을 이행할 수 있다. 따라서 **과도하게 장기의** 선거 주기, 즉 **대의기관 임기는 대의제의 본질에 반하는 것으로, 헌법개정의 한계를 넘는 것**이다. 이에 관하여 상세하게 제2편 제3장 제2절 III. 2. 참조.

수 있다. 형성된 권력인 헌법개정권력은 **헌법개정절차와 관련해서도** 형성적 권력인 **헌법제정권력의 구속**을 받아야 한다. 따라서 헌법개정권자는 헌법개정을 보다 곤란하게 하는 방향으로 개정절차를 강화할 수는 있으나, 헌법개정을 용이하게 하는 것은 허용되지 않는다.

Ⅲ. 헌법개정의 한계

1. 개정한계설

가. 일반이론

헌법에 따라서는 명시적으로 특정 내용의 개정을 금지하는 경우가 있다. 가령, 독일 기본법은 개정금지사항을 명시적으로 규정하고 있다. 헌법에 개정금지규정이 없는 경우, **개정할 수 없는 헌법의 내용이나 규정이 있는지의 문제**가 제기된다. 이와 관련하여, 헌법에 개정금지규정이 있는지 여부와 관계없이 헌법개정에는 일정한 한계가 있다고 보는 견해(개정한계설)가 지배적이다. 헌법개정의 한계는 다양한 관점에서 제시될 수 있는데, 특히 독일 공법학자인 칼 슈미트의 개정한계설이 일반적인 지지를 얻고 있다.

나. 칼 슈미트의 헌법개정한계설

바이마르 공화국 당시 헌법학의 지배적인 견해에 의하면, 헌법과 법률의 관계와 관련하여 헌법의 우위는 인정되지 않았으며, 헌법과 법률은 동일한 효력을 가지는 것으로 간주되었다. 이에 따라 입법자는 헌법과 법률을 임의로 개정할 수 있으며, 심지어 헌법상 민주주의원리, 공화국 등도 임의로 변경할 수 있다는 것이 지배적인 견해였다. 슈미트는 그 당시 헌법학의 지배적인 견해에 대하여 이의를 제기하면서, 시예에스의 헌법제정권력론에 기초하여 **헌법개정의 한계**를 다음과 같이 논증하였다. 헌법제정권력은 시원적 권력으로서 어떠한 구속을 받지 않으며 무제한적이지만, 헌법개정권력은 형성된 권력으로서 단지 제한된 권한만이 부여될 수 있다. 국가형태가 변형될 정도로 입법자가 헌법을 개정한다면 이는 형성된 권력의 한계를 넘은 것이다.

그는 헌법개정의 한계를 제시하기 위하여 시예에스의 '형성적 권력과 형성된 권력'의 구분을 **'헌법과 헌법률(憲法律)'의 구분**으로 체계화하였다. 그에 의하면, 헌법이란 국가공동체의 형태에 관한 헌법제정권력의 근본적 결단이고, 헌법률은 이러한 근본적 결단에 입각한 헌법적 규정이다. 근본적 결단에 해당하는 헌법은 헌법률과는 달리 개정될 수 없다. 이로써, **헌법제정자의 근본적 결단사항인 헌법은 헌법개정금지사항**에 해당한다. 입법자가 헌법의 기본결정을 변경하는 것은 헌법의 제거, 즉 법에 의한 혁명을 의미하며, 이는 헌법에 의하여 형성된 권력의 권한범위를 넘는 것이다. 헌법개정권력은 자신을 형성한 모체의 정체성과 동질성을 훼손해서는 안 된다.

다. 현대적 헌법의 내재적 요소로서 헌법개정의 한계

또한, 헌법개정의 한계는 오늘날 **민주적 헌법의 기능과 본질**로부터도 나온다. 오늘날 민주국가 헌법의 기능과 본질은 정치질서의 기본 틀로서 국가공동체의 정치생활을 지속적으로 규율하고자 하는 것, **국가공동체의 기본질서를 지속적으로 확정**하고자 하는 것이다. 그렇다면 헌법이 이러한 기능을 이행하기 위해서는 비록 헌법이 시대와 상황의 변화에 따라 변화해야 한다고 하지만, 입법자가 헌법의 모든 것을 임의로 처분할 수 없고 **헌법의 기본결정은 유지되어야** 한다.

라. 자연법상의 제약

헌법개정권력은 실정헌법의 상위에 존재하는 자연법상의 원리 또는 초실정법적 규범(전국가적인 인권 등)에 의하여 제약을 받는다는 견해이다. 그러나 자연법상의 원리가 **그 존재와 내용에 있어서 확인될 수 있고 확정될 수 있는지의 문제**가 제기된다. 초실정법적 법원칙이 존재하고 인식될 수 있으며 내용적으로 확정될 수 있고, 나아가 실정법을 폐지하는 효력을 가진다는 전제 하에서만 이러한 견해는 가능하다.

2. 한국 헌법의 개정 한계

우리 헌법은 명시적인 개정금지조항을 두고 있지 않지만, **헌법개정한계설**이 학계의 지배적인 견해이다. 헌법의 기본결정, 즉 기본적 가치질서는 헌법의 정체성을 구성하는 근본결정으로서 헌법개정의 대상이 될 수 없다. 우리 헌법의 기본결정은 그 내용에 있어서 과거 약 250여년에 걸쳐 형성된 서구 헌법국가의 기본원칙과 일치한다.

따라서 **인간의 존엄성 보장 및 자유민주적 기본질서의 핵심적 내용**을 폐지하거나 변경하는 것은 허용되지 않는다. 여기서 자유민주적 기본질서란 자유를 보장하기 위한 법치국가적 요소와 민주주의적 요소를 포괄하는 개념으로 법치국가와 민주주의를 구성하는 본질적 요소를 의미한다. 사회국가는 평등민주주의의 필연적 결과라는 의미에서, 사회국가원리도 헌법개정의 한계에 포함된다. 한편, 대통령제와 의원내각제는 모두 자유민주적 기본질서에 입각한 정부형태이므로, 정부형태의 변경은 헌법개정의 형식으로 가능하다.

Ⅳ. 위헌적인 헌법규정의 문제

1. 원래의 헌법규정(헌법제정규정)이 헌법에 위반될 수 있는지의 문제

원래의 헌법규정이 헌법에 위반되기 위해서는 헌법규범 간에 위계질서 또는 우열관계가 존재해야 한다. 이러한 경우에만 하위의 헌법규범이 상위의 헌법규범에 위반됨으로써 헌법규정의 위헌여부가 문제될 수 있다. 그러나 헌법 내에서 이러한 **위계질서는 확인될 수 없고 확정될 수 없다.**

헌법은 스스로 헌법규범간의 위계질서를 확정하여 입법자를 구속하는 것이 아니라, 모든 헌법규범이 원칙적으로 동등하다는 것에서 출발하여 헌법규범이 서로 충돌하는 경우 이를 조화시키는 과제를 입법자에게 위임하고 있다. 헌법은 하나의 통일체를 형성하므로, 헌법규범이 서로 충돌하는 경우에는 양자 중에서 어느 하나를 배제해서는 안 되고 양자 모두 실현될 수 있도록 서로 조화시켜야 한다.

2. 개정된 헌법규정(헌법개정규정)이 헌법에 위반될 수 있는지의 문제

헌법개정한계설에 따라 헌법개정의 한계를 인정하는 경우, 개정된 헌법규정이 헌법개정의 한계를 넘을 수 있기 때문에, 개정된 헌법규정도 헌법에 위반될 가능성이 있다. 따라서 헌법재판제도가 기능하는 국가에서는 **개정된 헌법규정에 대해서도 규범심사가 가능해야** 한다. 헌법재판의 기능은 헌법의 수호와 관철에 있는 것인데, 헌법의 기본결정을 제거할 수 있는 헌법개정에 대해서도 헌법재판은 헌법을 수호하고 보장해야 한다.

그렇다면 일차적으로 **입법자는 이러한 헌법재판의 기능에 부합하게 헌법소송법을 형성해야** 하고, 나아가 헌법재판기관은 헌법재판의 기능에 부합하게 현행 헌법소송법을 해석·적용해야 한다. 한편, **현행 헌법재판소법**에서는 위헌법률심판의 대상을 '법률'로 규정하고 있는데, '법률'의 의미를 '형식적 의미의 법률'뿐만 아니라 '개정된 헌법규정'을 포함하는 것으로 해석함으로써 개정된 헌법규범에 대해서도 위헌심사를 가능하게 하는 것이 헌법재판의 기능의 관점에서 요청된다.

헌법개정이 비록 국민투표로 확정된다 하더라도, 헌법개정권력인 국민도 헌법제정권력의 구속을 받기 때문에, **헌법개정의 한계가 존재한다**는 것에는 변함이 없다. 국민이 국민투표의 형태로 헌법개정에 참여하는 경우, 국민은 국회와 함께 헌법개정권력으로서 참여하는 것이다. 나아가, 헌법제정에 의한 헌법규범(헌법제정규정)과 헌법개정에 의한 헌법규범(헌법개정규정)의 구분이 명백한 이상, 빈번한 헌법개정 또는 전면적 헌법개정이 이루어졌다는 사실도 헌법개정의 한계를 부인하는 근거가 될 수 없다.

판례 군인에 대한 이중배상금지를 규정하고 있는 헌법 제29조 제2항이 헌법의 기본결정에 위반되어 위헌이라는 주장으로 군인이 위 헌법조항에 대하여 헌법소원심판을 청구한 **'제1차 국가이중배상금지 사건'**에서 처음으로 위헌적인 헌법규정이 존재하는지, 헌법규정이 사법심사의 대상이 되는지의 문제가 제기되었다(제3편 제6장 제5절 V. 참조).

헌법재판소는 **헌법규정이 위헌소원의 대상이 되는지**에 관하여, "… 여기서 위헌심사의 대상이 되는 법률이 국회의 의결을 거친 이른바 형식적 의미의 법률을 의미하는 것에 아무런 의문이 있을 수 없으므로, 헌법의 개별규정 자체는 헌법소원에 의한 위헌심사의 대상이 아니다."라고 하여, **헌법규정은 위헌법률심판의 대상이 되지 않는다**고 판단하였다(헌재 1995. 12. 28. 95헌바3, 판례집 7-2, 841). 뿐만 아니라, 헌법재판소는 **헌법규정이 헌법소원의 대상인 '공권력의 행사'에 해당하는지**에 관하여 "헌법 제130조 제2항이 헌법의 개정을 국민투표에 의하여 확정하도록 하고 있음에 비추어, 헌법은 그 전체로서 주권자인 국민의 결단 내지 국민적 합의의 결과라고 보아야 할 것으로, 헌법의 규정을 헌법재판소법 제68조 제1항 소정의 공권력 행사의 결과라고 볼 수도 없다."고 하여 **헌법규정은 헌법소원의 대상도 되지 않는다**고 판단하였다(판례집 7-2, 841, 847).

나아가, 헌법재판소는 **헌법개정한계론이 헌법규정에 대한 위헌심사를 가능하게 하는 논거가 될 수 있는지**에 관하여 "우리나라의 헌법은 … 헌법 개정에 있어서는 국민투표를 거친 바 있고, 그간 각 헌법의 개정절차조항 자체가 여러 번 개정된 적이 있으며, 형식적으로도 부분개정이 아니라 전문까지를 포함한 전면개정이 이루어졌던 점과 우리의 현행 헌법이 … 헌법개정의 한계에 관한 규정을 두고 있지 아니하고, … 헌법의 개정을 법률의 형식으로 하도록 규정하고 있지도 아니한 점 등을 감안할 때, 우리 헌법의 각 개별규정 가운데 무엇이 헌법제정규정이고 무엇이 헌법개정규정인지를 구분하는 것이 가능하지 아니할 뿐 아니라, 각 개별규정에 그 효력상의 차이를 인정하여야 할 형식적인 이유를 찾을 수 없다. … 헌법개정한계론은 그 자체로서의 이론적 타당성 여부와 상관없이 우리 헌법재판소가 헌법의 개별규정에 대하여 위헌심사를 할 수 있다는 논거로 원용될 수 있는 것이 아니다."라고 판시하였다(판례집 7-2, 841, 846-847).

3. 헌법규범이 초실정법적 규범(자연법상의 원리)에 위반될 수 있는지의 문제

오늘날 헌법이 인간존엄성과 기본적 인권의 보장을 통하여 초실정법적 요소를 빠짐없이 수용하였기 때문에, 헌법이 초실정법에 위반되는지의 심사는 큰 현실적 의미를 가지지 못한다.

제 4 장 헌법의 해석

Ⅰ. 헌법해석의 의미

1. 헌법해석의 개념

해석이란, 법규범의 의미내용이 불분명하거나 이에 관하여 다툼이 있는 경우에 그 의미와 내용을 밝히는 작업을 말한다. 법규범을 제대로 적용하기 위해서는 사전에 그 의미와 내용을 밝히는 해석 작업이 선행되어야 한다.

2. 헌법해석의 주체

'누가 헌법해석의 주체인지'의 문제는 '누가 헌법의 구속을 받는지'의 문제와 동일하다. **헌법의 구속을 받는 모든 국가기관**, 즉 국가행위에 있어서 헌법을 적용하고 존중해야 하는 모든 국가기관이 헌법해석의 주체이다.

가령, **헌법재판소**는 심판의 대상이 되는 공권력행위의 위헌여부를 판단함에 있어서 심사기준이 되는 헌법규정의 의미와 내용을 밝혀야 한다. 이러한 과정에서 헌법재판소는 헌법해석의 최종적인 해석권자로서 헌법규범의 의미와 내용을 최종적으로 확정하게 된다. **입법자**는 헌법에 부합하게 법률을 제정하기 위하여 법률의 제정과정에서 헌법의 의미와 내용을 밝히는 해석작업을 하게 된다. 법적용기관인 **행정청과 법원**은 헌법에 부합하게 법률을 해석·적용하기 위하여 법률해석의 지침을 제공하는 헌법규범에 대한 해석을 하게 된다.

Ⅱ. 헌법해석의 특수성

1. 법적용의 2가지 방법으로서 포섭과 법익형량

가. 포섭

법학에서 법적용의 방법 또는 법적 결정에 이르는 방법은 크게 **포섭과 법익형량**으로 나누어 볼 수 있다. **포섭의 경우**, 법적용자는 문제되는 구체적 개별사건에 일반·추상적으로 규정된 법규범을 적용할 수 있는지, 역으로 구체적 사실관계가 일반·추상적으로 규정된 법규범에 포섭될 수 있는지 여부를 판단하게 된다.

포섭을 가능하게 하는 법규범이란 상세하고 구체적이며 확정적으로 규율된 규범으로, 통상적으로 구성요건에 법률효과를 연계시키는 **조건명제의 형식**(…이라면 …이다)을 취하고 있다. 이러한 법규범은 규범내용의 불명확성으로 인하여 해석을 필요로 할 수는 있으나, 일반적으로 법현실에 직접 적용이 가능하다. 대부분의 민법·형법·행정법규정이 이러한 법규범에 해당한다. 포섭을 가능하게 하는 법규범의 의미가 불확실하여 해석의 필요성이 있다면, 법규범의 의미내용은 고전적 법률해석을 통하여 밝혀질 수 있다.

나. 법익형량

법적용의 방법으로서 **법익형량을 요청하는 법규범**은 조건명제의 형식이 아니라 목표를 제시하거나 규범내용(가치)의 실현을 요청하는 형식으로 규정되어 있다. 이러한 법규범은 고도의 추상성과 불명확성을 가지기 때문에, 법현실에 적용되기 위해서는 우선 그 내용의 구체화를 필요로 한다. 가령, '자유민주적 기본질서'가 무엇을 의미하는지, '행복을 추구할 권리'가 무엇을 보호하고자 하는지 불명확하다. 이러한 법규범은 법현실에 구체적으로 적용되는 것을 목표로 하는 것이 아니라, 그 내용의 실현을 목표로 하고 있다. 이러한 법규범은 **규범내용(가치나 목표 등)이 가능하면 최대한으로 실현될 것을 요청**한다(최적화의 요청).

법규범이 이와 같이 단지 목표나 실현의 방향만을 제시하는 경우에는 목표를 실현하는 구체적인 방법을 찾는 것은 규범해석자에게 맡겨진다. 이러한 경우, 규범해석자는 **가능하면 법규범의 목표를 실현할 수 있도록 해석 · 적용해야 한다**는 의무를 부담하게 된다. 이러한 법규범의 적용방법은 '상충하는 다른 법익과의 관계에서' 가능하면 최적으로 법규범이 제시하는 목적을 실현하는 방법, 즉 **상충하는 법익 간의 조화를 시도하는 법익형량**이다.

가령, **환경보전을 위하여 재산권의 행사를 제한하는 법률의 위헌여부**가 문제되는 경우, 헌법 제35조의 환경보전조항은 그 자체로서 포섭의 형태로 헌법현실에 직접 적용될 수 없다. 헌법 제23조의 재산권보장도 마찬가지이다. 양 법익은 모두 규범해석자인 국가에 대하여 그 내용의 실현을 요청한다. 환경보전의 과제와 재산권보장이 서로 충돌하는 경우, 양 법익은 개별적인 경우의 구체적 상황에 따라 상이한 비중을 가질 수 있다. 특정한 상황 하에서는 하나의 법익이 다른 법익에 우선할 수 있고, 다른 상황 하에서는 반대로 다른 법익이 우선할 수 있다.

2. 헌법규범의 특수성

헌법해석의 특수성은 일차적으로 해석의 대상인 헌법규범의 특수성에 기인한다. 그러나 모든 헌법규범이 다른 법규범과의 관계에서 특수성을 보이는 것은 아니다. 특히 국가의 조직 · 권한 · 절차를 규율하는 **'국가조직에 관한 규범'**은 다른 법규범과 마찬가지로 구체적이고 확정적으로 규율되어 있다. 그러나 다수의 중요한 헌법규범들은 다른 법규범과는 상이한 규범구조를 가지고 있다. 가령, **기본권 · 국가목표규정 · 국가원리 등**은 가치적 · 이념적 성격을 가지고 그 내용의 실현을 목표로 하고 있다. 이러한 헌법규범들은 간결하고 추상적으로, 나아가 미래의 사회현상의 발전에 대하여 개방적으로 규정되어 있다.

위와 같은 특수성으로 인하여 **개방적인 헌법규범의 내용을 밝히는 것**은 고전적 해석의 문제가 아니라 '헌법의 구체화와 실현'의 문제이며, **개방적인 헌법규범의 법적용 방법**은 포섭이 아니라 '법익형량'이다. 개방적인 헌법규범의 적용방법이 법익형량이라면, 법익형량이 어떠한 방법으로 이루어져야 하는지에 관한 것이 바로 '헌법의 특유한 해석방법'이다.

3. 고전적 의미의 헌법해석 및 헌법의 실현 · 구체화

가. 고전적 의미의 헌법해석

일반적으로 **헌법해석**이란 표현을 사용한다면, 고전적 의미의 헌법해석과 헌법의 실현 · 구체화를 포괄하는 의미로 사용된다. **고전적 의미의 헌법해석**이란, 헌법제정자가 무엇인가를 확정하였다는 것을 전제로 하여 '확정된 규범내용'을 발견하고 인식하는 법인식작용이다. 헌법제정자가 헌법제정 당시에 헌법적 문제를 인식하고 이를 확정적으로 규율한 경우에는 '확정된 규율내용'을 고전적 해석방법을 통하여 밝혀낼 수 있다.

헌법제정자는 주로 **조직 · 권한 · 절차에 관한 규범**에서 국가기관의 구성과 조직 및 상호간의 관계를 확정적으로 규율하고 있으므로, 이러한 영역에서는 법적용의 방법으로서 일반적으로 포섭이 가능하며, 고전적 의미의 해석방법이 유용하게 적용될 수 있다.

나. 헌법의 실현과 구체화

헌법이 헌법규범의 내용을 스스로 확정적으로 규율하지 아니하고 미래의 법발전에 대하여 개방적인 상태로 내버려둔 경우, 가령 **기본권조항, 기본원리, 국가목표조항 등**의 경우에는 고전적 의미의 헌법해석은 한계에 부딪힌다. 여기서 제기되는 문제는 헌법에 의하여 이미 확정된 규범내용을 밝히는 문제가 아니라 헌법규범을 사회현상의 변화에 따라 지속적으로 발전시키는 문제, 즉 **'법인식'이 아니라 '법창조'**의 문제이다. 개방적인 헌법규범은 채워지기 위하여 비워져 있는 규범이므로, 개방적인 헌법규범의 내용을 밝히는 것은 **고전적 해석의 문제가 아니라 헌법의 내용을 채우는 작업, 즉 헌법의 실현 · 구체화 · 보충**이다.

개방적인 헌법규범의 해석은 **개방적인 헌법규범을 '불문법적 요소'에 의하여 보완**하는 형태로 이루어진다. 가령, 자유권의 규범내용은 이미 확정된 것이 아니라 사회현상의 변화에 따라 발전하는 것이다. 따라서 자유를 위협하는 새로운 현상이 발생하는 경우 자유권은 지속적으로 불문법적 요소(가령, 인격권, 알권리, 개인정보자기결정권 등)를 통하여 보완되어야 한다.

개방적인 헌법규범의 실현과 구체화의 과정에서 도출되는 불문법적 요소가 어느 정도로 설득력을 가지는지의 문제는 **법적 논증의 문제**이고, 헌법재판소결정의 논리적 설득력의 문제이다. 개방적인 헌법규범의 내용이 궁극적으로 최종적인 헌법해석권자인 **헌법재판소의 헌법해석에 의하여** 밝혀지고 채워지므로, 헌법은 헌법전에 규정되어 있으나, 헌법의 본질적인 내용은 헌법을 구체화하고 실현하는 헌법재판소의 판례에서 발견된다.

4. 헌법재판의 결정과정으로서 법익형량

헌법재판의 경우, 포섭의 형태가 아니라 주로 법익형량의 형태로 결정이 내려진다. 헌법재판소가 해결해야 하는 **대부분의 헌법적 분쟁은 개방적인 헌법규범 간의 충돌상황에서 발생**한다. 개방적인 헌법규범이 실현하고자 하는 규범내용은 일반적으로 사익(기본권) 또는 공익(국가의 목표나 과제)이므로, 헌법적 법익 간의 충돌상황이 발생한다. 헌법재판의 주된 결정과정은, 개방적인 헌법규범이 서로 충돌하는 경우 상충하는 법익을 어떻게 조화시키고 실현시킬 것인지에 관한 것이다.

헌법재판에서 **개방적인 헌법규범을 해석하고 적용하는 작업**은, 우선 개방적인 헌법규범의 내용을 '헌법의 구체화와 보충'을 통하여 불문법적 요소에 의하여 보완하는 방법으로 밝혀내고, 이와 같이 밝혀진 내용을 기초로 하여 상충하는 법익 간의 교량을 통하여 이루어진다. 가령, **낙태행위를 금지하는 낙태죄조항의 위헌여부**가 문제된 경우, 서로 대치하는 헌법적 법익으로 태아의 생명권과 산모의 자기결정권(행복추구권)의 규범내용을 '헌법의 구체화'를 통하여 밝혀낸 다음에, 법익교량의 과정에서 개별적인 경우의 구체적인 상황에 비추어 상충하는 양 법익을 가능하면 최대한으로 실현하는 방법을 모색함으로써 헌법규범을 적용하게 된다.

개방적 헌법규범의 경우 그 규범내용이 고전적 해석방법이 아니라 불문법적 요소에 의하여 보완되는 형태로 밝혀지며, 개방적인 헌법규범이 서로 충돌하는 경우 헌법규범을 구체적인 헌법현실에 적용하는 '포섭'이 아니라 헌법규범 간의 '법익교량'을 통하여 결정에 이르게 된다. 바로 여기에 **헌법재판에서 헌법규범의 적용결과를 예측하기 어려운 이유**가 있다. 헌법규범 간의 법익교량에 있어서 이에 관한 일반적 규칙이 존재하지 않으며, 개별사건의 구체적인 상황을 고려하는 법익교량을 통하여 개별사건마다 우선하는 법익을 판단해야 하므로, 법익교량의 결과를 예측하기 어렵다. 한편, 개방적인 헌법규범의 적용방법은 상충하는 헌법적 법익 간의 비교형량이므로, 여기서 법익형량의 방법이 문제되는데, 아래(Ⅲ. 2.)에서 서술하는 **'특유한 헌법해석의 원칙'은 바로 이러한 법익형량의 방법에 관한 것**이다.

Ⅲ. 헌법해석의 방법

1. 고전적 해석방법

헌법규범의 특수성에도 불구하고 개방적 헌법규범을 포함하여 **모든 헌법규범을 해석하는 출발점**은 사비니의 고전적 해석방법이다. 고전적 해석방법은 원래 사법(私法)의 영역에서 일반적 법해석원칙으로 형성되었으나, 모든 법규범의 해석에 있어서 일반적으로 적용되는 방법이다.

사비니의 고전적 해석방법은 실정법의 법조문을 출발점으로 삼아, 문리적·체계적·목적적·역사적 해석방법을 사용하여 법규범의 의미내용을 밝히고자 하는 방법이다. 고전적 해석방법은 규범제정 당시의 입법자의 주관적 의사가 아니라 규범해석 당시의 법규범의 객관적 의미와 내용(객관적 의사)을 밝히는 **객관적 해석방법**이다. 객관적 해석방법은 해석의 객관성을 확보하고 사회현상의 변화에 따른 법의 발전과 변천을 가능하게 하는 장점을 가진다. 반면에 **주관적 해석방법**을 채택하는 경우, 법규범의 내용이 규범제정 당시의 입법자의 주관적 의사에 고정됨으로써 변화하는 사회현상에 법규범을 적응시키거나 새로운 인식을 수용하는 것이 불가능하다. 그 결과, 법의 자유로운 발전과정을 봉쇄하기 때문에, 사회현상의 변화에 따라 빈번한 개정이 불가피하다.

가. 문리적 해석

문리적 해석은 **법문의 객관적 문의**(文意)를 밝히는 해석방법이다. 법문의 문의에 반하는 해석은 원칙적으로 허용되지 않는다. 한편, 문리적 해석의 결과가 절대적인 것은 아니다. 문리적 해석이 헌법의 기본결정에 위반되는 결과에 이른다면, 법문의 객관적 문의로부터 벗어나는 것이 요청될 수 있다. 헌법규범의 경우에도 **법문을 문리적으로 해석한 결과가 헌법의 기본가치에 명백하게**

위반된다면, 법문으로부터 벗어나는 것이 가능하다.

나. 체계적 해석

체계적 해석이란, 개별헌법규범은 다른 헌법규범으로부터 고립되어 이해해서는 안 되고 **다른 헌법규범과의 연관관계에서** 보아야 한다는 해석방법이다. 이로써 개별헌법규범은 하나의 통일적인 체계에 귀속시켜야 한다는 요청이다.[1)]

다. 목적적 해석

목적적 해석이란, 법규범의 의미와 목적을 물음으로써 **법규범이 추구하는 목적의 관점에서** 법규범의 내용을 밝히고자 하는 시도이다. 헌법의 궁극적인 목적이 인간존엄성을 비롯한 헌법의 기본적 가치질서의 실현이라면, 개별헌법규범은 인간존엄성과 헌법의 기본적 가치질서를 실현하는 수단으로서 헌법에 수용된 것이고, 헌법의 체계 내에서 각 고유한 의미와 기능을 가지고 있다. 목적적 헌법해석이란, **개별헌법규범이 헌법의 목적을 실현하기 위한 수단으로서 헌법에 규정되었다는 관점에서** 개별헌법규범에게 부여된 의미와 기능을 밝히는 작업이다.

라. 역사적 해석

역사적 해석이란, **입법 당시의 입법자의 주관적 의사를 묻는 해석방법**으로, 위의 3가지 객관적 해석방법에 대한 **보완적 · 보충적 해석방법**이다. 역사적 해석은 주로 객관적 해석에 의하여 밝혀진 의미와 내용을 확인하는 기능을 한다.

역사적 해석의 경우 협의 및 광의의 역사적 해석으로 나누어 볼 수 있는데, **'협의의 역사적 헌법해석'**이란 제헌의회의 회의록, 개별의원의 발언, 헌법 제정 당시 모델이 되거나 큰 영향을 미친 이념이나 상황을 고려하여 헌법제정 당시 헌법제정자의 주관적 의사를 묻는 해석방법이고, **'광의의 역사적 헌법해석'**이란 협의의 역사적 해석을 넘어서 헌법사나 제도사를 고려하여 역사적 · 전통적으로 형성된 규범내용을 밝히고자 하는 해석방법인데, 특히 서구 인권보장의 역사나 헌법국가의 발전과정 등 역사와 전통에 의하여 형성된 헌법규범의 해석에 있어서 중요한 의미를 가진다.

2. 특유한 헌법해석의 원칙

가. 헌법의 통일성

헌법은 개별 헌법규범의 단순한 집합체가 아니라 **국가 정치생활의 통일적 질서**로서 하나의 통일적 체계를 구성하고 있다. 헌법의 통일성은 **헌법규범 간의 모순과 부조화의 제거를 요청**한다.

---

1) 헌법 제50조 제1항 본문은 "**국회의 회의는 공개한다.**"고 하여 의회공개주의를 규정하고 있다. **여기서 '회의'**는 본회의만 의미하는지 아니면 위원회의 회의도 포함하는지의 문제가 제기되는데, 이러한 문제의 해결은 고전적 해석방법이 적용되는 대표적인 경우이다. 헌법 제50조 제1항 본문과 단서조항("의장")의 연관관계에서 볼 때, 단서조항에서 "의장"이란 '국회의장'을 의미하는 것이기 때문에, '국회의 회의'는 본회의를 의미하는 것이다. 또한, '국회와 위원회'를 구분하여 사용하는 헌법 제62조와의 관계에서 보더라도, 헌법 제50조의 '국회의 회의'란 단지 본회의만을 말한다는 것을 알 수 있다. 헌법에서 '국회'라 함은 일반적으로 본회의를 말하는 것이며, 위원회와 국회를 구분함으로써 이는 더욱 분명해진다. 뿐만 아니라, 헌법 제47조 이하의 규정들이 전부 국회 본회의에 관한 규정이라는 점 등을 고려하여 **체계적으로 해석**한다면, 헌법 제50조의 '국회의 회의'란 단지 본회의만을 의미하는 것임을 알 수 있다. 또한, **역사적인 관점**이나 비교법적으로 볼 때, 독일을 비롯한 서구의 국가에서도 회의공개원칙은 단지 본회의에만 국한되고 위원회의 회의를 포함하지 않는 것으로 인식되어 왔다.

따라서 개별 헌법규범은 별개로 고립되어 해석되어서는 안 되고, **헌법이 하나의 통일체를 이룬다는 관점에서 해석되어야** 한다. 헌법해석의 주체는 헌법규범 간의 모순과 부조화가 발생하지 않도록 개별헌법규범을 해석함으로써, 개별헌법규범을 하나의 통일체인 헌법에 모순 없이 삽입시켜야 한다. 이러한 의미에서 헌법의 통일성의 요청은 고전적 해석방법의 하나인 **체계적 해석방법의 요청**과 크게 다르지 않다. 헌법규범 간의 모순과 부조화가 발생하는 예로는, 가령 낙태의 금지를 요청하는 '태아의 생명권'과 낙태의 허용을 요청하는 '산모의 행복추구권' 사이의 충돌상황을 들 수 있다.

나. 실제적 조화의 원칙

(1) **헌법규범 간의 충돌이 발생하는 경우, 이를 해결하기 위한 원칙**이 바로 실제적 조화의 원칙이다. 실제적 조화의 원칙이란, 헌법규범 간의 충돌이 발생하는 경우 헌법의 통일성의 관점에서 **상충하는 헌법규범 모두가 최적의 효력을 발휘할 수 있도록 해석해야** 하고, 이러한 방법으로 헌법규범 간의 대립과 긴장관계를 해결하고자 하는 원칙이다(제3편 제1장 제9절 Ⅱ. 2. 참조).

실제적 조화의 원칙은, 헌법규범 간의 추상적 우열관계를 통하여 하위의 헌법규범이 상위의 헌법규범에 일방적으로 양보하는 방법으로 충돌관계를 해결하는 것이 아니라, 상충하는 헌법규범이 상호관계에서 서로 제약한다 하더라도 **양자가 가능하면 최대한으로 실현될 수 있도록 양자의 관계가 설정되어야 한다는 요청**이다. 실제적 조화의 원칙은 헌법의 통일성으로부터 나오는 필연적 요청이다. 헌법적 법익이 서로 충돌하는 경우, 양 법익은 헌법질서 내에서 원칙적으로 동등하기 때문에, 헌법은 양자 중에서 하나의 법익을 배제하는 것이 아니라 가능하면 두 법익을 모두 실현하고자 시도한다.

(2) 여기서 실제적 조화의 원칙이 **어떠한 방법으로 양 법익을 모두 최대한으로 실현할 수 있는지의 문제**가 제기된다. 헌법적 법익의 충돌상황은 추상적으로 동등한 법익 중에서 구체적인 경우 어떠한 법익에 보다 큰 비중을 부여할 것인지의 판단에 의하여 해결된다. 헌법에서 어떠한 법익도 다른 법익에 대하여 절대적인 또는 추상적인 우위를 주장할 수 없으며, 단지 특정한 상황과 관련하여 조건부 또는 상대적 우위관계만이 있을 뿐이다. 헌법적 법익간의 충돌은 **개별사건의 구체적 상황에 비추어 상충하는 법익간의 '조건부 우위관계'를 확인**함으로써 해결된다. '조건부 우위관계'의 확인이란, 어떠한 조건 하에서 어떠한 법익이 우선하는지 또는 후퇴하는지에 관한 판단을 통하여 특정한 상황에서 하나의 법익이 다른 법익에 우선한다는 것의 확인을 의미한다. **실제적 조화의 원칙에 의한 법익형량의 작업**은 우위관계가 이루어지는 조건을 서술하고 왜 그러한 조건 하에서는 하나의 법익이 다른 법익에 우선하는지에 대한 논증으로 이루어진다.[2)]

---

2) 가령, 입법자가 산모(産母)의 낙태행위를 형법적으로 규율하고자 시도하는 경우 **'태아의 생명권'과 '산모의 행복추구권'이 서로 충돌**하는데, 헌법적으로 법익 간의 우열관계가 추상적으로 이미 확정되어 있다면, 예컨대 생명권이 행복추구권에 대하여 언제나 우위를 차지한다면, 입법자는 헌법규범 간의 우열관계에 의하여 구속을 받기 때문에 태아의 낙태를 전면적으로 금지하는 것 외에는 달리 규율할 수 없을 것이다. 그러나 헌법은 헌법규범 간의 우열관계를 추상적으로 확정함으로서 입법자를 구속하는 것이 아니라, 개별사건마다 구체적 상황을 고려하여 헌법규범 간의 충돌관계를 조정하도록 입법자에게 위임하고 있다. 따라서 입법자는 임신 후 일정 기간 내에는 특정한 조건 하에서 산모의 낙태를 허용하는 방법으로 **산모의 행복추구권에 우위를 부여**할 수 있고, 임신 후 일정 기간이 경과한 후에는 산모의 낙태를 금지하는 방법으로 **태아의 생명권에 우위를 부여**함으로써, 태아의 생명권도 보호하

다. 기능적 타당성의 원칙

기능적 타당성의 원칙이란, 모든 헌법기관이 헌법상 부여받은 기능을 이행할 수 있도록, 국가기관 상호간의 관계에서 **헌법상 부여받은 기능이 유지될 수 있도록**, 헌법규범을 해석해야 한다는 원칙이다. 헌법해석자는 헌법규범의 해석을 통하여 헌법상의 권력분립질서를 변경해서는 안 된다.

기능적 타당성의 원칙은 **특히 헌법재판소와 입법자의 관계**에서 문제된다. 헌법재판소의 기능은 입법기능이 아니라 사법적 통제기능에 있으므로, 헌법재판소는 지나치게 적극적인 헌법해석을 통하여 사실상 입법기능을 행사해서는 안 된다. 가령, 현행 생계보조비에 관한 법규범이 인간다운 생활을 할 권리를 침해한다는 주장으로 헌법소원이 제기되는 경우, 헌법재판소가 자신의 사회현실에 대한 판단을 기초로 입법자가 사회적 기본권을 제대로 실현하였는지 여부를 적극적으로 판단한다면, 헌법재판소는 사회형성의 주체가 되어 입법자의 입법기능을 담당하게 될 위험이 있다.

라. 헌법의 규범력의 원칙

개별 헌법규범은 가능하면 최적의 법적 효력을 얻을 수 있도록, 특히 단지 선언적인 성격에 그치는 것이 아니라 구속력 있는 법규범으로서 관철될 수 있도록 해석해야 한다는 것이 '헌법의 규범력의 원칙'이다. 특히, 개별 헌법규범은 헌법 내에서 그에게 부여된 고유한 의미를 가지도록 해석되어야 한다.

Ⅳ. 합헌적 법률해석

1. 의 미

가. 법률해석으로서 합헌적 법률해석

합헌적 법률해석이란, 법률을 여러 가지 의미로 해석할 수 있고, 그 해석에 따라 때로는 위헌적인 결과를 때로는 합헌적인 결과를 가져온다면, 합헌적인 결과에 이르는 해석을 채택해야 한다는 해석원칙이다. 합헌적 법률해석은 **'헌법합치적 법률해석'**이라고도 한다. 합헌적 법률해석은 법률해석의 문제이나, 법률을 합헌적으로 해석하기 위해서는 법률해석의 지침인 헌법규범의 해석이 동시에 이루어진다.

나. 헌법재판에서 합헌적 법률해석

합헌적 법률해석은 헌법재판에서 **한정합헌결정 또는 한정위헌결정**의 형태로 나타난다. 헌법재판에서 합헌적 법률해석은 법률의 위헌여부를 심사하는 절차(규범통제절차)에서 이루어진다. 규범통제절차에서 법률이 헌법에 위반되는 경우, 그 법률은 원칙적으로 위헌으로 선언되어야 한다. 그러나 법률을 합헌적으로 해석할 수 있는 경우에는 헌법재판소는 위헌결정을 내리지 않고, "법률을 어떠한 의미로 해석하는 한, 헌법에 위반되지 아니한다 또는 위반된다."는 형식의 한정합헌·위헌

면서 산모의 행복추구권도 실현하는 방향으로 양 법익 간의 조화와 균형을 시도할 수 있다.

결정을 내리게 된다.

한정합헌 · 한정위헌결정은 모두 '위헌결정에 대한 하나의 대안'으로서 **위헌결정의 일종**에 해당한다. 한정합헌 · 한정위헌결정의 경우, 법적용기관은 위헌적인 해석방법으로 법률을 적용해서는 안 된다는 구속을 받는다. 헌법재판소가 한정합헌 · 한정위헌결정을 내리는 경우, 입법자는 스스로 입법개선을 할 수는 있으나 법률을 개정해야 할 의무를 부담하는 것은 아니다.

판 례 반국가단체를 찬양 · 고무하는 방법으로 반국가단체를 이롭게 하는 행위 및 반국가단체를 이롭게 할 목적으로 도서 및 표현물을 소지하고 이를 반포하는 행위를 처벌하는 국가보안법조항이 기본권을 침해하고 명확성원칙(죄형법정주의)에 위반되는지 여부가 문제된 **'국가보안법상 찬양 · 고무죄 사건'**에서, 헌법재판소는 첫째, **만일 문리 그대로 해석 · 운영한다면** 헌법상의 언론 · 출판, 학문 · 예술의 자유를 과잉으로 침해할 우려가 있으며, 둘째, 적용범위가 과도하게 광범위하고 다의적인 것이 되어 법운영 당국에 의한 자의적 집행을 허용할 소지가 발생하고 형벌법규에 관한 명확성의 원칙에 위배될 수 있다고 확인한 다음, "국가보안법 제7조 제1항 및 제5항은 각 그 소정 행위가 국가의 존립 · 안전을 위태롭게 하거나 자유민주적 기본질서에 위해를 줄 명백한 위험이 있을 경우에만 **축소적용되는 것으로 해석한다면** 헌법에 위반되지 아니한다."고 하여 한정합헌결정을 선고하였다(헌재 1990. 4. 2. 89헌가113, 판례집 2, 49, 58-60).

또한, 군사상의 기밀을 부당한 방법으로 수집하고 누설하는 행위를 처벌하는 군사기밀보호법조항이 명확성원칙(죄형법정주의)에 위반되고 알권리를 침해하는지 여부가 문제된 **'군사기밀누설 사건'**에서, 헌법재판소는 군사기밀보호법 상의 군사기밀은 그것이 지나치게 광범위하여 국민의 '알 권리'를 제한하는 면이 매우 크기 때문에 국민의 '알 권리'를 보호하기 위하여서는 **군사기밀의 범위가 한정적으로 해석되어야** 하며, 그럼으로써 과잉금지원칙이 유지될 수 있고 규범내용의 광범성에서 벗어날 수 있다고 확인한 다음, " … '군사상의 기밀'이 비공지(非公知)의 사실로서 적법절차에 따라 군사기밀로서의 표지를 갖추고 그 누설이 국가의 안전보장에 명백한 위험을 초래한다고 볼 만큼의 실질가치를 지닌 것으로 인정되는 경우에 한하여 적용된다 할 것이므로 그러한 해석 하에 헌법에 위반되지 아니한다."고 판시하여 심판대상조항에 대하여 한정합헌결정을 하였다(헌재 1992. 2. 25. 89헌가104).

다. 합헌적 법률해석과 명확성원칙의 관계

법률의 내용이 다의적이고 불명확하다 하더라도, 합헌적 법률해석을 통하여 위헌적인 해석가능성을 배제하고 합헌적인 해석가능성을 취하는 방법으로 법률의 내용이 구체화되고 확정될 수 있으므로, 합헌적 법률해석이 가능한 경우에는 그 법률은 명확하다고 보아야 한다. 따라서 **합헌적 법률해석이 가능한 법률은 명확성원칙에 부합**한다.

라. 합헌적 법률해석의 주체

합헌적 법률해석은 **모든 법적용기관(행정청과 법원)**에 부과된 의무이다. 법적용기관, 특히 사법기관은 입법자의 입법권을 존중하여 입법자가 제정한 법률이 가능하면 존속하고 그 효력이 유지될 수 있도록 해석해야 한다. 가령, 법원은 헌법재판소에 위헌제청을 하기 전에 합헌적 법률해석을 통하여 위헌성을 제거할 수 있는지, 그러한 방법으로 구체적인 소송사건에 적용할 수 있는지를 판단해야 한다. 물론, 헌법재판소는 법률의 위헌여부에 관한 최종적인 결정권을 가지고 있으므로, 합헌적 법률해석에 관한 최종적인 결정권도 헌법재판소에 귀속된다.

2. 합헌적 법률해석의 이론적 근거

가. 규범유지의 원칙

합헌적 법률해석의 주된 목적은, 위헌적인 해석가능성을 내포하는 법률을 그러한 헌법적 하자에도 불구하고 합헌적인 것으로 그 효력을 유지시키고 존속시키고자 하는 데 있다. 입법자가 제정한 법률을 가능하면 유지시키고자 하는 것은 민주주의와 권력분립원리의 관점에서 '**입법권에 대한 존중**'의 표현이다.

합헌적 해석의 가능성이 있는 법률에 대하여 위헌결정을 하는 것은 불필요하고 나아가 입법자에 대한 헌법재판소의 과잉통제에 해당한다. 뿐만 아니라, 합헌적으로 해석이 가능한 법률에 대하여 위헌결정을 하는 경우, 위헌으로 선언된 법률은 법질서에서 제거됨으로써 법적 공백이 발생한다는 점에서 **법적 안정성의 관점**에서도 바람직하지 않으며, 입법자에게 법률의 사소한 부분까지도 빈번하게 개정해야 하는 부담을 부과하게 된다는 점에서도 바람직하지 않다.

나. 법질서의 통일성

법질서의 통일성이란, 국가의 법질서는 헌법을 정점으로 하는 하나의 위계질서를 채택하고 있으며 법질서 내에서 상위규범과 하위규범 간의 모순과 부조화가 발생해서는 안 된다는 원칙이다. 따라서 법질서의 통일성은 **규범간의 모순과 부조화가 제거될 것을 요청**한다.

그러나 법률이 위헌적인 해석가능성을 내포하는 경우, 법질서의 통일성은 합헌적 법률해석의 방법 외에도 법률을 법질서에서 제거하는 위헌결정을 통해서도 실현될 수 있다. 따라서 법질서의 통일성은 그 자체로서 반드시 합헌적 법률해석을 요청하는 것은 아니라는 점에서, 합헌적 법률해석의 **이론적 근거로서 불충분**하다.

판 례 헌법재판소는 "합헌한정해석은 헌법을 최고법규로 하는 **통일적인 법질서**의 형성을 위해서나 입법부가 제정한 법률을 위헌이라고 하여 전면폐기하기 보다는 그 효력을 되도록 유지하는 것이 **권력분립의 정신**에 합치하고 **민주주의적 입법기능을 최대한 존중**하는 것이 되며, 일부 위헌요소 때문에 전면위헌을 선언하는데서 초래될 충격을 방지하고 **법적 안정성**을 갖추기 위하여서도 필요하다 할 것이다."라고 판시하여, **법질서의 통일성, 입법기능에 대한 존중 및 법적 안정성**의 관점을 합헌적 법률해석의 근거로 언급하고 있다(헌재 1990. 6. 25. 90헌가11).

3. 합헌적 법률해석의 한계

합헌적 법률해석의 근거가 입법권에 대한 존중에 있다면, 그 한계도 마찬가지로 '**입법권에 대한 존중**'에 있다. 합헌적 법률해석을 통하여 법률을 존속시키려는 시도가 법률의 객관적 의미와 내용에 반한다면, 이러한 시도는 '입법권에 대한 존중'의 사고에 의하여 정당화될 수 없다. 헌법재판소는 합헌적 법률해석을 통하여 법률의 의미와 내용을 왜곡하거나 변형시켜서는 안 된다. 이러한 경우, 헌법재판소는 합헌적 법률해석의 이름으로 사실상 입법권을 행사하여 법률을 개정하는 효과를 초래하게 된다. 헌법재판소가 '입법권에 대한 존중'이라는 이름 아래 무리한 법률해석을 통하여 문제되는 법률의 효력을 유지시킨다면, 오히려 입법자의 입법권이 침해될 위험이 있다.

헌법재판소는 법률을 해석함에 있어서 **문의적(文意的) 한계와 법목적적(法目的的) 한계**를 넘지 않도록 유의해야 한다. 해석의 대상이 되는 법문이 담고 있는 의미의 한계를 벗어나서는 안 되며(문의적 한계), 입법의 목적이 근본적으로 변질되어서는 안 된다(법목적적 한계). 합헌적 법률해석이 입법자의 명확한 목적에 반한다면, 합헌적 법률해석의 가능성은 배제된다(절대적 한계). 이에 대하여 문의적 한계는 합헌적 법률해석의 절대적인 한계는 아니다.

판 례 헌법재판소는 **합헌적 법률해석의 한계**에 관하여, "법률의 조항의 문구가 간직하고 있는 말의 뜻을 넘어서 말의 뜻이 완전히 다른 의미로 변질되지 아니하는 범위 내이어야 한다는 **문의적 한계**와 입법권자가 그 법률의 제정으로써 추구하고자 하는 입법자의 명백한 의지와 입법의 목적을 헛되게 하는 내용으로 해석할 수 없다는 **법목적에 따른 한계**가 바로 그것이다. 왜냐하면, 그러한 범위를 벗어난 합헌적 해석은 그것이 바로 실질적 의미에서의 입법작용을 뜻하게 되어 결과적으로 입법권자의 입법권을 침해하는 것이 되기 때문이다."고 판시하고 있다(헌재 1989. 7. 14. 88헌가5, 판례집 1, 69, 86).

제 5 장 헌법의 수호

Ⅰ. 헌법수호의 의미와 내용

1. 개　　념

헌법 제66조 제2항(대통령의 책무규정)은 "대통령은 국가의 독립・영토의 보전・국가의 계속성과 헌법을 수호할 책무를 진다."고 하여, 대통령의 일차적 책무로서 **'국가의 수호'와 '헌법의 수호'를 구분**하여 규정하고 있다. **'국가의 수호'**란, 국가의 존속을 외부 및 내부의 공격으로부터 보호하고자 하는 국가의 제도 및 조치를 말한다. 여기서 국가의 존속이란 국가의 존립, 국가의 법적・정치적 독립성 및 영토의 불가침성을 의미한다.

헌법국가의 등장과 함께 '헌법의 수호' 개념이 등장하였는데, 헌법의 수호는 모든 헌법국가의 중요한 문제에 속한다. **헌법의 수호**란, 헌법이 국민과 국가기관의 침해로부터 자신을 어떻게 보호할 것인지에 관한 것이다. 마치 이집트 파라오의 피라미드가 외부의 침입으로부터 자신을 보호하기 위한 안전장치를 두고 있는 것처럼, 헌법은 자신을 보호하기 위한 일련의 수단을 내재하거나 규정하고 있다. **헌법수호의 대상**은 모든 헌법규범이 아니라 헌법의 기본결정 또는 핵심적인 가치질서이다. 따라서 헌법의 수호란 헌법의 가치질서를 지키는 것, 즉 우리 헌법의 경우 **자유민주적 기본질서의 수호**를 의미한다.

2. 헌법수호의 보호법익으로서 자유민주적 기본질서

가. 자유롭고 개방적인 정치적 과정의 보장을 위한 필수적 조건

자유민주적 기본질서에서 말하는 '자유민주주의'란 자유주의와 민주주의가 결합한 정치원리이다. 여기서 **자유주의**란 국가권력의 남용을 방지하여 개인의 자유와 권리를 보장하고자 하는 18세기 유럽의 지배적인 사상을 의미하는데, 자유주의사상은 기본권의 보장과 권력분립원리, 사법절차의 보장 등을 통하여 헌법에 반영되었고, 오늘날 법치국가원리를 통하여 구현되고 있다.

우리 헌법의 정치적 기초가 되는 자유민주적 기본질서란 **'자유민주주의가 기능하기 위한 기본조건'**, 즉 **법치국가와 민주주의를 구성하는 본질적 요소**를 말한다. 자유민주적 기본질서에서 '자유'란 바로 기본적 인권의 보장, 권력분립, 법률에 의한 행정, 사법권의 보장 등 핵심적 법치국가적 요소를 뜻하는 것이고, '민주'란 국민주권주의, 의회제도, 복수정당제, 선거제도, 정당간의 기회균등 등 핵심적 민주주의적 요소를 뜻하는 것이다.

자유민주적 기본질서는 개인의 존엄성 및 자유와 평등을 부정하는 전체주의적 국가질서에 대한 반대개념이다. 자유민주적 기본질서는 '개인의 자유와 평등'과 '국민의 정치적 평등'에 기초하고 있는 정치질서로서, 오늘날 **개인의 기본적 인권이 보장되고 민주적 정치질서가 생존하기 위한**

기본조건에 속한다. 정치질서로서의 자유민주적 기본질서는 본질적으로 '정치의 내용'이 아니라 '정치의 과정'에 관한 질서로서, **정치적 과정의 자유롭고 개방적인 구조를 보장하기 위한 필수적 기본요소**를 말한다. 자유민주적 기본질서의 기능은 본질적으로 '자유롭고 개방적인 민주적 의사형성과정의 보장'에 있다. 민주주의와 법치국가를 구성하는 핵심적 요소들이 바로 '자유롭고 개방적인 정치적 과정'을 보장하기 위한 필수적 수단이다.

나. 자유민주주의가 기능하기 위한 핵심적 가치

자유민주적 기본질서는 **헌법수호의 법익이자 동시에 헌법개정의 한계**이다. 민주주의원리와 법치국가원리의 핵심적 요소는 헌법 제정 당시의 국민적 합의사항인 기본적 가치질서로서 헌법개정의 대상이 될 수 없다. 변화하는 사회상황에 따른 헌법개정을 가능하게 하면서도 헌법의 근본질서를 유지하기 위해서는, '자유민주적 기본질서'는 우리 헌법의 기본정신과 정체성을 구성하는 핵심적 요소에 국한되어야 한다.

또한, 자유민주적 기본질서가 헌법수호의 법익이라는 점에서도, 사회현상의 변화에 따라 자유롭고 개방적인 정치적 의사형성과정(정치적 개방성)을 보장하면서 헌법의 핵심을 수호하기 위해서도 자유민주적 기본질서의 개념은 **자유민주주의가 기능하기 위한 핵심적 가치로 축소**되어야 한다. 헌법수호의 이름으로 국가와 사회의 형성에 관한 자유로운 논의가 억제되거나 탄압되어서는 안 된다.

판 례 헌법재판소는 **'국가보안법상 찬양 · 고무죄 사건'**에서 처음으로 '자유민주적 기본질서'의 개념을 정의하였는데(헌재 1990. 4. 2. 89헌가113), 그 내용은 통합진보당 결정의 아래 판시내용과 유사하다.

헌법재판소는 2014년 **'통합진보당 결정'**에서, "헌법 제8조 제4항이 의미하는 '민주적 기본질서'는, 개인의 자율적 이성을 신뢰하고 모든 정치적 견해들이 각각 상대적 진리성과 합리성을 지닌다고 전제하는 다원적 세계관에 입각한 것으로서, 모든 폭력적 · 자의적 지배를 배제하고, 다수를 존중하면서도 소수를 배려하는 **민주적 의사결정과 자유 · 평등을 기본원리로 하여 구성되고 운영되는 정치적 질서**를 말하며, 구체적으로는 국민주권의 원리, 기본적 인권의 존중, 권력분립제도, 복수정당제도 등이 현행 헌법상 주요한 요소라고 볼 수 있다."고 판시하고 있다(헌재 2014. 12. 19. 2013헌다1, 판례집 26-2하, 1, 3).

헌법재판소는 근대의 입헌적 민주주의 체제가 민주주의와 법치국가원리라는 두 가지 원리에 따라 구성되고 운영된다고 전제한 다음(판례집 26-2하, 1, 17), "정당해산심판제도가 수호하고자 하는 민주적 기본질서는 우리가 오늘날의 입헌적 민주주의 체제를 구성하고 운영하는 데에 필요한 가장 핵심적인 내용이나 요소를 의미하는 것으로서, **민주적이고 자율적인 정치적 절차를 통해 국민적 의사를 형성 · 실현하기 위한 요소**, 즉 **민주주의 원리에 입각한 요소들과**, 이러한 정치적 절차를 운영하고 보호하는 데에 필요한 기본적인 요소, 즉 **법치주의 원리에 입각한 요소들 중에서 필요불가결한 부분**이 중심이 되어야 한다. 이는 이것이 보장되지 않으면 우리의 입헌적 민주주의 체제가 유지될 수 없다고 평가되는 **최소한의 내용**이라 하겠다."고 판시함으로써(판례집 26-2하, 1, 22), '민주적 기본질서'의 개념을 서술하고 있다.

나아가, 헌법재판소는 "민주적 기본질서의 외연이 확장될수록 정당해산결정의 가능성은 확대되고, 이와 동시에 정당 활동의 자유는 축소될 것이다. 민주 사회에서 정당의 자유가 지니는 중대한 함의나 정당해산심판제도의 남용가능성 등을 감안한다면, 헌법 제8조 제4항의 **민주적 기본질서는 최대한 엄격하고 협소한 의미로 이해해야** 한다."고 판시하고 있다(판례집 26-2하, 1, 23).

3. 헌법의 수호자

헌법의 수호는 헌법적 제도의 문제이자 동시에 헌법을 실현하고 지지하고자 하는 국가기관과 국민의 의지의 문제이다. **헌법의 수호자는 일차적으로 국가기관**이다. 모든 국가기관은 헌법상 부여받은 과제와 기능을 이행함에 있어서 헌법을 준수하고 수호해야 할 의무를 진다. 국가기관 중에서도 헌법재판의 형태로 헌법의 효력을 관철하는 사법기관의 역할은 특히 중요하다. 이러한 의미에서 헌법재판소는 가장 중요한 헌법수호기관이자 기본권 보장의 최후보루라 할 수 있다.

또한, **국민도 헌법의 수호자**이다. 특히 헌법소원제도의 도입은 모든 국민을 헌법의 수호자이자 감시자로 만들었다. 나아가, 국가기관이 헌법수호의 기능을 이행하지 못할 때에는 국민은 저항권의 행사를 통하여 최종적인 헌법수호자의 역할을 담당하게 된다.

Ⅱ. 방어적 · 가치구속적 민주주의

1. 가치상대적 민주주의에서 가치구속적 민주주의로의 전환

가. 가치상대주의와 상대적 민주주의

가치상대주의란, 사회과학적인 방법으로는 절대적이고 최종적인 가치, 모든 사람을 구속하는 **기본가치를 밝히고 확정하는 것은 학문적으로 불가능**하다고 하는 입장이다. 가치상대주의는 막스 베버(Max Weber, 1864 – 1920) 이래로 사회과학에서 일반적으로 인정되고 있으며, 지금도 유효한 입장이다. 이에 의하면, 인간에게 절대적인 가치는 규명될 수 없고 모든 것이 상대적이며, 기본가치의 선택은 개인에게 맡겨진다.

가치상대주의에 따라 절대적이고 최종적인 가치가 존재하지 않는다면, 이러한 **기본가치를 통하여 국가권력을 구속하는 것도 불가능**하다. 이로써 국가권력도 기본가치의 구속을 받지 않는다. 그 결과, 국가권력은 모든 것에 관하여 다수결로써 결정하고 처분할 수 있다. 이러한 국가이론적 산물이 바로 '민주주의가 어떠한 가치도 그 내용으로 삼을 수 있다'는 **상대적 민주주의**이다. 1919년의 바이마르 헌법도 '민주적 · 사회적 법치국가'란 기본원리를 규정하였으나, 의회가 헌법의 모든 가치에 관하여 임의로 처분할 수 있다는 것이 당시 공법학의 지배적인 견해였다.

나. 가치구속적 · 방어적 민주주의

가치구속적 민주주의란, 특정 가치를 지향하는 민주주의, **특정 가치의 구속을 받는 민주주의**, 그 때문에 민주적 다수가 헌법상 특정 가치를 임의로 처분할 수 없는 민주주의를 말한다. **방어적 민주주의**란, 자신이 지향하는 특정 가치를 스스로 수호하는 민주주의, 민주주의를 파괴하고자 하는 민주주의의 적으로부터 자신을 수호하고자 하는 민주주의, **투쟁적 민주주의**이다. 방어적 민주주의 이론은 독일에서 상대적 민주주의로 인하여 나치정권의 폭력적 지배가 가능하였다는 역사적 반성에서 비롯된 것이다. 가치구속적 민주주의는 자신의 가치를 수호하기 위하여 방어적 민주주의에 의한 강화와 보완을 필요로 한다.

방어적 민주주의는 **자유의 수호를 위하여 자유의 제한을 요청한다는 양면성**을 가지고 있다. 헌법이 자유민주적 기본질서를 보장한다면, 자유민주적 기본질서를 제거하는 자유를 보장해서는 안 된다. "자유의 적에게는 자유 없다."는 구호가 이를 단적으로 표현하고 있다. 자유는 자유의 조건인 '자유민주적 기본질서'를 제거하기 위하여 남용되어서는 안 된다. 한편, 방어적 민주주의는 민주주의와 자유를 수호하기 위한 본래의 의도에서 벗어나 **야당과 정적을 탄압하기 위한 수단으로 악용될 우려**가 있다. 방어적 민주주의의 이름으로 자유를 성급하게 또는 과도하게 제한해서는 안 된다.

2. 한국 헌법의 방어적 민주주의

헌법은 '자유민주적 기본질서'를 자신이 지향하는 가치질서로 천명하였고, 이로써 **특정 가치의 구속을 받는 민주주의**를 선언하고 있다. 헌법은 이러한 방법으로 특정 가치에 관한 민주적 다수의 결정권한을 박탈하였으므로, 입법자도 자유민주적 기본질서에 관하여 임의로 처분할 수 없다. 헌법은 제8조 제4항에서 **정당해산제도**를 도입하고 있는데, 헌법적 가치질서를 수호하기 위한 방어수단을 헌법적 차원에서 규정한 것이다. 이로써 우리 헌법의 가치구속적 민주주의는 방어적 민주주의에 의하여 보완되고 강화되었다. 방어적 민주주의의 보호법익은 **자유민주적 기본질서**이다.

Ⅲ. 헌법수호의 수단

1. 일반론

우리 헌법은 자유민주적 기본질서를 방어하기 위한 '일련의 헌법수호의 수단'을 내재하거나 규정하고 있다. 헌법수호의 수단은 모두 자유민주적 기본질서를 보호법익으로 한다는 공통점을 가지고 있다. 헌법침해가 누구로부터 발생하는지에 따라 헌법수호의 수단은 크게 **국가기관에 의한 헌법침해**('위로부터의 헌법침해')와 **개인이나 단체에 의한 헌법침해**('아래로부터의 헌법침해')로 구분할 수 있다.

2. 헌법개정권력에 대한 헌법의 존속 보호

헌법은 헌법개정권력으로부터 자신의 존속을 보호하기 위하여 **헌법개정의 한계를 내재**하고 있다. 헌법은 스스로를 지키기 위하여 헌법개정권자가 자유민주적 기본질서를 폐지하는 것을 금지한다. 여기서 '헌법개정의 한계'는 헌법개정의 방법으로 헌법을 제거하는 '합법적 혁명'을 방지하고자 하는 것이다.

3. 개인이나 단체의 헌법침해에 대한 헌법수호의 수단

가. 기본권 실효제도

기본권 실효(失效)제도란, 개인이 자유민주적 기본질서에 대한 투쟁을 목적으로 기본권을 남용하는 경우에 **헌법재판을 통하여 특정인의 기본권을 일정 기간 실효시키는 제도**이다. 기본권 실효제도는 민주주의의 적으로부터 헌법의 기본질서를 수호하기 위한 **방어적 민주주의의 수단**이다. 여기서 '기본권'이란, 주로 그 남용을 통하여 자유민주적 기본질서를 저해하기에 적합한 **정치적 기본권**(가령, 언론·출판의 자유, 집회의 자유, 결사의 자유 등)을 말한다. 기본권 실효제도는 극히 일부 국가에서만 채택하고 있는 제도이다. 자유민주적 기본질서에 대한 위협은 일반적으로 개인보다는 단체와 정당으로부터 발생한다는 점에서, 헌법수호의 수단으로서 상대적으로 실효성이 적다.

나. 위헌정당해산제도

헌법 제8조 제4항은 "정당의 목적이나 활동이 민주적 기본질서에 위배될 때에는 정부는 헌법재판소에 그 해산을 제소할 수 있고, 정당은 헌법재판소의 심판에 의하여 해산된다."고 규정하고 있다. 위헌정당해산제도란, 정당의 목적이나 활동이 자유민주적 기본질서에 위배될 때 헌법재판을 통하여 위헌정당을 해산하는 제도이다. 위헌정당해산제도는 **방어적 민주주의의 대표적 수단**에 해당한다. 헌법 제8조 제4항에서 언급하는 '민주적 기본질서'는 곧 '자유민주적 기본질서'를 의미하는 것이다.

헌법은 위헌정당해산 제소권과 위헌정당해산 결정권을 분리하여 각 정부와 헌법재판소에 귀속시키고 있다(제8조 제4항). 이에 따라 심판의 청구는 정부의 권한으로, 대통령이 국무회의의 심의를 거쳐 해산을 제소할 수 있다. 헌법재판소는 재판관 6인 이상의 찬성으로 정당해산의 결정을 한다(헌법 제113조 제1항).

4. 국가기관의 헌법침해에 대한 헌법수호의 수단

가. 헌법재판제도

국가기관이 헌법상 부여받은 권한을 위헌적으로 행사하는 경우, 국가기관에 의한 이러한 헌법침해를 예방하고 시정할 수 있는 가장 효율적인 방법은 국가행위의 위헌성을 심사하는 헌법재판제도를 도입하는 것이다. 우리 헌법은 제111조에서 헌법재판제도를 도입하여 국가행위의 위헌성을 심사하는 심판절차를 구체적으로 규정하고 있다.

나. 저항권

(1) 의미

저항권(抵抗權)은 역사적・이념적으로 '국가권력(폭군의 자의적 지배)에 대한 저항권'에서 출발하였다. 국가권력에 대하여 국민의 저항권이 허용되는지의 문제는 모든 법질서의 근본적인 문제에 속한다. 저항권이란, 국가기관이 헌법을 파괴하고자 할 때(저항권의 행사가 정당화되는 상황) 주권자인 국민이(저항권의 주체) 헌법질서를 유지하고 수호하기 위하여(저항권의 목적) 최종적 수단으로 행사할 수 있는 권리(저항권의 보충성)를 말한다.

(2) 저항권의 이중적 법적 성격

일차적으로, 저항권은 자유민주적 기본질서를 수호하기 위하여 개입할 수 있는 **국민의 기본권**이다. 그러나 저항권의 목적이 개인의 사적 영역의 보호가 아니라 객관적 헌법질서의 유지에 있다는 점에서, **저항권**은 기본권의 체계 내에서 특수한 성격을 가진다. 국민은 헌법을 수호해야 할 의무를 지지 않으므로, 저항권의 행사는 국민의 의무가 아니라 단지 국민의 권리이다. 헌법의 수호는 국가의 과제이자 의무이다.

나아가, 저항권은 **헌법수호의 수단**이다. 저항권은 '국민에 의한 헌법수호'이자 '법위반에 의한 헌법수호'라는 점에서 헌법수호의 체계 내에서 매우 이질적인 존재이다. 첫째, 저항권은 국가기관이 아닌 **'국민'에 의한 헌법수호의 수단**이다. 헌법은 정상적인 상황에서는 헌법수호의 과제를 국가기관에게 맡기고 있다. 그러나 국가기관이 더 이상 헌법수호의 과제를 이행할 수 없는 경우, 헌법수호의 과제가 최종적으로 헌법제정권력의 주체인 국민에게 부과된다. 비상적 상황에서 헌법제정권력의 주체인 국민이 최종적으로 헌법의 수호자로 등장한다는 점에서, 저항권은 **국민주권의 표현**이기도 하다. 둘째, 저항권의 경우 **헌법을 수호하기 위하여 사용되는 수단이 법위반**이다. 법치국가를 수호하고자 하는 저항권이 법치국가를 파괴할 위험성이 있기 때문에, 저항권을 행사하는 요건은 매우 엄격하게 제한되어야 한다. 국민은 저항권을 행사하기 전에 헌법에 의하여 제공된 모든 가능성을 소진해야 하며, 저항권의 행사요건을 잘못 판단하는 경우, 그 위험부담은 저항권을 행사하는 국민이 져야 한다(가령, 불법파업에 따른 법적 책임).

(3) 이념사적 발전

근대적인 의미의 저항권은 원래 폭군의 자의적 지배에 대하여 저항할 수 있는 개인의 권리로서, 국민은 단지 자신의 인권을 유지하기 위하여 사회계약을 통하여 국가에게 권력을 위임한 것이고, 국가가 권력을 남용하여 개인의 인권을 침해하는 경우에는 사회계약을 위반한 것이므로 모든 국민은 저항권을 가진다는 **자연법적 이념에 기초**하고 있다. 근대적 의미의 저항권이론은 자유주의적 사상가인 로크(John Locke, 1632–1704)에 의하여 체계화되었다.

로크의 저항권이론은 미국의 독립선언과 프랑스의 인권선언에 그대로 반영되었다. 1776년의 미국 독립선언, 1789년의 프랑스 인권선언에서 저항권을 명문화하였고, 현재 일부 국가의 헌법에서도 저항권을 실정법적으로 명문화하고 있다. 가령, 독일 기본법은 제20조 제4항에서 저항권을 헌법상의 권리로서 규정하고 있다.

(4) 저항권의 법적 근거

학계의 다수견해는 저항권을 그 **본질상 자연법상의 권리**로서 이해하여, 실정헌법에서 명시적으로 규정하고 있는지 여부와 관계없이 저항권을 기본권으로 인정하고 있다. 우리 헌법에서 저항권을 명시적으로 규정하고 있지는 않으나, 헌법전문에서 "3·1운동"과 "불의에 항거한 4·19민주이념"이라고 언급하고 있는 부분은 **간접적으로 저항권을 인정하는 실정법적 근거**로 볼 여지가 있다. 저항권은 자연법적 사고에 근거하면서, 실정헌법에 의해서도 간접적인 표현을 통하여 지지되는 자연법상의 권리이다.

(5) 행사의 요건

(가) **저항권의 주체**는 국민이다. 저항권은 국민의 기본권으로서, 국민만이 저항권을 행사할 수 있다.

(나) **저항권의 보호법익**은 헌법상의 핵심적 정치질서, 즉 **자유민주적 기본질서**이다.

(다) **저항권의 목적**은 **기존 헌법질서의 유지와 수호**이다. 이러한 점에서, 저항권은 현상유지적이고 보수적인 성격을 가진다. 따라서 헌법질서를 제거하려는 **혁명적 시도**는 저항권의 행사를 정당화할 수 없다. 저항권의 목적은 기존 헌법질서의 수호인 반면, 혁명의 목적은 새로운 헌법질서의 창출이기 때문이다. 또한, 자유민주적 기본질서의 범주 내에서 국가와 사회를 **점진적으로 개혁하고자 하는 시도**도 저항권의 행사를 정당화할 수 없다. 이러한 경우, 국민은 점진적 개혁의 수단으로 보장되는 정치적 자유를 행사하는 것이다.

(라) 저항권은 헌법침해에 대한 **보충적이고 최후적 수단**으로 행사되어야 한다. 저항권의 행사요건을 각 개인의 가치관에 따라 주관화하는 경우 저항권은 법치국가를 폐지하는 기본권으로 기능할 수 있다. 따라서 저항권이 헌법질서를 위협하는 수단 또는 법치국가를 폐지하는 수단이 되지 않도록, **저항권의 행사요건은 매우 엄격하게 제한**되어야 한다. 첫째, 국가권력에 의하여 자유민주

적 기본질서에 대한 중대한 침해가 발생한 것이 명백해야 한다(헌법질서에 대한 중대한 침해의 명백성). 둘째, 저항권의 행사는 헌법파괴를 막기 위한 다른 모든 수단을 소진한 후, 즉 법치국가적 구제절차를 총동원해서도 헌법침해를 막을 수 없는 경우에 비로소 고려된다(저항권의 보충적 성격). 즉, 저항권은 헌법질서의 파괴를 막기 위한 최종적 수단이다(저항권의 최후수단적 성격).

판 례 노동조합이 국회에서 날치기로 통과된 노동관련법에 대하여 항의하기 위하여 불법파업을 벌이자, 사용자가 불법쟁의임을 이유로 쟁의행위의 금지를 구하는 가처분신청을 하였고, 이에 법원이 '통과된 법률이 위헌일 경우 그 시행을 저지하기 위한 쟁의행위는 헌법의 수호를 위한 저항권의 행사이므로 정당한 것'이라는 이유로 노동관련법에 대하여 위헌제청을 한 **'저항권행사로서 쟁의행위 사건'**에서, **입법과정의 하자가 저항권행사의 대상이 되는지 여부**에 관하여 "저항권은 국가권력에 의하여 헌법의 기본원리에 대한 중대한 침해가 행하여지고 그 침해가 헌법의 존재 자체를 부인하는 것으로서 다른 합법적인 구제수단으로는 목적을 달성할 수 없을 때에 국민이 자기의 권리·자유를 지키기 위하여 실력으로 저항하는 권리이므로, 국회법 소정의 협의 없는 개의시간의 변경과 회의일시를 통지하지 아니한 입법과정의 하자는 저항권 행사의 대상이 되지 아니한다."고 판시함으로써, 입법과정의 하자는 국가기관에 의한 중대한 헌법침해에 해당하지 않으므로 저항권행사의 대상이 되지 않을 뿐만 아니라, 사법제도가 정상적으로 기능하는 상황은 저항권의 보충적·최후수단적 요건을 충족시키지 못하기 때문에 저항권이 정당화될 여지가 없다는 것을 확인한 다음, 노동관련법의 위헌여부와 관계없이 불법적인 쟁의행위임에는 변함이 없다고 판단하였다(현재 1997. 9. 25. 97헌가4). 이로써, 노동관련법의 위헌여부에 따라 재판의 결과가 달라지지 않으므로, 헌법재판소는 **재판의 전제성을 부인**하여 법원의 위헌제청을 각하하였다.

(6) 저항권을 헌법에 명시적으로 규정할 것인지의 문제

국가가 개인의 권리를 실정법으로 규정하는 경우, 국가는 권리의 정당한 행사를 보장해야 한다. 그러나 국민이 저항권을 정당하게 행사하는 상황에서는 헌법수호의 과제를 지는 국가기관이 사실상 기능하지 못하므로, 정당한 권리행사를 보장할 수 있는 국가가 더 이상 존재하지 않는다. 이러한 점에서 저항권은 **법치국가에서 그 관철이 보장되지 않는 권리**, 즉 '공허한 기본권'이다. 저항권의 헌법적 수용은 국가가 보장하고 관철할 수 없는 권리를 실정법으로 규정한다는 것을 의미한다. 우리 헌법이 저항권을 명문으로 수용하지 않은 것도 이러한 이유에 기인한다고 할 수 있다. 저항권은 그 본질상 자연법적 권리로서 초실정법적으로 존재하는 것이다.

(7) 시민불복종

시민불복종(市民不服從)이란, 국민이 부당하다고 판단되는 국가의 결정(가령 입법이나 국가정책 등)에 대하여 항의하고 복종을 거부하는 행위를 말한다. 일부 국민이 부당하다고 판단되는 입법에 대하여 항의하기 위하여 파업을 개시하는 경우는 저항권의 행사가 아니라 '법위반을 통한 저항행위'인 시민불복종에 해당한다.

시민불복종과 저항권은 그 대상과 행사요건에 있어서 완전히 다르다. 저항권의 대상이 국가기관에 의한 중대한 헌법침해인 반면, 시민불복종의 대상은 부당하다고 간주되는 국가의 정책이나 입법이다. 저항권은 보충적이고 최후수단적인 성격을 가지는 반면, 시민불복종은 이러한 엄격한 요건의 제한을 받지 않는다. 시민불복종은 그 법적 성격에 있어서 저항권의 행사가 아니라 단지 '법위반을 통한 저항행위'이다. 일반적으로 시민불복종은 집회의 자유나 단체행동권 등의 과격하

고 불법적인 행사의 형태로 나타난다.

법치국가적 질서와 사법제도가 제대로 기능하는 상황에서 **시민불복종은 정당화되지 않는다**. 국민은 행정재판이나 헌법재판 등을 통하여 국가정책이나 입법의 위헌·위법성을 다툼으로써 이의를 제기하고 불법에 대항할 수 있는 길이 열려 있다. 만일 국민이 법률에 대하여 그 내용이나 절차상의 하자를 이유로 불복종을 선언하고 저항한다면, 이는 법치국가의 해체, 국가의 붕괴를 초래할 것이다.

Ⅳ. 국가긴급권

1. 개 념

오늘날 다수의 헌법은 **국가비상사태에 대처하기 위하여 국가긴급권을 규정**하고 있다. 우리 헌법도 대통령의 긴급명령권과 긴급재정경제처분·명령권(제76조) 및 계엄선포권(제77조) 등 국가긴급권을 규정하고 있다.

국가긴급권(國家緊急權)이란, 국가의 존립이나 헌법적 질서에 대한 중대한 위험이 발생한 경우에 이에 대처하기 위하여 특정 국가기관에게 비상적 조치를 취할 수 있도록 부여되는 특별한 권한을 말한다. 국가긴급권은 헌법적 질서에 대한 중대한 위험이 발생한 경우 이에 대처하기 위하여 부여되는 특별한 권한이라는 점에서 헌법수호의 수단이다. **국가비상사태**란, 국가의 존립이나 헌법적 질서에 대한 중대한 위험이 발생한 상황, 국가의 비상적 상황을 말한다. 국가비상사태는 전쟁, 내란, 중대한 경제적 위기, 자연재해 등에 의하여 발생할 수 있다.

2. 역사적 기원

국가가 위기상황에 어떻게 대처해야 할 것인지의 문제는 현대국가뿐만 아니라 모든 정치적 공동체에 대하여 제기되는 문제이다. **이미 고대 로마**에서, 특정한 정치적 위기상황을 극복하기 위하여 중요한 전권(全權)을 한 개인에게 위임함으로써 신속하고도 단호한 정치적 행위를 가능하게 하는 것이 필요하다는 사고가 제도적으로 정착하였다(소위 '위임에 의한 독재정').

오늘날에도 대부분의 헌법이 현실정치적인 관점에서 국가긴급권을 의회와 같은 합의제기관이나 다수 국가기관의 공동결정에 맡기지 아니하고, 독임제기관(獨任制機關)인 대통령이나 행정부수반에게 단독으로 위임하고 있다. 이는 국가긴급권을 '한 사람'에게 맡기는 것이 국가비상사태에 보다 신속하고 단호하게 대처할 수 있다는 경험적 사실에 기초하는 것이다.

3. 헌법이 스스로 국가비상사태를 규율해야 할 필요성

헌법은 정상적인 상황뿐만 아니라 긴급·위기상황에서도 기능해야 하고 관철되어야 한다. 헌법이 비상적 상황에 대하여 예외적인 비상적 수단을 제공하지 않는다면, 국가와 헌법을 보호해야 할 의무를 진 국가기관에게는 결정적인 순간에 국가의 존립과 안전을 유지하기 위하여 불가피하게 헌법을 무시하는 것 외에 다른 가능성이 없을 것이다. 국가가 헌법에 수권규정이 없다고 하여 국가의 존립에 대한 중대한 위험이 다가오는 것을 좌시하고만 있을 수는 없기 때문이다. 이러한 경우에 국가적 위기를 극복하기 위한 비상적 수단은 **불문(不文)의 초헌법적(超憲法的) 국가긴급권**에 의하여 정당화될 수 있을 것이다.

그러나 초헌법적 국가긴급권을 인정한다는 것은 성문헌법의 우위와 안정성을 크게 손상시킬 것이다. 따라서 **실정헌법**은 예측할 수 있는 국가비상사태에 대처할 수 있도록 그에 필요한 권한을 가능하면 스스로 규율하고 법적 제도로 형성해야 할 필요가 있다. 다만, 헌법이 스스로 제공한 국가긴급권만으로는 도저히 국가적 위기를 극복할 수 없는 경우에 한하여 불가피하게 **보충적으로 초헌법적 국가긴급권**을 인정할 수 있다. 초헌법적 국가긴급권의 요건과 한계는 아래 실정법적 국가긴급권의 요건과 한계와 근본적으로 일치한다.

4. 헌법적 문제점

국가긴급권은 한편으로는 **'헌법수호의 필수적 수단'**이면서, 다른 한편으로는 법치국가를 위협하는 **'헌법파괴의 수단'**이 될 수 있다는 이중적 성격을 가지고 있다. 특정 국가기관에게 국가긴급권을 부여하는 것은 잠정적인 권력집중의 효과를 초래하고, 이로써 권력장악의 도구가 될 수 있기 때문이다. 그렇다면, 헌법은 한편으로는 국가비상사태에 적절하게 대처할 수 있는 **효과적인 국가긴급권을 제공**해야 하고, 다른 한편으로는 국가긴급권에 의하여 초래되는 잠정적인 권력집중이 헌법을 파괴하는 방향으로 **남용되지 않도록 안전장치**(가령, 국가긴급권의 엄격한 행사요건, 시간적 한계, 의회의 사후적 승인 등)를 두어야 한다.

5. 요건과 한계

국가긴급권은 국가비상사태에 대처하기 위한 **예외적 권한**이므로, 그 **요건과 한계는 헌법에 명확하게 규정되어야 하고, 엄격하게 해석되어야** 한다(제4편 제3장 제2절 제3항 V. 참조). 나아가, 국가긴급권은 **헌법질서의 유지와 회복을 위하여 소극적 · 현상유지적 · 잠정적으로 행사되어야** 한다. 국가긴급권의 요건과 한계는 국가긴급권의 헌법적 목표에 의하여 결정된다. **국가긴급권의 헌법적 목표**는 가능하면 신속하게 '정상적인 헌법적 상태를 다시 회복하는 것'이다. 따라서 국가긴급권의 행사는 정상적인 헌법질서의 회복에 기여해야 하며, 이러한 목적을 달성하기 위하여 필요한 최단기간으로 한정되어야 하고 필요한 최소한의 정도에 제한되어야 한다.

판 례 헌법상의 국가긴급권과 비교할 때 그 발동이 매우 용이하게 되어 있고 국회에 의한 사후적 통제절차도 없는 **비상사태 선포권을 대통령에게 부여한 '국가보위에 관한 특별조치법'**(1971년 제정되어 1981년 폐지)의 위헌여부가 문제된 사건에서, 헌법재판소는 2 차례에 걸쳐 특별조치법 전체에 대하여 위헌결정을 하였는데, 특별조치법의 제정 당시에 국내외 상황이 이러한 내용의 국가긴급권을 정당화할 수 있을 정도로 극단적 위기상황이라 볼 수 없으므로 **특별조치법이 불문의 '초헌법적 국가긴급권'에 의하여 정당화될 수 없다**는 것을 확인한 다음, 특별조치법상의 비상사태 선포권은 **헌법이 요구하는 국가긴급권의 실체적 발동요건**을 갖추지 못하였고, 국회의 사후통제절차를 두고 있지 않으며, 국가비상사태의 선포가 10년에 이를 정도로 장기간 유지되었다는 점에서 일시적 · 잠정적으로 행사되어야 하는 국가긴급권의 시간적 한계에 위반된다고 하여 특별조치법 전체가 위헌이라고 판단하였다(헌재 1994. 6. 30. 92헌가18, 판례집 6-1, 557, 564-569; 헌재 2015. 3. 26. 2014헌가5).

제 2 편

대한민국 헌법의 기본원리

제 1 장 대한민국의 존립기반과 국가형태

제 1 절 대한민국의 존립기반

Ⅰ. 국제법상 국가의 개념적 3요소

국가 내부적 관계에서는 국가의 개념을 굳이 정의할 필요가 없다. 그러나 국가 간의 관계를 규율하는 국제법의 적용여부는 국제법 규정의 수범자나 조약의 당사자가 국가인지 여부에 달려있으므로, 국가 간의 관계에 있어서는 국가에 관한 개념 정의가 필요하다.

국제법상 국가인지 여부는 일반적으로 **옐리네크**(Georg Jellinek)**의 '국가 3요소설'**에 의하여 판단된다. 이에 의하면, 국가는 **국민, 영역, 국가권력의 3요소**에 의하여 형성된다. 하나의 정치적 공동체가 새로운 국가로 인정되는지 여부는 국민과 영역 및 '국민과 영역에 대하여 공권력을 행사하고 관철할 수 있는 주권'을 가지고 국가가 형성되는지에 달려있다. **헌법은 제1조에서 국가권력을, 제2조에서 국민을, 제3조에서 영토를 규정**함으로써 옐리네크의 국가3요소설에 기초하여 대한민국의 존립기반에 관하여 밝히고 있다.

Ⅱ. 국가권력

1. 영역과 국민에 대한 정치적 지배권

국가권력은 국가 영역과 그 곳에 거주하는 인간에 대한 **정치적 지배권**이다. 국가권력은 특정 공간과 그 곳에 거주하는 인간에 대하여 행사됨으로써 이를 '영역'과 '국민'으로 만든다. 국가가 공동체의 질서와 평화를 유지하는 기능을 이행하기 위해서는, 국가가 일방적으로 구속력을 가지는 규율을 할 수 있고 필요한 경우에는 이를 강제적으로 관철할 수 있어야 한다. 이는 곧, 국가는 '국가권력'을 가져야 한다는 것을 의미한다. 국가권력은 '법적으로 조직된 정치적 권력'이고, 이로써 **'법적인 규율권한'과 '규율된 것을 관철하는 권한'의 형태로 구체화**된다.

헌법 제1조 제2항에서 국가권력은 때로는 '주권'의 형태로("대한민국의 주권은 국민에게 있고"), 때로는 '모든 권력'의 형태로("모든 권력은 국민으로부터 나온다.") 표현되고 있다.

2. 주 권

'주권' 개념은 유럽에서 통일적인 국가권력을 가진 절대군주국가의 성립과 더불어 형성된 **국가권력의 역사적 · 정치적 개념**이다. 이 과정에서 주권은 현대국가의 본질적 특징인 **국가권력의 통**

일성과 일원성(一元性)을 서술하는 개념으로 사용되었다. '대한민국은 주권국가'라고 한다면, 여기서 주권은 이러한 의미로 사용되는 것이다. 오늘날에도 주권은 국내에서는 최고의 권력이고 외국에 대해서는 독립된 권력을 의미하는 것으로 이해되고 있다. 이에 따라, 주권은 **권력의 대내적(對內的) 최고성과 대외적(對外的) 독립성**이라는 2가지 요소에 의하여 특징된다.

내적(內的) 주권은 일반적으로 '권력의 대내적 최고성'으로 표현하는데, **권력의 대내적 최고성**이란 국가권력의 통일성으로부터 나오는 필수적인 산물이다. 내적 주권은 국가의 통일적인 규율권한과 물리적 강제력의 국가적 독점에서 표현되고 있다. **국가권력의 통일성**은 국가영역 내에서 국가권력 외에 독자적인 법적 규율권한이 존재할 수 없다는 것을 의미한다. 그러므로 국가의 영역 내에서 국가가 아닌 다른 공권력의 주체(가령, 지방자치단체)가 공권력을 행사한다면, 이러한 규율권한은 국가에 의하여 부여되어야 하고 국가가 이에 관하여 결정할 수 있어야 한다. 국가권력의 통일성을 통하여 비로소 국가 내에서 통일적 법질서와 권한질서가 가능하다.

외적(外的) 주권은 국제법상의 관점에서 **국가외적 권력으로부터의 독립성**에 대한 요청이다. 외적 주권은 국가의 지배 영역 내에서 외국의 독자적인 권한이 행사되는 것을 배제하며, 나아가 국가의 사안에 대한 외부의 간섭을 금지한다.

Ⅲ. 국 민

1. 국민주권의 주체로서 국민

국민은 국가에 의한 정치적 지배(국가권력)의 불가결한 요소이므로, 국민의 개념은 **국가권력과의 연관관계**에서 출발한다. 국가권력의 민주적 정당성은 국민으로부터 유래해야 한다. 국민은 국가권력에 민주적 정당성을 부여하는 주체이다. 국민의 범위는 '국적'이란 법적 유대에 의하여 결정되고 제한된다. 국민의 개념은 필요와 상황에 따라 변화하는 '개방적' 개념이 아니라 **'국적소지자의 전체'라는 확정적 개념**이다. 국민에의 귀속여부는 선거와 국민투표에의 참여가능성을 확실하게 판단할 수 있도록 법적으로 명확하게 확정되어야 한다. 정치적 권리의 주체인 국민은 자연적인 생성물이 아니라 **민주적 참여의 목적을 위하여 인위적으로 창설된 산물**이다. 국적소지자는 국가의 정치생활과 운명적으로 결부되어 있고 국가의 성과와 위험을 함께 나눈다는 점에서, 하나의 **'정치적 운명공동체'**를 형성한다.

'국적소지자의 전체로서 국민'은 민족적 일체감과 유대감에 의하여 결합되는 **'사회학적 의미의 국민'**과 일치하지도 않고 **'현실적으로 국가권력의 지배를 받는 국민'**과도 일치하지 않는다. 국적은 민족에 귀속되는지 여부와 반드시 일치하지 않으며, 국가권력은 국가영역 내에 있는 외국인과 무국적자에게도 미치므로 '현실적으로 국가권력의 지배를 받는 집단'과 '국적소지자' 가 일치하는 것도 아니다. 물론, '참정권을 가진 자'와 '지속적으로 국가권력의 지배를 받는 자'가 가능하면 서로 일치해야 하고 '정치적으로 권리 없는 피지배자'가 양산(量産)되어서는 안 된다는 것도 민주주의의 요청에 속한다. 그러나 이러한 문제는 선거권을 외국인에게 확대하는 방법이 아니라 귀화정책의 완화를 통하여 해결되어야 한다.

2. 국적법에 의하여 국적을 가진 자

헌법은 제2조 제1항에서 "대한민국의 국민이 되는 요건은 법률로 정한다."고 규정하여, 국민이 되는 요건에 관하여 법률로써 정할 것을 입법자에게 위임하고 있다. 입법자는 국적의 취득·상실·회복 등을 규율하는 '국적법'의 제정을 통하여 이러한 헌법위임을 이행하였다. 따라서 국민은 **국적법에 의하여 국적을 가진 자**로 구성된다. 국적은 각국의 법에 의하여 상이하게 규율되고 있는데, 한국의 국적법은 이중국적을 방지하기 위하여 단일국적주의(單一國籍主義), 출생 당시 부 또는 모 어느 한 쪽이 대한민국의 국민이면 그 자녀도 한국 국적을 취득하는 속인주의(屬人主義), 부모양계혈통주의(父母兩系血統主義) 등을 원칙으로 하고 있다.

판 례 출생에 의한 국적취득에 있어 **부계혈통주의를 규정한 구 국적법조항이 평등의 원칙에 위배되는지 여부**에 관하여 "한국인 부와 외국인 모 사이의 자녀와 한국인 모와 외국인 부 사이의 자녀를 차별취급하는 것은, 모가 한국인인 자녀와 그 모에게 불리한 영향을 끼치므로 헌법 제11조 제1항의 남녀평등원칙에 어긋난다."고 확인하면서, 구법상 대한민국 국적을 취득할 수 없었던 한국인 모의 자녀 중에서 **신법 시행 전 10년 동안에 태어난 자에게만 대한민국 국적을 취득하도록 하는 경과규정의 위헌여부**에 관하여 "구법조항의 위헌적인 차별로 인하여 불이익을 받은 자를 구제하는 데 신법 시행 당시의 연령이 10세가 되는지 여부는 헌법상 적정한 기준이 아닌 또 다른 차별취급이므로, 부칙조항은 헌법 제11조 제1항의 평등원칙에 위배된다."고 판시한 바 있다(헌재 2000. 8. 31. 97헌가12).

3. 재외국민의 보호

헌법은 제2조 제2항에서 "국가는 법률이 정하는 바에 의하여 재외국민을 보호할 의무를 진다."라고 함으로써 재외국민에 대한 국가의 보호의무를 규정하고 있다. **재외국민**(在外國民)이란, 한국 국적을 가지고 외국에서 영주하거나 장기간 체류하고 있는 자를 말한다. 이에 대하여, **재외동포**란 한국국적을 가진 재외국민, 외국영주권취득자, 외국국적동포를 총괄하는 개념이다. 헌법은 제2조 제2항에서 재외국민에 대한 국가의 보호의무를 별도로 규정함으로써, 국민에 대한 국가의 보호관계를 외국에 영주하고 있는 국민에까지 확대하고 있다. 재외국민의 보호는 무엇보다도 대한민국의 해외공관에 의하여 이루어지며, 효과적인 재외국민보호를 위하여 재외국민등록제도를 실시하고 있다.

판 례 **대한민국 정부수립 이전에 국외로 이주한 동포**와 그 이후 국외로 이주한 동포를 구분하여 후자에 대해서만 혜택을 부여하고 전자를 **재외동포법의 적용대상에서 제외**한 것이 합리적인 이유가 없는 차별로서 평등원칙에 위반된다고 하여 헌법불합치결정을 한 바 있다(헌재 2001. 11. 29. 99헌마494).

Ⅳ. 국가의 영역

1. 국가의 지배범위로서 영역

국가의 또 다른 요소에 속하는 것은, **국가권력이 행사될 수 있는 공간**으로서 국가의 영역(領域)이다. 국가는 존립하기 위하여 일정한 범위의 지역적 공간을 필요로 하는데, 이러한 공간을 '국가의 영역'이라 한다. 국가의 영역은 영토(領土), 영해(領海) 및 영공(領空)으로 구성된다. **헌법은 제3조**에서 "대한민국의 영토는 한반도와 그 부속도서로 한다."고 스스로 영토의 범위를 규정하고 있다.

국가의 영역에 대하여 국가권력을 행사하고 영역을 임의로 처분할 수 있는 국가의 권한을 **영역권**(領域權)이라 한다. 영역권이란, 국가영역 내에 있는 모든 사람은 국가권력의 지배를 받는다는 것을 의미한다. 국가는 영역에 대한 지배권을 근거로 영역 내에 거주하는 모든 사람의 법적 관계 및 생활관계를 규율할 수 있다(소위 '내적 주권'). 국가가 공권력을 행사할 수 있는 권한은 국가영역에 제한된다. 법적인 관점에서 볼 때, 국가의 영역은 곧 권한영역이며, 국가의 규율권한이 미치는 공간적 범위이다. 국가의 경계는 원칙적으로 국가의 법질서가 효력을 미치는 경계이고 법이 귀속되는 경계이기도 하다.

2. 현행 헌법의 영토조항과 평화통일조항

가. 영토조항의 의미

헌법 제3조는 대한민국의 영토를 한반도와 그 부속도서로 규정함으로써 대한민국의 국가권력이 미치는 공간적 범위를 북한에까지 확대하고 있다. 그러나 북한지역에 대한 대한민국의 사실적인 지배권이 결여되어 있기 때문에, 현실적으로 북한지역에 대하여 국가권력을 행사할 수 없다. 이러한 점에서 **북한지역은 사실상의 영토가 아니라 단지 이념상의 영토**이다. 영토조항은 시대와 정치적 상황의 변화에 따라 다양한 해석이 가능하고 다양한 의미를 가질 수 있다.

첫째, 영토조항은 북한정권이 국가로서 존립하기 위한 공간적 기반인 영토의 존재를 인정하지 않음으로써 **북한의 국가적 성격을 부인**하고 있다. 이로써 헌법 제3조는 한반도에서 유일한 국가이자 정부는 '대한민국'뿐이라는 것을 간접적으로 표현하고 있다. 북한이 북한지역에서 사실상의 국가로서 존재하더라도, 이는 평화적인 통일과정에서 궁극적으로 소멸되어야 할 대상이다.

둘째, 영토조항은 **영토의 형식을 빌어서 통일의 과제를 제시**하고 있다. 헌법이 대한민국의 영토를 국가권력이 실제로 미치는 범위로 제한하지 아니하고 북한지역까지 그 범위를 확장한 것은, 통일에 대한 염원과 의지를 선언적으로 확인하면서 장래에 북한지역까지 대한민국의 국가권력이 미치도록 노력해야 할 통일의 목표와 과제를 부과한 것이다. 이러한 의미에서 영토조항은 오늘의 현실을 규율하고 확정하는 조항이 아니라 **미래를 향하여 존재하고 미래에서 실현되는 조항**이다.

나. 영토조항과 평화통일조항의 관계

1972년 헌법에서 평화통일조항을 신설한 이래, 현행 헌법은 '조국의 평화적 통일의 사명'(전문), '평화적 통일정책을 수립하고 이를 추진'(제4조), 대통령의 '조국의 평화적 통일을 위한 성실한 의무'(제66조 제3항), 대통령의 취임선서의 내용으로서 '조국의 평화적 통일…에 노력하여'(제69조), 민주평화통일자문회의에 관한 규정(제92조) 등 **평화통일과 관련된 일련의 조항**을 담고 있다. 이러한 평화통일조항들에 근거하여 남북한 간의 이념적·군사적 대립을 지양하고 기본적으로 북한을 평화적 통일을 위한 **대화와 협력의 동반자로 인정하는 일련의 조치**가 취해졌는데, 그 대표적인 것으로 1990년 '남북교류·협력에 관한 법률'의 제정, 1991년 남북한 UN 동시가입, '남북사이의 화해와 불가침 및 교류 · 협력에 관한 합의서'(약칭 남북합의서)의 교환 등을 들 수 있다(제2편 제6장 제3절 참조).

이러한 변화한 정치상황에서 북한지역을 대한민국의 영토로 간주하는 **영토조항이 북한의 실체 인정을 전제로 하는 평화통일조항과 상충하는 것은 아닌지 의문**이 제기되었다. 그러나 위에서 서술한 바와 같이, 영토조항을 영토의 형식을 빌려 국가에게 평화적 통일의 과제를 부과하는 통일목표조항으로 이해한다면, 영토조항이 평화통일조항과 조화를 이루기 위하여 개정되어야 할 필요도 없고, 나아가 평화통일정책의 걸림돌이 되는 것도 아니다.

제 2 절 대한민국의 국가형태

Ⅰ. 공화국

헌법은 제1조 제1항에서 "대한민국은 민주공화국이다."라고 하여 우리나라의 국호가 '대한민국'이며 그 국가형태는 '민주공화국'임을 천명하고 있다. 공화국(共和國)은 국가의 정치적 실체나 내용과는 무관하게, 단지 **국가의 대표 및 원수가 누구인지에 따른 형식적인 개념**이다. 한편, 어떤 국가가 민주국가인지 여부는, 국가원수가 대통령인지 아니면 군주인지와 관계없이, 국민이 국가권력의 주체인지, 국가권력이 국민에 의하여 행사되는지의 관점에 의하여 결정된다.

공화국은 **한시적으로 선출된 대통령을 국가의 원수로 하는 국가형태**를 말한다. 헌법은 제66조 제1항에서 대통령이 국가의 원수이자 대표임을 명시하고 있다. 이로써 헌법은 세습적 군주의 존재를 부인하고, 서구식 의회주의적 군주제의 형태로도 군주제도를 도입할 수 없음을 명시적으로 밝히고 있다. 국가형태로서 민주공화국은 헌법의 정체성을 이루는 핵심적 내용이므로, 헌법개정에 의해서도 변경될 수 없다. 공화국에 대립되는 개념은 **군주국**(君主國)이다. 군주국은 세습적이며 종신적인 군주를 국가의 원수로 하는 국가형태이다.

학자에 따라서는 공화국의 개념을 형식적인 의미를 넘어서, 고대 로마의 전통을 계승하여 자유주의적 정치질서, 공익을 지향하는 정치질서로서 **실체적으로 이해하고자 하는 견해**도 있으나, 실체적 의미의 공화국이 담고자 하는 내용인 자유주의적 요소 또는 민주적 요소는 이미 다른 헌법규정에 의하여 법리적으로 보다 정확하고 명확하게 보장되고 있다.

Ⅱ. 민주공화국의 의미

헌법은 제1조 제1항에서 민주공화국임을 천명하고, 같은 조 제2항에서 "대한민국의 주권은 국민에게 있고, 모든 권력은 국민으로부터 나온다."고 하여 민주국가의 본질을 한 마디로 요약함으로써 그 자체로서 형식적인 개념인 공화국을 내용적으로 채우고 있다. 따라서 대한민국의 국가형태는 **민주주의에 입각한 공화국**이다. 공화국은 주권의 소재나 국가권력의 행사방법과는 무관한 형식적 개념이기 때문에, 헌법은 '민주공화국'의 표현을 통하여 형식적인 '공화국' 개념을 내용적으로 '민주적 공화국'으로 구체화하고 있는 것이다.

제 2 장 헌법 전문 및 기본원리의 개관

제 1 절 헌법 전문

Ⅰ. 헌법 전문의 내용

헌법 전문이란 헌법의 본문 앞에 위치하는 부분을 말한다. 헌법 전문은 성문헌법의 필수적인 구성요소는 아니나, 대부분의 헌법이 전문을 두고 있다. 헌법 전문은 헌법제정의 배경과 계기, 헌법이 추구하는 방향, 국가의 본질적 목표에 관한 표현을 담음으로써, **본문의 규범적 내용의 연혁적 · 이념적 기초로서의 성격**을 가진다.

전문에서 "유구한 역사와 전통에 빛나는 우리 대한국민은 3 · 1 운동으로 건립된 대한민국임시정부의 법통과 불의에 항거한 4 · 19 민주이념을 계승하고,…1948년 7월 12일에 제정되고…개정한다."라고 하여, **헌법제정 · 개정의 역사적 배경, 유래**(개정의 역사) **및 헌법제정권력의 소재**를 밝히고 있고, 나아가 간접적으로 국민주권의 이념이 표현되고 있다.

전문 중 "자율과 조화를 바탕으로 자유민주적 기본질서를 더욱 확고히 하여"하는 부분에서는 **국가의 기본질서**로서 '자유민주적 기본질서'를 천명하고 있다. "(각인의) 능력을 최고도로 발휘하게 하며, 자유와 권리에 따르는 책임과 의무를 완수하게 하여" 부분에서는 **헌법의 인간상**(人間像)이 표현되고 있다. 즉, 자기결정권과 자유로운 인격발현의 가능성을 가진 자주적인 개인이자 동시에 사회공동체와의 관계에서 구속을 받는 공동체 구성원이라는 양면성을 지닌 인간이 헌법의 인간상이다.

나아가, 헌법 전문은 **국가목표를 제시**하는 법규범이나 법원칙을 포함하고 있다. "정치 · 경제 · 사회 · 문화 모든 영역에서의 각인의 기회를 균등히 하고" 및 "국민생활의 균등한 향상을 기하고"의 표현을 통하여 헌법은 '정의로운 사회'의 이념을 수용함으로써 **사회국가원리**(복지국가원리)를 국가목표로 천명하고 있다. 나아가, "평화적 통일의 사명"을 언급함으로써 국가목표로서 **평화통일을 실현**하기 위하여 노력해야 할 국가의 의무를 표현하고 있다. 또한, "항구적인 세계평화와 인류공영"을 언급함으로써 **평화추구의 이념**(세계평화주의)을 선언하고 있다.

Ⅱ. 헌법 전문의 법적 성격과 기능

1. 국가기관을 구속하는 규범적 효력

헌법 전문은 입법기술적으로 통상적인 법규범의 형식이 아니라 선언, 호소, 약속 등의 형식을 취하고 있다는 점에서, 규범적 의미보다는 정치적 의미를 가진다는 인상을 주고 있다. 그러나 헌법 전문도 헌법 규범의 일부로서 국가기관을 구속하는 규범적 효력을 가지며, 이에 따라 입법자에게는 **입법의 지침**으로서, 법적용기관에게는 헌법의 본문규정과 법률의 해석에 있어서 **해석의 기준**으로서 기능하고, 헌법재판기관에게는 공권력행위의 위헌성을 심사하는 **재판규범**이 된다. 헌법재판소도 이미 초기의 판례에서 **헌법전문의 규범적 효력**을 인정하였다(헌재 1989. 9. 8. 88헌가6, 판례집 1, 199, 205).

물론, 헌법 전문의 내용은 단순한 역사적 확인, 헌법제정자의 다짐과 각오, 헌법정책적인 선언적 규정, 구속력 있는 법규범 등 **다양한 요소로 구성**되어 있으므로, 전문의 모든 내용이 동일한 정도의 규범적 효력을 가지거나 재판규범으로서 기능하는 것은 아니다. 헌법 전문 중에는 그 자체로서 독자적인 법적 의미를 가지지 못하지만, 헌법의 해석에 있어서 고려됨으로써 제한적이나마 규범적 의미를 가지고 있는 부분도 있다.[1] 반면에, 자유민주적 기본질서, 사회국가원리, 평화통일의 의무, 세계평화주의 등은 구속력 있는 법규범으로 기능한다.

2. 본문과의 관계에서 헌법 전문의 기능

헌법 전문은 본문내용의 이념적 기초이다. 전문에 나타난 근본이념의 내용은 본문의 개별규정을 통하여 구체화되고 있기 때문에, 헌법 전문은 해석의 기준이나 공권력의 위헌성을 심사하는 재판규범으로서 단지 보충적·부수적 역할을 한다.[2] 따라서 공권력행위가 헌법에 위반되는지 여부가 문제되는 경우, 일차적으로 본문의 구체적인 헌법규범을 심사기준으로 하여 판단하게 된다.

제 2 절 헌법의 기본원리 개관

Ⅰ. 헌법의 기본결정으로서 기본원리

1. 헌법과 국가의 정체성을 규정하는 원리

헌법은 **'자신을 지탱하는 근본적인 결정'**을 담고 있는데 이를 헌법의 기본원리라 한다. 헌법의 기본원리란, 헌법과 국가의 성격을 규정하는 기본결정, 헌법의 규율대상인 국가의 본질과 구조를 규정하는 원리로서 **'국가'라는 건축물이 건설된 토대**를 의미한다. 헌법의 기본원리는 헌법과 국가의 정체성을 규정하는 원리이므로, 헌법개정권력에 의해서도 개정될 수 없는 헌법의 핵심적 부분에 해당한다(헌법개정의 한계).

우리 헌법은 자신의 성격을 특징짓는 기본결정으로서 **민주주의원리, 법치국가원리 및 사회국가원리**를 담고 있다. 헌법은 이러한 기본결정을 때로는 명시적으로 언급하거나 때로는 이를 구체

---

1) 예컨대, "3·1 운동, 4·19 이념"은 그 자체로서 독자적인 의미는 없으나, 저항권과 관련하여 해석의 기준으로 작용함으로써 저항권을 인정하는 헌법적 근거가 될 수 있다.

2) 자유민주적 기본질서는 본문에서 민주주의와 법치국가에 관한 다수의 규정(선거 및 정당에 관한 규정, 기본권, 과잉금지원칙, 권력분립원리, 사법권의 보장 등)에 의하여, 사회국가원리는 일련의 사회적 기본권 및 경제에 관한 조항에 의하여, 헌법의 인간상은 인간의 존엄성보장을 비롯한 기본권보장과 기본권의 사회적 구속성에 관한 조항(헌법 제37조 제2항, 제23조 제2항)에 의하여, 국가과제로서 평화통일은 헌법 제4조에 의하여, 국제평화주의는 헌법 제5조에 의하여 구체화되고 있다.

화하는 일련의 개별헌법규범을 통하여 간접적으로 규정하고 있다.

헌법의 기본원리는 **구속력 있는 헌법원칙으로서 모든 국가기관을 구속하는 행위지침을 제시**한다. 그러므로 헌법의 기본원리는 입법자에게는 입법의 방향을 제시하는 입법지침으로, 법적용기관인 법원과 행정청에게는 법규범의 해석 · 적용에 있어서 고려해야 하는 해석지침으로 작용한다. 헌법의 기본원리는 헌법의 개별규정에 의하여 구체화되고 실현되고 있으므로, 자신을 구체화하는 개별헌법규정이 존재하지 않는 경우에 비로소 보충적으로 적용된다.

2. 국가목표로서 그 외의 기본원리

헌법과 국가의 성격을 규정하는 그 외의 원리로서 **평화국가원리, 문화국가원리, 환경국가원리 등**을 언급할 수 있다. 그러나 이러한 원리는 엄밀한 의미에서 헌법과 국가의 정체성을 규정하는 헌법의 기본원리에 속하는 것이 아니라, **국가에게 특정한 과제의 지속적인 이행을 요청하는 국가목표규정**이다.

Ⅱ. 헌법의 기본원리의 개괄적 내용

민주주의원리란 인간의 공동체에서 정치적 지배가 불가피하다는 것을 전제로 정치적 지배가 어떠한 방법으로 조직되고 정당화되어야 하는지에 관한 것이고, **법치국가원리**란 국민으로부터 위임받은 국가권력이 어떠한 방법으로 행사되어야 하는지에 관한 것이며, **사회국가원리**란 국가권력이 어떠한 목표를 추구해야 하는지에 관한 것이다.

1. 민주주의원리

국가는 정치적 지배의 형태를 의미하고, 정치적 지배는 정당화되어야 한다. **민주주의는 정치적 지배의 정당성을 확보하기 위한 방법**이다. 민주주의란, 국가공동체의 정치적 질서는 정치적 지배를 받는 국민에 의하여 형성되고 확정되어야 한다는 원리를 말한다. 이로써 민주주의에서 정치적 지배는 **'국민의 자기통치'**를 의미하게 된다.

구체적으로 민주주의는, **국가권력의 주체**는 누구인지(국민주권주의), 국민은 **국가권력을 직접 또는 간접적으로 행사하는지**(직접민주주의 또는 대의제), 국가권력을 행사하는 국가기관은 어떠한 방법으로 **민주적 정당성**을 획득하며 어떻게 구성되는지(선거)에 관한 것이다. 우리 헌법은 민주주의원리를 명시적으로 규정하면서(제1조의 '민주공화국', 전문, 제4조 및 제8조의 '자유민주적 기본질서'), 동시에 민주주의의 핵심적 구성요소인 국민주권주의, 대의제, 직접민주주의, 선거제도, 정당제도 등을 통하여 이를 구체화하고 실현하고 있다.

2. 법치국가원리

헌법은 전문과 제4조에서 '자유민주적 기본질서'를 헌법의 정치적 기본질서로 천명함으로써, 민주주의의 불완전성을 법치국가원리를 통하여 보완하고 있다. '자유민주주의'에는 민주주의적 요소 외에도 자유주의적 요소, 즉 법치국가적 요소가 포함되어 있다. 우리 헌법의 민주주의는 단순히 '다수의 지배'를 의미하는 민주주의가 아니라 '자유민주주의'이다.

자유민주주의란 법치국가에 의하여 구속을 받는 민주주의, 즉 다수의 지배를 법치국가적으로 제한하는 민주주의, 다수의 이름으로 행해지는 민주적 자의를 허용하지 않는 민주주의이다. 자유민주주의는, 민주적 다수가 다수결로써 개인의 자유에 대하여 임의로 처분할 수 없는 민주주의이며, 법치국가적 안전장치를 통하여 '다수의 절대주의'를 방지하는 민주주의이다.

법치국가원리란 다수에 의한 **정치적 지배(국가권력)를 제한하고 통제함으로써 개인의 자유와 권리를 보장하고자 하는 원리**이다. 이로써 법치국가원리는 국가기관이 국민으로부터 위임받은 국가권력을 어떻게 행사해야 하는지에 관한 것으로, **공권력행사의 방법과 한계에 관한 원리**이다. 우리 헌법에서 법치국가원리는 국가권력을 제한하고 통제하는 중요한 법치국가적 제도인 기본권보장과 과잉금지원칙, 권력분립원리를 비롯하여 법률에 의한 행정 및 법적 안정성의 원칙, 권리구제절차의 보장 등을 통하여 구체화되고 실현되고 있다.

3. 사회(복지)국가원리

사회국가원리는 국가의 과제를 소극적으로 국가의 안녕과 질서유지에 제한하였던 자유방임국가 또는 야경국가에 대한 반대개념으로서, **국민의 생존과 복지를 배려하는 적극적인 국가활동을 요청하는 원리**이다. 사회국가원리란, 국가가 국민의 자유와 권리를 소극적으로 존중하고 보장하는 것으로 만족해서는 안 되고 **정의로운 사회질서의 형성을 위하여 모든 사회현상에 적극적으로 개입하고 관여할 것을 요청하는 원리**이다.

법치국가가 '소극적인 현상유지'의 국가라면, 사회국가는 **'적극적인 사회형성'의 국가**이다. 법치국가원리가 국가에 대하여 가능하면 공권력의 행사에 있어서 국민의 자유와 권리를 존중할 것, 즉 '국가활동의 자제'를 요청하는 것이라면, 사회국가원리는 국가에 대하여 정의로운 사회질서의 형성을 위하여 적극적으로 개입할 것(적극적인 국가활동)을 요구하고, 경우에 따라서는 개인의 자유를 제한할 것을 요청한다. 헌법은 사회국가원리를 명시적으로 언급하고 있지 않지만, **일련의 사회적 기본권** 및 정의로운 경제질서의 형성을 위하여 국가에게 적극적인 개입을 요청하는 **일련의 경제조항**을 통해 사회국가원리를 수용하고 있다.

제 3 장 민주주의원리

제 1 절 민주주의

Ⅰ. 헌법상의 민주주의 개념

1. 정치적 지배의 정당성에 관한 원리

민주주의는 헌법학뿐만 아니라 다른 사회과학의 대상이다. 이에 따라 민주주의는 다양한 의미로 사용되고 있으며, 민주주의에 관한 다양한 개념이 존재한다. 그러나 헌법학의 영역에서는 **헌법규범에 근거한 '규범적 질서'로서의 민주주의 개념**이 문제된다.

헌법에서 민주주의는 **국가권력의 주체와 행사방법, 궁극적으로 국가권력의 정당성에 관한 원리**이다. 민주주의는 정치적 지배를 정당화하는 하나의 방법으로서 오늘날 가장 보편화된 통치형태이며, 현재로서는 정치적 지배의 정당성이론이 제시할 수 있는 가장 이상적인 해법이라 할 수 있다. '정치적 지배'란 인간에 대한 인간의 지배를 의미한다. 인류역사에서 정치적 지배의 정당성은 지배자의 개인적 카리스마 또는 왕권신수설(王權神授說) 등 다양한 방법으로 제시되었다. **민주주의도 정치적 지배의 한 형태로서 정당성을 필요**로 한다. 민주주의에서 정치적 지배의 정당성은 신에 의하여 부여되거나 또는 외부로부터 숙명적인 것으로 제시되는 것이 아니라, 지배를 받는 국민 스스로에 의하여 부여된다.

2. 정치적 지배의 조직 원리

가. 국민의 자기지배

민주주의는 그리스어의 어원에 의하면 '국민의 지배'를 의미한다. 민주주의란, 국가공동체의 **정치질서는 정치적 지배를 받는 사람들에 의하여 형성되고 확정되어야 한다는 원리**를 말한다. 민주주의에서 '정치적 지배질서의 구속을 받는 자'는 동시에 '이를 형성하는 자'이다. 국가권력이 국민에 의하여 성립되고 국가권력의 행사가 국민에 의하여 정당화됨으로써, **국가권력이 '국민의 자기지배'의 형태로 조직**되는 것이다.

나. 자유와 지배의 조화

민주주의는 **'개인의 자기결정권'과** 인간에게 불가피한 **'정치적 지배'라는 서로 대립하는 요청을 조화시키고자 하는 원리**이다. 인간이 공동체 내에서 생활하는 한, 정치적 지배가 불가피하지만, 정치질서가 지배를 받는 사람들에 의하여 스스로 형성된다는 점에서 민주주의는 '자유와 지배의 조화'를 의미한다. 민주주의는, 지배를 받는 자가 국가기관의 구성과 정치의 내용에 대하여 영향력을 행사할 수 있는 정치적 지배이다.

민주주의는 **모든 국민의 '평등'과 '자유로운 자기결정'의 이념에 기초**하고 있다. 민주주의는 '자유롭고 평등한 국민의 집단적 자기결정'에 기초하는 정치적 지배의 조직 원리이다. 국민의 자기지배도 '지배'에 해당하므로, 민주주의는 정치적 지배를 극복하고자 하는 것이 아니라, **자유와 평등의 기반 위에서 지배를 조직하고자 하는 원리**(자유와 지배의 조화 원리)이다.

3. 민주주의와 사회의 민주화

민주주의는 국가의 정치적 지배를 조직하는 원리로서 **국가조직에 국한**된 것이다. 민주주의원리는 사회 영역(가령, 기업이나 대학, 사회단체 등)의 민주적 형성을 금지하는 것은 아니지만, **'사회의 민주화(民主化)'**는 헌법의 요청이 아니다. 사회의 민주화가 어느 정도로 도입될 수 있는지의 문제는 헌법적 문제가 아니라, **헌법이 허용하는 범위 내에서 입법자의 정치적 형성에 맡겨진 문제**이다. 입법자는 사회의 민주화를 도입함에 있어서 입법형성의 한계로서 무엇보다도 개인의 기본권보장을 비롯한 헌법규범을 준수해야 한다.

민주주의는 모든 국민이 정치적으로 평등하다는 '형식적 평등'에 기초하고 있으나, 사회의 영역은 평등이 아닌 **'고유성과 상이함'**을 그 본질로 하고 있고, 민주적 정당성으로도 표결될 수 없고 침해될 수 없는 **기본권적 자유**에 기초하고 있다. **사회의 민주화**는 사회영역의 정치화(政治化), 즉 **사회영역을 정치영역의 기본원리인 '다수결 원리'와 '평등의 원칙'에 예속**시키는 것을 의미한다. 사회조직을 국가조직과 동일시하는 것은 다원적 사회의 잠재적 다양성과 기본권적 자유를 폐지하는 결과를 가져온다.

따라서 **국가와 사회의 헌법적 구분**은 자유민주적 헌법질서의 근본적인 전제조건이다. 민주주의원리를 국가적·정치적 영역에 국한시켜야 하는 본질적인 이유가 바로 국가와 사회의 구분에 있다. 통치형태로서의 민주주의원리를 사회의 영역에 확대한다면, 모든 개인이 타인의 고유영역에 관한 중요결정에 광범위하게 참여하게 될 것이고, 이는 곧 자유민주적 기본질서의 근간을 이루는 '국가와 사회의 구분'을 폐기하는 것을 의미한다.

Ⅱ. 한국헌법에서 민주주의원리의 구체적 형성

헌법은 제1조 제1항에서 "대한민국은 민주공화국이다."라고 하여 민주주의를 헌법의 기본원리로 선언하고 있다. 이어서, 우리 헌법은 다음과 같은 **2단계로 민주주의원리를 구체화**하고 있다. 첫째, 헌법은 '국가의 정치적 지배가 어떻게 정당화될 수 있는지'의 관점에서 **'국가권력의 기원과 정당성'**에 관하여 규율하고 있는데, 이에 관한 원리가 헌법 제1조 제2항에서 규정하는 국민주권주의이다. 둘째, 헌법은 '국민이 국가권력을 어떠한 방법으로 행사하는지'의 관점에서 **'국가권력의 행사방법'**에 관하여 규율하고 있는데, 이에 관한 것이 대의제와 직접민주주의에 관한 헌법규정이다.

1. 국민주권주의

헌법 제1조 제2항은 "대한민국의 주권은 국민에게 있고, 모든 권력은 국민으로부터 나온다."고 규정하고 있다. 민주주의에서 국민은 모든 국가권력의 최종적 근원이다. 국민주권주의란, 국가권력의 주체는 국민이며, **국민만이 국가권력에 정당성을 부여할 수 있다**는 원리를 말한다. 국민주권주의는 민주국가에서 정치적 지배를 '국민의 자기지배'로 조직함으로써, **정치적 지배를 정당화하는 원리**이다. 국가권력은 더 이상 선험적·전통적으로 정당화되는 것이 아니라 별도의 정당성을 필요로 하며, 피지배자인 국민의 동의에 의해서만 정당화될 수 있다. 따라서 **헌법제정권력의 주체는 국민이어야 한다**는 것은 국민주권주의의 핵심적인 요청에 속한다. 국민의 헌법제정권력은 국민주권의 가장 근본적인 표현이다. 국민은 헌법제정권력으로서 국가공동체 정치질서의 기본성격을 확정하는 권한을 가져야 한다.

국민주권주의는 **단지 국가권력의 정당성에 관한 원리**로서, 국가권력이 국민에 의하여 어떻게 행사되어야 하는지에 관하여는 아무런 지침도 제시하지 않는다. 국민주권주의는 국민이 국가권력을 직접 행사해야 한다는 것이 아니라, 단지 모든 국가권력이 국민의 의사에 기인할 것을 요청한다. 따라서 국민주권주의는 **대의제나 직접민주주의 등 다양한 방법으로 실현**될 수 있다.

판례 **국민주권주의의 의미**에 관하여 "국민주권의 원리는 … 국가권력의 정당성이 국민에게 있고 모든 통치권력의 행사를 최후적으로 국민의 의사에 귀착시킬 수 있어야 한다는 등 **국가권력 내지 통치권을 정당화하는 원리**로 이해되고, … 이러한 국민주권주의는 국가권력의 민주적 정당성을 의미하는 것이기는 하나, 그렇다고 하여 **국민전체가 직접 국가기관으로서 통치권을 행사하여야 한다는 것은 아니므로** 주권의 소재와 통치권의 담당자가 언제나 같을 것을 요구하는 것이 아니고, …"라고 판시하고 있다 (헌재 2009. 3. 26. 2007헌마843, 판례집 21-1상, 651. 665-666).

2. 국민에 의한 국가권력 행사의 방법

가. 헌법기관으로서 국민

국민은 국가와 사회 두 영역의 구성원이다. 한편으로는, 국민은 **기본권의 주체로서 사회를 구성**하고 국가권력과 대립한다. 다른 한편으로는, 대의기관의 선출을 통하여 국가권력을 형성하거나 예외적으로 국민투표의 형태로 국가의사결정에 참여하는 경우에는 국민은 **국가권력을 행사하는 헌법기관**으로 기능한다. 국민은 **선거와 국민투표의 형태로 국가권력을 직접 행사**한다. 대의제에서 선거와 국민투표의 가능성을 제외한다면, 국가권력은 대의기관에 의하여 행사된다.

민주국가에서 국민은 헌법제정권력으로서 국가공동체의 정치질서를 헌법의 제정을 통하여 확정한다. 그러나 **헌법이 일단 제정되면**, 국민은 의회나 정부 등 다른 국가기관과 마찬가지로 **'헌법에 의하여 형성된 권력'**(헌법기관)으로서 헌법의 구속을 받는다. 헌법국가에서 국민의 권한은 무제한적인 것이 아니다. 국민은 단지 헌법에 의하여 부여받은 권한만을 가지고 있으며, 이러한 범위 내에서 헌법기관으로서 국가의사결정에 참여할 권한을 가진다.

나. 대의제와 직접민주제

국민이 국가의사형성에 직접 또는 간접적으로 참여하는지에 따라, 즉 국민이 직접 국가의사를 결정하는지 아니면 대의기관으로 하여금 국가의사를 결정하게 하는지에 따라 직접민주주의와 대의제로 구분할 수 있다.

대의제의 경우, 국민은 선거를 통해서만 국가권력을 직접 행사하고 그 외에는 선출된 대의기관으로 하여금 국가권력을 행사하도록 위임하고 있다. 오늘날 대부분의 헌법은 **'직접민주적 요소를 가미한 대의제'**를 채택하고 있는데, 이러한 대의제에서 국민이 국가권력을 직접 행사하는 수단은 단지 선거와 국민투표이다. 선거는 대의제를 실현하기 위한 방법으로서 인물(대표자)에 대한 결정을 의미하고, 국민투표는 직접민주주의를 실현하기 위한 방법으로서 사안(정책이나 법안)에 대한 결정을 의미한다.

다. 대의제에 관한 헌법적 결정

헌법은 선거에 의하여 선출된 대의기관이 국가권력을 행사하는 것을 원칙으로 하면서 국민이 직접 국가의사를 결정하는 것은 예외적인 경우에 한정하고 있다. 이로써 헌법은 대의제를 원칙으로 하면서 예외적으로 직접민주적 요소를 가미함으로써, **국민과 대의기관 사이에 국가권력행사에 관한 헌법적 권한을 배분**하고 있다.

우리 헌법이 대의제를 원칙으로 한다는 것은, 대표자를 선출하여 **대의기관을 구성**하는 규정인 헌법 제41조(국회의원선거) 및 제67조(대통령선거), 구성된 **국가기관에 국가권력을 위임**하는 규정인 헌법 제40조(입법권), 제66조(행정권) 및 제101조(사법권), 그리고 **대의기관의 자유위임원칙**을 규정하는 제46조 제2항에서 표현되고 있다.

제 2 절 대의민주제

Ⅰ. 대의민주제의 개념

대의민주제란, 국민이 직접 국가의사를 결정하는 것이 아니라, 국민은 선거를 통하여 대표자를 선출하고 국가기관을 구성함으로써 대표자로 하여금 국가의사를 결정하도록 하고, 국민은 주기적으로 실시되는 선거의 형태로 대표자의 결정에 대하여 정치적 책임을 묻는 제도이다. 대의제는 이러한 방법으로 대표자를 유권자의 의사에 구속시킴으로써 국민의 자기지배를 확보하고자 하는 것이다. 대의민주제는 국민의사와 국가의사의 분리를 전제로 하여 대의기관의 자유위임을 본질적인 요소로 하는 제도이다.

판 례 **대의제의 본질**에 관하여 "**대의제**는 … **기관구성권과 정책결정권의 분리, 정책결정권의 자유위임**을 기본적 요소로 하고, 특히 국민이 선출한 대의기관은 일단 국민에 의하여 선출된 후에는 법적으로 국민의 의사와 관계없이 독자적인 양식과 판단에 따라 정책 결정에 임하기 때문에 **자유위임 관계**에 있게 된다는 것을 본질로 하고 있다."(헌재 2009. 3. 26. 2007헌마843, 판례집 21-1상, 651, 666)

Ⅱ. 대의제의 본질

1. 대의기관에 의한 국가의사결정

국민이 직접 국가의사를 결정하는 것이 아니라 국민에 의하여 선출된 대의기관이 국가의사를 결정하며, 대의기관의 결정은 국민의 결정으로 간주되어 국민이 대의기관의 결정에 구속을 받는다.

2. 대표자의 자유위임

대의제에서 국민과 대의기관의 관계는 명령적 위임관계가 아니라 자유위임관계이다. **대의기관의 자유위임**(自由委任), 즉 국민으로부터 국가권력의 행사를 위임받은 대의기관의 독립성은 대의제의 본질에 속하는 것이다. 대의기관은 일단 선출된 후에는 임기 동안 국민의사의 구속을 받지 않고 독자적인 판단에 따라 공익을 실현한다. 대의제의 이론적 바탕을 이루는 사고는, **국민은 자신의 진정한 의사를 대의기관에 의해서만 확인할 수 있다**는 것에 있다. 대의제는 국민의 현실적 의사(여론조사 등을 통하여 경험적으로 인식될 수 있는 의사)가 아니라 국민의 추정적 의사(대의기관에 의하여 확인될 수 있고 객관적으로 추정되는 의사)를 국민의 진정한 의사로 간주하고, 이에 우위를 부여한다.

대의기관의 자유위임, 즉 제3자의 지시로부터의 독립성은 **대의기관에 의한 국민 전체의 대의를 실현하기 위한 필수적 요건**이다. 대의기관의 대의적 행위란 국민 전체의 이익을 위한 행위, 즉 공익실현을 의미하며, 공익실현이 가능하기 위해서는 대의기관은 부분이익이나 특수이익을 추구하는 일부 국민의 명령적 위임관계로부터 자유로워야 한다.

대의기관의 자유위임은 **현실정치적인 이유에서도 필수적**이다. 의회에서 자유로운 토론과 의사형성이 가능하기 위해서는 대표자가 독자적으로 판단하고 결정할 수 있어야 한다. 만일 의원이 명령적 위임관계로 인하여 자신의 결정에 앞서 유권자나 사회단체의 지시를 받아야 한다면 의회에서 자유로운 토론과 의사형성이 불가능할 것이다.

3. 국민의사와 국가의사의 분리

가. 국민의사형성과정과 국가의사형성과정

대의제에서 정치적 의사형성과정은 국민의사형성과정과 국가의사형성과정으로 나뉜다. **국민의사형성과정**은 국민이 국가로부터 자유로운 가운데 정치적 기본권을 행사함으로써 이루어지는 과정으로 국민의 기본권행사에 그 헌법적 기초를 두고 있는 반면, **국가의사형성과정**은 국가기관이 위임받은 국가권력을 행사함으로써 이루어지는 과정으로 민주적 정당성에 그 헌법적 기초를 두고 있다.

국민의사형성과정이란 한 마디로 **국민의 여론형성과정**으로서, 모든 개인과 사회단체가 참여한 가운데 다양한 이익과 견해가 경쟁하고 조정되고 통합되는 의사형성과정이다. 헌법은 **정치적 기본권**(가령, 정당의 자유, 표현의 자유, 집회 및 결사의 자유 등)의 보장을 통하여 국민의사형성과정을 보장하고 있다. 국민의사형성과정에서 정당, 언론단체, 이익단체 등이 주도적 역할을 하여 여론형성을 주도한다. 국민의사형성은 **자유롭고 개방적인 과정에서 이루어져야** 한다. 즉, 국민의사형성은 국가의 간섭과 방해로부터 자유로워야 하며, 나아가 사회의 모든 견해와 이익이 의사형성과정에 참여할 수 있도록 다양한 견해와 방향에 대하여 개방적이어야 한다.

국가의사형성과정이란, 국가의 제도화된 절차(가령, 입법・행정・사법절차 등)에서 이루어지는 **국가의사의 독자적인 형성과정**, 이로써 국가의사형성의 전문성・객관성・안정성・지속성을 보장하는 과정을 말한다. 대의제는 **대의기관의 자유위임**을 보장함으로써 국가의사형성에 대한 국민의 직접적인 영향력행사를 배제한다. 국민이 한시적으로 국가권력을 국가기관에게 위임한 이상, 국가기관은 그 결정에 있어서 국민의사의 구속을 받지 않는다. 국민의사와 국가의사의 일치는 결코 대의제 민주주의가 요청하는 바가 아니며, 이는 현실적으로도 불가능하다.[1)]

나. 국민의사형성과 국가의사형성의 관계

국민의사형성과 국가의사형성은 서로 개념적으로 구분되나, 서로 단절된 것이 아니라 **상호 영향을 미치는 관계**에 있다. 민주국가는 사회로부터의 정치적 영향력행사에 대하여 개방되어 있는 국가이다. 국민은 정당과 사회단체를 통하여 또는 그 외 여론형성을 통하여 국가의사형성과정에 영향력을 행사하고자 시도하며, 국가는 대국민 홍보활동이나 발표(가령, 입법예고) 등을 통하여 국민의 여론형성에 영향을 미치고자 시도한다.

민주주의는 정치적 지배의 정당성을 확보하기 위한 방법이고, 대의제에서 선거는 정치적 지배(국가권력)를 정당화하는 핵심적인 과정이다. 그러나 선거는 정치적 지배를 정당화하는 유일한 과정은 아니다. **민주주의는** '정치적 지배에 대한 비판과 통제의 질서'로서, **국가의 정당성을 끊임없이 새롭게 획득해야 하는 지속적인 과정**이다. 대의제에서 민주적 정당성은 대표자의 임기 중에도 '국민과의 소통과정'을 통하여 지속적으로 부여되어야 한다. 이러한 점에서 국민의 여론형성은 선거행위만큼이나 민주주의가 기능하기 위하여 중요하다. **민주적 소통과정**의 특징은 바로 지배자와 피지배자 간의 상호작용, 즉 **국가의사형성과정과 국민의사형성과정 사이의 상호작용**에 있다.

4. 대의제에서 국민 여론의 의미

대의제는 자유로운 여론형성의 결과인 국민의사의 타당성을 완전히 신뢰하지 않는다. 국민의 여론이란 수시로 변하는 것이며, 여론을 형성하는 국민 개개인은, 주기적인 선거에 의하여 정치적 심판을 받고 공익의 구속을 받는 대의기관과는 달리, 공익실현의 구속을 받지 않으며 그 누구에 대해서도 정치적 책임을 지지 않는다. **여론은 대의기관이 정책결정에 있어서 고려해야 하는 하나의 중요한 참고자료**일 뿐이다. 따라서 대의제에서 국가기관은 여론을 고려할 수는 있으나 여론의

1) 만일 국민의사와 국가의사가 일치해야 한다면, 지속적으로 이루어지는 여론조사가 대의기관에 의한 통치를 대신해야 할 것이고, 이는 대의제 민주주의의 종말을 의미한다. 한편, 정당정치가 자리 잡지 못하고 의회와 대의제가 제대로 기능하지 못하는 정치적 후진국에서는 국민의 여론이 정치를 지배하는 '직접민주주의의 국가'가 될 위험이 크다. 대의기관이 여론에 종속될수록, 대의민주제는 그 실질에 있어서 직접민주주의로 변질된다. 이러한 사회에서는 주도적으로 여론을 형성하고 여론조사를 실시하는 언론기관과 시민단체 등 사회단체의 영향력이 강화된다. 이러한 사회에서, 언론과 시민단체는 여론에 그 기반을 둔 자신의 영향력과 권력적 지위를 유지하고 강화하기 위하여, 여론을 '국민과 민주주의의 이름'으로 절대시하고 여론에 반하는 국가결정을 '반민주적인 것'으로 낙인찍음으로써 대의기관을 여론에 구속시키고자 하는 경향이 있다. 그러나 이러한 형태의 민주주의는 우리 헌법이 지향하는 대의제 민주주의가 아니다.

단순한 집행기관은 아니며, 여론이 곧 국가의사로 전환되는 것은 아니다.

대의제에서 대의기관은 여론에 의하여 법적으로 구속을 받지는 않지만, **여론을 고려해야 하는 사실상의 구속**을 받는다. 이러한 이유에서, 대의제에서 여론의 영향력을 '**여론의 준(準)직접민주적 요소**'라고 표현하기도 한다. 대의기관은 재선되기 위하여 정치적으로 여론의 구속을 받는다. 나아가, 여론은 임기 중 국가기관의 정책결정에 영향을 미치고, 국가기관의 결정이 국민의 지지와 동의를 구할 수 있는지의 문제와 관련하여 결정적인 역할을 한다. 그러나 대의기관이 여론을 고려해야 한다는 것은 법적 의무가 아니라 정치적인 구속이다. 경우에 따라 여론에 반하여 결정하는 것이 공익실현의 관점에서 필요할 수 있다.

Ⅲ. 대의제를 실현하기 위한 본질적 요건

1. 대의제 실현의 필수적 요건으로 정당간의 경쟁원칙

'대의기관의 자유위임'을 본질로 하는 **대의제에서 제기되는 핵심적 문제**는, 대의기관이 자유위임으로 인하여 국민의사로부터 완전히 유리되고 독자화(獨自化) 하는 것을 어떻게 방지하고, 대의기관으로 하여금 임기 중 국민의사를 어떻게 고려하도록 할 것인지에 관한 것이다.

헌법은 국가권력을 한시적으로 위임받으려는 **'정치적 경쟁자 간의 경쟁원칙'**을 통하여 대의제의 딜레마인 **'자유위임과 국민의사 간의 긴장관계'**를 해결하고 있다. 주기적으로 실시되는 선거에서 승리하여 정권을 획득하기 위해서는 대의기관은 국민의 의사를 고려해야 하므로, **주기적인 선거**가 대의기관에 대하여 임기 중 국민의 의사를 고려해야 하는 사실상의 강제로 작용한다. 따라서 대의제가 기능하고 실현되는지 여부는 **정치적 경쟁자(정당) 간의 경쟁원칙이 기능하는지 여부**에 달려 있다. 대의제가 기능하기 위한 요건은 바로 정치적 경쟁자간의 경쟁원칙이 기능하기 위한 요건을 의미하는 것이고, 이는 '자유민주적 기본질서' 중에서 **민주주의를 구성하는 핵심적 요소**에 해당하는 것이자 헌법개정금지사항에 속한다.

2. 민주적 선거원칙에 따라 주기적으로 실시되는 선거

대의제가 기능하기 위한 일차적인 요건은 선거이다. 선거는 대의제 민주주의를 구성하는 핵심적 제도이다. 선거에 의하여 비로소 대표자가 선출되고 대의기관이 구성되므로, **선거는 대의제를 실현하기 위한 불가결한 요소**이다. 선거 없이 대의제 없다.

나아가, 대의제가 기능하기 위해서는 **선거는 적정한 주기로 실시되어야** 한다. 선거가 적정한 주기로 실시된다는 것은, 대의기관의 임기가 시간적으로 제한된다는 것을 의미하고, 대의기관이 국가권력을 한시적으로 위임받는다는 것을 의미한다. 이러한 경우에만 **선거를 통한 국민의 주기적인 심판가능성과 정권교체의 가능성**으로 인하여 선거는 대의기관으로 하여금 국민의 의사를 고려하게 하는 기능을 이행할 수 있다. 적정한 선거 주기만이 유권자의 의사를 고려하는 책임정치를 담보할 수 있다.

선거는 임기 중 대표자의 정치적 성과에 대한 총결산을 의미한다. **유권자의 관점에서**, 유권자가 기억할 수 없는 오래된 과거의 성과를 포괄할 정도로 결산의 대상은 방대해서는 안 된다. **선출**

된 대표자의 관점에서도, 차기 선거에서의 심판에 대한 두려움이 임기 중에 유권자의 의사를 고려해야 하는 강제로 작용할 수 있도록, 차기 선거가 가까운 장래에 실시되어야 한다. **과도하게 장기(長期)의 선거 주기**는, 대의기관은 한시적으로 국가권력을 위임받고 적정한 주기로 새롭게 자신의 민주적 정당성을 획득해야 한다는 대의제의 본질에 반하는 것으로, 헌법개정의 한계를 넘는 것이다.

3. 정당설립의 자유, 복수정당제의 보장 및 정당간의 기회균등

정치적 경쟁자 간의 경쟁원칙이 기능하기 위해서는 선거라는 '경쟁의 장'이 제공되는 것만으로는 부족하다. 선거는 다양한 선택가능성을 전제로 하는 것이므로, 선거를 통한 경쟁원칙이 기능하기 위해서는 **복수(複數)의 경쟁자가 존재해야** 한다.

시장에서 경쟁원칙이 기능하기 위해서는 누구나 자유롭게 경쟁에 참여할 수 있어야 하고, 나아가 경쟁에 참여한 자에게 경쟁에서의 동등한 기회가 보장되어야 하는 것과 마찬가지로, 정당 간의 정치적 경쟁에서도 **누구나 자유롭게 정당을 설립**할 수 있어야 하고, 경쟁에서 **정당간의 기회균등**이 보장되어야 한다. 국가가 정당간의 경쟁에 개입해서는 안 된다는 '국가의 중립의무'는 '경쟁에서 정당간의 기회균등'에 대응하는 국가의 의무이다.

4. 다수결원리와 소수의 보호

가. 다수결원리

(1) 다수의 권리로서 다수결원리

다수결원리란 다수의 의결로 정치적 의사를 결정하는 원리를 말한다. 정치적 의사결정에 이르는 가장 이상적인 방법은 타협과 협상을 통하여 의견일치를 보는 것이나, 일반적으로 모두를 만족시키는 해결책을 찾는 것이 어려우므로, 대의제에서 다수결은 **정치적 의사결정의 방식으로서 불가결**하고, 소수는 이에 승복해야 한다. 다수가 결정을 내리기 전에 합의에 도달하기 위하여 어느 정도로 다수의 권리를 자제하는지의 문제는 민주적·정치적 문화의 문제이다.

다수의 결정은 이에 압도당한 소수에 대해서도 구속력을 가지기 때문에, 다수결원리는 **모든 구성원에 대하여 구속력 있는 결정을 내리는 '다수의 권리'**를 의미한다. 이러한 점에서 '국민의 자기지배'를 의미하는 민주주의는 엄밀한 의미에서는 **'정치적 다수의 지배'**이다. 이에 대하여, 만장일치는 정치적 소수가 다수에 의한 결정을 봉쇄할 수 있다는 점에서 '정치적 소수의 지배'를 의미한다.

(2) 국민의 자기결정과 정치적 평등의 필연적 결과

다수결원리는 **국민의 '자기결정권'과 '민주적 평등'에 의하여 정당화**된다. 국민 누구나 자기결정권을 가지고 있고 누구나 정치적 참여에 있어서 평등하다면, 민주주의에서 의사결정방식은 필연적으로 다수결원리일 수밖에 없다. **다수에 의한 결정은 자기결정의 이념에 부합**한다.

한편, 다수결은 **결정내용의 타당성**을 보장하지 않는다. 다수결에 의한 결정의 경우, 그 결정내용이 다수의 지지를 받았다는 점에서 일반적으로 극단적인 것을 배제하는 경향이 있으나, 그러한 결정이 내용적으로 타당하다는 것을 의미하지는 않는다.

(3) 다수결의 유형

일반적으로 다수결에 대한 구체적인 요구는 **'결정의 의미와 중요성'**에 상응한다. 결정의 의미가 중요할수록, 보다 가중된 다수를 요청하게 된다. **'가중된 다수(의결정족수)'**의 요청은 '소수의 보호'와 결정대상 사안에 대한 '현재 상태의 강화된 존속보장'에 기여한다.

우리 헌법에서 다수결의 유형을 살펴보면, 재적의원 과반수의 출석과 출석의원 과반수의 찬성을 요구하는 '국회의 의결'(제49조), 재적의원 과반수의 출석과 출석의원 2/3 이상의 찬성을 요구하는 '법률안에 대한 대통령의 재의요구에 대한 의결'(제53조 제4항), 국회재적의원 과반수의 찬성을 요구하는 '대통령 이외의 공무원에 대한 탄핵소추의결'(제65조 제2항), 국회재적의원 2/3 이상의 찬성을 요구하는 '의원제명'(제64조 제3항), '대통령에 대한 탄핵소추의결'(제65조 제2항), '헌법개정'(제130조 제1항) 등 다양한 형태의 다수결을 규정하고 있다.

(4) 다수결의 전제조건

현재의 소수가 장래의 다수가 될 수 있어야 한다는 것은 다수결의 본질적 전제조건이다. 소수가 다수의 결정에 승복하는 이유는, 지금은 비록 소수이지만 다음 기회에 다수가 될 수 있다고 믿기 때문이다. 따라서 다수결원리는 **공정한 경쟁의 원칙**이 기능하고 소수가 다수가 될 수 있는 **'동등한 기회'**를 가지고 있다는 것을 전제로 한다.

현재의 소수가 장래에 다수가 될 수 있는 이러한 조건이 확보되지 못한다면, 다수결원리는 그 존립근거를 상실한다. 현재의 소수가 장래의 다수가 될 수 있는 가능성이 실현될 수 있도록, **소수를 위한 법적 보장**은 필수적이다. 표현 · 집회 · 결사의 자유, 정당의 자유 등 정치적 자유가 보장되어야 하고, 소수는 정당의 기회균등을 비롯하여 다수와 동등한 정치적 권리를 가져야 한다.

(5) 다수결의 한계

첫째, 다수결원리의 성립기반인 **'공정한 경쟁의 조건'**은 민주적 다수가 임의로 처분할 수 없다. 다수가 정권을 유지하기 위하여 자신에게 유리하게 경쟁조건을 변경해서는 안 된다. **'국민과 정당의 정치적 권리의 평등'**은 자유민주적 기본질서의 핵심적 요소로서 다수결의 대상이 될 수 없다.

둘째, 다수결은 그 **'결정내용과 대상'**에 있어서 민주적 다수에 의해서도 침해될 수 없는 **법치국가적 한계**를 가진다. 다수결은 모든 것을 그 대상으로 삼을 수 있는 것은 아니며, 개인의 기본권의 보호, 신뢰보호 등 법치국가적 구속을 받는다. **기본권에 의하여 보장된 개인의 고유한 사적 영역**은 국민의 다수의사에 의해서도 침해될 수 없으므로, 다수결에 의하여 임의로 처분될 수 없다.

나. 소수의 보호

다수의 결정이 정당성을 가지고 소수를 구속하기 위해서는 **다수결원리는 소수의 보호에 의하여 보완**되어야 한다. 소수 보호의 핵심은 **결정에 이르는 절차적 과정에서 소수의 영향력 확보**에 있다. 소수가 결정과정에 대하여 영향력을 행사할 수 있는 사실적 기회를 부여받는 경우에만, 소수는 다수의 결정에 승복할 수 있고, 다수의 결정은 실체적 정당성을 가질 수 있다. 따라서 소수는 결정과정에서 자신의 견해를 피력하고 결정과정에 영향력을 행사할 수 있는 가능성을 가져야 한다. 다수결의 원리는 소수파의 출석과 토론을 전제로 한다(제4편 제2장 제4절 Ⅱ. 4. '정족수의 원리' 참조).

가중된 다수를 요청할수록, 소수가 표결에 있어서 보다 영향력을 행사할 수 있기 때문에 **소수 보호의 효과**가 발생한다. 가령, 특정 사안의 의결에 대하여 국회재적의원 2/3 이상의 찬성을 요구하는 경우, 이미 재적의원 1/3에 해당하는 '국회의 소수'가 의결을 막을 수 있다.

판 례 헌법재판소는 "의회민주주의의 기본원리의 하나인 **다수결의 원리**는 의사형성과정에서 **소수파에게 토론에 참가하여 다수파의 견해를 비판하고 반대의견을 밝힐 수 있는 기회를 보장**하여 다수파와 소수파가 공개적이고 합리적인 토론을 거쳐 다수의 의사로 결정한다는 데 그 **정당성의 근거**가 있는 것이다. 따라서 입법과정에서 소수파에게 출석할 기회조차 주지 않고 토론과정을 거치지 아니한 채 **다수파만으로 단독 처리하는 것은 다수결의 원리에 의한 의사결정이라고 볼 수 없다.**"고 판시하고 있다 (헌재 2010. 12. 28. 2008헌라7 등, 판례집 22-2하, 567, 588).

5. 국민의사형성의 조건으로서 정치적 과정의 공개성 및 정치적 자유의 보장

국민의 의사를 고려하는 대의정치가 가능하기 위해서는, **국민에 의한 여론형성이 가능해야** 하고 국민은 여론형성을 통하여 대의기관의 결정에 영향력을 행사할 수 있는 가능성을 가져야 한다. 국민에 의한 여론형성이 가능하기 위해서는, **'정치적 과정의 투명성과 공개성'이 보장**되어야 한다. 정치적 과정이 투명하게 공개되는 경우에만, 국민에 의한 여론형성과 민주적 통제가 가능하다. 이로부터 제기되는 요청이 **대의기관 행위의 공개성**이다. 의회 회의의 공개원칙, 국민의 알권리, 정부의 대국민 홍보활동 등이 정치적 과정의 공개성을 확보하기 위한 수단이다. 요컨대, 공적인 것은 공개되어야 하며, 모든 국민과 관련되는 것은 모든 국민이 알아야 한다. **정치적 결정과정의 공개**는 비판과 대안 제시의 가능성을 제공함으로써, 비로소 국민으로 하여금 여론형성과 공익 발견에 참여하는 것을 가능하게 한다. 정치적 과정의 공개성은 민주적 결정의 내용적 타당성을 확보하고 공익을 발견하기 위한 절차적 조건이기도 하다.

나아가, 국민이 여론의 형성을 통하여 국가기관의 결정에 영향력을 행사하기 위해서는, 국민으로 하여금 여론형성과정에의 참여를 가능하게 하는 **정치적 자유가 보장**되어야 한다. 표현의 자유, 집회의 자유, 결사의 자유는 국가의 침해로부터 개인의 의사소통의 자유를 보호하고자 하는 자유권적 기본권일 뿐만 아니라 국민의 정치적 의사형성을 가능하게 하는 **민주적 참여권**이다.

6. 국가권력행사의 근거로서 민주적 정당성의 원칙

가. 국가권력을 행사하기 위한 필수적 요건으로서 민주적 정당성

국가기관이 국가의 과제를 이행하고 국가권력을 행사하기 위해서는, 국민의 의사에서 유래하는 민주적 정당성을 필요로 한다. 국가기관이 민주적 정당성을 부여받는 경우에만, **국민이 국가기관을 통하여 국가권력을 행사한 것으로 간주**되고, 이로써 국가기관의 결정에 구속을 받는 것이 정당화된다. 민주적 정당성은, 모든 국가기관의 구성과 국가권력의 행사는 어떠한 형태로든 최종적으로 국민의 의사표시에 정당성의 근거를 둘 것을 요청함으로써, **국가권력이 실제로 국민으로부터 나오는 것을 보장**한다.

나. 민주적 정당성의 요청

헌법은 입법·행정·사법의 국가기관을 구성하여 각 독자적 기능을 부여하고 국가기관을 통하여 국가권력을 행사하도록 규정하고 있다. 이로써 헌법에 의하여 구성된 '국가기관'의 행위는 헌법제정주체인 국민에 의하여 민주적으로 승인된 국가권력의 행사로서 인정된다. 그러나 **헌법에 직접 근거하는 기능적 · 제도적 민주적 정당성**이 이미 그 자체로서 개별공직자의 구체적인 행위에 대하여 민주적 정당성을 부여하는 것은 아니다. 구체적인 민주적 정당성은 인적(人的) 측면과 사안적(事案的)측면의 민주적 정당성에 의하여 비로소 부여된다.

인적(人的) · 조직적 민주적 정당성은, 공직자가 선거에 의하여 직접 선출되거나 또는 국민에 의하여 선출된 국가기관에 의하여 임명됨으로써 구체적으로 민주적 정당성을 부여받을 것을 요청한다. 인적 정당성은 국민에 의한 또는 국민에 의하여 선출된 기관에 의한 **'공직자의 개별적 임명의 원칙'**이라 할 수 있다. 이러한 경우에만 국민이 공직자 또는 국가기관을 통하여 국가권력을 행사하는 것으로 간주된다. 민주적 정당성을 부여받기 위하여 모든 국가기관이 국민에 의하여 직접 선출되거나 구성될 필요는 없고, 직접 선출된 다른 국가기관으로부터 민주적 정당성을 중개 받을 수 있다면 그로 족하다.[2)]

사안적(事案的) · 내용적 민주적 정당성은, 국가권력의 행사가 '그 내용에 있어서' 국민으로부터 유래할 것을 요청한다. 인적 정당성을 획득한 공직자가 국민의사로부터 독립하여 독자적인 국가권력을 행사하는 것을 방지하기 위해서는, 동시에 **'법률에의 구속'을 통하여 확보되는 사안적 정당성**을 필요로 한다. 국민의 대표자인 의회가 국가공동체의 모든 중요한 문제를 '법률'의 형태로 결정하고 '법률'을 집행부와 사법부의 행위기준으로 제시함으로써, 집행부와 사법부의 국가행위를 그 내용에 있어서 조종하고 지배하게 된다. '법률에의 구속'을 통하여 국가권력의 행사가 그 내용에 있어서도 국민으로부터 유래하는 것으로 간주된다.

제 3 절 직접민주주의

Ⅰ. 이념적 배경 및 실현가능성

1. 이념적 배경

가. 치자와 피치자의 동일성

직접민주주의란, 국민이 국민투표의 형태로 국가의사를 직접 결정하는 민주주의를 말한다. 직접민주주의는 **루소**(Rousseau, 1712－1778)**의 국가이론**에 그 이론적 바탕을 두고 있다. 루소에 의하면, 직접민주주의에서는 국민이 직접적인 정치참여를 통하여 타인에 의한 지배를 극복하기 때문에 직접민주주의만이 진정한 민주주의라고 한다. 즉, 직접민주주의는 **'치자(治者)와 피치자(被治者)의 동일성(同一性)'**을 의미하고, 이로써 진정한 민주적 통치형태, 국민의 완벽한 자기지배를 의

2) 예컨대, 의원내각제의 국가에서 국민은 단지 의회만을 직접 선출하고, 선출된 의회가 내각을 구성하며, 다시 내각이 행정관리와 법관을 임명함으로써 집행부와 사법부에 민주적 정당성을 부여하게 된다. 의원내각제에서 의회는 국민의 유일한 대표기관으로서 다른 국가기관에게 국가권력의 행사를 위하여 필수적인 민주적 정당성을 중개하는 역할을 한다.

미한다는 것이다. 이에 대하여 대의제는 민주주의의 약화, 직접민주주의에 대하여 열등한 것으로 간주된다.

루소의 민주주의이론은 절대적 군주제에 대한 반동으로 나온 것으로 **'절대적 민주주의이론'**이다. 여기서 '절대적'이란, 국가권력이 아무런 구속을 받지 않고 모든 것을 결정의 대상으로 삼을 수 있다는 것, 국가권력의 한계가 존재하지 않는다는 것을 의미한다. 하지만 루소는 절대군주제를 옹호한 보댕이나 홉스와는 달리, 무제한적인 국가권력을 군주가 아니라 국민 스스로에게 부여하고자 하였다는 것에 차이가 있다.

나. 절대적 민주주의이론의 위험성

루소의 민주주의이론은 정치현실에서 다수의 독재, 민주적 전제로 변질될 위험성을 내포하고 있다. 루소의 절대적 민주주의는 **권력남용에 대한 안전장치(법치국가적 통제장치)가 없는 민주주의**이다. 직접민주주의에는 법치국가적 통제가 기능할 수 있는 구조조직, 즉 **개인의 기본권보장과 권력분립원리가 기능하기 위한 구조가 결여**되어 있다. 직접민주주의이념은 '정치권력의 불가분성(不可分性)'과 '국민의사의 절대성'을 내세워 조직상의 권력분립과 국민의사에 대한 사법적 통제를 배척한다.

기본권보장이란 개인과 국가의 개념적 분리와 대립을 전제로 하여 국가로부터 개인의 기본권을 보장하고자 하는 것인데, 직접민주주의의 경우에는 '치자와 피치자의 동일성'으로 인하여 기본권이 기능하지 않는다. 또한, **권력분립원리**는 대의기관의 존재를 전제로 하여 국가권력을 분할하여 국가기관 상호간의 견제와 균형을 이루고자 하는 것인데, 직접민주주의에서는 '대의기관의 부재'와 '국가권력의 불가분성'으로 인하여 권력분립이 구조적으로 불가능하다.

2. 현대국가에서 직접민주주의의 실현가능성

순수한 직접민주주의는 현대국가에서 국민의 자기통치의 형태로 비현실적이며 부적합하다. 민주주의가 정치적 지배, 통치조직의 형태라면, **민주주의는 대의기관 없이는 불가능**하다. 국가에게는 그의 과제가 있고, 국가과제는 일상적으로 이행되고 처리되어야 한다. 현대의 사회(복지)국가에서 국가의 과제가 다양해질수록, 국민은 전체로서 모든 국가사무의 처리에 직접 참여할 수 없다. 이는 국가과제의 효율적인 처리를 위하여 대의기관이 필수적이라는 것을 의미한다.

국민투표의 경우에도 대의제적 구조가 불가피하다. 설사 국민이 국민투표의 형태로 중요한 국가적 사안에 관하여 직접 결정한다 하더라도, 국민투표를 준비하고 그 결정을 집행하는 대의기관을 필요로 한다. 이러한 점에서, 대의제는 직접민주주의에 대하여 열등한 차선(次善)의 통치형태가 아니라 민주주의의 필연적인 기본형태이다. 현대국가에서 직접민주주의는 대의제를 대체할 수 있는 제도가 아니라 단지 부분적으로 보완하는 요소로서 고려될 수 있을 뿐이다. 현대 민주주의는 직접민주적 요소 없이도 가능하지만, 대의제 없이는 불가능하다.

Ⅱ. 직접민주주의의 실현수단

국민발안이란, 국민(일정수의 유권자)이 중요 정책이나 법안에 관하여 국민투표의 실시를 직접 제안할 수 있는 제도를 말한다. 이로써 국민이 직접 국민투표의 실시여부와 대상을 결정한다. 국민발안의 대상은 일반적으로 법률안이나 중요 정책이다. 법률안이 국민발안의 대상이 되는 경우, 국민은 법률안 제출권의 형태로써 입법절차에 참여하게 된다.

국민표결이란 본래의 의미의 국민투표로서, 국민이 중요 정책이나 법안에 관하여 국민투표로써 직접 결정하는 제도이다.[3] 국민표결에는 여러 가지 방법을 통하여, 즉 일정 정족수를 충족시킨 국민발안에 의하여 또는 국가기관의 발의(예컨대, 헌법 제72조의 대통령의 부의권 행사)에 의하여 아니면 입법기관의 의결 후 법률안을 국민투표에 붙이는 방법에 의하여(예컨대, 헌법 제130조의 헌법개정) 이르게 된다. 법률안이 국민표결에 의하여 채택되면 그 효과는 의회입법과 동일한 효력을 가진다.

국민질의란, 국가가 특정 사안에 관하여 국민에게 의견을 묻는 제도를 말한다. 국민질의는 자문적(諮問的) 국민투표라고도 한다. 국민투표와는 달리, 법적 구속력이 없으나 강력한 정치적 압력을 의미하게 된다. 국민질의가 법적 구속력이 없다는 점에서는 여론조사와 유사하지만, 여론조사를 실시하는 주체가 개인이나 단체 등 私人인 반면, 국민질의는 국가의 주도 하에서 실시된다. 선거나 국민투표에 적용되는 일반 원칙인 보통·평등·직접·비밀선거의 원칙도 국민질의에 대하여 마찬가지로 적용된다.

국민소환이란, 국민의 청원에 의하여 임기 중에 있는 선출직 공직자에 대하여 그 해임을 국민투표에 회부하는 제도를 말한다.

Ⅲ. 직접민주주의의 문제점

1. 국가의사의 결정주체로서 국민의 부적합성

가. 국민투표대상의 전문성과 복잡성

오늘날 인터넷 등 통신매체의 발달로 인하여 직접민주주의를 현실화하는 것은 기술적으로 가능하다. 그러나 국민투표의 대상이 되는 국가정책(가령, 핵발전소의 폐기여부)이 대부분의 경우 **고도의 전문지식을 요구**하므로, 국민은 국민투표의 대상에 대하여 스스로의 판단을 형성하기에 어려움이 있다. 국민투표가 최소한의 질적 수준을 보장하기 위해서는 **국민투표의 대상에 대한 기본적인 이해가 필수적**이다. 이러한 점에서 국민투표의 대상으로 고려되는 것은 전문적인 사안이 아니라 사회윤리적 판단의 대상이 되는 사안(가령, 사형제도의 폐지)인데, 이러한 경우에도 사안에 대한 이해가 아니라 통제되지 않은 감정에 의하여 결정될 위험이 있다.

나. 감정과 이해관계에 따른 결정의 위험성

국민투표의 경우, **국민의 감정과 이해관계가 그대로 투표결과에 반영**되어 국가의사를 결정하게 된다. 개인은 **자신의 이해관계에 따라 판단**하게 될 가능성이 크다. 국민이 인물에 대하여 결정

---

3) 프랑스의 경우, 헌정사의 독특한 경험으로 말미암아 국민표결을 레퍼렌덤(Referendum)과 플레비시트(Plebiscite)로 구분하고 있는데, 일반적으로 의회에 의하여 의결된 법률안이나 헌법개정안에 관하여 국민이 직접 결정하는 형태를 **'레퍼렌덤'**이라고 하는 반면, 통치자에 대한 신임을 그 대상으로 하거나 신임여부와 연계하여 실시되는 어떤 한 사항이나 정책에 대한 국민투표를 **'플레비시트'**라 한다.

하는 경우(선거로써 대표자를 선출하는 경우)에는 개인적 이익이 직접적으로 작용하지 않지만, 사안에 대하여 결정하는 경우에는 자신의 이해관계에 따라 결정할 위험성이 크다. 직접민주주의의 문제점은 **다양한 이익간의 타협과 조정의 과정이 생략**된다는 것에 있다.

다. 직접민주주의를 주도하는 세력의 정치적 영향력의 강화

국민투표의 대상은 통상적으로 전체국민이 아니라 자신의 고유한 이익을 추구하는 일부 국민(이익집단)에 의하여 제시되며, 국민은 문제제시의 여부와 방법에 대하여 아무런 영향을 미칠 수 없다. 국민투표의 가능성이 확대됨에 따라 **국민투표를 조직하는 소수의 영향력이 강화**되고, 국민으로부터 민주적 정당성을 부여받은 **대의기관의 영향력이 감소**된다. 나아가, 직접민주주의에서는 국민투표를 제안한 자에 의한 대중의 선동과 여론조작의 위험성이 있다.

2. 결정수단으로서 국민투표의 문제점

전문성과 복잡성을 가진 사안에 대해서는 **설문작성의 한계**가 있다. 국민투표는 외부에서 제시한 질문에 대하여 **답변의 형식**으로 이루어진다. 국민은 **'네 또는 아니오'의 형태**로 찬성이나 반대의 의사표시를 할 수 있을 뿐이다. 이러한 한계로 말미암아, 국민투표의 실시 후 투표의 결과가 다양한 의미로 해석됨으로써 정치적 평화를 저해하는 새로운 요인으로 등장할 수 있다.

나아가, **국민투표의 실시여부, 시기, 구체적인 부의사항, 설문내용** 등을 결정하는 자는 **국민투표의 결과에 큰 영향력을 행사**할 수 있다. 설문작성의 단계에서 설문의 선택과 내용에 의하여 국민의 결정이 이미 일정한 방향으로 유도될 수 있다. 따라서 국민투표에서 누가 설문작성의 권한을 가지는지의 문제는 결정적인 의미를 가진다.

3. 법치국가적 통제의 어려움

대의제에서는 국가기관 간의 권력분립과 국가권력의 행사에 대한 법치국가적 통제가 가능하다. **대의제 내에서 국민투표의 도입**은 '통치행위에 대한 법치국가적 통제의 가능성'과 '결정결과에 대한 국가기관의 정치적 책임'이라는 **대의제 민주주의의 장점을 약화**시킨다는 것을 의미한다. 국민의 직접민주적 결정은 거의 법치국가적 통제의 대상이 될 수 없으며, 나아가 국민은 자신의 잘못된 결정에 대하여 정치적으로 아무런 책임을 지지 않는다. 대의제에서 국민투표에 의하여 결정된 법률에 대한 규범통제는 이론적으로는 가능하나, 국민의사가 사법기관에 대하여 사실상의 강제로 작용하기 때문에 국민투표의 결과에 대한 사법적 통제에는 한계가 있다.

Ⅳ. 한국 헌법에서 직접민주주의적 요소

1. 헌법상 규정된 국민투표

헌법 제72조 및 제130조 제2항에서 **'국가안위에 관한 중요정책'에 대한 국민투표와 '헌법개정안'에 대한 국민투표**의 가능성을 규정하고 있다. 헌법 제72조는 국민투표의 실시여부를 대통령의 재량으로 한다는 점에서 '임의적' 국민투표인 반면, 헌법 제130조 제2항의 국민투표는 그 실시가 필요적으로 요구된다는 점에서 '필수적' 국민투표이다.

우리 헌법은 **국민발안에 의한 국민투표의 가능성을 배제**하고 있다. 국민이 스스로 국민투표의 실시여부와 대상을 결정할 수 있는 가능성을 배제하고, 단지 국가기관이 확정한 대상에 대하여 찬성이나 반대만을 표시할 수 있다는 점에서, 이와 같은 형태의 국민투표는 대의제에 직접민주제를 가미하는 방법 중에서 **소극적인 제도**라고 할 수 있다.

2. 헌법에 명시적으로 규정된 국민투표 외에도 국민투표가 허용되는지 여부

첫째, **국민주권주의**는 대의제와 직접민주주의 모두에 의하여 실현될 수 있다는 점에서, 국민이 가능하면 국민투표의 형태로 직접 국가권력을 행사해야 한다는 요청은 국민주권주의로부터 나오지 않는다.

둘째, 입법자는 입법을 통하여 헌법에 명시적으로 규정된 국민투표 외에 **국가적 차원에서 또 다른 국민투표**를 도입할 수 없다.[4] 국민투표는 '국민이 국가권력을 직접 행사하는 방법의 하나'로서 헌법에 명시적인 근거를 필요로 한다. 헌법국가에서 헌법에 명시적으로 규정된 국가의사형성의 방법만이 허용되기 때문에, 국민에 의한 국가권력의 행사방법은 헌법에 의하여 직접 규율되어야 한다. **국민과 대의기관 사이의 '국가권력 행사에 관한 헌법적 권한의 배분'은 확정적**이다. 헌법은 국민주권의 실현방법으로서 대의제를 원칙으로 채택하고 있으므로, 국민에게 또 다른 국민투표의 가능성을 부여함으로써 국민의 결정권한을 확대하는 것은 대의기관인 의회와 정부의 헌법적 권한을 축소한다는 것을 의미한다. **헌법적 권한질서의 변형은 오로지 헌법개정을 통해서만 가능**하다.

제 4 절 선거제도

Ⅰ. 선거의 의의 및 기능

1. 선거의 의의

선거는 국민이 그를 대표할 국가기관(대의기관)을 선출하는 행위이다. 선거는 국민의 대표자에 관한 국민의 결정으로서 대의제를 실현하기 위한 수단이다. 선거 없이 대의제 없다. 선거는 **대의제에서 국민주권을 실현하고 국가권력을 정당화하기 위한 불가결한 요소**이다.

2. 선거의 기능

가. 대의적 기능

선거의 주된 기능은 국민의 대표자를 선출하여 대의기관을 구성함으로써, **대의기관에 민주적 정당성을 부여**하고 **대의기관에 의한 국가권력의 행사를 정당화**하는 것이다. 선출된 대의기관은 선거를 통하여 국민으로부터 직접적인 민주적 정당성을 부여받으며, 이를 근거로 다른 국가기관에게 국가권력의 행사를 위하여 필요한 민주적 정당성을 중개하는 역할을 한다. 또한, 선거는 그 주

4) 지방자치의 차원에서는 입법자가 법률로써 직접민주적 요소를 도입할 수 있다.

기성으로 말미암아, **국민이 대의기관을 통제할 수 있는 중요한 수단**이다. 적정한 주기로 실시되는 선거는 정권교체의 가능성을 담고 있으므로, 국민의사를 고려하는 정치를 가능하게 한다.

나. 국민투표적 기능

오늘날 정당국가에서 선거는 그 성격에 있어서 **'후보자 개인의 인물에 대한 결정'에서 '정당이 제시하는 정책에 대한 결정'으로 점차 변화**하고 있다. 선거에서 유권자의 결정은 다음 임기 중 어떠한 정당에게 정권을 맡길 것인지, 어떠한 정당의 정책이 실현되어야 하는지에 관한 결정을 의미한다. 이러한 점에서 선거는 대의적 기능 외에도 **정당의 정책에 대한 국민투표적 성격**을 가진다.

Ⅱ. 선거원칙과 선거권

1. 선거원칙의 의미 및 기능

가. 선거의 기능을 보장하기 위한 필수적 조건

헌법은 제41조 제1항에서 "국회는 국민의 보통·평등·직접·비밀선거에 의하여 선출된 국회의원으로 구성한다."고 하고, **제67조 제1항**에서 "대통령은 국민의 보통·평등·직접·비밀선거에 의하여 선출한다."고 하여, 선거의 기본원칙을 명시적으로 규정하고 있다. 선거원칙은 국가권력을 정당화하는 선거의 기능을 보장하고자 하는 것이고, 이로써 궁극적으로 대의제에서 국민주권원리를 실현하고자 하는 것이다.

선거원칙은 선거가 그 기능을 이행하기 위한 필수적 조건이다. 선거원칙을 준수하지 않는 선거는 선거의 기능을 이행할 수 없다. 선거가 선출된 대의기관에 민주적 정당성을 부여하기 위해서는, **국민의 의사가 대의기관의 구성에 제대로 반영되는 선거**가 이루어져야 하는데, **이를 확보하기 위한 수단**이 바로 선거의 기본원칙이다. 단지 국민의 일부만이 선거의 형태로 공동체의 형성에 참여할 수 있다면, 또는 모든 국민이 동수의 투표권이 아니라 차등적으로 투표권을 가진다면, 아니면 투표내용의 비밀이 보장되지 않음으로써 투표행위로 인하여 불이익을 우려해야 한다면, 유권자와 대표자 사이에 중간선거인이 개입한다면, 그러한 선거는 국민의 정치적 의사를 대의기관의 구성에 제대로 반영할 수 없을 것이며, 대의기관에 민주적 정당성을 부여하는 기능을 이행할 수 없을 것이다.

선거는 대의제 민주주의에서 국민주권을 실현하기 위한 가장 중요한 행위이며, **선거원칙은 대의제에서 국민주권을 실현하는 구체적인 방법을 서술**하고 있다. 대의제에서 국민이 국민주권을 실현하기 위해서는, 국민은 누구나(보통선거) 스스로(직접선거) 동등하게(평등선거) 국가나 타인에 의하여 방해받지 않고 자유롭게(자유 및 비밀선거) 선거권을 행사해야 한다. 이로써 **선거원칙은 헌법 제24조에 보장된 '선거권의 실체적 내용'을 구체화**하고 있는 것이다.

판 례 **선거원칙의 기능**에 관하여 "선거야말로 … 국민의 정치적 의사를 형성하는 가장 합리적인 절차이며, **국민의 의사가 얼마나 굴절 없이 정당하게 반영되었느냐의 여부**가 통치권의 정통성과 정당성을 담보하는 핵심이고 생명이라고 할 수 있는 것이다. 그러므로 선거제도를 지배하는 보통·평등·직접·비밀선거의 4가지 원칙이 실질적으로 얼마나 잘 보장되느냐가 선거제도의 성패를 가름하는 갈림길이 되는 것이며, …"라고 판시하고 있다(헌재 1991. 3. 11. 91헌마21, 판례집 3, 91, 104).

나. 공정한 정치적 경쟁의 규칙

선거는, 정당과 후보자가 선거에서 경쟁하고 유권자에게 다양한 정치적 제안을 하는 적극적 측면과 유권자가 이러한 형태로 제공되는 정치적 제안 중에서 선택하는 소극적 측면으로 이루어진다. 선거가 이와 같이 '정당·후보자의 적극적인 제안의 요소'와 '유권자의 반응적 요소'로 이루어져 있다면, 선거원칙도 선거의 이중적 측면을 모두 포괄해야만 그 기능을 제대로 이행할 수 있다. 따라서 선거원칙은 그 기능을 이행하기 위하여 선거권뿐만 아니라 피선거권 및 선거에서의 경쟁에 대해서도 적용되어야 한다. 헌법상 **선거원칙은 선거권과 피선거권 및 선거에서의 경쟁을 포괄하는 헌법적 요청**이다('피선거권과 선거원칙의 관계'에 관하여 아래 제3편 제5장 제3절 III. 피선거권 참조).

선거원칙은 **'국민에 대해서는'** 선거의 기능을 보장하고 대의제를 실현하기 위한 필수적 조건을 의미하지만, 선거에 참여하는 **'정당과 후보자에 대해서는' 공정한 정치적 경쟁의 규칙**을 의미한다. 대의제 민주주의는 한시적으로 정권을 획득하고자 하는 정당간의 경쟁민주주의(競爭民主主義)이다. 경쟁민주주의에서 선거법은 '정치적 경쟁법'이며, 선거원칙은 정권획득을 위한 경쟁에서 '공정한 경쟁의 규칙'으로서의 의미를 가진다.

보통선거원칙에 의하여 누구나 선거에 입후보하여 경쟁에 참여하는 것이 보장되며, 평등선거원칙에 의하여 선거에서의 경쟁에서 기회균등(선거에서 정당과 후보자의 기회균등)이 보장된다. 자유선거와 비밀선거는 선거에 대한 국가의 부당한 영향력행사를 금지함으로써 정당간의 기회균등에 기여한다.

2. 엄격하고 형식적인 평등으로서 정치적 평등

가. 정치적 권리의 평등

민주주의에서 **'정치적 권리의 평등'은 엄격하고 형식적인 평등**을 의미한다. 민주주의는 모든 국민의 원칙적인 평등에서 출발하고 있다. 국민은 누구나 자기결정권을 가지고 있고, 자기결정권을 가진 자는 누구나 평등하게 공동체질서의 형성에 참여해야 한다. '정치적 권리의 평등'은 민주주의의 핵심적 요청이다. '민주적 의사형성에 평등하게 참여하는 국민의 권리'는 가능하면 엄격하게 보장되어야 한다.

나. 정치적 평등의 요청으로서 보통·평등선거원칙

헌법 제11조 제1항 전문의 일반적 평등원칙은 모든 대상이나 사람을 원칙적으로 평등하게 취급할 것을 요청하는 것이 아니라, **같은 것은 같게 다른 것은 다르게 취급할 것을 요청**한다. 그러므로 일반적 평등원칙의 관점에서는 차별대우를 정당화하는 합리적인 사유를 인정할 수 있다면, 차별대우가 평등원칙에 위반되지 않는다.

반면에, 보통·평등선거원칙은 정치적 평등의 요청으로서 선거권과 피선거권의 영역에서 **모든 국민의 원칙적인 평등을 요청**한다. 국민이라면 누구나 선거권을 가져야 하고 선출될 수 있어야 한다. 나아가, 모든 국민은 동수의 투표권을 가지며 모든 투표는 가능하면 동등한 비중을 가져야 하며, 선거에 입후보하여 공직에 선출될 수 있는 동등한 기회를 가져야 한다. 따라서 보통·평등선거원칙은 엄격하고도 형식적인 평등을 요청한다. 보통·평등선거원칙의 경우에는 평등대우가 원칙이고 차별대우가 예외이므로, 보통·평등선거원칙에 대한 예외는 **불가피한 합리적인 사유에 의하여 특별히 정당화되어야** 한다. 보통·평등선거원칙은 선거의 영역에서 일반적 평등원칙이 구체화된 형태로서 **일반적 평등원칙에 대한 특별규정**이다.

다. 정치적 평등에 관한 헌법재판소 판례의 문제점

(1) 헌법재판소는 첫째, 종래 다수의 결정에서 선거권이나 피선거권의 제한, 투표가치의 평등 및 선거에서의 후보자의 기회균등의 문제가 특별평등조항인 보통·평등선거원칙의 문제라는 것을 제대로 인식하지 못하고 있기 때문에, 헌법 제11조의 **일반적 평등조항을 심사기준**으로 삼아 그 위헌여부를 판단하거나 또는 **특별평등조항인 보통·평등선거원칙의 위반여부와 일반적 평등조항의 위반여부를 함께 판단**하는 오류를 범하고 있다.

둘째, 정치적 평등을 요청하는 보통·평등선거원칙이 엄격하고 형식적인 평등임을 제대로 인식하지 못하고 있기 때문에, 보통·평등선거원칙의 위반여부를 판단함에 있어서도 **자의금지원칙을 적용**하는 오류를 범하고 있다.

(2) 반면에, 일부 결정에서는 "**보통선거원칙은 평등선거원칙과 함께** 선거에 있어서의 평등원칙이 구체화된 표현이나, 우리 헌법 제11조의 일반적인 평등원칙이 단지 자의적인 차별을 금지하는 상대적인 평등이라면, 보통선거 및 평등선거의 원칙은 모든 국민에게 가능한 한 형식적으로 동등하게 선거권을 부여하기를 요구하므로, **형식적이고 엄격한 평등**이라는 뜻에서 헌법 제11조의 평등원칙과 차이가 있다."고 판시한 바 있고(헌재 1997. 6. 26. 96헌마89, 판례집 9-1, 674, 685), 일부 결정에서는 " … **선거권을 제한하는 법률의 합헌성을 심사하는 경우에는 그 심사의 강도도 엄격하여야** 하는 것이다. 따라서 선거권을 제한하는 입법은 … 헌법 제37조 제2항의 규정에 따라 국가안전보장·질서유지 또는 공공복리를 위하여 필요하고 **불가피한 예외적인 경우에만 그 제한이 정당화될 수 있으며,** 그 경우에도 선거권의 본질적인 내용을 침해할 수 없다. 더욱이 보통선거의 원칙은 선거권자의 능력, 재산, 사회적 지위 등의 실질적인 요소를 배제하고 성년자이면 누구라도 당연히 선거권을 갖는 것을 요구하므로 **보통선거의 원칙에 반하는 선거권 제한의 입법을 하기 위해서는** 헌법 제37조 제2항의 규정에 따른 **한계가 한층 엄격히 지켜져야** 한다."고 판시한 바 있다(헌재 2007. 6. 28. 2004헌마644 등, 판례집 19-1, 859, 874).

3. 헌법상 선거원칙과 헌법 제24조의 선거권의 관계

헌법은 제24조에서 "모든 국민은 법률이 정하는 바에 의하여 선거권을 가진다."고 하여 선거권의 구체적 내용을 입법을 통하여 형성하도록 입법자에게 위임하고 있다. 헌법 제24조는 "법률이 정하는 바에 의하여"란 표현을 통하여 밝히고 있는 바와 같이, 입법자에 의한 선거권의 구체적 형성을 요구하고 있다.

그러나 입법자의 형성권은 무제한적인 것이 아니라, 무엇보다도 **선거의 기본원칙에 의한 구속**을 받는다. 입법자는 선거관련입법을 통하여 국민의 선거권을 구체적으로 형성함에 있어서 헌법상의 선거원칙을 준수하고 실현해야 한다. 이로써 선거권의 내용은 헌법상 선거원칙에 의하여 본질적으로 결정된다. 헌법 제24조의 선거권이란 '헌법상 선거원칙에 부합하는 선거권'이다. 따라서 **입법자가 헌법상 선거원칙에 위반되게 선거권을 구체적으로 형성하는 경우, 입법자는 헌법 제24조의 선거권을 침해**하게 된다.

판 례 헌법재판소는 "헌법은 국민의 참정권의 가장 중요한 형태인 선거권(헌법 제24조)과 공무담임권(헌법 제25조)을 보장하면서, 한편으로는 제41조 제1항과 제67조 제1항에서 국회의원 및 대통령의 선출에 있어서 보통·평등·직접·비밀선거제를 선거의 기본원칙으로 규정하고 있다. 이로써 국민의 **선거권과 피선거권의 실체적 내용은 무엇보다도 선거의 기본원칙에 의하여 구체화**되고 있다."고 판시하여 선거권과 피선거권의 침해여부를 판단하는 심사기준이 선거원칙임을 확인하고 있다(헌재 1999. 5. 27. 98헌마214, 판례집 11-1, 675, 697).

또한, **'제2차 재외국민 선거권 사건'**에서 "헌법 제24조는 … 기본권을 법률에 의하여 구체화하라는 뜻이며 선거권을 법률을 통해 구체적으로 실현하라는 의미이다. 이러한 법률유보는 선거권을 실현하고 보장하기 위한 것이지 제한하기 위한 것이 아니므로, **선거권의 내용과 절차를 법률로 규정하는 경우에도** 국민주권을 선언하고 있는 헌법 제1조, 평등권에 관한 헌법 제11조, 국회의원선거와 대통령선거에 있어서 **보통·평등·직접·비밀선거를 보장하는 헌법 제41조 및 제67조의 취지에 부합하도록 하여야** 한다."고 판시하고 있다(헌재 2007. 6. 28. 2004헌마644등, 판례집 19-1, 859, 874; 헌재 2009. 10. 29. 2007헌마1462, 판례집 21-2하, 327, 340).

4. 선거권을 구체적으로 형성하는 법률의 위헌여부를 판단하는 기준

가. 심사기준으로서 선거원칙

선거권을 구체적으로 형성하는 법률의 위헌여부를 판단하는 **심사기준은 과잉금지원칙이 아니라 헌법상 선거원칙**이다. **선거권의 침해여부**는 선거원칙의 위반여부를 기준으로 하여 판단하게 된다. 선거권 침해여부를 심사함에 있어서 과잉금지원칙에 따라 입법목적과 입법수단의 상관관계를 단계별로 판단하는 경우, 헌법상 선거원칙의 실체적 요청을 전혀 고려할 수 없다. 보통선거원칙과 평등선거원칙은 선거의 영역에서 평등원칙이 구체화된 헌법적 표현이라는 점에서, 근본적으로 자유의 문제가 아니라 '정치적 평등'의 문제이며, 과잉제한의 문제가 아니라 차별대우의 문제이다.

선거권과 관련된 헌법재판에서 문제되는 것은, 입법자가 선거권을 과잉으로 제한하였는지의 문제가 아니라 **헌법상 선거원칙을 준수하여 입법형성권을 제대로 행사하였는지의 문제**, 즉 '헌법상 선거원칙의 요청'과 '선거원칙에 대한 예외를 요청하는 다른 법익' 간의 형량을 통하여 어떠한 법익이 우위를 차지하는지를 확인함으로써 **선거원칙에 대한 예외가 불가피한 사유에 의하여 정당화되는지를 판단하는 문제**이다.

따라서 선거권의 침해여부를 판단함에 있어서 **일차적으로 보통·평등선거원칙을 심사기준**으로 언급해야 하며, 이 과정에서 **과잉금지원칙을 적용한다면**, 이는 보통·평등선거원칙이 '헌법에서 특별히 평등을 요구하는 경우'에 해당하므로 엄격한 평등심사가 요청된다는 것에 의하여 정당화될 수 있다. 헌법재판소가 '정치적 평등'이 문제되는 곳에서 과잉금지원칙을 적용한다면, 적어도 이러한 논증의 과정이 수반되어야 한다.

나. 헌법재판소 판례의 경향

(1) 헌법재판소의 판례를 살펴보면, **적어도 2000년대 초반까지는 과잉금지원칙을 기계적으로**

적용하여 판단한 판례는 찾아보기 어렵다. 헌법재판소는 선거관련입법의 선거권 침해여부를 판단한 대부분의 결정에서 과잉금지원칙을 심사기준으로서 언급조차 하지 아니하고, 오로지 '**입법자가 헌법상 선거원칙을 존중하여 입법형성권을 제대로 행사했는지'의 관점에서 심사**를 하였다. 가령, 선거연령 결정(헌재 1997. 6. 26. 96헌마89)에서는 보통선거원칙에 대한 예외를 허용하는 합리적 사유가 있는지 여부를 판단하였고, 선거구획정 결정(헌재 1995. 12. 27. 95헌마224; 헌재 2001. 10. 25. 2000헌마92)에서는 평등선거원칙에 비추어 선거구인구의 편차가 합리적 사유에 의하여 정당화되는지 여부를 판단하였고, 1인1표 국회의원선거제 결정(헌재 2001. 7. 19. 2000헌마91)에서는 직접선거원칙 및 평등선거원칙에 위반되어 유권자의 선거권을 침해하는지 여부를 판단하였다.

(2) 그러나 헌법재판소는 **2000년대에 들어와서는 점차 과잉금지원칙을 기계적으로 적용하여 선거권의 침해여부를 판단**함으로써, **헌법상 선거원칙이 사실상 사문화**되는 기이한 현상이 발생하고 있다(가령, 헌재 2004. 3. 25. 2002헌마411). 헌법이 입법자에게 선거권을 구체적으로 형성함에 있어서 구속력 있는 헌법적 지침으로서 보통·평등선거원칙을 명시적으로 제시하고 있음에도, 헌법재판소가 선거관련입법의 위헌여부를 판단하는 기준으로 보통·평등선거원칙을 적용하지 않는다는 것은 납득할 수 없다.

(3) 한편, 헌법재판소는 **일부 결정에서는 선거원칙을 심사기준으로 언급한 다음, 선거원칙의 위반여부를 판단하기 위하여 과잉금지원칙을 적용**하기도 한다(가령, 헌재 2007. 6. 28. 2004헌마644등).

Ⅲ. 선거의 기본원칙

1. 보통선거의 원칙

가. 의미 및 기능

(1) 국민의 자기지배를 실현하기 위한 필수적 요건

보통선거원칙은 **모든 국민은 누구나 선거권과 피선거권을 가져야 한다는 원칙**, 즉 국민이라면 누구나 선거에 참여할 수 있어야 하고 선거를 통하여 선출될 수 있어야 한다는 원칙을 말한다. 보통선거는 제한선거에 대응하는 개념이다. 보통선거원칙은 **선거권 및 피선거권의 행사**의 경우에 모두 적용되는 선거원칙이다(헌재 1999. 5. 27. 98헌마214).

개인이 국가권력의 지배를 받는 이유가 선거를 통하여 대의기관의 구성에 참여하여 국가권력을 위임하였고, 이로써 대의기관의 결정을 자신의 결정으로 간주한다는 것에 있으므로, 보통선거원칙은 국민이라면 누구나 선거에 참여할 수 있을 것을 요청한다. 원칙적으로 모든 국민이 선거권과 피선거권을 가진다는 것은 바로 **'국민의 자기지배'에의 최대한의 접근**을 의미한다. 민주주의원리는 **'참정권의 주체'와 '국가권력의 지배를 받는 국민'이 가능하면 일치할 것을 요청**하며, 이러한 민주주의적 요청의 필연적인 결과가 바로 보통선거의 원칙이다(헌재 1999. 5. 27. 98헌마214).

(2) 엄격하고 형식적인 평등에 대한 요청

보통선거원칙은 평등선거원칙과 함께 **일반적 평등원칙이 선거의 영역에서 구체화**된 표현이다. 그러나 헌법 제11조의 일반적인 평등원칙이 단지 자의적인 차별을 금하는 상대적 평등이라면, 보통선거원칙은 가능하면 모든 국민에게 선거권과 피선거권을 부여할 것을 요구하는 **'엄격하고도 형식적인 평등'**이라는 점에서, 일반적인 평등원칙과 차이가 있다. 물론, 선거참여에 있어서의 형식적 평등은 이에 대한 모든 예외를 금지하는 것은 아니다. 그러나 **보통선거원칙에 대한 예외**는 불가피하고 필연적인 사유에 의하여 정당화되어야 한다.

판 례 헌법재판소는 이미 초기의 판례에서, **참정권의 제한**은 국민주권에 바탕을 둔 민주주의원리에 배치되는 것이기 때문에 어디까지나 최소한의 정도에 그쳐야 한다고 하면서, "민주주의는 피치자가 곧 치자가 되는 치자와 피치자의 자동성을 뜻하기 때문에 공무담임권을 통해 최대 다수의 최대 정치참여, 자치참여의 기회를 보장하여야 하는 것이며, 그 **제한은 어디까지나 예외적이고 필요 부득이한 경우에 국한되어야** 한다."고 판시한 바 있고(헌재 1991. 3. 11. 90헌마28, 판례집 3, 63, 80-81), "보통선거의 원칙에 따라 원칙적으로 모든 국민에게 선거권과 피선거권이 인정되어야 하며, … **보통선거원칙에 대한 예외는 원칙적으로 부득이한 경우에 한하여 제한적으로 허용**되어야 하며, 제한한다 하더라도 불가피한 최소한의 정도에 그쳐야 한다."고 판시하고 있다(헌재 1999. 5. 27. 98헌마214, 판례집 11-1, 675, 698).

(3) 유권자가 선거권을 실제로 행사할 수 있도록 배려해야 할 국가의 의무

보통선거원칙이 단지 소극적으로 국민의 일정 집단을 선거권의 행사로부터 배제하는 것을 금지하는지 아니면 이를 넘어서 유권자가 선거권을 실제로 행사할 수 있도록 배려해야 하는 부가적인 헌법적 의무를 입법자에게 부과하는지에 관하여 논란이 있다. 헌법재판소는 비록 명시적으로 밝히지는 않았지만, 국민이 법적으로 선거권의 행사로부터 배제되어서는 안 될 뿐만 아니라, 나아가 모든 유권자가 실제로 선거권을 행사할 수 있도록 배려해야 할 의무를 국가에게 부과하는 것으로, 보통선거원칙의 요청을 확대하여 이해하고 있다.

판 례 헌법재판소는 **'원양어선 선원의 부재자투표 사건'**에서 '부재자투표는 비밀선거원칙에 위반될 우려가 있으나, 보통선거원칙에 따라 선원들이 선거권을 실제로 행사할 수 있도록 충실히 보장하기 위한 불가피한 측면이 있다'고 하여 보통선거원칙의 요청을 선거권의 실질적 행사의 측면으로 확대하였다(헌재 2007. 6. 28. 2005헌마772). 또한, 부재자투표의 투표개시시간을 오전 10시로 정한 공직선거법조항의 위헌여부가 문제된 **'부재자투표시간 사건'**에서도 직장인이나 학생이 늦은 투표개시시간으로 인하여 일과시간 이전에 투표소에 가서 투표할 수 없게 되어 사실상 선거권을 행사할 수 없게 되는 중대한 제한을 받기 때문에 선거권을 침해하고 있다고 판단하였다(헌재 2012. 2. 23. 2010헌마601).

나. 보통선거원칙에 대한 예외

(1) 재외국민의 선거권 제한

재외국민에게 선거권을 인정하고 있지 않은 선거법규정의 위헌성이 문제되는 경우, '보통선거의 요청'과 '이에 대한 예외를 요청하는 법익'의 형량을 통하여 어떠한 법익이 우위를 차지하는지를 확인함으로써 선거권의 제한이 정당화되는지를 판단해야 한다. **재외국민의 선거권을 배제하는 중대한 사유**로서 고려되는 것은, 재외국민은 선거권행사를 통하여 대의기관의 구성을 함께 결정하나 선거의 결과에 대해서는 책임을 지지 아니하고 선거결과의 영향권에서 벗어나 있다는 점이다. 따라서 입법자는 보통선거원칙에 의하여 모든 재외국민에게 일률적으로 선거권을 부여해야 하는 헌법적 구속을 받는 것은 아니다.[5]

판 례 대통령 · 국회의원 선거권 등의 행사를 위해서는 국내에 거주할 것을 요건으로 함으로써 재외국민이 참정권을 행사할 수 없도록 규정한 공직선거법조항의 위헌여부가 문제된 **'제1차 재외국민 선거권 사건'**에서, 헌법재판소는 선거공정성의 확보, 선거기술상의 문제, 납세국방의 의무와 선거권과의 연관관계 등의 관점에서 재외국민의 선거권 배제가 정당화되는 것으로 판단하여 합헌결정을 하였다(헌재 1999. 1. 28. 97헌마253등).

그러나 **'제2차 재외국민 선거권 사건'**에서는 "**선거권의 제한은 불가피하게 요청되는 개별적 · 구체적 사유가 존재함이 명백할 경우에만 정당화**될 수 있고, 막연하고 추상적인 위험이나 국가의 노력에 의해 극복될 수 있는 기술상의 어려움이나 장애 등을 사유로 그 제한이 정당화될 수 없다."고 하여 선거의 공정성, 선거기술상의 문제, 국민의 의무와 선거권의 견련(牽連)관계 등은 선거권의 제한을 정당화하는 필연적인 사유가 아니므로, 보통선거원칙에 위반되어 선거권을 침해한다고 판단하였다(헌재 2007. 6. 28. 2004헌마644등).

(2) 선거연령의 제한

선거권을 행사하기 위하여 요구되는 **최소한의 '정치적 판단능력'**은 국민의 일정 집단을 선거권의 행사로부터 배제할 수 있는 불가피한 사유에 해당한다. 피성년후견인의 경우, 정치적 판단능력의 결여로 말미암아 선거권의 박탈이 정당화된다.

선거연령의 확정에 관한 논의는 특정 연령의 정치적 판단능력에 대한 예측판단에 관한 것이다. 입법자는 선거연령의 확정을 통하여 '정치적 판단능력을 갖춘 집단'과 '그렇지 못한 집단'의 경계를 설정함에 있어서 폭넓은 형성권을 가지고 있으나, 선거연령을 임의로 확정할 수 있는 것은 아니다. 가능하면 국민의 정치적 참여의 폭을 넓혀야 한다는 보통선거의 요청에 비추어, 입법자는 전반적인 교육현실, 현대정보사회의 발전, 청소년의 신체적 · 정신적 발달 등을 고려하여 국민이 독자적으로 선거권을 행사할 만한 정신적 수준에 도달하였다고 판단된다면 선거권을 부여해야 하는 구속을 받는다.

판 례 헌법재판소는 이미 여러 차례에 걸쳐 **선거연령을 20세로 규정한 공직선거법조항**에 대하여 "선거권과 공무담임권의 연령을 어떻게 규정할 것인가는 입법자가 입법목적 달성을 위한 선택의 문제이고 입법자가 선택한 수단이 현저하게 불합리하고 불공정한 것이 아닌 한 재량에 속하는 것인바, 선거권 연령을 공무담임권의 연령인 18세와 달리 20세로 규정한 것은 입법부에 주어진 합리적인 재량의 범위를 벗어난 것으로 볼 수 없다."고 하여, 합헌으로 판단한 바 있다(헌재 1997. 6. 26. 96헌마89; 헌재 2001. 6. 28. 2000헌마111; 헌재 2003. 11. 27. 2002헌마787).

(3) 수형자(受刑者)의 선거권 제한

형사책임을 지는 것과 국민으로서 주권을 행사하는 것은 근본적으로 별개의 문제인데, 형사책임과 선거권을 결부시켜서 **범죄의 성격을 불문하고** 단지 수형자라는 이유로 일률적으로 선거권을 박탈하는 경우, **선거권의 박탈을 정당화하는 필연적인 사유**가 있는지 의문이 제기된다. 수형자의 선거권을 박탈하는 사유로서 **'선거의 공정성'이나 '형벌집행의 실효성 확보'**라는 공익은 보통선거

5) **재외국민이라 하더라도 장기간 외국에 체류하는 경우**에는 정치적 운명공동체로부터 분리되었다고 간주할 수 있으므로, 가령 '외국에서의 일정 체류기간'부터는 재외국민이 정치적 운명공동체로부터 분리되는 것으로 간주하여 선거권을 차등적으로 부여할 수 있고, 또는 모든 재외국민에 대하여 일률적으로 선거권을 확대할 수도 있다. 어차피 재외국민은 선거인명부에 등록을 해야 선거를 할 수 있으므로, 등록절차를 통하여 조국에 대한 관심과 소속감을 표현할 수 있다.

원칙의 요청을 압도하는 필연적 사유에 해당하지 않으며, **선거의 보호, 자유민주적 기본질서의 수호 등** 헌법적 법익도 이러한 보호법익을 침해하는 선거범죄나 반국가적 범죄로 인하여 처벌을 받는 자의 선거권 박탈을 정당화할 수 있을 뿐이고, 그 외의 범죄행위로 인하여 선거권을 박탈하는 것은 이를 정당화하는 필연적인 사유를 발견하기 어렵다.

판 례 금고 이상의 형을 선고받고 형집행 중에 있는 자의 선거권을 부인하고 있는 공직선거법조항의 위헌여부가 문제된 **'제1차 및 제2차 수형자 선거권 박탈 사건'**에서, 헌법재판소는 '선거의 공정성'이나 '형벌집행의 실효성 확보'라는 공익에 근거하여, 수형자에 대한 전면적이고 획일적인 선거권 박탈에 대하여 합헌으로 판단하였다(헌재 2004. 3. 25. 2002헌마411; 헌재 2009. 10. 29. 2007헌마1462). 그러나 유기징역의 선고를 받은 수형자와 집행유예자의 선거권을 일률적으로 제한하고 있는 공직선거법조항의 위헌여부가 문제된 **'제3차 수형자 선거권 박탈 사건'**에서는 구체적인 범죄의 종류나 내용과 관계없이 일률적으로 선거권을 제한하여야 할 필요성이 있다고 보기는 어렵다고 판시하여, 보통선거원칙에 위반되어 선거권을 침해한다고 판단하였다(헌재 2014. 1. 28. 2012헌마409등).

한편, 위 헌법불합치결정으로 인하여 **개정된 공직선거법조항**은 '1년 이상의 징역의 형의 선고를 받은 사람'에 대하여 일률적으로 선거권을 제한하도록 규정하고 있는데, 헌법재판소는 위 조항에 대하여 '사회적·형사적 제재의 부과 및 준법의식의 제고'라는 입법목적을 위하여 1년 이상의 징역의 형의 선고를 받은 사람의 선거권을 일률적으로 제한하는 것은 선거권을 침해하지 않는다고 판단하였다(헌재 2017. 5. 25. 2016헌마292등). 그러나 위에서 언급한 입법목적이 보통선거원칙에 대한 예외를 정당화하는 필연적 사유인지 의문이 제기된다.

선거범죄로 100만 원 이상의 벌금형의 선고를 받고 그 형이 확정된 후 5년이 경과하지 아니한 자는 선거권이 없다고 규정한 공직선거법조항에 대해서는 "이 사건 선거권제한조항은 **선거의 공정성을 확보**하기 위한 것으로서, … 청구인의 선거권을 침해한다고 볼 수 없다."고 합헌으로 판단한 바 있다(헌재 2011. 12. 29. 2009헌마476; 헌재 2018. 1. 25. 2015헌마821등).

(4) 피선거권의 박탈

보통선거원칙은 국민 누구나 피선거권을 가져야 한다는 원칙을 의미하므로, 피선거권을 박탈하는 경우에는 보통선거원칙의 위반여부를 판단해야 한다. 예컨대, 국회의원 피선거권의 연령을 18세 이상으로 정한 경우나 지방자치단체장이 임기 중 공직선거에 입후보하는 것을 법적으로 금지하는 경우가 이에 속한다(제3편 제5장 제3절 Ⅲ. '피선거권' 참조).

판 례 "지방자치단체의 장은 그 임기 중에 그 직을 사퇴하여 대통령선거, 국회의원선거, 지방의회의원선거 및 다른 지방자치단체의 장 선거에 입후보할 수 없다."고 규정한 공직선거법조항의 위헌여부가 문제된 **'지자체장 입후보금지 사건'**에서, 헌법재판소는 보통선거원칙의 요청과 이에 대립하는 반대법익(행정혼란의 방지, 자치행정의 효율성)의 법익교량을 통하여 피선거권의 제한을 정당화하는 합리적인 이유를 인정할 수 없다고 하여, 위 조항이 **보통선거원칙에 위반되어 피선거권을 침해한다**고 판단하였다(헌재 1999. 5. 27. 98헌마214, 판례집 11-1, 675, 707).

2. 평등선거의 원칙

가. 의미 및 기능

평등선거는 **모든 국민을 '동등하게' 선거에 참여시키고자 하는 원칙**이다. 이는 차등선거 또는 불평등선거에 대응하는 개념이다. 보통선거원칙이 '선거권과 피선거권'을 포괄하는 것과 마찬가지로, 평등선거원칙도 **'유권자로서의 평등과 후보자로서의 평등'을 요청**한다. 평등선거원칙이란, 일차적으로 모든 국민은 선거에서 동등한 영향력을 행사할 수 있어야 한다는 원칙(투표가치의 평등)이고, 나아가 선거에 참여하는 후보자와 정당은 선거에서 균등한 기회를 가져야 한다는 원칙(선거에서의 기회균등)이다.

평등선거원칙도 이에 대한 모든 예외를 금지하는 것은 아니다. 그러나 평등선거원칙은 단순히 자의금지원칙에 그치지 아니하고, **'선거권의 형식적 평등'과 '선거에서 정당과 후보자의 엄격한 기회균등'을 요청**한다. 따라서 **평등선거원칙에 대한 예외**는 불가피한 합리적인 사유에 의하여 정당화되어야 한다.

보통선거원칙과 평등선거원칙의 차이점은 다음과 같다. 보통선거원칙은 원칙적으로 누구나 선거권과 피선거권을 가져야 한다는 관점에서 '선거권이나 피선거권을 가지고 있는지'의 문제이기 때문에 선거권이나 피선거권이 박탈당한 경우에 문제되는 반면, 평등선거원칙은 국민에게 선거권이나 피선거권은 인정되지만 투표가치가 타인에 비하여 적게 평가되는 경우나 선거에서의 기회균등이 저해되는 경우에 문제된다.

(1) 투표가치의 평등

모든 유권자는 **같은 수의 투표권**을 가지고(표면가치 또는 산술적 계산가치의 평등), 그 투표권은 **대표자 선출의 기여도에 있어서 동일한 비중**(성과가치의 평등)을 가져야 한다(헌재 2001. 7. 19. 2000헌마91, 판례집 13-2, 77, 97). 가령, 다수대표제의 선거제도에서 1선거구에서 1인의 의원을 선출하는 경우 한 선거구의 인구가 만 명이고 다른 선거구의 인구가 오천 명이라면 모든 유권자가 동수의 투표권을 가진다는 점에서는 표면가치는 평등하나, 투표권이 대표자의 선출에 기여하는 비중에 있어서는 평등하지 않다.

(2) 선거에서 정당과 후보자의 기회균등

평등선거는 **선거에서 공정한 경쟁을 보장**해야 한다. 정당과 후보자가 균등한 기회를 가지고 선거에 참여하는 경우에만 정당과 후보자간의 자유경쟁이 이루어지며, 선거에서 자유경쟁이 보장되는 경우에만 국민의 자유로운 의사형성이 가능하고, 이로써 국민의 정치적 의사를 제대로 반영하는 선거가 이루어질 수 있다. 따라서 선거에서 모든 정당과 후보자에게 균등한 기회를 보장하는 것은 국민의 자유로운 의사형성의 실현을 위한 조건이자 선거가 그 기능을 이행하기 위한 조건이다.

이로써 평등선거원칙은 선거 그 자체에 대해서뿐만 아니라 선거준비단계, 입후보의 가능성, 선거운동, 정당에 대한 국고의 재정지원, 선거운동비용의 보상 등 **선거와 연관된 모든 과정에 대해서도 평등원칙이 준수될 것을 요청**한다. **헌법은 제116조 제1항**에서 '선거운동에서의 기회균등'을 명시적으로 언급하고 있다. '정당과 후보자의 기회균등'의 요청은 선거절차에서 국가의 공권력이 엄격한 중립을 유지할 때에만 실현될 수 있기 때문에, 국가기관에 대하여 정당과 후보자간의 경쟁에서 중립적으로 행동해야 할 **국가의 중립의무**를 요청한다.

판 례 헌법재판소는 이미 초기의 '지방의회의원 후보자에 대한 기탁금 사건'에서 "평등권 및 평등선거의 원칙으로부터 나오는 (선거에 있어서의) 기회균등의 원칙은 후보자에 대하여서는 물론 정당에 대하여서도 보장되는 것이며, …"라고 판시하여, **선거에서 후보자와 정당의 기회균등이 평등선거원칙의 요청**

임을 확인한 바 있다(헌재 1991. 3. 11. 91헌마21, 판례집 3, 91, 113).

선거에서의 기회균등과 관련하여, 헌법재판소는 공직선거에서 투표용지의 후보자 게재순위를 정함에 있어서 **정당 · 의석수를 기준으로 한 투표용지 게재순위 내지 기호배정방법**이 소수의석을 가진 정당이나 의석이 없는 정당 후보자 및 무소속 후보자의 평등권을 침해하지 아니한다고 판단하였고(헌재 1996. 3. 28. 96헌마9 등), 그 후 일련의 후속결정에서도 이러한 판시내용을 그대로 유지하고 있다(헌재 2020. 2. 27. 2018헌마454).

나. 평등선거원칙에 대한 예외

(1) 선거구간의 인구편차

선거구획정을 전제로 하여 실시되는 **다수대표제**에서는 각 선거구의 유권자수가 가능하면 동일하도록 선거구의 획정이 이루어지는 경우에만 **투표의 동등한 성과가치**가 보장될 수 있다. 따라서 선거인수에 있어서 선거구간의 편차가 너무 벌어지도록 선거구를 분할하는 경우, 투표가치(성과가치)의 불평등으로 인하여 평등선거원칙에 위반되어 선거권을 침해할 수 있다.

판 례 헌법재판소는 **1995년 결정**에서 당시의 선거구획정표에 대하여 위헌결정을 하면서, 선거구간의 인구편차를 정당화하는 근거로서 도시와 농촌간의 인구편차, 지리적 상황, 행정구역, 역사적 · 전통적 일체감 등을 고려하여 국회의원 선거구간의 인구비례가 4:1을 넘어서는 안 된다는 기준을 제시하였고(헌재 1995. 12. 27. 95헌마224등), 이어서 **2001년 결정**에서는 선거구간의 인구비례가 3:1을 초과하면 위헌이라고 판시하면서 장기적으로는 인구비례가 2:1을 넘지 않도록 조정할 것을 촉구하였다(헌재 2001. 10. 25. 2000헌마92등). **2014년 결정**에서는 국회의원지역선거구구역표에 대하여 헌법불합치결정을 하면서, 선거구간의 인구비례가 2:1(인구편차 상하 33⅓%)을 초과해서는 안 된다고 판시하였다(헌재 2014. 10. 30. 2012헌마192등).

(2) 봉쇄조항(저지조항)

봉쇄조항이란, 유권자가 정당이 제시하는 후보자명부에 대하여 투표하고 정당의 득표수에 따라 각 정당에게 의석을 배분하는 **비례대표제에서, 일정한 비율 이상을 득표한 정당에 대해서만 의석배분**을 하는 것을 말한다. 가령, 정당투표에서 유효투표총수의 5% 이상 획득한 정당에게만 의석을 배분하도록 규정하는 경우, 5% 이상을 득표하지 못한 정당을 지지한 유권자는 의석의 배분이나 선거의 결과에 아무런 영향을 미치지 못하므로, **투표권의 성과가치에 있어서 불평등**한 대우를 받는다(헌재 2001. 7. 19. 2000헌마91, 판례집 13-2, 77, 98).

그러나 다수의 군소정당이 의회에 진출하는 것은 의회의 기능을 저해할 수 있으므로, **군소정당의 난립과 정국의 불안정을 방지**하여 의회의 원활한 기능을 확보하고자 하는 입법목적에 의하여 평등선거원칙에 대한 예외로서 봉쇄조항이 정당화될 수 있다. 한편, 봉쇄조항은 이러한 목적도 달성하면서 동시에 평등선거원칙도 최대한으로 실현할 수 있도록 그 최저선이 형성되어야 한다.

(3) 기탁금제도

공직선거 후보자등록을 신청하는 후보자로 하여금 일정 금액을 기탁금으로 납부하도록 규정하는 기탁금제도는 **후보자의 무분별한 난립을 방지하고 후보자의 성실(진지)성을 담보**하고자 하는 목적을 가지고 있으나, 재력이 없는 사람이 입후보하는 것을 곤란하게 함으로써 **입후보의 가능성에 있어서 불평등**의 문제를 야기한다. 따라서 기탁금제도 및 일정한 수준의 득표를 하지 못한 후보자의 기탁금을 국고에 귀속시키는 제도도 **입후보에 있어서 후보자의 기회균등**의 관점에서 판단되어야 한다. 기탁금제도는 한편으로는 후보자의 무분별한 난립현상도 방지할 수 있으면서, 다른 한편으로는 재력여부와 관계없이 누구나 선출될 수 있도록, 양 법익의 조화와 균형을 이루는 방향으로 구체적으로 형성되어야 한다. 따라서 지나치게 과도한 기탁금이나 기탁금반환의 기준은 평등선거원칙에 위반된다.

기탁금제도에 있어서 문제되는 것은 피선거권 박탈의 문제가 아니라, 피선거권은 인정되나 입후보의 가능성에 있어서 발생하는 사실상의 불평등의 문제이기 때문에, '기탁금제도' 및 이의 실효성확보를 위하여 부수적으로 연계된 제도인 '기탁금의 국고귀속제도'는 보통선거원칙이 아니라 **평등선거원칙의 관점**에서 판단되어야 할 문제이다. 한편, 헌법재판소는 일련의 결정에서(가령, 헌재 2017. 10. 26. 2016헌마623) 기탁금제도의 문제가 '**평등선거원칙에 위반되어 피선거권을 침해하는지 여부**'에 관한 것이라는 것을 간과하고, 공무담임권을 과잉으로 침해하는지 여부 및 평등권을 침해하는지 여부의 관점에서 판단하는 중대한 오류를 범하고 있다(제3편 제5장 제3절 Ⅲ. '피선거권' 참조).

판 례 헌법재판소는 국회의원선거법에서 **과다한 기탁금**을 규정하여 입후보의 기회를 제한함으로써 재력 없는 사람이 국회에 진출할 수 있는 길을 봉쇄하는 것은 보통·평등선거원칙에 위배된다고 결정하였다(헌재 1989. 9. 8. 88헌가6). **기탁금반환기준**과 관련하여, 헌법재판소는 유효투표 총수의 1/3 또는 1/5을 반환조건으로 정한 경우에는 그 기준이 너무 엄격하여 선거제도의 원리에 위반된다는 이유로 또는 피선거권의 과잉제한이라는 이유로 피선거권의 침해를 확인하였고(헌재 1989. 9. 8. 88헌가6 및 헌재 2001. 7. 19. 2000헌마91), 반면에 유효투표 총수의 15%를 반환조건으로 정한 경우에 대해서는 현저히 불합리하거나 자의적인 기준이라고 할 수 없다고 하여 합헌판단을 하였다(헌재 2004. 3. 25. 2002헌마383).

한편, 헌법재판소는 일부 결정에서 기탁금반환기준의 위헌여부를 평등선거원칙이 아니라 **재산권을 심사기준**으로 하여 판단하고 있는데, 이는 '정치적 평등'의 문제를 '재산권'의 문제로 변질시킴으로써 기탁금제도가 제기하는 **헌법적 문제의 본질을 왜곡하는 중대한 오류**이다. 입법자가 기탁금반환의 기준을 정함에 있어서 한편으로는 입후보예정자가 기탁금을 반환받지 못하게 되는 부담에도 불구하고 선거에 입후보할 것인지 여부를 진지하게 고려할 정도에 이르러야 하고, 다른 한편으로는 지나치게 그 반환기준이 높아 진지하게 입후보를 고려하는 예정자가 입후보 자체를 포기할 정도에 이르지 않아야 한다는 헌법적 제약을 받는다는 점에서, 여기서 제기되는 헌법적 문제의 본질은 후보자의 재산권에 대한 과도한 침해 여부가 아니라[6] '공직선거에서 입후보의 가능성에 있어서 불평등 여부'이다.

따라서 기탁금귀속조항도 기탁금조항과 마찬가지로 후보자의 입후보를 필연적이고 합리적인 이유 없이 곤란하게 하는지의 관점, 즉 **평등선거원칙에 위반되어 피선거권을 침해하는지**의 관점에서 판단되어야 한다. 기탁금제도와 기탁금귀속제도를 하나의 통일된 제도로 이해하지 않고 이를 별개의 독립된 제도로 보아, 기탁금납부조항의 위헌여부는 '공무담임권'을 심사기준으로 그리고 기탁금귀속조항의 위헌여부는 '재산권'을 심사기준으로 판단하는 것은, 기탁금 국고귀속제도는 기

6) 기탁금반환기준을 정하는 공직선거법조항이 후보자의 재산권을 규율하는 성격을 가지는 경우에 비로소 헌법상 재산권보장이 위 조항의 위헌여부를 판단하는 심사기준으로 고려될 수 있는데, 위 공직선거법조항이 후보자의 재산권에 미치는 불리한 효과는 단지 '입후보의 가능성에 있어서 불평등'에 의하여 초래되는 부수적이고 반사적인 효과일 뿐이다.

탁금제도를 전제로 하여 그 실효성을 확보하기 위하여 부수적으로 연계된 제도로서 **양자가 상호 불가분의 관계**에 있다는 것을 간과하는 것이다.

판 례 헌법재판소는 공직선거 예비후보자의 '기탁금 반환사유'로 정당의 공천심사에서 탈락하고 후보자등록을 하지 않은 경우를 규정하지 않은 공직선거법조항이 과잉금지원칙에 반하여 예비후보자의 재산권을 침해한다고 판단하였다(헌재 2018. 1. 25. 2016헌마541; 헌재 2020. 9. 24. 2018헌가15). 또한, 총장임용후보자선거에서 납부된 기탁금의 일부만을 후보자에게 반환하도록 한 대학규정의 위헌여부가 문제된 사건에서, 기탁금납부조항의 위헌여부는 '공무담임권'을 심사기준으로, 기탁금귀속조항의 위헌여부는 '재산권'을 심사기준으로 판단하고 있다(헌재 2021. 12. 23. 2019헌마825).

(4) 공직선거 입후보의 제한

공무원이 공직선거에 입후보하는 경우 선거일 전 일정 기간까지 그 직을 그만두도록 규정하는 **사퇴의무조항**은 피선거권을 박탈하는 것은 아니지만, 입후보의 가능성을 제한함으로써 입후보의 가능성에 있어서 불평등의 문제를 야기한다. 사퇴의무조항 등을 통하여 공직선거에 입후보하는 것을 제한하는 규정도 **입후보에 있어서 후보자의 기회균등**의 관점에서 판단되어야 한다(제3편 제5장 제3절 III. '피선거권' 참조). 따라서 공직선거의 입후보를 제한하는 규정은 불가피한 합리적인 사유에 의하여 정당화되어야 한다.

판 례 정부투자기관의 임·직원으로서 후보자가 되고자 하는 자는 지방의회의원의 임기만료일 전 90일까지 그 직에서 해임되어야 한다고 규정한 구 지방의회의원선거법조항의 위헌여부가 문제된 **'정부투자기관 직원의 입후보제한 사건'**에서, '임원'에 대한 입후보의 제한은 공직을 이용한 선거운동의 기회를 차단함으로써 선거의 공정성 및 형평성을 보장하고자 하는 것이므로 그 합리적인 필요성을 인정할 수 있으나, 영향력을 행사할 수 있는 지위에 있다고 볼 수 없는 '직원'을 임원과 마찬가지로 취급하여 입후보를 제한하는 것은 합리적인 이유 없이 차별하는 것으로 평등원칙에 위배되고 공무담임권을 과잉으로 침해한다고 판단하였다(헌재 1995. 5. 25. 91헌마67, 판례집 7-1, 722, 746-750). 그러나 헌법재판소는 여기서도 입후보 제한의 문제가 공무담임권(피선거권)의 과잉제한의 문제가 아니라, 공직선거에서 선출의 기회균등의 문제, 구체적으로 입후보의 가능성이나 선출의 기회에 있어서 평등의 문제로서, 이를 헌법적으로 보장하는 '평등선거원칙'에 위반되어 피선거권이 침해되었는지의 문제라는 것을 제대로 인식하지 못하고 있다.

한편, 공무원이 공직선거의 후보자가 되고자 하는 경우에는 **선거일 전 90일까지 또는 선거일 전 60일까지 사퇴**하도록 규정한 조항의 위헌여부가 문제된 사건들에서 '선거의 공정성'과 '공직의 직무전념성'을 보장하기 위하여 불가피한 것으로 판단하여 합헌결정을 하였다(헌재 1995. 3. 23. 95헌마53; 헌재 2008. 10. 30. 2006헌마547). 그러나 지방자치단체의 장이 자신의 관할구역에서 국회의원선거에 입후보하는 경우 선거일 전 180일까지 사퇴하도록 규정한 조항에 대하여 평등원칙의 위반으로 위헌결정을 하였다(헌재 2003. 9. 25. 2003헌마106). 한편, 지방자치단체장이 선거일 전 120일까지 사퇴하도록 규정한 조항에 대해서는 합헌으로 판단하였다(헌재 2006. 7. 27. 2003헌마758등).

(5) 공영방송사의 선거방송시간의 차등적 제공

평등선거원칙은 선거운동에서 모든 정당과 후보자에게 동등한 기회가 보장될 것을 요청한다(헌법 제116조). **선거운동에서의 기회균등원칙**은 공영방송이 특정 정당이나 후보자를 선거방송으로부터 완전히 배제하는 것을 금지하지만, 정당의 비중이나 의미를 고려하여 선거방송시간을 어느 정도 차등적으로 할당하는 것은 기회균등의 원칙에 위반되지 않는다(제2편 제3장 제5절 V. 3. 참조). 만일 공영방송이 정당의 의미와 중요성을 무시하고 **선거방송시간을 동등하게 배분한다면**, 정당간의 자유경쟁을 통하여 형성된 사실상의 차이를 인위적으로 평준화하는 것이고, 이로써 정당간의 경쟁을 왜곡함으로써 국가의 중립의무를 위반하게 된다. 따라서 공영방송이 선거방송시간을 유권자의 지지도(선거의 결과) 등 **정당의 비중에 따라 차등화 하는 것**은 헌법적으로 허용될 뿐만 아니라, '정당간의 자유경쟁'과 이에 대응하는 **'국가의 중립의무'를 실현하기 위하여 불가피**한 것으로 헌법적으로 요청되는 것이다.

판 례 지역구 국회의원선거에서 공영방송매체를 이용한 선거방송 대담토론회에 초청받을 수 있는 후보자를 "주요정당이 추천한 후보자, 지난 선거에 입후보하여 일정 비율 이상을 득표한 후보자, 여론조사결과 일정 지지율 이상의 후보자"로 제한한 공직선거법조항의 위헌여부가 문제된 **'선거방송토론회 사건'**에서, 선거방송토론회에 참여할 수 있는 후보자를 일정 범위로 제한한 것은 합리적인·차별로서 평등권을 침해하지 않았다고 하여 합헌으로 판단하였다(헌재 2011. 5. 26. 2010헌마451).

그러나 헌법재판소가 위 결정에서 선거운동에서 기회균등의 문제가 **특별평등권인 평등선거원칙**의 문제라는 것을 전혀 인식하지 못하였고, 게다가 '선거운동에서 기회균등'을 명시적으로 요청하는 **헌법 제116조의 특별평등권을 간과**한 채, 일반적 평등원칙을 위헌심사기준으로 언급하면서 '완화된 심사 또는 엄격한 심사를 할 것인지'를 고민한 것은 법리적으로 중대한 하자를 안고 있다.

3. 직접선거의 원칙

가. 의미 및 기능

직접선거원칙이란, **선거인이 그 대표자를 직접 선출해야 한다는 원칙**이다. 직접선거는 일반선거인이 중간선거인을 선출하고 중간선거인이 대표자를 선출하는 '간접선거'에 반대되는 개념이다. 직접선거원칙은 **대표자의 선출에 있어서 국민의 영향력을 극대화**하고 다른 세력의 영향력을 최소화함으로써, 국민의 정치적 의사를 가능하면 왜곡됨이 없이 대의기관의 구성에 순수하게 반영하고자 하는 것이다.

직접선거원칙은, 유권자의 의사결정과 대표자의 선출 사이에 다른 결정이 개입해서는 안 되며, **오로지 유권자만이 대표자의 선출에 있어서 최종적인 결정권을 가질 것을 요청**한다. 선거의 결과가 오로지 유권자의 의사결정에 달려 있어야 하고, 선거 종료 후에 아무도 더 이상 선거의 결과에 영향을 미쳐서는 안 된다.

나. 위반여부가 문제되는 경우

(1) 선거 종료 후 비례대표 후보자명부의 변경

선거가 종료된 후에 비례대표 후보자명부의 순위나 후보자를 변경하는 행위는 직접선거원칙에 위반된다. 이러한 경우, 대표자의 선출에 대한 최종적인 결정권을 유권자가 아니라 정당이 가지기 때문이다.

(2) 고정명부식의 비례대표제

유권자가 정당에 의하여 제출된 명부와 그 명부에 확정된 후보자의 순위에 구속을 받는 소위 **'고정명부식의 비례대표제'**는 직접선거원칙에 부합한다(헌재 2001. 7. 19. 2000헌마91, 판례집 13-2, 77, 96). 이미 선거행위 이전에 후보자의 순위를 확정함으로써 선거행위 후 정당의 영향력행사가 배제되기 때문이다.

(3) 1인1표제

정당의 비례대표후보자명부에 대한 별도의 투표 없이 지역구 후보자에 대한 투표를 정당에 대한 지지의사로 의제하여 비례대표의석을 배분하는 **'1인1표제'**의 경우, 정당소속 후보자에 대한 투표와 무소속 후보자에 대한 투표 사이에 투표가치의 불평등이 발생할 수 있다는 점에서 **평등선거원칙에 위배**될 수는 있으나, 지역구 후보자에 대한 투표를 정당에 대한 투표로 의제한 이상, 유권자가 직접 최종적인 결정권을 가지고 비례대표를 선출한 것이므로, **직접선거원칙**에 위반된 것은 아니다. 그러나 헌법재판소가 아래와 같은 이유로 직접선거원칙의 위반을 확인한 것은 납득하기 어렵다.

판 례 **'1인1표제 사건'**에서 "비례대표제를 채택하는 경우 직접선거의 원칙은 의원의 선출뿐만 아니라 정당의 비례적인 의석확보도 선거권자의 투표에 의하여 직접 결정될 것을 요구하는바, … 현행제도는 정당명부에 대한 투표가 따로 없으므로 **결국 비례대표의원의 선출에 있어서는 정당의 명부작성행위가 최종적 · 결정적인 의의를 지니게 되고**, 선거권자들의 투표행위로써 비례대표의원의 선출을 직접 · 결정적으로 좌우할 수 없으므로 **직접선거의 원칙에 위배**된다."고 하면서, 나아가 "현행 1인1표제 하에서의 비례대표의석배분방식에서, **지역구후보자에 대한 투표**는 지역구의원의 선출에 기여함과 아울러 그가 속한 정당의 비례대표의원의 선출에도 기여하는 2중의 가치를 지니게 되는데 반하여, **무소속후보자에 대한 투표**는 그 무소속후보자의 선출에만 기여할 뿐 비례대표의원의 선출에는 전혀 기여하지 못하므로 투표가치의 불평등이 발생하는바, … 이는 합리적 이유 없이 무소속 후보자에게 투표하는 유권자를 차별하는 것이라 할 것이므로 **평등선거의 원칙에 위배**된다."고 판시하고 있다(헌재 2001. 7. 19. 2000헌마91).

4. 비밀선거의 원칙

가. 의미 및 기능

비밀선거원칙이란, **투표 내용의 비밀을 보장함으로써** 선거권의 행사로 인하여 **불이익이 발생하는 것을 방지**하기 위한 원칙이다. 여기서 '비밀'이란 '투표 내용의 비밀'을 말하며, 투표 내용의 비밀이 보장되어야 한다는 점에서 비밀선거라 한다.

비밀선거는 선거의 자유로운 분위기를 보장하는 가장 중요한 제도적 장치라는 점에서, **자유선거원칙**을 실질적으로 보장하기 위한 전제조건이다. 비밀선거원칙은 궁극적으로 **선거에서 유권자의 자유로운 의사결정을 보호**하고자 하는 것으로, 유권자의 자유로운 의사결정을 국가의 강제뿐만 아니라 사회의 압력으로부터도 보호하기 위한 필수적 수단이다.

나. 위반여부가 문제되는 경우

(1) 투표의 공개행위

선거인이 **투표소에서 자발적으로 투표를 공개**하는 행위 또는 타인에게 투표의 공개를 요구하는 행위 등은 비밀선거원칙에 위반된다. 이러한 자발적인 투표공개행위는 다른 선거인에 대하여 심리적 압박이나 특정 내용의 투표를 강제하는 억압으로 작용할 가능성이 있기 때문에, 자유로운 선거의 분위기를 저해할 수 있다. 비밀선거는 개인의 주관적 권리이자 동시에 객관적 선거원칙으로서 개인이 임의로 처분하거나 포기할 수 없다.

한편, 선거인이 **선거 전이나 선거 후에** 자유의사에 의하여 타인에게 자신의 투표내용을 공개하는 것은 비밀선거원칙에 위반되지 않는다. 이러한 경우, '선거에서의 자유로운 의사결정과정'을 보장하고자 하는 비밀선거원칙은 위협받지 않으며, 나아가 타인이 그러한 발언의 진위를 확인할 수 없어 투표의 내용으로 인한 불이익이 우려되지 않기 때문이다.

(2) 출구조사

사인에 의한 출구조사는 자유선거의 분위기를 저해하지 않는 범위 내에서, 가령 장소적으로 투표소로부터 일정한 거리를 두고 허용된다. 그러나 국가가 선거 전이나 선거 후에 개별 유권자의 투표 내용을 조사하는 것은 허용되지 않는다.

(3) 우편투표(거소투표)

거소에서 우편으로 투표하는 우편투표(거소투표)의 경우, 투표소에서의 투표와는 달리 선거의 비밀이 보장되지 않으며 유권자가 제3자에 의한 감시나 부당한 영향력의 행사를 받지 않고 투표를 한다는 보장이 없으므로, **선거의 비밀과 자유가 위협받는다**는 문제점을 안고 있다. 정보통신기술의 발달로 인하여 기술적으로 가능하게 된 **전자투표**(투표소 및 거소에서의 전자투표)의 경우에도 우편투표와 구조적으로 유사한 문제가 제기된다.

우편투표의 경우, **보통선거원칙과 비밀 · 자유선거원칙이 서로 충돌**한다. 보통선거원칙은, 국가에 대하여 유권자가 실제로 선거권을 행사할 수 있도록 배려할 것을 요청을 하는 반면, 비밀 · 자유선거원칙은 가능하면 선거의 비밀이 유지되고 자유로운 가운데 선거가 이루어질 것을 요청한다. 선거원칙이 이와 같이 서로 충돌하는 상황에서, 입법자는 **선거의 비밀과 자유를 보장하기 위한 적절한 조치를 취할 수 있는 경우**에는 보통선거원칙에 우위를 부여함으로써 우편투표를 도입할 수 있다.

판 례 원양어선의 선원에게 선상투표의 가능성을 규정하지 않은 공직선거법조항의 위헌여부가 문제된 **'원양어선 선원의 부재자투표 사건'**에서, 헌법재판소는 위 공직선거법조항이 설정하는 **'보통선거원칙에 대한 예외'**가 **'비밀선거의 요청'**에 **의하여 정당화되는지 여부를 과잉금지원칙에 따라 판단**하였는데, "이 사건 법률조항이 … 선원들이 선거권을 행사할 수 있도록 하는 효과적이고 기술적인 방법이 존재함에도 불구하고, 선거의 공정성이나 선거기술상의 이유만을 들어 선거권 행사를 위한 아무런 법적 장치도 마련하지 않고 있는 것은, 그 입법목적이 국민들의 선거권 행사를 부인할만한 **'불가피한 예외적인 사유'**에 해당하는 것이라 볼 수 없고, 나아가 기술적인 대체수단이 있음에도 불구하고 선거권을 과도하게 제한하고 있어 '피해의 최소성' 원칙에 위배되며, 원양의 해상업무에 종사하는 선원들은 아무런 귀책사유도 없이 헌법상의 선거권을 행사할 수 없게 되는 반면, 이와 관련하여 추구되는 공익은 불분명한 것이어서 '법익의 균형성' 원칙에도 위배된다."고 판시함으로써, **비밀 · 자유선거의 확보(선거의 공정성)는 보통선거원칙의 예외를 정당화하는 불가피한 사유에 해당하지 않으므로 보통선거원칙에 위반되어 선거권을 침해하였다**고 확인하였다(헌재 2007. 6. 28. 2005헌마772).

신체장애 등의 이유로 **투표보조인의 조력에 의한 투표**의 경우에도 선거의 비밀이 보장될 수 없기 때문에 유사한 헌법적 문제가 발생하는데, 투표보조인의 조력이 신체장애인의 선거권 행사를 비로소 가능하게 하고 이로써 보통선거원칙을 강화하기 때문에, 마찬가지로 헌법적으로 허용된다.

판 례 신체에 장애가 있는 선거인에 대해 투표보조인이 가족이 아닌 경우 반드시 2인을 동반하도록 규정한 공직선거법조항의 위헌여부가 문제된 **'투표보조인 사건'**에서, 헌법재판소는 심판대상조항은 투표보조인 2인에게 투표내용을 공개하도록 정하고 있기 때문에 **비밀선거원칙에 위반되어 선거권을 침해하는지 여부**가 문제된다는 것을 확인한 다음, 심판대상조항은 중증장애인의 선거권을 실질적으로 보장하고 투표보조인이 장애인의 선거권 행사에 부당한 영향력을 미치는 것을 방지하여 선거의 공정성을 확보하기 위하여 불가피한 예외적인 경우에 해당하므로 과잉금지원칙에 위반되어 선거권을 침해하지 않는다고 판시하였다(헌재 2020. 5. 27. 2017헌마867).

5. 자유선거의 원칙

가. 의미 및 기능

(1) 선거의 기능을 이행하기 위한 필수적 조건으로서 자유선거

헌법상 선거원칙은 크게 평등에 대한 요청과 자유에 대한 요청으로 나누어 볼 수 있다. 보통·평등선거원칙이 선거에서 평등에 대한 요청이라면, 비밀·자유선거원칙은 자유로운 선거에 대한 요청이다. 민주국가에서 선거는 곧 자유선거를 의미하고, 자유롭지 않은 선거는 선거가 아니다. 누구나 자유롭게 선거에 입후보할 수 있고 선거운동을 할 수 있으며, 유권자가 자유롭게 자신의 의사를 형성하고 투표를 하는 경우에만, 유권자의 왜곡되지 않은 정치적 의사가 선거에 반영될 수 있기 때문에, **자유선거만이 선거의 기능을 이행**할 수 있다.

(2) 헌법적 근거

헌법은 자유선거원칙을 명문으로 보장하고 있지 않지만, 자유선거원칙은 선거의 기능을 이행하기 위한 필수적 조건으로서 **일차적으로 '선거의 기능'**으로부터 도출되며(헌재 2004. 5. 14. 2004헌나1, 판례집 16-1, 609, 635), 나아가 **비밀선거원칙**으로부터도 도출된다. 비밀선거원칙은 자유선거원칙을 실질적으로 보장하기 위한 수단으로서의 성격을 가지며, 그 내용상 자유선거원칙의 존재를 전제로 한다. 헌법은 비밀선거원칙을 명시적으로 언급함으로써, 비밀선거원칙의 궁극적인 목적인 자유선거원칙도 함께 보장하고 있다.

(3) 자유로운 의사형성과정과 의사결정과정의 포괄적인 보호

자유선거원칙은 **유권자의 자유로운 의사형성과정과 의사결정과정을 포괄적으로 보호**함으로써, 유권자의 정치적 선호가 선거과정에서 강제나 압력 또는 방해를 받지 아니하고 표현되는 것을 보장하고자 한다. 외부로부터의 부당한 영향력의 행사는 **국가뿐만 아니라 사회단체**를 비롯한 사인으로부터도 발생할 수 있다.

첫째, 자유선거원칙은 일차적으로 '투표의 내용'을 스스로 결정할 수 있는 자유를 보호하고자 하는 것이므로, 유권자가 외부로부터의 **강제나 부당한 영향을 받지 아니하고 선거권을 자유롭게 행사할 수 있어야 한다**는 것을 의미한다. 둘째, 자유선거원칙은, 유권자가 자유롭고 개방적인 의사형성과정에서 외부로부터의 **부당한 영향력의 행사 없이 자신의 판단을 형성할 수 있어야 한다**는 것을 의미한다(헌재 2004. 5. 14. 2004헌나1, 판례집 16-1, 609, 635). 셋째, 자유선거원칙은, **누구나 자유롭게 공직선거의 후보자로서 입후보할 수 있고, 후보자·정당·사회단체 등이 자유롭게 선거운동을 할 수 있어야 한다**는 것을 의미한다.

판례 헌법재판소는 이미 초기의 판례에서 "자유선거의 원칙은 비록 우리 헌법에 명시되지는 않았지만 민주국가의 선거제도에 내재하는 법원리인 것으로서 국민주권의 원리, 의회민주주의의 원리 및 참정권에 관한 규정에서 그 근거를 찾을 수 있다. 이러한 자유선거의 원칙은 선거의 전 과정에 요구되는 **선거권자의 의사형성의 자유와 의사실현의 자유**를 말하고, **구체적으로는 투표의 자유, 입후보의 자유, 나아가 선거운동의 자유**를 뜻한다."고 판시한 바 있다(헌재 1994. 7. 29. 93헌가4등, 판례집 6-2, 15, 28).

나아가, **'대통령 노무현 탄핵 사건'**에서, "헌법 제41조 제1항 및 제67조 제1항은 … 자유선거원칙을 명시적으로 언급하고 있지 않으나, 선거가 국민의 정치적 의사를 제대로 반영하기 위해서는, 유권자가 자유롭고 개방적인 의사형성과정에서 외부로부터의 부당한 영향력의 행사 없이 자신의 판단을 형성하고 결정을 내릴 수 있어야 한다. 따라서 **자유선거원칙은 선출된 국가기관에 민주적 정당성을 부여하기 위한 기본적 전제조건으로서 선거의 기본원칙에 포함**되는 것이다."라고 판시하고 있다(헌재 2004. 5. 14. 2004헌나1, 판례집 16-1, 609, 635).

나. 위반여부가 문제되는 경우

(1) 국가기관의 선거운동 및 국정홍보활동

자유선거를 보장하기 위하여 유권자의 의사형성과정은 외부로부터의 부당한 영향력행사로부터 보호되어야 하는데, **국가의 선거운동**은 항상 국민의 의사형성과정에 대한 부당한 영향력의 행사로서, 자유선거원칙에 대한 위반을 의미한다. 국가는 선거의 주체가 아니라 선거에 의하여 구성되는 대상기관이다. 국가의 선거운동은 이미 이러한 이유에서 허용될 수 없다.

국가의 국정홍보활동은 원칙적으로 허용될 뿐만 아니라, 국민에게 국가정책에 대하여 정보를 제공하고 국민의 동의를 구한다는 점에서 헌법적으로 요청되는 것이기도 하다(헌재 1999. 5. 27. 98헌마214). 그러나 국가기관이 홍보활동을 통하여 특정 정당이나 후보자에게 유리하게 또는 불리하게 선거운동에 영향을 미치는 경우에는 국가의 국정홍보활동은 정당과 후보자의 기회균등의 원칙에 위반된다는 점에서 **평등선거원칙**의 관점에서 문제될 수 있을 뿐만 아니라, 국가가 유권자의 의사형성과정에 부당한 영향력을 행사할 수 있다는 점에서 **자유선거원칙**의 관점에서도 문제될 수 있다.

'허용되는 국정홍보'와 '자유선거를 저해하는 국정홍보'의 경계를 정하는 것은 어려운 일이나, **내용적인 관점에서** 국가의 국정홍보는 선거에서의 경쟁에 대하여 중립적이어야 하며, **시간적인 관점에서** 국가기관은 선거를 앞 둔 시점에서는 국정홍보활동을 특별히 자제해야 한다(헌재 1999. 5. 27. 98헌마214). **자유선거원칙은 국가기관에게 중립의무를 부과**하고, 선거에서 특정 정당이나 후보자와 일체감을 가지고 그들을 지지하거나 반대하는 것을 금지한다(헌재 2004. 5. 14. 2004헌나1, 판례집 16-1, 609, 635).

판례 **'선거일 전(前) 지방자치단체의 홍보물발행금지 사건'**에서 선거일 전 180일부터 선거일까지 소위 '실적찬양성 홍보물'의 발행을 금지한 공직선거법조항은 자유선거원칙과 선거에서 기회균등원칙에 의하여 정당화되는 것으로 합헌으로 판단하였다(헌재 1999. 5. 27. 98헌마214).

(2) 사인에 의한 압력행사

사인에 의한 영향력행사는 타인의 자유로운 의사형성을 배제하는 강제적 효과를 발휘하는 것이 아니라면 원칙적으로 허용된다. **선거운동**이 비록 유권자의 의사형성과정에 대한 강력한 영향력행사를 의미한다 하더라도, 정치적 표현의 자유와 정당활동의 자유의 행사로서 기본권에 의하여 보장된다. 따라서 기업가, 사용자, 노동조합이나 종교단체 등은 특정 정당이나 후보자의 지지를 표명하고 소속구성원이나 유권자에게 투표를 권유할 수 있다. 다만, 사인의 선거운동이 부당한 압력행사나 기망, 우월적 경제력의 남용을 통하여 **유권자의 자유로운 의사형성과정을 구체적으로 현저하게 위협하는 경우**에는, 자유선거원칙에 대한 위반이 인정될 수 있다.

(3) 선거의무의 도입

현행 공직선거법은 선거권의 행사를 강제하는 규정을 두고 있지 않다. 여기서 **선거의 참여를 국민의 법적 의무로 규정할 수 있는지**의 문제가 제기되는데, 자유선거원칙이 '투표의 내용'을 결정할 자유만을 보장하는지 아니면 이를 넘어서 '투표의 여부'에 관해서도 스스로 결정할 자유도 포함하는지에 따라 그 대답을 달리한다. 자유선거원칙을 **'투표의 내용에 관하여 결정할 자유'만을 보장**하는 것으로 이해한다면, 선거의무는 선거에 참여할 것만을 요구하는 것이지 특정한 내용으로 선거권을 행사할 것을 강제하는 것이 아니기 때문에, 자유선거원칙에 위배되지 않는다.

이에 대하여, 반대 견해는 자유선거원칙이란 **'투표의 여부에 관하여 결정할 자유'도 보장**하는 것으로 이해한다. 자유선거가 유권자의 왜곡되지 않은 정치적 의사를 선거에 반영하고자 하는 것이라면, 자유선거원칙은 선거에 참여할 것인지에 관하여 스스로 결정할 자유도 포함해야 한다고 한다. 유권자는 선거에 참여하지 않음으로써 '어떠한 정당이나 후보자 누구에 의해서도 자신이 적절하게 대변되고 있지 않다'는 정치적 견해, 즉 기성의 정당이나 정치인에 대한 거부와 불신을 표현할 수 있다는 것이다.

Ⅳ. 선거제도

1. 선거제도의 의미

헌법은 제41조 제1항에서 국회의 선거와 관련하여 단지 선거원칙만을 명시적으로 규정할 뿐, 같은 조 제3항에서는 "국회의원의 선거구와 비례대표제 기타 선거에 관한 사항은 법률로 정한다." 고 하여 **선거제도의 규율을 입법자에게 위임**하고 있다. 입법자는 헌법의 이러한 위임을 '공직선거법'의 제정을 통하여 이행하였다.[7)]

선거제도는 **유권자의 투표가 의회의 의석으로 전환되는 방법**에 관한 것이고, **'의회의 의석을 어떻게 배분할 것인지'의 문제**에 관한 것이다. 선거원칙이 국민의 의사가 제대로 반영되는 선거가 이루어지기 위하여 확보되어야 하는 필수적인 수단이라면, 선거제도는 선거의 결과에 결정적인 영향을 미치기 때문에, 정치적으로 매우 중요한 의미를 가진다. 선거제도를 구체적으로 어떻게 형성하는가에 따라, 정당구도와 현실적인 정치질서가 큰 영향을 받게 된다. 가령, 다수대표제 또는 비례대표제를 선택할 것인지, 다수대표제를 취하는 경우 선거구의 크기는 어느 정도로 할 것인지 (소선거구제 또는 중·대선거구제), 비례대표제를 선택하는 경우 저지조항을 둘 것인지 등에 따라,

7) 1994년 이전에는 대통령선거, 국회의원선거, 지방선거를 각 별개의 선거법에 의하여 규율하였으나, 1994년 '공직선거 및 선거부정방지법'이 제정됨으로써 선거법체계를 단일 법률로 통합하였고, 2005년에는 법률 명칭을 '공직선거법'으로 변경하였다.

양당제, 다당제 또는 군소정당의 난립에 이를 수 있고, 이에 따라 정국의 안정여부가 결정된다.

2. 선거제도에 관한 입법자의 형성권

가. 헌법 제41조 제3항이 입법형성권을 제한하는지의 문제

우선, 헌법 제41조 제3항은 "선거구와 비례대표제"를 언급하고 있는데, 이에 관해서는 선거구를 전제로 하는 '다수대표제'와 또 다른 선거제도의 유형인 '비례대표제'를 혼용하는 형태로 선거제도를 형성하라는 지침을 입법자에게 제시한 것으로 해석할 수도 있고, 아니면 선거제도의 두 가지 유형을 단지 예시적으로 언급한 것으로 볼 수도 있다. 전자의 해석을 택한다 하더라도, **다수대표제와 비례대표제를 단지 혼용해야 한다는 내용의 헌법적 지침**은 선거제도에 관한 입법형성권을 사실상 거의 제한하지 못한다.

따라서 어떠한 해석에 의하더라도, 헌법은 특정한 선거제도를 확정하지 않고 있다. 선거원칙은 헌법적 문제로서 헌법이 스스로 규정하지만, 선거제도는 일차적으로 정치적 문제로서 입법자에게 위임되어 있다. 헌법이 선거제도를 확정하지 않은 것은 **입법자에게 우리 정치현실에 적합한 선거제도를 선택할 수 있는 권한을 부여**하고자 한 것이다. 그러나 의회의 다수당과 의회에 진출한 정당이 자신에게 유리한 방향으로 선거제도를 형성할 수 있다는 위험성도 내포하고 있다.

나. 평등선거원칙이 입법형성권을 제한하는지의 문제

다수대표제에서 평등선거원칙은 '산술적 가치의 평등'으로 축소되고, 다만 선거구획정과 관련해서만 성과가치가 문제된다. 투표의 '성과가치의 평등'은 비례대표제에서만 실질적인 의미를 가진다. **비례대표제**는 투표가치의 완전한 평등을 보장한다는 점에서 **헌법상 선거원칙에 보다 부합하는 선거제도**이다. 그러나 입법자가 평등선거원칙으로 말미암아 비례대표제를 선택해야 하는 구속을 받는 것은 아니다. 평등선거원칙의 요청에서 벗어나는 다수대표제는 동등하게 중요한 헌법적 법익인 '정국의 안정성'에 의하여 정당화될 수 있다.

따라서 헌법이 명시적으로 선거제도를 확정하고 있지 않는 한, 입법자는 선거제도의 결정에 있어서 자유롭고, **단지 선택한 선거제도의 구체적인 형성에 있어서 선거원칙의 구속**을 받는다. 헌법상 평등선거원칙은 다수대표제 또는 비례대표제 아니면 양자의 혼합 형태에서도 준수될 수 있으며, 입법자가 일단 선택한 선거제도 내에서 투표가치의 평등이 준수될 것을 요청한다.

판 례 헌지역구국회의원선거 **소선거구 다수대표제의 평등선거원칙 위반여부**가 문제된 사건에서 "소선거구 다수대표제는 다수의 사표가 발생할 수 있다는 문제점이 제기됨에도 불구하고 정치의 책임성과 안정성을 강화하고 인물 검증을 통해 당선자를 선출하는 등 장점을 가지며, 선거의 대표성이나 평등선거의 원칙 측면에서도 다른 선거제도와 비교하여 반드시 열등하다고 단정할 수 없다. … 이러한 점들을 고려하면, … 헌법상의 선거원칙은 모두 구현되는 것이므로, … 심판대상조항이 청구인의 평등권과 선거권을 침해한다고 할 수 없다."고 판단하였다(헌재 2016. 5. 26. 2012헌마374).

또한, **준연동형 비례대표제를 규정한 공직선거법상 '의석배분조항'이 평등선거원칙에 위배되는지 여부**에 대하여 "대의제민주주의에 있어서 선거제도는 정치적 안정의 요청이나 나라마다의 정치적·사회적·역사적 상황 등을 고려하여 각기 그 나라의 실정에 맞도록 결정되는 것이고 거기에 논리 필연적으로 요청되는 일정한 형태가 있는 것은 아니다. 소선거구 다수대표제나 비례대표제 등 어느 특정한 선거제도가 다른 선거제도와 비교하여 반드시 우월하거나 열등하다고 단정할 수 없다. 이 사건 의석배분조항은 … 헌법상 선거원칙에 명백히 위반된다는 사정이 발견되지 않으므로, … 평등선거원칙에 위배되지 않는다." 고 판단하였다(헌재 2023. 7. 20. 2019헌마1443등).

3. 선거제도의 유형

선거제도는 크게 다수대표제와 비례대표제로 나누어 볼 수 있다. **'대표제'**란 의원정수를 어떻게 배분하는가에 따른 개념으로서, 다수대표제란 각 선거구에서 다수의 표를 획득한 사람이 선출되는 제도이고, 비례대표제란 정당의 득표수에 따라 의석을 배분하는 제도이다.

가. 다수대표 선거제도

(1) 의 미

다수대표제(多數代表制)는 선거구를 전제로 하여 **각 선거구에서 선거인으로부터 다수표를 얻은 후보자가 선출되는 제도**를 말한다. 다수대표제는 역사적으로 비례대표제보다 오래된 선거제도이다. 다수대표제의 경우 정당제도의 확립을 전제로 하지 않으며, 선거구에서 복수의 후보자가 입후보하는 것으로 족하고 후보자는 정당소속일 필요가 없다. 다수대표제는 상대적으로 가장 많은 득표를 한 후보자가 당선되는 **상대다수대표제**와 유효투표의 과반수의 득표자만을 당선자로 하는 **절대다수대표제**로 구분된다.

(2) 다수대표제의 장·단점

다수대표제는 양당체제를 유도하여 의회에서 다수세력의 형성을 가능하게 함으로써 **정국의 안정에 기여**한다. 다수대표제가 특히 소선거구제와 결합하는 경우 군소정당의 후보자는 거의 선출될 가능성이 없고 거대정당만이 의회에 진출할 기회를 가지기 때문에, **보통 양당체제를 유도하는 경향**이 있다. 이로써 '여당과 야당'라는 의회에서의 명확한 구도가 성립되고, 정당간의 연정(聯政)이 불필요하기 때문에 의회의 원활한 기능을 확보할 수 있고, 정치적 책임도 명확해진다는 장점이 있다.

반면, 다수대표제의 경우 낙선된 모든 후보자에게 주어진 선거인의 투표는 의회의 구성에 전혀 반영되지 않는다는 단점이 있다. 유권자가 동수의 투표권을 가지지만, 투표권은 차등적인 성과가치를 가짐으로써 **평등선거원칙과 합치하지 않는 측면**이 있다. 또한, 다수대표제는 선거구를 전제로 하고 선거구간의 인구편차가 불가피하다는 점도 평등선거원칙에 부합하지 않는다. 뿐만 아니라, 다수대표제의 경우 **유권자의 정치적 의사에 비례하는 대의가 이루어지지 않는다는 문제점**이 있다. 다수대표제에서는 '정당의 득표비율'과 '차지하는 의석'간의 왜곡현상이 전형적이다. 이론적으로는 심지어 정당의 지지도에 있어서 소수가 다수를 지배할 수도 있다.

(3) 다수대표제와 선거구의 관계

(가) 소선거구, 중선거구, 대선거구

다수대표제는 '한 선거구에서 몇 명의 대표자를 선출하는가'에 따라 소선거구제(1인), 중선거구제(2–4인), 대선거구제(5인 이상)로 나누어 볼 수 있다. 다수대표제에서는 선거구의 크기에 따라 **현실적 정당질서 및 대의기관의 구성에 큰 영향**을 미친다.

다수대표제가 소선거구제(1구 1인 대표제)와 결합하는 경우에는, 양당제도의 확립과 다수세력의 형성을 통하여 정국의 안정을 가져오는 유리한 효과가 있다. 우리의 경우, 국회의원선거에서 지역구의원은 상대다수대표제와 소선거구제에 따라 선출된다. **다수대표제가 중선거구제 또는 대선거구제(1구 다수대표제)와 결합하는 경우**에는 정치적 소수세력의 대표선출이 용이하고, 여러 정치세력의 비례적인 대의를 실현한다는 점에서 소수세력의 보호에 기여한다. 그러나 한편으로는 중·대선거구제에서는 다수의 지지를 받은 후보자와 소수의 지지를 받은 후보자가 똑같이 1개의 의석을 차지함으로써, 국민이 특정 후보자나 정당을 지지한다는 것이 사실상 무의미하고 국민의 정치적 선호가 선거의 결과에 표현되지 않을 수 있다.

(나) 선거구 획정의 문제

다수대표제에서는 선거인의 수가 가능하면 동일하게 선거구를 획정하는 경우에만, 투표가치(성과가치)의 평등을 보장할 수 있고, 이로써 **평등선거의 이념**을 실현할 수 있다. 따라서 선거구간에 선거인수의 편차가 너무 벌어지지 않도록 **일정한 주기마다 선거구를 재조정**하는 것은 다수대표제에서 평등선거원칙을 준수하기 위한 불가결한 작업이다.

공직선거법(제24조 이하)에 의하면, 국회의원 지역선거구의 공정한 획정을 위하여 **중앙선거관리위원회에 선거구획정위원회를 설치**하고, 선거구획정위원회는 선거구획정안을 **국회의장**에게 제출하여야 하며, 국회의장은 선거구획정안을 **해당 위원회**에 회부하여야 한다. 해당 위원회는 선거구획정위원회가 제출한 선거구획정안을 그대로 반영하여 선거구법률안을 제안하되, 선거구획정안이 명백히 지역구획정기준에 위반된다고 판단되는 경우에는 선거구획정안을 다시 제출할 것을 선거구획정위원회에게 한차례에 한하여 요구할 수 있다.

(다) 게리맨더링(Gerrymandering) 현상

게리맨더링이란, 정략적인 관점과 고려에 의하여 **선거구를 특정인 또는 특정정당에 유리하게 분할하는 경우**를 말한다.[8] 게리맨더링 현상은 자의적인 선거구획정, 즉 특정 선거인에 대한 자의적 차별의 의혹을 드러내는 대표적인 경우이다. 그러나 자의적인 선거구획정을 인정하기 위해서는 단지 외견상의 게리맨더링 현상을 확인하는 것만으로는 부족하고, **특정 선거인에 대한 국가의 차별의도와 차별효과가 명백히 드러나야** 한다.

판 례 "특정 지역의 선거인들이 자의적인 선거구 획정으로 인하여 정치과정에 참여할 기회를 잃게 되었거나, 그들이 지지하는 후보가 당선될 가능성을 의도적으로 박탈당하고 있음이 입증되어 특정 지역의 선거인들에 대하여 **차별하고자 하는 국가권력의 의도와 그 집단에 대한 실질적인 차별효과가 명백히 드러난 경우**에는 그 선거구획정은 입법적 한계를 벗어난 것으로서 헌법에 위반된다."고 판시하고 있다(헌재 1998. 11. 26. 96헌마54, 판례집 10-2, 742, 748).

나. 비례대표 선거제도

(1) 의 미

비례대표제(比例代表制)란 전체 선거지역(전국)이 하나의 선거구를 이루거나 또는 가령 주(州) 단위로 몇 개의 선거구로 분할되고, 유권자는 후보자가 아니라 정당이 제시하는 후보자명부에 대

---

8) 게리맨더링이란, Mr. Gerry가 미국 보스톤 시에서 자기의 당선이 확실히 보장될 수 있도록 선거구를 분할하였는데, 그 선거구의 지형모습이 마치 도롱뇽(Salamander)의 모습과 흡사하였기 때문에, 생겨난 용어이다.

하여 투표하여 **각 정당에게 정당의 득표수에 비례하여 의석을 배분하는 제도**이다. 비례대표제는 선거구를 전제로 하지 않는다. 유권자가 후보자명부에 영향력을 행사할 수 있는지에 따라 고정명부제와 가변명부제로 나뉜다.

봉쇄조항을 두지 아니하고 전체 선거지역(전국)을 하나의 단위로 하여 이루어지는 '순수한 비례대표제'는 **정당이 차지하는 의석과 유권자의 투표 사이의 완전한 비례적 대의**가 이루어진다. 오로지 유권자만이 의회의 구성에 영향력을 행사한다는 점에서, 순수한 비례대표제는 정치적으로 가장 중립적인 선거절차이다.

비례대표제는 20세기에 들어와 **정당제도의 발달과 정당국가적 경향에 따라 정착**한 선거제도이다. 비례대표제는 정당에 의하여 작성된 후보자명부를 기초로 하여 실시되는 등, 대표자의 선출에 있어서 정당의 개입을 전제로 하기 때문에 정당제도의 확립이 필수적이다.

(2) 비례대표제의 장·단점

비례대표제에서 모든 정당이 그의 득표비율에 따라 의회에 진출함으로써 **모든 유권자의 정치적 의사가 의회의 구성에 그대로 반영**된다(국민의 지지도에 상응하는 비례적 대의). 모든 투표가 동일한 수적 가치뿐만 아니라 동등한 성과가치를 가지고 선거결과에 동등한 영향을 미치기 때문에, 비례대표제는 다수대표제보다 **평등선거원칙에 부합**한다. 비례대표제는 소수 정치세력의 의회진출을 용이하게 함으로써 **소수의 보호에 기여**하는 측면이 있다. 뿐만 아니라, 비례대표제는 다수대표제에 있어서 불가피하게 발생하는 선거구분할의 불균형의 문제가 제기되지 않는다. 비례대표제의 경우, 의회에서의 의석배분이 각 정당의 득표수에 비례하여 이루어지기 때문에 선거구 인구의 크기가 의석의 배분에 거의 아무런 영향을 미치지 않는다.

반면, 비례대표제에서는 다수의 군소정당이 의회에 진출하여 안정적 다수의 형성을 어렵게 함으로써 **정국의 불안정을 초래**할 수 있다(군소정당의 난립으로 인한 정당간의 연정의 필요성). 이에 대한 대응책으로 봉쇄조항(저지조항)의 도입을 고려할 수 있다. 비례대표제에서 선거절차가 정당의 주도 하에서 이루어지기 때문에, **정당의 영향력이 증가하는 경향**이 있다. 후보자의 선정과 그 순위결정권이 정당의 지도부에게 독점되어 일반대중이 정치에서 소외될 가능성이 있다. 이러한 이유에서 각국은 유권자의 선택가능성을 보다 확보하기 위하여 비례대표제를 수용하는 방식에서 많은 차이를 보이고 있다(가령, 비례대표제와 지역구 선거를 병용하는 방법 등).

(3) 구체적인 실현형태

(가) 고정명부제와 가변명부제

다수대표제의 경우 선거인은 입후보자 중에서 특정 인물을 선택하는 반면, **비례대표제**의 경우 선거인은 특정인물이 아니라 특정명부를 선택하게 된다. 명부제 방식에는 명부의 내용, 즉 후보자의 선정과 후보순위가 처음부터 고정적인 **고정명부제**(固定名簿制)와 유권자가 명부의 내용을 변경할 수 있는 **가변명부제**(可變名簿制)가 있다.

(나) 봉쇄(저지)조항

비례대표제에서 의석배분과 관련하여 자주 제기되는 문제는 군소정당의 난립을 막기 위하여 **봉쇄조항을 둘 것인지 여부 및 만일 둔다면 저지선을 어느 정도로 책정할 것인지의 문제**이다. 봉쇄조항이란, 선거에서 일정 수 이상의 득표율을 달성했거나 당선자를 낸 정당에게만 의석을 배분함으로써 **군소정당의 난립을 막고 안정적 다수세력의 형성을 촉진**하고자 하는 제도이다. 봉쇄조항은 유권자 투표의 성과가치의 차등을 초래한다.

4. 현행 공직선거법상의 선거제도

가. 대통령 선거제도

대통령선거는 직선제와 상대적 다수대표제를 채택하고 있다.

나. 국회의원 선거제도

국회의원 선거는 선거구를 단위로 하는 다수대표제를 근간으로 하면서 전국을 단위로 하는 비례대표제를 혼합한 형태로 실시되고 있다. 기존의 1인1표제에 대한 헌법재판소의 한정위헌결정으로 2004년 국회의원 총선거부터 비례대표 국회의원선거에 정당투표제가 도입되었다.

국회는 국회의원 300명(지역구 국회의원 254명과 비례대표국회의원 46명)으로 구성되는데 지역구대표는 각 지역선거구에서(1구 1인대표제, 소선거구제) 상대다수대표선거에 의하여 선출되고, 비례대표는 정당별 후보명부에 대한 정당투표에 의하여 선거된다. 지역구선거에서 5석 이상의 의석을 얻었거나 정당투표에서 유효투표총수의 3% 이상을 득표한 정당은 정당투표에서 얻은 득표율에 따라 비례대표의석의 배분에 참여하게 된다(기본의석조항 및 3% 저지규정). 한편, 2020년 개정된 공직선거법은 정당의 득표율에 (50%) 연동해 의석을 배정하는 방식인 '준연동형비례대표제'에 따라 비례대표국회의원 의석을 배분하도록 규정하고 있다.

다. 지방자치를 위한 선거제도

기초자치단체 및 광역자치단체에서의 지방의회의원선거에도 유권자가 지역구후보자와 비례대표후보자에게 각 1표씩을 투표하는 1인2표제가 도입되었다. 이에 따라, 광역의회와 기초의회는 상대적 다수대표제로 선출되는 지역구의원과 비례대표의원으로 구성된다. 지방자치단체의 장 선거는 대통령선거와 마찬가지로 직선제 및 상대적 다수대표제를 채택하고 있다.

Ⅴ. 현행 공직선거법상의 선거운동

1. 선거운동의 개념 및 선거운동의 자유

가. 선거운동의 개념

선거운동이란, 공직선거에서 **특정후보자를 당선되게 하거나 당선되지 못하게 하기 위한 행위**를 말한다(공선법 제58조 제1항 본문). 그러나 선거에 관한 단순한 의견의 개진이나 의사의 표시, 입후보와 선거운동을 위한 준비행위, 정당의 후보자추천에 관한 단순한 지지·반대의 의견개진 및 의사표시, 통상적인 정당활동 등은 선거운동으로 보지 아니한다(공선법 제58조 제1항 단서).

공직선거법에서 선거운동의 개념을 정의하고 있는 것은, 공직선거법이 선거운동기간 외에 사전선거운동을 금지하고 있다는 점에서 **'선거운동행위'와 '선거운동이 아닌 행위'를 구분해야 할 필요성**이 있기 때문이다. 반면에, 상시적으로 선거운동을 허용하는 대부분의 서구 국가에서는 법률로써 선거운동의 개념을 정의하고 있지 않다.

판 례 헌법재판소에 의하면, '선거운동'이란, **특정 후보자의 당선 또는 낙선을 위한 것이라는 목적의사가 객관적으로 인정될 수 있는 능동적, 계획적 행위**를 말한다(헌재 1994. 7. 29. 93헌가4 등, 판례집6-2, 15, 33). 헌법재판소는 **'시민연대 낙선운동 불허 사건'**에서, 특정후보자를 당선시킬 목적의 유무에 관계없이, 당선되지 못하게 하기 위한 행위 일체를 선거운동으로 규정하여 이를 규제하는 것은 불가피한 조치로서 헌법적으로 허용된다고 판단하였다(헌재 2001. 8. 30. 2000헌마121).

나. 선거운동의 자유

(1) 헌법적 근거

선거운동의 자유는 **정치적 표현의 자유**, 국민의 선거권과 자유선거원칙에 그 헌법적 근거를 두고 있다. 선거운동의 자유는 **선거권**을 의미 있게 행사하기 위한 전제조건에 해당한다. 선거운동은 유권자의 판단에 있어서 불가결한 '정당과 후보자에 관한 정보'를 제공하는 기능을 한다. 뿐만 아니라, 자유로운 선거운동의 보장 없이는 **자유선거**가 있을 수 없다. 유권자가 자유롭고 개방적인 의사형성과정에서 자신의 판단을 내릴 수 있기 위해서는 자유로운 선거운동이 필수적이다.

판 례 헌법재판소는 **선거권행사의 전제**로서 선거운동의 자유를 언급한 바 있고(헌재 1994. 7. 29. 93헌가4등, 판례집 6-2, 15, 29), 선거운동의 자유의 헌법적 근거로서 **자유선거원칙과 표현의 자유**를 언급하고 있다(헌재 2001. 8. 30. 99헌바92등, 판례집 13-2, 174, 193).

(2) 공직선거법에서 선거운동의 자유와 선거의 공정성

국가가 선거운동을 어느 정도로 규제하는지는 각국의 정치문화와 선거문화의 수준, 민주시민의식의 성숙도 등에 따라 달라질 수밖에 없다. 공직선거법은 세계에 그 유례가 없을 정도로 **선거운동에 관하여 그 주체 · 방법 · 기간 및 비용 등에 있어서 다양하고 포괄적인 제한**을 하고 있다. 민주주의란, 주권자인 국민의 정치적 판단능력에 대한 신뢰를 바탕으로 성립하는 원리이자 국민의 민주적 수준과 그 운명을 같이 하는 원리인데, 공직선거법에는 **국민의 정치적 판단능력에 대한 불신**이 그 바탕에 깔려 있다. 이러한 점에서 공직선거법은 우리 정치문화의 후진성과 국민에 대한 후견인적 시각을 그대로 반영하고 있다. 공직선거법은 선거운동을 규율함에 있어서 '선거운동의 자유'와 '선거의 공정성'에 대한 요청을 서로 대립하는 법익으로 이해하면서, **'선거의 공정성'을 일방적으로 강조**하고 있다.

그러나 선거운동의 자유와 선거의 공정성은 서로 대립하는 법익이 아니라, **양자 모두 자유선거를 실현하기 위한 조건**으로서 서로 보완관계에 있다. **선거의 궁극적인 목적**은 선거의 공정을 확보하는 데 있는 것이 아니라, 국민의 정치적 의사를 대의기관의 구성에 정확하게 반영하는 데 있다. **선거의 공정성은 국민의 정치적 의사를 정확하게 반영하는 자유선거를 실현하기 위한 수단**일 뿐이다. 그런데 선거의 공정성을 지나치게 강조함으로써 선거운동을 통하여 국민의 정치의사형성에 영향을 미칠 수 있는 가능성을 과도하게 제한하는 경우, 국민의 자유로운 의사형성이 저해됨으로써 선거는 국민의 정치적 의사를 제대로 반영할 수 없다. 선거의 공정을 확보하는 가장 이상적이고 효율적인 방법은, 누구나 자신의 정치적 의사를 표출할 수 있는 길을 열어놓은 가운데 균등한 조건하에서 다양한 견해의 자유로운 경쟁이 이루어지도록 하는 것, 즉 선거의 자유와 개방성이다.

2. 선거운동의 제한

가. 제한의 유형

공직선거법은 선거운동에 대하여 시간적, 인적, 방법적, 비용적 측면에서 다양한 제한을 가하고 있다.

(1) 선거운동은 선거기간 개시일부터 선거일 전일까지 할 수 있다(공선법 제59조). 선거운동은 **선거운동기간 내에서만 허용**됨으로써 선거운동기간 이전의 선거운동(사전선거운동)과 선거일 당일의 선거운동은 금지된다. 대통령선거의 경우 선거기간("후보자등록마감일의 다음날부터 선거일까지")은 23일, 국회의원선거의 경우 선거기간("후보자등록마감일 후 6일부터 선거일까지")은 14일에 불과하다(공선법 제33조). 한편, 후보자 또는 후보자가 되고자 하는 자가 자신이 개설한 인터넷 홈페이지를 이용하여 선거운동을 하는 것은 상시 허용된다(공선법 제59조 제3호).

(2) 공선법 제60조는 **선거운동을 할 수 없는 자**를 상세히 규정하고 있는데, 정당의 당원이 될 수 없는 공무원과 교원(교원의 경우 예외 있음), 미성년자, 선거권이 없는 자 등이 이에 해당한다.

> **판 례** **'정부투자기관이나 지방공기업의 직원'**은 기관의 경영에 관한 결정이나 집행에 상당한 영향력을 행사할 수 없음에도 **'임원'**과 동일하게 취급하여 선거운동을 금지하고 처벌하는 공직선거법조항에 대하여, 헌법재판소는 위헌으로 판단하였다(헌재 2018. 2. 22. 2015헌바124; 헌재 2021. 4. 29. 2019헌가11; 헌재 2022. 6. 30. 2021헌가24; 헌재 2024. 1. 25. 2021헌가14). 위 결정들은 정부투자기관 직원을 임원과 동일하게 취급하여 지방의회의원직에 입후보하지 못하도록 규정한 **입후보제한규정에 대한 위헌결정**(헌재 1995. 5. 25. 91헌마67)과 같은 맥락에 있다(이에 관하여 위 제2편 제3장 제4절 III. 2. 나. (4) '공직선거 입후보의 제한' 참조).

(3) 공선법은 **선거운동의 방법**에 대하여 선거벽보의 개수, 소형인쇄물의 규격・내용, 현수막 등의 제한을 비롯하여 신문방송의 광고, 후보자 등의 방송연설, 합동연설회, 정당후보자에 의한 연설회, 연설・대담, 호별방문제한, 서명・날인운동 등의 금지, 여론조사의 결과공표금지 등 개별적이고 구체적인 제한을 하고 있다.

(4) **선거비용**과 관련해서는 액수제한, 출납제한, 수입・지출의 보고의무 등을 규정하고 있다.

나. 공직선거법상 선거운동제한의 문제점

(1) 선거운동기간의 제한

선거운동기간의 제한은 허용된 기간 외의 선거운동을 전면적으로 금지한다는 점에서 그 실질에 있어서 선거운동의 '방법'이 아니라 선거운동의 '여부'에 관한 제한으로, **가장 강력한 제한의 형태**이다. 따라서 선거운동의 자유를 보다 적게 침해하는 조치인 '선거운동방법'에 대한 제한을 통해서도 선거의 공정성을 꾀할 수 있는지, 나아가 허용된 선거운동기간이 지나치게 단기인지 등의 관점에서 **선거운동기간의 제한은 과잉제한이 아닌지 의문**이 제기된다. 대부분의 선진 민주국가의 경우 선거운동기간의 제한이 없이 상시적인 선거운동이 가능하다. 그러나 공직선거법은 **상시적인 선거운동을 허용하는 경우**에는 무제한적이고 소모적인 선거운동과 엄청난 사회경제적 낭비를 초래하고 후보자나 정당의 경제력에 따라 선거결과가 달라질 수 있다는 인식에서 출발하고 있다. 그러나 선거운동기간의 제한은 **헌법적으로 다음과 같은 중대한 문제점**을 안고 있다.

첫째, 선거운동기간의 제한으로 인하여 사전선거운동이 금지됨으로써 선거운동의 개념 정의를 통하여 금지되는 선거운동행위와 그 외에 허용되는 행위를 구분해야 하는데, **무엇이 금지되고 허용되는 행위인지의 구분이 모호**하여 법적용기관인 선거관리위원회와 법원의 자의적인 법적용의 위험이 상존한다.

둘째, 지나치게 단기의 선거운동기간은 **자유선거를 저해**하고 있다. 선거운동기간이 매우 단기(대선의 경우 23일, 총선의 경우 14일)이기 때문에, 유권자가 자신의 판단을 형성하고 결정을 내리기 위하여 필요한 정보를 제공받음에 있어서 큰 제약을 받게 된다.

셋째, 선거운동기간의 제한은 **선거에서 정당과 후보자간의 기회균등에 위배**된다. 현역의원의 경우에는 임기 내내 의정활동보고 등을 통하여 사실상 사전선거운동이 가능한 반면, 정치신인들은 기껏해야 예비후보자등록을 통하여 자신을 알릴 수 있는 제한적인 활동만을 할 수 있을 뿐이다.[9] 결국, 선거에서 기회균등을 확보하기 위하여 취해지는 선거운동에 대한 규제가 궁극적으로는 기회균등의 원칙에 명백하게 반하는 결과를 초래하고 있다.

넷째, 선거운동기간의 제한은 **최소침해성원칙에 반하여 선거운동의 자유를 과잉으로 제한**하고 있다. 선거운동기간을 제한한 목적이 금권선거와 과열선거를 방지하여 사회경제적 손실을 방지하고자 하는 것이라면, 이러한 목적은 다양한 부작용과 헌법적 문제점을 야기하는 '선거운동기간의 제한'이란 방법이 아니라, **선거비용의 한정과 이에 대한 통제**를 통하여 달성될 수 있다. 영국이나 미국과 같은 선진 민주국가에서는 선거비용에 대한 엄격한 규제를 통하여 선거의 공정성을 확보하고 있다.

판 례 선거운동기간을 제한한 구 대통령선거법규정의 위헌여부가 문제된 **'선거운동기간 제한 사건'**에서, 헌법재판소는 **금권선거와 과열경쟁으로 인한 선거의 타락과 부패현상을 방지하고 선거의 공정성을 확보**하고자 하는 공익에 의하여 선거운동기간의 제한은 정당화되며, 다만 선거운동기간을 어느 정도로 허용할 것인지의 문제가 제기되는데, 선거법이 정한 선거운동기간은 유권자가 후보자에 대한 정보를 얻기에 결코 부족한 기간이라 할 수 없으므로, 선거운동기간의 제한은 선거운동의 자유를 과도하게 제한하는 것으로 볼 수 없다고 판시하였다(헌재 1994. 7. 29. 93헌가4, 판례집 6-2, 15, 35-37).

이후에도 헌법재판소는 수차례에 걸쳐, 선거운동기간을 제한하고 이를 위반한 사전선거운동을 형사처벌하도록 규정한 구 공직선거법 제59조 등이 정치적 표현의 자유를 침해하지 않는다고 판단하였다. 또한, **선거일 당일의 선거운동**을 금지하고 처벌하는 공직선거법조항에 대해서도 위와 유사한 이유로 합헌으로 판단한 바 있다(헌재 2021. 12. 23. 2018헌바152). 한편, 입법자는 정치·사회적 발전과 더불어 선거운동의 자유를 보다 보장할 필요가 있다는 반성적 고려에서 2020. 12. 29. 공직선거법을 개정하여, **'선거일이 아닌 때에 전화를 이용하거나 말로 선거운동을 하는 경우' 선거운동기간의 제한을 받지 않는다는 규정을 신설**하였다(공직선거법 제59조 단서 제4호).

(2) 그 외의 선거운동 방법에 대한 제한

공직선거법은 과열·혼탁선거의 방지 및 선거의 공정성 확보를 위하여 단기의 선거운동기간

9) **예비후보자등록**은 현역정치인과 후보자간의 선거에서 기회균등을 실현하기 위하여 신설된 제도이다. 공직선거법에 의하면, 예비후보자가 되려는 사람은 예비후보자등록을 할 수 있으며(제60조의2), 예비후보자로 등록한 자는 선거운동기간 전에도 제한적이나마 선거운동을 할 수 있다(제60조의3).

내에서도 **선거운동의 구체적 방법에 관하여 다양한 규제**를 가하고 있다. 공직선거법의 이러한 다양한 방법적 규제는 개별적으로 본다면 국민이 수인할 수 있는 범위를 넘지 않을 수 있으나, 그 전체로서는 누적적으로 작용함으로써 선거운동의 자유를 사실상 질식시키는 효과를 초래할 수 있다.

선거 전에 실시되는 **사인에 의한 여론조사 및 그 결과의 공표**는 자유선거의 관점에서 원칙적으로 허용되어야 한다.10) 여론조사에 의하여 예상되는 **'후보자의 선출가능성'은 유권자 결정의 중요한 판단근거**이므로, 여론조사 결과의 공표를 금지하는 것은 선거에서 유권자의 결정을 위한 중요한 정보를 박탈하는 것을 의미한다. 여론조사결과의 공표는 **유권자의 자유로운 의사형성과정**을 저해하는 것이 아니라 오히려 이에 기여하는 것이다. 여론조사에 의하여 유권자가 조종되고 여론이 조작될 가능성이 있다 하더라도, 이러한 가능성은 모든 정보에 내재하는 남용가능성으로, 복수의 여론조사가 이루어지고 여론조사의 기초가 되는 사실을 함께 공개하도록 한다면, 여론조작의 가능성은 크다고 볼 수 없다. 게다가, 오늘날 정보통신기술의 발달로 인하여 여론조사의 결과가 외국 언론이나 인터넷 등을 통하여 국내에 유입될 수밖에 없다는 점에서, 여론조사 결과의 공표금지는 현실적으로 관철될 수도 없고, 오히려 그 타당성이 의문시되는 불투명한 정보의 확산을 초래함으로써 여론조작의 위험성을 높일 수 있다.

판 례 선거기간 중 여론조사결과의 공표를 금지하는 공직선거법조항의 위헌여부가 문제된 **'여론조사결과 공표 금지 사건'**에서, 헌법재판소는 그 금지기간이 지나치게 길지 않는 한 선거일을 앞두고 어느 정도의 기간 동안 여론조사결과의 공표를 금지하는 것은 선거의 공정성(여론조작의 가능성 및 유권자결정에 대한 부당한 영향력행사의 방지)을 확보하기 위하여 필요하고도 합리적인 범위 내에서의 제한이므로, 과잉금지의 원칙에 위배하여 언론·출판의 자유와 알권리 등을 침해하였다고 할 수 없다고 판단하였다(헌재 1995. 7. 21. 92헌마177등; 헌재 1999. 1. 28. 98헌바64).

한편, 기초의회의원선거 후보자로 하여금 특정 정당으로부터의 지지 또는 추천을 받았음을 표방할 수 없도록 규정하는 공직선거법조항의 위헌여부가 문제된 **'기초의회의원 정당표방 금지 사건'**에서 '**정당의 지지·추천 여부**는 유권자들이 선거권을 행사함에 있어서 **중요한 참고사항**이 될 수 있으며, 정당표방을 허용함으로써 얻는 이익이 부정적인 효과보다 크다'는 이유로 종래의 판례를 변경하여 위 조항을 위헌으로 선언하였다(헌재 2003. 1. 30. 2001헌가4).

또한, 헌법재판소는 선거일전 180일부터 선거일까지 공직선거법이 허용하지 않는 각종 선전물을 배포하는 행위를 금지하고 처벌하는 공직선거법조항이 **'인터넷 상 선거운동'**을 하는 것까지 금지하는 것인지 여부가 문제된 사건에서, 정치적 표현 및 선거운동의 자유의 중요성, 인터넷의 매체적 특성 등을 이유로 '인터넷 상 선거운동'이 포함되는 것으로 해석하는 한 과잉금지원칙에 위배하여 선거운동의 자유 내지 정치적 표현의 자유를 침해하는 것으로서 헌법에 위반된다고 판단하였다(헌재 2011. 12. 29. 2007헌마1001).

다. 선거운동에 관한 헌법재판소 판례의 경향과 문제점

(1) '선거의 공정성'의 우위 원칙

헌법재판소 판례의 특징은 '선거운동의 자유'와 '선거의 공정성'을 서로 대립하는 가치로 이해

10) 다만, **선거 개시 이후에 이미 투표한 유권자를 대상으로 실시한 여론조사의 결과**를 선거 종료 이전에 공표하는 것은 허용되지 않는다. 모든 유권자는, 그가 언제 투표하는지와 관계없이, 잠재적으로 동일한 선거관련정보를 전달받아야 하며, 이미 투표한 유권자의 결정에 반응하거나 그에 의하여 영향을 받아서는 안 된다.

하면서, 선거운동의 자유에 대하여 **선거의 공정성에 일방적인 우위를 부여**하고 있다는 점이다. 이로써 헌법재판소는 선거의 공정성에 대한 요청을 선거운동의 자유에 대한 광범위한 제한을 정당화하는 논거로 사용하고 있다.

헌법재판소가 선거운동의 자유에 대한 가장 강력한 제한인 **'선거운동기간의 제한'에 대하여 합헌결정**을 함으로써 이미 헌법재판소 판례의 방향이 근본적으로 결정되었다. 헌법재판소가 가장 강력한 제한조치에 대하여 합헌결정을 하였다면, 선거운동의 자유를 보다 적게 제한하는 조치에 대하여 위헌선언을 하는 것을 기대하기 어렵다. 뿐만 아니라, 선거운동기간의 제한은 이에 기인하는 다양한 부작용과 부수적 효과를 초래하였는데(아래 판례 참조), **이러한 부작용에 대하여 합헌결정을 하는 것은 이미 예고된 것**이다. 왜냐하면 심판대상이 된 '부수적 효과'가 선거운동기간의 제한에 기인하는 것이고, 선거운동기간 제한에 대한 위헌결정이 없이 부수적 효과에 대한 위헌결정을 할 수 없기 때문이다.

판 례 현역 국회의원이 아닌 입후보자는 선거운동개시일 전까지 자기의 출마사실을 홍보할 기회조차 가질 수 없는 반면에, 현역 국회의원인 후보자는 **의정보고활동을 통하여 선거운동기간 전에도 사실상의 선거운동이 가능하도록 허용하는 공직선거법규정**이 선거에서의 기회균등의 원칙에 위반되는지 여부가 문제된 사건에서, 불평등의 원인은 국회의원의 정당한 의정활동에 있는 것이 아니라 사전선거운동의 금지에 있는 것이고, 선거를 이유로 국회의원의 정상적인 직무활동을 금지할 수는 없기 때문에, 헌법재판소는 "국회의원에게 선거운동기간 개시 전에 의정활동보고를 허용하는 것은, … 후보자 사이의 개별적인 정치활동이나 그 홍보의 기회라는 면에서 현실적인 불균형이 생겨날 가능성이 있으나 이는 국회의원이 가지는 고유한 기능과 자유를 가능한 한 넓게 인정하고 보호하는 결과 생겨나는 사실적이고 반사적인 효과에 불과하므로 평등권 등을 침해한다고 할 수 없다."고 판시하여, 후보자간의 기회균등원칙에 대한 명백한 위반에도 불구하고 이를 수인하고 합헌결정을 할 수밖에 없었다(헌재 2001. 8. 30. 2000헌마121).

한편, 헌법재판소는 최근에 들어 선거의 공정성에 일방적인 우위를 부여하던 종래의 입장을 수정하여 **'선거운동의 자유'와 '선거의 공정성'의 관계를 새롭게 설정**하고자 하는 경향을 보이고 있다. 그 결과, **선거운동의 방법을 제한**하는 일련의 공직선거법조항들에 대하여 합헌으로 판단한 선례를 변경하여 헌법에 위반된다고 판단하였다.

판 례 헌법재판소는 "**선거의 공정성**은 국민의 정치적 의사를 정확하게 반영하는 선거를 실현하기 위한 **수단적 가치**이고, 그 자체가 헌법적 목표는 아니다. 그러므로 선거의 공정성은 정치적 표현의 자유에 대한 전면적·포괄적 제한을 정당화할 수 있는 공익이라고 볼 수 없고, … 선거에 있어 자유와 공정은 반드시 상충관계에 있는 것만이 아니라 서로 보완하는 기능도 함께 가지고 있다. … 입법자는 선거의 공정성을 보장하기 위해서 부득이하게 선거 국면에서의 정치적 표현의 자유를 제한하더라도, 입법목적 달성과의 관련성이 구체적이고 명백한 범위 내에서 가장 최소한의 제한에 그치는 수단을 선택하지 않으면 안 된다."고 판시하여 **'비례의 원칙에 의한 엄격한 심사'**를 요청하고 있다(헌재 2022. 7. 21. 2017헌바100 등, 판례집 34-2, 11, 22).

선거일 전 180일부터 선거일까지 선거에 영향을 미치게 하기 위하여 **현수막이나 광고물을 설치·게시하거나 표시물을 착용하는 행위, 벽보의 게시, 인쇄물의 배부·게시행위를 금지·처벌**하는 공직선거법조항의 위헌여부가 문제된 사건에서, 헌법재판소는 "현수막·광고물·표시물·벽보·인쇄물 등에 의하여 선거에서의 기회 불균형이나 무분별한 흑색선전의 위험을 야기할 수 있으나, 이러한 문제는 선거비용 규제나 공직선거법상 후보자비방 금지나 허위사실공표 금지의 규정 등으로 대처할 수 있으므로, 현수막 · 광고물 · 표시물 · 벽보 · 인쇄물 등을 통한 정치적 표현을 장기간 동안 포괄적으로 금지 · 처벌하는 것은 과잉금지원칙에 반하여 정치적 표현의 자유를 침해한다."고 판단하였다(헌재 2022. 7. 21. 2017헌바100등).

선거기간 중 선거에 영향을 미치게 하기 위한 집회의 개최를 금지하는 공직선거법조항에 대해서도, 헌법재판소는 "선거에 영향을 미치게 하기 위한 집회나 모임이라고 하더라도, 선거에서의 기회 균등 및 선거의 공정성에 구체적인 해악을 발생시키는 것이 명백하다고 볼 수 없는 집회나 모임의 개최, 정치적 표현까지 금지 · 처벌하는 것은 과도하게 집회의 자유, 정치적 표현의 자유를 침해한다."고 판단하였다(헌재 2022. 7. 21. 2018헌바164; 헌재 2022. 7. 21. 2018헌바357등).

당선되게 하거나 되지 못하게 할 목적으로 연설 · 방송 · 신문 · 통신 · 등의 방법으로 공연히 사실을 적시하여 후보자 등을 비방한 자를 처벌하는 공직선거법조항의 위헌여부가 문제된 **'후보자비방죄 사건'**에서, 헌법재판소는 합헌으로 판단한 선례를 변경하여 "비방금지 조항은 선거의 공정을 보장하기 위한 것인데, 비방행위가 허위사실에 해당할 경우에는 허위사실공표금지 조항으로 처벌하면 족하고, 허위가 아닌 사실에 대한 경우 후보자가 되고자 하는 자는 스스로 반박함으로써 유권자들이 그의 능력과 자질 등을 올바르게 판단할 수 있는 자료를 얻을 수 있게 해여 하며, 사실을 적시한 명예훼손은 형법 제307조 제1항에 따라 처벌할 수 있으므로, 비방금지 조항은 과잉금지원칙에 위배되어 정치적 표현의 자유를 침해한다."고 판단하였다(헌재 2024. 6. 27. 2023헌바78).

(2) 다원적 민주주의에서 정치적 의사형성과정에 대한 기본적 이해의 결여

헌법재판소결정의 판시내용을 살펴보면, 오늘날 다원적 민주주의에서 정치적 의사형성과정에 대한 기본적인 이해가 결여되어 있다. **다원적 민주주의**란, 다수의 정당과 사회단체가 국민과 국가 사이에서 정치적 의사형성과정의 매개체로 활동하는 민주주의이다. 정당과 사회단체는 사회의 다양한 이익과 견해를 국가의사로 전환하는 과정에서 중요한 중간매체의 기능을 한다. 그러나 헌법재판소는 정당에게 국민의 정치적 의사형성과정에서 배타적 독점권을 부여하면서 **사회단체를 정치적 의사형성을 저해하는 요소로 이해**하고 있는데, 이러한 **반다원주의적 사고**는 헌법이 예정하는 '다원주의적 민주주의'에 정면으로 반하는 것이다.

판 례 헌법재판소는 '사회단체에게 선거운동을 허용한다면 정치활동을 하는 각종 단체의 난립으로 인하여 **정치문화의 퇴행**을 가져오고, **과열선거와 혼탁선거를 초래**하며, 사회단체의 지원을 받는 후보자와 그렇지 못한 후보자간의 **기회균등의 관점에서 불평등**이 발생할 뿐만 아니라 국가의 이익보다는 **사회단체를 대표하는 후보자가 당선될 가능성**이 많아 선거의 목적과 이상에도 배치된다'는 이유로, "단체에 의한 선거운동이 지닌 문제점, 헌법이 정당에 대하여 일반결사와는 다른 특별한 보호와 규제를 하고 있는 점, 특정 정당이나 후보자에 대한 명시적인 지지나 반대 등의 행위만 금지할 뿐 단체의 정치적 의사표현의 자유를 달리 더 제한하는 것이 아니라는 점 등에 비추어 볼 때 정당이 아닌 단체의 평등권이나 정치적 의사표현의 자유를 과도하게 제한하는 것이라 할 수 없다."고 판시함으로써 이미 여러 차례에 걸쳐 **사회단체의 선거운동을 금지하는 공직선거법규정**에 대하여 합헌결정을 한 바 있다(헌재 1995. 5. 25. 95헌마105, 판례집 7-1, 826, 837-839; 헌재 1997. 10. 30. 96헌마94, 판례집 9-2, 523, 534).

(3) 선거법이 '공정한 경쟁을 위한 규칙'이라는 인식의 결여

헌법재판소는, 선거법이 정권획득을 위한 경쟁에서 공정한 경쟁을 위한 규칙이며, 이에 따라 **엄격한 심사가 요청되는 영역**이라는 것을 인식하지 못하고 있다. 선거법은 정당법과 함께 한시적으로 정권을 획득하고자 하는 정치적 경쟁자간의 경쟁질서를 의미한다. 그런데 문제는, 이러한 경쟁질서가 경쟁에 참여하는 경쟁자(의회의 다수당 또는 의회에 진출한 정당)에 의하여 의회에서 다수결의 형태로 결정된다는 점이다. 따라서 경쟁자(의회의 소수당이나 의회에 진출하지 못한 정치적 세력)에게 불리하게 경쟁질서가 형성될 위험, 즉 **편파적 입법의 위험**이 상존하고 있다. 선거법은 **의회가 자신의 이해관계에 관한 사안을 스스로 결정하는 영역**이므로, 이러한 영역에서는 헌법재판소에 의한 엄격한 심사가 요청된다.

3. 선거공영제

가. 선거관리위원회에 의한 선거공영제

헌법은 **선거와 국민투표 및 정당에 관한 사무**를 처리하게 하기 위하여 독립된 헌법기관으로서 선거관리위원회를 두고 있다(제114조). 선거제도와 정당제도는 대의제를 실현하기 위한 불가결한 요소이다. 헌법은 선거와 정당활동이 가지는 중요한 민주정치적 기능을 고려하여 이에 관한 사무를 일반행정업무와 분리하여 독립적인 헌법기관인 선거관리위원회에 맡기고 있다.

나아가, 헌법은 민주주의에서 선거가 가지는 중요한 정치적 기능을 감안하여 헌법 제116조에서 **선거공영제(選擧公營制)**를 채택하고 있다. 선거공영제란, 선거에서의 기회균등과 공정성을 확보하기 위하여 국가가 선거를 관리하고 선거비용을 원칙적으로 국가의 부담으로 하는 제도를 말한다.

나. 선거운동관리의 원칙?

헌법은 제116조 제1항에서 "선거운동은 각급 선거관리위원회의 관리 하에서 법률이 정하는 범위 안에서 하되, 균등한 기회가 보장되어야 한다."고 규정하여 선거운동이 법률로써 규율되고 국가에 의하여 관리될 수 있음을 규정하고 있다.

학계의 일부 견해는 위 헌법규정을 '선거운동자유의 원칙을 배척하고 선거운동관리의 원칙을 채택하였다'고 이해하고 있으나, 위 규정으로 인하여 '선거운동에 대한 제한과 관리가 원칙'이고 '선거운동의 자유가 예외'라는 관계가 헌법적으로 형성된 것은 아니다. 선거운동의 자유가 그 헌법적 근거를 개인의 기본권에 두고 있으므로, 위 헌법규정에 의하여 자유권에 내재하는 '원칙과 예외의 관계'가 전도되어, 기본권에 의하여 보장되는 선거운동의 자유가 예외로 될 수는 없다. 위 헌법규정은 선거운동에서의 기회균등을 보장함으로써 선거의 공정을 실현할 수 있도록 입법자에게 **선거운동의 자유를 제한할 수 있는 권한을 부여**하는 규범이자, **선거에서의 기회균등을 요청하는 평등선거원칙을 다시 한 번 강조**하는 규범이다.

다. 선거경비 국고부담의 원칙

헌법은 제116조 제2항에서 "선거에 관한 경비는 법률이 정하는 경우를 제외하고는 정당 또는 후보자에게 부담시킬 수 없다."고 하여, 선거비용의 조달문제에 관하여 선거경비를 원칙적으로 국고부담으로 하는 '**선거공영제**'를 규정하고 있다. 이러한 선거공영제의 기본취지는 적어도 정당이나 후보자의 정상적인 선거운동을 위한 기본비용의 대부분을 국고에서 부담함으로써 재력은 없으나 능력이나 자질이 있는 정치인의 선거운동을 가능하게 하고자 하는 것이다. 선거공영제는 금전선거를 방지하고 선거비용의 관점에서 선거에서의 기회균등을 꾀하고자 하는 것이다.

제 5 절 정당제도

Ⅰ. 정당의 생성과 정당제도의 헌법적 수용

정당은 최초로 17세기 초에 영국에서 탄생하였다. 현대 정당제도의 발전에 결정적으로 기여한 것은 대중민주주의의 실현을 가능하게 한 보통선거제도의 도입이었다. **대중민주주의에서** 사회의 다양한 이익과 견해를 결집하여 선택 가능한 소수의 정책으로 제시하는 **정당의 존재는 불가결**한 것이 되었다. 그럼에도 헌법은 오랫동안 대중민주주의에서 불가결한 정당의 의미를 외면하였고, 세계적으로 제2차 대전 이후에야 비로소 정당제도를 헌법에 수용하기 시작하였다. 대표적으로, 1928년 독일의 트리펠(H. Triepel) 교수는 '독일에서 **국가와 정당의 관계**가 역사적으로 어떻게 발전하였는지'에 관하여 "적대시 – 무시 – 인정과 합법화 – 헌법적 수용"이라는 4단계로 서술하였다.

우리 헌법도 1960년 헌법에서 비로소 정당을 수용하였다. 현행 헌법은 제8조 제2항에서 "정당은 … 국민의 정치적 의사형성에 참여하는데 필요한 조직을 가져야 한다."고 하여, 헌법상 부여된 **정당의 기능과 과제**를 '국민의 정치적 의사형성에의 참여'로 명시적으로 규정하고 있다.

Ⅱ. 정당의 기능 및 과제

1. 정당의 헌법적 과제로서 '국민의 정치적 의사형성에의 참여'

가. 국민과 국가 사이의 필수적 중간매체로서 정당

대의제 민주주의는 **국민의사와 국가의사를 연결하는 정치적 의사형성의 중개자**를 필요로 한다. **정당과 사회단체**는 여론형성을 주도하여 국민의사형성에 영향력을 행사하고, 형성된 국민의사를 국가기관에 전달하며 이를 통하여 국가의사형성에 영향을 미치고자 시도한다. 이러한 의미에서 정당과 사회단체는 국민의사와 국가의사를 연결하는 매개체이다.

그 중에서도 정당은 국민의사형성을 주도하여 형성된 국민의사를 국가의사형성에 반영시키는 가장 중요한 조직이다. 정당은 정치적 의사형성에 있어서 국민과 국가 사이에서 매개적 역할을 하는 **필수적인 중간매체이자 대의제에서 국민주권을 실현하기 위한 필수적 도구**이다. 오늘날의 대의제 민주주의는 정당의 존재 없이는 기능할 수 없다. 나아가, 정당은 **선거를 준비하는 기관**으로서, 정당 없이는 선거가 치러 질 수 없다. 정당은 정치권력에 영향력을 행사하려는 모든 중요한 이익을 인식하고 취합·선별하여 내부적으로 조정을 한 다음, 국민이 선택할 수 있는 정책으로 형성한다. 이러한 이유에서 정당은 '선거준비조직'이라고도 불린다.

나. 국정참여를 목표로 하는 국민의 정치의사형성에의 참여

헌법상 정당에 부여된 일차적 기능과 과제는 국민의 정치의사형성과정에 참여하는 것이다. 그러나 정당뿐만 아니라 사회단체도 국민의사형성과정에 참여하여 여론형성에 영향을 미치고자 시도하는데, **정당과 사회단체의 차이점**은 다음과 같다. **사회단체**에게는 정권 인수의 의도가 없다. 사회단체는 단지 단체구성원의 이익을 대변하기 위하여 국민의 정치의사형성과정에 참여하여 영향력을 행사하고 형성된 여론을 통하여 정당이나 국가기관에 영향력을 행사한다. 그러나 **정당**은 의회나 정부에서 국가기관으로서의 책임을 담당하는 것을 목표로 선거에 참여한다. 정당의 목표는 의회와 정부 등 국가영역에 진출함으로써 국정에 참여하고, 궁극적으로는 국가권력을 장악하고자 하는 것이다.

국가의사형성에 직접 참여하고자 하는 정당의 목표는 단지 국민의 지지를 통해서만 달성될 수 있다. 따라서 정당의 가장 중요한 과제는 바로 후보자를 추천하고 선거운동을 함으로써 **선거에 참여**하는 것이다. 나아가, 정당의 과제는 선거의 참여에 국한되는 것이 아니라, 지난 선거와 차기 선거 사이의 기간 동안에도 국민의 여론형성을 주도하여 국민의사형성과정에 영향력을 행사하고 국민의 정치적 의사를 수렴하여 이를 국가의사결정에 반영하도록 함으로써, **국민과 국가 사이의 중개적 역할**을 하는 것에 있다.

2. 국민의 정치적 의사형성에 있어서 정당의 비독점적(非獨占的) 지위

헌법은 '국민의 정치적 의사형성에 참여'란 표현을 통하여, 정당은 국민의 정치적 의사형성에서 독점적 지위를 가지고 있는 것이 아니라 다른 사회단체나 개인과 함께 단지 참여하는 권리를 가지고 있음을 밝히고 있다. 이로써 정당은 국민의 정치적 의사형성과정에 영향력을 행사하려는 언론·이익단체 등 다른 사회단체 및 개인과 서로 경쟁관계에 있다. 다원적 민주주의에서 국민은 정당에 의하여 대체될 수도 없고, 정당과 일치하지도 않는다. 선거에서도 정당은 후보자 추천의 독점권을 가질 수 없다. 따라서 선거권자의 후보자추천에 의하여 무소속으로 입후보하는 것도 가능해야 한다.

Ⅲ. 정당의 개념

1. 헌법상 정당의 개념

가. 형식적인 정당개념

헌법은 정당설립의 자유를 보장하고 있다(제8조 제1항). **정당설립의 자유가 보장되기 위해서는** 정당의 정치적 목표와 방향에 대하여 어떠한 내용적 요건을 제시하지 않는 **'형식적인 정당 개념'이 필수적**이다. 정당은 스스로 설정한 정치적 목표를 추구하기 위하여 설립되는 것이므로, 정치적 목표를 결정할 자율성의 보장 없이는 정당설립의 자유는 무의미하다. 또한, 정당의 정치적 목표설정에 대한 국가의 간섭을 금지하는 헌법 제8조 제4항도 형식적 정당 개념을 요청하고 있다. 정당의 목표와 방향에 대하여 내용적 요건을 제시하는 정당의 개념은 필연적으로 정당의 설립에 대한 국가의 간섭과 통제를 수반하고, 이로써 정당설립의 자유를 형해화 하게 된다.

헌법상 정당의 개념은 '헌법상 부여받은 정당의 기능'에 의하여 결정된다. 정당의 헌법상 기능을 이행하는 모든 정치적 결사가 정당의 지위를 획득할 수 있도록, 헌법상 정당의 개념은 확정되어야 한다. 정당의 헌법적 기능을 규정하는 헌법 제8조 제2항 후단은 '국민의사형성에의 참여' 및 '그에 필요한 조직'을 명시적으로 언급함으로써, 헌법적 정당 개념의 2가지 핵심적 요소를 집약적으로 표현하고 있다. 헌법상 정당 개념은 위 2가지 요소에 의하여 형식적으로 확정되어야 한다.

나. 국정참여를 목표로 하는 국민의사형성에의 참여(선거에의 참여)

정당의 첫 번째 개념적 요소를 파악하는 출발점은, **'정당의 목표'로서 '국민의사형성에의 참여'** 이다. 그러나 정당뿐만 아니라 모든 사회단체가 국민의사형성에 참여하기 때문에, '국민의사형성에의 참여'만으로는 정당의 개념을 적절하게 정의할 수 없다. 따라서 정당의 개념을 구성하는 본질적 요소는, 정당은 국가영역에 진출하여 국정에 참여하는 것을 목표로 해야 하며, 정당의 이러한 목표가 선거에 참여함으로써 객관적으로 표현되어야 한다는 것이다. 이로써 **선거에의 참여**는 정당의 첫 번째 개념적 요소이다.

다. 국민의사형성에 참여하고자 하는 의도의 객관적 표현으로서 '조직'

정당의 헌법적 기능을 실제로 이행하고자 하는 조직만이 정당의 지위를 얻어야 한다. 따라서 정당으로 인정받기 위해서는, 국민의 정치적 의사형성과정에 참여하고자 하는 주관적 의도만으로는 부족하고, 이러한 의도의 진지성이 객관적으로 확인될 수 있도록 외부로 표출되어야 한다. 정당은 그의 헌법적 기능을 이행하기 위하여 필요한 **최소한의 견고하고 독자적이며 지속적인 조직**을 가져야 한다. 정당의 과제가 단지 선거의 참여에 그치는 것이 아니라 지속적으로 국민의 정치의사형성과정에 참여하는 것이므로, 정당의 조직도 지속적으로 존속해야 한다. 그러나 정당설립의 자유에 비추어, 정치적 목표설정의 진지성을 담보하는 객관적 요건, 특히 정당의 규모와 견고성에 대하여 지나치게 엄격한 요건을 제시해서는 안 된다.

2. 공익실현의 의무가 정당의 개념적 요소인지 여부

정당에 대한 국가의 정치적 통제를 처음부터 배제하기 위하여, **정당의 개념**은 오로지 정당의 헌법적 기능에 의하여 **형식적으로** 규정되어야 한다. 이러한 점에서 공익실현의 의무도 헌법상 정당의 개념적 요소는 아니다. 공익이 무엇인지, 공익을 어떻게 확인할 수 있는지가 불확실하며, 공익실현의 의무는 본질적으로 비규범적인 것으로 그 이행여부에 대하여 국가에 의한 규범적 심사가 불가능하다. 따라서 공익실현의 의무를 정당의 개념적 요소로 인정하는 것은, 필연적으로 '자의적인 정치적 탄압의 도구로 남용됨으로써 **정당의 자유를 현저하게 위협**할 수 있다.

공익실현의 의무는 국가권력의 행사를 위임받은 **국가기관에게 부과되는 의무**이다. 이에 대하여, 정당의 활동은 자유로운 기본권행사에 그 헌법적 기초를 두고 있으며, 기본권의 행사는 국가권력의 행사와는 달리 공익실현의 구속을 받지 아니한다.[11] 물론, 오늘날 정당은 보다 광범위한 국민의 지지를 얻기 위하여 공익실현을 표방하고 국민정당을 지향하는 경향이 있다. 그러나 정당의 공익실현이 헌법적인 요청은 아니다.

3. 자유민주주의의 긍정의무가 정당의 개념적 요소인지 여부

헌법상 정당 개념은 형식적인 개념으로, 정당이 어떠한 정치적 목표를 추구하는지의 관점은 정당의 여부를 판단하는 개념적 요소가 아니다. 나아가, **헌법은 제8조 제4항**에서 정당의 '정치적 성

11) 다만, 정당이 선거를 통하여 국가영역에 진출하여 국정에 참여하는 한, 국가기관으로서 공익실현의 의무가 있다. 가령, 원내교섭단체는 정당의 대표자로 구성되나, 정당의 하부조직이 아니라 의회의 부분조직이다. 그러므로 원내교섭단체에는 정당에 적용되는 정당법이 아니라 의회에 적용되는 의회법이 적용된다.

격'을 이유로 하는 규제는 단지 정당해산심판을 통해서만 허용된다고 하는 것을 분명히 밝히고 있다. **헌법적대적인 정당도 정당의 개념적 요소를 충족시키는 한, 헌법적 의미의 정당**이며, 헌법재판소의 해산결정이 있기 전까지는 헌법적 보호를 받는다.

만일, 정당의 개념적 요소에 자유민주주의를 긍정해야 할 의무가 포함된다면, 입법자는 정당의 등록요건으로 '자유민주주의를 긍정해야 할 의무'를 규정할 수 있고, 등록사무를 담당하는 국가기관은 정당의 정치적 성격을 심사하여 자의적인 판단에 따라 정당의 지위를 부여할 수 있을 것인데, 이러한 법적 상황이 정당의 위헌여부에 관한 헌법재판소의 독점적 결정권한(헌법 제8조 제4항)과 부합할 수 없다는 것은 명백하다. 자유민주적 기본질서를 긍정해야 할 의무는 **정당의 개념적 요소가 아니라** 정당의 자유에 대하여 한계를 설정하는 **정당의 헌법적 의무**이며, 의무위반의 경우 정당은 헌법 제8조 제4항의 제한적 요건 하에서 해산에 이르게 된다.

판 례 헌법재판소는 **'정당등록요건 사건'**에서 "우리 헌법 및 정당법상 정당의 개념적 징표로서는 ① 국가와 자유민주주의 또는 헌법질서를 긍정할 것, ② 공익의 실현에 노력할 것 등을 들 수 있다."고 판시한 바 있는데(헌재 2006. 3. 30. 2004헌마246), **공익실현의무와 '자유민주주의를 긍정해야 할 의무'를 정당의 개념적 요소로 언급한 것은 중대한 오류**이다.

4. 정당법상 정당개념과 등록제도의 합헌성 여부

가. 정당법에서 헌법적 정당개념의 구체화

입법자가 헌법적 정당의 개념을 정당법에서 구체화한다면, **정당법상의 정당개념은 헌법적 정당의 개념에 부합해야** 한다. **정당법은 제2조**에서 "정당이라 함은 국민의 이익을 위하여 책임 있는 정치적 주장이나 정책을 추진하고 공직선거의 후보자를 추천 또는 지지함으로써 국민의 정치적 의사형성과정에 참여함을 목적으로 하는 국민의 자발적인 조직을 말한다."고 하여 정당의 개념을 정의하고 있다. 위 정의조항은 '국민의 정치적 의사형성과정에 참여'라는 정당의 주관적 목적만을 규정할 뿐 이러한 목적추구의 진지성을 객관적으로 담보하는 요건을 구체적으로 언급하고 있지 않다는 점에서, 불완전한 개념정의에 그치고 있다. 그 대신, **정당법 제4조**는 정당법이 정하는 등록요건(법정 시·도당수 및 시·도당의 법정 당원수)을 구비하여 정당으로 등록함으로써 성립한다고 규정하여, 정당등록제를 통해 불완전한 정의조항을 보완하고 있다. 이로써 정당법은 제2조의 정의규정과 제4조의 성립규정을 통하여 헌법상 정당의 개념을 구체화하였다.

나. 등록제도 자체의 합헌성여부

입법자는 헌법상 정당개념에 부합하게 정당법에서 정당개념을 구체화하는 등록요건을 확정하고 이를 충족시키는 단체만이 정당으로 등록하도록 규율할 수 있다. 정당과 사회단체는 그 적용규범에 있어서 다르고 법적 차원에서도 정당의 지위에 대하여 다양한 법적 효과를 결부시키고 있기 때문에,[12] 정당의 개념정의 및 정당개념을 구체화하는 등록요건의 확정을 통하여 **정당과 그 외의**

12) 단지 정당만이 헌법 제8조 및 정당법의 적용을 받고, 그 외의 단체는 헌법 제21조 제1항의 결사의 자유 및 단체에 관한 법률(민법상 사단)의 적용을 받으며 법률차원에서도 정당의 지위에 다양한 법적 효과를 결부시키고 있다. 가령, 정당만이 비례대표제명부의 제출자격이 있고, 국고보조금을 지급받을 수 있으며, 정치헌금의 세액공제 등을 요구할 수 있다.

정치적 단체를 사전에 명확하게 구분해야 할 필요성이 있다.

등록제도가 정당으로 등록하고자 하는 **정치적 단체가 헌법상 정당의 개념을 충족시키는지 여부를 단지 확인**하기 위한 것이라면, 등록제도 자체는 **법적 안정성에 기여**한다는 점에서 헌법적으로 하자가 없다(헌재 2006. 3. 30. 2004헌마246, 판례집 18-1상, 402, 413). 정당법 제4조가 법문상으로는 '성립'으로 표현하고 있으나, 정당의 등록을 통하여 창설적 효력이 아니라 단지 확인적 효력이 발생하는 것으로 '성립'의 의미를 이해해야 한다.

다. 등록요건과 등록취소요건을 정함에 있어서 입법형성권의 한계

(1) 등록요건

정당법상 등록요건은 헌법상 정당 개념에 부합해야 한다. 정당의 헌법적 개념은 **'선거참여'**와 '정치적 의도의 객관적 진지성을 담보할 수 있는 **조직상의 요건**'이라는 2가지 요소로 구성된다. 입법자는 **조직상의 요건**을 정함에 있어서 대의제에서 정당설립의 자유가 가지는 의미를 고려하여, 국민의 정치적 의사형성과정에 참여하고자 하는 의도의 진지성과 지속성을 담보할 수 있는 최소한의 요건을 규정해야 한다. 그러나 입법자가 **정당의 헌법적 개념적 요소를 넘어서 그 외의 요소**(가령, 정당의 정치적 목표 등 내용적 요건, 지난 선거에서의 득표율 등 형식적 요건)를 등록요건으로 정한다면, 이러한 등록요건은 헌법상 정당개념에 위반되어 입법형성권을 행사한 것으로 정당설립의 자유를 위헌적으로 침해하는 것이다.

정당법상 정당등록요건의 위헌여부를 판단하는 기준은 '등록요건이 헌법상 정당 개념에 부합하는지'의 관점이다. **정당법상 등록요건의 입법목적**은 '정당의 헌법적 기능과 과제의 보장'에 있는 것이므로, 입법자가 정당의 헌법적 기능(국민의 정치적 의사형성과정에의 참여)을 이행하기 위하여 요구되는 최소한의 조직상의 요건을 규정하였는지의 관점에서 등록요건의 위헌여부를 판단해야 한다. 결국, 등록요건의 위헌여부는 입법자가 헌법상 정당 개념을 구체화하여 정당의 조직상의 요건을 확정함에 있어서, 한편으로는 신생정당의 자유로운 진입을 허용하는 **'정치적 과정의 개방성'을 보장**하면서도, 다른 한편으로는 정치적 의사형성과정에의 참여라는 **'정당의 헌법적 기능'을 확보**할 수 있도록 **최소한의 조직상의 요건을 확정**하였는지의 문제로 귀결된다.

판 례 (1) 정당의 등록요건으로 "정당은 5 이상의 시·도당을 가져야 한다."고 하면서 "시·도당은 1천인 이상의 당원을 가져야 한다."고 규정하고 있는 정당법조항들이 정당설립의 자유를 침해하는지 여부가 문제된 **'정당등록요건 사건'**에서, 헌법재판소는 "이 사건 법률조항이 … 정당설립의 자유에 어느 정도 제한을 가하는 점이 있는 것은 사실이나, 이러한 제한은 '상당한 기간 또는 계속해서', '상당한 지역에서' 국민의 정치적 의사형성 과정에 참여해야 한다는 **헌법상 정당의 개념표지를 구현하기 위한 합리적인 제한**이라고 할 것이므로, 그러한 제한은 헌법적으로 정당화된다고 할 것이다." 라고 판시함으로써 정당등록요건이 정당개념의 구체화된 표현이라는 것을 언급하면서도, **이와 별도로 입법목적을 찾는 오류**를 범하고 있다. 헌법재판소는 정당법의 등록요건규정이 헌법상 정당개념을 구체화하는 규정이라는 것을 제대로 인식하지 못한 결과, 하나의 통일적인 등록요건을 '시도당수에 관한 요건'과 '당원수에 관한 요건'으로 자의적으로 분리하여 각 **'지역정당의 배제' 및 '군소정당의 배제'라는 입법목적을 설정**한 다음, 이러한 입법목적이 정당의 자유에 대한 제한을 정당화한다고 하여 합헌으로 판단하였다(헌재 2006. 3. 30. 2004헌마246).

(2) 그러나 **군소정당이나 지역정당의 배제**는 입법자가 **'정당설립의 단계에서' 추구할 수 있는 정당한**

공익이 아니다. 헌법은 정당설립의 자유를 보장함으로써 정당설립의 단계에서 정당질서를 특정한 형태나 방향으로 유도하고 형성하고자 하는 국가의 모든 시도를 원칙적으로 금지한다. 입법자는 선거제도의 구체적 형성을 통하여 현실적인 정당질서에 영향을 미칠 수는 있으나, 정당등록요건을 통하여 '군소정당이나 지역정당의 배제'라는 입법목적을 추구하는 것은, 그 실질에 있어서는 '정당은 군소정당이나 지역정당을 지향해서는 안 된다'는 의미에서 **정당의 목표에 대한 내용적 요건을 제시**하는 것이다. 그러나 입법자는 정당의 '정치적 성격'을 이유로 정당설립을 방해하거나 금지할 수 없다.

헌법재판소는 '정당등록요건조항이 정당의 자유를 침해하는지 여부'가 다시 문제된 사건(헌재 2023. 9. 26. 2021헌가23등)에서, **선례 판시내용의 오류를 인식하고 위에서 서술한 관점을 그대로 수용**하여 위헌여부를 판단한 결과, 합헌결정을 선고하였다. 헌법재판소는 정당등록요건조항의 입법목적이 정당의 헌법적 기능의 확보, 즉 '국민의 정치적 의사형성에의 참여를 실현하는 것'에 있다고 판단하였고, 나아가 위 조항이 정당의 자유를 침해하는지 여부는 '정당의 헌법적 기능을 확보하기 위하여 필요한 최소한의 조직상 요건을 정하였는지'의 관점에서 판단하였다.

판 례 **'시 · 도당 법정당원수조항'의 입법목적 및 위헌여부**에 관하여 "법정당원수조항은 국민의 정치적 의사형성에의 참여를 실현하기 위한 지속적이고 공고한 조직의 최소한을 갖추도록 하는 것이다. … 각 시 · 도당에 1천인 이상의 당원을 요구하는 법정당원수조항이 신생정당의 창당을 현저히 어렵게 하여 과도한 부담을 지운 것으로 보기는 어렵다. 따라서 법정당원수조항이 과잉금지원칙을 위반하여 정당의 자유를 침해한다고 볼 수 없다."고 판단하였다(헌재 2023. 9. 26. 2021헌가23등; 또한 같은 취지로 헌재 2022. 11. 24. 2019헌마445).

5개 이상의 시 · 도당을 요구하는 '전국정당조항'의 입법목적에 관하여 "전국정당조항은, … 정당에게 부여된 기능인 '국민의 정치적 의사형성에의 참여'를 실현하고자 하는 것이다."고 확인한 다음, **전국정당조항의 위헌여부**에 관하여 [재판관 4인의 법정(합헌)의견]은 "정치현실과 우리나라에 현존하는 정당의 수에 비추어 보면, 전국정당조항이 과잉금지원칙에 반하여 정당의 자유를 침해한다고 볼 수 없다."고 판단하였으나, [재판관 5인의 위헌의견]은 "'국민의 정치적 의사형성에의 참여'라는 정당의 핵심적 기능을 수행하기 위하여 반드시 전국 규모의 조직이 필요하다고 볼 수 없고, 헌법이 전국 규모의 조직을 요구하는 것도 아니다. 그럼에도 불구하고 전국정당조항은 모든 정당에 대하여 일률적으로 전국 규모의 조직을 요구하여 지역정당이나 군소정당, 신생정당을 배제하고 있다. 이는 헌법 제8조 제1항의 정당의 자유를 부정하는 것이어서 입법목적의 정당성 및 수단의 적합성을 인정하기 어렵다."는 이유로 정당의 자유를 침해한다고 판단하였다(헌재 2023. 9. 26. 2021헌가23등).

(2) 등록취소요건

정당법상 등록요건뿐만 아니라 **등록취소요건도 헌법상 정당의 개념에 부합해야** 한다. 따라서 등록취소로 인하여 정당의 지위를 상실하는 경우도 **정당의 헌법적 개념을 충족시키지 못한 경우**와 일치해야 하고, 이러한 경우로 제한되어야 한다. 이러한 경우란, 정당이 선거에 참여하지 않거나 또는 국민의사형성과정에 참여하기 위하여 요구되는 최소한의 조직을 구비하지 못하고 있는 경우이다(정당법 제44조 제1항 제1호 및 제2호). 등록취소의 경우, 정당은 더 이상 헌법 제8조에 의한 보호를 받지 못하고, 단지 헌법 제21조에 의하여 보호되는 '정치적 결사'에 해당한다.

(가) **정당법 제44조 제1항 제2호**는 "최근 4년간 임기만료에 의한 국회의원선거 또는 임기만료에 의한 지방자치단체의 장 선거나 시 · 도의회의원**선거에 참여하지 아니한 때**"에는 정당등록을 취소하도록 규정하고 있다. 선거참여는 정당과 다른 사회단체의 경계설정을 가능하게 하는 유일

한 기준이자 헌법에 의하여 전제되고 있는 정당개념의 핵심적 요소이다. 정치의사형성에서 매개체로서의 정당의 기능은 궁극적으로 선거에 참여할 때에만 수행될 수 있다. 따라서 정당이 선거참여라는 핵심적 과제를 장기간 이행하지 않는 경우, 정당은 더 이상 정당의 개념을 충족시키지 않으므로, 입법자는 정당의 등록을 취소하도록 규율할 수 있다. 한편, 정당법이 정하는 '4년'이라는 기간이 신생정당에게는 지나치게 단기인지에 관하여 이론이 있을 수 있으며, 대통령제의 국가에서 대통령선거에의 참여가 정당의 지위 유지 여부를 판단하는데 전혀 고려되지 않는다는 것도 헌법적으로 의문의 여지가 있다.

(나) **정당법 제44조 제1항 제3호**는 "임기만료에 의한 국회의원선거에 참여하여 의석을 얻지 못하고 유효투표총수의 100분의 2 이상을 득표하지 못한 때"에는 정당등록을 취소하도록 규정하고 있다. **선거에서의 성과**는 정당의 개념적 요소에 속하지 않기 때문에, 정당이 선거에는 참여하였으나 선거에서 부진한 성과를 거둔 경우에 정당등록을 취소하도록 하는 것은 헌법적으로 정당화되지 않는다. 국민의 정치적 의사형성에 참여하고자 하는 정당의 정치적 진지성을 '선거에의 참여'와 '조직의 지속성과 견고성'을 통하여 담보할 수 있는 이상, 이러한 요건을 충족시키고 있는 정당에게 단지 선거에서의 부진한 성과를 이유로 등록을 취소하는 것은 **정당설립의 자유에 대한 과도한 제한**이다. 정당의 성립여부와 마찬가지로, 정당의 존속여부도 '군소정당의 배제'와 같은 내용적 관점에 의하여 판단되어서는 안 된다.

판례 **위 정당법조항이** 정당설립의 자유를 침해하는지 여부가 문제된 **'제1차 정당의 등록취소 사건'**에서, 재판관 3인은 '정당의 개념표지와는 무관한 선거에서의 성공여부에 결부시킴으로써 정당설립의 자유를 침해한다'고 하여 위헌의견을 제시하였으나, 재판관 6인의 각하의견으로 인하여 **심판청구를 각하**하였다(헌재 2006. 4. 27. 2004헌마562).

그러나 **'제2차 정당의 등록취소 사건'**에서 "실질적으로 **국민의 정치적 의사형성에 참여할 의사나 능력이 없는 정당을 정치적 의사형성과정에서 배제**함으로써 정당제 민주주의 발전에 기여하고자 하는 한도에서 정당등록취소조항의 입법목적의 정당성과 수단의 적합성을 인정할 수 있다. … 그런데 일정기간 동안 공직선거에 참여할 기회를 수 회 부여하고 그 결과에 따라 등록취소 여부를 결정하는 등 덜 기본권 제한적인 방법을 상정할 수 있고, 정당법에서 법정의 등록요건을 갖추지 못하게 된 정당이나 일정 기간 국회의원선거 등에 참여하지 아니한 정당의 등록을 취소하도록 하는 등 **현재의 법체계 아래에서도 입법목적을 실현할 수 있는 다른 장치**가 마련되어 있으므로, 정당등록취소조항은 침해의 최소성 요건을 갖추지 못하였다. 나아가, 정당등록취소조항은 **어느 정당이 대통령선거나 지방자치선거에서 아무리 좋은 성과를 올리더라도** 국회의원선거에서 일정 수준의 지지를 얻는 데 실패하면 등록이 취소될 수밖에 없어 불합리하고, 신생·군소정당으로 하여금 국회의원선거에의 참여 자체를 포기하게 할 우려도 있어 법익의 균형성 요건도 갖추지 못하였다."고 하여 정당설립의 자유를 침해한다고 판단하였다(헌재 2014. 1. 28. 2012헌마431등).

Ⅳ. 정당의 법적 지위

1. 법적 성격

정당이란 동일한 정치적 견해와 이해관계를 가진 **국민의 자발적인 정치적 결사**이다. 정당은 사회에 그 기원과 뿌리를 두고 있고, 주된 활동영역이 사회영역이다. 정당은 통상 법인격 없는 **사법**

상(私法上)의 사단(社團)이다. 정당의 법적 성격을 파악하는 것은 소송법적인 관점에서 중요하다. 정당에는 민법상의 사단에 관한 규정이 적용되고 정당과 당원의 관계에서 사단자치가 적용되므로, **정당과 당원 사이의 법적 분쟁**은 민사소송절차를 밟아야 한다. 예컨대, 개인이 정당에 대하여 입당 거부를 이유로 또는 정당으로부터의 제명을 이유로 소를 제기하는 경우, 민사소송을 제기해야 한다.

이에 대하여, **정당과 국가기관 사이의 법적 분쟁**은 공법상의 분쟁으로서 **행정소송절차**를 밟아야 한다. 가령, 정당이 공영방송국에 대하여 선거운동 방영시간의 차등적 배분을 이유로 소송을 제기하는 경우 또는 정당이 계획한 집회를 관할행정청이 금지하는 경우에는 행정소송절차를 밟아야 한다. 나아가, 정당이 저지조항을 규정하고 있는 법률규정이나 정당에 대한 국고보조금지급규정의 위헌성을 주장하는 경우, 정당은 기본권의 주체로서 권리침해를 권한쟁의심판절차가 아니라 **헌법소원심판절차**에서 주장해야 한다.

2. 헌법적 지위

정당은 그 **헌법적 기능의 관점**에서 볼 때, 국가와 사회의 중간영역에 위치하면서 국민과 국가 사이에서 **국민의사와 국가의사를 연결시키는 매개체**이다(매개체설). 매개체설이 타당하며, 헌법재판소도 **매개체설**을 취하고 있다.

정당이 헌법에 수용되고 헌법에 의하여 정당에 과제가 부과됨으로써, 정당을 다른 사회단체와는 구별하여 **'헌법기관'으로 이해하고자 하는 견해(헌법기관설)**가 과거 독일에서 제기되었다. 정당이 국가기관에 대하여 영향력을 행사할 수 있고 언제든지 선거를 통하여 국가영역에 진출할 수 있다는 점에서 국가기관에 접근하고 있는 것은 사실이다. 그러나 정당은 헌법에 의하여 구성되는 헌법기관도 아니고, 법률에 의하여 설립되는 국가기관도 아니며, 본질적으로 사인에 의하여 자유롭게 설립되는 사적 결사이다.

3. 정당제도의 법적 규율

헌법 제8조 제3항 전단은 "정당은 법률이 정하는 바에 의하여 국가의 보호를 받으며, …"라고 규정하여, 입법자에게 정당제도를 구체적으로 규율하도록 위임하고 있다. 입법자는 이러한 헌법위임을 이행하기 위하여 **정당법**을 제정하였다. 정당법은 정당의 지위와 과제, 정당개념의 정의, 내부조직과 구조 등에 관하여 규율하고 있다.

공직선거법은 정당에 의한 후보자 선출에 관하여 규율하고 있다. 헌법이 정당의 정치자금을 정당운영자금과 선거경비로 구분하고 있는 것에 상응하여, **정치자금법**은 정당의 일상적인 운영비용을, **공직선거법**은 선거비용을 규율하고 있다. **국회법**은 원내교섭단체에 관한 규정을 통하여 간접적으로 정당을 규율하고 있다. **헌법재판소법은** 정당해산에 관한 구체적인 절차를 규율하고 있다.

V. 정당설립의 자유

1. 대의제 민주주의에서 '정당설립의 자유'의 의미

헌법은 제8조 제1항에서 "정당의 설립은 자유이며, 복수정당제는 보장된다."고 규정하여, 국민 누구나 국가의 간섭을 받지 아니하고 정당을 설립할 권리를 국민의 기본권으로서 보장하면서, **정당설립의 자유**를 보장한 것의 당연한 법적 산물인 **복수정당제**를 제도적으로 보장하고 있다(헌재 1999. 12. 23. 99헌마135, 판례집 11-2, 800, 813).

대의제가 실현되기 위해서는 국가권력을 한시적으로 위임받으려는 '정당간의 경쟁원칙'이 기능해야 한다. **정당간의 자유경쟁**이 기능하기 위해서는, 누구나 자유롭게 정당을 설립함으로써 정당간의 자유경쟁에 참여할 수 있어야 하고(정당설립의 자유), 경쟁에 참여한 정당은 정당간의 경쟁에서 균등한 기회를 가져야 한다(정당간의 기회균등). 정당설립의 자유와 복수정당제의 보장은 정당간의 자유경쟁이 이루어지기 위한 불가결한 조건이다.

2. 정당설립의 자유의 보장내용

가. 결사의 자유에 대한 특별규정으로서 정당설립의 자유

헌법 제8조 제1항의 정당설립의 자유는 헌법 제21조의 **결사의 자유에 대한 특별규정**으로서 결사의 자유와 근본적으로 유사한 구조와 보장내용을 가지고 있다(헌재 1999. 12. 23. 99헌마135, 판례집 11-2, 800, 810, 813). 따라서 정당설립의 자유는 **개인의 설립행위** 그 자체만을 보호하는 것이 아니라, **설립된 정당의 권리**로서 정당자치의 자유, 정당의 존속과 활동의 자유도 포함한다. 한편, 정당설립의 자유는 단지 국가에 대한 방어권일 뿐, 국가에 대하여 정당설립이나 정당운영에 필요한 국고보조 등 특정 급부를 요구할 수 있는 권리가 아니다.

정당설립의 자유는 새로운 정당을 설립할 자유뿐만 아니라, 기존의 정당에 가입할 자유 및 정당으로부터 탈퇴할 자유를 함께 보장한다. 정당설립의 자유는 설립된 정당의 내부질서와 프로그램을 결정할 자유(**정당자치의 자유**)를 포함한다. 정치적 목표를 결정할 자율성의 보장이 없이는 정당설립의 자유는 무의미하다. 설립된 정당이 언제든지 다시 임의로 금지될 수 있다면 정당설립의 자유는 무의미하므로, 정당설립의 자유는 **정당존속의 자유**를 포함한다. 또한, **정당활동의 자유**도 정당설립의 자유의 실질적 목적으로서 함께 보장된다. 정당이 사인으로부터 **정치자금을 모금**하는 것은 정당활동의 자유를 보장하기 위한 필수불가결한 전제로서, 정당활동의 자유에 포함된다(헌재 2015. 12. 23. 2013헌바168, 판례집 27-2하, 511, 528).

판례 **복수 당적 보유를 금지**하는 정당법조항이 정당 가입·활동의 자유를 침해하는지 여부에 관하여 헌법재판소는 "심판대상조항은 정당의 정체성을 보존하고 정당 간의 위법·부당한 간섭을 방지함으로써 … 국민의 정치적 의사형성에 중대한 영향을 미치는 정당의 헌법적 기능을 보호하기 위한 것"으로 **정당 가입·활동의 자유를 침해하지 않는다**고 판단하였다(헌재 2022. 3. 31. 2020헌마1729).

나. 정당설립 · 가입의 자유의 주체

정당의 발기인 및 당원의 자격과 관련하여, 특정 집단에 대하여 정당설립 및 가입을 금지하는 것은 원칙적으로 정당이 헌법상 부여받은 기능을 이행하기 위하여 필요하다고 판단되는 최소한의 요건에 대한 규율에 그쳐야 한다. 현행 정당법에 의하여 정당의 발기인 및 당원이 될 수 없는 자로서는, **현재의 신분을 이유로 정당의 자유를 제한**받는 공무원(정당법 제22조 제1호 및 제3호) 및 사립학교교원(같은 조 제2호)이 있다. 공무원과 교원에 대하여 '정치적 중립성 확보'를 이유로 정당의 자유를 전면적으로 금지하는 것은 정당의 자유에 대한 과도한 제한이 아닌지 의문이 제기된다(제4편 제3장 제3절 제7항 Ⅳ. 3. 참조).

판 례 "**경찰청장**은 퇴직일부터 2년 이내에는 정당의 발기인이나 당원이 될 수 없다."고 규정함으로써 **과거의 신분을 이유로 정당설립 · 가입의 자유를 제한**하는 경찰법조항의 위헌여부가 문제된 사건에서, 헌법재판소는 "이 사건 법률조항이 어느 정도로 입법목적인 '경찰청장 직무의 정치적 중립성'을 확보할 수 있을지 그 실효성이 의문시된다. 따라서 이 사건 법률조항은 정당의 자유를 제한함에 있어서 갖추어야 할 적합성의 엄격한 요건을 충족시키지 못한 것으로 판단되므로 이 사건 법률조항은 정당설립 및 가입의 자유를 침해하는 조항이다."라고 판시하여 위헌으로 선언한 바 있다(헌재 1999. 12. 23. 99헌마135; 검찰총장 퇴직 후 정당활동의 자유 제한에 관하여 헌재 1997. 7. 16. 97헌마26).

3. 정당간의 기회균등

가. 헌법적 근거 및 엄격하고 형식적인 평등에 대한 요청

'정당간의 기회균등'은 '정당설립의 자유'와 더불어 **정당의 자유경쟁이 이루어지기 위한 불가결한 조건**이며, 이로써 대의제가 기능하기 위한 필수적 조건이다. 정당의 기회균등은 헌법 제41조 제1항, 제67조 제1항(평등선거원칙), 헌법 제116조 제1항으로부터 도출되나, 그 이전에 이미 정당의 자유경쟁을 보장하는 헌법 제8조 제1항 및 대의민주제에서의 정당의 기능으로부터 스스로 나오는 것이다.

정당간의 기회균등도 '정치적 권리의 평등'에 대한 요청으로서 **모든 정당의 엄격하고 형식적인 평등을 요청**한다. 정당간의 기회균등은 모든 정당의 원칙적인 동등성에서 출발하여 모든 정당은 정치적으로 영향력을 행사할 수 있는 동등한 기회를 가져야 한다는 것을 의미한다.

나. 국가가 정당에게 급부를 제공하는 경우 '차등화된 기회균등'

국가가 정당에게 **국고보조금이나 선거방송시간 등 급부를 제공**하는 경우, 정당간의 기회균등 원칙에 의하여 어떠한 구속을 받는지의 문제가 제기된다.[13] 정당간의 기회균등은 '경쟁의 결과'인 정당간의 사실상의 차이를 평준화하고자 하는 것이 아니라, 자유경쟁에서 모든 정당에게 동등한 기회를 보장함으로써 **'경쟁조건'에서의 평등을 실현**하고자 하는 것이다. 국민의 지지를 얻고자 하는 정치적 경쟁은 정당 간에 사실상의 차이와 상이한 세력관계를 형성하게 되는데, 이는 국가에 의하여 존중되어야 한다. 정당간의 기회균등은 국가에 대하여 정당간의 경쟁에 간섭하거나 개입해서는 안 된다는 **중립의무를 부과**한다. 국가가 정당과 후보자간의 경쟁에 대하여 중립의무를 진

---

13) 선거방송시간의 차등적 제공에 관하여 제2편 제3장 제4절 III. 2. 평등선거의 원칙 나. (5) 참조. 국고보조금의 차등적 배분에 관하여 제2편 제3장 제5절 VII. 4. 참조.

다면, 경쟁을 왜곡하는 효과를 가진 모든 급부의 제공은 금지된다.

국가가 모든 정당을 도식적으로 평등하게 취급하는 것은 국가의 중립성을 유지하는 것이 아니라, 군소정당에 일방적으로 유리한 경쟁상황을 형성함으로써 오히려 정당간의 경쟁을 왜곡하는 것이다. 국가가 모든 정당을 형식적으로 평등하게 취급하는 것은 군소정당을 지지하는 국민의 정치적 영향력행사를 증가시키는 것이며, 이로써 군소정당의 의미를 국민으로부터 획득한 지지의 정도를 넘어서 확대시키는 것이다. 따라서 국가가 급부를 제공함에 있어서 정당의 의미와 비중을 고려하여 이에 따라 어느 정도 차별하는 것은, '국가의 중립의무'라는 불가피한 사유에 의하여 정당화되는 것이다. 정당의 의미와 중요성을 판단하는 기준으로는 일차적으로 '지난 선거에서의 성과'가 고려된다.

한편, **국가가 지난 선거에서의 성과를 기준으로 삼아 이에 비례하여 급부를 배분하는 경우,** 기존 세력관계의 고착화를 초래함으로써 정당간의 경쟁을 약화시키고 궁극적으로 소수가 다수가 될 수 있는 기회를 감소시킨다. 국민의 정당선호에 따른 '비례적' 차등은 정치적 세력판도의 변화를 저해하고 지난 선거에서 성공한 정당을 우대하는 효과를 초래한다. 따라서 정치적 경쟁과정의 개방성은 정당에 대한 국가의 급부제공에 있어서 정당의 의미와 중요성을 '제한적으로' 반영함으로써, 이에 따른 차등화를 '약화'시킬 것을 요구한다. 입법자는 **'적정한 차등화(差等化)'의 요청을 구체적으로 형성**함에 있어서 상당한 형성의 자유를 가지고 있지만, 한편으로는 군소정당에게도 경쟁에 성공적으로 참여하기 위하여 필수적인 최소한의 급부를 제공해야 한다는 구속을 받으며, 다른 한편으로는 정당간의 자유경쟁으로 인하여 형성된 사실상의 차이를 도식적 평등을 통하여 다시 평준화해서는 안 된다는 구속을 받는다.

Ⅵ. 헌법 제8조 제2항

1. 헌법 제8조 제2항의 의미

가. 당내 민주화와 정당의 조직에 관한 입법위임

헌법은 제8조 제2항에서 "정당은 그 목적・조직과 활동이 민주적이어야 하며, 국민의 정치적 의사형성에 참여하는데 필요한 조직을 가져야 한다."고 규정하고 있다. 위 헌법조항은 **헌법상 부여된 정당의 기능과 과제**를 '국민의 정치적 의사형성에의 참여'로 명시적으로 규정하면서, 당내 민주화의 의무, 자유민주적 기본질서를 긍정해야 할 의무, 정치적 의사형성에 참여하는데 필요한 조직을 가져야 할 의무라는 **정당의 3가지 헌법적 의무**를 제시함으로써 제1항의 정당설립의 자유에 대한 한계를 설정하고 있다.

정당의 이러한 헌법적 의무는 '국민의 정치적 의사형성에 참여'라는 **정당의 헌법적 과제를 이행하기 위하여 필수적으로 요구되는 것**이다. 헌법 제8조 제2항은 그 표현에 있어서 정당을 수범자로 하여 '정당의 의무'의 형식으로 규정하고 있으나, 그 실질은 **입법자에게 '정당의 의무로 표현된 것을 법률로써 규율해야 할 의무'(입법위임)를 부과**하고 있는 것이다.

판 례 **헌법 제8조 제2항의 의미**에 관하여 "헌법 제8조 제2항은 헌법 제8조 제1항에 의하여 정당의 자유가 보장됨을 전제로 하여, 그러한 자유를 누리는 정당의 목적 · 조직 · 활동이 민주적이어야 한다는 요청, 그리고 그 조직이 국민의 정치적 의사형성에 참여하는데 필요한 조직이어야 한다는 요청을 내용으로 하는 것으로서, **정당에 대하여 정당의 자유의 한계를 부과**하는 것임과 동시에 입법자에 대하여 그에 필요한 **입법을 해야 할 의무를 부과**하고 있다."고 판시하고 있다(헌재 2004. 12. 16. 2004헌마456).

나. 정당의 과제를 이행하기 위한 조건으로서 정당의 헌법적 의무

첫째, 헌법 제8조 제2항 후단은 '국민의 정치적 의사형성에 참여하는데 필요한 조직을 가져야 할 의무'를 **정당의 의무**로 규정하면서, 동시에 정당이 헌법상 부여된 과제를 이행할 수 있도록 그에 **필요한 조직을 법률로써 규율하도록 입법자에게 위임**하고 있다.

둘째, 헌법 제8조 제2항 전단은 '정당은 그 조직과 (내부적) 활동이 민주적이어야 한다'고 하여 정당에 대하여 '정당의 내부질서'가 민주적이어야 한다는 요청**(당내민주화의 의무)**을 하면서, 나아가 정당의 헌법적 기능을 민주적 내부질서를 통하여 이행할 수 있도록 그에 필요한 **입법을 해야 할 의무**를 입법자에게 부과하고 있다(헌재 1999. 12. 23. 99헌마135, 판례집 11-2, 800, 813).

셋째, 헌법 제8조 제2항 전단은 '정당은 그 목적과 활동이 민주적이어야 한다'고 하여, 정당의 목적이나 활동이 자유민주적 기본질서에 위배되는 경우에 정당의 해산을 규정하는 헌법 제8조 제4항과의 연관관계에서 **'자유민주적 기본질서를 긍정해야 할 의무'**를 담고 있다. 다른 정치적 단체와는 달리, 정당은 선거를 통하여 국가영역에 언제든지 진출할 수 있는 국가의 '전신적(前身的) 존재'에 해당하기 때문에, 헌법은 정당으로부터 자유민주적 기본질서에 대한 긍정적 자세를 기대하고 있다.

2. 당내 민주주의

가. 정당의 헌법적 과제 이행의 조건이자 국가 민주주의 실현의 조건

정당이 **'국민의 정치의사형성을 위한 조직' 또는 '국민주권실현의 도구'로서의 기능을 이행하기 위하여 당내 민주화는 필수적**이다. 정당이 그 내부구조와 의사형성절차에 있어서 민주적으로 형성된 경우에만, 국민은 정당의 의사결정과정에 참여할 수 있고, 이로써 정당은 '국민의 정치적 의사형성에의 참여'라는 기능과 국가기관에 국민의 정치적 의사를 전달하는 중개자로서의 기능을 제대로 수행할 수 있다.

정당이 선거를 통하여 국가영역에 진출하여 국가의사결정에 참여할 수 있기 때문에, 헌법은 다른 사회단체와는 달리 정당에 대하여 스스로 민주적인 내부질서를 갖추어야 한다는 요청을 하고 있다. 오늘날의 정당제 민주주의에서 국가의사가 실질적으로 정당에 의하여 형성되기 때문에, 당내 민주주의의 실현은 **국가영역에서 민주주의를 실현하기 위한 중요한 조건**이다.

오늘날 정당국가의 현실에서 중요한 정치적 결정과 상충하는 이익간의 조정은 의회가 아니라 실질적으로 정당 내에서 이루어지기 때문에(거대정당의 이익조정기능), 다양한 이익과 견해 간의 정치적 경쟁은 정당 내부에서도 이루어져야 한다. **당내 야당의 형성 및 자유로운 토론과 의사형성을 가능**하게 하는 것이 바로 당내 민주주의이다.

나. 당내 민주주의의 구체적 요청

(1) 사전에 확정된 당헌과 강령의 공개

당내 민주화가 이루어지기 위해서는 일차적으로, 당내 민주화에 관한 본질적인 사안(조직의 구성, 의사결정절차, 당원의 권리 등)이 **당헌에 의하여 사전에 확정**되고, 확정된 당헌과 강령(기본정책)은 **일반에 공개**되어야 한다. 당헌과 강령의 공개를 통하여, 유권자인 국민은 정당이 어떠한 목적을 추구하는지, 어떠한 인물이 정당 내에서 중요한 위치를 차지하는지, 정당의 내부질서가 민주적인지에 관한 정보를 제공받을 수 있다.

(2) 당내 내부질서의 민주화

정당의 기구 구성, 정당의 운영, 정당의사의 결정, 공직선거의 후보자추천 등 당내 내부질서가 민주주의원리에 따라 이루어져야 한다. 당내 민주화는 당내에서 자유로운 정치의사형성이 가능하기 위한 불가결한 조건이다.

당내 민주화가 실현되기 위해서는 **정당의 기구 구성 및 의사형성절차가 민주적**이어야 한다. 정당의 지도부가 당내 선거를 통하여 민주적으로 선출되어야 하고, 한시적인 임기와 주기적인 선거를 통하여 민주적 정당성을 확보해야 한다. 나아가, 정당 내부에서 자유로운 의견형성과 의견표명의 자유가 보장됨으로써 당내 다원주의와 의사형성과정의 투명성이 보장되어야 한다. 당내 민주주의는 현실적으로 당내 집단간의 경쟁을 통하여 기능하므로, 당내 야당의 존재가 인정되어야 한다. 당내 민주주의가 실현되기 위해서는 **정당의 의사형성과정에 동등하게 참여할 당원의 권리**가 보장되어야 한다. 이에 속하는 대표적인 것이 바로 투표권의 평등과 대의기관이나 집행기관의 구성에 참여할 수 있는 동등한 기회의 보장이다.

(3) 공직선거후보자 추천의 민주화

공직선거후보자 추천의 민주화는 당내 민주화의 중요한 요소이다. **정당의 후보자 추천에는 당원들의 의사가 반영되어야** 한다. 후보자는 당 지도부에 의하여 결정되어서는 안 되고, 당원에 의하여 직접 또는 당원에 의하여 선출된 대의원에 의하여 간접적으로 선출되어야 한다.

선거는 실질적으로 '정당에 의한 후보자의 추천' 및 '정당이 제시한 후보자 및 후보자명부 중에서의 선거'라는 두 단계로 진행된다. 오늘날 정당제 민주주의에서 정당의 추천을 받은 후보자만이 사실상 선출될 기회를 가지기 때문에, **정당의 후보자 추천은 사실상 '당선을 위한 조건'을 의미**하며, 선거에서 중요한 결정이 이미 정당에 의하여 내려진다는 것을 의미한다. 정당의 후보자 추천은 단순히 정당의 내부적 사안에 그치는 것이 아니라 **'공직선거의 중요한 부분'을 차지**한다. 따라서 입법자는 한편으로는 정당의 후보자 추천을 정당내부적 사안으로 존중하면서도, 다른 한편으로는 후보자 추천이 민주적 절차에 따라 이루어지도록 **공천절차의 민주성을 보장하기 위한 최소한의 조건을 스스로 규정**해야 한다.

(4) 정당의 조직상의 분화(分化)

당내 민주주의는 본질적으로 당내 의사형성의 구조와 절차에 관한 것이다. **국민이 정당을 통하여 정치적 의사형성과정에 참여할 수 있도록**, 이로써 정당이 국민과 국가 사이의 연결매체로서 헌법적 과제를 이행할 수 있도록, **정당의 구조와 조직은 형성되어야** 한다. 따라서 일반당원이 정당의 의사형성과정에 적절하게 참여할 수 있고 정당 내에서 본질적인 결정권을 가질 수 있도록 정당은 조직되어야 하며, 정당에 대한 정치적 영향력이 당 지도부에 한정되어서는 안 된다.

이러한 점에서, 정당 내에 상호 독립하여 의사를 형성할 수 있는 **복수의 조직단위**(가령, 당원총회, 대의기관, 집행기관 등)가 존재해야 하고, 정당의 조직은 일반당원에게 정당의 의사형성에 있어서 적절한 참여가 가능하도록 **지역적으로 분화**되어야 하며, 지역당의 크기와 규모도 당원의 적정한 참여 기회를 보장할 수 있도록 확정되어야 한다. 정당조직이 지역적으로 적정하게 분화되지 않는 경우에는, 정당을 통한 국민의 정치적 참여가능성을 축소시키고 정당이 국민의사로부터 멀어지게 함으로써 국민과 국가의 중개자로서의 정당의 기능을 약화시킬 수 있다. 따라서 각 정당의 상이한 규모와 고유한 상황을 고려하지 않는 **획일적이고 강제적인 지구당 폐지**는 정당의 자유에 대한 과도한 침해를 야기할 위험이 있다.

판 례 고비용 저효율의 정당구조를 개선하고자 지구당을 폐지하도록 규정하는 정당법조항이 정당의 자유를 침해하는지 여부가 문제된 **'지구당 폐지 사건'**에서, 헌법재판소는 "… 셋째, 지구당을 폐지하지 않고서는 문제점을 해결할 수 없다는 한국정당정치의 현실에 대한 입법자의 진단이 타당할 뿐만 아니라 이 사건 법률조항들 하에서도 정당활동을 할 수 있는 길이 있으므로 침해의 최소성을 인정할 수 있고, 넷째, 이 사건 법률조항들이 달성하려는 공익과 이로 인하여 침해되는 사익 사이에 현저한 불균형이 있다고 보기 어려워 법익의 균형성을 인정할 수 있으므로, 비례원칙에 반하지 아니한다."고 판시함으로써 **정당조직의 지역적 분화의 중요성을 전혀 인식하지 못하고** 있다(헌재 2004. 12. 16. 2004헌마456).

Ⅶ. 정당제도에 관한 입법위임과 정당에 대한 국고보조

1. 헌법 제8조 제3항의 의미

가. 정당제도에 관한 입법위임

헌법 제8조 제3항은 "정당은 법률이 정하는 바에 의하여 국가의 보호를 받으며, 국가는 법률이 정하는 바에 의하여 정당운영에 필요한 자금을 보조할 수 있다."고 규정하고 있다. 헌법 제8조 제3항 전단은 제1항에서 보장된 '정당의 자유'와 제2항에서 설정된 정당의 자유의 '헌법적 한계'를 고려하여 **정당제도를 구체적으로 법률로써 규율할 것을 위임**하고 있다. 입법자는 **정당법의 제정**을 통하여 이러한 헌법위임을 이행하였다.

나. 국가의 정당보조

헌법은 제116조 제2항에서 **선거경비에 대한 국고보조**의 가능성을 규정하고 있으며, 제8조 제3항 후단에서 선거경비를 넘어서 **정당운영자금에 대한 국고보조**의 가능성을 명시적으로 규정하고 있다. 헌법이 선거비용뿐만 아니라 정당의 일반적 운영비용을 보조할 수 있도록 규정한 것은, **정당의 헌법적 과제**가 단지 선거의 참여에 그치는 것이 아니라 지속적인 국민의사형성에 참여하여 선거 외에도 국민과 국가의 연결매체로서 기능한다는 것을 인정한 결과이다.

헌법이 정당보조의 가능성을 스스로 허용하고 있는 것은, 대의제 민주주의에서 정당이 차지하는 중요성과 공적 기능을 감안하여 이러한 기능을 이행할 수 있도록 재정적으로 지원하고자 하는 것이다. 정당재정이 전적으로 사인의 후원에 의하여 충당되는 제도에서는 자력이 있는 국민집단의 지지를 받는 정당은 정당간의 경쟁에서 현저하게 유리하게 되어 정당간의 기회균등을 저해할 수 있으며, 나아가 정당이 재정적으로 후원자에 의존하는 결과를 초래할 수 있다. 정당보조규정은 정치헌금에 의하여 정당이 재정적으로 일부 세력에 지배당하는 것을 방지하면서도, 정치자금의 조달을 가능하게 하고자 하는 것이다. 그러나 헌법 제8조 제2항에서 정당에게 헌법적 과제를 부과한다고 하여, 정당제도의 기능을 유지하기 위하여 국고보조를 해야 할 국가의 '의무'는 인정되지 않는다.

2. 정당재정의 구조

가. 국가와 사인에 의한 재정지원

정당재정의 수입원은 국가와 사인에 의한 재정지원을 모두 포함한다. **정치자금법**에 의하면, 정당재정은 주로 당비, 후원금, 기탁금, 보조금 등으로 구성된다. **사인에 의한 재정지원**은 당비와 정치헌금(기탁금과 후원금)을 통하여 이루어지고, **국가에 의한 재정지원**은 정당운영자금과 선거경비의 국고보조를 통하여 이루어진다(경상보조금과 선거보조금).

한편, 사회에 뿌리를 두고 자발적으로 조직되는 사회단체인 정당의 원래 취지에 가장 부합하는 재정조달의 방법은 당원의 당비이기 때문에, 이러한 재원 중에서 당비에 의한 재정충당만이 헌법적으로 아무런 문제가 없으며, 사인에 의한 정치자금기부 및 국고보조는 다양한 헌법적 문제를 제기한다.

나. 정치자금법상의 재정지원

당비는, 정당의 당원이 부담하는 정치자금을 말한다(제3조 제3호). 당원이 내는 당비는 정당의 수입원 중에서 큰 비중을 차지하지 않는다.

후원금은, 국민 개인(후원인)이 정당이나 정치인에게 기부하는 정치자금을 말한다(제3조 제4호). 헌법재판소는 정당에 대한 후원을 금지하는 정치자금법조항에 대하여 위헌으로 판단한 바 있다(헌재 2015. 12. 23. 2013헌바168). 중앙당, 국회의원, 국회의원선거의 후보자, 대통령선거의 후보자 등(후원회지정권자)은 각각 하나의 후원회를 지정하여 둘 수 있고, 후원회는 후원인으로부터 후원금을 모금하여 이를 당해 후원회지정권자에게 기부한다(제10조 제1항). 한편, 정치자금법은 사회단체가 정치자금의 기부를 통하여 정치활동을 하는 것을 방지하기 위하여 **사회단체의 정치자금기부를 금지**하고 있다.

기탁금이란, 개인이 정당에 기부하기 위하여 선거관리위원회에 기탁하는 정치자금을 말한다(제3조 제5호). 현행 기탁금제도는 기부자가 자신의 정치적 선호에 따라 특정 정당에 정치자금을 기부하는 후원제도가 아니라, 단지 일정액을 기탁하면 중앙선거관리위원회가 국고보조금의 배분비율에 따라 기탁금을 각 정당에 배분 · 지급하는 제도로서, 국민이 정당제도의 발전을 위하여 기탁하는 '정당발전기금'의 성격을 가진다(제23조 제1항).

보조금이란 정당의 보호 · 육성을 위하여 국가가 정당에 지급하는 정치자금을 말한다(제3조 제6호). 보조금은 정당에 대한 '경상보조금'과 '선거보조금'으로 구성된다.

판 례 **후원회지정권자를 국회의원으로 한정하고 있는 '정치자금에 관한 법률'조항**에 대하여 광역자치단체 및 기초자치단체의 의회의원들이 헌법소원을 제기한 사건(헌재 2022. 11. 24. 2019헌마528)에서, 선례(헌재 2000. 6. 1. 99헌마576)를 변경하여 '후원회가 정치에 대한 참여와 신뢰를 높이고 정치자금의 투명성 제고와 경제력을 갖추지 못한 사람의 정치입문에 기여하는 효과가 있다는 점 등을 고려할 때 광역자치단체 및 기초자치단체의 의회의원들에게도 후원회를 허용할 필요가 있다'고 판시함으로써, 심판대상조항이 청구인들의 평등권을 침해한다고 판단하였다.

3. 정당에 대한 국고보조의 헌법적 문제점

첫째, 국고보조의 헌법적 문제점은, **정당이 재정적으로 국민에게 의존하는 대신 국가에 의존한다는 것**에 있다. 정당은 국민들 사이에 뿌리를 내려야만, 국민과 국가 사이에서 중개자로서 역할을 할 수 있다. 정당은 사회로부터의 지원을 통하여 자신의 재정을 스스로 충당하고자 노력해야 한다. 그러나 국고보조는 국민들 사이에서 정당이 뿌리내릴 필요성을 감소시키고 스스로 국민들로부터 자금조달을 해야 할 필요성을 감소시킨다. 결국, 정당을 통한 국민의 정치적 참여의 가능성을 축소시키고 정당이 국민의사로부터 멀어지게 함으로써 **국민과 국가의 중개자로서 정당의 기능을 약화**시킨다. 따라서 국고보조는 정당의 기능을 유지하기 위하여 불가결한 것에 제한되어야 하며, '사회에 대한 정당의 의존성'을 유지하고 확보하기 위하여, **국고보조는 정당 스스로의 정치자금조달에 대한 보완적 수단**이어야 한다.

둘째, 국고보조의 헌법적 문제점은, **국가가 정당에 대한 보조를 통하여 정당에 영향력을 행사할 수 있고, 정당간의 자유경쟁에 개입하여 이를 왜곡할 수 있다**는 것이다. 국가가 정당보조를 통하여 정당에 정치적으로 영향력을 행사하고자 시도할 수 있으나, 오늘날 법치국가에서 정치적으로 중립적인 방법으로 보조하는 경우에는 국고보조를 통하여 정당에 대하여 간섭할 위험은 거의 존재하지 않는다. 나아가, 국가는 국고보조를 통하여 정당간의 자유경쟁에 개입하여 경쟁을 왜곡해서는 안 된다. 국가는 정당간의 경쟁에 대하여 중립의무를 지므로, 경쟁을 왜곡하는 효과를 가진 모든 급부의 제공은 금지된다.

판 례 **'정당에 대한 후원금지 사건'**에서 "정당이 국민 속에 뿌리를 내리고, 국민과 밀접한 접촉을 통하여 국민의 의사와 이익을 대변하고, 이를 국가와 연결하는 중개자로서의 역할을 수행하기 위해서 **정당은 정치적으로뿐만 아니라 재정적으로도 국민의 동의와 지지에 의존하여야** 하며, 정당 스스로 국민들로부터 그 재정을 충당하기 위해 노력해야 한다."고 하면서(헌재 2015. 12. 23. 2013헌바168, 판례집 27-2하, 511, 528), "… 과도한 국가보조는 정당의 국민의존성을 떨어뜨리고 **정당과 국민을 멀어지게 할 우려**가 있다. 이는 국민과 국가를 잇는 중개자로서의 정당의 기능, 즉 공당으로서의 기능을 약화시킴으로써 정당을 국민과 유리된 정치인들만의 단체, 즉 사당으로 전락시킬 위험이 있다. 뿐만 아니라 과도한 국가보조는 국민의 지지를 얻고자 하는 노력이 실패한 정당이 스스로 책임져야 할 위험부담을 국가가 상쇄하는 것으로서 **정당간 자유로운 경쟁을 저해**할 수 있다."고 판시하고 있다(판례집 27-2하, 511, 530).

4. 국고보조금의 배분기준

국가는 정당에 대하여 국고보조금을 배분함에 있어서 **정당간의 기회균등원칙**을 준수해야 한다. 정당간의 기회균등원칙은 국가에 대하여 정당간의 경쟁에 간섭하거나 개입해서는 안 된다는 **중립의무를 부과**한다. 국가는 급부의 제공을 통하여 정당간의 자유경쟁에 개입하여 경쟁을 왜곡해서는 안 된다.

국민의 지지를 얻고자 하는 정당간의 경쟁은 정당에 대한 국민의 선호로 인하여 당원의 수, 유권자의 지지, 재정능력에 있어서 정당간의 차이로 나타나고, 국가는 정당간의 경쟁을 통하여 형성된 '정당간의 사실상의 차이'를 평준화하고자 해서는 안 된다. **국가가 모든 정당을 도식적으로 평등하게 취급하는 것**은 국가의 중립성을 유지하는 것이 아니라, 정당간의 자유로운 경쟁의 결과인 '정당의 정치적 성과'를 인위적으로 평준화함으로써 군소정당에 일방적으로 유리한 경쟁상황을 형성하는 것이고, 이로써 정당간의 경쟁을 왜곡시키는 것이다.

따라서 **정당간의 기회균등원칙에 부합하는 국고보조금의 배분 기준**은 '정당이 헌법상 과제를 이행하기 위하여 사회 내에 뿌리를 내려야 하고, 그 재정에 있어서 일차적으로 유권자와 국민의 지지에 의존해야 한다는 요청'이다. **국고보조는 '유권자의 지지'에 종속되어야 하고 이에 연계되어 각 정당에 배분되어야** 한다. 정당에 대한 사회의 지지와 동의를 표현하는 지표로서 무엇보다도 선거의 결과, 당원의 수(당비수입) 및 정치헌금의 규모가 고려된다. 이러한 관점에서 볼 때, 국고보조금의 배분에 있어서 주된 기준은 '선거에서 각 정당에 대한 유권자의 정치적 지지도'(정당의 득표수)이고, 나아가 부차적인 기준으로서 '각 정당에 대한 유권자의 재정적 지지도'(당비수입과 정치헌금의 규모)가 고려될 수 있다.

한편, **국고보조를 유권자의 지지에 완전히 비례하여 배분하는 것**은 신생정당이나 군소정당에 불리하게 기존 세력관계의 고착화를 초래할 수 있기 때문에, 정당간의 기회균등은 입법자에 대하여 **'적정한 차등화'**를 요청한다. 군소정당도 정당간의 자유경쟁에 성공적으로 참여하기 위하여 필요한 최소한의 급부를 제공받아야 한다.

판 례 정당운영자금으로 매분기 지급되는 경상보조금의 배분에 있어서 원내교섭단체를 구성한 정당에 대하여 50%를 균등배분하고 나머지 정당에 2% 내지 5%를 지급한 뒤, 남는 보조금은 의석수와 총선 득표율에 따라 배분함으로써 **교섭단체의 구성 여부에 따라 차등을 두는 정치자금법규정의 위헌여부**가 문제된 **'정당에 대한 국고보조금 배분 사건'**에서, 헌법재판소는 "… 교섭단체를 구성할 정도의 다수 정당과 그에 미치지 못하는 소수 정당 사이에 나타나는 **차등지급의 정도는 정당 간의 경쟁상태를 현저하게 변경시킬 정도로** 합리성을 결여한 차별이라고 보기 어렵다."고 하여 합헌으로 판단하였다(헌재 2006. 7. 27. 2004헌마655).

5. 사인의 정치자금기부의 헌법적 문제점

개인은 정치자금을 기부함으로써, 특정 정당이나 정치인의 정책을 지지한다는 것을 표명하고 정치적 의사형성에 참여하는 것이다. **사인의 정치자금기부**는 정치적 의사표현의 자유, 정당활동의 자유 등에 헌법적 근거를 두고 있는 정치활동의 자유(정치적 의사형성에 참여할 권리)에 의하여 헌법적으로 보장된다(헌재 2010. 12. 28. 2008헌바89, 판례집 22-2하, 659, 671).

사인은 정치자금의 기부를 통하여 정당의 의사결정에 영향력을 행사하고자 시도할 수 있고, 이로써 정당의 자유로운 의사형성과정에 대하여 위험이 발생할 수 있다. 사인의 정치헌금은 경제적으로 강력한 집단의 이익을 위하여 정당의 의사형성과정을 왜곡시킬 수 있으며, 나아가 정당의 헌법적 과제 이행(국민의 정치적 의사형성에의 참여)을 저해할 수 있다.

정치헌금에 의하여 발생하는 이러한 위험은 일차적으로 정당에게 정치헌금의 출처에 관하여 공개해야 할 의무를 부과함으로써 어느 정도 방지될 수 있다. **정치헌금의 출처에 대한 공개**는 정당 외부로부터의 영향력행사와 이에 따른 의존성의 공개를 의미하고, 이로써 국민이 정당의 의존가능성에 관한 판단이 가능하다. 정치헌금의 공개의무에 의하여 이러한 위험이 충분히 방지될 수 없다면, **정치헌금의 한도**를 정하는 것도 헌법적으로 허용된다.

판 례 헌법재판소는 다른 사회단체에게는 정치자금의 기부를 허용하면서 **노동단체에게만 정치자금의 기부를 금지하는 정치자금법조항**에 대하여 '정치자금의 기부는 정당에 영향력을 행사하는 중요한 방법의 하나이기 때문에, 사회단체가 정치자금의 기부를 통하여 정당에 영향력을 행사하려고 시도하는 것은 당연하고도 자연스러운 현상'이라고 하여, 정치적 표현의 자유를 침해하고 평등권에 위반된다는 이유로 위헌으로 판단한 바 있다(헌재 1999. 11. 25. 95헌마154).

그러나 **법인과 단체의 정치자금기부를 금지하는 정치자금법조항**에 대하여 단체의 정치자금 기부를 통한 정치활동이 민주적 의사형성과정을 왜곡하거나 선거의 공정을 저해할 위험이 있다는 이유로 합헌으로 판단하였다(헌재 2010. 12. 28. 2008헌바89). 사회단체의 선거운동을 금지하는 공직선거법규정에 대한 합헌결정과 마찬가지로, 헌법재판소는 위 결정에서도 사회단체를 정치적 의사형성과정과 공익실현을 저해하는 요소로 이해하고 있다.

반면에, **정당에 대한 개인의 정치자금기부를 금지하는 정치자금법조항**의 위헌여부가 문제된 사건에서, 헌법재판소는 정당에 대한 **개인의 정치자금기부는 정치적 표현의 자유와 정당활동의 자유에 의하여 보호**된다는 것을 확인한 다음, 이어서 과잉금지원칙의 위반여부를 판단하였는데, 불법 정치자금 수수로 인한 정경유착의 폐해를 방지하기 위해(입법목적) 정당에 대한 정치자금 기부를 제한할 필요가 있다 하더라도 정당에 대한 국민의 정치자금기부를 원천적으로 봉쇄할 필요는 없으며, 정당 후원회 제도 자체를 전면적으로 금지하기보다는 기부 및 모금한도액의 제한, 기부내역 공개 등의 방법으로 정치자금의 투명성을 확보함으로써 충분히 방지할 수 있다는 점에서 **침해최소성 원칙에 위반**되며, 나아가 정당에 대한 재정적 후원이 전면적으로 금지됨으로써 정당이 스스로 재정을 충당하고자 하는 정당활동의 자유와 국민의 정치적 표현의 자유가 제한되는 불이익은 위 정치자금법조항이 보호하려는 공익에 비하여 더욱 크다고 할 것이어서 **법익균형성도 충족되었다고 보기 어렵다**고 판시하여 위헌결정을 하였다(헌재 2015. 12. 23. 2013헌바168).

Ⅷ. 위헌정당의 강제해산

1. 정당해산조항의 헌법적 의미

가. 방어적 민주주의의 요소이자 민주적 정치과정의 개방성 보장

헌법 제8조 제4항은 "정당의 목적이나 활동이 민주적 기본질서에 위배될 때에는 정부는 헌법재판소에 그 해산을 제소할 수 있고, 정당은 헌법재판소의 심판에 의하여 해산된다."고 규정하고 있다. 오늘날 정당은 대의제 민주주의가 기능하기 위한 불가결한 요소이면서 동시에 민주주의의 잠재적 파괴자일 수 있다. 정당해산조항은 민주주의를 파괴하려는 세력으로부터 민주주의를 보호하려는 소위 **'방어적 민주주의'의 한 요소**이면서, 한편으로는 헌법 스스로 정당의 정치적 성격을 이유로 하는 정당금지의 요건을 엄격하게 정함으로써, 가능하면 모든 정치적 세력이 자유롭게 정치의사형성과정에 참여할 수 있도록 **민주적 정치과정을 최대한으로 개방**하려는 규정이다(헌재 1999. 12. 23. 99헌마135, 판례집 11-2, 800, 815).

나. 정당특권

헌법은 정당의 금지를 '민주적 정치과정의 개방성에 대한 중대한 침해'로서 이해하여, 정당을 다른 일반결사와는 달리 단지 제8조 제4항의 엄격한 요건 하에서만 해산될 수 있도록 규정하고 있다. 정당특권이란, '정당의 존속과 활동에 관한 특권', 즉 **헌법재판소에 의한 위헌성 확인 시까지 정당은 금지되거나 차별받아서는 안 된다**는 것을 말한다. 이에 따라 헌법적대적인 정당도 정당의 자유의 보호를 받으며, 오로지 헌법재판소가 그의 위헌성을 확인한 경우에만 정당은 해산될 수 있다(헌재 1999. 12. 23. 99헌마135, 판례집 11-2, 800, 815).

2. 정당설립에 대한 간섭 금지 및 정당에 대한 차별 금지

헌법 제8조 제4항은 헌법재판소에게 정당의 위헌성을 확인하는 독점적인 권한을 부여하고 있다. **정당의 위헌여부에 관한 헌법재판소의 독점적 결정권한**은 정당에 대하여 매우 **중요한 보호기능**을 한다. 헌법 제8조 제1항과 제4항의 연관관계에서 볼 때, 국가는 정당의 정치적 성격을 이유로 정당의 설립에 대하여 간섭할 수 없으며, 나아가 정당을 차별할 수 없다.

가. 정당설립의 자유에 대한 헌법 제8조 제4항의 의미

입법자는 **정당의 정치적 성격을 이유로 정당설립을 방해하거나 금지할 수 없다**. 이러한 요청은 '정당의 설립은 자유이고, 일단 설립된 정당은 오로지 그 목적과 활동의 위헌성 때문에 헌법재판소에 의해서만 금지될 수 있다'는 헌법의 기본결정으로부터 나오는 것이다. 만일 입법자가 정당의 정치적 성격을 문제 삼아 정당설립의 자유를 제한할 수 있다면, 정당의 위헌성 확인에 관한 헌법재판소의 독점적 권한을 침해하는 것이다. 입법자는 정치적 결사가 헌법상 정당개념을 충족시키지 못한 경우에 한하여 **오로지 형식적인 이유에서** 정당설립의 자유를 제한할 수 있을 뿐이다.

나아가, 입법자는 **정당의 정치적 성격 외의 이유(다른 공익적 목적의 실현)로도** 정당설립의 자유를 원칙적으로 제한할 수 없다. 민주적 의사형성과정의 개방성을 보장하기 위하여 정당설립의 자유를 최대한으로 보호하려는 헌법의 정신에 비추어, 헌법은 정당설립의 자유에 대한 제한을 원칙적으로 허용하지 않는다. 심지어 '위헌적인 정당을 금지해야 할 공익'도 정당설립의 자유에 대한 입법적 제한을 정당화하지 못하도록 규정한 것이 헌법 제8조 제4항의 객관적인 의사이다. 그렇다면, 입법자가 그 외의 공익적 고려에 의하여 정당설립금지조항을 도입하는 것도 원칙적으로 허용되지 않는다(헌재 1999. 12. 23. 99헌마135, 판례집 11-2, 800, 815). 정당의 설립 및 가입을 금지하는 법률조항은 이를 정당화하는 사유의 중대성에 있어서 적어도 '민주적 기본질서에 대한 위반'에 버금가는 것이어야 한다.

판 례 경찰청장 직무의 정치적 중립성을 확보하기 위하여 **경찰청장 퇴임 후 2년 동안 정당의 발기인이나 당원이 되지 못하도록 규정한 경찰법규정의 위헌여부**에 관하여, "헌법은 정당의 자유에 대한 제한을 원칙적으로 허용하지 아니하므로 입법자가 이 사건 법률조항을 통하여 개입하지 않는다면 중대한 공익이 손상될 가능성이 매우 크다는 것이 어느 정도 명백하게 드러나는 경우에만, 비로소 민주주의 실현에 있어서 중요한 기본권인 정당설립 및 가입의 자유에 대한 제한은 정당화될 수 있다."고 하여, 엄격한 심사기준을 적용하여 위헌으로 판단하였다(헌재 1999. 12. 23. 99헌마135, 판례집 11-2, 800, 820).

나. 정당의 위헌성을 이유로 하는 정당에 대한 차별의 금지

입법자를 비롯한 국가기관은 정당의 정치적 성격을 이유로 정당을 차별해서는 안 된다. **정당의 위헌여부에 관한 헌법재판소의 독점적 결정권한은 다른 국가기관의 권한행사를 봉쇄**하는 효과가 있다. 헌법재판소의 독점적 결정권은 다른 국가기관에 의한 위헌성확인을 배제할 뿐만 아니라, 나아가 헌법재판소가 정당의 위헌성을 확인하기 전에 정당을 위헌적인 것으로 간주하여 차별하는 것을 금지한다. 따라서 국가기관이나 지방자치단체는 정당의 정치적 성격을 이유로 선거운동이나 정당의 행사에 필요한 공공시설의 제공을 거부해서는 안 된다. 헌법적대적이지만 아직 금지되지 아니 한 정당의 경우에도 헌법재판소의 위헌확인이 있기까지는 정당의 자유와 기회균등이 보장되어야 한다.

한편, 국가기관이나 사인이 객관적 사실을 근거로 정당의 목적이나 활동의 헌법적 문제점을 지적함으로써 **정당의 위헌성에 관한 공적 논의를 야기하는 것은 허용**되어야 한다. 정당의 위헌성에 관한 객관적 논의는 헌법적대적 정당에 대한 정치적 투쟁이 가능하기 위한 사실적 전제이다. 나아가, 정당해산제소의 필요성을 판단하기 위한 공적 논의 없이, 정부는 정당해산을 사실상 제소할 수 없다. 다만, 정부를 비롯한 국가기관은 합리적인 근거 없이 특정정당을 공적으로 '위헌정당'으로 낙인찍어서는 안 된다. 이러한 경우, 국가기관은 정당의 위헌성확인에 관한 헌법재판소의 전속적 권한을 부당하게 행사하는 것이고, 이로써 정당특권을 침해하는 것이다.

다. 정당의 위헌성을 이유로 하는 당원에 대한 차별의 금지

헌법 제8조 제4항의 **정당특권은 정당뿐만 아니라 그 당원도 보호**한다. 정당특권이 공동화하지 않으려면, 정당특권은 당원에 대해서도 확대되어야 한다. 그러므로 헌법재판소가 정당의 위헌성을 확인하기 전까지는, 국가기관은 그 정당에 소속된 당원의 활동을 제한하거나 금지함으로써 정당활동을 사실상 방해해서는 안 된다.

당원에 대한 차별금지와 관련하여, 국가가 **공무원의 임용에 있어서 위헌성이 의심되는 정당의 소속이 고려될 수 있는지의 문제**가 제기된다. 위헌성의 의심이 있는 정당에의 소속은 그 자체만으로는 공무원임용거부의 사유가 될 수는 없으나, '공무원의 충성의무'를 판단하는 중요한 징표로 고려될 수 있다. 위헌의 의심이 있는 정당이 정치의사형성과정에 참여하는 것을 헌법재판소의 독점적 결정권으로 인하여 수인해야 하는 것과 공무원으로 임용함에 있어서 헌법충성의 의무를 판단하기 위하여 개인의 정당소속을 고려하는 것은 별개의 문제이다. 공무원의 충성의무는 '공무원'으로부터 헌법을 준수하고 수호할 것을 요청하고 있기 때문이다.

제 4 장 법치국가원리

제 1 절 일반이론

Ⅰ. 법치국가의 개념 및 생성 배경

1. 개 념

법치(法治)란 법에 의한 통치를 말한다. **법치국가**란 사람이나 자의가 아니라 법이 지배하는 국가, 모든 국가권력의 행사가 법적으로 구속을 받는 국가이다. 법치국가에서는 사인간의 관계뿐만 아니라 국가와 개인의 관계 및 국가내부의 영역이 법으로 규율된다. 법치국가의 핵심적 목적은, **국가권력을 제한하고 통제함으로써 개인의 자유와 권리를 보장**하고자 하는 것이다. 법치국가는 한편으로는 법에 의하여 국가권력을 제한하고자 하고, 다른 한편으로는 사인간의 관계에서도 법과 정의가 지배하는 것을 보장하고자 한다.

국가행위가 법에 의하여 이루어진다는 것은, 법규범의 일반성과 추상성으로 인하여 이미 자의적 차별을 방지하고 평등원칙을 실현함으로써 **정의를 보장하는 효과**를 가진다. 법규범의 특징은 법규범이 정하는 요건을 충족시키는 모든 사람과 모든 경우에 대하여 적용된다는 '일반성'과 '추상성'이다. 개인의 자유가 법률에 의하여 제한된다면, 누구에게나 적용되는 법률의 특성 때문에 누구에게나 동등한 제한이 부과된다. 나아가, 국가행위가 법에 의하여 이루어진다면, 구체적 국가행위에 대한 예측가능성을 확보함으로써 **법적 안정성에 기여**한다.

2. 생성 배경

법치국가는 **절대군주의 자의적 지배에 대한 반작용으로 생성**되었다. 절대국가는 내적 평화와 안전의 보장에 기여하였으나, 군주의 자의적인 지배와 전제정치를 초래하였다. 유럽에서 18세기에 이르러 개인의 자유를 보호하기 위해서는 국가권력을 제한해야 한다는 **'자유주의사상'**이 싹트기 시작하였고, 미국과 프랑스의 혁명을 거치면서 **'자유보장을 위한 법적 제도'**로 구체적으로 형성되었는데, 이러한 과정에서 법치국가가 탄생하였다. 대표적인 자유주의 사상가는 로크(Locke)와 몽테스키외(Montesqieu)인데, 로크는 국가권력을 제한해야 할 필요성을 역설하였고 이를 실현하기 위한 방법으로 자유권의 보장과 권력분립을 언급하였으며, 몽테스키외는 특히 권력분립의 필요성을 강조하였다.

역사적으로 **국가권력의 제한에 대한 요청**은 바로 자유권의 보장과 권력분립에 대한 요청이었으며, 이러한 요청은 오늘날까지도 법치국가의 제도적 기초로 간주되고 있다. **자유권의 보장**은 개인에게 자유를 보장함으로써 국가와 개인의 관계에서 국가권력을 제한하고자 하는 시도이며, **권력분립**은 국가기관 상호간의 관계에서 국가권력을 제한함으로써 개인의 자유를 보호하고자 하는 시도로서, 고전적으로 형성된 법치국가적 제도에 해당한다.

Ⅱ. 법치국가의 구성요소

법치국가원리의 구체적 내용과 구조는 헌법에 의하여 밝혀진다. 우리 헌법은 헌법의 기본원리로서 법치국가원리를 명시적으로 언급하지 않으나, **법치국가원리를 구체화하는 일련의 제도와 규정을 통하여 법치국가원리를 수용**하고 있다. 법치국가원리를 구체화하는 헌법규정에는 무엇보다도 인간의 존엄성을 비롯한 일련의 자유권규정, 제3장 이하의 국가조직에 관한 규정에 담겨있는 권력분립원리, 헌법재판을 비롯한 사법적 권리구제의 가능성, 국가배상제도 등이 속한다.

그러나 법치국가적 요소는 헌법에 명시적으로 표현된 위와 같은 요소에 한정되는 것이 아니라, 법치국가의 실현을 위하여 불가결한 요소로서 **헌법해석을 통하여 도출되는 그 외의 법치국가적 요소**도 포함한다. 따라서 법치국가원리의 구성요소는 '헌법이 스스로 규정하는 법치국가적 요청'과 '해석을 통하여 법치국가원리로부터 도출되는 요청'(가령, 법적 안정성, 신뢰보호원칙, 의회유보 등)으로 나누어 볼 수 있다. 한편, 법치국가원리는 헌법상의 개별규정이 없는 경우에 비로소 보충적으로 적용되므로(법치국가원리의 보충성), 일차적으로 적용되는 헌법규범은 법치국가원리를 구체화하는 개별규정이다.

Ⅲ. 형식적 · 실질적 법치국가

1. 형식적 법치국가

19세기 유럽의 시민적 법치국가는 군주의 자의적인 권력행사를 제한함으로써 시민계급의 재산과 자유를 국가권력으로부터 보호하려는데 주안점을 두고 있었다. 시민적 법치국가는, 군주가 국민의 자유와 권리를 제한하는 경우에는 반드시 국민의 대표기관인 의회가 제정한 법률에 의해야 하고, 행정과 사법은 법률에 의하여 행해질 것을 요청함으로써, **법률유보와 법률에 의한 행정을 통하여 법적 안정성과 법적 예측성을 제공**하였다.

형식적 법치국가란 법률에 의한 합법적인 지배인지 여부만이 문제되는 국가, **국가행위의 합법성을 요청하는 국가**이다. 그 당시 입법자는 시민계급을 대변하는 기본권수호기관으로 인식되었기 때문에, 군주의 집행부에 의한 기본권침해의 가능성만이 문제되었지, 입법자에 의한 기본권침해의 가능성을 인식하지 못하였다. 형식적 법치국가는 '수권(授權) 법률의 존재'만을 요구할 뿐 그 '수권법률의 내용'이 어떠한지는 문제 삼지 않는 국가이다.

2. 실질적 법치국가

19세기 후반에 이르러 유럽에서 급속한 산업화와 함께 여러 가지 부정적인 사회현상이 발생하였고, 국가의 성격도 사회현상에 대하여 방관적인 자유방임국가(야경국가)에서 사회영역에 대하여 적극적으로 개입하고 간섭하는 사회국가(복지국가)로 변하였다. 특히 독일에서 19세기의 '시민적 법치국가'에서 **20세기의 '사회적 법치국가'로 국가의 성격이 변화하는 과정에서** 바이마르 공화국 당시에 '형식적 법치국가'에 대립하는 개념으로서 '실질적 법치국가'의 개념이 형성되었다.

실질적 법치국가란, **국가행위의 합법성뿐만 아니라 정당성까지 요구하는 국가**이다. 형식적 법치국가가 '법적 안정성과 예측성의 국가'라면, 실질적 법치국가는 '정의의 이념을 수용한 법치국가', **정의로운 국가행위를 요청하는 국가**이다. 실질적 법치국가는 특히 입법자에 대한 요청으로, **입법자도 헌법의 구속을 받는 국가**이다. 실질적 법치국가는 법률에 의한 행정(법치행정)뿐만 아니라 '법률의 내용'도 정의에 부합할 것을 요구한다.

과잉금지원칙과 평등원칙은 **정의를 지향하는 실질적 법치국가의 핵심적인 행위지침**이므로, 입법자는 법률의 제정에 있어서 무엇보다도 자유권의 보장과 과잉금지원칙, 평등원칙을 입법의 한계로서 준수해야 하며, **사회국가원리**를 입법의 지침으로 삼아 정의로운 사회질서를 실현하고자 노력해야 한다. 우리 헌법은 실질적 법치국가를 보장하기 위한 수단으로 사회정의를 지향하는 사회국가원리 및 입법자에 대한 헌법의 구속을 관철하는 헌법재판제도를 도입함으로써 실질적 법치국가를 추구하고 있다.

제 2 절 자유권의 보장과 과잉금지원칙

Ⅰ. 자유권의 보장과 법치국가원리

헌법이 자유권을 '국가에 대한 개인의 주관적 권리'로 보장한다는 것은, 국가로부터 원칙적으로 자유로운 개인의 영역을 헌법적으로 보장함으로써, 국가의 영역과 개인의 영역 간의 경계를 설정하고 **국가권력에 대하여 한계를 제시**한다는 것을 의미한다. 이러한 점에서 자유권의 보장은 국가권력을 제한하고자 하는 법치국가원리의 핵심적 표현이다.

Ⅱ. 과잉금지원칙과 법치국가원리

1. 국가권력을 제한하는 헌법원리

과잉금지원칙(過剩禁止原則)이란, 국가가 공익상의 이유로 개인의 자유를 제한할 수는 있지만, 제한하는 경우에는 반드시 필요한 경우에 한하여 필요한 만큼만 제한해야 한다는 요청이다. 과잉금지원칙은 자유를 제한하는 국가권력을 다시 제한하고자 하는 원리이다. **국가가 공익실현을 위하여 필요한 정도를 넘어서 개인의 자유를 과잉으로 제한해서는 안 된다**는 의미에서 '과잉(제한)금지원칙'이다. 과잉금지원칙은 '비례의 원칙'이라고 부르기도 한다.

국가가 공익실현을 위하여 '개인의 자유에 대한 제한'이라는 수단을 사용하는 경우, 이러한 수단은 개인의 자유를 가장 적게 침해하는 수단이어야 하며, 국가에 의하여 추구되는 목적과 합리적인 비례관계에 있어야 한다는 요청을 함으로써, 과잉금지원칙은 **국가에 의하여 사용된 수단에 대**

한 통제이다. 과잉금지원칙은 **국가권력에 대하여 자유권에 대한 제한을 정당화할 것을 요청**함으로써, 헌법상 보장된 **자유권을 실제로 실현하고 관철하는 원리**이다. 자유권은 과잉금지원칙과 결합됨으로써 비로소 그 온전한 효력을 발휘하게 된다.

2. 국가기관을 구속하는 헌법원리

과잉금지원칙은 국가권력의 행사에 있어서 모든 국가기관을 구속한다. 과잉금지원칙은, 국가기관이 **자유권을 제한함에 있어서 준수해야 하는 원칙**이다. 따라서 입법자는 입법을 통하여 개인의 자유를 제한함에 있어서 과잉금지원칙을 준수해야 하며, 행정청은 법률의 해석과 적용을 통하여 개인의 자유를 제한함에 있어서, 특히 재량을 행사함에 있어서 과잉금지원칙을 준수해야 한다. 나아가, 과잉금지원칙은 **자유권을 제한하는 국가행위의 위헌성을 판단하는 심사기준**이다. 따라서 국가행위의 위헌여부를 심사하는 사법기관(헌법재판소나 법원)에게 과잉금지원칙은 '자유권에 대한 제한이 헌법적으로 정당화되는지 여부'를 판단하는 중요한 위헌심사기준으로 기능한다.

3. 과잉금지원칙의 개별적 요소

과잉금지원칙은 자유제한의 구체적인 조건을 서술하는 다음과 같은 개별적 요소로 구성된다. 입법자가 추구하는 목적이 정당해야 하며(입법목적의 정당성), 입법자가 선택한 수단이 입법목적을 달성하기에 적합해야 하고(수단의 적합성), 입법목적을 달성하기 위하여 고려되는 여러 수단 중에서 가장 기본권을 적게 침해하는 수단을 선택해야 하며(수단의 최소침해성), 입법목적(공익)과 입법수단(기본권제한) 사이에 적정한 비례관계를 현저하게 일탈해서는 안 된다(법익균형성).

제 3 절 권력분립원리

I. 권력분립원리의 의미 및 기능

1. 의 미

권력은 언제나 집중과 남용의 위험이 있고, 국가권력이 특정기관이나 특정인에게 집중되는 경우에는 독재정치와 인권침해로 이어질 위험이 있다. 따라서 **국가권력의 집중과 남용을 어떠한 방법으로 방지할 것인지의 문제**는 오랫동안 정치사상가의 연구 대상이었다. **권력분립원리**란, 국가권력을 분할하여 각 독립된 국가기관에 귀속시키고 국가기관 상호간의 견제와 균형을 통하여 국가권력을 통제하고자 하는 원리이다.

헌법에서 권력분립원리는 **기능상 · 조직상 · 인적 측면이란 3가지 관점에서 구체화**되고 있다. 헌법은 국가권력을 고전적인 3가지 국가기능(입법권 · 행정권 · 사법권)으로 분할하여(기능상 측면에서 권력분립), 분할된 국가기능을 조직상으로 분리 · 독립된 국가기관(입법부 · 행정부 · 사법부)에 귀속시키고 있으며(조직상의 권력분립), 나아가 겸직금지의 규정(인적 측면에서의 권력분립)을 통하여 기능상 · 조직상의 권력분립을 보완하고 있다. 국가권력이 기능상 · 조직상으로 분할 · 귀속되었으나, 분할된 국가기능이 동일인에 의하여 행사된다면, 권력분립은 이루어질 수 없다. 따라서 권력분립의 요청으로부터 인적 측면에서의 권력분립, 즉 **겸직금지의 원칙**이 파생된다.[1)]

2. 기 능

가. 국가권력의 통제

권력분립원리의 일차적인 기능은 국가기능의 분할과 배분을 통하여 **국가권력의 집중과 남용을 방지함으로써 국민의 자유를 보장**하고자 하는 데 있다(자유보장적 기능). 국가권력의 집중과 남용이 방지되기 위해서는 일차적으로 국가권력이 분할되어야 한다. 그러나 분할된 국가권력 내에서도 권력의 남용이 가능하기 때문에 국가권력이 단순히 분할되는 것만으로는 충분하지 않고, 나아가 분할된 국가권력이 상호간의 견제와 균형을 통하여, 즉 상호작용과 영향력 행사의 가능성을 통하여 억제되고 통제되어야 한다.

따라서 권력분립이란 **'국가권력의 분할' 및 '국가권력 상호간의 견제와 균형'을 통한 국가권력의 억제와 통제**를 의미한다. 권력분립은 국가권력을 엄격히 분리하여 각 권력 간의 고립과 단절을 실현하고자 하는 것이 아니라 권력의 배분을 통하여 권력 상호간의 견제와 균형을 꾀하고자 하는 제도이다.

나. 국가기능의 효과적 이행

권력분립원리의 또 다른 기능은, 국가기능을 분할하여 그 기능을 이행하기에 가장 적합한 국가기관에게 배분하여 귀속시킴으로써 **국가과제의 효과적인 이행에 기여**한다는 데 있다(기능적 측면). 권력분립원리는 각 국가기관에게 그 기능과 구조에 부합하게 독자적인 활동영역과 결정영역을 배분함으로써, 국가의 행위능력을 보장하고 일원적인 국가의사의 형성을 가능하게 한다. 국가기능은 입법 · 행정 · 사법으로 분할되어, 입법권은 국민의 대표자로 구성된 다원적 합의체로서 공개토론절차를 통하여 다양한 이익간의 조정을 하기에 적합한 입법자에게, 행정권은 위계질서와 복종의무를 통하여 일원적이고 효율적인 행정을 보장하는 행정부에게, 사법권은 독립적인 기관으로서 객관적이고 공정한 절차를 통하여 법을 인식하는 사법부에게 각 귀속된다.

Ⅱ. 권력분립사상의 기원

근대적 의미의 권력분립론은 로크(Locke)와 몽테스키외(Montesqieu)에 의하여 이론적으로 체계화되었다. 역사적으로 볼 때, 권력분립은 **군주와 시민계급 간의 권력투쟁의 산물**이라고 할 수 있다. 시민계급이 군주의 통치권 행사에 대하여 국가권력의 분할과 정치 참여를 부단히 요청하고 투쟁한 결과가 바로 권력분립이다.

로크(Locke, 1632－1704)는 1688년 명예혁명 직후인 1690년에 발간한 **'시민정부론'**(Two Treatises

---

1) 겸직금지원칙의 헌법적 표현으로, 헌법은 제43조에서 국회의원의 겸직금지에 관하여 입법자로 하여금 규율하도록 위임함으로써 간접적으로 겸직금지의 원칙을 표현하고 있고. 제112조 제2항에서 헌법재판소 재판관은 정치에 관여할 수 없다고 규정함으로써 입법부와 행정부의 직을 겸할 수 없도록 규정하고 있으며, 제83조에서 대통령으로 하여금 국무총리 · 국무위원 · 행정각부의 장의 직을 겸할 수 없도록 규정함으로써, 행정부 내부에서의 권력분립을 유지하도록 하고 있다.

on Civil Government)에서 국가권력남용의 위험성을 서술하였고, 이를 방지하는 방법으로 자연법적 인권의 보장과 권력분립을 제시하였다. 로크는 그 당시 영국의 헌정 상황을 바탕으로 입법권과 집행권을 분리하여 입법권을 의회에, 집행권을 군주에게 맡길 것을 주장하였다(二權分立論). 이로써 로크는 권력분립의 창시자로 간주된다.

몽테스키외(Montesqieu, 1689－1755)는 1748년 발간된 그의 저서 **'법의 정신'**(De l'esprit des lois)에서 영국의 헌법제도(1688년 명예혁명 이후 확립된 의회주의)를 소개하면서, 국가권력을 입법권·집행권·사법권의 3가지의 권력으로 분할하는 3권분립론을 체계화하였다. 몽테스키외의 권력분립론의 본질은 국가권력의 분할뿐만 아니라 무엇보다도 국가권력 상호간의 영향력 행사를 통하여 권력 간의 상호작용과 통제를 강조하는 것에 있다.[2)]

1787년의 미연방헌법은 몽테스키외의 3권분립론을 거의 그대로 수용함으로써 몽테스키외의 권력분립사상을 구현한 헌법의 전형으로 간주된다. 나아가, 그의 권력분립론은 유럽의 헌법발전에도 큰 영향을 미쳤는데, 1789년의 프랑스 인권선언 제16조는 "권리의 보장이 확립되지 아니하고 권력의 분립이 확정되지 아니한 사회는 헌법을 가지지 아니한다."라고 규정하여, 기본권과 권력분립원리가 법치국가적 헌법의 불가결한 요소임을 선언하였다.

Ⅲ. 현대국가에서 권력분립

1. 현대국가에서 정치상황의 변화

몽테스키외의 권력분립론은 **군주와 시민계급의 대립관계라는 그 당시의 정치상황**에서 출발하였다. 전제군주제 또는 제한군주제의 시대적 배경에서 고안된 권력분립이론의 구체적 내용은 그 당시 정치적 상황의 산물로서 한시적일 수밖에 없다. 그러나 시간과 장소를 초월하여 유효한 것은 '권력분립의 사고'이다. **오늘날 현대국가의 정치적 상황**은 그 당시의 정치상황과는 크게 변화하였다. 국민주권주의에 바탕을 둔 오늘날의 자유민주국가에서 군주와 국민 사이의 대립관계는 더 이상 존재하지 않으며, 나아가 야경국가에서 사회국가로의 국가적 성격(국가과제)의 변화, 정당국가화의 경향, 헌법재판의 도입 등으로 인하여 고전적인 권력분립이론에 대한 수정이 불가피하게 되었다.

가. 정당국가의 발달로 인한 권력분립의 변질

오늘날의 정당국가에서는 집권당이 집행부와 입법부를 정치적으로 함께 지배함으로써 집권당에 의하여 국가권력이 통합되는 현상을 관찰할 수 있다. 정당제 민주주의의 가장 큰 문제는 **정부에 대한 의회의 국정통제기능의 상실**에 있다. 집권당이 정부를 통제하는 것이 아니라 오히려 의회에서 정부의 정책을 대변하는 기능을 하게 됨으로써, 의회와 정부 사이의 전통적인 권력분립은 **집**

---

2) 몽테스키외의 권력분립론에서 권력분립은 본질적으로 입법권과 집행권 간의 견제와 균형의 문제였다. 가령, 입법권 내부에서 시민대표와 귀족대표로 구성되는 각 원(院)에게 상호 거부권을 부여함으로써 양원(兩院)의 동의가 있는 경우에만 입법이 가능하도록 하였고, 군주에게는 입법에 대한 거부권을 인정하였다. 이에 대하여 집행권이 이미 법률의 구속(특히 예산과 조세에 대한 동의권)을 받는 것으로 충분하다고 판단하였기 때문에, 군주에 대한 의회의 거부권은 불필요하다고 생각하였다.

권당과 야당 사이의 권력분립으로 대체되었다.

나. 국가과제의 변화

몽테스키외 사상의 시대적 바탕이 된 18세기의 국가는 자유방임적 국가 · 질서유지적 국가였다. 그러나 현대의 국가는 국민에 대한 생존배려의 의무 및 정의로운 사회질서를 형성하기 위하여 적극적으로 활동할 의무가 있는 사회국가(복지국가)이다. 사회국가적 요청에 의하여 **국가의 사회형성적 · 급부적 기능이 확대**됨으로써 광범위한 사회국가적 과제를 이행하기 위하여 집행권의 영역이 확대되었다. 이로써 집행권이 비대해지는 **행정국가적 현상**이 나타나고, 이에 상응하여 행정을 통제하는 사법권이 강화되는 사법국가(司法國家)의 현상이 나타났다.

다. 사회단체의 출현과 국가권력에 대한 영향력의 행사

고전적인 권력분립원리는 국가기관의 조직 · 기능원리로서 **국가영역 내부에서 권력의 견제와 균형**에 관한 것이었다. 그러나 오늘날의 다원적 민주주의에서는 각종 사회단체가 출현하여 국가의사형성에 영향력을 행사하고 있다. 따라서 특정 사회세력이 국가의사형성과정에 일방적인 영향력을 행사하는 것을 방지하기 위하여, 사회세력 간에도 국가의사형성에 미치는 영향력에 있어서 세력균형, 즉 권력분립이 요청된다. 그 결과, 오늘날의 권력분립은 '국가 내부의 권력분립'의 문제일 뿐만 아니라, 국가의사형성에 영향을 미치는 **'사회세력 간의 권력분립'**의 문제이기도 하다.

2. 권력분립의 형태

가. 의회의 여당과 야당의 대립을 통한 권력분립

정당이 국정운영의 중심적 역할을 담당하는 오늘날의 정당국가에서, 권력분립구조는 '정부와 의회의 대립'에서 '의회 내 다수당과 소수당의 대립'으로 전환되었으며, 정부와 국회의 권력이 다수당 중심으로 형성된 현실적 정치상황에서는 실제적인 권력의 분립은 의회의 여당과 야당 사이에서 이루어진다.[3] 따라서 **정부에 대한 통제는 의회가 아니라 야당의 역할**이 되었다. **정당국가에서 권력분립원리의 실현**은 본질적으로 의회의 야당이 기능하는지, 소수의 보호가 기능하는지 여부에 달려있다. 오늘날의 권력분립원리는 소수정당에게 집권당을 통제하는 가능성을 부여함으로써 비로소 실현될 수 있다. 바로 여기에 집권당을 통제할 수 있는 야당의 권리 및 소수 보호의 중요성이 있다.

야당이 국정통제의 기능을 이행하기 위해서는, 소수의 보호가 기능할 수 있도록 의사형성과정에 영향력을 행사하는 **소수의 절차적 권리와 이를 사법절차적으로 관철할 수 있는 소송법적 가능성**이 보장되어야 한다. 이러한 이유에서, 야당에게 국회소집을 요구할 수 있는 가능성(제47조 제1항), 국정조사를 요구할 수 있는 가능성(제61조) 등이 부여되어야 한다. 나아가, 의회나 소수당의 권한이 침해된 경우에는 이를 소송법적으로 관철할 수 있는 가능성이 함께 보장되어야 한다. 소수의 보호를 위한 헌법소송제도로서 중요한 기능을 하는 것이 권한쟁의심판이다. 권한쟁의심판절차는 소수의 보호가 기능할 수 있도록 입법적으로 형성되어야 하고, 소수보호의 정신에 비추어 청구인능력, 청

3) 물론 우리 헌법과 같이 대통령제를 채택한 헌법 하에서는 의원내각제의 경우처럼 정부와 의회 다수당의 이익이 반드시 일치하는 것은 아니지만, 대통령의 출신정당과 국회 내의 다수당이 일치하는 것이 일반적인 헌법현실이다.

구인적격 등에 관한 헌법소송법규정이 해석되어야 한다.

나. 연방국가제도 및 지방자치제도를 통한 수직적 권력분립

연방과 주(州) 사이의 수직적인 권력분립을 의도하는 **연방국가적 구조**는 국가기관 사이의 수평적 권력분립과 함께 권력통제의 실효성을 높일 수 있는 현대적인 권력분립의 수단으로 간주되고 있다. 연방국가에서는 일반적으로 입법기관이 양원제로 구성되기 때문에, 양원제를 통하여 국가기관 사이의 수평적 권력통제의 효과도 기대할 수 있다.

또한, 단일국가에서 채택할 수 있는 **지방자치제도**도 중앙정부와 지방자치단체 간에 행정기능을 배분함으로써 수직적 권력분립의 요소로서 인식되고 있다. 다만, 연방국가제도에서는 모든 국가기능의 분할 효과를 꾀할 수 있으나, 지방자치제도에서는 단지 행정기능의 분할효과만을 노릴 수 있다. 지방자치제도는 지방자치단체로 하여금 그의 고유사무를 독자적으로 처리하도록 함으로써 지방분권을 실현한다.

다. 헌법재판제도의 권력통제적 기능

국가행위의 위헌성을 심사하는 헌법재판제도도 권력통제적 기능을 한다. 헌법재판제도는 위헌법률심판, 헌법소원심판, 탄핵심판 등을 통하여 국가행위가 헌법적 한계를 넘었는지 여부를 심사함으로써 **국가권력을 제한하고 국가기관의 권력남용을 방지**하는 기능을 한다. 또한, 헌법재판제도는 권한쟁의심판 등을 통하여 국가기능 사이에 견제와 균형이 이루어지는지를 통제함으로써, 헌법상 **권력분립질서의 유지와 보장**에 기여한다.

라. 직업공무원제도의 권력분립적 기능

직업공무원제도의 권력분립적 기능은 정치적 세력(정당과 이익단체, 정무직 또는 선출직 공무원 등 정치적 공무원)과 직업공무원 간의 권력의 분리 및 견제와 균형에 있다. 헌법은 직업공무원제도를 통하여 **'정치적으로 중립적인 직업공무원'과 '정치적으로 편향적인 세력' 사이에 역할분담과 권력의 균형**을 의도하고 있다.

직업공무원제도는 그 본질적 요소인 정치적 중립성과 신분보장으로 말미암아, 정권의 교체나 정당에 의한 국가권력의 통합현상에도 불구하고 국가의 행정이 정치권력의 영향을 크게 받지 않고 지속적이고 일관되게 이루어지도록 함으로써, 행정 관료조직이 정치세력을 견제하고 통제하는 기능을 한다.

마. 다원적 민주주의를 통한 권력분립

오늘날 다원적 민주주의에서 국가의사형성은 국민의사형성과의 상호 영향관계에서만 이해될 수 있다. 사회단체는 국민의사형성에서 주도적 역할을 담당하고 국가의사결정과정에 영향력을 행사하고자 시도한다. 국가의사형성에 영향력을 행사하고자 하는 **'복수의 사회단체의 존재'**와 **'사회단체간의 세력균형'**을 통하여 사회적 영역의 정치의사형성과정에서 권력분립이 실현된다.

바. 기관내부적 권력통제

권력통제를 위한 또 다른 방법은 기관내부적으로 권력을 통제하는 방법이다. 헌법은 입법부나 행정부 내에서도 하나의 부분기관이 독자적으로 헌법적 권한을 행사하지 못하고 다른 부분기관과

의 협력 하에서만 권한을 행사할 수 있도록 규정할 수 있는데, 이러한 권력통제의 방법을 **기관내부적 권력통제**라 한다. 기관내부적 권력통제의 대표적인 예가 국가원수의 국정행위에 대하여 **부서요건**을 규정하는 경우이다(헌법 제82조). 또한, 대통령이 국무위원을 임명하기 위하여 **국무총리의 제청**을 요건으로 규정하는 것도 여러 기관의 협력을 통한 내부적 권력통제의 한 형태이다(헌법 제87조 제1항). 기관 상호간의 협력을 통한 내부적 권력통제의 또 다른 예는, 입법기관이 양원으로 구성되어 법률의 제정을 위하여 양원의 찬성을 필요로 하는 **양원제**이다. 뿐만 아니라, 기관의 의사를 합의제원칙에 따라 결정하도록 국가기관을 **합의제기관**으로 구성하는 것도 권력통제를 위한 하나의 수단이다.

Ⅳ. 권력분립원리의 위반

1. 실정헌법에 의한 권력분립원리의 구체적 형성

권력분립원리란, 시간과 장소를 초월하여 절대적 타당성을 주장할 수 있는 '국가권력의 특정한 분립형태'에 관한 이론이 아니라, **헌법적 원칙으로서 헌법 내에서 비로소 그의 구체적인 형태**를 갖추게 된다. 권력분립원리는 구체적인 헌법질서와 분리하여 파악될 수 없는 것이며, 권력분립원리의 구체적 내용은 헌법으로부터 나오는 것이다.

따라서 구체적인 국가행위가 권력분립원리에 위배되는지 여부는 특정한 추상적인 권력분립이론을 근거로 하여 판단해서는 안 되고, **권력분립에 관한 구체적인 헌법규범**에 의하여 판단되어야 한다. 헌법이 권력 상호간의 영향력 행사를 명시적으로 허용하고 있거나(가령, 헌법 제75조의 행정입법의 가능성) 또는 헌법이 허용하는 범위 내에서 법률이 국가기관 간의 상호작용을 규정하는 경우에는 권력분립원리의 위반이 문제되지 않는다.

2. 한국헌법에서 권력분립원리

헌법은 국가기능을 입법·집행·사법으로 분할하여, 입법권은 국회에(제40조), 집행권은 정부와 행정에(제66조), 사법권은 법원에(제101조) 각 귀속시킴으로써, 대의제 민주주의와 더불어 권력분립원리를 채택하고 있다. 헌법에서 권력분립원리는 **권력의 분할뿐만 아니라 권력 간의 상호작용과 통제의 원리**로 형성되었고, 이에 따라 국가기관 간의 상호작용(상호간의 억제, 협력과 공조)은 권력분립원리에 대한 예외가 아니라 헌법상 권력분립원리를 구성하는 하나의 요소이다.

헌법은 다른 국가기관과의 협력 하에서만 헌법적 과제를 이행할 수 있도록 규정함으로써 기관 간의 관계를 '**협력적 통제관계**'로 형성할 수 있다. 의회는 법률안을 의결하고 대통령은 이를 공포하거나 거부하는 형식으로 법률의 제정과정에 의회와 정부가 공동으로 참여하는 것은 국가기관 사이의 필수적 협력관계의 대표적인 예에 해당한다. 헌법은 입법과정에서 국회와 정부의 협력관계(제52조의 법률안 제출권, 제53조의 법률안 공포권과 거부권) 및 국제법상의 조약체결에 있어서 국회와 정부의 협력관계(제60조의 국회의 동의권과 제73조의 대통령의 조약체결권)를 규정하고 있다.

나아가, 대법원장과 대법관, 헌법재판소장, 감사원장 등 **국가기관의 구성에 있어서** 국회의 동의를 얻어 대통령이 임명하도록 규정하고 있는 '정부와 국회의 **협력관계**'(헌법 제98조, 제104조, 제111조), 헌법재판소와 중앙선거관리위원회의 구성에 대통령 · 국회 · 대법원장이 각 3인씩의 선임권을 가지고 공동으로 참여하는 것(제111조, 제114조)도 권력분립원리의 표현이라 할 수 있다.

또한, **상호견제와 통제의 장치**로서, 예산에 대한 국회동의권(제54조), 대통령을 비롯한 고위공직자에 대한 국회의 탄핵소추권(제65조), 국무총리의 임명에 대한 국회동의권(제86조), 대통령의 법률안거부권(제53조) 등을 언급할 수 있다. 뿐만 아니라, 대통령의 국정행위에 대한 부서제도(제82조), 대통령이 국무총리나 국무위원 등의 직을 겸할 수 없도록 규정한 겸직금지(제83조), 국무위원의 임명에 있어서 국무총리의 제청 요건(제87조 제1항) 등도 **기관내부적 권력통제의 수단**으로서 권력분립원리를 실현하고자 하는 것이다.

3. 권력분립원리의 위반이 고려되는 경우

권력분립원리가 의도하는 바는, 특정 권력의 절대적 우위를 배제하고 각 기능 영역의 본질적 부분을 유지하고자 하는 것이다. **권력의 배분이 특정 국가기관의 일방적 우위를 가져오거나, 헌법상 다른 국가기관에 귀속된 기능의 핵심적 영역에 대한 침해가 발생한 경우**에 비로소 권력분립원리에 대한 위반이 고려될 수 있다. 그러므로 다른 권력에 대한 영향력 행사나 어느 정도의 권력비중의 변경이 이미 권력분립원리에 위반되는 것은 아니다.

입법부는 더욱 효율적이고 합리적인 입법을 위하여 입법권을 집행부에 위임할 수 있고(행정입법), 반대로 구체적이고 개별적인 효과를 가지는 입법을 통하여 실질적으로 행정기능을 행사할 수도 있다(처분적 법률). 또한, 사법기관은 법률의 해석과 적용을 통하여 실정법을 구체화하고 보완하는 법관법(法官法)을 형성함으로써 입법기능을 행사할 수 있다.

판 례 행정부의 관할에 속하는 검찰의 기능을 행사하는 **특별검사제도의 도입 여부를 입법부가 독자적으로 결정하는 법률조항이 권력분립원칙에 위배되는지 여부**가 문제된 **'이명박 후보 특검법 사건'**에서 "헌법상 권력분립의 원칙이란 국가권력의 기계적 분립과 엄격한 절연을 의미하는 것이 아니라, **권력 상호간의 견제와 균형을 통한 국가권력의 통제**를 의미하는 것이다. 따라서 특정한 국가기관을 구성함에 있어 입법부, 행정부, 사법부가 그 권한을 나누어 가지거나 기능적인 분담을 하는 것은 권력분립의 원칙에 반하는 것이 아니라 권력분립의 원칙을 실현하는 것으로 볼 수 있다. … 이처럼 본질적으로 권력통제의 기능을 가진 특별검사제도의 취지와 기능에 비추어 볼 때, 특별검사제도의 도입 여부를 입법부가 독자적으로 결정하고, 특별검사 임명에 관한 권한을 헌법기관 간에 분산시키는 것이 권력분립의 원칙에 반한다고 볼 수 없다."고 판단하였다(헌재 2008. 1. 10. 2007헌마1468, 판례집 20-1상, 1, 33).

제 4 절 국가기관의 법기속성(法羈束性)

Ⅰ. 국가행위에 대한 헌법과 법률의 우위

법치국가의 핵심적 내용에 속하는 것은, 모든 국가기관이 국가권력의 행사에 있어서 **법의 구속**을 받는다는 것이다. 법의 구속은 곧 법의 지배를 의미하고, 법의 지배는 자의적 지배의 배제와 개인의 자유보장의 전제조건이다. **국가권력의 행사가 법의 구속을 받는다는 것**은 **국가행위에 대하여 헌법과 법률이 우위에 있다**는 것을 의미한다. 헌법은 공권력행위가 헌법과 법률에 위반되는지 여부를 다툴 수 있는 가능성인 사법권의 보장과 헌법재판제도의 도입을 통하여 국가행위에 대한 헌법과 법률의 우위를 표현하고 있다.

Ⅱ. 입법자의 헌법에의 기속

법의 구속은 입법자에게는 헌법에의 구속, 즉 **헌법의 우위**를 의미한다. 입법자는 입법행위에 있어서 헌법의 구속을 받는다. 헌법은 입법절차를 확정하고 합헌적인 법률에 대한 내용적인 기준을 제시한다. 입법자의 입법은 기본권을 존중해야 하고 헌법상의 기본원리에 위배되어서는 안 된다. 헌법은 입법자에게 입법형성의 한계이자 지침으로 작용한다. 헌법에 위반되는 법률은 무효이며, 헌법재판소는 규범통제절차에서 그 위헌성을 확인한다.

Ⅲ. 행정부의 법에의 기속

1. 헌법과 법률의 우위

법의 구속은 행정부에게는 헌법과 법률에의 구속, 즉 헌법과 법률의 우위를 의미한다. 행정작용은 법률뿐만 아니라 헌법에 위배되어서는 안 된다. 행정부는 **법질서에서 모든 단계의 법규범**(헌법, 형식적 법률, 명령과 조례, 관습법)**의 구속**을 받는다. 행정부가 법의 구속을 받는다는 것은, 행정부는 법규범을 위반해서는 안 되고 나아가 법규범을 적극적으로 적용해야 한다는 것을 의미한다. 행정청이 위법적인 행정행위 등 위법적인 조치를 취한 경우, 위법적인 행정행위도 취소되거나 행정청에 의하여 스스로 철회되지 않는 한, 법적으로 유효하다. 다만, 명백하고 중대한 법적인 하자가 있는 경우에 한하여 행정행위는 무효이다.

한편, 헌법과 법률의 우위는 헌법과 법률을 우선적으로 적용해야 한다는 의미에서 '적용의 우위'가 아니다. 헌법과 법률의 우위는 법규범이 서로 충돌하는 경우에 비로소 그 의미를 가진다. 법적용기관인 행정부와 사법부에게는 낮은 단계의 해당 법규범을 적용해야 하는 의무가 부과된다. **하위규범의 적용 우위**에 의하여 사안에 가장 밀접하면서 가장 상세한 규율밀도를 가진 법규범이 우선적으로 적용되는 것이 보장된다.

2. 위헌 · 위법이라고 간주되는 법규범의 적용의무

행정부는 원칙적으로 법규범의 적용을 거부할 수 없으며, 위헌 · 위법으로 간주되는 법규범이라 하더라도 그 **법규범을 적용해야** 한다. 헌법은 위헌법률심판의 제청권을 법원에게만 부여하고 있다(제107조 제1항 및 제111조 제1항 제1호). 나아가, 현행 헌법재판제도는 구체적인 소송과 무관하게 정부가 법률의 위헌여부를 물을 수 있는 추상적 규범통제제도를 두고 있지 않다.[4] 따라서 행정청이 구체적인 사건에

4) 추상적 규범통제란, 구체적 소송사건과 관계없이 국가기관(가령, 정부나 국회의원 1/3 등)의 심판청구에 의하여 헌법재판소가 추상적으로 법률의 위헌여부를 심사하는 제도를 말한다.

적용해야 할 **법률에 대하여 위헌의 의심이 있는 경우**, 정부의 법률안제출권의 행사를 통하여 위헌적 법률의 위헌성을 제거하도록 하는 방법만이 고려될 수 있을 뿐이다. 한편, **행정입법의 위헌성이 문제되는 경우**에는 행정청은 상급관청을 통하여 행정입법의 위헌·위법성을 지적함으로써 행정부가 스스로 행정입법의 위헌성을 제거하도록 할 수 있다.

Ⅳ. 사법부의 법에의 기속

1. 헌법과 법률의 우위

법의 구속은 사법부에게는 헌법과 법률에의 구속, 즉 헌법과 법률의 우위를 의미한다. 헌법은 제103조에서 "법관은 헌법과 법률에 의하여 그 양심에 따라 독립하여 심판한다."고 규정하고 있다. 사법부는 행정부와 마찬가지로 법적용기관으로서 **모든 단계의 법규범(헌법, 형식적 법률, 명령과 조례)의 구속**을 받는다. 그러나 사법부는 행정부와는 달리, 헌법과 법률에 위반되는 하위 법규범(명령, 조례 등)의 **적용을 거부**할 수 있다. 다만, 법률이 헌법에 위반된다고 간주하는 경우에는 법원은 헌법재판소에 위헌제청을 해야 한다.

2. 입법자와 행정부에 대한 통제

법원은 위헌적인 법률을 적용함으로써 스스로 위헌적인 행위를 해서는 안 되기 때문에, 재판의 전제가 되는 법률의 위헌성이 문제된다면, 법원은 소송절차를 정지하고 **헌법재판소에 위헌심판을 제청**해야 한다(헌법 제107조 제1항). 법원은 **모든 법률을 가능하면 헌법에 합치하게 해석**해야 한다. 일견, 위헌의 여지가 있는 법률이라도, 법률이 헌법과 조화되는 것으로 해석할 여지가 있는 한, 그 법률은 합헌으로 판단해야 한다.

위헌·위법적 행정행위 및 하급심 판결은 취소되어야 한다. 법원은 구체적인 소송사건에 적용될 **명령이나 규칙을 심사**하여 위헌 또는 위법이라 판단되는 경우, 이를 무효로 선언할 수는 없으나, 당해사건에서 명령·규칙의 적용을 거부할 수 있다(헌법 제107조 제2항). 최고법원인 대법원이 명령·규칙의 위헌·위법여부를 최종적으로 심사할 권한을 가진다.

제 5 절 법률에 의한 행정(법치행정)

Ⅰ. 법률우위의 원칙

국가의 기능 중 행정기능이 가장 직접적으로 국민과 접촉한다는 점에서, 국민의 자유와 권리에 대한 침해가 행정작용에 의하여 가장 빈번하게 발생할 수 있다. 그러므로 법치국가원리는 무엇보다도 행정이 법률에 의하여 행해질 것을 요청한다. **법률에 의한 행정이란 법률우위의 원칙 및 법률유보의 원칙**을 말한다. 법률에 의한 행정은 행정청의 행위가 의회의 법률을 기준으로 삼도록 한다는 점에서 민주주의의 요청이기도 하다.

법률우위(法律優位)의 원칙이란, 법률이 존재하는 경우 행정은 법률에 위반되어서는 안 된다는 요청을 말한다. 법률우위란 '행정에 대한 법률의 우위'를 의미하므로, 행정은 존재하는 법률의 구속을 받는다. 따라서 행정은 법률을 준수해야 하고 **법률에 위반되어서는 안 되며, 나아가 법률을 적극적으로 적용해야** 한다. 법률우위의 원칙으로 인하여 행정은 법률의 적용을 거부할 수 없다.

Ⅱ. 법률유보의 원칙

1. 의미와 발전

법률유보(法律留保)의 원칙이란, **행정이 법률에 근거하여, 즉 법률의 수권에 의하여 행해져야 한다**는 것을 의미한다. 법률우위의 원칙이 존재하는 법률에의 구속을 의미하고, 이로써 존재하는 법률에 위반되어서는 안 된다는 것을 의미한다면, 법률유보의 원칙은 입법자에 의하여 규율되지 않은 영역에서 행정청이 법률에 의한 수권 없이 스스로 활동해도 되는지의 문제에 관한 것이다.

법률유보원칙과 관련하여 제기되는 문제는, 어떠한 경우에 행정청이 활동하기 위하여 법률에 의한 수권을 필요로 하는지, 즉 '**법률유보의 범위**'에 관한 것이다. 법률유보의 범위와 관련하여, 법률유보가 침해행정에 대하여 적용된다는 것에 관해서는 이의가 없다. 그러나 급부행정의 영역에서는 법률유보의 적용여부에 관하여 논란이 있으나, 법률유보가 모든 급부행정에 대하여 적용되어야 한다는 '전부유보'는 관철되지 못하였다. 그 대신, 법률유보의 문제를 해결하기 위하여 본질성이론에 기초한 의회유보의 사고가 확립되었다.

이로써, 법률유보의 원칙은 **침해유보의 사고에서 비롯되었고, 의회유보의 사고에 의하여 보완**되었다. 침해유보는 19세기 유럽의 시민적 법치국가에서 가장 본질적인 사안인 '자유와 재산에 대한 침해여부에 관한 결정'을 의회의 유보 하에 두고자 한 시도로서, 여전히 유효한 원칙이다. 그러나 정치적 상황과 국가성격의 변화로 인하여 침해유보를 의회유보에 의하여 보완하는 것이 불가피하게 되었다.

2. 침해유보(고전적 법률유보)

법률유보는 역사적으로 19세기 독일에서 군주로 대표되는 집행부와 시민을 대표하는 의회와의 대립관계를 전제로 하여 **군주의 집행부로부터 시민사회를 보호하기 위한 수단으로서 생성된 원칙**이다. 일반적으로 헌법학에서 '법률유보'라는 표현을 사용한다면, 이는 고전적 의미의 법률유보, 즉 '침해유보(侵害留保)'를 말하는 것이다. **침해유보원칙**이란, 행정은 법률에 의한 수권이 있는 경우에만 국민의 자유와 재산에 대하여 침해할 수 있다는 원칙, 즉 **행정에 의한 기본권의 침해는 법률에 근거해야 한다는 원칙**을 말한다. 기본권의 침해여부에 관한 결정은 의회에 유보되어야 한다는 의미에서 '침해유보'라 한다. **헌법은 제37조 제2항**에서 개인의 자유와 권리를 제한하는 경우에 대하여 법률적 근거를 요구함으로써 명시적으로 국가의 침해행위에 대한 법률유보를 규정하고 있다.

헌법재판에서 심판대상이 '법률'인 경우에는 침해유보의 문제가 제기될 여지가 없으나, 행정작용(가령, 사실행위나 행정입법)에 의한 기본권 제한이 정당화되기 위해서는 법률상의 근거를 필요로 하므로, **심판대상이 '행정작용'인 경우에는 항상 침해유보의 문제가 제기**된다. **행정청이 행정행위나 사실행위를 통하여 기본권을 제한하는 경우**, 그러한 행정작용은 충분히 명확한 수권법률에 근거해야 한다. 만일 수권법률이 존재하지 않는다면, 그러한 행정작용은 이미 법률유보원칙에 위배되어 개인의 기본권을 침해하는 위헌적인 행정작용이다.

마찬가지로, **행정부가 행정입법의 제정을 통하여 기본권을 제한하는 경우**에도 법률적 근거를 필요로 한다. 행정입법은 수권법률(모법)에 근거해야 하고, 나아가 그 위임의 범위 안에서 제정되어야 한다. 행정입법이 수권법률의 위임 없이 또는 그 위임의 범위를 벗어나 제정됨으로써 기본권을 제한하는 경우, 법률유보원칙에 위반된다. 행정입법이 모법의 위임 없이 제정된 것이라면 그 자체로서 법률유보원칙에 위반되며, 법률에 근거한 것이라 하더라도 그 위임의 범위를 넘은 것이라면 이 또한 실질적으로 모법의 위임 없이 제정된 것으로 법률유보원칙에 위반된다.

판 례 교육인적자원부장관이 교육정보시스템(NEIS)이라는 컴퓨터 네트워크 시스템을 구축하여 졸업생의 성명, 주민등록번호, 생년월일 등에 관한 **정보를 수집하고 보유하는 행위**가 기본권을 침해하는지 여부가 문제된 **'교육정보시스템 사건'**에서, 헌법재판소는 행정청에 의한 개인정보의 수집과 처리는 기본권의 제한에 해당하므로, 기본권의 제한이 법률에 근거하고 있는지 여부(법률유보의 원칙), 나아가 수권법률이 충분히 명확한지 여부(법률의 명확성원칙)를 판단한 다음, 수권법률에 근거한 개인정보의 수집과 처리가 과잉금지원칙에 위반되는지 여부를 판단하였다(헌재 2005. 7. 21. 2003헌마282).

대통령령으로 제정된 국가공무원 복무규정이 기본권을 침해하는지 여부가 문제된 **'국가공무원 복무규정 사건'**에서 "법률유보원칙상 이 사건 국가공무원 복무규정 제3조 제2항 등이 모법의 수권 없이 제정된 것이라면 그 자체로 헌법에 위반된다고 할 수 있으며, 가사 근거규정이 있다 하더라도 그 위임의 범위를 넘은 것이라면 역시 헌법에 위반된다. … 행정입법은 수권법률 혹은 모법에 근거하여야 하고, 나아가 그 위임의 범위 안에서 제정되어야 하며 모법에 위반되는 사항을 규정할 수는 없다는 원칙이 나온다."고 판시하면서, 위 사건의 경우에는 국가공무원법에서 하위법령에 위임하고 있으므로, 법률유보원칙에 위배되지 아니한다고 판단한 다음(헌재 2012. 5. 31. 2009헌마705 등, 판례집 24-1하, 541, 557), 행정입법이 명확한지, 나아가 과잉금지원칙에 위배되는지 여부를 판단하였다.

3. 의회유보와 본질성이론

가. 본질성이론(本質性理論)의 의미

19세기 유럽 국가의 성격은 일차적으로 질서유지적 국가, '침해적 국가'이며, 19세기 국가의 성격에 상응하는 것이 바로 '침해유보'이다. 그러나 국가의 성격이 사회적 법치국가로 전환되면서, 국가의 과제가 침해행정뿐 아니라 급부행정의 영역으로 확대되었다. 나아가, 역사적으로 법률유보의 출발점은 의회와 집행부의 대립적 구조인데, 오늘날 민주국가에서 법률유보원칙을 더 이상 의회와 집행부의 대립관계로 설명할 수 없게 되었다. **법률유보의 생성배경을 이루는 정치적 상황과 국가성격이 변화**함에 따라, 법률유보의 범위를 침해의 개념으로부터 분리하여 새로운 기준에 의하여 확정해야 할 필요성이 제기되었다. 침해를 전제로 하는 고전적 법률유보의 한계는 특히 국가과제에 새로이 편입된 급부행정, 국가의 조직과 절차의 영역 및 정치적으로 중요한 기본결정의 영역에서 드러났다.

법률유보의 변화한 기능에 부합하게 **법률유보의 범위를 새로이 정해야 한다는 요청**에 부응하기 위하여 나온 이론이 바로 **본질성이론**이다. 독일 연방헌법재판소는 70년대 초반부터 소위 '본질성이론'에 기초하여 고전적 법률유보(침해유보)를 의회유보(議會留保)로 발전시켰다. **의회유보이론**이란, 민주국가에서 **국가공동체의 본질적인 결정은 국민의 대의기관인 의회에 유보되어야** 하고, 의회의 법률에 의하여 규율되어야 한다는 원칙을 말한다. 법률유보의 범위를 확대한 것은, 사안이 개인과 사회에 대하여 중요할수록 의회가 스스로 규율해야 한다는 민주주의의 요청이기도 하다.

본질성이론은 새로운 것이 아니라 당연하고 진부한 것이다. 침해유보란 그 당시 시민사회에서 가장 본질적인 것으로 간주된 '자유와 재산에 대한 침해여부'를 의회가 스스로 정해야 한다는 원칙을 의미하는 것이었기 때문에, 침해유보의 사고도 그 자체로서 본질성이론에 기초하고 있었다. 결국, '무엇이 법률로써 규율되어야 하는지'를 판단하는 기준은 항상 사안의 '본질성'이었다.

나. 본질성이론의 구체적 요청

(1) 법률유보의 적용범위의 확대

법률유보의 범위를 판단하는 기준은 침해유보의 경우에는 '행정의 성격이 침해적인지 여부'였으나, 의회유보의 경우에는 '사안이 본질적인지의 여부'로 전환됨으로써 **법률유보의 적용범위**가 침해의 개념으로부터 분리되어 **모든 국가행위의 영역으로 확대**되었다. 급부행정의 영역에서도 본질적인 결정은 법률상의 근거를 필요로 한다.

(2) 본질적 사안에 대한 위임의 금지

의회유보는 입법자에 대하여 본질적인 사안을 스스로 규율해야 하고 다른 국가기관에 위임해서는 안 된다는 요청을 함으로써 입법자와 행정부의 관계에서 '**본질적인 사안에 대한 위임의 금지'**를 의미한다.

첫째, 의회유보는 입법자가 **행정부에 입법권을 위임하는 것을 제한**한다. 입법자는 본질적인 것을 법률로써 스스로 규율해야 하고 행정입법에 위임해서는 안 된다. 이로써 본질성이론은 입법자와 행정부 간에 규율권한의 경계설정에 관한 기준으로 작용한다.

가령, 입법자가 국공립학교 학생의 퇴학요건에 관하여 **시행령으로 정하도록 법률에서 위임한 경우**, **침해유보**의 관점에서는 수권법률의 존재여부만이 문제될 뿐, 기본권제한이 법률 또는 행정입법에 의하여 이루어지는지 여부는 전혀 문제되지 않는다. 이 사건의 경우, 수권법률이 존재하기 때문에 헌법적으로 아무런 문제가 없다. 반면에, **의회유보**의 관점에서는 본질적인 기본권제한은 법률에 의하여 이루어져야 하므로, 퇴학에 관한 규율이 본질적인 사안에 해당한다면, 입법자는 이를 스스로 정해야 하고 위임해서는 안 된다는 구속을 받게 된다. 따라서 퇴학요건에 관하여 시행령으로 정하도록 위임한 법률은 의회유보원칙에 위반된다.

둘째, 의회유보는 **행정부에 재량을 행사할 수 있는 권한을 부여하는 것을 제한**한다. 입법자는 본질적인 사안을 행정청의 재량에 맡겨서는 안 되고 이를 스스로 법률로 정해야 한다.

가령, 입법자가 방송수신료에 관하여 스스로 정하지 아니하고 이를 법률로써 행정청에 위임한 경우, **침해유보**의 관점에서는 수권법률이 존재하기 때문에 헌법적으로 아무런 문제가 없다. 그러나 **의회유보**의 관점에서는 방송수신료에 관한 결정이 본질적인 사항에 해당한다면 입법자가 이를 스스로 정해야 한다는 구속을 받으며, 이 사건의 경우 입법자가 스스로 정하지 아니하고 이를 행정청의 재량에 위임하였으므로 의회유보원칙에 위반된다.

판 례 텔레비전 방송수신료의 금액에 대하여 국회가 스스로 결정함이 없이 한국방송공사로 하여금 결정하도록 한 한국방송공사법조항의 위헌여부가 문제된 **'텔레비전 방송수신료 사건'**에서 헌법재판소는 "오늘날 법률유보원칙은 단순히 행정작용이 법률에 근거를 두기만 하면 충분한 것이 아니라, 국가공동체와 그 구성원에게 기본적이고도 중요한 의미를 갖는 영역, 특히 국민의 기본권실현과 관련된 영역에 있어서는 국민의 대표자인 입법자가 그 본질적 사항에 대해서 스스로 결정하여야 한다는 요구까지 내포하고 있다(의회유보원칙)."고 하여 **의회유보원칙의 요청을 처음으로 명시적으로 언급**한 다음, 텔레비전방송수신료는 국민의 재산권 보장의 측면이나 한국방송공사에게 보장된 방송자유의 측면에서 국민의 기본권실현에 관련된 본질적인 중요한 사항이므로 국회가 스스로 행하여야 하는 사항에 속하는 것임에도 불구하고, 국회를 배제한 채 한국방송공사로 하여금 수신료금액을 결정해서 문화관광부장관의 승인을 얻도록 한 것은 의회유보원칙에 위반된다고 판단하였다(헌재 1999. 5. 27. 98헌바70, 판례집 11-1, 633, 643). 헌법재판소는 위 결정에서 **수신료의 금액, 납부의무자의 범위, 징수절차**는 수신료 부과 · 징수의 본질적인 요소이므로 **입법자가 스스로 결정하여야 할 사항**이라고 판시하였다.

수신료의 징수방식을 종래 '수신료와 전기요금의 통합징수'에서 '수신료의 분리징수'로 변경한 방송법 시행령조항이 의회유보원칙에 위반되는지 여부가 문제된 **'수신료 분리징수 사건'**에서, 헌법재판소는 "심판대상조항은 수신료의 구체적인 고지방법에 관한 규정인바, 이는 수신료의 부과 · 징수에 관한 본질적인 요소로서 법률에 직접 규정할 사항이 아니므로 이를 법률에서 직접 정하지 않았다고 하여 의회유보원칙에 위반된다고 볼 수 없다."고 판시하였다(헌재 2024. 5. 30. 2023헌마820등).

한편, 전기판매사업자(한국전력공사)로 하여금 전기요금에 관한 약관을 작성하여 산업통상자원부장관의 인가를 받도록 한 전기사업법조항이 의회유보원칙에 위반되는지 여부가 문제된 **'전기요금약관의 인가 사건'**에서, 헌법재판소는 "전기요금의 산정이나 부과에 필요한 세부적인 기준을 정하는 것은 전문적이고 정책적인 판단을 요할 뿐 아니라 기술의 발전이나 환경의 변화에 즉각적으로 대응할 필요가 있다. 전기요금의 결정에 관한 내용을 반드시 입법자가 스스로 규율해야 하는 부분이라고 보기 어려우므로, 심판대상조항은 의회유보원칙에 위반되지 아니한다."고 판단하였다(헌재 2021. 4. 29. 2017헌가25).

다. 헌법재판에서 의회유보원칙의 의미

침해유보는 집행부의 행위에 대하여 법률의 수권을 요구함으로써 집행부와의 관계에서 입법자의 권한을 강화하고자 하는 것이지만, **의회유보**는 본질적인 사안을 스스로 규율해야 할 입법자의 의무를 강조함으로써 입법자를 구속하고 입법자의 형성권을 제한한다. 헌법재판소가 헌법해석을 통하여 의회유보원칙을 도출한 것은, 헌법재판소와 입법자의 관계에서 입법자를 구속하는 또 하나의 헌법적 지침을 제시함으로써 **법률에 대한 위헌심사의 기준**으로 삼는다는 것을 의미한다. 의회유보원칙은, **헌법재판에서 심판대상이 '법률'인 경우** '입법자가 스스로 규율해야 하는 것을 행정부에 위임한 것은 아닌지'의 관점에서 문제된다.

라. 본질성이론과 헌법 제75조의 포괄위임금지의 관계

헌법은 제75조에서, 입법자는 입법권을 위임할 수 있으나 "구체적으로 범위를 정하여" 위임해야 한다고 요청함으로써, 포괄위임금지원칙을 규정하고 있다. **포괄위임금지원칙과 본질성이론**은 모두 입법자가 무엇을 스스로 결정해야 하고 무엇을 행정부에 위임할 수 있는지의 문제에 관한 것으로 **동일한 헌법적 요청**을 하고 있다. 입법자가 구체적으로 범위를 정하여 위임해야 한다는 것은, 본질적인 것을 스스로 정해야 하고 위임해서는 안 된다는 것과 동일한 의미이다. 헌법 제75조의 **'포괄위임금지원칙'은 본질성이론이 입법권의 위임과 관련하여 헌법에 명문으로 구체화된 것**이다. 한편, **헌법재판소는 포괄위임금지원칙과 의회유보원칙을 별개의 헌법적 요청으로 이해**하여, 포괄위임금지원칙은 '위임법률의 명확성 여부'에 관한 것으로 '예측가능성의 기준'에 의하여 판단하고 있고, 의회유보원칙은 '본질적 사안의 규율 여부'에 관한 것으로 '본질성이론'에 의하여 판단하고 있다(부록 제1장 A. II. 참조).

입법자가 **입법권을 자치단체에 위임하는 경우**에는 헌법 제75조의 명시적인 법문으로 인하여 위 헌법규정이 적용되지 않는다. 그 대신, 헌법 제75조의 이론적 기초인 의회유보원칙이 적용된다.

판 례 중등의무교육을 대통령령에 의하여 순차적으로 실시하도록 위임한 교육법조항의 포괄위임여부가 문제된 사건에서, 헌법재판소는 "입법자는 교육에 관한 법제의 전부가 아니라 그 기본골격을 수립할 책무가 있으므로 본질적인 사항에 대해서는 반드시 스스로 기본적인 결정을 내려야 하고, 그러한 기본적인 사항의 결정을 행정부에 위임하여서는 아니 되는 것"이라고 하여, **포괄위임금지원칙의 위반여부를 본질성이론을 통하여 해결하고자 시도**하였다(헌재 1991. 2. 11. 90헌가27, 판례집 3, 11, 27).

입법자가 **입법권을 자치입법에 위임하는 경우 의회유보원칙의 구속**을 받는다는 것을 일련의 결정에서 확인하였다. 헌법재판소는 "법률이 자치적인 사항을 정관에 위임할 경우 원칙적으로 헌법상의 포괄위임입법금지 원칙이 적용되지 않는다 하더라도, 그 사항이 국민의 권리 의무에 관련되는 것일 경우에는, 적어도 국민의 권리와 의무의 형성에 관한 사항을 비롯하여 국가의 통치조직과 작용에 관한 기본적이고 본질적인 사항은 반드시 국회가 정하여야 한다는 법률유보 내지 의회유보의 원칙이 지켜져야 할 것이다."고 하여 **자치적인 사항을 정하는 정관**과의 관계에서 의회유보의 원칙을 언급하였다(헌재 2001. 4. 26. 2000헌마122, 판례집 13-1, 962, 973).

도시환경정비사업의 시행자인 토지소유자가 사업시행인가를 신청하기 전에 얻어야 하는 토지소유자의 **동의정족수를 자치규약에 정하도록 규정**하고 있는 도시정비법조항의 위헌여부가 문제된 사건에서 "그 동의요건을 정하는 것은 토지등소유자의 재산권에 중대한 영향을 미치고, 이해관계인 사이의 충돌을 조정하는 중요한 역할을 담당한다. 그렇다면 사업시행인가 신청시 요구되는 토지등소유자의 동의정족수를 정하는 것은 국민의 권리와 의무의 형성에 관한 기본적이고 본질적인 사항으로 법률유보 내지 의회유보의 원칙이 지켜져야 할 영역이다. … 따라서 사업시행인가 신청에 필요한 동의정족수를 자치규약에 정하도록 한 이 사건 동의요건 조항은 법률유보 내지 의회유보원칙에 위배된다."고 판시하였다(헌재 2011. 8. 30. 2009헌바128, 판례집 23-2상, 304, 322).

마. 의회유보의 범위를 판단하는 기준

본질성이론은 '무엇이 중요하고 본질적인가'의 질문을 제기한다. 헌법재판소는 독일연방헌법재판소의 판시내용을 수용하여 '**본질적이란 기본권실현에 있어서의 본질적인 것**을 의미한다'고 판시하고 있다. 따라서 사안이 당사자의 기본권실현에 미치는 효과가 중대할수록, 입법자가 스스로 정해야 하며 보다 명확하게 규율해야 한다. 그러나 오늘날 기본권적 연관성과 중요성을 가지지 아니한 국가의 행위가 거의 없다는 것을 고려한다면, **'규율대상의 기본권적 중요성'이라는 내용적 기준**은 불확실하고 상대적인 개념으로서 단지 이를 기준으로 하여 의회유보의 범위를 적극적으로 확정하는 것은 매우 어렵다.

따라서 본질성이론은 입법자와 행정부 간에 규율권한의 경계설정에 관한 문제라는 점에서, '사안이 의회의 입법절차에서 결정될 필요성이 있는지', **'공개토론을 통한 이익조정 필요성이 있는지'**

의 절차적 관점에 의하여 보완되어야 한다. 의회의 입법절차는 다원적으로 구성된 합의체에서 공개토론과 비판을 통하여 이익조정이 이루어지는 과정이다. 공개토론과 비판의 여지가 없는 밀실에서 전문관료들에 의하여 제정되는 행정입법과는 달리, 의회의 입법절차는 공익의 발견과 정당한 이익조정을 위하여 보다 적합한 민주적 과정이다. 행정(입법)절차와 비교할 때 의회입법의 민주적 가치는 바로 '절차에 의한 민주적 정당성'에 있다.

따라서 **의회유보의 규율대상을 확정하는 중요한 기준**은 무엇보다도 '규율대상의 기본권적 중요성'(내용적 관점)과 '입법절차에서 규율되어야 할 필요성'(절차적 관점)으로 요약될 수 있다. 요컨대, 규율대상이 내용적으로 기본권적 중요성을 가질수록, 규율대상에 관하여 절차적으로 공개적 토론과 이익조정의 필요성이 클수록, 입법자에 의하여 직접 규율되어야 한다.

판 례 헌법재판소는 '교사임용후보자 가산점 사건'에서 "규율대상이 기본권적 중요성을 가질수록 그리고 그에 관한 공개적 토론의 필요성 내지 상충하는 이익간 조정의 필요성이 클수록, 그것이 국회의 법률에 의해 직접 규율될 필요성 및 그 규율밀도의 요구정도는 그만큼 더 증대되는 것으로 보아야 한다." 고 판시하여, **의회유보의 범위를 판단하는 기준**으로서 '기본권적 중요성'과 '의회에서의 공개토론을 통한 이익조정의 필요성'을 제시하고 있다(헌재 2004. 3. 25. 2001헌마882).

제 6 절 법적 안정성의 요청

제 1 항 일반이론

I. 법적 안정성의 이중적 요청

1. 법적 안정성과 개인의 자유보장의 관계

법적 안정성(*法的 安定性*)의 요청은 헌법에 명시적으로 언급되어 있지 않으나, 법치국가원리를 구성하는 본질적 요소이다. 법치국가란 개인의 자유를 보장하고자 하는 헌법원리이며, 개인의 자유가 보장되기 위해서는 법질서가 법적 안정성을 제공해야 한다. 법치국가는 개인의 자유행사를 보장하기 위하여 '법질서의 명확성과 지속성'이라는 **이중적인 의미에서의 법적 안정성**을 요청한다. 법질서의 명확성과 지속성은 **개인이 자유를 행사하기 위한 법치국가적 전제조건**이다.

2. 법질서의 명확성과 지속성

첫째, 법적 안정성은 **'내용적 측면에서의' 안정성, 즉 법질서의 명확성**을 요청한다. 개인이 자유를 행사하기 위해서는, 법질서가 충분히 명확하여 무엇이 허용되고 금지되는지를 사전에 인식할 수 있어야 하고, 이로써 국가작용을 예측할 수 있고 자신의 행위를 그에 맞출 수 있어야 한다. 이에 관하여는 아래 '제2항 법률의 명확성원칙'에서 다루게 된다.

둘째, 법적 안정성은 **'시간적 차원에서의' 안정성, 즉 법질서의 지속성**을 요청하고 있다. 개인이 법질서를 행위의 기준으로 삼는다는 점에서, 개인이 자유를 행사하기 위해서는 자신의 행위의 근거가 되는 법질서의 존속을 신뢰할 수 있어야 한다. 이에 관하여는 아래 '제3항 소급입법과 신뢰보호원칙'에서 다루게 된다.

Ⅱ. 헌법재판에서 법적 안정성의 의미

헌법재판의 실무에서 법적 안정성의 요청은 큰 비중을 차지하고 있다. 헌법소원심판의 청구인은, 심판대상조항이 그 내용에 있어서 자유권을 과잉으로 침해하고 평등원칙에도 위반된다는 것을 다툴 뿐만 아니라, 심판대상조항이 불명확하여 입법자의 의도를 파악할 수 없다는 이유로 명확성원칙의 위반여부도 함께 다투고 있다. 입법자가 법률을 개정하는 경우에는 개정법률이 내용적으로 과잉금지원칙에 위반될 뿐만 아니라, 청구인의 기득권을 불리하게 변경하는 소급입법이라는 주장으로 또는 청구인의 신뢰이익을 침해한다는 주장으로 헌법소원을 제기하고 있다.

제 2 항 법률의 명확성원칙

Ⅰ. 의 미

1. 법률유보원칙이 기능하기 위한 필수적 전제조건

법률의 명확성원칙은, 법률의 내용이 충분히 명확하여 국민이 '입법자가 법률을 통하여 의도하는 바'를 인식할 수 있어야 하고 행정의 행위를 어느 정도 예측할 수 있어야 한다'는 것을 의미한다(예측가능성의 이론). 명확성원칙은 법질서 전반에 대하여 명확할 것을 요청하는 것이므로, 법률뿐만 아니라 **법률에 대하여 하위에 있는 법규범에 대해서도 적용**되는 법치국가적 원칙이다.

법률의 명확성원칙은 **법률유보원칙이 기능하기 위한 전제조건**이다. 법률이 명확해야만, 법률은 행정청의 행위에 대한 수권의 근거로서 기능할 수 있다. 법률이 충분히 명확하여 행정청에게 구체적인 행위지침을 제시하는 경우에만, 법률은 법적용기관을 구속하고 자의적인 법집행을 방지하는 **법률유보의 기능**을 이행할 수 있다. 법률의 명확성원칙은, 법률이 행정과 사법에 대한 행위지침으로 기능하기 위하여 필수적으로 요청되는 것이다. 따라서 법률의 명확성원칙은 법률유보원칙의 필수적인 보완이자 구체화를 의미한다. 법률유보원칙이란 곧 '**명확한 법률에 의한 유보원칙**'인 것이다.

법률의 명확성원칙은 **모든 법률유보원칙에 내재된 법치국가적 원칙**이다. 헌법 제37조 제2항의 일반적 법률유보조항도 '기본권을 제한하는 법률은 명확해야 한다'는 요청을 당연한 전제로 내포하고 있으며, 헌법 제13조 제1항의 죄형법정주의도 형벌법규의 명확성을 당연한 전제로 내포하고 있다.

2. 입법자를 구속하는 헌법적 지침

헌법재판소는 법치국가원리로부터, 특히 기본권의 제한과 관련해서는 헌법 제37조 제2항으로부터 '법률유보의 원칙'을 도출하였고, 나아가 헌법해석을 통하여 법치국가원리(법적 안정성, 권력분립, 기본권보장 등)와 법률유보원칙으로부터 '법률의 명확성원칙'을 도출하였다. 이로써, 입법자는 행정청에게 기본권을 제한하는 권한의 근거로서 '법률'을 제공하는 것만으로는 부족하고, **'명확한 법률'을 제공해야 하는 의무와 부담**을 지게 되었다. 이로써 법률의 명확성원칙은 입법자를 구속하는 **또 하나의 위헌심사기준**으로 기능한다.

Ⅱ. 헌법적 근거

법률의 명확성원칙은 **법적 안정성의 요청**에 그 헌법적 근거를 두고 있다. 법률이 명확해야, 국민이 법률의 의도를 파악할 수 있고 국가행위를 예견할 수 있으며, 자신의 행위를 법질서에 맞출 수 있다.

나아가, 법률의 명확성원칙은 **권력분립원리**에도 그 헌법적 근거를 두고 있다. 법률이 불명확한 경우, 행정청이나 법원에게 충분히 명확한 행위지침이나 심사기준을 제시하지 못하기 때문에, 법적용기관이 스스로 행위기준이나 심사기준을 정하게 된다.

또한, **자유로운 기본권행사를 보장**하기 위해서도 법률은 명확해야 한다. 법률이 불명확한 경우, 행정청에 명확한 행위지침을 제공하지 못함으로써 자의적인 공권력행사를 가능하게 하고, 국민의 관점에서 무엇이 허용되고 금지되는지를 인식하기 어렵기 때문에 개인의 자유행사를 위축시키게 된다.

Ⅲ. 명확성여부를 판단하는 기준

법률은 일정 생활영역에서 발생할 수 있는 모든 법적 상황을 규율해야 하기 때문에, 일반적이고 추상적으로 규율하는 것이 불가피하다. **법률이 너무 구체적이고 서술적으로 규율하는 경우**에는 다양한 사실관계를 규율하는 것이 불가능하고 변화하는 사회상황에 적응하는 것이 어렵기 때문에, 법률의 경직성으로 인하여 빈번한 법률개정이 불가피하다. 반면에, **법률이 너무 추상적으로 규율하는 경우**에는 국민이 국가행위를 예측하기 어렵기 때문에 개인의 자유행사를 위축시킬 수 있다. 법률의 명확성원칙은 '최소한의 명확성'을 요청하는 것이 아니라, 법률의 불명확성을 정당화하는 상충하는 법익과 조화를 이룰 수 있는 범위 내에서 **법률은 가능하면 명확해야 한다는 '최적화의 요청'**이다.

법률의 명확성원칙은 개괄조항이나 불확정 법개념의 사용을 금지하지 않는다. 입법자는 불확정 법개념을 사용할 수 있으나, 법률의 불명확성은 법률해석의 방법을 통하여 제거될 수 있어야 한다. **일반적인 법해석원칙을 통하여 법규범의 내용을 밝혀낼 수 있는지 여부**가 법규범의 명확성 여부를 판단하는 기준이다. 따라서 법률이 명확한지 여부는 당해 조항의 문언만으로 판단해서는 안 되고, 법률해석의 방법에 기초하여 관련조항을 유기적·체계적으로 고려하여 판단해야 한다. 불확정 법개념이 법원의 법률해석을 통하여 구체화될 수 있기 때문에 행정청의 공권력행사에 대한 사법부의 심사가 가능하다면, 즉 **법률해석을 통하여 행정청과 법원의 자의적인 적용을 배제하는 객관적인 기준을 얻는 것이 가능하다면,** 법률의 명확성원칙에 위반되지 않는다.

판 례 '공공의 안녕질서', '미풍양속'의 명확성여부가 문제된 **'인터넷상 불온통신 금지 사건'**에서, "이처럼, '공공의 안녕질서', '미풍양속'은 매우 추상적인 개념이어서 어떠한 표현행위가 과연 '공공의 안녕질서'나 '미풍양속'을 해하는 것인지, 아닌지에 관한 판단은 사람마다의 가치관, 윤리관에 따라 크게 달라질 수밖에 없고, **법집행자의 통상적 해석을 통하여 그 의미내용을 객관적으로 확정**하기도 어렵다."고 판시하여 법률의 명확성원칙에 대한 위반을 확인하였다(헌재 2002. 6. 27. 99헌마480).

건설업자가 부정한 방법으로 건설업의 등록을 한 경우 건설업 등록을 필요적으로 말소하도록 규정한 법률조항이 법률의 명확성원칙에 위반되는지 여부가 문제된 사건에서, "이 사건 법률조항에 규정된 '부정한 방법'의 개념이 약간의 모호함에도 불구하고 **법률해석을 통하여 충분히 구체화**될 수 있고, 이로써 **행정청과 법원의 자의적인 법적용을 배제하는 객관적인 기준**을 제공하고 있으므로 이 사건 조항은 법률의 명확성원칙에 위반되지 않는다."고 판시하고 있다(헌재 2004. 7. 15. 2003헌바35등).

공무원이 직권을 남용하여 사람으로 하여금 의무 없는 일을 하게 하는 경우 형사처벌하도록 하는 형법 제123조의 명확성원칙 위반여부가 문제된 **'직권남용죄 사건'**에서, 헌법재판소는 "처벌법규의 구성요건이 명확하여야 한다고 하여 모든 구성요건을 단순한 서술적 개념으로 규정하여야 하는 것은 아니고, 다소 광범위하여 법관의 보충적인 해석을 필요로 하는 개념을 사용하였다고 하더라도 **통상의 해석방법에 의하여** 건전한 상식과 통상적인 법감정을 가진 사람이라면 당해 처벌법규의 **보호법익과 금지된 행위 및 처벌의 종류와 정도를 알 수 있도록 규정하였다면** 헌법이 요구하는 처벌법규의 명확성원칙에 배치되는 것이 아니다. 그리고 처벌규정에 대한 **예측가능성 유무를 판단할 때**는 당해 특정조항 하나만을 가지고 판단할 것이 아니고, 법률조항의 문언, 입법목적, 입법연혁, 체계적 구조 등을 종합적으로 고려하여 관련 법조항 전체를 종합 판단하여야 하며, 각 대상법률의 성질에 따라 구체적·개별적으로 검토하여야 한다."고 판시하여 명확성원칙에 위반되지 않는다고 판단하였다(헌재 2006. 7. 27. 2004 헌바46, 판례집 18-2, 68, 73).

또한, 헌재 2024. 5. 30. 2021헌바55등(**공무원의 직권남용**), "법규범이 명확한지 여부는 그 법규범이 수범자에게 법규의 의미내용을 알 수 있도록 공정한 고지를 하여 **예측가능성을 주고 있는지 여부** 및 그 법규범이 법을 해석·집행하는 기관에 충분한 의미내용을 규율하여 **자의적인 법해석이나 법집행이 배제되는지 여부**, 다시 말하면 예측가능성 및 자의적 법집행 배제가 확보되는지 여부에 따라 이를 판단할 수 있다."

Ⅳ. 명확성의 정도에 대한 요구

1. 규율대상의 성격

법률의 명확성 정도에 대한 요구는 획일적으로 확정될 수 있는 것이 아니라, 규율대상의 성격 및 당사자에 미치는 법률의 규율효과에 따라 다르다. 법해석방법을 통하여 법률이 명확한지 여부를 밝히는 과정에서 '법률의 규율효과'와 '규율대상의 성격'이라는 **2가지 관점을 활용하여 명확성 여부를 논증하는 것이 필요**하다.

규율대상의 성격이란, 규율하고자 하는 생활영역이 입법자로 하여금 어느 정도로 상세하고 명확하게 규율하는 것을 허용하는지에 관한 것이다. 규율하고자 하는 생활영역이 수시로 변화하거나 그 변화를 예측할 수 없는 경우, 특히 입법자가 새로운 영역을 처음으로 규율하는 경우 또는 규율대상이 다양한 사실관계를 포함하는 경우에는 입법자가 규율대상을 명확하게 규율하는 것에 한계가 있을 수밖에 없다. 이러한 경우에는 규율대상의 성격으로 말미암아 법률의 명확성에 대한 요구가 완화될 수 있다.

2. 당사자에 미치는 법률의 규율효과

법률에 의한 기본권제한의 효과가 중대할수록, 입법자는 보다 명확하게 규율해야 한다. 법률의 적용을 받는 국민의 입장에서도 자신의 중대한 기본권을 제한하는 법률일수록, 법률의 의도하는 바를 명확하게 인식할 수 있어야 하고 국가행위를 예측할 수 있어야 한다.

기본권을 제한하는 **침해적 법률**은 시혜적 법률에 비하여 명확성의 요구가 강화된다. 침해적 법률의 경우에도, 제한되는 자유영역의 성격에 따라 명확성에 대한 요구가 다를 수 있는데, **개인적 자유의 핵심영역**(가령, 생명권, 신체의 자유, 사생활의 영역 등)이 제한되는 경우에는 법률의 명확성에 대하여 보다 엄격한 요구를 해야 한다. 따라서 신체의 자유를 제한하는 형벌법규는 보다 명확하게 규정되어야 한다.

판 례 **규율대상의 성격**에 따라 명확성의 정도에 대한 요구가 달라진다는 것에 관하여 "기본권제한입법이라 하더라도 규율대상이 지극히 다양하거나 수시로 변화하는 성질의 것이어서 입법기술상 일의적으로 규정할 수 없는 경우에는 명확성의 요건이 완화되어야 할 것이다."고 판시하고 있다(헌재 1999. 9. 19. 97헌바73 등, 판례집 11-2, 285, 300).

기본권제한의 효과에 따라 명확성의 정도에 대한 요구가 달라진다는 것에 관하여 "어떠한 규정이 부담적 성격을 가지는 경우에는 수익적 성격을 가지는 경우에 비하여 명확성의 원칙이 더욱 엄격하게 요구된다고 할 것이고 따라서 형사법이나 국민의 이해관계가 첨예하게 대립되는 법률에 있어서는 불명확한 내용의 법률용어가 허용될 수 없다."고 판시하고 있다(헌재 1991. 2. 11. 90헌가27, 판례집 3, 11, 30).

제 3 항 소급입법과 신뢰보호원칙

Ⅰ. 신뢰보호의 헌법적 기능과 목적

1. 법률의 기능변화로 인하여 발생한 신뢰보호의 문제

법질서는 유지와 변화를 함께 요구한다. 법질서는 유지되어야만, 지속성과 항구성을 제공할 수 있고 국가생활을 규율하는 질서유지적 기능을 할 수 있다. 한편, 법질서는 규율대상인 현실상황의 변화에 따라 함께 변화해야만, 법현실을 규율하는 규범력을 유지할 수 있다. 이로써 법질서는 **안정성과 유동성의 긴장관계**에 있다.

법치국가에서 법률은 원래 지속적이고 항구적으로 개인의 행위기준으로 작용하는 질서유지적 기능을 수행하였다. 그러나 사회적 법치국가에서 법률은 질서유지적 기능을 수행할 뿐만 아니라, 나아가 사회현상의 변화에 따라 변화하는 공익을 구체화하는 사회형성적 도구로 기능하게 되었다. 사회적 법치국가에서 **법률의 기능 변화로 인하여 법질서는 지속성과 신뢰성을 크게 상실**하였고, 법질서의 변화로부터 법질서의 존속에 대한 개인의 신뢰를 보호해야 할 필요성이 제기되었다.

2. 신뢰보호의 기능과 목적

입법자가 법률의 개정을 통하여 구법 하에서 형성된 개인의 법적 지위를 불리하게 변경하는 경우, **신뢰보호의 문제가 발생**한다. 예컨대, 국가가 요구하는 자격을 취득하여 일정 직업에 종사하던 자가 직업행사요건의 강화로 인하여 더 이상 그 직업에 종사할 수 없게 된다면, 또는 국가가 정한 일정한 시험규정을 근거로 시험 준비를 하던 수험생이 시험규정의 개정으로 어느 날 갑자기 새로운 시험규정 앞에 서게 된다면, 또는 일정 기간 동안 한시적으로 면세혜택을 부여하는 세법규정을 신뢰하여 기업이 투자를 결정하였는데 이 규정이 조기에 폐지된다면, 이러한 경우 모두 신뢰보호의 문제가 발생한다.

신뢰보호의 목적은, 입법자가 입법을 통하여 신뢰의 근거를 제공한 경우 입법자를 자신의 사전적 입법행위에 어느 정도 구속시키고자 하는 것이고, 이로써 법률개정으로부터 개인의 신뢰를 보호하고자 하는 것이다. 신뢰보호는 기본권과 함께 입법자의 형성권을 제한하는 중요한 법치국가적 요소이다.

3. 법적 안정성의 주관적 측면으로서 신뢰보호

자신의 행위기준으로 삼은 법규범이 계속 존속하리라는 개인의 신뢰에 대한 보호는 **법적 안정성(법적 지속성)의 주관적 측면**이다(헌재 1996. 2. 16. 96헌가2등, 판례집 8-1, 51, 84). 법적 안정성의 요청은 개인의 관점에서 보면 결국 신뢰보호의 요청을 의미한다. 신뢰보호원칙이 개인의 주관적인 관점에서 파악되기 때문에 신뢰보호의 주관적 성격은 다음과 같은 법적 결과를 수반한다.

첫째, 입법자가 법률개정을 통하여 부담을 부과하거나 또는 급부를 축소하는 등의 방법으로 **구법 하에서 형성된 개인의 법적 지위를 불리하게 변경하는 경우에만**, 신뢰보호의 문제는 발생한다.[5] 따라서 입법자가 법률개정을 통하여 개인의 부담을 완화하거나 급부를 확대하는 등 개인의 법적 지위를 유리하게 변경하는 경우에는 신뢰보호의 문제가 발생하지 않고, 단지 평등원칙의 위반만이 고려될 수 있을 뿐이다. 둘째, 국가공동체 내에서 모든 개인적 이익이 그러하듯이, 개인의 신뢰이익도 기본권과 마찬가지로 사회적으로 구속을 받고, **공익과의 교량을 통하여 제한이 가능**하다.

헌법재판실무에서 개인의 신뢰보호의 문제가 차지하는 비중은 매우 크다. 헌법재판소에 계류되는 다수의 심판청구가 법규범의 개정으로 인하여 불이익을 입은 개인이 신뢰이익의 보호를 구하는 사건이다. 특히, 직업의 자유와 재산권보장과 관련하여 빈번하게 신뢰보호의 문제가 제기되고 있다.

판 례 "일반적으로 국민이 어떤 법률이나 제도가 장래에도 그대로 존속될 것이라는 합리적인 신뢰를 바탕으로 하여 일정한 법적 지위를 형성한 경우, 국가는 그와 같은 법적 지위와 관련된 **법규나 제도의 개폐에 있어서** 법치국가의 원칙에 따라 **국민의 신뢰를 최대한 보호하여 법적 안정성을 도모**하여야

---

5) 객관적 법이나 원칙의 경우에는 그것이 개인의 관점에서 유리 또는 불리한지 여부와 관계없이 객관적 법이나 원칙에 대한 위반여부를 확인해야 하지만, 주관적 성격을 가지는 신뢰보호의 경우에는 개인에게 불리한 상황에서만 그 보호기능을 발휘한다.

한다."고 판시하고 있다(현재 2017. 11. 30. 2016헌마101 등, 판례집 29-2하, 192, 204).

Ⅱ. 소급입법의 2가지 유형으로서 진정소급효와 부진정소급효

1. 법률의 시간적 적용범위를 규율하는 가능성

입법자는 '법률의 시간적 적용범위'를 규율함에 있어서 첫째, 시행일로부터 장래에 있어서 법률을 적용하면서 단지 '장래에 발생하는 사실관계'만을 규율할 수 있고, 둘째, 장래에 있어서 적용하면서 '장래에 발생하는 사실관계'뿐만 아니라 또한 '이미 과거에 발생하였으나 현재까지 계속되는 사실관계'도 함께 규율할 수 있으며, 셋째, 법률을 과거에 대하여 적용함으로써 과거를 새로이 규율하는 소급효를 가진 법률을 제정할 수도 있다.[6] 첫 번째의 경우에는 신뢰보호의 문제가 발생할 여지가 없으나, **두 번째와 세 번째의 경우에는 신뢰보호의 문제가 발생**한다.

헌법재판소는 **구법 하에서 발생한 사실관계에 신법을 적용하는 문제**와 관련하여 '이미 종료된 사실관계'에 신법을 적용하는지 아니면 '현재 진행 중인 사실관계'에 신법을 적용하는지에 따라 **진정소급효와 부진정소급효로 구분**하고 있다.

판 례 "과거의 사실관계 또는 법률관계를 규율하기 위한 소급입법의 태양에는 이미 과거에 완성된 사실·법률관계를 규율의 대상으로 하는 이른바 **진정소급효의 입법**과 이미 과거에 시작하였으나 아직 완성되지 아니하고 진행과정에 있는 사실·법률관계를 규율의 대상으로 하는 이른바 **부진정소급효의 입법**이 있다. 헌법 제13조 제2항이 금하고 있는 소급입법은 전자, 즉 진정소급효를 가지는 법률만을 의미하는 것으로서, 이에 반하여 후자, 즉 **부진정소급효의 입법은 원칙적으로 허용**되는 것이다. 다만 이 경우에 있어서도 소급효를 요구하는 공익상의 사유와 신뢰보호의 요청 사이의 비교형량 과정에서, 신뢰보호의 관점이 입법자의 형성권에 제한을 가하게 된다."고 판시하고 있다(헌재 1999. 4. 29. 94헌바37 등, 판례집 11-1, 289, 317).

2. 진정소급효

진정소급효(眞正遡及效)를 가지는 법률이란, 과거에 시행되지 않았으나 과거에 대하여 소급적으로 효력을 요구하는 법률을 말한다. 법률이 과거에 대하여 효력을 가짐으로써 과거를 법적으로 새로이 평가한다는 것에 바로 진정소급효의 문제가 있다. **진정소급효를 가지는 법률의 기본유형**은 법률의 소급적 시행이다. 시행일(효력발생시점)을 공포시점 이전으로 앞당기는 법률은 공포시점 이전에 발생한 사실관계에 대하여 소급효를 가진다. 예컨대, 세율을 인상하는 세법의 공포시점은 2005. 1. 1인데 그의 효력발생시점은 2003. 1. 1로 규정하는 법률이 이에 해당한다. 뿐만 아니라, 법률요건을 통하여 '법률 시행 이전에 이미 종결된 사실관계'에 대하여 법률을 적용함으로써도 동일한 소급적 효과를 얻을 수 있다.[7]

---

6) 가령, 입법자가 사회현상의 변화로 인하여 약사의 직업행사요건을 강화해야 한다고 판단한다면, 입법자는 강화된 직업행사요건(개정법률)을 장래에 약국을 개설하는 약사에 대해서만 적용할 수도 있고(첫 번째 경우), 또는 강화된 직업행사요건을 장래에 약국을 개설하는 약사뿐만 아니라 이미 약국을 개설하여 운영하고 있는 기존의 약사에 대해서도 적용할 수 있으며(두 번째 경우), 또는 강화된 직업행사요건을 과거 약국을 개설하였으나 이미 그만 둔 약사에 대해서도 소급적으로 적용할 수 있다(물론 현실적으로는 상정 불가능하지만, 세 번째 경우).

7) 예를 들자면, 2005. 1. 1. 공포되고 시행된 소득세법이 "처음으로 2003년도 과세기간부터 적용된다."는 규정을 담

진정소급효는 이미 종결된 과거의 사실관계에 사후적으로 작용하여 과거를 새롭게 평가하고 규율하는 것으로 법적 안정성의 요청에 정면으로 반한다. 개인은 원칙적으로 이미 종결된 사실관계를 사후적으로 새롭게 평가하는 가능성을 예견할 필요도 없고, 또한 이를 정당화하는 공익도 상정하기 어렵다. 따라서 **진정소급효를 가지는 법률은 원칙적으로 금지**된다. 다만, 구법에 의하여 보장된 개인의 법적 지위에 대한 신뢰가 보호할 만한 가치가 없거나 지극히 적은 반면, 소급입법을 통하여 달성하려는 공익이 매우 중대하여 개인의 신뢰보호이익에 현저히 우선하는 경우에는 **예외적으로 허용**될 수 있다(헌재 1996. 2. 16. 96헌가2 등, 판례집 8-1, 51, 88).

3. 부진정소급효

입법자가 일정 생활영역을 장래에 있어서 새롭게 규율하고자 하는 경우, 입법자는 장래에 발생하는 사실관계만을 규율할 것인지 아니면 과거에 발생하여 현재까지 지속되고 있는 기존의 사실관계도 함께 규율해야 할 것인지의 문제에 부딪히게 된다.[8] 입법자가 장래에 발생하는 사실관계뿐만 아니라 기존의 사실관계도 함께 규율하는 경우, **개정법률이 기존의 사실관계에 미치는 불리한 효과**를 일반적으로 부진정소급효(不眞正遡及效)로 표현하고 있다.

진정소급효는 '과거에 대한' 새로운 법적 평가로서 소급효에 관한 문제인 반면, 부진정소급효는 **개정법률을 '장래에 있어서' 적용하는 문제**이다. 법률이 시행일로부터 '장래를 향하여' 효력을 발생함으로써 구법의 효력 하에서 이미 발생한 사실관계에 대하여도 적용된다는 것은 '과거에 대하여' 효력을 가지는 법률의 소급효와는 근본적으로 다른 것이다. 부진정소급효는 소급효의 문제가 아니라 **개정법률이 기존의 사실관계를 함께 규율함으로써 발생하는 문제**이다. 오늘날 신뢰보호의 문제는 대부분의 경우 부진정소급효의 문제이며, 어떠한 조건 하에서 법적 상태의 존속에 관한 개인의 신뢰가 보호되어야 하는가의 문제가 부진정소급입법의 핵심적 문제이다.

사회적 법치국가에서 입법자는 입법을 통하여 변화하는 사회현상에 대처할 수 있어야 하고, 이로써 입법자의 진로변경(법률개정)이 가능해야 하기 때문에, 기존의 사실관계를 함께 규율해야만 공익을 효과적으로 달성할 수 있는 경우에는 기존의 사실관계를 새롭게 규율하는 것이 원칙적으로 가능해야 한다. 따라서 **부진정소급효를 가지는 법률은 원칙적으로 허용**된다. 다만, 법률개정을 요구하는 공익상의 사유와 개인의 신뢰이익을 교량하는 과정에서 신뢰보호의 요청에 의하여 입법자의 형성권이 제한된다(헌재 1996. 2. 16. 96헌가2 등, 판례집 8-1, 51, 86).

4. 소급입법에 관한 헌법규정

헌법은 제13조 제1항에서 죄형법정주의와 함께 형벌법규 불소급의 원칙을 규정함으로써 형벌법규와 행정벌과 같은 처벌조항에 있어서는 **불리한 소급입법을 절대적으로 금지**하고 있다. 또한 **같은 조 제2항**에서 소급입법에 의한 참정권의 제한과 재산권의 박탈을 금지하고 있다.

고 있다면, 이와 같이 법률요건을 통하여 과거를 새로이 규율하는 것은 자명하게 법률을 2003년으로 소급하여 시행한 것과 완전히 동일한 효과를 갖게 된다.

8) 가령, 사회현상의 변화로 인하여 입법자가 약사의 직업행사요건을 강화하는 방향으로 법률을 개정하고자 하는 경우, 입법자는 강화된 직업행사요건을 장래에 약국을 개설하는 경우에 대해서만 적용할 것인지 아니면 기존의 약국에 대해서도 적용할 것인지의 문제에 직면하게 된다.

여기서 말하는 소급입법이란 진정소급효를 가진 법률을 말한다. 헌법 제13조 제1항에서 형벌불소급의 원칙을 규정하면서 제2항에서 소급입법을 언급하고 있다면, 제2항에서 말하는 '소급입법'은 제1항과의 체계적 연관관계에서 볼 때 제1항의 의미에서와 마찬가지로 진정한 의미의 소급효로 보아야 한다. 헌법에서 명시적으로 언급한 영역 외의 다른 영역에서는 소급입법이 절대적으로 금지된 것은 아니므로, 소급입법이 허용되는지 여부는 진정소급입법의 허용여부에 관한 일반적 법리에 따라 판단된다.

판 례 헌법재판소는 "**헌법 제13조 제2항이 금하고 있는 소급입법**은 전자, 즉 진정소급효를 가지는 법률만을 의미하는 것으로서, …"라고 판시하고 있다(헌재 1999. 4. 29. 94헌바37 등, 판례집 11-1, 289, 318). 한편, 헌법재판소는 **'친일반민족행위자 재산의 국가귀속 사건'**에서 **헌법 제13조 제2항의 소급입법의 금지를 '절대적 금지'가 아니라 '원칙적 금지'로 해석**함으로써 진정소급입법을 예외적으로 허용하는 특단의 사유가 있는 경우에는 진정소급입법이 헌법적으로 허용된다는 입장을 밝히고 있다(헌재 2011. 3. 31. 2008헌바141).

Ⅲ. 기본권과 신뢰보호원칙의 관계

1. 자유권에 의한 심사와 신뢰보호원칙에 의한 심사

자유권에 의한 개정법률의 위헌심사는, 개정법률이 자유권을 과잉으로 침해하는지 여부에 관한 심사, 즉 **과잉금지원칙에 의한 심사**를 의미한다. 자유권에 의한 심사는, 입법목적(법률개정목적)을 달성하기 위하여 입법자가 선택한 수단(개정법률에 의한 기본권제한)이 과도한 것인지에 관한 심사로서, 개정법률에 대한 내용적 심사를 의미한다.

신뢰보호원칙에 의한 개정법률의 위헌심사는 개정법률의 내용에 대한 심사가 아니라, 규율내용의 위헌여부와는 별도로, **개정법률을 '기존의 사실관계'에 대해서도 적용하는 것이 신뢰보호의 관점에서 정당화되는지 여부**에 관한 심사이다. 즉, 개정법률의 적용범위를 시간적으로 이와 같이 '장래에 발생하는 사실관계'뿐만 아니라 '과거에 발생한 사실관계'에까지 확대하는 것이 신뢰보호의 관점에서 허용되는지 여부에 관한 것이다. 개정법률의 시간적 적용범위를 기존의 사실관계에 대해서도 확대하는 경우, 법질서의 존속을 신뢰한 개인에게도 개정법률에 내재된 '기본권제한'이 부과됨으로써, **개정법률이 신뢰보호원칙에 위반되어 자신의 기본권을 침해하는지 여부**가 문제된다.

2. 과잉금지원칙과 신뢰보호원칙에 의한 개정법률의 이중적 위헌심사

입법자가 법률개정을 통하여 구법 하에서 형성된 법적 지위를 축소하거나 폐지하는 경우, 개정법률의 위헌여부는 자유권과 신뢰보호의 관점에서 이중적으로, 즉 **'법률 내용(기본권제한) 그 자체의 위헌여부'와 '종래의 법적 지위에 대한 침해(종래의 법적 지위에 대해서도 기본권제한을 가하는 것)의 위헌여부'란 이중적 관점**에서 판단되어야 한다. 즉, 개정법률이 합헌적이기 위해서는 '장래에 있어서' 적용되는 법률이 그 내용에 있어서 헌법에 합치해야 할 뿐만 아니라, 구법에 의하여 형성된 '종래의' 지위에 대한 침해를 정당화해야 한다. 따라서 개정법률의 위헌심사는 '개정법률에 의한 기본권제한이 합헌인지'의 심사(과잉금지원칙에 의한 심사)와 '이러한 기본권제한을 과거에 발생한 사실관계에 확대하는 것이 합헌인지'의 심사(신뢰보호원칙에 의한 심사)로 이루어진다.

판 례 의약분업제도의 시행과 함께 의료기관 내에서 약국을 개설하는 것을 금지하면서, 약사법 개정 이전에 개설된 약국에 대해서도 개정된 약사법규정을 적용하도록 규정한 개정 약사법조항이 직업의 자유를 침해하는지 여부가 문제된 **'의료기관시설 등에서의 약국개설금지 사건'**에서, 헌법재판소는 '개정 법률이 의료기관 내에서의 약국개설을 금지한 것이 그 내용에 있어서 직업의 자유를 침해하는지'의 관점에서 **과잉금지원칙**에 따라 기본권침해 여부를 판단한 다음, 나아가 '약사법개정 이전에 이미 의료기관 내에 개설되어 운영되고 있는 기존의 약국에 대해서도 개정법률을 적용하는 것이 개인의 신뢰이익을 침해하는지'의 관점에서 개정법률이 **신뢰보호원칙**에 위반되어 직업의 자유를 침해하는지 여부를 판단하였다(헌재 2003. 10. 30. 2001헌마700 등, 판례집 15-2하, 137, 150). 과잉금지원칙과 신뢰보호원칙에 의하여 이중적으로 위헌심사를 한 대표적 결정으로 헌재 2007. 2. 22. 2003헌마428등(합성수지 도시락용기).

3. 독자적인 헌법적 요청으로서 신뢰보호원칙

신뢰보호의 문제는 '국가의 자기구속'으로부터 나오는 것으로, 법치국가원리에 내재된 법적 안정성의 요청이다. **신뢰보호원칙의 헌법적 근거**는 기본권이 아니라 법적 안정성 및 기본권 등을 모두 포괄하는 법치국가원리이다. 신뢰보호원칙은 '법의 시간적 차원'에 관한 것으로 법률적용범위의 시간적 한계를 제시하는 원칙이고, 과잉금지원칙은 '법의 내용적 차원'에 관한 것으로 기본권제한의 내용적 한계를 제시하는 원칙이다. 이러한 점에서 **자유권과 신뢰보호원칙은 헌법적으로 각 독자적 의미와 기능**을 가지고 있다.

따라서 개정법률에 의한 자유권의 제한이 '장래를 향하여는' 과잉금지원칙의 관점에서 내용적으로 아무런 흠결이 없으나, '이미 과거에 발생한' 법적 지위에 대해서도 적용되는 한, 신뢰보호의 측면에서 위헌적 규범이 될 수 있다. **자유권의 관점에서 내용적으로 합헌적인 법률도 신뢰이익을 침해할 수 있다**는 것은, 신뢰보호의 문제가 국가행위의 내용적 한계의 문제, 즉 자유권의 문제가 아니라는 것을 말해준다.

자유권이 적용되지 않는 영역에서도 신뢰보호의 문제가 발생할 수 있다는 점도 신뢰보호원칙의 독자적 성격을 뒷받침하고 있다. 예컨대, 국가에 의하여 제공되는 사회적 급부가 국가재정의 악화로 인하여 사후적으로 축소되거나 폐지되는 경우, 생계보조비와 같이 일방적인 국가적 급부는 재산권보장에 의하여 보호되지 않는다. 그러나 이와 같이 자유권이 적용되지 않는 경우에도 신뢰보호의 관점이 국가행위에 대하여 한계를 설정한다.

Ⅳ. 신뢰보호원칙의 위반여부를 판단하는 심사기준

1. 신뢰보호원칙의 독자적인 기능으로부터 나오는 독자적 심사기준

신뢰보호원칙이 헌법 내에서 자유권과는 근본적으로 다른 기능과 의미를 가지고 있으므로, 이에 상응하여 신뢰보호원칙의 위반여부를 판단하는 기준도 다를 수밖에 없다. 신뢰보호원칙의 위반여부는 개정법률을 과거에 발생한 기존의 사실관계에 확대하여 적용하는 것이 헌법적으로 허용되는지의 관점에서, 구체적으로 첫째, 신뢰보호를 요청하는 개인에게 헌법적으로 보호할만한 신뢰가 인정될 수 있는지, 둘째, 개정법률이 기존의 사실관계를 함께 규율하는 것이 개정법률의 목적을 달성하기 위하여 반드시 필요하고 요청되는 것인지, 셋째, 개인의 신뢰이익의 정도와 법률개정이익을 서로 비교하였을 때 어떠한 법익에 우위를 인정해야 하고, 어떠한 방법으로 개인의 신뢰이익을 적절하게 고려해야 할 것인지의 관점에서 독자적으로 판단되어야 한다.

가. 헌법적으로 보호되는 신뢰이익이 존재하는지 여부

법률개정에 대한 헌법상의 신뢰보호는 신뢰가 형성될 수 있는 **신뢰의 근거인 법률**을 필요로 한다. 국가가 제공하는 신뢰의 근거는 법령, 공법 또는 사법상의 계약, 행정행위 등 다양하나, 국가는 무엇보다도 입법행위를 통하여 국민에게 신뢰의 근거를 제공한다. 신뢰보호원칙이 국민의 주관적인 관점에서 파악되기 때문에, 신뢰보호는 개인의 법적 지위를 불리하게 변경하는 법률의 경우에만 문제된다.

나아가, 법률의 존속에 대한 개인의 신뢰는 보호할 만한 가치가 있는 것이라야 하는데, 헌법적으로 보호되는 신뢰는 **'신뢰행위'**를 전제로 한다. 즉 일정 직업의 선택 및 행사, 기업에의 투자, 현행 시험규정에 따른 시험준비행위와 같이 실제로 행사된 신뢰, 외부로 현실화된 신뢰행위만이 헌법적으로 보호받을 수 있다. 이에 대하여 단지 내심영역의 과정으로서 법질서의 존속에 대한 기대나 희망은 법적으로 아무런 의미가 없다.

판 례 "국민이 가지는 모든 기대 내지 신뢰가 헌법상 권리로서 보호될 것은 아니고, 개정된 법규·제도의 존속에 대한 개인의 신뢰가 합리적이어서 권리로서 보호할 필요성이 인정되어야 한다."고 판시하고 있다(헌재 2002. 2. 28. 99헌바4).

나. 과거에 발생한 사실관계를 함께 규율해야 하는 공익이 존재하는지 여부

입법자가 법률개정을 통하여 의도하는 목적을 달성하기 위해서는 대부분의 경우 일정 생활영역을 전체로서 규율해야 한다. 가령, 입법자가 환경보호의 기준을 강화하기 위하여 법률을 개정하면서 기존의 기업은 그 적용에서 배제하고 새로 설립되는 기업에 대해서만 개정법률을 적용한다면, 개정법률이 의도하는 '환경보호'란 목적은 거의 달성될 수 없을 것이다. 따라서 기존의 사실관계를 함께 규율해야 하는 정당한 공익상의 사유가 대부분의 경우 존재한다.

한편, 기존의 사실관계에 대하여 개정법률을 적용하는 것이 입법목적의 달성을 위하여 반드시 필요하고 요청되는 것이 아닌 경우에도 개정법률의 적용범위에 기존의 사실관계를 포함시키는 것은, 과거에 발생한 사실관계를 함께 규율해야 할 공익이 존재하지 않기 때문에 이미 이러한 이유에서 신뢰보호원칙에 위반된다.

다. 신뢰이익과 법률개정이익의 법익교량

개인의 신뢰이익도 기본권과 마찬가지로 **사회적으로 구속을 받고, 공익과의 교량을 통하여 제한이 가능**하다. 국가에 의한 신뢰이익의 손상이 곧 신뢰보호원칙에 위반되는 것이 아니라, 신뢰이익의 손상이 헌법적으로 정당화되는지를 별도로 판단해야 한다. 따라서 개별적인 경우마다, 법률의 존속에 관한 개인의 '신뢰이익'과 법률개정을 통하여 달성하려는 공익(법률개정이익)을 **비교형량**

하여 어떠한 법익이 우위를 차지하는지, 양 법익을 어떻게 이상적으로 조화시킬 수 있는지를 판단해야 한다.

판 례 "법률의 개정시 구법질서에 대한 당사자의 신뢰가 합리적이고도 정당하며 법률의 개정으로 야기되는 당사자의 손해가 극심하여 새로운 입법으로 달성하고자 하는 공익적 목적이 그러한 당사자의 신뢰의 파괴를 정당화할 수 없다면 그러한 새 입법은 신뢰보호의 원칙상 허용될 수 없다. 신뢰보호원칙의 위반여부는 한편으로는 침해받은 이익의 보호가치, 침해의 중한 정도, 신뢰침해의 방법 등과 다른 한편으로는 새 입법을 통해 실현하고자 하는 공익적 목적을 종합적으로 비교형량하여 판단하여야 한다."고 판시하고 있다(헌재 1995. 6. 29. 94헌바39, 판례집 7-1, 896, 910).

2. 헌법재판소 판례의 경향

헌법재판소는 일부 결정에서는 자유권의 침해여부는 과잉금지원칙에 따라 판단하고, 신뢰보호원칙의 위반여부는 신뢰보호원칙의 독자적인 기능을 인식하여 **독자적인 심사기준**에 의하여 판단하고 있다.[9] 그러나 일부 결정에서는 자유권의 침해여부를 과잉금지원칙에 따라 판단할 뿐만 아니라 신뢰보호원칙의 위반여부도 **과잉금지원칙**에 따라 판단함으로써, 과잉금지원칙을 반복적으로 적용하는 오류를 범하고 있다.

Ⅴ. 법률의 구체적인 형성에 따른 신뢰이익의 보호 정도

헌법상 신뢰보호의 목적은, 국가가 입법행위를 통하여 개인에게 신뢰의 근거를 제공한 이상, 입법자를 자신의 사전적인 입법행위에 법치국가적으로 구속시키고자 하는 것이다. 따라서 입법자가 신뢰의 근거로서 어떠한 내용의 법률을 제공하였는지, 이를 통하여 어느 정도로 법률의 존속에 대한 개인의 신뢰를 야기하였는지에 따라 **입법자의 자기구속의 정도 및 개인의 신뢰이익의 보호 정도**는 달라진다. 이러한 점에서, 법률의 존속에 대한 개인의 신뢰가 어느 정도로 보호되는지의 판단은 다음과 같은 **2가지 중요한 관점**에 달려 있다. 하나의 관점은, 개인이 어느 정도로 법률의 개정을 예측할 수 있었고 예측했어야 하는지의 '법률개정의 예견성(豫見性)'이고, 또 다른 관점은 누가 법률개정에 따른 위험부담을 져야 하는지의 '위험부담의 배분'이다. 헌법재판소도 위 2가지 관점을 신뢰이익의 보호정도를 판단하는 주된 기준으로 삼고 있다(헌재 2002. 7. 18. 99헌마574, 판례집 14-2, 29, 42; 헌재 2002. 11. 28, 2002헌바45, 판례집 14-2, 704, 712-714).

1. 법률개정의 예견성

개인의 신뢰이익은 그가 어느 정도로 법률개정을 예측해야만 했는지에 따라 상이한 강도를 갖는데, 법률개정에 대한 예견성의 정도는 법률의 규범적 표현에 따라 다음과 같이 다르다.

법률은 **처음부터 법률개정의 유보 하에서 효력**을 발생시킴으로써 법률에 기초한 개인의 신뢰를 처음부터 제한하거나 배제하려고 시도할 수 있다. 예컨대, 구체적 위기상황에 대처하기 위하여 한시적으로 적용되는 처분적 법률 등이 이에 속한다.

---

9) 헌법재판소가 신뢰보호원칙의 위반여부를 독자적인 심사기준에 따라 판단하는 경우 **일반적으로 두 번째 단계를 생략**하고 첫 번째 단계와 세 번째 단계에 의한 심사를 하고 있다. 이는 아마도, 두 번째 단계가 별도의 심사 없이도 일반적으로 인정될 수 있다는 사고에 기인하는 것으로 판단된다.

그러나 **대부분의 법률의 경우**, 법률개정의 가능성에 관한 입법자의 명시적 표현이 없다. 입법자는 변화하는 현실상황에 적절하게 대처할 수 있어야 하기 때문에, 개인은 현재의 법적 상태가 계속 유지되리라는 것을 원칙적으로 신뢰할 수 없다. 예컨대, 기한의 확정과 같은 아무런 법적인 확약이 없이 부여되는 조세감면의 혜택이나 보조금의 지급 등의 경우, 개인은 현실상황의 변화나 경제정책의 변경으로 인하여 일정 기간이 경과한 후 감축 또는 폐지되리라는 것을 일반적으로 예측해야 한다. 반면, 법률이 **일정 기간 동안 명시적인 존속의 확약을 하는 경우**, 입법자가 존속을 확약한 기간 동안 법률의 개정을 예견할 필요가 없기 때문에, 특별히 보호되어야 하는 신뢰가 인정된다. 예컨대, 입법자가 기한을 정하여 조세감면혜택을 약속하는 경우이다.

2. 법률개정에 따른 위험부담의 배분

신뢰이익의 보호정도를 결정하는 또 다른 관점은, '법률에 따라 행동한 개인'과 '신뢰의 근거를 제공한 입법자' 중에서 누가 법률개정에 따른 책임이나 위험부담을 져야 하는지의 문제이다. 입법자가 법률의 규범적 표현을 통하여 개인의 신뢰를 유발하고 법률의 의도에 따라 행위하도록 유도할수록, 개인의 신뢰이익은 더욱 보호되어야 하고, 이로써 법률개정에 따른 국가와 개인 간의 위험부담은 개인에게 유리하게 배분되어야 한다. 따라서 법률에 따른 개인의 행위가 **'예외적으로'** 국가에 의하여 일정 방향으로 유도된 신뢰의 행사인지 아니면 자신의 자발적인 결정에 근거하여 단지 법률이 부여한 기회를 활용한 것으로 **'원칙적으로'** 사적 위험부담의 범위에 속하는지의 관점이 신뢰이익의 보호정도를 결정하는 또 하나의 중요한 기준이다.

판 례 **신뢰이익의 보호정도를 판단하는 기준인 '위험부담의 배분'**과 관련하여 "개인의 신뢰이익에 대한 보호가치는 ① 법령에 따른 개인의 행위가 **국가에 의하여 일정방향으로 유인된 신뢰의 행사**인지, ② 아니면 **단지 법률이 부여한 기회를 활용**한 것으로서 원칙적으로 사적 위험부담의 범위에 속하는 것인지 여부에 따라 달라진다. 만일 법률에 따른 개인의 행위가 단지 법률이 반사적으로 부여하는 기회의 활용을 넘어서 국가에 의하여 일정 방향으로 유인된 것이라면 특별히 보호가치가 있는 신뢰이익이 인정될 수 있고, 원칙적으로 개인의 신뢰보호가 국가의 법률개정이익에 우선된다고 볼 여지가 있다."고 판시하고 있다(헌재 2002. 11. 28. 2002헌바45, 판례집 14-2, 704, 713-714).

가. 법률이 반사적으로 부여하는 기회의 활용

일정 생활영역을 중·장기적으로 규율하는 대부분의 법률의 경우, 입법자는 개인이 법률을 자신의 행위기준으로 삼을 가능성을 충분히 예견하지만 이를 유도하지는 않는다. 이 경우, 개인은 **원칙적으로 자신의 자발적인 결정에 따라 행위** 하면서 단지 법률이 제공하는 기회를 활용할 뿐이다. 이러한 경우, 법률개정의 위험부담은 원칙적으로 자유의사에 따라 결정하고 행동한 개인에게 돌아가야 하며, 단지 신뢰보호의 원칙은 변화한 법적 상황에 적응할 수 있도록 **적절한 유예기간**만을 요청할 뿐이다.

예컨대, 입법자가 특정 직업을 행사하기 위한 요건을 강화함으로써 구법 하에서 직업행사요건을 충족하여 특정 직업에 종사하던 자가 강화된 요건을 충족시키지 않는 경우에는 더 이상 그 직업에 종사할 수 없게 된다면, 이러한 경우 개인은 국가에 의하여 일정 직업을 갖도록 유도된 것이 아니라, 개인이 스스로의 결정에 따라 행위 하면서 단지 법질서가 제공하는 기회를 활용한 것이다.

판 례 구법 하에서 적법하게 허가를 받아 영업을 해 온 게임장운영자들로 하여금 6개월 이내에 새로이 게임제공업의 등록을 하고 게임물의 등급분류를 받도록 규정하는 법률조항의 위헌여부가 문제된 **'게임물 등록의무 사건'**에서, 헌법재판소는 "청구인들의 영업행위는 특정 경제정책상의 목표를 달성하기 위하여 국가에 의하여 유도된 사경제의 활동에 속하는 것이 아니라, 스스로의 위험부담으로 **법률이 부여한 기회를 활용한 경우**에 지나지 않는다고 할 것이므로, 그러한 관점에서도 법률개정의 이익에 우선하는 특별히 보호되어야 하는 신뢰이익이라 볼 수 없다. 다만, … 청구인의 신뢰이익은 변화한 법적 상황에 적응할 적정한 유예기간을 요청할 뿐이다."라고 판시하고 있다(헌재 2002. 7. 18. 99헌마574, 판례집 14-2, 29, 42). 또한, 동일한 취지로 헌재 2000. 7. 20. 99헌마452, 판례집 12-2, 128, 148.

나. 국가에 의하여 유도된 신뢰의 행사

개인이 법질서가 개방하는 기회를 활용하는 경우와는 달리, 입법자는 **예외적으로** 일정한 방향으로 개인의 행위를 유도하려는 목적으로 법률을 제정할 수 있다. 입법자가 **명시적으로 일정 기간 법률의 존속을 확약**함으로써 개인이 자신의 행위를 법률의 의도에 맞춘다면 개인의 신뢰를 저버리지 않으리라는 기대를 불러일으키는 경우, 국가에 의하여 유도된 개인의 행위를 인정할 수 있다. 예컨대, 기업의 투자를 촉진하고 투자의 이윤성을 확보해 주기 위하여 법률로써 일정 기간 그의 존속이 보장된 경제적 유인책(조세감면의 혜택, 금융지원, 세금공제의 가능성 등)이 법적으로 확정된 기간의 경과 이전에 다시 제거되거나 축소되는 경우이다. 이러한 경우, **특별히 보호받아야 하는 개인의 신뢰이익**이 존재하며, 법률개정의 책임은 원칙적으로 국가가 져야 한다.

또한, 입법자는 **시험규정이나 입시·교육제도에 관한 규정**을 통하여 개인의 행위를 일정한 방향으로 유도할 수 있다. 국가가 시험규정의 확정을 통하여 개인의 자유의사를 배제하고 자신의 의사를 개인의 행위기준으로 제시하는 경우에는, 국가의 결정에 따른 개인의 행위(시험규정에 따른 시험준비)가 특히 보호되어야 한다. 개인이 스스로 결정할 수 있을 때에만 그 결정에 따른 책임과 위험부담이 존재한다는 점에서, 시험규정이나 교육제도가 변경되는 경우에는 **특별히 보호받아야 하는 개인의 신뢰이익**이 인정되고, 법률개정의 책임은 원칙적으로 국가가 져야 한다.

판 례 자본증가에 대하여 36개월간 20%의 증자소득 공제를 확약하였으나 법적으로 확정된 기간의 경과 이전에 공제율을 12%로 인하하는 법률조항이 신뢰보호원칙에 위반되는지 여부가 문제된 **'조세감면규제법 개정 사건'**에서, 헌법재판소는 "청구인은 당초 구법규정에 따라 증자소득공제를 기대하고 증자하였는데 그러한 구법은 **기업의 증자를 통하여 재무구조개선을 하도록 유도하기 위한 목적**으로 제정된 것이며, 청구인이 법률개정을 예견할 사정도 없고, 구법을 신뢰한 국민의 신뢰이익을 압도할 만큼의 공익의 필요성이 간절한 것도 아니다."라는 이유로 청구인의 신뢰이익에 우위를 부여하고, 이 사건의 경우 한시적으로 구법을 계속 적용하는 경과규정을 두어야 하는데 그러한 경과규정이 결여되었으므로 위헌이라고 판단하였다(헌재 1995. 10. 26. 94헌바12).

변리사시험 제1차 시험을 2002년부터 절대평가제로 시행하기로 규정하였다가, 2002. 3. 제1차 시험을 다시 상대평가제로 시행하기로 개정한 변리사법시행령이 신뢰이익을 침해하는지 여부가 문제된 **'변리사시험 상대평가제 사건'**에서, 헌법재판소는 비록 청구기간의 도과를 이유로 각하결정을 하였으나,

만일 본안판단에 이르렀다면 **소수의견**에서 밝히고 있는 바와 같이 "이 사건 시행령조항은 충분한 공익적 목적이 인정되지 아니함에도 갑자기 시험의 기준을 변경하고 경과규정도 두지 않음으로써, 청구인들의 헌법상 보호되는 신뢰이익을 과도하게 침해한 것"이라는 이유로 심판대상조항을 위헌으로 판단하였을 것이다(헌재 2002. 10. 31. 2002헌마520).

VI. 신뢰보호의 구체적인 실현수단으로서 경과규정

1. 경과규정의 헌법적 의미

개인은 비록 국가에 대하여 구법의 존속을 요구할 수는 없으나, 법률개정에 있어서 자신의 신뢰이익을 적절하게 고려해 줄 것을 요구할 수 있다. 여기서 **경과규정**은 법률개정이 추구하는 공익과 개인의 신뢰이익이라는 상충하는 법익을 이상적으로 조화시키고 균형점을 찾는 수단으로 기능한다. 입법자는 개정법률에 적절한 경과규정을 삽입함으로써, 신뢰보호의 요청에 부합하는 법률개정을 할 수 있고, 이로써 법률의 위헌성을 피할 수 있다.

2. 경과규정이 요청되는 경우

개인이 **국가에 의하여 유도된 신뢰를 행사한 경우**에는 특별히 보호가치 있는 신뢰이익이 인정된다. 따라서 시험규정이나 일정 기간 존속이 보장된 조세감면규정의 개정의 경우 특별히 보호가치가 있는 신뢰이익이 인정되어야 하고, 개인의 신뢰이익이 국가의 법률개정이익에 우선한다. 이러한 경우에는 과거에 발생한 사실관계에 대하여 구법을 계속 적용하는 경과규정이 원칙적으로 삽입되어야 한다.

한편, 개인이 **국가에 의하여 부여된 법적 자유공간을 자신의 책임 하에서 활용한 경우**에는 원칙적으로 특별히 보호되어야 하는 신뢰이익이 인정되지 않는다. 그럼에도 개정법률을 그대로 적용하는 경우에 개정법률이 실현하려는 공익에 의하여도 정당화될 수 없을 정도로 개인의 신뢰이익이 과도하게 손상된다면, 신뢰이익은 **적절한 경과규정**을 통하여 고려되어야 한다. 가령, 입법자는 직업을 새로이 규율할 수 있으나, 법률개정으로 인하여 장래에 허용되지 않는 직업을 과거에 적법하게 행사한 사람들을 위하여 적절한 경과규정을 둘 것을 신뢰보호원칙은 요구한다. 또한, 정년규정을 불리하게 변경하는 경우에도, 정년이 임박한 교수들을 위하여 그들이 변화한 법적 상황에 대비할 수 있도록 적정한 유예기간을 부여하는 경과규정을 둘 것을 신뢰보호원칙은 요구한다.

제 7 절 형법의 영역에서 법치국가적 원칙

I. 형벌과 국가의 형벌권

형벌은 개인의 기본권에 대한 중대한 침해를 의미하므로, 다른 수단에 의하여 법익이 충분히 보호될 수 없는 경우에 비로소 형벌은 정당화된다. **형벌은 법익보호의 최종적 수단**(ultima ratio)

이다. 따라서 비도덕적 행위나 사회적으로 비난받을 만한 행위를 형사처벌하고자 하는 경우, 입법자는 형벌이란 수단까지 동원해야만 하는지 여부를 살펴보아야 한다. 한편, 입법자에게는 형사처벌의 필요성 및 법정형의 종류와 범위를 판단함에 있어서 상당히 폭넓은 형성의 자유가 인정된다(헌재 2005. 9. 29. 2003헌바52, 판례집 17-2, 136, 144-145).

국가의 형벌권은 헌법에 명시적으로 규정되어 있지 않지만, 신체의 자유에 대한 제한가능성을 규정하는 헌법 제12조, 죄형법정주의를 규정하는 헌법 제13조 등에서 이를 당연한 전제로 하고 있다. 형벌은 국민의 안전보장 및 개인과 공동체의 법익보호라는 **국가과제를 이행하는 수단이자 법질서에 대한 복종을 관철하기 위한 수단으로서 불가피**하다.

형벌, 특히 신체의 자유를 제한하는 자유형은 개인의 자유로운 인격발현에 대한 매우 중대한 침해를 의미하기 때문에, **국가의 형벌권행사를 법치국가적으로 구속하고 제한해야 할 필요성**이 있다. 이미 1215년 영국의 권리장전(Magna Charta)을 비롯하여 최초의 헌법들은 국가형벌권의 자의적인 행사로부터 개인을 보호하는 규정을 수용하였다. 우리 헌법도 법치국가적으로 요청되는 형법 및 형사소송법에 관한 기본원칙을 명시적으로 규정하고 있다.

판 례 배우자 있는 자의 간통행위 및 그와의 상간행위를 처벌하도록 규정하는 형법상의 간통죄조항의 위헌여부가 문제된 **'간통죄 사건'**에서, 헌법재판소는 혼인제도와 가정생활, 건전한 성도덕의 보호를 위하여 **형법적 수단까지 동원하여 개인의 성행위를 처벌해야 하는 것인지**를 판단함에 있어서 "비록 비도덕적인 행위라 할지라도 본질적으로 개인의 사생활에 속하고 사회에 끼치는 해악이 그다지 크지 않거나 구체적 법익에 대한 명백한 침해가 없는 경우에는 국가권력이 개입해서는 안 된다는 것이 현대 형법의 추세"이며, "혼인과 가정의 유지는 당사자의 자유로운 의지와 애정에 맡겨야지, 형벌을 통하여 타율적으로 강제될 수 없는 것이며, …"라고 판시하여, 과잉금지원칙에 위배하여 성적 자기결정권 및 사생활의 비밀과 자유를 침해한다고 판단한 바 있다(헌재 2015. 2. 26. 2009헌바17등).

Ⅱ. 죄형법정주의

1. 개념과 의미

헌법은 제12조 제1항에서 "… 누구든지 … 법률과 적법한 절차에 의하지 아니하고는 처벌·보안처분 또는 강제노역을 받지 아니한다."라고 하면서, **제13조 제1항**에서 "모든 국민은 행위 시의 법률에 의하여 범죄를 구성하지 아니하는 행위로 소추되지 아니하며, …"라고 하여, 오늘날 법치국가적 형법의 기본원리인 죄형법정주의(罪刑法定主義)를 규정하고 있다.

죄형법정주의란 **'법률 없이 범죄 없고, 형벌 없다'**는 원칙(Nulla poena sine lege)이다(헌재 1991. 7. 8. 91헌가4, 판례집 3, 336, 340). 죄형법정주의란, 무엇이 범죄가 되는지 그리고 범죄가 되는 경우 어떠한 형벌을 받는지, 즉 **범죄와 형벌에 관해서는 입법자가 법률로써 사전에 정해야 한다는 원칙**을 말한다. 죄형법정주의는 첫째, 명확한 형벌법규를 통하여 범죄와 형벌에 관한 예측가능성을 제공함으로써 법적 안정성을 보장하고자 하는 것이고, 둘째, 국가권력이 형벌권을 자의적으로 행사하거나 남용하는 것으로부터 개인의 자유와 권리를 보호하고자 하는 것이다. **죄형법정주의의 내용**은 법률유보의 원칙, 법률의 명확성원칙 및 소급입법금지라는 3개의 하위 개념을 통하여 구체화된다.

2. 구체적 내용

가. 형벌법규 법률주의(법률유보의 원칙)

'**범죄와 형벌은 법률로써 규정되어야** 한다'는 죄형법정주의는 형법의 영역에서 법률유보원칙이 구체화된 형태이다. 여기서의 '법률'이란 국회가 제정한 형식적 의미의 법률을 말한다. 그러나 형벌규정이라고 하더라도 입법자가 처벌받는 행위의 유형을 법률로써 상세하게 정하는 것이 현실적으로 불가능하기 때문에, 입법권의 위임이 불가피한 경우가 있다. 따라서 **"법률로써"란**, '직접 법률에 의하여 또는 법률의 위임에 근거하여' 형사처벌을 할 수 있다는 것을 의미하며, 이로써 법률뿐 아니라 법규명령, 규칙, 조례 등의 실질적 의미의 법률을 통해서도 형사처벌이 가능하다(조례와 관련하여 헌재 2005. 10. 27. 2003헌바50). 물론, 입법자가 형사처벌에 관한 **입법권을 행정입법이나 자치입법에 위임하는 경우**에는 기본권침해의 중대성이 비추어 **위임법률의 명확성(포괄위임의 금지)에 대하여 보다 엄격한 요청**을 해야 한다. 입법자는 스스로 무엇이 처벌받는 행위인지를 규정하고 형벌의 종류와 범위를 확정하면서, 단지 범죄구성요건에 관한 중요하지 않은 세부적인 규율만을 위임해야 한다(이에 관하여 제3편 제4장 제2절 제3항 '신체의 자유' Ⅳ. 2. 참조).

판 례 새마을금고 임원의 선거와 관련하여 '금고의 정관으로 정하는 기간 중에' 회원을 호별로 방문하는 행위를 한 자를 처벌하는 새마을금고법조항이 **죄형법정주의에 위배되는지 여부**에 관하여, 헌법재판소는 "심판대상조항에서 **'정관으로 정하는 기간'은 범죄구성요건의 중요부분에 해당**한다. … 형사처벌에 관련되는 주요사항을 헌법이 위임입법의 형식으로 예정하고 있지도 않은 특수법인의 정관에 위임하는 것은 사실상 그 정관 작성권자에게 처벌법규의 내용을 형성할 권한을 준 것이나 다름없다. 따라서 **정관에 구성요건을 위임하고 있는 심판대상조항**은 범죄와 형벌에 관하여는 입법부가 제정한 형식적 의미의 법률로써 정하여야 한다는 죄형법정주의에 비추어 허용되기 어렵다."고 판시하고 있다(헌재 2019. 5. 30. 2018헌가12, 판례집 31-1, 594, 599).

나. 형벌법규의 명확성원칙

(1) 명확성원칙의 강화된 형태로서 형벌법규 명확성원칙

죄형법정주의는 범죄와 형벌을 법률로 규정할 것을 요청할 뿐만 아니라, 나아가 그 **형벌규정 자체가 명확할 것**을 요구한다. 헌법재판에서 형벌법규와 관련하여 죄형법정주의가 문제된다면, 대부분의 경우 형벌법규의 명확성여부에 관한 것이다. 죄형법정주의는 신체의 자유와 같이 개인의 중요한 기본권을 제한하는 **형벌규정의 명확성에 대하여 보다 엄격한 요청**을 함으로써 일반적인 명확성원칙을 강화하고 있다. 한편, 형벌법규의 불명확성에도 불구하고 일반적인 법률해석원칙에 의하여 행정청과 법원에 의한 **자의적인 형벌권행사를 배제할 수 있는 객관적인 기준**을 얻을 수 있고, 이로써 불명확성이 제거될 수 있다면, 이러한 형벌법규는 명확성의 원칙에 위반되지 않는다(헌재 1993. 3. 11. 92헌바33, 판례집 5-1, 29, 47).

명확성의 요청은 대부분의 경우 **범죄의 구성요건**과 관련하여 문제된다. 죄형법정주의는 범죄의 구성요건을 명확하게 규정함으로써 일반 국민이 어떠한 행위가 형법으로 금지되고 있는지를 예측할 수 있고 자신의 행위를 그에 맞출 수 있을 것을 요청한다(헌재 1993. 3. 11. 92헌바33, 판례집 5-1, 29, 47). 나아가, 명확성의 요청은 범죄의 구성요건뿐만 아니라 **그에 대한 형벌의 내용**도 명확할 것을 요구한다(헌재 1997. 9. 25. 96헌가16). 따라서 입법자가 지나치게 폭넓은 법정형을 설정하는 경우, 국민이 자신의 행위에 대한 구체적 형벌이 어떠한 것인지 예측할 수 없으며, 나아가 법관에 의한 자의적인 형벌권행사를 가능하게 함으로써 형벌법규 명확성원칙의 위반여부가 문제될 수 있다.

(2) 유추해석금지의 원칙

형벌법규의 명확성원칙은 **관습형법이나 유추해석을 통하여 범죄를 구성하는 것을 배제**한다. **유추해석**(Analogie)이란, 법규범의 직접적인 적용범위를 넘어서 유사한 사실관계에 법규범을 확대 적용하는 것을 말한다. 형법에서 유추해석을 인정한다면 형벌법규에 명시되지 아니한 행위에 대해서도 처벌하는 것이 가능하므로, 피고인에게 불리하게 범죄구성요건을 확대하여 유추해석을 하는 것은 죄형법정주의가 요구하는 명확성의 원칙에 위반된다. 그러나 형벌을 제약하거나 배제하는 사유를 법규정에 명시된 경우보다도 확대하여 해석함으로써 피고인에게 유리하게 유추해석을 하는 것은 가능하다.

다. 형벌법규 불소급의 원칙(소급입법금지)

(1) **헌법 제13조 제1항 전단**은 범죄의 성립과 처벌을 행위 시의 법률에 의하게 함으로써 '소급입법의 절대적인 금지'를 규정하고 있다. **형벌법규 불소급(刑罰法規 不遡及)의 원칙**이란, 형벌법규는 시행된 이후의 행위에만 적용되고, 시행 이전의 행위에 대해서는 소급하여 불리하게 적용되어서는 안 된다는 원칙으로, **소급적으로 범죄를 구성하거나 형벌을 강화하는 것을 절대적으로 금지**한다. 만일 국가가 소급적으로 범죄를 구성하거나 형벌을 강화한다면, 국민이 사전에 예측할 수 없는 것에 대하여 그 책임을 묻는 것으로, 법질서에 대한 신뢰를 상실하여 법적 안정성이 크게 훼손될 것이다. 한편, 소급적인 형벌법규가 당사자에게 유리하게 작용하는 경우에는 소급적용이 가능하다(헌재 1995. 12. 28. 95헌마196, 판례집 7-2, 893, 900).

(2) 피의자에게 불리하게 작용하는 **법원의 판례 변경**, 즉 행위 당시의 판례에 의하면 처벌대상이 아니었던 행위를 판례의 변경에 따라 처벌하는 것은 형벌법규 불소급의 원칙에 위반되지 않는다(대법원 1999. 9. 17. 선고 97도3349 판결). 헌법 제13조 제1항은 국민이 신뢰해도 되는 '법률'과 연관된 것이며, 언제든지 쉽게 변경될 수 있는 법원의 판례에 대한 신뢰는 헌법적 보호를 누리지 못한다.

헌법 제13조 제1항의 소급효의 절대적 금지는 **공소시효의 연장**에는 적용되지 않는다. 헌법 제13조 제1항은 단지 형벌의 여부에 관한 것이지, 형사소추가 가능한 기간의 문제를 포괄하지 않는다. 범죄 후 공소시효에 관한 법규를 개정하여 공소시효를 연장하는 경우, 공소시효의 연장으로 인하여 법정구성요건은 전혀 영향을 받지 않기 때문에, 공소시효의 연장은 소급하여 형벌법규를 변경하는 것이 아니다. 따라서 공소시효의 연장이 헌법적으로 허용되는지의 문제는 일반적인 소급효금지의 원칙(신뢰보호원칙)에 따라 판단되어야 한다(헌재 1996. 2. 16. 96헌가2 등, 판례집 8-1, 51, 84).

(3) 죄형법정주의는 전통적으로 범죄와 형벌에 관한 것인데, 보안처분은 형벌이 아니라 사전적 예방조치이기 때문에, **형벌불소급의 원칙이 보안처분에도 적용되는지** 의문이 제기된다. 헌법재판소는 보안처분을 '형벌적 보안처분'과 '비형벌적 보안처분'으로 구분하여 '보안처분이라 하더라도 형벌

적 성격이 강하여 신체의 자유를 박탈하거나 박탈에 준하는 정도로 신체의 자유를 제한하는 경우, 즉 **형벌적 보안처분**의 경우에는 형벌불소급원칙이 적용된다.'고 판시하고 있다(헌재 2012. 12. 27. 2010헌가82등; 헌재 2014. 8. 28. 2011헌마28등 참조). 헌법재판소는 신체의 자유를 박탈하는 '**노역장유치**'에 대해서도 형벌불소급의 원칙을 적용하고 있다(헌재 2017. 10. 26. 2015헌바239등). 대법원도 형벌불소급의 원칙이 형벌뿐만 아니라 신체의 자유를 제한하는 보안처분의 경우에도 적용된다고 판시하고 있다(대법원 2008. 7. 24. 선고 2008어4 판결).

반면에, 보안처분이 '**비형벌적 보안처분**'에 해당하는 경우에는 형벌불소급의 원칙이 적용되지는 않지만, 보안처분의 여부는 재판 시 재범의 위험성판단에 의하여 결정된다는 점에서, 확정판결을 받은 자나 형의 집행이 종료된 자에 대하여 보안처분을 사후적으로 도입하거나 강화하는 것은 진정소급효에 해당한다. 따라서 이러한 경우, 신뢰보호원칙의 관점에서 형벌불소급의 원칙과 유사하게 엄격한 요건의 구속을 받는다.

판 례 전직 대통령의 헌정파괴범죄에 대하여 공소시효의 정지를 규정함으로써 형사소추를 가능하게 하는 법률조항이 형벌불소급의 원칙에 위반되는지 여부가 문제된 '**5 · 18 특별법 사건**'에서, 헌법재판소는 "형벌불소급의 원칙은 '행위의 가벌성' 즉 형사소추가 '언제부터 어떠한 조건하에서' 가능한가의 문제에 관한 것이고, '얼마동안' 가능한가의 문제에 관한 것은 아니므로, 과거에 이미 행한 범죄에 대하여 공소시효를 정지시키는 법률이라 하더라도 그 사유만으로 헌법 제12조 제1항 및 제13조 제1항에 규정한 죄형법정주의의 파생원칙인 **형벌불소급의 원칙**에 위배되는 것으로 단정할 수는 없다."고 판시하였다(헌재 1996. 2. 16. 96헌가2등).

형이 집행 중이거나 집행이 종료된 자에 대하여도 위치추적 전자장치를 부착할 수 있도록 규정하는 법률조항의 위헌여부가 문제된 '**위치추적 전자장치 부착 사건**'에서, 재판관 4인의 법정의견은 '성폭력범죄자에 대한 전자장치 부착명령'은 **형벌과 구별되는 비형벌적 보안처분**으로서 소급효금지원칙이 적용되지 아니하므로 심판대상조항은 **형벌불소급의 원칙**에 위배되지 않는다고 하면서, 나아가 **신뢰이익**도 침해하지 않았다고 하여 합헌으로 판단한 반면, 재판관 5인은 반대의견에서 신뢰이익의 침해를 인정하였다(헌재 2012. 12. 27. 2010헌가82등).

Ⅲ. 형법상의 책임원칙

1. 의 미

형벌의 종류와 범위를 정함에 있어서 입법자는 원칙적으로 광범위한 형성권을 가진다(제3편 제4장 제2절 제3항 V. 2. '자유형과 과잉금지원칙' 참조). 그러나 입법자의 형성권은 무엇보다도 과잉금지원칙 및 평등원칙에 의하여 제한되는데, **과잉금지원칙은 형법의 영역에서는 '책임원칙'으로 구체화**된다. 형법상의 책임원칙은 첫째, 책임이 인정되어야만 형벌을 부과할 수 있다는 것이고('책임 없이 형벌 없다'), 둘째, 형벌과 책임은 양자 간의 적절한 비례관계를 유지해야 하고, 형벌이 범죄인의 책임을 넘어서는 과도한 것이어서는 안 된다는 것('**책임과 형벌 간의 비례원칙**')을 의미한다(헌재 2007. 11. 29. 2005헌가10, 판례집 19-2, 520, 528).

'책임 없이 형벌 없다'는 형법상의 책임원칙은 '법률 없이 형벌 없다'는 죄형법정주의와 함께 법치국가적 형법의 양대(兩大) 원칙이다. 근대형법은 책임형법이다. **행위자의 책임은 형벌의 근거**

이자 법관에 의한 양형의 기준이다. 따라서 일정 행위가 책임과 불법의 정도에 있어서 여러 가지의 상이함을 보일 수 있는 경우에는, 법관이 구체적 행위의 개별성과 고유성을 고려하여 **양형판단을 할 수 있는 가능성**이 있어야 한다는 요청도 책임원칙으로부터 나온다.

판 례 **종업원의 범죄행위에 대하여 영업주를 자동적으로 처벌하도록 규정하는 양벌조항**의 위헌여부가 문제된 사건에서, 재판관 4인은 '이 사건 법률조항이 책임이 없는 자에 대하여 형벌을 부과하고 있기 때문에 법정형의 과잉여부에 관하여 판단할 필요도 없이 형법상의 책임원칙에 반한다'는 견해인 반면, 재판관 4인은 '이 사건 법률조항이 책임이 없는 자를 처벌할 가능성이 있을 뿐만 아니라, 설사 이 사건 법률조항을 합헌적으로 해석하여 종업원에 대한 선임감독상의 책임을 묻는 규정으로 본다 하더라도, 책임에 비하여 과도한 법정형을 규정하고 있기 때문에 책임원칙에 반한다'고 판단하였다(헌재 2007. 11. 29. 2005헌가10).

나아가, 종업원이 부당노동행위를 한 사실이 인정되면 곧바로 법인에게도 벌금형을 과하도록 규정한 '**부당노동행위와 관련한 양벌규정**'에 대해서도 법치국가원리로부터 도출되는 책임주의원칙(형법상 책임원칙)에 위반된다고 결정한 바 있다(헌재 2019. 4. 11. 2017헌가30).

2. 법정형의 확정에 있어서 책임원칙과 죄형법정주의

입법자는 형벌의 확정에 있어서 **'책임원칙'과 '명확성원칙'이라는 두 가지 상충하는 원칙**에 의하여 구속을 받는다(헌재 1997. 9. 25. 96헌가16, 판례집 9-2, 312, 328-329). 한편으로는, 입법자가 **법정형의 범위를 지나치게 좁게 설정하는 경우** 법원이 구체적인 양형에 있어서 책임에 상응하는 형벌을 선고할 수 없게 됨으로써, 형법상의 책임원칙에 위반될 수 있다. 다른 한편으로는, 입법자가 **법정형의 범위를 너무 넓게 설정하는 경우** 처벌대상이 되는 행위에 대하여 어떠한 형벌이 과해지는지의 예측이 곤란하고 법관에 의한 자의적인 형벌권의 행사가 가능하게 됨으로써, 형벌법규 명확성의 원칙에 위반될 수 있다. 따라서 입법자는 법정형의 종류와 범위를 정함에 있어서 형벌법규 명확성의 요청도 고려하면서 형법상의 책임원칙에도 부합하도록, 양자의 적절한 조화를 시도해야 한다.

Ⅳ. 이중처벌의 금지

헌법 제13조 제1항 후단은 "… 동일한 범죄에 대하여 거듭 처벌받지 아니한다."고 하여 이중처벌금지(Ne bis in idem)를 규정하고 있다. 이중처벌금지의 원칙은 '**동일한 행위**'에 대한 거듭 처벌을 금지한다. 따라서 **처벌 또는 제재의 대상행위가 서로 다른 경우**에는 이미 이러한 이유로 이중처벌금지의 원칙이 적용되지 않는다(헌재 1994. 6. 30. 92헌바38, 판례집 6-1, 619, 627). 가령, 무허가 건축행위에 대한 형사처벌 외에 위법건축물에 대한 시정명령의 이행을 강제하기 위하여 과태료를 부과하는 것은, 형사처벌의 대상행위(무허가 건축행위)와 과태료처분의 대상행위(시정불이행 행위)가 서로 다르므로, 이중처벌에 해당하지 않는다(헌재 1994. 6. 30. 92헌바38, 판례집 6-1, 619, 628-629).

여기서 '**처벌**'이란, 국가가 행하는 일체의 제재나 불이익처분을 모두 포함하는 것이 아니라 범죄에 대한 국가의 형벌권행사로서 과벌만을 의미한다(헌재 1994. 6. 30. 92헌바38). 따라서 이중처벌금지는 동일한 행위로 인하여 형사절차에 이어서, 징계절차나 민사상 손해배상절차 또는 그 외에 형법에 근거하지 않는 다른 절차(가령, 행정집행법상의 강제집행수단의 적용 등)가 개시되는 것을 금지하지 않는다.

형벌과 **보안처분**을 서로 병과하여 선고하는 것은 이중처벌금지의 원칙에 위반되지 않는다(헌재 1997. 11. 27. 92헌바28). 또한, **과태료**는 행정법상의 질서벌에 해당하므로 과태료처분을 받고 이를 납부하였다 하더라도, 그 후에 형사처벌을 한다고 하여 이중처벌이라 할 수 없다(헌재 1994. 6. 30. 92헌바38). 마찬가지로, 공정거래법에서 형사처벌과 아울러 **과징금**의 병과를 예정하고 있더라도, 이중처벌금지원칙에 위반되지 않는다(헌재 2003. 7. 24. 2001헌가25).

V. 의심이 있는 경우, 피고인을 위하여

'의심이 있는 경우, 피고인을 위하여'(in dubio pro reo)란, 불문법상의 형사소송법적 원칙으로서 피고인의 유죄에 관한 마지막 의심이 제거될 수 없다면, 피고인에게 무죄를 선고해야 한다는 것을 의미한다. 이러한 증거법칙은 피고인이 자신의 무죄를 입증하는 것이 아니라 **국가가 피고인의 유죄를 입증해야 한다는 원칙**에 기인하는 것이다.

VI. 연좌제의 금지

1. 자기책임원칙에 대한 특별규정으로서 연좌제의 금지

헌법 제13조 제3항은 "모든 국민은 자기의 행위가 아닌 친족의 행위로 인하여 불이익한 처우를 받지 아니한다."고 하여 '연좌제(連坐制)의 금지'를 규정하고 있다. 연좌제의 금지는 자유권의 핵심적 내용인 자기결정권으로부터 파생하는 **자기책임의 원칙에 그 헌법적 근거**를 두고 있다(헌재 2004. 6. 24. 2002헌가27, 판례집 16-1, 706, 715). 자기책임의 원칙이란, 자기가 결정하지 않은 것 또는 결정할 수 없는 것에 대하여 책임을 지지 않는다는 원칙이다. 이러한 점에서 연좌제의 금지는 **자기책임원칙의 구체화된 헌법적 표현이자 자기책임원칙에 대한 특별규정**이다.

2. 친족의 행위로 인하여 불이익한 처우를 받는 경우

친족의 행위로 인하여 불이익한 처우를 받는 경우, 불이익한 처우가 **연좌제 금지**에 해당하는지 여부는 친족의 행위를 당사자에게 자신의 책임영역에 귀속시킬 수 있는지, 이로써 타인의 행위가 아니라 자신의 행위에 대하여 책임을 지우는 것인지의 판단에 달려있다. 가령, 후보자 배우자의 선거범죄로 인하여 후보자의 당선을 무효로 하는 경우, 후보자 배우자의 선거범죄를 후보자에 대하여 지휘·감독책임을 물을 수 있는 사안으로서 후보자의 자기결정과 자기책임의 영역에 귀속시킬 수 있는지 여부에 달려있다.

판 례 **배우자의 중대 선거범죄를 이유로 후보자의 당선을 무효**로 하는 공직선거법규정이 연좌제금지에 위반되는지 여부가 문제된 사건에서 "이 사건 법률조항은 배우자가 죄를 저질렀다는 이유만으로 후보자에게 불이익을 주는 것이 아니라, 후보자와 불가분의 선거운명공동체를 형성하여 활동하게 마련인 배우자의 실질적 지위와 역할을 근거로 후보자에게 연대책임을 부여한 것이므로 헌법 제13조 제3항에서 금지하고 있는 연좌제에 해당하지 아니한다."고 판단하였다(헌재 2005. 12. 22. 2005헌마19).

3. 친족이 아닌 제3자의 행위로 인하여 불이익한 처우를 받는 경우

친족의 행위로 인하여 불이익한 처우를 받는 경우에는 자기책임원칙의 특별조항인 연좌제 금지조항이 적용되지만, 친족이 아닌 제3자의 행위로 인하여 불이익한 처우를 받는 경우에는 연좌제의 금지가 적용되지 않으므로, **일반원칙인 자기책임원칙이 보충적으로 적용**된다. 가령, 친족이 아닌 선거사무장이나 회계책임자의 범죄행위로 인하여 후보자의 당선을 무효로 하는 법률조항은 헌법 제13조 제3항이 아니라 자기책임의 원칙을 기준으로 하여 판단해야 한다.

판 례 **회계책임자의 선거범죄를 이유로 후보자의 당선을 무효**로 하는 공직선거법규정의 위헌여부가 문제된 사건에서, 헌법재판소는 "후보자는 … 최소한 회계책임자 등에 대하여는 선거범죄를 범하지 않도록 지휘·감독할 책임을 지는 것이므로, 이 사건 법률조항은 후보자 '자신의 행위'에 대하여 책임을 지우고 있는 것에 불과하기 때문에, 헌법상 자기책임의 원칙에 위반되지 아니한다."고 판시하였다(헌재 2010. 3. 25. 2009헌마170).

제 5 장 사회국가원리

제 1 절 일반이론

Ⅰ. 역사적 배경

사회국가원리는 산업혁명 이후 유럽국가에서 발생한 **사회적 문제에 대한 '헌법적 대답'**이며, 사회현상에 대하여 방관적인 야경국가, **시민적 법치국가에 대한 역사적 반응**이다. 19세기 유럽의 '시민적 법치국가'의 유일한 관심사는 국가로부터 시민사회의 자유영역을 확보하는 것이었다. 여기서의 '자유'란 곧 국가로부터의 자유, 국가 간섭의 배제를 의미하였다. 그 당시에는 사회가 국가로부터 자유로우면 사회는 자유로운 것으로 이해되었고, 개인이 사회 내에서 자유로운지의 문제는 관심의 대상이 아니었다. 그러나 법적 자유와 평등은 자유를 스스로 행사할 수 있는 시민계급만의 권리를 의미하였고, 사회적 약자에게는 **실질적인 부자유와 불평등**을 의미하였다.

유럽에서 산업혁명 이후 자본주의경제가 고도로 발달하자, 사회가 더 이상 스스로 해결할 수 없는 다양한 **병리적인 사회현상**이 발생하였다(빈부 격차의 심화, 노동자의 착취, 시장의 자동조절기능의 마비 등). 게다가, 19세기 말 이와 시기를 같이하여 **사회주의사상**이 유럽에 퍼져나가자, 유럽 국가들은 확산되는 사회주의사상과 혁명으로부터 자신들의 사회체제를 방어하기 위하여 선거권을 근로자계급에게도 확대하고, 나아가 사회정의의 이념을 헌법에 수용하는 것이 불가피하였다. 이로써 **사회정의의 이념을 헌법에 수용한 국가**, 사회의 모든 영역에서 사회정의를 실현해야 할 의무를 지는 국가, 즉 사회국가가 탄생하였다.

Ⅱ. 사회국가원리의 의미

1. 사회정의를 실현해야 할 국가의 의무

사회국가에서 국가와 사회의 관계는 근본적으로 변화하였다. 사회국가는 더 이상 사회현상에 대하여 방관적인 국가, 단지 국민의 자유를 존중하고 보호하는데 그치는 국가(시민적 법치국가)가 아니라, 정의로운 사회질서의 형성을 위하여 사회현상에 적극적으로 관여하고 간섭하고 분배하고 조정하는 국가이다. **'사회정의의 실현'**이란, 모든 국민이 자신의 자유를 실제로 행사할 수 있는 사회적 상황의 형성을 의미한다. 따라서 사회국가란, 국민 각자가 실제로 자유를 행사할 수 있는 실질적 조건을 마련해 줄 의무가 있는 국가, 단지 형식적인 자유와 평등의 보장이 아니라 실질적인 자유와 평등을 실현하고자 하는 국가이다.

2. 실질적 자유와 평등의 실현

사회국가에서 자유와 평등은 단지 형식적으로만 보장되어서는 아니 되고, 실질적으로 실현되어야 한다. 인간은 '법적으로' 자유로울 뿐만 아니라 '법적인 자유를 행사할 수 있는 실질적 조건'을 갖춘 경우에만, 사실상 자유롭다.

형식적인 자유와 평등이란 법적인 자유와 평등, 즉 누구나 법적으로 자유롭고 평등하다는 것을 의미한다. 가령, 누구나 재산권을 행사할 수 있고, 재산권을 행사할 수 있는 법적 가능성에 있어서 평등하다. 예를 들자면, 헌법상 재산권보장이란 이미 개인이 재산을 가지고 있다는 것을 전제로 하여 이를 보호하는 것이지, 없는 재산권을 형성해 주는 기본권이 아니다. 그러므로 재산권이 없는 사람에게 재산권보장은 무의미하다. 직업의 자유도 선택하고 행사할 수 있는 직업이 있다는 것을 전제로 하여 직업이란 생활영역을 보호하는 것이므로, 직장을 구할 수 없는 상황에서 직업의 자유는 무의미하다. 따라서 **법적으로 보장된 자유를 실제로 행사할 수 있는 조건**이 형성되지 않는다면, 법적 자유의 보장은 공허하다. 사회국가는 소득의 재분배나 빈민에 대한 사회급부, 고용정책 등을 통하여 모든 국민이 재산권보장이나 직업의 자유와 같은 법적 자유를 실제로 행사할 수 있는 '실질적 조건'을 마련해 주어야 한다.

평등의 경우에도 마찬가지이다. **법적인 평등**은 자유를 행사할 수 있는 법적 기회의 평등을 의미하고, **실질적 평등**이란 자유를 행사할 수 있는 실질적 기회의 평등을 의미한다. 모든 국민은 법적으로 평등할 뿐만 아니라, 교육 · 직업 · 재산 등에 접근할 수 있는 사실상의 기회에 있어서 평등해야 한다. 자유의 행사의 결과는 항상 사실상의 불평등으로 나타난다. 사회국가는 자유행사의 결과를 평준화하고자 하는 국가가 아니라, **자유행사의 실질적 기회균등**을 꾀함으로써 누구나 자신의 인격을 자유롭게 발현할 수 있는 사실상의 조건을 형성해 주고자 하는 국가이다.

3. 사적 자치에 대한 헌법적 불신의 표현

사회국가는 역사적으로 예정조화설에 기초한 자유방임적 국가에 대한 반작용으로 출발하였다. 사회국가는 사회 내의 다양한 이익간의 자유경쟁, 즉 사적 자치로부터 자동적으로 최상의 결과가 나온다는 것에 대하여 회의적이다. **사회의 사적 자치**에 의하여 규율되는 상태가 실질적 타당성과 **정의를 보장하지 않는다는 인식의 헌법적 표현**이 바로 사회국가원리이다. 현대의 산업사회에서 사회현상이 더 이상 순수한 사적 자치에 맡겨져서는 안 되고, **국가가 개인과 함께 사회에 대하여 공동책임을 져야 한다**는 사고가 바로 사회국가원리이다. 사회국가는 사회 내의 다양한 이익을 조정하는 과정에서 사회적 약자의 이익을 적정하게 고려하고 보호함으로써 사회정의를 실현하고자 시도한다.

판 례 **'저상버스 도입의무 불이행 위헌확인 사건'**에서 **사회국가의 의미**에 관하여 "사회국가란 한마디로, 사회정의의 이념을 헌법에 수용한 국가, 사회현상에 대하여 방관적인 국가가 아니라 경제 · 사회 · 문화의 모든 영역에서 정의로운 사회질서의 형성을 위하여 사회현상에 관여하고 간섭하고 분배하고 조정하는 국가이며, 궁극적으로는 국민 각자가 실제로 자유를 행사할 수 있는 그 실질적 조건을 마련해 줄 의무가 있는 국가이다."라고 판시하고 있다(헌재 2002. 12. 18. 2002헌마52, 판례집 14-2, 904, 909).

Ⅲ. 헌법적 원칙으로서 사회국가원리

1. 국가기관을 구속하는 헌법원리

사회국가원리는 민주주의원리, 법치국가원리와 함께 **헌법을 구성하는 기본원리**로서 모든 국가기관을 구속한다. 사회국가원리는 국가행위에 대하여 지속적인 방향과 지침을 제시하고 국가기관에 대하여 그 내용의 지속적인 실현을 요청하는 **국가목표조항**이다. 입법자는 입법을 통하여, 법적용기관은 법의 적용과 해석을 통하여 사회국가원리를 실현해야 할 의무를 진다.

사회국가원리는 **일차적으로 입법자를 구속**한다. 입법자는 입법을 통하여 사회국가원리를 구체화하고 실현해야 한다. 입법자는 일차적으로 사회법의 영역에서 사회보장법, 근로기준법 등의 입법을 통하여 사회국가원리를 실현한다. 나아가, 입법자는 법의 모든 영역에서, 가령 사법의 영역에서 주택임대차보호법, 소비자보호법의 영역에서 약관의 규제에 관한 법률, 소송법의 영역에서 소송구조제도, 국선변호인제도, 세법의 영역에서 누진세율제도, 조세감면혜택 등의 형태로 사회국가원리를 실현한다. 나아가, 사회국가원리는 **법적용기관을 구속**한다. 행정청과 법원은 법규범을 해석·적용하고 재량권을 행사함에 있어서 사회국가원리를 해석의 기준이자 행위의 지침으로서 존중하고 고려해야 한다.

한편, 헌법은 사회적 기본권, 경제에 관한 조항 등을 통하여 사회국가원리를 수용하고 있고, 동시에 사회국가원리는 위 헌법규정들에 의하여 구체화되고 있다. **사회국가원리와 이를 구체화하는 헌법상의 개별규정은 일반·특별관계**에 있다. 따라서 사회국가원리를 구체화하는 다른 개별적 헌법규범이 존재한다면, 일반적인 사회국가원리가 아니라 보다 구체화된 내용을 가진 헌법규범이 일차적으로 적용된다.

2. 자유권의 제한 및 차별대우를 정당화하는 헌법적 근거규범

입법자는 자유권을 제한하기 위하여 **정당한 입법목적**을 가져야 하는데, 사회국가원리는 자유권의 제한을 정당화하는 헌법적 근거로서 고려된다.[1] **헌법 제37조 제2항의 '공공복리'**의 핵심적인 부분이 사회국가적 동기에 기인하는 공익적 사유이다. 물론, 사회국가원리를 구체화하는 다른 개별적 헌법규범이 존재한다면, **구체화된 개별 헌법규범**이 일차적으로 자유권의 제한을 정당화하는 헌법적 근거로서 고려된다. 한편, 사회국가원리는 정당한 입법목적을 제공하는 헌법적 근거일 뿐, 자유권의 제한이 헌법적으로 정당화되는지 여부는 **과잉금지원칙에 따라 별도로 심사**해야 한다.

평등원칙의 위반여부를 심사하는 과정에서 사회국가원리는 **차별대우를 정당화하는 합리적 이유**로서 고려된다.[2] 물론, 차별대우가 헌법적으로 정당화되는지 여부는 **자의금지원칙에 따라 별도**

---

1) 가령, 2년의 기간을 최소한의 주택임대차기간으로 정하고 있는 주택임대차보호법이 임대인의 재산권을 침해하는지 여부가 문제되는 경우, 여기서 사회국가원리는 임차인이라는 사회적 약자의 보호를 요청함으로써 임대인의 재산권 제한을 정당화하는 헌법적 근거로 고려된다.

2) 가령, 국민건강보험과 같은 사회보험에서 소득에 비례하여 보험료를 달리 산정하는 경우 차별대우의 문제가 발생한다. 원래 의료보험(사보험)에서 보험료는 보험위험(질병발생의 가능성)에 따라 책정되어야 한다. 그러나 사회보험의 경우, 보험위험은 높지만 소득이 없는 사람(가령, 노인층)은 적게 내고, 보험위험은 낮지만 소득이 많은 사람

로 심사해야 한다.

3. 사회국가원리와 개인의 주관적 권리

가. 사회국가원리의 개방성에 비추어 국가의 구체적인 의무가 도출되는지 여부

사회국가는 단지 정의로운 사회질서의 형성이라는 국가목표만을 제시할 뿐, 이러한 **국가목표가 어떠한 방법으로 실현되어야 하는지에 관하여 개방적**이다. 우리 헌법에서 사회국가원리가 사회적 기본권이나 경제조항의 형태로 구체화되고 있으나, 이 경우에도 구체화되는 것은 사회국가적 목표나 과제의 내용(가령, 교육을 받을 권리, 근로의 권리 등)일 뿐, 그 실현방법이 아니다. 사회국가는 이를 사회형성의 주체인 입법자의 정치적 결정에 위임하고 있다. 입법자는 경쟁하는 다양한 국가과제간의 우선순위에 관한 결정을 통하여 사회국가원리를 실현하게 된다.

따라서 사회국가는 실현되기 위하여 입법자에 의한 구체적 형성행위, 즉 입법을 필요로 한다. 사회국가원리부터 직접 **국가의 구체적인 행위의무**를 도출할 수 없으므로, **이에 대응하는 개인의 주관적 권리**도 인정되지 않는다. 개인은 직접 사회국가원리에 근거하여 국가로부터 특정한 급부나 사회정책 또는 사회입법을 요구할 수 없으며, 입법을 통하여 사회국가원리를 구체화한 경우에만 비로소 이러한 법률에 근거하여 구체적으로 무엇을 요구할 수 있다.

다만, 개인이 자력으로 자신의 생계를 유지할 수 없기 때문에 생존이 위협받고 있는 경우에 한하여, 예외적으로 **최저생계를 보장해야 할 국가의 구체적인 의무를 인정**할 수 있다. 인간존엄성보장·생명권·사회국가원리의 연관관계로부터 개인이 달리 자신의 생계를 유지할 수 없는 경우 급부의 제공을 통하여 최저생계를 보장해야 할 국가의 의무가 나온다. 이로써 입법자는 최저생계를 보장하는 입법을 마련해야 할 의무를 진다.

판 례 **'국가유공자에 대한 보상금 지급기간의 제한 사건'**에서 "**인간다운 생활을 할 권리**로부터는 인간의 존엄에 상응하는 생활에 필요한 **'최소한의 물질적인 생활'의 유지에 필요한 급부**를 요구할 수 있는 구체적인 권리가 상황에 따라서는 직접 도출될 수 있다고 할 수는 있어도, 동 기본권이 직접 그 이상의 급부를 내용으로 하는 **구체적인 권리를 발생케 한다고는 볼 수 없다**고 할 것이다."고 판시하고 있다(헌재 1995. 7. 21. 93헌가14).

나. 사회국가적 입법의 존속이 보장되는지 여부

사회국가는 동적인 국가로서, **변화하는 사회상황에 적응해야** 한다. 사회국가는 경제상황의 변화에 따라 사회국가적 입법의 수정가능성이나 급부의 축소가능성을 가져야 한다. 사회상황의 변화에 따라 국가과제 및 예산사용의 우선순위에 관한 결정이 달라질 수 있어야 하고, 사회상황의 변화에 대처할 수 있도록 입법자의 정치적 결정권이 유지되어야 한다. 만일, 한 번 제정된 사회국가적 입법에 의하여 입법자가 구속을 받는다면, 사회국가는 자신을 실현하기 위하여 불가결한 유연성과 개방성을 상실하게 될 것이다. 따라서 사회국가는 **사회국가적 입법의 존속을 보장하지 않**

(가령, 청년근로자)은 많이 내게 됨으로써 불평등의 문제가 발생한다. 사회보험의 경우 사회국가원리는 차별대우를 정당화하는 헌법적 근거로서 작용하여 '소득재분배의 효과'를 사회보험의 목적으로 제공한다. 사회보험에서 보험료의 법적 성격 및 사회보험료 형성의 원칙에 관하여 헌재 2000. 6. 29. 99헌마289(의료보험통합), 판례집 12-1, 913, 942-944 참조.

으며, 연금수급권이나 의료보험급여 범위를 축소하는 등 사회국가적 급부를 축소할 수 있다.

다만, **사회국가적 급부를 축소하는 입법은 일반적으로 '부진정소급효를 가진 법률'에 해당**하므로, 기존 수급자의 신뢰이익을 고려해야 한다. 개인의 급부청구권이 수급자의 상당한 자기기여에 의한 것인 경우(가령, 연금수급권 등), 개인은 신뢰보호원칙의 특별규정인 **재산권보장**에 근거하여 기득재산권의 존속에 관한 신뢰의 보호를 요구할 수 있다. 개인의 급부청구권이 생계보조와 같은 국가의 일방적 급부에 해당하는 경우, 개인은 **신뢰보호원칙**에 근거하여 급부의 존속에 관한 신뢰이익의 보호를 요구할 수 있다. 재산권보장이나 신뢰보호원칙은 사회적 급부의 축소나 폐지를 막을 수는 없지만, 개인의 신뢰이익을 적절하게 고려할 것을 요청한다. 따라서 입법자는 수급자가 변화한 법적 상황에 대처할 수 있도록 **적정한 유예기간**을 두어야 한다.

판 례 공무원연금의 재정악화로 인하여 **연금수급권을 축소**하는 조치가 신뢰보호원칙에 위반되어 재산권을 침해하는지 여부가 문제된 **'공무원연금 물가연동제 조정 사건'**에서, 헌법재판소는 구법 상태의 존속에 대한 공무원의 신뢰이익은 인정되나, "그렇다 하더라도 보호해야 할 퇴직연금수급자의 신뢰의 가치는 크지 않고 신뢰의 손상 또한 연금액의 상대적인 감소로서 그 정도가 심하지 않은 반면, 연금재정의 파탄을 막고 공무원연금제도를 건실하게 유지하는 것은 긴급하고도 대단히 중요한 공익이므로 이 사건 경과규정이 헌법상 신뢰보호의 원칙에 위배된다고는 볼 수 없다."고 판단하였다(헌재 2005. 6. 30. 2004헌바42).

4. 사회국가원리와 법치국가원리의 관계

사회국가와 법치국가는 서로 긴장관계에 있다. **법치국가**는 현재 상태를 유지하고 보호하고자 하는 정적·현상유지적 국가이다. 법치국가는 개인의 자유를 가능하면 보호하고 존중해 줄 것을 요청함으로써, 국가에 대하여 자제를 요구한다. 이에 대하여, **사회국가**는 적극적으로 사회를 형성하고 교정하는 동적인 국가이다. 사회국가는 사회정의의 실현을 위하여 국가가 적극적으로 개입할 것을, 경우에 따라서는 개인의 자유를 제한할 것을 요청한다. 일반적으로 사회적 약자의 보호는 사회적 강자의 자유를 제한함으로써 가능하며, 사회적 약자에게 제공되는 사회국가적 급부는 국민의 다른 집단의 부담과 희생 하에서만 가능하다. 가령, 임차인의 보호는 임대인의 자유에 대한 제한에 의하여, 근로자의 보호는 사용자에 대한 부담의 부과에 의하여, 소비자의 보호는 기업의 자유에 대한 제한에 의하여 가능하다.

그러나 **사회국가가 법치국가의 범주 내에서 실현**됨으로써, **법치국가와 사회국가는 조화**를 이룰 수 있다. 국가는 사회국가원리를 실현함에 있어서 법치국가원리를 준수해야 한다. 사회국가원리를 실현하는 국가행위(입법과 행정)는 그 내용에 있어서 개인의 자유권을 과잉으로 제한하거나 평등원칙에 위반해서는 안 되며, 절차적으로도 법치행정의 원리 등 법치국가적 절차에 따라 이루어져야 한다. 나아가, 법치국가원리는 공권력행사의 방법과 한계에 관한 원리로서, 사회국가원리에 의하여 내용과 실체를 부여받는다. 법치국가원리가 사회정의의 실현이라는 사회국가적 목표에 의하여 채워짐으로써, 오늘날 법치국가는 **정의를 지향하는 실질적 법치국가로 발전**하였다. 이러한 점에서 **법치국가와 사회국가는 상호 보완의 관계**에 있다.

궁극적으로, 사회국가와 법치국가는 **개인의 자유와 인간존엄성을 실현**하고자 하는 것이다. 인간의 존엄성이 실현되기 위해서는, 국가권력으로부터 개인의 자유를 보호하는 자유권의 보장, 즉 '국가로부터의 자유'(법적 · 형식적 자유)뿐만 아니라, 자유행사의 실질적인 조건을 형성하는 국가의 적극적인 활동, 즉 '국가에 의한 자유'(실질적 자유)도 함께 필요로 한다. 인간의 존엄성은 법치국가와 사회국가의 실현을 함께 요청한다.

Ⅳ. 사회국가의 구체적 과제

1. 사회현상에 따라 변화하는 포괄적인 사회국가적 과제

사회국가원리는 사회현상의 변화에 적응하고 대처해야 하는 동적 · 미래지향적 국가원리이다. 따라서 **사회국가의 과제는 사회현상의 발전에 따라 변화**하며, 사회국가원리의 구체적 내용도 국가공동체의 구체적 사회적 상황에 의하여 결정된다. 따라서 사회국가의 과제는 고전적인 의미에서 국민에 대한 생존적 배려나 사회적 약자에 대한 사회적 안전의 보장에 국한되는 것이 아니라, 사회계층 간의 대립과 불평등의 조정, 사회에서 발생하는 모든 부정적인 현상에 대한 적절한 대처, 사회 · 경제정책을 통한 정의로운 사회질서의 형성 등을 포함하는 포괄적인 것이다.

2. 생존적 배려 및 사회적 안전의 확보

국민에 대한 '생존적 배려'란, 국민이 인간다운 생존을 위하여 필요로 하는 기본조건을 확보해야 할 국가의 과제를 말한다. 오늘날 국민의 생존이 국가에 의한 급부의 제공에 의존하고 있는 영역에서, 국가는 국민의 생존에 필수적인 재화와 급부를 제공해야 한다. 국가는 수도, 전기, 가스, 교통, 통신 등의 제공을 통하여 생존적 배려의 과제를 이행해야 하고, 나아가 오늘날 사회적 · 문화적 관점에서 당연시되는 학교, 병원, 양로원, 체육시설 등 급부를 제공해야 한다.

또한, 국가는 국민의 질병, 사고, 노령, 실업 등의 경우에 발생하는 위험에 대하여 사회보험, 실업보험 등 사회보장제도를 제공함으로써, **사회적 약자에 대한 사회적 안전을 보장**해야 한다(헌법 제34조 제2항). 나아가, 자력으로 생계를 유지할 수 없는 국민 또는 자연적 재난상황에 처한 국민에 대한 **사회부조**(社會扶助)도 국가의 과제에 속한다.

3. 사회적 조정을 통한 사회정의의 실현

국가는 사회적 조정을 통하여 사회정의를 실현하고자 노력해야 한다. 사회국가원리는 사회계층 간의 경제적 · 사회적 차이를 완화하기 위하여 사회적 약자를 지원하고 사회적 강자의 자유행사나 법적 지위를 제한할 것을 요청한다. 특히 사회계층 간의 경제적 조정은, 한편으로는 국가가 누진적으로 조세를 부과하고, 다른 한편으로는 경제적 약자에게 급부를 제공하는 방법으로 이루어진다. 이로써, **사회국가는 분배국가 또는 재분배국가**가 된다. 계층 간의 사회적 조정은 '모든 국민생활의 경제적 평준화나 획일화'를 목적으로 하는 것이 아니라, 가능하면 누구나 자유의 행사에 있어서 균등한 기회를 가질 수 있도록 **실질적 기회의 균등을 실현**하기 위한 것이다.

4. 사회 · 경제정책을 통한 사회형성

사회국가는 **국민경제의 성장과 안정**을 꾀함으로써 경제에 대하여 포괄적인 책임을 진다(헌법 제119조 제2항). 사회국가는 세계경제의 경기변동의 상황에서 가능하면 경기의 흐름을 타지 않는 국민경제의 안정을 꾀할 의무 및 적정한 경제성장의 의무를 진다. 특히, **경제성장은 사회국가실현을 위한 경제적 전제조건**이다. 국가는 받은 것 없이는 아무 것도 제공할 수 없기 때문에, 국가의 급부능력은 사회국가실현을 위한 조건이며, 국가는 급부를 제공하기 위하여 국가와 납세자의 재정능력에 의존하고 있다. 즉, **사회국가는 급부국가**이며, 급부국가는 국민의 담세능력에 의존하는 **조세국가**이고, 국민의 담세능력은 국가의 경제성장에 달려있다.

오늘날의 사회국가는 단순히 임기응변적으로 잘못된 사회현상에 반응하는 국가가 아니라, 사회의 발전을 일정한 방향으로 유도하고자 하는 **계획국가**이다. 사회국가는 이미 발생한 부정적인 사회현상을 사후적으로 교정할 뿐만 아니라 계획하고 유도하는 국가행위를 통하여 부정적 사회현상이 발생하는 것을 미리 방지해야 한다. '계획'이란 국가성격의 변화에 따라 20세기에 등장한 '합리적인 사회형성의 도구'로서 오늘날 국가행위의 중요한 유형에 속한다. 나아가, 오늘날 사회국가가 사회형성을 위하여 사용하는 주요 수단은 금지나 명령과 같은 강제적이고 직접적인 규제수단이 아니라, 조세감면혜택이나 국가보조금의 지급, 사회기반설비의 건설(도로의 건설, 산업단지의 개발) 등과 같은 유인책을 통하여 개인의 행위를 유도하는 **간접적인 수단**이다.

Ⅴ. 한국 헌법에서 사회국가원리

1. 사회국가원리의 수용

어떤 국가가 사회국가인지의 판단은 사회국가임을 선언하는 헌법규정이 존재하는지 여부에 달려있지도 않고, 사회국가에 관한 명시적인 헌법규정이 사회국가의 실현을 보장하는 것도 아니다. 헌법상 사회국가원리가 규범적으로는 국가를 구속하지만 그 실현을 사실상 강제할 수 없다는 점에서, **사회국가의 실현은 일차적으로 헌법의 문제가 아니라 '정치의 과제'**, 이로써 입법자의 과제이다.

사회국가원리를 헌법에 수용하는 방법에는 **일반적으로 두 가지 유형**이 있다. 하나의 유형은 사회국가원리를 하나의 일반조항으로만 규정하고 헌법적 차원에서 더 이상 구체화하지 않는 방법이고(대표적으로 독일의 기본법), 또 다른 하나의 유형은 우리 헌법처럼 사회국가원리를 명시적으로 언급하고 있지는 않지만, 사회국가원리의 구체화된 여러 표현을 통하여 사회국가원리를 수용하는 방법이다.

사회국가원리를 일반조항으로만 규정하는 경우, 그 구체적 내용이 불확실하기 때문에 헌법해석을 통하여 그 의미를 밝혀야 하고, 이로써 헌법재판소의 헌법해석에 의존해야 한다는 측면이 있지만, 다른 한편으로는 규율의 일반 · 추상성으로 인하여 사회현상의 변화에 대하여 적응이 용이하다는 개방성과 유연성의 장점이 있다. 반면, 사회국가원리의 구체화된 **여러 개별조항을 통하여 사회국가원리를 수용하는 경우**에는, 입법자에게 보다 구체적인 내용의 사회국가적 의무를 부과할 수 있으나, 바로 이러한 구체성 때문에 헌법 개정을 통하여 사회현상의 변화에 적응해야 한다는 단점이 있다. 우리 헌법에서 사회적 기본권과 경제조항의 목록이 점진적으로 확충되어 온 것도 바로 이러한 이유에 기인한다.

판 례 **'저상버스 도입의무 불이행 위헌확인 사건'**에서, "우리 헌법은 사회국가원리를 명문으로 규정하고 있지는 않지만, 헌법의 전문, 사회적 기본권의 보장(헌법 제31조 내지 제36조), 경제 영역에서 적극적으로 계획하고 유도하고 재분배하여야 할 국가의 의무를 규정하는 경제에 관한 조항(헌법 제119조 제2항 이하) 등과 같이 사회국가원리의 구체화된 여러 표현을 통하여 사회국가원리를 수용하였다."고 판시한 바 있다(헌재 2002. 12. 18. 2002헌마52, 판례집 14-2, 904, 909).

2. 한국 헌법에서 사회국가원리의 구체적 표현

헌법에서 사회국가원리는 다양한 개별규정을 통하여 수용되었는데, 이러한 개별규정들은 **'사회에 대한 국가의 책임'**과 **'사회에 대한 개인의 책임'이라는 두 가지 측면**으로 크게 나누어 볼 수 있다.

국가의 대사회적(對社會的) 책임은 사회의 모든 영역에서 정의로운 사회질서를 실현해야 할 국가의 책임을 의미한다. 국가의 대사회적 책임은 헌법에서 무엇보다도 전문, 사회적 기본권과 경제에 관한 조항을 통하여 표현되고 있다. **헌법은 전문**에서 "정치・경제・사회・문화의 모든 영역에서 각인의 기회를 균등히 하고". "국민생활의 균등한 향상을 기하고"라고 언급함으로써, 국민들간의 전반적인 사회적 조정을 통하여 실질적인 자유와 평등을 실현해야 할 국가의 의무를 강조하고 있다. 헌법은 **사회적 기본권**(인간다운 생활을 할 권리, 교육의 권리, 근로의 권리, 환경권 등)을 통하여 자유를 실제로 행사할 수 있는 조건을 실현해야 할 의무를 국가에게 부과함으로써 '사회전반에 대한 국가의 책임'을 표현하고 있다. 헌법은 **제119조 이하의 경제조항**에서 경제성장, 경제안정, 경제위기의 극복, 상대적 완전고용, 국민생산의 공정한 분배, 경제세력의 경제력남용의 방지 등 국가의 경제정책목표를 설정하고, 이러한 목표를 달성하기 위하여 사경제에 영향을 미칠 수 있는 권한을 부여함으로써, '국민경제 전반에 대한 국가의 책임'을 규정하고 있다.

개인의 대사회적(對社會的) 책임이란, 국가가 사회정의를 실현하기 위하여 불가피하게 개인의 자유를 제한하는 경우에 개인은 이를 수인해야 한다는 것을 의미한다. 국가가 정의로운 사회질서를 형성하기 위해서는 개인의 자유에 대한 제한이 불가피하다. 실질적 자유와 평등을 보장하고 개인의 자유와 개인의 자유를 병립시키고자 하는 국가의 적극적 활동은 개인의 자유에 대한 제한을 수반한다. 국가는 실질적인 자유와 평등의 실현을 위하여 개인의 자유를 제한할 수 있는 권한을 가져야 한다. **헌법은 제23조 제2항**에서 재산권과 관련하여 사회적 기속성을 강조하고 있고, 나아가 **제37조 제2항**에서 공공복리의 실현을 위하여 모든 자유가 제한될 수 있다는 것을 규정함으로써 개인의 대사회적 책임을 표현하고 있다.

제 2 절 헌법상의 경제질서

Ⅰ. 국가경제정책의 가능성과 한계의 문제

경제질서가 국가공동체의 근본적인 문제에 속하기 때문에, 헌법은 어떤 형태로든 경제질서에 관한 표현을 담고 있다. 경제에 관한 헌법규범을 **경제헌법**(經濟憲法)이라 하는데, 대부분의 헌법에는 특정 경제질서에 관한 명문(明文)의 언급이 없기 때문에, 이러한 경우 경제헌법으로부터 **특정한 경제질서에 관한 헌법적 결정**을 이끌어 낼 수 있는지 여부가 문제된다. 경제헌법에 관한 핵심적인 논의는 국가경제정책의 가능성과 한계의 문제, 특히 **경제영역에서 입법형성권의 한계에 관한 문제**이다. 헌법으로부터 특정 경제질서를 '헌법상의 경제질서'로 도출하고자 시도하는 경우, 입법자를 기본권과 같은 개별적인 헌법규범 외에도 특정 경제질서에 기속시킴으로써 국가경제정책에 대하여 부가적인 제한을 가할 수 있는지의 문제가 논의의 주안점이다.

종래 헌법재판소에 계류된 다수의 헌법소원사건에서, 청구인은 경제관련 법률의 위헌성을 주장하면서, 심판대상조항이 경제적 기본권을 침해할 뿐만 아니라 헌법상의 경제질서에도 위반된다는 주장을 하고 있다. 이러한 경우, 심판대상조항의 위헌성을 판단함에 있어서 경제적 기본권 외에도 헌법상의 경제질서 또는 헌법 제119조의 규정이 어느 정도로 독자적인 심사기준으로 기능할 수 있는지의 문제가 제기된다.

Ⅱ. 사회적 시장경제질서

학계의 다수견해와 헌법재판소의 판례는 한국 헌법상의 경제질서를 사회적 시장경제로 파악하면서, **사회적 시장경제**를 '사유재산제와 자유경쟁을 기본원리로 하는 시장경제질서를 근간으로 하면서, 사회정의를 실현하기 위하여 경제에 대하여 규제와 조정을 가하는 경제질서'로 이해하고 있다. 이러한 '사회적 시장경제'는 독일에서의 '사회적 시장경제'와 같은 기술적인 의미에서의 특정 경제정책적 개념이 아니라, **사회적 법치국가의 헌법에 상응하는 경제질서, 즉 혼합경제질서 또는 수정자본주의적 경제질서**와 같은 의미로서 이해되고 있다. 기본권에 의한 경제적 자유의 보장은 개인과 사회로 하여금 경제적 자유의 행사를 가능하게 함으로써 자유경쟁과 시장경제질서를 결과로 가져오며, 국가는 경제에 대한 규제와 조정을 허용하는 헌법규정을 근거로 하여 국가경제정책을 추진할 수 있으므로, 개인과 국가가 경제영역에서 함께 활동함으로써 **헌법의 범주 내에서 현실적으로 형성되는 사회현상인 경제질서**를 '사회적 시장경제질서'로 파악할 수 있다.

그러나 사회적 시장경제질서를 단순히 사회현상으로서 현상적으로 파악하는 것을 넘어서 **헌법적으로 보장되는 질서로서 '규범적 의미'로 파악하는 경우**, 사회적 시장경제질서가 국가기관을 구속하는 헌법원리로서 기능할 수 있는지의 문제가 제기된다. 헌법으로부터 '사회적 시장경제질서'의 헌법적 보장을 도출한다 하더라도, 사회적 시장경제질서에는 규범적 성격이 결여되어 있기에 국가경제정책의 위헌성을 판단하는 규범적 심사기준을 제공할 수 없다. 사회적 시장경제질서는 경제적 기본권과 과잉금지원칙, 헌법상의 경제조항, 사회국가원리 등으로의 '개념적 전환'을 통해서만 비로소 헌법적으로 구체화되고 규범적 효력을 가진다. 그러므로 국가경제정책의 위헌여부는 '사회적 시장경제질서'와 같은 사회현상에 의해서가 아니라 단지 헌법의 규범에 의해서만 심사될 수 있다.

판 례 헌법재판소는 **헌법상 경제조항의 성격**에 관하여 "… 우리 헌법의 경제질서는 사유재산제를 바탕으로 하고 자유경쟁을 존중하는 자유시장 경제질서를 기본으로 하면서도 이에 수반되는 갖가지 모순을 제거하고 사회복지·사회정의를 실현하기 위하여 국가적 규제와 조정을 용인하는 **사회적 시장경제질서로서의 성격**을 띠고 있다."고 판시하고 있다(헌재 2001. 6. 28. 2001헌마132).

나아가, 모든 의료기관을 국민건강보험체계에 강제로 편입시키는 강제지정제의 위헌여부가 문제된 **'요양기관 강제지정제 사건'**에서 **헌법상의 경제질서가 경제관련 입법의 위헌여부를 판단하는 독자적 심사기준인지 여부**에 관하여 "헌법은 제119조에서 개인의 경제적 자유를 보장하면서 사회정의를 실현하기 위한 경제질서를 선언하고 있다. 이 규정은 헌법상 경제질서에 관한 일반조항으로서 국가의 경제정책에 대한 하나의 헌법적 지침이고, 동 조항이 언급하는 '경제적 자유와 창의'는 직업의 자유, 재산권의 보장, 근로3권과 같은 경제에 관한 기본권 및 비례의 원칙과 같은 법치국가원리에 의하여 비로소 헌법적으로 구체화된다. 따라서 이 사건에서 청구인들이 헌법 제119조 제1항과 관련하여 주장하는 내용은 구체화된 헌법적 표현인 경제적 기본권을 기준으로 심사되어야 한다."고 판시하여, 헌법상의 경제질서는 심사기준으로 기능하지 못한다는 것을 밝히고 있다(헌재 2002. 10.31. 99헌바76, 판례집 14-2, 410, 428).

그러나 일부 결정에서는 기본권의 침해여부의 판단에 이어서 **시장경제질서에 위반되는지 여부를 형식적이나마 별도로 판단**하고 있다(예컨대, 헌재 2001. 2. 22. 99헌마365).

Ⅲ. 경제헌법의 구조

1. 경제적 기본권

경제적 자유권은 경제영역에서 국가행위에 대하여 한계를 설정함으로써 **경제질서의 형성에 있어서 개인과 사회의 자율적인 참여를 보장**한다. 이로써 경제적 자유권은 입법자가 경제입법을 제정함에 있어서 존중해야 하는 헌법적 구속을 의미한다. 특히 개인의 자유로운 직업활동과 경쟁의 자유를 보장하는 직업의 자유, 사유재산권을 보장하는 **재산권의 보장**, 임금과 근로조건에 관하여 노사단체의 사적 자치를 보장하는 근로3권은 경제질서의 형성에 있어서 매우 중요한 경제적 기본권이다.

2. 국가경제정책의 헌법적 근거

경제헌법은 경제영역에서 국가활동에 대하여 기본방향과 과제를 제시하고 국가에게 적극적인 경제정책을 추진할 수 있는 권한을 부여하는 일련의 헌법규정을 두고 있다. 무엇보다도 **헌법 제119조 이하의 경제조항, 사회화에 관한 규정, 사회적 기본권** 등이 국가경제정책의 헌법적 근거규범에 해당하는데, 이러한 헌법규정은 국가의 적극적인 **경제정책에 대한 수권규범**이자 동시에 개인의 경제적 자유에 대한 제한을 정당화하는 규범이다. 특히 헌법 제119조는 '개인의 경제적 자유를 보장하면서 사회정의를 실현하는 경제질서'를 경제헌법의 지도원칙으로 표명함으로써, 국가가 개인의 경제적 자유를 존중해야 할 의무와 더불어 **국민경제에 대하여 포괄적인 책임**을 지고 있다는 것을 규정하고 있다.

판 례 "우리 헌법은 제119조 이하의 경제에 관한 장에서 … 경제영역에서의 국가목표를 명시적으로 언급함으로써, **국가가 경제정책을 통하여 달성하여야 할 '공익'을 구체화**하고, 동시에 헌법 제37조 제2항의 기본권제한을 위한 법률유보에서의 '공공복리'를 구체화하고 있다."고 판시하고 있다(헌재 1996. 12. 26. 96헌가18, 판례집 8-2, 680, 692-693).

Ⅳ. 국가경제정책의 헌법적 근거

1. 헌법 제119조 제2항

가. 국가경제정책의 일반적 수권조항

헌법 제119조 제2항은 "국가는 균형 있는 국민경제의 성장 및 안정과 적정한 소득의 분배를 유지하고, 시장의 지배와 경제력의 남용을 방지하며, 경제주체간의 조화를 통한 경제의 민주화를 위하여 경제에 관한 규제와 조정을 할 수 있다."고 규정함으로써, 국가에게 **경제정책에 관한 일반적인 수권을 부여**하고 있다. **국가의 경제정책**은, 시장경제가 올바른 궤도를 유지하도록 하기 위하여 경제과정에 대한 국가의 적극적인 영향력의 행사가 불가피하다는 사고에 그 바탕을 두고 있다. 위 조항에서 언급하고 있는 경제정책적 목표는 개인의 경제적 자유에 기초한 분권적인 **사경제적 경제질서에 대한 헌법적 선택의 필연적인 결과**이다.

나. 국민경제의 성장과 안정

헌법 제119조 제2항은 "균형 있는 국민경제의 성장 및 안정"의 목표를 제시함으로써, 국민경제 성과의 지속적인 증가를 목표로 하는 **경제성장정책**과 국민경제의 전체수요와 전체공급의 균형유지를 목표로 하는 **경기정책**(景氣政策)을 추진할 수 있는 권한을 국가에게 부여하고 있다. 국민경제가 성장하는 경우에만 법적 안정성의 포기 없이 사회적 정의를 실현하는 것이 가능하기 때문에, **국민경제의 성장**은 사회국가원리를 실현하기 위한 실질적 전제조건에 해당한다. **국민경제의 안정**이란 물가의 안정과 경기의 안정, 나아가 높은 고용수준의 유지를 말하는데, 경기정책의 주된 수단은 재정정책과 통화정책이다.

다. 적정한 소득의 분배

헌법은 제119조 제2항에서 "국가는 … 적정한 소득의 분배를 유지하고 …"라고 하여 '적정한 소득분배'를 국가경제정책의 목표로서 규정하고 있다. **소득분배정책**은 헌법상 근로삼권의 보장에 근거하여 경제과정에서 직접 노사단체간의 집단적 협약의 형태로 자율적으로 이루어지는 일차적 소득분배에 관한 것이 아니다.

일차적 분배에 의하여 형성된 소득 및 재산의 구조는 불만족스럽고 수정의 필요성이 있기 때문에, 소득과 재산의 재분배가 시도되어야 한다. 여기서 "적정한 소득의 분배"란, 소득에 대한 누진세율, 경제적 약자에 대한 재산형성 지원, 최저임금정책, 사회적 급부, 사회보장 등과 같은 국가적 조치를 통하여 이루어지는 **이차적 분배 또는 재분배**를 말하는 것이다. 국가는 소득재분배를 통한 계층 간의 사회적 조정을 통하여 사회정의를 회복하고자 노력해야 한다.

라. 시장의 지배와 경제적 남용의 방지

헌법 제119조 제2항은 "국가는 … 시장의 지배와 경제력의 남용을 방지하며 … 경제에 관한 규제와 조정을 할 수 있다"고 규정함으로써, **독과점규제**(獨寡占規制)란 경제정책적 목표를 제시하고 있다. 스스로에게 맡겨진 경제는 카르텔과 콘체른의 형성, 독점화에 의하여 필연적으로 시장의 자유를 제한하고 폐지하게 되므로, 국가의 법질서에 의하여 경쟁질서를 형성하고 확보하는 것이 필요하다. **경쟁질서의 확립과 유지**는 자연적으로 발생하는 사회현상이 아니라 국가의 지속적인 과제이다.

독과점규제란 국가목표는, 시장경제가 제대로 기능하기 위한 전제조건인 가격과 경쟁의 기능을 유지하고 촉진하고자 하는 것이다. 독과점규제는 국가의 **경쟁유지정책**에 의하여 실현되며 경쟁유지정책은 공정하고 자유로운 경쟁의 촉진을 그 목적으로 하고 있다. 따라서 독과점규제의 목적이 경쟁의 유지라면 이 목적을 실현하는 방법도 자유롭고 공정한 경쟁을 가능하게 하는 방법이라야 한다.

판 례 소주판매업자로 하여금 그 영업장소 소재지에서 생산되는 자도소주(自道燒酒)를 총구입액의 50% 이상 의무적으로 구입하도록 하는 법률조항의 위헌여부가 문제된 **'자도소주 구입명령제도 사건'**에서, "독과점규제의 목적이 경쟁의 회복에 있다면 이 목적을 실현하는 수단 또한 자유롭고 공정한 경쟁을 가능하게 하는 방법이어야 한다. 그러나 주세법의 구입명령제도는 전국적으로 자유경쟁을 배제한 채 지역할거주의로 자리잡게 되고 그로써 지역 독과점현상의 고착화를 초래하므로, 독과점규제란 공익을 달성하기에 적정한 조치로 보기 어렵다."고 판시한 바 있다(헌재 1996. 12. 26. 96헌가18).

마. 경제의 민주화

일반적으로, '경제의 민주화'란, 민주주의원리가 국가영역뿐만 아니라 경제영역에 대해서도 확대되어야 한다는 의미에서 '경제영역에서 근로자의 공동결정(共同決定)'에 대한 요청으로 이해되고 있다. 그러나 헌법 제119조 제2항의 '경제의 민주화'란 이러한 경제민주주의를 의미하는 것은 아니다. '경제의 민주화'란 개념은 이를 수식하는 "경제주체간의 조화를 통한"의 표현에 의하여 구체화되는 바와 같이, 경제영역에서 활동하는 국민간의 사회적 · 경제적 불균형을 조정하고 **경제영역에서의 사회정의를 실현해야 할 포괄적 국가과제**를 의미한다. '경제의 민주화'란 경제정책적 목표는 헌법에 명시적으로 언급된 **모든 구체적인 경제정책적 목표와 과제에 대한 상위개념**으로서, 경제영역에서 발생하는 폐해와 부작용이 헌법에 명시적으로 규정된 구체적인 경제정책적 목표에 의하여 해결될 수 없는 경우 비로소 기능하는 **일반적 · 보충적 목표**로서 작용한다.

판 례 "따라서 헌법 제119조 제2항에 규정된 '경제주체간의 조화를 통한 경제민주화'의 이념도 **경제영역에서 정의로운 사회질서를 형성**하기 위하여 추구할 수 있는 국가목표로서 개인의 기본권을 제한하는 국가행위를 정당화하는 헌법규범이다."라고 판시하고 있다(헌재 2003. 11. 27. 2001헌바35, 판례집 15-2, 222, 239).

2. 지역경제의 육성 및 중소기업의 보호

헌법은 제123조에서 농수산업정책, 지역적 경제지원과 중소기업정책의 필요성을 강조함으로써, 구조정책적 목표를 규정하고 있다. **구조정책**(構造政策)이란, 지역 간의 경제적 차이를 조정하기 위하여 또는 경쟁에서의 상이한 조건을 수정하기 위하여, 경제적으로 낙후한 지역이나 일정 경제부문을 보조금이나 세제상의 혜택 등을 통하여 지원하는 경제정책이다. 시장에서의 경쟁이 국가의 지원조치에 의하여 조정된 새로운 기초 위에서 이루어질 수 있도록 하는 것에 구조정책의 목적이 있다.

헌법은 제123조 제2항에서 "국가는 지역간의 균형있는 발전을 위하여 지역경제를 육성할 의무를 진다."고 규정하여 '**지역경제의 육성**'을 경제정책적 목표로 제시하고 있다. '지역경제의 육성'은 지역 간의 경제적 불균형의 축소, 나아가 지역 간의 상이한 경제력과 경쟁조건의 수정과 조정을 목표로 한다. '지역경제를 육성할 의무'는 일차적으로 특히 경제적 낙후성을 보이는 농어촌 지역에 대한 것이나, 이를 넘어서 전국적으로 지역적인 경제적 불균형의 시정을 그 내용으로 한다. '지역경제의 육성'은 농·어촌의 이주현상과 대도시로의 과도한 인구집중을 방지하고 국토의 균형있는 인구분산을 꾀하는 효과를 가지고 있다는 점에서 경제외적인 관점에서도 중요하다.

헌법은 제123조 제3항에서 "국가는 중소기업을 보호·육성하여야 한다."고 하여 **'중소기업의 보호'**를 경제정책적 목표로 제시하고 있다. 중소기업이 국민경제에서 중요한 가치를 가지기 때문에, 국가는 대기업과의 경쟁에서 불리한 위치에 있는 중소기업을 지원하는 방법으로 경쟁에서의 불리함을 조정하고, 가능하면 균등한 경쟁조건을 형성함으로써 대기업과의 경쟁을 가능하게 하고자 한다(헌재 1996. 12. 26. 96헌가18). 이러한 점에서 중소기업의 보호는 **넓은 의미의 경쟁유지정책**을 의미한다. 중소기업의 보호는 원칙적으로 경쟁질서의 범주 내에서 경쟁질서의 확립을 통하여 이루어져야 한다.

판 례 **'자도소주 구입명령제도 사건'**에서 "입법자가 개인의 기본권침해를 정당화하는 **입법목적으로서의 지역경제**를 주장하기 위해서는 … 지역 간의 심한 경제적 불균형과 같은 납득할 수 있는 구체적이고 합리적인 이유가 있어야 한다. 그러나 전국 각도에 균등하게 하나씩의 소주제조기업을 존속케 하려는 주세법에서는 수정되어야 할 구체적인 지역 간의 차이를 확인할 수 없고, 따라서 1도1소주제조업체의 존속유지와 지역경제의 육성 간에 상관관계를 찾아볼 수 없으므로 **'지역경제의 육성'은 기본권의 침해를 정당화할 수 있는 공익으로 고려하기 어렵다.**"고 판시하고 있다(헌재 1996. 12. 26. 96헌가18).

나아가, "**중소기업의 보호**는 넓은 의미의 경쟁정책의 한 측면을 의미하므로 중소기업의 보호는 원칙적으로 경쟁질서의 범주 내에서 경쟁질서의 확립을 통하여 이루어져야 한다. 중소기업의 보호란 공익이 자유경쟁질서 안에서 발생하는 불리함을 국가의 지원으로 보완하여 경쟁을 유지하고 촉진시키려는데 그 목적이 있으므로, **구입명령제도는 이러한 공익을 실현하기에 적합한 수단으로 보기 어렵다.**"고 판시하고 있다(헌재 1996. 12. 26. 96헌가18).

한편, 헌법재판소는 전통시장이나 중소유통업자를 대형마트와의 경쟁으로부터 보호하기 위하여 **대형마트 등에 대하여 영업시간 제한** 및 의무휴업일 지정을 할 수 있도록 한 유통산업발전법조항이 직업수행의 자유를 침해하지 않는다고 판단하여 합헌결정을 선고하였다(헌재 2018. 6. 28. 2016헌바77).

3. 소비자보호

헌법은 제124조에서 "국가는 건전한 소비행위를 계도하고 생산품의 품질향상을 촉구하기 위한 소비자보호운동을 법률이 정하는 바에 의하여 보장한다."고 하여 **소비자보호**를 경제정책적 목표로 제시하고 있다. 헌법 제124조는 단지 '소비자보호운동의 보장'만을 규정하고 있으나, 이에 그치지 아니하고 국가에게 **포괄적인 소비자보호의 과제**를 부과하는 것으로 이해해야 한다.

시장경제질서에서 소비자가 시장기능을 통하여 경제 전체의 자원배분을 결정한다는 것을 내용을 하는 **소비자 주권(主權)은 오늘날 실제의 현실과는 상당한 괴리**가 있다. 경제력의 집중화와 시장지배적 경향은 경쟁의 약화와 함께 공급자와 수요자 사이의 세력의 불균형을 초래하였고, 소비자의 지위는 거대기업에 대한 '시장에서의 구조적 열세'에 의하여 특징적으로 표현되고 있다. 소비자가 자유시장경제에서 그에게 부여된 역할을 더 이상 제대로 이행할 수 없고, 이로부터 소비자와 시장경제과정에 대한 손해가 우려되기 때문에, 헌법은 시장기능의 결함이나 장애에 대한 조정적 조치로서 **소비자보호정책**을 규정하고 있다.

4. 사회화

사회화는 공용수용과 구분되는 독자적인 법제도이다. 재산권의 '공용수용'과 '사회화'는 양자 모두 재산권을 박탈한다는 점에서 일견 유사하나, 사회화는 재산권의 박탈과 재산권주체의 변경에 그치는 것이 아니라, 사유재산을 해체하고 이를 共有財産(Gemeineigentum)으로 대체함으로써 **재산권내용의 변형을 목표**로 한다. 사회화의 목적은 시장경제적 원칙에 따라 사적인 유용성을 위해서가 아니라 **공공복리의 목적에서 공익적으로 경영**하고자 하는 것에 있다. 요컨대, **사회화**는 국유화 또는 공유화의 방법으로 **재산권을 박탈하여 박탈한 재화를 공동경제(共同經濟)로 이전**하는 것을 목적으로 하는 사유재산에 대한 공권적 침해이다. 이로써 사회화는 첫째, 자연자원, 생산수단 등에 대한 국유화 또는 공유화의 방법으로 재산권주체의 변경을 가져와야 하며, 둘째, 나아가 공동경제라는 재산권 내용 자체의 변화를 가져와야 한다.

사회화는 사유재산제와 개인의 경제적 자유를 부정하는 것이기 때문에, 헌법상의 **자유주의적 경제질서와 조화를 이룰 수 있는 범위 내에서만 가능**하다. 헌법은 사회화의 대상을 자연자원과 사기업에 한정하고 있다. 사회화조항은 **헌법상의 경제질서에서 예외적인 성격**을 가지고 있기 때문에, 축소적으로 엄격하게 해석되어야 하며, 이에 따라 헌법규정에서 언급된 사회화의 대상은 확정적인 것으로 이해되어야 한다.

헌법 제126조는 "국방상 또는 국민경제상 긴절한 필요로 인하여 법률이 정하는 경우를 제외하고는, 사영기업(私營企業)을 국유 또는 공유로 이전하거나 그 경영을 통제 또는 관리할 수 없다." 고 규정하여, 비상적 상황이라는 매우 엄격한 요건 하에서 단지 예외적인 경우에만 **사영기업의 사회화**를 허용하고 있다. 나아가, 헌법 제126조는 사회화가 **법률에 의해서만 가능**하도록 규정함으로써 사회화가 사회적 변혁의 수단이 아니라 법치국가의 범주 내에서 이루어져야 한다는 것을 밝히고 있다. 따라서 사영기업의 사회화의 경우 헌법 제23조 제3항의 공용수용에 대한 보상규정을 준용해야 한다. 사영기업의 사회화는 특정 기업이 아니라 특종의 기업군(企業群)를 대상으로 하는 것이므로, 개별적 조치가 아니라 일반적 법률에 의하여 이루어진다.

헌법 제120조 제1항은 "광물 기타 중요한 지하자원 · 수산자원 · 수력과 경제상 이용할 수 있는 자연력은 법률이 정하는 바에 의하여 일정한 기간 그 채취 · 개발 또는 이용을 특허할 수 있다."고 규정함으로써, **사회화의 대상을 자연자원으로 확대**하고 있다. 헌법 제126조는 사영기업과 관련하여 입법자에게 사회화의 권한을 위임하는 조항인 반면, 자연자원의 경우 직접 위 **헌법규정에 근거하여 사회화가 실현되고 완결**되었다. 헌법 제120조는 완결된 사회화를 전제로 자연자원을 원칙적으로 국가에 유보하면서, 입법자가 특허를 허용할 것인지 여부와 그 범위만을 법률로써 정하도록 입법자에게 위임하고 있다. 여기서 '특허'란, 자연자원에 대한 사회화를 전제로, 이를 채취 · 개발 · 이용하고자 하는 자에게 이에 해당하는 권리를 설정케 하는 것을 의미한다.

판 례 **택시운송수입금 전액관리제**가 헌법 제126조에 위반되지 여부에 관하여 "이 사건에 있어서 이 사건 법률조항들이 규정하는 운송수입금 전액관리제로 인하여 청구인들이 기업경영에 있어서 영리추구라고 하는 사기업 본연의 목적을 포기할 것을 강요받거나 전적으로 **사회 · 경제정책적 목표를 달성하는 방향으로 기업활동의 목표를 전환**해야 하는 것도 아니고, … 더구나 청구인들 소유의 기업에 대한 재산권이 박탈되거나 통제를 받게 되어 그 기업이 **사회의 공동재산의 형태로 변형**된 것도 아니다. 따라서 … 이 사건에서 헌법 제126조의 사기업의 국 · 공유화 내지 그 경영의 통제 · 관리조항이 적용될 여지는 없다고 할 것이다."라고 판시하고 있다(헌재 1998. 10. 29. 97헌마345, 판례집 10-2, 621, 635).

5. 농지개혁과 국토이용

헌법은 제121조 제1항에서 "국가는 농지에 관하여 경자유전(耕者有田)의 원칙이 달성될 수 있도록 노력하여야 하며, 농지의 소작제도는 금지된다."고 규정하고 있다. 현행헌법은 건국헌법에 근거하여 **이미 완성된 농지개혁을 전제로** 농지개혁에 의하여 달성된 성과를 유지할 목적으로 단지 '경자유전의 원칙'과 '농지의 소작제도 금지'를 담고 있다. 국가가 사인의 토지를 박탈하는 조치인 **농지개혁**은 사인으로부터 박탈한 농지를 공동경제로 이전하는 것이 아니라 사유재산의 형태로 사인 간에 새롭게 분배하는 것을 목표로 하므로, 사회화가 아니다.

판 례 농지소유자에게 원칙적으로 그 **소유 농지를 위탁경영할 수 없도록 한 농지법규정이 재산권을 침해하는지 여부**가 문제된 사건에서, 헌법재판소는 위 규정은 헌법상 경자유전의 원칙을 실현하기 위한 것으로 농지소유자의 재산권을 침해하지 않는다고 판단하였다(헌재 2020. 5. 27. 2018헌마362).

헌법은 제122조에서 "국가는 국민 모두의 생산 및 생활의 기반이 되는 국토의 효율적이고 균형 있는 이용 · 개발과 보전을 위하여 법률이 정하는 바에 의하여 그에 관한 필요한 제한과 의무를 과할 수 있다."고 규정하여, **국토를 효율적이고 균형 있게 이용 · 개발할 의무**를 국가에게 부과하고 있다. 위 헌법규정은 그 효력에 있어서 이미 헌법 제23조 제2항 및 제3항, 제119조 제2항에 의하여 허용되는 범위를 넘지 않기 때문에, 그 자체로서 독자적인 의미를 가지지 못한다. 토지에 대한 보다 강화된 제한가능성을 강조하고자 하는 개념인 '토지 공개념(公槪念)'도 그 헌법적 근거가 제23조 제2항 및 제3항에 있는 것이며, 헌법 제122조는 헌법 제23조에서 이미 부여된 '재산권에 대한 제한가능성'을 토지재산권과 관련하여 다시 한 번 확인하는 것에 지나지 않는다.

제 6 장 평화국가원리

제 1 절 평화국가원리의 의미

헌법은 전문에서 "평화적 통일의 사명"을 언급하고 "밖으로는 항구적인 세계평화와 인류공영에 이바지함으로써"라고 하여 평화통일의 과제와 국제평화주의를 천명하고 있다. 평화통일의 과제는 제4조("자유민주적 기본질서에 입각한 평화적 통일정책을 수립하고 이를 추진한다.")에 의하여, 그리고 국제평화주의는 제5조("대한민국은 국제평화의 유지에 노력하고 침략적 전쟁을 부인한다.")에 의하여 다시 구체화되고 있다. 나아가, 헌법은 제6조에서 대한민국은 국제법질서를 존중하며 외국인의 법적 지위도 보장해 주는 등 국제사회의 구성원으로서 국제적 평화공존의 질서에 기여하겠다는 의지도 함께 밝히고 있다.

평화국가원리란 **침략적 전쟁의 금지, 국제평화주의 및 국제법질서의 존중**을 기본이념으로 삼는 대한민국의 기본원리이다. 국민은 오로지 평화질서 내에서만 안전과 자유와 행복을 누릴 수 있다. **현대국가가 성립하게 된 결정적인 계기**는 외적 · 내적인 평화질서의 보장에 있으며, 평화국가원리는 국가의 이러한 기본과제로부터 나오는 필연적인 요청이기도 하다. 평화를 추구하지 아니하고 평화를 보장하지 않는 국가는 개인의 안전과 자유와 행복을 보장할 수 없다. 이러한 의미에서 평화국가원리는 그 헌법적 근거를 궁극적으로 헌법 제10조의 **'인간의 존엄과 가치'**에 두고 있다. 인간존엄성 조항은 국가를 '인간의 행복을 위한 도구'로 간주함으로써, 패권주의(覇權主義)적 발상에서 국가권력의 확장을 위하여 전쟁이라는 수단을 사용하는 것을 금지한다.

제 2 절 국제법질서에서 대한민국

Ⅰ. 침략적 전쟁의 금지

헌법은 제5조 제1항에서 '침략적 전쟁의 금지'라는 국제법상의 원칙을 헌법에 수용하고 있다. 침략전쟁은 국제사회의 평화로운 공존을 저해하는 가장 중대한 위협적 요소이다. 헌법은 침략전쟁을 부인할 뿐 방위전쟁까지 금지하는 것은 아니다. 국제법상으로도 국가는 개별적인 또는 집단적인 자위(自衛)를 위하여 무력을 사용할 수 있다(유엔헌장 제51조).

침략전쟁의 금지는 **다른 헌법조항의 해석에도 영향**을 미친다. 헌법 제5조 제2항에 규정된 국군의 헌법적 과제는 침략전쟁이 아니라 당연히 방위전쟁("국토방위")에 제한되는 것으로 해석해야 하며, 헌법 제60조 제2항 및 제73조에서 언급하는 '선전포고'란 침략적 전쟁이 아니라 방위전쟁의 선전포고를 의미하는 것으로 해석해야 한다. 마찬가지로, 헌법 제60조 제2항에서 언급하는 국군의 해외파병이나 외국군대의 국내주류의 가능성도 모두 '집단적 방위전쟁'의 목적을 위해서만 가능한 것이고, 헌법 제60조 제1항에서 평화유지와 집단적 방위를 위하여 주권을 국제방위기구에 이양할 수 있는 가능성을 언급한 것("주권의 제약에 관한 조약")도 헌법 제5조 제1항의 침략전쟁의 금지 및 평화주의의 정신에 비추어 해석되어야 한다.

Ⅱ. 조약과 국제법규의 국내법 수용

1. 헌법 제6조 제1항의 의미

국제법은 국가 간의 관계를 규율하는 법질서로서 그 자체로서 직접 국내에서 효력을 가지는 것은 아니기 때문에, 국내에서 국제법이 적용되기 위해서는 국제법규범은 국내법으로 수용되어야 한다. 국제법규범이 국내법으로 수용되기 위해서는 이를 명시적으로 선언하는 헌법규정을 필요로 한다. **헌법 제6조 제1항**은 "헌법에 의하여 체결·공포된 조약과 일반적으로 승인된 국제법규는 국내법과 같은 효력을 가진다."고 규정하고 있다. 위 헌법조항은 **우리 헌법에서 국제법규범을 국내법으로 수용하는 규정**, 이로써 국제법규범에 국내법적 효력을 부여하는 규정이다. 헌법 제6조 제1항은 국제법규범을 '조약'과 '일반적으로 승인된 국제법규'로 구분하고 있다.

2. 조약의 국내법 수용

가. 헌법 제6조 제1항의 "헌법에 의하여 체결·공포된 조약"의 의미

조약이란 국제법의 주체(국가, 국제기구) 간에 국제법상의 일정한 권리·의무에 관하여 문서로써 합의하는 것을 말한다. 조약이 국내법적 효력을 가지기 위해서는 '헌법에 의하여' 체결·공포되어야 한다. **'헌법에 의하여 체결·공포된 조약'만이 국내법으로 수용**되어 국내법적 효력을 가진다. 여기서 **'헌법에 의하여'**란, 헌법이 규정하고 있는 절차, 즉 헌법상의 권한규범과 절차규범에 따라 조약이 체결되어야 한다는 것을 의미한다.

만일 헌법적 절차에 따라 조약이 체결되었는지 여부와 관계없이 '모든' 조약이 자동적으로 헌법 제6조 제1항에 의하여 국내법적 효력을 가진다고 본다면, 국회의 동의를 요하는 조약의 경우에는 **조약에 대한 국회동의권이 무의미**하게 된다. 헌법 제6조 제1항은 "헌법에 의하여 체결·공포된 조약"이라는 표현을 통하여, 국가가 조약을 체결하는 경우 한편으로는 조약의 내용을 국내법으로 수용해야 하는 국제법적 의무의 이행도 가능하게 하면서, 다른 한편으로는 헌법이 정하고 있는 조약체결절차가 준수되는 것도 확보하고자 하는 것이다.

그러나 조약이 내용적으로 헌법에 부합해야만 국내법적 효력을 가지는 것은 아니다. **조약의 내용이 합헌적인지 여부**는 국내법적 효력을 결정하는 요소가 아니라, 헌법재판소에 의한 규범통제절차에서 밝혀져야 하는 별도의 사안이다. 법률의 효력발생여부가 법률내용의 합헌여부에 달려 있지 않은 것과 마찬가지로, 조약도 그 내용의 합헌여부와 관계없이 헌법이 정한 절차에 따라 체결되어 공포되는 경우에는 국내법적 효력을 발생시키며, 다만 사후적으로 헌법재판소에 의한 사법적 통제의 대상이 될 수 있을 뿐이다. 따라서 조약의 내용이 헌법에 위반되는 상황이 발생할 수 있으며, 조약이 헌법에 위반되지만 대한민국을 국제법적으로 구속하는 것이 가능하다.

나. 헌법상 조약체결절차

헌법은 외교권의 영역에서도 **국가기관 간에 권한을 배분**하고 있다. 헌법은 제66조 제1항, 제73조에서 조약의 체결·비준권을 외국에 대하여 국가를 대표하는 대통령의 권한으로 규정하면서, 제60조 제1항에서 중요조약의 체결·비준에 대해서는 국회의 동의를 받도록 규정하고 있다. 이로써 외교권은 원칙적으로 정부의 권한에 속하나, 중요한 조약은 국회의 동의를 받아야 한다는 제약을 받는다. 헌법이 명시적으로 규정하는 경우에만, 집행부는 조약체결과 관련하여 국회의 동의를 필요로 한다.

따라서 헌법 제60조에 따라 중요한 조약의 체결·비준이 국회의 동의를 요한다면, 이러한 중요조약은 국회의 동의를 받아야 비로소 '헌법에 의하여 체결·공포된 조약'이고, 이로써 국내법적 효력을 가진다(헌재 2001. 9. 27. 2000헌바20, 판례집 13-2, 322, 327). 뿐만 아니라, 조약은 헌법 제6조 제1항에 따라 공포되어야만 국내법과 같은 효력을 가진다.

다. 국회의 동의가 필요한지 여부에 따른 조약의 종류

(1) 조약의 종류

조약은 국회의 동의를 얻어 체결하는 조약(소위 '동의조약')과 국회의 동의 없이 대통령이 단독으로 체결하는 조약(소위 '비동의조약' 또는 행정협정)으로 구분된다. **조약의 국내법적 효력**의 정도(국내법상 위상)는 국회의 동의를 필요로 하는지 여부에 따라 달라진다. 국회의 동의를 필요로 하는 조약에 대해서는 법률의 효력이 인정되고(헌재 2001. 9. 27. 2000헌바20, 판례집 13-2, 322, 327), 국회의 동의를 필요로 하지 않는 조약에 대해서는 법규명령의 효력이 인정된다. 조약의 국내법적 위상은 조약이 어떻게 명명되는지가 아니라 의회의 동의를 필요로 하는지 여부에 의하여 결정된다.

판 례 **'한미행정협정 사건'**에서 "이 사건 조약은 그 명칭이 '협정'으로 되어 있어 국회의 관여 없이 체결되는 행정협정처럼 보이기도 하나 우리나라의 입장에서 볼 때에는 외국군대의 지위에 관한 것이고, 국가에게 재정적 부담을 지우는 내용과 입법사항을 포함하고 있으므로 국회의 동의를 요하는 조약으로 취급되어야 한다."고 판시하고 있다(헌재 1999. 4. 29. 97헌가14).

(2) 국회의 동의를 필요로 하는 조약(동의조약)

헌법은 제60조 제1항에서 "국회는 상호원조 또는 안전보장에 관한 조약, 중요한 국제조직에 관한 조약, 우호통상항해조약, 주권의 제약에 관한 조약, 강화조약, 국가나 국민에게 중대한 재정적 부담을 지우는 조약 또는 입법사항에 관한 조약의 체결·비준에 대한 동의권을 가진다."고 하여 국회의 동의를 필요로 하는 조약을 구체적으로 명시하고 있다. 위에서 언급하는 **7 가지의 유형은 예시적인 것이 아니라 열거적인 것**이다. 국가기관간의 권한과 관할을 규율하는 헌법규정은 그 권한의 한계를 제시하는 확정적인 규정으로 이해해야 하고, 이러한 의미에서 해석되어야 한다. 헌법이 정하고 있는 동의조약의 유형은 국가공동체의 본질적 결정은 의회에 의하여 결정되어야 한다는 **'본질성이론'의 헌법적 표현**이다. 위 7가지 유형은 그 내용에 따라 **크게 3 가지 사유**로 나누어 볼 수 있다. 특정 조약이 국회의 동의를 필요로 하는지 여부를 판단함에 있어서 아래 3가지 사유가 중복적으로 인정될 수 있다(헌재 1999. 4. 29. 97헌가14, 판례집 11-1, 273, 281-282).

첫째, 조약이 국제사회에서 대한민국의 정치적 관계를 본질적으로 규율하는 경우, 즉 조약에 의하여 국가의 존립, 영토의 불가침성, 국가의 독립성, 국제사회에서 국가의 지위나 비중이 직접적으로 영향을 받는 경우이다. 헌법은 이러한 경우를 상호원조 또는 안전보장에 관한 조약, 중요한 국제조직에 관한 조약, 우호통상항해조약, 주권의 제약에 관한 조약, 강화조약 등 5개의 내용적 유형을 통하여 구체화하고 있다.

둘째, 입법사항에 관한 조약의 경우이다. 입법사항에 관한 조약이란, 조약이 그 내용상 법률유보원칙에 따라 법률로써 규율되어야 하는 사항(입법사항)을 규율대상으로 하는 경우를 말한다. 헌법이 법률로써 규율하도록 입법자에게 명시적으로 위임하고 있는 사항은 물론이고, '국민의 권리·의무에 관한 사항'을 비롯하여 국가공동체의 모든 중요하고 본질적인 문제는 입법자가 스스로 결정해야 한다. 특히, 조약을 시행하기 위해서는 국내법의 제정이나 개정이 필요한 경우, 정부가 국회의 협력 없이는 이행할 수 없는 국제법상의 의무를 지지 않도록, 입법사항에 대하여 국회의 사전 동의를 규정하고 있는 것이다.

셋째, '국가나 국민에게 중대한 재정적 부담을 지우는 조약'의 경우이다. 국가나 국민에게 중대한 재정적 부담을 지우는 조약은 예산의 확보를 전제로 하는 것이고, 예산의 확보는 헌법 제54조에 의하여 국회의 의결을 필요로 한다. 국가나 국민에게 중대한 재정적 부담을 지우는 조약에 대하여 국회의 동의를 규정한 것은 헌법 제54조 등에 규정된 '재정에 관한 국회의 결정권한'으로부터 나오는 당연한 결과이다.

(3) 국회의 동의를 필요로 하지 않는 조약(비동의조약 또는 행정협정)

행정협정은 국제사회에서 대한민국의 정치적 관계를 본질적으로 규율하지도 않고 입법사항에 관한 것도 아닌 모든 조약, 이로써 정부가 체결에 필요한 권한과 수단(행정입법 등)을 가지고 있는 조약을 말한다. 이러한 조약의 경우, 대통령은 헌법 제73조의 조약체결권을 근거로 하여 국회의 동의 없이 단독으로 체결할 수 있다. 조약이나 법률의 위임에 의한 사항, 조약의 시행을 위하여 필요한 사항 또는 정부의 행정권에 관한 사항을 정하는 조약 등이 이에 해당한다.

라. 조약에 대한 국회동의권의 헌법적 의미와 기능

첫째, 국회의 동의는 **정부에 대한 의회의 통제수단**으로 대통령의 조약체결권한을 통제하는 기능을 한다. 국회의 동의는 대통령이 조약비준권을 합헌적으로 행사하기 위한 조건이다. **둘째,** 헌법이 조약의 비준 이전에 국회의 사전 동의를 얻도록 규정한 것은, 국내에서 조약을 집행하기 위하여 국내의 입법조치가 필요한 조약(비자기집행적 조약)의 경우 정부가 국내적으로 그 이행이 보장되지 않는 조약상의 의무를 지는 것을 방지함으로써 **조약의 국내법적 집행을 보장**하는 기능을 한다. **셋째,** 국회의 동의는 대통령의 비준행위와 동시에 **조약에 국내법적 효력을 부여**한다. 국회의 동의는, 조약이 국내법상의 효력을 발생시키기 위한 전제조건이다.

조약의 국제법상의 효력은 오로지 대통령의 비준행위에 의하여 발생하므로, **대통령이 국회의**

동의 없이 비준한 경우에도, 그 조약은 국제법적으로 유효하게 성립한다. 그러나 대통령은 사후적으로 국회의 승인을 얻지 못하는 경우 국내법상으로 이행할 수 없는 국제법상의 의무를 지게 될 것이고, 상대방 국가에 대하여 손해배상의 의무를 지게 될 것이다. 대통령이 조약비준을 위하여 국회의 동의를 필요로 함에도 동의 없이 비준을 한 경우, 국회는 대통령의 위헌적 비준행위로 인하여 자신의 동의권이 침해당했다는 주장으로 헌법재판소에 **권한쟁의심판을 청구**할 수 있고, 나아가 대통령의 헌법위반을 이유로 **탄핵의 소추를 의결**할 수 있다. 물론, 헌법재판소가 대통령의 비준행위의 위헌성을 확인한다 하더라도, 이는 조약의 국제법상의 효력에는 원칙적으로 영향을 미치지 않는다.

마. 조약의 자기집행력

자기집행적 조약(self-executing treaty)이란, 조약을 시행하는 별도의 입법조치 없이 그 자체로서 국내에서 법적용기관(행정청과 법원)에 의하여 직접 적용될 수 있는 조약을 말한다. 조약이 국가 자체가 아니라 **직접적으로 국가의 법적용기관(행정청과 법원)이나 개인을 대상으로 하는 경우**에만 직접 적용이 가능한 자기집행적 조약이다. 한편, 조약이 직접 적용될 수 있는 자기집행적 조약이라 하더라도, 그러한 조약이 반드시 개인의 주관적 권리와 의무를 발생시키는 것은 아니다.

이에 대하여, 조약이 그 내용상 **국가 자체를 대상으로 하는 경우**, 국내에서 적용되기 위해서는 조약당사국의 국내적 입법조치(이행입법)를 필요로 한다. 자기집행력이 없는 조약(非자기집행적 조약)은 입법자의 이행입법이 이루어지기 전까지는 국내에서 법적용기관에 의하여 직접 적용될 수 없다. 한편, **자기집행적 조약뿐만 아니라 비자기집행적 조약도 헌법 제6조 제1항에 의하여 국내법으로 수용**됨으로써 국내법적 효력을 가진다. 물론, 비자기집행적 조약의 경우에는 입법자에 의한 입법조치에 의하여 비로소 국내에서 적용이 가능해 진다.

바. 조약에 대한 규범통제

(1) 헌법 제6조 제1항에 의하여 국내법과 같은 효력을 가진 조약은 헌법재판소법 제68조 제1항의 의미에서 '공권력의 행사'에 해당하므로 **헌법소원의 대상**이 될 수 있다. 조약에 대한 **헌법소원이 적법하기 위해서는** 국내에 바로 적용이 가능한 '자기집행적인 조약'이어야 하고, 조약이 개인에 대하여 직접 기본권을 제한하거나 의무를 부과함으로써 기본권침해의 직접성이 인정되어야 한다.

또한, 국회의 동의를 얻은 조약은 국내법에서 법률과 같은 효력을 가짐으로써 법관에 의한 **위헌제청의 대상**이 될 수 있다. 물론, 별도의 입법조치 없이 국내에 바로 적용되는 **'자기집행적인 조약'만이 구체적인 소송사건에서 재판의 전제**가 될 수 있다. 비자기집행적 조약의 경우, 입법자의 이행입법이 이루어지기 전까지는 조약은 국내에서 법적용기관에 의하여 직접 적용될 수 없으므로, '재판의 전제성'이 인정되지 않는다. 한편, 국회의 동의를 필요로 하지 않는 행정협정은 법규명령의 효력을 가지므로, 이에 대해서는 법원이 위헌심판제청을 할 필요가 없이 헌법 제107조 제2항에 의하여 스스로 위헌여부를 판단한다.

한편, 조약은 헌법재판의 대상이 될 수 있으나, **조약의 내용에 대한 사법적 심사에는 한계**가 있다. 조약의 내용을 이루는 주된 사안은 **외교·국방정책**이다. 헌법재판소에 의한 조약의 내용적 통제는 '어느 정도로 외교·국방의 영역에서 내린 정치적 결정에 대하여 사법부의 심사가 가능한지' 하는 근본적인 문제(통치행위의 문제)를 제기한다. 외교·국방정책은 정치적 현실에 대한 예측판단에 기초하고 있으므로, 규범적 판단이 매우 제한적으로만 가능하다.

(2) **조약에 대한 위헌결정은 국내법적 상황과 국제법상 상황의 괴리현상을 초래**한다. 조약의 국제법상 효력은 국제법에 의하여 결정되는 것이지, 당사국의 국내법에 의하여 좌우되지 않는다. 조약의 국제법상 효력은 오로지 대통령의 비준행위에 의하여 발생한다. 국내법상의 절차적 하자(국회의 동의 없이 비준한 경우) 또는 헌법위반을 이유로 당사국은 비준된 조약의 국제법적 효력을 문제 삼을 수 없다. 따라서 헌법재판소에 의하여 위헌으로 선고된 조약은 국내법으로서만 효력을 상실한다. 대한민국에게는 조약 체결로 인하여 국제법적으로는 조약을 이행해야 할 의무가 발생하지만, 국내법적으로는 헌법재판소결정의 기속력으로 말미암아 국가기관은 조약에 따른 의무이행을 할 수 없으므로, 국가는 국제법적으로 조약을 이행하지 아니한 책임을 지게 된다.

따라서 조약의 위헌여부에 대한 사후적 심사는 바람직하지 않기 때문에, **조약의 위헌여부를 사전적으로 통제해야 할 필요**가 있다. 이러한 이유에서 프랑스, 스페인, 포르투갈 등에서는 조약에 대한 사전적 규범통제절차를 도입하여, 의회의 동의가 필요한 경우에는 의회가 동의를 의결하기 전에 조약의 합헌성에 대한 사전적 심사를 가능하게 하고 있다.

판 례 국제통화기금에 대한 재판권 면제를 규정하는 국제통화기금협약이 재판청구권을 침해하는지 여부가 문제된 **'국제통화기금조약 사건'**에서, 헌법재판소는 청구인의 심판청구를 한정위헌청구라는 이유로 부적법하다고 하여 각하하였으나, "이 사건 조항은 각 **국회의 동의를 얻어 체결된 것이므로 헌법 제6조 제1항에 따라 국내법적 효력을 가지며, 그 효력의 정도는 법률에 준하는 효력**이라고 이해된다. 한편 이 사건 조항은 재판권 면제에 관한 것이므로 **성질상 국내에 바로 적용될 수 있는 법규범으로서 위헌법률심판의 대상**이 된다고 할 것이다."라고 하여, 국회의 동의를 얻은 조약은 법률과 같은 효력을 가지며 나아가 자기집행적 조약에 해당하기 때문에 위헌법률심판의 대상이 된다고 판시한 바 있다(헌재 2001. 9. 27. 2000헌바20, 판례집 13-2, 322, 328).

3. 일반적으로 승인된 국제법규의 국내법 수용

'일반적으로 승인된 국제법규'란, 국제사회의 대다수의 국가에 의하여 승인되어 보편적인 효력을 가지는 국제법규를 말한다. 보편적인 국제관습법(외교관 대우에 관한 일반원칙 등)이나 보편적인 국제관습법의 규범을 성문화한 조약(포로에 관한 제네바 협정, 외교관계에 관한 비엔나 협약 등) 등이 일반적으로 승인된 국제법규에 속한다. 우리나라에 의하여 승인되지 아니한 국제법규라고 하더라도 국제사회의 대다수의 국가에 의하여 승인되었다면, 그러한 국제법규는 범세계적인 효력을 가지는 보편적인 국제법규라 할 수 있으므로, '일반적으로 승인된 국제법규'로서 국내법적 효력을 가지는 것을 배제하지 않는다. 다만, 일반적으로 승인된 국제법규인지 여부가 불확실한 경우에는 우리나라가 승인한 경우에만 헌법 제6조의 '일반적으로 승인된 국제법규'로 간주될 수 있다.

일반적으로 승인된 국제법규는 헌법 제6조 제1항에 의하여 국내법과 같은 효력을 가지는데, **조약과는 달리 특별한 수용절차 없이 직접 국내법으로 편입**된다. 헌법 제6조 제1항은 일반적으로 승인된 국제법규에 대하여 국내법적인 구속력을 부여하는 **창설적 규정**이다. 따라서 더 이상의 국내법규범(시행규정)을 필요로 함이 없이 국내적 집행이 가능한 **자기집행적 국제법규**만이 국내법으로 수용될 수 있다. 이러한 점에서, 일반적으로 승인된 국제법규를 국내법으로 수용하는 헌법 제6조 제1항의 현실적 의미는 매우 적다.

일반적으로 승인된 국제법규는 **헌법소원의 대상**이 될 수 있다. 이러한 경우, 헌법재판소는 어떠한 국제법규범이 헌법 제6조 제1항의 의미에서의 국제법규에 속하는지, 국제법규가 국내법으로 편입되었는지, 국제법규가 자기집행력이 있고 국민에 대해서도 권리와 의무를 발생시키는지에 관하여 판단해야 한다.

Ⅲ. 외국인의 법적 지위에 대한 보장

헌법 제6조 제2항은 "외국인은 국제법과 조약이 정하는 바에 의하여 그 지위가 보장된다."고 규정하고 있다. 이로써 헌법은 외국인과 관련해서도 국제법질서를 존중하겠다는 의사를 명시적으로 밝히고 있다. 외국인에 대하여 **상호주의원칙**(相互主義原則)에 따라 그 법적 지위를 보장하는 것이 오늘날 국제법적으로 확립된 관례이다.

제 3 절 평화통일의 원칙

Ⅰ. 국가목표로서 평화통일

헌법은 전문에서 '조국의 평화적 통일의 사명'이라고 하여 '평화적 통일'을 조국의 사명으로 명시하고, **제4조**에서 "대한민국은 통일을 지향하며, 자유민주적 기본질서에 입각한 평화적 통일정책을 수립하고 이를 추진한다."고 규정함으로써, **국가에게 통일의 과제와 목표를 부과**하면서 목표실현의 방법으로서 '평화적 통일'의 수단을 제시하고 있다. 조국통일은 민족의 지상과제이자 중대한 국가목표로서 모든 국가기관을 구속한다. 이로써 모든 국가기관은 조국통일이라는 목표를 평화적 수단을 사용하여 실현해야 할 의무를 진다.

헌법은 제66조 제3항에서 "대통령은 조국의 평화적 통일을 위한 성실한 의무를 진다."고 규정하고, **제69조**에서 취임선서의 내용으로서 "조국의 평화적 통일"을 언급하고, **제92조**에서 대통령의 평화통일정책의 수립에 관한 자문에 응하기 위하여 민주평화통일자문위원회를 둘 수 있도록 규정하고 있다. 이로써 **평화통일정책**은 외교·국방정책의 일환으로서 일차적으로 **대통령의 권한**임을 밝히고 있다.

Ⅱ. 평화통일의 원칙

1. 남북한 관계의 특수성 및 북한의 이중적 성격

헌법은 제3조의 영토조항을 통하여 **북한의 국가적 성격을 부인**하고 평화적 통일과정에서 궁극적으로 소멸해야 할 대상으로 간주하고 있다(제2편 제1장 제1절 Ⅳ. 2. 참조). 북한은 남한에게 외국이 아니며, 남북한이 유엔에 동시 가입하였다 하더라도 북한을 국가로 승인할 수는 없다. 따라서 **남북한 사이의 합의**는 국가 간의 합의인 국제조약에 해당하지 않는다. 남북한의 주민들은 하나의 국적을 가지므로, **북한주민**도 남한의 영역에 들어오면 별도의 국적취득절차 없이 대한민국 국민으로서의 지위를 가진다.

북한은 헌법상 평화통일조항에 비추어 조국의 평화적 통일을 위한 **대화와 협력의 동반자**이면서, 동시에 아직도 대남적화노선을 고수하면서 우리 자유민주체제의 전복을 획책하고 있는 **반국가단체**라는 이중적 성격을 가지고 있다. 대한민국은 북한의 이러한 이중적 성격에 부합하게, 한편으로는 국가의 안전을 위태롭게 하는 반국가활동을 규제하기 위한 법적 장치로서 **국가보안법**의 시행을 통하여, 다른 한편으로는 평화적 통일을 지향하기 위한 기본법으로서 **남북교류협력에관한법률** 등의 시행을 통하여 이와 같은 정치적 현실에 대처하고 있다(헌재 1997. 1. 16. 92헌바6, 판례집 9-1, 1, 23).

판 례 **'국가보안법 위헌소원 사건'**에서 남·북한의 유엔동시가입, 소위 남북합의서의 채택·발효 및 남북교류협력에관한법률 등의 시행으로 인하여 **국가보안법의 해석·적용상 북한을 반국가단체로 보고 이에 동조하는 반국가활동을 규제하는 것이 위헌인지 여부**에 관하여 "비록 남·북한이 유엔(U.N)에 동시 가입하였다고 하더라도, … 그것만으로 곧 다른 가맹국과의 관계에 있어서도 당연히 **상호간에 국가승인이 있었다고는 볼 수 없다**는 것이 현실 국제정치상의 관례이고 국제법상의 통설적인 입장이다."고 하면서, "소위 남북합의서는 남북관계를 **'나라와 나라 사이의 관계가 아닌 통일을 지향하는 과정에서 잠정적으로 형성되는 특수관계'**(전문 참조)임을 전제로 하여 이루어진 합의문서인바, 이는 한민족공동체 내부의 특수관계를 바탕으로 한 당국 간의 합의로서 남북당국의 성의 있는 이행을 상호 약속하는 **일종의 공동성명 또는 신사협정에 준하는 성격을 가짐에 불과**하다. 따라서 … 북한의 반국가단체성이나 국가보안법의 필요성에 관하여는 아무런 상황변화가 있었다고 할 수 없다."고 판시함으로써 북한과의 관계를 국가 간의 관계가 아니라 **특수관계로 이해**하면서, 남북합의서에 국가 간 **조약으로서의 성격을 부인**하고 있다. 나아가, **국가보안법의 존속필요성이 있는지 여부**에 관하여, "현단계에 있어서의 북한은 조국의 평화적 통일을 위한 **대화와 협력의 동반자임과 동시에** 대남적화노선을 고수하면서 우리 자유민주주의체제의 전복을 획책하고 있는 **반국가단체**라는 성격도 함께 갖고 있음이 엄연한 현실인 점에 비추어, … 남북교류협력에관한법률 등이 공포·시행되었다 하여 국가보안법의 필요성이 소멸되었다거나 북한의 반국가단체성이 소멸되었다고는 할 수 없다."고 하여 국가보안법이 아직 필요하고 평화통일조항에 위배되지 않는다고 확인하고 있다(헌재 1997. 1. 16. 92헌바6, 판례집 9-1, 1, 22-24).

헌법재판소는 **북한주민의 국적취득**과 관하여 대법원의 판례를 인용하여(대법원 1996. 11. 12. 96누1221, 공1996하, 3602), 북한지역도 헌법상 영토조항에 근거하여 대한민국 영토에 해당하므로, 북한주민도 귀순하는 경우 별도의 국적취득절차 없이 대한민국 국적을 취득하는 것으로 이해하고 있다(헌재 2000. 8. 31. 97헌가12, 판례집 12-2, 167, 177).

2. 조국통일에 대한 헌법의 2가지 지침

헌법은 국가에게 통일의 과제를 부과하면서, 통일의 목표를 어떠한 방법을 통하여 실현해야 할 것인지에 관하여는 원칙적으로 국가기관의 광범위한 형성권에 위임하고 있다. 그럼에도, 헌법은 제4조에서 통일과 관련하여 **2가지 관점에서 방법적 지침을 제시**함으로써 국가기관을 구속하고 있다.

첫째, 조국통일은 **자유민주적 기본질서에 입각**하여 이루어져야 한다. 인류가 역사적으로 수천

년에 걸쳐 획득한 현대 민주국가의 보편적 가치이자 동시에 우리 헌법의 정치적 기본질서를 포기하면서까지 통일이 이루어질 수 없다는 것을 헌법은 명백히 밝히고 있다.

둘째, 통일은 **평화적인 방법에 의하여** 실현되어야 한다. 국제 평화질서 내에서 전쟁이 국제분쟁의 해결방법으로서 허용될 수 없는 것과 마찬가지로, 통일이라는 중대한 국가과제의 실현을 위해서도 전쟁이 그 수단이 될 수 없다는 것을 밝히고 있다. 결국, 통일은 남북한 양측의 합의에 의하여 이루어져야 한다.

제 4 절 군사제도

Ⅰ. 국군의 헌법적 과제와 정치적 중립성

국가의 안전과 존립을 보장하기 위해서는 국가방위제도의 확립이 불가피하며, 국가방위를 위한 대표적인 수단이 바로 군사제도이다. **헌법은 제5조 제2항**에서 "국군은 국가의 안전보장과 국토방위의 신성한 의무를 수행함을 사명으로 하며, 그 정치적 중립성은 준수된다."고 하여 **'국군'을 헌법상 제도로서 보장**하면서, **국군의 헌법적 과제**를 '국가의 안전보장과 국토방위'로서 명시적으로 밝히고 있다. 헌법 제5조 제1항에서 세계평화주의를 천명하고 침략적 전쟁을 부인하면서 제2항에서 명시적으로 '국토방위'를 언급하고 있는 점에 비추어, 국군의 과제는 오로지 세계평화주의에 부합하는 과제, 즉 국가방위로 제한된다. 국군의 과제가 '국가방위'에 제한되어 있기 때문에, 병역의무의 범위는 병역의무자를 **국가방위를 위하여 투입**하는 것에 한정된다. **국군을 외국에 파병**하는 것은 국방을 전제로 하는 병역의무와는 직접적인 관련이 없으므로, 단지 자원자만이 파병될 수 있다.

민주국가의 군(軍)은 **정치적 중립성을 준수**해야 한다. 대외적인 관계에서 국가의 수호를 목표로 하는 국군의 헌법적 과제는 필연적으로 국군의 대내적 중립성, 즉 정치적 중립성을 요청한다. 국군은 국내정치에 기여하는 제도가 아니라 오로지 외부와의 관계에서 국가방위에 기여하는 제도이기 때문이다. 헌법 제86조 제3항과 제87조 제4항은 **국무총리와 국무위원의 문민원칙**(文民原則)을 규정하고 있다.

Ⅱ. 헌법상 군사제도의 조직

1. 대통령의 국군통수권

헌법은 제66조 제2항에서 대통령에게 국가를 수호해야 할 의무("국가의 독립 · 영토의 보전 · 국가의 계속성")를 부과하면서, **제73조**에서 선전포고와 강화를 할 수 있는 권한을 부여하고 있다. 또한, 외국에의 국군파병 및 외국군대의 대한민국 내의 주류에 대하여 국회의 동의권을 규정하는 **헌법 제60조 제2항** 및 외교 · 국방 · 통일에 관한 중요정책을 국민투표에 붙일 수 있는 대통령의 권한을 규정하는 **헌법 제72조**의 규정에서, **대통령의 국방에 관한 정책권한**을 간접적으로 규정하고 있다. 국방에 관한 대통령의 이와 같은 포괄적인 의무와 권한에 부합하게, **헌법 제74조**는 대통령에게 국군통수권을 부여하고 있다. 이러한 일련의 헌법적 책무를 수행하기 위해서는 **군에 대한 대통령의 지휘 · 명령권**이 필수적이다.

2. 국회의 통제권한

국군의 조직과 편성을 법률로 정하도록 함으로써 국군의 조직과 편성에 관한 기본결정을 국회에 유보하는 **헌법 제74조 제2항**, 선전포고 · 국군의 해외 파병에 관한 국회의 동의권을 규정하는 **헌법 제60조 제2항** 및 병력동원을 전제로 하는 계엄의 선포 시 국회의 계엄해제 요구권을 규정하고 있는 **헌법 제77조 제5항**의 규정에 근거하여, 국회는 대통령의 군통수권에 대한 통제권한을 행사한다. 뿐만 아니라, 국회는 **예산확정권의 행사**를 통하여 군대의 구체적 형성에 대하여 큰 영향력을 행사할 수 있으며, **국정조사 · 감사권의 행사**를 통하여 정부의 국방정책을 감시하고 통제할 수 있다.

물론, 외교와 국방에 관한 권한은 헌법상 집행부에 귀속된 권한이다. 따라서 군의 투입에 관한 주도권은 국회가 아니라 대통령이 가지고 있다. 그러나 민주국가의 군(軍)이 대통령의 군이 아니라 **'국민의 군'이며 '의회의 군'**이라는 점에서, 군의 투입에 대한 결정은 국가공동체의 본질적이고 중대한 결정으로서 국회에 유보되어야 한다(의회유보의 사고). 그러나 의회유보는 단지 군의 군사적 사용에 관한 것이기 때문에, 가령 재난이나 재해의 극복을 위하여 인도적 차원에서 군을 투입하는 경우에는 의회유보의 적용을 받지 않는다.

제 7 장 문화국가원리

Ⅰ. 문화국가원리

1. 개 념

국가는 조직과 규율을 통한 정치적 통일체로서, 단지 인간의 외부적 행위만을 조직하고 규율할 수 있을 뿐, 도덕·예술·학문·종교 등 전적으로 인간의 내면세계에 속하는 것을 생성할 수 없다. **문화를 생산하는 주체**는 개인과 사회이다. 국가는 문화를 생성할 수도 없고, 소위 '좋은 문화'의 방향을 제시함으로써 문화를 일정한 방향으로 이끌어갈 수 있는 권한을 가지고 있지도 않다. 문화는 일차적으로 인간의 내면세계에서 생성되는 것으로, 국민의 정신적 생활은 국가에 의하여 계획되고 규율될 수 있는 영역의 밖에 위치한다. 그러나 국가는 자신이 스스로 만들지 못하는 **문화를 보존·유지하고 조장하거나 유도**할 수 있다. 국가는 헌법의 정신에 부합하지 않는 '사회의 정신적 흐름'에 대응해야 하고, 사회의 비합리적 요청이나 위헌적인 관습과 만난다면 이를 다른 방향으로 유도하고자 시도할 수 있다.

문화국가란 문화가 생성될 수 있는 조건을 보장하고 형성해야 하는 의무와 과제를 진 국가이다. **문화국가원리**란 문화의 영역에서 국가의 책임과 과제, 즉 국가목표이자 헌법위임을 의미한다. **문화국가의 과제**는 정신적·문화적 생활의 외부적 조건을 조직화함으로써 문화가 생성될 수 있는 문화풍토의 조성에 있다. 문화국가의 과제는 개인적·집단적 정체성의 기반을 이루는 문화의 보존(보존적 요소), 창조적인 문화적 과정의 촉진과 육성(혁신적 요소), 문화의 보급(분배적 요소)을 포괄한다.

2. 국가와 문화의 관계에 관한 헌법규정

국가와 문화의 관계에 관하여, 헌법은 국가와 문화의 완전한 분리나 국가에 의한 문화의 조종과 지배의 관계가 아니라, **국가가 문화 전반에 대하여 책임을 진다는 문화국가적 입장**을 취하고 있다. **헌법 제9조**는 "국가는 전통문화의 계승·발전과 민족문화의 창달에 노력하여야 한다."고 하여 **문화국가적 과제**를 부과하면서, **제69조**에서 민족문화의 창달에 노력해야 할 **대통령의 의무**를 통하여 이러한 국가과제를 다시 한 번 강조하고 있고, 나아가 문화와 관련된 일련의 개별규정을 통하여 **문화생활이 가능하기 위한 다양한 기본조건**을 제시하고 있다. 이러한 기본조건에 속하는 것에는 무엇보다도 예술과 학문의 자유, 양심과 종교의 자유, 언론·출판의 자유 등 정신적 자유의 보장, 혼인과 가족생활의 보장 및 학교와 교육에 관한 제도이다.

이러한 기본조건들은 문화적 자율성의 환경을 조성하고, 문화국가의 필수적 전제조건으로서 다양한 견해와 사상이 공존하고 경쟁하는 다원적이고 개방적인 사회를 보장한다. 개별성 · 고유성 · 다양성을 본질로 하는 문화는 그 생성조건으로 사회의 자율영역을 요청한다. 문화는 정신적 생활의 자율성과 다양성을 제공함으로써 **자유주의적 민주국가가 기능하기 위한 필수적 기본조건**에 속한다.

판 례 **'학교정화구역 내 극장시설금지 사건'**에서 "우리나라는 건국헌법 이래 **문화국가의 원리를 헌법의 기본원리**로 채택하고 있다. 우리 현행 헌법은 전문에서 "문화의 … 영역에 있어서 각인의 기회를 균등히" 할 것을 선언하고 있을 뿐 아니라, 국가에게 전통문화의 계승 발전과 민족문화의 창달을 위하여 노력할 의무를 지우고 있다(제9조). 또한 헌법은 **문화국가를 실현하기 위하여 보장되어야 할 정신적 기본권**으로 양심과 사상의 자유, 종교의 자유, 언론 · 출판의 자유, 학문과 예술의 자유 등을 규정하고 있는바, 개별성 · 고유성 · 다양성으로 표현되는 문화는 사회의 자율영역을 바탕으로 한다고 할 것이고, 이들 기본권은 **견해와 사상의 다양성을 그 본질로 하는 문화국가원리**의 불가결의 조건이라고 할 것이다."라고 판시하고 있다(헌재 2004. 5. 27. 2003헌가1, 판례집 16-1, 670, 679).

3. 전통문화와 헌법

전통문화는 그 자체로서 헌법에 의한 보호와 지원의 대상이 아니다. 전통문화의 보호는 **헌법의 정신에 부합해야 한다는 유보 하에 있다.** 따라서 전통문화의 계승 · 발전에 노력해야 할 국가의 문화국가적 과제는 '헌법에 부합하는 전통문화의 보호'에 국한된다. 비록 전통문화라 하더라도, 그것이 인간의 존엄성 및 혼인과 가족에 관한 헌법의 기본결정에 반하는 것이라면, 단지 '사회적 폐습'으로서 더 이상 헌법적으로 존속할 수 없다. 우리의 전통문화에 속하는 동성동본금혼제와 호주제를 위헌으로 판단한 헌법재판소의 결정이 이를 잘 보여주고 있다.

판 례 **'호주제 사건'**에서 "가족제도에 관한 전통 · 전통문화란 적어도 그것이 가족제도에 관한 헌법이념인 개인의 존엄과 양성의 평등에 반하는 것이어서는 안 된다는 자명한 한계가 도출된다. **역사적 전승으로서 오늘의 헌법이념에 반하는 것**은 헌법 전문에서 타파의 대상으로 선언한 '사회적 폐습'이 될 수 있을지언정 헌법 제9조가 '계승 · 발전'시키라고 한 전통문화에는 해당하지 않는다고 보는 것이 우리 헌법의 자유민주주의원리, 전문, 제9조, 제36조 제1항을 아우르는 조화적 헌법해석이라 할 것이다. 결론적으로 전래의 어떤 가족제도가 헌법 제36조 제1항이 요구하는 개인의 존엄과 양성평등에 반한다면 헌법 제9조를 근거로 그 헌법적 정당성을 주장할 수는 없다."고 판시하고 있다(헌재 2005. 2. 3. 2001헌가9, 판례집 17-1, 1, 17).

Ⅱ. 문화국가의 실현

1. 문화국가의 내용

문화국가는 한편으로는 **문화의 자율성을 보장**하면서, 다른 한편으로는 **문화를 적극적으로 지원하고 육성**하는 국가이다. 헌법은 문화관련 자유권을 통하여 문화영역의 자율성을 보장하고 문화에 대한 국가의 부당한 간섭을 배제하고 있다. 국가는 문화적 영역에서도 정신적 생활의 자율적 형성을 위한 자유공간을 소극적으로 보장하는 것에 만족해서는 안 되고, 나아가 정신적 생활을 지원하는 적극적인 활동을 통하여 **문화를 육성해야 할 과제와 책임**을 진다. 문화가 헌법과 국가에 대하여 가지는 중요한 가치와 의미에 비추어, 국가는 사회와 함께 문화에 대한 포괄적인 공동책임을 진다.

2. 국가의 문화정책

문화에 대한 지원자로서 국가의 과제는 국가의 문화정책을 통하여 실현되고 구체화된다. **문화정책의 2가지 중요한 관점**은 첫째, 문화정책적 중립성과 관용을 준수해야 할 국가의 의무이고 둘째, 학문과 예술을 비롯한 문화에 대한 적극적인 지원과 육성의 의무이다.

문화관련 기본권의 보장과 이로 인하여 확보되는 '다원적이고 개방적인 사회'의 이념은 국가에게 **세계관적 중립의무**를 부과한다. 문화를 구성하는 본질적 요소는 자율성・개방성・다양성과 관용이다. 따라서 문화에 대한 국가적 지원에 있어서도 국가는 세계관적 중립의무를 준수해야 한다. 가령, 국가가 예술평론가나 심판자를 자처하여 예술의 방향이나 양식에 따라 차별하여 국가적 지원을 하는 것은 금지된다.

한편, 국가의 문화적 중립성에 대한 요청은 국가가 문화정책을 수립하고 추진하는 것을 금지하지 않는다. 따라서 국가는 **문화적 지원에 있어서 합리적인 기준에 따라 계획하고 선별**하고 중점과 우선순위를 정할 수 있다. 국가가 예술의 여러 시도 중에서 지원의 가치가 있는 것을 질적으로 판단하는 문화정책은 허용된다. 따라서 모든 문화적 활동을 기계적으로 균등하게 지원해야 할 국가의 의무나 이에 대응하는 개인의 권리는 존재하지 않는다. 그러나 문화에 대한 국가의 지원과 육성은 문화적 생활영역의 자율성을 고려하고 존중해야 한다는 헌법적인 구속을 받는다. 문화정책은 **문화적 생활영역을 보장하는 자유권을 침해하지 않는 범위 내에서** 이루어져야 한다.

판 례 **'학교정화구역 내 극장시설금지 사건'**에서 **문화국가의 원리와 문화정책**에 관하여 "과거 국가절대주의사상의 국가관이 지배하던 시대에는 국가의 **적극적인 문화간섭정책**이 당연한 것으로 여겨졌다. 그러나 오늘날에 와서는 국가가 어떤 문화현상에 대하여도 이를 선호하거나, 우대하는 경향을 보이지 않는 **불편부당의 원칙**이 가장 바람직한 정책으로 평가받고 있다. 오늘날 문화국가에서의 문화정책은 그 초점이 문화 그 자체에 있는 것이 아니라 **문화가 생겨날 수 있는 문화풍토를 조성**하는 데 두어야 한다. 문화국가원리의 이러한 특성은 **문화의 개방성 내지 다원성**의 표지와 연결되는데, 국가의 문화육성의 대상에는 원칙적으로 모든 사람에게 문화창조의 기회를 부여한다는 의미에서 모든 문화가 포함된다."고 판시하고 있다(헌재 2004. 5. 27. 2003헌가1, 판례집 16-1, 670, 679).

제3편

기본권론

제 1 장 기본권 일반이론

제 1 절 인권보장의 역사

우리 헌법의 기본권규정은 그 정신적 기원을 서구 인권보장의 역사에 두고 있으므로, 서구 인권보장의 역사에서 기본권이 생성된 정신적 바탕과 배경을 함께 고려해야만 비로소 현행 헌법에 수용된 기본권을 제대로 이해할 수 있다. 인권보장의 역사란 국가와 개인 사이의 대립과 투쟁의 역사라 할 수 있다. 물론, 국가권력과 '개인'의 대립관계는 18세기 계몽주의적 자연법사상의 산물로서, '개인'이 국가와의 관계에서 중심적 위치에 서게 된 것은 근대에 이르러 발생한 현상이다. 중세에서 인권은 신분적 사고에 의하여 지배되었기 때문에, 그 당시에는 국가권력과 개인의 대립이 아니라 국가와 귀족·성직자와 같은 '신분계급'의 대립이 문제되었다.

Ⅰ. 영국 헌법사에서 인권보장

인권보장의 역사는 그 뿌리를 중세의 신분적 봉건법에 두고 있다. 영국의 국왕은 **1215년의 대헌장**(大憲章; Magna Charta Libertatum)에서 계약의 형태로 귀족과 성직자의 계급에게 일정한 특권을 인정하였다. 대헌장은 '인간이면 누구에게나 귀속되는 인권'에 관한 것이 아니라 국왕과의 투쟁과정에서 쟁취한 특정 신분계급의 권리와 자유에 관한 것이었다. 그럼에도 대헌장은 제39조에서 '어떠한 자유인도 국법과 판결에 의하지 아니하고는 체포 또는 구금되거나 재산을 박탈당하거나 추방되지 않는다'고 규정함으로써 인권적 요소를 포함하고 있었다.

영국의 인권사(人權史)에서 중요한 의미를 가지는 것은, **1679년의 인신보호법**(Habeas-Corpus-Act)이다. 인신보호법은 자의적인 체포로부터 개인의 신체의 자유를 보호하기 위하여, 신체의 자유를 박탈하는 경우 준수되어야 하는 절차적 보장과 구속적부심제를 제도화하였다. 1679년 영국 인신보호법이 개인의 신체의 자유에 대한 법적 보장을 규정한 이래, 법률에 의하지 아니하고는 그리고 법관의 결정에 의하지 아니하고는 신체의 자유는 박탈당하지 아니한다는 원칙이 오늘날 핵심적인 법치국가적 보장에 속하게 되었다.

또한, 1689년 영국 명예혁명의 결과로서 탄생한 **권리장전**(權利章典; Bill of Rights)은 청원권과 같은 신민(臣民)의 권리를 제외한다면, 오늘날의 헌법과 같이 포괄적인 기본권목록을 갖추고 있는 것이 아니라, 의회의 권한 및 사법절차와 관련된 보장이 주된 내용을 이루는 것이었다.

Ⅱ. 미국의 인권선언

현대적 의미에서 최초의 인권선언으로 간주되는 것은 **1776년의 버지니아 권리장전**(Virginia Bill of Rights)이다. 버지니아 권리장전은 제1조에서 '모든 인간은 천부적(天賦的)이고 불가양(不可讓)의 권리인 자유와 평등의 권리를 가지며 이러한 권리는 사회계약에 의해서도 폐지될 수 없다'고 규정함으로써 18세기 자연법적 계몽사상을 그대로 반영하였다. 이로써 인권보장의 역사에서 처음으로 더 이상 특정 신분계급이 아니라 개인이 인권의 중심에 서게 되었다.

1787년의 미국 연방헌법은 제정 당시에는 인권에 관한 규정을 두지 않았으나, 1791년 10개조의 인권조항(amendments)을 추가함으로써 기본권을 수용한 최초의 국가적 헌법이 되었다. 수정 제1조는 종교의 자유, 표현과 언론의 자유, 집회의 자유 및 청원의 자유를 규정하였다. 1868년 수정 제14조를 추가함으로써 미국 헌법발전에 있어서 중요한 의미를 가지는 적법절차조항(Due Process Clause)과 평등조항(Equal Protection Clause)이 헌법에 수용되었다.

Ⅲ. 프랑스의 인권선언

1789년 프랑스의 '인간과 시민의 권리선언'은 인권의 역사에서 가장 중요한 이정표에 해당한다. 버지니아 권리장전과 마찬가지로, 프랑스 인권선언도 '인간은 인간이기 때문에 그에게 귀속되는 불가양의 권리를 가진다'는 자연법적 사고에 기초하고 있다. 버지니아 권리장전과 비교할 때, 프랑스의 인권선언은 인권의 범위를 본질적으로 크게 확장한 것은 아니었으나, 정치적 공동체의 목적, 헌법의 개념, 자유의 한계 등에 관하여 이론적으로 매우 정교하게 표현하였다. 프랑스의 인권선언은 **1791년에 제정된 프랑스 최초의 헌법**에 수용되었다. **1958년의 현행 프랑스 헌법**은 별도로 기본권목록을 두고 있지 않지만 전문에서 인권선언을 전체적으로 수용한다는 규정을 둠으로써, 인권선언은 현행 프랑스 헌법의 구성부분을 이루고 있다.

Ⅳ. 독일의 기본권 발전사

미국과 프랑스에서 자유주의 인권사상이 인권선언을 통하여 기본권으로 수용되는 동안, 독일에서는 여전히 절대군주의 지배체제가 지속되었다. 독일헌법사에서 중요한 의미를 가지는 것은 독일제국을 설립하고자 시도하는 과정에서 제정된 **1849년의 프랑크푸르트 헌법**(Paulskirchenverfassung)이다. 그러나 독일제국의 설립이 수포로 돌아감에 따라 프랑크푸르트 헌법은 시행되지 못하였다. 그 후 제정된 독일 헌법들은 인권보장에 대하여 무척 소극적이어서 기본권을 수용하지 아니하였다.

1848년에 싹튼 독일 인권보장의 정신은 1918년 독일 혁명으로 탄생한 최초의 공화국헌법인 **1919년의 독일 바이마르 헌법**(Weimarer Reichsverfassung)에서 비로소 계승되었다. 바이마르 헌법은 제2편 '독일인의 기본권 및 기본의무'에서 고전적인 자유권과 평등권뿐만 아니라 사회적 기본권도 수용함으로써, 기본권의 목록을 시대의 흐름에 맞추어 확충하고자 하는 획기적인 시도를 하였다. 그러나 포괄적인 기본권목록에도 불구하고, 당시 지배적인 헌법학에 의하면 입법자는 기본권의 구속을 받지 않는 것으로 간주되었고 사회적 기본권은 법적 구속력이 없는 단순히 선언적인 프로그램규정으로 격하되었으므로, 바이마르 헌법에 보장된 기본권의 효력은 매우 제한적인 것이었다.

1949년의 독일 기본법(基本法)은 바이마르 헌법의 기본권보장을 그 모델로 삼으면서도, 나치정권의 폭력지배와 인권유린에 대한 반성으로서 제1조에서 '인간존엄성의 불가침성'을 강조하였고 '기본권조항이 모든 국가권력을 직접적 효력을 가지고 구속한다'는 것을 명시적으로 규정하였다. 독일 기본법은 '기본권'을 규정함에 있어서 '직접 사법적(司法的)으로 관철할 수 있는지 여부'를 결정적인 기준으로 삼았기 때문에, 입법에 의하여 비로소 실현되고 실효성을 가지는 '사회적 기본권'과 '국민의 기본의무'가 배제되었다.

V. 한국 헌법에서 기본권의 발전

1948년 건국헌법과 더불어 기본권보장의 역사가 시작되었다. 우리의 경우 입헌주의나 인권투쟁의 역사가 없었으므로, 건국헌법에서 기본권을 수용한 것은 인권투쟁의 과정에서 스스로 쟁취한 것의 헌법적 확인과 보장이 아니라, 서구 기본권보장 역사의 산물을 수입하고 이식하는 것을 의미하였다. 1948년 건국헌법의 초안을 기초함에 있어서 헌법제정자는 서구의 다양한 헌법의 영향을 받았으나, 특히 1919년 독일 바이마르헌법의 영향을 간과할 수 없다. 건국헌법이 고전적인 자유권과 평등권뿐만 아니라 사회적 기본권과 국민의 기본의무에 관한 조항을 보유하고, 나아가 상세하고 광범위한 경제조항도 두고 있다는 것은, 건국헌법이 독일 바이마르 헌법의 영향을 크게 받았음을 그대로 보여주고 있다. 그 후 헌법의 기본권부분은 여러 차례 개정되었는데, 이러한 과정에서 1949년 제정된 독일 현행 헌법인 본(Bonn) 기본법과 미연방헌법(美聯邦憲法)의 영향을 간과할 수 없다. 가령, 인간의 존엄과 가치의 존중에 관한 조항, 기본권의 본질적 내용의 침해금지조항, 언론과 출판에 대한 사전검열의 금지 등은 독일 기본법의 영향을 받아 우리 헌법에 수용된 것이다. 반면에, 행복추구권과 적법절차조항의 도입은 미국헌법의 영향을 받은 것이다.

자유당 독재정권의 인권탄압을 경험한 **1960년 헌법**은 자유권적 기본권의 자연권적 성격을 강조하여 기본권의 본질적 내용의 침해금지조항을 신설하였고 언론·출판·집회·결사의 자유에 대하여 사전허가와 검열을 금지하였다. 이러한 경향은 **1962년 헌법**에서도 이어져, 인간의 존엄과 가치의 존중에 관한 조항이 신설되었고, 그 외에도 직업선택의 자유 등 일련의 기본권조항이 추가되었다. **1972년의 유신헌법**은 권위주의적 체제를 유지하기 위하여 기본권의 본질적 내용의 침해금지조항을 삭제하고 신체의 자유 등 일련의 기본권에 대한 제한가능성을 강화함으로써 기본권보장을 크게 약화시켰다. **1980년 헌법**은 다시 기본권을 강화하여 본질적 내용의 침해금지조항을 부활시키고 행복추구권, 사생활의 비밀과 자유, 환경권 등 새로운 유형의 기본권을 추가하였으며, 무죄추정의 원리 등의 도입을 통하여 인신의 권리도 강화하였다. **1987년 현행 헌법**은 다수의 기본권을 신설하거나 그 내용을 강화하고 있다. 특히, 적법절차조항의 도입을 통하여 신체의 자유를 강화하고 언론·출판에 대한 허가와 검열의 금지, 집회에 대한 허가제 금지 등을 통하여 표현의 자유를 강화하고 있다.

제 2 절 기본권의 개념과 분류

Ⅰ. 기본권의 개념

1. 인권과 기본권의 관계

인권(人權)이란 로크, 몽테스키외, 루소를 비롯한 계몽주의적 자연법론자에 의하여 천부적 인권론(天賦的 人權論)이 주장된 18세기에 등장한 개념이다. **인권**이란, 국가에게 생명, 자유나 재산 등 개인적 법익의 존중을 요구할 수 있는 권리로서, 인간이 인간이기 때문에 당연히 가지는 **천부적 권리**, 즉 인간이 태어남으로써 개인에게 귀속되는 **생래적(生來的) 권리**를 말한다. 결국, 인권이란 **자유와 평등에 관한 권리**이다.

인권과 기본권의 개념은 유사하지만 일치하는 것은 아니다. **헌법은 제10조 후문**에서 "국가는 개인이 가지는 불가침의 기본적 인권을 확인하고 이를 보장할 의무를 진다."고 규정함으로써 **'인권과 기본권의 관계'를 표현**하고 있다. 인권은 국가와 헌법의 성립 이전에 이미 존재하는 것으로 국가에 의하여 부여되는 것이 아니라 단지 '확인'되는 것이고, 법질서에 의한 별도의 인정을 필요로 하지 않으며, 국가가 인권을 규범화하고 있는지 여부와 관계없이 국가권력에 의하여 존중되어야 한다.

그러나 인권이 규범적 효력을 가지고 국가권력을 구속하기 위해서는, 국가가 인권을 헌법적으로 확인하고 규범화하여야 한다. 인권이 헌법에 실정법으로 규정되지 않는 이상, 인권은 국가에 대한 개인의 단순한 정치적 요청이나 기대, 소망에 지나지 않는다. 인권은 국가 내에서 관철되고 실현되기 위하여 헌법적 보장을 필요로 한다. 인권은 국가에 의한 확인과 보장을 통하여 비로소 헌법이라는 실정법의 구성부분이 된다.

2. 기본권

기본권이란 실정법인 **헌법에 의하여 보장되는 개인의 기본적 권리**를 말한다. 기본권이란, 헌법의 이념적 출발점이자 궁극적인 목적인 인간의 존엄성을 실현하기 위하여 개인의 법적 지위에 대한 헌법적인 보장이 대단히 중요하기 때문에, 그 보장여부가 입법자의 형성권에 달려 있어서는 아니 되고 입법자를 구속하는 헌법적인 보장을 필요로 하는 개인의 권리이다. 한편, 기본권이 곧 인권은 아니며, 헌법에 규정된 기본권은 인권에 국한되지 않는다. 헌법은 인권적·자연권적 성격을 가지는 기본권 외에도 참정권이나 청구권적 기본권 등 국가 내적인 기본권을 통해서도 국가와 개인의 관계를 규율하고 있다.

기본권은 국가와 개인의 관계를 규율한다. 기본권은 헌법상 기본권규정을 근거로 하여 국가에 대하여 작위나 부작위를 요구할 수 있는 **개인의 주관적 공권**(主觀的 公權)이다. 국가에 대한 개인의 주관적 권리인 기본권도 권리의 주체, 권리의 상대방, 권리의 보장내용(누가 누구에게 무엇을 요구할 수 있는지)이라는 **주관적 권리의 3 요소**로 구성되어 있다. 가령, 헌법은 "모든 국민은 … 자유를 가진다."고 하여 자유권적 기본권을 주관적 권리의 형태로 규정하고 있다. 각 개별자유권규정은 '모든 국민'이라는 표현을 통하여 **기본권의 주체**를 언급하고 있으며, '신체의 자유', '거주 · 이전의 자유', '직업의 자유' 등과 같이 보호하고자 하는 생활영역을 구체적으로 언급함으로써 각 **기본권의 보장내용**을 표현하고 있다. 나아가, 헌법은 제10조 후문에서 "국가는 … 기본적 인권을 … 보장할 의무를 진다."고 하여 **'기본권의 구속을 받는 상대방'**으로 국가를 명시적으로 언급하고 있다.

Ⅱ. 국가와 개인의 관계의 성격에 따른 기본권의 분류

1. 현행 헌법상 기본권의 체계

헌법은 제2장 "국민의 권리와 의무"에서 제10조의 인간존엄성조항을 맨 앞에 내세움으로써, **'인간의 존엄과 가치'**가 기본권보장의 이념적 출발점임을 밝히고 있다. 이어서, 헌법 제10조 전문 후단은 "… 행복을 추구할 권리를 가진다."고 하여 **'행복추구권'**을 규정하고 있다. 행복추구권은 다른 개별자유권에 대하여 '일반적 · 보충적 자유권'으로서, 헌법 제12조 내지 제23조에 규정된 개별자유권에 의하여 각 생활영역이나 법익별로 구체화되고 있다.

이어서, 헌법은 제11조 제1항 전문에서 "모든 국민은 법 앞에 평등하다."고 하여 **'일반적 평등권'**을 규정하고 있다. 일반적 평등권은 다시 헌법 제11조 제1항 후문, 제31조 제1항, 제32조 제4항, 제36조 제1항 등 스스로 특별히 차별을 금지하거나 평등을 요청하는 일련의 **'특별평등권'**에 의하여 구체화되고 있다.

헌법 제12조 내지 제23조에서는 개별 생활영역 별로 개인의 자유영역이나 법익을 국가의 부당한 침해로부터 보호하는 **'개별자유권'**을 보장하고 있다. 이어서, 헌법은 제24조 및 제25조에서 국민의 **'참정권'**을, 제26조 내지 제30조에서는 **'청구권적 기본권'**을, 제31조 내지 제36조에서는 **'사회적 기본권'**을 규정하고 있다.

2. 기본권의 분류

가. 자유권

헌법은 제12조 내지 제23조에서 개별자유권을 규정하고 있다. 자유권은 국가로부터 자유로워야 할 일정한 생활영역(예컨대 집회, 학문, 예술, 직업, 사생활영역 등)을 서술하고 있는데, 이러한 생활영역을 **기본권의 '보호범위'**라 한다. 자유권은 각 그의 고유한 보호범위를 가지고 개인의 자유영역에 대한 국가의 부당한 침해를 배제한다는 점에서, 그 기능에 있어서 일차적으로 **대국가적 방어권**(對國家的 防禦權)이다.

자유권은 국가가 개인의 자유영역을 단지 존중하고 침해하지 않음으로써 보장되는 소극적인 성격을 갖고 있다. 이러한 의미에서 자유권은 '국가의 간섭과 강제로부터의 자유', 즉 **'국가로부터의 자유'**로서 **국가에 대하여 부작위를 요구**하는 권리이다.

자유권은 원칙적으로 개인이 '입법자에 의한 실현'이라는 입법적 매개를 필요로 하지 않고 스스로 기본권을 행사할 수 있다는 것을 전제로 하고 있다. 가령, 개인은 국가의 도움 없이 자신의 의견을 표명할 수 있고, 경제활동과 예술작업을 할 수 있다. 자유권의 경우 입법자의 입법을 필요로 함이 없이 그 존재 자체로서 국가의 부당한 행위를 배제하는 기능을 하기 때문에, 헌법은 자유권의 규정형식으로서 단지 "모든 국민은 … 자유를 가진다." 또는 "모든 국민은 … 침해받지 아니한다."는 표현을 사용하고 있다. 자유권의 영역에서 입법자의 입법행위는 일반적으로 자유권을 제한하는 성격을 가지게 된다.

자유권의 관점에서 제기되는 헌법적 문제는 국가행위에 의한 자유의 제한이 자유권과 부합하는지, 헌법적으로 정당화되는지 여부이다. **국가행위가 자유권에 의하여 보호되는 개인의 자유영역을 과도하게 침해하는지** 여부가 주된 심사의 대상이다. 헌법재판소도 **과잉금지원칙**을 심사기준으로 적용하고 있다.

나. 평등권

헌법은 제11조 제1항에서 일반적 평등권을 규정하고 있다. 평등권은 개인의 행위나 법익을 국가로부터 보호하려는 것이 아니라, **'정의에 부합하는 국가행위'**, 즉 국가에 대하여 **'같은 것은 같게 다른 것은 다르게' 취급할 것을 요청**한다. 평등권의 경우 국가의 침해로부터 보호하려는 고유한 보호범위가 존재하지 않는다.

평등권은 자유권과는 달리, 국가작용 그 자체를 금지하는 것이 아니라, 국가작용이 평등권에 부합하는 한, 모든 국가작용을 허용한다. 즉 국가가 자유를 제한하거나 부담을 부과한다면, 평등권은 누구에게나 평등하게 자유를 제한하거나 부담을 부과할 것을 요구할 뿐이다. 또한, 평등권은 청구권과는 달리, 국가에게 적극적인 행위나 급부를 요청하는 것이 아니라, 국가가 일단 혜택을 부여한다면 누구에게나 평등하게 혜택을 부여할 것을 요구할 뿐이다.

자유권의 경우, 국가가 개인의 자유영역을 과도하게 침해하였는지 여부가 문제된다면, 평등권의 경우에는 **국가가 개인을 같게 취급해야 함에도 다르게 취급했는지 여부**가 문제된다. 따라서 평등권이 적용되기 위해서는 언제나 '두 개의 사실관계'의 차별대우가 존재해야 한다. 평등권에서는 **'국가에 의한 차별대우가 헌법적으로 정당화되는지' 여부**가 헌법적으로 문제된다.

다. 참정권

(1) 참정권이란 **국민이 국가의사형성에 참여하는 권리**를 말한다. 헌법 제24조(선거권), 제25조(공무담임권), 대통령이 국민투표부의권을 행사하는 경우 인정되는 임의적 국민투표(헌법 제72조) 및 헌법개정에 관한 필수적 국민투표(제130조)의 권리가 참정권에 속한다. 헌법은 제24조 및 제25조에서 참정권의 규정형식으로 "법률이 정하는 바에 의하여"의 표현을 사용함으로써, 자유권과는 달리 **입법자에 의한 구체적 형성을 필요**로 한다는 것을 명시적으로 밝히고 있다. 가령, 국민이 헌법상 보장된 선거권을 실제로 행사하기 위해서는 '법률에 의한 구체적인 형성'을 필요로 한다. 입법자가 사전에 선거법을 통하여 누가 선거할 수 있는지(선거연령의 확정 등), 어떠한 선거제도에서 선거가 이루어지는지(다수대표제 또는 비례대표제, 선거구의 획정 등) 등에 관하여 규율해야만 국민이 선거권을 행사할 수 있다.

선거권에서 헌법적으로 문제되는 것은, 입법자가 입법을 통하여 선거권을 과도하게 제한하는지의 문제가 아니라, 헌법상 부여된 입법형성권을 제대로 행사하는지의 문제, 즉 입법자가 선거권을 법률로써 형성함에 있어서 준수해야 하는 지침인 **헌법상 선거원칙을 존중하여 선거권을 구체화하였는지의 문제**이다. 평등민주주의에서 참정권이란 모든 국민의 평등한 정치적 참여의 권리를 의미하고, 선거권 · 피선거권 · 공직취임의 평등을 요청하는 기본권이므로, **참정권에서 제기되는 헌법적 문제는 '과잉제한'이 아니라 일차적으로 '평등'의 문제**이다. 그러나 헌법재판소의 일부 결정은 참정권의 경우에도 과잉금지원칙을 기계적으로 적용하고 있다.

(2) 한편, '국가의사형성'에 참여하는 가능성을 보장하는 **참정권과 구분해야 하는 것**은, 개인에게 공동체의 정치적 의사형성, 특히 '국민의사형성과정'(여론형성과정)에 참여할 기회를 보장하는 **'민주적 참여권'**이다.

표현의 자유, 집회의 자유, 결사의 자유 등 일련의 **정치적 자유권**은 자유권적 요소와 민주적 요소를 공유함으로써, 개인적 인격의 자유로운 발현을 보장할 뿐만 아니라 나아가 개인에게 공동체의 정치적 의사형성에 참여할 기회도 보장한다. 이러한 의미에서 정치적 자유권은 **'민주주의를 구성하는 요소'**로서 간주된다. 또한, 개인이 자유롭게 정당을 설립하고 기성정당에 가입할 수 있는 권리를 보장하는 **정당설립의 자유** 및 공동의 청원을 통하여 공동체의 정치적 의사형성에 영향력을 행사할 수 있는 가능성을 보장하는 **청원권**도 '민주적 참여권'에 속한다.

라. 청구권적 기본권

헌법은 제26조 내지 제30조에서 국가에 청원할 권리, 재판을 받을 권리 등 청구권적 기본권을 규정하고 있다. 청구권적 기본권이란, **권리의 보장을 위하여 국가에 대하여 작위, 즉 권리구제절차의 제공을 적극적으로 청구할 수 있는 기본권**이다.

개인이 국가의 도움을 필요로 하지 않고서도 누릴 수 있는 자유권과는 달리, 청구권적 기본권을 행사하기 위해서는 국가의 행위나 조력을 필요로 한다. 헌법은 청구권적 기본권의 규정형식으로 "법률이 정하는 바에 의하여" 또는 "법률에 의한" 등의 표현을 사용함으로써 자유권과는 달리 **입법자에 의한 구체적 형성을 필요**로 한다는 것을 분명히 밝히고 있다. 가령, 개인은 국가의 조력 없이는 **재판청구권**을 자력으로 행사할 수 없다. 개인이 재판청구권을 행사하기 위해서는, 즉 권리구제절차를 밟고 권리보호를 구할 수 있기 위해서는, 그 전에 법원이 설립되고 재판의 관할과 절차가 확립되어야 한다. 따라서 재판청구권은 법원조직법이나 소송법 등 절차법을 통한 입법자의 사전적인 형성을 필요로 한다.

청구권적 기본권의 경우, **'국민이 청구권적 기본권을 근거로 하여 일정한 권리구제절차를 요구할 수 있는지'**, 가령, 국민이 재판청구권에 근거하여 3심급의 재판을 요구할 수 있는지, 소송비용의 부담 없이 또는 제소기간의 제한 없이 재판을 받을 것을 요구할 수 있는지, 입법자가 이러한 내용의 권리구제절차를 제공하지 않는다면, 입법형성권을 제대로 행사하였는지 여부가 헌법적으로 문제된다. 이러한 문제는, 입법자가 청구권적 기본권을 과도하게 침해하였는지 여부가 아니라, 입법을 통하여 청구권적 기본권을 구체적으로 형성함에 있어서 헌법상 보장된 청구권적 기본권의 기본정신을 고려하여 **입법형성권을 제대로 행사하였는지 여부**에 관한 것이다. 그러나 일부 헌법재판소의 결정은 국가에게 부작위가 아니라 작위를 요구하는 청구권적 기본권의 경우에도 과잉금지원칙을 기계적으로 적용하고 있다.

마. 사회적 기본권

헌법은 제31조 내지 제36조에서 '교육을 받을 권리', '근로의 권리' 등 사회적 기본권을 규정하고 있다. 헌법은 사회적 기본권을 개인의 주관적 권리의 형태로 규정하고 있으나, 사회적 기본권은 본질상 구체적 권리가 되기 위하여 사전에 **입법에 의한 구체적 형성을 필요**로 한다. 헌법은 사회적 기본권의 규정형식으로 "법률이 정하는 바에 의하여" 등의 표현을 사용함으로써 입법자에 의한 구체적 형성을 필요로 한다는 것을 밝히고 있다. 그러므로 사회적 기본권으로부터 국가의 특정한 급부, 사회보장정책이나 사회입법 등을 요구할 수 있는 개인의 주관적인 권리는 원칙적으로 나오지 않는다. 가령, 개인은 '인간다운 생활을 할 권리'를 직접적인 근거로 하여 국가에 대하여 생계보조비를 요구할 수 없으며, '근로의 권리'를 근거로 하여 일자리를 요구할 수 없다. 사회적 기본권의 본질적인 기능은 국가로 하여금 사회적 기본권에 담겨져 있는 **국가의 과제나 의무를 실현하도록 헌법적으로 구속**하는 데 있다.

사회적 기본권의 경우, 헌법재판에서 주로 **'개인이 사회적 기본권을 근거로 하여 특정한 국가행위를 요구할 수 있는지'**, 가령, 개인이 '인간다운 생활을 할 권리'를 근거로 하여 일정한 수준의 생계보조비를 요구할 수 있는지 또는 특정한 사회보장정책의 도입을 요구할 수 있는지 여부가 문제된다. 여기서도 입법자가 법률로써 사회적 기본권을 과도하게 침해하는지의 문제가 아니라, 입법을 통하여 사회적 기본권을 구체적으로 형성함에 있어서 헌법상 보장된 사회적 기본권의 기본정신을 고려하여 입법형성권을 제대로 행사하였는지, **사회적 기본권을 실현하기 위한 최소한의 입법을 하였는지 여부**가 문제된다. 헌법재판소도 이를 인식하여 사회적 기본권의 위반여부를 판단하는 기준으로 '과잉금지원칙'이 아니라 **'과소보장금지의 원칙'**을 적용하고 있다.

Ⅲ. 그 외의 다양한 관점에 의한 기본권의 분류

1. 자연권 여부에 따른 분류

가. 선국가적 기본권

선국가적(先國家的) 기본권이란 천부적 인권 또는 자연권(自然權)으로서 **국가 이전에 존재하는 기본권**을 말한다. **인간의 존엄성을 비롯하여 자유권과 평등권**이 이에 속한다. 자유권과 평등권은 헌법에 의하여 비로소 창설되는 것이 아니라 헌법 이전에 이미 존재하는 것이며, 헌법이 인간의 자유와 평등을 실정법으로 보장한다면, 이는 헌법 이전에 이미 존재하는 것을 단지 실정법적으로 확인하는 것이다.

헌법은 '인간의 존엄과 가치' 및 '행복추구권'을 규정하는 **제10조 전문**, "국가는 개인이 가지는 불가침의 기본적 인권을 확인하고 이를 보장할 의무를 진다."고 규정하는 **제10조 후문**, "국민의 자유와 권리는 헌법에 열거되지 아니한 이유로 경시되지 아니한다."고 하여 선국가적 기본권이 헌법의 규정내용과 관계없이 존재한다는 것을 규정하고 있는 **제37조 제1항** 및 "자유와 권리의 본질적 내용을 침해할 수 없다."는 **제37조 제2항 후단**의 규정을 통하여 국가 이전에 존재하는 '천부적

인권'을 전제로 하고 있는데, 이는 **자연법사상의 실정법적 표현**이라 할 수 있다. 이로써 우리 헌법의 기본권체계는 자연법사상에 기초하고 있다.

나. 국가에 의하여 창설된 기본권

국가에 의하여 창설된 기본권이란, 국가 이전에 존재하는 것이 아니라 국가에 의하여 비로소 부여되는 권리, 즉 **국가의 존재를 전제로 하는 기본권**을 말한다. **국가 내적인 권리**로서 참정권, 청구권적 기본권, 사회적 기본권이 이에 속한다. 대표적으로 선거권은 국민에 의한 국가창설의 권리로서 국가의 존재를 전제로 한다.

국가 내적인 기본권의 특징은 국가의 입법에 의하여 기본권의 내용이 구체적으로 확정되며, 자유권과 비교할 때 **입법자의 광범위한 형성권**이 인정된다는 데 있다. 헌법은 참정권, 청구권, 사회적 기본권의 경우에는 그 규정형식으로 '법률이 정하는 바에 의하여' 등의 표현을 사용함으로써 자유권과는 달리 **입법자에 의한 구체적 형성을 필요**로 한다는 것을 밝히고 있다.

2. 기본권 주체에 따른 분류

기본권 중에는 국민만이 주체가 될 수 있는 기본권(**국민의 권리**)과 외국인과 무국적자를 포함한 모든 자연인이 주체가 될 수 있는 기본권(**인간의 권리**)이 있다. 헌법의 기본권조항은 "모든 국민은 … "이라고 규정함으로써 단지 대한민국 국민만이 기본권의 주체가 될 수 있는 것으로 표현하고 있으나, 기본권의 성질상 인간의 권리로 볼 수 있는 기본권(인간의 존엄성, 행복추구권, 평등권 등)의 경우, 외국인도 기본권의 주체가 될 수 있다는 것이 일반적인 견해이다.

3. 헌법에 명시적으로 규정되었는지 여부에 따른 분류

가. 헌법에 열거된 기본권

'헌법에 열거된 기본권'이란, 헌법이 제10조에서 제36조에 걸쳐 **명시적으로 규정하고 있는 기본권**을 말하는데, 자유권 · 평등권 · 참정권 · 청구권 · 사회권 등으로 유형화된다. 헌법제정자는 헌법 제정 당시에 헌법적 보장의 필요성을 인식할 수 있는 기본권만을 명시적으로 규정할 수 있으므로, '헌법에 열거된 기본권'이란 **헌법 제정 당시에 이미 그 보장의 필요성이 있는 것으로 인식된 기본권**이다. 특히, 헌법에 열거된 자유권은 역사적 경험상 국가공권력에 의한 전형적인 침해의 위험이 있는 개인의 자유영역과 법익을 보호하고자 하는 헌법제정자의 의지의 표현이다.

나. 헌법에 열거되지 아니한 기본권

헌법은 제37조 제1항에서 "국민의 자유와 권리는 헌법에 열거되지 아니한 이유로 경시되지 아니한다."고 규정하여, 헌법에 명시적으로 규정된 기본권 외에도 헌법적으로 보장되는 기본권이 있음을 밝히고 있다. '인간의 존엄과 가치'는 기본권보장의 궁극적 목적이라는 점에서, 헌법 제37조 제1항에서 말하는 '헌법에 열거되지 아니한 자유와 권리'라 함은, 헌법 제10조의 **인간의 존엄과 가치를 실현하기 위하여 불가결한 수단**으로서, 국가가 실정법인 **헌법에 수용했는지 여부와 관계없이 헌법적으로 보장되어야 할 국민의 자유와 권리**를 말한다. 모든 인간에게 귀속되는 천부적 권리를 실정법으로 전환하여 헌법적으로 보장해야 할 국가의 의무를 부과하는 헌법 제10조 후문과의 관계에서 볼 때, 제37조 제1항에서 '헌법에 열거되지 아니한 기본권'이란, 선국가적 권리이기 때문에 국가가 헌법에 수용하였는지 여부와 관계없이 보장되어야 하는 **'천부인권적 성격을 가지는 자유권'**에 국한된다고 보아야 한다.

역사적 경험상 국가에 의한 전형적인 침해의 위험이 있는 개인의 자유나 법익에 해당하고 인간의 존엄과 가치를 실현하기 위하여 불가결한 수단임에도, **헌법제정자가 기본권으로 규정하는 것을 누락하는 경우**가 있다. 우리 헌법의 경우, 무엇보다도 생명권과 신체불가침권이 이에 속한다. 나아가, 사회현상의 변화에 따라 헌법제정자가 헌법 제정 당시에 인식할 수 없었고 예견할 수 없었던 '자유를 위협하는 새로운 위험상황'이 발생할 수 있는데, 국가는 이러한 위험상황에 대해서도 기본권적 보호를 제공해야 한다. 헌법 제37조 제1항은 국가에 대하여 헌법해석을 통하여 새로운 기본권을 인정함으로써 개인의 **자유를 위협하는 새로운 위험상황에 대하여 기본권적 보호를 제공해야** 할 의무를 부과한다. 결국, 헌법 제37조 제1항은 헌법의 최종적 해석권자인 헌법재판소에 대하여 헌법해석을 통한 헌법의 변천(變遷)을 허용할 뿐만 아니라, 나아가 이를 요청하는 규정이다.

헌법재판소는 헌법해석을 통하여 헌법에 열거되지 아니한 일련의 자유권을 인정하였는데, 가령 생명권과 신체불가침권을 비롯하여 오늘날 정보사회에서 개인의 자기결정권을 보장하기 위한 '개인정보자기결정권', 표현의 자유나 인격발현의 전제조건으로서 '알 권리', 자유로운 인격발현을 위한 전제조건인 '일반적 행동자유권'과 '일반적 인격권' 등을 대표적인 예로 들 수 있다.

4. 기본권제한의 가능성에 따른 분류

가. 상대적 기본권

상대적 기본권이란, **제한이 가능한 기본권**, 즉 상대적으로 보장되는 기본권을 말한다. **모든 자유권은 원칙적으로 제한이 가능**하다. 헌법은 자유권을 규정함으로써 개인에게 자유와 자기결정의 영역을 보장하고 있다. 기본권에 의하여 보장된 **자유의 행사는 필연적으로 공익이나 타인의 법익과 충돌**하게 되므로, 충돌하는 법익 사이의 경계를 설정하고 양 법익을 조정하는 것이 필요하다. 여기서 충돌하는 양 법익간의 경계설정과 조정은 '기본권에 대한 제한'을 통하여 이루어진다. 헌법 제37조 제2항은 입법자에게 공동체의 이익을 추구하기 위하여 또는 타인의 법익을 보호하기 위하여 자유권을 제한할 수 있는 권한을 부여하고 있다.

나. 절대적 기본권

절대적 기본권이란, **제한될 수 없는 기본권**, 즉 절대적으로 보장되는 기본권을 말한다. 자유의 행사가 현실세계에서 필연적으로 법익충돌의 상황을 초래한다는 점을 감안한다면, 제한가능성을 배제하는 절대적 기본권이란 예외적인 것이다. 다만, **최고의 헌법적 가치로서 불가침**이며 다른 법익과의 관계에서 상대화될 수 없는 '인간의 존엄성'이나 인간의 내면세계에서 활동하기 때문에 **법익충돌의 위험이 없는 '양심형성의 자유'나 '신앙형성의 자유'**에 한하여 인정될 수 있을 뿐이다.

5. 적극적 자유와 소극적 자유

자유권은 자유를 적극적으로 행사할 수 있는 권리인 **'적극적 자유'로서 '무엇을 할 자유'**뿐만 아니라, 자유를 행사하지 아니할 권리인 **'소극적 자유'로서 '무엇을 하지 않을 자유'**도 함께 보호한다. 즉, 개인이 자유권에 의하여 보호되는 행위를 해도 된다면, '해도 되는 것을 하지 아니할 자유'도 함께 보장되는 것이다. 가령, 혼인의 자유는 '혼인을 할 자유'뿐만 아니라, '혼인을 하지 아니할 자유'도 보장하는 것이고, 표현의 자유는 의견을 표명할 자유뿐만 아니라 자신의 의견을 표명하지 않을 자유도 보장한다. 계몽주의시대 이래 개인의 신앙의 자유는 주로 '국교의 강제로부터의 자유'라는 소극적인 자유로서 이해되었으며, 공산주의와 전체주의를 경험한 현대의 역사에서도 소극적 자유의 보장여부는 **자유국가와 전체주의국가를 구분하는 시금석**이다.

자유권의 본질은, 기본권의 주체가 자유행사 여부와 방법에 관하여 스스로 결정할 수 있다는 것에 있다. 자유가 무엇인가 하는 것은 '자유롭고자 하는 자'만이 결정할 수 있다. 자유권은 그 본질상 개인이 각자 스스로 자유의 내용과 행사방법을 결정할 수 있다는 의미에서 **'임의(任意)의 자유'**이다. 자유란 언제나 작위와 부작위의 자유이다. 자유권이 보장하고자 하는 바가 궁극적으로 개인의 자기결정권이라면, **소극적 자유는 자기결정권을 보장하기 위하여 필수적**이다. 자유는 그 본질상 **'무엇으로부터의 자유'**이지 '무엇을 위한 자유'가 아니다. 자유권이 특정한 방향이나 목적을 위한 자유로 변질되지 않으려면, 적극적 자유는 소극적 자유에 의하여 보완되어야 한다. 소극적 자유가 비로소 자유권을 완전하게 만드는 것이다.

6. 자연적 자유권과 법적으로 형성되는 자유권

가. 자연적 자유권

대부분의 자유권은, 개인이 **국가의 도움 없이 스스로 행사할 수 있는 자연적 자유를 보장**하고 있다. 인간은 누구나 자유롭게 직업을 선택하고 행사할 수 있고, 양심과 신앙을 형성하고 실현할 수 있으며, 자신의 의견을 자유롭게 표명할 수 있는 가능성, 즉 자연적으로 행사할 수 있는 자유를 가지고 있다. 자연적 자유의 경우, 개인은 자유를 행사하기 위하여 입법자에 의한 구체적 형성을 필요로 하지 않는다.

나. 법적으로 형성되는 자유권

자유권은 원칙적으로 입법자에 의한 구체적 형성을 필요로 함이 없이 직접 실현될 수 있는 권리로서, 자유권과 관련하여 이루어지는 대부분의 입법은 자유권에 대한 제한을 의미한다. 그러나 자유권에 따라서는 **법률에 의하여 기본권의 보호대상이 구체적으로 형성됨으로써, 개인이 입법을 통하여 비로소 자유권을 행사할 수 있는 경우**가 있다. 이 경우, 입법자는 자유권의 보호범위에 포함되는 개인의 행위를 막고자 하는 것이 아니라 개인이 기본권을 행사할 수 있도록 행위가능성을 개방하고 확대하는 것이다.

예컨대, 입법자가 법질서를 통하여 사유재산의 이용과 처분을 가능하게 **사유재산제도**를 구체적으로 형성해야, 재산권의 행사가 가능하다. 입법자가 저작권법이나 특허법의 제정을 통하여 창작물이나 발명에 관한 재산적 가치를 구체적인 권리로 형성하고 권리의 내용과 범위를 정하여 개인에게 귀속시킨 후에야, 비로소 개인은 자신의 저작권이나 특허권을 재산권으로서 주장할 수 있다. 그러나 입법자가 지적 재산권을 규율하는 법률을 제정하기 전에는, 그 누구도 직접 헌법상의 재산권을 근거로 하여 자신의 저작권이나 특허권에 대한 침해를 주장할 수 없다. 또한, **혼인제도**

의 경우에도 입법자가 법률로써 혼인의 성립과 효과를 규율해야, 비로소 개인은 혼인의 자유를 행사할 수 있다. 따라서 입법자에 의한 혼인제도의 구체적 형성은 개인이 혼인의 자유를 행사하기 위한 전제조건이다.

이러한 관점에서, 입법자가 자유권에 의하여 보호되는 자유영역을 규율하는 경우는 공익을 위하여 자유영역을 제한하는 경우(**기본권제한적 법률유보**)와 입법을 통하여 자유권의 보호대상을 구체적으로 형성하거나 기본권적 자유를 행사하기 위한 조건을 형성하는 경우(**기본권형성적 법률유보**)로 나누어 볼 수 있다.

제 3 절 기본권의 주체

'기본권의 주체'의 문제는 누가 기본권의 주체가 될 수 있는지, 누가 기본권의 침해를 주장할 수 있는지에 관한 것이다. 기본권의 주체와 관련하여 제기되는 문제는 무엇보다도 외국인 또는 법인에게도 기본권의 주체성을 인정할 수 있는가 하는 것이다. 기본권의 주체성은 **헌법재판에서** 헌법소원심판을 청구할 수 있는 가능성과 직결되어 있다. 헌법재판소법 제68조 제1항에 의하면 '기본권을 침해받은 자', 즉 기본권의 주체만이 헌법소원을 제기할 수 있으므로, 기본권의 주체가 아닌 자가 헌법소원을 제기하는 경우에는 **'청구인능력'**이 인정되지 않아 심판청구는 부적법하다.

Ⅰ. 자연인

1. 자연인의 기본권 주체성

모든 자연인은 원칙적으로 기본권의 주체가 된다. 자연인의 기본권 보호는 기본권보장의 출발점이다. 자연인의 경우, 기본권 주체성은 원칙적으로 출생으로 시작하여 사망으로 끝나므로, 살아있는 자만이 기본권의 주체가 될 수 있다. 미성년자, 심신상실자, 수형자도 당연히 기본권의 주체가 된다.

한편, **태아나 사망한 자도 기본권의 주체가 될 수 있는지의 문제**가 제기된다. 예컨대, 태아의 생명권은 산모의 낙태행위로부터 보호되어야 하며, 인간의 명예와 같은 일반적 인격권은 사후(死後)에도 보장되어야 한다. 그러나 태아나 사망한 자의 기본권을 보호해야 할 필요성 때문에 반드시 '기본권 주체성'을 인정해야 하는 것은 아니다. 태아나 사자(死者)에게 기본권 주체성을 인정하지 않는다 하더라도, 국가에게는 **기본권 보호의무에 근거하여 태아의 생명권이나 사망한 자의 인격권을 사인에 의한 침해로부터 보호해야 할 의무가 발생**하므로, 태아와 사자를 마찬가지로 보호할 수 있다. 따라서 태아나 사망한 자가 기본권의 주체로서 보호를 받는 것인지 아니면 인간존엄성이나 생명권을 보호해야 할 객관적인 국가의무에 의하여 보호를 받는 것인지에 관한 논의는 큰 실익이 없다.

판 례 헌법재판소는 생명권과 관련하여 태아의 생명권을 보호해야 할 국가의 의무뿐만 아니라 **태아**

의 기본권 주체성을 인정한 바 있다(헌재 2008. 7. 31. 2004헌바81, 판례집 20-2상, 91, 101). **사망한 자의 기본권 주체성**에 관하여 헌법재판소는 명확한 입장을 밝히지는 않았으나, "사자(死者)의 경우에도 인격적 가치에 대한 중대한 왜곡으로부터 보호되어야 하고, 사자(死者)에 대한 사회적 명예와 평가의 훼손은 사자(死者)와의 관계를 통하여 스스로의 인격상을 형성하고 명예를 지켜온 그들의 후손의 인격권…을 침해한다."는 판시내용에 비추어(헌재 2011. 3. 31. 2008헌바111, 판례집 23-1상, 258, 267), 사자에게는 기본권이 귀속될 수 없으므로 사자는 기본권의 주체가 될 수 없다고 보는 것이 타당하다.

2. 특별권력관계

가. 특별권력관계이론

특별권력관계이론(特別權力關係理論)은 시민적 법치국가적 사고에 기초한 19세기 독일 공법이론의 산물로서, 국민을 '일반국민'과 '특별권력관계에 있는 국민'으로 구분하여 **'특별권력관계에 있는 국민'에게는 기본권이 적용되지 않는다는 이론**이다. 특별권력관계이론에 의하면, 기본권이란 국가의 침해로부터 사회를 보호하고자 하는 것인데, 공무원관계와 같이 개인이 사회에서 이탈하여 국가와의 특별한 권리 · 의무관계에 들어오는 경우 개인은 기본권의 주체인 '사회의 구성원'이 아니라 '국가조직의 일부분'으로 간주된다. 따라서 특별권력관계에 있는 국민은 기본권의 보호를 받지 못한다는 사고이다. 그 결과, 특별권력관계에 있는 국민에 대한 규율은 기본권의 제한에 해당하지 않으므로, 법적인 근거를 필요로 하지 않고 이에 따라 법률유보의 원칙이 적용되지 않는다고 한다.

국가와 특수한 관계에 있는 국민에 대하여 기본권보호의 사각지대(死角地帶)를 인정한 특별권력관계이론은 **오늘날 이미 오래전에 극복된 이론**에 속한다. 모든 국가기관이 기본권의 구속을 받는 헌법국가에서 기본권의 구속으로부터 자유로운 국가행위의 영역은 원칙적으로 인정되지 않는다. 그러나 오늘날의 헌법질서 하에서도 국가와의 관계에서 특별한 의무와 권리를 가진 '특수한 법적 관계'가 존재한다는 것은 부인될 수 없으므로, **'특별권력관계'란 용어**는 특수한 신분관계를 포괄하는 개념으로서 유지될 수 있다. 특별권력관계란, 특정한 생활관계의 기능을 보장하기 위하여 국가와 개인의 일반적인 관계를 넘어서 **개인을 보다 강하게 국가영역에 편입시키는 공법상의 특수한 법적 관계**를 말하는데, 이에 편입된 개인에게 보다 강화된 의무와 구속이 부과된다는 점에 그 본질적 특징이 있다. **공무원관계 · 군복무관계 · 국공립학교 재학관계 · 재소자관계**가 이에 해당한다.

나. 특별권력관계에서 기본권의 효력

특별권력관계에서도 기본권은 효력을 발휘하며, **특별권력관계에 있는 개인도 기본권의 주체**이다. 특별권력관계에서는 '개인의 기본권 보장'과 '국가의 존립과 기능을 위하여 불가결한 특별권력관계의 기능보장'이라는 2가지 헌법적 법익이 서로 대치하고 있다. 개인이 일반적으로 누리는 기본권적 지위가 특별권력관계에서도 그대로 유지되어야 한다면, 특별권력관계는 국가공동체 내에서 그에게 부과된 과제(국가행정, 국방, 교육, 행형 등)를 이행할 수 없을 것이다. 따라서 특별권력관계는 그 목적과 기능에 의하여 요청되고 정당화되는 한, **일반적인 제한가능성을 넘어서 부가적인 기본권제한을 가능**하게 한다. 예컨대, 공무원제도가 기능하기 위하여 불가결한 '정치적 중립성'을 확보하기 위하여 공무원의 정당가입이나 정치적 활동이 보다 제한될 수 있다. 그러나 **특별권력관계에서도 기본권의 제한은 법률에 근거해야** 하고, 나아가 특별권력관계의 목적달성을 위하여 필요한 범위 내에서 이루어져야 한다는 의미에서 **과잉금지원칙을 준수해야** 한다.

판 례 **장교가 군무와 관련된 고충사항을 집단으로 진정 또는 서명하는 행위를 금지**하고 있는 '군인의 지위 및 복무에 관한 기본법'조항의 위헌여부가 문제된 사건에서, 심판대상조항은 국가안전보장과 국토방위라는 공익의 중요성에 비추어 장교의 표현의 자유를 침해하지 않는다고 판단하였다(헌재 2024. 4. 25. 2021헌마1258).

3. 외국인의 기본권 주체성

가. '인간의 권리'와 '국민의 권리'의 구분

헌법에 따라서는, **헌법이 스스로 기본권을 '인간의 기본권'과 '국민의 기본권'으로 구분하여 규정하는 경우**가 있다.[1] 이러한 경우, 헌법은 특정 기본권을 국민에게 유보함으로써 **헌법의 특별한 의도나 가치결정을 표현**할 수 있다. 가령, 헌법은 거주이전의 자유나 집회의 자유를 국민의 권리로 규정함으로써 '이민국가'나 '외국인의 정치적 활동'에 대하여 부정적 입장을 밝힐 수 있다. 헌법이 일부 자유권을 '국민의 권리'로 규정한다면, 국민에게 유보된 자유권의 실질적 효과는 외국인의 정치적 활동, 입국과 체류, 직업선택의 자유 등을 광범위하게 제한할 수 있는 헌법적 가능성을 확보할 수 있다는 데 있다. 그러나 헌법이 스스로 명시적으로 '국민의 권리'와 '인간의 권리'를 구분하여 확정하고 있지 않다면, 외국인의 기본권 주체성은 개별기본권의 성질에 따라 별도로 판단되어야 한다.

나. 한국 헌법에서 외국인의 기본권 주체성

우리 헌법의 기본권규정은 "모든 국민은 … "이라 하여, 모든 기본권에 대하여 일률적으로 기본권주체를 '국민'으로 한정하고 있다. 그러나 헌법의 명시적인 표현에도 불구하고, **인간 누구에게나 귀속되는 기본적 인권에 관한 한, 해석을 통하여 외국인의 기본권 주체성을 인정해야** 한다. **헌법이 제37조 제1항**에서 개인의 인권이 열거되지 아니한 이유로 경시되지 아니한다고 규정하고 있다면, 이는 인권에 속하는 일련의 기본권들의 경우 헌법이 '국민의 권리' 또는 '인간의 권리'로 규정하였는지 그와 관계없이 원칙적으로 모든 인간에게 인정되어야 한다는 것을 의미한다.

나아가, 오늘날 기본적 인권이 시간과 장소를 초월한 보편적인 범인류적 가치로서 인정되고 있으며, 비교법적으로 보더라도 인간의 권리에 해당하는 기본권이 대부분의 민주국가에서 내·외국인을 막론하고 모든 인간에게 동일하게 인정되고 있다는 점에서, 성질상 인간의 권리로 볼 수 있는 기본권에 대해서는 외국인에게도 기본권의 주체성이 인정되어야 한다.

다. 개별기본권의 성격에 따른 외국인의 기본권 주체성

(1) 자유권과 평등권

모든 인간에게 귀속되는 인간존엄성은 국민뿐만 아니라 모든 인간에게 인정되어야 한다는 것

---

1) 가령, 독일 기본법은 자유권을 원칙적으로 국민과 외국인 모두 누릴 수 있는 인권으로 규정하면서, 집회 및 결사의 자유, 거주이전의 자유, 직업의 자유 등 일부 자유권을 국민의 권리로서 명시적으로 규정하고 있다.

은 자명하다. 또한, **대부분의 자유권이란 인권을 단지 실정법의 형태로 확인한 것**에 불과하므로, 자유권과 관련해서도 원칙적으로 외국인의 기본권 주체성을 인정해야 한다. 따라서 행복추구권, 생명권, 신체불가침권, 신체의 자유, 표현의 자유, 양심의 자유, 종교의 자유, 예술의 자유 등 기본적 인권을 보호하는 고전적 자유권의 경우에는 외국인도 기본권의 주체가 된다.

한편, 비교법적인 관점에서 각국의 헌법이 명시적으로 또는 해석을 통하여 **'보편적으로 국민에게 유보하고 있는 자유권'**에 대해서는 우리 헌법도 외국인의 기본권 주체성을 배제하고 있다고 보아야 한다. 일반적으로 이러한 자유권에 속하는 것은, 정치적 활동과 관련되는 기본권으로서 집회·결사의 자유 및 근로·경제생활과 직결되는 기본권으로서 거주이전의 자유·직업선택의 자유이다.

평등권도 기본적인 인권에 속하므로, **외국인도 평등권의 주체**가 된다. 외국인이 평등권의 주체가 된다는 것은, 외국인에 대한 차별이 허용되지 않는다는 것이 아니라, 외국인도 평등권을 주장할 수 있기 때문에 외국인에 대한 차별이 헌법적으로 정당화되어야 한다는 것을 의미한다. 특히 '국민에게 유보된 자유권'의 영역에서 기본권의 보호에 있어서 국민과 외국인 간의 차별이 허용될 수 있고, 외국인은 자국민에 비하여 공익상의 이유로 보다 광범위한 제한을 받을 수 있다

판 례 헌법재판소는 인권에 속하는 자유권과 평등권에 대하여 외국인의 기본권 주체성을 폭넓게 인정하고 있다(헌재 2001. 11. 29. 99헌마494, 판례집 13-2, 714, 724). 그러나 헌법재판소는 **거주 · 이전의 자유**와 관련하여 외국인의 기본권 주체성을 부인하는 결정을 내린 바 있고(헌재 2014. 6. 26. 2011헌마502), **직업의 자유**와 관련하여 외국인의 기본권 주체성을 부인하는 결정을 내린 바 있다(헌재 2014. 8. 28. 2013헌마359).

(2) 참정권 및 사회적 기본권

선거권과 공무담임권 등 참정권은 국민주권의 원리에 따라 **국민에게 유보되는 기본권**이다. 참정권의 경우에는 입법자는 입법을 통해서도 외국인에게 기본권적 지위를 확대할 수 없다는 구속을 받는다.

사회적 기본권의 주체는 원칙적으로 국민이다. 그러나 사회적 기본권은 인권과 전혀 무관한 것이 아니라, 자유행사의 실질적 조건을 형성함으로써 인권으로서의 자유권의 행사에 간접적으로 영향을 미친다. 따라서 입법자는 사회적 기본권에 내재하는 인권적 요소를 고려하여 입법적으로 법적 권리의 주체를 외국인에게도 확대할 수 있다. 가령, 사회보장법의 경우, 수혜자의 범위를 국적이 아니라 합법적인 체류를 기준으로 정할 수 있다.

(3) 청구권적 기본권

기본적 인권에 속하는 자유권과 평등권의 주체성을 외국인에게도 인정한다면, 이러한 기본권이 침해된 경우에 그 침해를 주장하고 권리의 보호를 구할 수 있는 기본권도 함께 보장되어야 한다. 실체적 인권의 보장을 위한 절차적 기본권도 함께 보장되는 경우에만 비로소 인권의 보장은 실효성을 가진다. 따라서 재판청구권, 청원권 등 청구권적 기본권은 국적과 관계없이 **외국인에게도 인정**된다.

Ⅱ. 법 인

1. 사법인

가. 개 념

법인(法人)이란 원래 사법(私法)이나 공법(公法)에 의하여 법인격과 권리능력을 부여받은 단체나 조직을 의미한다. 법인은 설립형식과 설립목적에 따라 사법인 및 공법인으로 구분되고, 사법인은 다시 사단법인(일정한 목적을 위하여 결합한 인적 단체)과 재단법인(일정한 목적을 위하여 형성된 재산)으로 나뉜다.

그러나 **기본권의 주체로서 사법인(私法人)**이란 '사법상의 법인' 개념과 일치하지 않는다. 여기서 사법인이란 사법상의 권리능력(법인격)의 유무와 관계없이 단지 충분히 조직화되어 통일적인 의사형성이 가능한 인적 집단이면 족하다. 사용자단체나 노동조합, 정당, 언론단체 등 권리능력 없는 사단도 기본권 주체성이 인정되는 사법인에 해당한다. 여기서 사법인이란 그 소재지를 국내에 두고 있는 **내국사법인**이다. 외국사법인의 경우, 기본권 주체성이 부인된다.

나. 사법인의 기본권 주체성

사법인에게 기본권 주체성을 인정하는 이유는, 사법인의 기본권을 보호함으로써 사법인을 구성하는 자연인의 기본권행사를 용이하게 해주고 자유로운 인격발현의 가능성을 보다 강화하기 때문이다(자연인에 봉사하는 기능). 나아가, 사법인도 '기본권이 보호하고자 하는 전형적인 위험상황'에 놓일 수 있기 때문에 자연인과 마찬가지로 기본권의 보호를 필요로 하는 경우, 기본권 주체성을 사법인에게 확대하는 것이 정당화된다.

기본권이 그 성질상 사법인에게 적용될 수 있는 경우에만, 사법인은 기본권의 주체가 될 수 있다. 법인은 평등권, 종교의 자유, 학문의 자유, 표현의 자유, 집회의 자유, 결사의 자유, 재산권, 직업의 자유 등의 주체가 될 수 있다. 법인도 명예, 성명과 초상에 관한 권리 등 일반적 인격권을 가진다. 나아가, 법인이 제한적이나마 실체적 기본권을 누린다면, 이러한 실체적 기본권이 침해되는 경우에 이를 관철할 수 있는 청구권적 기본권(재판청구권 등)의 주체가 된다.

반면에, 자연인으로서 개인의 존재를 전제로 하는 기본권, 즉 **자연인에게만 귀속될 수 있는 기본권**은 법인에게 적용될 수 없다. 따라서 법인은 인간의 존엄성, 생명권·신체불가침권·신체의 자유 등 인신에 관한 자유, 혼인과 가족에 관한 기본권, 양심의 자유, 참정권 등의 주체가 될 수 없다. 법인은 평등권의 주체가 될 수 있지만, 남녀평등을 주장할 수는 없다.

판 례 헌법재판소는 초기의 결정부터 일관되게 자연인에게 적용되는 기본권이라도 성질상 법인이 누릴 수 있는 기본권이라면 법인에게도 적용된다는 입장을 밝히면서, "**법인 아닌 사단·재단이라고 하더라도 대표자의 정함이 있고 독립된 사회적 조직체로서 활동하는 때**에는 성질상 법인이 누릴 수 있는 기본권을 침해당하게 되면 그의 이름으로 헌법소원심판을 청구할 수 있다."고 판시하여, 법인격이 없는 사법인에게도 기본권 주체성을 인정하고 있다(헌재 1991. 6. 3. 90헌마56, 판례집 3, 289, 295-296).

한편, **'어떠한 기본권이 사법인에게도 적용되는지'**에 관해서는 일관되지 못한 태도를 보이고 있다. 헌법재판소는 **'사죄광고 사건'**에서 청구인인 사법인(주식회사 동아일보사)도 **양심의 자유**의 주체인 것으로 판단하였으나(헌재 1991. 4. 1. 89헌마160), **'시청자에 대한 사과명령 사건'**에서는 '제한된 기본권'으로 양심의 자유 대신 인격권을 언급함으로써, '사죄광고 결정'에서의 오류를 시정하면서 **사법인인 방송사업자도 인격권의 주체**가 된다고 판단하였다(헌재 2012. 8. 23. 2009헌가27).

'미국산 쇠고기수입의 위생조건에 관한 고시'가 생명권과 건강권을 침해한다는 주장으로 정당이 헌법소원을 제기한 사건에서, 헌법재판소는 '**정당**은 이 사건에서 침해된다고 주장하는 기본권인 **생명권과 건강권**의 기본권주체가 될 수 없으므로, 청구인능력이 인정되지 않는다'고 판시하였다(헌재 2008. 12. 26. 2008헌마419, 판례집 20-2하, 960, 973).

2. 공법인

가. 개 념

여기서 **공법인**(公法人)이란 법인격을 가진 법인뿐 아니라 권리능력의 유무와 관계없이 공법상의 사단, 재단, 영조물 등을 포함한다. 따라서 국가, 국가기관, 국가의 시설, 지방자치단체, 그 외 간접적 국가행정기관 등이 모두 포함된다.

판 례 **'서울대학교 입시요강 사건'**에서 '국립대학인 **서울대학교는 공법상의 영조물**이므로, 서울대학교와 학생과의 관계는 공법상의 영조물이용관계로서 공법관계이며, 서울대학교가 대학입학고사시행방안을 정하여 발표하는 것은 공권력의 행사에 해당된다'고 판단하여 헌법소원의 대상성을 인정한 바 있다(헌재 1992. 10. 1. 92헌마68등, 판례집 4, 659, 667).

나. 공법인의 기본권 주체성

(1) **공법인은 원칙적으로 기본권의 주체가 될 수 없다.** 첫째, 공법인은 기본권의 구속을 받는 상대방으로, 동시에 기본권의 주체가 될 수 없다. 둘째, 공법인은 포괄적으로 보장되는 '기본권'을 누리는 것이 아니라 단지 법질서에 의하여 부여되는 제한적인 '관할과 권한'을 가질 뿐이다. 만일, 법적으로 부여받은 권한과 관할의 범위 내에서 행해지는 공법인의 조치에 대하여 다른 공법인이 기본권을 주장할 수 있다면, 공법상의 권한질서는 무의미해질 것이다. 셋째, 공법인은 공적 과제를 수행하는 경우뿐만 아니라 영리적으로 활동하는 경우에도 기본권이 보호하고자 하는 전형적인 위험상황에 처할 수가 없으므로, 기본권에 의한 보호를 필요로 하지 않는다. 이는 지방자치단체의 경우에도 마찬가지이다.

그러나 공법인은 기본권의 주체는 아니지만, **사법상 권리의 주체가 될 수 있다.** 공법인도 사인과 마찬가지로 사법상의 거래에 참여하여 계약의 체결을 통하여 사법상 권리와 의무의 주체가 될 수 있고, 재산권적 권리의 주체가 될 수 있다.

(2) 공법인은 **예외적으로 기본권의 주체**가 될 수 있다. 공법인이 **조직상 국가로부터 독립하여 기본권에 의하여 보장된 생활영역을 고유한 업무영역으로서 부여받은 경우**에는, 기본권에 의하여 보호되는 고유한 업무영역을 국가의 침해로부터 보호해야 할 필요성이 있다. 이러한 경우는 공법인이 국가와 대치하면서 기본권을 방어하는 경우에 해당하므로, 예외적으로 공법인은 개인과 마찬가지로 기본권이 보호하고자 하는 전형적인 위험상황에 처할 수 있다.

국 · 공립대학교는 학문의 자유에 의하여 보호되는 생활영역인 '학문의 영역'을 고유한 과제영역으로 부여받았고, 조직상 국가로부터 독립하여 국가와 대치하고 있으므로, 공법인임에도 불구하고 학문의 자유에 관한 한, 기본권의 주체성이 인정된다. **공영방송사**도 공법적 성격에도 불구하고 그의 활동영역이 방송의 자유라는 기본권영역에 귀속되기 때문에, 방송의 자유에 관한 한 기본권의 주체로서 간주된다. 물론, 국·공립대학과 공영방송사는 각 고유한 업무영역을 보호하는 **학문의 자유 또는 방송의 자유와 관련해서만 기본권의 주체**가 된다. 나아가, 이러한 공법인들은 기본권을 주장할 수 있는 범위 내에서 예외적으로 **재판청구권**의 주체가 될 수 있다.

한편, 공법인은 그 외의 경우에는 원칙적으로 재판청구권의 주체가 될 수는 없으나, 국가기관이 소송당사자로서 재판절차에 참여하는 경우에는 재판절차의 모든 당사자가 사법절차상의 기본권을 주장할 수 있어야만 법치국가적 공정한 절차가 보장될 수 있으므로, '청문청구권'(의견진술권)이나 '공정한 재판을 받을 권리'와 같은 **사법절차상의 기본권**은 국가기관에게도 인정된다.

판 례 헌법재판소는 초기의 결정부터 일관되게 공법인은 원칙적으로 기본권의 주체가 될 수 없다는 입장을 견지하고 있다. 헌법재판소는 '국회노동위원회 고발 사건'에서 공법인은 기본권의 주체가 아니고 기본권의 수범자이며, 오히려 국민의 기본권을 보호해야 할 책임과 의무를 지니고 있는 지위에 있을 뿐이라고 하여, 청구인인 **국회의 노동위원회**는 기본권의 주체가 될 수 없다고 판시하였다(헌재 1994. 12. 29. 93헌마120). 헌법재판소는 동일한 이유에서 **국회의원**(헌재 1995. 2. 23. 90헌마125), **지방자치단체의 장**(제주도지사)(헌재 1997. 12. 24. 96헌마365)이나 **서울특별시의회**(헌재 1998. 3. 26. 96헌마345), 공법인인 **농지개량조합**(헌재 2000. 11. 30. 99헌마190)은 기본권의 주체가 될 수 없다고 판단하였다.

반면에, 헌법재판소는 **'서울대학교 입시요강 사건'**에서 **국립대학인 서울대학교**에게 '학문의 자유'와 관련하여 기본권 주체성을 인정하였고(헌재 1992. 10. 1. 92헌마68등, 판례집 4, 659, 670), **'방송수신료 사건'**에서 **한국방송공사**에게 '방송의 자유'와 관련하여 기본권 주체성을 인정하였다(헌재 1999. 5. 27. 98헌바70, 판례집 11-1, 633, 645).

제 4 절 기본권의 효력

기본권의 효력이란, 기본권이 누구에 대하여 효력을 가지는지, 누가 기본권의 수범자인지, 누가 기본권의 구속을 받는지, 누가 기본권을 존중해야 하는 의무를 부과 받는지의 문제에 관한 것이다. 기본권이 누구에 대하여 효력을 가지는지의 관점에서는 '기본권의 효력'이라고 하기도 하고, 누가 기본권의 구속을 받는지의 관점에서는 '**기본권의 수범자**' 라고 하기도 한다.

Ⅰ. 대국가적(對國家的) 효력

1. 의 미

기본권은 국가에 대한 개인의 주관적 공권으로서 국가와 개인의 관계를 규율하므로, 일차적으로 국가에 대하여 효력을 가지며, **국가기관을 직접 구속하는 효력**을 가지고 있다. **헌법은 특히 제10조 후문에서** '국가의 기본권 보장의무'를 통하여 국가가 기본권의 구속을 받는 수범자라는 것을 분명하게 밝히고 있다. 국가가 기본권의 구속을 받는다는 것은 입법부·행정부·사법부의 모든 국가기관이 기본권을 존중하고 준수해야 한다는 것을 의미한다. **국가기관은 헌법상 부여받은 국가기능을 이행함에 있어서 기본권의 구속**을 받기 때문에, 국가가 어떠한 형태로 기본권의 구속을 받는지 하는 것은 각 국가기능별로 아래와 같이 다르게 나타난다.

2. 입법 · 행정 · 사법의 기본권 기속성

가. **입법자는** 법률로써 자유권을 제한하는 경우, 과잉금지원칙이나 본질적 내용의 침해금지와 같은 기본권제한에 관한 헌법적 원칙을 준수해야 한다. 나아가, 입법자가 법률로써 사회적 기본권이나 참정권, 청구권적 기본권을 구체적으로 형성하는 경우에는 기본권의 보장내용 또는 기본정신을 고려하여 입법형성권을 행사해야 한다. 입법자는 공법의 영역을 규율하는 경우뿐만 아니라 사법의 영역을 규율하는 경우에도 기본권의 구속을 받는다.

나. 행정권의 주체는 정부와 행정청인데, 고도의 정치적 성격을 가진 **정부의 행위**(소위 '통치행위')도 기본권의 구속으로부터 벗어날 수 없다. **행정청이 공법적으로 활동하는 경우** 공법상 어떠한 행위형식으로 활동하든 간에(가령, 행정입법, 행정행위, 사실행위 등) 기본권의 구속을 받는다. 행정청에게 재량이 주어진 경우, 행정청은 재량을 행사함에 있어서 선택할 수 있는 여러 행위가능성 중에서 기본권을 가장 적게 침해하는 가능성을 선택해야 하며, 행정부가 행정입법을 제정하는 경우에는 입법자와 마찬가지로 기본권에 위반되어서는 안 된다는 구속을 받는다.

나아가, 국가나 공공단체 등 행정주체는 **행정사법(行政私法) 및 국고행정(國庫行政)의 영역**에서 사법적 행위형식(가령, 사법적 계약의 체결)이나 조직형식(가령, 주식회사와 같은 사법상 법인의 형태)을 통하여 사법적(私法的)으로 활동할 수 있다. 공적인 과제를 사법적 형식으로 이행하는 경우, 이를 **'행정사법'**이라 한다. 행정사법의 영역과 구분해야 하는 것은 소위 **'국고행정'**에 속하는 조달행정과 영리활동의 영역이다. 행정주체는 공적인 과제의 이행에 있어서 '사법(私法)으로의 도피'를 통하여 기본권의 구속을 벗어날 수 없으므로, **행정사법의 영역에서 행정청이 기본권의 구속을 받는다**는 것에는 이론이 없다. 국고행정의 경우 기본권의 구속을 받는지에 관하여 기본권의 효력을 부인하는 견해와 인정해야 한다는 견해가 대립하고 있다.

다. **법원**은 기본권의 구속을 받기 때문에 기본권에 위반되는 위헌적 행정행위, 나아가 위헌적 하급심 판결을 취소해야 한다. 또한, 법원은 법적용기관으로서 **기본권의 정신에 비추어 법규범을 해석 · 적용해야 한다**는 구속을 받는다. 나아가, 법원이 기본권의 구속을 받는다는 것은, 기본권에 위반되는 **위헌적인 법규범을 구체적 소송사건에 적용해서는 안 된다**는 것을 의미한다. 따라서 법원은 당해사건에 위헌적인 명령 · 규칙을 적용해서는 안 되며, 당해 소송사건에 적용되는 법률이 기본권에 위반된다고 판단하는 경우에는, 법원은 헌법재판소에 위헌여부심판을 제청해야 한다.

Ⅱ. 대사인적 효력(제3자적 효력)

1. 의 미

기본권의 대사인적(對私人的) 효력 또는 제3자효(第3者效)란, **기본권이 개인과 국가의 관계를 넘어서 개인과 개인의 관계에서도 효력을 가지는지**, 기본권이 사인 간에도 적용되는지, 사인도 기본권의 구속을 받기 때문에 기본권을 존중해야 하는 의무를 부과 받는지, 사인이 사인에 대해서도 기본권을 주장할 수 있는지의 문제에 관한 것이다. 기본권의 대사인적 효력이란, **사인간의 관계에서 기본권보호에 관한 것**이다.

헌법은 제10조 후문에서 '기본적 인권을 보장해야 할 국가의 의무'를 규정함으로써 국가권력이 기본권의 구속을 받는다는 것을 명시적으로 밝히고 있으나, 기본권의 효력이 사인간의 관계에도 미치는지에 관하여는 아무 것도 규정하고 있지 않다. 기본권 중에서 그 성질상 국가의 존재를 전제로 하기 때문에 개인과 국가의 관계에서만 적용될 수 있는 청구권적 기본권, 참정권, 사회적 기본권 등 국가 내적인 기본권의 경우, 기본권의 대사인적 효력이 문제될 여지가 없으므로, **대사인적 효력이 문제되는 '기본권'이란 성질상 사인간의 관계에서도 적용될 수 있는 '자유권'**을 말한다.

자유권은 그 성립과정이나 법적 성격으로 볼 때, 원래 국가권력에 대하여 개인의 자유를 방어하기 위한 대국가적 방어권이다. 그러나 오늘날 개인의 자유가 국가에 의해서만 침해되는 것이 아니라 사회세력이나 단체 등 사인에 의해서도 위협을 받게 됨에 따라 사인에 대해서도 개인의 기본권을 보호해야 할 필요성이 제기되었다. 사회현상의 변화에 따라 기본권의 효력이나 기능도 변해야 한다. **기본권은 자유를 위협하는 새로운 현상에 대하여 보호를 제공해야** 한다. 사인에 의하여 개인의 자유가 위협받는다면, 사인에 대해서도 기본권을 보호해야 한다. 기본권의 효력을 사인간의 관계에도 확장함에 있어서 **독일과 미국의 경우 서로 다른 접근방식**을 취하고 있다.

2. 독일의 직접효력설 · 간접효력설

가. 기본권의 이중적 성격을 통한 기본권 효력의 확장

독일의 경우, 자유권을 '개인의 주관적 공권'이자 '공동체의 객관적 가치질서'로 이해함으로써 **자유권의 객관적 성격을 통하여 기본권의 효력을 사인간의 관계에도 확장**하고 있다. 기본권을 국가에 대한 개인의 주관적 권리, 즉 대국가적 권리로만 파악하는 경우, 기본권은 사인간의 관계에서 효력을 가질 수 없으며, 이에 따라 기본권의 대사인적 효력은 논의될 수 없다. 기본권이 사인간에도 효력을 가지기 위해서는 기본권에 주관적 공권 외에 다른 의미와 기능을 부여해야 한다. 기본권에 주관적 성격 외에 객관적 성격을 인정하는 경우에, 비로소 객관적인 성격의 기본권은 **'최상위의 가치질서'로서 사인간의 법률관계에 대해서도 기본권의 정신에 부합해야 한다는 요청**을 할 수 있고, 이러한 방법으로 사인간의 관계에도 효력을 미칠 수 있다. 기본권의 객관적 가치질서가 사인간의 관계에 직접 또는 간접적으로 효력을 가지는지에 따라 직접효력설과 간접효력설로 구분된다.

나. 직접효력설

직접효력설이란, **기본권이 객관적 가치질서로서 사인간의 관계에서도 직접적인 효력을 가짐으로써 국가뿐만 아니라 사인도 직접 구속한다는 견해**이다. 이로써 개인은 사인에 대하여 기본권을 직접 주장하고 관철할 수 있다. 직접효력설에 의하면, 일련의 중요한 기본권은 '사회생활의 질서원칙'으로서 사인간의 사법적 법률관계에도 직접적 효력을 가지고 적용되므로, 사인간의 법률관계는 이러한 질서원칙에 위반되어서는 안 된다. 사인간의 계약이 기본권의 질서원칙에 반하는 것이라면, 그것은 무효인 법률행위가 된다고 한다.

그러나 직접효력설에 대해서는 **다음과 같은 비판**이 제기된다. 첫째, 직접효력설은 원칙적인 대등성과 사적 자치에 의하여 지배되는 '사인간의 관계'와 국가의 일방적인 규율권한에 의하여 지배되는 '국가와 사인의 관계'를 **양자 간의 근본적인 차이에도 불구하고 동일시**한다는 문제점이 있으며, 둘째, 사인 상호간에 기본권이 직접적으로 적용되는 경우에는 사법질서의 기초를 이루는 사적자치를 침해할 위험이 있고, 개인의 자유에 대한 광범위한 제한이 불가피하기 때문에 **개인의 기본권이 타인의 기본권을 존중해야 하는 개인의 의무로 변질될 위험**이 있다. 결국, 개인이 기본권의 구속을 직접 받는다는 것은 **사적 자치의 종말, 즉 자유의 종말**을 의미하게 된다.

다. 간접효력설

간접효력설은, 사인간의 법률관계를 규율하는 것은 일차적으로 사법(私法)이기 때문에 **헌법상의 기본권이 사인간의 관계에 직접 적용될 수는 없고, 해석을 요하는 사법규정을 통하여 간접적으로 사인 간에 적용된다는 견해**이다. 사인에 대한 기본권의 간접적 효력이란 '사인간의 관계에서 기본권을 보호하는 사법규정의 해석'에 의하여 매개되는 대사인적 효력을 의미한다. 간접효력설은 사법규정을 통하여 기본권이 사인간의 관계에 효력을 미치도록 함으로써 기본권에 내재된 가치체계를 사법질서에 대하여 관철하면서도, 다른 한편으로는 사적 자치도 보장하고자 하는 견해이다.

(1) 사법규정에 의한 기본권보호

사인간의 관계에는 헌법규정인 기본권이 직접 적용되지 않는다. 사인에 의한 침해로부터 기본권을 보호하는 것은 일차적으로 사법규정을 제정하는 입법자의 과제이다. 입법자는 사법규정을 통하여 사인간의 자유영역의 경계를 설정하는 것이고, 나아가 사인에 의한 침해로부터 사인의 기본권을 보호하는 것이다. 따라서 **사인에 대한 기본권의 보호는 사법규정을 통하여** 이루어진다. 무엇보다도 입법자는 사법의 영역에서 개인 누구나 자신의 자유를 실질적으로 동등하게 행사할 수 있도록 **사인간의 세력균형을 형성하는 입법을 함으로써 보호의무를 이행**한다. 입법자가 **특별한 보호규정**(가령, 주택임대차보호법이나 약관규제법 등)을 두지 않는다면, 그의 보호과제를 이행하는 수단은 **사법상의 개괄조항**(공서양속조항 등)이다.

(2) 사법규정에 대한 기본권의 효력

헌법은 기본권을 규정함으로써 개인의 주관적 권리를 보장할 뿐만 아니라 객관적 가치질서를 확립하였다. 기본권의 가치체계는 헌법상의 근본결정으로서 **법의 모든 영역에 효력을 미치며(기본권의 放射效)**, 이러한 가치체계는 사법(私法)에 대해서도 영향을 미친다. 따라서 **사법규정은 이러한 가치체계에 부합하게 해석되어야** 한다. 기본권의 가치질서(기본정신)는 사법규정의 해석에 있어서 중요한 지침이 된다.

(3) 사법규정을 통한 기본권의 간접적 적용

기본권은 사인간의 관계에 직접 적용되는 것이 아니라 개괄조항이나 불확정 법개념 등 **해석을 요하는 사법규정을 통하여 간접적으로 적용**된다. 기본권이 사인간의 관계에 효력을 미치기 위해서는 사법관계에 진입하는 관문인 사법규정을 필요로 한다. 따라서 사인간의 관계에 직접 적용되는 것은 바로 사법규정이며, 기본권은 단지 사법규정의 해석에 있어서 고려해야 할 가치질서로서, 즉

사법규정의 해석 지침으로서 간접적으로 효력을 가진다.

예컨대, 신의성실조항(민법 제2조 제1항), 권리남용금지의 원칙(민법 제2조 제2항), 공서양속조항(민법 제103조), 공정의 원칙(민법 제104조), 불법행위조항(민법 제750조) 등과 같은 개괄조항의 경우, 사인의 행위가 '신의성실', '선량한 풍속 기타 사회질서', '공정성' 등의 요청에 어긋나는 것인지 또는 '권리남용'이나 '위법한 행위'인지 여부를 판단함에 있어서 기본권적 가치가 해석의 중요한 기준이 된다.

(4) 사법규정을 기본권에 부합하게 해석해야 할 법관의 의무

객관적 가치질서로서 기본권은 모든 국가권력을 구속하기 때문에, 민사법원의 법관은 구체적 소송사건에서 적용되는 사법규정을 해석 · 적용할 때 '기본권이 사법규정에 대하여 어떠한 영향을 미치는지'(기본권의 방사효)를 검토해야 하고, **사법규정의 해석 · 적용에 있어서 기본권의 가치질서를 해석의 지침으로서 고려해야** 한다. 만일 법관이 사법규정에 미치는 기본권의 영향을 도외시하거나 간과하고 사법규정을 해석 · 적용하여 판결을 내린다면, 판결로써 기본권을 침해하게 된다.

결국, 기본권의 대사인적 효력은, **사인간의 관계에서 기본권을 보호하기 위하여** 법원이 사법규정을 기본권의 정신에 부합하게 해석하고 적용하는 문제에 관한 것이다. 이로써 사법을 적용하는 **법원에 의한 보호의무의 이행**은 '기본권의 대사인적 효력'의 형태로 나타나게 된다.

(5) 법원에 의한 보호의무 이행의 한계로서 사적 자치

법원이 기본권보호의무의 이름으로 사적 자치에 개입하여 매번 사적 자치의 결과를 교정한다면, 이는 사적 자치의 종말을 의미할 것이다. 법원은 개인의 자유의사와 자기결정에 기초하여 사인간의 관계에서 이루어지는 자율적인 규율을 원칙적으로 존중해야 한다. 계약당사자가 자신에게 불리한 계약을 체결하고 자신의 기본권을 스스로 제약하는 것도 사적 자치에 속한다. 국가가 사인간의 관계에 개입하여 사적 자치의 결과를 교정한다면, 이는 **예외적인 경우에 한정되어야** 한다. 사법질서는 '일방 계약당사자에게 불리한 계약도 원칙적으로 허용되어야 하며, 다만 예외적인 경우에 한하여 사적 자치의 한계가 존재한다'는 것을 사법상의 개괄조항(가령, 공정의 원칙이나 공서양속조항)을 통하여 표현하고 있다.

이러한 예외적인 경우를 인정하기 위해서는 계약당사자간의 대등성(對等性)이 다소 저해된 것만으로는 부족하고, 사적 자치가 이루어질 수 있는 사실상의 전제조건인 **세력균형(대등성)이 현저하게 저해된 경우**, 이로써 계약의 한쪽 당사자가 계약내용을 일방적으로 결정함으로써 계약내용을 사실상 강요하는 경우나 사적 자치의 결과로서 **계약의 내용이 기본권의 가치질서에 명백하게 반하기 때문에 용인될 수 없는 경우**여야 한다. 법원이 국가개입의 헌법적 한계를 유념해야만, '사법관계에서 기본권의 효력보장'과 '사적 자치의 보장'이라는 두 가지 헌법적 요청이 조화를 이룰 수 있고 동시에 실현될 수 있다.

3. 미국의 국가행위론

미국의 연방대법원은 기본권을 국가에 대해서만 효력을 가지는 개인의 주관적 권리로 이해하기 때문에, 기본권의 효력은 개인과 국가권력의 관계에만 미치고 사인간의 관계에는 미치지 않는다. 그러므로 사인간의 관계에 기본권의 효력을 인정하기 위해서는, 일정한 요건 하에서 이루어지

는 사인의 행위를 국가행위와 동일시하거나 국가의 행위인 것처럼 의제하지 않으면 안 된다. 따라서 미국에서 사인에 대하여 기본권의 효력을 확장하기 위한 이론이 바로 특정한 경우 개인의 행위를 국가의 행위로 의제하는 '국가행위론'이다.

국가행위(의제)론이란, 국가가 사인의 행위에 어떠한 형태로든 긴밀하게 관련되어 있다면, 긴밀한 관련성이 국가의 행정적 기능수행에 의한 것이든, 국가의 물질적 · 시설적 지원에 의한 것이든, 국가의 재정적 지원에 의한 것이든 간에, **사인의 행위를 국가의 행위로 의제하여 그 사인의 행위에 대해서도 기본권의 효력을 미치게 하려는 시도**이다. 특히 인종차별, 표현의 자유와 관련하여 위 이론은 발전하였다.

미연방대법원은 어떠한 경우에 사인의 행위를 국가의 행위로 간주할 수 있는지에 관하여 명확한 공식이나 기준을 제시하고 있지 않지만, 다음과 같은 다양한 관점을 통하여 국가행위론의 내용을 구체화하고 있다. 첫째, 국가의 재산을 임차한 사인이 그 시설에서 행한 기본권침해를 국가행위와 동일시하여 이에 대하여 기본권의 적용을 인정하고 있다(국가재산설). 둘째, 국가로부터 재정적 원조나 조세감면 등의 공적 원조를 받는 사인(예컨대 버스회사와 같은 공익사업체)이 행한 기본권침해행위를 국가행위와 동일시하여 이에 대하여 기본권을 적용하고 있다(국가원조설). 셋째, 그 성질상 통치기능을 행하는 사인(정당, 사립대학)의 기본권침해행위를 국가행위와 동일시하고 이에 대하여 기본권의 적용을 인정하고 있다(통치기능설).

4. 헌법소송에서 기본권의 대사인적 효력

학계의 다수견해 및 대법원은 자유권이 사인간의 관계에서 간접적으로 효력을 가진다는 **'독일의 간접효력설'**을 취하고 있다. 다만, 근로삼권은 노사관계에 적용되는 것을 전제로 하는 기본권이므로 사인간의 관계에서도 직접 적용된다고 본다(학계의 지배적인 견해).

헌법소송에서 기본권의 대사인적 효력은 법원의 재판이 헌법소원의 대상이 되는 경우에 비로소 실질적 의미를 가진다. 그러나 현행 헌법재판제도에서는 법원의 재판을 헌법소원의 대상에서 제외하고 있기 때문에(헌법재판소법 제68조 제1항), 기본권의 대사인적 효력은 헌법재판의 실무에서 현재까지 전혀 문제되지 않았다. 기본권의 대사인적 효력의 문제는 법적용기관인 법원이 적용법률에 미치는 기본권의 효력을 제대로 고려하였는지의 문제, 즉 '적용법률의 합헌적 해석'의 문제이므로, 현행 헌법재판제도에서 법원이 적용법률을 위헌적으로 해석 · 적용하였는지에 대한 심사는 **최종적으로 대법원의 권한**에 속한다.

판 례 종립학교에 강제로 배정된 학생이 학교의 **종교교육 강요**로 인하여 종교의 자유를 침해당했다고 주장하며 법원에 손해배상청구소송을 제기한 사건에서, 대법원은 기본권이 사법조항을 통하여 사인간의 관계에 간접적으로 적용된다는 입장을 명시적으로 밝힌 바 있다(대법원 2010. 4. 22. 선고 2008다38288 판결).

제5절 자유권의 법적 성격과 기능

Ⅰ. 자유권의 법적 성격

1. 자유권의 의미와 기능의 변화

헌법의 규범적 효력과 사회통합의 효과는, 그 시대가 던지는 중요한 문제에 대하여 헌법이 어느 정도로 만족할만한 대답을 제시하는지에 달려있다. 오늘날 **기본권이론의 핵심적인 문제**는, 기본권의 보장내용이 사회현실의 변화에 따라 변화하고 사회현실에 적응해야 하는지의 문제이다. 이로써 기본권이론의 문제는 근본적으로 **'법규범과 법현실의 관계'에 관한 문제**이며, 변화한 사회현상이 어느 정도로 자유권규정의 새로운 해석을 요청하는지의 문제, 즉 헌법해석의 문제, 나아가 헌법해석을 통한 헌법변천의 문제이다. 기본권을 비롯한 헌법규범은 사회현상의 변화에 따라 그에 적합하도록 해석되어야 하며, 이에 따라 자유권의 의미와 기능도 변화해야 한다.

자유권은 그 성립과정이나 기능에 있어서 일차적으로 국가권력에 대하여 개인의 자유영역을 방어하기 위한 대국가적 방어권이다. 그러나 오늘날 현대 산업사회에서 개인의 자유는 약 2세기 전에 자유권이 최초의 헌법전에 수용되던 그 당시와는 다른 형태의 위협을 받고 있다. **오늘날 개인의 자유는 사회세력에 의해서도 위협**을 받게 됨으로써 사회세력에 대해서도 보호를 필요로 하며, 나아가 자유가 단지 형식적으로 헌법적 차원에서 인정되는 것을 넘어서 실질적으로 개인에게 유용하기 위해서는 **자유가 실제로 보장될 수 있는 기본조건이 국가에 의하여 형성되어야** 한다.

국가의 성격이 사회현상에 대하여 방관적인 국가에서 정의로운 사회질서의 형성을 위하여 적극적으로 개입하는 사회적 법치국가로 변화하면서, **사회적 법치국가에서 자유**는 국가에 대한 소극적 방어권만으로는 보장될 수 없으며, 오늘날 점차 **'국가에 의한 자유보장'**의 문제가 제기되고 있다. 사회국가의 본질적인 특징이 개인에게 단지 법적인 자유를 보장하는 것을 넘어서 자유실현의 실질적 조건을 확보하는 것에 있으므로, 개인의 자유실현의 기본조건이 위협받는 경우에도 사회국가는 자유실현의 조건을 형성해야 할 의무와 책임을 지게 되었다.

개인적 자유를 위협하는 상황의 변화, 이로써 개인적 자유를 실현하는 조건의 변화는 자유권의 효력과 기능을 강화해야 할 필요성을 인식케 하였고, 자유권에 객관적 가치질서로서의 성격을 부여하게 된 직접적인 계기를 제공하였다.

2. 개인의 주관적 공권이자 객관적 가치질서

자유권은 개인의 주관적 공권(公權)이자 객관적 가치질서라는 **이중적 성격**을 가진다. 개인의 **'주관적 공권'**은 국가에 대한 개인의 주관적 권리를 의미하며, 국가와 개인의 관계를 규율하는 성격을 가진다. 자유권은, 국가가 개인의 자유영역을 침해해서는 안 된다는 의미에서, '국가와 개인의 관계'를 규율하고 있다.

자유권은 단순히 개인의 주관적 권리로서 대국가적 방어권에 지나지 않는 것이 아니라, 헌법의 기본원리와 함께 **헌법질서를 구성하는 헌법의 기본적 가치결정을 내재**하고 있다. 가령, 헌법

제23조의 재산권보장은 개인의 구체적 재산권을 주관적 권리로 보장할 뿐만 아니라 '국가 내에서 사유재산권이 보장되고 실현되어야 한다'는 객관적 가치결정을 담고 있다. 객관적 가치질서로서의 자유권은 헌법의 기본원리인 민주 · 법치 · 사회국가원리와 마찬가지로 **객관적 헌법질서로서 그 내용의 실현을 요구**하며, **국가행위의 방향을 제시하는 지침**으로 기능한다. 따라서 자유권에서 표현되는 객관적 가치결정은 입법과 법규범의 해석 · 적용에 있어서 존중되어야 한다. 객관적 가치질서로서의 자유권은 '입법자'에 대해서는 입법을 통하여 **자유권의 가치결정을 실현해야 할 의무**를 의미하고, '법적용기관'인 행정청과 법원에 대해서는 법규범의 해석과 적용을 통하여 자유권의 가치결정을 실현해야 할 의무를 뜻하게 된다.

객관적 가치질서로서 자유권의 성격은 1950년대 독일에서 연방헌법재판소의 판례에 의하여 인정된 이래, **오늘날 독일의 지배적 견해**로 자리 잡고 있다. **우리 헌법학**도 독일의 위 이론을 전반적으로 수용하고 있다. 자유권에 객관적 가치질서로서의 법적 성격을 부여함으로써, 고전적인 방어적 기능 외에 개인의 자유권을 제3자의 침해로부터 보호해야 할 국가의 기본권보호의무, 법규범의 해석과 적용에 있어서 지침으로서의 기능, 자유권의 대사인적 효력 등의 **새로운 효력과 기능이 자유권으로부터 도출**된다.

3. 제도보장

가. 개념 및 생성 배경

제도보장이란, 역사적으로 장기간에 걸쳐 형성되어 공동체에서 중요한 의미와 가치를 가지기 때문에 장래에도 계속 존속해야 하는 특정 제도의 헌법적 보장을 의미한다. 제도보장의 개념은 독일 바이마르 공화국 당시의 헌법학에서 형성된 '제도보장이론'에서 유래한다.

바이마르 헌법 하에서 입법자는 헌법의 구속을 받지 않는 것으로 간주되었고, 게다가 그 당시 헌법학의 지배적인 견해에 의하면 법률에 대한 헌법의 우위도 인정되지 아니하였다. 이러한 헌법적 배경에서, 그 당시 대표적인 공법학자인 **칼 슈미트(Carl Schmitt)는 '제도보장이론'**을 제시함으로써 입법자의 형성권을 제한하고자 시도하였다. 그는 '헌법적으로 보장되는 제도'를 사유재산제, 혼인 · 가족제도와 같은 **사법(私法) 영역에서의 '제도보장'**(Institutsgarantie)과 국가존립의 기반이 되는 제도로서 선거제도, 정당제도, 지방자치제도, 교육제도 등 **공법(公法) 영역에서의 '제도적 보장'**(institutionelle Garantie)으로 구분하였고, 입법자가 제도를 형성할 수는 있으나 제거해서는 안 된다고 하면서, 제도보장에 의하여 제도의 존속이 보장되어야 하고, 나아가 제도의 역사적 발전과정에서 형성된 전형적이고 본질적인 특징도 유지되어야 한다고 서술하였다. 제도보장이론은, 입법자가 헌법의 구속을 받지 않는 그 당시의 헌법적 상황에서 **제도보장을 통하여 입법자를 적어도 제도의 핵심적 내용에 구속시키고자 한 것**이었고, 이로써 입법자에 대하여 아무런 기능을 하지 못하는 헌법의 효력을 강화하고자 한 것이었다.

나. 자유권과 제도보장

제도보장이론에 의하면, 자유권은 개인의 주관적 권리로서 대국가적 방어권일 뿐만 아니라, **사유재산제나 혼인 · 가족제도와 같은 사법상의 제도를 헌법적으로 보장**한다. 사법영역에서 혼인 ·

가족 및 재산권은 법률에 의하여 형성되는 개념이라는 공통점을 가지고 있다. 제도보장은 특정한 사회질서와 관련하여 역사적으로 형성된 법적 기본구조의 지속성을 헌법적으로 보장한다. 이로써 자유권은 제도보장의 형태로 **'개인이 자유를 실제로 행사하기 위하여 불가결한 규범질서'**에 대해서도 보호기능을 확대하고 있다.

가령, 헌법 제36조의 '혼인과 가족생활의 보장'은 혼인과 가족생활의 영역에 대한 국가의 침해를 방어하는 주관적 권리일 뿐만 아니라 '사회질서로서 혼인과 가족생활의 제도'를 보호하는 것이고, 헌법 제23조의 재산권보장은 개인의 구체적인 재산권을 주관적 권리로서 보장할 뿐만 아니라 '법적 제도로서 사유재산제'를 보호하는 것이다.

다. 제도보장이론에 따른 제도보장의 효력

제도보장의 효력은, 입법자에게 역사적·전통적으로 형성된 법제도의 지속성을 유지해야 할 의무를 부과하는 것에 있다. 물론, 제도보장은 제도의 모든 변경을 금지하거나 현재의 법적 상태를 유지하고자 하는 것이 아니라, **제도를 구성하는 특징적이고 구조적인 핵심**을 입법자로부터 보호하고자 하는 것이다.

제도는 유지되어야 할 뿐만 아니라 사회현상의 변화에 부단히 적응하고 변화해야 하기 때문에, 입법자에게는 제도의 본질을 훼손하지 않는 범위 내에서 **광범위한 형성권이 인정**된다. 제도보장의 경우, 제도의 핵심적 내용이 보장되어야 한다는 의미로 보호기능이 축소된다(핵심영역에 국한된 최소한의 보장). **제도보장은 단지 제도의 핵심적 내용만을 입법자의 자의로부터 보호**하고자 하는 것이므로, 제도보장으로서 기본권의 효력은 매우 미약하다. 이러한 이유에서 오늘날 헌법재판의 실무에서 규범심사의 기준으로서 제도보장은 중요한 역할을 하지 못한다.

판 례 **제도적 보장의 개념**에 관하여 "제도적 보장은 객관적 제도를 헌법에 규정하여 당해 제도의 본질을 유지하려는 것으로서, 헌법제정권자가 특히 중요하고도 가치가 있다고 인정되고 헌법적으로 보장할 필요가 있다고 생각하는 국가제도를 헌법에 규정함으로써 장래의 법발전, 법형성의 방침과 범주를 미리 규율하려는데 있다."고 판시하고 있다(헌재 1997. 4. 24. 95헌바48, 판례집 9-1, 435, 444). 나아가, **입법자가 직업공무원제도에 의하여 어떠한 구속을 받는지**에 관하여 "이러한 제도적 보장은 주관적 권리가 아닌 객관적 법규범이라는 점에서 기본권과 구별되기는 하지만 헌법에 의하여 일정한 제도가 보장되면 입법자는 그 제도를 설정하고 유지할 입법의무를 지게 될 뿐만 아니라 헌법에 규정되어 있기 때문에 법률로써 이를 폐지할 수 없고, 비록 내용을 제한한다고 하더라도 그 본질적 내용을 침해할 수는 없다. 그러나 기본권의 보장은 … '최대한 보장의 원칙'이 적용되는 것임에 반하여, 제도적 보장은 기본권 보장의 경우와는 달리 그 본질적 내용을 침해하지 아니하는 범위 안에서 입법자에게 제도의 구체적인 내용과 형태의 형성권을 폭넓게 인정한다는 의미에서 **'최소한 보장의 원칙'이 적용**될 뿐인 것이다."이라고 판시하고 있다(판례집 9-1, 435, 445).

라. 헌법국가에서 제도보장의 의미와 효력

(1) 헌법국가에서 제도보장의 의미

현행 헌법은 입법자를 비롯한 모든 국가기관을 구속하는 효력을 가지고 입법자의 형성권을 제한하고 있고, 나아가 학계와 판례의 주된 견해가 기본권에 대해서도 국가기관을 구속하는 객관적 가치질서로서의 성격을 인정하고 있기 때문에, **제도보장이론은 오늘날 그 의미를 크게 상실**하였다. **오늘날 제도보장의 의미**를 찾는다면, 제도가 기능할 수 있도록 제도를 법률로써 형성해야 할 입법자의 의무에서 찾을 수 있다. 즉, 입법자는 개인의 자유행사를 위하여(사법상 제도보장의 경우) 또는 특정한 공적 과제의 수행을 위하여(공법상 제도적 보장의 경우) 그에 필요한 법질서를 형성하고 유지해야 한다.

(2) 헌법국가에서 제도보장의 효력

입법자가 헌법의 구속을 받지 않았던 바이마르 공화국의 헌법적 상황에서는 입법자가 제도보장이론의 구속을 받았으나, 모든 국가권력이 헌법의 구속을 받는 오늘날의 헌법국가에서 입법자는 독일에서 약 1세기 전에 형성된 '제도보장이론'이라는 특정한 헌법이론의 구속을 받는 것이 아니라, **제도를 보장하는 헌법규범의 구속**을 받는다.[2] 이러한 관점에서 볼 때, 오늘날의 헌법질서에서 '제도보장이론'은 제도를 형성하는 입법자에 대한 헌법적 구속의 단지 부분적 측면만을 서술하고 있을 뿐이다.

헌법국가에서 제도보장을 통하여 입법자에게 제시되는 지침 및 구속은 더 이상 '전통적으로 형성된 제도의 규율모델'이 아니라, '제도의 헌법적 목적과 기능'에 의하여 결정된다. 헌법국가에서 입법자를 구속하는 것은 무엇보다도 헌법이 제도를 보장한 것의 정신, 즉 제도보장에 관한 객관적 가치결정이다. 그러므로 **입법자는 제도를 구체적으로 형성함에 있어서** '역사적으로 형성된 제도의 본질적 내용'을 넘어서 **'제도보장에 관한 헌법적 가치결정'에 의하여 구속**을 받는다.[3]

입법자는 제도를 구체적으로 형성함에 있어서 '제도를 보장하는 헌법적 결정'과 '이와 상충하는 다른 법익'을 교량함으로써 실제적 조화의 원칙에 따라 양 법익을 모두 가능하면 최대한으로 실현할 수 있도록 규율해야 한다. **제도를 구체적으로 형성하는 법률의 위헌여부**는 '최소한 보장의 원칙'에 위반되는지의 관점에서가 아니라 **'상충하는 법익 간의 형량'을 통하여** 밝혀지게 된다. 따라서 '자유는 최대한으로 보장되지만, 제도는 최소한으로 보장된다'는 '제도보장이론'의 요청은 더 이상 타당하지 않다. 따라서 제도보장이론을 따르는 **헌법재판소의 판례도 재고되어야** 한다.

Ⅱ. 자유권의 기능

1. 대국가적 방어권 및 자유권의 이중적 성격으로부터 도출되는 그 외의 기능

가. 자유권은 **개인의 주관적 공권**으로 그 기능에 있어서 일차적으로 **국가에 대한 개인의 방어권**(대국가적 방어권)이다. 자유권은 국가의 침해행위에 대하여 개인의 자유영역을 방어하고 보호하는 기능을 한다.

한편, 자유권을 개인의 '주관적 공권'으로만 이해하는 경우, 자유권은 국가로부터의 침해만을 배제할 뿐, 사인으로부터의 침해에 대하여 보호를 제공하지 못하며, 나아가 법률의 해석·적용에

2) 재산권보장과 관련하여 제3편 제4장 제10절 Ⅲ. 2. 참조, 지방자치제도와 관련하여 제4편 제3장 제5절 Ⅱ. 참조.
3) 특히 서구 민주국가와는 달리 제도형성에 관한 고유한 역사와 전통을 결여하고 있는 우리의 경우, '역사적·전통적인 관점'에서 제도보장의 내용을 확인하고자 하는 것은, 서구의 제도보장의 역사를 우리의 것으로 의제하지 않는 이상 불가능하다. 이러한 점에서도, 독일의 제도보장이론은 우리의 입법자를 구속함에 있어서 그 한계를 드러낸다.

있어서 자유권의 정신(객관적 가치질서)을 해석의 지침으로 고려해야 한다는 요청이 불가능하다.

나. 자유권에 객관적 가치질서로서의 성격을 인정함으로써 수반되는 중대한 효과는, 첫째, 자유권이 국가에게 사인에 의한 침해로부터 **자유권을 보호해야 할 의무**를 부과한다는 것이고, 둘째, 자유권이 모든 **법규범의 해석과 적용에 있어서 헌법적 지침으로 기능**한다는 것이다. 민사법원이 사법규정의 해석과 적용에 있어서 자유권의 객관적 가치질서를 해석의 지침으로 고려하는 경우에 이는 **'자유권의 대사인적 효력'**으로 나타난다.

자유권의 이중적 성격으로부터 나오는 자유권의 핵심적 기능은 무엇보다도 **'대국가적 방어권'**과 **'국가의 기본권 보호의무'**이다. 자유권의 이러한 두 가지 기능은 모두 자유권의 보호를 목적으로 하지만, 대국가적 방어권은 '국가로부터의' 침해를 방지하는 것을 목적으로, 보호의무는 '사인으로부터의' 침해를 방지하는 것을 목적으로 하고 있다. 이에 따라, 대국가적 방어권은 국가에 대하여 자유영역에 대한 침해의 금지라는 '소극적인 부작위'를 요구하는 반면, 보호의무는 국가에 대하여 보호의무의 이행을 위한 '적극적인 행위'를 요구한다.

2. 국가의 기본권 보호의무

가. 보호의무의 헌법적 근거

(1) 자유권을 국가권력에 대한 소극적인 방어권일 뿐만 아니라 '특정 보호법익과 자유에 관한 헌법의 가치결정'으로 이해한다면, **객관적 가치질서로서의 자유권**은 입법 · 행정 · 사법의 모든 국가행위의 방향을 제시하는 지침으로 작용함으로써, **자유권의 객관적인 내용을 실현해야 할 국가의 의무를 부과**한다. '자유권을 실현해야 할 의무'의 핵심적 내용에 속하는 것은 무엇보다도 **'개인의 법익과 자유를 효과적으로 보호해야 할 국가의 의무'**이고, 이로부터 '자유권을 사인의 침해로부터도 보호해야 할 국가의 의무'가 나오게 된다. 그 결과, 국가가 기본권 보호의무를 위반함으로써, 개인의 기본권을 침해할 수 있다.

(2) 국가의 기본권 보호의무는 **헌법 제10조 후문의 '기본적 인권을 보장해야 할 국가의 의무'의 해석**을 통해서도 도출할 수 있다. 자유를 위협하는 사회현상의 변화에 따라 '인권보장'의 의미와 성격도 달라진다. 오늘날 인권이 국가뿐만 아니라 사회에 의해서도 위협을 받는다는 것을 고려할 때, 국가가 단지 개인의 자유공간을 침해하지 않는 것만으로는 개인의 자유가 충분히 보장되지 않으며, 이를 넘어서 인권에 대하여 새로이 발생하는 위협에 대하여 적극적으로 대처함으로써 개인의 자유를 보장해야 한다. 이로써 **'인권을 보장할 의무'**란, 국가가 인권을 스스로 침해해서도 안 될 뿐만 아니라, 사인이나 사회적 세력으로부터 발생하는 인권침해에 대하여도 개인의 인권을 보호해야 할 국가의 의무가 있다는 것을 뜻한다.

나아가, 국가 내에서의 평화와 개인의 생명 · 안전 · 재산의 보장은 국가의 가장 핵심적이고도 고전적인 목표에 속하는 것이므로, 국가의 기본권 보호의무는 **국가의 목표**로부터 나오는 당연한 것이다.

판 례 중대한 과실로 인한 교통사고의 유형을 규정하면서 이러한 유형에 해당하지 아니하는 중대한 과실로 인한 교통사로로 말미암아 피해자가 중상해(重傷害)를 입은 경우에도 자동차종합보험에 가입하였다는 이유로 공소제기를 하지 못하도록 규정한 **'교통사고처리특례법'**의 위헌여부가 문제된 사건에서 "우리 헌법은 제10조에서 … 소극적으로 국가권력이 국민의 기본권을 침해하는 것을 금지하는 데 그치지 아니하고 나아가 적극적으로 국민의 기본권을 타인의 침해로부터 보호할 의무를 부과하고 있다."고 판시하여, **헌법 제10조의 해석을 통하여 국가의 기본권 보호의무를 도출**하였다(현재 1997. 1. 16. 90헌마110등, 판례집 9-1, 90, 119).

나아가, 헌법재판소는 "이 사건 각 고시조항에서 방사선환경영향평가 시 '중대사고'를 제외하도록 한 것이 국민의 생명·신체의 안전을 보호하기 위한 적절하고도 효율적인 조치로서 미흡하다면, 이는 국가가 국민의 기본권을 보호할 의무를 위반하여 이 사건 원전의 인근 주민인 청구인들의 생명·신체의 안전에 관한 기본권을 침해하는 것이라고 볼 수 있다."고 판시하여 **국가가 보호의무를 위반함으로써 개인의 기본권을 침해할 수 있음**을 확인하고 있다(헌재 2016. 10. 27. 2012헌마121, 판례집 28-2상, 654, 665).

나. 보호의무의 내용

(1) 입법자와 법적용기관에 의한 보호의무의 이행

보호의무의 이행은 **일차적으로 입법자에게 부과된 과제**이다. 보호의무의 이행이 일반적으로 가해자의 자유권에 대한 제한을 수반하므로, 보호의무의 이행은 '형식적 의미의 법률'에 의하여 이루어진다. 입법자는 무엇보다도 **형법과 행정법의 규정**을 통하여 보호의무를 이행한다. 형법은 적어도 주요규정에 있어서 자유권에 의하여 보호되는 법익인 개인의 생명, 건강, 자유와 재산을 보호하기 위한 국가의 조치이다. 뿐만 아니라, 제3자의 법익을 침해할 수 있는 사적 시설(가령, 공해유발시설이나 원자력 발전소 등)의 허가·관리에 관하여 규율하는 행정법규정은 개인의 생명, 건강, 재산 등의 법익에 대한 보호의무를 이행하는 조치이다. 또한, 입법자는 **사법영역**에서도 사회국가적 동기에서 사회적·경제적 약자를 보호하고자 하는 입법(가령, 소비자보호법, 약관규제법, 주택임대차보호법 등)을 통하여 보호의무를 이행한다. 나아가, 입법자는 계약관계에서 계약당사자간의 세력균형이 현저하게 저해된 경우 또는 계약의 내용이 현저하게 기본권의 정신에 반하는 경우에 사적자치를 수정하는 사법상의 개괄조항(가령, 공서양속조항 등)을 통하여 보호의무를 이행한다.

법적용기관인 사법부와 집행부에게도 국가기관으로서 보호의무가 부과된다. 법적용기관은 **법규범의 해석과 적용을 통하여** 보호의무를 이행하게 된다. 가령, 입법자가 보호의무를 명시적으로 이행하지 아니하고 개괄조항이나 불확정 법개념을 통하여 해석의 여지를 남기고 있는 경우, 법원은 이를 해석·적용함에 있어서 사인의 침해로부터 기본권을 보호해야 할 의무를 이행하게 된다. 따라서 **사법규정을 통한 '기본권의 제3자효'는 사법부에 의한 보호의무의 이행을 의미**한다.

(2) 보호의무의 이행에 있어서 기본권의 충돌

국가의 기본권 보호의무는 국가에 의해서가 아니라 사인에 의하여 개인의 기본권이 침해되는 상황에서 문제된다. 입법자는 보호의무를 이행함에 있어서 국가에 대하여 기본권을 주장하는 양(兩) 기본권주체와 만나게 된다. 가령, 국가가 산모의 낙태행위로부터 태아의 생명권을 보호하기 위하여 낙태행위를 규율하는 경우 또는 흡연자의 흡연행위로부터 비흡연자의 건강과 생명을 보호하기 위하여 흡연행위를 규율하는 경우, 양 기본권의 주체가 국가에 대하여 서로 자신의 기본권을 주장하는 **'기본권의 충돌'**이 발생한다. 피해자인 사인은 국가에 대하여 보호의무의 이행을 요구하고, 가해자인 사인은 국가에 대하여 자신의 기본권을 존중해 줄 것을 요구한다.

국가는 보호의무를 이행함에 있어서, 피해자의 기본권뿐만 아니라 마찬가지로 기본권의 주체인 가해자의 기본권도 함께 고려하고 존중해야 하므로, 한편으로는 사인으로부터의 기본권침해에 대해서 아무런 조치를 취하지 않음으로써 피해자를 전혀 보호받지 못하는 상태에 방치해서는 안 되며(과소보호금지의 원칙), 다른 한편으로는 가해자인 제3자의 기본권을 제한하더라도 그의 기본권을 존중하여 기본권에 대한 제한이 최소한에 그치도록 규율해야 한다(과잉제한금지의 원칙).

다. 보호의무의 이행여부를 판단하는 기준으로서 '과소보호금지의 원칙'

대국가적 방어권으로서의 자유권의 경우, 헌법이 실현하고자 하는 상태와 실현방법이 이미 헌법에 의하여 '자유영역에 대한 부당한 침해의 금지(실현상태) 및 부당한 침해의 제거(실현방법)'라는 구체적인 형태로 예정되어 있는 반면, **보호의무의 경우**, 헌법은 국가에게 단지 보호과제만을 부과할 뿐 헌법이 실현하려는 상태 및 실현의 방법과 시기에 관하여 아무 것도 제시하지 않으므로, 어떠한 방법으로 보호의무를 이행해야 할 것인지에 관하여 원칙적으로 국가의 자유로운 판단에 맡기고 있다. 따라서 **입법자는 보호의무를 이행함에 있어서 광범위한 형성권**을 가진다. 형사처벌 등 특정한 방법으로 보호의무를 이행해야 할 의무는 원칙적으로 국가의 보호의무로부터 도출될 수 없다. 입법자의 보호의무가 그 성질상 헌법적 국가과제라는 점에서도, 국가과제를 이행하는 입법자의 형성권은 더욱 강조된다.

이러한 관점에서 **보호의무의 이행여부를 판단하는 기준**은, 국가는 적어도 법익의 보호를 위하여 요청되는 최소한의 조치를 취해야 한다는 **'과소보호금지의 원칙'**이다. **국가가 전혀 보호의무를 이행하지 않았던지 아니면 국가가 취한 조치가 법익을 보호하기에 명백히 부적합하거나 불충분한 경우에 한하여** 보호의무의 위반을 인정할 수 있다. 보호의무의 이행여부를 판단함에 있어서, 한편으로는 침해당한 당해기본권이 개인에 대하여 가지는 의미와 위협의 정도, 다른 한편으로는 충돌하는 제3자의 기본권의 의미 또는 공익의 비중을 함께 고려해야 한다.

판 례 **'교통사고처리특례법 사건'**에서 **국가의 기본권 보호의무의 위반여부를 판단하는 기준**에 관하여 "헌법재판소는 권력분립의 관점에서 소위 **'과소보호금지원칙'**을, 즉 국가가 국민의 법익보호를 위하여 적어도 적절하고 효율적인 최소한의 보호조치를 취했는가를 기준으로 심사하게 된다. … 즉 국가가 국민의 법익을 보호하기 위하여 전혀 아무런 보호조치를 취하지 않았던지 아니면 취한 조치가 법익을 보호하기에 명백하게 전적으로 부적합하거나 불충분한 경우에 한하여 헌법재판소는 국가의 보호의무의 위반을 확인할 수 있을 뿐이다."라고 판시함으로써, **과소보호금지원칙을 심사기준으로 제시**하였다(헌재 1997. 1. 16. 90헌마110등, 판례집 9-1, 90, 121).

헌법재판소는 보호의무의 위반여부를 다투는 태아의 손해배상청구권 사건(헌재 2008. 7. 31. 2004헌바81), 미국산 쇠고기수입의 위생조건에 관한 고시 사건(헌재 2008. 12. 26. 2008헌마419), 제2차 교통사고처리특례법 사건(헌재 2009. 2. 26. 2005헌마764), 원자력이용시설 방사선환경영향평가서 작성 등에 관한 고시 사건(헌재 2016. 10. 27. 2012헌마121) 등 **일련의 사건에서 국가가 보호의무의 이행을 위한 최소한의 조치를 취하였다는 이유로 보호의무의 위반을 부인**하였다. 한편, 헌법재판소는 제1차 교통사고처리특례법 결정에서는 보호의무의 위반을 부인함으로써 합헌결정을 하였으나, 제2차 교통사고처리특례법 결정에서 보호의무의 위반을 부정하면서도 평등권과 재판절차진술권의 위반을 인정함으로써 위헌결정을 하였다.

3. 법규범의 해석 · 적용에 대한 헌법적 지침

자유권에 내재한 가치질서는 법의 모든 영역에 영향을 미친다. 전체 법질서에 미치는 기본권의 방사효로 인하여, 법률의 해석 · 적용과정에서 기본권이 항상 문제된다. 어떠한 법률규정도 기본권의 가치질서와 모순되어서는 아니 되고, **모든 법규범은 기본권의 가치질서에 비추어 해석되어야** 한다.

법적용기관은 **공법규정의 해석과 적용**에 있어서 기본권의 정신을 고려해야 한다. 가령, 명예훼손죄의 경우 형법 제310조의 위법성조각사유로서 '공공의 이익'을 판단함에 있어서 법관은 피의자의 '표현의 자유'가 위 형법조항의 해석에 미치는 영향을 고려해야 한다. '집회 및 시위에 관한 법률'에 규정된 옥외집회의 신고의무조항을 해석함에 있어서 집회의 자유의 보장정신에 비추어 신고의무규정을 해석해야 한다. 또한, 법적용기관은 **사법규정의 해석과 적용**에 있어서도 기본권의 정신을 고려해야 한다. 가령, 사인의 명예훼손적 발언에 의한 개인의 인격권침해여부가 문제되는 손해배상청구소송에서, 민사법원은 불법행위조항을 근거로 하여 행위의 '위법성' 여부를 판단함에 있어서, 서로 충돌하는 '인격권'과 '표현의 자유'의 가치질서를 고려해야 한다.

제 6 절 자유권의 보호범위

Ⅰ. 자유권을 제한하는 공권력행위에 대한 위헌심사의 단계

자유권을 제한하는 공권력행위에 대한 위헌심사의 단계는 일반적으로 3단계로 나뉜다. 첫째, 공권력행위에 대하여 보호를 요청하는 개인의 행위나 법익이 자유권의 보호범위에 속하는지, 둘째, 공권력행위가 문제되는 자유권의 보호범위를 제한하는지, 셋째, '자유권의 제한이 헌법적으로 정당화될 수 있는지' 여부가 판단되어야 한다.[4]

Ⅱ. 위헌심사의 첫 번째 단계로서 보호범위의 확인

자유권은 그 기능에 있어서 일차적으로 대국가적 방어권으로서 국가로부터 자유로운 일정한 생활영역(예컨대 집회, 학문, 예술, 직업, 사생활영역 등)을 서술하고 있는데, 자유권에 의하여 보호되는 이러한 생활영역을 **자유권의 '보호범위'**라 한다. 자유권의 보호범위 내에서 전개되는 개인의 행위를 '기본권의 행사'라 한다. 개인의 행위나 법익이 자유권의 보호범위에 속한다는 것은, **개인의 행위나 법익이 일단 헌법적으로 허용되고 보호되는 것으로 추정된다**는 것을 의미한다. 자유권은 보호범위에 속하는 개인의 행위가 원칙적으로 허용된다는 것을 규정함으로써, 자유권을 제한하는 국가행위에 대하여 이를 정당화해야 할 의무를 지우고 있다.

---

4) 원래 이러한 위헌심사의 단계는 **자유권**을 제한하는 공권력행위의 위헌여부를 판단하기 위한 것이나, 헌법재판소는 자유권뿐만 아니라 **재판청구권 등 청구권적 기본권이나 선거권**을 제한하는 법률조항의 위헌여부가 문제되는 경우에도 이러한 심사구조에 의하여 판단을 하고 있다. 그러나 이에 대한 비판으로 제3편 제1장 제8절 V. 참조.

공권력행위의 위헌성을 판단함에 있어서 우선 **어떤 기본권이 적용되는지, 공권력행위에 의하여 제한될 가능성이 있는 기본권이 무엇인지**, 어떠한 기본권을 위헌심사의 기준으로 삼아야 할 것인지를 확인해야 하는데, 이는 자유권의 보호범위에 의하여 결정된다. 기본권의 주체가 어떠한 기본권을 주장할 것인지는 **개인의 행위나 법익이 어떠한 기본권의 보호범위에 해당하는지**에 달려있다. 개인의 행위나 법익이 기본권의 보호범위에 포함되지 않는다면 기본권의 제한은 이미 부정되므로, 이 경우 위헌심사를 통하여 기본권의 침해를 논의하는 것은 무의미하다.

판 례 예컨대, 자동차 운전자에게 좌석안전띠를 매도록 하고 이를 위반했을 때 범칙금을 부과하는 도로교통법규정의 기본권침해여부가 문제된 **'좌석안전띠 착용의무 사건'**에서, 헌법재판소는 보호를 요청하는 개인의 행위(좌석안전띠를 매지 않을 자유)가 사생활의 비밀과 자유 또는 양심의 자유가 아니라 일반적 행동자유권의 보호범위에 속한다고 판단함으로써 일반적 행동자유권이 '제한되는 기본권'으로 고려된다고 확인한 다음, 과잉금지원칙에 따른 심사를 하였다(헌재 2003. 10. 30. 2002헌마518).

Ⅲ. 헌법해석을 통한 보호범위의 확정

1. 보호범위에 관한 해석원칙

자유권이 보호하고자 하는 생활영역이나 보호대상이 헌법에 매우 추상적이고 간결하게 표현되어 있으므로, 자유권의 보호범위는 해석을 통하여 밝혀져야 한다. 자유권규정도 헌법규범의 일부이므로, 보호범위를 파악함에 있어서도 **헌법해석에 관한 일반적 원칙**이 적용된다. 뿐만 아니라, 헌법의 통일성의 관점에서 모든 헌법규범은 헌법 내에서 그에게 부여된 고유한 의미와 기능을 갖도록 해석되어야 한다는 것은 헌법해석의 기본적인 출발점이다.

따라서 **개별기본권은 헌법 내에서 고유한 보호범위와 의미를 가지도록 해석되어야** 하며, 이미 다른 기본권에 의하여 보호되는 대상을 보호범위로 귀속시킴으로써, 개별기본권을 헌법 내에서 독자적인 존재의미가 없는 조항으로 전락시켜서는 안 된다. 개별기본권의 보호범위는 헌법이 개별자유권을 규정한 목적과 그에 부여한 기능의 관점에서 결정되어야 하고, 나아가 다른 개별기본권과의 체계적 관계나 다른 헌법규정과의 연관관계를 함께 고려하여 확정되어야 한다. 보호범위의 지나친 확대는 다른 기본권과의 관계에서 보호범위의 중첩을 가져올 수 있다. 또한, 기본권규정은 가능하면 기본권이 실효성을 가지도록 해석되어야 한다(**기본권실효성의 원칙**). 이러한 의미에서 기본권의 보호범위를 '헌법해석이 허용하는 범위 내에서' 광의로 해석하는 것이 바람직하다.

2. 헌법이 예외적으로 특정한 제한형태나 보호목적을 언급하고 있는 경우

헌법이 스스로 **자유권에 대한 특정한 제한형태나 제한수단을 언급**하고 있다면, 이러한 제한형태와의 체계적 연관관계로부터 '무엇으로부터 자유권을 보호하고자 하는 것인지' 그 보호범위를 밝혀낼 수 있다.

예컨대, **헌법 제12조 제1항의 신체의 자유**가 무엇을 보호하고자 하는 것인지, 가령 신체불가침권, 전반적인 신체활동의 자유 또는 신체이동의 자유를 보호하는 것인지를 판단함에 있어서 같은 조 제1항 내지 제7항의 규정들을 체계적인 연관관계에서 함께 고려해야 한다. 신체의 자유에 대한 제한의 형태로서 **체포 · 구속 · 압수 · 수색과 같은 물리적 제한형식**을 언급하고 있는 것에 비추어, 신체이동의 자유가 물리적으로, 즉 직접적 강제에 의하여 제한되는 경우에 한하여 비로소 보호범위가 문제된다. **그러나 헌법재판소**는 신체의 자유의 보호범위를 신체불가침권과 신체활동의 자유를 포괄하는 것으로 넓게 이해하고 있다(헌재 1992. 12. 24. 92헌가8, 판례집 4, 853, 874).

또한, 헌법이 스스로 단지 특정한 목적을 위해서만 기본권이 보호되는 것으로 명시적으로 규정함으로써 기본권의 보호범위를 확정하는 경우가 있는데, 이러한 예로서 헌법 제33조 제1항의 근로3권을 들 수 있다. 헌법은 **근로3권의 헌법적 목적으로서 '근로조건의 향상'**을 명시적으로 언급함으로써 단지 근로조건의 향상에 기여하는 자유행사만이 근로3권의 보호를 받는다는 것을 밝히고 있다. 따라서 공직선거에서의 선거운동이나 정치적 파업은 근로3권에 의하여 보호되지 않는다.

3. 국가의 세계관적 중립의무가 자유권의 보호범위에 미치는 영향

자유권의 보호범위와 관련하여, 국가의 세계관적 중립의무는 '자유권의 보호범위가 특정 세계관이나 가치관의 관점에서 확정되어서는 안 된다'는 것을 의미한다. 특정 세계관에 대한 국가의 중립성은 모든 국민의 국가가 되기 위한 국가정당성의 근거이자 모든 국민을 위한 이익인 공공복리를 실현하기 위한 전제조건이다. 따라서 자유권의 보호범위는 **국가기관을 비롯한 '해석 주체'의 주관적 가치판단과 관계없이 객관적으로 확정되어야** 한다. 만일 자유권의 보호범위가 국가나 민주적 다수의 가치관에 의하여 결정된다면, 기본권의 보호가 궁극적으로 소수의 보호라는 것을 간과하는 것이고, 결과적으로 기본권의 효력을 크게 약화시킬 것이다.

예컨대, **'예술'의 개념**이 무엇인지, **음란물**도 예술의 자유나 표현의 자유에 의하여 보호되는지, **사회적으로 유해한 직업**(가령, 윤락행위)도 직업의 자유에 의하여 보호되는지 또는 양심의 자유가 **반사회적 양심**도 보호하는지의 문제와 관련하여, 기본권에 의하여 보호되는 행위가 가치 있는지, 이성적인지, 윤리적인지의 주관적 가치판단에 따라 보호범위가 확정됨으로써 이러한 행위를 처음부터 기본권의 보호범위에서 배제해서는 안 된다. 가령, 표현의 자유는 사회의 지배적 견해로부터 벗어나는 모든 내용의 의견표명을 보호하고, 예술의 자유는 모든 형식과 수준의 예술을 보호하며, 양심의 자유는 반사회적 · 비도덕적인 양심도 보호하는 경우에만, 기본권은 '소수의 보호'라는 본연의 기능을 이행할 수 있다.

4. 보호범위 축소의 문제

'기본권보호의 실효성'의 관점에서 보호범위는 넓게 확정하는 것이 바람직하나, 자유권의 보호범위를 무제한적으로 넓게 설정하는 것은, 법익형량의 단계에서 필연적으로 자유권의 보호가 부정되어야 하는 명백한 경우에도 국가행위가 정당화되는지 여부의 판단을 요구함으로써 **불필요하고 형식적인 위헌심사를 강요하는 결과가 발생**할 수 있다. 개인의 모든 행위가능성이 자유권의 보호범위에 속한다면, 심지어 살인행위, 절도행위도 기본권의 보호를 받게 됨으로써 이러한 행위를 금지하는 국가적 조치가 별도로 정당화되어야 한다. 따라서 개인의 특정 행위나 법익침해의 특정 형태를 처음부터 보호범위에서 배제하는 것을 고려해 볼 수 있다.

자유권은 개인의 자유로운 인격발현의 가능성을 보장하고자 하는 것이지, 폭력을 행사하거나 타인의 법익을 파괴하는 헌법적 권한을 부여하고자 하는 것이 아니다. 나아가, 현대국가에서 모든 국민이 '평화적으로 행위 해야 할 의무'를 진다는 점에서, **폭력은 기본권적 자유를 행사하는 수단이 될 수 없다.** 따라서 폭력적 집회, 폭력과 강제의 수단을 사용한 표현행위, 종교의식에 근거한 폭력·살인행위, 양심상 결정을 이유로 한 폭력행위 등은 기본권에 의하여 보호되지 않는다. 예술의 자유는 타인의 재산권을 파괴하는 헌법적 근거가 될 수 없으므로, 가령, 타인의 주택 담 벽에 분무기로 벽화를 그리는 행위는 예술의 자유의 보호범위에 속하지 않는다.

자유권을 기준으로 하는 위헌심사에서 '보호범위'를 확정하는 의미는 단지 어떠한 자유권이 적용가능한지를 확인하는 형식적 의미밖에 없기 때문에, 자유권의 보호범위를 처음부터 축소하는 것이 필연적으로 요청되는 것은 아니다. 따라서 보호범위를 처음부터 축소하는 것은, 자유권의 보호를 제공하지 않는 것이 위와 같은 헌법적 관점에 의하여 예외적으로 정당화되는 경우, 즉 **폭력적인 방법으로 자유를 행사하는 경우 또는 법익형량의 필요성이 없을 정도로 헌법적으로 의문의 여지가 없는 명백한 경우**에 한정되어야 한다.

제 7 절 자유권의 제한

Ⅰ. 위헌심사의 두 번째 단계로서 자유권의 제한

자유권을 기준으로 하는 위헌심사의 두 번째 단계는 **국가행위가 자유권의 제한에 해당하는지의 문제**이다. 국가행위가 '자유권의 제한'에 해당한다는 것은, 그 국가행위가 자유권을 위헌적으로 침해할 가능성이 있다는 것을 의미하는 것이고, 이로써 **국가행위는 자유권의 관점에서 정당화되어야 한다는 것을 의미**한다. 자유권을 기준으로 하는 첫 번째 심사단계가 공권력행위에 의하여 제한될 가능성이 있는 기본권을 확인하는 문제라면, 두 번째 심사단계는 공권력행위가 기본권적 중요성을 가지기 때문에 자유권의 관점에서 정당화되어야 하는지에 관한 문제이다. 모든 국가행위가 자유권의 관점에서 중요한 의미를 가지는 것은 아니므로, 자유권의 제한과 관련하여 제기되는 핵심적인 문제는 **헌법적으로 정당화되어야 하는 국가행위의 경계를 설정**하는 것이다.

한편, **헌법재판소**는 공권력행위의 위헌여부를 판단함에 있어서, 첫 번째 단계인 '보호범위의 확인'에서 '공권력행위에 의하여 제한되는 기본권이 무엇인지'를 확인한 후, 공권력행위에 의하여 자유권의 보호범위가 문제되는 경우에는 원칙적으로 자유권의 제한이 존재한다고 간주하여 **두 번째 단계인 '자유권의 제한'에 관하여는 별도로 판단하지 아니하고**, 곧바로 다음 단계인 '제한의 헌법적 정당성'을 심사하고 있다.

Ⅱ. 자유권의 제한 개념

1. 고전적 의미의 제한

자유권의 제한은 종래 주로 **특정 행위에 대한 금지와 명령의 형태**로 이루어졌다(**고전적 의미의 기본권제한**). 가령, 직접 법률로써 또는 법률에 근거한 행정청이나 법원의 결정에 의하여 기본권의 주체에게 행위명령이나 금지명령이 부과되는 경우가 기본권이 제한되는 전형적인 경우이다.[5]

그러나 사회적 법치국가에서 국가의 과제와 활동영역이 확대됨에 따라, 오늘날 국가에 의하여 **개인의 자유가 위협받는 상황은 다양한 형태**로 나타나고 있다. 개인의 자유를 효과적으로 보호하기 위하여, 자유권의 보호범위도 변화하는 사회현상에 따라 변화해야 할 뿐만 아니라, 자유권의 제한 개념도 고전적 의미의 제한 개념을 넘어서 확대되었다. 자유권보장의 목적이 국가에 대하여 개인의 자유를 보호하고자 하는 것이라면, 자유권의 제한이 존재하는지 여부는 '국가행위가 행위명령이나 금지명령의 형태로 행해지는지'의 **국가행위의 형식에 의해서가 아니라, 국가행위가 개인의 자유에 대하여 가지는 실질적 효과에 의하여 판단되어야** 한다.

2. 사실적 기본권제한

기본권에 대한 불리한 효과가 고전적인 명령과 강제 외에 다른 방법에 의하여 발생하는 경우, 이를 **'사실적 기본권제한'**이라고 한다. 사실적 기본권제한이란 국가의 **사실행위에 의한 제한은 물론이고, 명령적 행위나 사실행위의 부수적 효과로서 국가행위의 상대방이 아닌 제3자에게 발생하는 불리한 효과**도 포함하는 포괄적인 개념이다.

가령, 국가가 특정 제품의 제조업자에게 유해한 제품의 생산을 금지하는 경우, 이러한 명령적 국가행위는 의문의 여지없이 기본권제한의 성격을 가진다. 그러나 국가가 소비자에게 특정 제품의 위험성에 관하여 경고함으로써 제조업자의 매상이 감소하였다면, 기본권에 대한 불리한 효과가 국가의 '규범적인' 명령행위가 아니라 그 외의 방법에 의하여 발생한다는 의미에서 **'사실적' 기본권제한**에 해당한다. 국가가 제조업자에 대하여 명령의 형태로써 특정한 제한을 가할 것인지, 아니면 국민에 대하여 특정 제품의 위험성에 관하여 경고함으로써 국민으로 하여금 특정 제품을 구매하지 않도록 할 것인지에 관하여 자유롭게 선택할 수 있는 반면, 제조업자에 대하여 발생하는 불리한 효과에 있어서는 근본적인 차이가 없다는 점에서, **국가가 어떠한 행위형식을 선택하든 간에 기본권제한의 성격이 인정**된다.

나아가, 헌법은 자유권의 제한이 **국가의 사실행위**에 의해서도 발생할 수 있다는 것을 명시적으로 밝히고 있다. 헌법은 제12조에서 신체의 자유를 제한하는 전형적인 국가의 조치로서 체포, 구금, 압수, 수색 등을 언급하고 있으며, 제16조에서 주거의 자유에 대한 전형적인 제한의 예로 주거에 대한 압수와 수색을 언급하고 있는데, 이러한 제한의 유형은 모두 사실행위에 해당하는 것

---

5) 행글라이딩이나 이종 격투기 등 위험한 운동을 법률로써 금지하는 경우(금지명령을 통한 강제) 또는 운전자에게 운전 중 안전벨트를 착용할 의무를 법률로써 부과하는 경우(행위명령을 통한 강제), 집회의 해산명령, 영업정지처분 등을 예로 들 수 있다.

이다.

한편, 모든 국가행위가 기본권적 중요성을 가지는 것은 아니므로, 국가행위에 의하여 기본권의 주체에게 발생하는 모든 불리한 효과를 기본권의 제한으로 평가할 수는 없다. **'사실적 기본권제한'의 성격을 인정하기 위해서는** 첫째, 국가행위가 자유권의 행사와 보호법익에 대하여 불리한 효과를 초래해야 하며, 둘째, 기본권에 대한 불리한 효과는 국가행위에 기인해야 하고, 셋째, 국가가 기본권에 대한 불리한 효과를 의도하였거나 또는 행위 당시에 객관적으로 예측할 수 있었기 때문에, 기본권에 대한 불리한 효과의 발생을 국가에게 그의 책임으로 귀속시킬 수 있어야 한다. 이러한 경우에 한하여 국가행위가 초래한 간접적인 결과는 '사실적 기본권제한'으로 인정될 수 있다.

판 례 헌법재판소는 이미 초기의 판례부터 기본권제한 개념을 '고전적인 기본권제한'에 한정하지 아니하고 기본권보장의 실효성의 관점에서 '사실적 기본권제한'에 대하여 확대하였다. 헌법재판소는 미결수용자의 서신에 대한 교도소장의 검열·지연발송·지연교부행위(헌재 1995. 7. 21. 92헌마144), 교도소 내 접견실의 칸막이 설치행위(헌재 1997. 3. 27. 92헌마273), 구치소장이 미결수용자로 하여금 수사 및 재판을 받을 때 재소자용 의류를 입게 한 행위(헌재 1999. 5. 27. 97헌마137등) 등은 이른바 **권력적 사실행위로서 기본권의 제한**으로 판단하였다.

나아가, 주류 판매업자에게 자도소주(自道燒酒)의 판매의무를 부과하는 주세법규정에 의하여 주류 판매업자의 기본권뿐만 아니라 **소주제조업자와 소비자의 기본권**도 제한된다고 판단하였고(헌재 1996. 12. 26. 96헌가18), 미국산 쇠고기 수입위생조건을 정한 고시의 경우 직접적인 수범자는 쇠고기 수입업자이지만 **일반소비자의 기본권**도 제한한다고 판단하였으며(헌재 2008. 12. 26. 2008헌마419등), 인터넷게시판을 설치·운영하는 정보통신서비스제공자에게 게시판이용자가 본인임을 확인할 수 있는 조치를 해야 할 의무를 부과하는 법률규정의 경우, 그 직접적인 수범자는 서비스제공자이지만 **서비스이용자의 기본권도** 제한한다고 판단하였다(헌재 2012. 8. 23. 2010헌마47등).

반면에, 국가보안법 위반자에 대하여 **준법서약서**를 제출하는 것을 가석방의 조건으로 규정하는 규칙 조항은 준법서약서의 제출을 명령·강제하지 않으며 제출여부를 수형자의 자유결정에 맡기고 있으므로, **양심의 자유를 제한하지 않는다**고 판단하였다(헌재 2002. 4. 25. 98헌마425등).

Ⅲ. 헌법유보에 의한 기본권의 한계

헌법유보란 '헌법이 스스로 직접 기본권을 제한하는 경우'가 아니라, **'헌법이 스스로 기본권에 대하여 한계를 제시하고 있는 경우'**를 말한다. 헌법은 개인의 자유와 이에 상충하는 법익의 관계를 원칙적으로 스스로 확정하지 아니하고 이를 입법자에게 위임하여, 입법자로 하여금 개별사건에서의 구체적인 법익형량을 통하여 개인의 이익과 공동체의 이익을 조정하도록 하고 있다. 따라서 기본권은 헌법에 의하여 직접 제한되는 것이 아니라 입법자의 기본권제한입법에 의하여 비로소 제한되는 것이다. 헌법유보란, 헌법이 스스로 기본권의 한계를 제시함으로써 **입법자가 기본권을 제한함에 있어서 준수해야 하는 헌법적 지침을 제시하는 경우**를 의미한다. 입법자는 이러한 헌법적 지침에 따라 기본권을 제한해야 한다는 구속을 받으므로, 헌법유보는 기본권제한에 관한 입법자의 형성권을 제한한다.

헌법 제8조 제4항은 "정당의 목적이나 활동이 민주적 기본질서에 위배될 때에는 … 해산된다."고 하여 정당의 자유에 대하여 스스로 한계를 설정하고 있다. 또한, **헌법 제29조 제2항**은 공무원의 직무상 불법행위로 인한 배상과 관련하여 군인, 군무원, 경찰공무원 등의 배상청구권에 대하여 스스로 한계를 제시하면서, 입법자로 하여금 공무원의 배상청구권을 제한하는 법률을 제정할 의무를 부과하고 있다. 나아가, **헌법 제33조 제2항**은 공무원의 근로3권에 대하여 스스로 한계를 제시하면서, 법률로써 헌법의 결정을 구체화하도록 위임하고 있다.

헌법 제23조 제2항은 "재산권의 행사는 공공복리에 적합하도록 해야 한다."고 하여 재산권보장에 대하여 한계를 제시함으로써, 입법자가 재산권을 구체적으로 형성함에 있어서 '재산권보장' 뿐만 아니라 '공공복리'도 입법형성의 지침으로 고려해야 한다는 것을 밝히고 있다. **헌법 제21조 제4항**은 "언론·출판은 타인의 명예나 권리 또는 공중도덕이나 사회윤리를 침해해서는 안 된다." 고 하여 언론·출판의 자유에 대하여 한계를 제시함으로써, 이러한 법익의 보호를 위하여 표현의 자유가 법률로써 제한될 수 있음을 밝히고 있다.

Ⅳ. 법률유보에 의한 기본권의 제한

헌법유보가 헌법 스스로에 의한 기본권 한계의 설정인 반면, 법률유보는 **입법자에게 기본권을 제한할 수 있는 권한을 부여함으로써 법률로써 기본권의 제한이 가능한 경우**를 말한다. 헌법이 각 기본권에 대하여 개별적으로 아니면 모든 기본권에 대하여 일괄적으로 법률로써 제한될 수 있는 가능성을 규정하고 있는지 여부에 따라 **'개별적 법률유보'**와 **'일반적 법률유보'**로 구분할 수 있다.

1. 개별적 법률유보

가. 개별적 법률유보의 규율형식

헌법이 **각 기본권마다** '법률로써 제한될 수 있는지' 또는 '어떠한 조건 하에서 제한될 수 있는지' 등 **제한가능성을 개별적으로 규정한 경우**, 이를 '개별적 법률유보'라 한다. 개별적 법률유보의 형식을 취하고 있는 대표적인 헌법이 바로 독일의 기본법이다. 독일 기본법의 경우, 개별적 법률유보의 규율형식으로서, 헌법이 자유권을 제한하는 법률에 대하여 아무런 특별한 요건을 제시하지 않고, 단지 자유권이 법률로써 제한될 수 있다는 것만을 규정하는 경우(**단순법률유보를 가진 자유권**), 자유권이 법률에 의하여 제한될 수 있음을 규정하는 것에 그치지 아니하고, 어떠한 요건 하에서 자유권을 법률로써 제한할 수 있는지를 헌법이 스스로 규정하는 경우(**가중법률유보를 가진 자유권**), 자유권이 법률로써 제한될 수 있음을 명시적으로 규정하지 않은 경우(**법률유보 없는 자유권**)의 세 가지 형식을 취하고 있다.

단순법률유보의 경우, 자유권을 제한할 수 있는 입법자의 권한이 아무런 조건 없이 부여되는 반면, 가중법률유보의 경우에는 법률에 의한 자유권의 제한은 단지 헌법이 정한 특정한 조건 또는 특정 목적 하에서만 허용된다. 이에 대하여, 법률유보 없는 자유권의 경우, 헌법이 자유권을 제한할 수 있는 입법자의 권한을 명시적으로 부여하고 있지 않다.

나. 개별적 법률유보의 의미

헌법은 개별적 법률유보를 통하여 **'개별기본권을 행사하는 경우 발생하는 법익충돌의 정도'를 표현**할 수 있다. 특정 기본권이 법률유보 없이 보장되었다면, 이는 기본권의 행사로 인한 법익충돌의 가능성이 거의 없기 때문에 법률로써 규율되어야 할 필요가 적다고 보고 입법자에게 제한가능성을 명시적으로 규정하지 않은 것이다.[6] 반면에, 헌법은 단순법률유보의 경우에는 개인의 기본권행사에 의하여 발생하는 법익충돌의 가능성을 전반적으로 인정한 것이고, 가중법률유보의 경우에는 특정한 상황에서 전형적인 법익충돌의 위험이 있음을 인정한 것이며, 이에 따라 입법자에게 제한의 가능성을 제공한 것이다.

기본권마다 '개별적 법률유보'를 두는 경우, 헌법은 입법자가 어떠한 조건 하에서 개별기본권을 제한할 수 있는지를 스스로 정함으로써, **개별기본권마다 입법자에게 인정되는 '제한의 가능성'이 다르다**는 것을 표현하고 있다. 단순법률유보의 경우에는 입법자에 의한 기본권제한의 가능성이 크며, 가중법률유보의 경우에는 입법자가 가중적 요건의 구속을 받음으로써 상대적으로 제한가능성이 축소된다.

그러나 개별적 법률유보로부터 기본권의 의미와 중요성 또는 기본권 사이의 일정한 위계질서를 이끌어낼 수 없다. 가령, 법률유보 없이 보장된 기본권이 법률유보 하에서 보장되는 기본권에 대하여 우위에 있다고 할 수 없다. '헌법의 통일성'의 관점에서 기본권은 상호간의 관계에서 원칙적으로 동등한 지위를 가지고 있다.

2. 일반적 법률유보

일반적 법률유보란 **모든 기본권에 대하여 기본권제한의 가능성을 일괄적으로 규정하는 경우**를 말한다. 우리 헌법은 **제37조 제2항**에서 모든 기본권은 공공복리 등을 위하여 필요한 경우에 법률로써 제한할 수 있다고 하여 모든 자유권에 대하여 일괄적으로 적용되는 '일반적 법률유보'를 채택하고 있다.

3. 한국 헌법에서 개별적 법률유보의 의미

헌법은 제37조 제2항에서 모든 기본권에 대하여 공통적으로 적용되는 일반적 법률유보조항을 두면서, 동시에 일부 기본권에 대하여 개별적으로 단지 '법률'에 의한 제한 가능성만을 규정하는 조항(예컨대, 헌법 제12조 제1항, 제23조 제3항, 제33조 제3항 등)을 두고 있고, 일부 기본권에 대해서는 개별적으로 특정 목적을 위하여 기본권을 제한할 수 있음을 규정하는 조항(헌법 제21조 제4항의 "타인의 명예, 공중도덕, 사회윤리", 헌법 제23조 제2항의 "공공복리")을 두고 있다. 일반적 법률유보조항을 두고 있는 우리 헌법의 기본권체계에서 이와 같은 헌법규정의 의미는 무엇인지의 문제가 제기된다.

위에서 언급한 헌법규정들은 **단지 표면적으로 개별유보의 외양을 띠고 있는 규정**으로 하나의 독자적인 개별적 법률유보체계를 구성하는 것이 아니라, **일반적 법률유보의 체계 내에서 법률(의회)유보의 원칙을 강조**하거나 또는 **헌법 제37조 제2항의 공공복리를 보완하고 구체화**하며 강조하는 기능을 할 뿐이다. 우리 헌법의 일반적 법률유보체계 내에서 개별적 법률유보조항은 존재하지 않는다.

6) 독일기본법이 **신앙의 자유, 예술의 자유, 양심의 자유**와 관련하여 법률유보를 두고 있지 않은 것은, 이러한 기본권의 행사로 인한 법익충돌의 가능성이 상대적으로 적다는 헌법의 결정에 기인하는 것이다.

제 8 절 자유권의 제한에 대한 헌법적 요청

Ⅰ. 헌법 제37조 제2항의 의미

오늘날 모든 **헌법의 핵심적인 문제**는 개인의 자유와 공동체의 이익 사이의 긴장관계를 어떻게 조화시킬 것인지의 문제이다. **헌법 제37조 제2항**은 "국민의 모든 자유와 권리는 국가안전보장·질서유지 또는 공공복리를 위하여 필요한 경우에 한하여 법률로써 제한할 수 있으며, 제한하는 경우에도 자유와 권리의 본질적 내용을 침해할 수 없다."고 하여 공동체의 이익을 위하여 개인의 자유권을 법률로써 제한할 수 있는 가능성을 규정하면서, 한편으로는 '필요한 경우에 한하여' 제한을 허용함으로써 자유권제한의 한계를 설정하고 있다.

헌법 제37조 제2항은 법률유보의 원칙('국민의 자유는 법률로써 제한'), 과잉금지원칙(' … 을 위하여 필요한 경우에 한하여'), 본질적 내용의 침해금지('본질적 내용을 침해할 수 없다') 등 **자유권을 제한함에 있어서 준수해야 하는 일련의 중요한 원칙**을 규정하고 있다. 이로써, 헌법은 입법자에게 자유권의 제한을 허용할 뿐만 아니라, 나아가 입법자에 대해서도 자유권을 보호하는 안전장치를 두고 있다. 입법자에 대해서도 자유권을 보장하고자 하는 수단이 바로 '과잉금지원칙'과 '본질적 내용의 침해금지원칙'이다.

Ⅱ. 법률유보의 원칙

1. 이중적 의미

헌법 제37조 제2항은 "국민의 모든 자유와 권리는 … 법률로써 제한할 수 있으며"라고 하여 법률유보의 원칙을 규정하고 있다. 여기서 법률유보는 한편으로는 개인의 자유에 대한 제한은 입법자의 의사인 법률에 유보되어야 한다는 것을 의미하는 것으로, **법률에 근거하지 않는 행정작용과 사법작용을 금지**한다(**법치국가적 법률유보**). 다른 한편으로는 법률유보는 **입법자에게 기본권을 제한할 수 있는 권한을 부여**하는 기능을 한다(**기본권적 법률유보**). 후자의 의미에서 헌법 제37조 제2항을 '일반적 법률유보조항'이라 부른다.

법치국가적 법률유보가 행정부와 사법부에 대하여 입법자의 결정에 근거하지 않은 기본권의 제한을 금지함으로써 다른 국가권력과의 관계에서 입법자의 결정권한을 확보하고자 하는 것이라면, **기본권적 법률유보**란 입법자에 의한 기본권의 제한을 가능하게 하고자 하는 것이다.

2. '법률로써'의 의미

여기서 '법률'이란 국회가 제정한 '형식적 의미의 법률'을 말한다. 입법자는 행정부로 하여금 규율하도록 입법권을 위임할 수 있으므로, 법률에 근거한 행정입법에 의해서도 기본권의 제한이 가능하다. 따라서 **'법률로써'란**, '법률에 의하여 또는 법률에 근거하여' 기본권을 제한할 수 있다는 것을 의미하며, 이로써 '형식적 의미의 법률'뿐만 아니라 법규명령, 규칙, 조례 등의 '실질적 의미의 법률'을 통해서도 기본권의 제한이 가능하다. 기본권의 제한에는 법률의 근거가 필요할 뿐이고 기본권 제한의 형식이 반드시 법률의 형식일 필요는 없다(헌재 2005. 5. 26. 99헌마513, 판례집 17-1, 668, 685). 한편, 행정청이 법률의 근거 없이 기본권을 제한한다면, 그 공권력행위는 법률유보원칙에 위반되어 기본권을 침해하게 된다.

기본권의 제한은 반드시 법률로써 이루어지도록 규정하고 있는 헌법 제37조 제2항의 법률유보는 '기본권을 제한하는 법률은 명확해야 한다'는 요청을 당연한 전제로 포함하고 있다. 법률유보원칙이란 **'명확한 법률에 의한 유보원칙'**이다. 법률에 의한 수권이 구체적이고 명확한 경우에 비로소 법률은 수권의 근거로서 그 실질적 기능을 이행할 수 있다. 법률유보는 '법률의 명확성'을 당연한 전제로 한다는 점에서, '행정청에 대한 법률의 수권은 명확해야 한다'는 명확성의 원칙을 내재하고 있다.

Ⅲ. 과잉금지원칙

1. 의 미

가. 기본권제한의 한계원리

헌법 제37조 제2항은 "국민의 모든 자유와 권리는 … 공공복리를 위하여 **필요한 경우에 한하여** 법률로써 제한될 수 있으며, … "라고 규정함으로써, 입법자에게 자유권의 제한을 정당화해야 할 의무를 부과하고 있다. 개인의 자유는 절대적으로 보장되지 않는다. 입법자는 공익을 실현하기 위하여 법률로써 개인의 자유를 제한할 수 있다. 그러나 입법자는 공익의 실현을 위하여 필요한 경우에 한하여 개인의 자유를 제한할 수 있다. 개인의 자유와 공익이 서로 충돌하는 경우, 공익의 실현을 위하여 개인의 자유가 과도하게 제한되어서는 안 된다. 과잉금지원칙은 공익실현을 위하여 필요한 경우에 한하여 필요한 만큼만 개인의 자유에 대한 제한을 허용함으로써, 자유제한의 조건을 규정하고, 이로써 자유를 제한하는 국가권력을 다시금 제한하고 있다. 따라서 과잉금지원칙은 '자유를 제한하는 국가공권력에 대한 제한원리'이며, **'기본권제한의 한계원리'**이다.

과잉금지원칙은 원래 19세기 말 독일 행정법의 영역에서 개인의 재산과 자유에 대한 경찰법상의 침해를 제한하는 법적 원리로서 형성되었다. 그러나 1949년 독일 헌법인 기본법이 제정되면서, 연방헌법재판소가 행정법의 영역에서 형성된 과잉금지원칙을 헌법의 영역에 수용함으로써 헌법적 원칙으로 확립하였다. 오늘날 과잉금지원칙은 독일뿐만 아니라 다른 유럽국가, 나아가 유럽공동체법을 비롯한 국제법에서도 인정되고 있다. 우리 헌법재판소도 초기의 판례부터 과잉금지원칙을 받아들여 **법률의 위헌성을 심사하는 가장 중요한 기준**으로 삼고 있다.

나. 국가기관을 구속하는 법치국가적 헌법원리

과잉금지원칙은 입법자에게는 입법의 지침으로서, 행정청에게는 법규범의 해석과 적용의 기준으로서, 국가행위의 위헌성을 심사하는 헌법재판기관(헌법재판소나 법원)에게는 입법자나 행정청의 행위가 과잉금지원칙을 준수하였는지 여부를 판단하는 위헌심사기준으로서의 성격을 가진다.

첫째, **입법자**는 법률을 제정함에 있어서 공익실현을 위하여 필요한 정도를 넘어서 개인의 자유를 과잉으로 제한해서는 안 된다는 구속을 받는다. 둘째, 법규범을 집행하는 **행정청**은 법규범이 다양한 해석 가능성을 허용하는 경우(법률요건 부분)에는 과잉금지원칙의 요청에 부합하는 합헌적인 해석, 즉 자유권을 가장 적게 제한하는 해석을 선택해야 하고, 법규범이 재량을 부여하는 경우에는(법률효과 부분) 입법목적을 달성하기 위하여 고려되는 다양한 조치 중에서 과잉금지원칙에 부합하는 조치, 즉 자유권을 가장 적게 침해하는 행위가능성을 선택해야 한다는 구속을 받는다. 따라서 과잉금지원칙은 헌법에서뿐만 아니라 행정법에서도 적용되는 중요한 법치국가적 원리이다. 셋째, 과잉금지원칙은 **헌법재판소와 법원 등 헌법재판기관**에게는 자유권을 제한하는 국가행위의 위헌성을 판단하는 위헌심사기준으로 기능한다.

2. 헌법적 근거

헌법 제37조 제2항은 과잉금지원칙에 관한 구체적 표현을 담고 있으나, 위 조항은 문언상 단지 입법자에 대한 요청으로서(기본권 제한입법의 한계규정), 입법자만을 구속하는 과잉금지원칙의 헌법적 근거를 제공할 뿐이다(헌재 1992. 12. 24. 92헌가8, 판례집 4, 853, 876-878).

입법자뿐만 아니라 법적용기관 등 모든 국가기관을 구속하는 포괄적인 헌법원칙으로서의 과잉금지원칙은 그 헌법적 근거를 국가권력을 제한하려는 법치국가원리에 두고 있다(헌재 1992. 12. 24. 92헌가8, 판례집 4, 853, 878). **실질적 법치국가**가 지향하는 정의의 이념으로부터 국가행위는 자의적이어서는 안 되며(자의금지원칙), 목적에 비추어 적정해야 한다는 요청(과잉금지원칙)이 도출된다.

나아가, 과잉금지원칙은 자유권이 그의 자유보장기능을 이행하기 위하여 요구되는 필수적인 것으로 이미 **자유권의 본질**에 내재하는 것이다. 우리 헌법의 자유권은 '개인의 자유는 원칙적으로 무제한적인 반면, 국가권력은 원칙적으로 제한적'이라는 자연법적 기본권사상에 기초하고 있다. 개인의 자유 행사는 국가에 대하여 정당화할 필요가 없는 반면, 국가는 자유의 제한을 언제나 정당화해야 하는 것이다. 자유권의 이러한 이해로부터, 개인의 자유에 대한 제한은 공익 실현이라는 합리적인 이유로 정당화되어야 하며 그러한 경우에도 꼭 필요한 정도에 그쳐야 한다는 요청이 당연한 귀결로서 도출된다.

3. 구 조

과잉금지원칙은 **그 구조상 법익의 충돌을 전제**로 하고 있다. 국가가 '개인의 자유'와 '공익'이라는 양 법익을 동시에 완전히 실현할 수 없기 때문에, 상충하는 법익간의 조화와 균형을 이루어야 하는 경우, 과잉금지원칙은 자유권과 공익 사이의 실제적 조화를 구현하는 방법, 즉 조정과 경계설정의 원칙으로서 적용된다. 이러한 점에서, '과잉금지원칙'은 자유권의 영역에서 실제적 조화의 원칙이 자유권의 요청에 맞게 변형된 것이라고 할 수 있다.

나아가, 과잉금지원칙은 **그 구조상 수단과 목적의 관계를 전제**로 하고 있다. 공권력에 의하여 자유권이 제한되는 경우, 자유권의 제한이라는 '수단'과 자유권의 제한을 통하여 달성하고자 하는 '목적'의 상관관계를 심사한다는 의미에서, 과잉금지원칙은 **'비례의 원칙'**이라고도 한다. 헌법재판소는 '과잉금지원칙'과 '비례의 원칙'을 동일한 의미로 사용하고 있다(헌재 1992. 12. 24. 92헌가8, 판례집 4, 853, 878).

과잉금지원칙은 수단과 목적의 상관관계에 관한 심사이므로, **과잉금지원칙을 적용하기 위해서**

는 일차적으로 수단과 목적을 확정해야 한다. 자유권의 제한이라는 '수단'을 통하여 추구하고자 하는 '목적'이 확정되지 않는 한, 목적과 수단 사이의 관계를 판단하는 과잉금지원칙의 적용은 불가능하다. 입법자가 투입한 '수단'이란 바로 심판의 대상이 되는 국가의 자유권제한행위이므로, 수단은 별도의 판단 없이 그 자체로서 확인이 가능하다. 이어서, 수단과 목적의 상관관계의 타당성 여부를 **'수단의 적합성 · 수단의 최소침해성 · 법익균형성'이라는 3가지 구성요소의 단계별로 판단**한다.[7] 법률조항이 과잉금지원칙의 3 가지 구성요소 중에서 어느 하나의 요소에 위반된다는 것은 곧 과잉금지원칙에 위반되어 기본권을 침해한다는 것을 의미한다. 따라서 법률조항이 어느 하나의 요소에 위반되는 경우에 다른 요소에 위반되는지의 심사는 불필요하지만, 헌법재판소는 특정 요소의 위반을 확인한 경우에도 일반적으로 다른 요소의 위반여부를 보완적으로 판단하고 있다.

수단의 적합성과 최소침해성이 판단주체의 현실판단 또는 경험적 판단에 의존하고 있는 영역이라면, **법익균형성**은 가치판단에 의존하고 있는 영역이다. 수단의 적합성 · 최소침해성에서 문제되는 것은, 선택한 수단이 의도한 효과를 발생하여 목적을 달성할 수 있는지 또는 가장 기본권을 적게 제한하는 수단인지에 관한 것인데, 이는 미래의 현실발전에 대한 예측판단, 입법적 수단과 규율효과 사이의 인과관계 등 **경험적 판단**을 필요로 하는 것이다. 이에 대하여, 법익균형성의 단계는 자유권과 공익이라는 상충하는 법익간의 형량의 문제로서 경험적 인식이 아니라 **규범적 가치판단**의 문제이다. 여기서는 입법목적의 비중이나 제한된 개별기본권의 의미와 중요성, 즉 헌법적 가치를 확인하는 작업이다.

4. 개별적 요소

가. 목적의 정당성

(1) 의미

'목적의 정당성'이란, 기본권을 제한하는 법률이 **헌법적으로 정당한 목적을 추구하는지**, 즉 입법자가 **추구하는 목적이 헌법적으로 허용되는지**의 문제이다. 입법자가 입법을 통하여 추구할 수 있는 정당한 목적이란, 헌법이 스스로 명시적으로 언급하고 있는 특정 공익이나 목적에 한정되지 않는다. 입법자는 헌법의 한계 내에서 **헌법적으로 금지되지 않은 모든 목적**을 입법을 통하여 추구할 수 있다. 이러한 관점에서 볼 때, 구체적 사건에서 입법자가 추구하는 입법목적을 헌법 제37조 제2항이 언급하는 3가지 기본권제한목적("국가안전보장 · 질서유지 또는 공공복리") 중 어느 하나에 귀속시키거나 헌법에 명시적으로 표현된 공익에서 그 근거를 찾는 것은 의미가 없다. 입법목적의 정당성은 '입법목적이 헌법에 표현된 공익에 해당되는지'의 관점이 아니라 **'입법목적이 헌법의 가치결정에 위반되는지'**의 관점에 의하여 판단되어야 한다.

헌법 제37조 제2항은 "**국가안전보장 · 질서유지 또는 공공복리**를 위하여"라고 하여 기본권제한의 목적을 규정하고 있다. '국가안전보장'이란 외부로부터 국가의 존립과 안전의 확보를 의미하

---

7) 한편, 헌법재판소는 과잉금지원칙을 '목적의 정당성', '방법의 적절성', '피해의 최소성', '법익의 균형성'으로 분류하고 있지만(헌재 1989. 12. 22. 88헌가13, 판례집 1, 357, 374), 과잉금지원칙은 목적과 수단과의 상관관계에 관한 것이므로 목적 그 자체의 정당성을 묻는 '목적의 정당성'은 엄밀한 의미에서 과잉금지원칙에 속하지 않는다.

며, '질서유지'란 공공의 안녕질서, 사회적 안녕질서의 보호를 뜻한다. '공공복리'는 일반적 복리나 공공의 이익을 말한다. 물론, '국가안전보장과 질서유지'를 자유방임적 사고에 기초한 근대적 야경국가(夜警國家)의 전형적인 국가과제로서 현상유지를 위한 소극적 공익으로, '공공복리'를 현대 사회국가의 적극적인 국가과제로서 사회형성을 위한 적극적 공익으로 분리하여 이해할 수도 있다. 그러나 "국가안전보장 · 질서유지 또는 공공복리"의 구체적 의미를 확정하고 각 목적 간의 상관관계를 규명하는 것은 큰 실익이 없다. 입법자는 헌법에 명시적으로 규정된 기본권제한목적을 넘어서 입법목적을 스스로 설정할 수 있기 때문이다.

헌법재판소는 '입법자가 선택한 입법목적이 바람직하고 타당한지'에 관하여 심사할 수는 없고, 단지 '입법목적이 헌법이 허용하는 테두리를 벗어났는지' 여부만을 심사할 수 있을 뿐이다. 입법자가 헌법의 범위 내에서 모든 공익을 입법목적으로 추구할 수 있으며, 헌법에 위반되는 입법목적을 추구하는 경우는 매우 예외적이므로, **헌법재판에서 입법목적의 정당성이 부인되는 경우**는 거의 없다.

(2) 입법목적의 확인

입법목적을 확인함에 있어서 입법자가 법률을 통하여 의도하거나 또는 법률조항에서 명시적으로 언급한 목적뿐만 아니라, 그 외에 **'객관적으로 인식될 수 있는 목적'**도 입법목적으로 고려함으로써, 입법자가 선택한 **입법적 수단이 모든 입법목적의 관점에서 정당화되는지 여부**를 심사해야 한다. 입법목적을 어떻게 확정하는지에 따라 위헌심사의 결과가 매번 달라져서는 안 되기 때문이다.

판 례 **'자도소주 구입명령제도 사건'**에서 "경제적 기본권의 제한을 정당화하는 공익이 헌법에 명시적으로 규정된 목표에만 제한되는 것은 아니고, 헌법은 단지 국가가 실현하려고 의도하는 전형적인 경제목표를 예시적으로 구체화하고 있을 뿐이므로 기본권의 침해를 정당화할 수 있는 모든 공익을 아울러 고려하여 법률의 합헌성 여부를 심사하여야 한다."고 판시하여, 심판대상 법률에서 명시적으로 언급된 입법목적(주세보전, 물류량증가와 교통량체증의 방지) 외에도 그 외에 '객관적으로 인식할 수 있는 입법목적'(독과점규제, 지역경제의 육성, 중소기업의 보호 등)이 수단을 정당화할 수 있는지 여부를 판단하였다(헌재 1996. 12. 26. 96헌가18, 판례집 8-2, 680, 692).

나. 수단의 적합성 원칙

입법자가 선택한 **수단은 추구하는 목적을 달성하고 촉진하기에 적합해야** 한다. 수단의 적합성의 판단에 있어서 입법자가 선택한 수단이 목적을 달성하기에 최상의 또는 최적의 이상적인 수단인지에 관한 문제가 아니다. 입법자가 선택한 **수단이 목적달성에 어느 정도 기여할 수 있다면, '수단의 적합성'은 인정**된다.

수단의 적합성이란 수단과 목적 간의 합리적 인과관계에 대한 요청, 즉 국가행위에 대한 일반적 합리성의 요청이다. 입법자는 입법목적을 설정하고 장래의 발전에 대한 예측판단에 근거하여 이러한 목적을 달성하기에 적합한 수단을 법률로써 정하기 때문에, 법률의 위헌심사에서 법률이 부적합한 수단으로 나타나는 경우는 거의 없다.

판 례 운전학원을 졸업한 자 중 일정비율 이상이 교통사고를 일으킨 경우, 그 교통사고의 원인과 관계없이 **자동차운전학원의 운영정지**나 등록취소를 할 수 있도록 규정한 도로교통법규정의 위헌여부가 문제된 사건에서, 헌법재판소는 운전교육과 기능검정이 철저하더라도 교통사고는 우연적 사정과 운전자 개인의 부주의로 발생할 수 있기 때문에, 위 도로교통법규정은 교통사고를 예방하고 운전교육과 기능검정을 철저히 하도록 한다는 입법목적을 달성하기 위한 합리적인 방법이라 보기 어렵다고 하여 수단의 적합성을 부인하였다(헌재 2005. 7. 21. 2004헌가30, 판례집 17-2, 1, 13-14).

자도소주 구입명령제도 사건에서 "독과점규제의 목적이 경쟁의 회복에 있다면 이 목적을 실현하는 수단 또한 자유롭고 공정한 경쟁을 가능하게 하는 방법이어야 한다. 그러나 주세법의 구입명령제도는 전국적으로 자유경쟁을 배제한 채 지역할거주의로 자리 잡게 되고 그로써 지역 독과점현상의 고착화를 초래하므로, 독과점규제란 공익을 달성하기에 적정한 조치로 보기 어렵다."고 판시하여 자도소주 구입명령제도는 '독과점방지'라는 공익을 실현하기 위한 적합한 수단이 아니라고 판단하였다(헌재 1996. 12. 26. 96헌가18).

다. 최소침해성의 원칙

(1) 의미

최소침해성의 원칙이란 **입법목적을 달성하기에 동등하게 적합한 여러 수단 중에서 개인의 자유를 가장 적게 제한하는 수단을 선택해야 한다는 요청**이다. 수단의 최소침해성을 판단하기 위해서는, 입법목적을 달성하기에 동등하게 효과적이면서도 기본권을 보다 적게 침해하는 다른 수단이 존재하는지 **대안(代案)의 존부**를 판단해야 한다. 입법목적을 달성하기에 동등하게 효과적인 수단들을 '기본권제한의 강도'에 따라 차등화 하는 것은 대안을 발견하는 전형적인 방법에 해당한다.

기본권을 제한하는 **수단을 '기본권제한의 강도'에 따라 차등화** 할 수 있는 한, 입법자는 우선적으로 기본권을 최소한으로 제한하는 수단을 통하여 입법목적을 달성하고자 시도해야 하며, 그러한 수단을 통하여 입법목적을 유효하게 달성할 수 없을 때에야 비로소 기본권을 더욱 제한하는 수단을 고려해야 한다. 최소침해성의 심사는 통상 대안의 제시를 통하여 이루어지기 때문에 상대적으로 다른 심사단계보다 **어느 정도 객관성과 논리적 명확성을 확보**할 수 있다. 이러한 관점에서 과잉금지원칙에 의한 심사는 실질적으로 대부분의 경우 최소침해성의 심사를 중심으로 이루어진다.

(2) 기본권제한의 강도에 따른 차등화

(가) 임의적 규정과 필요적 규정

입법자가 행정청이나 법원에게 개별적인 경우의 가혹함을 고려하도록 판단재량을 부여하는 '임의적 규정'으로도 입법목적을 실현할 수 있는 경우, 법적용기관으로 하여금 구체적 사안의 개별성과 특수성을 고려할 수 있는 가능성을 일체 배제하는 '필요적 규정'을 둔다면,[8] 이는 최소침해성의 원칙에 위배된다.

판 례 형사사건으로 기소된 사립학교 교원에 대하여 당해교원의 임면권자로 하여금 **필요적으로 직**

8) 임의적 규정이란, 그 법문이 "행정청은 … 등록을 취소할 수 있다."와 같이 행정청에게 재량을 부여하고 있는 규정이며, 필요적 규정이란 "행정청은 … 등록을 취소해야 한다."와 같은 표현을 통하여 행정청에게 필요적으로 특정 행정행위를 하도록 규정하는 조항이다.

위해제처분을 하도록 규정하고 있는 사립학교법규정에 대하여(헌재 1994. 7. 29. 93헌가3등), 건축사가 업무범위를 위반하여 업무를 행한 경우 이를 **필요적 등록취소사유**로 규정하고 있는 건축사법규정에 대하여(헌재 1995. 2. 23. 93헌가1), 무등록 음반판매업자의 음반 등에 대하여 **필요적 몰수**를 규정한 '음반 및 비디오물에 관한 법률'규정에 대하여(헌재 1995. 11. 30. 94헌가3), 자동차를 이용한 범죄행위에 대하여 **필요적으로 운전면허를 취소**하도록 규정하는 도로교통법규정에 대하여(헌재 2005. 11. 24. 2004헌가28) 임의적 규정으로도 입법목적을 충분히 달성할 수 있음에도 필요적 규정을 채택한 것은 최소침해성의 원칙에 위반되어 위헌이라고 판단하였다.

(나) 전면적 금지와 부분적 금지(예외를 두는 규율과 예외를 두지 않는 규율)

국가공권력이 기본권에 의하여 보호되는 행위를 전면적으로 금지하는 조치(전면적 금지)가 아니라 기본권적 행위를 부분적으로 금지하고 부분적으로는 허용하는 조치(부분적 금지)를 통해서도 입법목적을 달성할 수 있음에도 **전면적 금지를 수단으로 채택하는 경우**, 최소침해성의 원칙에 위반된다. 마찬가지로, 일정 생활영역을 일반적으로 규율하는 법률조항이 특수한 개별적 경우에 대하여 수인할 수 없는 가혹함을 의미한다면, 입법자는 **개별적 경우 가혹함을 완화하는 예외규정**을 두지 않음으로써 최소침해성의 원칙에 위반될 수 있다.

판 례 **수형자의 집필**을 전면적으로 금지하는 것이 아니라 부분적으로 금지한다 하더라도 행형의 기능이나 목적이 저해되지 않는 경우(헌재 2005. 2. 24. 2003헌마289, 판례집 17-1, 261, 276), **태아의 성별고지**를 전면적으로 금지하는 것이 아니라 낙태불가능 시까지 부분적으로 금지한다 하더라도 태아의 생명을 효과적으로 보호할 수 있는 경우(헌재 2008. 7. 31. 2004헌마1010등), 경찰청장이 **서울광장에 차벽(車壁)**을 설치하면서 일반시민에 대한 전면적인 통행제지가 아니라 시간적·장소적으로 부분적 통행제지를 통해서도 폭력적 시위를 방지할 수 있는 경우(헌재 2011. 6. 30. 2009헌마406), 전면적 금지의 수단을 채택하는 것은 최소침해성의 원칙에 위반된다.

또한, 공정거래위원회가 **'법위반사실의 공표명령'**을 통해서가 아니라 '법위반으로 인한 시정명령을 받은 사실의 공표명령'에 의해서도 입법목적('과거 위법행위 효과의 종식, 위법행위의 재발 방지')을 달성할 수 있음에도 법위반사실의 공표를 명령하는 법률조항은 최소침해성의 원칙에 반한다(헌재 2002. 1. 31. 2001헌바43, 판례집 14-1, 49, 58).

나아가, 입법자가 **외교기관 인근의 옥외집회**를 규율하면서 고도의 법익충돌위험이 구체적으로 존재하지 않는 경우에 대해서도 이를 함께 예외 없이 금지하는 것은 입법목적을 달성하기에 필요한 조치의 범위를 넘는 과도한 제한이다(헌재 2003. 10. 30. 2000헌바67). 또한, 모든 **의료기관을 보험의로 강제로 지정하는 소위 '강제지정제'**를 규정하는 경우, 강제지정제로 인하여 개별적인 경우 가혹한 결과가 발생하는 일정 비율의 의료인에게 강제지정에 대한 예외를 허용하더라도, 강제지정제가 실현하려는 목적을 달성할 수 있는 것은 아닌지의 관점에서, 헌법재판소는 강제지정제를 택하면서 예외를 두지 않은 것의 최소침해성 위반여부를 판단하였다(헌재 2002. 10. 31. 99헌바76등).

의료기관이 사무장병원이라는 사실이 수사 결과 확인되기만 하면 **의료급여비용의 지급을 보류**하도록 규정하는 것은, 지급보류처분 후에 사무장병원에 해당하지 않는다는 사실이 밝혀져서 무죄판결의 선고나 확정 등 사정변경이 발생하는 경우에는 지급보류처분을 취소할 수 있도록 하고 지급보류기간 동안 발생한 재산권 제한상황에 대한 보상을 규정하더라도 입법목적을 달성할 수 있다는 점에서, 최소침해성의 원칙에 반하여 재산권을 침해한다고 판단하였다(헌재 2023. 3. 23. 2018헌바433등; 헌재 2024. 6. 27. 2021헌가19).

(다) '기본권행사의 방법'에 관한 규정과 '기본권행사의 여부'에 관한 규정

자유권을 제한하는 규정은 '기본권제한의 정도'에 따라, 기본권을 행사할 수 있는 가능성을 개방하면서 기본권의 주체가 어떠한 방법으로 기본권을 행사할 수 있는지를 규율하는 **'기본권행

사의 방법'에 관한 규정과 기본권의 주체가 일정조건을 충족시켜야만 비로소 기본권을 행사할 수 있도록 규정함으로써 기본권행사의 가능성을 처음부터 봉쇄하거나 제한하는 **'기본권행사의 여부'에 관한 규정**으로 구분할 수 있고, 후자의 경우는 다시금 **'기본권의 주체가 영향을 미칠 수 있는 조건을 규정한 경우'**와 **'전혀 영향을 미칠 수 없는 조건을 규정한 경우'**로 구분할 수 있다(헌재 1998. 5. 28. 96헌가5; 헌재 2005. 2. 24. 2003헌마289, 판례집 17-1, 261, 274). 최소침해성의 관점에서, 입법자는 그가 의도하는 공익을 달성하기 위하여 우선 기본권을 보다 적게 제한하는 단계인 기본권행사의 '방법'에 관한 규제로써 공익을 실현할 수 있는가를 시도하고 이러한 방법으로는 공익달성이 어렵다고 판단되는 경우에 비로소 그 다음 단계인 기본권행사의 '여부'에 관한 규제를 선택해야 한다. 이러한 사고는 직업의 자유와 관련하여 **소위 '3단계이론'으로 구체화**되었다.

판 례 허가를 받지 않은 기부금품의 모집을 전면적으로 금지하면서, 다만 입법자가 모집행위의 필요성을 인정한 몇 가지 경우(모집목적)에 한하여 관할관청이 기부금품의 모집을 허가할 수 있도록 규정하고 있는 **기부금품모집금지법조항의 위헌여부**가 문제된 사건에서, 헌법재판소는 모집목적에 대한 제한이 아니라 모집과정에서의 통제와 모집된 금품의 사용용도에 대한 통제와 감독을 통해서 입법목적(무분별한 모집행위에 의한 폐해와 부작용의 방지)이 달성될 수 있으므로, 모집목적을 제한하는 위 법률규정은 최소침해성원칙에 위반된다고 판단하였다(헌재 1998. 5. 28. 96헌가5).

라. 법익의 균형성 원칙(좁은 의미의 비례원칙)

(1) 의미

법익균형성의 원칙이란, **수단이 초래하는 기본권제한의 정도는 추구하는 목적(공익)의 비중과 적정한 비례관계에 놓여야 한다는 요청**이다. 법익균형성의 심사단계에서 수단과 목적이 상호연관관계에 놓이게 됨으로써 **원래 의미에서의 '비례의 심사'**가 이루어진다. 기본권제한의 효과가 중대할수록 이를 정당화하는 입법목적은 보다 중대해야 한다. 사소한 공익의 실현을 위하여 또는 공익실현의 효과가 불확실함에도 중대한 기본권제한의 효과가 발생한다면, 이는 법익균형성을 상실한 것이다("참새를 잡기 위하여 대포를 쏘아서는 안 된다.").

헌법재판소는 "그 입법에 의하여 보호하려는 공익과 침해되는 사익을 비교할 때 공익이 사익보다 더 커야 한다."라고 매우 단순화하여 판시하고 있다. 한편, 헌법재판소는 입법자의 형성권을 존중하는 관점에서 입법목적과 기본권제한의 수단이 적정한 비례관계에 있는지에 관한 적극적인 확인이 아니라, **수단과 목적이 적정한 비례관계를 현저하게 일탈하였는지**에 관한 소극적인 확인에 그치고 있다.

(2) 법익교량을 통한 규범적 가치판단

법익균형성의 단계에서 비로소 '입법목적의 비중'과 '제한된 기본권의 의미와 제한의 중대성'이 고려됨으로써 법익교량을 통한 규범적 가치판단이 이루어진다. 그런데 헌법은 가치나 법익 사이에 명확하고 체계적인 우열관계를 확립하고 있지 않으며, 기본권 사이에서도 추상적 우열관계가 없으므로, 제한된 기본권이나 입법목적의 중요성을 추상적으로 비교하는 것은 무의미하다. 따라서 **개별사건과 관련하여 구체적으로 법익형량**을 해야 한다. 여기서 법익교량의 대상은 '공익의 추상적인 중요성이나 비중' 또는 '제한된 기본권이 헌법질서 내에서 가지는 추상적 의미나 중요성'이 아니다. 개별 사건의 구체적인 상황을 고려하여, 입법적 수단에 의하여 **'구체적으로 달성되는 공익실현의 효과'**와 이로 인하여 발생하는 **'구체적인 기본권제한의 효과'**, 즉 구체적으로 제한된 자유영역의 의미, 보호가치, 중요성을 비교해야 한다. 입법목적인 공익이 추상적으로는 중대할 수 있으나, 입법수단을 통하여 구체적으로 달성되는 공익실현의 효과는 미미할 수 있다.

판 례 헌법재판소는 **'좌석안전띠 착용의무 사건'**에서 좌석안전띠 착용의무의 부과로 인하여 초래되는 기본권제한의 효과는 경미한 반면에, 좌석안전띠착용으로 인하여 달성하려는 공익(동승자를 비롯한 국민의 생명과 신체의 보호 등)은 중대하므로, 달성하고자 하는 공익이 좌석안전띠를 매지 않을 자유의 제한이라는 사익보다 크다고 할 것이어서 법익의 균형성도 갖추었다고 판시하였다(헌재 2003. 10. 30. 2002헌마518, 판례집 15-2하, 185, 202).

또한, **'자도소주 구입명령제도 사건'**에서 '물류비증가와 교통량체증의 방지'라는 입법목적을 위하여 자도소주 구입명령제도를 도입하는 것이 법익의 균형성원칙에 부합하는지 여부에 대하여, 구입명령제도가 물류비증가 및 교통량체증의 방지에 기여하는 정도는 작은데 반하여 그로 말미암아 초래되는 기본권침해는 중대하므로 침해를 통하여 얻는 성과와 침해의 정도가 현저한 불균형을 이루고 있다고 판단하였다(헌재 1996. 12. 26. 96헌가18, 판례집 8-2, 680, 694).

나아가, 헌법재판소는 "**이 사건 법률조항으로 달성하고자 하는 공익**인 경비업체의 전문화, 경비원의 불법적인 노사분규 개입 방지 등**은 그 실현 여부가 분명하지 않은데 반하여**, 경비업자인 청구인들이나 새로이 경비업에 진출하고자 하는 자들이 짊어져야 할 직업의 자유에 대한 기본권침해의 강도는 지나치게 크다고 할 수 있으므로, 이 사건 법률조항은 보호하려는 공익과 기본권침해간의 현저한 불균형으로 법익의 균형성을 잃고 있다."고 판시함으로써 **개별사건과 관련된 구체적인 법익형량을 요청**하고 있다(헌재 2002. 4. 25. 2001헌마614; 또한 유사하게 헌재 2005. 7. 21. 2004헌가30, 판례집 17-2, 1, 15).

Ⅳ. 과잉금지원칙을 적용하는 경우 심사밀도를 결정하는 실체적 관점

과잉금지원칙을 적용하는 경우 심사의 밀도를 결정하는 실체적 관점은 '자유 중에서 보다 근본적인 자유는 더욱 보호되어야 하고 이에 대한 제한은 보다 엄격하게 심사되어야 하며, 덜 근본적인 자유에 대해서는 공익상의 이유로 보다 광범위한 제한이 가능하므로, 완화된 심사가 요청된다'고 하는 사고이다. **'어떠한 자유가 보다 근본적이기 때문에 더욱 보호되어야 하는지'를 판단하는 관점**으로는 미국의 이중기준이론과 독일의 개인연관성·사회연관성 이론이 고려된다. 이러한 이론들은 개별사건의 구체적 법익형량과정에서 '법익교량의 일반적 지침'으로 기능한다.

1. 미국의 이중기준이론

미국의 이중기준이론(二重基準理論)은 자유권을 '경제적 자유권'과 '정신적 자유권'으로 구분하여, 경제적 자유권을 제한하는 경우에는 완화된 심사를, 정신적 자유권을 제한하는 경우에는 엄격한 심사를 함으로써, **제한되는 기본권의 성격에 따라 심사기준을 달리 하는 이론**이다. 미국의 이중기준이론은, 표현의 자유와 같은 정신적 자유는 자유민주적 국가질서의 구성 요소이자 조건으로서 모든 자유의 근거라고 하는 **'우월적 자유'**(preferred freedoms) **이론**에 그 바탕을 두고 있다. '우월적 자유 이론'은 정신적 자유는 제한될 수 없다고 규정하고 있는 미국 연방헌법 수정 제1조에 의하여 뒷받침 되고 있다.[9]

이중기준과 같이 단순하고 명쾌한 심사기준은 구체적 사건에서 헌법재판기관이 어떠한 판단을 내릴 것인지에 관하여 예측가능하다는 장점을 가지고 있다. 반면에, 이중기준이론의 경직성으로 인하여 심사기준이란 형식에 의하여 위헌심사의 결과가 이미 결정될 수 있으며, 헌법재판에서 **실질적 정의의 실현이 지나치게 제한된다는 단점**을 안고 있다. 미국 연방대법원이 이중기준을 적용한 이래 경제규제입법에 대하여 위헌으로 판단한 것은 찾아 볼 수 없으므로, 이중기준이론의 적용은 **경제입법에 대한 위헌심사의 실질적인 포기**를 의미한다. 경제적 자유권도 구체적으로 제한되는 자유영역에 따라서는 자유실현의 물질적 기초로서 또는 개성신장의 불가결한 요소로서 정신적 자유권에 못지않게 중요하다는 것을 이중기준원칙은 간과하고 있다.

2. 독일의 개인연관성 · 사회연관성 이론

우리 헌법에서 경제적 자유권에 대한 정신적 자유권의 우위를 암시하는 어떠한 표현도 찾을 수 없으므로, 미국의 고유한 헌법규정과 미연방대법원의 판례에 기초하는 **'이중기준이론'은 우리 헌법체계에 수용되기 어렵다**. 오히려, 헌법은 제21조 제4항에서 정신적 자유인 표현의 자유도 다른 자유권과 마찬가지로 법익의 보호를 위하여 제한될 수 있음을 명시적으로 밝히고 있다. 우리 헌법구조에서 보다 중요한 자유영역 또는 보다 덜 중요한 자유영역이 있다면, 이를 판단하는 유일한 근거는 모든 기본권보장의 목적이자 출발점인 **'인간의 존엄성'의 논거**에 있다. **인간의 존엄성을 실현하는데 있어서 불가결하고 근본적인 자유는 더욱 보호되어야** 하고 이에 대한 제한은 더욱 엄격히 심사해야 하며, 반면에 인간의 존엄성의 실현에 있어서 부차적이고 잉여적인 자유는 공익상의 이유로 보다 광범위한 제한이 가능하다.

인간존엄성의 논거에 기초한 이론이 바로 독일 연방헌법재판소에 의하여 형성된 **개인연관성 · 사회연관성 이론**(個人聯關性 · 社會聯關性 理論)이다. 이러한 이론에 의하면, 공권력의 행사에 의하여 **제한되는 자유영역이 개인과 사회에 대하여 어떠한 의미를 가지는지에 따라** 보호의 정도와 심사의 강도가 달라질 수 있다. 개별사건에서 구체적으로 제한되는 자유의 의미가 개인의 핵심적 자유영역(인간존엄성 실현과 자유로운 인격발현)에 대하여 클수록 자유권에 대한 보호는 더욱 강화되고, 이에 대한 제한은 보다 중대한 공익에 의하여 정당화되어야 하므로 보다 엄격하게 심사되어야 하는 한편, 개인이 기본권행사를 통하여 타인과 사회적 연관관계에 위치함으로써 타인의 자유영역과 접촉하고 충돌할수록 입법자가 타인과 공동체의 이익을 위하여 개인의 자유를 제한하는 것을 보다 수인해야 한다.

'개인연관성'의 관점은 자유권의 보호에 있어서 무엇보다도 생명권, 건강권, 신체의 자유, 개인적인 사적 영역의 보호, 인격권 등을 **근본적인 자유**, 즉 다른 모든 자유의 근거이자 조건으로 파악하고 이러한 자유에 대한 국가의 제한을 보다 엄격하게 심사할 것을 요청하고 있다. 나아가, **동일한 자유권이 제한되는 경우에도** 그 보호범위 내에서 구체적으로 제한되는 자유영역의 의미에 따라 보호의 정도가 다르고 상이한 강도의 심사가 이루어질 수 있다. 가령, 경제적 자유인 직업의

---

9) 미연방헌법 수정 제1조: "연방 의회는 국교를 정하거나 또는 자유로운 신앙 행위를 금지하는 법률을 제정할 수 없다. 또한 언론 · 출판의 자유나 국민이 평화로이 집회할 수 있는 권리 및 불만 사항의 구제를 위하여 정부에게 청원할 수 있는 권리를 제한하는 법률을 제정할 수 없다."

자유와 재산권에 있어서 구체적으로 제한되는 자유영역의 성격에 따라 입법자에게 인정되는 입법형성권의 정도가 달라지고 그 결과 위헌심사의 강도가 달라질 수 있다. 개인연관성 · 사회연관성 이론을 취하는 경우 개별사건마다 구체적으로 상충하는 법익을 형량하게 되어 **헌법재판의 예측성이 감소**하지만, 헌법재판에서 **실질적 정의를 실현**할 수 있다는 장점을 가지고 있다.

3. 헌법재판소 판례의 경향

헌법재판소는 **미국의 이중기준이론**을 취하고 있지 않으며, 지금까지 일부 결정에서, 그것도 주로 소수의견에서 경제적 자유와 정신적 자유를 구분하고 이를 제한하는 법률의 심사에 있어서 서로 다른 기준이 적용될 수 있는 가능성을 언급한 바 있을 뿐이다(헌재 1990. 9. 3. 89헌가95; 헌재 1990. 6. 25. 89헌가98등).

반면에, 헌법재판소는 '택지소유상한제 결정'에서 제한되는 자유영역의 중대성과 근본성을 판단하는 유일한 헌법적 근거는 '**인간의 존엄성실현**에 있어서 제한된 자유의 의미'라고 판시한 바 있으며(헌재 1999. 4. 29. 94헌바37등, 판례집 11-1, 289, 320). 나아가, 일련의 결정에서 제한된 자유영역이 한편으로는 기본권의 주체(개인)에 대하여, 다른 한편으로는 사회에 대하여 어떠한 의미를 가지는지에 따라 상이한 심사밀도가 적용될 수 있다는 소위 **개인연관성 · 사회연관성의 관점을 기준**으로 삼아, 침해된 법익이 개인연관성을 가질수록 더욱 보호되어야 하며 사회연관성을 가질수록 입법자에 의한 광범위한 규율을 받을 수 있다고 판시함으로써, 동일한 경제적 자유권이라도 구체적으로 제한된 자유의 의미에 따라 심사밀도를 달리한다고 판단하고 있다(헌재 1998. 12. 24. 89헌마214등, 판례집 10-2, 927, 945; 헌재 2002. 10. 31. 99헌바76등, 판례집 14-2, 410, 411; 헌재 1999. 4. 29. 94헌바37등, 판례집 11-1, 289, 303 외 다수 결정).

판 례 헌재 1999. 4. 29. 94헌바37 등(**택지소유상한제**), 판례집 11－1, 289, 320, "기본권을 보장하는 목적은 인간의 존엄성을 실현하기 위한 것이다. 그러므로 우리 헌법구조에서 보다 더 중요한 자유영역과 덜 중요한 자유영역을 나눌 수 있다면, 이를 판단하는 **유일한 기준은 '인간의 존엄성'**이다. 따라서 인간의 존엄성을 실현하는 데 있어서 불가결하고 근본적인 자유는 더욱 강하게 보호되어야 하고 이에 대한 제한은 더욱 엄격히 심사되어야 하는 반면에, 인간의 존엄성의 실현에 있어서 부차적이고 잉여적인 자유는 공익상의 이유로 보다 더 광범위한 제한이 가능하다고 할 것이다."

헌재 1998. 12. 24. 89헌마214등(**그린벨트**), 판례집 10－2, 927, 945, "**재산권에 대한 제한의 허용정도**는 재산권행사의 대상이 되는 **객체가 기본권의 주체인 국민 개개인에 대하여 가지는 의미**와 다른 한편으로는 그것이 **사회전반에 대하여 가지는 의미**가 어떠한가에 달려 있다. 즉, 재산권 행사의 대상이 되는 객체가 지닌 사회적인 연관성과 사회적 기능이 크면 클수록 입법자에 의한 보다 광범위한 제한이 정당화된다. 다시 말하면, 특정 재산권의 이용이나 처분이 그 소유자 개인의 생활영역에 머무르지 아니하고 일반국민 다수의 일상생활에 큰 영향을 미치는 경우에는 입법자가 공동체의 이익을 위하여 개인의 재산권을 규제하는 권한을 더욱 폭넓게 가진다고 하겠다."

헌재 2002. 10. 31. 99헌바76 등(**요양기관 강제지정제**), 판례집 14－2, 410, 433, "법률이 **개인의 핵심적 자유영역**(생명권, 신체의 자유, 직업선택의 자유 등)을 침해하는 경우 이러한 자유에 대한 보호는 더욱 강화되어야 하므로, … 반면에, 개인이 기본권의 행사를 통하여 일반적으로 타인과 **사회적 연관관계에 놓여지는 경제적 활동**을 규제하는 사회 · 경제정책적 법률을 제정함에 있어서는 입법자에게 보다 광범위한 형성권이 인정되므로, … 이러한 한계까지는 … 입법자의 형성권에 맡겨져야 한다."

헌재 2024. 2. 28. 2019헌마500(**주 52시간 상한제**), 판례집 36－1상, 148, 158, "주 52시간 상한제조항과 같은 근로시간법제는 개인의 본질적이고 핵심적인 자유 영역에 관한 것이라기보다 **사회적 연관관계에 놓여 있는 경제 활동**을 규제하는 사항에 해당한다고 볼 수 있다. 그러므로 그 위헌성 여부를 심사함에 있어서는 완화된 심사기준이 적용된다."

V. 기본권의 성격에 따른 과잉금지원칙의 적용여부

헌법 제37조 제2항은 "국민의 모든 자유와 권리"는 법률로써 필요한 경우에 한하여 제한될 수 있다고 규정하고 있다. 여기서 '모든' 기본권이 과잉금지원칙의 적용을 받는 것인지의 문제가 제기된다. **종래 학계의 다수견해**는 헌법 제37조 제2항의 규정장소와 그 법문에 근거하여 과잉금지원칙이 모든 성격의 기본권에 당연히 적용되는 것으로 이해하여 왔다.

그러나 과잉금지원칙이라는 **동일한 심사기준을 가지고 국가에게 부작위를 요청하는 자유권과 국가에게 작위를 요청하는 그 외의 기본권의 위반여부를 판단**하는 것은 타당하지 않다. 기본권의 성격에 따라 또는 기본권이 국가에 대하여 요청하는 바에 따라 기본권 위반여부를 판단하는 기준이 달라야 한다. 헌법재판소의 판례에서도 사회적 기본권이나 기본권보호청구권, 평등권과 관련하여 별도의 심사기준들(가령, 과소금지원칙, 자의금지원칙 등)이 확립됨으로써 **기본권의 본질과 실현방법에 따라 다른 심사기준을 필요로 한다는 관점이 반영**되고 있다.

헌법 제2장에 규정된 기본권은 입법자에 의한 별도의 형성을 필요로 함이 없이 그 자체로서 구체적 권리로서 기능하는 자유권과 구체적 권리로 형성되기 위하여 입법자의 사전적 입법행위를 필요로 하는 그 외의 기본권인 청구권적 기본권, 참정권, 사회적 기본권으로 크게 나누어 볼 수 있다. **입법자의 행위에 의하여 기본권이 제한되는지 또는 형성되는지의 관점**은 기본권 위반여부의 심사기준을 결정하는 중요한 관점이다. 기본권을 형성하는 법률의 위헌성판단은 기본권을 제한하는 법률의 위헌성판단과는 그 구조상 방법을 달리해야 한다.

자유권의 경우에는, 보호범위에 대한 제한이 과잉금지원칙에 부합하는지의 심사이다. 이에 따라 자유권을 제한하는 법률의 위헌심사는 '보호범위', '그에 대한 제한', '제한의 정당성'의 3 단계의 심사로 이루어진다. 이에 대하여, **입법자에 의한 구체적인 형성을 필요로 하는 기본권의 경우** 자유권과는 달리 보호범위가 존재하지 아니하고, 나아가 입법자의 입법은 보호범위에 대한 제한을 의미하지 않는다. 이러한 기본권의 경우 제기되는 헌법적 문제는 입법자에 의한 규율이 **과잉제한인지의 문제가 아니라 '입법자가 입법형성권을 제대로 행사했는지'의 문제**이다. 따라서 이러한 기본권을 형성하는 법률의 위헌심사는 '입법자가 기본권보장의 정신에 부합하게 구체적으로 형성하였는지'를 판단하는 **단일 단계의 심사**로 이루어진다. 여기서 기본권 위반여부의 심사는 기본권보장의 기본정신과 이와 상충하는 다른 법익의 법익형량을 통하여 입법자에 의한 구체적인 형성이 헌법상 부여된 형성권의 범위를 일탈하였는지 여부의 심사로 귀결된다.

VI. 본질적 내용의 침해금지

헌법 제37조 제2항은 "… 제한하는 경우에도 자유와 권리의 본질적인 내용을 침해할 수 없다."고 하여 **기본권제한의 최종적 한계를 설정**하고 있다. 본질적 내용의 침해금지와 관련해서는, 국가공권력에 의한 테러범이나 인질범의 사살행위 또는 사형제도가 생명권의 본질적 내용을 침해하는 위헌적 행위인지의 문제가 제기된다. **개별자유권에 있어서 그 본질적 내용이 무엇인지, 언제 침해되는지에 관하여 견해의 대립**이 있는데, 본질적 내용의 침해여부를 오로지 법익교량을 통하여 상대적으로만 파악할 수 있다는 '상대설'과 절대적으로 파악할 수 있다는 '절대설'로 나뉜다.

1. 상대설

상대설(相對說)은, **본질적 내용의 침해여부는 개별적인 경우마다 공익과 자유권의 구체적인 법익형량을 통하여 상대적으로 파악할 수 있다는 견해**이다. 법익의 교량과정에서 기본권의 제한이 공익에 의하여 정당화된다면 본질적 내용의 침해를 부정하게 되므로, 여기서 '본질적 내용의 침해금지'란 결국 **'법익의 균형성'의 요청과 동일**한 것을 의미하게 된다. 공익에 의하여 정당화된다면, 기본권의 완전한 박탈도 허용된다.

상대설은 생명권과 같이 기본권의 제한 후에는 아무 것도 남는 것이 없는 기본권의 경우에도 해결책을 제시할 수 있다는 **장점**을 가지고 있다. 반면에, 상대설에 따라 본질적 내용의 침해여부를 판단하는 것은 과잉금지원칙에 의한 심사의 반복이라는 점에서, '과잉금지원칙'과 '본질적 내용의 침해금지'를 분리하여 규정하고 있는 헌법 제37조 제2항의 법문과 부합하기 어렵다는 **문제점**을 안고 있다.

2. 절대설

절대설(絕對說)은, 개별사건의 구체적인 경우와 관계없이 **개별자유권마다 본질적 내용으로 '핵심적 실체'가 존재하며, 본질적 내용이 침해되지 않으려면 자유권의 제한 후에도 무엇인가가 '기본권의 핵'으로서 남아 있어야 한다는 견해**이다.

절대설은 '본질적 내용의 침해금지'를 '과잉금지원칙'과는 별개의 독자적 원칙으로 이해하기 때문에, 헌법 제37조 제2항의 법문에 부합한다는 **장점**을 가지는 반면, '개별기본권의 본질적 내용이 무엇인지'에 대하여 최소한의 답변을 제시하지 못하는 **문제점**을 안고 있다. 기본권의 본질적 내용이 존재한다면 그 본질적 내용이 무엇인지를 제시해야만 규범적 심사가 가능하다.

뿐만 아니라, 자유권에 따라서는 생명권과 같이 제한하고 나면 아무 것도 남는 것이 없는 기본권이 있는데, 절대설의 경우 이러한 문제를 해결하는 데 어려움이 있다. 절대설에 의하면, 국가가 개인의 생명을 박탈하는 행위는 그 이유를 막론하고 금지된다. 그러나 국가가 공동체와 법질서의 수호를 위하여 불가피하게 개인의 생명을 박탈해야 하는 상황(가령, 인질의 생명을 위협하는 인질범을 사살해야 하는 상황)을 배제할 수 없다. 따라서 절대설이 이러한 문제를 해결하기 위해서는 생명권의 경우 본질적 내용은 불가피하게 '개인에 대한 보장'이 아니라 '사회공동체에 대한 보장'으로 파악해야 한다. 결국, 절대설을 따르더라도, 누구에게 본질적 내용이 남아 있어야 하는지를 판단함에 있어서 각 개별기본권마다 그 성질을 고려해야 하므로, **일관된 적용이 불가능**하다.

이러한 이유에서, 절대설은 **'본질적 내용이 누구에게 남아야 하는지'**의 문제와 관련하여, 자유권의 본질적 내용을 '객관적 가치질서'의 관점에서 파악하여, 개별기본권에 내재된 객관적 가치질서가 사회공동체에서 유명무실해지는 경우에 기본권의 본질적 내용이 침해된다고 하는 **객관설**과 자유권의 본질적 내용을 '개인의 주관적 공권'의 관점에서 파악하여, 기본권의 제한으로 인하여 개인에게 기본권을 보장한 의미가 전혀 없게 된다면 기본권의 본질적 내용이 침해된다고 하는 **주관설**로 다시 나뉜다.

3. 헌법재판에서 실질적 의미

생명권과 같은 예외적인 경우를 제외한다면, 공권력행위의 위헌심사에 있어서 **과잉금지원칙이 준수되었다면**, 이는 개인의 자유를 가장 적게 제한하는 수단을 선택하였다는 것을 의미하기 때문에 일반적으로 본질적 내용이 침해되지 않은 것으로 간주할 수 있다. 이러한 점에서, 기본권의 제한이 과잉금지원칙에 부합하지만 본질적 내용을 침해하는 경우는 상정하기 어렵다. 한편, **공권력행위가 과잉금지원칙에 위반되는 경우**에 비로소 더 나아가 본질적 내용이 침해되었는지를 판단해야 할 필요성이 있는데, 이러한 경우 이미 과잉금지원칙의 위반으로 인하여 공권력행위의 위헌성이 확인되었으므로 결과적으로 더 이상 본질적 내용의 침해여부를 밝힐 실익이 없다. 이러한 이유에서, 헌법재판소도 지금까지 대부분의 경우 본질적 내용의 침해여부에 관한 판단을 굳이 할 필요가 없었다.

설사 절대설을 따라 '본질적 내용의 침해금지원칙'을 과잉금지원칙과는 별개의 원칙으로 이해한다 하더라도, '본질적 내용의 침해금지원칙'은 공권력행위의 위헌성을 판단하기 위하여 불가결한 최소한의 규범적 기준을 제시할 수 없기 때문에, **독자적인 위헌심사기준으로 기능할 수 없다**. 결국, '본질적 내용의 침해금지원칙'은 단지 관념상의 위헌심사기준으로서 자유권을 제한하는 **입법자에 대한 '최종적인 호소이자 경고'**일 뿐, 헌법재판의 실무에서 아무런 역할을 하지 못한다.

4. 헌법재판소 판례의 경향

헌법재판소는 대부분의 결정에서 **'과잉금지원칙의 위반여부'만을 판단**하고 '본질적 내용의 침해여부'를 별도로 판단하지 않고 있다. 한편, 헌법재판소는 일부 결정에 있어서는 본질적 내용을 "당해 기본권의 핵이 되는 실체"로 표현하고, 본질적 내용의 침해는 "그 침해로 인하여 당해 기본권이 유명무실해지고 형해화되어 헌법이 기본권을 보장하는 궁극적 목적을 달성할 수 없게 되는 지경에 이르는 경우"라고 판시함으로써, **'과잉금지원칙의 위반여부'와 '본질적 내용의 침해여부'를 분리하여 별도로 심사**한 바 있다(가령, 헌재 1989. 12. 22. 88헌가13, 판례집 1, 357, 373). 그러나 헌법재판소가 '본질적 내용의 침해여부'를 별도로 판단한다 하더라도, 아무런 논증 없이 단지 '본질적 내용이 침해되지 않았다'는 형식적인 확인에 그치고 있을 뿐이다.

제 9 절 기본권의 경합과 충돌

Ⅰ. 기본권의 경합

1. 의 미

기본권의 경합(競合)이란, **구체적 사건에서 하나의 기본권의 주체가 동시에 여러 가지 기본권**

의 침해를 주장하는 경우를 말한다. 하나의 기본권의 주체가 국가공권력에 의하여 여러 가지 기본권이 침해당했다는 주장을 하는 경우, 헌법재판소는 **'어떠한 기본권을 심사기준으로 삼아 공권력행위의 위헌성을 판단해야 하는지'의 문제**가 발생한다.

이러한 문제는 헌법재판에서 일상적으로 발생하는 문제이다. 헌법소송의 실무에 있어서 헌법소원심판 청구인이나 제청법원은 하나의 기본권이 아니라 제한의 가능성이 있는 모든 기본권의 침해를 주장하기 때문에, 기본권의 경합은 헌법소송에서 일반적으로 발생한다.

2. 진정한 의미의 기본권경합

진정한 의미의 기본권경합의 문제는 **'어떠한 기본권을 심사기준으로 삼는지에 따라 위헌심사의 결과가 달라지는 경우'에 발생**한다. 여기서 위헌심사의 결과가 달라지는 경우란, 기본권 중에서 '강한 기본권'과 '약한 기본권'의 구분이 가능하기 때문에, 약한 기본권을 근거로 위헌성을 심사하는 경우에는 공권력행위가 합헌일 수 있고, 강한 기본권을 근거로 위헌성을 심사하는 경우에는 공권력행위가 위헌일 수 있는 경우이다.

개별적 법률유보를 채택한 기본권체계에서 '강한 기본권'과 '약한 기본권'의 구분이 가능하므로, **진정한 의미에서의 기본권경합이 발생**한다. 헌법이 개별기본권마다 개별적 법률유보의 형태로 제한가능성을 다르게 규정하고 있다면, '어느 기본권을 위헌심사의 기준으로 적용할 것인지'의 문제가 발생한다. 가령, 독일 기본법에 규정된 기본권의 경우처럼 개별기본권에 대한 제한가능성이 서로 다른 경우, 어떤 기본권을 심사기준으로 삼아 공권력의 위헌성을 판단하는가에 따라 심사의 결과가 다를 수 있다.

3. 기본권경합의 효과

개인의 행위가 기본권보호의 효력에 있어서 차이가 있는 둘 이상의 기본권(강한 기본권과 약한 기본권)에 의하여 보호되는 경우, 기본권보호의 효력은 어느 정도인지, **기본권보호의 효력이 강한 기본권 또는 약한 기본권에 의하여 결정되는지의 문제**가 제기된다. 이 경우, 기본권보호의 효력을 판단하는 기준으로 최약효력설과 최강효력설이 있다.[10)]

개인의 행위가 일반·특별관계에 있지 않은 2개의 기본권의 보호영역에 속하는 경우, 그 행위에 대한 **보호는 최강효력설에 따라** 가장 강한 기본권, 즉 제한가능성이 가장 적은 기본권에 의하여 이루어진다. 이는 개인의 기본권은 가능하면 효과적으로 보호되어야 한다는 사고에서 비롯되는 것이다. 개인의 행위가 가장 약한 기본권에 의하여 보호되어야 한다면, 두개의 기본권에 의한 이중적인 보호가 무의미할 것이다. 따라서 법률에 의한 기본권 제한은 '보다 강한 보호를 제공하는 기본권'의 관점에서 정당화되어야 한다.

---

10) **최약효력설(最弱效力說)**이란, 둘 이상의 기본권이 서로 경합하는 경우에 기본권보호의 효력은 헌법상 제한의 가능성이 가장 큰 기본권, 즉 가장 약한 기본권의 효력만큼 나타난다고 하는 견해이다. 이에 따르면, '가장 약한 기본권'이 위헌성판단의 기준으로 적용되어야 한다. 이에 대하여, **최강효력설(最强效力說)**은 헌법상 제한의 가능성이 가장 작은 기본권, 즉 가장 강한 기본권에 의하여 기본권보호의 효력이 결정된다고 한다고 한다. 이에 따르면 '가장 강한 기본권'이 위헌성판단의 기준이 되어야 한다.

4. 한국헌법에서 기본권경합

헌법이 헌법 제37조 제2항에서 모든 자유권에 대하여 포괄적으로 적용되는 **일반적인 법률유보 조항**을 두고 있으므로, 헌법상 제한가능성이 큰 기본권과 작은 기본권, 즉 약한 기본권과 강한 기본권을 구분할 근거가 없으며, 어떠한 기본권을 심사기준으로 삼는지에 따라 위헌심사의 결과가 달라지지 않는다. 따라서 독일과 달리, **한국의 헌법재판에서는 '진정한 의미에서의 기본권경합'의 문제는 발생하지 않는다**. 개별적 법률유보를 두고 있지 않은 우리 헌법질서에서, 소위 '최강효력설'을 근거로 기본권간의 효력의 우열을 밝히려는 시도는 무의미하다.

다만, 개인의 행위가 일반 · 특별의 관계에 있는 2개의 기본권의 보호영역에 속하는 경우, 특별규범이 일반규범에 대하여 우선하므로, 그 행위에 대한 보호는 전적으로 특별기본권에 의하여 이루어진다. 따라서 특별기본권을 심사기준으로 삼아 공권력행위의 위헌여부를 판단해야 한다.

일반 · 특별의 관계에 있는 기본권으로는 일반적 자유권으로서의 행복추구권과 다른 개별적 자유권의 관계, 일반적 결사의 자유와 결사의 자유의 특별규정으로서 근로3권 · 정당의 자유의 관계, 집회 · 결사의 자유와 종교의 자유(종교집회 · 결사의 자유), 일반평등규정과 특별평등규정의 관계 등을 들 수 있다. 한편, 헌법재판소는 일부 결정에서 특별규정인 개별적 자유권이 적용됨에도 일반규정인 행복추구권을 심사기준으로 함께 언급하고 있는데, 이는 시정되어야 한다.

판 례 우선, 헌법재판소는 제한의 가능성이 있는 기본권 중에서 그 보호범위가 **실제로 제한된 기본권을 선별**한다. 이어서, 공권력행위에 의하여 제한된 여러 기본권 중에서 청구인의 주장취지와 기본권을 제한하는 공권력의 동기(법률의 경우, 규율목적 등) 등을 고려하여 **사안과 가장 밀접한 관계에 있는 기본권을 중심으로 판단**하거나 또는 제한된 여러 기본권의 사안 밀접성(事案 密接性)이 유사한 경우에는 보호범위가 저촉된 모든 기본권을 심사기준으로 언급하고 있다.

가령, 헌법재판소는 **'음란물출판사 등록취소 사건'**에서 "기본권경합의 경우에는 기본권침해를 주장하는 제청신청인과 제청법원의 의도 및 기본권을 제한하는 입법자의 객관적 동기 등을 참작하여 사안과 가장 밀접한 관계에 있고 또 침해의 정도가 큰 주된 기본권을 중심으로 해서 그 제한의 한계를 따져 보아야 할 것이다. 이 사건에서는 제청신청인과 제청법원이 언론 · 출판의 자유의 침해를 주장하고 있고, 입법의 일차적 의도도 출판내용을 규율하고자 하는 데 있으며, 규제수단도 언론 · 출판의 자유를 더 제약하는 것으로 보이므로 언론 · 출판의 자유를 중심으로 해서 이 사건 법률조항이 그 헌법적 한계를 지키고 있는지를 판단하기로 한다."고 판시하고 있다(헌재 1998. 4. 30. 95헌가16, 판례집 10-1, 327, 337).

Ⅱ. 기본권의 충돌

1. 의 미

기본권의 충돌은, **하나의 동일한 사건에서 복수의 기본권주체가 서로 대립적인 이익을 가지고 국가에 대하여 각자 자신의 기본권을 주장하는 경우**를 말한다(헌재 2005. 11. 24. 2002헌바95 등, 판례집 17-2, 392, 401). 하나의 기본권주체가 자신의 기본권을 행사함으로써 다른 기본권주체의 법익을 침해하거나 기본권행사를 저해하는 상황에서, 국가가 한 기본권주체의 기본권을 보호하기 위하여 다른 기본권주체의 기본권을 제한하는 방향으로 이를 규율하고자 시도하는 경우에 기본권의 충돌은 발생한다. 이러한 경우, 양(兩) 기본권주체가 국가에게 서로 자신의 기본권을 고려해 줄 것을 요청함으로써, '국가공권력과 양 기본권주체 사이의 3자 관계'가 발생한다. **기본권의 충돌이 발생하는 구체적 상황**은 다음과 같다.

첫째, 입법자가 형법이나 행정법규정 등 공법규정을 통하여 사인에 의한 기본권침해로부터 사인의 기본권을 보호하기 위하여 보호입법을 하는 경우이다. 예컨대, 입법자가 낙태죄를 통하여 인공임신중절이 형법적으로 허용되는 범위를 정하는 경우, 산모의 행복추구권과 태아의 생명권이 서로 충돌한다. 또한, 비흡연자의 건강권을 보호하기 위하여 흡연자의 권리를 제한하는 경우에도 흡연자의 일반적 행동자유권(행복추구권)과 비흡연자의 건강권이 서로 충돌한다.

둘째, 입법자가 사법규정을 통하여 사인간의 이익을 조정하면서 일방의 이익을 위하여 일방의 이익을 후퇴시키는 경우이다. 예컨대, 입법자가 사법규정을 통하여 채권자의 이익을 보호하기 위하여 채무자의 이익을 제한하는 경우 채권자의 기본권과 채무자의 기본권이 충돌한다(헌재 2007. 10. 25. 2005헌바96).

셋째, 민사법원이 공서양속조항 등 사법조항의 해석에 있어서 기본권을 해석의 지침으로 고려함으로써 사인간의 관계에서 기본권이 간접적으로 적용되는 경우이다. '기본권의 대사인적 효력'은 '기본권충돌'이 이루어지는 대표적인 상황에 해당한다. 예컨대, 작가가 문학작품에서 개인의 명예를 훼손하는 내용을 언급함으로써 손해배상책임이 문제되는 경우, 민사법원이 행위의 위법성을 판단함에 있어서 작가의 예술의 자유와 피해자의 인격권이 충돌한다.

2. 기본권충돌의 해결방안

기본권의 충돌은 헌법적 법익간의 충돌이 발생하는 상황의 대표적인 경우에 해당한다. 따라서 기본권충돌의 해결방안은 곧 헌법적 법익 충돌의 해결방안을 의미한다. 기본권충돌의 해결방안은 '헌법이 기본권의 충돌을 스스로 해결하는지 아니면 입법자로 하여금 해결하도록 위임하는지'에 따라 **'기본권의 서열이론'과 '실제적 조화의 원칙'**으로 나누어 볼 수 있다. 양자 사이의 근본적인 차이점은, 헌법이 상충하는 법익간의 충돌 문제를 법익간의 위계질서의 확정을 통하여 스스로 해결하는지 아니면 이를 개별 상황마다 구체적 법익교량을 통하여 해결하도록 입법자에게 위임하는지에 있다. **'서열이론'**은 기본권충돌의 문제를 개별사건의 구체적 상황을 고려함이 없이 기본권 사이의 일반적인 위계질서를 통하여 '추상적으로' 해결하고자 하는 반면, **'실제적 조화의 원칙'**은 개별사건의 모든 구체적 상황을 고려하는 법익교량을 통하여 기본권충돌의 문제를 '개별적·구체적으로' 해결하고자 한다. 실제적 조화의 원칙은 헌법적 가치 사이에 확정된 위계질서를 부인하고, 구체적 상황에 따라 실현되어야 하는 헌법적 법익과 가치가 다를 수 있다고 하는 사고에서 출발한다.

가. 서열이론(序列理論)

기본권의 서열이론(Rangordnung der Grundrechte)이란, 기본권 사이의 서열과 위계질서를 확정할 수 있다는 것을 전제로 하여 **서로 충돌하는 기본권 중에서 서열이 높은 기본권을 우선시킨다는 이론**이다.

서열이론의 가장 큰 문제점은, 헌법이 스스로 법익간의 우열관계를 추상적으로 확정하고 있지

않다는 것에 있다. 헌법은 헌법적 가치나 법익 사이에 명확하고 체계적인 우열관계를 확립하고 있지 않으며, 또한 기본권 사이에도 추상적인 우열관계가 존재하지 않는다. 헌법의 통일성의 사고에 비추어 개별기본권은 원칙적으로 상호간에 동등한 지위를 가진다.

민주국가의 헌법은 헌법적 법익간의 우열관계를 확정함으로써 스스로 사회를 형성하는 것이 아니라, 사회형성의 과제를 입법자에게 위임하고 있다. 다만, 헌법은 헌법적 가치와 법익을 규정함으로써 입법자에게 사회형성의 과제를 이행하기 위한 지침과 방향만을 제시할 뿐이다. 헌법은 다양한 국가과제를 제시할 뿐, 국가과제 사이의 우열관계를 확정함으로써 이행의 우선순위에 있어서 입법자를 구속하지 않는다. 헌법은 자유권의 보장을 통하여 자유권을 존중하고 보호해야 할 의무와 과제를 부과할 뿐, 어떠한 자유권이 우선적으로 보호되어야 하는지에 관하여 결정하지 않는다. 수시로 변화하는 사회현상에 끊임없이 대처해야 하는 현대의 사회국가에서, 헌법적 법익간의 우열관계를 확정하는 헌법이 기능할 수 없으며, 사회현상의 변화에 적응할 수 없다.

서열이론의 또 다른 문제점은 기본권 사이의 추상적인 우열관계를 통하여 소위 하위의 기본권을 일방적으로 희생시키면서 소위 상위의 기본권을 전적으로 실현한다는 데 있다. 서열이론은 **하위의 헌법적 법익이 헌법질서에서 사실상 제거되는 효과를 초래**한다. 이러한 상황은 모든 헌법규범을 하나의 통일체로 이해하는 **'헌법의 통일성'의 사고와 부합하지 않는다**. 뿐만 아니라, 복수의 기본권주체가 '동일한 기본권'을 주장하는 기본권충돌의 상황에서는, 가령 '집회의 자유'와 '반대집회의 자유'가 서로 충돌하는 경우에는 서열이론은 전혀 기능할 수 없다.[11)]

나. 실제적 조화의 원칙

(1) 법익충돌을 해결하는 유일하게 합헌적인 방법

(가) 실제적 조화의 원칙(Prinzip der praktischen Konkordanz)이란, 헌법적 법익간의 충돌관계를 법익간의 우열관계로 해결하는 것이 아니라 **'헌법의 통일성'의 관점에서 상충하는 법익 모두가 최적의 효력을 발휘할 수 있도록 양 법익을 조화시켜야 한다는 원칙**을 말한다(제1편 제4장 Ⅲ. 2. 참조). 실제적 조화의 원칙은 **'헌법의 통일성'으로부터 나오는 필연적 요청**이다. 헌법이 하나의 통일체를 형성한다는 것은, 헌법적 법익들이 서로 충돌하는 경우 양자 중 하나를 배제해야 하는 것이 아니라 서로 조화시켜야 한다는 것을 의미한다. 기본권이 서로 충돌하는 경우 양자택일적으로 하나의 기본권만을 실현하고 다른 하나의 기본권을 일방적으로 희생시켜서는 안 되고, 헌법의 통일성의 관점에서 양 기본권이 모두 최대한으로 실현될 수 있도록, 조화의 방법을 찾아야 한다. 실제적 조화의 원칙은 **헌법적 법익간의 충돌을 해결함에 있어서 유일하게 헌법에 부합하는 방법**이다.

(나) 예컨대, 입법자가 낙태행위를 규율하는 경우, 서열이론과 실제적 조화의 원칙은 **기본권충**

---

11) **학계의 일부**에서는 기본권충돌의 해결을 위한 하나의 방안으로서 서열이론을 제시하면서, '생명권이 다른 기본권보다 상위에 있다'는 주장이나 '인격적 가치나 정신적 가치를 보호하기 위한 기본권이 재산적 가치를 보호하기 위한 기본권보다 우위에 있다'는 주장 등을 하기도 한다. 그러나 이러한 주장들은 모든 헌법적 근거를 결여하고 있을 뿐만 아니라, 헌법재판에서 한 번도 실현된 적이 없다. 학계의 일부에서 주장하는 이러한 우위원칙들은 기껏해야 개별사건의 구체적 법익형량과정에서 고려될 수 있는 **'법익교량의 일반적 지침'으로서의 의미를 가질 수 있을 뿐**이다.

돌을 해결함에 있어서 다음과 같은 근본적인 차이를 보인다. **'서열이론'을 따른다면,** 태아의 생명권과 산모의 기본권이 충돌하는 상황에서 '생명권 우위의 원칙'에 따라 추상적으로 태아의 생명권에 일방적인 우위가 부여된다. 산모의 낙태행위는 이미 헌법적으로 허용될 수 없으며, 입법자는 모든 낙태행위를 금지하는 입법을 해야 한다는 헌법적 구속을 받는다.

그러나 **'실제적 조화의 원칙'에 의하면**, 어떠한 구체적 상황에서 낙태행위가 이루어지는지에 따라 법익간의 우열관계가 다르게 판단될 수 있다. 임신중절의 시기와 계기, 산모의 상황 등 구체적인 상황을 고려하여 일정한 조건 하에서는 태아의 생명권에 대하여 산모의 자기결정권이나 건강권 등이 우위를 차지함으로써 법적으로 낙태가 허용될 수 있다. 입법자가 임신 후 일정기간 동안 낙태행위를 정당화하는 특정요건 하에서만 낙태를 허용함으로써, 한편으로는 산모의 행복추구권을 존중하면서, 다른 한편으로는 태아의 생명권을 보호할 수 있다. 바로 이러한 경우가 서로 충돌하는 기본권 사이의 조화로운 경계를 설정하는 대표적인 경우에 속한다.

(2) 개별적이고 구체적인 법익형량의 원칙

(가) 기본권이 서로 충돌하는 경우, **충돌하는 법익간의 조화의 과제는 개별사건의 모든 구체적인 상황을 고려하는 법익형량을 통하여 해결되어야** 한다. 기본권충돌의 경우 문제가 되는 것은, 기본권 사이의 일반적이고 추상적인 우열관계의 확인이 아니라, 개별사건의 구체적인 상황을 고려하는 법익형량과정에서 어떠한 기본권이 후퇴하는지 또는 우선하는지를 확인하는 것이다. 결국, **기본권의 충돌은 개별사건의 구체적 상황에서 하나의 법익이 다른 법익에 우선한다는 것의 확인을 통하여 해결**된다. 따라서 헌법재판소의 결정이유에서 '어떠한 기본권이 다른 기본권에 대하여 우선한다거나 또는 양보해야 한다'고 판단함으로써 기본권의 우열관계를 확인한다면, 이는 헌법적으로 확정된 추상적인 우열관계의 확인이 아니라, **언제나 개별사건마다 구체적인 법익형량의 결과로서 밝혀지는 우열관계의 확인**인 것이다.

(나) 예컨대, TV 방송 등 **대중매체가 범죄인의 실명과 사진을 사용하여 범죄사실을 보도하는 것이 허용되는지 여부**를 판단함에 있어서, 추상적으로 '언론의 보도의 자유·국민의 알 권리'와 '범죄인의 인격권' 중에서 무엇이 우선하는지를 판단하는 것이 아니라, 언론이 보도를 하고자 하는 구체적 시점에서 '보도의 필요성과 중요성' 및 '인격권보호의 필요성과 중요성'을 구체적으로 형량하여 판단하게 된다(BVerfGE 35, 202, 226ff.). 양 헌법적 법익 중에서 어떠한 것도 절대적인 우위를 주장할 수 없다.

'중대한 범죄가 발생한 당시'에는 범죄에 관한 사실을 보도해야 할 이익 및 국민의 알고자 하는 이익이 일반적으로 범죄인의 인격권에 대하여 우위를 차지한다고 볼 수 있다. 그러나 **범죄행위 후 시간이 경과할수록** 범죄사실에 관하여 보도해야 할 이익이 감소하고, 범죄인이 형을 치르고 출소의 시기에 접근할수록 범죄인의 인격권과 사회에 복귀할 권리의 비중이 커진다. 따라서 언론매체가 범죄인의 출소를 앞두고 범죄사실을 반복적으로 보도하는 경우에는 사회에 복귀하고자 하는 범죄인의 이익이 범죄행위를 다시 상기시키고자 하는 보도의 이익에 대하여 원칙적인 우위를 차지한다.

다. 법익형량의 이론

'법익형량의 이론'이란, 개별사건의 모든 본질적인 상황을 고려하는 구체적 법익형량을 통하여 가능하면 양 법익을 조화시키고자 시도하고, 이것이 실현될 수 없다면 어떠한 법익이 후퇴해야 하는지를 밝힘으로써 법익충돌을 해결하고자 하는 이론을 말한다. 법익형량의 이론은, **독일연방헌법재판소가 기본권충돌을 해결하는 방법으로 제시한 이론**이다(BVerfGE 7, 198). 여기서 연방헌법재판소가 법익간의 우열관계를 언급한다면, 이는 서열이론에 따른 추상적인 우열관계가 아니라 개별사건마다 구체적인 법익형량의 결과로서 밝혀지는 우열관계라는 것에 유의해야 한다.

한편, 헌법적 법익간의 형량은 실제적 조화의 원칙에 따른 법익형량 외에 다른 것을 의미할 수 없다는 점에서, 법익형량의 이론은 **실제적 조화의 원칙과 사실상 동일한 의미**를 가진다. 법익형량의 이론은 기본권충돌을 해결하기 위한 별개의 독자적 방안이 아니라, 개방적 헌법의 해석과 적용에 있어서 **헌법적 결정에 이르는 방법이 '법익형량'임을 표현하고 강조**하는 것에 지나지 않는다.

라. 헌법재판소 판례의 경향

(1) 헌법재판소는 **'정정보도청구제도 사건'**에서 인격권과 언론의 자유 사이의 '기본권 충돌 상황'을 확인한 후 해결방안으로서 '실제적 조화의 원칙'을 제시하였고, 이어서 '과잉금지원칙'을 적용하여 합헌결정을 하였다(헌재 1991. 9. 16. 89헌마165, 판례집 3, 518, 529), 또한, 헌법재판소는 **'채권자취소권 사건'**에서도 채권자와 채무자 및 수익자의 기본권들이 충돌하는 상황을 '실제적 조화의 원칙'에 따라 해결해야 한다고 판시하였다(헌재 2007. 10. 25. 2005헌바96, 판례집 19-2, 467, 473-474). 한편, **'Union Shop 협정 사건'**에서는 '서열이론, 법익형량의 원리, 실제적 조화의 원리 중에서 그때그때마다 적절한 해결방법을 선택해야 한다'고 판시함으로써 매우 혼란스런 모습을 보이고 있다(헌재 2005. 11. 24. 2002헌바95 등, 판례집 17-2, 392, 401). 그럼에도, 헌법재판소는 위 결정에서 최종적으로는 실제적 조화의 원리에 따라 기본권의 충돌 문제를 해결하고자 시도하였다(판례집 17-2, 392, 403).

한편, 금연구역으로 지정된 장소에서의 흡연을 금지하는 법령조항이 흡연자의 기본권을 침해하는지 여부가 문제된 **'금연구역지정 사건'**에서, 헌법재판소는 흡연권과 혐연권 사이의 '기본권 충돌 상황'을 확인한 후 그 해결방안으로서 서열이론에 따라 '상위기본권 우선의 원칙'을 제시하였고, 이에 기초하여 흡연권에 대한 혐연권의 우위를 확인한 다음에 다시 '과잉금지원칙'을 적용하여 합헌결정을 하였는데(헌재 2004. 8. 26. 2003헌마457, 판례집 16-2상, 355, 361), 이러한 판시내용은 **다음과 같은 이유에서 중대한 오류**를 범하고 있다.

첫째, 헌법재판소는 위 결정에서 서로 충돌하는 기본권으로 '혐연권'과 '흡연권'을 언급하고 있는데, 흡연권과 혐연권은 기본권이 아니라 단지 기본권행사의 구체적 형태 또는 타인의 기본권행사로 인하여 야기되는 구체적 현상일 뿐이다. **법익교량이 가능하기 위해서는 혐연권과 흡연권의 규범적 실체를 밝혀야** 하는데, 혐연권과 흡연권의 규범적 실체는 각 비흡연자의 '건강권 · 생명권'과 흡연자의 '일반적 행동자유권'이다.

둘째, 우리 헌법질서에서 기본권 사이의 우열관계를 추상적으로 확인할 수 없음에도 법익충돌의 해결방법으로 **서열이론을 택한 것**은 헌법에 부합하지 않는다. 나아가 위 결정의 또 다른 문제점은, 헌법재판소가 서열이론에 따라 "혐연권이 흡연권보다 상위의 기본권이다."라고 하여 기본권

간의 우열관계를 추상적으로 확인하였다면, 흡연권에 대하여 혐연권에 우위를 부여하고 있는 심판대상조항의 규율내용은 기본권간의 추상적인 우열관계에 부합하는 것으로 합헌적 조항이므로, 이에 대한 위헌심사는 이미 이 단계에서 종결되어야 한다. 그러나 헌법재판소는 이어서 다음 단계에서 '실제적 조화의 원칙이 구체화된 형태'인 **과잉금지원칙에 따라 또 다시 위헌여부를 판단함으로써 '서열이론'과 '실제적 조화의 원칙'을 함께 적용하는 논리적 모순**을 보이고 있다.

(2) 헌법재판소가 위 결정들에서 **법률에 대한 위헌심사를 하면서 기본권충돌과 그 해결방법을 언급한 것은 사안의 해결을 위하여 반드시 필요한 것은 아니다.** 기본권이 서로 충돌하는 상황에서 입법자가 하나의 기본권을 위하여 다른 기본권을 제한하기로 결정하는 경우에는 입법자가 개인의 기본권보호를 입법목적으로 삼음으로써 입법에 의하여 보호되는 '개인의 기본권'이 '공익'으로 전환되고, **'기본권과 기본권의 충돌'이 '공익과 기본권의 충돌'로 전환**된다. 그렇다면, **법률의 위헌심사는**, 입법자가 제3자의 기본권보호를 이유로 개인의 기본권을 과도하게 침해하는지의 판단, 즉 **과잉금지원칙에 의한 심사로 귀결**된다(헌재 2011. 8. 30. 2009헌바42, 판례집 23-2상, 286, 294).

제 2 장 인간의 존엄과 가치 및 행복추구권

제 1 절 인간의 존엄과 가치

Ⅰ. 법적 성격

헌법은 제10조 전문에서 "모든 국민은 인간으로서의 존엄과 가치를 가지며, 행복을 추구할 권리를 가진다."고 하여 인간의 존엄성을 보장하고 있다. 인간의 존엄성은 최고의 헌법적 가치이자 헌법을 구성하는 최고의 원리이며, 동시에 '인간과 국가의 관계'에 관한 핵심적인 헌법적 표현이다. 나아가, 인간존엄성 조항은 인간존엄성의 침해를 방어할 수 있는 개인의 기본권이다.

1. 최고의 헌법적 가치

가. 인간존엄성을 실현해야 할 국가의 목표와 과제

인간존엄성조항은 **최고의 헌법적 가치이자 객관적 헌법규범**으로서 국가행위의 방향을 결정하고 **모든 국가기관을 구속하는 행위지침**이다. 이로써 인간존엄성조항은 **인간존엄성을 실현해야 할 국가의 목표와 과제**를 의미한다. 인간존엄성조항은 입법자에게는 입법지침으로서 입법을 통하여 인간존엄성을 실현해야 할 의무를 부과하며, 법적용기관에게는 해석의 지침으로서 모든 법규범의 해석과 적용에 있어서 또는 재량을 행사함에 있어서 인간존엄성을 실현해야 할 의무를 부과한다. 또한, 사인에 의한 침해에 대해서도 **인간의 존엄성을 보호해야 할 국가의 보호의무**도 인간존엄성을 실현해야 할 국가의 과제에 속한다.

나. 국가와 인간의 관계에 관한 기본결정

인간존엄성조항은 국가와 인간의 관계, 국가의 존재 의미에 관한 헌법의 기본결정을 담고 있다. 인간이 국가를 위하여 존재하는 것이 아니라, 국가가 공동체로 결합한 개인을 위하여, 즉 개인의 인간다운 생존을 위한 기본조건으로서 존재하는 것이다. **인간존엄성의 실현과 개인의 자유보장이 모든 국가권력의 궁극적인 목적이자 그 행사를 정당화하는 이유**인 것이다.

인간이란 그 자체로서 궁극적 목적이자 최고의 가치로서, 인간에 대하여 우위를 주장하는 어떠한 가치나 목적도 인정할 수 없으며, **어떠한 경우에도 인간이 다른 가치나 목적을 위한 수단으로 간주되어서는 안 된다.** 이로써 인간존엄성조항은 '스스로를 목적으로 이해하는 국가권력'의 행사에 대한 명백한 부정을 의미한다. 국가는 그 자체로서 독자적 가치나 목적이 아니라 단지 인간에 봉사하는 도구적 기능을 가지며, 모든 국가행위는 단지 개인의 자유와 행복에 기여하는 의미만을 가질 뿐이다.

다. '인간의 존엄과 가치'와 헌법의 인간상

인간은 이성을 근거로 자신을 윤리적으로 인식하고 스스로 결정하며 자신과 외부환경을 자율적으로 형성하는 능력을 부여받은 이성적(理性的) 존재이다. 인간은 **이성에 바탕을 둔 자율적이고 윤리적인 인격의 주체**인 것이며, 바로 여기에 인간존엄성의 근거가 있다. 그러므로 '인간의 존엄과 가치'란, 인간이면 누구나가 독자적 인격체로서 그의 인격을 근거로 가지는 고유한 가치를 말한다.

'개인의 자유'와 '공익상의 요청에 의한 사회적 기속' 간의 대립·긴장관계는 오늘날 모든 헌법질서의 기초를 이루고 있다. 오늘날 모든 헌법의 핵심적인 문제는 자유와 구속을 조화시키는 문제이다. 우리 헌법도 '자유와 사회적 기속'이라는 2개의 기본가치에 의하여 지배되고 있으며, 이에 따라 '헌법의 인간상(人間像)'도 자유와 구속의 이중성을 가진 인간에 기초하고 있다. 따라서 헌법의 인간상은, 사회공동체 내에서 생활하며 사회에 의하여 구속을 받으면서도 독자적 인격의 주체로서 자신의 삶을 스스로 결정하고 형성하는 인간이다. 즉, 자기결정권과 자유로운 인격발현의 가능성을 가진 **'자주적 인간'**이자 동시에 사회공동체와의 관계에서 구속을 받는 **'사회공동체 구성원'**이 바로 헌법의 인간상인 것이다.

판 례 "헌법상의 인간상은 자기결정권을 지닌 창의적이고 성숙한 개체로서의 국민이다. 우리 국민은 자신이 스스로 선택한 인생관·사회관을 바탕으로 사회공동체 안에서 각자의 생활을 자신의 책임 하에 스스로 결정하고 형성하는 민주적 시민이다."라고 판시하고 있다(헌재 1998. 5. 28. 96헌가5, 판례집 10-1, 541, 555).

2. 개인의 기본권

인간존엄성 조항은 단지 객관적인 헌법규범에 지나지 않는 것이 아니라, 국가권력에 의하여 인간존엄성을 침해당하거나 또는 인간존엄성이 보호받지 못한 경우 **개인에게 침해의 배제나 적극적인 보호를 요구할 수 있는 주관적 권리를 부여하는 기본권**이다. 헌법 제10조에 따라 모든 개인이 인간의 존엄과 가치를 가지고 있다면, 개인은 인간존엄성조항에 근거하여 국가공권력에 의한 인간존엄성의 침해를 스스로 주장하고 방어할 수 있어야 한다. 인간의 존엄성은 헌법소원을 통하여 관철할 수 있는 개인의 기본권이다.

한편, **헌법재판의 실무에서 인간존엄성조항의 주된 의미**는 개인의 기본권으로서의 주관적 기능에 있는 것이 아니라 **최고의 헌법적 가치로서의 객관적 기능**에 있다. 지금까지 헌법재판에서 인간존엄성을 직접적인 심사기준으로 하여 공권력행위의 위헌성을 판단한 경우는 거의 없다. 인간존엄성이 문제되었다면, 이는 대부분의 경우 인간존엄성과 밀접한 관계에 있는 '일반적 인격권'의 침해여부에 관한 것이었다.

Ⅱ. 최고의 헌법적 가치로서 인간존엄성

1. 모든 헌법규범의 목적이자 이념적 출발점

인간존엄성조항은 **헌법을 구성하는 최고의 원리**로서 개별 헌법규범을 구체적으로 형성함에 있어서 결정적인 영향을 미친다. 인간존엄성을 최고의 가치로 하는 헌법의 가치체계에서 개별 헌법규범은 인간의 존엄성을 실현할 수 있도록 그 내용에 있어서 구체적으로 형성되어야 한다. 그러므로 **헌법은 인간존엄성을 실현하기 위한 불가결한 요소로 구성**되어 있다.

헌법에 규정된 개별 기본권과 헌법의 기본원리는 모두 '인간존엄성'이라는 건축물을 짓기 위한 건축자재이며 건축물의 구성부분이다. 기본권과 헌법의 기본원리는 인간의 존엄성을 실현하기 위한 구체적 수단이며, 인간의 존엄성은 개별 헌법규범을 통하여 구체화되고 실현된다. 이로써 **인간의 존엄성과 이를 구체화하는 헌법규범은 '목적과 수단의 관계'**에 있다. 자유권과 법치국가원리, 평등권, 사회적 기본권과 사회국가원리, 참정권과 민주주의원리는 모두 그 이념적 출발점을 인간존엄성의 보장에 두고 있는 것이며, 인간존엄성을 실현하기 위한 불가결한 구성요소에 해당한다.

2. 모든 헌법규범의 해석기준

헌법상 최고의 가치로서 인간존엄성은 헌법을 비롯한 모든 법규범의 해석에 있어서 해석의 지침으로서 작용한다. 인간존엄성은 헌법규범, 특히 개별기본권을 해석함에 있어서 중대한 의미를 가진다. 인간의 존엄과 가치는 모든 기본권의 이념적 출발점이자 목적이고 기본권의 보장은 인간존엄성 보장의 구체화된 헌법적 표현이므로, 기본권은 인간존엄성의 관점에서 해석되어야 한다.

인간의 존엄성은 **자유 중에서 보다 근본적인 자유를 판단함에 있어서 유일한 헌법적 기준**을 제시한다. 인간의 존엄성을 실현하는데 있어서 불가결하고 근본적인 자유는 더욱 보호되어야 하고, 이에 대한 제한은 더욱 엄격하게 심사되어야 하며, 그 반면에 인간존엄성 실현에 있어서 부차적이고 잉여적인 자유는 공익상의 이유로 보다 광범위한 제한이 가능하다.

뿐만 아니라, 인간존엄성은 헌법 제37조 제1항의 **'열거되지 아니한 자유'의 의미를 밝히는데 있어서 결정적 역할**을 한다. 헌법 제37조 제1항의 헌법에 열거되지 아니한 자유로서 경시되어서는 아니 될 자유라 함은, 헌법 제10조의 인간의 존엄과 가치를 실현하기 위하여 불가결한 수단으로서 국가가 헌법에 수용하였는지 여부와 관계없이 헌법적으로 보장되어야 할 개인의 자유를 말한다. 나아가, 인간존엄성은 **개별기본권의 구체적 보장내용을 밝히는 과정에서 해석의 기준**으로 작용함으로써 기본권의 보장내용을 구체화한다. 예컨대, 헌법 제10조 전문 후단의 행복추구권은 인간존엄성과의 연관관계를 통하여 그 보장내용에 있어서 인간존엄성을 실현하기 위하여 필수적인 '인간의 상태'를 보호하는 '일반적 인격권'으로 구체화되었다.

3. 헌법개정의 한계

인간존엄성보장은 헌법의 정체성을 결정하는 최고의 원리로서 헌법개정의 한계를 의미한다. 이로써 인간존엄성에 반하는 행위나 조치는 헌법개정을 통해서도 허용될 수 없다.

Ⅲ. 개인의 기본권으로서 인간존엄성

1. 주 체

모든 인간은 개인의 능력이나 특성, 사회적 지위, 윤리적 인식능력 등과 관계없이 인간으로서의 존엄과 가치를 지닌다. 정신적 결함으로 말미암아 자신의 인격을 발현할 수 없는 사람(정신적 장애인)도 인간존엄성의 주체이다. 인간의 존엄성에 반하는 극악한 범죄행위를 통해서도 인간의 존엄성은 박탈되지 않는다. 인간의 존엄성은 그 본질상 자연인을 전제로 하기 때문에, **법인**은 인간존엄성의 주체가 될 수 없다. 인간존엄성은 인권으로서 체류의 적법성과 관계없이 외국인에게도 인정된다.

2. 보호범위

가. 절대적 기본권

인간존엄성은 **최고의 헌법적 가치로서 불가침**(不可侵)이다. 객관적 가치로서의 인간존엄성이 불가침적인 것이라면, 이에 상응하여 **기본권으로서의 인간존엄성도 불가침적인 것**이다. 기본권으로서 인간의 존엄성은 어떠한 경우에도 국가권력에 의하여 침해되어서는 안 되는 절대적 권리로서 다른 법익과의 비교형량을 배제한다. 인간의 존엄성은 그 자체로서 보장되어야 하는 것으로 다른 법익과의 교량의 대상이 될 수 없으며, 이에 따라 어떠한 공익에 의해서도 인간존엄성에 대한 제한이 정당화될 수 없다. 인간존엄성에 대한 제한은 곧 헌법위반을 의미한다.

나. 국가행위 객체설에 의한 보호범위의 확정

(1) 인간존엄성에 대한 이해와 그 실현가능성은 사회의 문화적 상황과 문명화의 정도에 따라 다를 수밖에 없다. 인간존엄성을 적극적으로 정의하는 것이 사실상 불가능하므로, 인간존엄성의 개념은 그를 '부정하는 사례'를 통하여 비로소 구체적인 형태를 갖추게 되며, '어떠한 상황에서 인간의 존엄성이 침해될 수 있는가'의 확인을 통하여 기본권의 보호범위가 정해진다. **인간존엄성의 경우, 침해행위에 의하여 비로소 기본권의 보호범위가 정해진다**는 점에서 '보호범위'와 '그에 대한 제한'이라는 단계적 구분이 사실상 존재하지 않는다.

인간존엄성의 보호범위를 그에 대한 침해를 통하여 파악하려는 시도에 해당하는 것이 바로 **'국가행위 객체설'**이다.[1] '국가행위 객체설'은 '인간이 국가행위의 단순한 객체나 수단 또는 대체·교환될 수 있는 대상으로 격하되거나 인격적 주체로서의 성격을 의문시하는 취급을 받는다면, 인간의 존엄성은 침해된다'고 하는 이론인데, 보호범위를 파악함에 있어서 중요한 지침을 제시한다.

한편, 인간존엄성이 불가침적 가치이자 제한될 수 없는 기본권이라면, 이와 같은 **절대적 기본권의 보호범위는 필연적으로 협소**하게 확정될 수밖에 없다. 따라서 인간존엄성 조항에 의하여 보호되는 것은 **인간 생존의 절대적인 핵심영역**에 국한된다고 보아야 한다. 결국 인간존엄성의 기능이란, **문화국가에서 일반적으로 금기시되는 비인간적인 국가행위의 한계를 정하는 기능**이라고 할 수 있다. 인간존엄성 조항은 국가권력으로부터 개인의 자기결정과 인격발현을 위하여 불가결한 최소한의 요건 또는 인간 생존의 절대적 요건을 보호하는 것이다.

(2) **인간존엄성에 대한 침해**는 다음과 같은 경우에 인정된다.

모든 인간의 법적 평등은 인간존엄성을 실현하기 위한 기본요소이므로, 모든 인간이 자주적

---

1) 독일 연방헌법재판소는 '인간이 국가행위의 단순한 객체가 된다면, 인간존엄성에 위반된다'는 Dürig 교수의 객체설(Objekttheorie)을 채택하여 인간존엄성의 침해여부를 판단하는 기준으로 삼고 있다.

인격체로서 동등하게 존중받을 권리에 대한 중대한 침해는 평등권에 대한 침해일 뿐만 아니라 또한 인간존엄성의 위반을 의미한다. 이러한 관점에서 노예제도, 농노제도, 인종차별, 인신매매, 종교적·인종적 이유 등으로 인한 박해나 추방 등은 인간존엄성의 관점에서 허용되지 않는다.

국가형벌권의 행사는 피의자나 수형자의 인간존엄성에 대한 중대한 위협을 의미하므로, **인간존엄성은 특히 형사절차에서 매우 중요한 의미**를 가진다. 인간존엄성은 국가형벌권을 관철하는 과정에서 피의자가 국가행위의 단순한 객체가 되는 것을 금지한다. 따라서 **피고인의 진술권과 진술거부권**은 형사절차에서 자신을 방어할 수 있는 권리로서 보장되어야 한다. 또한, 형사절차에서 실체적 진실을 밝힐 목적으로 **고문** 등을 사용하는 것은 피의자를 범죄 퇴치나 진실발견의 단순한 수단이나 대상으로 삼는 것이므로, 인간존엄성을 침해한다. 나아가, 인간존엄성은 **비인간적이거나 잔혹한 형벌을 금지**한다. 신체적 고통을 가하는 태형은 금지되며, 종신형의 선고를 받은 자가 형의 집행 중 자신의 인격이 구체적으로 어떻게 형성되고 발전되는지와 관계없이 다시 자유를 회복할 수 있는 모든 가능성을 배제하는 '**감형의 가능성을 배제한 종신형**(終身刑)'은 인간존엄성에 위반된다. 또한, 인간존엄성은 **행형(行刑)의 영역에서 수형(受刑)의 조건**과 관련하여 중요한 의미를 가진다. 인간생존의 기본조건이 박탈된 비인간적인 상황에서 이루어지는 재소자의 수감(가령 비인간적인 수형조건에서 지나치게 과도한 인원의 수용)은 인간존엄성의 위반에 해당될 수 있다.

최저생계의 보장은 인간다운 생존을 위한 최소한의 조건에 속한다. 국가는 과세를 통하여 개인의 최저생계의 가능성을 박탈함으로써 인간다운 생존의 기본조건을 위협해서도 안 되며, 한편으로는 자력으로 자신의 생계를 유지할 능력이 없는 국민에게 최저생계를 보장해야 한다. 따라서 **국가가 최저생계를 박탈하거나 최저생계를 보장해야 할 의무를 이행하지 않는 경우**에는 인간존엄성을 침해한다.

판 례 헌법재판소는 **구치소 내 과밀수용행위의 위헌확인**을 구하는 헌법소원 사건에서 '제한되는 기본권'으로 개별기본권이 아니라 인간의 존엄과 가치를 언급함으로써, 인간의 존엄과 가치가 최고의 헌법이념이자 동시에 **개인의 기본권임을 처음으로 명시적으로 확인**하였다.

헌법재판소는 위 사건에서 **'객체설'에 근거**하여 "인간의 존엄과 가치는 국가가 형벌권을 행사함에 있어 사람을 국가행위의 단순한 객체로 취급하거나 비인간적이고 잔혹한 형벌을 부과하는 것을 금지하고, 행형(行刑)에 있어 인간 생존의 기본조건이 박탈된 시설에 사람을 수용하는 것을 금지한다. 구금의 목적 달성을 위하여 필요최소한의 범위 내에서는 수형자의 기본권에 대한 제한이 불가피하다 하더라도, 국가는 어떠한 경우에도 수형자의 인간의 존엄과 가치를 훼손할 수 없다."고 하여 **'인간의 존엄과 가치에서 비롯하는 국가형벌권 행사의 한계'** 및 **인간존엄성의 불가침성**을 확인한 다음, "청구인이 인간으로서의 최소한의 품위를 유지할 수 없을 정도로 과밀한 공간에서 이루어진 이 사건 수용행위는 청구인의 인간으로서의 존엄과 가치를 침해하여 헌법에 위반된다."고 판단하였다(헌재 2016. 12. 29. 2013헌마142).

3. 다른 기본권과의 관계

가. 인간존엄성과 헌법 제37조 제2항의 '기본권의 본질적인 내용'의 관계

인간존엄성은 절대적으로 보장되는 헌법적 가치로서 침해될 수 없다는 점에서 '기본권의 본질적인 내용'과 외형상의 공통점을 가지고 있다. 그러나 '인간존엄성'과 '기본권의 본질적 내용'은 **단**

지 침해될 수 없다는 점에서만 외관상 유사함을 보일 뿐, 그 실체와 법리에 있어서는 상이하다.

'기본권의 본질적 내용의 불가침성'이란 개별기본권이 제한될 수 있다는 것을 전제로 하여 국가권력에 의한 기본권제한의 최종적 한계에 관한 원칙이며, 이에 대하여 '인간존엄성의 불가침성'은 처음부터 불가침적인 가치를 출발점으로 하여 이에 대한 제한이 곧 헌법위반으로 이어진다는 법리이다. 인간존엄성은 헌법을 구성하는 최고의 원리로서 헌법개정의 한계를 의미하나, 모든 개별기본권의 본질적 내용이 헌법개정의 한계에 해당하는 것은 아니다. 뿐만 아니라 인간존엄성의 보장내용이 개별기본권의 본질적 내용의 '총합'에 해당하는 것도 아니다.

나. 인간존엄성과 행복추구권의 관계

헌법 제10조 전문은 인간존엄성과 행복추구권을 함께 규정하고 있으나, **인간존엄성과 행복추구권은 각 상이한 성격과 보장내용을 가진 독자적 기본권**으로서 서로 구분되어야 한다. 행복추구권은 개별자유권이 적용되지 않는 경우에 비로소 적용되는 일반적·보충적 자유권인 반면, 인간존엄성은 협소하지만 나름대로 독자적인 보호범위를 가지고 있다는 점에서 보충적 기본권이 아니다. 인간존엄성과 행복추구권은 각 '절대적 기본권'과 '보충적 기본권'으로서 또는 '제한될 수 없는 것'과 '제한될 수 있는 것'으로서 근본적으로 상이한 성격을 가지고 있다.

다. 그 외의 다른 기본권과의 관계

모든 기본권은 인간존엄성을 실현하기 위하여 헌법에 보장된 것이고, 인간의 존엄성은 다른 개별기본권에 의하여 구체화되었다. 자유와 평등을 보장하는 개별기본권의 규범내용은 비교적 구체적인 반면 인간존엄성의 보호범위는 상대적으로 불명확하기 때문에, **위헌심사의 경우 우선적으로 개별기본권을 기준으로 하여 심사**해야 한다. 그러나 인간존엄성 조항이 보충적으로 적용된다는 것을 의미하는 것은 아니다. 인간존엄성이 문제될 정도로 중대한 침해가 인정된다면, **개별기본권이 침해된 경우 동시에 인간의 존엄성이 침해**될 수 있다. 한편, 기본권으로서의 인간존엄성은 매우 협소한 보호범위를 가지고 있기 때문에, 주관적인 보호기능을 거의 하지 못한다. 인간존엄성은 인간의 생존이나 인격발현의 기본조건을 박탈하거나 금지하는 중대한 침해에 대해서만 보호를 제공할 수 있을 뿐이다.

제 2 절 행복추구권

I. 법적 성격

헌법은 제10조 전문에서 "모든 국민은 … 행복을 추구할 권리를 가진다."고 규정하고 있다. '행복을 추구할 권리'가 헌법에 실정법적으로 규정됨으로써 '행복의 추구'는 더 이상 세속적 개념이나 철학적 개념이 아니라 '헌법적 개념'으로 전환되었고, 이로써 헌법의 구성부분이자 헌법적 가치가 되었다. '행복의 추구'라는 그 자체로서 비규범적 용어가 헌법에 수용됨으로써, 모든 헌법규범이 인간존엄성의 실현을 위하여 존재한다는 의미에서 **'목적상의 변환'**이 이루어진 것이다. 헌법이 제10조 전문에서 최고의 헌법적 가치인 '인간의 존엄성'과 함께 '행복추구권'을 규정하고 있다면, 이와 같은 헌법규정은 **헌법의 중대한 가치결정이자 중요한 기본권**이라는 해석 외에는 달리 파악될 수 없다.

Ⅱ. 헌법적 의미

1. 개인의 일반적 자유의 보장

인권보장의 역사에서 이미 다수의 헌법이 **'행복추구권과 유사한 내용의 규정'**을 수용하였다.

1776년의 버지니아 권리장전이 제1조에서 '행복과 안전을 추구할 권리'를 개인의 천부적 인권으로 선언하였고, **1789년의 프랑스 인권선언**은 제4조에서 자유를 '타인을 해하지 않는 한 모든 것을 할 수 있는 권리'로 규정하였다. **1794년 프로이센의 일반법전 서장**(序章)(Allgemeines Landrecht Einleitung) 제83조는 '타인의 권리를 침해함이 없이 자신의 행복을 찾고 추구할 수 있는 자유에 인간의 일반적인 권리가 기초하고 있다'고 규정하였다. **1949년의 독일 기본법** 제2조 제1항은 원래 '하고 싶은 대로 하거나 하지 않을 권리'라는 형태의 초안으로 작성되었으나, 그 표현이 너무 통속적이라는 이유로 현재와 같은 법문의 형태('인격의 자유로운 발현권')를 취하게 되었다.

이러한 규정들은 모두 '누구나 각자의 개성과 인생관에 따라 자신의 인격을 자유롭게 발현하고 자신의 삶을 스스로 결정할 수 있는 권리', '누구나 자기가 원하는 대로 행동할 권리', 즉 **개인의 '일반적 자유'를 보장**하고자 시도한 것이다. 행복추구권은 규범적인 내용으로 전환하여 표현하자면, **'인격을 자유롭게 발현할 권리'**를 의미한다. 행복추구권은 개인의 '일반적 자유'를 보장함으로써, 동시에 개인의 자유가 국가권력에 대하여 우선한다는 **'자유의 원칙'을 선언**하고 있다.

2. 일반적 · 보충적 자유권

행복추구권은 다른 개별자유권과의 관계에서 일반 · 특별관계에 있는 **'일반적 자유권'**이다. 따라서 다른 개별자유권이 적용되는 경우에는 일반적 자유권인 행복추구권의 적용은 배제된다. 나아가, 행복추구권은 다른 개별자유권이 기본권적 보호를 제공하지 않는 경우에 비로소 적용되는 **'보충적 자유권'**이다. 다른 개별자유권에 의하여 보호되지 않는 자유영역이 제한되는 경우에 비로소 행복추구권은 보충적으로 적용된다. 이로써, 행복추구권에 의하여 헌법적으로 기본권적 자유가 빈틈없이 보장되는 것이다.

개별자유권의 보장내용을 보완하는 보충적 자유권의 본질은 바로 **보호범위의 포괄성과 개방성**에 있다. 보호범위가 구체적으로 특정되지 않은 경우에만 사회현실의 변화 및 자유를 위협하는 상황의 변화에 대처할 수 있고, 이로써 보충적 기본권으로서의 기능을 이행할 수 있다. 따라서 행복추구권의 보호범위는 '인격의 자유로운 발현'을 위하여 필요한 인간의 모든 행위와 상태에 대한 보장이다.

3. 헌법에 열거되지 아니한 자유권을 도출하는 실정법적 근거

헌법 제37조 제1항은 '헌법에 명시적으로 규정되지 아니한 자유도 헌법해석을 통하여 보장되어야 한다'는 헌법해석의 지침을 제시하고 있다(제3편 제1장 제2절 Ⅲ. 3. 참조). 행복추구권은 헌법에 규정된 개별자유권에 의하여 보호될 수 없는 인간의 행위나 법익에 대하여 보충적으로 기본권적 보호를 제공하는 자유권으로서, 헌법에 열거되지 아니한 자유권을 도출하는 실정법적 근거이다. 물론, 예외적으로 '알 권리'와 같이 '표현의 자유'와의 밀접한 연관관계로 인하여 행복추구권이 아니라 다른 개별기본권에 그 헌법적 근거를 두고 이로부터 도출되는 기본권도 있다.

한편, 학계에서는 행복추구권을 자유권뿐만 아니라 사회적 기본권의 일반조항으로 보는 견해가 있으나, 행복추구권을 선국가적 자연법상의 권리라고 이해하면서, 한편으로는 국가에 의하여 비로소 부여되고 형성되는 사회적 기본권에 관한 일반조항으로 파악하는 것은 그 자체로서 논리적 모순이다. 헌법은 제34조에서 "인간다운 생활을 할 권리"를 사회적 기본권에 관한 일반조항으로서 명시적으로 규정하고 있다.

4. 헌법소원 제기 가능성의 확대

헌법재판소는 행복추구권에 '일반적 · 보충적 자유권'의 성격을 부여함으로써 '행복추구권'의 보호범위를 개별기본권에 의하여 보호되지 않는 모든 자유영역으로 확대하였고, 그 결과 기본권의 침해를 전제로 하는 헌법소원의 제기 가능성을 확대하였다. 이로써 행복추구권의 보호범위를 넓게 해석한 것은, 헌법소원심판에서 기본권의 침해를 확인하는 헌법재판소의 권한을 현저하게 확대하였다.

5. 헌법재판소 판례의 경향

헌법재판소는 이미 초기의 결정부터 **행복추구권이 기본권임을 일관되게 인정**하고 있다. 헌법재판소는 행복추구권을 **자유권의 일반조항**으로 이해하면서, 사회적 기본권의 일반조항이 아님을 명시적으로 밝히고 있다(헌재 1995. 7. 21. 93헌가14, 판례집 7-2, 1, 32). 헌법재판소는 일련의 결정에서 **행복추구권의 일반적 · 보충적 성격**을 인정하면서도(가령, 헌재 2002. 10. 31. 99헌바76, 판례집 14-2, 410, 428), 일부 결정에서는 행복추구권의 법적 성격에 대한 인식이 불분명하여 다른 개별적 자유권과 행복추구권을 함께 심사기준으로 언급하는 것을 자주 확인할 수 있다(헌재 1997. 11. 27. 95헌바14등, 판례집 9-2, 575, 587).

Ⅲ. 행복추구권의 보호범위 개관

1. 일반적 행동자유권과 일반적 인격권

'일반적 자유권'인 행복추구권의 보호범위는 헌법에 규정된 '개별자유권들'이 보호하고자 하는 바와 근본적으로 동일하다. 개별자유권들이 **'개인의 행위를 보호하는 기본권'과 '개인의 상태를 보호하는 기본권'으로 구성**되어 있는 것과 마찬가지로(제3편 제4장 제1절 Ⅲ. 참조), '일반적 자유권'으로서의 행복추구권도 인격의 자유로운 발현을 위하여 필요한 행위가능성을 보장하는 '일반적 행동자유권'과 인격의 자유로운 발현을 위하여 필요한 조건이나 상태를 보장하는 '일반적 인격권'으로 구성되어 있다. 인격의 자유로운 발현은 그의 기본조건으로서, **'인간의 행위에 대한 보호'와 '인간의 상태에 대한 보호'라는 이중적인 보호**를 필요로 한다. 따라서 행복추구권은 인격발현의 적극적인 요소인 '일반적 행동자유권'과 인격발현의 소극적 요소인 '일반적 인격권'을 그 보장내용으로 하고 있다.

개인이 인격을 자유롭게 발현하기 위해서는, 국가권력의 방해나 간섭을 받지 않고 자신이 원하는 대로 행동하고 원치 않는 것은 하지 않을 자유인 **'일반적 행동의 자유'**가 보장되어야 한다. 나아가, 개인이 인격을 자유롭게 발현하기 위해서는, 외부로부터 은거하여 자신의 고유한 개성을 유지하고 발전시킬 수 있는 사적 생활영역, 국가나 외부세계의 간섭과 관찰로부터 차단된 사생활영역에 대한 보호를 필요로 한다. 또한, 개인의 인격은 사생활영역에서뿐만 아니라 사회 내에서 외부세계와의 접촉과 교류를 통하여 형성되고 발현되므로, 개인을 외부와의 관계에서도 보호하기 위하여 자신이 외부세계에 대하여 어떻게 묘사될 것인지에 관하여 스스로 결정할 권리가 부가적으로 보장되어야 한다.[2] 따라서 **일반적 인격권은 사생활영역에서 인격발현을 위한 기본조건의 보호**(사생활의 보호) 및 **사회적 영역에서 인격발현을 위한 기본조건의 보호**(사회적 인격상에 관한 자기결정권)라는 2가지 요소로 구성된다.

2. 헌법재판소 판례의 경향

헌법재판소는 종래 다수의 결정에서 행복추구권의 구체적인 보장내용으로 때로는 '일반적 행동자유권과 개성의 자유로운 발현권'을 함께 언급하기도 하고(가령, 헌재 1991. 6. 3. 89헌마204, 판례집 3, 268, 275), 때로는 '개인의 인격권 및 행복추구권'을 함께 언급함으로써(가령, 헌재 1990. 9. 10. 89헌마82, 판례집 2, 306, 310), **'행복추구권', '개성의 자유로운 발현권', '일반적 행동자유권', '일반적 인격권'**이 서로 어떠한 관계에 있는지에 관하여 불확실하다. 행복추구권의 규범적 내용이 바로 '인격(개성)의 자유로운 발현권'이고, 이러한 권리로부터 자유로운 인격발현의 구체적 조건으로서 두 가지 보장내용인 '일반적 행동자유권'과 '일반적 인격권'이 도출되므로, 이러한 방향으로 **위 개념들 사이의 상호관계가 법리적으로 정리되어야** 한다.

Ⅳ. 일반적 행동자유권

1. 보호범위

일반적 행동자유권은 광범위한 의미에서의 행동의 자유, 즉 **자신이 원하는 대로 행동하고 원치 않는 것은 하지 않을 자유**를 보호한다. 행복추구권이 인간의 모든 행위를 보호한다는 보호범위의 포괄성과 개방성에 바로 보충적 기본권으로서의 본질이 있다.

2. 제한의 형태

가. 개인의 생활방식·취미생활·여가형성·외관에 대한 규제

일반적 행동자유권은 **자신이 원하는 대로 행동할 자유**로서, 자신의 생활방식·취미생활·여가형성·외관에 관하여 스스로 결정할 권리를 보호한다. 따라서 국가가 **금지명령의 형태로 개인에**

2) 예를 들자면, 개인의 사진이 본인의 동의 없이 특정 상품의 광고물에 이용되는 경우, 개인의 이름이 사회적으로 물의를 일으키는 단체의 후원자나 구성원으로 언급되는 경우, 이러한 모든 경우 외부사회에 대하여 자신의 인격상이 왜곡됨으로써 인격의 자유로운 발현이 저해된다.

게 특정 행위를 금지함으로써 개인의 생활방식, 취미생활, 여가형성이나 외관 등을 규제하는 경우, 일반적 행동자유권이 제한된다.

국가가 결혼식 하객에게 음식물을 제공하는 행위(헌재 1998. 10. 15. 98헌마168), 공공장소에서의 흡연(헌재 2004. 8. 26. 2003헌마457), 기부금품의 모집행위(헌재 1998. 5. 28. 96헌가5), 타인에 대한 기부행위(헌재 2014. 2. 27. 2013헌바106), 야간의 수상레저활동(헌재 2008. 4. 24. 2006헌마954), 자동차 운전 중 휴대전화의 사용(헌재 2021. 6. 24. 2019헌바5), 금융기관에게 금융거래정보를 요구하는 것(헌재 2022. 2. 24. 2020헌가5)을 금지하는 경우, 일반적 행동자유권이 제한된다. 이외에도 공원에서 비둘기 모이를 주는 행위 등을 금지하거나 또는 자신의 이름을 자유롭게 선택할 권리나 자신의 외관(두발이나 복장, 수염 등)에 관하여 스스로 결정할 권리를 제한하는 경우, 일반적 행동자유권이 제한된다.

나아가, '임의의 장소를 방문할 자유' 및 '임의의 장소에 체류할 자유'도 일반적 행동자유권에 의하여 보호된다(신체의 자유의 보호범위와 경계설정에 관하여 제3편 제4장 제2절 제3항 III. 참조.). 따라서 미성년자에 대한 당구장 · 노래연습장 등의 출입금지(헌재 1993. 5. 13. 92헌마80; 헌재 1996. 2. 29. 94헌마13)와 같이 특정 장소의 방문을 금지하는 경우 또는 교통사고의 사고처리를 방해하는 구경꾼에게 사고 현장을 떠날 것을 명령하는 경우 일반적 행동자유권이 제한되는 기본권으로 고려된다.

나. 국가가 개인이 하기 싫은 일을 강요하는 경우

일반적 행동자유권은 **자신이 원치 않는 것은 하지 않을 자유**를 보호하므로, 국가가 법적 의무의 부과를 통하여 개인이 하기 싫은 일이나 내키지 않는 일을 강요하는 경우, 즉 국가가 **행위명령의 형태로 개인에게 특정 행위를 해야 할 법적 의무를 부과**하고 의무의 이행을 처벌조항 등을 통하여 강제하는 경우에도 일반적 행동자유권이 제한된다.

국가가 자동차운전자에게 좌석안전띠를 매야 할 의무(헌재 2003. 10. 30. 2002헌마518), 범죄피의자에게 지문채취에 응해야 할 의무(헌재 2004. 9. 23. 2002헌가17), 음주측정에 응해야 할 의무(헌재 1997. 3. 27. 96헌가11), 법위반사실을 공표해야 할 의무(헌재 2002. 1. 31. 2001헌바43), 마약류 관련 수형자에 대하여 소변채취에 응해야 할 의무(헌재 2006. 7. 27. 2005헌마277)를 부과하는 것은 일반적 행동자유권의 제한에 해당한다. 나아가, 교통사고 시 신고의무(헌재 1990. 8. 27. 89헌가118), 보안관찰대상자에게 출소 후 신고의무(헌재 2001. 7. 19. 2000헌바22) 등을 부과하는 것도 일반적 행동자유권을 제한하는 것이다.

나아가, '국가기관의 소환에 응하지 않을 자유'도 일반적 행동자유권에 의하여 보호된다(신체의 자유의 보호범위와 경계설정에 관하여 제3편 제4장 제2절 제3항 III. 참조.). 따라서 국가가 출석의무의 부과 등을 통하여 기본권의 주체에게 특정 장소로 이동하여 그 곳에 머물 것을 명령하는 경우, 예컨대 증인소환, 행정청의 출두명령, 교통법규 위반자에 대한 교통안전교육에 참석할 의무의 부과 등의 경우에는 일반적 행동자유권이 제한되는 기본권으로 고려된다.

다. 경제적 활동에 대한 규제

일반적 행동자유권은 **경제활동의 영역에서 '사적 자치의 자유'**로 나타난다(헌재 2003. 5. 15. 2001헌바98, 판례집 15-1, 534, 546). '사적 자치의 자유'란 자유로운 의사에 따라 사인간의 법률관계를 자율적으로 형성할 권리를 말한다. 사적 자치의 자유의 핵심적 내용에 속하는 것이 계약의 자유와 소비자의 자기결정권이므로, 계약의 자유와 소비자의 자기결정권은 일반적 행동자유권에 의하여 보호된다.

계약의 자유란 계약체결 여부, 계약의 상대방, 계약의 방식과 내용 등을 당사자의 자유로운 의사로 결정할 권리를 말한다(헌재 1991. 6. 3. 89헌마204, 판례집 3, 268, 276). **소비자의 자기결정권**이란, 물품 및 용역의 구입·사용에 있어서 거래의 상대방, 구입장소, 가격, 거래조건 등을 자유롭게 선택할 수 있는 권리를 말한다(헌재 1996. 12. 26. 96헌가18, 판례집 8-2, 680, 691). 가령, 의료소비자의 자기결정권은 의료행위 선택권을 의미한다(헌재 2002. 10. 31. 99헌바76등, 판례집 14-2, 410, 429).

한편, 개인의 경제활동의 자유가 제한되는 경우라 하더라도, 보충적 자유권인 일반적 행동자유권에 우선하는 **특별 자유권인 직업의 자유나 재산권보장의 보호범위가 제한되는 경우**에는 특별자유권이 적용된다. 예컨대, '임대차계약은 최소한 2년의 기간으로 계약해야 한다'고 규정하는 주택임대차보호법에 의하여 '계약의 자유'가 제한된다면, 이러한 경제활동의 자유에 대한 제한은 우선적으로 재산권보장에 의하여 보호되는 토지재산권의 자유로운 이용권한을 제한하는 것이다.

판 례 한편, 헌법재판소는 주택 임차인에게 계약갱신요구권을 부여하고 계약갱신 시 보증금과 차임의 증액 한도를 제한한 주택임대차보호법 조항의 기본권침해 여부가 문제된 **'임차인의 계약갱신요구권 사건'**에서, 임대인의 계약의 자유와 재산권을 침해하지 않는다고 판단함으로써, 보충적 자유권인 '계약의 자유'를 '제한된 기본권'으로 함께 언급하고 있다(헌재 2024. 2. 28. 2020헌마1343등).

라. 위험한 생활방식에 대한 규제

일반적 행동자유권은 자신이 원하는 대로 행동할 자유로서, 자신의 건강과 생명을 위험하게 할 자유도 포함한다. 따라서 자동차를 타면서 좌석안전띠를 착용하지 않을 자유, 흡연과 음주의 자유, 암벽등반이나 격투기 등 위험한 취미활동을 할 자유 등 **위험한 생활방식으로 살아갈 자유, 자기위해(自己危害)의 자유**도 일반적 행동자유권에 의하여 보호된다.

판 례 자동차 운전자에게 좌석안전띠를 매도록 하고 이를 위반했을 때 범칙금을 부과하는 도로교통법규정의 기본권침해여부가 문제된 **'좌석안전띠 착용의무 사건'**에서, "**일반적 행동자유권**에는 … 위험한 스포츠를 즐길 권리와 같은 위험한 생활방식으로 살아갈 권리도 포함된다."고 하여 자기위해의 자유도 일반적 행동자유권에 의하여 보호된다는 것을 확인한 다음, 운전자가 좌석안전띠를 매도록 한 입법목적과 관련하여 '운전자의 보호'가 아니라 '교통사고로 인한 공동체의 불이익과 비용부담의 감소'를 주된 입법목적으로 제시하고 있다(헌재 2003. 10. 30. 2002헌마518, 판례집 15-2하, 185, 199-200).

금연구역으로 지정된 장소에서 금연의무를 부과하고 있는 국민건강증진법조항은 다수인이 왕래할 수 있는 공간에서 흡연을 금지하여 비흡연자의 간접흡연을 방지하고 국민 건강을 증진시키기 위한 것으로, 과잉금지원칙에 반하여 **흡연자의 일반적 행동자유권**을 침해한다고 볼 수 없다고 판단하였다(헌재 2014. 9. 25. 2013헌마411등; 헌재 2024. 4. 25. 2022헌바163).

마. 공법상 단체에의 강제가입

국가는 법이 정한 기준에 따라 설정된 인적 집단을 구성원으로 하여 단체를 결성하고 그로 하여금 특정한 행정 과제를 자치적으로 이행하도록 하기 위하여, 국민에게 공법상 단체에의 강제가입의무를 부과할 수 있다(헌재 2000. 6. 29. 99헌마289, 판례집 12-1, 913, 942-943).

공법인에의 가입이 강제되는 경우, 결사의 자유가 적용되지 않는다. 헌법 제21조 제1항의 결사의 자유는 개인이 자유의사에 기하여 사적으로 단체를 결성할 수 있는 자유를 말하는 것으로서, 사적 단체의 결성에 대한 국가의 간섭을 배제하고자 하는 것이다. **'결사의 자유'에 의하여 보호되는 '결사'는 단지 사법상(私法上)의 단체만을 의미**하므로, 결사의 자유는 개인이 공법상의 단체를 결성할 자유를 보호하지 아니하며, 이에 따라 공법상의 단체에 가입하지 아니할 소극적인 자유도 보호하지 아니한다. 따라서 공법인의 설립과 해산의 경우 결사의 자유가 적용되지 않으므로, **'공법상의 단체에 가입하지 아니할 자유'는 일반적 행동자유권에 의하여 보충적으로 보호**된다.

판 례 헌법재판소는 공법인에의 가입이 강제되는 경우에 제한되는 기본권은 결사의 자유가 아니라 일반적 행동자유권임을 일련의 결정에서 확인하고 있다(헌재 1996. 4. 25. 92헌바47, 판례집 8-1, 370, 377; 헌재 2003. 10. 30. 2000헌마801).

3. 자기책임의 원리

가. 헌법적 근거

'자기책임(自己責任)의 원리'란, **자기가 스스로 결정한 것에 대하여 책임을 진다는 원칙**이다. 자기책임의 원리는 독자적인 헌법적 원리가 아니라, 자기결정권에 내재되어 그로부터 파생하는 원리이다. **자기결정권은 자기책임원리의 헌법적 '근거'이자 동시에 '한계'**를 의미한다. 자기가 자유의사에 따라 스스로 결정한 것에 대하여 책임을 져야 한다는 의미에서 자기결정권은 자기책임원리의 **헌법적 근거**이며, 자기가 결정할 수 없는 것이나 결정하지 않은 것에 대해서는 책임을 지지 않는다는 의미에서 자기책임원리의 **헌법적 한계**를 의미한다.

그러므로 개인이 스스로 자유롭게 결정을 내릴 수 있을 때에만 원칙적으로 자기결정에 따른 책임과 위험부담이 부과될 수 있다. 개인이 스스로 결정하지 않은 것 또는 결정할 수 없는 것에 대하여 책임과 위험부담을 져야 한다면, 개인은 자신의 삶을 스스로 결정하고 형성하는 가능성, 즉 자기결정권의 자유로운 행사에 있어서 큰 제약을 받게 된다.

나. 자기결정권의 헌법적 근거

헌법상 보장된 **개별자유권은 모두 일정한 생활영역에서 개인의 자기결정권 및 자기책임의 원리를 보장**하고자 하는 것이다(제3편 제4장 제1절 Ⅳ. 참조). 개인이 기본권적 자유를 행사하는 경우, 기본권의 행사는 바로 자기결정이고, 개인은 자기결정권을 행사한 필연적인 결과로서 기본권의 행사에 대하여 자기책임을 진다. '자기책임의 원리'와 관련해서도 일반적 행동자유권은 개별자유권에 의하여 보호되지 않는 경우에 한하여 단지 보충적으로 기본권적 보호의 기능을 이행할 수 있다. 따라서 **개별자유권에 의하여 보호되는 영역에서 자기책임의 원리가 문제되는 경우**에는 보충적 자유권인 일반적 행동자유권이 아니라, **구체적으로 제한되는 생활영역에서 자기결정권을 보장하는 개별자유권이 적용되어야** 한다. 예컨대, 기업이 결정할 수 없고 영향력을 행사할 수 없는 업무영역에 대하여 책임과 위험부담을 지게 한다는 것은, 기업의 결정과 활동의 자유를 현저하게 제한하고 기업의 존립 그 자체를 위협하는 것으로 영업(기업)의 자유에 대한 중대한 제한을 의미한다.

판 례 담배소매업자가 면세용으로 반출된 담배를 당해 용도에 사용하지 아니한 경우, 담배소매업자에 대한 관리·감독의 권한이 없는 담배제조자에게 면제되었던 담배소비세의 납부의무를 부담시키는 지방세법규정의 위헌여부가 문제된 **'면세담배에 대한 담배소비세 부과 사건'**에서, 헌법재판소는 자기결정권으로부터 **'자기책임의 원리'**를 도출하였고 자기결정권은 일반적 자유권인 **행복추구권에 그 헌법적 근거**를 두고 있는 것으로 판단하였다(헌재 2004. 6. 24. 2002헌가27, 판례집 16-1, 706, 714). 이어서 헌법재판소는 '제조자에게 담배소비세를 부과하는 것은 자신의 통제권 내지 결정권이 미치지 않는 데까지 책임을 지게 하는 것으로 자기책임의 원리에 반한다'고 하여 심판대상조항을 위헌으로 판단하였다(판례집 16-1, 706). 그러나 헌법재판소는 위 결정에서 **행복추구권뿐만 아니라 개별자유권도 자기결정권과 자기책임의 원리의 헌법적 근거라는 것을 인식하지 못함**으로써, 개별자유권인 직업(영업 · 기업)의 자유가 아니라 일반적 자유권인 행복추구권을 '제한된 기본권'으로 판단하였다.

Ⅴ. 일반적 인격권

1. 헌법적 의미 및 근거

일반적 인격권은 사생활영역의 보호를 비롯하여 '인간의 존엄성과 밀접한 연관관계를 보이는 자유로운 인격발현의 기본조건'을 포괄적으로 보호하고자 하는 기본권이다. 일반적 인격권은 **그 헌법적 근거를 '행복추구권'에 두면서 인간존엄성과의 연관관계에서 도출되는 기본권**이다. 일반적 인격권을 행복추구권으로부터 도출한 것은 인격발현의 기본조건을 위협하는 새로운 현상에 대처하기 위한 것이다. **일반적 · 보충적 자유권의 보호범위의 특징이 포괄성과 개방성**에 있으므로, 일반적 인격권도 사생활의 침해에 대한 헌법적 보호에 그치는 것이 아니라, 사회현상의 변화에 따라 발생하는 새로운 위험에 대하여 대처할 수 있도록 그 보호범위에 있어서 변화하는 개방적 기본권이다.

2. 개별적 인격권과의 관계

일반적 인격권은 헌법에 규정된 **개별적 인격권에 대하여 일반적 · 보충적으로 적용되는 기본권**으로 헌법에 명시적으로 규정되지 아니한 인격발현의 요소를 보충적으로 보장한다. 헌법은 제16조 내지 제18조에서 사생활 영역을 보호하는 개별적 기본권인 **'주거의 자유'**, **'사생활의 비밀과 자유'**, **'통신의 비밀'**을 두고 있으므로, **'사생활의 보호'**에 관한 한, 일반적 인격권에 대하여 일반 · 특별관계에 있는 개별적 인격권이 적용되어야 한다.

그러나 위 개별기본권들의 보호범위는 '사생활영역'에서 인격발현을 위한 기본조건의 보호에 국한되는 것이므로, **사회적 영역에서 인격발현을 위한 기본조건**(사회적 인격상에 관한 자기결정권)은 보충적으로 '일반적 인격권'에 의하여 보호되어야 한다. 그러므로 헌법이 별도로 개별기본권을 통하여 인격권을 보호하고 있다 하더라도, 헌법해석을 통하여 일반적 인격권을 도출할 필요가 있다. 헌법재판소는 이미 초기의 결정부터 행복추구권으로부터 '일반적 인격권'을 도출하였다.

3. 보호범위 개관

가. 사생활의 보호 및 사회적 인격상에 관한 자기결정권

개인의 인격발현의 영역이 사생활영역인지 아니면 사회적 영역인지에 따라, 일반적 인격권의 보장내용은 **사생활영역에서 인격발현을 위한 기본조건의 보호**(사생활의 보호) 및 **사회적 영역에서 인격발현을 위한 기본조건의 보호**(사회적 인격상에 관한 자기결정권)로 나누어 볼 수 있다.

인격의 자유로운 발현이 가능하기 위해서는, 한편으로는 인간이 독자적인 개성을 자율적으로 형성할 수 있는 개인적 생활영역인 **'사생활의 보호'**를 필요로 한다. 다른 한편으로는, 개인의 인격은 무엇보다도 사회 내에서 외부세계와의 접촉과 교류를 통하여 형성되고 발현되므로, 인격의 자유로운 발현을 위해서는 '사생활의 보호' 외에도 개인이 외부 세계와의 관계에서 사회적으로 활동하면서 자신의 인격을 발현하기 위한 기본조건이 부가적으로 보장되어야 한다. 따라서 일반적 인격권은 단지 사생활영역을 외부로부터 차단하는 '사생활의 비밀'에 제한되는 것이 아니라, 외부세계에 묘사되는 **자신의 사회적 인격상을 스스로 결정할 수 있는 권리**를 포함해야 한다.

나. 일반적 인격권의 핵심적 내용으로서 개인정보자기결정권

한편, 일반적 인격권의 보장내용은 '개인정보의 보호'의 관점에서 개인정보자기결정권(個人情報自己決定權)으로 전환하여 서술될 수 있다.[3] '사생활의 비밀'이란 개인이 자신의 사생활영역을 외부에 공개할 것인지에 관하여 결정할 권리, 즉 **'사생활정보의 공개에 관한 자기결정권'**을 의미하고, '사회적 인격상에 관한 자기결정권'이란 개인정보가 사회적으로 어떻게 처리되는지에 관하여 결정함으로써 **'사회적 인격상을 형성하는 개인정보의 공개와 이용에 관한 자기결정권'**을 의미한다. 이러한 관점에서 볼 때, 인격권보호의 핵심적 내용은 개인정보의 보호에 있으며, **일반적 인격권으로부터** 그 핵심적 보장내용으로서 '개인정보의 공개와 이용에 관하여 스스로 결정할 권리'인 **개인정보자기결정권이 도출**된다.

판 례 헌법재판소도 "청구인들은 … 침해되는 기본권으로서 인간의 존엄과 가치, 행복추구권, 인격권, 사생활의 비밀과 자유 등을 들고 있으나, 위 기본권들은 모두 개인정보자기결정권의 헌법적 근거로 거론되는 것들로서 … 개인정보자기결정권에 대한 침해 여부를 판단함으로써 위 기본권들의 침해 여부에 대한 판단이 함께 이루어지는 것으로 볼 수 있어 그 침해 여부를 별도로 다룰 필요는 없다."고 하여 **개인정보자기결정권의 보장내용이 행복추구권, 일반적 인격권, 사생활의 비밀과 자유의 보장내용과 중첩된다**는 것을 밝히고 있다(헌재 2005. 5. 26. 99헌마513, 판례집 17-1, 668, 683).

4. 사생활의 보호

사생활의 보호는, 사생활영역을 외부로부터 차단하는 **'사생활의 비밀'**과 자유로운 사생활 형성의 권리로서 **'사생활의 자유'**로 구성된다.

가. 사생활의 비밀

(1) 보호범위

외부의 방해와 간섭을 받지 않고 '혼자 있을 개인의 권리', '그냥 내버려 둘 것을 요구할 수 있는 권리'는 오늘날 물질적 생존과 마찬가지로 개인의 생존을 위한 기본조건에 속한다. 외부의 방해를 받지 않고 자유롭게 개성을 유지하고 발전시킬 수 있는 사적 영역의 보호 없이는, 어느 누구도 인격을 자유롭게 발현할 수 없다.

'사생활의 비밀'은 사생활영역을 외부에 대하여 차단함으로써, **당사자의 의사에 반하여 사생활영역을 들여다보는 것을 금지**하고자 하는 것이다. 사생활의 비밀이란, **개인의 사생활영역이 당사자의 의사에 반하여 공개되지 아니 할 권리**를 말하는 것으로, 당사자의 의사에 반하여 사생활영역

3) 물론, 일반적 인격권의 보장내용 중에서 '사생활의 자유'는 개인정보 보호의 문제가 아니라는 점에서 일반적 인격권의 모든 보장내용을 개인정보자기결정권으로 전환하여 서술할 수 있는 것은 아니다.

으로부터 정보를 수집하는 것을 금지한다. 사생활의 비밀이란 사생활정보의 보호에 관한 것이고, 궁극적으로 **'사생활정보의 공개에 관한 자기결정권'**이다.

사생활의 비밀에 대한 국가의 전형적인 침해행위는, 당사자의 의사에 반하여 사생활정보를 수집·공개하는 국가의 행위이다. 예컨대, 국가기관이 당사자 몰래 대화내용을 녹취하는 경우, 공무원의 징계절차에서 이혼소송기록을 참조하는 경우, 피고인의 사사로운 일기를 형사소송절차에서 유죄의 증거로 사용하는 경우, 환자의 진료기록을 열람하는 경우, 국가가 개인에게 법률로써 사생활의 공개의무를 부과하고 사생활관련 정보를 수집하는 경우(국세조사, 호구조사 등) 등이 사생활의 비밀에 대한 침해의 대표적인 예에 해당한다.

(2) 제한과 그 정당성

국가가 사생활의 비밀을 침해하는 경우, 상충하는 법익간의 교량과정에서 사생활정보를 얻고자 하는 국가의 이익(공익)과 사적인 생활관계를 비밀로 유지하려는 개인의 이익(사생활의 비밀)이 서로 대치한다. 국가행위에 의하여 발생하는 사생활영역의 침해가 중대할수록 그러한 제한은 보다 중대한 공익에 의하여 정당화되어야 하고, 이에 따라 국가행위의 위헌여부는 보다 엄격하게 심사되어야 한다.

상충하는 법익간의 교량과정에서, **독일에서 형성된 '영역이론'**은 법익교량의 중요한 지침을 제시한다. '영역이론'이란, 사생활영역이 인격적 핵심과 어느 정도로 밀접한 관계에 있는지에 따라 사생활영역을 3가지 영역으로 구분하여 어떠한 영역이 침해되었는지에 따라 보호의 정도를 달리하는 이론이다. 사생활영역은 보호의 정도에 따라, 원칙적으로 침해될 수 없는 **'내밀(內密)한 사적 영역'**, 과잉금지원칙의 엄격한 적용 하에서 그에 대한 제한이 정당화되어야 하는 **'사적 영역'**, 직업상의 활동이나 공적 활동과 같이 국가에 의한 제한이 폭넓게 허용되는 **'사회적 영역'**으로 구분된다. 여기서 사생활영역으로부터 수집·공개되는 사생활정보의 성격이 특히 중요한 의미를 가진다. 국가에 의하여 수집·공개되는 **사생활정보가 어떠한 사생활영역에 속하는지에 따라** 사생활정보의 보호 정도가 다르다.

판 례 "사생활의 비밀은 국가가 사생활영역을 들여다보는 것에 대한 보호를 제공하는 기본권이며, 사생활의 자유는 국가가 사생활의 자유로운 형성을 방해하거나 금지하는 것에 대한 보호를 의미한다."고 하여 **'사생활의 비밀'과 '사생활의 자유'가 상이한 보장내용을 가지고 있다**고 판시하고 있다(헌재 2003. 10. 30. 2002헌마518, 판례집 15-2 하, 185, 206).

4급 이상의 공무원에 대하여 최종병역처분을 할 때의 질병명 및 처분사유를 신고하도록 하고 이를 관보와 인터넷을 통하여 공개토록 규정한 법률조항이 사생활의 비밀을 침해하는지 여부가 문제된 **'공직자 병역공개 사건'**에서, 헌법재판소는 "사람의 육체적·정신적 상태나 건강에 대한 정보, 성생활에 대한 정보와 같은 것은 인간의 존엄성이나 인격의 내적 핵심을 이루는 요소이다. … 이 사건 법률조항에 의하여 그 공개가 강제되는 **질병명은 내밀한 사적 영역에 근접하는 민감한 개인정보**이다. … 이러한 성격의 개인정보를 공개함으로써 사생활의 비밀과 자유를 제한하는 국가적 조치는 엄격한 기준과 방법에 따라 섬세하게 행하여지지 않으면 아니 된다."고 하여, 국가가 수집·공개하는 **사생활정보의 성격에 따라 보호의 정도와 심사밀도가 달라진다**고 판시한 다음, 질병명 공개의 범위나 공개대상 공무원의 범위가 너무 포괄적이므로 심판대상조항은 최소침해성의 관점에서 사생활의 비밀을 과잉으로 침해한다고 판단한 바 있다(헌재 2007. 5. 31. 2005헌마1139, 판례집 19-1, 711, 724-725).

나. 사생활의 자유

(1) 보호범위

사생활의 자유란 **사생활을 스스로 자율적으로 형성할 자유**를 말한다. 사생활의 자유는 개인의 인격발현 및 개인적 생존의 근본조건의 자율적 형성에 관한 것으로 '사생활의 형성에 관한 자기결정권'을 보장한다. '사생활의 자유'는 '사생활의 비밀'과는 달리, 국가가 사생활영역을 들여다보고 사생활 정보를 수집하는 것에 대하여 사생활영역을 보호하고자 하는 것이 아니라, 사생활의 자유로운 형성을 방해하거나 금지하는 것에 대한 보호에 관한 것이다.

한편, '사생활의 자유'는 다음과 같은 점에서 **'일반적 행동자유권'과 차이**가 있다. 사생활의 자유가 보호하고자 하는 것은, 사생활과 관련된 '행동의 자유'가 아니라 개인의 전체적 인격과 생존에 관계되는 **'사생활의 기본적 조건과 상태에 관한 자기결정'**이다. 사생활의 자유는 일반적 행동자유권과는 달리, 적극적인 '행위가능성'을 보장하고자 하는 것이 아니라, 부모와 자식의 관계, 아이를 가질 것인지 여부, 누구와 혼인할 것인지, 누구와 성관계를 가질 것인지 등에 관하여 스스로 결정할 권리를 보장함으로써, **사생활의 영역에서 인격발현을 위한 '기본적 상태'를 확보**하고자 하는 것이다. 이러한 점에서, 사생활의 자유는 '일반적 인격권'의 한 내용이다. 헌법은 제17조에서 '사생활의 자유'를 명시적으로 규정하고 있으므로, **'일반적 인격권'과 '사생활의 자유'는 일반·특별의 관계**에 있다.

(2) 제한

사생활의 자유에 대한 제한은, **국가가 자율적인 사생활의 형성을 방해하거나 금지**함으로써 이루어진다. 자신의 태생을 아는 것 또는 부모와 자식의 관계를 스스로 결정하는 것은 인격의 자유로운 발현에 있어서 대단히 중요한 의미를 가진다. 사생활의 자유에는 **'자신의 태생에 관하여 알 권리' 또는 '친생자관계를 확인할 권리', '부모와 자식의 관계를 스스로 결정할 권리'**가 포함된다. 따라서 '친자확인의 소', '친생부인의 소'(친자관계를 의심하거나 부인하는 父 또는 妻의 소)의 제기 가능성을 제한하는 민법규정은 사생활의 자유를 제한한다(헌재 1997. 3. 27. 95헌가14등, 판례집 9-1, 193, 204).

태어난 즉시 '출생등록될 권리'는 출생 후 아동의 출생과 관련된 기본적인 정보를 국가가 관리할 수 있도록 등록할 권리로서, 개인의 인격발현과 개인적 생존의 기본조건에 속한다. 국가가 자녀의 출생신고가 현저하게 곤란하도록 '출생신고의무자'를 규정하는 경우에는 출생한 자녀의 인격권이 침해될 수 있다(헌재 2023. 3. 23. 2021헌마975).

'아이를 가질 것인지 또는 부모가 될 것인지에 관하여 결정할 자유'도, 개인의 인격발현과 생존의 기본조건에 속하는 것으로서 사생활의 자유에 의하여 보호된다. 따라서 국가가 낙태죄의 처벌을 통하여 낙태행위를 금지하는 경우에는 사생활의 자유가 제한된다.

또한, **'자신이 선택한 배우자와 혼인을 할 자유'**도 자주적인 인격발현의 근본조건에 속하는 것으로서 사생활의 자유에 의하여 보호를 받는다. 국가가 동성동본금혼제도를 통하여 동성동본간의 혼인을 금지하는 것은 사생활의 자유에 대한 제한에 해당한다(헌재 1997. 7. 16. 95헌가6등, 판례집 9-2, 1, 16-17).

입양이나 재혼, 임신·출산 등과 같은 가족관계의 근본적인 변동에 있어서 **동일한 성(姓)의 사용을 통하여 새로 형성된 가족의 구성원임을 대외적으로 나타낼 권리** 또는 **장래 가족의 구성원이 될 태아의 성별에 관하여 정보를 얻을 권리**도 개인의 삶을 스스로 형성할 수 있는 자율영역의 핵심적 보장에 포함된다. 가령, 가족관계의 근본적인 변화가 발생했음에도 국가가 부성주의(父姓主義)에 근거하여 부성의 사용을 강요하는 경우(헌재 2005. 12. 22. 2003헌가5등, 판례집 17-2, 544, 559-560)나 국가가 임산부를 비롯한 가족에게 태아의 성별을 고지해서는 안 되는 의무를 의료인에게 부과하는 경우(헌재 2008. 7. 31. 2004헌마1010등, 판례집 20-2상, 236, 251), 사생활의 자유가 제한된다.

성적(性的) 자기결정권도 자주적 인격발현의 기본조건으로서 사생활의 자유에 의하여 보호된다. 인격권은 개인에게 자신의 성적 가치관을 스스로 결정하고 이에 따라 성적 영역에서의 생활을 독자적으로 형성할 권리를 보장한다. **'누구와 성관계를 가질 것인지'에 관하여 스스로 결정할 권리**는 자신의 삶을 스스로 결정하는 생존의 기본조건에 속하는 것이다. 성적 자기결정권은 혼인 중의 성관계뿐만 아니라 혼인 외의 성관계도 보호한다. 따라서 국가가 간통죄의 처벌을 통하여 배우자 외의 자와 성관계를 가지는 것을 금지하는 경우, 사생활의 자유가 제한된다(헌재 2015. 2. 26. 2009헌바17등). 뿐만 아니라, **자신이 결정한 성에 따라 생활할 권리**, 성전환수술을 할 권리, 이로부터 도출되는 '호적공부상 성별정정청구권(戶籍公簿上 性別訂正請求權)'도 성적인 자기결정의 문제로서 사생활형성의 자유의 핵심영역에 속하는 것이다. 따라서 국가가 성전환자에게 성별의 정정을 허용하지 않는 경우, 사생활형성의 자유가 제한된다.

판 례 헌법재판소는 일반적 인격권에 대한 특별규정인 '사생활의 자유'가 존재한다는 것을 제대로 인식하지 못하고 있기 때문에, 일련의 결정에서 **'제한된 기본권'으로 '사생활의 자유'가 아니라 '인격권'을 언급**하고 있다.

"친생부인의 소는 子 또는 그 친권자인 母를 상대로 하여 그 출생을 안 날로부터 1년 내에 제기하여야 한다."고 규정하고 있는 민법조항의 위헌여부가 문제된 **'친생부인의 소 제소기간제한 사건'**에서 헌법재판소는 "모든 국민은 그의 존엄한 인격권을 바탕으로 하여 자율적으로 자신의 생활영역을 형성해 나갈 수 있는 권리를 가지는 것이다."라고 판시하여, **'제한된 기본권'으로 비록 '인격권'을 언급하고 있으나, 그 실체는 '사생활형성의 자유'**임을 밝힌 다음, '친생부인의 소의 제소기간을 일률적으로 자의 출생을 안 날로부터 1년으로 규정함으로써 부로 하여금 혈연관계가 없는 친자관계를 부인할 수 있는 기회를 극단적으로 제한한 것은 자유로운 의사에 따라 친자관계를 부인하고자 하는 부의 가정생활과 신분관계에서 누려야 할 인격권 및 행복추구권을 침해하는 것'이라고 판단하였다(헌재 1997. 3. 27. 95헌가14등, 판례집 9-1, 193, 204).

"子는 父의 성(姓)과 본(本)을 따르고 부가(父家)에 입적한다."고 규정하고 있는 민법조항의 위헌여부가 문제된 **'부성주의(父姓主義) 사건'**에서 헌법재판소는 '동일한 성(姓)의 사용을 통해 새로 형성된 가족의 구성원임을 대외적으로 나타내고자 하는 것은 **인격권**에 의하여 보호된다'고 하면서, 부성주의 자체는 합헌이나, 부성의 사용을 강요하는 것이 입양이나 재혼 등 가족관계의 근본적인 변동으로 인하여 개인의 가족생활에 대한 심각한 불이익을 초래하는 가혹한 경우에도 예외를 인정하지 않은 것은 인격권을 침해하는 것이라고 하여 헌법불합치결정을 하였다(헌재 2005. 12. 22. 2003헌가5등, 판례집 17-2, 544, 559-560).

의료인이 임부 등 타인에게 태아의 성별을 고지하는 것을 금지하는 의료법조항의 기본권침해여부가 문제된 **'태아의 성별고지 금지 사건'**에서 헌법재판소는 "장래 가족의 구성원이 될 태아의 성별 정보에 대한 접근을 국가로부터 방해받지 않을 부모의 권리는 **일반적 인격권**에 의하여 보호된다."고 확인한 다음,

태아의 성별고지를 전면적으로 금지하는 것이 아니라 낙태불가능 시까지 부분적으로 금지하더라도 태아의 생명을 보호할 수 있다는 점에서 의료법규정이 최소침해성원칙에 위반되어 인격권을 과잉으로 침해한다고 판단하였다(헌재 2008. 7. 31. 2004헌마1010등, 판례집 20-2상, 236, 251). 또한, 위 헌법불합치결정의 취지를 반영하여 '임신 32주 이전에는 태아의 성별고지 행위를 금지'하는 내용으로 개정된 의료법조항에 대해서도 위헌결정을 하였다(헌재 2024. 2. 28. 2022헌마356등).

5. 사회적 인격상에 관한 자기결정권

가. 보호범위

인격권은 주로 국가나 사인의 사생활침해에 대하여 개인의 사생활영역을 보호하기 위한 헌법적 근거로 이해되어 왔지만, '인격권'과 '사생활의 보호'가 일치하는 것은 아니다. 인격권의 침해는 사생활영역에 대한 침해 없이도 가능하다. 일반적 인격권의 보호범위는 단지 사생활영역을 외부로부터 차단하는 것을 넘어서, **타인의 눈에 비칠 자신의 모습**(사회적 인격상)**에 관하여 스스로 결정할 권리**를 포함한다. 사회적 인격상에 관한 자기결정권은 곧 **사회적 인격상을 형성할 수 있는 개인정보에 관한 자기결정권**을 의미한다.

사회는 개인에 관한 정보로부터 그에 대한 일정한 사회적 인격상을 형성하게 된다. 따라서 어떠한 개인정보가 어떠한 연관관계에서 사회적으로 공개되는지, 개인정보가 어떠한 방법으로 처리되고 사용되는지의 문제는 매우 중요하다. 개인은 사회적 영역에서 자신의 인격을 자유롭게 발현하기 위하여 자신이 외부세계에 대하여 어떻게 묘사되는지(사회적 인격상)에 관하여 스스로 결정할 수 있어야 한다. 사회적 인격상에 관한 자기결정권은 **사회적 영역에서 자유로운 인격발현을 위한 기본조건**에 속한다.

사회적 인격상에 관한 자기결정권에 속하는 구체적 요소로는, **초상권, 성명권 및 자기가 한 말에 대한 권리, 명예의 보호,** 언론보도에 의하여 사회적 인격상이 왜곡된 경우 이에 대하여 방어할 수 있는 **반론보도청구권, 사회에 복귀할 범죄인의 권리** 등을 들 수 있다. 초상권, 성명권, 명예 등을 '사생활의 비밀'로 파악하고자 하는 견해도 있으나, 이러한 권리는 사생활의 비밀에 속하는 요소가 아니다. 여기서 문제가 되는 것은 이미 타인에게 노출된 개인의 정보가 사회적으로 어떠한 연관관계에서 어떻게 사용되는가 하는 것이다. 즉 '정보의 수집'이 아니라 '정보의 처리'가 문제인 것이다.

판 례 헌법재판소는 '공판정녹취 불허 사건'에서 **'자기가 한 말에 대한 권리'가 어떠한 관점에서 인격권에 의하여 보호되어야 하는지**에 관하여 "모든 진술인은 원칙적으로 자기의 말을 누가 녹음할 것인지와 녹음된 자기의 음성이 재생될 것인지 여부 및 누가 재생할 것인지 여부에 관하여 스스로 결정한 권리가 있다. 왜냐하면 사람의 말과 음성이 녹음되어 진술인의 동의 없이 임의로 처리된다면 사람들은 자연스럽게 의사를 표현할 수 없게 될 것이며 언제나 자신의 무의식적인 발언이나 잠정적인 의견, 순간적인 감정상태에서의 언급 등이 언제나 재생가능한 상태로 보관되고 다른 기회에 자기 자신의 의사와는 무관하게 재생될 수도 있다는 점에서 진술인의 인격이 현저히 침해될 수 있는 위험이 따르기 때문이다."고 판시하고 있다(헌재 1995. 12. 28. 91헌마114, 판례집 7-2, 876, 885).

나. 국가의 개인정보 수집 · 처리행위에 의한 제한

(1) 기본권적 보호의 요청으로서 개인정보자기결정권

현대의 **사회국가는 급부국가이고, 급부국가는 계획국가**이다. 사회국가는 국민에 대한 생존적 배려의 의무를 이행하기 위하여 국가에 의한 계획과 조정을 필요로 한다. 국가는 국민의 복지와 생존확보를 위한 계획을 세우기 위하여 필연적으로 **개인정보의 수집과 분석을 필요**로 하며, 통계조사, 호구조사, 국세조사(國勢調査) 등은 국가의 계획을 수립하기 위한 기본조건이다.

그러나 국가의 개인정보 수집 · 처리행위는 개인의 자유에 대한 위협으로 작용할 수 있다. **국가가 보유하는 개인정보를 활용하여 임의로 개인에 대한 사회적 인격상을 형성하는 경우**, 가령 정치적 집회나 결사에 참여하는 행위가 국가에 의하여 빠짐없이 자료로 등록됨으로써 자신에 관한 사회적 인격상이 일방적으로 형성되는 경우, 이로 인하여 불이익이 발생할 수 있다고 예상하는 자는 기본권을 행사하는 것을 주저하거나 포기할 수도 있다. 국가가 관심을 가지고 개인의 상태와 행동을 파악한다는 그 자체가 심리적 압박으로 작용하여 자유를 행사하려는 개인의 의사에 영향을 미치고, 이러한 방법으로 개인의 자유로운 기본권 행사를 저해하거나 심지어 마비시킬 수 있다.

더욱이 **현대 정보처리기술의 발달**로 인하여 국가의 자동화된 정보처리는 개인정보가 무제한적으로 저장될 수 있고 서로 결합될 수 있다는 새로운 가능성을 열어 놓았다. 분산된 상태에서는 그 자체로서 특별한 의미가 없는 개별정보도 다른 정보와의 결합을 통하여 개인의 인격상(실존인격과는 분리된 가상의 인격상)을 형성할 수 있게 되었고, 이로써 **개인의 행위를 예측하고 조종할 수 있는 기준**을 얻게 되었다. 반면에, 당사자는 그러한 기준의 타당성이나 사용을 충분히 통제할 수 없게 되었다.

이와 같이 변화한 현대의 상황에서 국가의 개인정보 수집 · 처리행위에 대해서도 기본권적 보호를 제공해야 한다는 요청이 제기되었고, 이에 따라 **일반적 인격권으로부터 '개인정보자기결정권'**이라는 기본권을 도출하게 되었다. 개인정보자기결정권이란, **개인정보의 공개와 이용에 관하여 스스로 결정할 권리**를 말하는데, 이를 통하여 개인은 궁극적으로 '누가 자신에 관하여 어떠한 사회적 인격상을 형성해도 되는지'에 관하여 결정할 수 있는 권리를 확보하게 되었다. 여기서 개인정보가 어떠한 방법으로 얻어졌는지, 어떠한 성격의 것인지 하는 것은 중요하지 않으며, 결정적인 것은 '개인정보가 개인의 사회적 인격상을 형성하기에 적합한지' 여부이다. 따라서 사생활관련 정보뿐만 아니라 개인의 인격주체성을 특징짓는 모든 개인관련 정보가 **개인정보자기결정권의 보호대상**이 된다.

판 례 교육인적자원부장관 등이 졸업생의 성명, 생년월일 및 졸업일자 정보를 교육정보시스템(NEIS)에 보유하는 행위가 기본권을 침해하는지 여부가 문제된 **'교육정보시스템 사건'**에서, 헌법재판소는 **개인정보자기결정권의 헌법적 근거**로서 일반적 인격권 및 헌법 제17조의 사생활의 비밀과 자유를 언급하면서, 그 **보장내용**을 "개인정보자기결정권은 자신에 관한 정보가 언제 누구에게 어느 범위까지 알려지고 또 이용되도록 할 것인지를 그 정보주체가 스스로 결정할 수 있는 권리이다. 즉 정보주체가 개인정보의 공개와 이용에 관하여 스스로 결정할 권리를 말한다."고 서술하고 있다(헌재 2005. 7. 21. 2003헌마282, 판례집 17-2, 81, 90).

나아가, 주민등록증을 발급받기 위해서는 지문을 날인하도록 규정하면서 수집된 지문정보를 경찰청장에게 송부하도록 규정하고 있는 주민등록법시행령 및 시행규칙 조항이 기본권을 침해하는지 여부가 문제된 **'지문날인제도 사건'**에서 "**개인정보자기결정권의 보호대상이 되는 개인정보**는 개인의 신체, 신념, 사회적 지위, 신분 등과 같이 개인의 인격주체성을 특징짓는 사항으로서 그 개인의 동일성을 식별할 수 있게 하는 일체의 정보라고 할 수 있고, 반드시 개인의 내밀한 영역이나 사사(私事)의 영역에 속하는 정보에 국한되지 않고 공적 생활에서 형성되었거나 이미 공개된 개인정보까지 포함한다."고 하면서, "그러한 개인정보를 대상으로 한 **조사·수집·보관·처리·이용 등의 행위**는 모두 원칙적으로 **개인정보자기결정권에 대한 제한에 해당**한다."고 판시하고 있다(헌재 2005. 5. 26. 99헌마513등, 판례집 17-1, 668, 682).

(2) 국가의 개인정보 수집·처리행위가 헌법적으로 정당화되기 위한 요건

개인정보자기결정권을 일반적 인격권으로부터 파생하는 기본권으로 인정함에 따라, **국가에 의한 개인정보의 수집 및 처리는 개인의 기본권인 개인정보자기결정권에 대한 제한**을 의미한다. 따라서 행정청에 의한 기본권의 제한이 정당화되기 위하여 **법률유보의 원칙과 과잉금지원칙이 준수되어야** 한다. 종래 공권력이 법적인 근거 없이 개인정보를 자유롭게 수집·처리해 온 관행은 이제 더 이상 용인되지 않는다.

법률유보와 관련하여 개인정보의 수집과 처리를 허용하는 **수권법률이 어느 정도로 명확해야 하는지의 문제**는 개인정보의 성격·수집목적·이용형태·처리방식에 따르는 위험성의 정도, 즉 기본권제한의 강도에 따라 판단해야 한다는 일반이론이 여기에도 그대로 적용된다. 특히 개인정보의 성격은 중요한 의미를 가진다. 공권력에 의한 수집과 처리의 대상이 되는 개인정보가 개인적 인격의 핵심적 영역에 속할수록 수권법률은 보다 명확해야 하고 보다 중대한 공익에 의하여 정당화되어야 하며, 반면에 개인정보가 사회적 영역에 접근할수록 수권법률의 명확성에 대한 요청 및 기본권의 제한을 정당화하는 공익의 중대성에 대한 요청이 약화된다.

나아가, 공권력의 정보수집·처리행위가 정당화되기 위해서는 '필요한 경우에 한하여 필요한 만큼만 기본권이 제한되어야 한다'는 **과잉금지원칙이 준수되어야** 한다. 따라서 수집목적이 헌법적으로 정당해야 하고(목적의 정당성), 정보의 수집범위가 수집목적을 달성하기 위하여 꼭 필요한 최소한의 정도에 그쳐야 한다(수단의 최소침해성). 국가가 포괄적인 개인정보통합시스템을 구축하는 것은 헌법적으로 허용되지 않는다.

판 례 헌법재판소는 '교육정보시스템 사건'에서 국가기관의 개인정보 수집·처리행위는 개인정보자기결정권의 제한에 해당하므로, 기본권제한의 일반적 법리인 **법률유보원칙과 과잉금지원칙이 적용**된다고 판시하고 있다(헌재 2005. 7. 21. 2003헌마282, 판례집 17-2, 81, 91). 나아가, 국가가 수집·처리하는 개인정보의 성격에 따라 개인정보 보호의 정도가 달라진다고 하면서, **'법률유보원칙의 위배여부'를 판단함에 있어서 수권법률이 어느 정도로 명확해야 하는지**에 관하여 국가가 수집·처리하는 개인정보의 성격에 따라 기본권제한의 정도가 다르고 이에 따라 수권법률의 명확성에 대한 요구의 정도가 달라진다고 판시한 바 있다(판례집 17-2, 81, 92).

개인정보자기결정권이 제한되는 경우로는 국가가 직접 개인정보를 수집·처리하는 경우(가령, 지문날인제도, 교육정보시스템)는 물론이고, 국가가 법률로써 **정보통신서비스제공자에게 본인확인**(인증)**조치의무를 부과**하여 서비스이용자로 하여금 본인확인(인증)절차를 거쳐야만 서비스를 이용할 수 있도록 규율함으로써 사실상 자신의 개인정보(주민등록번호 등)를 제3자에게 제공하도록 강제하는 경우(본인확인제나 본인인증제)도 서비스이용자의 개인정보자기결정권에 대한 제한에 해당한다(헌재 2012. 8. 23. 2010헌마47등, 판례집 24-2상, 590, 602; 헌재 2015. 3. 26. 2013헌마517, 판례집 27-1상, 342, 358)

성범죄자에 대한 **위치추적 전자장치의 부착**은 피부착자의 위치정보를 수집 · 처리할 수 있도록 하므로 사생활의 비밀과 인격권 외에도 개인정보자기결정권을 제한한다(헌재 2012. 12. 27. 2011헌바89, 판례집 24-2하, 364, 379). **주민등록번호 변경에 관한 규정을 두고 있지 않은 주민등록법규정**은 주민등록번호의 불법유출 등을 이유로 자신의 주민등록번호를 변경하고자 하는 자의 개인정보자기결정권을 제한한다(헌재 2015. 12. 23. 2013헌바68). 헌법재판소는 자신의 주민등록에 관한 **개인정보를 열람 · 복사하는 것에 수수료를 부과**하는 규정이 개인정보자기결정권(자기정보공개청구권)을 제한하지만, 그 수수료 액수가 지나치게 고액이 아니기 때문에 위헌이 아니라고 판시한 바 있다(헌재 2013. 7. 25. 2011헌마364). 또한, 국가가 **인구주택총조사를 실시**하는 것은 조사대상 국민의 개인정보자기결정권을 제한하는 것이고(헌재 2017. 7. 27. 2015헌마1094), 개인을 알아볼 수 있는 '영상정보'도 '개인정보'의 범위에 포함되므로, 보호자가 CCTV **영상정보 열람**을 할 수 있도록 규정한 영유아보육법조항은 어린이집 보육교사의 개인정보자기결정권에 대한 제한에 해당한다(헌재 2017. 12. 28. 2015헌마994). 아동 · 청소년에 대한 강제추행죄로 유죄판결이 확정된 자를 재범의 위험성을 심사하는 절차를 두지 아니하고 일률적으로 **신상정보 등록대상자로 규정**하는 '성폭력범죄의 처벌 등에 관한 특례법'조항은 개인정보자기결정권을 제한하나, 과잉금지원칙에 위반되지 않는다고 판단한 바 있다(헌재 2019. 11. 28. 2017헌마399).

(3) 자기정보공개청구권

한편, 개인은 어떠한 국가기관이 자신에 관하여 어떠한 개인정보를 수집 · 보유하고 있는지에 관하여 알 수 있어야만, 개인정보자기결정권을 현실적으로 행사할 수 있다. 따라서 **개인정보자기결정권은 그의 실질적인 보장을 위하여 '자기관련 개인정보에 접근할 수 있는 권리'**(자기정보공개청구권)**를 함께 보장**해야 한다. 개인이 개인정보자기결정권을 실질적으로 행사하기 위한 전제조건으로서 자기관련 자료에 관한 정보의 공개를 청구할 수 있도록, 입법자는 법률로써 그에 관한 절차를 구체적으로 형성해야 한다.

이러한 관점에서 '개인정보보호법'은 개인의 **자기정보열람청구권**(제35조) 및 **자기정보정정청구권**(제36조)을 규정하고 있다. 개인정보자기결정권이 제한될 수 있는 것과 마찬가지로, 자기정보공개청구권도 공익이나 제3자의 이익을 이유로 제한될 수 있으나, 개인은 원칙적으로 국가기관이 보유하는 모든 **자기관련 기록을 열람할 권리**가 있다. 국가는 자신이 보유하는 자료로 인하여 개인에 대한 왜곡된 인격상이 형성되지 않도록 노력해야 하며, 개인에 관하여 왜곡된 상이 형성된 경우에는 이를 정정해야 할 의무가 있고, 개인은 이에 대응하여 자신에 관한 개인정보를 열람한 결과 정보의 내용이 잘못된 경우 그의 **정정을 요구할 수 있는 권리**를 가지고 있다.

다. 국가의 개인정보 공개에 의한 제한

국가는 **개인의 사회적 인격상의 형성에 중대한 영향을 미치는 개인정보를 공개**함으로써, 사회적 영역에서 개인의 자유로운 인격발현을 저해할 수 있다. 가령, 국가가 범죄사실 또는 정당이나 노동조합에의 가입여부 등을 공개하는 것은 '자신에 관하여 무엇이 어떠한 관계에서 사회적으로 공개되어야 할 것인지에 관하여 스스로 결정할 권리' 또는 '자신이 사회적으로 어떻게 묘사되어야 하는지에 관하여 스스로 결정할 권리'를 제한하는 것으로서, 일반적 인격권에 대한 제한에 해당한다. 따라서 국가가 범죄사실, 정당이나 노동조합에의 가입사실, 국가자격시험의 합격여부 등을 공개하는 행위는 당사자의 인격상을 임의로 형성할 수 있다는 점에서 **'사회적 인격상에 관한 자기결정권' 즉 일반적 인격권**을 제한하고, 개인정보를 공개한다는 점에서는 **개인정보자기결정권**을 제한

한다.

판 례 재범의 위험성과 관계없이, 청소년의 성을 사는 행위를 한 자의 성명, 연령, 직업, 주소(시, 군, 구) 등의 신상과 범죄사실의 요지를 형이 확정된 후 게재하여 공개할 수 있도록 규정한 '청소년의 성보호에 관한 법률' 상의 신상공개제도의 위헌여부가 문제된 2003년 **'청소년 성매수자 신상공개 사건'**에서, 헌법재판소는 재판관 4인의 합헌의견으로 성범죄자 신상공개제도를 합헌으로 판단하였는데, 이 사건에서 재판관 **5인의 위헌의견**은 제한되는 기본권으로 **'사회적 인격상에 관한 자기결정권', 즉 일반적 인격권**임을 언급하면서, 신상공개제도는 범죄인의 신상을 공개함으로써 당사자를 사회적으로 낙인찍고 사회로 복귀하는 것을 어렵게 하므로 신상공개로 인하여 공개대상자의 인격권이 심대하게 제한되는 데 비해, 그 범죄억지의 효과가 미미하거나 불확실하므로, 법익의 균형성을 현저히 일탈하고 있다고 판시한 바 있다(헌재 2003. 6. 26. 2002헌가14, 판례집 15-1, 624, 627).

헌법재판소는 **2013년 '청소년 성매수자 신상공개 사건'**에서 신상공개제도에 의하여 제한되는 기본권을 '일반적 인격권'과 '개인정보자기결정권'이라고 판시하면서, 아동 · 청소년에 대하여 성폭력범죄를 저지른 경우 재범의 위험성을 불문하고 신상정보를 공개하도록 규정한 '아동 · 청소년의 성보호에 관한 법률' 조항에 대해서도 과잉금지원칙에 위반되지 않는다고 하여 합헌으로 판단하였다(헌재 2013. 10. 24. 2011헌바106 등, 판례집 25-2하, 156, 161).

교원의 '교원단체 및 노동조합 가입 현황(인원 수)'만을 공시정보로 규정하고 있는 '교육관련기관의 정보공개에 관한 특례법' 시행령조항이 학부모의 알 권리를 침해한다는 주장으로 제기된 헌법소원심판사건에서, "**교원의 교원단체 및 노동조합 가입에 관한 정보**는 '개인정보보호법'상의 민감정보로서 특별히 보호되어야 할 성질의 것이고, 인터넷 게시판에 공개되는 '공시'의 특성상 그로 말미암아 발생할 교원의 개인정보자기결정권에 대한 중대한 침해의 가능성을 고려할 때, 이 사건 시행령조항은 학부모 등 국민의 알 권리와 교원의 개인정보자기결정권이라는 두 기본권을 합리적으로 조화시킨 것이라 할 수 있으므로, 알 권리를 침해하지 않는다."고 판시한 바 있다(헌재 2011. 12. 29. 2010헌마293).

사법경찰관이 기자들의 취재 요청에 응하여 **피의자가 경찰서 조사실에서 조사받는 모습을 촬영할 수 있도록 허용한 행위**도 피의자나 범죄인의 초상권을 비롯한 일반적 인격권을 제한하는 것이다(헌재 2014. 3. 27. 2012헌마652, 판례집 26-1상, 534, 541).

제3장 평등권

Ⅰ. 서 론

헌법은 제11조 제1항에서 "모든 국민은 법 앞에 평등하다. 누구든지 성별·종교 또는 사회적 신분에 의하여 정치적·경제적·사회적·문화적 생활의 모든 영역에 있어서 차별을 받지 아니한다."고 규정함으로써 평등권을 보장하고 있다. 인류의 역사에서 **국가에 대한 정의의 요청은 항상 두 가지의 요청**, 즉 국가행위는 자의적이어서는 안 되고 과도해서는 안 된다는 것이었다. 평등원칙은 과잉금지원칙과 더불어, 정의를 지향하는 헌법국가의 핵심적 행위원칙이자 전체 법질서를 지배하는 지도적 원칙이다. 예로부터 평등은 **정의로운 국가행위에 대한 요청**으로 간주되었으며, 평등은 '정의의 정신'이다.

국가에 의하여 개인의 자유가 제한되는 경우에 적용되는 자유권과는 달리, 평등권은 부담을 부과하는 경우뿐만 아니라 혜택이나 급부, 기회를 분배하는 경우에도 적용되기 때문에, 기본권 중에서 **가장 넓은 적용범위를 가진 기본권**이자 헌법재판에서 가장 빈번하게 적용되는 심사기준이다.

헌법재판에서 평등권의 핵심적인 문제는, **평등권의 실현에 있어서 입법자와 헌법재판소의 권한배분의 문제**이다. 평등권은 입법자에게는 입법의 지침으로, 헌법재판소에게는 위헌심사의 기준으로 기능한다. 그러나 헌법은 '어떠한 것이 같기 때문에 입법자가 같게 취급해야 하는지'를 판단할 수 있는 평가의 기준을 거의 제시하지 않는다. 평등심사에 있어서 평가의 구체적 기준을 제시하지 못하는 평등조항의 '내용적 개방성'으로 인하여, 헌법재판소가 입법자를 어느 정도로 통제할 수 있는지, 헌법재판소가 취할 수 있는 평등심사의 기준은 무엇인지 하는 것이 평등권의 핵심적 문제이다.

Ⅱ. 법 앞에서의 평등

1. 자유와 평등의 조화

가. '법 앞에서의 평등'으로서 자유의 평등

기본권주체의 능력과 적성이 서로 다르기 때문에 자유를 행사한 결과는 항상 인간 사이의 불평등으로 나타난다. 헌법은 자유권을 보장함으로써, 인간 사이의 사실상의 불평등을 인정하고 이로부터 출발하고 있다. 헌법의 핵심적 문제에 속하는 것은, **자유와 평등을 어떻게 조화시킬 것인지**, 자유와 평등의 요청을 어떻게 동시에 보장할 것인지의 문제이다.

헌법은 제11조에서 '평등'을 '법적 평등'으로 규정함으로써 이러한 문제를 해결하고 있다. 여기서 '법적 평등'이란 자유를 전제로 하는 평등, 즉 **'자유를 행사할 수 있는 법적 기회의 평등'**, 즉

형식적 평등을 의미한다. 개인이 처한 구체적 상황(가령, 경제적 상황, 사회적 지위, 교육 등)이나 사실상 존재하는 불평등을 전혀 고려함이 없이, 동일한 사실관계는 법적으로 동일하게 취급된다. 헌법상 평등권에 근거하여 국가가 실현해야 하는 평등은 '법적인 평등'이지 '사실상의 평등'이나 '실질적 평등'이 아니므로, 헌법적 차원에서 자유권과 평등권 사이에 긴장과 대립의 관계가 발생하지 않는다.

나. '법에 의한 평등'으로서 실질적 평등

헌법은 '자유'와 자유행사의 결과인 '사실상의 불평등'의 부조화의 문제를 사회국가원리를 통하여 해결하고자 시도하고 있다. 실질적인 자유와 평등을 실현하고자 하는 것은 헌법 제11조의 평등권이 아니라 사회적 기본권을 비롯한 사회국가원리이다. 사회국가는 자유를 실제로 행사할 수 있는 실질적 조건을 마련해 주는 것을 국가의 과제로 삼고 있다. 실질적 평등이란, **자유를 행사할 수 있는 실질적 기회의 평등**, 인격발현의 기회에 있어서 실질적 기회균등, 존재하는 사회적·경제적 차이를 조정하고 완화하는 국가의 적극적 조치에 의한 평등, 즉 사회국가를 실현하는 **'법에 의한 평등'**을 의미한다.

2. 법제정의 평등과 법적용의 평등

"법 앞"이라는 헌법적 표현에도 불구하고, 오늘날 기본권은 입법자를 포함하여 모든 국가권력을 구속하므로, **'법 앞에서의 평등'**이란 '법적용의 평등'뿐만 아니라 '법제정의 평등'을 의미한다(헌재 1992. 4. 28. 90헌바24, 판례집 4, 225, 231-232). **'법제정의 평등'**이란, 입법자에 대한 평등의 요청으로서 법률의 내용도 평등원칙에 부합해야 한다는 법내용상의 평등을 의미한다. 헌법에서 주로 문제되는 것은 법률의 내용이 평등권에 부합하는지에 관한 '법제정의 평등'이고, 이로써 평등권의 실현에 있어서 입법자와 헌법재판소 간의 권한 배분에 관한 것이다.

'법적용의 평등'이란, 법적용기관인 행정청과 법원에 대한 평등의 요청으로서 행정청이나 법원이 법적용대상자의 지위나 신분 등과 관계없이 법규범의 요건을 충족시키는 경우 누구에게나 법을 적용해야 한다는 당연한 법치국가적 요청을 의미한다. 이러한 측면은 오늘날 이미 법률의 개념적 요소인 일반·추상성에 포함되어 있다. 한편, 행정청은 재량권을 행사할 수 있는 영역 및 불확정 법개념을 해석하고 적용하는 영역에서 독자적 결정공간을 가지므로, 이러한 영역에서 '행정의 자기구속' 등의 형태로 행정에 의한 독자적인 평등권위반이 문제될 수 있다.

Ⅲ. 평등권과 자유권의 구조적인 차이[1)]

1. 평등권의 구조적 특징으로서 3자 관계

국가의 침해를 방어하는 '자유권'이나 국가에게 급부나 적극적인 행위를 요구하는 청구권의 경우, 기본권의 주체인 '개인'과 기본권의 구속을 받는 '국가' 사이의 양자(兩者) 관계가 문제된다. 이에 대하여 **평등권의 경우**, 자신의 평등권을 주장하는 기본권의 주체, 평등권의 구속을 받는 국가

1) 이에 관하여 또한 위 제3편 제1장 제2절 II. 2. '기본권의 분류' 참조.

그리고 기본권주체와 비교의 대상이 되는 제3자라는 **3자(三者) 관계가 특징적**이다. 평등권의 경우, 기본권의 주체가 주장하는 위헌성은 국가작용의 과잉(자유권의 경우)이나 국가의 부작위(청구권의 경우)에 있는 것이 아니라 **국가작용의 '차별성'**에 있다. 따라서 평등권이 적용되기 위해서는 비교의 대상을 필요로 하며, 언제나 '두 개의 사실관계'의 차별대우가 존재해야 한다. 평등권의 위반여부는 개인과 국가의 관계만을 파악해서는 판단될 수 없고, **제3자와의 비교를 통하여 단지 상대적으로만 판단**될 수 있다.

2. 상대적 기본권으로서 평등권

자유권은 각 그의 고유한 보호범위가 존재하고 보호범위에 대한 국가의 부당한 침해를 배제한다. 그러나 평등권은 개인의 자유영역을 국가로부터 보호하려는 것이 아니라, 국가의 행위지침으로서 정의에 부합하는 국가행위를 할 것을 요청한다. 평등권에 있어서는 국가의 침해로부터 보호하려는 **고유한 보호범위가 존재하지 않으며**, 이로써 보호범위에 대한 제한도 있을 수 없다. 따라서 **평등권의 위반여부를 판단하는 심사구조**도 자유권의 경우와 다를 수밖에 없다. 자유권의 경우, 기본권위반여부의 심사가 '보호범위의 확인', '보호범위에 대한 제한', '제한의 헌법적 정당성'이라는 3단계로 이루어지지만, 평등권의 경우에는 '차별대우의 확인'과 '차별대우의 헌법적 정당성'이라는 2단계로 이루어진다.

평등권은 국가에게 부작위나 작위를 요구하지 않는다. 평등권은 자유권과는 달리 국가작용 그 자체를 배제하는 것이 아니라, 국가가 자유를 제한한다면 누구에게나 평등하게 자유를 제한할 것을 요구할 뿐이다. 또한, 평등권은 청구권과는 달리 국가에게 적극적인 행위나 급부를 요청하는 것이 아니라, 국가가 혜택을 부여한다면 누구에게나 평등한 혜택을 부여할 것을 요구할 뿐이다. 평등권은 **사실관계의 비교를 통하여 비로소 국가에 대한 구체적 요청이 결정**되고 기능한다는 점에서 **'상대적 기본권'**이다.

판 례 헌법재판소는 "헌법 제11조 제1항의 평등의 원칙은 일체의 차별적 대우를 부정하는 **절대적 평등을 의미하는 것이 아니라** 입법과 법의 적용에 있어서 합리적 근거 없는 차별을 하여서는 아니 된다는 **상대적 평등을 뜻하고** 따라서 합리적 근거 있는 차별 내지 불평등은 평등의 원칙에 반하는 것이 아니다."라고 판시하고 있다(헌재 1994. 2. 24. 92헌바43, 판례집 6-1, 72, 75).

Ⅳ. 평등권의 위반여부를 판단하는 심사구조

평등권은 **'본질적으로 같은 것은 같게 본질적으로 다른 것은 다르게 취급할 것'을 요청**한다. 따라서 평등권위반여부의 심사는 다음의 두 단계로 이루어진다. 첫째, 본질적으로 동일한 것을 다르게 취급하고 있는가 하는 '차별대우의 확인'과 둘째, '차별대우가 헌법적으로 정당화되는지'의 판단이다.

1. 본질적으로 같은 것의 차별대우

가. '본질적으로 같은 것'의 의미

평등권이 적용되기 위해서는 2개 이상의 사실관계를 서로 비교해야 한다. 여기서 어떠한 사실관계를 서로 비교해야 하는지, 즉 비교대상을 선정하는 문제가 발생한다. '본질적으로 같은 것의 차별대우'를 확인하는 작업은 비교의 대상을 선정하는 작업이며, 이는 법적으로 의미 있는 평등심사를 하기 위한 사전(事前) 작업이다. **'본질적으로 같은 것의 차별대우'란, 평등권에 위반될 가능성이 있기 때문에 헌법적으로 정당화될 필요가 있는 차별대우**를 말한다. 비교대상 사이에 법적으로 의미 있는 연관관계가 있기 때문에 동등한 취급을 해야 할 입법자의 의무가 어느 정도 문제될 수 있는 경우에 비로소 차별대우의 정당성에 관한 심사가 의미를 가질 수 있다.

비교대상의 선정은 대부분의 경우 청구인의 주장 등 사실관계의 확인을 통하여 큰 어려움이 없이 이루어진다. 그러나 이에 관하여 의문이 있는 경우, 비교집단이 본질적으로 동일한지의 판단은 **일반적으로 심판대상인 법률조항의 의미와 목적**을 고려함으로써 이루어진다(헌재 1996. 12. 26. 96헌가18, 판례집 8-2, 680, 701).[2)]

나. 차별대우

(1) 직접적 차별(법적 차별)

일반적으로 입법자를 비롯한 국가기관은 특정한 목표를 달성하기 위하여 또는 비교대상 간에 존재하는 사실상의 차이를 반영하여 **'법규범의 적용을 받는 집단'과 '그렇지 않은 집단'**으로 나누어 **차별적으로 규정함으로써 법적으로 불리하게 대우**하게 된다. 침해적 규정의 경우에는 '법규범의 적용을 받는 집단'이 불리한 대우를 받게 됨으로써 차별대우가 존재하고, 시혜적 규정의 경우에는 '법규범의 적용을 받지 않는 집단'이 불리한 대우를 받게 됨으로써 차별대우가 존재한다.

가령, 국공립학교 대학교원과 초중등학교 교원은 모두 '교육공무원'이라는 측면에서는 본질적으로 같은데도, 정당가입금지규정은 국공립학교 대학교원에게는 정당가입을 허용하면서 초중등학교 교원에게는 이를 금지함으로써 초중등학교 교원을 불리하게 대우하고 있으므로, 차별대우가 존재한다.

(2) 간접적 차별(사실상의 차별)

간접적 차별이란, 법규범이 **모든 집단에 대하여 동일하고 중립적인 기준을 적용**하였으나 사회적 고정관념이나 사실상의 차이로 인하여 **주로 일부 집단에 대하여 불리한 효과를 초래**함으로써 **결과적으로 불평등한 대우가 발생**한 경우를 말한다. 가령, 성별에 대하여 그 자체로서 중립적인 규정이 주로 여성들에게 적용되고, 이것이 양성간의 자연적 또는 사회적 차이에 기인하는 것이라

---

2) 예컨대, 입법자가 환경보호를 이유로 도로교통에서 발생하는 배기가스를 줄인다는 목표를 설정하고 '배기가스가 적은 화물차량'에게 세제감면혜택을 부여한다면, **'배기가스가 적은 화물차량'과 무엇을 비교할 것인지의 문제**가 제기된다. 여기서 '모든 차량'이나 '배기가스를 적게 배출하는 공장이나 기업'을 비교대상으로 삼아 평등심사를 한다면, 근본적으로 서로 다른 것을 비교하고 서로 다르기 때문에 합리적인 차별이라는 무의미한 작업을 하게 된다. **입법목적**(도로교통에서의 배기가스의 축소)**의 관점**에서 배기가스를 적게 배출하는 차량은 본질적으로 같기 때문에, 입법자가 '배기가스가 적은 화물차'에게만 세제혜택을 부여하고 '배기가스가 적은 승용차'에게는 세제혜택을 부여하지 않는다면, 본질적으로 같은 것을 달리 취급하는 것이 된다. 본질적으로 같은 것의 차별대우가 평등원칙에 부합하기 위해서는 합리적인 이유(예컨대, 화물차의 우대를 정당화할 수 있는 또 다른 부가적 입법목적)로 정당화되어야 한다.

면, 성별에 근거한 간접적인 차별이 인정된다.

판 례 '제대군인 가산점 사건'에서 '심판대상조항이 성별에 의한 차별인지 여부'를 판단함에 있어서 심판대상조항은 차별의 기준을 형식적으로는 '성별'이 아니라 '제대군인'인지 여부에 두고 있지만, 전체 여성 중의 극히 일부분만이 제대군인에 해당될 수 있는 반면에, 남자의 대부분은 제대군인에 해당하므로, 가산점제도는 '**실질적으로 성별에 의한 차별**'이라고 판시한 바 있다(헌재 1999. 12. 23. 98헌마363, 판례집 11-2, 771, 785).

2. 차별대우의 헌법적 정당성

본질적으로 같은 것을 다르게 취급하였다고 하여 그것이 곧 평등권에 위반되는 것은 아니고, 차별대우가 헌법적으로 정당화되지 않는 경우에 평등권에 위반된다. 평등권의 심사기준, 차별대우가 헌법적으로 정당화되는지를 판단하는 기준은 크게 **자의금지원칙과 비례의 원칙**으로 나누어 볼 수 있다.

V. 평등권의 위반여부를 판단하는 심사기준

1. 자의금지원칙에 따른 심사

가. 자의금지원칙의 내용

(1) 차별을 정당화하는 합리적 이유의 존부(存否)

자의금지원칙(恣意禁止原則)은 입법자에게 **본질적으로 같은 것을 자의적으로 다르게, 본질적으로 다른 것을 자의적으로 같게 취급하는 것을 금지**한다. '무엇이 같기 때문에 입법자가 같게 취급해야 하는지'에 관하여 아무런 평가의 기준을 제시하지 않는 **평등권의 내용적 개방성**으로 인하여, 평등권을 심사기준으로 하여 판단할 수 있는 것은 원칙적으로 오로지 '자의 여부', 즉 **명백히 정의에 반하는 것인지 여부**이다. 자의금지원칙에 의하면, 차별을 정당화하는 합리적인 이유를 더 이상 인식할 수 없기 때문에 법률을 자의로 볼 수밖에 없는 경우, 즉 입법자의 결정을 용인하는 것이 일반적인 정의감정에 명백히 반하다고 판단되는 경우에 평등권에 위반된다. 따라서 **차별을 정당화하는 어떠한 합리적인 이유도 존재하지 않는 경우**, 차별대우는 자의금지원칙에 위반되어 평등권을 침해한다.

(2) 차별을 정당화하는 합리적인 이유로 고려되는 관점(법적 차별의 이유)

여기서 **입법자가 법률로써 차별대우를 하는 이유**가 무엇인지, 즉 '차별을 정당화하는 합리적인 이유로서 어떠한 관점이 고려되는지'의 문제가 제기된다. 차별을 정당화하는 합리적인 이유로서 고려되는 관점은, '입법자가 차별대우를 통하여 달성하려고 하는 **입법목적**'과 **'비교대상 간에 존재하는 사실상의 차이'**로 나누어 볼 수 있다. 일부 법률조항은 위의 2가지 성격을 동시에 가지고 있다.

첫째, **대부분의 경우 입법자는 차별을 통하여 구체적인 공익을 실현할 목적으로** 법적으로 차별하게 된다. 입법자는 일정한 목표를 설정하고, 이 목표를 실현하기 위하여 규율대상인 일정 생활영역이 차별적으로 규율되어야 한다는 판단을 하게 되며, 이에 따라 그에 부합하는 차별기준을 선정함으로써 '법률의 적용을 받는 집단'과 '그렇지 않은 집단'을 법적으로 차별하게 된다. 따라서 입법자에 의한 차별의 배후에는 일반적으로 차별을 통하여 달성하려는 일정한 목표가 있으며, 여기서 입법목적은 곧 차별목적이다. 예컨대, 국가가 사인의 투자를 촉진하기 위하여 일정요건을 충족시키는 집단에게 보조금이나 조세감면혜택을 제공하는 경우 또는 대기오염을 방지하기 위하여 배기가스를 적게 배출하는 차량에게 조세감면혜택을 부여하는 경우가 이에 해당한다.

둘째, **입법자는 비교대상 간에 존재하는 사실상의 차이나 사물의 본성으로부터 나오는 차이를 단지 입법을 통하여 반영함으로써** 법적으로 차별하게 된다. 이러한 경우, 법률요건은 입법자의 의도가 아니라 현실에 의하여 결정된다. 예컨대, 입법자가 여성에게만 생리휴가를 부여한다면, 이는 일차적으로 '여성의 보호'라는 입법목적을 추구하는 것이 아니라 양성 간에 존재하는 사실상의 차이를 반영한 것이다.

판 례 헌법재판소는 초·중등학교 교원에게는 교육위원직 겸직을 금하면서 대학교원에게는 겸직을 허용하는 '지방교육자치에 관한 법률'조항의 평등권위반여부를 판단함에 있어서, 교육법에서 양자의 직무를 달리 규정하였고 양자 간의 직무의 본질이나 태양이 다른 것을 고려할 때 합리적 차별이라고 하여 초·중등학교 교원과 대학교원 사이에 존재하는 **사실상의 차이**를 합리적인 이유로 고려하였다(헌재 1993. 7. 29. 91헌마69, 판례집 5-2, 145, 154). 또한, 도시재개발사업의 시행자를 공법인으로 한정한 도시재개발법규정의 위헌여부가 문제된 사건에서, 우선적으로 공익을 추구하는 공법인과 이윤을 추구하는 일반건설회사 간의 본질적 차이가 차별을 정당화한다고 하여 비교대상 간에 존재하는 **사실상의 차이**를 차별을 정당화하는 합리적인 이유로 판단하였다(헌재 1996. 3. 28. 95헌바47, 판례집 8-1, 213, 224).

나. 입법형성권에 대한 존중의 표현으로서 자의금지원칙

평등권의 요청은 원래 정의에 부합하는 국가행위에 대한 요청이나, 위헌심사의 기준으로서는 정의에 명백히 반하는 국가행위를 금지하는 자의금지원칙으로 축소된다. 평등권의 요청을 위헌심사에 있어서 자의금지원칙으로 축소시킨 것은 평등권을 실현하는 입법자의 형성권을 존중하고 헌법재판소의 권한을 제한하려는 데 있다. 자의금지원칙을 기준으로 한 심사는 헌법재판소에 의한 심사의 자제를 가져오게 되므로, 자의금지원칙은 **입법형성권에 대한 존중의 표현이자 사법적 자제의 표현**이다.

평등권은 헌법재판소와 입법자 중 누구를 구속하는지에 따라 그 기능에 있어서 **행위규범과 통제규범으로 구분**된다. 평등원칙은 입법자에 대해서는 행위규범으로서 '정의에 부합하는 국가행위의무'를 의미하고, 헌법재판소에 대하여는 통제규범으로서 단지 '자의금지원칙'을 의미하게 된다.

판 례 헌법재판소는 "평등원칙은 **행위규범**으로서 입법자에게, 객관적으로 같은 것은 같게 다른 것은 다르게, 규범의 대상을 실질적으로 평등하게 규율할 것을 요구하고 있다. 그러나 헌법재판소의 심사기준이 되는 **통제규범**으로서의 평등원칙은 단지 자의적인 입법의 금지기준만을 의미하게 되므로 헌법재판소는 입법자의 결정에서 차별을 정당화할 수 있는 합리적인 이유를 찾아 볼 수 없는 경우에만 평등원칙의 위반을 선언하게 된다."라고 하여 평등권과 관련하여 행위규범과 통제규범의 의미를 설명하고 있다(헌재 1997. 1. 16. 90헌마110 등, 판례집 9-1, 90, 115).

2. 비례의 원칙에 따른 심사

가. 자의금지원칙에 대한 비판

자의금지원칙에 의한 심사는 '합리적인 이유'의 존부만을 기준으로 삼기 때문에, 헌법재판소의 지나친 사법적 자제를 가져오게 된다는 비판이 제기되었다. 평등심사의 심사밀도가 규율대상의 영역에 따라 다를 수 있다고 하는 것은 **미국 연방대법원의 판례**가 보여주고 있다. 미국 연방대법원은 평등권을 기준으로 차별대우의 위헌여부를 심사함에 있어서 '의심스러운' 차별(인종, 국적, 기본적 권리의 침해), '거의 의심스러운' 차별(성별, 사생아), '의심스럽지 않은' 차별(경제, 사회분야의 입법)로 분류하여 심사밀도를 달리하고 있다.

독일 연방헌법재판소도 일찍이 자유권제한의 효과에 따라 입법자에게 인정되는 입법형성권의 범위가 달라지고 심사밀도를 달리한다는 원칙을 자유권의 영역에서 확립하였다. 이에 의하면, 개인적 자유의 핵심영역에 대한 공권력의 침해는 더욱 중대한 공익에 의하여 정당화되어야 하는 반면, 침해된 자유영역이 사회적 기능 및 사회적 연관성을 가질수록 입법자는 폭넓은 규율권한을 가진다. 따라서 차별대우로 인하여 자유권에 대한 제한효과가 중대한 경우에는 입법자의 형성권이 축소됨으로써 보다 강화된 평등심사가 가능하다는 주장이 제기되었다. 이러한 배경에서 헌법이 스스로 입법자의 형성권을 제한하는 경우에는 평등권 위반여부에 관하여 자의금지원칙보다 엄격한 심사가 이루어질 수 있다는 이론이 형성되었는데, 이러한 이론에 바탕을 두고 있는 것이 바로 '비례의 원칙에 따른 심사'이다.

나. 비례의 원칙에 따른 심사(엄격한 심사)의 내용

비례의 원칙에 따른 심사는 '차별대우가 헌법적으로 정당화되는지'를 판단하기 위하여 **'차별대우'와 '차별목적' 사이의 상호관계를 비례의 원칙에 따라 심사**한다.[3] 차별대우를 통하여 추구하는 목적은 헌법적으로 허용되는 것이라야 한다(**정당한 차별목적**). 차별이 추구하는 정당한 목적을 인식할 수 없거나 차별목적 스스로가 위헌적이라면, 차별 자체가 이미 평등원칙에 위반된다. 물론, 헌법소송의 실무에서 차별목적의 위헌성이 확인되는 경우는 거의 없다고 할 것이다. 차별대우는 입법목적을 달성하는데 적합해야, 즉 차별목적을 촉진하는데 기여해야 한다(**차별대우의 적합성**).

입법자가 추구하는 차별목적은 차별대우 없이는 달성될 수 없어야 한다(**차별대우의 필요성 또는 불가피성**). 차별대우가 자유권에 불리한 영향을 미치는 경우에는 '차별은 최소한의 부담을 가져오는 수단이어야 한다'는 의미에서 차별효과의 최소침해성을 의미한다. **법익균형성은 평등권심사의 핵심적 부분**으로, 차별을 정당화하는 이유와 차별대우 사이의 상관관계의 타당성·비례성에 관한 것이다. 비례의 원칙을 기준으로 한 헌법재판소의 심사는 주로 이 부분에 집중되고 있다. 법익균형성은, **'비교대상 사이의 사실상의 차이'나 '입법목적'이 그 성질과 비중에 있어서 차별대우를 정당화할 정도로 과연 그 만큼 현저하고 중대한 것인지의 문제**에 관한 것이다.

3) 한편, 비례의 원칙은 수단과 목적의 상관관계를 전제로 하기 때문에 **차별을 통하여 달성하고자 하는 구체적인 차별목적이 존재하는 경우에만** 차별목적의 정당성·차별의 적정성·차별의 필요성은 심사될 수 있다. 그러나 입법자가 다른 비교대상과의 **'사실상의 차이'를 단지 반영하여 규정하는 경우**에는, 비례의 심사는 '사실상의 차이'와 '차별대우' 사이의 상관관계의 타당성을 묻는 법익균형성의 심사로 제한된다.

3. 자의금지원칙과 비례의 원칙의 차이점

자의심사의 경우에는 차별을 정당화하는 합리적인 이유가 있는지 여부만을 심사하기 때문에 '합리적인 이유'로 고려되는 비교대상간의 사실상의 차이나 입법목적(차별목적)을 발견하고 차별이유의 합리성을 확인하는 것에 그치는 반면에, **비례심사의 경우**에는 단순히 합리적인 이유의 존부문제가 아니라 차별을 정당화하는 이유와 차별간의 상관관계의 타당성·비례성에 대한 심사, 즉 '비교대상간의 사실상의 차이의 성질과 비중 또는 입법목적(차별목적)의 비중'과 '차별의 정도' 사이에 적정한 균형관계가 이루어져 있는지를 심사한다(헌재 2001. 2. 22. 2000헌마25, 판례집 13-1, 386, 403). 비례심사의 경우, 차별대우가 당사자에 미치는 효과에 비추어 **차별대우를 정당화할 정도로 비중이 있는 중대한 이유가 있는지 여부**를 판단하게 된다. 법익균형성의 심사단계에서 '차별을 정당화하는 이유의 성질과 비중'을 '차별의 정도'와 비교형량하게 되므로, 바로 이 단계에 비례심사와 자의심사간의 근본적인 차이가 있다.

Ⅵ. 엄격한 심사가 헌법상 요청되는 경우

1. 입법형성권의 정도와 심사밀도의 관계

가. 헌법재판소의 심사밀도(엄격한 또는 완화된 심사)를 결정하는 중요한 기준은 입법자에게 인정되는 형성권의 정도이다. 평등권을 기준으로 하는 위헌심사에 있어서도 헌법재판소의 심사밀도는 입법자에게 인정되는 입법형성권의 정도에 따라 달라질 수밖에 없다. 헌법이 스스로 명시적으로 차별을 금지함으로써 직접 평등권을 구체화하고 있거나 또는 법률에 의한 차별대우가 자유권에 영향을 미침으로써 평등권의 내용이 자유권을 통하여 구체화될 수 있는 경우, 입법자의 형성권은 축소됨으로써 보다 엄격한 심사가 정당화된다. **엄격한 심사가 정당화되는 경우**란 구체적으로, **헌법이 특별히 차별을 금지하거나 평등을 요청하는 경우 또는 입법자에 의한 차별대우가 자유권에 중대한 제한을 초래하는 경우**이다.

판 례 **'제대군인 가산점 사건'**에서 **언제 엄격심사가 요청되는지**에 관하여 "헌법에서 특별히 평등을 요구하고 있는 경우 엄격한 심사척도가 적용될 수 있다. 헌법이 스스로 차별의 근거로 삼아서는 아니 되는 기준을 제시하거나 차별을 특히 금지하고 있는 영역을 제시하고 있다면 그러한 기준을 근거로 한 차별이나 그러한 영역에서의 차별에 대하여 엄격하게 심사하는 것이 정당화된다. 다음으로 차별적 취급으로 인하여 관련 기본권에 대한 중대한 제한을 초래하게 된다면 (자유권에 대한 중대한 제한은 보다 중대한 사유에 의하여 정당화되어야 하므로) 입법형성권은 축소되어 보다 엄격한 심사척도가 적용되어야 할 것이다."고 판시하고 있다(헌재 1999. 12. 23. 98헌마363, 판례집 11-2, 770, 787-789).

나. 예외적으로 엄격한 심사기준이 적용되는 경우가 아니라면, **그 외의 경우에는 자의금지원칙이 적용**된다. 차별대우로 인하여 자유권이 제한되지만 자유권의 행사에 미치는 불리한 효과의 정도가 적은 경우나 자유권제한의 문제가 발생하지 않는 시혜적 국가행위(급부행위)나 재판청구권 등 절차적 기본권의 경우에는 입법자에게 광범위한 형성권이 인정되고, 이에 따라 자의금지원칙이 적용된다.

판 례 "이 사건 법률조항은 헌법에서 특별히 평등을 요구하는 부분에 대한 것이 아니고, 직업수행의 자유는 공익을 위하여 상대적으로 넓은 규제가 가능하다고 인정되기 때문에 이 사건 법률조항에 의하여 직업수행의 자유가 일부 제한된다고 하여 관련기본권에 대한 중대한 침해가 있다고 볼 수 없으므로, 완화된 심사기준 즉, 차별기준 내지 방법의 합리성여부가 헌법적 정당성여부의 판단기준이 된다고 하겠다."고 하여, **차별대우로 인하여 직업수행의 자유가 제한되는 경우**에 자의금지원칙을 적용하고 있다(헌재 2002. 9. 19. 2000헌바84, 판례집 14-2, 268, 285).

또한, "… 시혜적 법률의 경우에는 그 입법형성권의 범위가 더욱 넓어진다고 하겠다. 따라서 이하에서는 자의금지원칙에 입각하여 … 심판대상조항이 정한 차별취급을 정당화할 정도의 합리적 이유를 가지고 있는지 여부에 관하여 본다."고 하여, **시혜적 법률에 의한 차별대우의 경우**에도 자의금지원칙을 적용하고 있다(헌재 2005. 6. 30. 2003헌마841, 판례집 17-1, 996, 1009).

2. 헌법이 특별히 차별을 금지하는 경우

가. 차별금지규정의 헌법적 의미

'차별금지규정'이란, 무엇을 같게 또는 다르게 취급해야 하는지에 관하여 아무런 기준을 제시하지 않는 '일반적 평등조항'(헌법 제11조 제1항 전문)과는 달리, 특별히 차별을 금지한다든지 또는 평등을 요청함으로써 일반적 평등원칙의 내용을 구체화하고 입법을 통하여 평등원칙을 실현하는 입법자의 형성권을 제한하는 '특별평등조항'을 말한다. 차별금지규정은 헌법 제11조 제1항 전문의 **일반적 평등조항에 대한 특별규정**으로서 일반적 평등조항의 적용을 배제한다. 일반적 평등조항은 특별평등조항이 적용되지 않는 경우에 비로소 보충적으로 적용된다. 따라서 평등심사의 기준으로 특별평등조항이 고려되는 경우에는 우선적으로 특별평등조항을 심사기준으로 하여 평등권위반여부를 판단해야 한다.

특별평등조항은 일반적 평등조항과 비교할 때 차별대우의 정당성에 대하여 보다 강화된 요구를 함으로써 보다 강화된 평등보호를 제공한다. 특별평등조항은 입법자가 모든 경우에 동등한 대우를 해야 한다는 것은 아니지만, **차별대우의 경우에는 특별한 정당성을 필요**로 한다는 것을 의미한다. 따라서 입법자가 헌법상 차별금지의 요청에도 불구하고 차별을 하는 경우에는 헌법재판소에 의한 **엄격한 심사**가 정당화된다.

나. 엄격한 평등심사를 요청하는 차별금지규정(특별평등조항)

(1) 헌법 제11조 제1항 후문(성별·종교 또는 사회적 신분에 의한 차별금지)

(가) 헌법 제11조 제1항 후문은 "누구든지 성별·종교 또는 사회적 신분에 의하여 정치적·경제적·사회적·문화적 생활의 모든 영역에 있어서 차별을 받지 아니한다."고 규정하고 있다. 헌법 제11조 제1항 전문의 일반적 평등조항이 국가에 대하여 단지 정의에 부합하는 행위를 요구할 뿐이라면, 후문은 구체적으로 어떠한 징표(표지)가 차별을 정당화하는 사유로 고려될 수 없는지에 관하여 규정하고 있다. 이로써 헌법 제11조 제1항 후문은 전문의 **일반적 평등조항을 구체화하는 특별평등조항**이다.

(나) 1948년 건국헌법의 제정자는 과거의 역사적 경험에 비추어 성별·종교·사회적 신분에 의한 차별을 금지하는 것이 필요하고, 일반적인 평등원칙만으로는 효율적으로 성별 등에 의한 차

별을 배제할 수 있을 만큼 아직 국민의 법의식이나 사회적 인식이 확고하지 않다고 판단하였기 때문에, **차별의 기준이 될 수 없는 특징을 특별히 명시적으로 언급**하였다.

차별금지사유로서 '성별'을 언급한 것은, 헌법제정 당시 우리 사회에서 아직도 전통적인 남존여비사상과 가부장적 사고가 팽배하였고 혼인과 가정에서 남녀의 평등이 실현되고 있지 않았기 때문에, 차별의 기준으로 삼아서는 안 되는 징표로서 특별히 성별을 강조한 것이다. **성별에 의한 차별**이란 '누가 여자 또는 남자라는 사실 때문에 바로 그 이유로 차별을 받는다'는 것을 말한다. 성별에 의한 차별금지의 요청에도 불구하고, 성별에 의한 모든 차별대우가 평등권에 위반되는 것은 아니고, 사물의 본질상 단지 남자나 여자에게서만 발생할 수 있는 문제의 해결을 위하여 필연적으로 차별이 요구되는 경우에는, **차별금지에 대한 정당한 예외적 사유**가 인정될 수 있다. 따라서 남녀를 차별하는 법률규정은 단지 임신, 출산, 신체적 능력 등 **'생리적 차이'에 기인하는 경우**에만 정당화된다. 반면에, 남녀 간의 사회적 역할분담에 기인하는 '기능상의 차이'는 성별에 의한 차별대우를 정당화할 수 없다. 과거 전통적으로 남녀 간의 생활관계 또는 사회적 역할분담이 일정한 형태로 형성되어 고착화되었다는 사실만으로는 남녀차별이 정당화될 수 없을 뿐만 아니라, 헌법이 명시적인 차별금지규정을 통하여 극복하려고 하는 것이 바로 이러한 전래적 사고이기 때문이다.

헌법이 제11조 제1항 후문에서 **차별금지사유로서 '종교'를 언급한 것**은, 국가가 특정 종교나 세계관과 일체감을 가지지 않는다는 종교적·세계관적 중립성을 표방한 것이고, 헌법 제20조 제2항의 정교분리의 원칙과 함께 국가의 세계관적 중립성을 실현하기 위한 필수적 요건을 규정한 것이다. 종교적·세계관적 중립성은 국가가 '모든 국민의 국가'로서 기능하기 위하여 불가결한 요건이다.

차별금지사유로서 '사회적 신분'을 언급한 것은, 헌법제정 당시 우리 사회에서 유교적 전통에 기인하는 사회적 신분에 의한 차별이 아직도 완전히 폐지되지 않았고 이에 의한 차별이 특별히 우려되었기 때문에, 차별금지기준으로서 '사회적 신분'을 명문으로 수용한 것이다. 사회적 특수계급제도의 인정과 창설을 명시적으로 부인하는 헌법 제11조 제2항도 위와 같은 헌법해석의 타당성을 뒷받침하고 있다.

(다) 한편, 학계에서는 헌법 제11조 제1항 후문은 전문의 내용을 단지 예시한 규정으로 이해해야 한다고 주장하는 **'예시적 규정설'**과 전문과 후문을 각 고유한 헌법적 의미와 기능을 가진 일반적 평등조항과 특별평등조항으로 이해하면서, 후문에 규정된 차별금지사유를 열거적인 것으로 이해해야 한다고 주장하는 **'열거적 규정설'**이 대립하고 있다.[4]

'예시적 규정설'에 의하면, 위 후문 규정은 고유한 의미와 기능을 부여받음이 없이 전문 규정에 종속되어 단지 일반적 평등조항의 내용을 예시하는 규정, 즉 헌법 내에서 존재의미가 없는 조항으

4) 여기서 '열거적'이란, 후문에 규정된 차별금지사유에 의한 차별의 경우에 한하여 특별평등조항인 후문의 규정이 적용되고, 그 외의 사유에 의한 차별의 경우에는, 예외적으로 다른 특별평등조항이 적용되지 않는 한, 일반적 평등조항을 적용하여 평등권위반여부를 심사해야 한다는 것을 의미한다. 반면에, '예시적 규정설'에 의하면 성별·종교·사회적 신분에 의한 차별의 경우 및 그 외의 사유에 의한 차별의 경우 모두 전문의 일반적 평등조항을 적용하여 위헌여부를 판단하게 된다.

로 전락하게 된다. 그러나 개별 헌법규범은 '헌법의 통일성'의 관점에서 헌법 내에서 그에게 부여된 고유한 의미를 갖도록 해석되어야 한다는 것은 헌법해석의 기본적인 출발점이다. 뿐만 아니라, 헌법 제11조 제1항 후문을 예시적 규정으로 본다면, 전문의 일반적 평등원칙을 구체화하고 있는 일련의 특별평등조항들(가령, 헌법 제32조 제4항 등)도 모두 헌법적으로 특별한 의미가 없는 예시적 규정으로 보아야 하는데, 다수의 헌법규정을 무의미하게 만드는 이러한 해석이 타당할 수 없다. 따라서 헌법 제11조 제1항 후문은 전문에 대한 특별규정으로서 **차별의 기준으로 삼아서는 안 되는 특징을 '열거적으로' 규정**한 것으로 이해해야 한다.

한편, '예시적 규정설'은 성별·종교·사회적 신분 외에도 입법자가 차별의 근거로 삼아서는 안 되는 기준은 다양하게 존재한다고 주장하나, 우리 헌법은 **제11조 제1항 후문 외에도**, 아래에서 살펴보는 바와 같이 일반적 평등조항을 구체화하는 **다수의 특별평등조항**을 가지고 있다. 나아가 '일반적 평등조항'이 적용되는 경우라 하더라도, 헌법에 열거되지 아니한 사유(가령, 인종, 출신, 혈통 등)로 인한 차별이 개인의 인격발현에 중대한 영향을 미치는 경우에는 헌법재판소의 확립된 판례에 따라 **'차별이 관련기본권에 대한 중대한 제한을 초래하는 경우'**에 해당하게 되어 예외 없이 엄격한 심사가 이루어진다.

판 례 대한민국 국민인 남자에 한하여 병역의무를 부과하고 있는 병역법조항의 평등권침해여부가 문제된 **'남성에 국한된 병역의무 부과 사건'**에서 헌법재판소는 재판관 6인의 기각의견에 따라 심판청구를 기각하는 결정을 하였는데, 기각의견 중에서 **평등권침해여부를 판단한 재판관 4인의 기각의견**은 성별 등에 의한 차별을 금지하는 헌법 제11조 제1항 후문은 '헌법이 특별히 평등을 요청하는 경우'에 해당하지 않는다는 이유로 '평등권침해여부는 자의금지원칙에 따라 심사해야 한다'고 확인한 다음, '남녀 간에 존재하는 신체적·생리적 차이에 비추어 남자만을 병역의무자로 정한 것이 현저히 자의적인 차별취급이라 보기 어렵다'고 판단하였다(헌재 2010. 11. 25. 2006헌마328, 판례집 22-2하, 446, 454). 그러나 헌법재판소는 위 결정에서 헌법 제11조 제1항 후문을 '헌법에서 특별히 평등을 요청하는 경우'로 판단하여 엄격한 심사기준을 적용하였더라도, 남녀 간의 생리적·신체적인 차이는 성별에 의한 차별을 정당화하는 예외적인 사유에 해당하기 때문에, 마찬가지로 합헌판단에 이를 수 있었다.

(2) 헌법 제25조(공직취임에서 능력 외의 기준에 의한 차별금지)

헌법 제25조의 공무담임권은 **공직취임에 있어서 '능력' 외의 기준에 의한 차별을 금지**함으로써 특별히 평등을 요구하고 있는 **특별평등권**이다. 평등민주주의의 관점에서 공직배분에 있어서 평등원칙에 부합할 수 있는 유일한 기준은 해당 공직에의 적격성, 즉 지원자의 능력과 적성이므로, 공무담임권은 공직취임에 관한 한, '모든 국민은 능력에 따라 균등하게 공직취임의 기회를 가진다'는 의미로 이해되어야 한다. 따라서 입법자가 공직자의 선발에 있어서 능력 이외의 다른 요소를 고려하는 것은 원칙적으로 금지되며, 이러한 경우 엄격한 평등심사가 정당화된다.

그러므로 공무원시험에서 제대군인이나 국가유공자에게 **가산점을 부여하는 경우**, 특별평등권인 공무담임권을 심사기준으로 하여 위헌여부를 판단해야 하며, 공무담임권이 공직취임에 있어서 특별히 평등을 요청하기 때문에 비례의 원칙에 의한 엄격한 평등심사를 해야 한다(제3편 제5장 제3절 Ⅱ. '공직취임권' 참조).

판 례 헌법재판소는 일련의 결정에서 "공직취임권은 모든 국민에게 누구나 그 능력과 적성에 따라 공직에 취임할 수 있는 균등한 기회를 보장한다는 뜻으로 보아야 할 것이므로, 원칙적으로 공직자선발에 있어 해당 공직이 요구하는 직무수행능력과 무관한 요소인 성별·종교·사회적 신분·출신지역 등을 이유로 하는 어떠한 차별도 허용되지 않는다."고 판시함으로써, **공무담임권이 공직취임에서 능력 외의 기준에 의한 차별을 특별히 금지**하고 있다고 서술하면서도(헌재 2001. 2. 22. 2000헌마25; 헌재 1999. 12. 23. 98헌바33, 판례집 11-2, 732, 755), **공무담임권의 특별평등권으로서의 성격**을 인식하지 못하고 있다.

가령, '제대군인 가산점 사건'에서 **특별평등조항인 공무담임권 대신 일반적 평등조항을 심사기준으로 삼아 평등권위반여부를 판단**하면서, 헌법 제32조 제4항이 근로의 영역에서 특별히 성별에 의한 차별을 금지하고 있고 또한 차별대우가 공무담임권이라는 기본권행사에 중대한 제약을 초래하고 있기 때문에 엄격한 심사기준을 적용해야 한다고 판시하고 있다(헌재 1999. 12. 23. 98헌마363). 헌법재판소가 위 사건에서 '평등권 위반여부'와 '공무담임권 침해여부'로 나누어 이중적으로 위헌여부를 판단한 것은, 공무담임권이 그 자체로서 특별평등권이라는 것을 간과한 것으로, 일반적 평등권이 아니라 특별평등권인 공무담임권이 심사기준이 되어야 하며, 엄격한 심사척도가 적용되는 이유는, 공무담임권이 공직취임에 있어서 능력 외의 요소에 의한 차별을 금지함으로써 특별히 평등을 요구하고 있기 때문이다.

(3) 헌법 제31조 제1항(교육의 영역에서 능력 외의 기준에 의한 차별금지)

헌법은 제31조 제1항에서 "모든 국민은 능력에 따라 균등하게 교육을 받을 권리를 가진다."고 규정하고 있다. 헌법은 "능력에 따라 균등하게"라는 표현을 통하여 **교육영역에서 일반적 평등조항을 구체화**하고 있다. 헌법 제31조 제1항은 교육시설에 입학함에 있어서 고려될 수 있는 유일한 차별기준으로서 '능력(수학능력)'의 요건을 스스로 제시함으로써, **능력 이외의 다른 요소에 의한 차별을 원칙적으로 금지**하고 있다. 이로써 교육시설의 입학에서 능력 외의 다른 요소를 고려하여 취학기회를 제한하는 것은 위헌의 의심을 강하게 불러일으키는 차별로서 보다 엄격하게 심사되어야 한다.

(4) 헌법 제32조 제4항 후단(근로의 영역에서 성별에 의한 차별금지)

헌법은 제32조 제4항에서 "여자의 근로는 특별한 보호를 받으며, 고용·임금 및 근로조건에 있어서 부당한 차별을 받지 아니한다."고 규정하고 있다. 위 헌법규정은 **근로의 영역에서 성별에 의한 차별을 금지**함으로써 특별히 남녀평등을 요구하고 있으므로, 엄격한 평등심사가 정당화된다. 헌법 제32조 제4항 후단은 일반적 평등조항을 구체화하는 **특별평등조항**이자, 나아가 성별에 의한 차별을 모든 생활영역에서 금지하는 헌법 제11조 제1항 후문을 근로의 영역에서 다시 강조하는 규정이다.

(5) 헌법 제36조 제1항(혼인과 가족생활에서 성별에 의한 차별금지 및 혼인과 가족생활에 대한 차별금지)

헌법은 제36조 제1항에서 "혼인과 가족생활은 개인의 존엄과 양성의 평등을 기초로 성립되고 유지되어야 하며, 국가는 이를 보장한다."고 규정하고 있다. 위 헌법규정은 입법자가 혼인과 가족생활을 형성함에 있어서 준수해야 하는 헌법적 지침으로 '양성의 평등'을 제시함으로써 **혼인과 가족생활에서 성별에 의한 차별을 특별히 금지**하고 있다.

나아가, 헌법 제36조 제1항은 **혼인을 하였다는 이유로 또는 가족을 구성하였다는 이유로 누구도 불리한 차별을 받아서는 안 된다**는 요청을 함으로써, 헌법 제11조의 일반적 평등원칙에 대한

특별조항에 해당한다. 따라서 국가가 혼인과 가족에 대하여 차별을 하는 경우에는 엄격한 심사가 요청된다(현재 2002. 8. 29. 2001헌바82).

(6) 헌법 제41조 제1항, 제67조 제1항의 보통 · 평등선거원칙(정치적 참여의 평등)

헌법은 제41조 제1항 및 제67조 제1항에서 보통 · 평등선거원칙을 규정하고 있다. 보통 · 평등선거원칙은 모든 국민을 국정에 평등하게 참여시키기 위한 선거원칙으로서 일반적 평등원칙이 참정권의 영역에서 구체화된 헌법적 표현이다. **참정권의 영역에서의 정치적 평등**은 국민주권과 민주주의의 요청에 비추어 국민이면 누구나 국정에 참여해야 한다는 의미에서 **'엄격하고도 형식적인 평등'**을 의미한다(제2편 제3장 제4절 Ⅱ. 2. 참조). 따라서 참정권의 영역에서 차별이 정당화되기 위해서는 불가피한 사유가 존재해야 한다.

판 례 헌법재판소는 헌법 제41조 제1항 및 제67조 제1항의 **보통 · 평등선거원칙이 참정권의 영역에서 특별히 평등을 요청하는 특별평등조항**이며 '피선거권의 제한'이나 '선거운동에서의 기회균등'의 문제가 보통 · 평등선거원칙의 문제라는 것을 인식하지 못하고, 피선거권의 제한이나 선거에서의 기회균등이 문제되는 일련의 결정에서 엄격한 심사가 아니라 자의금지원칙에 따른 완화된 심사를 하고 있다(제2편 제3장 제4절 Ⅱ. 및 제3편 제5장 제3절 Ⅲ. 4. 참조).

(7) 헌법 제39조 제2항(병역의무의 이행으로 인한 차별금지)

헌법 제39조 제2항은 "누구든지 병역의무의 이행으로 인하여 불이익한 처우를 받지 아니한다."고 하여, 병역의무의 이행을 이유로 하는 불리한 '법적' 차별을 명시적으로 금지하고 있다(현재 1999. 12. 23. 98헌마363, 판례집 11-2, 771, 784).

(8) 헌법 제116조 제1항(선거운동에서의 기회균등)

헌법은 제116조 제1항에서 "선거운동은 각급 선거관리위원회의 관리 하에서 법률이 정하는 범위 안에서 하되, 균등한 기회가 보장되어야 한다."고 규정하고 있다. 위 헌법규정은 선거운동에서의 기회균등을 보장함으로써, 선거에서의 기회균등을 요청하는 **평등선거원칙을 다시 한 번 확인하고 강조하는 규범**이다. 헌법 제116조 제1항은 **선거운동의 영역에서 평등원칙이 구체화된 형태**로서 선거운동과 관련하여 특별히 명시적으로 평등을 요청함으로써, 선거운동에서의 차별대우는 특별한 정당성을 필요로 한다는 것을 표현하고 있다. 따라서 선거운동에서의 기회균등의 위반이 문제되는 경우에는 엄격한 심사가 정당화된다.

판 례 **'선거방송토론회 사건'**에서 "헌법 제116조 제1항에서 선거운동에 관하여 균등한 기회가 보장되어야 한다고 규정하고 있으나, 이를 두고 헌법이 특별히 차별을 금지하고 있는 영역으로 볼 수 없고, …"라고 판시하여, '헌법에서 특별히 평등을 요청하는 경우'임을 부인함으로써 평등권위반여부를 자의금지원칙을 적용하여 판단하였다(현재 2011. 5. 26. 2010헌마451, 판례집 23-1하, 237, 246-247). 그러나 이러한 헌법규정이 '헌법이 특별히 평등을 요청하고 있는 경우'에 해당하지 않는다면, 대체 어떠한 경우가 이에 해당하는지 의문이다.

다. 헌법재판소 판례의 경향

헌법재판소는, 특별히 평등을 요청하는 헌법규정들이 일반적 평등조항에 대한 특별평등조항으로, 일반적 평등조항의 적용을 배제한다는 것을 인식하지 못하고 있다. 그 결과, 특별평등조항이 적용되는 경우에도 **특별평등조항이 아니라 일반적 평등조항을 심사기준**으로 하여 평등심사를 하면서, 특별평등조항에 담겨있는 차별금지의 요청을 **단지 '엄격한 심사를 정당화하는 하나의 관점'으로 이해**하고 있다. 뿐만 아니라, 헌법재판소는 '제대군인 가산점 결정'에서 엄격한 심사가 정당화되는 경우로서 '헌법에서 특별히 평등을 요구하고 있는 경우'를 기준으로 제시하였으나, 언제 헌법에서 특별히 평등을 요구하고 있는지를 판단함에 있어서 **일관되지 못한 태도**를 보이고 있다.

헌법재판소는 근로영역에서 남녀평등을 요청하는 **헌법 제32조 제4항** 후단 및 혼인과 가족생활의 영역에서 남녀평등을 요청하는 **헌법 제36조 제1항**에 대하여 **헌법에서 특별히 평등을 요청**한다고 보아 엄격한 심사가 정당화된다고 판시하였다(헌재 1999. 12. 23. 98헌마363; 헌재 2010. 11. 25. 2006헌마328). 특히 헌법 제36조 제1항은 그 문언상 헌법에서 명시적으로 차별을 금지하는 것은 아님에도 헌법해석을 통하여 혼인과 가족생활에 대한 특별한 차별금지의 요청을 도출함으로써 엄격한 심사기준을 적용하였다(헌재 2002. 8. 29. 2001헌바82). 나아가, 교육의 영역에서 평등을 요청하는 **헌법 제31조 제1항**에 대해서는 능력 외의 기준에 의한 차별을 금지하는 특별평등조항이라고 확인하였다(헌재 2017. 12. 28. 2016헌마649, 판례집 29-2하, 537, 544).

그러나 성별·종교 또는 사회적 신분에 의한 차별금지(헌법 제11조 제1항 후문), 공직취임에서 차별금지(제25조), 보통·평등선거원칙 등 정치적 참여의 평등, 선거운동에서의 기회균등(제116조 제1항) 등이 헌법에서 특별히 평등을 요청하는 특별평등조항이라는 것을 인식하지 못하고 있다.

3. 차별대우가 관련기본권에 대한 중대한 제한을 초래하는 경우

'차별대우가 관련기본권에 중대한 제한을 초래하는 경우'에는 **일반적 평등조항을 심사기준**으로 하여 평등권위반여부를 판단하지만, 이 경우 입법자의 형성권이 제한되기 때문에 **엄격한 심사가 정당화**된다. '차별대우가 관련기본권에 중대한 제한을 초래하는 경우'란, 차별대우가 자유권의 행사에 영향을 미침으로써 평등권의 내용이 자유권을 통하여 구체화되는 경우를 말한다.

자유권을 제한하는 입법자의 형성권은 언제나 동일하게 인정되는 것이 아니라 자유권제한의 효과에 따라 그 정도를 달리한다. 자유권의 영역에서 구체적으로 제한된 자유가 개인의 핵심적 자유영역에 속하는 것인지 아니면 사회적 기능이나 사회적 연관성을 가지는 것인지에 따라 기본권 보호의 정도가 달라지고 이로써 입법자에게 인정되는 형성권의 범위를 달리하는 것과 마찬가지로, **평등권의 영역에서도 차별대우가 당사자의 자유권에 대하여 미치는 의미와 효과에 따라 입법형성권의 정도가 달라지고** 헌법재판소에 의한 심사의 강도가 달라진다. 따라서 입법자의 차별대우로 인하여 인간의 존엄성실현 및 인격의 자유로운 발현을 위하여 중대하고도 불가결한 자유행사의 기회가 위협받는 경우, 즉 차별대우가 개인의 자유권행사에 중대한 영향을 미치는 경우, 헌법재판소가 자의심사를 넘어서 엄격한 심사를 하는 것이 정당화된다. **'차별대우가 개인의 자유권행사에 중대한 영향을 미치는 경우'**란, 차별대우에 의하여 생명권, 신체불가침권, 신체의 자유, 인격권, 사생활의 자유, 직업선택의 자유 등 인간존엄성실현과 자유로운 인격발현의 핵심적 영역에 대한 중대한 제한이 초래되는 경우를 말한다.

한편, **헌법재판소**는 '차별대우가 관련기본권에 중대한 제한을 초래하는 경우'가 '차별대우가 개인의 자유행사에 중대한 영향을 미치는 경우'라는 의미임을 제대로 이해하지 못하고 있다. 그 결과, 차별대우로 인하여 자유권의 행사가 아니라 가령 '재판절차진술권'과 같은 절차적 기본권의 행사가 제한되는 경우에도 '완화된 또는 엄격한 평등심사를 해야 하는지'에 관하여 논란을 벌이는 잘못을 범하고 있다(헌재 2011. 2. 24. 2008헌바56).

Ⅶ. 유리한 차별을 명령하는 특별규정

1. 차별명령규정의 헌법적 의미

헌법 제32조 제6항은 "국가유공자 · 상이군경 및 전몰군경의 유가족은 법률이 정하는 바에 의하여 우선적으로 근로의 기회를 부여받는다."고 하여, 근로의 기회에 있어서 국가유공자 등에 대하여 차별(우대)을 명령하고 있다. 헌법 제32조 제6항은 공직자의 선발에 있어서 국가유공자 등을 우대해야 할 헌법적 의무를 입법자에게 부과함으로써 **직업공무원제도의 능력주의에 대한 예외를 명시적으로 허용**하고 있는 헌법규범이다.

이로써 입법자는 공직자의 선발에 있어서 **국가유공자 등을 우대하는 입법을 해야 할 의무**를 진다. 위 헌법규정은 입법자의 형성권을 제한하기는 하지만, 헌법은 공직자 선발의 모든 경우에 대하여 무조건적으로 국가유공자 등을 우대할 것을 명령하는 것이 아니라, **"법률이 정하는 바에 의하여"**의 표현을 통하여 밝히고 있는 바와 같이, 어떠한 경우에(가령 6급 이하에 한하여 또는 5급 이상을 포함하여) 어느 정도로(가산점의 비율) 어느 인적 범위에서(국가유공자 본인 또는 그 가족을 포함하여) 국가유공자 등에게 우선적인 근로 기회를 부여할 것인지에 관하여 결정할 수 있는 **형성의 자유**를 입법자에게 부여하고 있다.

2. '직업공무원제도'와 '능력주의에 대한 헌법적 예외'의 조화의 문제

헌법 제32조 제6항은 입법자에게 '헌법이 허용하는 범위 내에서', 즉 능력주의에 기초하는 **직업공무원제도(헌법 제7조) 및 다른 경쟁자의 기본권과 조화를 이룰 수 있는 범위 내에서** 국가유공자 등에게 우선적 근로기회를 제공해야 할 의무를 부과하는 규정이다. 이러한 해석 하에서만, 직업공무원제도에 대한 예외를 허용하는 헌법 제32조 제6항은 직업공무원제도를 규정하는 헌법 제7조 및 다른 경쟁자의 기본권과 동일한 헌법질서 내에서 공존할 수 있다.

이로써, 국가유공자 등을 우대하는 입법과 관련하여 헌법적으로 제기되는 문제는, 한편으로는 이러한 법률이 **다른 지원자의 공무담임권 및 직업공무원제도와 부합할 수 있는지의 문제**이고, 다른 한편으로는 **입법자가 위 헌법위임(국가의 보호과제)을 적절하게 이행하였는지의 문제**이다. 입법자는 국가유공자 등을 우대하는 입법을 함에 있어서 한편으로는 능력주의에 대한 예외를 명령하는 헌법 제32조 제6항의 헌법위임을 고려해야 하고, 다른 한편으로는 능력주의를 근간으로 하는 직업공무원제도의 정신 및 다른 지원자의 공무담임권을 존중해야 한다.

판례 헌법재판소는 **'제1차 국가유공자 가산점 사건'**에서 "국가유공자와 그 유족 등에게 가산점의 혜택을 부여하는 것은 그 이외의 자들에게는 공무담임권 또는 직업선택의 자유에 대한 중대한 침해를 의미하게 되므로, … 원칙적으로 비례심사를 하여야 할 것이나, 구체적인 비례심사의 과정에서는 헌법 제32조 제6항이 근로의 기회에 있어서 국가유공자 등을 우대할 것을 명령하고 있는 점을 고려하여 보다 완화된 기준을 적용하여야 할 것이다."라고 판시함으로써, 다른 지원자의 공무담임권과 헌법 제32조 제6항 사이의 충돌상황을 **'완화된 비례심사'**라는 방법으로 해결하고자 시도하였고, 그 결과 국가유공자 가산점제도가 평등권을 침해하지 않는다고 판단하였다(헌재 2001. 2. 22. 2000헌마25).

한편, 헌법재판소는 **'제2차 국가유공자 가산점 사건'**에서는 "위 조항(헌법 제32조 제6항)의 폭넓은 해석은 필연적으로 일반 응시자의 공무담임의 기회를 제약하게 되는 결과가 될 수 있으므로 위 조항은 엄격하게 해석할 필요가 있다. 이러한 관점에서 위 조항의 대상자는 조문의 문리해석대로 '국가유공자', '상이군경', 그리고 '전몰군경의 유가족'이라고 봄이 상당하다."고 하여 국가유공자 가족이 아니라 국가유공자에 대해서만 헌법이 명시적으로 능력주의에 대한 예외를 허용하고 있다고 판시함으로써, 우대를 해야 하는 **인적 범위를 제한적으로 해석**하는 방법으로 충돌하는 법익간의 조화를 꾀하고자 시도하였다(헌재 2006. 2. 23. 2004헌마675등). 이에 따라, '국가유공자'에 대해서는 헌법이 명시적으로 능력주의에 대한 예외를 허용하고 있으므로, '제1차 국가유공자 가산점 결정'의 판시내용대로 **국가유공자에게 가산점을 부여하는 법률조항에 대해서는 '완화된 비례심사'**가 정당화되지만, '국가유공자 가족'도 근로의 기회에 있어서 우대할 것인지 여부는 단지 입법정책의 문제이므로 **그 가족에게도 가산점을 부여하는 법률조항에 대해서는 '엄격한 비례심사'**가 요청된다고 판시하였다. 헌법재판소는 비례원칙을 적용하여 엄격한 평등심사를 한 결과, 국가유공자 가족에게 가산점을 부여하는 것은 공직시험 응시자들의 평등권을 침해한다고 판단함으로써, 이 사건 결정의 견해와 저촉되는 한도 내에서 **종전의 판례를 변경**하였다.

제 4 장 자유권적 기본권

제 1 절 일반이론

Ⅰ. 자유권적 기본권의 법적 성격

자유권은 그 기능에 있어서 일차적으로 **대국가적 방어권**으로서 자유영역에 대한 국가의 부당한 침해를 배제한다. 자유권은 국가가 개인의 자기결정의 영역을 단지 존중하고 침해하지 않음으로써 보장되는 소극적 성격을 가지고 있다. 자유권은 본질적으로 국가의 강제와 간섭으로부터의 자유, **국가로부터의 자유**를 의미한다. 그러므로 자유권은 국가에 대하여 부당한 침해행위를 하지 말 것, 즉 **부작위를 요구하는 기본권**이다. 원칙적으로 개인은 자유권을 행사하기 위하여 입법자에 의한 매개를 필요로 하지 않는다. 자유권적 기본권은 그 자체로서 직접 효력을 가지는 제소가능한 주관적 공권으로서, 그 자체로서 국가행위에 대한 방어적 기능을 하게 된다.

한편, 자유권은 국가의 모든 행위를 절대적으로 배제하는 것이 아니라, **자유권의 제한이 헌법적으로 정당화되어야 한다는 조건 하에서 자유에 대한 제한을 허용**한다. 따라서 국가가 자유권의 제한을 정당화할 수 있다면, 개인은 자신의 자유권에 대한 제한을 수인해야 한다. 단지 **헌법적으로 정당화되지 않은 '제한'만이 기본권의 '침해'**를 가져온다. 헌법은 제37조 제2항에서 "국민의 모든 자유와 권리는 … 법률로써 제한할 수 있으며, 제한하는 경우에도 자유와 권리의 본질적인 내용을 침해할 수 없다."고 하여, 위와 같은 의미에서 기본권의 '제한'과 '침해'를 구분하여 사용하고 있다.[1)]

Ⅱ. 선국가적 자유로서 자유권적 기본권

자유권의 보장내용이 헌법에 의하여 창설되는 것이 아니라 헌법 이전에 존재한다는 의미에서 자유권의 보호대상은 자연적 자유 또는 선국가적(先國家的) 자유이다. 헌법은 제10조 후문에서 '**기본적 인권을 확인**하고 보장해야 할 국가의 의무'를 규정함으로써, 기본적 인권으로서 인간의 자유와 평등은 국가에 의하여 부여되는 것이 아니라 단지 확인됨으로써 실정법인 기본권규정으로 전

1) 이에 대하여 헌법은 제16조, 제17조, 제18조에서 주거의 자유, 사생활의 비밀과 자유, 통신의 비밀과 관련하여 **"침해받지 아니한다."**는 표현을 사용하고 있다. 그러나 여기서의 '침해'란 자유권에 대한 '위헌적인 제한'을 의미하는 것이 아니라, 위 자유권의 보호법익이 개인의 '행위가능성'이 아니라 사생활영역과 같이 객관적 실체를 가진 '보호법익의 불가침성'을 표현하고자 한 것이다.

환된다는 것을 밝히고 있다. 따라서 **헌법상 자유권적 기본권의 보장은 단지 '국가에 의한 자유의 확인'**에 지나지 않기 때문에, 국가가 선국가적인 자유권을 제대로 확인하지 아니함으로써 실정헌법규범으로 전환하지 않은 경우에는, 그러한 자유권은 헌법적으로 보장되지 않는 것이 아니라 헌법 제37조 제1항에 의하여 **"헌법에 열거되지 아니한" 자유권**으로서 보장된다.

Ⅲ. 보장내용에 따른 자유권적 기본권의 구분

1. 법익의 불가침성을 보호하는 자유권과 행위가능성을 보호하는 자유권

가. 법익의 불가침성을 보호하는 자유권

인간의 존엄성, 생명권, 신체불가침권, 신체의 자유, 주거와 통신의 비밀, 사생활의 보호, 개인의 명예를 비롯한 인격권 등은 개인의 적극적인 행위가능성을 보호하는 것이 아니라, 생명, 신체, 통신과 주거의 비밀 등 개인에게 전적으로 귀속되는 특정 법익의 불가침성을 국가의 침해로부터 보호함으로써 기본권의 주체가 보호법익을 보유하고 유지하는 것을 가능하게 한다. 우리 헌법은 제16조 내지 제18조에서 "… **침해받지 아니한다.**"는 표현을 통하여 이러한 자유권의 불가침성을 표현하고 있다.[2)]

이러한 자유권은 **무엇을 보유하는 '정적(靜的)인 권리'**이지, 무엇을 해도 되는 '동적(動的)인 권리'가 아니다. 이러한 자유권의 경우, 기본권의 주체가 **자유권의 적극적인 행사를 통하여 다른 법익과의 충돌을 야기하는 것이 아니라, 국가나 타인에 의하여 일방적으로 침해**받게 된다. 이러한 자유권에 의하여 보호되는 법익은 전적으로 개인적 영역에 속하는 것으로 그 자체로서는 다른 법익과의 충돌가능성이 없으므로 원칙적으로 불가침이며, 정상적인 상황에서는 공익상의 이유로 제한되어야 할 필요가 없다.

물론, 이러한 자유권도 제한될 필요가 있으나, 그 제한의 필요성은 위 자유권의 존재 자체로 인하여 발생하는 것이 아니라, 기본권주체가 '행위가능성을 보장하는 자유권'을 잘못 행사한 결과, 가령 범죄행위와 같은 다른 이유에 의하여 주거나 통신의 비밀, 신체의 자유 또는 신체불가침권에 대한 제한을 요청하는 계기가 발생하는 것이다(예컨대, 주거에 대한 수색, 통신의 감청, 범죄 혐의로 인한 체포·구속, 음주운전여부의 판단을 위한 혈액의 채취 등). 이러한 자유권에 대한 제한은 지속적인 것이 아니라 **일시적 또는 일회적**이며, 제한을 정당화하는 특수한 상황이 사라진 후에는 보호법익은 다시 불가침성을 회복한다. 이러한 자유권에 대한 제한은 명령과 강제라는 고전적인 제한의 형태가 아니라 **국가의 사실행위**를 통하여 이루어진다.

나. 행위가능성을 보호하는 자유권

이러한 자유권은 직업의 자유, 표현의 자유, 예술의 자유, 결사의 자유, 집회의 자유 등과 같이

---

2) 한편, 헌법은 **인간의 존엄과 가치**(제10조) 및 **신체의 자유**(제12조)의 경우에는 "… 가진다."는 표현을 사용하고 있으나, 법익의 불가침성을 전제로 하는 "침해받지 아니한다."란 표현을 사용하는 것이 보다 타당하다. 인간의 존엄과 가치 및 신체의 자유는 다른 자유권을 행사하기 위한 조건이나 전제로서 전적으로 개인적 영역에 귀속되는 것이며, 적극적인 행위가능성을 보장하는 기본권이 아니라 국가나 사인에 의하여 일방적으로 침해받는 소극적인 법익이기 때문이다.

자기결정에 따른 행위가능성을 보호하고 있다. 헌법은 행위가능성을 보호하는 기본권을 "… **자유를 가진다.**"는 표현을 사용하여 규정하고 있다. 이러한 자유권은 **'무엇을 해도 되는 동적(動的)인 권리'**이다. 이러한 자유권들이 보호하고자 하는 것은 특정 생활영역에서 행위를 통한 자기결정권으로, 가령 '종교'나 '표현' 그 자체가 아니라 '신앙생활을 할 자유'나 '의견을 표명할 자유'이다.

행위가능성을 보호하는 자유권의 경우, 기본권의 주체가 **자유권의 행사를 통하여 타인의 법익이나 공익과 충돌할 가능성이 상존**하고 있으므로, 이러한 자유권에 대한 제한은 필수적이다. 법익의 불가침성을 보호하는 자유권의 경우 그에 대한 제한은 비정상적 상황에서 개별적인 경우 일시적으로 가능하다면, 행위가능성을 보호하는 자유권의 경우에는 자유권과 이에 대립하는 법익이 양립할 수 있도록 그에 대한 **제한은 상시적 · 지속적**으로 유지되어야 한다. 가령, 집회의 자유나 직업의 자유는 집시법 등 이를 규율하는 다양한 법률에 의하여 상시적으로 상충하는 법익과의 경계가 설정되어야 한다. 이러한 자유권에 대한 제한은 주로 명령과 강제라는 **고전적인 제한의 형태**로 이루어진다.

한편, 헌법 제23조의 재산권보장은 '주관적 행위가능성'으로서 재산권의 자유로운 사용과 처분의 가능성 및 '법적 지위'로서 법질서에 의하여 개인에게 귀속된 구체적 재산권의 존속을 동시에 보장한다. 헌법은 재산권의 경우 이러한 특수성을 감안하여 "… 보장된다."는 제3의 표현을 사용하고 있다.

2. 인간의 상태를 보호하는 자유권과 인간의 행위를 보호하는 자유권

'법익의 불가침성을 보호하는 자유권'과 '행위가능성을 보호하는 자유권'의 구분은 '인간의 상태를 보호하는 자유권'과 '인간의 행위를 보호하는 자유권'의 구분으로 바꾸어 표현할 수 있다. **인격의 자유로운 발현**은 그의 기본조건으로서, **인간의 상태에 대한 보호와 인간의 행위에 대한 보호라는 이중적인 보호를 필요**로 한다. 모든 자유권은 인간존엄성의 실현과 자유로운 인격발현을 위하여 보장되는 것이며, 이러한 목적을 위하여 헌법은 특정한 영역을 국가의 침해로부터 차단함으로써 자유로운 인격발현을 위하여 필요한 상태나 법적 지위를 보장하는 자유권(예컨대 사생활의 보호, 주거의 자유와 통신의 비밀의 보장, 재산권의 존속보장 등)과 자유로운 인격발현을 위한 적극적인 행위를 보호하는 자유권(예컨대 언론, 집회의 자유, 직업의 자유, 재산권의 이용과 처분 등)을 함께 보장하고 있다.

Ⅳ. 자기결정권으로서 자유권적 기본권

헌법상 보장된 모든 개별자유권들은 각 생활영역에서 자기결정과 자유로운 인격발현을 위하여 불가결한 자유, 이로써 개인의 자기결정권(自己決定權)을 보장하고자 하는 것이다. 자유란 개인의 행위와 사고에 있어서 '타인에 의한 결정으로부터의 자유', 즉 자기결정을 의미한다. 따라서 **자유권이 궁극적으로 보장하고자 하는 바**는 자기결정에 따라 각자의 생활을 자기 책임 하에서 독자적으로 형성할 자유, 즉 **자기결정권 및 인격의 자유로운 발현가능성**이다. 그러므로 자기결정권 또는 인격의 자유로운 발현가능성은 자유권의 또 다른 이름에 지나지 않는다.[3)]

제 2 절 인신의 보호

제 1 항 생명권

Ⅰ. 헌법적 의미

생명권을 헌법에 명문으로 규정하고 있는 독일, 일본 등 일부 국가와는 달리, 우리 헌법에는 생명권에 관한 명문의 규정이 없다. 그러나 **생명권**은 **'신체를 훼손당하지 아니할 권리'**(**신체불가침권**) 및 신체적 이동의 자유를 보장하는 헌법 제12조의 **'신체의 자유'**와 함께 신체적 생존의 기본조건을 보호하는 기본권, **인신(人身)의 보호에 기여하는 기본권**이다. 인간의 신체적 생존이 정신적 생존의 근거이자 다른 기본권을 행사하기 위한 전제조건이라는 점에서, 생명권, 신체불가침권, 신체의 자유는 모두 인간존엄성실현 및 개인의 인격발현에 있어서 불가결한 **핵심적 자유영역**에 속한다.

생명권과 신체불가침권은 헌법에 명시적으로 규정되지 아니한 기본권(헌법 제37조 제1항)으로, 인간의 존엄과 가치를 실현하기 위하여 불가결한 수단으로서 국가가 실정법화 했는지 여부와 관계없이 헌법적으로 보장되어야 할 개인의 자유이다. 생명권과 신체불가침권은 일반적 자유권인 행복추구권으로부터 도출할 수도 있으나, 신체의 자유가 개인의 생명과 건강을 전제로 하고 있다는 점, 생명권 · 신체불가침권 · 신체의 자유가 모두 인신의 보호에 기여하는 기본권이라는 점에서, 그 성질에 있어서 가장 인접한 권리인 제12조의 **신체의 자유로부터 도출**하는 것이 보다 타당하다.

Ⅱ. 기본권의 주체

인간의 존엄성과 마찬가지로, 생명권은 인간의 존엄과 가치를 가진 **모든 인간**에게 동등하게 인정되는 기본권이다. 생명권은 국적과 관계없이 보장되는 인권으로서, 내국인뿐만 아니라 외국인도 그 주체가 된다. **자연인만**이 생명권의 주체가 될 수 있고, 법인은 기본권의 성질상 생명권을 향유할 수 없다. 생명권은 오직 살아있는 사람만의 기본권이다.

생명권은 출생에 의하여 비로소 보호되는 것이 아니라 이미 난자와 정자가 결합하는 시점부터 보호된다. 생명권의 보호는 뇌파가 종국적으로 소멸하는 시점, 즉 뇌사(腦死)와 함께 종료된다. 한편, **태아도 생명권의 주체가 될 수 있는지**에 관하여 논란이 있으나, 태아의 생명을 보호하기 위하여 반드시 태아의 기본권 주체성이 인정될 필요는 없다. 태아의 기본권 주체성을 인정해야 하는지

---

3) 가령, **양심의 자유**는 양심형성과 양심실현에 관한 자기결정권, **집회의 자유**는 집회의 시간 · 장소 · 목적 · 방법에 관한 자기결정권, **재산권보장**은 재산권의 이용과 처분에 관한 자기결정권, **사생활의 비밀**은 사생활정보의 공개에 관한 자기결정권, **주거의 자유**는 주거의 불가침성에 관한 자기결정권, **신체불가침권**은 신체의 불가침성에 관한 자기결정권, **통신의 비밀**은 통신정보의 공개에 관한 자기결정권을 의미한다. 마찬가지로, 개인정보에 관한 자기결정권, 성적(性的) 자기결정권, 소비자의 자기결정권 등도 일반적 자유권인 **행복추구권으로부터 파생하는 자유의 구체적 내용**에 불과하다.

여부와 관계없이, 태아의 생명도 생명권의 객관적 가치질서로부터 파생하는 국가의 보호의무에 의하여 보호받기 때문이다. 한편, 헌법재판소는 태아의 생명을 보호해야 할 국가의 보호의무뿐만 아니라 태아의 생명권 주체성도 인정하고 있다(헌재 2008. 7. 31. 2004헌바81, 판례집 20-2상, 91, 101).

Ⅲ. 법적 성격

1. 생명권은 일차적으로 생명에 대한 모든 형태의 국가적 침해를 방어하는 **대국가적 방어권**이다. 생명권은 공권력에 의한 직접적인 살인으로부터 그 목적과 관계없이(가령, 사형의 선고·집행이든 아니면 국가에 의한 인질범의 사살이든 간에) 인간의 생명을 보호한다. 물론, 생명권의 보장으로부터 곧 사형제도의 금지나 폐지의 요청이 도출되는 것은 아니다.

2. 오늘날 민주적 법치국가에서 국가가 적극적으로 생명권을 침해하는 것은 예외적 현상에 속하므로, **타인의 침해로부터 개인의 생명을 보호해야 할 국가의 의무**가 생명권의 방어기능보다 더욱 중요한 의미를 가진다. 국가는 법규범의 제정과 적용을 통하여, 특히 형법과 질서행정의 영역에서 국민의 생명을 위협하고 침해하는 개인의 행위를 방지하고 통제함으로써 생명을 보호해야 한다.

국가의 보호의무는 **국가가 인간의 생명에 대한 위험을 직접 초래하지 않은 상황**에서 문제된다. 낙태가 임산부의 자유로운 결정에 의한 것이라면, 태아의 생명권에 대한 국가의 침해는 존재하지 않는다. 그러나 이 경우, 국가는 태어나지 않은 생명에 대한 보호의 책임을 지게 된다. 인질범에 의한 납치의 경우, 국가는 인질범에 의한 생명의 위협으로부터 인질의 생명을 보호해야 할 책임을 진다. 뿐만 아니라, 생명권은 사회국가원리와의 연관관계에서 생명의 유지에 필요한 최소생계비를 지급해야 할 국가의 의무와 이에 대응하는 급부청구권의 근거규범이 될 수 있다.

국가가 생명에 대한 보호의무를 이행하기 위하여 반드시 형법적 수단을 동원해야 하는 것은 아니다. 형법은 보호의무의 이행을 위하여 고려되는 여러 조치 중에서 단지 하나의 효과적인 수단으로 간주된다. 국가는 어떠한 방법으로 보호의무를 이행할 것인지에 관하여 광범위한 형성의 자유를 가지므로, **생명보호를 위해 국가에게 요구되는 최소한의 보호조치마저 취하지 않은 경우**에 한하여 보호의무의 위반이 인정될 수 있다.

판 례 법원은 민법조항을 적용함에 있어서 태아가 살아서 출생하는 경우에 한하여 소급적으로 권리능력을 가지는 것으로 해석함으로써, 살아서 출생하지 않은 태아에 대해서는 태아 상태에서 생명이 침해된 경우임에도 손해배상청구권을 부정하고 있는데, 이러한 **법원의 해석이 국가의 생명권 보호의무를 위반하였는지 여부**가 문제된 사건에서, 헌법재판소는 "이 사건 법률조항들이 태아가 사산한 경우에 한해서 태아 자신에게 불법적인 생명침해로 인한 손해배상청구권을 인정하지 않고 있다고 하여 단지 그 이유만으로 입법자가 태아의 생명보호를 위해 국가에게 요구되는 최소한의 보호조치마저 취하지 않은 것이라 비난할 수 없다."고 판시한 바 있다(헌재 2008. 7. 31. 2004헌바81).

Ⅳ. 제 한

생명권에 대한 국가의 제한은 사형의 선고와 집행, 경찰에 의한 인질범의 사살, 국가에 의한 강제낙태 등 다양한 형태로 나타난다. 국가에게 개인의 죽음을 방지해야 할 의무가 있음에도 국가가 개인의 죽음을 방지하는 조치를 취하지 않는다면(가령, 수감자의 아사{餓死} 방치), 공권력의 부작위에 의한 살인은 적극적인 살인과 법적으로 동일하게 평가된다.

생명권의 제한은 곧 생명권의 박탈을 의미하므로, **생명권을 제한할 수 있는지의 문제**가 제기되지만, 둘 이상의 생명의 가치가 충돌하는 경우 하나의 생명을 보호하기 위하여 필요한 경우에는 부득이 다른 생명을 부정하는 입법이 가능하다는 것을 인정하지 않을 수 없다. 그러나 인간생존의 기본조건으로서의 생명권의 중요성에 비추어, 인간의 생명에 대한 제한은 형식적 의미의 법률로써 이루어져야 할 뿐만 아니라, 과잉금지원칙의 관점에서 정당화되기 위해서는 타인 생명의 보호나 타인 건강에 대한 중대한 침해로부터의 보호 등 중대한 법익의 보호를 위한 불가피한 수단이어야 한다.

Ⅴ. 생명권과 관련된 중요한 헌법적 문제

1. 사형제도

사형이란, 범죄인의 생명을 박탈하는 방법으로 그를 사회로부터 영구히 제거하는 형벌이다. **사형제도의 목적**은 형벌의 일반적인 목적과 마찬가지로, 범죄에 대한 응보(應報)와 일반적 예방효과(억지효과)에서 찾을 수 있다. 한편, 사형이란, 국가공동체가 범죄인을 더 이상 '인간의 존엄과 가치'를 가진 인격체로서 인정하지 않겠다고 하는 것의 명시적인 표현이다. 그러나 헌법상 보장되는 '인간의 존엄과 가치'는 인격체를 사회로부터 제거하고 인간의 생명을 범죄퇴치의 수단으로 사용하는 것을 국가에 대하여 금지하므로, 인간존엄성을 최고의 가치로 삼는 헌법질서에서 **사형제도가 헌법적으로 허용되는지의 문제**가 제기된다.

헌법은 제110조 제4항 단서에서 "사형을 선고한 경우"를 예로 언급함으로써, 간접적이나마 사형제도를 인정하는 태도를 취하고 있다(헌재 2010. 2. 25. 2008헌가23). 헌법이 사형제도를 예정하고 용인하고 있는 것으로 본다면, 이러한 헌법적 상황에서 사형제도의 존폐 문제는 헌법적 문제가 아니라 입법정책의 문제이며, 결국 우리나라의 실정, 법문화, 국민의 법감정과 법의식 등을 반영하여 판단되어야 할 문제이다. 유럽에서는 전반적으로 사형제도가 폐지된 반면, 미국에서는 연방대법원의 판례에 의하여 합헌적인 것으로 유지되고 있다.

판 례 헌법재판소는 **사형제도가 헌법에 위반되는지 여부**에 관하여 이미 두 차례에 걸쳐 합헌결정을 한 바 있다. 헌법재판소의 견해에 의하면, 사형제도 그 자체는 헌법상 허용되나, 사형은 과잉금지원칙의 엄격한 조건 하에서 불가피한 예외적인 경우("다른 생명 또는 그에 못지아니한 공공의 이익을 보호하기 위한 불가피성이 충족되는 예외적인 경우")에 한하여 적용되어야 한다(헌재 1996. 11. 28. 95헌바1; 헌재 2010. 2. 25. 2008헌가23).

2. 인공임신중절

형법상 낙태죄조항은 국가가 태아의 생명권을 보호하기 위하여 산모의 자기결정권을 제한하는 전형적인 경우에 해당한다. 인공임신중절(낙태행위)의 처벌은 **'태아의 생명권'과 '산모의 자기결정권(일반적 인격권 또는 사생활의 자유) 또는 생명권' 간의 기본권충돌**을 야기한다. 기본권충돌의 경우, 실제적 조화의 원칙에 따라 양 기본권의 최적화를 실현해야 한다.

산모의 생명을 보호하기 위하여 이루어지는 낙태는 기간의 제한 없이 허용되어야 한다. 임신에 의하여 산모의 생명이 위협받는 경우, '산모의 생명'과 '태아의 생명'이 대립하는 상황에서 산모의 생명을 희생하여 임신을 유지할 것을 요구할 수 없다.

나아가, **산모의 자기결정권**은 특정한 사유가 존재하는 경우(가령, 강간 등 범죄행위에 의한 임신, 태아의 우생학적 · 유전적 질환가능성, 산모의 사회적 · 경제적 가혹한 사유 등)에 낙태의 허용을 요청한다. 그러나 산모의 자기결정권을 이유로 하는 낙태는 시간적으로 무제한적으로 허용될 수 없다. 태아의 생명이 성장을 지속하여 어느 시점에 이르게 되면 더 이상 박탈될 수 없는 태아의 생명권으로 강화된다. 따라서 입법자는 태아의 생명을 보호하는 입법적 조치를 취함에 있어서, 임신 초기의 적정한 기간 내에서는 산모의 자기결정권을 존중하여 낙태를 허용하면서 그 이후의 시점부터는 낙태를 전면적으로 금지하는 등 **인간생명의 발달단계에 따라 그 보호정도를 달리** 할 수 있다. 어떠한 시점까지 그리고 어떠한 사유에 한하여 산모의 자기결정권에 우위를 부여함으로써 낙태행위를 허용할 것인지를 정함에 있어서, 입법자에게 상당히 광범위한 형성권이 인정된다.

판 례 **'자기낙태죄 사건'**에서 **재판관 5인의 합헌의견**은, 모자보건법 등이 우생학적 또는 유전학적 질환가능성 등 예외적인 경우에는 임신 24주 이내의 낙태를 허용하고 있다는 점에 비추어, 형법상 자기낙태죄 조항이 임신 초기의 낙태나 사회적 · 경제적 사유에 의한 낙태를 허용하고 있지 아니한 것은 태아의 생명권을 보호하기 위하여 불가피한 것으로 임부의 자기결정권을 과도하게 침해하는 것이 아니라고 판단하였다(헌재 2012. 8. 23. 2010헌바402). 이에 대하여, **재판관 4인의 반대의견**은 "국가는 생명을 보호하는 입법적 조치를 취함에 있어 인간생명의 발달단계에 따라 그 보호정도나 보호수단을 달리할 수 있다. … 임신 초기의 낙태까지 전면적, 일률적으로 금지하고 처벌하고 있는 자기낙태죄 조항은 침해의 최소성원칙에 위배된다."고 판시하였다.

한편, 헌법재판소는 헌재 2019. 4. 11. 2017헌바127 결정에서 재판관 7인의 위헌의견으로 **기존의 판례를 변경**하여, 태아의 생명을 보호하기 위하여 낙태를 금지하고 형사처벌하는 것 자체가 헌법에 위반된다고 볼 수는 없으나, 자기낙태죄 조항이 모자보건법에서 정한 사유에 해당하지 않는다면 임신 초기의 낙태나 사회적 · 경제적 사유에 의한 낙태를 예외 없이 전면적으로 금지하면서 이를 위반한 경우 형사처벌하는 것은 과잉금지원칙에 위반하여 **임신한 여성의 자기결정권을 침해**하는 위헌적인 규정이라고 판단함으로써 입법개선 시까지 계속적용을 명하는 **헌법불합치결정**을 선고하였다.

3. 안락사

안락사(安樂死)란 의사가 환자의 고통을 종료시키기 위하여 환자의 생명을 단축시키거나 연장하지 않는 것을 말하는데, 안락사는 의사가 생명을 단절시키는 약물의 투여 등의 방법으로 적극적으로 생명을 단축시키는 **'적극적 안락사'**와 인공호흡기구와 같은 생명을 연장할 수 있는 조치를 취하지 않거나 중단함으로써 사망을 초래하는 **'소극적 안락사'**로 구분된다.

적극적 안락사는 그 법적 성격에 있어서 인간의 생명을 박탈하는 살인행위에 해당하며, 인간존엄성과 생명권을 보장하는 헌법의 가치결정에 정면으로 반하는 것이므로, 헌법적으로 허용될 수 없다. 반면에, 소극적 안락사는 헌법적으로 허용될 수 있으며, 나아가 인간존엄성의 관점에서 경우에 따라서는 헌법적으로 요청될 수도 있다.

소극적 안락사와 관련하여 특히 '존엄사(尊嚴死)'의 문제가 제기되면서 불치의 환자의 '인간답게 또는 존엄하게 죽을 권리'가 주장되고 있다. 죽음에 임박한 환자는 의식적으로 안락사를 요청할 수 있고 사전에 이에 동의할 수도 있다. 환자는 자신의 삶을 스스로 결정하고 형성할 자기결정권을 가지며, 환자의 자기결정권은 '존엄한 죽음을 스스로 결정하고 선택할 권리', **'연명치료의 중단 여부에 관한 자기결정권'**도 포함한다. 따라서 불치의 병에 걸린 환자의 명시적인 또는 추정적인 의사에 반하여 무의미한 생명연장조치를 취하는 것은 죽어가는 환자를 현대의학의 실험대상으로 만드는 것으로 인간존엄성에 반한다.

판 례 헌법재판소는 **'연명치료 중단에 관한 법률'을 제정하지 않은 입법부작위의 위헌확인**을 구하는 헌법소원사건에서 **'입법자의 헌법적 의무가 존재하는지 여부'**를 심판청구의 적법요건 단계에서 판단함에 있어서, **첫째,** 환자의 자기결정권과 인간의 존엄성의 연관관계에서 헌법해석을 통하여 **'연명치료 중단에 관한 자기결정권'**이라는 환자의 기본권을 도출하였고, **둘째,** 헌법재판소가 비록 명시적으로 밝힌 것은 아니지만, 의료기관이 환자의 의사에 반하여 무의미한 생명연장조치를 취하는 것은 사인에 의하여 환자의 기본권이 침해되는 상황에 해당하므로, 국가에게는 사인에 의한 침해로부터 환자의 '연명치료 중단에 관한 자기결정권'을 보호해야 할 **보호의무가 발생**한다는 것을 확인하였고, **셋째, 국가의 보호의무 이행이 반드시 보호입법의 형태로 이루어져야 하는지 여부**를 판단하였는데, "연명치료 중단에 관한 자기결정권을 보장하는 방법으로서 '법원의 재판을 통한 규범의 제시'와 '입법' 중 어느 것이 바람직한가는 입법정책의 문제로서 국회의 재량에 속한다 할 것이므로, 헌법해석상 '연명치료 중단 등에 관한 법률'을 제정할 국가의 입법의무가 명백하다고 볼 수 없다."는 이유로 입법자의 헌법적 입법의무를 부정함으로써 심판청구를 부적법한 것으로 각하하였다(헌재 2009. 11. 26. 2008헌마385).

제 2 항 신체불가침권

Ⅰ. 법적 성격

신체불가침권은 일차적으로 **개인의 대국가적 방어권**으로서 국가의 침해로부터 신체의 불가침성을 보호한다. 나아가, 신체불가침권은 사인으로부터 발생하는 신체불가침권에 대한 침해, 산업사회에서 건강을 위협하는 산업시설(예컨대, 원자력 발전소 또는 항공소음)과 국경 외부로부터 유입되는 오염물질 등 환경영역에서의 잠재적 위험원(危險原)으로부터 발생하는 침해에 대하여 **개인의 건강을 보호해야 할 국가의 의무**를 부과한다. 흡연으로부터 비흡연자의 건강을 보호하는 것도 국가의 보호의무가 문제되는 대표적인 경우이다. 생명권과 마찬가지로 신체불가침권과 관련해서도 형법적 제재는 기본권의 보호를 위한 다양한 가능성 가운데 하나의 효과적인 방법이므로, 국가가 보호의무를 이행하기 위하여 반드시 형법적 수단을 동원해야 하는 것은 아니다. 헌법재판소는 **'교통사고처리특례법 사건'**에서 "형벌이 법익보호를 위한 유일한 효율적이고 적절한 수단일 때에만 비로소 국가의 보호의무는 형벌권을 행사해야 할 국가의 의무로 구체화되고, 국가가 이러한 경우에도 형벌권을 포기할 때에만 보호의무를 위반하는 것이 된다."고 판시한 바 있다(헌재 1997. 1. 16. 90헌마110 등, 판례집 9-1, 90, 123).

Ⅱ. 보호범위

신체불가침권 또는 신체를 훼손당하지 아니할 권리는 그 성질상 **오로지 자연인**의 권리이고 국적과 관계없이 인정되는 **인권**이다. 신체불가침권이란 **개인의 건강과 신체의 완전성(完全性)을 보호**하고자 하는 기본권으로, 개인의 건강권이라 할 수 있다. 여기서 '건강'이란 '질병이 없는 상태'라는 좁은 의미가 아니라 신체적·정신적 건강을 모두 포함하는 포괄적인 개념이다.

Ⅲ. 제 한

신체불가침권을 제한하는 행위는, **건강을 해치거나 위협하는 행위**는 물론이고 **신체에 고통을 가하는 행위**를 비롯하여 **정신적 학대**, 생체학적 건강을 해치지 않는 **신체의 완전성에 대한 침해**까지도 포함한다. 예컨대, 국가기관에 의한 신체적·정신적 고문, 신체에 대한 강제적 의학실험, 강제거세나 강제불임시술, 체형이나 체벌, 전염병예방을 위한 강제접종, 수술 등 치료를 위한 신체적 침해, 음주측정을 위한 혈액의 채취, 두발이나 수염 모양의 강제변경(군인의 두발형태에 대한 규제) 등이 이러한 국가행위에 속한다.

환자의 치료를 위한 의학적 조치도 신체불가침권에 대한 제한에 해당하므로, 환자의 동의를 필요로 한다. 동의에 관한 환자의 의사결정은 자유롭고 의식적으로 이루어져야 한다. 두발이나 수염의 변경과 같이 강제적인 신체 변화도 신체의 완전성에 대한 침해를 의미하므로, 당사자의 동의를 필요로 하거나 당사자의 동의가 없는 경우에는 법적인 근거가 필요하다. 학생에 대한 교사의 체벌도 학생의 신체불가침권을 침해하므로, 법적인 근거를 필요로 한다(헌재 2000. 1. 27. 99헌마481).

제 3 항 신체의 자유

Ⅰ. 헌법적 의미

헌법 제12조 제1항 제1문은 "모든 국민은 신체의 자유를 가진다."고 하여 신체의 자유를 보장하고 있다. 신체의 자유는 국가의 자의적이고 불법적인 체포에 대하여 개인을 보호하려는 '1679년 영국의 인신보호법'(Habeas Corpus Act)에서 유래하는 기본권으로, 기본권의 보장 중에서 가장 역사가 오래된 기본권에 속한다. 우리 헌법이 신체의 자유를 다른 개별자유권에 앞서서 규정한 것은, **인간생존의 기본적 조건이자 다른 기본권행사의 전제조건**으로서의 신체의 자유의 중대한 의미를 표현하고자 한 것이다. 신체의 자유는 인간의 존엄성실현과 인격의 자유로운 발현을 위한 **핵심**

적 자유영역에 속한다. 신체의 자유가 보장되지 않으면 다른 기본권은 사실상 행사될 수 없으며 그 보장은 무의미해진다. 헌법은 신체의 자유가 기본권주체에 대하여 가지는 근본적 의미를 고려하여, 헌법 제12조 제1항 내지 제7항에 이를 특별히 절차적으로 보장하기 위한 상세한 규정을 두고 있다.

Ⅱ. 기본권의 주체 및 법적 성격

'인신의 보호에 관한 자유권'은 인간의 존엄과 가치를 가진 **모든 인간**에게 동등하게 인정되는 기본권이다. **자연인만**이 신체의 자유의 주체가 될 수 있고, 법인은 기본권의 성질상 신체의 자유를 향유할 수 없다.

신체의 자유는 신체적 이동의 자유를 국가의 침해로부터 보호하는 **대국가적 방어권**이자, 객관적 가치질서로서 신체의 자유를 사인에 의한 불법적 침해로부터 **보호해야 할 국가의 의무**를 부과한다. 국가가 보호의무를 이행하는 수단으로는, 신체의 자유에 대한 침해를 금지하고 이를 사후적으로 처벌하는 일련의 형법규정, 신체의 자유가 침해되는 경우에 경찰의 개입의무를 부과하는 경찰법상의 규정, 민법상의 불법행위에 관한 규정 등을 예로 들 수 있다.

Ⅲ. 보호범위

1. 현재 체류하는 장소로부터 임의로 이동할 수 있는 자유

신체의 자유가 보호하는 바가 무엇인지, 적극적인 신체활동의 자유인지 아니면 소극적인 신체적 이동의 자유인지 또는 신체불가침권까지도 포함하는지의 문제가 제기된다. 신체의 자유란 기본권주체에 의하여 적극적으로 행사됨으로써 타인의 법익이나 공익과 충돌을 야기하는 기본권이 아니라, 마치 개인의 명예나 사생활 또는 생명권·건강권과 마찬가지로 국가나 타인에 의하여 **일방적으로 침해되는 수동적인 기본권**이다. 헌법 제12조 제1항 내지 제7항에서 신체의 자유에 대한 제한의 형태로서 체포·구속·신체에 대한 압수·수색과 같은 물리적 강제력을 사용하는 제한 형식을 언급하고 있는 것도, 신체이동의 자유가 공권력의 직접적 강제에 의하여 제한되는 경우에 비로소 보호범위가 문제된다는 것을 말해주고 있다. 나아가, 신체의 자유가 역사적으로 불법적 체포에 대하여 개인을 보호하려는 목적으로 제정된 '인신보호법'에 그 뿌리를 두고 있다는 점에 비추어 보더라도, 적극적인 행위가능성이 아니라 개인에게 전적으로 귀속되는 **'자유로운 인격발현을 위한 조건이나 상태'를 보장**하는 기본권이다.

이러한 관점에서 본다면, 신체의 자유가 보호하고자 하는 것은 적극적인 신체활동의 자유나 신체불가침권이 아니라 **신체적 이동의 자유, 즉 현재 체류하는 장소로부터 임의로 이동할 수 있는 자유**이다. 신체의 자유는 인권보장의 역사에 있어서나 헌법 내에서의 기능에 있어서나 그 자체로서 행사되는 것이 아니라 **다른 자유권을 행사하기 위한 전제조건**에 해당한다. 신체의 자유를 박탈당한 자에게, 신체의 자유를 기본권행사의 조건으로 하는 다른 기본권의 보장, 가령 직업의 자유나 거주·이전의 자유, 주거의 자유, 사생활의 비밀과 자유, 집회·결사의 자유 등의 기본권적 보장은 사실상 무의미하다.

2. 일반적 행동자유권과의 구분

'임의의 장소를 방문하거나 임의의 장소에 체류할 자유'는 일반적 행동자유권에 의하여 보호된다. 청소년에 대한 술집 · 유흥업소 등의 출입금지와 같이, 특정 장소의 방문을 금지하는 것은 신체의 자유에 대한 제한이 아니다. 또한, 교통사고의 처리를 방해하는 구경꾼에게 사고 현장을 떠날 것을 명령하는 것도 신체의 자유에 대한 제한이 아니다.

'소환에 응하지 아니할 자유'도 일반적 행동자유권에 의하여 보호된다. 예컨대 증인소환, 행정청의 출두명령, 교통법규 위반자에 대한 교통안전교육에 참석할 의무의 부과 등의 경우에는 국가가 기본권주체에 대하여 신체적 이동의 자유를 직접적으로 제약하는 물리적 강제력을 행사하는 것이 아니라, 단지 당사자에게 출석 의무를 부과하고 이를 이행하지 않는 경우 처벌 등의 방법을 통하여 의무이행(출석)을 강제하고자 하는 것이다. 국가가 법적 의무의 부과를 통하여 특정 행위를 강제하는 것으로부터 개인의 행동의 자유를 보호하고자 하는 기본권이 바로 '일반적 행동자유권'이다.

판 례 헌법재판소는 **초기의 판례**에서 "신체의 자유를 보장하고 있는 것은, 신체의 안정성이 외부로부터의 물리적인 힘이나 정신적인 위험으로부터 침해당하지 아니할 자유와 신체활동을 임의적이고 자율적으로 할 수 있는 자유를 말하는 것"이라고 판시함으로써, 신체의 자유가 **신체불가침권과 신체활동의 자유**를 포괄적으로 보호하는 것으로 파악하고 있다(현재 1992. 12. 24. 92헌가8, 판례집 4, 853, 874). 이러한 입장은 그대로 유지되어, **최근의 판례**에서도 디엔에이감식시료를 채취할 수 있도록 규정한 법률조항에 의하여 신체불가침권이 제한된 경우임에도 제한된 기본권으로 신체의 자유를 언급하고 있다(현재 2014. 8. 28. 2011헌마28등, 판례집 26-2상, 337, 361).

그러나 신체를 훼손당하지 않을 권리인 **신체불가침권**은 신체의 자유에 의하여 보호되는 것이 아니라, 생명권과 마찬가지로 **신체의 자유에 근거하여 이로부터 도출되는 '독자적인 기본권'**이다. 나아가, 위 판시내용은 신체활동의 자유와 관련해서는 '일반적 행동의 자유'와의 구분이 불가능하다는 문제점을 안고 있다.

신체의 자유의 **보호범위에 대한 헌법재판소의 불명확한 이해**는, **'이명박 후보 특검법 사건'**에서 동행명령제도에 의하여 제한되는 기본권이 일반적 행동자유권인지 아니면 신체의 자유인지의 문제를 판단함에 있어서 재판관 사이에 매우 혼란스런 모습으로 나타나고 있다(현재 2008. 1. 10. 2007헌마1468). 참고인에게 '지정된 장소까지 동행할 의무'를 부과하고 동행명령을 거부한 경우 벌금형에 처하도록 규정하는 이명박 후보 특검법상의 동행명령조항은 **신체의 자유가 아니라 일반적 행동자유권을 제한하는 것**이다. 법적 의무의 부과에 의하여 제한되는 기본권은 신체의 자유가 아니며, 다만 의무위반 시 적용되는 형사처벌규정이 법정형으로 '자유형'을 규정하는 경우에 신체의 자유를 과잉으로 제한하는지의 문제가 제기될 수 있을 뿐이다.

Ⅳ. 제 한

1. 신체적 이동의 자유를 제한하는 직접적 강제

국가가 자유로운 신체적 활동을 제한하는 경우가 아니라 신체적으로 작용하는 직접적 강제를 통하여 신체적 이동의 자유를 제한하는 경우, 즉 개인이 **현재 머무는 장소에서 이동하는 것이 공권력의 직접적 강제에 의하여 방해를 받는 경우**, 신체의 자유가 제한된다. 이로써 '신체적 이동의 자유를 제한하는 직접적 강제'에 해당하는 모든 공권력의 조치는 신체의 자유에 대한 제한을 의미한다.

공권력의 조치가 신체의 자유에 대한 제한에 해당하는지 여부는 침해의 강도나 침해가 지속되는 기간에 달려 있는 것이 아니라, 단지 기본권의 주체가 **'자기결정에 따라 현재 머무는 장소에서 이동할 수 있는 자유'를 가지고 있는지 여부**에 달려 있다. 한편, 개인의 체포나 구속을 허용하는 법률조항의 집행행위에 의하여 비로소 신체의 자유가 제한되는 것이 아니라, 이미 그 법률조항도 신체의 자유에 대한 제한을 의미한다. 헌법은 신체의 자유에 대한 제한의 전형적 예로서, 신체의 자유의 완전한 박탈에 해당하는 체포·구속, 신체의 자유가 일시적으로 제한될 수 있는 신체에 대한 압수·수색 및 심문, 처벌·보안처분·강제노역을 들고 있다(헌법 제12조 제1항).

2. 형식적 의미의 법률의 요건

헌법 제12조 제1항 제2문은 "누구든지 법률에 의하지 아니하고는 체포·구속·압수·수색 또는 심문을 받지 아니하며, 법률과 적법한 절차에 의하지 아니하고는 처벌·보안처분 또는 강제노역을 받지 아니한다."고 규정하고 있다. 이로써 신체의 자유를 제한하는 모든 조치는 법률과 적법절차에 의해서만 가능하다.

자유에 대한 모든 제한은 당연히 법적 근거를 필요로 한다는 점에서, 헌법 제12조 제1항 제2문이 **"법률"을 별도로 언급한 것**은 특별한 의미를 가진다. '입법자는 기본권의 영역에서 모든 중요한 문제를 스스로 규율해야 한다'는 소위 **'본질성이론'이 가장 우선적으로 적용되어야 하는 영역**이 있다면, 이는 바로 신체의 자유가 제한되는 경우이다. 신체의 자유의 특별히 중요한 의미에 비추어, 신체의 자유에 대한 제한은 원칙적으로 입법자가 제정한 형식적 의미의 법률에 의해서만 가능하며, 기본권의 제한에 있어서 본질적인 것은 입법자가 스스로 규율해야 한다는 것을 표현하고자 한 것이다.

한편, 입법자가 신체의 자유를 제한하는 경우 모든 것을 스스로 정해야 하고 행정부에 아무 것도 위임할 수 없다는 것을 의미하는 것은 아니다. 그러나 헌법은 법률유보를 다시 한 번 강조함으로써 **신체의 자유의 제한에 관한 본질적인 사항**은 입법자가 행정부에 위임해서는 안 되고 스스로 규율해야 한다는 것을 밝히고 있는 것이다. 입법자는 신체의 자유의 중대한 의미에 비추어 스스로 무엇이 처벌받는 행위인지를 규정하고 형벌의 종류와 범위를 확정하면서, 단지 범죄구성요건에 관한 중요하지 않은 세부적인 규율만을 행정부에 위임해야 한다. 요컨대, 처벌법규의 위임에 있어서, **위임법률의 명확성에 대하여 보다 엄격한 요건**이 요구되는 것이다.

V. 자유박탈의 대표적인 경우

1. 수사·재판단계에서의 구속

가. 무죄추정의 원칙

(1) 의미

헌법은 제27조 제4항에서 "형사피고인은 유죄의 판결이 확정될 때까지는 무죄로 추정된다."고

하여 무죄추정(無罪推定)의 원칙을 규정하고 있다. **무죄추정의 원칙**이란, **형사절차의 피의자나 피고인은 유죄의 판결이 확정될 때까지는 원칙적으로 죄가 없는 자로 취급되어야** 하며, 형사절차로 인한 불이익은 필요한의 최소한에 그쳐야 한다는 법치국가적 원칙을 말한다. 무죄추정의 원칙은, 형사사건으로 기소된 자에 대하여 확정판결도 없이 필요적으로 직위해제처분을 하는 것, 수사기관이 피의자의 피의사실을 함부로 공표함으로써 명예를 훼손시키는 것, 미결수를 기결수와 동일하게 형행을 하는 것 등을 금지한다.

헌법 제27조 제4항에서는 단지 '형사피고인'만을 언급하고 있으나, 피고인이 무죄추정을 받는다면, 피의자도 당연히 무죄추정을 받는다(헌재 2003. 11. 27. 2002헌마193, 판례집 15-2하, 311, 320). 여기서 **'형사절차로 인한 불이익'**에는 형사절차상의 처분뿐만 아니라 그 밖의 기본권제한과 같은 처분(공소제기된 사립학교교원에 대한 직위해제 등)도 포함된다(헌재 1994. 7. 29. 93헌가3등, 판례집 6-2, 1, 12).

판 례 헌법재판소는 미결수용자에게 시설 안에서 재소자용 의류를 입게 하는 것은 필요최소한의 제한에 해당하나, **미결수용자에게 수사 또는 재판을 받을 때에도 재소자용 의류**를 입게 하는 것은 "미결수용자로 하여금 모욕감이나 수치심을 느끼게 하고, 심리적인 위축으로 방어권을 제대로 행사할 수 없게 하여 실체적 진실의 발견을 저해할 우려가 있으므로" 무죄추정의 원칙, 인격권 및 공정한 재판을 받을 권리를 침해한다고 판단하였다(헌재 1999. 5. 27. 97헌마137등).

교원에 대해 **형사사건으로 공소가 제기되었다는 사실만으로 직위해제처분**을 행하게 하고 있는 사립학교법조항(당연퇴직규정)은 "아직 유무죄가 가려지지 아니한 상태에서 유죄로 추정하는 것이 되며 이를 전제로 한 불이익한 처분이라 할 것"이므로 무죄추정의 원칙에 반하고 직업의 자유를 과잉으로 침해한다고 판단하였다(헌재 1994. 7. 29. 93헌가3등, 판례집 6-2, 1, 12).

헌법재판소는 법관으로 하여금 **판결선고 전 미결구금일수**를 형기에 산입하되 재량에 의하여 그 미결구금일수 중 **일부만을 본형에 산입**할 수 있도록 규정하고 있는 형법조항에 대해서도, 피고인이라도 유죄의 확정판결이 있기까지는 원칙적으로 죄가 없는 자로 취급되어야 하고 불이익을 입혀서는 안 되기 때문에 미결구금을 형기에 전부 산입할 것을 요청하는 헌법상 무죄추정의 원칙을 위반하여 신체의 자유를 침해하는 것으로 판단하였다(헌재 2009. 6. 25. 2007헌바25).

(2) 형사절차에 대한 구체적 요청으로서 불구속수사의 원칙

무죄추정의 원칙은 **형사절차의 형성**에도 중대한 영향을 미친다. 무죄추정의 원칙에 따라, **유죄의 입증책임**은 공소를 제기한 국가에 있으며, 어떠한 경우에도 피고인은 자신의 무죄를 입증할 책임을 지지 않는다. 범죄에 대한 확증이 없는 경우, 법관은 '의심스러울 때에는 피고인에게 유리하게'(in dubio pro reo)라는 원칙에 따라 재판을 해야 한다.

나아가, 신체의 자유의 헌법적 보장 및 무죄추정의 원칙에 비추어, **수사와 재판은 불구속을 원칙**으로 한다. 단지 범죄의 혐의가 있다는 이유로 구속을 하는 것은 신체의 자유가 가능하면 보장될 것을 요청하는 헌법의 정신 및 무죄추정의 원칙에 정면으로 반한다. 법치국가에서 구속의 형태로 신체의 자유를 박탈하는 것은, 원칙적으로 피의자가 유죄의 확정판결을 받은 다음에야 비로소 가능하다.

나. 구속여부 및 구속기간의 결정에 있어서 과잉금지원칙의 요청

국가기관이 예외적으로 구속수사를 해야 하는 경우에는 과잉금지원칙의 구속을 받는다. **구속**

수사 · 재판은 **효과적인 범죄소추를 위하여 반드시 필요한 경우에 한하여 최후의 수단으로 허용**되어야 한다. 충분한 범죄혐의를 근거로 피의자의 무죄에 대한 현저한 의심이 있으며, 범죄의 신속하고 완벽한 규명을 요청하는 공익이 피의자의 구속을 명하지 않고서는 달리 확보될 수 없는 경우에만, 수사 · 재판단계에서의 구속은 허용된다.

나아가, 구속수사 · 재판이 허용될 경우라도 **그 구속기간**은 **효과적인 범죄소추를 위하여 반드시 필요한 최소한의 기간에 한정되어야** 한다. 수사를 위하여 구속기간의 연장이 필요한 경우가 있다고 하더라도, 범죄행위의 경중과 관계없이 모든 범죄에 대하여 일률적으로 구속기간을 연장하는 것은 과잉금지원칙에 위반될 수 있다(헌재 1992. 4. 14. 90헌마82). 구속기간은 예상되는 자유형의 기간을 원칙적으로 초과해서는 안 된다. 사건이 신속하게 규명되고 이로써 구속기간이 단축되도록 형벌소추기관과 법원은 취할 수 있는 가능한 모든 조치를 강구해야 한다. 그러므로 형벌소추기관이나 법원의 업무과중은 장기의 구속기간을 정당화하는 사유가 될 수 없다.

판 례 헌법재판소는 "구속은 예외적으로 구속 이외의 방법에 의하여서는 범죄에 대한 효과적인 투쟁이 불가능하여 형사소송의 목적을 달성할 수 없다고 인정되는 경우에 한하여 최후의 수단으로만 사용되어야 하며 구속수사 또는 구속재판이 허용될 경우라도 그 구속기간은 가능한 한 최소한에 그쳐야 하는 것이다."고 판시함으로써, **구속여부와 구속기간의 결정에 있어서 과잉금지원칙**을 엄격하게 준수할 것을 요청하고 있다(헌재 2003. 11. 27. 2002헌마193, 판례집 15-2하, 311, 320; 헌재 1992. 4. 14. 90헌마82, 판례집 4, 194, 206, 210).

형사소송법의 규정과는 달리, 군 사법경찰관에게도 구속기간의 연장을 허용함으로써 군사법원법의 적용을 받는 피의자는 경찰단계에서 최대한 20일을 구속당할 수 있도록 규정한 군사법원법규정의 위헌여부가 문제된 **'구속기간 연장허용 사건'**에서, 헌법재판소는 군검찰관이 아니라 군사법경찰관에게 모든 범죄에 대하여 구속기간의 연장을 허용하면서까지 수사의 목적을 달성하려는 것은 부적절한 방식에 의한 과도한 기본권의 제한으로, 무죄추정의 원칙 및 과잉금지의 원칙을 위반함으로써 신체의 자유와 신속한 재판을 받을 권리를 침해하는 것이라고 판시하였다(헌재 2003. 11. 27. 2002헌마193).

2. 자유형과 과잉금지원칙

가. 형벌의 종류와 범위를 정하는 입법형성권의 헌법적 한계

입법자는 형벌의 종류와 범위를 정함에 있어서 광범위한 형사정책상의 형성권을 가진다. 그러나 법정형의 종류와 범위를 정하는 경우, 입법자는 인간존엄성의 보장, 과잉금지원칙(책임원칙), 평등원칙에 의하여 설정되는 헌법적 한계를 준수해야 한다.

인간존엄성의 관점에서 입법자는 잔인하고 비인간적이거나 굴욕적인 형벌을 규정해서는 안 된다. 따라서 태형(笞刑) 등 신체적 형벌은 문명국가에서 인간존엄성에 반하는 것으로 허용되지 않는다. 뿐만 아니라, **'감형(減刑)의 가능성을 완전히 배제하는 종신형(終身刑)'**(소위 '절대적 종신형')도 인간존엄성에 위반된다. 감형(가석방)의 가능성을 배제한 종신형은, 국가공동체가 범죄인을 더 이상 '인간의 존엄과 가치를 가진 인격체'로서 인정하지 않겠다는 것의 명시적 표현이다. 종신형의 선고를 받은 자의 인격이 형의 집행 중 구체적으로 어떻게 형성되고 발전되는지와 관계없이 다시 자유를 회복할 수 있는 모든 가능성과 희망을 포기하도록 규정하는 것은 인간존엄성의 핵심을 건드리는 것이다. 이러한 의미에서 사형에 대한 대체형(代替刑)으로 '감형의 가능성을 배제한 종신형'

을 도입하고자 하는 시도는 인간존엄성의 관점에서 위헌의 소지가 있다.

입법자는 **형벌에 관한 형사법의 기본원리인 '책임원칙'**을 준수해야 한다(제2편 제4장 제7절 Ⅲ. 참조). 형법상의 책임원칙은 인간의 존엄성과 법치국가원리로부터 파생하는 원칙으로, 형벌과 관련하여 과잉금지원칙이 구체화된 형태이다. 형법상의 책임원칙은 **'책임과 형벌 간의 비례원칙'**으로서 책임 없이 형벌이 부과되어서는 안 되며("책임 없이 형벌 없다."), 나아가 형벌은 죄질과 책임에 상응하도록 적정한 비례관계를 유지해야 하고 형벌이 책임의 정도를 넘어서는 과도한 것이어서는 안 된다는 것을 의미한다.

나아가, 어느 범죄에 대한 법정형이 그 죄질과 이에 대한 행위자의 책임에 비하여 지나치게 가혹한 것이어서 전체 형벌체계상 현저히 균형을 잃는 경우, 이로 인하여 다른 범죄자와의 관계에 있어서 **헌법상 평등원칙**에 반하게 된다.

판 례 **사형제도**의 위헌여부를 판단한 사건에서, **절대적 종신형제도**는 사형제도와는 또 다른 위헌성 문제를 야기할 수 있다는 것을 언급하면서, 현행 무기징역형제도가 상대적 종신형 외에 절대적 종신형을 따로 두고 있지 않은 것이 평등원칙이나 책임원칙에 반하지 않는다고 판시한 바 있다(헌재 2010. 2. 25. 2008헌가23). 나아가, 헌법재판소는 "법정형의 종류와 범위를 정할 때는 … 형벌이 죄질과 책임에 상응하도록 적절한 비례성을 지켜야 한다."고 판시하여, **법정형의 종류와 범위를 정함에 있어서 책임원칙**의 준수를 요청하고 있다(헌재 2003. 11. 27. 2002헌바24).

나. 형벌의 종류와 범위에 관한 광범위한 입법형성권

형벌규정에 대하여 법정형이 과도하다는 이유로 그 위헌성을 주장하는 경우, 각 형벌규정의 입법목적이나 보호법익 등이 상이하기 때문에 단순한 평면적 비교가 불가능하다. 뿐만 아니라, 입법자는 '어떠한 행위가 구체적 사회적 상황에 비추어 특히 사회에 유해하기 때문에 형벌을 통하여 이에 강력하게 대처해야 할 것인지'에 관하여 결정할 수 있는 형사정책상의 결정권을 가지고 있으므로, 법정형의 종류와 범위의 결정과 관련하여 입법자의 광범위한 형성의 자유가 인정된다. **입법자의 형사정책적 결정이 헌법상의 과잉금지원칙이나 평등원칙에 현저하게 위반되는 경우가 아닌 한, 헌법재판소는 입법자의 결정을 존중해야** 한다.

따라서 입법자가 법정형의 하한선을 너무 높게 책정하였다고 하여, 곧 형벌규정이 책임원칙에 위반되는 것은 아니다. 형벌규정이 특정 범죄행위에 대하여 부당하게 과중하게 여겨진다 하더라도, 다른 방법으로, 무엇보다도 작량감경과 집행유예선고의 가능성을 통하여 구체적 행위의 개별적 불법과 책임을 고려할 수 있다면, 법관의 양형결정을 통하여 결과적으로 책임과 형벌간의 균형을 회복할 수 있다.

판 례 헌법재판소는 "어느 범죄에 대한 법정형이 그 죄질과 이에 대한 행위자의 책임에 비하여 지나치게 가혹한 것이어서 전체 형벌체계상 현저히 균형을 잃게 되고 이로 인하여 다른 범죄자와의 관계에 있어서 헌법상 **평등의 원리**에 반하게 된다거나, 그러한 유형의 범죄에 대한 형벌 본래의 기능과 목적을 달성함에 있어 필요한 정도를 일탈함으로써 헌법 제37조 제2항으로부터 파생되는 **비례의 원칙 혹은 과잉금지의 원칙**에 반하는 것으로 평가되는 등 입법재량권이 헌법규정이나 헌법상의 제원리에 반하여 자의적으로 행사된 경우가 아닌 한, 법정형의 높고 낮음은 입법정책의 당부의 문제이지 헌법위반의 문제는 아니라 할 것이다."라고 판시하여 **원칙적으로 입법자의 형성권을 존중하는 입장**을 견지하면서(헌재 1992. 4. 28. 90헌바24, 판례집 4, 225, 230-231 외 다수의 결정), **법정형의 위헌여부를 '책임과 형벌 간의 비례원칙에 위반되는지 여부' 및 '형벌체계의 균형성을 상실하여 평등원칙에 위반되는지 여부'의 2가지 관점으로 나누어 판단**하고 있다.

가령, 헌법재판소는 **'마약 단순매수 처벌 사건'**에서 자신이 투약하기 위해 마약을 매수하는 행위를 마약의 매도행위나 제조 · 수출입행위와 동일하게 '무기 또는 5년 이상의 징역'의 법정형으로 처벌하는 마약류관리법조항에 대하여 '심판대상조항이 죄질과 책임에 비해 형벌이 지나치게 무거워 비례원칙에 위반하였다고 볼 수 없으며, 나아가 현저히 자의적인 입법으로서 평등원칙에 위반된다고 할 수 없다'고 판단하였다(헌재 2019. 2. 28. 2016헌바382).

한편, 헌법재판소는 **'마약소지죄에 대한 가중처벌 사건'**에서, 단순매수의 마약사범에 대하여도 사형 · 무기 또는 10년 이상의 징역에 처하도록 하는 규정은 지나치게 과도한 형벌로서 책임과 형벌간의 비례성 원칙에 어긋난다고 하여 위헌으로 판단한 바 있다(헌재 2003. 11. 27. 2002헌바24).

음주운전행위 전력(前歷)이 있는 사람 또는 음주측정거부 전력이 있는 사람이 다시 음주운전 행위를 한 경우 또는 다시 음주측정거부행위를 한 경우를 가중처벌하는 구 도로교통법조항에 대하여, 헌법재판소는 전범(前犯)을 이유로 아무런 시간적 제한 없이 무제한 후범(後犯)을 가중처벌하도록 하고 죄질이 비교적 가벼운 **재범 음주운전행위 또는 음주측정거부행위**까지 일률적으로 법정형의 하한을 기준으로 가중처벌하도록 하는 것은 책임과 형벌 사이의 비례성을 인정할 수 없어 헌법에 위반된다고 판단함으로써(헌재 2021. 11. 25. 2019헌바446등; 헌재 2022. 5. 26. 2021헌가30등; 헌재 2022. 5. 26. 2021헌가32등), 범죄행위의 유형이 다양한 경우에 그 다양한 행위 유형을 하나의 구성요건으로 포섭하면서 법정형의 하한을 무겁게 책정하여 죄질이 가벼운 행위까지를 모두 엄히 처벌하는 것은 '책임과 형벌 간의 비례원칙'에 반할 수 있다는 것을 확인하였다.

3. 자유박탈적 보안처분 및 정신질환자 보호입원

가. 자유박탈적 보안처분

'자유박탈적 보안처분'이란, 재범의 위험성이 있는 정신장애자나 범죄자를 사회로부터 격리하여 수용시설에 수용함으로써 재범의 위험성을 방지하고 사회의 안전을 도모하고자 하는 범죄예방처분이다. 자유박탈적 보안처분에는 **치료감호와 보호감호**가 있다.

보안처분은 책임에 따른 제재가 아니므로 형법상 책임원칙의 제한을 받지 않지만, 그 대신에 보안처분이 초래하는 기본권침해의 중대성에 비추어, **보안처분의 허용요건**은 과잉금지원칙을 준수해야 한다. 나아가 신체의 자유에 대한 침해가 최소화될 수 있도록, 입법자는 **보안처분의 집행절차**를 형성해야 하고, 법적용기관은 법률에 규정된 절차를 준수해야 한다.

나. 치료감호

치료감호는 재범의 위험성이 있는 정신장애 범죄자를 치료감호시설에 수용하여 치료함으로써 사회의 안전을 도모하는 조치로서 자유박탈적 보안처분의 일종이다.

치료감호의 허용요건에 관하여 보자면, 병적 상태(예컨대 중증의 정신병, 알코올 중독 또는 마약 중독 등)의 성격과 정도가 수용을 정당화할 정도로 중대해야 하며, 전문의의 객관적 진단에 의하여 치료감호의 필요성이 신빙성 있게 입증되어야 하며, 당사자로부터 발생하는 위험이 국민일반의 사소한 보호법익이 아니라 생명이나 건강과 같은 중대한 보호법익에 대한 위험이어야 하며, 치료감호시설에의 수용을 통해서만 위험의 방지가 보장될 수 있는 경우이어야 한다.

치료감호의 집행절차와 관련하여, 치료감호의 지속여부는 당사자의 위험이 어느 정도 지속되는지 여부에 달려있기 때문에, 적정한 시간적 간격을 두고 주기적으로 치료감호의 종료여부를 심사해야 한다.

판 례 헌법재판소는 **'치료감호기간 사건'**에서 보안처분은 책임에 따른 제재가 아니어서 책임주의가 적용되지 않으므로, **형법상의 책임원칙이 아니라 과잉금지원칙의 구속을 받는다**는 것을 확인하고 있다(헌재 2005. 2. 3. 2003헌바1, 판례집 17-1, 70, 78). 나아가, 치료감호기간의 상한을 정하지 아니하고 법관이 아닌 사회보호위원회가 치료감호의 종료여부를 결정하도록 규정한 구 사회보호법조항은 '정신장애자의 재활 및 사회의 안전'이라는 공익에 비추어 과잉금지원칙에 위반되지 않으므로 신체의 자유를 침해하지 않는다고 판단하였다(판례집 17-1, 70, 71).

다. 구 사회보호법상의 보호감호[4)]

구 사회보호법상 보호감호를 명령하는 경우에도 과잉금지원칙이 엄격하게 준수되어야 한다. 보호감호제도의 목적은 재범의 위험성이 있는 범죄인으로부터 사회를 보호하고자 하는 것이므로, **보호감호처분의 요건**은 재범(再犯)의 위험성이다. 따라서 재범의 위험성 여부와 관계없이 보호감호처분을 명하도록 규정하는 것은 신체의 자유를 과도하게 침해하는 것이다. 일반국민의 중대한 법익에 대한 위험이 존재하는 경우에만 보호감호로 인하여 신체의 자유를 박탈당하는 중대한 침해효과를 정당화할 수 있다. 따라서 사소한 범죄의 재범가능성을 이유로 신체의 자유를 박탈하는 것은 과잉금지원칙에 위반된다.

보호감호의 집행절차와 관련하여, 보호감호의 필요성에 관하여 '주기적인 심사'가 가능하도록, 보호감호제도의 절차가 형성되어야 한다. 나아가, 보호감호처분의 요건인 '재범의 위험성'에 대한 판단은 불확실성을 수반한다는 점에서, 국가는 **재범의 위험성 판단에 있어서 불확실성을 최소화할 수 있는 절차를 형성해야** 할 의무를 진다. 입법자는 재범의 위험성을 가능하면 확실하게 판단할 수 있도록, 이로써 불필요하게 사전에 보호감호처분을 내리지 않도록 절차를 형성해야 한다. 이러한 점에서, 형의 집행기간 중에 재범의 위험성에 대한 판단이 달라질 수 있는 가능성을 배제할 수 없으므로, 재범의 위험성 판단은 시기적으로 형의 선고시점이 아니라 형의 집행 종료시점에 이루어져야 한다. 입법자가 이미 형의 선고 시점에 형의 선고와 함께 감호를 선고하도록 규정한다면, 적어도 형의 집행 종료시점에 재범의 위험성과 관련하여 '보호감호의 필요성 여부'를 다툴 수 있는 절차를 마련해야 한다.

판 례 동종의 죄로 3회 이상 전과가 있는 자가 동종의 죄를 다시 범한 때에는 법관이 재범의 위험성 유무와 관계없이 형사처벌 외에 별도로 10년의 보호감호를 의무적으로 선고하도록 규정한 구 사회보호법조항의 위헌여부가 문제된 **'보호감호 사건'**에서, 보안처분이 재범의 위험성을 전제로 한다는 점에서 사회보호법조항은 과잉금지원칙에 위반되어 신체의 자유를 침해한다고 판단하였다(헌재 1989. 7. 14. 88헌가5, 판례집 1, 69, 84-85).

라. 정신질환자 보호입원

정신질환자를 정신의료기관에 강제로 입원시키는 것은 '치료감호'와 법적 성격을 달리 하나,

4) 사회보호법은 2005년 8월 전면 폐지되었고, 종전 사회보호법에서 규정하고 있던 치료감호제도를 존치시키기 위하여 치료감호법이 제정되었다.

신체의 자유를 박탈한다는 점에서는 동일한 효과를 가진다. 정신질환자 강제입원은 정신질환자를 치료하고, 사회의 안전을 위협하는 정신질환자로부터 사회를 보호하거나 또는 자해(自害)의 위험이 있는 정신질환자 자신을 보호하기 위한 것이다. 정신질환자 **보호입원의 요건**은 위에서 언급한 '치료감호의 허용요건'과 근본적으로 동일하다.

보호입원의 집행과 관련하여, 정신질환자의 신체의 자유에 대한 제한이 최소화될 수 있도록 보호입원의 절차가 형성되어야 한다. 당사자의 상태가 허락하는 한 당사자에게 강제입원에 대하여 이의를 제기할 수 있는 '청문(의견진술)의 기회'를 부여해야 하고, 강제입원의 결정 당시에 의사소통이 불가능한 경우 그것이 다시 가능해진 시점에서 사후적으로 청문의 기회를 부여해야 한다. 또한, 당사자에게 강제입원에 대하여 불복하고 사법적 심사를 요구할 수 있는 절차가 마련되어야 한다. 나아가, 적정한 시간적 간격을 두고 주기적으로 퇴원여부를 심사해야 할 뿐 아니라, 심사를 해야할만한 특별한 계기가 있는 경우에도 퇴원여부를 심사할 수 있도록 절차규정이 마련되어야 한다.

판 례 **'정신질환자 보호입원 사건'은 신체의 자유의 보장에 있어서 '절차의 형성'이 얼마나 중요한지**를 잘 보여주고 있다. 보호의무자 2인의 동의와 정신과 전문의 1인의 진단이 있으면 정신의료기관에의 강제적 보호입원이 가능하도록 규정한 정신보건법조항의 위헌여부가 문제된 사건에서, 헌법재판소는 심판대상조항이 보호입원의 필요성에 관하여 객관적이고 공정한 판단을 받을 수 있는 절차를 두고 있지 않고, 보호입원 대상자의 의사 확인이나 부당한 강제입원에 대한 불복제도도 갖추고 있지 아니한 채, 단지 보호의무자 2인의 동의와 정신과 전문의 1인의 진단만으로 보호입원을 가능하게 함으로써, 보호입원 대상자의 신체의 자유를 과도하게 침해한다고 판단하였다(헌재 2016. 9. 29. 2014헌가9).

Ⅵ. 헌법 제12조의 절차적 보장

1. 적법절차

가. 적법절차의 연혁과 영미법계의 적법절차

(1) 연혁

헌법은 "… 법률과 적법한 절차에 의하지 아니하고는 처벌·보안처분 또는 강제노역을 받지 아니한다."(제12조 제1항 제2문), "체포·구속·압수 또는 수색을 할 때에는 적법한 절차에 따라 검사의 신청에 의하여 법관이 발부한 영장을 제시하여야 한다."(헌법 제12조 제3항 제1문)고 하여 적법절차를 언급하고 있다. 적법절차(due process of law)의 기원은 '자유인은 국법에 의하지 아니하고는 체포·구금·추방 … 되어서는 안 된다'고 선언한 **1215년 영국의 대헌장**(Magna Charta)에서 찾을 수 있다. 1791년 **미국 수정헌법 제5조**는 "누구도 … 적법절차에 의하지 아니하고는 생명·자유·재산을 박탈당하지 아니한다."고 하여 연방의 차원에서 적법절차의 원칙을 규정하였다. 적법절차원칙은 영미를 중심으로 발전하여 제2차 세계대전 이후 여러 국가에 영향을 미쳤으며, 우리 헌법은 1987년 헌법개정에서 처음으로 인신보호를 위한 헌법상의 원리로 도입하였다. '적법절차'의 규정은 헌법 제10조의 '행복을 추구할 권리'와 함께, 우리 헌법체계에서는 이질적인 **영미법적 요소**에 해당한다.

(2) 절차적 의미 및 실체적 의미의 적법절차

미국에서 적법절차조항의 내용은 연방대법원의 판례를 통하여 형성되면서 시대적 상황에 따라 변화하고 확대되었다. 미국 수정헌법의 적법절차조항은 원래 국가공권력이 생명, 자유 또는 재산권을 제한하는 경우 법률이 정한 절차를 준수해야 한다는 절차적 의미로 이해되었다. 그러나 미연방대법원은 적법한 절차의 준수를 요구하는 **절차적 의미**에서뿐만 아니라 법률의 내용이 합리성과 정당성을 갖춘 것이라야 한다는 **실체적 의미**(국가공권력행사의 내용적 한계)로 적법절차조항의 내용을 확대하였다. 이로써 적법절차원칙은 법률이 정한 절차를 준수해야 한다는 절차적 공정성을 요청할 뿐만 아니라 법률의 실체적 내용까지도 합리성과 정당성을 갖춘 적정한 것이어야 한다는 원리로 발전하였다.

그 결과, 적법절차원칙은 오늘날 단순히 신체의 자유에 한정되는 원리가 아니라, **입법·행정·사법의 모든 공권력작용에 의한 기본권제한에 있어서 준수되어야 하는 헌법의 일반원리**로 자리 잡았다. 이러한 포괄적인 의미에서의 적법절차원칙은 그 내용에 있어서 독일 등 대륙법계의 국가에서 형성된 **법치국가원리에 상응**하는 것이다.

나. 영미법계의 적법절차원리와 대륙법계의 법치국가원리의 내용적 동일성

(1) 실체적 적법절차원리와 과잉금지원칙의 관계

'법률의 내용도 합리성과 정당성을 갖춘 적정한 법률이어야 한다는 원리'인 **실체적 적법절차원리**의 요청은 기본권의 제한에 있어서 준수되어야 하는 일반원리, 즉 공권력행사의 내용적 한계를 의미하는 것으로, 그 내용에 있어서 헌법 제37조 제2항 및 법치국가원리로부터 파생되는 **과잉금지원칙과 본질적으로 동일**하다.

판 례 일련의 결정에서 **신체의 자유와 관련하여 적법절차**를 언급하고 있는데, 가령, "형사소송법 제97조 제3항의 규정은 … 그 내용에 있어 합리성과 정당성이 없으면서 피고인의 신체의 자유를 제한하는 것이므로 **적법절차의 원칙에 반하며**, 기본권제한입법의 기본원칙인 방법의 적정성, 피해의 최소성, 법익의 균형성을 갖추지 못하여 **과잉금지의 원칙에도 위반**된다."고 판시함으로써 적법절차원리를 과잉금지원칙과 동일한 의미로 사용하고 있다(헌재 1993. 12. 23. 93헌가2, 판례집 5-2, 578, 599-603).

(2) 절차적 적법절차원리와 '공정한 절차에 관한 법치국가적 요청'의 관계

'공권력에 의한 기본권제한은 반드시 법률에 의거해서 정당한 절차를 밟은 경우에만 유효하다는 원리'인 **절차적 적법절차원리**의 요청은 그 내용에 있어서 **'공정한 절차에 관한 법치국가적 요청'과 본질적으로 동일**하다. 오늘날 미국에서 절차적 적법절차원리는 행정작용에 의하여 기본권이 침해된 경우에 대한 사법적 심사의 보장, 행정절차에서의 청문 및 고지절차의 보장, 형사절차에서의 변호인의 조력을 받을 권리 및 공판절차에서의 반대신문권의 보장 등을 포괄하는 것으로 이해되고 있으며, 적법절차원리의 핵심적 내용은 무엇보다도 **청문의 기회**(의견진술의 기회)의 제공에 있다(헌재 2006. 5. 25. 2004헌바12, 판례집 18-1하, 58, 66). 그런데 재판절차에서의 청문의 기회는 헌법상 '공정한 재판을 받을 권리'인 재판청구권에 의하여 보장되고 있으며, 징계절차에서의 청문의 기회의 보장 등 행정절차 등에서의 공정한 절차의 보장은 '공정한 절차를 요청하는 법치국가원리'에 의하여 보장되고 있다.

판 례 헌법재판소는 **과거 일련의 결정**에서 "중형에 해당되는 사건에서 피고인이 자신을 방어하기 위해 변호인도 출석시킬 수 없고, 증거조사도 없이 실형을 선고받는 것은 공격·방어의 기회를 원천적으로 봉쇄당하는 것이므로 **적법절차의 원칙에 반하고,** 특조법의 입법목적 달성에 필요한 최소한도의 범위 이상으로 **재판청구권을 침해하는 것**이다."라고 하여 '적법절차원리의 위반 여부'와 '공정한 재판을 받을 권리의 침해 여부'를 구분하여 **이중적인 관점에서 중복적으로 판단**하였다(헌재 1996. 1. 25. 95헌가5, 판례집 8-1, 1, 2).

그러나 근래에는 위 **두 가지 기준이 근본적으로 동일하다는 것을 인식**하여 "**형사소송절차에서의 적법절차원리는** 형사소송절차의 전반을 기본권 보장의 측면에서 규율하여야 한다는 기본원리를 천명하고 있는 것으로 이해하여야 하므로, 결국 포괄적, 절차적 기본권으로 파악되고 있는 **재판청구권의 보호영역과 사실상 중복되는 것**이어서, 공정한 재판을 받을 권리의 침해 여부에 대한 판단 속에는 적법절차원리 위반 여부에 대한 판단까지 포함되어 있다. 따라서 … **적법절차원리에 위반되는지 여부는 따로 판단하지 아니하기로** 한다."라고 판시하고 있다(헌재 2011. 3. 31. 2009헌바351, 판례집 23-1상, 347, 353; 헌재 2018. 8. 30. 2016헌마344등).

다. 헌법재판소 판례의 문제점

(1) 헌법재판소는 헌법 제12조의 '적법한 절차'를 "형식적인 절차뿐만 아니라 실체적 법률내용이 합리성과 정당성을 갖춘 것이어야 한다."는 의미로 확대 해석해야 한다고 하면서, "우리 헌법재판소는 이 적법절차의 원칙의 적용범위를 형사소송절차에 국한하지 않고 모든 국가작용에 대하여 문제된 법률의 실체적 내용이 합리성과 정당성을 갖추고 있는지 여부를 판단하는 기준으로 적용된다고 판시하고 있다."고 확인함으로써, 신체의 자유를 제한하는 공권력행위에 대한 특수한 요청이 아니라, 영미법상의 포괄적인 적법절차조항, 즉 **모든 국가작용에 있어서 준수해야 하는 일반적 헌법원리**로 이해하고 있다(헌재 1998. 5. 28. 96헌바4, 판례집 10-1, 610, 617-618).

나아가, 헌법 제12조의 '적법절차'는 "미국 수정헌법 제5조 제3문과 1868년 미국 수정헌법 제14조에 명문화되어 미국헌법의 기본원리의 하나로 자리 잡고 모든 국가작용을 지배하는 일반원리로 해석·적용되는 중요한 원칙으로서, 오늘날에는 독일 등 대륙법계의 국가에서도 이에 상응하여 일반적인 법치국가원리 또는 기본권제한의 법률유보원리로 정립되게 되었다."고 하여, **적법절차원리는 그 내용에 있어서 독일의 법치국가원리에 상응하는 것**이라고 하면서, 나아가 실체적 적법절차원리가 과잉금지원칙에 해당한다고 설시하고 있다(헌재 1992. 12. 24. 92헌가8, 판례집 4, 853, 876-878).

(2) 헌법재판소가 스스로 시인하는 바와 같이, 영미법상의 적법절차원리가 보장하고자 하는 바가 우리 헌법에서는 법치국가원리에 의하여 이미 보장되고 있다면, 헌법 제12조의 적법절차를 법치국가원리와 동일한 보장내용을 가진 '영미법상의 포괄적인 적법절차조항'으로 해석하는 것은 **불필요할 뿐만 아니라 헌법해석의 한계를 넘어서는 것**이다. 헌법재판소는 다수의 결정에서 '과잉금지원칙과 적법절차원리' 또는 '공정한 재판을 받을 권리와 적법절차원리'를 동시에 언급하면서 양자를 모두 공권력행위의 위헌성을 판단하는 심사기준으로 삼음으로써, 단지 심사기준의 명칭만을 달리하여 **동일한 내용의 심사를 중복적으로** 하고 있다.

라. 헌법 제12조 '적법한 절차'의 고유한 의미

위와 같은 이유에서, 헌법 제12조의 '적법한 절차'는 영미법상의 포괄적인 적법절차조항을 의미하는 것이 아니라, **신체의 자유와의 관계에서 헌법 내에서 고유한 의미**를 가지는 것으로 해석해야 한다. **자유권의 보장에 있어서 절차의 중요성**은 특히 신체의 자유에 있어서 두드러지게 나타난다. 절차에 의한 보호가 가장 요청되는 기본권이 있다면, 이는 바로 신체의 자유이다. 신체의 자유는 실체법적으로 신체의 자유에 대한 제한을 최소화하는 실체적 규범을 요구할 뿐만 아니라, **'적법한 절차'의 요건을 통하여** 신체의 자유가 가능하면 효과적으로 보장될 수 있도록 절차를 형성할 것을 요구한다. 이로써 헌법은 '신체의 자유는 침해를 최소화하는 절차에 의한 보호를 필요로 하며, 절차 위반에 의하여 침해될 수 있다'는 것을 표현하고 있다.

보안처분에 해당하는 치료감호나 보호감호의 제도는 **'신체의 자유의 보장에 있어서 절차의 형성이 얼마나 중요한지'**를 보여주고 있다. 치료감호나 보호감호의 허용여부는 재범의 위험성에 대한 예측판단에 의하여 결정되는데, 예측판단의 타당성은 사후적으로 매우 제한적으로 심사될 수밖에 없다. 따라서 재범의 위험성 판단의 타당성에 대한 제한적인 사법심사의 가능성은 위험성 판단에 대한 불확실성을 최소화할 수 있는 절차, 이로써 신체의 자유를 가능하면 효과적으로 보호할 수 있는 절차의 형성에 의하여 보완되어야 한다. 정신질환자를 정신의료기관에 강제로 입원시키는 '보호입원'의 집행과 관련해서도, 정신질환자의 신체의 자유에 대한 제한이 최소화될 수 있도록 보호입원의 절차가 형성되어야 한다.

나아가, 헌법 제12조가 '적법한 절차'의 요건을 통하여 법률에 규정된 절차의 준수를 헌법적으로 요청함으로써, **법률상 절차의 준수는 헌법상의 절차적 보장**으로 승격되었고, **신체의 자유에 의한 기본권적 보호를 받게 되는 것**이다. 따라서 공권력이 신체의 자유를 제한하는 경우 법률에 규정된 절차를 준수하지 않는다는 것은 단순한 법률위반에 그치는 것이 아니라 신체의 자유를 부당하게 침해하는 헌법위반이다. 예컨대, 정신질환자를 강제로 입원시키는 절차에서, 정신질환자에게 청문의 기회를 부여해야 한다는 법률상의 절차를 준수하지 않았다면, 강제입원은 적법절차에 대한 위반으로서 신체의 자유를 침해하는 것이다.

2. 고문을 받지 아니할 권리와 진술거부권

헌법 제12조 제2항은 "모든 국민은 고문을 받지 아니하며, 형사상 자기에게 불리한 진술을 강요당하지 아니한다."고 하여 고문의 금지와 불리한 진술의 강요금지를 규정하고 있다.

가. 고문을 받지 아니할 권리(고문의 금지)

고문이란 자백을 강제하기 위하여 가해지는 폭력을 말한다. 헌법 제12조 제2항은 고문을 금지함으로써, 국가가 신체의 자유를 제한함에 있어서 취해서는 안 되는 행위를 스스로 규정하고 있다. 형사절차에서 실체적 진실을 밝힐 목적으로 고문의 방법을 사용하는 것은 피의자를 범죄 퇴치나 진실발견의 단순한 수단으로 삼는 것으로 인간존엄성을 침해하는 것이기 때문에, 고문의 금지는 **형사절차에서 헌법 제10조의 인간존엄성의 구체적 요청**이다.

나. 진술거부권

(1) 내용

진술거부권이란 원래, 형사절차에서 피의자 또는 피고인이 수사기관이나 법원의 신문에 대하여 자신에게 불리한 진술을 거부할 수 있는 권리이다. 진술거부권은 미국 수정헌법 제5조의 '자기부죄거부(自己負罪拒否)의 특권'에서 유래하는 권리로서 **'묵비권'**이라고도 한다. 헌법재판소는 "진술거부권은 형사절차에서만 보장되는 것은 아니고 행정절차이거나 국회에서의 질문 등 어디에서나 그 진술이 자기에게 형사상 불리한 경우에는 묵비권을 가지고 이를 강요받지 아니할 국민의 기본권으로 보장된다."고 판시함으로써 **진술거부권의 보호범위를 확대**하고 있다(헌재 1990. 8. 27. 89헌가118, 판례집 2, 222, 229). 그 결과, 진술거부권은 피의자나 피고인뿐만 아니라 '장차 형사피의자나 피고인이 될 가능성이 있는 자'에 대해서도 인정된다.

진술거부권의 대상은 '형사상 자기에게 불리한 진술'이므로, 진술거부권은 유죄판결의 기초가 되는 사실이나 형량에 불리하게 작용할 수 있는 사실 등의 진술을 거부할 수 있는 권리이다. 진술거부권의 대상인 '진술'은 구두에 의한 진술뿐만 아니라 서면에 의한 진술의 기재도 포함한다. 그러나 '진술'에 해당하지 않는 지문의 채취나 주취측정 등에 대해서는 진술거부권이 미치지 않는다.

(2) 헌법적 의미와 목적

진술거부권의 보장은 **형사절차에서 인간존엄성 보장의 구체적 요청**이다. 국가가 피의자에게 진술을 강요함으로써 그로 하여금 스스로 유죄임을 입증케 하는 것은, 국가의 형사소추로부터 자신을 보호하고자 하는 인간의 본능에 반하여 가장 고통스럽고 잔인한 갈등상황에 처하게 하는 것으로 인간존엄성에 위반되는 행위이고, 나아가 피고인은 자신의 무죄를 입증해야 할 책임이 없다는 **무죄추정의 원칙**에도 반하는 것이다. 또한, 진술거부권은 국가에 의한 비인간적인 **자백의 강요와 고문을 근절**하려는 데에도 기여한다. 바로 이러한 이유에서 헌법은 진술거부권을 형사피의자의 기본적 권리로서 보장하고 있는 것이다.

진술거부권의 헌법적 보장은 필연적으로 **'진술거부에 대한 불이익의 금지'**를 요청한다. 진술거부가 피고인에게 불리한 증거로 사용되는 것을 허용한다면, 헌법상 진술거부권의 보장은 사실상 무의미하기 때문이다. 따라서 피의자가 묵비권을 행사하는 경우, 법원은 진술거부를 피의자에게 불리한 증거로 삼을 수 없다.

판 례 **교통사고 시 신고의무의 부과**가 진술거부권을 침해하는지 여부와 관련하여, 교통사고를 일으킨 운전자에게 신고의무를 부담시키고 있는 도로교통법규정은 범죄발각의 단서를 제공하는 등 진술거부권을 침해할 소지가 없지 않지만, 피해자의 구호 및 교통질서의 회복을 위한 조치가 필요한 범위 내에서 교통사고의 객관적 내용만을 신고하도록 한 것으로 해석하고 형사책임과 관련되는 사항에는 적용되지 아니하는 것으로 합헌적으로 해석하는 한, 헌법에 위반되지 않는다고 판단하였다(헌재 1990. 8. 27. 89헌가118, 판례집 2, 222, 235).

'정당의 불법정치자금의 수수 금지'라는 입법목적을 달성하기 위하여 정당의 회계책임자에게 모든 **정치자금의 수입 · 지출에 관한 기록을 작성할 의무를 부과**하고 이를 위반할 경우 형사처벌하도록 규정하는 정치자금법조항은, 행정절차에서 서면의 기재행위도 불리한 진술의 범위에 포함된다는 점에서 불리한 진술을 강요하는 규정이지만, 과잉금지원칙에 부합하므로 진술거부권을 침해하지 않는다고 판단하였다(헌재 2005. 12. 22. 2004헌바25, 판례집 17-2, 695, 706).

한편, **군무이탈자에 대한 복귀명령**이 진술거부권을 침해하는지 여부와 관련하여, 군형법상의 군무이탈자 복귀명령은 자수의무를 부과함으로써 부수적으로 진술거부권에 불리한 효과가 발생할 수 있다 하더라도, 복귀명령이 군무이탈자에 대하여 불리한 진술을 거부할 권리를 침해하는 것은 아니라고 판단하였고(헌재 1995. 5. 25. 91헌바20, 판례집 7-1, 615, 628), 주취 운전의 혐의자에 대하여 **주취측정에 응할 의무를 부과하는 것**이 '형사상 불리한 진술을 강요하는 것에 해당하는지' 여부와 관련하여, 호흡측정기에 의한 음주측정에 응할 법적 의무의 부과는 생각이나 사실을 언어를 통하여 표출하는 불리한 '진술'의 강요가 아니라고 판시하였다(헌재 1997. 3. 27. 96헌가11, 판례집 9-1, 245, 257-258). 나아가, 간첩행위를 한 자를 국가기관에 고지해야 할 의무를 부과하는 **국가보안법상의 불고지죄**가 진술거부권을 침해하는지 여부와 관련하여, 불고지죄는 자신의 범죄사실이 아니라 타인의 범죄사실을 고지의 대상으로 하는 것이므로, 진술거부권이 침해될 여지가 없다고 판시하였다(헌재 1998. 7. 16. 96헌바35, 판례집 10-2, 159, 168).

3. 사전영장주의

가. 사전영장주의의 원칙

(1) 헌법적 의미와 목적

헌법 제12조 제3항 제1문은 "체포·구속·압수 또는 수색을 할 때에는 적법한 절차에 따라 검사의 신청에 의하여 법관이 발부한 영장을 제시하여야 한다."고 하여 사전영장주의를 규정하고 있다. **사전영장주의**란, 체포·구속·압수·수색 등의 강제처분을 하는 경우 법관이 사전에 발부한 영장에 의하도록 하는 원칙이다. 이로써 체포·구속·압수·수색을 통한 신체의 자유에 대한 제한에 관해서는 법관이 사전에 직접 결정해야 하며, 이러한 절차적 보장에 대한 위반은 곧 신체의 자유에 대한 위헌적 침해를 의미한다. 헌법은 사전영장주의의 원칙을 통하여 **신체의 자유에 대한 제한의 허용여부와 지속여부에 관해서는 오로지 법관만이 결정할 수 있다**는 것을 밝히고 있다.

사전영장주의는 공정하고 독립적 지위를 가진 사법기관으로 하여금 체포·구속의 필요성여부를 판단하게 함으로써 **수사기관에 의한 체포·구속의 남용을 방지**하려는 데 그 목적이 있다. 이러한 관점에서 볼 때, **"검사의 신청에 의하여"의 취지**는, 모든 영장 발부의 경우 검사의 신청이 필요하다는 데 있는 것이 아니라, 수사단계에서 영장의 발부를 신청할 수 있는 자를 검사로 한정함으로써 검사 아닌 다른 수사기관의 영장신청에서 오는 인권유린의 폐해를 방지하려는 것이다. 따라서 법관이 공판단계에서 '직권으로' 구속영장을 발부할 수 있도록 규정한 것은 헌법 제12조 제3항에 위반되지 않는다(헌재 1997. 3. 27. 96헌바28등, 판례집 9-1, 313, 322-323).

판 례 검사의 10년 이상 **중형구형 시 무죄판결에도 불구하고 구속영장이 효력을 지속**하도록 규정하고 있는 형사소송법규정이나 **법원의 보석허가결정 또는 구속집행정지결정에 대하여 검사의 즉시항고를 허용**하여 그 즉시항고에 대한 항고심의 재판이 확정될 때까지 그 집행이 정지되도록 한 형사소송법 규정은 구속의 여부 및 지속여부는 법관에 의해서만 결정되어야 한다는 영장주의 및 적법절차원칙에 반하며 과잉금지원칙에도 위반된다고 판시한 바 있다(헌재 1992. 12. 24. 92헌가8, 판례집 4, 853, 885; 헌재 1993. 12. 23. 93헌가2).

(2) 영장주의가 적용되는 경우

신체의 자유를 보호하고자 하는 영장주의는 **신체의 자유가 제한되는 경우**, 즉 신체에 대하여 직접적이고 현실적인 물리적 강제력이 행사되는 경우에 비로소 적용된다. 직접적이고 현실적인 강제력의 행사가 아니라 사후적인 제재를 통하여 심리적·간접적인 강제를 수단으로 사용하는 경우, 영장주의가 적용되지 않는다.

개인에게 불리한 법적 의무가 부과되는 모든 경우에 대하여 법관이 발부한 영장을 요구하는 것은 현실적으로 불가능할 뿐 아니라 헌법적으로 요청되지도 않는다. 이러한 경우, 당사자는 의무이행을 거부하고 법치국가적 권리구제절차를 통하여 의무 부과의 합헌성과 합법성을 물을 수 있는 가능성을 가지고 있다. 반면에, 신체의 자유가 국가의 직접적 강제에 의하여 제한되는 경우에는, 기본권침해의 정도가 중대하고 이러한 침해가 사후적으로 효과적으로 제거될 수도 없다. 따라서 이러한 경우에 한하여 신체의 자유를 보호하기 위한 특수한 장치로서 영장주의를 두고 있는 것이다.

따라서 법률이 범죄피의자에게 **지문채취나 음주측정에 응해야 할 의무를 부과**하고 처벌 등을 통하여 의무의 이행을 강제하는 경우, 신체의 자유에 대한 제한에 해당하지 않기 때문에 법관의 영장을 필요로 하지 않는다. 지문채취나 음주측정에 응하지 않을 자유는 일반적 행동자유권에 의하여 보호된다.

판 례 범죄피의자에 대하여 **지문채취를 강제**하는 법률조항 또는 주취 운전의 혐의자에 대하여 **음주측정을 강제**하는 법률조항이 **영장주의의 원칙에 위반되는지 여부**에 관하여 "이 사건 법률조항에 의한 지문채취의 강요는 영장주의에 의하여야 할 강제처분이라 할 수 없다." 또는 "음주측정을 두고 영장을 필요로 하는 강제처분이라 할 수 없는 이상 이 사건 법률조항은 헌법 제12조 제3항의 영장주의에 위배되지 아니한다."고 판시하고 있다(헌재 2004. 9. 23. 2002헌가17; 헌재 1997. 3. 27. 96헌가11, 판례집 9-1, 245, 258).

나. 사전영장제도에 대한 예외

(1) 헌법상 예외규정

헌법 제12조 제3항 제2문은 "다만, 현행범인인 경우와 장기 3년 이상의 형에 해당하는 죄를 범하고 도피 또는 증거인멸의 염려가 있을 때에는 사후에 영장을 청구할 수 있다."고 하여 사전영장주의에 대한 예외를 인정하고 있다. 헌법 제12조 제3항의 제1문과 제2문의 관계에서 볼 때, 법관의 사전영장이 원칙이고 이에 대하여 **사후영장은 예외**에 해당한다. **현행범인인 경우와 긴급체포의 경우**("장기 3년 이상의 형에 해당하는 죄를 범하고 도피 또는 증거인멸의 염려가 있을 때")는 법관의 사전영장 없이 범인을 체포하더라도 기본권의 침해가 문제될 여지가 없는 경우에 해당하거나, 법관의 사전영장을 기다리다가는 국가형벌권의 행사가 불가능하거나 심히 곤란하게 되는 경우이기 때문에, 헌법이 스스로 예외를 인정하고 있다.

또한, 헌법 제77조 제3항은 "**비상계엄이 선포된 때**에는 … 영장제도 … 에 관하여 특별한 조치를 할 수 있다."고 하여 사전영장주의에 대한 예외를 허용하고 있는데, 이는 국가적 위기상황의 극복을 위하여 불가피한 상태라는 점에서 예외가 인정된다.

(2) 행정상 즉시강제

사전영장주의는 형사절차는 물론이고 행정절차에서도 존중되어야 한다. 다만, 사전영장주의를 고수하다가는 도저히 행정목적을 달성할 수 없는 경우에는 형사절차에서와 같은 예외가 인정된다. 행정상 즉시강제는 행정강제의 일종으로서, 목전의 급박한 행정상 장해를 제거할 필요가 있는 상황에서 미리 의무를 명할 시간적 여유가 없거나 또는 의무를 명하는 경우에는 목적달성이 곤란한 때에 직접 국민의 신체 또는 재산에 실력을 가하여 행정상 필요한 상태를 실현하는 행정작용이므로, 그 본질상 급박성을 요건으로 하고 있어 원칙적으로 사전영장주의가 적용되지 않는다(헌재 2002. 10. 31. 2000헌가12, 판례집 14-2, 345, 359).

4. 변호인의 조력을 받을 권리

가. 형사절차에서 변호인의 조력을 받을 권리의 헌법적 근거

헌법은 **제12조 제4항 본문**에서 "누구든지 체포 또는 구속을 당한 때에는 즉시 변호인의 조력을 받을 권리를 가진다."고 하여 '체포 · 구속과 같이 **신체의 자유를 제한당한 경우**에 대하여' 변호인의 조력을 받을 권리를 기본권으로 보장하고 있다. 헌법은 구속여부와 관계없이 **'형사절차에서'** 변호인의 조력을 받을 권리를 포괄적으로 보장하는 조항을 두고 있지는 않지만, 이러한 권리는 '체포 · 구속당한 자의 변호인의 조력을 받을 권리'를 개인의 기본권으로 보장하는 헌법 제12조 제4항, 헌법 제27조의 '공정한 재판을 받을 권리', '공정한 절차에 대한 법치국가적 요청'의 **연관관계에서 파생되는 기본권**이다.

공정한 재판과 절차가 실현되기 위해서는 무엇보다도 수사 · 공소기관과 피의자간의 절차법상의 '무기 대등'이 이루어져야 한다. 현행 형사법 체계를 보면, '무기 대등의 원칙'을 실현하기 위하여 법적으로 대등한 관계를 형성하여 형사피의자 · 피고인으로 하여금 절차의 주체로서 국가권력의 형벌권행사에 대하여 적절하게 방어할 수 있는 기회를 보장하고 있다. 그러나 피의자 · 피고인은 일반적으로 법률적 소양이 부족하고 더구나 구금상태에 있는 경우 심리적 압박감이나 공포감으로 인하여 자신을 스스로 방어하는 데 한계가 있기 때문에, 변호인의 조력을 받을 권리를 통하여 어느 정도 피의자 · 피고인과 국가권력 사이의 실질적 대등을 이루고, 이로써 **공정한 재판과 절차를 실현**하고자 하는 것이다.

판 례 **형사절차에서 변호인의 조력을 받을 권리의 헌법적 근거**에 관하여 '불구속피의자신문 시 변호인참여거부 사건'에서 "**불구속 피의자의 경우**에도 변호인의 조력을 받을 권리는 우리 헌법에 나타난 법치국가원리, 적법절차원칙에서 인정되는 당연한 내용이고, 헌법 제12조 제4항도 이를 전제로 특히 신체구속을 당한 사람에 대하여 변호인의 조력을 받을 권리의 중요성을 강조하기 위하여 별도로 명시하고 있다."고 판시하고 있다(헌재 2004. 9. 23. 2000헌마138).

한편, 헌법재판소는 헌법 제12조 제4항 본문에 규정된 변호인의 조력을 받을 권리는 형사절차에서 피의자 또는 피고인의 방어권을 보장하기 위한 것으로서 **출입국관리법상 보호 또는 강제퇴거의 절차에도 적용된다고 보기 어렵다**고 판시한 바 있으나(헌재 2012. 8. 23. 2008헌마430), 헌재 2018. 5. 31. 2014헌마346 결정에서는 "헌법 제12조 제4항 본문에 규정된 변호인의 조력을 받을 권리는 **행정절차에서 구속을 당한 사람에게도 즉시 보장**된다."고 판례를 변경하였다.

그러나 **행정절차나 행정소송에서 변호인의 조력을 받을 권리**는 헌법 제12조 제4항 본문이 아니라 공정한 재판을 보장하는 **헌법 제27조의 재판청구권**에 그 헌법적 근거를 두고 이로부터 도출될 수 있으므로, 무리한 헌법해석을 통하여 헌법 제12조 제4항 본문의 보장내용을 형사절차를 넘어서 행정절차에까지 확대해야 할 필요가 없다. 헌법 제12조 제4항 본문에 규정된 변호인의 조력을 받을 권리는 **형사절차에 국한되는 것으로 해석하는 것이 타당**하다.

나. 법적 성격과 보장내용

(1) 실체적 기본권의 보장과 관철을 위한 절차적 기본권

변호인의 조력을 받을 권리는 재판청구권과 마찬가지로 **실체적 기본권의 보장과 관철을 위한 절차적 기본권**으로서 공정한 재판과 절차를 실현하기 위한 헌법적 요청이다. 이로써 변호인의 조력을 받을 권리는 입법자에게 공정한 절차를 실현하기 위하여 변호인의 조력에 관하여 절차적으로 형성해야 할 의무를 부과한다. 따라서 변호인의 조력을 받을 권리는 **입법자에 의한 구체적인 형성을 필요**로 하며(헌재 2004. 9. 23. 2000헌마138), 구체적으로 형성된 소송법의 범위 내에서 보장된다. 물론, 입법자의 형성권은 무제한적인 것이 아니라 **'효과적인 변호의 요청'**에 의하여 제한된다. 입법자는 절차법을 통하여 변호인의 조력을 받을 권리를 구체적으로 형성함에 있어서 변호인에 의한 효과적인 변호가 가능하도록, 궁극적으로 이를 통하여 공정한 재판과 절차가 실현될 수 있도록 규율해야 한다.

판 례 **불구속피의자신문 시 변호인참여거부 사건**에서, **다수의견**은 변호인의 조력을 받을 권리의 내용 중에서 '변호인과 상담하고 조언을 구할 권리'는 입법형성이 필요한 다른 권리의 필수적 전제조건으로서 입법자에 의한 구체적인 형성 없이도 변호인의 조력을 받을 권리로부터 막바로 도출된다고 판시하면서, 형사소송법상 특별한 명문의 규정이 없더라도 불구속 피의자가 피의자 신문 시 변호인의 참여를 요구한다면 위법한 조력의 우려 등 특별한 사정이 없는 한 수사기관은 피의자의 요구를 거절할 수 없다고 하여, 아무런 이유 없이 변호인의 참여하에 피의자신문을 받을 수 있도록 해 달라는 청구인의 요구를 거부한 행위는 변호인의 조력을 받을 권리를 침해한다는 이유로 위헌결정을 하였다(헌재 2004. 9. 23. 2000헌마138). 이에 대하여 **반대의견**은 변호인의 참여요구권은 입법자의 구체적 형성 없이는 개별사건에 직접 적용될 수 없는 절차적 또는 청구권적 기본권이라는 점을 지적하고 있다.

(2) 구체적인 보장내용

피의자가 변호인과 자유롭게 접촉하고 조언과 상담을 받을 수 있는 권리(접견교통권), 소송관계서류를 열람·등사하고 이를 토대로 공격과 방어의 준비를 할 수 있는 권리(열람등사권), 형사절차의 결과가 확정되기 전에 변호인이 진술을 통하여 결과에 영향을 미칠 수 있는 권리(진술권), 형사절차에 직접 참여할 수 있는 변호인의 권리(참여권)는 **형사절차에서 변호인의 역할과 기능을 수행하기 위한 전제조건**으로서 '변호인의 조력을 받을 권리'의 구체적인 내용이다.

(가) **접견교통권**(接見交通權)이란, 피의자가 변호인과의 대화내용 등 교통내용의 비밀이 보장된 상태에서 국가기관의 부당한 방해나 감시를 받지 아니하고 변호인과 자유롭게 접촉하고 조언과 상담을 받을 수 있는 권리를 말한다. 피의자의 '변호인과의 접견교통권'은 변호인의 조력을 받을 권리의 **가장 핵심적인 내용**으로서 변호 및 방어의 준비를 위하여 불가결한 권리이다.

접견교통권은 **구속 여부와 관계없이** 보장되는 피의자의 기본권으로, 불구속 피의자에게도 보장된다. 피의자가 변호인의 조력을 받기 위해서는 변호인을 선임해야 하고, 변호인의 선임은 '변호인이 되려는 자'와의 접견교통을 사실상의 전제로 하므로, 피의자의 **'변호인과의 접견교통권'은 '변호인이 되려는 자'와의 접견교통권을 포함**한다(헌재 2019. 2. 28. 2015헌마1204, 판례집 31-1, 141, 153). 접견교통권은 변호인과 '구두로 또는 서면 등으로' 교통할 피의자의 권리를 의미하므로, 접견의 경우뿐만 아니라 **변호인과 피**

의자간의 서신이나 전기통신에 대해서도 마찬가지로 교통내용의 비밀이 보장된다(헌재 1995. 7. 21. 92헌마144). 따라서 교도관이 미결수용자의 변호인접견에 참여하는 것이 허용되지 않음은 물론이고, 국가기관이 미결수용자와 변호인간의 서신을 검열하거나 불구속피의자와 변호인간의 전화통화를 감청하는 것도 허용되지 않는다.

변호인과의 자유로운 접견교통은 원칙적으로 제한될 수 없다. 그러나 변호인과의 접견교통권은 절대적으로 보장되는 것이 아니라 다른 법치국가적 법익과의 비교형량을 통하여 보호되는 것이며, 다만 예외적인 경우를 제외한다면 피의자의 접견교통권이 일반적으로 다른 공익에 대하여 우위를 차지한다는 점에서, 접견교통권은 원칙적으로 제한될 수 없다고 보는 것이 보다 타당하다. 한편, 변호인과의 자유로운 접견교통 자체는 원칙적으로 제한될 수 없으나, **접견이 허용되는 빈도와 시간**은 수용시설의 질서유지나 원활한 기능의 관점에서 제한이 가능하다.

판 례 미결수용자와 변호인의 접견에 교도관이 참여한 행위의 위헌여부가 문제된 **'변호인접견 방해사건'**에서 "변호인과의 자유로운 접견은 신체구속을 당한 사람에게 보장된 변호인의 조력을 받을 권리의 가장 중요한 내용이어서 국가안전보장, 질서유지, 공공복리 등 어떠한 명분으로도 제한될 수 있는 성질의 것이 아니다."라고 판시하여, 청구인의 변호인 접견에 참여하는 **국가기관의 행위**는 위헌임을 확인하고, 나아가 이러한 위헌적인 공권력행위가 위헌적인 근거법률에 기인한 것임을 인정하여 **헌법재판소법 제75조 제5항**에 의하여 미결수용자의 변호인접견에 교도관을 참여하도록 규정한 근거법률조항인 **행형법규정**에 대해서도 위헌결정을 하였다(헌재 1992. 1.28. 91헌마111).

한편, 헌법재판소는 미결수용자 또는 변호인이 원하는 **특정한 시점의 접견 불허가 변호인의 조력을 받을 권리를 침해하는지 여부**가 문제된 사건에서 "헌법재판소가 91헌마111 결정에서 미결수용자와 변호인과의 접견에 대해 어떠한 명분으로도 제한할 수 없다고 한 것은 … **'자유로운 접견'** …을 제한할 수 없다는 것이지, 변호인과의 접견 자체에 대해 아무런 제한도 가할 수 없다는 것을 의미하는 것이 아니므로 **미결수용자의 변호인 접견권** 역시 국가안전보장 · 질서유지 또는 공공복리를 위해 필요한 경우에는 법률로써 제한될 수 있음은 당연하다."고 하여 "미결수용자 또는 그 상대방인 변호인이 원하는 특정 시점에는 접견이 이루어지지 못하였다 하더라도 변호인의 조력을 받을 권리가 침해되었다고 할 수 없다."고 판시하고 있다(헌재 2011. 5. 26. 2009헌마341).

(나) **소송서류 열람등사권**이란, 피의자가 변호인을 통하여 소송서류를 열람 · 등사할 수 있는 권리를 말한다. 소송서류 열람등사권은 접견교통권과 함께 변호인의 조력을 받을 권리의 또 다른 핵심적 내용에 속한다. 열람등사권은 피의자의 방어와 변호를 위하여 불가결한 권리이지만, 피의자는 열람등사권을 직접 행사할 수는 없고, 대신 변호인이 피의자를 위하여 행사하게 된다. 변호인은 소송서류의 열람과 등사를 통하여 국가기관이 수집한 각종 증거에 관한 정보를 획득함으로써 수사기관과 어느 정도 무기의 대등을 이루어 피의자를 위한 방어 전략을 마련할 수 있고, 이로써 궁극적으로 **공정한 재판의 실현에 기여**할 수 있다. 이러한 점에서, 열람등사권은 '변호인의 조력을 받을 권리'뿐 아니라 **'공정한 재판을 받을 권리'로부터도 도출**된다.

판 례 변호인의 수사기록 열람 · 등사신청에 대한 검사의 거부행위의 위헌확인을 구하는 '변호인 수사기록열람 사건'에서 "검사가 보관하는 수사기록에 대한 변호인의 열람 · 등사는 실질적 당사자대등을 확보하고, 신속 · 공정한 재판을 실현하기 위하여 필요불가결한 것이며, 그에 대한 지나친 제한은 피고인의 신속 · **공정한 재판을 받을 권리를 침해**하는 것이다."라고 판시하면서, "변호인의 조력을 받을 권리는 변호인과의 자유로운 접견교통권에 그치지 아니하고 더 나아가 변호인을 통하여 수사서류를 포함한 소송관계 서류를 열람 · 등사하고 이에 대한 검토결과를 토대로 공격과 방어의 준비를 할 수 있는 권리도 포함된다고 보아야 할 것이므로 변호인의 수사기록 열람 · 등사에 대한 지나친 제한은 결국 피고인에게 보장된 **변호인의 조력을 받을 권리를 침해**하는 것이다."라고 판시하고 있다(헌재 1997. 11. 27. 94헌마60).

또한, 헌재 2010. 6. 24. 2009헌마257, 판례집 22-1하 621, 622, "변호인의 수사서류 열람 · 등사권은 피고인의 신속 · **공정한 재판을 받을 권리 및 변호인의 조력을 받을 권리**라는 헌법상 기본권의 중요한 내용이자 구성요소이며 이를 실현하는 구체적인 수단이 된다."

다. 기본권의 주체

헌법 제12조 제4항 및 헌법 제27조로부터 파생하는 기본권인 '변호인의 조력을 받을 권리'는 형사절차에서 공정한 재판을 위한 전제조건으로서 보장된다는 점에서, '**형사절차에서 피의자나 피고인**'의 변호인의 조력을 받을 권리를 의미한다. 형사절차가 종료되어 교정시설에 수용중인 **수형자**는 원칙적으로 '변호인의 조력을 받을 권리'의 주체가 될 수 없다.

또한, 수형자나 미결수용자가[5] 형사사건의 변호인이 아닌 **민사재판, 행정재판, 헌법재판 등에서 변호사와 접견하는 경우**에는 헌법상 '변호인의 조력을 받을 권리'의 주체가 될 수 없다. 그러나 이러한 경우에도 수형자나 미결수용자는 소송당사자로서 국가기관 등과 어느 정도의 대등성을 확보하기 위하여 변호인의 조력을 필요로 하는 상황에 처하게 되는데, 여기서 '**변호사의 도움을 받을 권리**'의 헌법적 근거는 헌법 제12조 제4항이 아니라 공정한 재판을 보장하는 헌법 제27조의 재판청구권이다(헌재 2004. 12. 16. 2002헌마478).

한편, 헌법재판소의 다수의견은 변호인의 변호권(변호인으로서 조력할 권리)을 별도의 기본권으로 인정함으로써 변호인이 '변호권'의 침해를 이유로 헌법소원심판을 청구할 수 있다고 판단하고 있으나(헌재 2003. 3. 27. 2000헌마474), '**변호인으로서 조력할 권리**'는 독자적인 기본권이 아니라, 입법자가 '변호인의 조력을 받을 권리'를 보장하기 위하여 형사소송법 등 절차법을 통하여 구체적으로 형성한 결과로서 인정되는 **법률상의 권리**이다.

판 례 **변호인의 조력을 받을 권리의 기본권 주체성**과 관련하여 "원래 변호인의 조력을 받을 권리는 **형사절차에서** 피의자 또는 피고인이 검사 등 수사·공소기관과 대립되는 당사자의 지위에서 변호인 또는 변호인이 되려는 자와 사이에 충분한 접견교통에 의하여 피의사실이나 공소사실에 대하여 충분하게 방어할 수 있도록 함으로써 피고인이나 피의자의 인권을 보장하려는 데 그 제도의 취지가 있는 점에 비추어 보면, **형사절차가 종료**되어 교정시설에 수용중인 **수형자**는 원칙적으로 변호인의 조력을 받을 권리의 주체가 될 수 없다."라고 판시하였다(헌재 1998. 8. 27. 96헌마398, 판례집 10-2, 416, 430).

수용자가 **소송대리인인 변호사와의 접견을 원칙적으로 접촉차단시설이 설치된 장소에서 하도록 규정**하는 경우에 대하여 "수형자나 미결수용자가 형사사건의 변호인이 아닌 **민사재판, 행정재판, 헌법재판 등에서 변호사와 접견할 경우**에는 원칙적으로 헌법상 변호인의 조력을 받을 권리의 주체가 될 수 없다. … 결국 이 사건 접견조항에 따라 접촉차단시설에서 수용자와 변호사가 접견하도록 하는 것은 재판청구

---

5) '수형자'란 징역형, 금고형 등의 선고를 받아 그 형이 확정되어 형의 집행으로서 교정시설에 수용되어 있는 자를 말하고, '미결수용자'란 형사피의자 또는 형사피고인으로서 체포되거나 구속영장의 집행을 받은 사람을 말하며, '수용자'란 수형자, 미결수용자 등 일정한 사유로 교정시설에 수용된 자를 말한다(형집행법 제2조).

권의 한 내용으로서 법률전문가인 **변호사의 도움을 받을 권리**에 대한 제한이라고 할 것이다."라고 확인한 다음, "이 사건 접견조항에 따르면 수용자는 효율적인 재판준비를 하는 것이 곤란하게 되고, … 소송의 상대방에게 소송자료를 그대로 노출하게 되어 무기대등의 원칙이 훼손될 수 있다."는 이유로 수용자의 재판청구권을 침해한다고 판단하였다(헌재 2013. 8. 29. 2011헌마122). 또한, 헌법재판소는 수형자와 소송대리인인 **변호사의 접견을 일반 접견에 포함시켜 시간은 30분 이내로, 횟수는 월 4회로 제한**하는 시행령조항에 대하여 "수형자의 재판청구권을 실효적으로 보장하기 위해서는 소송대리인인 변호사와의 접견 시간 및 횟수를 적절하게 보장하는 것이 필수적이다. 심판대상조항들은 … 청구인의 재판청구권을 침해한다."고 판단하였다(헌재 2015. 11. 26. 2012헌마858).

라. 국선변호인의 조력을 받을 권리

헌법은 제12조 제4항 단서에서 "다만, **형사피고인**이 스스로 변호인을 구할 수 없을 때에는 법률이 정하는 바에 의하여 국가가 변호인을 붙인다."고 하여 국선변호인의 조력을 받을 권리를 규정하고 있다. **국선변호인제도의 헌법적 의미**는, 일차적으로, 변호인의 조력을 받지 않고서는 공정한 재판절차를 기대할 수 없는 경우 변호인의 조력을 제공함으로써 공정한 재판절차를 보장하고자 하는 것이고, 나아가 사회국가적 관점에서 재력이 없는 사회적·경제적 약자도 형사절차에서 변호인의 조력을 받을 권리를 실질적으로 행사할 수 있도록 하고자 하는 것이다. 한편, 헌법은 국선변호인의 조력을 받을 권리를 '형사피고인'에게만 인정하고 있다(헌재 2008. 9. 25. 2007헌마1126).

5. 구속이유 등을 고지 받을 권리 및 가족 등에 대한 통지 의무

헌법 제12조 제5항은 "누구든지 체포 또는 구속의 이유와 변호인의 조력을 받을 권리가 있음을 고지 받지 아니하고는 체포 또는 구속을 당하지 아니한다. 체포 또는 구속을 당한 자의 가족 등 법률이 정하는 자에게는 그 이유와 일시·장소가 지체 없이 통지되어야 한다."고 하여 체포·구속을 당한 형사피의자에 대한 고지의무와 가족 등에 대한 통지의무를 국가기관에게 부과하고 있다.

구속이유 등의 고지제도는 소위 **'미란다(Miranda) 원칙'으로 널리 알려진 미연방대법원의 판례를 우리 헌법이 수용한 것**이다.[6] 피의자가 헌법상 보장된 권리를 실제로 행사하기 위해서는 자신에게 어떠한 권리가 있는지를 알아야 하므로, **국가의 고지의무**는 헌법상 보장된 피의자의 기본권(진술거부권, 변호인의 조력을 받을 권리 등)을 실제로 행사하기 위한 전제조건이다. 수사기관이 고지의무를 이행하지 아니하고 수집한 증거(가령, 피의자신문조서)는 피의자에게 불리한 증거로 사용될 수 없다.

가족 등에 대한 통지의무는 일차적으로 체포·구속된 자가 흔적도 없이 사라지는 것을 방지하기 위한 것이고, 나아가 피의자 가족의 입장에서도 구속의 이유와 구속의 시기·장소 등에 관하여 알지 못한다면 그 불안감은 극도에 달할 것이므로, 통지의무를 통하여 피의자 가족의 불안감을 덜어주고자 하는 것이다. 가족 등에 대한 통지의무는 당사자의 신청에 의해서가 아니라 직무상 이행

---

6) 미란다원칙은, 사법경찰관이 피의자를 신문하기 전에 피의자가 헌법상 보장된 일련의 권리를 가지고 있다는 것, 즉 피의자가 묵비권을 가지고 있다는 것, 피의자의 진술이 그에게 불리한 증거로 사용될 수 있다는 것, 피의자가 변호인의 조력을 받을 수 있다는 것 등을 고지해야 한다는 요청이다.

해야 하는 국가기관의 의무이자 동시에 피의자의 주관적 권리이다.

6. 체포 · 구속적부심사 청구권

가. 의의 및 기능

헌법 제12조 제6항은 "누구든지 체포 또는 구속을 당한 때에는 적부의 심사를 법원에 청구할 권리를 가진다."고 하여 구속적부심사(拘束適否審査)제도를 규정하고 있다. **구속적부심사제도**는 피구속자 또는 관계인의 청구가 있을 경우, 법관이 즉시 구속의 적부를 밝히도록 하고, 구속의 이유가 부당하거나 적법한 것이 아닐 때에는 법관이 직권으로 피구속자를 석방하는 제도를 말한다. 법관이 발부한 구속영장에 대하여 영장을 발부한 법관이 아닌 다른 법관이 구속의 적부를 심사하기 때문에, **구속적부심사제도는 사전영장제도를 보완하는 기능**을 한다. 이로써 헌법은 구속의 필요성 및 헌법적 정당성과 관련하여 **법원에 의한 이중적인 보호**(사전적 · 사후적 보호)를 제공하고 있다.

나. 법적 성격

체포 · 구속적부심사청구권은 체포 · 구속의 적부심사와 관련하여 **재판청구권의 구체화된 형태**로서 재판청구권의 일종이다. 나아가, 체포 · 구속적부심사청구권은 헌법에 명시적으로 규정되어 있는지 여부에 관계없이 **재판청구권으로부터 나오는 헌법적 요청**이다. 헌법 제12조 제3항의 사전영장주의에 따라 법관이 수사기관의 행위를 사전적으로 통제한다는 것만으로는 헌법상 재판청구권의 요청을 충족시키지 못한다. 법관이 수사기관의 신청에 의하여 구속영장을 발부하는 경우, 구속된 자는 당사자의 지위를 가지고 법원의 절차에 영향력을 행사할 수 있는 가능성을 가지고 있지 않다. 그러므로 헌법 제12조 제6항은 법관에 의한 사전적 통제에도 불구하고, 체포 · 구속 자체의 적법성을 확인할 수 있는 법원의 사후적 절차를 요청하는 것이다.

다. 입법형성권의 한계

체포 · 구속적부심사청구권은 재판청구권과 마찬가지로 **절차적 기본권**으로서, **입법자에 의한 구체적인 형성을 필요**로 한다. 입법자가 체포 · 구속적부심사청구권의 구체적 내용을 법률로써 형성해야만, 개인은 비로소 이를 실질적으로 행사할 수 있다. 따라서 체포 · 구속적부심사청구권은 입법자에 대하여 효과적인 적부심사를 위한 절차적 형성을 요구할 권리를 의미한다. 입법자는 체포 · 구속적부심사제도를 구체적으로 형성함에 있어서 **효과적인 적부심사가 가능하도록 규율해야 할 의무**를 지며, 이러한 효과적인 적부심사에는 적어도 최소한 1번의 효과적인 적부심사를 받을 권리가 포함된다(헌재 2004. 3. 25. 2002헌바104).

판 례 **'전격기소된 피고인의 체포구속적부심사 청구 사건'**에서, '입법자는 형사소송법에 규정된 **피의자**에 대한 구속적부심사제도와 **피고인**에 대한 구속취소제도를 통하여 전반적으로 헌법 제12조 제6항의 입법형성의무를 이행하고 있으나, 다만, 우리 형사소송법상 구속적부심사의 청구인적격을 피의자 등으로 한정하고 있어서 **청구인이 구속적부심사청구권을 행사한 다음 검사가 법원의 결정이 있기 전에 기소(이른바 전격기소)하는 경우**에는, 기소이전 단계에서 이미 행사된 적부심사청구권의 당부에 대하여 법원으로부터 실질적인 심사를 받을 수 있는 청구인의 절차적 기회를 완전히 박탈하여야 하는 합리적인 근거도 없기 때문에, 입법자는 그 한도 내에서 적부심사청구권의 본질적 내용을 제대로 구현하지 아니하였다고 보아야 한다'고 판시하여, 구속적부심사청구적격을 '피의자'로 한정한 형사소송법조항에 대하여 헌법불합치결정을 하였다(헌재 2004. 3. 25. 2002헌바104).

7. 자백의 증거능력제한 원칙

가. 헌법적 의미와 기능

헌법은 제12조 제7항에서 "피고인의 자백이 고문·폭행·협박·구속의 부당한 장기화 또는 기망(欺罔) 기타의 방법에 의하여 자의(自意)로 진술된 것이 아니라고 인정될 때 또는 정식재판에 있어서 피고인의 자백이 그에게 불리한 유일한 증거일 때에는 이를 유죄의 증거로 삼거나 이를 이유로 처벌할 수 없다."고 하여 **자백의 증거능력을 제한**하고 있다.

신체의 자유를 보호하기 위한 또 하나의 중요한 헌법상의 원리가 바로 자백의 증거능력의 제한이다. **'자백'**이란 자기의 범죄사실을 시인하는 것을 말한다. 헌법 제12조 제7항에서 불법적인 방법을 동원해서 받아낸 이른바 '임의성(任意性)이 없는 자백'과 피고인의 자백이 그에게 불리한 유일한 증거로서 이를 뒷받침해주는 다른 보강증거가 없는 한, 자백을 유죄의 증거로 삼거나 이를 이유로 처벌할 수 없도록 규정하고 있는 것은, 자백을 얻어내기 위하여 불리한 진술을 강요하고 고문 등을 자행할 위험을 처음부터 방지하고자 하는 것이다. 즉, 처음부터 자백의 증거능력을 제한함으로써 불리한 진술을 강요하는 고문 등으로부터 피고인을 보호하고자 하는 것이다. 이러한 점에서, 자백의 증거능력의 제한은 헌법 제12조 제2항에 규정된 '고문을 받지 아니할 권리' 및 '불리한 진술거부권'과 긴밀한 내적인 연관관계에 있다.

나. 자백의 증거능력과 증명력

임의성이 없는 자백(자의로 진술된 것이 아닌 자백)은 처음부터 증거능력(證據能力)을 갖지 못한다. 자백의 임의성은 인정되지만 **자백이 유일한 범죄의 증거**일 때에는 그 증거능력은 인정하되 그 증명력(證明力)을 약화시킴으로써, 법관이 충분한 유죄의 심증을 가지더라도 그 자백이 유일한 증거일 때에는 범죄사실을 인정할 수 없게 하여 법관의 자유심증주의를 제한하고 있다.[7]

제 3 절 거주·이전의 자유

Ⅰ. 역사적 생성배경과 헌법적 의미

1. 역사적 배경

역사적으로 거주·이전의 자유는 유럽에서 신앙이 분열된 상황에서 군주의 신앙을 따르지 않는 신민들에게 **출국과 이민의 자유**를 보장하는 것으로부터 출발하였다(1555년 아우구스부르크의 종교 화의). 군주가 국교를 정할 수 있다는 것을 전제로 국가에 의하여 강요된 국교로부터 벗어날 수 있는 가능성을 보장하고자 하는 기본권이 바로 거주·이전의 자유였다.

---

7) 증거능력은 증명의 자료로서 사용될 수 있는 자격으로서 형식적으로 법정되어 있기 때문에 법관의 자유판단이 허용되지 않으나, 증명력에 관한 한 법관의 자유심증주의가 적용된다.

개인의 자유로운 결정에 의하여 국가권력에서 벗어날 수 있는 가능성의 보장여부는 오늘날에도 **국가의 성격을 결정짓는 본질적인 요소**에 속한다. 국가에 의하여 모든 것이 조정되고 계획되는 사회주의 국가체제에서 출국과 해외이주의 자유는 필연적으로 부정될 수밖에 없다. 거주·이전의 자유의 보장은 '개인은 자유로운 결정에 근거해서만 국가권력의 지배를 받을 수 있다'는 사회계약사상의 산물이자 자유민주국가의 특징적 요소이다.

2. 헌법적 의미

헌법은 제14조에서 "모든 국민은 거주·이전의 자유를 가진다."고 하여 거주·이전의 자유를 보장하고 있다. 거주·이전의 자유는 **자신의 생활 장소를 스스로 선택하고 결정하는 권리**인데, 생활 장소의 선택은 동시에 다른 기본권의 행사가 이루어지는 장소의 선택을 의미하므로, **다른 기본권을 효과적으로 행사하기 위한 조건**이기도 하다. 나아가, 거주·이전의 자유는 개인의 이동가능성을 보장함으로써, 고도의 이동성에 의존하고 있는 **현대의 경제체제와 산업사회가 기능하기 위한 필수적 전제조건**이며, 또한 정치적·문화적 관점에서 다원적인 사회가 지속적으로 발전하고 사회통합을 이루기 위한 전제조건이기도 하다.

거주·이전의 자유에 대한 제한은 주로 추방, 피난, 소개(疏開) 등 전쟁의 결과로서 발생하는 피난민이나 망명자의 문제 및 주거의 부족으로 인하여 발생하는 주거공간의 강제적 관리의 문제와 관련하여 이루어진다. 자유민주국가에서 거주·이전의 자유는 **중대한 변혁의 시기**에 위협을 받으므로, 정상적인 정치적 상황에서는 거의 현실적인 의미를 가지지 못한다. 우리의 경우, 남·북한의 통일로 인하여 북한지역으로부터 다수의 북한주민이 동시에 남한지역으로 이주함으로써 주거공간의 부족과 기간시설의 과도한 부담 등 국내의 위험상황을 초래할 수 있고, 이러한 현실에 직면하여 입법자는 잠정적이나마 거주·이전의 자유를 제한하는 문제를 고려할 수 있을 것이다.

한편, 장기적으로는 국가 내에서 지역의 균형발전으로 인하여 지역간에 거의 동일한 생활조건이 확보됨으로써 **일정 지역으로의 과도한 이주현상**이 근본적으로 방지되는 경우에만, 거주·이전의 자유는 국가에 의한 규제에 의하여 위협을 받지 않을 것이다. 대도시의 인구집중을 방지할 목적으로 대도시 내에서의 부동산 등기에 대하여 중과세하는 세법규정이 거주·이전의 자유를 규제하는 대표적인 예이다.

Ⅱ. 주체 및 법적 성격

거주·이전의 자유의 주체는 한국국적을 가진 모든 자연인과 국내사법인이다. 외국인은 거주·이전의 자유의 주체가 아니다(학계의 다수설). 헌법재판소도 입국의 자유에 대한 외국인의 기본권 주체성을 부인하고 있다(현재 2014. 6. 26. 2011헌마502).

거주·이전의 자유는 그 기능에 있어서 일차적으로 개인의 **대국가적 방어**권이고, 나아가 **객관적 가치결정**으로서 사법상의 개괄조항을 해석함에 있어서 해석의 기준으로서 기능한다. 예컨대, 이혼한 부부가 일정 지역에서 주거지를 선택해서는 안 되는 일방 당사자의 의무를 담고 있는 계약을 체결하는 경우, 민사법원이 이와 같은 주거지선택금지 조항의 무효 여부를 민법상의 공서양속조항을 근거로 판단함에 있어서 거주 · 이전의 자유의 가치결정이 해석의 지침으로서 고려된다.

Ⅲ. 보호범위

1. 체류와 거주의 자유

거주 · 이전의 자유는 대한민국 영토 내의 모든 장소에 임의로 체류하고 거주하는 자유, 이러한 목적을 위하여 대한민국으로 입국하는 자유 및 해외여행과 해외이주를 위하여 출국할 수 있는 자유를 보호한다(헌재 2004. 10. 28. 2003헌가18).

체류와 거주의 자유란, 국내 어느 곳에서나 체류하고 거주할 수 있는 자유, 즉 국가의 간섭이나 방해를 받지 않고 **체류장소와 거주지를 임의로 선택할 수 있는 자유**를 말한다. 여기서 '거주'란 한 장소를 생활의 중심지로 삼으려는 의사를 가지고 계속적으로 정주하는 것을 말하고, '체류'란 어떤 장소에 잠정적으로 머무는 것을 의미한다. 거주 · 이전의 자유는 당연히 **체류장소와 거주지를 이전할 자유**를 포함하며, 뿐만 아니라 소극적 자유로서 **체류장소와 거주지를 이전하지 아니할 자유**, 한 장소에 머물 수 있는 자유도 함께 보호된다. 소극적인 거주 · 이전의 자유는 국가의 강제이주조치로부터 개인을 보호한다.

한편, 거주 · 이전의 자유에 의하여 보호되는 **체류**는 그냥 지나가는 것 이상의 것이어야 하며, **어느 정도의 지속성과 의미를 필요**로 한다. 이에 대하여, 어떤 장소를 잠시 방문할 자유나 어떤 장소에서 잠시 체류할 자유 등과 같은 일시적인 신체적 활동의 자유는 일반적 행동자유권에 의하여 보호된다. 가령, 공권력이 구경꾼에게 교통사고현장을 떠날 것을 명령하는 경우, 일반적 행동의 자유가 제한된다.

2. 입국과 출국의 자유

대한민국 영역으로의 **입국의 자유**는 대한민국 영역 내에서의 거주 · 이전을 위한 전제로서 거주 · 이전의 자유에 의하여 보호된다. 대한민국 국민은 누구나 국가의 방해를 받지 않고 귀국할 수 있는 권리를 가진다. 국내에 입국할 수 있는 국민만이 비로소 국내에서 거주 · 이전의 자유를 행사할 수 있기 때문이다.

출국의 자유도 거주 · 이전의 자유의 역사적 출발점으로서 거주 · 이전의 자유에 의하여 보호된다. 출국의 자유는 국가의 방해를 받지 않고 자유롭게 해외로 여행할 수 있는 자유인 **'해외여행의 자유'**와 국외에 영주나 장기적 해외거주의 목적으로 이주할 수 있는 자유로서 **'해외이주의 자유'**를 포함한다. 나아가, 출국의 자유는 자신의 자유로운 결정에 근거하여 한국 국적을 포기하고 외국 국적을 가질 수 있는 자유(**국적변경의 자유**)를 포함한다.

판 례 헌법재판소는 대한민국 남성인 복수국적자가 18세가 되는 해의 3월 31일이 지나면 **병역의무를 해소하기 전에는 국적이탈을 할 수 없도록 규정하는 국적법조항**에 대하여 종래 합헌으로 판단하였으나(헌재 2006. 11. 30. 2005헌마739; 헌재 2015. 11. 26. 2013헌마805 등), 그 후 판례를 변경하여 가혹한 경우에 대하여 어떠한 예외도 인정하지 않고 일률적으로 제한하는 것은 국적이탈의 자유를 지나치게 제한한다고 판단하였다(헌재 2020. 9. 24. 2016헌마889).

한편, **'직계존속이 외국에서 영주할 목적 없이 체류한 상태에서(가령, 해외유학 등) 출생한 자'**에 대하여 병역의무를 이행해야 국적이탈을 허용하는 국적법조항이나 **복수국적자**가 외국에 주소가 있는 경우에만 국적이탈을 허용하는 국적법조항은 국적이탈의 자유를 침해하지 않는다고 판단하였다(헌재 2023. 2. 23. 2019헌바462; 헌재 2023. 2. 23. 2020헌바603).

Ⅳ. 제 한

1. 고전적 의미의 제한

거주 · 이전의 자유에 대한 제한은 일차적으로 국가공권력이 **일정 장소에서 체류나 거주 또는 출국 등을 명령하거나 금지**하는 소위 고전적 의미의 제한형태(강제이주의무나 근무지 거주의무의 부과, 주거이전의 금지, 출국의 금지 등)로 이루어진다.

예컨대, 공무원에게 그에게 부과된 과제의 원활한 이행을 위하여 근무지에 거주지를 택해야 할 의무(**근무지 거주의무**)를 부과하는 것은 거주 · 이전의 자유에 대한 고전적 의미의 제한에 해당한다. 여권 없이는 출국이 불가능하고 여권의 발급은 사실상 출국의 허가에 해당한다는 점에서, 특정 요건 하에서는 **여권의 발급을 금지**할 수 있도록 규정하는 여권법조항은 해외여행의 자유(출국의 자유)를 제한한다. 또한, 국민을 보호하기 위하여 **해외 위난지역의 방문과 체류를 금지**하는 여권법규정도 해외여행의 자유(출국의 자유)를 제한하는 규정이다(헌재 2008. 6. 26. 2007헌마1366, 판례집 20-1하, 472, 481). 추징금을 미납한 국민에 대하여 **출국을 금지**할 수 있도록 규정한 출입국관리법규정도 출국의 자유를 제한한다(헌재 2004. 10. 28. 2003헌가18). 병역의무자의 출국을 제한하는 것도 출국의 자유에 대한 제한에 해당한다.

2. 간접적 제한

나아가, 법률조항이 거주 · 이전의 자유를 직접적으로 규율하고자 의도하지는 않지만, 거주 · 이전의 자유에 대하여 상당한 비중의 간접적 제한효과를 가지기 때문에 **거주 · 이전의 자유를 규율하는 객관적 성격**을 인정할 수 있는 경우에는, 거주 · 이전의 자유에 대한 제한이 인정된다. 가령, 대도시의 인구집중을 방지할 목적으로 **대도시 내에서의 부동산 등기에 대하여 중과세**하는 세법규정도 거주 · 이전의 자유를 규율하는 객관적 성격을 인정할 수 있으므로, 거주 · 이전의 자유에 대한 제한에 해당한다(헌재 1996. 3. 28. 94헌바42).

3. 제한이 부인되는 경우

그러나 다른 기본권을 제한하는 국가행위에 의하여 **거주 · 이전의 자유에 대한 불리한 효과가 간접적이고 부수적으로 발생**하는 것으로는 거주 · 이전의 자유에 대한 제한을 인정하기에 충분하지 않다.

예컨대, 지방자치단체장의 피선거권자격요건으로서 당해 지방자치단체의 관할구역 안에 **90일 이상의 주민등록**을 요구하는 공직선거법규정은 거주 · 이전의 자유가 아니라 공무담임권을 제한하는 것이며(헌재 1996. 6. 26. 96헌마200), **거주지를 기준으로** 중 · 고등학교의 입학을 제한하는 교육법시행령규정은 학부모의 자녀교육권을 제한하는 것이며(헌재 1995. 2. 23. 91헌마204, 판례집 7-1, 267, 279), 농지소재지에 거주하는 **거주자에 한하여**

자경농지의 양도에 대한 양도소득세를 면제해 주는 세법규정(헌재 2003. 11. 27. 2003헌바2)이나 일반인은 31세가 되면 입영의무가 면제되는데 반하여 **해외체재자에 대해서는** 36세가 되어야 병역의무가 면제되도록 규정하는 병역법규정(헌재 2004. 11. 25. 2004헌바15)은 거주 · 이전의 자유가 아니라 평등권 등 다른 기본권을 심사기준으로 하여 판단해야 한다.

제 4 절 직업의 자유

Ⅰ. 헌법적 의미

헌법은 제15조에서 "모든 국민은 직업선택의 자유를 가진다."고 하여 직업의 자유를 보장하고 있다. 직업의 자유는 직업을 개인의 생계기반과 자아실현의 근거로 삼을 권리를 보장함으로써 **직업의 영역에서 개인의 자유로운 인격발현과 자기결정권을 보장**하고자 하는 기본권이다. 직업은 일차적으로 생활의 기본적인 수요를 충족시키고 개인의 생계를 가능케 하는 경제적 소득활동의 기반이다. 나아가, 직업은 **개인의 생계기반**이라는 경제적인 측면을 넘어서, **개인의 인격발현과 정체성에 대하여 매우 중요한 의미**를 가진다. 직업은 자신이 원하는 삶을 살기 위한 중요한 수단이자 인생에 있어서 매우 중요한 자아실현의 수단이다. 개인은 직업활동을 통하여 인격을 발현하고 형성한다. '직업'과 '개인의 인격발현'의 밀접한 연관관계가 직업의 자유를 이해하는 출발점이다.

직업의 자유는 재산권보장과 더불어 개인의 경제적 자유를 보장하는 중요한 기본권이다. 사유재산권의 보장은 재화의 사용과 처분에 관한 개인의 자율적인 결정을 가능하게 함으로써 경제과정의 분권화를 가져오고 사법질서(私法秩序)에 근거한 경제질서를 형성한다. 직업의 자유도 개인의 자유로운 직업활동을 보장함으로써 경쟁질서에 입각한 경제질서를 형성한다는 점에서 **경제질서의 형성에 있어서 중요한 의미**를 가진다.

Ⅱ. 보호범위

1. 직업의 개념

직업의 자유를 가능하면 최대한으로 보장하기 위하여, **직업의 개념**은 기본권보장의 실효성의 관점에서 광의로 해석되어야 하고 미래의 발전에 대하여 개방적이어야 한다. 직업에는 기존에 전통적으로 형성된 전형적인 직업뿐만 아니라 사회현상의 변화에 따라 새롭게 발생하는 비전형적인 경제활동도 속한다.

직업이란, **어느 정도의 지속성을 가지고(계속성) 개인의 생계에 기여하는 모든 경제적 소득활동(생활수단성)**을 말한다. 직업의 개념에 속하는 활동은 어느 정도 지속적이어야 하므로, 일회적인 소득활동은 직업에 속하지 않는다. 직업은 경제적 생활기반을 마련하고 유지하는데 기여해야 하므로 무상의 활동이나 취미활동은 직업에 속하지 않지만, 제2의 직업(이중직업)이나 부업은 직업에 포함된다. 나아가, 직업활동이 독립적 형태 또는 종속적 행태로 이루어지는지와 관계없이 모든 경제적 활동이 직업에 속한다.

한편, **'공공무해성(公共無害性)'이나 '법적으로 허용된 소득활동'** 등의 특징을 직업의 개념적 요소로 인정하는 것은 **직업의 자유의 보호범위를 부당하게 축소할 위험**이 있다. 특정 활동(가령, 윤락행위 등)을 법적으로 허용되지 않는 것으로 또는 사회적으로 무가치한 것으로 직업의 개념으로부터 처음부터 제외한다면, 직업의 자유를 심사기준으로 하는 헌법적 판단이 불가능하다. 예컨대, '윤락행위'가 직업의 개념에 속하지 않기 때문에 직업의 자유에 의하여 보호를 받지 못한다면, 윤락행위를 금지하는 '윤락행위등방지법'은 직업의 자유에 대한 제한에 해당하지 않기 때문에 직업의 자유의 관점에서 헌법적으로 정당화될 필요가 없다. 그러므로 법적으로 금지된 활동이나 사회적으로 무가치한 활동도 직업의 개념에 포함시킴으로써 이러한 활동을 제한하거나 금지하는 국가의 조치가 직업의 자유의 관점에서 정당화되는 것인지의 심사를 가능하게 해야 한다. **헌법재판소**는 학계의 일부 견해와는 달리, 이미 초기의 판례부터 직업 개념의 개방성을 인식하여 직업활동의 '공공무해성'을 직업의 개념적 요소에 포함시키고 있지 않다(헌재 2003. 9. 25. 2002헌마519, 판례집 15-2상, 454, 471).

2. 직업선택의 자유와 직업수행의 자유

헌법은 제15조에서 '직업선택의 자유'만을 언급하고 있지만, 헌법 제15조는 직업 영역에서 자기결정권을 보장하는 기본권으로서, 개인이 국가의 간섭이나 방해를 받지 아니하고 원하는 직업을 자유롭게 선택할 수 있는 권리인 **'직업선택의 자유'**뿐만 아니라, 선택한 직업을 자유롭게 행사할 수 있는 권리, 즉 특정 직업을 어떠한 방법으로 행사할 것인지에 관하여 자유롭게 결정할 권리인 **'직업수행(행사)의 자유'**도 보장하는 포괄적인 기본권이다(헌재 1995. 7. 21. 94헌마125, 판례집 7-2, 155, 162). 직업의 선택은 그 자체가 목적이 아니라 선택한 직업에 종사하는 것이 궁극적인 목적이기 때문에, 선택한 직업의 행사를 보장하지 않는 직업선택의 자유는 무의미하다. 또한, 직업의 자유는 직업을 선택하고 행사할 수 있는 **적극적인 자유**뿐만 아니라, 직업을 선택하지 않거나 행사하지 않을 자유인 **소극적인 자유**도 보장한다.

특정 직업을 선택하기 위하여 사전에 필요한 전문지식을 습득하거나 자격을 취득하는 특정 직업교육을 받아야 한다면, 이러한 **직업교육장을 선택할 자유**(직업교육장선택의 자유)도 직업선택의 자유에 의하여 보호된다. 여기서 직업교육장이란, 일반교양을 전달하는 것을 넘어서 직업교육에 기여하는 직업관련시설(예컨대 전문대학, 대학교, 사법연수원 등)을 말한다. 한편, 직업선택의 자유는 이미 선택한 직업을 포기·유지·변경할 것인지에 관하여 결정할 자유를 '직업선택의 자유를 행사하기 위한 사실적 전제조건'으로서 당연히 포함하므로, 직업선택의 자유 외에 전업의 자유, 직업포기·변경의 자유 등을 별도의 보장내용으로 분류하는 것은 불필요하다.

3. 직업의 자유로부터 파생하는 기본권

직업의 자유를 **'직업활동의 여부와 방법'**에 따라 직업선택의 자유와 직업수행의 자유로 구분한다면, 직업의 자유를 **'누가(자영업자, 근로자, 기업 등) 행사하는지'**에 따라 직업의 자유로부터 다음과 같은 다양한 보장내용이 파생된다. 아래에서 언급하는 영업·기업의 자유, 경쟁의 자유, 직장선택의 자유는 직업선택과 직업수행의 측면을 모두 포괄하는 자유이다.

가. 영업의 자유와 기업의 자유

역사적으로 직업의 자유는 **독립적인 형태의 직업활동**을 국가의 규율과 간섭으로부터 보호하려는 '영업의 자유'로부터 탄생하였다. 영업의 자유란, 상업, 수공업, 자유업, 자영업, 농업 등 독립된 형태의 직업을 선택하고 행사할 자유, 즉 자영업자의 직업의 자유를 말한다.

기업의 자유란, 중소기업, 대기업 등 **기업을 설립하여 경영할 자유**를 말한다. 법인도 직업의 자유의 주체가 될 수 있으므로, 직업의 자유는 '기업의 자유로운 설립과 운영'을 그 내용으로 하는 기업의 자유를 포함한다.

나. 경쟁의 자유

경쟁의 자유란 사인간의 경쟁에서 국가의 간섭이나 방해를 받지 않고 국가에 의하여 자유경쟁이 왜곡됨이 없이 경제활동을 할 수 있는 자유를 말한다. 직업의 자유는 영업의 자유와 기업의 자유를 보장하고, 영업의 자유와 기업의 자유를 근거로 누구나 자유롭게 경쟁에 참여할 수 있기 때문에, 경쟁의 자유는 기본권의 주체가 **직업의 자유를 실제로 행사하는 것으로부터 나오는 필연적 결과**로서 직업의 자유에 의하여 보장된다(헌재 1996. 12. 26. 96헌가18, 판례집 8-2, 680, 691). 그러므로 개인은 직업의 자유를 주장하여 경쟁으로부터 보호해 줄 것을 국가에 대하여 요구할 수 없다. **직업의 자유는 '경쟁'을 보호**하는 것이지, '경쟁으로부터의 보호'를 보장하지 않는다.

다. 직장선택의 자유

직장선택의 자유란, 선택한 직업을 어떠한 직장에서 행사할 것인지에 관하여 결정할 자유, 즉 구체적 직장을 선택 · 유지 · 포기할 자유를 말한다. 그런데 **독립적 형태의 직업활동**의 경우, 직장선택의 자유는 사실상 '직업활동이 수행되는 장소를 결정할 자유'를 의미하므로, 이는 이미 **직업수행의 자유에 의하여 보호**되는 것이다. 따라서 직장선택의 자유는 **단지 고용직 근로자의 종속적인 직업활동에 대해서만 실질적으로 고유한 의미**를 가진다(헌재 2002. 11. 28. 2001헌바50, 판례집 14-2, 668, 677). 직장선택의 자유란, **고용된 형태의 종속적 직업활동을 선택 · 유지 · 포기할 자유**, 즉 '근로자의 직업선택의 자유'를 의미한다.

판 례 "직업의 자유는 독립적 형태의 직업활동뿐만 아니라 고용된 형태의 종속적인 직업활동도 보장한다. 따라서 직업선택의 자유는 직장선택의 자유를 포함한다. … **직장선택의 자유는 특히 근로자들에게 큰 의미**를 지닌다."고 하면서(헌재 2002. 11. 28. 2001헌바50, 판례집 14-2, 668, 677), 나아가 "**직장선택의 자유**는 개인이 그 선택한 직업 분야에서 구체적인 취업의 기회를 가지거나, 이미 형성된 근로관계를 계속 유지하거나 포기하는 데에 있어 국가의 방해를 받지 않는 자유로운 선택 · 결정을 보호하는 것을 내용으로 한다."고 판시하고 있다(판례집 14-2, 668, 678).

한편, 사용자가 기간제 근로자를 사용하는 경우 최장 2년까지만 사용할 수 있도록 규정하고 있는 '기간제 및 단시간근로자 보호 등에 관한 법률'조항이 자신의 기본권을 침해한다는 이유로 기간제 근로자가 헌법소원을 제기한 **'기간제 근로자 사건'**에서 근로자의 직장선택의 자유가 문제되었는데, 헌법재판소는 이 사건에서 **제한된 기본권이 특별자유권인 '직장선택의 자유'라는 것을 인식하지 못하고**, 보충적 자유권인 행복추구권으로부터 파생하는 '계약의 자유'를 심사기준으로 삼아 합헌으로 판단하였다(헌재 2013. 10. 24. 2010헌마219등).

Ⅲ. 제 한

1. 고전적 의미의 제한

가. 직업의 자유의 경우에도 기본권제한은 주로 직업의 선택이나 행사가 명령과 강제를 통하여 규율되거나 제한되는 형태로 이루어진다. 국가가 특정 직업을 규율하고자 의도하는 경우에는 일반적으로 직업활동에 대한 **금지명령과 행위명령**의 수단을 사용한다.

특정 직업활동에 대한 **'금지명령'**의 예로는, 특정 직업활동에 대한 국가의 독점, 특정 요건을 충족시켜야만 직업활동을 할 수 있도록 허가의 유보 하에서 직업활동을 금지하는 것을 들 수 있다. 그 외에도, 기본권주체에게 직업활동의 특정한 방법을 금지하는 모든 경우(가령, 백화점 셔틀버스의 운행금지, 의료인의 광고금지, 택시의 합승금지 등)가 이에 해당한다. 기본권주체에게 특정 직업활동을 하도록 **'행위명령'**을 부과하는 경우로는, 택시회사의 승객운송의무(승차거부의 금지), 변호사의 국선변호의무, 연간 일정 기간 국산영화를 상영해야 할 상영관의 의무, 정유수입업자의 정유비축의무, 경고문을 표시해야 할 담배제조업자의 의무 등을 예로 들 수 있다.

나. 국가가 직접적으로 직업을 규율하고자 의도하지는 않지만, 직업활동에 대하여 상당한 비중의 간접적인 제한효과를 가지는 경우에도, 직업의 자유는 제한될 수 있다. 가령, 세법규정이 직접적으로 직업을 규율하는 성격을 지니고 있지는 않더라도 그의 간접적인 제한효과 때문에 **'객관적으로' 확인할 수 있는 직업규율적 성격**을 가지고 있다면, 그 규정은 직업의 자유를 제한하는 규정에 해당한다.

판 례 인구의 대도시 집중을 억제할 목적으로 **대도시 내 법인의 부동산등기에 대한 중과세**를 규정하는 지방세법조항에 대한 헌법소원사건에서, 헌법재판소는 위 지방세법규정은 법인의 직업활동을 명령과 금지를 통하여 직접적으로 규율하고자 하는 규정은 아니지만, 중과세를 통하여 대도시에서의 법인의 직업활동을 억제하는 간접적인 제한효과를 발생시키므로 직업행사의 자유를 제한하는 규정으로 판단함으로써, 위 규정의 위헌여부를 '거주 · 이전의 자유' 외에도 '직업수행의 자유'를 심사기준으로 삼아 판단하였다(헌재 1996. 3. 28. 94헌바42).

2. 사실적 기본권제한

국가기관이 특정 제품의 유해성이나 위험성을 일반 국민에게 경고하는 경우, 국가기관은 특정 제품의 생산자나 판매자에 대하여 법적 명령이나 강제의 형태로 직접적으로 작용하는 것이 아니라, 정보제공의 형태로 소비자의 결정과 행위에 대하여 영향력을 행사함으로써 특정 제품의 판매기회에 부정적으로 작용하게 된다. 국가기관의 이러한 홍보활동은 직업의 자유의 관점에서 헌법적으로 정당화되어야 하는 사실적 기본권제한에 해당한다.

Ⅳ. 3단계이론

1. 개 요

가. 제한의 강도에 따른 제한형태의 구분

3단계이론은 독일 연방헌법재판소가 '약국 결정'(BVerfGE 7, 377)에서 처음으로 제시한 이론으로, **직업의 자유에 대한 제한의 강도에 따라 제한의 형태를** '직업행사의 자유에 대한 제한', '주관적 사유에 의한 직업선택의 자유의 제한' 및 '객관적 사유에 의한 직업선택의 자유의 제한'으로 구분하여, 제한의 강도가 높아짐에 따라 입법자의 형성의 자유는 축소되고 직업의 자유에 대한 제한은 보다 엄격한 요건 하에서 정당화된다는 이론이다.

직업의 자유의 보호범위 중에서도, 공권력행위에 의하여 **구체적으로 제한되는 자유영역이 개인의 인격발현에 대하여 어떠한 의미를 가지는지에 따라**, 직업의 자유에 대한 제한의 허용정도가 달라진다(헌재 2003. 9. 25. 2002헌마519, 판례집 15-2상, 454, 472-473). 직업의 자유에 대한 제한이라 하더라도, 직업선택 그 자체에 대한 제한은 직업에서 인생의 과제를 찾으려는 개인의 인격발현의 길을 처음부터 봉쇄하는 것이므로 개인의 핵심적인 자유영역에 대한 침해를 의미한다. 그러므로 기본권의 주체가 아무런 영향을 미칠 수 없는 **'객관적 사유에 의한 직업선택의 자유의 제한'**은 매우 엄격한 요건을 갖춘 예외적인 경우에만 허용된다. 이에 대하여 **'주관적 사유에 의한 직업선택의 자유의 제한'**과 **'직업수행의 자유에 대한 제한'**은 기본권의 주체가 허가요건의 충족에 스스로 영향을 미칠 수 있거나 아니면 일단 선택한 직업의 행사방법을 제한하는 것이므로, 개인의 자유로운 인격발현에 대한 침해의 정도가 작다고 볼 수 있다. 따라서 이러한 경우, 입법자에 의한 보다 광범위한 규율이 정당화된다.

나. 주관적·객관적 허가요건의 구분

직업선택의 자유에 대한 제한은 직업활동의 허가에 관한 것이므로, **'직업허가요건'**으로 부르기도 한다. **'주관적 허가요건'**이란 특정 직업이 그 성질상 전문성이나 기술성을 요구하는 경우에 그 직업의 정상적인 수행을 보장하기 위하여 직업선택의 여부를 직업지원자가 스스로 충족시킬 수 있는 개인적 특징(가령, 학력이나 경력, 자격 등)에 결부시키는 경우로서, 허가요건이 원칙적으로 기본권주체의 책임영역 내에 존재한다. 이에 대하여 **'객관적 허가요건'**이란 허가여부를 기본권주체의 개인적 특성과 무관한 요건(가령, 사업자 수의 제한, 수요의 심사 등)에 결부시키는 경우로서, 허가요건이 기본권주체의 책임영역 밖에 존재한다.

'주관적 허가요건'의 경우, 입법자는 규율하고자 하는 직업생활관계로부터 스스로 제기되는 요청을 단지 구체화하는 것이고, 개인에게는 당해 직업을 정상적으로 수행하기 위하여 사물의 본질상 원칙적으로 수인해야 하는 것만이 주관적 허가요건의 형태로 요구된다. 주관적 허가요건은 규율대상인 직업활동으로부터 스스로 나오는 것이고, 기본권주체가 일반적으로 충족시킬 수 있는 개인적 특성에 결부시키는 것이기 때문에, 직업의 자유의 관점에서 헌법적으로 큰 의문이 제기되지 않는다. 그러나 **'객관적 허가요건'**은 규율대상인 직업생활관계로부터 스스로 나오는 요청도 아니고, 직업의 정상적인 수행을 위하여 요구되는 모든 주관적 요건을 충족시킨 사람에 대해서도 자신의 힘으로 극복할 수 없는 진입장벽을 의미하므로, 직업의 자유에 대한 매우 강력한 제한에 해당한다.

2. 단계이론과 과잉금지원칙의 관계

가. 단계이론의 의미

3단계이론은 직업의 자유에 내재하는 독특한 구조, 즉 직업의 자유의 보호범위를 '직업선택의 자유'와 '직업행사의 자유'로 구분하는 것이 가능하다는 구조를 이용하여 **과잉금지원칙을 보다 합리적이고 체계적으로 적용하고자 하는 이론**이다. 따라서 3단계이론은 그 자체로서 독자적으로 기능하거나 과잉금지원칙을 대체하는 이론이 아니라, 과잉금지원칙의 틀 안에서 적용되는 이론이다.

단계이론을 적용하기 위해서는, 일차적으로 입법자가 선택한 수단이 3단계 중에서 어떠한 단계에 해당하는지를 확정해야 하고, **이어서** 입법자가 선택한 단계에서 과잉금지원칙을 준수하고 있는지 여부를 개별구성요소(목적의 정당성, 수단의 적합성, 수단의 최소침해성, 법익균형성)에 따라 별도로 판단해야 한다. 3단계이론은 직업의 자유를 제한하는 법률조항의 위헌여부를 과잉금지원칙을 적용하여 판단함에 있어서 무엇보다도 **수단의 최소침해성 및 법익균형성의 심사 단계에서** 제한의 과잉여부를 판단하는 **유용한 기준을 제시**한다.

나. 단계이론에 의한 과잉금지원칙의 심사

첫째, 직업의 자유에 대한 제한이 **정당한 목적**을 추구하는지를 판단해야 한다.

둘째, 입법자가 채택한 수단이 입법목적을 달성하기에 적합한지를 판단한다. **수단의 적합성**의 단계에서는 3단계이론은 직업규율규정의 위헌여부를 판단함에 있어서 아무런 별도의 기준을 제공하지 않는다.

셋째, **최소침해성원칙**의 위반여부를 판단하기 위해서는 '기본권을 보다 적게 제한하는 대안'의 존부를 검토해야 하는데, 3단계이론은 직업의 자유에 대한 **제한의 강도에 따른 3가지 대안을 스스로 제시**하고 있다. 따라서 3단계이론이 제시하는 대안을 이용하여, 보다 낮은 단계에서의 제한을 통해서도 입법목적을 달성할 수 있는지 여부를 판단해야 한다. 한편, 직업규율규정이 가장 낮은 단계의 제한에 해당하는 경우에는 3단계이론을 통해서는 직업의 자유를 보다 적게 제한하는 대안을 제시할 수 없으므로, 이 경우에는 직업규율규정에 대한 대안을 스스로 찾아 제시해야 한다.

넷째, 법익균형성원칙의 관점에서 볼 때, 3단계이론은 직업의 자유에 대한 **제한의 강도가 높아질수록 제한의 목적도 그에 비례하여 중대해야 할 것을 요청**한다. 이에 따라, 객관적 허가요건은 직업의 자유에 대한 중대한 제한효과에 비추어 '월등하게 중대한 법익'에 대한 '명백하고 현존하는 위험'의 방지를 위하여 필요한 경우에만 정당화된다. 주관적 허가요건은 일정한 요건을 충족시키지 아니하고 직업을 정상적으로 수행하는 것이 불가능하거나 일반국민에 대한 위험이나 피해를 초래할 경우, 즉 '중대한 공익'에 의하여 요청되는 경우에만 정당화된다. 직업행사에 관한 규율은 '합리적인 공익상의 이유'로 직업행사에 대한 규율이 필요한 경우에 정당화된다.

다. 단계이론의 문제점

법률에 의한 기본권제한이 어느 단계에 귀속되는지에 따라 제한의 가능성이 다르고 법률의 위헌여부가 달리 판단될 수 있으므로, 법률이 직업선택 또는 직업수행을 제한하는지의 판단은 중요한 의미를 가지는데, 단계이론의 일차적인 문제점은 **직업선택과 직업수행의 구분이 경우에 따라 불명확하다는 점**이다. 가령, 퇴직공직자에 대하여 퇴직 후 일정 기간 동안 퇴직 전 근무하였던 부서의 업무와 밀접한 관련이 있는 유관(有關) 사기업체에의 취업을 제한하는 경우, 퇴직공무원이 일정 기간 동안 유관 사기업체의 취업이 불가능하다는 점에서 직업선택의 자유에 대한 제한으로 볼 수도 있지만, 모든 사기업체에의 취업 자체를 금지하는 것이 아니라 단지 특정 유관사기업체에의 취업을 제한한다는 점에서는 직업수행의 자유에 대한 제한으로 볼 수 있다.

단계이론의 또 다른 문제점은 '낮은 단계에서의 제한'도 그 실질적 제한효과에 있어서 '높은 단계에서의 제한'과 유사한 제한의 강도를 가질 수 있다는 점이다. 따라서 **단계이론의 형식성과 경직성은 '실질적 제한효과'를 고려하는 실체적 관점에 의하여 보완되어야** 한다. '낮은 단계에서의 제한'이 그 실질적 효과에 있어서 '높은 단계에서의 제한'과 유사한 제한강도를 보이는 경우에는, 실질적 침해의 강도에 상응하는 '강화된 정당성의 요건'에 의한 심사가 이루어져야 한다(헌재 2008. 11. 27. 2006헌마352, 판례집 20-2하, 367, 381).

3. 단계이론의 구체적 내용

가. 직업수행의 자유의 제한

'직업수행의 자유에 대한 제한'이란, 직업의 선택을 금지하거나 직업에의 접근 자체를 봉쇄하는 것이 아니라, **일단 선택한 직업을 구체적으로 행사하는 방법에 대하여 제한하는 경우**를 말한다. 직업수행의 자유를 제한하는 법률은 '합리적인 공익'에 의하여 정당화되어야 한다(헌재 2002. 9. 19. 2000헌바84, 판례집 14-2, 268, 277). 직업수행의 자유를 규율하는 경우, 입법자는 **가장 광범위한 규율권한**을 가진다.

직업수행의 자유에 대한 제한의 예로는, 백화점 셔틀버스의 운행금지(헌재 2001. 6. 28. 2001헌마132), 상점이나 식당의 영업시간의 제한, 택시의 합승행위 금지, 의료광고의 규제, 노래방에서 주류판매의 금지, 법무사 보수 및 사무원 수의 제한, 부동산중개업 수수료의 법정화(法定化) 등과 같은 방법적 제한 및 변호사의 개업지 제한, 의료기관시설에서 약국개설 금지, 학교환경정화구역 내에서 여관시설·당구장시설 금지 등과 같은 장소적 제한 등을 들 수 있다. 또한, 자연인만이 특정 직업을 행사할 수 있다고 규정함으로써 **직업행사의 주체로서 법인을 배제**하는 것도 개인이 법인을 구성하는 방법으로 직업을 수행하는 자유를 제한하는 것이다(헌재 2002. 9. 19. 2000헌바84, 판례집 14-2, 268, 279).

판 례 자연인 약사만이 약국을 개설할 수 있도록 함으로써 약사들로만 구성된 법인의 약국 설립 및 운영도 금지하고 있는 약사법조항이 약사들 및 이들 약사들로 구성된 법인의 직업의 자유와 결사의 자유를 침해하는지 여부가 문제된 **'법인의 약국 개설금지 사건'**에서, 헌법재판소는 "이 사건 법률조항에 의하여 약사가 아닌 자연인 및 이들로 구성된 법인은 물론 약사들로만 구성된 법인의 약국설립 및 경영이라는 직업수행도 제한되고, 따라서, 약사 개인들이 법인을 구성하는 방법으로 그 직업을 수행하는 자유도 제한된다."고 확인한 다음, 본래 약국개설권이 있는 약사들만으로 구성된 법인에게도 정당한 이유 없이 약국개설을 금지하는 것은 직업수행의 자유와 결사의 자유를 침해한다고 판단하였다(헌재 2002. 9. 19. 2000헌바84).

한편, 안경사 면허를 가진 자연인에게만 안경업소의 개설등록을 할 수 있도록 정함으로써 안경사들로 구성된 법인의 안경업소 개설까지 금지하는 법률조항의 위헌여부가 문제된 **'법인의 안경업소 개설금지 사건'**에서는 재판관 4(합헌)대5(헌법불합치)의 의견으로 직업의 자유를 침해하지 않는다고 판단하였다

(헌재 2021. 6. 24. 2017헌가31).

나. 주관적 사유에 의한 직업선택의 자유의 제한

(1) 주관적 사유에 의한 직업선택의 자유의 제한(주관적 허가요건)이란, **직업의 허가여부를 기본권주체의 개인적 특징(연령, 신장, 시력, 학력이나 경력, 자격 등)에 결부시키는 경우**를 말한다. 주관적 요건의 제한 없이 누구나 직업에 종사할 수 있도록 한다면, 직업의 정상적인 수행을 보장할 수 없거나 국민일반에 대한 위험이나 손해가 발생할 우려가 있는 경우에, 입법자는 주관적 허가요건을 도입할 수 있다. 과잉금지원칙의 관점(법익균형성)에서 주관적 허가요건은 '직업의 정상적인 수행'이라는 공익적 목적과 합리적인 비례관계를 벗어나서는 안 된다(헌재 2003. 6. 26. 2002헌마677, 판례집 15-1, 823, 833).

주관적 허가요건에 관한 예로는, 차량을 운전하는 직업에 종사하기 위하여 필요한 제1종 운전면허 적성기준으로서 일정 시력 이상을 규정하는 경우(헌재 2003. 6. 26. 2002헌마677), 군법무관으로 임명된 후 일정기간 이상 복무해야만 비로소 변호사자격을 취득할 수 있도록 규정하는 경우(헌재 1995. 6. 29. 90헌바43), 일정 직업에 있어서 그 직업의 정상적인 수행을 보장하기 위하여 요구되는 최소한의 요건(예컨대 학력, 경력, 일정 자격요건 등)을 규정하는 각종 자격제도와 면허제도(의사, 약사, 변호사, 변리사, 건축사, 세무사, 공인중개사 등)를 들 수 있다. 또한, 사법시험의 응시자격을 4년제 법과대학 졸업자로 제한하는 것, 변호사시험의 응시기간과 응시횟수를 제한하는 것도 변호사라는 직업을 선택하기 위하여 충족시켜야 하는 주관적 요건을 규율하는 것이므로, 주관적 사유에 의한 직업선택의 자유에 대한 제한에 속한다. 또한, 성범죄 등으로 형을 선고받아 확정된 자에 대하여 일정 기간 동안 특정 직종에의 취업을 제한하는 법률조항도 특정 직업의 선택여부를 기본권주체의 개인적 특징에 결부시키는 경우로서, 주관적 사유에 의한 직업선택의 자유의 제한에 해당한다. 공무원의 퇴직일로부터 일정 기간 특정 유관단체에의 취업을 제한하는 법률조항도 마찬가지이다.

(2) 오늘날 직업의 사회적 중요성에 비추어, 입법자는 대부분의 전형적인 직업활동을 법적으로 규율하고 있다. 입법자는 **전형적인 직업의 직업상(職業像)을 법적으로 확정**하는 권한, 즉 직업의 허가요건과 행사방법을 규범화하는 권한을 가진다. 입법자가 직업상을 규범적으로 확정하는 경우, 당해직업은 규범적으로 확정된 요건을 충족시키는 기본권주체에 의해서만 선택될 수 있다. 직업상의 규범적 확정은 자격요건을 충족시키는 집단에게 **당해 직업활동을 독점시키는 효과**를 초래하기 때문에, 규율된 직업활동이 반드시 일정 직업집단에 독점되어야 하는지에 관한 심사를 요청한다.

따라서 자격요건은 '주관적 사유에 의한 직업선택의 자유에 대한 제한'으로서 **과잉금지원칙의 관점에서 정당화되어야** 한다. 따라서 '주관적 허가요건'과 '직업의 정상적인 수행'이라는 목적 사이에 합리적인 비례관계가 성립되는지의 관점에서, 주관적 허가요건이 규율대상인 직업활동 그 자체로부터 나오는 요청을 법률로써 반영한 것으로 이러한 공익에 의하여 정당화되는 것인지 아니면 직업의 정상적인 수행을 위하여 반드시 필요한 것 이상의 것을 자의적으로 강요하는 것인지 여부를 심사해야 한다. 그러나 **헌법재판소**는 일정한 전문분야의 자격제도를 규율하는 입법자에게 광범위한 입법형성권을 인정함으로써, 자격제도의 위헌여부를 판단함에 있어서 과잉금지원칙에 의한 심사가 아니라, 단지 그 내용이 명백히 불합리하고 자의적인지 여부만을 판단하는 **합리성심**

사(자의심사)에 그치고 있다.

판 례 "입법부가 일정한 전문분야에 관한 자격제도를 마련함에 있어서는 그 제도를 마련한 목적을 고려하여 정책적인 판단에 따라 자유롭게 제도의 내용을 구성할 수 있고, 그 내용이 명백히 불합리하고 불공정하지 아니하는 한 원칙적으로 입법부의 정책적 판단은 존중되어야 한다."고 하면서 "입법자에게는 그 자격요건을 정함에 있어서 광범위한 입법재량이 인정되는 만큼, **자격요건에 관한 법률조항은 합리적인 근거 없이 현저히 자의적인 경우에만 헌법에 위반된다**고 할 수 있다."고 판시하고 있다(헌재 2000. 4. 27. 97헌바88, 판례집 12-1, 495, 501-502).

성인대상 성범죄로 형을 선고받아 확정된 자로 하여금 그 형의 집행을 종료한 날부터 10년 동안 의료기관을 개설하거나 의료기관에 취업할 수 없도록 한 법률조항의 위헌여부가 문제된 **'성인대상 성범죄 의료인의 의료기관에 대한 취업제한 사건'**에서, "이는 일정한 직업을 선택함에 있어 기본권 주체의 능력과 자질에 따른 제한이므로 이른바 '주관적 요건에 의한 직업선택의 자유'에 대한 제한에 해당한다."고 확인한 다음, 재범 위험성의 존부와 정도에 관한 구체적인 심사 없이 10년 동안 일률적으로 취업을 금지한다는 점에서 과잉제한에 해당한다고 판단하였다(헌재 2016. 3. 31. 2013헌마585등). 같은 취지의 위헌결정으로, 아동학대 관련 범죄자 **학교 취업제한**(헌재 2018. 6. 28. 2017헌마130등); 아동학대 관련 범죄자 **어린이집 취업제한**(헌재 2022. 9. 29. 2019헌마813) 참조.

헌법재판소는 변호사시험 응시한도를 '5년 내 5회'로 정한 변호사시험법조항에 대하여 직업선택의 자유를 침해하지 않는다고 판단한 바 있다(헌재 2016. 9. 29. 2016헌마47 등, 헌재 2018. 3. 29. 2017헌마387 등 및 헌재 2020. 9. 24. 2018헌마739 등).

다. 객관적 사유에 의한 직업선택의 자유의 제한

객관적 사유에 의한 직업선택의 자유의 제한(객관적 허가요건)이란, **직업선택의 여부를 직업을 선택하려는 자의 개인적인 능력이나 자격과는 하등의 관계가 없는 요건에 결부시키는 경우**, 즉 개인이 그 요건의 충족여부에 아무런 영향을 미칠 수 없는 경우를 말한다. 객관적 허가요건은 직업수행에 적합한 지원자의 진입을 차단하는 극단적인 수단으로서 개인의 인격발현에 대한 제한의 정도가 매우 크기 때문에, 엄격한 요건을 갖춘 예외적인 경우(월등하게 중대한 공익에 대한 명백하고 현존하는 위험을 방지하기 위하여 불가결한 경우)에만 허용된다.

객관적 허가요건에 관한 예로는, 동일 업종에 있어서 사업자 수의 제한(가령, 택시, 변호사 등의 수 제한)이나 적정 수요의 심사, 국가가 일정한 경제활동영역을 스스로 독점하거나 또는 일정 인적 집단에 의한 독점을 규정하는 경우(가령, 시각장애인에 의한 안마사 직업의 독점) 등을 예로 들 수 있다.

판 례 국가가 **시각장애인에게 안마사직업을 독점시키는 경우**, '시각장애의 요건'은 안마사란 직업의 정상적인 수행을 보장하기 위하여 요청되는 것이 아니라 직업지원자의 능력이나 자격과 관계없이 '시각장애인의 생계보장'이라는 공익을 실현하기 위하여 확정되는 것이므로, 이는 단계이론에 따라 판단한다면 **객관적 허가요건**에 해당한다. 한편, 헌법재판소는 시각장애인에 한하여 안마사자격을 취득할 수 있도록 규정하고 있는 의료법조항의 기본권침해여부가 문제된 **'제3차 안마사자격 사건'**에서, 3단계이론을 적용하지 아니하고 과잉금지원칙을 기준으로 하여 판단하였고, '시각장애인의 생계보장'이라는 공익의 중대성을 강조하여 안마를 직업으로 삼으려는 비시각장애인의 직업의 자유를 침해하지 않는다고 판시하였다(헌재 2008. 10. 30. 2006헌마1098).

반면, 헌법재판소는 경비업자에게 **경비업 이외의 영업을 금지**하는 것(겸영금지)을 '객관적 사유에 의한 제한'으로 판단하였는데, "당사자의 능력이나 자격과 상관없는 객관적 사유에 의한 제한은 월등하게 중요한 공익을 위하여 명백하고 확실한 위험을 방지하기 위한 경우에만 정당화될 수 있다."고 하여 위헌 결정을 하였다(헌재 2002. 4. 25. 2001헌마614). 또한, **행정사에게 모든 겸직을 금지**하고 그 위반행위에 대하여 형사처벌을 하도록 하는 법률조항도 위헌으로 판단하였다(헌재 1997. 4. 24. 95헌마90, 판례집 9-1, 474, 482). 의사와 한의사의 복수면허 의료인도 **한방이든 양방이든 하나의 의료기관만을 개설**할 수 있도록 규정하는 의료법조항도 나머지 면허에 따른 직업선택의 자유를 전면적으로 금지하는 것으로서 위헌으로 판단하였다(헌재 2007. 12. 27. 2004헌마1021).

4. 헌법재판소 판례의 경향

직업의 자유를 제한하는 법률조항의 위헌여부를 판단하기 위하여 단계이론이 반드시 필요한 것은 아니다. 직업의 자유의 경우에도 **과잉금지원칙**을 기준으로 하여 직업규율규정의 위헌여부를 판단할 수 있다. 그러나 헌법재판소가 직접 과잉금지원칙을 적용하는 경우에는 법익형량의 추상적인 구조를 벗어나기 어려우나, **단계이론**은 기본권제한의 효과를 3단계로 구체화하여 제한의 정당성을 판단함에 있어서 논증의 합리성과 정확성을 제고함으로써 헌법재판의 예측성과 객관성을 확보하는 데 상당 부분 기여할 수 있다.

헌법재판소는 직업의 자유를 제한하는 법률의 위헌여부를 판단함에 있어서 일련의 결정에서는 단계이론을 언급조차 하지 아니하고 **일반적인 과잉금지원칙을 적용**하여 판단하고 있다. 반면, 일련의 결정에서는 '직업의 자유에 대한 제한'을 '직업행사의 자유에 대한 제한'과 '직업선택의 자유에 대한 제한'으로 구분하여 기본권제한의 효과에 따라 헌법적 정당화의 요건을 달리하여 판단하고 있고, 나아가 일부 결정에서는 **명시적으로 3단계이론을 적용**하고 있다(헌재 2003. 9. 25. 2002헌마519, 판례집 15-2상, 454, 472-473; 헌재 2002. 12. 18. 2000헌마764, 판례집 14-2, 856, 870).

V. 직업의 자유와 근로의 권리의 관계

1. 방어권으로서 직업의 자유의 주된 기능

직업의 자유는 자영업뿐 아니라 고용직도 보호하지만, 국가의 간섭이나 강제를 받음이 없이 자유롭게 직업을 선택하고 행사할 권리로서의 **방어권적 성격은 근로자에게는 사실상 큰 의미가 없다**. 특히 헌법재판의 실무에 있어서 직업의 자유의 해석과 적용은 지금까지 거의 전적으로 자영업의 직업의 자유에 관한 것이었다. 이러한 현상은, 입법자가 직업과 관련하여 법률로써 규율하는 대상이 주로 자영업과 기업의 직업활동에 관한 것이었다는 사실에 기인한다.

반면에, **입법자가 근로자의 직업활동을 규율한다면**, 이는 근로자의 직업의 자유를 제한하고자 하는 것이 아니라, 오히려 근로기준법 등 사회국가적 관점에서 사회적 약자인 근로자를 사용자와의 관계에서 보호하기 위하여 규율하는 경우(가령, 야간작업의 금지, 과도한 근무시간의 제한, 근로자의 안전을 위한 행위제한 등)가 대부분이다. 그러므로 근로자가 이러한 근로자 보호입법에 대하여 자신의 직업의 자유를 침해한다는 주장을 할 이유가 없었고, 따라서 헌법재판의 대상이 될 계기가 없었다.

따라서 직업의 자유는 **방어권적 성격으로 말미암아** 법적 의미에 있어서나 실제의 적용에 있어서 자영업과 기업의 자유와 같은 **경제적 자유(영업 · 기업 · 경쟁의 자유)로 축소**되었다.

2. 고용직의 경우, 근로의 권리의 중요성

고용직의 경우, 직장을 선택하고 행사하는 자유보다 **더욱 중요한 것은 선택할 수 있는 직장의 제공**이다. 근로자가 고용될 직장이 없다면, 직장선택의 자유의 헌법적 보장은 근로자에게 아무런 소용이 없다. 자영업의 경우에는 대국가적 방어권으로서의 직업의 자유가 영업의 자유를 보호하는 기능을 충분히 이행하고 있는 반면, 고용직의 경우에는 직장을 선택하는 자유를 국가로부터 보호하는 방어권적 성격은 큰 의미가 없고, 직장의 선택을 비로소 가능하게 하는 완전고용이 함께 보장되어야 한다. 이러한 이유에서 헌법은 제32조 제1항에서 '근로의 권리'와 함께 국가는 근로자의 고용의 증진에 노력하여야 한다고 규정함으로써, **근로자가 직업의 자유를 실제로 행사할 수 있도록** 그에 필요한 **상대적 완전고용을 실현해야 할 국가의 의무**를 부과하고 있다.

제 5 절 사생활보호의 자유권

제 1 항 사생활보호에 관한 자유권의 체계

Ⅰ. 사생활의 보호에 관한 특별규정으로서 헌법 제16조 · 제17조 및 제18조

일반적 인격권의 보호범위 중에서 '사생활의 보호'에 관한 부분은 헌법 제10조의 행복추구권에 대하여 특별규정인 헌법 제16조, 제17조, 제18조에 의하여 규율되고 있다. '주거의 자유'는 개인의 자유로운 인격발현을 위하여 불가결한 사적인 생활공간인 '주거'를 사생활의 일부로서 보호하고자 하는 기본권이고, '통신의 비밀'은 통신수단을 이용한 개인 간의 의사소통을 사생활의 일부로서 보호하고자 하는 기본권이다.

'주거의 자유', '통신의 비밀', '사생활의 비밀'과 같이 사생활의 비밀을 보호하고자 하는 기본권의 기능은 사생활 영역을 외부로부터 차단하고자 하는 것이며, 사생활영역으로부터 정보를 수집하는 것에 대하여 보호하고자 하는 것이다. **'주거의 자유'와 '통신의 비밀'**이 그 보호범위에 있어서 제한적이기 때문에 사생활 비밀에 대하여 단지 부분적인 보호를 제공하는 반면, **'사생활의 비밀'**은 사회현상의 변화에 따라 발생하는 새로운 위험에 대처할 수 있도록 그 보장내용이 변화하는 기본권으로서, 전통적인 기본권으로는 보호되지 않는 사생활 비밀을 포괄적으로 보호하는 기본권이다.

Ⅱ. 사생활영역에 대한 침해가능성의 증가에 따른 헌법적 대응

역사적으로 보면, 사생활영역이란 일반적으로 가족, 친척, 친지 등 친밀한 사람과의 관계에서 이루어지는 사적 생활을 의미하였다. 따라서 '주거'라는 보호범위가 이웃의 호기심이나 세상의 관심으로부터 사생활영역을 보호하는데 기여하였고, 이러한 의미에서 적어도 19세기까지는 **'주거의**

자유'가 사생활보호의 기능을 충분히 담당하고 있었다.

그러나 과학기술의 발달에 따라 사생활영역에 대한 침해가능성이 증가함으로써 사생활의 보호는 새로운 국면을 맞이하게 되었다. 전화나 마이크를 이용한 도청가능성, 녹음기, 사진기 등의 출현은, 모든 장소에서 사적인 대화를 도청할 수 있고 또는 사생활관련 사진을 은밀히 촬영하여 당사자의 동의 없이 유포할 수 있는 등, **완전히 새로운 형태의 침해가능성**을 열어 놓았다. 오늘날의 변화한 현실에 비추어 '주거의 자유'와 '통신의 비밀'은 사생활의 단지 부분적인 측면만을 보호할 수 있게 되었다. 헌법은 **사생활을 위협하는 새로운 현상에 대하여 적절한 보호**를 제공할 수 있도록, 제17조에서 '사생활의 비밀과 자유'를 규정함으로써 사생활영역을 포괄적으로 보장하고 있다.

제 2 항 주거의 자유

I. 헌법적 의미

헌법은 제16조에서 "모든 국민은 주거(住居)의 자유를 침해받지 아니한다. 주거에 대한 압수나 수색을 할 때에는 검사의 신청에 의하여 법관이 발부한 영장을 제시하여야 한다."고 하여 주거의 불가침성(不可侵性)을 기본권으로 확인하고 있다. 헌법은 '주거의 자유'를 언급하고 있으나, 주거의 자유는 기본권주체의 적극적인 행위가능성을 보장하는 것이 아니라 주거라는 법익의 불가침성을 수동적으로 보호하고자 하는 것이므로, 헌법 제16조에 의하여 보호되는 것은 **'주거의 자유'가 아니라 '주거의 불가침성'**이다. 이러한 점에서, 헌법 제16조는 "모든 국민의 **주거는 침해받지 아니한다.**"라고 이해해야 한다.

인간은 특정 공간을 외부의 접근으로부터 배제하여 혼자만을 위하여 또는 제한된 범위의 인간을 위하여 다른 사람이 출입할 수 없고 엿볼 수 없으며 엿들을 수 없는 공간을 형성한다. 이러한 공간이 바로 **'주거 생활공간'**이다. 이러한 공간은 수면과 휴식을 비롯하여 개인의 기본적 필요를 충족시키기 위하여 불가결한 것이며, 독자적인 개성을 형성하고 유지하기 위하여 필수적인 생활공간이자 가장 사적인 활동이 이루어지는 공간이다. 주거의 자유는 자유로운 인격발현을 위하여 불가결한 **사적인 생활공간을 사생활의 일부로서 확보**해주고자 하는 것이다.

II. 기본권의 주체 및 법적 성격

기본권의 주체는 국적을 불문하고 모든 자연인이다. 권리능력 없는 사단과 재단을 포함하여 사법상의 법인에게도 기본권 주체성이 인정된다. '누가 주거의 불가침성을 주장할 수 있는지'의 문제는 주거에 대한 소유관계가 아니라 누가 사실상 거주하고 있는지의 판단에 달려있으므로, 주거의 자유의 보호를 받는 것은 **주거에 대한 직접적인 점유**이다. 가령 임대인의 간접적인 점유는 주거의 자유의 보호를 받지 못한다.

주거의 자유는 일차적으로 국가권력에 의한 침해로부터 주거를 보호하고자 하는 **개인의 대국**

가적 방어권이다. 주거의 자유는 국가에 대하여 개인의 사적인 생활공간에 침입하는 것을 금지한다. 그러나 주거의 자유는 주거공간을 국가에게 요구할 수 있는 청구권을 부여하지 않는다. 나아가, 주거의 자유는 **객관적 가치결정**으로서 국가에게 사인의 침해로부터 **개인의 주거를 보호해야 할 의무**를 부과한다. 입법자는 사법상의 점유를 보호하는 사법규정이나 주거침입죄를 처벌하는 형벌규정 등을 통하여 보호의무를 이행하고 있다. 또한, 주거의 자유는 **법규범의 해석에 있어서 해석의 지침**으로 기능한다. 가령, 주택임대인에게 무제한적으로 언제든지 주거에 출입할 수 있는 권리를 부여하는 주택임대차계약을 체결한 경우, 법원은 사법상의 개괄조항을 적용하여 위 계약의 무효여부를 판단함에 있어서 '주거의 불가침성'의 가치결정을 해석의 지침으로 고려해야 한다.

Ⅲ. 보호범위

1. 보호법익으로서 주거

주거의 자유는 주거라는 사적 생활공간을 사생활의 일부로서 외부의 간섭이나 방해, 관찰로부터 차단하고 보호하고자 하는 것이다. 이로써 주거의 자유는 **주거에 대한 신체적 침입을 방지하고**, 나아가 주거에서 발생하는 **사생활관련 정보를 보호**하고자 하는 것이다.

2. 주거의 개념

주거란, 개인이 체류와 활동의 장소로 삼으면서 공간적으로 외부와 구분되는 모든 생활공간을 말한다. 주거에 속하는지의 판단은, **외부와의 공간적 구분을 통하여 주거의 목적이 객관적으로 인식될 수 있는지 여부**에 달려있다. 따라서 주거를 인정하기 위하여 현재 거주해야 할 필요도 없고, 건축물이 있을 필요도 없으며, 어떤 장소에 고정될 필요도 없다. 가령, 천막, 주거용 차량(캠핑용 자동차)이나 선박(예컨대, 승무원에게 배정된 선실), 주된 주거공간에 딸린 부속적 주거공간(가령 창고, 지하실, 베란다, 차고 등) 및 직접 주거에 인접한 공간이나 울타리, 담장 등으로 둘러싸인 공간(가령 정원, 안마당) 등도 주거에 속한다. 뿐만 아니라, 주택과 붙어있는 사무공간이나 영업공간, 나아가 순수한 사무공간 및 영업공간(식당이나 상점과 같이 일반인이 출입할 수 있는 공간)도 주거에 속한다.

기본권보호의 실효성의 관점에서 주거의 개념을 이와 같이 광범위하게 이해하는 것은, 주거라는 공간에서 이루어지는 사적 활동이 사실상 은밀한 것인지와 관계없이, 개인이 외부에 공개하고 싶지 않은 모든 활동이나 정보와 관련하여 보호받을 필요가 있다는 인식에 기초하고 있다. 사무공간과 영업공간을 보호범위에서 제외한다면, 법인은 주거의 자유의 보호를 받지 못하며, 개인의 경우에도 사무실이나 영업장소에 대한 압수와 수색에 있어서 제16조 후문의 영장주의에 의한 보호를 받지 못한다. 한편, 순수한 사무공간을 보호범위에 포함시킨다는 것은, 순수한 사무공간과 개인의 주택이 헌법상 동일한 보호를 받는다는 것을 의미하지는 않는다. **개인의 주택**의 경우에는 강한 개인적 연관성에 비추어 주거의 자유에 의한 보호의 필요성이 매우 강력한 반면, 순수한 **사무공간**의 경우에는 강한 사회적 연관성에 비추어 보호의 필요성이 감소된다.

Ⅳ. 제 한

주거의 자유에 대한 제한(주거의 침해)은 거주자의 동의 없이 주거에 출입하거나 또는 거주자의 의사에 반하여 주거에 체류하는 행위를 통하여 이루어진다. 거주자가 동의하는 한, 주거의 침해는 존재하지 않는다. 거주자는 일단 동의를 한 경우라도 언제든지 자유롭게 동의를 철회할 수 있으며, 그러한 경우 지체 없이 주거에서 철수하지 않는다면, 주거의 침해에 해당한다. **헌법 제16조 후문**은 주거에 대한 압수·수색과 관련하여 주거의 자유를 합헌적으로 제한할 수 있는 가능성을 규정하고 있다. 국가권력이 **법관이 발부한 영장을 제시**하는 경우에는 거주자의 의사에 반하여 주거에 출입하고 체류할 수 있다.

판 례 헌법 제12조 제3항과는 달리 헌법 제16조 후문은 **영장주의에 대한 예외**를 명문화하고 있지 않지만, 헌법재판소는 "헌법 제12조 제3항과 헌법 제16조의 관계, 주거 공간에 대한 긴급한 압수·수색의 필요성, 주거의 자유와 관련하여 영장주의를 선언하고 있는 헌법 제16조의 취지 등을 종합하면, 헌법 제16조의 영장주의에 대해서도 그 예외를 인정하되, 이는 ① 그 장소에 범죄혐의 등을 입증할 자료나 피의자가 존재할 개연성이 소명되고, ② 사전에 영장을 발부받기 어려운 긴급한 사정이 있는 경우에만 제한적으로 허용될 수 있다고 보는 것이 타당하다."고 판시한 다음, **체포영장을 집행하는 경우 필요한 때에는 타인의 주거 등에서 피의자 수사**를 할 수 있도록 한 형사소송법조항이 영장주의에 위반되는지 여부에 관하여 "이는 체포영장이 발부된 피의자가 타인의 주거 등에 소재할 개연성은 소명되나, 수색에 앞서 영장을 발부받기 어려운 긴급한 사정이 인정되지 않는 경우에도 영장 없이 피의자 수색을 할 수 있다는 것이므로, 헌법 제16조의 영장주의 예외 요건을 벗어나는 것으로서 영장주의에 위반된다."고 판단하였다(헌재 2018. 4. 26. 2015헌바370등).

국가에 의한 주거 침해의 대표적인 예로는, 국가공권력이 **물리적으로 주거에 침입**하는 경우, 주거 내에 음성녹취기구나 사진촬영기구를 설치하여 **주거 내에서 발생하는 사생활정보를 수집**하는 경우를 들 수 있다. 후자의 경우, 주거 내에서 발생한 사생활정보에 관한 자기결정권을 침해한다는 점에서 주거의 침해에 해당한다. 그러나 소음이나 진동, 대기오염 등 외부로부터 주거에 대한 불리한 영향이 발생하는 경우나 주거의 사용을 제한하는 것은 주거의 자유의 문제가 아니라 신체불가침권(건강권)이나 재산권보장의 문제이다. 연립주택 등에 대한 재건축의 결의가 있는 때에는 재건축에 반대하는 주민에 대하여 구분소유권을 매도할 것을 청구할 수 있도록 한 법률조항의 위헌여부가 문제된 사건에서, 헌법재판소는 제한된 기본권으로서 '주거의 자유'도 함께 판단한 바 있는데, 이는 주거의 자유의 보호범위를 오해한 것으로 중대한 오류이다(헌재 1999. 9. 16. 97헌바73, 판례집 11-2, 285, 304).

제 3 항 사생활의 비밀과 자유

사생활의 비밀과 자유에 관해서는 앞에서 행복추구권의 보장내용인 일반적 인격권을 다루면서 서술한 바 있으므로(제3편 제2장 제2절 Ⅴ. 참조), 여기서는 단지 핵심적 내용만을 개괄적으로 서술하기로 한다. 헌법은 제17조에서 "모든 국민은 사생활의 비밀과 자유를 침해받지 아니한다."고 규정하고 있다. 헌법 제17조는 사생활과 관련하여 **서로 상이한 두 가지 영역**인 '사생활의 비밀'과 '사생활의 자유'를 보호하고 있다.

'사생활의 비밀'은 사생활영역을 외부로부터 차단함으로써 사생활영역을 보호하고자 하는 것으로 사생활정보의 보호에 관한 것이고 궁극적으로 사생활정보에 관한 자기결정권의 문제인 반면, **'사생활의 자유'**란 개인의 자율적인 사생활형성에 대한 국가의 간섭과 방해를 막고자 하는 것으로 사생활형성에 관한 자기결정권이다.

사생활의 자유는 취미생활이나 여가생활의 자유를 보호하는 일반적 행동자유권과는 달리, '사생활과 관련된 행동의 자유'를 보장하고자 하는 것이 아니라, 부모와 자식의 관계 · 혼인 및 부부 가족관계 · 성적 관계 등과 같이 사생활의 기본조건에 관한 자기결정권으로서 **개인적 인격을 자유롭게 발현하기 위하여 필수적인 '상태'를 확보하고자 하는 것**이다. 이러한 점에서 사생활의 자유는 일반적 인격권의 한 내용을 구성하는 것이며, 바로 이러한 이유에서 헌법 제17조는 '사생활의 비밀'뿐만 아니라 '사생활의 자유'에 대해서도 "… 침해받지 아니한다."고 규정하고 있는 것이다.

제 4 항 통신의 비밀

Ⅰ. 헌법적 의미

헌법 제18조는 "모든 국민은 통신의 비밀을 침해받지 아니한다."고 하여 **통신비밀의 불가침성을 보장**하고 있다. 역사적으로, 통신의 비밀은 통치목적을 위한 국가의 정보수집에 대하여 개인의 사적인 통신을 보호하기 위하여 보장된 고전적인 자유권에 해당한다. 19세기 유럽에서 국가의 우편 독점으로 인하여 개인의 통신이 국가를 경유함으로써 발생하는 위험으로부터 개인의 통신을 보호하고자 하는 기본권이 '통신의 비밀'이었다.

오늘날에도 통신수단에 의한 개인 간의 의사소통이 공간적으로 거리를 두고 이루어지기 때문에, 의사소통의 과정이 우편물의 검열이나 전화통화의 감청 등 국가의 침해에 노출되어 있다. 통신의 비밀은 **통신수단에 의하여 이루어지는 개인 간의 의사소통과정의 비밀**을 사생활의 일부로서 보호하고자 하는 것이다. 통신의 비밀은 헌법 제16조의 주거의 자유 및 제17조의 사생활의 비밀과 더불어 **통신영역에서 '사생활의 비밀'을 보호**하는 기본권이다. 이로써 통신의 비밀은 개인의 통신이란 사생활의 영역을 국가에 의한 정보수집으로부터 보호함으로써, 통신과 관련된 사생활정보에 관한 자기결정권, 즉 개인정보자기결정권을 보장한다. 이러한 점에서, 통신의 비밀은 **일반적 개인정보자기결정권에 대한 특별규정**이다.

Ⅱ. 법적 성격

통신의 비밀은 일차적으로 **개인의 주관적 방어권**으로서, 국가권력에 대하여 개인적 의사소통과정에 대한 침해를 금지한다. 통신의 비밀은 급부권적 요소를 포함하지 않으므로, 통신서비스의 제공을 요구할 권리는 통신의 비밀에 의하여 보호되지 않는다.

나아가, 통신의 비밀은 **객관적인 가치결정으로서** 사법(私法)의 해석에 있어서 **해석의 지침**으로 기능한다. 가령, '부모가 자녀의 서신의 비밀을 침해하는 것이 허용되는지'의 문제와 관련하여, 부모와 자녀의 관계를 규율하는 민법상의 규정을 해석하고 적용함에 있어서 자녀의 기본권으로서 '통신의 비밀'은 해석의 지침으로 고려되어야 한다. 뿐만 아니라, 객관적 가치질서로서 통신의 비밀은 국가에게 사인에 의한 침해로부터 **통신의 비밀을 보호해야 할 의무**를 부과한다. 입법자는 사인에 의한 침해로부터 통신의 비밀을 보호하는 규정(예컨대, 형법상 비밀침해의 죄, 통신비밀보호법상의 처벌규정 등)을 통하여 보호의무를 이행하고 있다. 통신시설의 민영화로 인하여 통신서비스가 사기업에 의하여 제공되는 경우에는 전기통신사업자에 의하여 통신의 비밀이 침해될 우려가 있으므로, 전기통신사업자가 통신의 비밀을 준수하도록 법률로 의무를 부과함으로써 보호의무를 이행해야 한다.

Ⅲ. 보호범위

1. 통신을 이용한 개인적인 의사소통과정의 비밀

통신의 비밀은 **통신수단을 이용한 개인 간의 의사소통과정의 비밀을 보호**한다. 통신의 비밀이란, 서신 · 우편 · 전신의 통신수단을 통하여 개인 간에 의사소통이 이루어지는 경우, **통신의 내용과 통신이용의 상황이 개인의 의사에 반하여 공개되지 아니할 자유**를 말한다. 통신의 내용이 무엇인지(사적인 것인지 은밀한 것인지 또는 영업적인지, 정치적인지) 하는 것은 중요하지 않다. 통신의 비밀은 통신의 내용뿐만 아니라 통신이용의 상황(통신형태, 통신의 당사자, 장소, 시간, 기간, 횟수 등), 나아가 획득한 통신관련 정보의 사용과 그 전달에 대해서도 포괄적인 보호를 제공한다.

2. 구체적 보장내용으로서 서신의 비밀 · 우편의 비밀 · 전신의 비밀

통신의 비밀은 서신의 비밀 · 우편의 비밀 · 전신의 비밀을 포함하는 포괄적 개념이다. 서신이란 구두전달을 대신하는 개인의 서면(書面)에 의한 소식이나 통지를 말한다. **'서신의 비밀'**에 의하여 보호되는 것은 우체국을 통하지 않은 서신왕래이다. **'우편의 비밀'**의 보호를 받는 것은 우편을 통하여 전달되는 모든 우편물(편지, 우편엽서, 소포, 인쇄물, 서적 및 상품견본, 전보 등)이다. **'전신(電信)의 비밀'**은 전기통신수단을 이용한 개인적 의사소통을 보호한다. 전통적인 통신수단인 전화, 전보, 무선통신뿐 아니라, 텔렉스, 팩스, 이동전화, 인터넷과 같은 새로운 매체에 의한 통신도 보호를 받는다.

Ⅳ. 제 한

1. 통신정보의 수집 · 처리 · 전달

통신의 비밀은 사생활정보에 관한 자기결정권으로서, 개인정보자기결정권의 특수한 형태에 해당한다. 개인정보자기결정권에 대한 제한이 국가공권력에 의한 개인정보의 수집과 처리의 형태로 이루어지는 것과 마찬가지로, **통신의 비밀에 대한 제한도 통신의 내용과 통신이용의 상황에 관한 정보의 수집과 처리에 의하여 발생**한다. 따라서 통신의 비밀에 대한 제한은, 국가공권력이 직접 통신의 내용이나 통신이용의 상황에 관한 정보를 인지하거나 전기통신사업자로부터 통신관련 정보를 얻는 경우(정보의 수집), 그와 같이 수집한 정보를 집적하고 처리하거나 다른 국가기관에게 전달하는 경우(정보의 처리)에 발생한다.

통신의 비밀에 대한 전형적인 침해행위에 속하는 것은, 우편물의 내용을 파악하는 검열행위, 전화통화를 감청하는 행위,[8] 우편이용 상황을 탐색하는 행위, 검사가 법원의 허가에 의하여 전기통신사업자로부터 전화통화에 관한 정보를 요청하는 행위 등이다. 통신의 비밀은 당사자의 의사에 반한 침해를 금지하므로, 당사자의 동의는 통신의 비밀에 대한 제한을 배제한다.

2. 과잉금지원칙과 재판청구권의 요청

가. 과잉금지원칙의 요청

통신의 비밀에 대한 제한은 과잉금지원칙을 준수해야 한다. 개인의 자유로운 의사소통과 자유로운 인격발현에 대하여 가지는 통신의 비밀의 중대성에 비추어, 통신의 비밀에 대한 제한은 중대한 공익에 의하여 정당화되어야 한다. 우편물의 검열이나 전기통신의 감청(**통신제한조치**)은 단지 중대한 범죄행위에 대해서만, 특정한 사실에 의하여 뒷받침되는 강력한 혐의가 인정되고, 범죄를 효과적으로 규명할 수 있는 수단 중에서 기본권을 적게 침해하는 대안적 수단이 없는 경우에만 허용된다.

판 례 헌법재판소는 **'통신제한조치기간의 연장 사건'**에서, 통신제한조치가 연장될 수 있는 총기간이나 연장횟수를 제한하는 방식으로도 충분히 수사목적을 달성할 수 있음에도, 범죄수사를 위하여 통신제한조치를 받고 있는 자에게 통신제한조치의 총연장기간이나 총연장횟수를 제한하지 않고 계속해서 통신제한조치가 연장될 수 있도록 한 통신비밀보호법조항은 최소침해성원칙을 위반하여 통신의 비밀을 침해하였다고 판단하였다(헌재 2010. 12. 28. 2009헌가30).

단지 '수사의 필요성'만 있으면 수사기관으로 하여금 법원의 허가를 얻어 전기통신사업자에게 **위치정보 추적자료**나 특정 기지국에서 발신된 모든 전화번호 등 **통신사실 확인자료**의 제공을 요청할 수 있도록 규정하는 통신비밀보호법조항은 과잉금지원칙에 반하여 개인정보자기결정권과 통신의 비밀을 침해한다고 판단하였다(헌재 2018. 6. 28. 2012헌마191; 헌재 2018. 6. 28. 2012헌마538).

나. 재판청구권의 요청

통신제한조치는 은밀하게 이루어지기 때문에, 국가가 통신제한조치를 집행한 사실을 사후적으로 통지하지 않는 경우에는 당사자가 통신제한조치에 대하여 권리구제절차를 밟을 수 없다. 따라서 재판청구권은, 은밀하게 이루어진 통신제한조치가 종료된 후에는 당사자가 권리구제절차를 밟을 수 있도록 통신제한조치를 집행한 사실을 사후적으로 통지해야 할 의무, 즉 **당사자에 대한 국**

8) '감청'이라 함은, 국가기관이 법률에 따라 합법적으로 전기통신에 대하여 당사자의 동의 없이 그 내용을 지득하는 것을 말한다(통신비밀보호법 제2조 제7호) 이에 대하여, '도청'이란 불법적으로 타인의 전기통신의 내용을 몰래 지득하는 것을 말한다.

가의 사후적 통지의무를 요청한다. 국가기관의 통지를 통하여 당사자에게 비로소 기본권의 제한에 대하여 권리구제절차를 밟을 수 있는 가능성이 열린다.

판 례 헌법재판소는 '수사기관이 범죄 수사를 위하여 전기통신사업자에게 통신자료의 제공을 요청하면 전기통신사업자가 그 요청에 따를 수 있다'고 규정하고 있는 전기통신사업법조항에 대한 헌법소원심판에서 **수사기관이 수사를 위하여 통신자료의 제공을 요청하는 것 그 자체**는, 제공요청을 할 수 있는 사유나 정보의 범위가 한정적이라는 점에서 과잉금지원칙에 위배되지 않는다고 판단하였다. 그러나 **수사기관이 통신자료 제공요청을 함에 있어서 사후적 통지절차를 두지 않은 것**은 적법절차원칙에 위배되어 개인정보자기결정권을 침해한다는 이유로 헌법불합치결정을 내렸다(헌재 2022. 7. 21. 2016헌마388등).

그러나 통신제한조치의 정당성 여부를 다툴 수 있는 사실적 전제조건인 '당사자에 대한 사후적 통지절차'를 두지 않은 것은 기본권제한에 대하여 권리구제절차를 밟을 수 있는 가능성을 배제하는 것이므로, **여기서 제한되는 기본권은 일차적으로 개인정보자기결정권이 아니라 재판청구권**이다. 헌법재판소가 위 판시내용에서 언급한 '적법절차원칙의 위배'란 곧 재판청구권의 침해를 의미하는 것이다(제3편 제4장 제2절 제3항 VI. '적법절차' 참조).

3. 통신비밀보호법에 의한 제한

통신의 비밀에 대한 제한을 허용하면서 그 요건과 절차를 엄격하게 규율함으로써 통신의 비밀을 보호하고자 하는 대표적인 법률이 **'통신비밀보호법'**이다. 통신비밀보호법에 의하면, 범죄수사를 위하여 불가피한 경우와 국가안전보장에 대한 위해를 방지할 필요가 있는 경우에는 법원의 허가를 얻어 우편물의 검열과 전기통신의 감청이 허용될 수 있다(제5조 및 제7조). 검사 또는 사법경찰관이 수사를 위하여 전기통신사업자로부터 통신사실 확인자료의 열람이나 제출을 요청할 수 있으며, 이러한 경우 법원의 허가를 받도록 규정하고 있다(제13조).헌법은 통신의 비밀과 관련하여 **'법관유보의 원칙'**을 명시적으로 규정하고 있지 않지만, 통신의 비밀의 기본권적 중요성과 통신제한조치에 의한 침해의 중대성에 비추어, **통신제한조치의 경우에도 사전에 법관의 허가**를 받아야 한다. 따라서 우편물의 검열이나 전기통신의 감청은 법관의 사전적 허가를 필요로 한다.

4. 수형자에 대한 서신검열

행형법(行刑法)이 교정시설의 안전과 질서유지를 이유로 **수형자의 서신에 대한 검열을 포괄적으로 허용하는 경우**, 수형자의 통신의 비밀을 과잉으로 침해하는지의 문제가 제기된다. 특별권력관계의 기능과 목적에 비추어 특별권력관계에서는 일반국민과의 관계에 비하여 보다 강한 기본권제한이 정당화될 수 있으나, 특별권력관계에서 통신의 비밀을 제한하는 경우에도 마찬가지로 법률에 근거해야 하고 과잉금지원칙을 준수해야 한다.

헌법재판소는 개별적인 경우에 대한 구체적인 심사 없이 포괄적으로 수형자의 서신에 대한 검열을 허용하는 행형법규정의 위헌여부가 문제된 **'수형자의 서신검열 사건'**에서, 행형법이 수형자의 서신수발(受發)의 자유를 원칙적으로 보장하면서 서신수발은 교도관의 검열을 요하도록 규정하고 있는 것은 통신의 비밀에 대한 일부 제한이라는 이유로 과잉금지원칙에 위반되지 않는다고 판단한 바 있다(헌재 1998. 8. 27. 96헌마398, 판례집 10-2, 416, 429). 그러나 **통신의 비밀은 서신수발의 자유를 보장하는 것이 아니라**

서신내용의 비밀을 보호하는 것이므로, 서신에 대한 포괄적인 검열은 통신의 비밀을 일부 제한하는 것이 아니라 사실상 전면적으로 폐지한다는 점을 간과하고 있다. 수형자가 **자유롭게 서신을 수발할 권리**는 통신의 비밀이 아니라 표현의 자유나 일반적 행동자유권에 의하여 보호되는 것이다. 나아가, 교정시설의 안전과 질서유지를 저해할 만한 구체적인 근거가 있는 경우에 한하여 서신 검열을 허용하더라도 입법목적을 달성할 수 있다는 점에서, **위 행형법규정은 과잉금지원칙에 위반**된다. 입법자는 그 후 헌법재판소의 합헌결정에도 불구하고, 검열금지를 원칙으로 하면서 예외적인 경우에 한하여 검열을 허용하는 방향으로 스스로 행형법을 개정하였다(현행 '형의 집행 및 수용자의 처우에 관한 법률' 제43조 제4항).

V. 통신의 비밀이 통신의 자유를 포함하는지의 문제

헌법재판소는 **통신의 비밀의 헌법적 의미와 기능**에 관하여 "헌법 제18조에서는 '모든 국민은 통신의 비밀을 침해받지 아니한다'라고 규정하여 **통신의 비밀보호**를 그 핵심내용으로 하는 **통신의 자유**를 기본권으로 보장하고 있다. 통신의 자유를 기본권으로서 보장하는 것은 사적 영역에 속하는 개인간의 의사소통을 **사생활의 일부로서 보장**하겠다는 취지에서 비롯된 것이라 할 것이다."라고 판시함으로써(헌재 2001. 3. 21. 2000헌바25, 판례집 13-1, 652, 658), 헌법 제18조를 통신의 영역에서 사생활의 비밀을 보호하는 기본권으로 올바로 이해하면서도, 다른 한편으로는 **'통신의 비밀' 대신 '통신의 자유'라는 용어를 사용**함으로써 헌법 제18조의 보호범위가 마치 '통신을 통한 의사소통의 자유'를 보호하는 것처럼 오해될 여지를 제공하였다.

그 결과, 헌법재판소는 일부 결정에서 **수형자에 대한 서신수발이나 전화통화의 금지에 의하여 헌법 제18조의 '통신의 자유'가 제한된다고 판시하는 오류**를 범하고 있다. 그러나 헌법 제18조의 통신의 비밀은 통신을 이용한 개인적인 의사소통과정의 비밀을 보호하는 기본권으로 '통신을 통한 의사소통의 자유'를 보호하지 않는다. '통신의 자유'를 **'통신수단을 통하여 외부세계와 소통할 자유'**로 이해한다면, 이러한 '통신의 자유'는 헌법 제18조의 통신의 비밀이 아니라, 헌법 제21조의 **표현의 자유**나 헌법 제10조로부터 파생하는 **일반적 행동자유권**에 의하여 보호되는 것이다.

판 례 가령, 수형자가 작성한 **집필문의 외부반출을 금지**한 법률조항의 위헌여부를 판단함에 있어서, 헌법재판소는 '심판대상조항은 집필문을 표현하는 것을 금지하는 것이 아니라 이미 표현된 집필문을 외부세계에 발송할 수 있는지 여부를 규율하는 것이므로, 헌법 제18조의 통신의 자유가 제한된다'고 판시하고 있다(헌재 2016. 5. 26. 2013헌바98, 판례집 28-1하, 234, 241). 또한, 금치 수용자에 대한 **서신수발의 금지**가 '통신의 자유'를 제한한다고 판시하였고(헌재 2004. 12. 16. 2002헌마478, 판례집 16-2하, 548), 수형자에 대한 **전화통화의 금지**도 '통신의 자유'를 제한한다고 판시하였다(헌재 2016. 4. 28. 2012헌마549 등, 판례집 28-1하, 48, 65).

제 6 절 양심과 종교의 자유

제 1 항 양심의 자유

Ⅰ. 헌법적 의미

헌법은 제19조에서 "모든 국민은 양심의 자유를 가진다."고 하여 양심의 자유를 보장하고 있다. 개인이 양심의 자유를 주장하는 경우란, 소위 상위(上位)의 윤리규범이나 도덕률의 이름으로 **법질서에 대한 복종을 거부하고 병역의무 등 법적 의무의 이행으로부터 면제해 줄 것을 요구하는 경우**이다. 헌법은 양심의 자유를 보장함으로써, 개인의 양심과 국가의 법질서가 충돌하는 경우 법질서가 감당할 수 있는 범위 내에서 일부 국민에게 양심에 따른 법적 의무 이행의 거부를 허용하고 관용을 베풀고자 하는 것이다. 어떠한 기본권도 **국민 누구에게나 적용되는 법적 의무에 대한 예외를 허용해 줄 것을 요구**하지 않는다는 점에서, 양심의 자유의 이러한 특수성은 양심의 자유를 이해하는 출발점이자 그 보장의 한계이다.

역사적으로 볼 때, 국가가 국교결정권을 가지고 있다는 것을 전제로 하여 국가로부터 종교를 강요받지 아니할 개인의 자유를 보장하려고 했던 것이 양심의 자유의 출발점이었다. 따라서 **초기의 양심의 자유는 종교와 관련되어 보장**되었으며, 양심의 자유의 보장내용도 국가에 의한 '신앙의 강제로부터의 자유'에 제한되었다. 그러나 국가가 국교결정권을 포기함으로써, 양심의 자유는 신앙과의 연관관계에서 해방되어 **고유한 보호영역을 가진 독자적인 기본권으로 발전**하였다. 이로써 종교적 믿음에 근거한 양심(종교적 양심)은 물론이고, 종교적 동기가 없는 모든 양심상의 결정(세속적 양심)이 양심의 자유에 의하여 보호를 받게 되었다.

Ⅱ. 법적 성격

일차적으로 양심의 자유는, 국가가 양심의 형성과 실현에 대하여 부당한 간섭이나 강요를 하지 말 것을 요구하는 **국가에 대한 방어권**이다.

나아가, 양심의 자유는 **객관적 가치결정**으로서 국가기관을 구속하며, 그 객관적 성격은 무엇보다도 **'국가의 세계관적 중립의무'와 '관용의 원칙'**으로 나타난다. 양심의 자유는 '국가가 자신을 특정 종교나 세계관과 일치시켜서는 안 된다'는 국가의 중립의무의 표현이자 '국가가 다수의 국민과 달리 사고하고 다른 윤리적 가치관을 가진 소수의 국민에 대하여 관용을 베풀어야 한다'는 '관용의 원칙'의 헌법적 표현이다. 국가의 세계관적 중립의무와 관용의 원칙은 양심의 자유가 보장되기 위한 객관적 조건이다. 국가가 자신을 특정 종교나 세계관과 일치시키거나 또는 달리 사고하는 소수에 대하여 관용을 거부한다면, 양심의 자유는 실질적으로 보장될 수 없다.

Ⅲ. 보호범위

1. 양심의 자유의 헌법상 기능에 상응하는 보호범위

양심의 자유의 보호범위는 양심의 자유에 부여된 헌법상의 고유한 목적과 기능에 의하여 확정된다. 헌법의 기본권체계 내에서 **양심의 자유의 고유한 기능은 개인의 윤리적 정체성과 동질성을 보장**하는 데 있다(헌재 2002. 4. 25. 98헌마425, 판례집 14-1, 351, 363; 헌재 2004. 8. 26. 2002헌가1, 판례집 16-2상, 141, 151). 양심의 자유는 '내심의 결정에 근거한 인간의 모든 행위'를 보호하는 것은 아니다. **내심의 결정에 근거한 인간의 모든 행위가 양심의 자유에 의하여 보호된다면**, 양심의 자유란 자신의 내적 결정에 따라 자율적으로 행동할 자유, 가령 자신의 결정에 따라 표현하고 집회에 참가하고 예술 활동과 학문 활동 등을 할 자유 등을 의미하게 되고, 이로써 모든 개별자유권의 보호범위를 포괄하는 일반적 자유권과 동일한 보호범위를 가지게 된다.

따라서 양심의 자유가 보호하고자 하는 것은, 내심의 결정 및 그에 근거한 모든 행위가 아니라 **단지 개인의 윤리적 정체성을 유지하기 위한 '양심상의 결정' 및 '그에 근거한 행위'**이다. 여기서 **'양심상의 결정'**이란, 선과 악의 기준에 따른 모든 진지한 윤리적 결정으로, 구체적인 상황에서 개인이 이러한 결정을 자신을 구속하고 무조건적으로 따라야 하는 것으로 받아들이기 때문에, 양심상의 심각한 갈등이 없이는 그에 반하여 행동할 수 없는 것을 말한다(헌재 2004. 8. 26. 2002헌가1, 판례집 16-2상, 141, 151). 즉, 양심상의 결정이란 진지한 윤리적 결정이며, 이러한 윤리적 결정의 특징은 심각한 양심상의 갈등을 초래한다는 것에 있다.

양심의 자유가 보장하고자 하는 '양심'은 지극히 주관적이고 개인적인 현상이므로, '양심상의 결정'이 존재하는지 여부는 그 내용이나 동기에 의하여 판단될 수 없다. 양심상의 결정이 이성적이고 합리적인지 또는 법질서나 사회규범, 도덕률과 합치하는지와 관계없이, **모든 내용의 양심상 결정이 양심의 자유에 의하여 보호**된다. 양심의 자유에서 언제나 현실적으로 문제가 되는 것은 민주적 다수의 양심이 아니라 국가의 법질서나 사회의 도덕률에서 벗어나고자 하는 소수의 양심이므로, 모든 내용의 양심이 보호되는 경우에만 양심의 자유는 그 보호기능을 이행할 수 있다.

한편, 헌법 제46조 제2항 및 제103조에 규정된 **국회의원이나 법관의 양심**은 '직무상의 양심'으로서, '인격상의 양심'을 보장하는 양심의 자유에 의하여 보호되지 않는다. 여기서 말하는 국회의원과 법관의 '직무상 양심'이란 직무의 독립성을 보장하고자 하는 것으로, 의원의 자유위임성과 사법기관의 직무상 독립성을 의미한다. 직무상의 양심은 개인의 기본권으로서가 아니라 국가기관에게 부여된 법적 지위로서 보장되는 것이다. 따라서 직무상의 양심이 침해된 경우에는 헌법소원이 아니라 권한쟁의로 다투어야 한다.

판 례 헌법재판소는 "헌법이 보호하려는 양심은 어떤 일의 옳고 그름을 판단함에 있어서 그렇게 행동하지 아니하고는 자신의 인격적인 존재가치가 허물어지고 말 것이라는 강력하고 진지한 마음의 소리이지, 막연하고 추상적인 개념으로서의 양심이 아니다."라고 판시하여(헌재 1997. 3. 27. 96헌가11, 판례집 9-1, 245, 263), **양심의 개념을 위와 같은 의미에서 좁게 판단**하고 있다. 유사한 취지로 헌재 2002. 4. 25. 98헌마425, 판례집 14-1, 351, 363; 헌재 2004. 8. 26. 2002헌가1, 판례집 16-2상, 141, 151.

반면에, '불고지죄 사건'에서는 "여기서 말하는 양심이란 세계관 · 인생관 · 주의 · 신조 등은 물론 이에 이르지 아니하여도 보다 널리 개인의 인격형성에 관계되는 내심에 있어서의 가치적 · 윤리적 판단도 포함된다."라고 하여(헌재 1998. 7. 16. 96헌바35) **양심의 개념을 넓게** 보고 있다.

2. 기본권의 주체

양심의 자유의 보호법익이 '개인의 윤리적 정체성과 동질성'이라는 점에 비추어, **양심의 자유의 주체는 오로지 자연인**이다. 양심의 자유는 그 성격상 인간 누구에게나 인정되는 인권으로서 외국인도 기본권의 주체가 된다. 양심이란 자주적 인격체의 단독적인 윤리적 결정이기 때문에, 단체에 의하여 집단적으로 행사될 수 있는 종교의 자유와는 달리, 양심의 자유는 고도의 개인적 권리이다. 따라서 **단체나 법인은 기본권의 주체가 될 수 없다**. 한편, 헌법재판소는 **'사죄광고 사건'**(헌재 1991. 4. 1. 89헌마160)에서 청구인인 '주식회사 동아일보사'에게도 묵시적으로 양심의 자유의 기본권 주체성을 인정하고 있으나, 법인인 신문사는 양심의 자유를 주장할 수 없다.

Ⅳ. 보호범위의 구체적 내용

양심의 자유의 보호범위는 개인의 내면세계에서 양심상의 결정을 내리는 자유(양심형성의 자유), 내적으로 형성된 양심을 보유하고 유지하는 자유(양심유지의 자유) 및 양심을 외부세계에서 실현하고 관철하는 자유(양심실현의 자유)로 구분할 수 있다. 헌법재판소도 유사하게 양심의 자유의 보호범위를 내심의 자유인 '양심형성의 자유'와 양심적 결정을 외부로 표현하고 실현하는 '양심실현의 자유'로 구분하면서(헌재 1998. 7. 16. 96헌바35), 양심표명의 자유를 양심실현의 자유에 포함시키고 있다(헌재 2004. 8. 26. 2002헌가1, 판례집 16-2상, 141, 151).

1. 양심형성의 자유

양심형성의 자유란, 외부로부터의 부당한 간섭이나 압력 · 강제를 받지 아니하고 **내적으로 양심을 형성하고 양심상의 결정을 내리는 자유**를 말한다. 개인의 양심은 외부와의 사상적 교류 없이는 형성되지 않으므로, 양심형성의 자유가 외부로부터의 일체의 영향력을 배제하려는 것이 아니라, **국가가 개인의 양심을 조종하고 결정하는 것을 배제**하려는 것이다.

인간의 내심영역은 그 본질상 국가에 의한 간섭과 제한의 대상이 될 수 없기 때문에, 양심형성의 자유는 기본권에 의한 별도의 보호를 필요로 하지 않는다. 나아가, 양심형성의 자유는 오로지 개인의 내면세계에서 이루어지는 양심형성의 과정을 보호하고자 하는 것으로 외부세계에서 **법익충돌의 가능성이 없으므로, 절대적으로 보호되는 기본권**이다(헌재 1998. 7. 16. 96헌바35). 그러므로 양심형성의 자유에 부당한 간섭을 하고자 하는 국가기관의 시도는 이미 그 자체로서 위헌적이다.

양심형성의 자유가 침해될 수 있는 경우로는 매우 예외적이기는 하나, 국가가 최면, 세뇌 등의 수단을 사용하여 양심의 형성과정에 부당한 영향력을 행사하는 경우이다. 특히, 교정시설이나 군대와 같은 특별권력관계에서 지속적인 주입교육과 세뇌의 형태로 양심형성의 자유가 침해될 가능성이 있다.

2. 양심유지(양심표명)의 자유

양심유지의 자유는 개인의 내면세계에서 형성된 **양심을 국가의 간섭이나 방해를 받지 아니하고 그대로 보유하고 유지할 수 있는 자유**, 양심을 포기하도록 강요받지 아니할 자유를 말한다. **양심유지의 자유가 제한되는 상황**이란, 국가가 특정 내용의 양심상 결정에 대하여 적대적인 태도를 취하고 양심의 보유 자체나 양심의 표명을 징계함으로써 국민들로 하여금 양심상 결정을 포기하도록 강요하는 상황이다.

이러한 상황에서 국민은 자신의 양심을 자유롭게 외부로 표명할 수 없으므로, 양심유지의 자유는 현실에서 일반적으로 '양심표명의 자유'의 형태로 나타난다. **양심표명의 자유**란, 내적으로 형성된 **양심을 국가로부터 간섭이나 불이익을 받지 않고 외부로 표명할 자유**를 말한다. 양심표명의 자유는 소극적 양심표명의 자유, 즉 **'양심을 외부로 표명하도록 강요받지 않을 자유'인 소위 '침묵의 자유'나 '양심추지의 금지'도 포함**한다. 일제 때 기독교인을 가리기 위하여 강요한 '십자가 밟기'와 같이 행동을 통하여 양심을 간접적으로 표명하도록 강요하는 상황이 소극적 양심표명의 자유가 제한되는 전형적인 예이다. 양심표명의 자유가 보호하고자 하는 것은 궁극적으로 양심의 유지이다.

양심을 단지 보유하고 유지하는 것에 의하여 법익충돌이 발생할 가능성이 없다는 점에서, 양심유지의 자유는 양심형성의 자유와 함께 절대적으로 보장되는 자유로 간주된다. 또한, 양심을 단순히 외부로 표명하는 것으로 인하여 법익충돌이 야기될 가능성이 거의 없으므로, 양심표명의 자유도 거의 절대적으로 보호되는 기본권의 범주에 속한다고 보아야 한다.[9] **양심유지의 자유가 침해될 수 있는 경우**로는 사상전향제도나 준법서약서제도 등을 들 수 있다.

판 례 국가보안법위반의 수형자에 대하여 가석방의 조건으로 준법서약서의 제출을 요구하는 '가석방심사 등에 관한 규칙' 조항이 수형자의 양심의 자유를 침해하는지 여부가 문제된 **'준법서약서 사건'**에서, 헌법재판소는 양심유지의 자유는 양심을 포기하도록 국가가 강요하는 상황에서 비로소 제한될 수 있는 것인데, 준법서약서제도는 양심을 포기하도록 강요하는 제도가 아니라 단지 가석방의 조건으로서 준법의지의 여부를 심사하는 제도로서 수형자 각자가 양심의 유지여부에 관하여 여전히 자유롭게 결정할 수 있기 때문에, **양심유지의 자유에 대한 제한이 존재하지 않는다**고 판시하였다(헌재 2002. 4. 25. 98헌마425). 이에 대하여 **반대의견**은 준법서약서제도는 개인의 내심의 신조를 사실상 강요하여 고백하게 한다는 점에서 양심의 자유에 대한 제한이 존재한다고 판단하였다. 한편, 반대의견은 기본권 침해여부의 판단에 대한 내용적 타당성은 별론으로 하더라도, 여기서 제한된 기본권이 '양심표명의 자유'가 아니라 '양심유지의 자유'라는 것을 정확하게 인식하지 못하고 있다.

3. 양심실현의 자유

가. 양심보호의 핵심적 영역

양심실현의 자유란 내면세계에서 형성된 **양심을 외부세계에서 실현하고 관철할 자유**, 양심상의 명령에 따라 행동하거나 행동하지 아니 할 자유를 말한다. **양심실현의 자유는 양심보호의 핵심**

9) 다만, 특정한 상황에서 종교적 양심을 외부로 표명하는 경우(가령, 학교수업에서 국공립교사의 종교적 상징물의 착용 등)에는 법익충돌의 가능성이 있으므로, 이러한 경우 제한이 가능하다.

적 영역이다. 양심의 자유가 양심형성의 자유만을 보장한다면, 사실상 기본권적 보호의 필요성이 없는 내심의 자유만을 보호함으로써 국가권력으로부터 개인의 양심을 보호하는 아무런 역할을 할 수 없을 것이다.

한편, 양심실현의 자유는 **외부세계에서 법익충돌을 야기**할 수 있으므로, **필연적으로 제한**될 수 밖에 없다. 헌법상 양심실현의 자유가 보장된다는 것은, 곧 개인이 양심상의 이유로 법질서에 대한 복종을 거부할 수 있는 권리를 부여받는다는 것을 의미하지는 않는다(헌재 2004. 8. 26. 2002헌가1, 판례집 16-2상, 141, 154). 만일, 누구나 양심실현의 자유를 주장하여 병역의무나 납세의무, 형법상의 금지명령 등 법질서가 부과하는 법적 의무의 이행을 거부할 수 있다면, 이는 법질서의 붕괴, 국가와 헌법의 해체를 초래할 것이다.

나. 작위 및 부작위에 의한 양심실현의 자유

양심은 소극적인 부작위와 적극적인 작위에 의해서 실현될 수 있으므로, 양심실현의 자유는 **부작위에 의한 양심실현의 자유**인 '양심에 반하는 행동을 강요받지 아니할 자유' 및 **작위에 의한 양심실현의 자유**인 '양심에 따른 행동을 할 자유'를 포함한다.

양심이란 그 본질상 개인의 윤리적 정체성을 유지하기 위하여 내면세계를 감독하고 통제하는 심급으로 외부로부터의 강제에 대하여 소극적·수동적으로 반응하는 것이지, 적극적·능동적으로 법적 금지명령에 반하여 행동함으로써 국가의 법질서와 갈등상황을 야기하는 것이 아니다. 이러한 점에서 볼 때, **양심의 명령은 일반적으로 외부로부터의 행위요구에 대한 부작위의 명령**("… 행위는 해서는 안 된다")이다. 따라서 양심실현의 자유가 일차적으로 보호하고자 하는 바는, '법질서에 의하여 양심에 반하는 행동을 강요받지 아니할 자유', '양심에 반하는 법적 의무(병역의무, 고지의무, 선서의무 또는 계약이행의무 등)를 이행하지 아니할 자유'이다(헌재 2004. 8. 26. 2002헌가1, 판례집 16-2상, 141, 152).

양심상의 갈등상황이란 법적 행위명령뿐만 아니라 금지명령의 부과에 의하여 발생할 수 있으므로, 법적 금지명령에 대한 양심상의 방어로서 **'작위에 의한 양심실현의 자유'**도 보호된다. 그러나 특정 행위를 할 것을 요청하는 양심상의 행위명령과 그러한 행위에 대한 법적인 금지명령이 서로 충돌하는 것은 매우 드문 경우이다. 양심상의 행위명령과 그러한 행위에 대한 법적인 금지명령이 서로 충돌하는 예로는, 휴일에도 작업하라는 종교적 명령과 휴일작업 금지법이 충돌하는 경우, 직무상의 기밀을 양심상의 이유로 누설하는 경우 등을 들 수 있다.

Ⅴ. 제 한

1. 개인의 윤리적 정체성을 위협하는 국가행위

양심의 자유가 제한되는 상황은 개인의 윤리적 정체성이 국가에 의하여 위협받는 상황이다. 양심은 개인의 윤리적 정체성을 감독하고 통제하는 심급으로서 일상적으로 문제되는 것이 아니라, 인격의 동질성을 유지하는 가능성이 심각하게 위협받고 있는 상황, 소위 **존재의 정체성의 위기상황**에서 비로소 활동한다. 양심의 자유가 제한되는 전형적인 상황은, **'양심의 명령'과 '법질서의 명령'이 특정 행위에 대한 행위명령과 금지명령으로 서로 대치하면서 충돌하는 경우**이다. 예컨대 종교적인 이유로 병역의무의 이행을 거부하는 경우와 같이, 병역의무의 거부를 요구하는 '양심상의 명령'(금지명령)과 병역의무의 이행을 요구하는 '법질서의 명령'(행위명령)이 서로 충돌하는 경우가 양심의 자유가 제한되는 대표적인 예이다(헌재 2002. 4. 25. 98헌마425, 판례집 14-1, 351, 364).

반면에, **종교적 규범이나 법질서가 특정 행위를 금지하거나 명령하는 것이 아니라 단지 허용한다면**, 양심상의 명령과 법질서의 명령이 서로 충돌할 수 없기 때문에 양심의 자유에 대한 제한이 존재하지 않는다. 가령, **모르몬교는 그 신자에게 일부다처제를 허용**하는 것이지 명령하는 것이 아니기 때문에, 모르몬교도는 이중혼(二重婚)을 금지하는 법질서와의 충돌상황에 빠질 수 없고, 따라서 양심의 문제를 일으킬 수 없다. 마찬가지로, **준법서약서 사건**의 경우에도, 실정법이 특정의 행위를 금지하거나 명령하는 것이 아니라 특별한 혜택을 부여하거나 권고 내지 허용하고 있는 데에 불과하고, 개인은 법질서와 충돌하지 아니한 채 자신의 양심을 유지할 수 있으므로, 양심의 자유에 대한 제한이 아니다(헌재 2002. 4. 25. 98헌마425, 판례집 14-1, 351, 364).

2. 양심의 자유에 대한 제한이 부정되는 경우

법질서가 요구하는 특정한 행위명령에 대하여 마음이 내키지 않는 것이나 이를 마지못해 하는 것은 개인의 윤리적 정체성이 위협받는 상황이라고 할 수 없으므로, 법질서가 이러한 행위명령을 부과하고 이를 강제하는 것은 양심의 자유에 대한 제한이 아니다. 또한 법질서의 행위명령에 대한 단순한 의심이나 회의 또는 단순한 비판이나 불만은 양심의 자유의 문제라 할 수 없다.

예컨대, 주취운전의 혐의자에게 **음주측정에 응할 의무**를 지우고 이에 불응하는 사람을 처벌하는 법률조항에 의하여 제한되는 것은 양심의 자유가 아니다(헌재 1997. 3. 27. 96헌가11). 마찬가지로, 공정거래법 위반사실에 대하여 법원에서 유죄로 확정되기 전에 공정거래위원회로 하여금 **법위반사실의 공표를 명하도록 규정**하는 법률조항에서 문제되는 기본권은 양심의 자유가 아니다(헌재 2002. 1. 31. 2001헌바43). 또한, 주민등록발급을 위하여 열 손가락의 **지문을 날인**케 하는 것도 양심의 자유를 제한하지 않는다(헌재 2005. 5. 26. 99헌마513, 판례집 17-1, 668, 684).

한편, 헌법재판소는 타인의 명예를 훼손한 자에 대하여 법원으로 하여금 명예회복에 적당한 처분을 명할 수 있도록 규정한 민법규정의 "명예회복에 적당한 처분"에 **사죄광고**를 포함시키는 것이 양심에 반하는 행위의 강제로서 양심의 자유와 인격권을 침해하는 것으로 판단하였다(헌재 1991. 4. 1. 89헌마160). 그러나 신문사의 사죄광고 게재로 인하여 그 기사를 작성한 언론인의 윤리적 정체성이 진지하게 위협받을 가능성은 없으며 게다가 사죄광고의 주체가 언론인이 아니라 법인인 신문사라는 점에서, 사죄광고명령에 의하여 언론의 자유가 위축되거나 신문사의 사회적 평가가 저하될 수는 있으나, **양심의 자유가 제한되는 것은 아니다.**

헌법재판소는 언론사나 방송사에 대한 사과 명령이 문제된 후속결정들에서는 위 오류를 인식하여, 방송사업자가 방송법상의 심의규정을 위반한 경우 방송통신위원회로 하여금 **'시청자에 대한 사과'**를 명할 수 있도록 규정한 방송법규정이나 선거기사심의위원회가 불공정한 선거기사를 보도하였다고 인정한 언론사에 대하여 언론중재위원회를 통하여 **'사과문의 게재'**를 명하도록 하는 공직선거법조항은 **방송사나 언론사의 '인격권'을 침해**하여 헌법에 위반된다고 판단하였다

(헌재 2012. 8. 23. 2009헌가27; 헌재 2015. 7. 30. 2013헌가8). 한편, 위 결정들에서 인격권도 제한된 기본권으로 고려될 수 있으나, 위 규정들이 방송사업자의 자유로운 방송활동(프로그램 편성의 자유)이나 언론의 자유로운 보도활동을 제한한다는 점에서 **'방송의 자유'**나 **'언론의 자유'**가 보다 사안에 인접한 기본권이다.

VI. 양심실현의 자유에 대한 제한의 정당성

1. 양심의 자유의 특수성

양심의 자유는 **다른 자유권과 근본적인 차이**가 있다. 생명권, 재산권, 표현의 자유, 집회의 자유, 직업의 자유 등 **다른 자유권은 기본권 주체의 개인적 · 주관적인 내적 상황과 관계없이 보장되고 또한 국가권력에 의하여 침해될 수 있다**는 특징이 있다. 그러므로 어떠한 법률조항이 한 개인의 기본권을 침해한다면, 이 법률조항이 다른 개인에게 적용되는 경우에는 또한 다른 개인의 기본권도 침해하게 된다. 법률이 일반 · 추상적인 효력을 가진다는 것은, 이 **법률에 의하여 누구나가 일반적으로 기본권을 침해당할 수 있다**는 것을 의미한다. 따라서 개별적 경우 법률에 의한 기본권의 침해가 확인된다면, 법률의 일반적 효력 때문에 위헌결정을 통하여 당해 법률을 법질서에서 제거하는 것이 정당화된다.

그러나 양심은 그 본질상 지극히 주관적이고 개인적인 현상이기 때문에, 어떠한 법률조항이 한 개인의 양심의 자유를 침해하였다고 하여 다른 개인의 양심의 자유가 침해된다는 **일반적 효과가 존재하지 않는다**. 뿐만 아니라 모든 법규범의 경우 개인적 양심갈등의 현상이 발생할 수 있고 이에 따라 누군가의 양심의 자유를 침해할 수 있기 때문에, 만일 누군가의 양심의 자유를 침해하는 법규범이 법질서에서 제거되어야 한다면, 이는 곧 **개별적으로 발생할 수 있는 단 하나의 양심상 갈등이 법질서의 대부분을 마비시킬 수 있다**는 것을 의미한다.

나아가, 양심의 자유가 법질서에 대하여 예외를 허용해 줄 것을 요구하는 것이기 때문에, 법규범이 한 개인의 양심의 자유를 침해했다는 위헌확인은 그러한 개인에 대한 법적 의무의 면제를 초래함으로써, **다른 국민과의 관계에서 '법적 의무의 이행에 있어서 부담의 불평등' 문제**를 필연적으로 야기한다. 법질서에 대하여 '예외의 허용' 또는 '관용의 실천'을 요구하는 양심의 자유의 특수성에 비추어, **개인의 방어권으로서의 성격은 약화**되고 '국가가 감당할 수 있는 범위 내에서 양심의 갈등을 호소하는 소수의 국민에게 관용을 베풀어야 한다'는 **'국가의 의무이행'의 측면이 강조**될 수밖에 없다. 따라서 양심의 자유의 침해여부를 판단함에 있어서 과잉금지원칙을 기계적으로 적용하는 것은 양심의 자유의 본질과 특수성을 간과하는 것이다.

2. 법익교량의 특수성

양심실현의 자유의 보장 문제는 '양심의 자유'와 '공익과 국가의 법질서' 사이의 조화의 문제이며, 양 법익간의 법익교량의 문제이다. 그러나 과잉금지원칙에 따른 심사과정은 양심의 자유에 있어서는 그대로 적용되지 않는다. 양심의 자유의 경우, 과잉금지원칙을 통하여 양심의 자유를 공익과 교량하고 **공익을 실현하기 위하여 양심을 상대화하는 것은 양심의 자유의 본질과 부합할 수 없다**. 예컨대, 종교적 양심상의 이유로 병역의무를 거부하는 경우, 병역의무의 절반을 면제해 준다고 하여 병역거부자의 양심상의 갈등은 해소되지 않는다. 양심상의 결정이 법익교량과정에서 공익에 부합하는 상태로 축소되거나 그 내용에 있어서 왜곡 · 굴절된다면, 그것은 이미 '양심'이 아니다(헌재 2004. 8. 26. 2002헌가1, 판례집 16-2상, 141, 155). 양심의 자유의 경우에는 법익교량을 통하여 양심의 자유와 공익을 조화와 균형의 상태로 이루어 양 법익을 함께 실현하는 것이 아니라, 단지 **'양심의 자유'와 '공익' 중 양자택일의 문제**, 즉 양심에 반하는 작위나 부작위를 법질서에 의하여 '강요받는지 아니면 강요받지 않는지'의 문제가 있을 뿐이다.

3. 제한의 정당성에 관한 판단

가. 국가가 양심실현의 자유를 보장한다는 것의 의미

국가가 양심실현의 자유를 보장한다는 것은, 양심의 자유를 주장하여 **법질서에 대한 복종을 거부하는 소수의 국민에 대하여 예외를 허용**한다는 것을 의미한다. 따라서 양심실현의 자유의 보장문제는, 국가가 양심을 근거로 법적 의무의 이행을 거부하는 소수에 대하여 관용을 베풀 수 있는지, 국가가 법질서를 유지하면서도 개인의 양심도 보호하는 대안을 제시할 수 있는지, 즉 **'소수에 대한 국가적 관용의 문제'**로 귀결된다(헌재 2004. 8. 26. 2002헌가1, 판례집 16-2상, 141, 154, 155). 이로써 국가가 양심실현의 자유를 보장하는 문제는, 국가공동체가 법질서를 위태롭게 함이 없이 어느 정도로 양심상의 갈등을 덜어줄 수 있는 가능성을 가지고 있는지의 **대안의 존부에 관한 문제**이다.

나. 양심의 자유를 보호하는 법질서를 형성해야 할 입법자의 의무

양심의 자유는 일차적으로 입법자에 대한 요청으로서, 가능하면 양심의 자유가 보장될 수 있도록 법질서를 형성해야 할 의무를 부과한다. 법적 의무와 개인의 양심이 충돌하는 경우, 법질서를 위태롭게 함이 없이 **법적 의무를 대체하는 다른 가능성이나 법적 의무의 개별적 면제와 같은 대안을 제시**함으로써 양심상의 갈등이 제거될 수 있다면, 입법자는 이와 같은 방법을 통하여 개인의 양심과 국가 법질서의 충돌가능성을 최소화해야 할 의무가 있다.

나아가, 입법자는 공익상의 이유로 법적 의무로부터 면제하거나 또는 이를 대체할 수 있는 다른 가능성을 제공할 수 없다면, **법적 의무에 위반한 경우 가해지는 처벌이나 징계에 있어서 적어도 그의 경감이나 면제를 허용**함으로써 양심의 자유를 보호할 수 있는지 그 가능성을 살펴보아야 한다.

다. 언제 법률이 양심의 자유를 침해하는지의 문제

법질서에 대하여 '예외의 허용' 또는 '관용의 실천'을 요구하는 양심의 자유의 특수성에 비추어, '법률이 양심의 자유를 침해하는지'의 문제는 '법률이 양심의 자유를 과잉으로 침해하는지의 문제'가 아니라 **'입법자가 양심의 자유를 보호해야 할 의무를 제대로 이행했는지'의 문제**로 귀결된다. 자유권에서 파생하는 기본권 보호의무와 마찬가지로, 입법자에 의한 양심 보호의무의 이행은 **'관용의 원칙의 실현여부'**에 관한 것이기 때문에, 권력분립과 민주주의원칙의 관점에서 입법자에게 의무이행과 관련하여 광범위한 형성권이 부여된다. 그 결과 헌법재판소는 **의무이행의 위반이 명백한 경우에 한하여 양심의 자유에 대한 침해를 확인**할 수 있다.

따라서 헌법이 예외적으로 스스로 대안을 제공할 것을 명시적으로 규정하고 있거나,[10] 또는 입법자가 양심갈등의 발생 가능성을 사전에 충분히 예측할 수 있었고 공익실현이나 법질서를 저해함이 없이도 **대안의 제시가 가능하다는 것이 명백한 경우**에 한하여, 양심을 보호하는 대안을 제시해야 할 구체적인 입법자의 의무가 인정된다. 입법자가 공익이나 법질서를 저해함이 없이 양심의 자유를 보호하는 대안을 제시할 수 있음에도 대안을 제시하지 않는다면, 이러한 경우 입법자는 양심의 자유를 위헌적으로 침해하게 되는 것이다.

판 례 간첩행위를 한 자를 알면서도 이를 국가기관에 고지하지 않은 경우에는 처벌을 받도록 하면서 다만 본범과 친족관계가 있는 때에는 그 형을 감경 또는 면제할 수 있도록 규정하고 있는 국가보안법 조항의 위헌여부가 문제된 **'불고지죄 사건'**에서, "불고지죄가 보호하고자 하는 국가의 존립·안전이라는 법익의 중요성, 범인의 친족에 대한 형사처벌에 있어서의 특례설정 등 제반사정에 비추어 볼 때 구 국가보안법 제10조가 양심의 자유를 제한하고 있다 하더라도 … 과잉금지의 원칙 … 에 위반된 것이라고 볼 수 없다."고 판단하였다(헌재 1998. 7. 16. 96헌바35).

헌법재판소는 불고지죄 결정에서 **과잉금지원칙을 형식적으로 적용하여 판단**하였지만, '불고지죄가 양심의 자유를 침해하는지'의 문제는 실질적으로 '입법자가 양심의 자유를 고려하는 특례규정을 두더라도 고지의무의 부과를 통하여 실현하려는 공익을 달성할 수 있는지' 여부를 판단하는 문제이다. 불고지죄의 보호법익이 국가의 존립·안전이나 자유민주적 기본질서와 같은 중대한 법익이라 하더라도, 친족관계에 있는 자의 범행을 고지할 의무를 부과하는 것은 국가가 보호해야 할 혼인과 가정생활(헌법 제36조 제1항)의 사실적 성립기초를 뒤흔드는 것이자 인간의 본성에 반하는 것으로서 행위의 기대가능성이 없으며, 본범과 친족관계에 있는 자에게 예외를 허용하더라도 국가공동체나 법질서의 존립이 근본적으로 문제되지 않는다는 점에서, **입법자가 양심갈등의 발생 가능성을 사전에 충분히 예측할 수 있었고 공익실현이나 법질서를 저해함이 없이도 대안의 제시가 가능하다는 것이 명백한 경우**에 해당한다.

따라서 이러한 경우 입법자는 친족의 양심의 자유를 보장하기 위하여 **고지의무로부터의 면제나 아니면 적어도 고지의무 위반의 경우 가해지는 처벌의 경감이나 면제의 가능성**을 규정해야 한다. 그런데 국가보안법상의 불고지죄는 단서조항에서 "다만, 본범과 친족관계에 있을 때에는 그 형을 감경 또는 면제할 수 있다."는 특례규정을 통하여 친족의 양심상 갈등을 특별히 배려하는 대안적 규정을 두고 있으므로, 양심실현의 자유를 침해하는 규정이라고 볼 수 없다.

판 례 현역입영통지서를 받은 사람이 입영하지 않은 경우 징역형에 의하여 처벌하도록 규정하는 병역법조항의 위헌여부가 문제된 **'양심적 병역거부 사건'**에서, 헌법재판소는 "이 사건 법률조항이 양심의 자유를 침해하는지의 문제는 '입법자가 양심의 자유를 고려하는 예외규정을 두더라도 병역의무의 부과를 통하여 실현하려는 공익을 달성할 수 있는지' 여부를 판단하는 문제이다. 입법자가 공익이나 법질서를 저해함이 없이 대안을 제시할 수 있음에도 대안을 제시하지 않는다면, 이는 일방적으로 양심의 자유에 대한 희생을 강요하는 것이 되어 위헌이라 할 수 있다."고 확인한 다음(헌재 2004. 8. 26. 2002헌가1, 판례집 16-2상, 141, 156), "한국의 안보상황, 징병의 형평성에 대한 사회적 요구 … 등을 감안할 때, 대체복무제를 도입하더라도 국가안보라는 중대한 헌법적 법익에 손상이 없으리라고 단정할 수 없는 것이 현재의 상황이라 할 것인바, 이러한 선행조건들이 충족되지 않은 현 단계에서 대체복무제를 도입하기는 어렵다고 본 입법자의 판단이 현저히 불합리하다거나 명백히 잘못되었다고 볼 수 없다."고 판단하여 합헌결정을 하였다(판례집 16-2상, 141, 142).

헌법재판소는 위 2004년 결정에서 입법자에 대하여 '국가안보 및 병역의무의 형평이라는 공익의 실현

---

10) 우리 헌법에는 법적 의무를 대체하는 가능성을 명시적으로 제시하는 규범이 없으나, 독일 기본법은 양심상의 이유로 병역의무를 거부할 권리를 명문으로 인정하면서(제4조 제3항) 병역의무에 대한 대안으로서 '대체복무'(제12조 제2항)를 규정하고 있다.

을 확보하면서도 병역거부자의 양심을 보호할 수 있는 대안'이 있는지 검토할 것을 권고하였는데, 그로부터 14년이 경과하도록 입법적 진전이 이루어지지 않자, **2018년 결정**에서 병역의 종류에 양심적 병역거부자에 대한 대체복무제를 규정하지 아니한 **병역법상 병역종류조항**에 대하여 "… 대체복무제를 도입하더라도 우리나라의 국방력에 의미 있는 수준의 영향을 미친다고 보기는 어렵다. 국가가 관리하는 객관적이고 공정한 사전심사절차와 엄격한 사후관리절차를 갖추고, 현역복무와 대체복무 사이에 복무의 난이도나 기간과 관련하여 형평성을 확보해 현역복무를 회피할 요인을 제거한다면, 심사의 곤란성과 양심을 빙자한 병역기피자의 증가 문제를 해결할 수 있으므로, **대체복무제를 도입하면서도 병역의무의 형평을 유지하는 것은 충분히 가능**하다. 따라서 대체복무제라는 대안이 있음에도 불구하고 군사훈련을 수반하는 병역의무만을 규정한 병역종류조항은 침해의 최소성 원칙에 어긋난다. … 그렇다면 양심적 병역거부자에 대한 대체복무제를 규정하지 아니한 병역종류조항은 과잉금지원칙에 위배하여 양심적 병역거부자의 양심의 자유를 침해한다."고 판단하여 헌법불합치결정을 선고하면서, 입법자가 대체복무제의 도입을 통하여 기본권 침해 상황을 제거할 의무가 있다고 확인하였다. 한편, 양심적 병역거부자의 처벌 근거가 된 **병역법상 처벌조항**에 대해서는 헌법에 위반되지 아니한다는 결정을 선고하였다(헌재 2018. 6. 28. 2011헌바379등, 판례집 30-1하, 370, 371-374).

판 례 병역의 종류에 양심적 병역거부자에 대한 대체복무제를 규정하지 아니한 병역법조항에 대한 헌법불합치결정(헌재 2018. 6. 28. 2011헌바379등)에 따라 '대체역의 편입 및 복무 등에 관한 법률'(이하 '대체역법')이 제정·시행되었는데, **대체역법**은 대체복무요원의 복무기간을 '36개월'로 정하고 대체복무요원으로 하여금 '합숙'하여 복무하도록 규정하였고, 같은 법 시행령은 대체복무기관을 '교정시설'로 한정하였다.

위 조항들의 위헌여부가 문제된 **'대체복무제 사건'**에서, 헌법재판소는 '위 조항들이 대체복무요원에게 과도한 복무 부담을 주고 대체역을 선택하기 어렵게 만드는 것으로서, 이들의 양심의 자유를 침해하는지 여부'를 판단하였는데, "**복무기관조항, 기간조항 및 합숙조항**으로 인한 고역의 정도가 지나치게 과도하여 양심적 병역거부자가 도저히 대체복무를 선택하기 어렵게 만드는 것으로 볼 수는 없다. 따라서 위 조항들은 과잉금지원칙을 위반하여 청구인들의 양심의 자유를 침해한다고 볼 수 없다."고 판시하여(재판관 5인의 다수의견) 합헌결정을 하였다(헌재 2024. 5. 30. 2021헌마117등).

Ⅶ. 양심의 자유를 보호해야 할 법적용기관의 의무

입법자는 지극히 주관적인 양심갈등의 발생여부를 사전에 예측하기 어려울 뿐만 아니라 모든 법률의 경우에 개인적 양심갈등의 상황이 발생할 수 있기 때문에, 양심의 자유를 보호하는 예외적 규정을 사전에 규범화하는 데 한계가 있을 수밖에 없다. 그러므로 양심의 자유의 보장은 실질적으로 입법자가 아니라 법률을 적용하는 법원과 행정청의 과제가 되었으며, 양심의 자유와 법질서간의 법익교량의 문제는 **양심의 갈등이 발생한 개별 사건에서 법률의 해석과 적용을 통하여 해결**해야 할 문제가 되었다(헌재 2004. 8. 26. 2002헌가1(양심적 병역거부), 판례집 16-2상, 141, 161). 양심의 자유는 법원과 행정청에 대하여 개별 사건에서 그에 적용되는 법률을 해석·적용하는 과정에서 양심의 자유를 고려할 것을 요청한다. 이러한 의미에서 양심의 자유는 **법관에 대한 요청, 구체적으로 법률의 양심우호적 해석과 적용에 대한 요청**이다.

따라서 법률이 법적용기관에 재량을 부여하고 있다면, 법적용기관은 입법목적을 실현하면서도 **양심의 자유를 고려하는 방향으로 재량을 행사**해야 한다. 법률이 해석을 요하는 일반조항이나 불확정 개념을 담고 있다면, 법관은 개인의 양심을 보호하는 대체의무나 대체행위 가능성을 제공하는 방향으로 **양심우호적으로 법규범을 해석할 수 있는지 검토**해야 한다. 형벌규정이 법관에게 **양형의 가능성**을 부여한다면, 법관은 양형에 있어서 범죄인의 양심의 자유, 즉 범행동기에 해당하는 양심상 결정의 윤리성을 고려해야 한다. '여호와 증인'의 병역의무 거부에 대하여 개인의 양심의 자유를 전혀 고려하지 않고 법정최고형을 선고한다면, 이러한 판결은 법률의 적용에 있어서 기본권의 의미를 완전히 간과한 것으로서 위헌이다.

제 2 항 종교의 자유

Ⅰ. 헌법적 의미

헌법은 제20조 제1항에서 "모든 국민은 종교의 자유를 가진다."고 하여 종교의 자유를 보장하고 있다. 종교의 자유는 양심의 자유 및 신체의 자유와 함께 인권보장의 역사에서 가장 오래된 기본권에 속한다. 역사적으로 오랫동안 종교는 인간 공동생활의 정신적 기반으로서 국가공동체를 형성하는 중요한 요소로 간주되었다. 그러나 유럽에서 종교개혁과 종교전쟁을 거치면서 종교의 문제는 국가의 과제영역으로부터 분리되어, 종교의 자유가 개인의 권리로서 인정되었다. 국가가 종교의 자유를 인정함으로써, 종교는 더 이상 국가에 의한 결정의 대상이 아니라 개인의 자기결정의 문제가 되었다.

종교는 세계 및 인간의 존재의미, 특히 인간의 삶과 죽음의 의미 및 올바른 삶에 대한 대답을 추구한다. 종교란 세계 및 인간의 존재에 대한 형이상학적 해명의 시도이다. 종교의 내용은 인간의 형이상학적인 신앙이며, 신앙이란 신과 피안(彼岸)에 대한 내적 확신이다. 종교의 개념은 종교의 다양한 현상에 대하여 개방적인 개념이다. 따라서 종교의 자유는 세계의 거대종교나 기성종교뿐만 아니라 군소(群小) 또는 신생의 신앙공동체에게도 보장된다.

Ⅱ. 법적 성격

종교의 자유는 일차적으로 종교적 신념의 형성과 표명 및 그에 따른 행동에 대하여 국가의 부당한 간섭과 침해를 금지하는 **대국가적 방어권**이다. 종교의 자유는 신앙에 대한 국가의 제재와 차별을 금지한다.

종교의 자유는 **객관적 가치질서**로서 국가에게 국가공동체 내에서 **종교의 자유를 실현하고 보호해야 할 의무**를 부과한다. 종교의 자유는 국가 내에서 실현되기 위하여, 필연적으로 **종교의 다원주의와 종교에 대한 관용**을 요청한다. 종교의 자유는 국가에게 무엇보다도 **종교적 중립성**이라는 객관적 의무를 부과한다. 국가의 종교적 중립의무는 종교의 자유가 보장되기 위한 필수적 조건이다. 나아가, 종교의 자유는 개인이나 종교공동체의 자유로운 종교적 행위(종교행사)를 제3자나 다른 종교공동체의 방해나 공격으로부터 보호해야 할 **'국가의 보호의무'**를 부과한다. 뿐만 아니라, 종교의 자유는 법규범의 해석과 적용에 있어서 해석의 지침으로 기능한다. 법원은 사법규정의 해석에 있어서 사법규정에 미치는 종교의 자유의 효력을 고려해야 한다.

Ⅲ. 보호범위

개인이 종교적 신념을 자유롭게 형성할 수 있다면, 내면에서 형성된 종교적 신념은 자연스럽게 외부에 표출되고 나아가 종교적 신념에 따른 행위를 수반하게 된다. 따라서 종교의 자유는 **내면의 세계에서 종교적 신념을 형성하고, 이를 외부세계에 대하여 표명하며, 그에 따라 행동할 자유**를 포괄한다. 이러한 관점에서 종교의 자유의 보장내용은 신앙(형성)의 자유, 신앙고백의 자유, 신앙실행의 자유로 나뉜다. 신앙고백의 자유와 신앙실행의 자유는 모두 외부세계에서 신앙을 실현하는 자유(forum externum)라는 점에서 항상 그 구분이 명확한 것은 아니지만, **신앙고백**은 주로 '다른 사람과의 관계'에서 행해지는 행위인 반면, **신앙실행**은 일반적으로 '신과의 관계'에서 행해지는 것으로 초월적인 것을 숭배하는 것이 주된 목적인 행위라는 점에서 구분될 수 있다. 뿐만 아니라, 종교의 자유는 신앙을 가지지 아니할 자유, 신앙을 고백하지 아니할 자유(침묵할 자유), 신앙에 따라 살지 아니할 자유와 같은 **소극적 자유**도 함께 보호한다.

판 례 헌법재판소는 "종교의 자유의 구체적 내용에 관하여는 일반적으로 **신앙의 자유, 종교적 행위의 자유 및 종교적 집회·결사의 자유의 3요소**를 내용으로 한다고 설명되고 있다."고 판시함으로써(헌재 2001. 9. 27. 2000헌마159, 판례집 13-2, 353, 360), 신앙고백의 자유와 신앙실행의 자유를 '종교적 행위의 자유'로 통합하여 서술하면서, 종교적 행위의 자유의 하부개념에 해당하는 '종교적 집회·결사의 자유'를 독자적인 요소로 언급하고 있는데, 보호범위의 이러한 구분이 적절한지 의문이다.

1. 신앙의 자유

신앙의 자유는 종교적 믿음을 형성하고 가지는 것, 즉 **내적인 영역**(forum internum)을 보호한다. 신앙의 자유는 신념에 대한 보호로서, **신앙형성과 신앙보유의 자유**이다. 신앙(형성)의 자유는 국가가 개인의 신앙형성에 대하여 영향력을 행사하는 것을 금지함으로써, 종교적 신념을 수용하거나 거부함에 있어서 개인을 국가의 영향으로부터 보호한다.

2. 신앙고백의 자유

신앙고백의 자유는 **외부에 대하여 종교적 신념을 공개하고 표명**하는 것, 나아가 **자신의 종교를 선전**하는 것을 보호한다. '고백'이란, 외부세계에 자신의 신념을 공개하고 표명하는 행위를 말한다. 신앙고백의 자유는 신앙을 선전하고 전파하는 **'포교나 선교의 자유'** 및 다른 종교를 비판하고 다른 신앙을 가진 사람에게 **'개종을 권고하는 자유'**도 포함한다. 신앙고백의 자유는 신도를 얻기 위한 종교 간의 경쟁도 보호하지만, 경쟁의 수단은 표현의 자유와 마찬가지로 오로지 정신적 논쟁과 소통의 수단에 국한되어야 한다.

3. 신앙실행의 자유

신앙실행의 자유는 종교적 교리를 행위의 지침으로 삼고 종교적 신념에 따라 행동할 자유를 말한다. 신앙실행의 자유는 **신앙고백을 제외한 그 외의 종교적 행위가능성**을 포괄적으로 보호한다.

신앙실행의 자유는 종교의식의 형태로 종교적 신념을 실행하는 **'종교의식의 자유'**를 보호한다. 종교의식의 자유는 기도, 예배, 세례, 종교행렬, 타종(打鐘) 등 전통적인 종교의식에 국한되지 않고, 이를 넘어서 종교공동체의 자기이해에 따라 종교적 확신에 기인하는 그 외의 활동, 가령 구제활동(사회봉사활동)이나 자선활동도 포괄한다. 종교행사에 사용되는 건물이나 장소, 가령 납골시설도 종교의식의 자유에 의하여 보호된다.

신앙실행의 자유는 **종교에 따른 생활형성의 자유**를 보호한다. 일상생활을 위한 종교적 지침에 속하는 것으로는 가령 식사, 복장, 휴일의 준수, 의료행위의 이용 등에 관한 종교적 규범을 예로 들 수 있다.

신앙실행의 자유는 자녀에게 종교관을 전달하고 종교교육을 실시할 **부모의 '종교교육의 자유'**를 보호한다. 부모의 종교교육은 부모의 신앙실행의 자유의 한 표현이자 자녀교육권의 행사이기도 하다. 부모의 종교교육권은 가정에서 자신의 종교관에 따라 자녀를 교육시킬 권리 및 종교교육을 실시하는 사립학교에 자녀를 취학시킬 수 있는 권리를 포함한다.

신앙실행의 자유는 다른 사람과 공동으로 종교적 행위를 위하여 집회할 **'종교적 집회의 자유'** 및 공동으로 종교를 실행할 목적으로 다른 사람과 종교단체를 결성하고 조직할 **'종교적 결사의 자유'**를 보호한다. 종교적 동기에 의한 집회·결사의 경우, 특별규정으로서 종교의 자유가 적용된다.

4. 종립학교에서 종교교육의 헌법적 문제점

종교이념에 입각하여 설립된 사립학교인 종립학교(宗立學校)에서 종교교육을 실시하는 경우, 종립학교의 종교의 자유와 학생의 종교의 자유·부모의 자녀교육권 사이에 **기본권의 충돌이 발생**한다. 기본권의 충돌의 경우, 실제적 조화의 원칙에 따른 양 법익의 실현을 모색해야 한다.

종립학교에서 종교교육은 신앙고백의 자유와 신앙실행의 자유에 의하여 보호되는 것으로 원칙적으로 허용된다. 그러나 학교가 강제로 배정되는 현재의 입시제도에서 종립학교가 입학한 모든 학생에 대하여 **종교교육을 강제하는 것은 학생의 소극적 종교의 자유와 부모의 자녀교육권을 침해**하는 것이다. 한국의 이러한 특수한 상황에서, 학생과 학부모가 자유롭게 종교교육의 참여여부를 결정할 수 있는 경우에만, 사립학교의 종교교육은 학생과 학부모의 기본권을 침해하지 않는다. 따라서 국가가 학생을 사립학교에 강제로 배정하는 이상, 사립학교의 종교교육에 의하여 학생과 학부모의 기본권이 침해되지 않도록 적합한 조치를 취해야 할 **국가의 보호의무가 발생**한다.

Ⅳ. 제 한

내면의 세계에서 신앙을 형성하고 보유할 자유인 신앙의 자유는 다른 법익과의 충돌가능성이 없기 때문에, 절대적으로 보호되는 기본권이다. 신앙의 자유와는 달리, 외부세계에서 신앙을 실현하는 자유인 '신앙고백의 자유'와 '신앙실행의 자유'는 공익이나 제3자의 법익 보호를 위하여 제한될 수 있다.

1. 신앙의 자유에 대한 제한

국가가 특정 종교적 신념을 보유하는 것을 금지하거나 명령하는 것은 오늘날 현실적으로 큰 의미는 없으나, 신앙의 자유에 대한 대표적인 고전적 제한에 해당한다. 국가가 종교적 신념의 형성과 존속에 대하여 **사상주입이나 교화** 등의 방법으로 영향력을 행사하는 경우, 신앙의 자유가 제한된다. 가령, 국가가 종교적 상징물을 화폐의 도안이나 공공건축물에 사용하는 경우, 신앙형성의 자유를 제한할 수 있다.

2. 신앙고백의 자유에 대한 제한

국가가 신앙을 고백하는 것을 방해 또는 금지하거나(**침묵의 의무 부과**) 또는 고백할 것을 강제하는 경우(**고백의 의무 부과**), 신앙고백의 자유가 제한된다. 가령, 국가가 국공립학교 교사에게 수업시간에 **특정 종교의 상징물이나 복장의 착용을 금지**하는 것, 국공립학교에서 이슬람교도인 여학생에게 종교적 신념의 표현인 히잡(Hijab)의 착용을 금지하는 것은 신앙고백의 자유에 대한 대표적인 제한의 예이다. 또한, **국가가 종교의 보유나 소속 여부를 묻는 것**도 신앙고백의 자유에 대한 제한이다. 뿐만 아니라, 국가기관이 **특정 종교의 사회적 위험성을 일반국민에 대하여 경고하는 경우**도 신앙고백(선교와 포교)의 자유에 대한 제한에 해당한다.

국가가 국공립학교 교사에게 수업시간에 특정 종교의 상징물이나 복장을 착용하는 것을 금지하는 경우, 교사의 신앙고백의 자유와 학부모의 자녀교육권 · 학생의 신앙형성의 자유 · 국가의 종교적 중립의무가 서로 대치한다. 국가의 종교적 중립의무는 교육현장에서 교육과제를 담당하는 교사에 의하여 구체적으로 실현되어야 하므로, 교사는 직무상의 지위와 권위를 이용하여 자신의 종교를 표명하고 선전할 수 없다. 따라서 상충하는 법익의 보호를 위하여 교사의 신앙고백의 자유를 제한하는 것은 헌법적으로 정당화된다.

3. 신앙실행의 자유에 대한 제한

국가가 개인에게 **종교행사 참석을 강제**하는 경우, **종교의 교리에 반하는 행위를 강제**하거나(가령, 종교의 교리에 위반되는 직업활동을 강제하는 경우) 또는 종교적 행위에 불이익을 결부시킴으로써 기본권의 주체가 종교의 자유를 행사할 수 없도록 위협하거나 예배 등 **종교의식에 참여하는 것을 방해**하는 경우가 대표적인 제한의 예에 해당한다.

판 례 **'사법시험 일요일 시행 사건'**에서, 행정자치부장관이 사법시험 시행일을 일요일로 정하여 공고한 것은 청구인의 종교적 확신에 반하는 행위를 강요하는 결과가 된다는 점에서 종교적 행위의 자유에 제한이 될 수 있으나, 이는 공공복리(다수 국민의 편의)를 위한 부득이한 제한으로 과잉금지원칙에 위반되지 않는다고 판시하였다(헌재 2001. 9. 27. 2000헌마159, 판례집 13-2, 353, 360-361).

'학교정화구역 내 납골시설 금지 사건'에서는 "종교단체가 종교적 행사를 위하여 종교집회장 내에 납골시설을 설치하여 운영하는 것은 종교행사의 자유와 관련된 것이라고 할 것이고, 그러한 납골시설의 설치를 금지하는 것은 종교행사의 자유를 제한하는 결과로 된다."고 확인한 다음, 이 사건 학교보건법조항은 입법목적(학생들에 대한 정서교육의 환경 보호)을 달성하기 위하여 필요한 한도를 넘어서 종교의 자유를 과도하게 제한하지 않는다고 판단하였다(헌재 2009. 7. 30. 2008헌가2, 판례집 21-2상, 46, 55).

V. 국가의 종교적 중립성

1. 국교부인과 정교분리의 원칙

헌법 제20조 제2항은 "국교는 인정되지 아니하며, 종교와 정치는 분리된다."고 하여 국교부인(國教否認)의 원칙과 정교분리(政教分離)의 원칙을 규정하고 있다. 국교부인의 원칙은 정교분리의 원칙의 당연한 결과이다. 헌법 제20조 제2항은 **국가의 종교적 중립성**을 전제로 하여, '종교와 정치의 분리'는 종교적으로 중립적인 국가의 기본제도임을 확인하고 있다. 정교분리의 원칙은 **정치가 종교에 간섭하거나 종교가 정치에 개입하는 것을 금지**한다.

정치와 종교를 분리하는 헌법체계 내에서, **종교단체**는 사법상의 단체로서 기본권적 자유를 누리며, 다원적 민주주의에서 사회 내에 존재하는 종교적 세력은 사회 내의 다른 모든 세력과 마찬가지로 민주적 의사형성과 이익조정을 위한 개방적인 과정에 참여할 수 있는 **가능성**을 가진다. 따라서 사회적 대표성에 따라 구성되는 국가의 각종 위원회(가령, 청소년유해여부를 심의하는 위원회 등)의 구성에 있어서 거대 종교단체의 대표자를 고려하는 것은 정교분리의 원칙에 위반되지 않는다.

2. 종교적 중립성의 헌법적 의미

헌법 제20조의 종교의 자유, 국교부인의 원칙 및 정교분리의 원칙, 제19조의 양심의 자유, 헌법 제11조 제1항 후문의 종교에 의한 차별금지 등 일련의 헌법규정으로부터 국가의 종교적 중립성의 의무가 도출된다. 국가의 세계관적 · 종교적 중립성은 **종교의 자유가 보장되고 실현되기 위한 필수적인 전제조건**이자 국가가 모든 국민의 국가로 기능하기 위하여 필수적으로 요청되는 것이다. 국가는 특정 종교를 금지하거나 강요해서는 안 되고, 나아가 특정 종교를 차별하거나 우대해서도 안 된다.

그러나 종교적 중립성의 요청이 종교와 관련된 모든 사안을 국가의 과제영역에서 배제하는 것은 아니다. 특정 신앙공동체로부터 사회적 해악이 명백하게 우려되는 경우, 국가가 특정 신앙공동체에 대하여 비판적 태도를 취하고 그 **위험성을 국민에게 경고**하는 것은 중립성의 요청에 위반되지 않는다. 또한, 국가의 문화적 책임은 **종교적 기념물을 국가 기념물 보호대상으로 정하여 보호**하는 것을 금지하지 않으며, 오히려 문화국가의 관점에서 종교적 기념물의 보호는 헌법적으로 요청될 수 있다.

판례 대법원은 **'천주교성당 문화관광지 조성 사건'**에서 지방자치단체가 유서 깊은 천주교 성당 일대를 문화관광지로 조성한 것이 헌법의 정교분리원칙에 위배되는지에 관하여, "어떤 의식, 행사, 유형물 등이 비록 종교적인 의식, 행사 또는 상징에서 유래되었다고 하더라도 그것이 이미 우리 사회공동체 구성원들 사이에서 관습화된 문화요소로 인식되고 받아들여질 정도에 이르렀다면, 이는 **정교분리원칙이 적용되는 종교의 영역이 아니라 헌법적 보호가치를 지닌 문화의 의미**를 갖게 된다. 그러므로 이와 같이 이미 문화적 가치로 성숙한 종교적인 의식, 행사, 유형물에 대한 국가 등의 지원은 일정 범위 내에서 전통문화의 계승 · 발전이라는 문화국가원리에 부합하며 정교분리원칙에 위배되지 않는다."고 판시하였다

(대법원 2009. 5. 28. 선고 2008두16933 판결).

또한, 대법원은 "공군참모총장이 전 공군을 지휘 · 감독할 지위에서 수하의 장병들을 상대로 단결심의 함양과 조직의 유지 · 관리를 위하여 계몽적인 차원에서 군종장교로 하여금 교계에 널리 알려진 **특정 종교에 대한 비판적 정보를 담은 책자를 발행 · 배포하게 한 행위**가 특별한 사정이 없는 한 정교분리의 원칙에 위반하는 위법한 직무집행에 해당하지 않는다."고 판시한 바 있다(대법원 2007. 4. 26. 선고 2006다87903 판결).

제 7 절 언론 · 출판의 자유

헌법 제21조 제1항은 언론 · 출판의 자유, 집회의 자유 및 결사의 자유를 동일한 조항에서 규정하고 있다. **위 3 가지 기본권은 모두 개인 간의 '의사소통을 위한 기본권'** 또는 '의견교환을 위한 기본권'으로서의 성격을 지니고 있다.

헌법 제21조 제1항은 "모든 국민은 언론 · 출판의 자유 … 를 가진다."고 하여 **언론 · 출판의 자유**를 보장하고 있다. 언론 · 출판의 자유는 자신의 사상과 의견을 표현하는 자유를 의미한다는 점에서 **'표현의 자유'**라고 부르기도 한다(헌재 1992. 2. 25. 89헌가104, 판례집 4, 64, 93). 표현의 자유는 **개인적 표현의 자유**인 '의사표현의 자유'와 **언론매체의 표현의 자유**인 '언론(보도)의 자유'로 나누어 볼 수 있다. 언론 · 출판의 자유를 규정하는 헌법 제21조 각 항의 내용을 살펴보면, 제1항은 언론 · 출판(표현)의 자유의 보장, 제2항은 허가제 및 사전검열의 금지, 제3항은 언론기관의 시설과 기능에 관한 법정주의, 제4항은 언론의 사회적 책임을 규정하고 있다.

제 1 항 의사표현의 자유

Ⅰ. 헌법적 의미

개인적 표현의 자유인 의사표현의 자유는 개인의 주관적 공권으로서 '개인의 인격발현의 기본조건'이자 동시에 객관적 가치질서로서 '자유민주적 국가질서를 구성하는 요소'이다.

자신이 생각한 바를 자유롭게 표현한다는 것은 인간의 가장 기본적인 욕구에 속하는 것이므로, 표현의 자유는 **인간존엄성의 보장과 인격발현을 위한 기본조건**이자 개인적 인격의 직접적인 표현으로서 가장 존엄한 기본권 중의 하나이다. 표현의 자유를 보장한 기본권의 정신은 인간의 모든 표현과 전달의 욕구에 대한 보호에 있다.

나아가, 표현의 자유는 **자유민주주의가 기능하기 위한 필수적인 요소**이다. 사회구성원 누구나가 자신의 생각과 의견을 자유롭게 표현함으로써, 공개토론과 비판이 가능하고 다양한 견해의 자유로운 경합이 이루어진다. 표현의 자유는 자유로운 정신적인 논쟁과 의견의 경합을 가능하게 함으로써 민주적 의사형성과정에서 중요한 의미를 가지며, 공개토론과 자유로운 비판을 그 본질로 하는 **'자유민주적 국가질서'를 구성하는 요소**이다.

Ⅱ. 보호범위

1. 의견표명 · 전파의 자유

표현의 자유가 보장하고자 하는 바는, 누구나 자신이 생각한 바를 자유롭게 표현할 수 있어야 한다는 것, 즉 **의견의 자유로운 표명과 전파**이다. 표현의 자유는 의견표명 · 전파의 자유이다. 헌법재판소는 때로는 '의사표현 · 전파의 자유'란 표현을 사용하기도 한다(헌재 2002. 4. 25. 2001헌가27, 판례집 14-1, 251, 265).

의견이란, 사물과 인간에 대하여 평가적인 사고의 과정을 거친 개인의 가치판단 또는 입장표명으로서, 의견의 경우 발언자와 발언내용과의 주관적 관계가 특징적이다. 반면에, **사실주장**의 경우, 무엇인가가 객관적으로 존재하는 것으로 주장되기 때문에, 발언자의 주관적 견해와는 관계없이 발언의 내용과 객관적인 현실의 관계가 우선적으로 표현된다. 이에 따라 사실주장은 주장의 진위여부를 객관적인 사실을 근거로 하여 밝힐 수 있는 것으로 진실이거나 허위인 반면에, 의견은 진실 또는 허위인 것이 아니라 가치 있거나 가치 없는 것 또는 합리적이거나 감정적인 것이다.

헌법이 언급하고 있는 **표현수단인 '언론'과 '출판'은 단지 예시적**인 것이다. 여기서 '언론'이라 함은 구두에 의한 표현을, '출판'이라 함은 문자 또는 상형에 의한 표현을 말한다. 의견표명은 생각할 수 있는 모든 형태로 이루어질 수 있으므로, 어떠한 형태의 매개체를 이용하여 의견의 표명이 이루어지는지와 관계없이 보호된다. 따라서 방송, 영화, 음악, 문서, 도화, 사진, 조각, 인터넷 게시판 등 **모든 표현수단**을 이용한 의견의 표명과 전파가 표현의 자유에 의하여 보호된다(헌재 2002. 4. 25. 2001헌가27, 판례집 14-1, 251, 265).

2. 구체적인 보호범위

가. 모든 내용의 의견표명

(1) 표현의 자유는 **의견의 내용이나 질과 관계없이 모든 의견의 표명을 보호**한다. 보호범위의 단계에서는 의견의 내용에 따른 차별이 이루어지지 않는다. 의견을 도덕적 또는 윤리적 성격에 따라 또는 가치 있는 의견과 가치 없는 의견을 구분하여 아니면 다른 사람에 미치는 영향에 따라 차별하여 표현의 자유의 보호범위에서 배제한다면, 표현의 자유는 헌법상 부여된 기본권적 보호기능을 이행할 수 없을 것이다. 따라서 가치 없는 의견이나 비윤리적인 의견, 심지어 음란물도 표현의 자유에 의하여 보호된다(헌재 2002. 4. 25. 2001헌가27, 판례집 14-1, 251, 265). 타인의 명예를 훼손하는 발언도 표현의 자유에 의하여 보호된다.

(2) 한편, **'의견의 내용'**은 표현의 자유와 상충하는 법익의 교량을 통하여 **표현의 자유가 어느 정도로 보호되어야 하는지를 판단하는 과정에서 고려**된다. 헌법이 표현의 자유를 보장하고 있는 의미와 목적(개인의 인격발현 및 민주주의의 실현)에 비추어, **의견표명이 개인의 인격발현에 있어서 가지는 의미가 중대할수록 또는 공적인 여론형성에 기여하는 의미가 중대할수록,** 다른 법익과의 충돌상황에서 표현의 자유가 보다 보호될 것을 요청한다. 반면에, 의견표명이 개인의 인격발현에 기여한다는 개인연관성도 적으면서 공적 토론이나 여론형성에 기여하는 공적 연관성도 적은 경우(가령 단지 대중의 호기심을 충족시키는 선정성의 보도나 사생활을 폭로하는 기사의 경우), 다른 법익과의

충돌상황에서 표현의 자유는 보다 적게 보호된다. 마찬가지로, 개인의 발언이 인간의 존엄성을 침해하거나 또는 전적으로 타인의 비방을 목적으로 하는 경우, 이러한 발언은 다양한 견해의 자유로운 경합과 공적 토론을 위한 것이 아니라 개인을 비하함으로써 상대방을 공적 토론에서 배제하려는 것을 목적으로 한다는 점에서, 법익형량과정에서 인격권의 보호가 표현의 자유에 대하여 우위를 차지한다.

나. 사실주장

표현의 자유가 의견의 표명과 전파를 보호하므로, 사실주장은 그 자체로서 표현의 자유의 보호를 받는 것이 아니라, **의견표명과의 연관관계를 통하여 의견형성에 기여하는 한, 보호**를 받는다. 의견표명이나 사실주장은 보통 각 순수한 형태로 이루어지는 것이 아니라, 하나의 발언에 있어서 주관적인 평가적 요소와 객관적인 사실적 요소가 혼합되는 것이 일반적이다. 그러므로 발언의 의미가 변질됨이 없이는 의견표명과 사실주장의 분리가 불가능하다면, 발언은 그 전체로서 의견표명으로 판단되어야 한다. 나아가, 수많은 사실 중에서 특정 사실을 언급한다는 것은 특정 사실의 선별을 의미하고 사실을 주장하는 자의 가치판단과 평가가 전제된다는 점에서, 전달되는 사실의 선별과 제시에는 일반적으로 이미 평가적 입장표명이 내재되어 있다. 따라서 사실주장을 통해서도 개인의 견해가 표명된다고 볼 수 있다. 이러한 이유에서 **사실주장도 원칙적으로 표현의 자유에 의하여 보호**된다.[11] 학계의 다수견해도 표현의 자유는 가치판단에 따른 표현뿐만 아니라 사실보도도 포함하는 것으로 보고 있다.

그러나 **객관적으로 명백하게 입증된 허위사실의 주장**은 표현의 자유의 보호범위에 속하지 않는다. 사실주장은 의견형성에 기여하는 한 표현의 자유에 의한 보호를 받으며 허위사실은 의견형성에 기여할 수 없다는 점에서, 표현의 자유는 진실이 아닌 사실주장이나 사실전달을 보호하지 않는다. 설사, 허위사실을 표현의 자유의 보호범위에 포함시킨다 하더라도, 법익형량의 과정에서 충돌하는 다른 법익에 원칙적인 우위가 인정된다.

판 례 헌법재판소는 **'공직선거법상 허위사실공표금지 사건'**에서 "공표된 사실의 전체 취지를 살펴 중요한 부분이 객관적 사실과 합치되면 세부에 있어서 진실과 약간 차이가 나거나 다소 과장되더라도 이를 허위의 사실로 볼 수 없다."고 하여, **사실주장의 진실성과 관련하여 그 정확성이 지나치게 엄격하게 요구되어서는 안 된다**고 판시하였다. 나아가, "허위사실공표금지조항은 선거의 공정성을 보장하기 위한 것으로 금지되는 행위의 유형이 제한되고 다른 대안을 상정하기도 어려우므로, 정치적 표현의 자유를 침해한다고 볼 수도 없다."고 판시함으로써, 법익형량과정에서 '표현의 자유'와 충돌하는 '선거의 공정'이란 법익에 우위를 부여하였다(헌재 2021. 2. 25. 2018헌바223; 헌재 2023. 7. 20. 2022헌바299; 헌재 2024. 6. 27. 2023헌바78).

다. 소극적 표현의 자유

표현의 자유는 국가의 간섭이나 방해를 받지 않고 자신의 의견을 표명하고 전파할 자유뿐만 아니라 **자신의 의견을 표명하지 아니할 자유**(소극적 표현의 자유)도 보장한다. 따라서 국가가 특정한 의견을 표명하는 것을 금지하는 경우뿐만 아니라 특정한 의견을 표명해야 할 의무를 부과하는

11) 다만, '통계조사에 응하여 단순히 사실을 진술하는 행위' 등과 같이 의견표명과 아무런 연관성을 찾을 수 없고 그 자체로서 의견형성에 기여하지 않는 순수한 사실전달은 예외적으로 표현의 자유에 의하여 보호되지 않는다.

경우에도 표현의 자유가 제한될 수 있다.

한편, 소극적 표현의 자유는 '자신의 의견'을 표명하지 아니할 자유를 보호하므로, 국가에 의하여 부과되는 표시의무의 대상이 '자신의 의견'이 아니라 '타인의 의견'이라는 것이 명백하게 인식될 수 있다면, 표현의 자유가 아니라 일반적 행동의 자유가 제한되는 기본권으로 고려된다. 가령, **담배 등 상품포장에 경고 문구를 표기해야 할 의무**가 기업에게 부과되는 경우, 자신의 의견이 아니라 국가가 제시한 의견을 표시하도록 강요하는 것이므로, 국가가 당사자의 의사에 반하여 법적 의무를 부과하는 경우에 문제되는 기본권인 '일반적 행동의 자유'가 제한된다.

판 례 한편, 헌법재판소는 웹사이트 운영자에 대하여 청소년유해매체물로 표시해야 할 의무를 부과하는 법률조항의 위헌여부가 문제된 **'청소년유해매체물의 표시의무 부과 사건'**에서 표시의무의 부과에 의하여 '표현의 자유'가 제한되는 것으로 판시한 바 있으나(헌재 2004. 1. 29. 2001헌마894), 그 타당성이 의문시된다.

라. 익명표현의 자유

의견의 표명·전파의 자유에는 자신의 신원을 누구에게도 밝히지 아니한 채 **익명 또는 가명으로 자신의 사상이나 견해를 표명하고 전파할 익명표현의 자유**도 포함된다(헌재 2010. 2. 25. 2008헌마324등, 판례집 22-1상, 347, 363). 따라서 인터넷 게시판에 글을 게시하는 경우에 **본인확인 또는 실명확인을 거치도록 하는 제도**는 게시판 이용자의 표현의 자유를 제한하며, 나아가 국가가 정보통신서비스 이용자에게 개인정보를 제공하도록 법률로써 강제한다는 점에서 개인정보자기결정권도 제한된다.

판 례 인터넷게시판을 설치·운영하는 정보통신서비스 제공자에게 본인확인조치의무를 부과하여 게시판 이용자로 하여금 본인확인절차를 거쳐야만 게시판을 이용할 수 있도록 하는 법률조항의 위헌여부가 문제된 **'인터넷 게시판 본인확인제 사건'**에서, 헌법재판소는 표현의 자유를 적게 침해하면서도 '건전한 인터넷문화의 조성'이라는 입법목적을 달성할 수 있는 대안이 존재하므로 최소침해성원칙에 반하고, 나아가 표현의 자유에 대한 위축효과는 큰 반면에 공익실현의 효과는 적으므로 법익균형성원칙에도 반한다고 하여 게시판 이용자의 표현의 자유와 개인정보자기결정권을 과잉으로 침해한다고 판단하였다(헌재 2012. 8. 23. 2010헌마47).

또한, 인터넷언론사에 대하여 선거운동기간 중 게시판·대화방 등에 정당·후보자에 대한 지지·반대의 글을 게시할 수 있도록 하는 경우 실명을 확인받도록 하는 조치를 취해야 할 의무를 부과한 공직선거법조항의 위헌여부가 문제된 **'인터넷 언론사 실명확인제 사건'**에서, 헌법재판소는 실명확인제가 선거의 공정성이란 입법목적을 실현하기 위하여 개인의 익명표현의 자유와 개인정보자기결정권 및 언론사의 언론의 자유를 과잉으로 제한한다는 이유로 위헌으로 판단하였다(헌재 2021. 1. 28. 2018헌마456등).

한편, '공공기관'으로 하여금 정보통신망 상에 게시판을 설치·운영하려면 게시판 이용자의 본인확인조치를 하도록 규정한 법률조항의 위헌여부가 문제된 **'공공기관 등 게시판 본인확인제 사건'**에서, 헌법재판소는 '위와 같은 게시판의 경우 누구나 이용할 수 있는 공간이므로 공공기관이 아닌 주체가 설치·운영하는 게시판에 비하여 공동체 구성원으로서의 책임이 더욱 강하게 요구된다'는 이유로 게시판 이용자의 익명표현의 자유를 침해하지 않는다고 판단하였다(헌재 2022. 12. 22. 2019헌마654).

마. 상업광고

상품이나 용역의 잠재적인 구매자나 고객으로 하여금 구매하도록 유도하는 것을 목적으로 하는 **상업광고도 표현의 자유에 의하여 보호**를 받는다. 상업광고도 평가적 · 의견형성적 내용을 담고 있거나 의견형성에 기여하는 사실을 전달하는 이상, 의견의 표명과 전파에 해당하는 것으로서 보호되어야 한다. 한편, 상업광고의 경우 개인의 인격발현이나 공적인 여론형성에 기여하는 바가 적고 경제적 이익 또는 사적인 경쟁상의 이익이 의견표명의 바탕을 이루고 있다는 **'의견표명의 내용과 동기'는 표현의 자유와 상충하는 법익과의 교량과정에서 고려**된다.

판 례 **'의료광고규제 사건'**에서, 상업광고도 표현의 자유에 의하여 보호되지만, **표현물의 내용의 관점**에서 국가에 의하여 보다 광범위하게 제한될 수 있다고 판단함으로써 과잉금지원칙을 적용함에 있어서 **완화된 심사**를 하고 있다(헌재 2005. 10. 27. 2003헌가3, 판례집 17-2, 189, 198).

바. 불매운동

불매운동에 동참할 것을 호소하는 행위도 거부하는 상품이나 인물에 대한 부정적 평가와 가치판단을 담고 있으므로 **'의견표명'의 성격**을 가진다. 의견표명은 일반적으로 외부세계에 대하여 정신적으로 작용하는 것을 그 목적으로 하므로, 의견표명을 통하여 **타인의 의견형성에 영향력을 행사**하고자 하는 측면도 표현의 자유에 의하여 함께 보호된다.

한편, **표현의 자유에 의하여 보호되는 행위**는 논리의 설득력을 근거로 하여 자신의 견해를 관철하고자 하는 표현행위에 제한된다. 표현의 자유는 의견의 표명을 단지 '다양한 의견간의 정신적인 투쟁'의 수단으로서 보호하며, 이로써 **평화적인 방법에 의한 의견표명만을 보호**한다. 논리를 제시하여 자신의 견해에 동조하도록 타인을 설득하는 것에 그치지 아니하고, 타인이 자유로운 상태에서 자신의 의견을 형성할 수 있는 가능성을 제한하거나 배제하는 **압력수단을 사용하는 것은 표현의 자유에 의하여 보호되지 않는다**.

따라서 특정 신문에 대하여 불매운동을 벌이면서 신문의 광고주에게 **광고를 중단할 것을 강요하고 협박하는 행위**는 표현의 자유에 의하여 보호되지 않는다. 표현의 자유는 자신의 의견을 타인에게 강요하는 행위를 보호하지 않는다. 부당한 압력의 행사를 통하여 타인에게 자신의 의견을 강요하는 것은, 모든 개인이 의견형성과정에 자유롭고 균등하게 참여하는 기회를 보장함으로써 궁극적으로 다양한 의견 사이의 정신적 투쟁을 보장하고자 하는 표현의 자유의 헌법적 의미와 목적에 반하는 것이기 때문이다.

판 례 특정 신문에 대하여 불매운동을 벌이면서 신문의 광고주에게 광고를 중단할 것을 압박하는 행위가 헌법상 보호되는 소비자운동에 해당하는지, 이러한 소비자운동에 형법상 업무방해죄를 적용하는 것이 헌법에 위반되는지 여부가 문제된 **'광고중단 압박운동 사건'**에서, 헌법재판소는 '헌법이 소비자운동을 보장한다 하더라도 소비자불매운동이 모든 경우에 허용되는 것은 아니며, **불매운동이 헌법적으로 보호받기 위해서는** 불매운동에 참여하는 소비자의 의사결정의 자유가 보장되어야 하고 불매운동을 하는 과정에서 폭행, 협박 등 부당한 수단이 동원되어서는 안 된다는 **헌법적 한계를 준수**해야 하기 때문에, 이러한 헌법적 한계를 넘은 소비자불매운동에 대하여 업무방해죄를 적용하여 형사처벌하는 것은 소비자보호운동을 보장하는 헌법의 정신(제124조)에 위반되지 않는다'고 판시하였다(헌재 2011. 12. 29. 2010헌바54등).

제 2 항 언론(보도)의 자유(신문 · 방송의 자유)

Ⅰ. 일반이론

1. 언론기관시설 · 기능 법정주의

언론(보도)의 자유는 신문 · 잡지 · 방송 등 대중언론매체의 표현의 자유를 말한다. **헌법은 제21조 제3항**에서 "통신 · 방송의 시설기준과 신문의 기능을 보장하기 위하여 필요한 사항은 법률로 정한다."고 하여 언론기관의 시설과 기능에 관한 법정주의(法定主義)를 규정하고 있다.

이로써, 헌법은, 입법자가 **언론의 기능을 확보**하기 위하여 언론의 영역을 규율하고 구체적으로 형성해야 한다는 것을 밝히고 있다(헌재 2006. 6. 29. 2005헌마165 등, 판례집 18-1하, 337, 385). 이에 따라, 입법자는 '신문 등의 진흥에 관한 법률'(과거 '정기간행물의 등록 등에 관한 법률', '신문 등의 자유와 기능 보장에 관한 법률'), '방송법' 및 '뉴스통신진흥에 관한 법률' 등을 제정하여 정기간행물의 등록제, 방송의 허가제, 신문과 방송의 겸영금지, 뉴스통신의 허가제 등을 규정하고 있다.

2. 민주국가에서 대중언론매체의 권력화 현상

대중언론매체란 정기간행물을 비롯한 인쇄(출판)매체와 방송매체(라디오 및 TV)를 말한다. 오늘날 대중매체는 정당과 함께 국민과 국가 사이에서 정치적 의사형성과정을 지배하는 세력으로 개입하여 여론형성을 주도하고 있다. 언론은 막대한 전파력을 가지는 강력한 공표수단을 보유함으로써 여론을 형성하고 조종할 수 있는 힘을 가지고 있다. 언론매체가 여론의 형성에 있어서 결정적인 영향력을 행사한다는 것에 바로 **'대중매체의 권력화 현상'**이 있다. 대중매체가 그의 권력을 남용하는 경우 나타나는 결과는 바로 '여론의 조작'이다.

국가는 사상과 견해의 다양성을 유지하고 보장하기 위하여 언론의 영역을 법적으로 규율함으로써 **대중매체에 의한 여론의 조작에 대처해야** 한다. 한편, 대중매체의 특성상 출판과 방송의 영역에 내재하는 구조적 기본조건이 다르기 때문에, 여론의 조작에 대한 법적인 대응책, 즉 규제의 법리도 달라진다.

Ⅱ. 출판의 자유

1. 출판 영역의 기본구조

가. 외부적 다원주의(外部的 多元主義)에 의한 견해의 다양성 보장

출판의 자유는 19세기 인쇄기술의 발달과 함께 **의사표현의 자유의 일부분**으로서 발생하였다. 누구나 자신의 견해를 구두로 자유롭게 표현할 수 있는 것과 마찬가지로, 누구나 인쇄매체를 통하여 자신의 의견을 자유롭게 표명할 수 있다는 사실적 가능성이 출판의 자유의 출발점이다. 누구나 국가의 도움 없이 자력으로 출판의 자유를 행사할 수 있으므로, 국가는 원칙적으로 출판의 영역에 개입해야 할 필요가 없다.

출판의 영역에서 견해의 다양성은 다양한 성격을 가진 다수 출판물의 자유경쟁, 즉 '다양한 목소리의 합주(合奏)'에 의하여 보장된다**(외부적 다원주의)**. 인쇄매체의 경우, 국가의 관여나 도움이 없더라도 다양한 견해의 자유로운 경쟁이 확보되어 소위 '사상의 자유시장'이 형성될 수 있다. 출판물의 다양한 성격, 즉 **경향성은 '다양한 목소리의 합주'가 기능하기 위한 당연한 전제**이다. 따라서 어떠한 인쇄매체도 정치적·세계관적·종교적으로 중립적인 입장을 취해야 할 의무가 없다. **출판의 영역에서 견해의 다양성은 '다양한 목소리의 합주'로부터 스스로 나오는 것**이므로, 견해의 다양성과 자유로운 경합이 보장된다면 출판의 영역에서 여론은 조작될 수 없으며 원칙적으로 국가의 개입을 필요로 하지 않는다. 다만, 출판의 영역에서 **다양한 견해의 자유로운 경합이 위협을 받는 경우**, 국가의 개입은 '다양성의 보장과 유지'라는 목적에 의하여 정당화된다.

나. 사상의 자유로운 경합을 위한 기본조건

(1) 검열의 금지

출판의 영역에서 다양한 견해의 자유로운 경합이 이루어지기 위해서는 '모든 내용'의 견해와 사상이 '사상의 자유시장'에 참여할 수 있어야 한다. 따라서 **'표현내용'에 대한 검열금지**는 출판영역에서 다양한 목소리의 합주가 이루어지기 위한 불가결한 조건이다. **헌법은 제21조 제2항**에서 '언론·출판에 대한 검열의 금지'를 규정하고 있다.

(2) 출판기업의 설립의 자유

출판의 영역에서 다양한 견해의 자유로운 경합이 이루어지기 위해서는 출판영역에 진입하는 것을 막는 장벽이 철폐됨으로써, **누구나 자유롭게 출판기업을 설립**할 수 있어야 한다. 바로 이러한 이유에서 **헌법은 제21조 제2항**에서 **'언론·출판에 대한 허가제'를 금지**하고 있다. 위 헌법조항에서 언급하는 '검열금지'가 표현물의 내용에 대한 허가제의 금지(검열의 금지)를 의미한다면, 여기서 '허가금지'란 출판기업의 설립에 대한 허가제의 금지를 의미하는 것이다.

(3) 출판물 경향에 관한 자율성 및 편집권의 보장

사상의 자유시장에서 다양한 견해의 자유경쟁을 보장하기 위해서는 출판의 영역에서 서로 대립하는 다양한 견해가 존재해야 하며, 이는 **출판물의 경향보호**(傾向保護)와 **편집권의 보장**에 의하여 실현된다. 편집권이란, 무엇을 어느 정도로 어떠한 방향으로 보도하고 보도하지 않을 것인지에 관하여 결정하는 발행인의 권리, 즉 출판물의 경향에 관한 발행인의 결정권을 말한다.

2. 법적 성격

가. 개인의 주관적 공권

출판의 자유는 일차적으로 언론사에 종사하는 개인과 언론기업에게 국가의 간섭과 강제에 대하여 방어할 수 있는 주관적 권리를 보장한다. 출판의 자유는 국가의 간섭과 방해를 받지 않고 자유롭게 출판과 관련된 모든 활동을 할 권리(출판기업의 설립의 자유, 취재와 보도의 자유 등)를 보호한다.

나. 제도보장

대의민주주의에서 언론에게는 **'국가로부터 자유로운 여론형성'**이라는 공적 과제가 부과되며, 언론이 이러한 공적 과제를 이행할 수 있도록, 출판의 자유는 **'자유 언론'**이란 제도를 함께 보장한다. '자유 언론'이라는 제도의 보장을 통하여 **출판의 영역에서 견해의 다양성이 보장**되는 경우에만 신문은 '자유로운 여론형성'이라는 공적 과제를 이행할 수 있다. 자유 언론의 제도보장은 입법자에게 자유 언론이 기능할 수 있도록 제도를 법적으로 형성하고 유지해야 할 의무를 부과한다. 따라서 입법자가 자유 언론, 즉 언론의 다양성을 보장하기 위하여 언론집중화의 방지 등 입법적 조치를 취하는 것은 헌법적으로 요청되는 것이다.

'자유 언론'의 구체적 내용은 국가로부터 자유로운 여론형성이 가능하기 위한 객관적 조건으로 구성된다. 국가로부터 자유로운 여론형성이 이루어지기 위해서는, **언론사는 사회에 의하여 설립되어야 하며 그 활동에 있어서 국가로부터 자유로워야** 한다. 따라서 '자유 언론'의 제도보장은 **언론사의 사법상(私法上) 조직 · 사경제적 구조 및 국가로부터의 자유**라는 하부원칙에 의하여 구체화된다(헌재 2006. 6. 29. 2005헌마165 등, 판례집 18-1하, 337, 385).

'여론의 자유로운 형성'이란 언론의 공적 과제는 국가가 아니라 오로지 사회에 의해서만 이행될 수 있으므로, 언론사는 사회의 영역에서 자유롭게 설립될 수 있어야 한다. 이로써 언론사는 사경제적 구조와 사법상의 조직형태로 활동한다. 나아가, 언론사는 그 경향과 활동에 있어서 국가의 간섭과 방해로부터 자유로워야 하며, 국가의 간섭 없이 자유롭게 다른 언론사와 경쟁할 수 있어야 한다. 따라서 국가는 언론사간의 자유경쟁에 개입하여 이를 왜곡해서는 안 된다.

3. 보호범위

'출판'이란, 정보와 의견을 전달하기에 적합하고 전달을 목적으로 하는 모든 인쇄물(신문, 잡지, 서적, 포스터, 전단, 광고지 등) 및 영화와 방송의 개념에 속하지 않는 모든 정보매체(CD-ROM, 디스켓, 녹음 테이프나 비디오 테이프, 음반이나 비디오 디스크 등)를 말한다.

출판(신문)의 자유에 의하여 보호되는 것은 정보의 획득으로부터 뉴스와 의견의 전파에 이르기까지 **출판(신문)의 기능과 본질적으로 관련되는 모든 활동**이다(헌재 2006. 6. 29. 2005헌마165 등, 판례집 18-1하, 337, 386). 따라서 정보의 수집을 의미하는 취재의 자유, 기사의 작성 · 편집의 비밀 · 편집상의 작업 · 뉴스의 자유로운 전파 등을 포괄하는 보도의 자유, 출판물의 인쇄와 판매, 나아가 출판기업의 자유로운 설립과 출판업 직종에 대한 자유로운 선택의 가능성이 출판의 자유에 의하여 보호된다.

특히 **편집의 비밀**은, 출판매체가 '여론의 자유로운 형성'이라는 공적 과제를 이행하기 위하여 보호되어야 하는 중요한 법익이다. 그러나 편집의 비밀은 효과적 형사소추의 이익 등 중대한 공익에 의하여 제한될 수 있으며, 언론종사자와 언론사의 공간에 대한 압수나 수색을 배제하지 않는다. 다만, 편집의 비밀은 '자유언론이 기능하기 위한 본질적인 요소'라는 점에서 압수나 수색의 요건에 대하여 보다 엄격한 요구를 할 수 있다.

4. 자유 언론을 위협하는 구체적 문제

가. 언론집중화(言論集中化) 현상

출판의 영역에서 견해의 다양성은 다양한 경향을 가진 다수 신문의 존재와 상호경쟁을 전제로 한다. 출판의 영역에서 견해의 다양성은 무엇보다도 **언론집중화 현상에 의하여 위협**받는다. 신문의 독과점 및 집중화현상으로 인하여 자유로운 여론형성이 위협을 받고 있다면, **신문시장의 기능을 유지하고 회복하기 위한 입법 조치**는 헌법적으로 허용될 뿐만 아니라 '자유 신문'의 제도보장의 관점에서 요청되는 것이다. 자유 언론의 기능을 유지하기 위한 입법조치로는 무엇보다도 경쟁법상의 독과점규제나 기업결합에 대한 규제가 고려된다. 그러나 특정 신문에 대하여 발행부수를 제한하거나 신문의 시장점유율(발행부수)만을 근거로 특정 신문에 대하여 불리한 차별대우를 하는 것은 허용되지 않는다.

판 례 일간신문의 지배주주는 다른 일간신문 또는 뉴스통신의 주식의 2분의 1 이상을 소유할 수 없도록 규정하고 있는 신문법조항(복수소유금지)의 위헌여부가 문제된 **'신문법 사건'**에서, 헌법재판소는 신문시장의 건전한 경쟁기능을 보호하기 위하여 국가가 신문기업의 외적 활동에 개입하는 것은 세계 각국에서 보편적으로 인정되고 있으며, 다수 신문의 존재와 경쟁은 신문의 다양성을 유지하기 위한 중요한 요소이므로, **신문시장의 독과점과 집중을 방지함으로써 신문의 다양성을 확보**하고자 신문기업 활동의 외적 조건을 규율하는 것은 정당하고 또 필요하다고 판시하면서(헌재 2006. 6. 29. 2005헌마165 등, 판례집 18-1하, 337, 387), '신문시장의 독과점과 집중을 방지할 필요가 있다는 점에서 신문기업의 **복수신문 소유를 제한**하는 것은 원칙적으로 헌법에 위반된다고 할 수 없지만, 신문의 복수소유가 언론의 다양성을 저해하지 않거나 오히려 이에 기여하는 경우도 있을 수 있는데, 모든 일간신문의 지배주주에게 신문의 복수소유를 일률적으로 금지하고 있는 것은 지나치게 신문의 자유를 침해하는 것'이라고 판시하고 있다(판례집 18-1하, 337, 390).

나. 언론기관에 대한 국가의 보조

국가가 언론기관에 대한 보조를 통하여 간행물의 내용에 영향력을 행사할 수 있고, 나아가 언론사간의 자유경쟁에 개입하여 이를 왜곡할 수 있다는 점에서, 언론기관에 대한 국가의 보조는 자유 언론을 위협할 수 있다. **개별 간행물의 내용에 대한 국가의 영향력행사 및 언론사 간의 경쟁에 대한 왜곡이 전반적으로 방지되는 경우에만** 언론에 대한 국가의 육성·지원 조치는 언론의 자유와 합치될 수 있다. 따라서 언론의 자유는 언론에 대하여 '내용중립적인 기준'에 따라 국가가 보조하는 것을 금지하지 않는다. 언론에 대한 보조금지급의 허용여부는, 보조금이라는 국가의 개입에 의하여 언론의 자유경쟁시장에서 경제적 선별기능이 방해되는지, 즉 경쟁이 왜곡되는지의 판단에 달려있다.

판 례 일간신문사 중 1개 신문사의 시장점유율이 30% 이상이거나 3개 이하 신문사의 시장점유율의 합계가 60% 이상인 자를 시장지배적 사업자로 추정하도록 규정하면서, 시장지배적 사업자를 신문발전기금의 지원 대상에서 배제하고 있는 신문법조항의 위헌여부가 문제된 **'신문법 사건'**에서, 헌법재판소는 **시장지배적 사업자 추정규정**에 대해서는 "이 조항이 **신문의 다양성을 확보**하기 위한 것이라고 하더라도 이를 위하여 독자의 선택 결과인 발행부수의 많음을 이유로 하여 일반사업자보다 신문사업자를 더 쉽게 시장지배적 사업자로 추정하여 규제의 대상으로 삼는 것은 이상에서 본 바와 같이 그 차별에 합리적인 이유가 없을 뿐만 아니라 입법목적을 달성할 수단으로서의 합리성과 적정성도 인정하기 어렵다. 그렇다면 신문법 제17조는 **합리적인 이유 없이 신문사업자를 공정거래법상의 다른 사업자와 차별**하여 신문사업자의 평등권을 침해하고 불합리하고 부적절하게 **신문의 자유를 침해**하여 헌법에 위반된다."고 판시하면서(헌재 2006. 6. 29. 2005헌마165 등, 판례집 18-1하, 337, 397), **지원배제조항**에 대해서는 '발행부수란 독자들의 자율적인 선호에 기인하는 것인데, 지배력의 남용 유무를 묻지 않고 오직 발행부수가 많다는 한 가지 사실을 이유로 **발행부수가**

많은 신문사업자를 기금지원으로부터 배제하는 것은 불합리한 차별'이며, '신문의 자유는 신문의 내용에 대한 국가의 영향력행사를 배제할 뿐만 아니라 신문사간의 경쟁을 왜곡하지 말 것까지 요구하는데, 발행부수만을 기준으로 특정 신문사업자를 정부가 기금지원에서 배제하고 다른 사업자에게만 기금을 지원하는 차별적 규제를 하는 것은 신문사간의 자유경쟁에 국가가 개입하여 이를 인위적으로 변경시키는 것'으로, **합리적인 이유 없이 발행부수가 많은 신문사업자를 차별**하는 것이므로 평등의 원칙에 위배된다고 판단하였다(판례집 18-1하, 337, 398-399). 한편, 헌법재판소는 명시적으로 확인하고 있지 않지만, 지원배제조항이 신문사간의 자유경쟁을 왜곡한다는 점에서 **신문의 자유도 침해**한다.

다. 국가에 의한 정기간행물의 발행

국가나 지방자치단체가 신문 등 정기간행물의 발행을 통하여 여론형성에 있어서 주도적인 역할을 하는 것은 **국가로부터 자유로운 국민의사형성의 원칙**과 부합하지 않는다. 언론의 자유의 본질적인 기능은 국가로부터 자유로운 여론형성에 있다. 국가는 원칙적으로 언론의 자유의 주체가 될 수 없으며, 여론형성에 참여하여 주도적으로 여론을 형성할 수 없다. 다만, 국가가 단지 협소한 범위 내에서 여론의 형성에 영향을 미치고 제한적인 주제만을 다루는 정기간행물(예컨대 의회지(議會紙), 관보, 정부나 지방자치단체의 홍보물 등)을 출판하는 것은, 이러한 **출판물이 국가과제의 이행에 기여하거나 국가의 홍보활동에 해당하는 경우**에 한하여 허용된다.

5. 내부적 언론의 자유(신문의 내적 자유)

내부적 언론의 자유란, 신문사의 발행인과의 관계에서 편집인의 자유를 보장하기 위하여 편집인에게 보다 독립성을 부여해야 한다는 요청에 관한 것이다. 내부적 언론의 자유와 관련해서는 법적 논의가 아직 종결되지 아니 한 채, 다양한 견해가 주장되고 있다.

정기간행물의 사경제적 구조를 '제도보장'의 한 요소로 이해한다면, 사경제적 구조의 본질적인 요소는 무엇보다도 발행인이 간행물에 대한 경제적인 책임과 위험부담을 지는 것이다. 그런데 발행인이 간행물의 경향과 성격을 결정할 수 있을 때에만 그는 경제적 위험부담을 질 수 있다. 따라서 **발행인이 간행물에 대한 재정적인 책임과 함께 편집권을 가지는 것은 사경제적으로 활동하는 언론의 본질적 요소**로 간주된다.

국가의 관점에서 보더라도, 언론기업의 내부에서 발행인과 편집인을 서로 대치시키고 **편집인을 발행인과의 관계에서 기본권적으로 보호해야 할 당위성은 존재하지 않는다.** 첫째, 근로자를 기업경영에 참여시켜야 하는 것이 헌법적 요청이나 국가의 보호의무의 내용이 아닌 것과 마찬가지로, 언론기업의 경우에도 헌법으로부터 간행물의 경영과 경향의 자율성에 참여해야 할 편집인의 권리가 인정되지 않는다. 둘째, 편집인과 기자가 자유의사에 의하여 언론사에 입사하였다는 것은 언론사의 경향을 존중하고 이에 동의하였다는 것을 의미하는 것이며, 자유로운 계약에 의한 자기구속을 의미하는 것이다. 자신의 자유로운 결정에 의하여 스스로에게 구속을 부과할 자유는 사적 자치의 내용이자 자기결정권의 중요한 구성부분이다.

판 례 신문사업자로 하여금 편집인의 자율적인 편집을 보장하도록 규정한 '신문 등의 진흥에 관한 법률'조항의 기본권침해여부가 문제된 **'신문법 사건'**에서, 헌법재판소는 "이 조항은 (편집권이라는 법적 권리를 부여한 것이 아니라) 기본적으로 **선언적인 규정**으로서 이와 같은 조항 자체에 의하여서는 기본권침해의 가능성 내지 직접성을 인정할 수 없다."고 하여 헌법소원 심판청구를 부적법한 것으로 각하한 바 있다(헌재 2006. 6. 29. 2005헌마165 등, 판례집 18-1하, 337, 375).

Ⅲ. 방송의 자유

1. 허가제와 내부적 다원주의

방송은 라디오와 텔레비전을 포괄하는 상위개념으로, 방송프로그램을 기획 · 편성 · 제작하여 시청자에게 전기통신설비에 의하여 송신하는 것을 말한다. 지상파방송, 종합유선방송, 위성방송을 포괄한다.

과거 방송영역의 상황은 출판영역과는 크게 달랐다. 방송영역에서는 주파수의 희소성이라는 기술적 특수상황과 방송사의 소유와 경영에 거액의 자금이 소요되는 경제적 특수상황으로 말미암아, 제한된 주파수를 배분하는 **'허가제'가 헌법적으로 정당화**되었다. 그 결과, 방송의 영역에서는 다양한 목소리의 합주를 통한 외부적 다원주의 모델은 처음부터 고려의 대상이 될 수 없었고, **내부적 다원주의 모델을 통하여 견해의 다양성을 확보하는 가능성**만이 존재하였다. 방송의 경우, 견해의 다양성은 각 방송사의 내부에서 **프로그램편성에 있어서 '보도의 공정성과 균형성'이라는 지침** 아래 인위적으로 달성되어야 하는 것이었다(내부적 다원주의). 그러므로 견해의 다양성을 확보하기 위하여 **국가의 개입과 규율은 불가피**하였고, 방송사의 편집권을 제한하는 것이 원칙적으로 허용되었다. 각 방송사는 시청자와 청취자가 다양한 정보와 견해를 제공받을 수 있도록, 사회 내에 존재하는 다양한 견해를 공정하고 균형 있게 일반대중에 전달해야 할 의무를 진다.

판 례 종합유선방송과는 달리, 중계유선방송은 방송의 중계송신업무만 수행하고 보도 · 논평 · 광고는 할 수 없도록 규정하는 유선방송관리법조항들이 방송의 자유와 직업수행의 자유를 침해하는지 여부가 문제된 **'중계유선방송의 보도 · 논평 · 광고 금지 사건'**에서, 헌법재판소는 '구조적 규제의 일종인 진입규제로서의 이 **허가제**는 방송의 기술적 · 사회적 특수성을 반영한 것으로서 **정보와 견해의 다양성과 공정성**을 유지한다는 방송의 공적 기능을 보장하는 것을 주된 입법목적으로 하는 것이며, 적어도 현재로서는 이러한 방송매체로서의 특징들을 무시할 수 있는 단계는 아니므로, 진입규제로서의 사업허가제를 두는 것은 허용된다.'고 판시하여 합헌결정을 하였다(헌재 2001. 5. 31. 2000헌바43, 판례집 13-1, 1167, 1180-1181).

2. 법적 성격

가. 개인의 주관적 권리

방송의 자유는 출판의 자유와 마찬가지로, 정보의 수집, 보도 등 **방송의 기능과 본질적으로 관련되는 모든 활동**을 국가의 침해로부터 보호한다. 방송의 자유의 핵심은 프로그램 편성의 자유로서, 프로그램의 선정, 내용 및 형성을 외부의 간섭으로부터 보호한다. 프로그램의 성격과 관계없이 모든 종류의 프로그램(정치적 보도, 드라마, 상업광고, 오락, 스포츠 등)이 방송의 자유에 의하여 보호된다.

나. 제도보장으로서 '자유 방송'

주파수자원의 유한성이라는 기술적인 특수상황으로 인하여 특히 초기에는 '개인의 기본권'으로서 방송의 자유는 사실상 의미가 없었다. 방송의 자유는 다른 자유권과는 달리, 처음부터 그 보호목적에 있어서 개인적 자유의 보장이 아니라, '자유 방송'이라는 제도의 보장으로 이해되었다. 이에 따라 방송의 자유는 **'자유로운 여론형성'이라는 과제에 봉사하는 기본권**이 되었다. 그러므로 방송이 '자유로운 여론형성'이라는 기능을 이행할 수 있도록, 제도보장으로서의 방송의 자유는 **입법자에 의한 적극적인 규율**을 필요로 한다. 입법자는 국가와 사회세력의 영향력으로부터 자유롭고 독립적인 방송이 실현될 수 있도록, 이로써 방송의 영역에서 자유로운 여론형성을 위하여 필수적인 **견해의 다양성이 보장될 수 있도록, 법적으로 형성해야 할 의무**를 진다(헌재 2003. 12. 18. 2002헌바49).

3. 공영방송과 민영방송이 공존하는 이원적 방송질서

종래, 방송은 주파수자원의 독점적 사용에 기초한 공영방송체제 또는 소수에 의한 매체독점체제로 출발하였으나, 오늘날 방송매체가 발전함에 따라 **위성방송의 시대로의 대전환**이 이루어지고 있다. 그 사이 기술적인 문제는 현대의 통신기술의 발달로 인하여 극복되었고, 민영방송을 위한 재정수요도 신문사의 설립 및 운영과 비교할 때 반드시 현저한 차이가 있다고 할 수 없으므로, 방송사에 대한 특별취급을 정당화하는 요인이 사실상 사라졌다고 할 수 있다. 방송의 특수상황이 제거된 오늘날의 새로운 상황에서 방송의 자유를 개인의 주관적 권리로서의 성격을 거의 배제한 채 **제도적으로 이해하는 것이 타당한지의 의문이 제기**되고 있다.

새로운 기술발전으로 인하여 방송사의 수가 증가하였고 방송분야에서 공영방송과 민영방송의 이원적 제도가 정착한 이래 법적인 상황은 근본적으로 바뀌었지만, 아직은 내부적 다원주의의 이념에서 외부적 다원주의의 이념으로 완전히 전환하였다고 볼 수 없는 **과도기적 단계**에 있는 것으로 판단된다. 그러므로 민영방송에 대해서도 아직 내부적 다원주의 요청이 불필요하게 되었다고 단정할 수는 없다(헌재 2001. 5. 31. 2000헌바43, 판례집 13-1, 1167, 1177). 그러나 '민영방송의 영역에서는 외부적 다원주의에 의해서도 마찬가지로 견해의 다양성을 확보할 수 있다'는 주장으로 내부적 다원주의에 기초한 법적 규율로부터 완전히 결별할 것을 요구하는 목소리가 점차 커질 것으로 예상된다.

4. 공영방송의 수신료 문제

공영방송이 국가와 사회세력의 영향력으로부터 자유로운 가운데 국민에게 기본적인 방송프로그램을 공급하는 **국가기간방송으로서의 과제**를 이행하기 위해서는 적정한 재정이 확보되어야 한다. 공영방송의 과제로부터 **공영방송에 대한 국가의 재정적 책임**이 도출된다. 공영방송은 원칙적으로 수신료와 광고수입에 의한 혼합적 재정조달의 가능성을 가지고 있으나, 공영방송이 이행해야 하는 특별한 과제에 비추어 **수신료에 의한 재정조달**이 공영방송의 기능에 보다 부합하는 재정조달의 방법에 해당한다. 이러한 경우 공영방송의 재정조달은 방송수신료를 확정하는 법률에 의하여 이루어지나, 방송수신료의 확정은 국가의 영향력을 가능하면 배제하는 절차에서 이루어져야 한다. 한편, 공영방송의 수신료는 공영방송사업이라는 특정한 공익사업의 경비조달에 충당하기 위하여 시청여부와 관계없이 수상기를 소지한 특정집단에 대하여 부과되는 **특별부담금**이다

(헌재 1999. 5. 27. 98헌바70, 판례집 11-1, 633, 641).

판 례 헌법재판소는 **텔레비전 방송수신료**의 금액에 대하여 국회가 스스로 결정함이 없이 한국방송공사로 하여금 결정하도록 위임한 한국방송공사법규정의 위헌여부에 관하여, 수신료를 공사의 원칙적인 재원으로 삼고 있다는 점에서 "수신료에 관한 사항은 공사가 방송의 자유를 실현함에 있어서 **본질적이고도 중요한 사항**이라고 할 것이므로 의회 자신에게 그 규율이 유보된 사항이라 할 것이다."라는 이유로, 의회유보원칙에 위반된다고 판단한 바 있다(헌재 1999. 5. 27. 98헌바70, 판례집 11-1, 633, 645).

수신료의 징수방식을 종래 '수신료와 전기요금의 통합징수'에서 '수신료의 분리징수'로 변경한 방송법 시행령조항의 위헌여부가 문제된 **'수신료 분리징수 사건'**에서, 헌법재판소는 "심판대상조항은 **수신료의 구체적인 고지방법에 관한 규정**인바, 이는 … 법률에 직접 규정할 사항이 아니므로 … 의회유보원칙에 위반된다고 볼 수 없다."고 확인한 다음, '방송운영의 자유'를 침해하는지 여부에 관하여, "심판대상조항은 공영방송의 기능을 위축시킬 만큼 청구인의 재정적 독립에 영향을 끼친다고 볼 수 없다."고 판단하였다(헌재 2024. 5. 30. 2023헌마820등).

제 3 항 제　　한

Ⅰ. 사전제한

1. 허　가

헌법 제21조 제2항은 '언론 · 출판에 대한 허가나 검열은 인정되지 아니한다.'고 규정하고 있다. **'언론 · 출판에 대한 허가나 검열'**이 무엇을 의미하는지에 관해서는 다음과 같은 2가지 해석이 가능하다.

첫째, 헌법이 "허가나 검열"이라고 하여 **'허가'와 '검열'을 구분**하여 언급한 이상, 허가와 검열의 의미는 다르다고 보는 입장이다. 이러한 견해에 의하면, '허가'란 '언론 · 출판기업의 설립'에 대한 허가제를 의미하는 것이고, '검열'이란 '표현물의 내용'에 대한 허가제를 의미하는 것으로 이해된다. 한편, 방송과 통신에 대해서는 허가제가 아직도 완전히 배제될 수 없다는 법적 상황을 고려한다면, 위 견해의 문제점은 헌법 제21조 제2항의 '언론 · 출판'의 의미를 방송과 통신을 제외한 고전적 의미의 언론(신문 · 출판)으로 협소하게 해석해야 한다는 데 있다.

둘째, **허가와 검열을 동일한 의미**로 이해하는 견해이다. 이러한 견해에 의하면, 허가와 검열은 모두 '표현물의 내용'에 대한 허가제를 의미한다. 이러한 견해의 문제점은 허가와 검열을 동일한 것으로 간주함으로써 허가와 검열을 구분하여 표현하는 헌법 제21조의 법문("허가나 검열")에 부합하지 않는다는 점이다.

판 례 헌법재판소는 아래 '정기간행물 등록제 사건'에서는 허가를 '언론 · 출판기업의 설립'에 대한 허가제로 이해하는 판시를 한 바 있으나, 일부 결정에서는 허가와 검열을 동일한 것으로 이해하고 있다(헌재 2001. 5. 31. 2000헌바43, 판례집 13-1, 1167, 1179).

정기간행물을 발행하려면 윤전기 1대 이상 등 일정한 시설을 등록하도록 하면서 그 시설이 자기소유임을 증명하는 서류를 제출해야만 등록을 할 수 있도록 규정한 법률 및 시행령조항이 언론·출판의 자유를 침해하고 허가제금지에 위반되는지 여부가 문제된 **'정기간행물 등록제 사건'**에서, 헌법재판소는 '심판대상조항은 헌법이 금지하는 허가제가 아니라 등록제이기는 하나, 해당시설을 자기소유여야 하는 것으로 해석하여 필요이상의 등록사항을 요구하는 한 신문의 기능을 보장하기 위하여 필요한 사항을 과잉해석한 위헌적인 법령이라고 아니할 수 없으므로, 과잉금지원칙에 위반되어 언론·출판의 자유에 의하여 보호되는 언론기업설립의 자유를 침해한다'고 판단하였다(헌재 1992. 6. 26. 90헌가23, 판례집 4, 300, 315).

2. 검 열

가. 의 미

헌법 제21조 제2항은 언론·출판에 대한 검열을 금지하고 있는데, 여기서 '검열'은 단지 사전검열, 즉 **사상이나 견해의 발표 이전에 행해지는 '표현물의 내용에 대한 허가제'**를 말한다. 검열이란, 행정권이 주체가 되어 사상이나 의견 등이 발표되기 이전에 그 내용을 심사하여 허가를 받지 아니한 것의 발표를 금지하는 제도를 뜻한다.

헌법이 검열을 금지하고 있는 것은, 표현의 자유는 검열의 수단으로는 법률로써도 제한될 수 없다는 것을 의미하는 것이다(헌재 1996. 10. 4. 93헌가13, 판례집 8-2, 212, 222). 역사적으로 검열이란, 국가나 교회가 자신에게 불리한 사상·견해의 발생이나 전파를 사전에 방지하기 위하여 국민의 정신생활을 계획적으로 감시·감독하는 행위, 특히 서적의 내용에 대한 사전적 통제를 의미하였다. 사전검열이 국민의 정신생활과 민주주의의 실현에 대하여 미치는 해악이 심대하기 때문에, 헌법은 **사전검열을 절대적으로 금지**하고 있는 것이다. 국가가 사전검열을 통하여 국민이 접촉할 수 있는 견해와 사상의 내용을 결정함으로써, 국민의 정신생활과 문화생활을 국가가 의도하는 일정한 방향으로 유도할 수 있고, 나아가 정치적 영역에서 국민의 여론형성을 주도하고 정치적 의사형성과정을 지배할 수 있기 때문이다.

나. 검열의 요건

일반적으로 검열은 허가를 받기 위한 표현물의 제출의무, 행정권이 주체가 된 사전심사절차, 허가를 받지 아니한 의사표현의 금지 및 심사절차를 관철할 수 있는 강제수단 등의 요건을 갖추어야 한다(헌재 1996. 10. 4. 93헌가13). 헌법이 금지하는 검열은 무엇보다도 다음과 같은 특징을 가진다.

(1) 검열의 주체로서 행정권

검열의 주체는 국가기관이 아니라 행정권이다. 행정기관인지 여부는 기관의 형식이 아니라 그 실질에 따라 판단되어야 한다. **자율적인 심의기구에 의한 사전심의라 하더라도**, 행정권이 주체가 되어 검열절차를 형성하고 심의기관의 구성에 지속적인 영향을 미칠 수 있는 경우라면 심의기관은 실질적으로 행정기관이라고 보아야 한다(헌재 1996. 10. 4. 93헌가13). 그러나 사인에 의한 자기검열은 금지되는 검열에 해당하지 않는다.

검열금지의 원칙은 모든 형태의 사전적인 규제를 금지하는 것이 아니라, **단지 의사표현의 발표 여부가 오로지 행정권의 허가에 달려있는 사전심사만을 금지**한다. **법원의 가처분결정**에 의하여 예방적으로 의견표명을 금지하는 것(가령, 법원에 의한 방영 금지가처분 또는 서적발행판매반포 등 금지가처분)은 비록 사전에 그 내용을 심사하여 금지하는 것이기는 하지만, 행정권에 의한 사전심사가 아니어서 사전검열에 해당하지 않는다. 법원의 가처분결정의 경우, 허가를 받기 위한 제출의무가 없을 뿐만 아니라, 국가와 사인의 관계에서 이루어지는 '표현물의 내용에 대한 허가'의 문제가 아니다. 법원의 가처분결정은 개인의 인격권과 표현의 자유가 서로 충돌하는 경우 사인간의 법적 분쟁에서 인격권의 보호를 위하여 사법상의 권리에 근거하여 이루어지는 것이다.

(2) 표현물에 대한 내용적 심사를 통한 표현물의 공개여부에 관한 종국적 결정

검열의 개념은 **표현물에 대한 내용적 심사**를 전제로 한다. 그러므로 표현물의 내용과 관계없이 단지 의견표명의 특정한 형태나 방식에 의하여 발생하는 위험에 대하여 대처하고자 하는 허가절차는 검열이 아니다. 가령, 교통안전에 대한 위험을 이유로 항공기 등을 이용하여 전단을 뿌리는 행위를 금지하는 '광고물에 대한 규제'의 경우, 규제의 목적이 표현물 내용의 규제가 아닌 한, 검열에 해당하지 않는다.

표현물의 발표여부를 궁극적으로 결정하고자 하는 것이 아니라 **기술적인 이유(가령, 등급심사 등)에서 표현물의 제출의무나 신고의무를 부과하는 제도**는 그의 사실상의 효과에 있어서 국가의 검열과 동일하지 않은 이상, 검열이 아니다. **심의기관이 표현물의 공개 여부를 종국적으로 결정할 수 있도록 하는 허가절차는 검열**에 해당하나, 예컨대 영화의 상영으로 인한 실정법위반의 가능성을 사전에 막고, 청소년 등에 대한 상영이 부적절할 경우 이를 유통단계에서 효과적으로 관리할 수 있도록, 등급분류를 받지 않은 영화의 상영을 금지하는 **'영화상영등급분류제도'**는 사전검열이 아니다(헌재 1996. 10. 4. 93헌가13). 그러나 등급분류보류의 횟수제한이 없는 '영화상영 등급분류보류제도'는 실질적으로 사전검열에 해당한다.

판 례 '영화검열 사건'(헌재 1996. 10. 4. 93헌가13)에서 영화의 상영에 앞서 그 내용을 심사하여 상영을 금지할 수 있고 심의를 받지 않고 영화를 상영할 경우 처벌하도록 규정한 **영화에 대한 사전심의제도**는 검열에 해당한다고 판단하였다. 또한, **음반에 대한 사전심의제도**(헌재 1996. 10. 31. 94헌가6), **외국비디오물 수입추천제도**(헌재 2005. 2. 3. 2004헌가8), **외국음반 수입추천제도**(헌재 2006. 10. 26. 2005헌가14)도 마찬가지로 헌법상 금지되는 검열에 해당한다고 판단하였다.

뿐만 아니라, 영화의 상영에 앞서 영화를 제출받아 상영등급분류를 하되, 등급분류를 받지 아니한 영화는 상영이 금지되고, 만약 등급분류를 받지 않고 영화를 상영한 경우 처벌할 수 있도록 하며, **등급분류보류의 횟수제한이 없어** 영화를 통한 의사표현이 무한정 금지될 수 있도록 규정한 **영화의 등급분류보류제도**는 검열에 해당한다고 판단하였다(헌재 2001. 8. 30. 2000헌가9; 동일한 취지로 헌재 2008. 10. 30. 2004헌가18).

한편, 헌법재판소는 등급분류를 받지 아니한 비디오물의 유통을 금지하는 **비디오물 등급분류제도**는 표현물의 공개나 유통 그 자체의 당부를 결정하는 절차가 아니므로 사전 검열에 해당하지 않는다고 판시하였다(헌재 2007. 10. 4. 2004헌바36). 또한, **방영금지가처분**은 행정권에 의한 사전심사나 금지처분이 아니라 개별 당사자간의 분쟁에 관하여 사법부가 사법절차에 의하여 심리, 결정하는 것이어서 헌법에서 금지하는 사전검열에 해당하지 않는다고 판단하였다(헌재 2001. 8. 30. 2000헌바36).

나아가, 헌법재판소는 텔레비전 방송광고에 대하여 방송 전에 그 내용을 심의하여 방송여부를 결정하도록 규정하고 있는 **'방송광고 사전심의제'**에 대하여 사전검열에 해당한다고 하여 위헌으로 판단하였다(헌재 2008. 6. 26. 2005헌마506). 헌법재판소는 **'의료광고 사전심의제 사건'**에서 '상업광고도 표현의 자유의 보호대상이므로 **상업광고에 대해서도 검열금지원칙이 적용**된다'고 판시하였고(헌재 2015. 12. 23. 2015헌바75), **'건강기능식품 기능성광고 사전심의제 사건'** 및 **'의료기기 광고 사전심의제 사건'**에서 이를 다시 확인하였다(헌재 2018. 6. 28. 2016헌가8 등; 헌재 2020. 8. 28. 2017헌가35 등).

Ⅱ. 사후적 제한

1. 표현의 내용에 대한 제한

가. 사후적 제한의 위헌여부를 판단하는 기준

검열금지원칙은 사상이나 견해의 발표 이후에 비로소 취해지는 **사후적인 규제**를 금지하지 않는다. 표현의 자유에 대한 사후적 제한의 위헌여부는 다른 기본권에 대한 제한의 경우와 마찬가지로, **과잉금지원칙**에 따라 판단된다.

헌법은 제21조 제4항에서 **표현의 자유에 대한 제한을 정당화하는 법익**으로 '타인의 명예와 권리, 공중도덕, 사회윤리' 등을 언급하고 있는데, 여기서 언급하고 있는 법익은 표현의 자유와 전형적으로 충돌할 수 있는 법익으로서, **열거적인 것이 아니라 예시적**인 것이다. 헌법에서 명시적으로 언급하고 있는 법익 외에도 청소년보호, 국민의 건강, 행형 등 다른 법익의 보호를 위해서도 표현의 자유는 제한될 수 있다.

판 례 헌법재판소는 헌법 제21조 제4항에서 언급하고 있는 법익 외에도 **다른 법익의 관점에서 제한**될 수 있다는 것을 일련의 결정에서 확인하고 있다. 가령, 청소년을 이용하여 음란물을 제작하는 행위를 처벌하는 '청소년의 성보호에 관한 법률'조항은 표현의 자유를 제한하기는 하나, **'청소년보호'의 법익**에 의하여 정당화되는 것으로 합헌으로 판단하였고(헌재 2002. 4. 25. 2001헌가27). 의약품과 혼동할 우려가 있는 '식품의 약리적 효능'에 관한 광고를 금지하는 식품위생법규정을 **'국민건강의 보호'**를 위하여 정당화되는 것으로 합헌으로 판단하였다(헌재 2000. 3. 30. 97헌마108).

행형법상 징벌의 일종인 금치처분을 받은 자에 대하여 집필의 내용과 목적 등을 묻지 않고, 대상자에 대한 교화 또는 처우상 필요한 경우까지도 금치기간 중 예외 없이 일체의 **집필행위를 금지**하는 것은 **과잉금지원칙**에 위반되어 표현의 자유를 침해한다고 판단하였다(헌재 2005. 2. 24. 2003헌마289).

나. 표현물의 내용에 따른 보호의 차등화

표현의 자유와 이와 상충하는 다른 법익을 비교형량하는 과정에서, 표현의 자유의 헌법상 의미와 기능에 비추어 표현의 자유의 행사가 개인의 인격발현 또는 공동체의 의사형성에 대하여 가지는 의미와 비중을 고려할 수 있다. 따라서 **표현물의 내용이 개인의 인격발현이나 공동체의 의사형성에 있어서 중요한 의미를 가질수록**, 이를 제한하는 법익은 더욱 중대해야 한다. 이러한 관점에서 볼 때, **영리목적의 상업광고**는 개인의 인격발현이나 공동체의 의사형성에 있어서 차지하는 비중이 상대적으로 작으므로, 상업광고의 규제에 있어서 입법자에게 보다 광범위한 형성권이 인정된다.

판 례 '의료광고규제 사건'에서 "**상업광고**는 사상이나 지식에 관한·정치적, 시민적 표현행위와는 차이가 있고, 인격발현과 개성신장에 미치는 효과가 중대한 것은 아니므로, 비례의 원칙 심사에 있어서 '피해의 최소성' 원칙은 '입법목적을 달성하기 위하여 필요한 범위 내의 것인지'를 심사하는 정도로 완화되는 것이 상당하다."고 판시하여 **표현물의 내용에 따라 표현의 자유의 보호 정도가 달라질 수 있다**는 것을 밝히면서(헌재 2005. 10. 27. 2003헌가3, 판례집 17-2, 189, 198), 의료인의 기능과 진료방법에 대한 광고를 금지하는 의료법규정에 대하여 표현의 자유와 직업수행의 자유를 과잉으로 침해한다고 판단하였다(판례집 17-2, 189. 190).

2. 표현의 수단·방법에 대한 제한

표현의 수단과 방법도 표현의 자유에 의하여 보호되지만, **표현물의 내용 또는 형식이 제한되는지에 따라 그 보호의 정도를 달리**한다. 표현의 자유가 보호하고자 하는 핵심적인 것은, 누구나 자신의 생각을 자유롭게 표현할 수 있어야 한다는 것, 즉 표현물의 내용이다. 국가가 개인의 표현행위를 규제하는 경우, **표현내용에 대한 규제**는 원칙적으로 중대한 공익의 실현을 위하여 불가피한 경우에 한하여 엄격한 요건 하에서 허용되는 반면, 표현내용과 무관하게 **표현의 방법을 규제**하는 것은 합리적인 공익상의 이유로 폭넓은 제한이 가능하다(헌재 2002. 12. 18. 2000헌마764, 판례집 14-2, 856, 869).

판 례 헌법재판소는 "교통수단을 이용한 광고는 교통수단 소유자에 관한 광고에 한하여 할 수 있다."고 규정함으로써 교통수단을 이용한 표현을 제한하는 시행령조항에 대하여 합헌으로 판단한 바 있다(헌재 2002. 12. 18. 2000헌마764).

Ⅲ. 법익충돌의 경우 법익교량의 문제

표현의 자유를 제한하는 법률조항의 위헌성을 판단함에 있어서, 제한되는 표현의 자유와 그 법률조항에 의하여 실현되는 법익 사이의 비교형량이 이루어진다. 표현의 자유와 다른 보호법익이 서로 충돌하는 경우, 헌법상 양 법익간의 우열관계가 존재하는지 또는 **법익교량의 일반적 기준이 존재하는지의 문제**가 제기된다.

1. 한국 헌법에서 표현의 자유

학계의 일부 견해는 표현의 자유를 제한하는 법률의 위헌심사기준으로, 미연방대법원에 의하여 형성된 **'표현의 자유의 우월적 지위 이론'**(preferred freedoms)을 언급하고 있다. 위 이론은, 표현의 자유와 같이 미연방헌법 수정 제1조에 규정된 정신적 자유는 민주주의의 근거이자 조건으로서 경제적 자유를 비롯한 다른 자유보다 더 근본적이며 우선적으로 보장되어야 한다는 이론이다. 그러나 '표현의 자유의 우월적 지위'는 **기본권체계 내에 일정한 위계질서**가 있는 경우에만 인정될 수 있다. 미연방대법원은 표현의 자유를 보호하는 수정 제1조('의회는 언론·출판의 자유를 제한하는 법률을 제정할 수 없다.')를 절대적인 의미로 해석함으로써, 표현의 자유를 일방적으로 강조하고, 상충하는 다른 법익의 희생 하에서 지나치게 보호하는 경향이 있다.

이에 대하여, 우리 헌법은 기본권 간의 일정한 위계질서를 규정하고 있지 않으며, 나아가 **헌법 스스로 제21조 제4항**에서 **표현의 자유의 일방적인 우위를 명시적으로 부정**하고 있다. 헌법은 언론의 자유의 행사로 인하여 발생할 수 있는 위험을 인식하여, 제21조 제4항에서 언론의 자유의 헌법적 한계를 명백히 밝히고 언론의 사회적 책임을 강조하고 있다. 인간의 존엄성을 헌법의 최고의 가치이자 국가의 존재이유로 삼는 한국 헌법의 가치체계에서, 인간존엄성실현에 기여하는 다른 모든 자유는 '표현의 자유'와 동등한 지위와 중요성을 가진다.

미국 헌법과 한국 헌법의 근본적인 차이에 비추어, 미연방대법원에 의하여 형성된 '표현의 자유의 우월적 지위 이론'은 한국 헌법학에 수용되기 어렵다. 표현의 자유의 우월적 지위 이론이 수용될 수 없다면, 이로부터 파생하는 '명백하고 현존하는 위험의 원칙', '현실적 악의의 원칙' 등도 위헌심사기준으로서 수용되기 어렵다.

2. 개별적인 경우 구체적인 법익교량의 원칙

위와 같은 이유에서, 헌법재판소는 **모든 기본권적 자유가 원칙적으로 동등한 지위와 중요성을 가진다**는 사고에서 출발하여, '표현의 자유의 우위 원칙'에 근거해서가 아니라 실질적으로 **개별적 경우마다 구체적인 법익형량을 통하여** 심판대상의 위헌여부를 판단하고 있다. 가령, 표현의 자유와 인격권이 충돌하는 경우, 헌법재판소는 '표현의 자유의 우위원칙'에 따라 판단하는 것이 아니라 개별적 경우마다 구체적인 법익형량을 할 것을 요청하고 있다(헌재 1991. 9. 16. 89헌마165, 판례집 3, 518, 524, 526-527).

헌법재판소가 일부 결정에서 '표현의 자유의 우월적 지위'를 언급하고 있다면, 이는 자유민주국가에서 표현의 자유가 가지는 중요한 의미를 강조하고자 하는 것으로 이해해야 한다(헌재 1991. 9. 16. 89헌마165, 판례집 3, 518, 524; 헌재 1992. 2. 25. 89헌가104, 판례집 4, 64, 95.). 헌법재판소는 지금까지 '표현의 자유의 우위'로부터 법익형량의 일반적 기준을 도출하고자 시도한 바 없다.

Ⅳ. 언론기관에 의한 권리 침해와 그에 대한 구제

1. 권리구제수단

헌법 제21조 제4항 제2문은 "언론 · 출판이 타인의 명예나 권리를 침해한 때에는 피해자는 이에 대한 피해의 배상을 청구할 수 있다."고 하여 **언론의 사후책임**을 명시하고 있다. 명예 등 개인의 인격권을 침해하는 **언론보도에 대한 구제제도**로는, 민사소송법상 가처분에 의한 사전금지청구, '언론중재 및 피해구제 등에 관한 법률'(이하 '언론중재법')상의 언론고충처리인제도·반론권제도, 그 외에 사법적 구제절차로서 정정보도청구등의 소, 손해배상청구가 있다.

2. 반론권

가. 연혁과 비교법적 관점

반론권(反論權)은 언론에 의하여 개인의 인격권이 침해당한 경우에 그에 대한 보호를 제공하기 위한 법적 수단이다. 반론권은 표현의 자유와 마찬가지로 **프랑스 혁명의 산물**이다. 반론권은 역사적 발생에 있어서 검열금지와 밀접한 관계가 있는데, 언론에 대한 사전 검열이 폐지된 후 발생하는 언론보도의 부작용에 대처하기 위하여 도입된 제도이다. 언론에 의하여 인격권이 침해된 경우, **미국과 영국**에서는 엄중한 손해배상책임을 지우는 방법을 택한 반면, **프랑스와 독일**에서는 반론권제도를 채택하였다.

프랑스는 사실주장뿐만 아니라 가치판단적 발언(의견표명)에 대해서도 반론권을 허용하는 반면, 독일의 반론권은 가치판단과 사실주장을 구분하여 단지 사실주장에 대해서만 반론권을 인정하고 있다. **한국의 반론권**은 독일의 반론권제도를 모델로 삼아, 정기간행물이나 방송에 공표된 사실적 주장에 대해서만 반론권을 인정하고 있다.

나. 헌법적 근거와 기능

반론권은 헌법 제10조의 행복추구권으로부터 파생하는 **일반적 인격권**에 그 헌법적 근거를 두고 있다(헌재 1991. 9. 16. 89헌마165, 판례집 3, 518, 527). 언론 보도를 통하여 인격권을 침해당한 자가 자기의 표현을 통하여 그 보도 내용에 대처할 수 있는 법적 가능성을 가져야만, 인격권에 부합한다. 그렇지 않다면, 개인은 언론보도의 단순한 대상이나 공적 토론의 단순한 객체로 전락한다.

반론권은 개인을 언론의 일방적인 보도로부터 보호하고, **'언론'과 '피해자' 간의 무기대등을 확보**하며, 인격권의 침해시 **민 · 형사적 구제수단의 미흡함을 보완**하는 기능을 한다. 언론 보도에 의하여 인격권을 침해당한 피해자가 동일한 언론매체의 수단을 사용하여 스스로를 방어할 수 있다는 점에서, 반론권은 무기의 대등성을 어느 정도 보장한다. 나아가, 사법적 구제제도는 소송제도의 성질상 신속한 구제를 기대하기 어렵고, 금전적 배상만으로는 피해자의 권리구제에 미흡한 점이 있으며, 귀책사유를 전제로 하고 손해에 대한 구체적 입증이 필요하므로, 민사상의 불법행위책임이나 형사책임을 추궁할 수 없는 경우에 대해서도 반론권은 피해에 대한 구제책을 제공함으로써 사법적 구제수단의 미흡함을 보완하는 기능을 한다.

다. 언론중재법상 반론권 제도

(1) 언론중재법은 반론권 제도로서 언론보도에 대한 정정보도청구제도, 반론보도청구제도, 추후보도청구제도를 두고 있다. 언론중재법에서 "언론"이라 함은 방송, 신문, 잡지 등 정기간행물, 뉴스통신 및 인터넷신문을 포괄하며(제2조 제1호), **"언론보도"**라 함은 언론의 사실적 주장에 관한 보도를 의미한다(제2조 제15호).

정정보도청구제도란, 언론보도가 진실하지 아니함으로 인하여 피해를 입은 자는 그 보도내용에 관한 정정보도를 언론사 등에 청구할 수 있는 제도를 말한다(제14조). '정정보도'라 함은 언론의 보도내용의 전부 또는 일부가 **진실하지 아니한 경우** 이를 진실에 부합되게 고쳐서 보도하는 것을 말한다. 정정보도의 청구에는 언론사 등의 고의 · 과실이나 위법성을 요하지 아니한다.

반론보도청구제도란, 언론보도로 인하여 피해를 입은 자는 그 보도내용에 관한 반론보도를 언론사 등에 청구할 수 있는 제도를 말한다(제16조). '반론보도'라 함은 **보도내용의 진실 여부에 관계없이** 그와 대립되는 반박적 주장을 보도하는 것을 말한다(제2조 제16호 및 제17호). 반론보도의 청구에는 언론사 등의 고의 · 과실이나 위법함을 요하지 아니하며, 보도내용의 진실 여부를 불문한다.

추후보도청구제도란, 언론 등에 의하여 범죄혐의가 있거나 형사상의 조치를 받았다고 보도 또는 공표된 자는 그에 대한 형사절차가 무죄판결 또는 이와 동등한 형태로 종결된 때에는 언론사 등에 이 사실에 관한 추후보도의 게재를 청구할 수 있는 제도이다(제17조).

(2) 언론중재법은 언론 등의 보도 또는 매개로 인한 분쟁조정 · 중재 및 침해사항을 심의하기 위하여 **언론중재위원회**를 두도록 하면서(제7조), 정정보도청구 등과 관련하여 분쟁이 있는 경우 피해자 또는 언론사 등은 중재위원회에 **조정을 신청**할 수 있다고 규정하고 있다(제18조). 당사자 쌍방은 정정보도청구 등 또는 손해배상의 분쟁에 관하여 중재부의 종국적 결정에 따르기로 합의하고 **중**

재를 신청할 수 있다(제24조). 피해자는 중재위원회의 절차를 거치지 아니하고도 법원에 **정정보도청구 등의 소**를 제기할 수 있고(제26조), **손해배상을 청구**할 수 있다(제30조). 정정보도청구의 소에 대하여는 **민사소송법의 소송절차**에 관한 규정에 따라 재판하고, 반론보도청구 및 추후보도청구의 소에 대하여는 **민사집행법의 가처분절차**에 관한 규정에 따라 재판한다(제26조 제6항).

판 례 정기간행물의 보도에 의하여 인격권의 침해를 받은 피해자에게 반론의 게재를 요구할 수 있는 정정보도청구권(명칭과는 달리 실질적으로는 **반론보도청구권**)을 규정하면서 정정보도청구에 관한 소송에서 민사소송법의 가처분절차에 의하여 재판하도록 규정한 '정기간행물의 등록 등에 관한 법률'조항이 신문사의 기본권을 침해하는지 여부가 문제된 **'정정보도청구 사건'**에서, "정정보도청구권은 언론의 자유를 일부 제약하는 성질을 가지면서도 반론의 범위를 필요 · 최소한으로 제한함으로써 양쪽의 법익 사이의 균형을 도모하고 있으므로" 언론의 자유를 과잉으로 침해하지 아니하며(헌재 1991. 9. 16. 89헌마165, 판례집 3, 518, 531), 정정보도청구는 보도 내용의 진위 자체를 심판의 대상으로 하지 아니하는 것이므로 비록 민사소송법의 가처분절차에 따라 심판한다 하여 그 절차가 부당하게 간이한 것으로 볼 수 없으므로 재판청구권을 침해하지 않는다고 판시하였다(판례집 3, 518).

한편, **언론중재법상의 정정보도청구권**이 신문사의 기본권을 침해하는지 여부가 문제된 **'신문법 사건'**에서, 헌법재판소는 언론중재법상의 정정보도청구권은 그 내용이나 행사방법에 있어 필요 이상으로 신문의 자유를 제한하고 있지 않으므로 헌법에 위반되지 않지만, **정정보도청구의 소를 민사집행법상의 가처분절차에 의하여 재판하도록 규정**한 언론중재법조항은 '사실적 주장에 관한 언론보도가 진실하지 아니함'이라는 사실의 입증에 대하여 증명을 배제하고 간이한 소명으로 이를 대체하는 것이므로, 언론사의 방어권을 심각하게 제약하여 공정한 재판을 받을 권리를 침해하고 언론의 자유를 지나치게 위축시키는 것으로 위헌이라고 판단하였다(헌재 2006. 6. 29. 2005헌마165 등, 판례집 18-1하, 337, 346).

Ⅴ. 언론의 자유의 한계

1. 헌법 제21조 제4항의 의미

헌법은 제21조 제4항에서 언론 · 출판의 자유가 **타인의 명예나 권리, 공중도덕, 사회윤리**라는 법익을 위하여 제한될 수 있음을 명시적으로 밝히고 있다. 표현의 자유는 헌법 제21조 제4항에 언급된 3 가지 법익의 보호를 이유로 해서만 제한될 수 있는 것이 아니라 원칙적으로 그 외의 공익상의 사유로도 제한될 수 있으나, 헌법은 위 조항에서 **표현의 자유와 전형적으로 충돌**할 수 있기 때문에 특별히 보호의 필요성이 있는 법익을 구체적으로 언급함으로써 그 보호의 필요성을 강조하고 있는 것이다. 이러한 점에서, 헌법 제21조 제4항은 표현의 자유와 관련하여 제37조 제2항의 **일반적 법률유보를 구체화**하는 규정이다.

2. 타인의 명예와 권리

가. 표현의 자유와 명예 보호의 관계

헌법은 제21조 제4항에서 개인의 명예를 표현의 자유에 대하여 한계를 설정하는 헌법상의 법익으로 명시함으로써 명예보호의 필요성을 강조하고 있다. **명예**란 개인의 인격에 대한 사회적 평가라고 말할 수 있고, **명예훼손**이란 사회적 평가를 저하시키는 행위를 말한다. 명예는 타인의 기본권행사에 의하여 침해되거나 위협받는 경우에 비로소 법적으로 문제되고 의미를 가지게 된다. 표현의 자유는 개인의 행위가능성을 보장함으로써 기본권의 주체에 의하여 적극적으로 행사되는 반면에, 명예는 기본권주체에 의하여 적극적으로 행사되는 기본권이 아니라 타인의 기본권행사에 의하여 **일방적으로 침해되는 소극적·수동적 법익**이다. 따라서 명예는 표현의 자유에 대하여 자신을 보호하는 입법을 요청한다. **명예를 보호하는 입법**은 명예훼손죄와 같은 형법규정, 불법행위로 인한 손해배상청구권과 같은 사법적 규정, 반론보도청구권과 같은 언론법적 규정 등으로 나타난다.

판 례 정보통신망을 통해 **일반에게 공개된 정보로 사생활 침해, 명예훼손 등 타인의 권리가 침해된 경우** 그 침해를 받은 자가 삭제요청을 하면 정보통신서비스 제공자는 권리의 침해 여부를 판단하기 어렵거나 이해당사자 간에 다툼이 예상되는 경우에는 30일 이내에서 **해당 정보에 대한 접근을 임시적으로 차단하는 조치**를 하여야 한다고 규정한 법률조항의 위헌여부가 문제된 사건에서, 헌법재판소는 위 법률조항은 개인의 명예와 사생활의 비밀을 보호하기 위한 것으로 과잉금지원칙에 위반되어 표현의 자유를 침해하지 않는다고 판단한 바 있다(헌재 2012. 5. 31. 2010헌마88; 헌재 2020. 11. 26. 2016헌마275 등).

나아가, 공연히 사실을 적시하여 사람의 명예를 훼손한 자를 처벌하도록 규정한 **'사실 적시 명예훼손죄'**가 표현의 자유를 침해하는지 여부가 문제된 사건에서, 헌법재판소는 재판관 5(합헌)대4(일부위헌)의 의견으로 "만약 표현의 자유에 대한 위축효과를 고려하여 형법 제307조 제1항을 전부위헌으로 결정한다면 외적 명예가 침해되는 것을 방치하게 되고, 진실에 부합하더라도 개인이 숨기고 싶은 병력·성적지향·가정사 등 사생활의 비밀이 침해될 수 있다. 형법 제307조 제1항의 '사실'을 '사생활의 비밀에 해당하는 사실'로 한정하는 방향으로 일부위헌결정을 할 경우에도, '사생활의 비밀에 해당하는 사실'과 '그렇지 않은 사실' 사이의 불명확성으로 인해 또 다른 위축효과가 발생할 가능성은 여전히 존재한다."고 판시하여 형법 제307조 제1항은 과잉금지원칙에 반하여 표현의 자유를 침해하지 않는다고 판단하였다(헌재 2021. 2. 25. 2017헌마1113 등).

또한, 헌법재판소는 **'허위사실 적시 명예훼손죄'**(형법 제307조 제2항)에 대해서도 "개인의 인격권을 충실히 보호하고 민주사회의 자유로운 여론 형성을 위한 공론의 장이 제 기능을 다 할 수 있도록 하기 위하여 허위사실을 적시하여 타인의 명예를 훼손하는 표현행위를 형사처벌을 통해 규제할 필요가 있다." 고 판시하여 표현의 자유를 침해하지 않는 것으로 합헌으로 판단하였다(헌재 2021. 2. 25. 2016헌바84).

뿐만 아니라, 헌법재판소는 공연히 사람을 모욕한 자를 처벌하는 **'모욕죄'**(형법 제311조)에 대해서도, 죄형법정주의의 명확성원칙 및 과잉금지원칙에 위배되지 않으므로 표현의 자유를 침해하지 않는다고 판단하였다(헌재 2013. 6. 27. 2012헌바37).

나. 민주주의에서 명예 보호의 헌법적 의미

명예보호도 표현의 자유와 동등하게 민주주의가 기능하기 위한 기본조건에 속한다(헌재 2013. 12. 26. 2009헌마747, 판례집 25-2하, 745, 752). 공적 토론의 경우 자유로운 발언이 허용되어야 하는 이유는, 표현의 자유에 대한 제한이 민주주의의 바탕을 이루는 자유로운 의견교환과정을 위축시킬 수 있다는 데 있다. 따라서 국가가 명예훼손적 표현에 대하여 엄격한 기준을 적용하여 제재를 가하는 경우에는 표현의 자유 행사와 '자유로운 의견교환과정'에 대한 위축적 효과가 발생할 수 있다.

한편, **국가가 개인의 명예를 제대로 보호하지 않는 경우에도** 마찬가지로 민주주의의 불가결한 요소인 **'자유로운 의견교환과정'에 대한 위축적 효과가 발생**할 수 있다. 명예가 제대로 보호받지 못하는 사회에서는 많은 사람이 솔직한 발언을 꺼리거나 포기하든지 또는 사회의 다수가 요구하는 바를 고려하여 자기 내부의 검열을 거쳐 발언을 하게 된다. 개인이 법질서에 의한 명예보호를 신뢰할 수 없다면, 공적 토론에 참여하는 것은 용기를 필요로 할 뿐 아니라 큰 위험부담을 안고 있기 때문에 공동체의 여론형성과정에 참여하는 것을 주저하게 되며, 결국 다양한 사고의 자유로운 경합을 통하여 진리를 발견하고자 하는 민주적 의견형성과정이 크게 저해된다. 개인의 명예에 대하여 표현의 자유를 과도하게 보호하는 것은 **역설적으로 표현의 자유가 위축되는 효과를 초래**하는 것이다.

3. 공중도덕 및 사회윤리

헌법은 제21조 제4항에서 표현의 자유에 대한 한계로서 '공중도덕이나 사회윤리'를 명시적으로 규정함으로써, 표현의 자유의 행사에 의하여 도덕적·윤리적 영역에서 발생할 수 있는 법익충돌의 위험을 언급하고 있다. 표현의 자유의 행사에 의하여 **공중도덕이나 사회윤리가 침해되는 경우**란, 출판물, 음반 및 영상물 등의 표현매체가 폭력과 범죄를 찬미하거나, 인종간의 증오를 조장하거나, 전쟁을 찬양하거나 또는 수치심을 크게 손상하는 방법(음란·외설적인 표현)으로 성행위를 묘사함으로써 도덕적인 영역에서 중대한 또는 회복이 불가능한 부작용을 가져올 수 있는 위험이 발생하는 경우이다.

그러나 표현의 자유와 알 권리에 관한 헌법의 근본적 가치결정 및 자신의 삶을 독자적으로 결정하고 형성하는 성숙한 시민을 출발점으로 삼는 **헌법상 인간상**에 비추어, 국가권력이 도덕과 윤리를 근거로 표현의 자유의 허용여부를 결정하고 사법적으로 판단하는 것은 가능하면 자제해야 한다. 표현의 자유에 의하여 도덕과 윤리가 침해되는 경우에 무엇보다도 보호되어야 하는 것은, 일반 국민의 윤리와 도덕이 아니라 바로 청소년이다. 정서적으로 안정되지 않은 청소년이 그의 인격발전에 대한 위협으로부터 보호되어야 한다는 점에서, 표현의 자유에 의하여 침해될 수 있는 공동체의 중요한 법익은 **'청소년의 보호'**이다.

따라서 입법자는 청소년의 보호를 위한 법률을 제정할 수 있으며, 청소년에 유해한 서적, 음반과 영상물 등에 관하여 금지(금서)목록을 작성하도록 규율할 수 있고, 청소년에 유해한 텔레비전 영화의 상영시간을 규율할 수 있으며, 판매상에게 청소년에 대한 청소년유해물의 판매금지의무를 부과하는 등 유포과정에 대한 제한을 가할 수도 있다.

판 례 헌법재판소는 **청소년을 이용하여 음란물을 제작하는 행위를 처벌**하는 '청소년의 성보호에 관한 법률'조항은 '청소년의 보호'라는 법익을 위하여, **언론기관에 대하여 아동학대행위자의 식별 정보의 보도를 금지**하는 '아동학대처벌법'조항은 '피해아동의 보호'라는 법익을 위하여 표현의 자유나 언론·출판의 자유를 과잉금지원칙에 부합하게 제한하는 것으로 판단하였다(헌재 2002. 4. 25. 2001헌가27; 헌재 2022. 10. 27. 2021헌가4).

제 4 항 알 권리

Ⅰ. 헌법적 의미

알 권리란 세계적으로 20세기 후반에야 등장한 새로운 기본권이다.[12] 개인이 충분한 정보를 제공받아야 자유로운 여론형성이 가능하고 이로써 민주주의가 기능할 수 있으므로, '알 권리'는 표현의 자유와 함께 **민주주의의 본질적 요소**에 속한다. 헌법은 알 권리를 명시적으로 보장하고 있지 않으나, 헌법재판소는 이미 초기의 결정에서 알 권리를 헌법상의 기본권으로 인정하였다. 헌법재판소는 헌법 제21조의 표현의 자유를 헌법적 근거로 삼아 헌법해석을 통하여 '국가의 방해를 받지 않고 자유롭게 정보를 얻을 권리'인 **정보의 자유**를 도출하였고, 한 보 더 나아가 '국가에게 정보의 공개를 청구할 수 있는 적극적 권리'인 **정보공개청구권**도 알 권리에 포함되는 것으로 판단하였다. 이에 따라, '알 권리'란 자유권적 성격의 '정보의 자유'와 청구권적 성격의 '정보공개청구권'을 포함하는 포괄적인 의미로 사용되고 있다.

Ⅱ. 헌법적 근거

개인이 알아야만 자유로운 의견형성과 의견표명이 가능하므로, 알 권리는 그 헌법적 근거를 일차적으로 헌법 제21조의 **표현의 자유**에 두고 있다. 의견표명의 과정은 '정보의 수령 – 의견의 형성 – 의견의 표명 및 전파'란 단계로 구성되며, 다양한 정보원이 제공하는 충분한 정보만이 개인과 사회의 자유로운 의견형성과 의견표명을 가능하게 한다. 이러한 점에서, 정보의 수령을 그 보장내용으로 하는 알 권리는 의견표명의 전제조건인 것이다.

개인의 '알고자 하는 이익'은 표현의 자유를 행사하기 위한 전제조건으로서만 헌법적 의미를 가지는 것이 아니라, **개인의 자기결정과 인격발현에 대하여 전반적으로 중대한 의미**를 가진다. 개인이 알아야만 기본권에 의하여 보장된 자유를 의미 있게 행사할 수 있고 이로써 궁극적으로 인격을 자유롭게 발현할 수 있다. 예컨대, 알아야만 재산권을 제대로 행사할 수 있고 집회에 참가할 수 있으며 단체의 구성원이 되어 활동할 수 있고 학문, 예술 또는 직업의 자유를 제대로 행사할 수 있는 등, 개인의 알 권리는 '표현의 자유'와의 연관관계에서뿐만 아니라 생활의 모든 영역에서 자기결정과 자기실현의 중요한 전제조건이다. 따라서 인격의 자유로운 발현은 필요한 정보를 얻지 못하는 상황에 의해서도 저해될 수 있기 때문에, 표현의 자유에 의하여 보장되지 않는 '그 외의 알고자 하는 이익'은 헌법 제10조의 행복추구권에서 파생하는 **'일반적 인격권'**에 의하여 보충적으로 보장된다.

---

12) 알 권리를 명시적으로 규정하고 있는 대표적인 헌법으로는 독일의 기본법을 들 수 있다. 독일 기본법은 제5조 제1항 제1문 후단에서 "일반적으로 접근 가능한 정보원으로부터 정보를 수집할 수 있는 권리"라고 규정하여 알 권리(Informationsfreiheit)를 명문으로 보장하고 있다. 물론 여기서 보장되는 '알 권리'란 단지 자유권적 성격을 가진 '정보의 자유'를 의미한다.

판 례 헌법재판소는 '형사확정기록 등사신청 사건'에서 알 권리가 표현의 자유와 표리일체의 관계에 있다고 함으로써 알 권리가 표현의 자유를 보장하는 헌법 제21조에 근거하는 것으로 판단하고 있다(헌재 1991. 5. 13. 90헌마133).

Ⅲ. 자유권으로서 알 권리(정보의 자유)

1. 일반적으로 접근할 수 있는 정보원으로부터 자유롭게 정보를 얻을 권리

가. 대국가적 방어권

알 권리의 헌법적 근거인 표현의 자유의 법적 성격이 자유권인 것과 마찬가지로, 알 권리도 일차적으로 국가에 대하여 부작위를 요구하는 **대국가적 방어권**이다. 자유권으로서 알 권리는 **국가의 방해를 받지 않고 자유롭게 정보를 얻을 권리**로서, 국민이 정보를 얻는 것을 방해하는 모든 국가행위를 금지하는 방어권이다. 국가가 정보의 수집을 방해할 수 있기 때문에 그 방해를 배제한다는 것은, 국민 누구나가 자유롭게 정보에 접근할 수 있다는 것, 국가나 제3자의 조력 없이도 정보를 자력으로 얻을 수 있다는 것을 전제로 하는 것이다.

따라서 '자유롭게 정보를 얻을 권리'에서 말하는 **'정보'**란 모든 정보가 아니라 **'일반적으로 접근할 수 있는' 정보**, 즉 국가나 제3자의 조력 없이도 자력으로 얻을 수 있는 정보만을 의미한다. 마치 마을의 공동우물로부터 누구나 자유롭게 물을 떠갈 수 있듯이, 알 권리란, 개인 누구나 일반적으로 접근할 수 있는 정보의 우물로부터 정보를 얻을 수 있는 상황을 전제로 하여 국가가 정보를 얻는 국민의 행위를 방해해서는 안 된다는 것을 의미한다. 자유권으로서의 알 권리란, 국가의 방해를 받지 않고 일반적으로 접근할 수 있는 정보원을 이용할 권리인 것이다. 그러나 자유권으로서 알 권리는 국가나 사인에 대하여 정보제공을 요구할 권리를 부여하지 않으며, 법적으로 보호된 타인의 자유, 예컨대 개인의 사생활이나 언론기관의 편집비밀을 침해하는 권리를 부여하지 않는다.

나. 일반적으로 접근할 수 있는 정보원(情報源)

(1) '일반적으로 접근할 수 있는 정보원'이란, **불특정 다수의 국민에게 개방되어 있는 정보매체**, 즉 불특정 다수의 국민에게 정보를 제공하기에 기술적으로 적합하고 이를 목적으로 하고 있는 정보매체를 말한다. 모든 국민이 전부 현실적으로 정보원의 이용자일 필요는 없고, 누구나 기술적으로 정보를 제공받을 수 있는 가능성이 있다면, 이는 일반적으로 접근가능한 정보원에 속한다. '일반적으로 접근할 수 있는 정보원'의 예로는 특히 신문, 잡지, 방송, 영화 등 대중매체, 서적, 전시회, 박물관, 공개 강연, 공개 행사 등을 들 수 있다.

정보원(情報原)이 어디에 위치하는지는 중요하지 않다. 국경을 넘는 정보나 외국 신문·방송도 당연히 일반적으로 접근할 수 있는 정보원에 속한다. 또한, 정보원의 '일반적 접근가능성'의 여부는, 국민이 정보에 접근하는 것이 사실적으로 또는 법적으로 가능한지의 판단에 달려있지 않다. 국가가 정보원에의 접근을 사실적 또는 법적으로 금지한다 하더라도, 외국 방송은 '일반적으로 접근할 수 있는 정보원'으로서의 성격을 그대로 유지한다.

(2) 이에 대하여 **'일반적으로 접근할 수 없는 정보원'**은, 특정인 또는 특정될 수 있는 인적 집단

을 수신인으로 하는 정보, 예컨대 특정인을 수신인으로 하는 사적 편지, 사적 대화, 전화 통화, 사적인 메모, 정보기관의 정보 등이다. 또한, 국가기관의 정보도 일반적으로 접근할 수 있는 정보원에 속하지 않는다.

판 례 미결수용자가 구독하는 신문의 특정 기사를 삭제하는 구치소장의 행위가 기본권을 침해하는지 여부가 문제된 **'미결수용자 신문기사 삭제행위 사건'**에서, **수용소에서의 신문구독**이 알 권리에 포함되는지 여부에 관하여 '국민의 알 권리는 그 **자유권적 성질**의 측면에서는 일반적으로 접근가능한 정보에 접근하고 수집 · 처리함에 있어서 국가권력의 방해를 받지 아니할 권리이므로, 구치소에서의 신문구독은 알 권리에 의하여 보호된다'고 확인한 다음, 신문기사 삭제행위가 알 권리를 과도하게 침해한 것인지 여부에 관하여는 신문기사 삭제행위는 구치소 내 질서유지와 보안을 위한 것으로 과잉금지원칙에 위반되지 않는다고 판단하였다(헌재 1998. 10. 29. 98헌마4).

2. 자유권적 알 권리와 청구권적 알 권리의 구분 기준

자유권으로서 '알 권리'와 청구권으로서 '알 권리'를 구분하는 기준은 정보의 성격, 즉 **얻고자 하는 정보가 일반적으로 접근가능한 정보인지 여부**이다. **자유권적 알 권리**는, 국가나 제3자의 조력 없이도 자력으로 얻을 수 있는 정보, 즉 '일반적으로 접근할 수 있는' 정보를 국가의 방해를 받지 않고 자유롭게 얻을 권리, 소위 '정보의 자유'를 의미한다. 자유권적 알 권리는 정보수집에 대한 방해배제청구권으로서 국민 누구나 일반적으로 접근할 수 있는 정보에의 접근을 방해하는 국가의 행위를 금지한다. 이에 대하여 **청구권적 알 권리**는 '일반적으로 접근할 수 없는' 정보에의 접근을 가능하게 하는 권리를 의미한다. 정보의 공개란, 개인이 정보에 자유롭게 접근할 수 없다는 것을 전제로 하여, 그가 자유롭게 접근할 수 없기 때문에 정보에의 접근, 즉 공개를 요구하는 것이다.

한편, 학계의 일부 견해는 '정보를 소극적으로 수령하는지 아니면 적극적으로 수집하는지'에 따라 헌법상 알 권리의 내용을 자유권과 청구권으로 구분하나, 자유권으로서의 '알 권리'는 일반적으로 접근할 수 있는 정보를 소극적으로 수령하고 적극적으로 수집할 수 있는 자유를 모두 포함한다는 점에서, **'정보를 얻는 행위의 적극성 여부'는 알권리의 자유권적 측면과 청구권적 측면을 구분하는 기준이 될 수 없다**.

판 례 헌법재판소는 **'군내 불온서적 차단 사건'**에서 **알 권리의 자유권적 성격과 청구권적 성격**에 관하여 "알 권리가 공공기관의 정보에 대한 공개청구권을 의미하는 경우에는 **청구권적 성격**을 지니지만, 일반적으로 접근할 수 있는 정보원으로부터 자유롭게 정보를 수집할 수 있는 권리를 의미하는 경우에는 **자유권적 성격**을 지니는 것으로서, 이 경우 그러한 권리는 별도의 입법을 할 필요도 없이 보장되는 것이므로, 일반적으로 정보에 접근하고 수집 · 처리함에 있어 알 권리는 별도의 입법이 없더라도 국가권력의 방해를 받음이 없이 보장되어야 한다."고 판시하고 있다(헌재 2010. 10. 28. 2008헌마638, 판례집 22-2하, 216, 228).

Ⅳ. 청구권으로서 알 권리(정보공개청구권)

1. 정보공개청구권의 내용과 유형

청구권으로서의 알 권리인 정보공개청구권이란, **국가에 대하여 국가기관이 보유하는 정보의 공개를 요구하는 권리**를 말한다. 여기서 말하는 **정보공개청구의 대상인 '정보'**는 개인이 일반적으로 자유롭게 접근할 수 없기 때문에 국가에 의한 정보공개가 필요한 정보를 말한다. 정보공개청구권은 국가공권력이 보유하는 모든 정보에 대하여 일반국민이 공개를 요구할 수 있는 **'일반적 정보공개청구권'**과 특정의 정보에 대하여 이해관계가 있는 특정 개인이 공개를 요구할 권리인 **'개별적 정보공개청구권'**으로 나누어 볼 수 있다.

헌법재판소는 '임야조사서 열람신청 사건'에서 '알 권리의 핵심은 정부가 보유하고 있는 정보에 대한 국민의 알 권리, 즉 정부에 대하여 일반적 정보공개를 구할 국민의 권리'라고 하여 **'일반적 정보공개청구권'**을 헌법상 보장된 국민의 기본권으로서 인정하였다(헌재 1989. 9. 4. 88헌마22).

판 례 형사확정소송기록의 복사신청을 거절한 서울지방검찰청의 행위가 알 권리를 침해한 것인지 여부가 문제된 **'형사확정기록 등사신청 사건'**에서, 헌법재판소는 "알 권리는 표현의 자유와 표리일체의 관계에 있으며 자유권적 성질과 청구권적 성질을 공유하는 것이다. **자유권적 성질**은 일반적으로 정보에 접근하고 수집·처리함에 있어서 국가권력의 방해를 받지 아니한다는 것을 말하며, **청구권적 성질**은 의사형성이나 여론형성에 필요한 정보를 적극적으로 수집하고 수집을 방해하는 방해제거를 청구할 수 있다는 것을 의미하는 바 이는 정보수집권 또는 정보공개청구권으로 나타난다. … '알 권리'의 생성기반을 살펴볼 때 이 권리의 핵심은 정부가 보유하고 있는 정보에 대한 국민의 '알 권리', 즉 정부에 대한 국민의 일반적 정보공개를 구할 권리(청구권적 기본권)라고 할 것이며, 이러한 '알 권리'의 실현은 법률의 제정이 뒤따라 이를 구체화시키는 것이 충실하고도 바람직하지만, 그러한 **법률이 제정되어 있지 않다고 하더라도 불가능한 것은 아니고 헌법 제21조에 의해 직접 보장**될 수 있다."고 판시하였다(헌재 1991. 5. 13. 90헌마133, 판례집 3, 234, 246).

2. 개별적 정보공개청구권

가. 개인정보의 공개와 이용에 관하여 스스로 결정할 권리인 개인정보자기결정권이 실질적으로 보장되기 위해서는, 이를 절차적으로 통제할 수 있는 권리, 즉 국가가 자신에 관하여 어떠한 정보를 보유하고 있는지를 확인하기 위하여 자기관련정보를 열람할 수 있는 권리인 **자기정보공개청구권(自己情報公開請求權)**이 함께 보장되어야 한다. 자기정보공개청구권이 보장되지 않고서는 개인정보자기결정권의 헌법적 보장은 공허하기 때문에, 인격권에서 파생하는 개인정보자기결정권으로부터 예외적으로 청구권적 요소인 자기정보공개청구권이 도출될 수 있다.

나. 공정한 재판절차가 가능하기 위하여 소송당사자가 자신의 권리와 관계되는 법원의 결정에 앞서서 자신의 견해를 진술할 수 있는 기회를 가져야 하며, 당사자가 소송절차에서 의미 있는 진술을 하기 위해서는 소송과 관련된 모든 중요한 사실에 관한 정보를 얻을 수 있어야 한다. 그러므로 당사자의 **소송기록열람청구권**은 공정한 재판을 받을 권리를 실현하기 위한 필수적 전제조건으로서 재판청구권으로부터 도출될 수 있다.

3. 일반적 정보공개청구권을 인정한 헌법재판소 판례의 문제점

가. 자유권으로부터 청구권을 도출할 수 있는지의 문제

알아야만 표현할 수 있기 때문에 표현의 자유에서 알 권리가 도출되어야 한다면, 자유권인 표현의 자유로부터 도출될 수 있는 것은 자유권적 측면인 정보의 자유, 즉 국가의 간섭이나 방해를 받지 않고 알 권리에 제한되어야 한다. 그러나 헌법재판소가 이를 넘어서 자유권으로부터 포괄적인 정보공개청구권을 도출한 것은, **모든 자유권이 청구권을 포함하는 것으로 해석될 수 있다는 위험**을 안고 있다. 자유권에서 청구권적 요소를 도출한다면, 이는 **자유권의 실질적인 보장을 위하여 불가결한 경우,** 즉 자유권이 청구권적 요소에 의하여 보완되지 않는다면 자유권의 보장이 사실상 무의미해지는 경우에 한정되어야 한다. 이에 관한 대표적인 예가, 인격권으로부터 파생하는 '개인정보자기결정권'으로부터 청구권적 요소인 '자기정보공개청구권'을 도출한 것이다.

그러나 국민이 일반적으로 접근할 수 있는 다양한 정보원으로부터 자유롭게 정보를 얻을 수 있는 상황에서, '일반적 정보공개청구권'은 민주주의 실현을 위하여 보다 이상적일 수는 있으나, 이러한 권리가 기본권으로 보장되지 않는다고 하여 표현의 자유의 헌법적 보장이 사실상 무의미해진다고 볼 수는 없다. **비교법적으로 보더라도**, 일반적인 정보공개청구권을 헌법적으로 규정하거나 헌법해석을 통하여 인정하는 국가는 세계 어디에도 없다. 헌법재판소가 자유권인 표현의 자유로부터 일반적 정보공개청구권을 도출한 것은 헌법해석의 한계를 넘은 것이다.

나. 청구권적 기본권에 관한 근본적 이해의 부족

설사 표현의 자유로부터 일반적 정보공개청구권이란 청구권을 도출한다 하더라도, **입법자의 구체적인 입법이 없이는 청구권을 직접 적용할 수 없다**. 헌법상 청구권은 그 자체로서 적용될 수 있는 것이 아니라, 개인이 청구권을 행사하기 위해서는 사전에 청구권의 구체적 내용과 범위를 확정하는 입법자의 법률을 필요로 한다.

그러나 헌법재판소는 **정보공개청구권을 예외적으로 입법자의 입법이 없이도 국가기관을 구속하는 직접적인 효력을 가지는 구체적 권리로 이해**함으로써, 행정청이 국민의 정보공개청구에 대하여 개별적으로 헌법적 법익간의 형량을 통하여 정보공개여부를 스스로 판단해야 한다는 '법치국가에서 용인할 수 없는 법적 상황'을 초래하였다. 입법자가 일차적으로 법익형량을 통하여 법률로써 법적용기관에게 행위지침을 제시해야 하고 행정청은 입법자의 법익형량의 결과인 법률을 적용해야 한다는 것이 법치국가의 요청이다. 따라서 헌법재판소가 정보공개청구권을 헌법상 기본권으로 인정하였다면, 행정청의 정보공개거부가 정보공개청구권을 침해하는지 여부를 판단할 것이 아니라, **일반적 정보공개청구권을 입법을 통하여 구체적으로 형성해야 할 입법자의 의무를 지적**하면서 입법자가 청구권을 구체화하는 아무런 입법조치를 취하지 않은 **입법부작위의 위헌성을 방론으로 확인**하는 것에 그쳤어야 한다.

다. 개별적 정보공개청구권의 간과

개인이 국가기관에 대하여 자신과 이해관계가 있는 특정 정보에 대한 공개를 구하는 헌법소원사건에서 헌법재판소는 국가기관이 보유하는 모든 정보에 대하여 일반국민이 공개를 요구할 수 있는 일반적 정보공개청구권을 인정하였는데, 이는 개별적 정보공개청구권을 간과한 것이다. 정보공개의 청구와 관련하여 헌법재판소가 판단해야 했던 사안들은, 국가기관이 보유하고 있는 **개인 관련정보에 대한 '개별적 정보공개청구'**에 관한 것이었다. 청구인이 정보의 공개를 요청한 이유는, 소유권의 회복이라는 자신의 권리행사나 권리구제를 위한 사전단계로서 또는 형사확정판결에 대하여 경우에 따라 재심을 청구하기 위하여 자신과 이해관계가 있는 특정 기록을 열람하고자 한 것이었다. 이러한 상황은 표현의 자유의 전제조건으로서 알 권리 또는 민주주의나 국민주권의 실현수단으로서의 알 권리와는 하등의 관계가 없는 것이다. 따라서 헌법재판소는 '일반적 정보공개청구권'이 아니라 재판청구권을 행사하기 위한 전제조건으로서 **개별적 정보공개청구권을 인정할 수 있는지 여부**를 판단했어야 한다.

라. 정보의 자유와 정보공개청구권의 본질과 차이에 대한 오해

헌법재판소는 알 권리의 청구권적 성질을 "정보를 적극적으로 수집하고 수집을 방해하는 방해제거를 청구할 수 있다는 것을 의미한다."고 설명하고 있는데, '정보의 수집을 방해하는 방해제거를 청구할 수 있다'는 것은, 일반적으로 접근할 수 있는 정보에의 접근을 방해하는 국가행위를 하지 말 것을 요구한다는 것을 의미하는 것으로, 바로 **'정보수집 방해배제 청구권'으로서의 자유권적 알 권리**의 성질을 표현하는 것이다. 개인의 자유행사를 방해하는 국가행위를 하지 말 것을 청구하는 '부작위청구권'이 바로 자유권의 본질적 내용인 것이다. 헌법재판소는 자유권과 청구권의 본질을 제대로 이해하지 못함으로써, **'알 권리의 청구권적 성질'을 서술하는 부분에서도 '알 권리의 자유권적 성질'을 서술하는 오류**를 범하였다.

제 8 절 집회 · 결사의 자유

제 1 항 집회의 자유

Ⅰ. 헌법적 의미

1. 민주국가에서 집회의 의미

헌법은 제21조 제1항에서 "모든 국민은 … 집회 … 의 자유를 가진다."고 하여 집회의 자유를 보장하고 있다. 헌법은 집회의 자유를 기본권으로 보장함으로써, 평화적 집회는 공공의 안녕질서에 대한 위험으로 간주되어서는 안 되고, 개인이 집회의 자유를 행사함으로써 필연적으로 발생하는 법익충돌의 위험은 상충하는 법익과 조화를 이루는 범위 내에서 국가와 제3자에 의하여 수인되어야 한다는 것을 밝히고 있다. 집회의 자유의 행사에 의하여 일반국민에게 발생하는 어느 정도의 불편함은 **자유민주국가가 지불해야 하는 '민주주의 비용'**이다. 민주국가는 공적 토론을 필요로 하고, 집회는 공적 토론의 계기를 제공한다. 집회와 시위는 민주국가의 일상에 속하는 것이며, **살아 숨 쉬는 민주사회의 뚜렷한 징표**라고 할 수 있다.

2. 집회의 자유의 헌법적 의미와 기능

가. 집회의 자유도 다른 모든 기본권과 마찬가지로, **일차적으로는 개인의 인격발현에 기여**하는 기본권이다. 집회의 자유는 결사의 자유와 더불어 **'타인과 함께 모이는 자유'**를 보장한다. 집회의 자유는 **타인과의 의견교환을 통하여 공동으로 인격을 발현하는 자유**를 보장하는 기본권이다. 인간이 타인과의 접촉을 구하고 서로의 생각을 교환하며 공동으로 인격을 발현하고자 하는 것은 사회적 동물인 인간의 가장 기본적인 욕구이자 그 자체로서 보호되어야 하는 헌법적 가치이다.

나. 집회의 자유는 표현의 자유와 함께 민주주의가 기능하기 위하여 불가결한 요소이자 **자유민주적 국가질서를 구성하는 요소**이다. 개인은 집회를 통하여 집단적으로 의견을 표명함으로써 여론의 형성과 정치적 의사형성에 영향을 미칠 수 있는 가능성을 가진다. 나아가, 집회의 자유는 **정치적 불만의 분출구**(噴出口)의 역할을 한다. 집회의 자유는 사회·정치현상에 대한 불만을 공개적으로 표출케 함으로써 정치적 불만이 있는 자를 사회에 통합하고 정치적 안정에 기여하는 기능을 한다.

또한, 집회의 자유는 언론매체에 접근할 수 없는 소수집단에게 그들의 견해를 주장할 수 있는 수단을 제공한다는 점에서, **소수의 의견을 국정에 반영하는 창구**로서의 역할을 한다. 이러한 점에서 집회의 자유는 소수의 보호를 위한 중요한 기본권이다. 헌법이 집회의 자유를 보장한 것은, 관용과 다양한 견해가 공존하는 '다원적이고 개방적인 사회'에 대한 헌법적 결단인 것이다(헌재 2003. 10. 30. 2000헌바67, 판례집 15-2하, 41, 52-53).

3. 집회의 자유와 표현의 자유의 관계

집회의 자유는 표현의 자유에 포함되거나 또는 그에 대하여 종속적인 기본권이 아니다. 집회의 자유를 단지 표현의 자유와의 연관관계에서 이해하여 '집단적 의견표명의 자유'로 그 의미를 축소하는 것은 집회의 자유의 헌법적 의미와 기능에 부합하지 않는다. 집회의 자유가 보장하고자 하는 바는 '집단적 의견표명의 자유'가 아니라 **'의견교환과 공동의 인격발현을 위하여 타인과 함께 모이는 자유'**라는 점에서, 집회의 자유는 **표현의 자유와는 별개의 보호범위를 가지는 독자적 기본권**이다. 타인과의 접촉을 통하여 의견을 교환하고자 하는 개인의 이익은 정치적 영역뿐 아니라 종교적·예술적·학문적·직업적 영역, 친목이나 오락의 영역에서도 인정될 수 있고, 집회의 자유의 행사가 반드시 공동의 의견표명이나 집단적 표현행위에 이르는 것은 아니다.

집회를 통하여 의견이 형성되고 표명되는 경우, **집회에서 표명되는 의견의 '표현내용' 때문에** 국가가 개입한다면, 표현의 자유를 심사기준으로 삼아 국가행위의 위헌성을 판단해야 하고, **'다수인이 모인 것의 위험성' 때문에**, 즉 다수인의 집단적 행위로 인한 법익충돌의 가능성을 이유로 국가가 간섭한다면, 집회의 자유가 위헌심사의 기준이 된다(헌재 1992. 1. 28. 89헌가8, 판례집 4, 4, 17).

Ⅱ. 법적 성격

집회의 자유는 일차적으로 국가공권력의 부당한 침해에 대한 방어를 가능하게 하는 **대국가적**

방어권(개인의 주관적 공권)으로서, 자유로운 집회가 가능하기 위하여 필요한 모든 행위(집회의 주최·계획·준비·참가 등)를 국가의 간섭과 방해로부터 보호한다.

나아가, 집회의 자유는 국가기관을 구속하는 **객관적 가치로서 '집회의 자유행사를 가능하게 해야 할 국가의 의무'**를 부과하고, 이로부터 **'집회를 제3자의 방해로부터 보호해야 할 국가의 의무'**가 나온다. 뿐만 아니라, 집회의 자유는 **법률의 해석·적용에 있어서 해석의 지침**으로 기능한다. 집회의 자유를 제한하는 **'집회 및 시위에 관한 법률'(이하 '집시법')**의 해석과 관련하여, 특히 신고의무규정 및 신고의무를 관철하고자 하는 규정의 해석과 관련하여 객관적 가치질서로서의 집회의 자유는 중요한 의미를 가진다. 또한, 집회의 과정에서 범죄나 불법행위(재물손괴 등)가 발생하는 경우, 법원과 행정청은 **형벌규정과 불법행위법**을 해석·적용함에 있어서 집회의 자유에 표현된 헌법적 가치결정을 해석의 지침으로 고려해야 하고, 위 규정들을 지나치게 확대 해석함으로써 집회의 자유를 위축시켜서는 안 된다.

Ⅲ. 보호범위

1. 구체적 보장내용

집회의 자유는 **집회의 목적·시간·장소·방법에 관하여 스스로 결정할 권리**를 보장한다(헌재 2003. 10. 30. 2000헌바67, 판례집 15-2하, 41, 53). 집회의 자유는, 집회에 참가하는 행위뿐만 아니라, 집회장소로의 이동을 비롯하여 집회를 준비하는 일련의 행위(집회의 계획, 조직, 지휘 등), 집회의 해산 후 집회장소로부터 귀가하는 행위 등 **자유로운 집회가 가능하기 위하여 필요한 모든 과정을 보호**한다.

집회의 자유는 국가의 간섭이나 방해를 받지 않고 자유롭게 집회를 계획·개최하고 집회에 참가할 권리인 적극적 자유뿐만 아니라, 집회에 참가하지 아니할 권리인 **소극적 자유도 보장**한다. 공권력이 집회를 금지하거나 또는 대중집회의 개최를 명령하고 국민을 강제로 동원하는 것은 집회의 자유에 대한 대표적인 제한에 해당한다. 또한, 집회참가자에 대한 지연적 검색을 통하여 집회장소에 접근하는 것을 방해하는 국가행위, 국가가 개인의 집회참가행위를 감시하고 그에 관한 정보를 수집하는 행위도 집회의 자유에 대한 제한에 해당한다.

2. 헌법상 집회의 개념

가. 집회란 **공동의 목적을 가진 다수인의 일시적 모임**을 말한다. 집회의 개념은 '다수인의 모임'이란 객관적 요소와 '공동의 목적'이란 주관적 요소의 2가지 요소로 구성된다.

(1) 집회는 **'다수인이 모이는 것'**을 전제로 하는데, '다수인'이란 2인 이상을 의미한다. 집회의 자유를 타인과의 접촉을 통하여 서로의 의견을 교환하고 공동으로 인격을 발현하는 자유로서 이해한다면, 2인이 모이는 것으로 집회의 자유의 행사가 가능하다. 그러나 **1인의 시위**는 집회의 개념을 충족시키지 못하므로, 집회의 자유가 아니라 표현의 자유에 의하여 보호된다.

(2) 집회의 개념을 충족시키기 위해서는 **다수인이 공동의 목적을 추구한다는 '내적 유대관계'**가 있어야 한다. 바로 이러한 내적인 유대관계가 일정 장소에 모인 다수인을 집회의 '참가자'로 만드는 것이다. 따라서 **다수인이 단지 우연히 모인 것**만으로는(예컨대, 교통사고 현장이나 쇼 윈도 앞에

다수인이 군집한 경우) 집회의 개념을 충족시키지 않는다. 한편, 다수인이 우연히 모인 경우라도 모임의 진행 과정에서 처음에 결여된 내적인 유대관계가 사후적으로 형성된다면(가령, 교통사고 현장의 군집이 시위로 발전하는 경우), 언제라도 집회의 성격을 가질 수 있다. **내적인 유대관계가 존재하는 한, 공동으로 추구하는 목적의 내용이 무엇인지는 중요하지 않다.** 집회의 자유는 **임의의 목적**을 위하여 모이는 자유를 보장하는 독자적인 기본권이다. 공동의 의견표명을 목적으로 하는 정치적 시위뿐만 아니라 공동의 의견표명에 이르지 않는 학문·예술·체육·종교·의식·친목·오락·관혼상제 및 국경행사에 관한 집회도 당연히 헌법에 의하여 보호되는 집회에 속한다. 헌법재판소도 "공동의 목적은 '내적인 유대 관계'로 족하다."고 판시하고 있다(헌재 2009. 5. 28. 2007헌바22).

나. 비록 헌법이 명시적으로 밝히고 있지는 않으나, 집회의 자유에 의하여 보호되는 것은 **단지 '평화적' 또는 '비폭력적' 집회**이다(헌재 2003. 10. 30. 2000헌바67). 폭력의 사용은 기본권적 자유를 행사하는 방법이 될 수 없다.

한편, '평화적 집회'가 곧 '합법적 집회'를 의미하는 것은 아니다. 평화적 집회는 합법적 집회인지와 관계없이 단지 물리적 폭력을 사용하지 않고 평화적으로 진행되는 집회이다. **신고하지 않은 평화적 집회**는 법익충돌의 가능성에 관하여 관할 행정청의 사전적 판단을 거치지 아니하였으므로, 현재 비록 평화적으로 진행된다 하더라도 법익충돌의 잠재적 가능성을 가지고 있는 집회이다. 이에 대하여 **합법적 집회**란, 집시법에 따라 사전에 신고하여 신고한 내용에 따라 진행되는 집회를 말한다. 합법적 집회는 법익충돌의 가능성에 관하여 관할행정청의 사전적 판단을 거친 집회이므로, 법익충돌의 가능성이 최소화된 집회이다.

Ⅳ. 헌법 제21조 제2항의 허가제 금지의 의미

1. 사전적 통제장치로서 허가제와 신고제의 필요성

헌법 제21조 제2항은 "… 집회·결사의 자유에 대한 허가는 인정되지 아니한다."고 하여 허가제 금지를 규정하고 있다. 집회의 자유의 행사는 다수인의 집단적인 행동을 수반하기 때문에, **특히 옥외집회의 경우 공익이나 타인의 법익과 충돌할 가능성**이 크다. 따라서 어떠한 방식으로든 행정청으로 하여금 사전에 집회의 자유와 다른 법익을 조화시킬 수 있는지 여부에 관하여 판단할 수 있도록 하는 사전적 통제조치가 필요하다. 행정청으로 하여금 적시에 사전적·예방적 통제를 가능하게 하는 조치로서, **허가제와 신고제**가 고려된다. 비교법적으로 미국과 일본은 허가제를 채택하고 있고, 독일은 신고제를 취하고 있다. 허가제와 신고제 모두 법적으로 금지되는 집회를 사전에 금지한다는 점에서 근본적으로 큰 차이가 없다.[13)]

2. '집회의 내용'에 대한 규제와 '집회의 자유의 행사방법'에 대한 규제

'집회의 내용과 목적에 대한 국가의 규제'와 '집회의 자유의 행사방법에 대한 국가의 규제'는

---

13) 입법자는 옥외집회를 일반적으로 금지하면서 국민의 신청에 의하여 허가요건이 충족되거나 금지요건에 해당하지 않는 경우 집회를 허가하는 **허가제**를 취할 수도 있고, 옥외집회에 대해서는 사전신고를 의무화하고, 신고내용으로 보아 법적으로 금지되는 요건에 해당하는 경우에는 사전에 이를 금지하는 **신고제**를 채택할 수도 있다.

기본권주체에 대한 제한의 효과 및 공동체에 대하여 미치는 영향에 있어서 근본적으로 다르다. **집회의 자유의 행사방법에 대한 국가의 규제**는 집회의 자유와 이와 상충하는 다른 보호법익을 조화시키고 양립시키기 위하여 필요불가결한 법치국가적 수단으로서, 궁극적으로 집회의 자유의 행사를 가능하게 하기 위한 것이다. 따라서 집회의 자유의 행사방법에 대한 규제는 기본권주체에 대한 제한 효과가 경미할 뿐만 아니라, 공동체의 법익을 보호하고 다른 기본권주체의 기본권행사를 가능하게 하기 위하여 요청되는 것이다.

이에 대하여, **집회의 내용과 목적에 따른 규제**는, 집회를 통한 집단적인 의견표명을 그 내용에 따라 선별적으로 억제할 수 있다는 점에서 자의적인 국가공권력의 행사에 해당하는 것으로, 어떠한 헌법적 관점에서도 정당화되지 않는다. 이러한 규제가 기본권주체에 대하여 중대한 제한 효과를 초래함은 물론이고, 민주주의를 구성하는 요소로서 집회의 자유의 기능을 형해화하는 중대한 효과를 가진다.

3. 허가제 금지의 의미

가. 집회의 내용에 대한 허가의 절대적 금지

헌법이 제21조 제2항에서 '집회에 대한 허가'를 금지하는 것은 일차적으로, **집회의 내용과 목적에 따라 국가기관으로 하여금 집회의 허용여부를 판단하게 하는 허가제**를 '절대적으로' 금지하는 것이다. 집회의 내용과 목적에 따른 허가는 '집회를 통하여 집단적으로 표명되는 의견의 내용(표현물의 내용)에 대한 허가'와 동일한 의미를 가지는 것이고, 이로써 '표현물의 내용에 대한 검열'이 절대적으로 금지되는 바와 같이, 집회의 내용과 목적에 대한 검열도 절대적으로 금지된다. 헌법 제21조 제2항에서 절대적으로 금지하고 있는 '허가'란 **집회의 내용과 목적에 따라** 집회의 허용여부에 관한 **행정청의 자의적인 결정을 가능하게 하는 허가제**를 의미하는 것이다.

나. 집회의 행사방법에 대한 허가의 상대적 금지

반면에, 집회행사의 방법을 규율하는 허가제는 어떠한 경우에도 허용되지 않는다는 의미에서 절대적으로 금지되는 것이 아니라, **신고제와의 관계에서 상대적으로 금지**된다. 집회의 자유의 행사방법을 규율하는 사전적 절차로서 허가제와 신고제 사이에 본질적인 차이가 없다 하더라도, **허가제는 절차적인 관점에서 집회의 자유를 보다 제한하는 불리한 제도**이다. 따라서 집회의 자유에 대하여 보다 경미한 제한을 가져오는 신고제에 의해서도 공익을 실현할 수 있음에도 허가제를 취하는 것은 과잉제한금지의 원칙에 위반되어 집회의 자유를 과잉으로 제한하는 것이다.

입법자가 집회의 자유의 행사와 관련하여 원칙적으로 허가제를 채택하는 것은 과잉금지원칙에 위반된다고 할 수 있으나, 특수한 상황에서의 옥외집회(예컨대, 특정 장소에서의 옥외집회나 야간 옥외집회)가 공공의 안녕질서에 미칠 영향을 고려하여 **특수한 상황에 대처하기 위하여 예외적으로 허가제를 도입하는 것은 헌법적으로 허용**된다.

판 례 야간의 옥외집회를 원칙적으로 금지하면서 집회의 성격상 부득이한 경우에는 관할경찰관서장으로 하여금 야간에도 옥외집회를 허용할 수 있도록 허가제를 규정한 집시법 제10조의 위헌여부가 문제된 **'야간 옥외집회금지 사건'**에서, **재판관 5인의 다수의견**은 집회의 내용에 따른 허가제와 집회의 행사방법을 규율하는 허가제를 구분하지 아니하고 일률적으로 허가제를 절대적으로 금지되는 것으로 이해함으로써, 집시법 제10조는 헌법상 절대적으로 금지되는 허가제에 해당한다는 이유로, 위 조항이 집회의 자유를 과잉으로 제한하는지에 관하여 실체적으로 판단할 필요도 없이, **이미 이러한 형식적인 이유로 위헌**이라고 판단하는 오류를 범하였다(헌재 2009. 9. 24. 2008헌가25, 판례집 21-2상, 427, 441-444).

반면에, **재판관 2인의 소수의견**은, 집회의 내용에 관한 규제와 집회의 시간·장소에 관한 규제를 구분하여, 집회의 내용 규제가 아닌 시간·장소에 관한 허가는 내용 중립적인 것으로 헌법에서 금지하고 있는 허가에 해당하지 않는다는 입장을 밝힌 다음, 집시법 제10조에서 옥외집회가 원칙적으로 금지되는 야간시간대를 너무 광범위하게 정하고 있으므로 입법목적의 달성을 위하여 필요한 정도를 넘는 과도한 제한이라는 **실체적인 이유로 위헌**이라고 판단하였다(판례집 21-2상, 427, 428-429).

한편, 헌법재판소는 후속결정에서 재판관 전원의 일치된 의견으로 "**헌법 제21조 제2항의 '허가'는 '행정청이 주체가 되어 집회의 허용 여부를 사전에 결정하는 것'**으로서 행정청에 의한 사전허가는 헌법상 금지되지만, 입법자가 법률로써 일반적으로 집회를 제한하는 것은 헌법상 '사전허가금지'에 해당하지 않는다. 따라서 입법자는 법률로써 옥외집회에 대하여 일반적으로 시간적, 장소적 및 방법적인 제한을 할 수 있고, … 이 사건 집회조항은 법률에 의하여 옥외집회의 시간적 제한을 규정한 것으로서 그 단서 조항의 존재에 관계없이 헌법 제21조 제2항의 '사전허가금지'에 위반되지 않는다고 할 것이다."고 판시함으로써 **종전의 판례를 변경**하였다(헌재 2014. 4. 24. 2011헌가29, 판례집 26-1상, 574, 580-581).

헌법재판소의 **위 판시내용은 매우 모호**하여 그 의미를 정확하게 파악하기 어려우나, 헌법 제21조 제2항에서 금지하는 허가를 '행정청이 주체가 되어 집회의 허용 여부를 사전에 결정하는 것'으로 서술한 것은 **표현물의 내용에 대한 사전검열의 정의**를 빌려서 표현한 것으로 보이고, 이는 곧 '집회의 내용과 목적에 따른 허가'를 의미하는 것이다.

V. 제 한

1. 옥외집회 신고제

가. 옥외집회의 개념

집시법은 옥외집회와 옥내집회를 구분하여, **옥외집회의 경우에만 신고의무를 부과**하고 있다. '옥외집회'란, **불특정 다수인과의 우연한 접촉가능성으로부터 차단되지 않은 집회**를 의미하는 것이며, '옥외집회인지'의 구분은 집회참가자와 그 외의 자를 차단하는 4면의 벽이 있는지 여부에 달려 있다. 집시법은 제2조에서 "옥외집회란 천장이 없거나 사방이 폐쇄되지 않은 장소에서 여는 집회를 말한다."(제1호)고 규정하고 있다.

옥외집회의 경우 외부세계, 즉 다른 기본권의 주체와의 직접적인 접촉가능성으로 인하여 옥내집회와 비교할 때 **법익충돌의 위험성이 크기 때문에**, 집회의 자유의 행사방법과 절차에 관하여 보다 자세하게 규율할 필요가 있다(헌재 2003. 10. 30. 2000헌바67, 판례집 15-2하, 41, 55). 옥외집회는 집회장소로서 도로 등 공공장소의 사용을 필요로 한다는 점에서 교통소통장애, 소음발생 등 일반인에게 불편을 주게 되고, 다수인에 의한 집단적 행동을 수반한다는 점에서 공공의 안녕질서에 대한 위험을 가져올 수 있다.

나. 신고제의 목적

집시법은 제6조 제1항에서 옥외집회를 하고자 하는 경우 신고서를 집회의 48시간 전에 관할 경찰관서장에게 제출해야 할 신고의무를 부과하고 있다. 신고제의 목적은, **집회의 자유와 다른 보**

호법익이 양립할 수 있는 가능성을 모색함으로써 집회를 가능하게 하고자 하는 것이다. 신고의무는, 관할행정청이 원활한 집회의 진행과 제3자의 법익 · 공익의 보호를 위하여 어떠한 조치를 취해야 하며, 서로 상충하는 법익을 어떻게 조화시킬 수 있는지에 관하여 **사전에 준비할 수 있도록, 그에 필요한 정보를 얻게 하는 데 그 목적**이 있다. 이로써 신고의무는 한편으로는 계획된 집회의 원활한 진행을 가능하게 하면서, 다른 한편으로는 공공의 안녕질서에 대한 위험을 최소화하고자 하는 것이다(헌재 2009. 5. 28. 2007헌바22, 판례집 21-1하, 578, 590). 신고단계에서 행정관청과 주최자간에 정보의 교환, 대화와 협력이 가능해지며, 신고의무를 통하여 형성되는 '신뢰에 기초한 협력관계'는 헌법이 예정하는 '평화적 시위'의 구현에 크게 기여한다.

따라서 옥외집회의 신고의무를 규정한 신고제는 헌법 제21조 제2항에서 금지하는 허가제가 아님은 물론이고, 나아가 **현행 집시법상의 신고제**는 그 구체적인 내용(가령, 신고사항이나 신고기간 등)에 있어서도 과잉금지원칙에 부합한다(헌재 2009. 5. 28. 2007헌바22, 판례집 21-1하, 578, 590).

다. 우발적 집회 및 긴급집회

신고의무는 주최자에 의하여 사전에 계획된 집회를 전제로 하고 있다. 따라서 미리 계획되지 않고, 즉석에서의 동기부여(예컨대, 정치적 지도자의 암살, 전쟁발발 등)에 의하여 우발적으로 발생하는 **'우발적 집회'**의 경우, 신고의무의 이행이 불가능하다. 만일 신고의무규정을 우발적 집회에 대해서도 적용하여 신고의무를 위반했다는 이유로 처벌을 하거나 집회를 금지 · 해산할 수 있다면, 집시법은 신고제를 취함으로써 우발적 집회를 처음부터 금지하는 것이 된다. 입법자는 집회의 자유를 규율할 수 있으나, 입법자에 의한 신고의무의 도입이 특정 유형의 집회를 완전히 집회의 자유의 보호범위에서 배제할 수는 없다.

따라서 **신고의무규정은 신고제를 도입한 목적에 부합하게 '사전에 계획된 집회'를 규율대상으로 삼는 규정으로 합헌적으로 해석 · 적용되어야** 한다. 신고의무의 이행을 요구한다면 집회를 통하여 추구하는 목적이 달성될 수 없는 **'우발적 집회'의 경우, 신고의무규정은 적용되지 않는 것으로 해석해야** 한다. 또한, 사전에 계획되었지만 사안의 긴급성 때문에 48시간 전에 신고가 불가능한 **'긴급집회'의 경우**에도 신고의무는 '가능한 한 조속하게 신고해야 할 의무'로 축소되는 것으로 해석해야 한다(헌재 2014. 1. 28. 2011헌바174등). 이로써 집회의 성격상 신고의무의 이행이나 신고기간의 준수가 불가능하다면, 신고의무가 배제되거나 단기의 신고기간으로도 충분한 것으로 보아야 한다.

신고의무에 대한 예외가 인정된다면, 신고의무를 관철하고자 하는 규정도 적용될 수 없다. 그 결과, 자연발생적 집회나 긴급집회에 대해서는 신고의무를 위반했다는 이유로 집회의 금지나 해산이 정당화되지 않음은 물론이고, 나아가 신고의무의 위반을 징계하는 벌칙규정도 적용되지 않는다.

라. 신고의무의 위반이 집회의 금지와 해산을 정당화하는지의 문제

신고의무는 그 자체를 실현하기 위하여 규정된 것이 아니라, 집회의 자유와 다른 법익과의 충돌상황을 사전에 방지함으로써 궁극적으로 집회를 가능하게 하기 위하여 도입된 것이다. 따라서 **신고의무의 위반이 바로 자동적으로 집회의 금지나 해산을 결과로 가져와서는 안 된다.** 신고의무의 취지에 비추어 볼 때, 단지 신고를 하지 않았거나 또는 신고서 보완요구에 응하지 않았다는 이

유만으로는 집회의 금지나 해산이 정당화되지 않는다.

따라서 신고하지 아니한 **집회의 금지 · 해산 등을 통하여 신고의무를 관철하고자 하는 규정**도 **신고제를 도입한 목적에 부합하게 합헌적으로 해석 · 적용되어야** 한다. 집회의 금지와 해산에 관한 집시법규정들은 '신고의무의 위반과 더불어 **공공의 안녕질서에 대한 직접적 위협이 우려되거나 존재한다는 조건 하에서만** 집회의 금지나 해산이 가능하다'고 합헌적으로 해석해야만, 그 합헌성을 유지할 수 있다.

비록 **신고의무를 위반하였으나 집회가 평화적으로 진행되는 경우**, 이와 같이 법익충돌이 없는 상태 또는 상충하는 법익간의 조화가 이루어진 상태가 바로 집시법이 신고의무를 통하여 실현하고자 하는 상황이므로, 이러한 집회를 해산해야 할 아무런 정당한 사유가 없다. 다만, 집시법은 신고의무를 위반한 경우 벌칙규정을 두고 있는데, 이는 신고의무의 이행을 강제하기 위한 것으로서, 신고의무를 이행할 수 있음에도 이를 이행하지 아니한 경우에는 벌칙규정의 적용을 받는다(현재 2009. 5. 28. 2007헌바22).

판 례 미신고 시위에 대한 해산명령에 불응하는 자를 처벌하도록 규정한 집시법조항이 집회의 자유를 침해하는지 여부에 관하여 "집시법상 해산명령은 미신고 시위라는 이유만으로 발할 수 있는 것이 아니라, **미신고 시위로 인하여 타인의 법익이나 공공의 안녕질서에 대한 위험이 명백하게 발생한 경우에만** 발할 수 있고, …"라고 판시하고 있다(현재 2016. 9. 29. 2014헌바492).

2. 집시법상의 제한 수단

집회의 자유를 제한하는 수단은 **사전적 집회금지, 사후적 집회해산, 사전적 또는 사후적 제한통고(조건부 허용)**이다. 집회의 자유에 대한 제한은 다른 법익의 보호를 위하여 반드시 필요한 경우에 한하여 정당화되는 것이며, **집회의 금지와 해산**은 집회의 자유를 보다 적게 제한하는 다른 수단, 즉 조건을 붙여 집회를 허용하는 가능성(제한통고)을 모두 소진한 후에 비로소 고려될 수 있는 최종적 수단이다(2003. 10. 30. 2000헌바67, 판례집 15-2하, 41, 55). 조건을 붙여 집회를 허용할 수 있음에도 불구하고 집회를 금지하거나 해산하는 것은 과잉금지원칙에 위반된다. 집회의 금지와 해산은 원칙적으로 공공의 안녕질서에 대한 직접적인 위협이 명백하게 존재하는 경우에 한하여 허용될 수 있다.

집회의 자유를 제한하는 경우, 법익형량의 문제는 '집회의 자유를 최대한으로 보장하면서, 다른 법익에 대한 침해를 최소화할 수 있는지'에 관한 문제이다. 집회의 자유의 행사로 인하여 야기되는 법익침해(예컨대, 교통장애, 소음발생 등)가 집회의 목적 달성을 위하여 불가피한 경우에는 이러한 법익침해는 일반적으로 수인되어야 하나, 집회의 목적 달성을 위하여 불가피하지 않은 법익침해에 대해서는 관할관청은 법익침해를 방지하거나 최소화하는 조치를 취해야 한다.

3. 집회금지장소에 관한 특별규정

가. 특정 장소에서 원칙적인 집회금지의 헌법적 문제점

(1) 집회 장소는 집회의 목적과 효과에 대하여 중요한 의미를 가지기 때문에, 집회의 자유는 집회의 장소에 관한 자기결정권을 포함하는 기본권으로서, 집회를 장소적으로 항의의 대상으로부

터 분리시키는 것을 금지하고 있다(헌재 2003. 10. 30. 2000헌바67, 판례집 15-2하, 41, 54). 그런데 **구(舊) 집시법 제11조**는 국회의사당, 각급 법원 및 헌법재판소, 주요 국가기관의 장의 관저나 공관, 국내주재 외국의 외교기관의 청사로부터 반경 1백 미터 이내의 장소에서의 집회를 전면적으로 금지하였다. 위 규정은 개별적인 경우의 구체적인 위험상황과 관계없이, **단지 특정한 장소에서 집회가 행해진다는 것만으로 추상적인 위험성(고도의 법익충돌위험)이 존재한다는 예측판단에서 출발**하여, 위 장소에서의 집회를 일괄적으로 금지한 것이다.

(2) 특정 장소에서의 전면적인 집회금지의 위헌여부는 **과잉금지원칙의 관점**에서 다음과 같이 판단해야 한다. 첫째, 집시법은 일정한 신고절차만 밟으면 원칙적으로 집회를 할 수 있도록 보장하면서 집회로부터 발생하는 법익충돌의 위험에 대처하기 위하여 집회의 금지·해산·제한통고 등 다양한 법적 수단을 갖추고 있다는 점에서, 법익충돌이 특별히 우려되는 장소에서의 집회에 대해서도 이와 같은 **일반규정으로 해결하지 아니하고 집회금지장소에 관한 특별규정을 둔 것이 과도한 규제인지 여부**이다. 둘째, 입법자가 집회의 자유를 규율함에 있어서 특정 장소를 보호하는 별도의 특별규정을 두는 경우 **예외를 허용하지 않는 전면적인 집회금지가 반드시 필요한지 여부**이다.

나. 국가기관의 헌법적 기능에 따른 국가기관과 집회의 관계

국가기관의 헌법적 기능으로부터 **국가기관과 집회의 관계**가 결정된다. **법원의 헌법적 기능**은 헌법과 법률의 해석·적용을 통한 사법적 판단이며, 사법(司法)의 본질은 사법의 독립성·객관성·공정성이다. 따라서 법원은 그 기능상 외부로부터의 모든 영향가능성을 배제한다. 법원의 이러한 헌법적 기능에 비추어, 법원의 결정에 영향력을 행사하고자 하는 '법원 앞에서의 집회'는 사법의 본질에 반한다. 따라서 법원 앞에서의 집회(평화적인 집회를 포함하여)를 금지해야 할 공익의 비중은 중대한 반면에, 법원 앞에서의 집회금지로 인하여 초래되는 집회의 자유에 대한 제한의 정도는 적다.

국회의 헌법적 기능은 정치적 결정기관, 이익조정기관이다. 국회는 그 기능상 외부로부터의 모든 영향가능성을 배제하는 것이 아니라 수용한다. 국회의 이러한 기능에 비추어 국회의사당 앞에서의 집회는 국회의 기능에 반하는 것이 아니라 오히려 부합한다. 따라서 국회의 기능을 저해하지 않는 평화적 집회를 의사당 앞에서 금지해야 할 공익은 크지 않은 반면에, 의사당 앞에서의 전면적인 집회금지로 인하여 정치적 의사형성에의 참여를 가능하게 하는 집회의 자유에 대한 제한의 정도는 중대하다.

판 례 헌법재판소는 **국내주재 외교기관 청사로부터 반경 1백 미터 이내의 장소에서의 옥외집회를 전면적으로 금지**하고 있는 집시법 제11조 관련부분의 위헌여부가 문제된 사건에서, 입법자는 야간의 옥외집회나 특정 장소에서의 옥외집회의 경우와 같이 법익침해의 고도의 개연성이 있는 특수한 상황에 대해서는 그에 상응하는 규제를 할 수 있으므로, 집회금지장소에 관한 특별규정을 둔 것이 과도한 규제가 아니라고 판단한 다음, 이 사건 법률조항은 전제된 위험상황이 구체적으로 존재하지 않는 경우에도 이를 함께 예외 없이 금지하고 있는데, 이는 입법목적을 달성하기에 필요한 조치의 범위를 넘는 과도한 제한이라고 하여 위헌으로 판단하였고(헌재 2003. 10. 30. 2000헌바67), 입법자는 헌법재판소결정의 판시내용을 반영하여 집회금지에 대한 예외를 허용하는 단서규정을 신설하였다.

헌법재판소는 **국회의사당으로부터 반경 1백 미터 이내에서의 집회금지**에 대하여 "국회의 기능이나 역할에 비추어 예외를 두지 아니한 것이 침해의 최소성원칙에 반한다고 볼 수도 없다."고 하여 합헌으로 판단하였으나(헌재 2009. 12. 29. 2006헌바20등), 그 후 **판례를 변경하여 "국회의 헌법적 기능은 국회의사당 인근에서의 집회와 양립이 가능**한 것이며, 국회는 이를 통해 보다 충실하게 헌법적 기능을 수행할 수 있다. '민의의 수렴'이라는 국회의 기능을 고려할 때, 국회가 특정인이나 일부 세력의 부당한 압력으로부터 보호될 필요성은 원칙적으로 국회의원에 대한 물리적인 압력이나 위해를 가할 가능성 및 국회의사당 등 국회 시설에의 출입이나 안전에 위협을 가할 위험성으로부터의 보호로 한정되어야 한다."고 확인한 다음, 전제되는 위험상황이 구체적으로 존재하지 않는 경우(소규모 집회, 공휴일이나 휴회기 등에 행하여지는 집회, 국회의 활동을 대상으로 하지 않는 집회 등)까지도 예외 없이 집회를 금지하는 것은 과잉금지원칙을 위반하여 집회의 자유를 침해한다고 판단하였다(헌재 2018. 5. 31. 2013헌바322등).

마찬가지로, 헌법재판소는 **법원청사로부터 반경 1백 미터 이내에서의 집회금지**에 대해서도 종래 합헌으로 판단한 바 있으나(헌재 2005. 11. 24. 2004헌가17), 그 후 **선례를 변경**하여 법원 업무를 저해하거나 재판에 영향을 미칠 우려가 없는 집회까지도 전면적으로 금지하는 것은 위헌이라고 판단하였다(헌재 2018. 7. 26. 2018헌바137).

또한, **국무총리 공관으로부터 반경 1백 미터 이내에서의 집회금지**에 대해서도, 국무총리 공관의 기능과 안녕을 보호하는데 필요한 범위를 넘어 집회를 일률적·전면적으로 금지함으로써 과잉금지원칙에 위반된다는 이유로 위헌으로 판단하였다(헌재 2018. 6. 28. 2015헌가28등). **'대통령 관저' 인근 및 '국회의장 공관' 인근에서의 집회를 금지**하는 집시법조항에 대해서도 위 결정과 동일한 이유로 과잉금지원칙에 위배되어 집회의 자유를 침해한다고 판단하였다(헌재 2022. 12. 22. 2018헌바48; 헌재 2023. 3. 23. 2021헌가1).

4. 집회금지시간(야간 옥외집회)에 관한 특별규정

집시법 제10조는 야간의 옥외집회를 원칙적으로 금지하고 있다. 야간옥외집회를 금지하는 규정의 위헌성이 문제된다면, 이는 특정 장소에서의 집회를 금지하는 규정의 위헌성판단과 마찬가지로, 첫째, 집시법이 신고제를 원칙으로 하면서 집회로부터 발생하는 법익충돌의 위험에 대처하기 위하여 다양한 법적 수단(집회의 금지·해산·제한통고 등)을 갖추고 있다는 점에서, 야간집회에 대해서도 신고제의 일반규정으로 해결하지 아니하고 **허가제라는 특별규정을 둔 것이 과도한 제한**인지, 둘째, 옥외집회가 금지되는 야간시간대를 너무 광범위하게 정하고 있기 때문에 **최소침해성의 원칙에 반하는지 여부**에 관한 것이다.

판 례 헌법재판소는 집시법 제10조의 위헌여부가 문제된 헌재 2014. 3. 27. 2010헌가2등 결정 및 헌재 2014. 4. 24. 2011헌가29 결정에서 집시법 제10조가 옥외집회가 원칙적으로 금지되는 야간시간대를 너무 광범위하게 정하고 있으므로 과잉금지원칙에 위반하여 집회의 자유를 과도하게 침해한다고 판단하였다.

제 2 항 결사의 자유

Ⅰ. 헌법적 의미

헌법은 제21조 제1항에서 "모든 국민은 … 결사의 자유를 가진다."고 규정하고 있다. 결사의 자유는 일차적으로 **개인의 인격발현의 중요한 요소**로서, 임의의 목적을 위하여 타인과 모든 형태의 결사로 결합할 권리를 보장한다. 자유롭고 평등한 개인에 의하여 자발적으로 결성된 단체는 결사의 목적과 관계없이 결사의 자유의 보호를 받는다. 나아가, 결사의 자유가 국민의 정치적 의사형성과정에 참여하는 목적을 위하여 행사되는 경우에는 동일한 정치적 목적과 의견을 가진 사람들의 집단적인 의견형성과 의견표명에 기여한다는 점에서, 표현의 자유, 집회의 자유와 함께 **자유민주적 기본질서를 구성하는 기본권**에 해당한다.

헌법 제21조의 결사의 자유는 **'일반적' 결사의 자유**를 의미하기 때문에, 이에 대한 특별규범으로서 '특수한' 결사의 자유가 적용되는 경우에는 일반규범으로서 헌법 제21조는 적용되지 않는다. 종교단체를 결성할 자유는 특별규범인 헌법 제20조의 종교의 자유에 의하여 보호되며, 정당을 결성할 자유는 특별규범인 헌법 제8조의 정당의 자유에 의하여 보장된다. 또한, 근로자단체를 결성할 자유는 특별규범인 헌법 제33조의 근로3권에 의하여 보호된다.

Ⅱ. 법적 성격 및 결사의 개념

결사의 자유는 일차적으로 국가가 타인과 결합하고 단체를 결성하는 개인의 자유를 침해해서는 안 된다는 의미에서 개인의 **대국가적 방어권**이다. 뿐만 아니라, 결사의 자유는 **객관적 가치결정**으로서 법규범의 해석과 적용에 있어서 고려해야 할 헌법적 지침으로 기능한다.

'결사'란 자연인 또는 법인의 다수가(다수인) 상당한 기간 동안(지속성) 공동목적을 위하여(공동의 목적) 자유의사에 기하여 결합하고(자발성) 조직화된 의사형성이 가능한 단체(조직화된 의사형성)를 말하는 것으로 공법상의 결사는 이에 포함되지 아니한다(헌재 1996. 4. 25. 92헌바47, 판례집 8-1, 370, 377). 단체는 상당한 기간 동안 공동의 목적을 지속적으로 추구하기 위하여 결성되어야 하므로, **지속성**의 요소는 결사를 '일시적인 모임인 집회'와 구분하는 기준이다. 나아가, 결사는 일시적인 모임인 집회와는 달리 어느 정도 '조직상의 안정성'을 요청함으로써 **조직화된 의사형성**의 가능성을 구성요소로 한다. 개인의 자유의사에 기초하여 **자발적으로 결성**되지 않은 단체는 헌법 제21조의 결사의 개념에 포함되지 않으므로, 공법상의 강제결사는 결사의 개념에 속하지 않는다. 뿐만 아니라, 단체의 결합은 **공동의 목적**을 위한 것이어야 하며, 공동의 목적이 무엇인지에 관하여 아무런 제한이 없다.

Ⅲ. 보호범위

결사의 자유는 개인의 기본권이자 단체의 기본권으로서의 성격을 가지는 소위 **'이중적 기본권'**이다. 결사의 자유는 단체를 결성하는 개인의 권리 외에 결성된 단체의 권리도 보장한다. 여기서 개인의 권리로서 결사의 자유는 자연인뿐만 아니라 사법상 내국법인에게도 인정된다.

결사의 자유는 타인과 결합하여 **단체를 결성하는 개인의 자유**를 보장한다. 결사의 자유에 의하여 보호되는 것은 단지 단체결성의 자유뿐만 아니라, 기존의 단체에 가입할 자유, 가입한 단체에 잔류할 자유, 단체구성원으로서 활동할 자유를 포함하는 포괄적인 자유이다. 또한, 사법상 단체로부터 탈퇴할 자유 및 사법상 단체에 가입하지 아니할 자유와 같이 소극적 결사의 자유도 보호된다.

개인이나 법인에 의하여 결성된 단체 자체도 결사의 자유에 의하여 보호된다. **결성된 단체의 자유**를 보호범위에 포함시켜야 비로소 결사의 자유가 효과적으로 보호될 수 있기 때문이다. 단체의 자유는 단체존속의 자유뿐만 아니라 단체의 조직, 의사형성절차, 구성원의 가입 및 제명 등 단체의 내부질서를 자율적으로 형성할 권리인 '내부적 단체자치의 자유'를 포함하고, 나아가 외부적 활동을 통하여 단체목적을 추구하는 '단체활동의 자유'도 포함한다.

판 례 "헌법 제21조가 규정하는 결사의 자유라 함은 다수의 자연인 또는 법인이 공동의 목적을 위하여 단체를 결성할 수 있는 자유를 말하는 것으로 적극적으로는 ① 단체결성의 자유, ② 단체존속의 자유, ③ 단체활동의 자유, ④ 결사에의 가입·잔류의 자유를, 소극적으로는 기존의 단체로부터 탈퇴할 자유와 결사에 가입하지 아니할 자유를 내용으로 하는바, …"라고 판시하고 있다(헌재 1996. 4. 25. 92헌바47, 판례집 8-1, 370, 377).

나아가, "결사의 자유에는 '단체활동의 자유'도 포함되는데, 단체활동의 자유는 단체 외부에 대한 활동뿐만 아니라 단체의 조직, 의사형성의 절차 등의 단체의 내부적 생활을 스스로 결정하고 형성할 권리인 '단체 내부 활동의 자유'를 포함한다."고 함으로써, **'내부적 단체자치의 자유'를 '단체 내부 활동의 자유'로 표현**하고 있다(헌재 2012. 12. 27. 2011헌마562 등, 판례집 24-2하, 617, 624).

Ⅳ. 제 한

헌법 제21조 제2항은 "… 결사에 대한 허가는 인정되지 아니한다."고 하여 단체설립에 대한 **허가제를 금지**하고 있다. 따라서 단체결성을 전면적으로 금지하면서 법률이 정한 일정한 허가요건을 갖춘 경우에 한하여 단체결성을 허용하는 허가제는 허용되지 않으나, 등록제나 신고제는 허용된다.

국가는 무엇보다도 개인의 자유로운 단체설립을 금지함으로써, **개인적 결사의 자유를 제한**한다. 조합의 구역 내에서는 같은 업종의 조합을 2개 이상 설립할 수 없다고 하여 복수조합설립을 금지하는 경우(헌재 1996. 4. 25. 92헌바47), 독자적인 상공회의소가 설립될 수 있는 관할구역을 획정함에 있어서 광역시에 속해있는 군을 제외함으로써 광역시의 군에서 상공회의소의 설립을 금지하는 경우(헌재 2006. 5. 25. 2004헌가1) 등이 이에 해당한다. 또한, 국가가 단체의 가입이나 단체에의 잔류를 방해하거나 또는 단체의 가입을 강제하는 경우, 개인적 결사의 자유에 대한 제한이 인정된다. 가령, 농협과 축협을 당사자의 의사에 반하여 해산시키고 신설기관으로 합병하는 경우가 이에 해당한다(헌재 2000. 6. 1. 99헌마553).

한편, 단체의 정관에 대하여 국가의 허가를 받도록 하거나 회원모집을 위한 선전활동을 규제하는 경우 또는 설립된 단체를 금지하는 경우, **단체의 결사의 자유에 대한 제한**이 존재한다. 단체의 금지는 가장 강력한 제한의 형태에 해당하므로, 단지 최종적 수단으로서 고려된다. 그러나 단체가 국가의 존립을 위태롭게 하거나 자유민주적 기본질서를 제거하고자 시도하거나 형법에 위배되는 경우, 결사의 위험으로부터 국가를 보호하기 위하여 단체는 사후적으로 금지될 수 있다.

판 례 **사법인의 조합장이나 임원 등의 선거에서** 특정한 방법의 **선거운동을 금지**하는 법률조항은 공직선거에 한정되는 '선거운동의 자유'가 아니라, 단체의 내부적 활동을 스스로 결정하고자 하는 결사의 자유 및 선거공약 등을 자유롭게 표현할 표현의 자유를 제한한다고 판시하고 있다(헌재 2017. 6. 29. 2016헌가1; 헌재 2018. 2. 22. 2016헌바364).

또한, **공동주택 동별 대표자의 중임을 제한**하는 시행령조항은 사적 결사인 입주자대표회의의 구성원으로 가입할 자유인 결사의 자유(단체 가입의 자유)를 제한한다고 판시한 바 있다(헌재 2017. 12. 28. 2016헌마311).

제 9 절 학문과 예술의 자유

제 1 항 학문의 자유

Ⅰ. 헌법적 의미

헌법 제22조 제1항은 "모든 국민은 학문과 예술의 자유를 가진다."고 규정하고 있다. 학문의 자유는 미국이나 프랑스의 헌법에서 그 전신(前身)을 찾아볼 수 없는 기본권에 속한다. 학문의 자유는 그 정신적 뿌리를 **독일의 인문주의**에 두고 있는 기본권으로 19세기 초 독일에서 싹트기 시작하여, 1849년의 프랑크푸르트 제국헌법에 최초로 헌법적 지위로 보장되었다. 서양사에서 학문의 자유란 국가의 간섭에 대한 것이라기보다는, 인간의 이성을 신학적 교리와 구속으로부터 해방시키기 위한 것이었다. 역사적으로 학문의 자유를 헌법에 수용하게끔 한 중요한 계기는 과거 서양에서 **교회의 영향력행사로부터** 진리탐구와 학문적 활동을 보호하고자 하는 것이었다.

자유로운 학문적 활동은 **'개인의 인격발현'과 '국가의 발전'에 대하여 중요한 의미**를 가진다. 학문의 자유는 **개인적으로는** 목적에 구애받음이 없이 진리에 대한 자유로운 탐구로서 학자 개인의 자유로운 인격발현을 보장하는 정신적 자유의 중요한 요소이다. 나아가, 학문의 자유는 **국가적으로는** 새로운 인식의 제시와 발전을 통하여 문화를 창조하고 문화국가의 기초를 형성하는 기능을 하며, 모든 국민의 복지와 경제성장에 기여한다. 유용한 학문적 활동은 현대산업사회에서 경제적·사회적 발전의 필수적 요소에 해당한다는 점에서, 국가와 사회 전체의 발전에 있어서 **학문이 가지는 공익적 의미**는 점차 증가하고 있다. 이러한 점에서 국가가 학문을 지원하는 경우, 학문의 자유의 공익적 측면은 국가적 지원의 방향을 결정하는 기준으로 고려될 수 있다.

Ⅱ. 법적 성격

1. 대국가적 방어권

학문의 자유는 일차적으로 개인의 대국가적 방어권으로서 연구와 교수에 있어서 개인의 학문적 활동을 국가의 간섭이나 영향력행사로부터 보호하며, 나아가 학문적 활동이 대학에서 이루어지는 경우 대학의 자치를 국가의 침해로부터 보호한다.

가. 개인의 자유

학문의 자유는 일차적으로 **국가의 간섭과 방해로부터 개인의 자유로운 학문활동을 보호**하고자 하는 기본권이다. 학문의 자유는 자유로운 연구와 교수를 할 수 있는 개인의 기본권으로서, 개별 학자가 학문적 인식을 획득하고 전달하는 과정에 대하여 국가가 영향력을 행사하는 것으로부터 보호한다.

그러나 연구의 목적을 위하여 **국가의 지원을 요구할 수 있는 개인의 권리**, 가령 '기본적인 연구시설을 요구할 수 있는 개인의 권리'는 학문의 자유로부터 도출되지 않는다. 다만, 국가가 일단 재정적 지원을 한다면, 학문의 자유와 평등원칙의 연관관계로부터 국가에 의하여 제공된 재원을 분배함에 있어서 적절한 고려를 요구할 수 있는 개인의 권리가 인정된다.

나. 대학의 자치

대학의 자치(自治)란 **대학의 자율성의 보장, 국가에 대한 대학의 학문적 자치의 보호**를 의미한다. 전통적으로 학문의 자유는 주로 대학에서의 연구·교수와 연관된 것이었고, 이에 따라 일차적으로 대학의 자유를 의미하였다. 대학의 자치의 본질은 대학의 자치입법과 자치행정이다. 헌법은 제31조 제4항에서 '대학의 자율성'을 언급함으로써 학문의 자유에 '대학의 자치'가 포함됨을 간접적으로 밝히고 있다. 대학의 자치란 대학과 외부세력(국가나 사학재단 등) 사이의 외부적 관계에 관한 것이므로, **국가를 비롯한 외부세력의 규율이나 지시에 의하여 침해**된다.

대학의 자치란 **학문적 자치를 실현하기 위하여 대학의 운영에 관한 모든 사항을 외부의 간섭 없이 자율적으로 결정할 수 있는 자유**를 말한다. 즉, 대학이 인사(교수의 임용과 보직), 학사(연구와 교수의 내용과 방법, 교과과정의 편성, 학생의 선발과 전형, 학점의 인정, 학위의 수여), 시설과 재정(시설의 관리·운영 및 재정의 배정) 등 대학의 학문적 자치와 관련된 모든 사항을 자주적으로 결정하고 운영할 자유를 말한다. 그러나 대학의 자유는 개별 대학의 존속을 보장하거나 '전통적으로 형성된 특정한 대학형태'의 제도적 보장을 의미하지는 않는다. 국가는 대학의 구조와 조직을 형성함에 있어서 광범위한 형성권을 가지고 있다.

대학에게는 **학문의 연구와 교수라는 헌법상 부여된 과제와 기능의 범위 내에서** 자치가 부여된다. 대학의 자치는 연구와 교수라는 대학의 기능을 수행하는 데 필요한 사항을 자주적으로 결정하는 것이기 때문에, 연구와 교수의 영역에서 대학의 자유로운 활동을 위하여 불가결한 것 이상의 것은 학문의 자유에 의하여 보호되지 않는다.

판 례 헌법재판소는 **'서울대학교 입시요강 사건'**에서 "헌법 제31조 제4항이 규정하고 있는 교육의 자주성, **대학의 자율성 보장**은 대학에 대한 공권력 등 외부세력의 간섭을 배제하고 대학인 자신이 대학을 자주적으로 운영할 수 있도록 함으로써 대학인으로 하여금 연구와 교육을 자유롭게 하여 진리탐구와 지도적 인격의 도야라는 대학의 기능을 충분히 발휘할 수 있도록 하기 위한 것으로서 이는 학문의 자유의 확실한 보장수단이자 **대학에 부여된 헌법상의 기본권**이다."라고 하여 **대학자치의 헌법적 의미**를 서술하고 있다(헌재 1992. 10. 1. 92헌마68등).

'국립대학의 장 후보자추천 사건'에서 "청구인들에게 대학총장 후보자 선출에 참여할 권리가 있고 이 권리는 대학의 자치의 본질적인 내용에 포함된다고 할 것이므로 결국 헌법상의 기본권으로 인정할 수 있다."고 판시하여 **국립대학의 장 후보자 선정에 교수나 교수회가 참여할 권리**를 대학자치의 보장내용에 포함시키고 있다(헌재 2006. 4. 27. 2005헌마1047등).

한편, **'세무대학 폐지 사건'**에서 "이러한 자율성은 법률의 목적에 의해서 세무대학이 수행해야 할 과제의 범위 내에서만 인정되는 것으로서, … "라고 하여 **대학의 자치가 학문의 연구와 교수라는 과제의 범위 내에서만 부여**된다는 것을 확인하면서(헌재 2001. 2. 22. 99헌마613, 판례집 13-1, 367, 380), "대학의 자율성은 그 보호영역이 원칙적으로 당해 대학 자체의 계속적 존립에까지 미치는 것은 아니다."라고 하여, 대학의 자치는 합리적인 이유에서 대학을 폐지하는 것에 대하여 **개별 대학의 존속을 보호하는 것은 아니라고 판시**하고 있다(판례집 13-1, 367, 379).

2. 객관적 가치질서

학문의 자유는 객관적 가치질서로서 **학문을 적극적으로 보호하고 육성해야 할 국가의 의무**를 부과한다. 첫째, 국가는 인적·재정적·조직상의 지원을 통하여 **자유로운 학문 활동이 가능하기 위한 실질적 조건을 형성해야 할 의무**를 진다. 오늘날 대부분의 학문영역, 특히 자연과학의 영역에서 독립적인 연구와 학문적 교수는 국가의 재정적 지원 없이는 사실상 이루어질 수 없기 때문에, 국가의 지원의무에 특별한 의미가 부여되며, 국가급부에의 참여는 오늘날 학문의 자유를 실제로 행사하기 위한 필수적 조건이다.

둘째, 입법자는 **대학에서 자유로운 학문 활동이 가능하도록 대학의 조직상의 구조를 형성**함으로써, 학문의 자유(대학의 자치)를 보장해야 할 의무를 진다. 대학의 자치가 학문의 자유에서 파생하는 자유라는 점에서 대학자치의 일차적 주체는 대학교수이므로, 연구와 교수의 영역에서 이루어지는 결정에 있어서는 대학교수의 집단에게 결정적인 영향력이 확보되도록 대학이 조직되어야 한다.

셋째, 국가는 **사회세력에 대해서도 학문의 자유와 대학의 자치를 보호해야 할 의무**를 진다. 우리의 경우와 같이 대학교육이 주로 사립대학에 의하여 제공되는 경우, 학문의 자유가 사학재단에 의하여 침해될 위험이 있다. **교수의 신분보장**은 대학에서 자유로운 학문적 활동이 이루어지기 위한 필수적인 전제조건이므로, 입법자는 대학의 자치가 가능하도록 교수의 신분을 법률로써 보장해야 하며, 특히 사립대학에서 교수재임용제도와 관련하여 사학재단에 의하여 교수가 부당하게 그 신분을 박탈당하는 일이 없도록, 입법자는 재임용제도를 절차적으로 형성해야 할 의무를 진다.

Ⅲ. 주 체

진리를 탐구하는 모든 사람, 학문적으로 활동하는 모든 사람이 학문의 자유의 주체가 될 수 있다. 자연인뿐 아니라 **법인도 공법인이든 사법인이든 관계없이**, 학문의 자유의 주체가 된다. 가령, 대학, 연구기관, 대학교수·조교 등 모든 연구자, 심지어 대학생도 연구에 참여하는 등 학문적인 방법으로 활동하는 한 학문의 자유의 주체가 될 수 있다. 그러나 대학에서 대학생의 단순한 수학(受學)은 학문의 자유에 의하여 보호되지 않는다.

Ⅳ. 보호범위

1. 학문의 개념

학문이란 '그 내용과 형식에 있어서 진리의 탐구를 위한 진지하고도 계획적인 모든 시도'를 말한다. 학문의 개념은 '연구와 교수'라는 하위개념을 통하여 서술되고 구체화된다. **연구**는 새로운 인식을 얻고자 하는 정신적 활동이고, **교수**는 연구결과를 발표하고 학문적으로 전달하는 작업이므로, 연구는 교수가 가능하기 위하여 선행되어야 하는 필수적 작업이다, 학문적 활동은 본질적으로 연구와 교수를 통하여 이루어지므로, **학문의 자유는 연구의 자유와 교수의 자유를 구체적 내용**으로 한다.

2. 연구의 자유

학문의 자유의 핵심은 연구의 자유로서, 연구 없는 학문은 생각할 수 없다. 연구의 자유란 진리탐구의 자유로서 연구의 과제, 방법, 기간, 장소 등을 자유롭게 결정할 수 있는 자유, 즉 **연구와 관련된 모든 과정에서 국가로부터 간섭이나 영향, 방해를 받지 않을 자유**를 말한다. 연구가 학문의 자유에 의하여 보호되는지는 방법론의 타당성이나 연구결과가 진리에 부합하는지 여부에 달려있지 않으며, 연구의 결과가 교수를 통하여 발표되는지 여부에도 달려있지 않다. 그러므로 발표되지 않은 연구결과나 교수활동이 없는 순수한 연구기관도 학문의 자유에 의하여 보호된다.

3. 교수의 자유

교수(敎授)의 자유는 **학문적인 인식을 국가의 방해나 영향을 받지 않고 전달할 수 있는 자유**로서, 구체적으로 교수의 대상, 형식, 방법, 내용, 시간, 장소에 관한 자유로운 결정권을 말한다. 교수는 대학에서 강의를 통한 전달뿐만 아니라, 대학 내 및 대학 외에서 학문적 인식을 교육적으로 전달하거나 또는 자기책임 하에서 발표하는 모든 형태를 포함한다. 따라서 교수는 저서의 출판, 논문의 발표, 학술강연, 학술대회에서의 토론 등을 통하여 연구결과를 발표하는 자유를 포함한다.

교수의 자유는 연구의 자유와 불가분의 관계에 있으므로, 자신의 연구를 근거로 하여 이루어지는 학문적인 교수만이 교수의 자유에 의하여 보호된다. **교수는 연구를 통하여 얻은 결과를 전달하는 행위**를 의미하므로, 연구하는 사람만이 교수의 자유를 주장할 수 있다. 초중등학교의 수업은 국가에 의한 교육과제이행의 범주 내에서 이루어지는 것으로, 교수의 자유에 의하여 보호되지 않는다.

V. 제 한

1. 개인의 자유에 대한 제한

학문적 인식의 획득과 전달의 과정에 대한 국가의 모든 간섭이나 영향력행사는 학문의 자유에 대한 제한을 의미한다. 예컨대, 국가가 유전자공학과 같은 특정 연구 등 학문적 활동을 금지하거나 학문적 활동의 내용이나 방향, 문제제기, 방법 등에 관하여 지침을 제시하는 경우가 이에 속한다.

물론, 학문의 자유는 다른 법익의 보호를 위하여 제한될 수 있다. 학문적 연구는 인간존엄성을 존중해야 하고, 인간생명을 경시해서는 안 되며, 타인의 건강을 위협해서도 안 된다. 자연적 삶의 근거로서 자연환경의 보호도 학문적 활동을 제한할 수 있다. 연구의 자유는 다른 보호법익과의 충돌가능성이 적기 때문에 국가에 의한 규율의 필요성이 적지만, 오늘날 연구의 방법이나 장소 등과 관련하여 다른 법익과 충돌할 수 있는 가능성을 배제할 수 없으므로, 국가에 의한 규율이 요청되는 경우도 있다. 가령, 유독물질이나 방사능물질, 유전자변형물질 등을 가지고 하는 실험은 금지되거나 특별한 허가절차를 통하여 규율될 수 있다.

2. 대학자치에 대한 제한

입법자는 대학제도를 조직상으로 형성하는 영역에서 자신의 대학정책을 실현할 수 있는 **광범위한 형성의 공간**을 가지고 있다. 그러나 입법자의 형성권은 학문적 연구와 교수의 영역에 접근할수록 축소되고, 이에 대하여 학문적 활동과 연관성이 적을수록 보다 광범위하게 인정된다. **학문의 자유와 연관성이 없는 대학행정의 영역**에서 국가의 규율권한은 학문의 자유를 보호하고자 하는 대학의 자치에 의하여 제한을 받지 않는다. 반면에, **학문적으로 중요한 대학의 사안**, 즉 연구 및 교수와 직접적으로 관련되는 사안의 경우, 입법자의 형성권은 학문의 자유의 보장내용인 대학의 자치에 의하여 제한된다. 가령, 입법자가 학문적으로 중요한 사안에 관하여 학생과 교직원 집단에게 교수 집단과 대등한 공동결정권을 부여한다면, 대학의 자치를 침해할 수 있다.

국립대학에서 대학총장의 직무가 학문적 연관성을 가진다는 점에서 '대학총장 (후보자) 선출에 참여할 교수의 권리'는 대학자치의 보장내용에 포함되는 기본권이지만, 국립대학에서 장이 어떠한 방법으로 선출될 것인지, 직접선거가 실시되는 경우 선거관리를 어떻게 할 것인지는 학문의 자유와의 연관성이 적기 때문에, 입법자의 광범위한 규율권한이 인정된다.

판 례 **'국립대학의 장 후보자추천 사건'**에서 국립대학의 장 후보자 선정 방식의 하나로서 '대학의장 임용추천위원회에서의 선정'이라는 **간선제의 방식**을 규정하고 있는 교육공무원법규정은 대학의 자율을 침해하는 것이 아니며, 대학의 장 후보자 선정을 직접선거의 방법으로 실시하는 경우에 국립대학에서 선거관리를 공정하게 하기 위하여 중립적 기구인 **선거관리위원회에 선거관리를 위탁**하는 교육공무원법규정도 대학의 자율성을 침해하는 것이 아니라고 판시한 바 있다(헌재 2006. 4. 27. 2005헌마1047등).

제 2 항 예술의 자유

I. 헌법적 의미

헌법 제22조 제1항은 "모든 국민은 … 예술의 자유를 가진다."고 규정하고 있다. 예술의 자유는 역사적으로 국가와 사회세력으로부터 끊임없이 위협을 받아왔으며, 그 시대를 지배하는 정치적·종교적 이념이나 도덕관에서 벗어나는 예술 활동이 탄압을 받거나 그러한 예술작품이 대중과 접촉하는 것을 금지한 많은 예를 찾아볼 수 있다. 예술의 자유는 1919년 독일 바이마르 헌법에 처음으로 기본권으로서 수용되었고, 우리 헌법도 1948년 건국헌법 이래 예술의 자유를 규정하고 있다. 반면, 다수의 국가는 예술의 자유를 헌법에서 별도로 규정하지 아니하고 일반적 표현의 자유를 통하여 보호하고 있다(예컨대, 미국이나 일본).

예술과 법은 서로 긴장관계에 있다. 법은 필연적으로 규율을 목표로 하고, 이에 대하여 예술은 그 본질상 모든 제약을 부정하고 모든 금기를 깨고자 한다. 예술의 자유가 다른 법익과 충돌하는 경우, 예술의 자유는 법익형량과정에서 예술이라는 특성을 별도로 고려하고 예술작품을 가능하면 예술 특유의 관점에서 이해함으로써 예술의 자유로 인하여 다른 법익에 대한 침해를 인정하는 것은 가능하면 최소화되어야 한다는 요청을 하고 있다. 이로써, 예술의 자유는 법질서에 대하여 가능하면 '예술을 그냥 예술로서 보아줄 것', **'예술을 예술의 관점에서 판단해 줄 것'을 요청**하는 것이다.

Ⅱ. 법적 성격

예술이란, 예술가의 인상 · 체험 · 경험이 특정한 표현형식이란 매개체를 통하여 직접적인 표상으로 나타나는 자유로운 창조적 형성이다. 예술의 자유는 일차적으로 '예술'이라는 생활영역에서 개인의 자유로운 인격발현의 가능성을 보장하는 **개인의 주관적 방어권**으로서, 국가의 간섭이나 방해를 받지 않고 자유롭게 예술작품을 창작하고 창작품을 자유롭게 전시 · 상연 · 보급할 수 있는 개인의 권리를 보장한다.

나아가, 예술의 자유는 **객관적 가치결정**으로서, 국가에 대하여 자유로운 예술생활을 유지하고 **적극적으로 지원해야 할 과제**를 부과한다. 자유로운 예술 활동의 보장은 문화를 창조하고 문화국가의 기초를 형성하는 기능을 한다. 그러나 예술의 자유로부터 국가에 대하여 경제적 지원을 요구할 수 있는 개인의 주관적 권리가 나오는 것은 아니다. 또한, 객관적 가치결정으로서의 예술의 자유는 구체적인 사건에 적용되는 **법률조항의 해석에 있어서 해석의 지침**으로 기능한다. 예술의 자유가 일반적 인격권이나 청소년보호 등 다른 법익과 충돌하는 경우, 법적용기관은 풍자나 풍자화 등 당해 예술부문의 고유한 구조적 특성에 비추어 예술작품이 표현하고자 하는 바를 밝혀냄으로써, 가능하면 예술작품을 바르게 이해하는 해석가능성, 즉 다른 법익의 침해를 최소화하는 해석가능성을 기준으로 삼아야 한다.

Ⅲ. 주　　체

예술의 자유는 전문예술인만의 자유가 아니라 예술창작을 통하여 인격을 발현하고자 하는 모든 개인의 자유이다. 따라서 예술의 자유의 주체는 **예술적으로 활동하는 모든 인간**이다. 예술의 자유는 외국인과 무국적자에게도 인정되는 인간의 권리이다.

예술 활동이 예술가와 일반대중 사이의 관계를 형성하기 위하여 예술작품을 전시하고 보급하는 매체를 필요로 한다면, 그와 같은 중개적 활동을 하는 사람(가령, 영화제작자, 출판자 등)도 예술의 자유에 의하여 보호된다. **예술작품의 전시와 보급에 참여하는 자연인뿐만 아니라 사법상의 법인**(가령, 음반제작사, 출판사 등)도 예술의 자유의 주체가 될 수 있다.

Ⅳ. 보호범위

예술의 자유는 예술작품의 자유로운 창작(예술창작의 자유) 및 창작된 예술작품을 발표·전시·상연·보급 등의 방법으로 일반대중에 접근시키는 모든 활동(예술표현의 자유 또는 예술적 작용의 자유)을 보장함으로써 예술창작의 자유와 예술표현의 자유(예술적 작용의 자유)를 포괄하는 기본권이다.

판 례 헌법재판소는 음반제작자에 대하여 일정한 시설을 갖추어 등록할 것을 요구하는 법률조항의 위헌여부가 문제된 **'음반제작자 등록제 사건'**에서 제한되는 기본권으로 언론·출판의 자유와 예술의 자유를 언급하면서, "**예술창작의 자유**는 예술창작활동을 할 수 있는 자유로서 창작소재, 창작형태 및 창작과정 등에 대한 임의로운 결정권을 포함한 모든 예술창작활동의 자유를 그 내용으로 한다. 따라서 음반 및 비디오물로써 예술창작활동을 하는 자유도 이 예술의 자유에 포함된다. **예술표현의 자유**는 창작한 예술품을 일반대중에게 전시·공연·보급할 수 있는 자유이다. 예술품보급의 자유와 관련해서 예술품보급을 목적으로 하는 예술출판자 등도 이러한 의미에서의 예술의 자유의 보호를 받는다고 하겠다. 따라서 비디오물을 포함하는 **음반제작자도 이러한 의미에서의 예술표현의 자유를 향유**한다고 할 것이다."라고 판시하고 있다(헌재 1993. 5. 13. 91헌바17, 판례집 5-1, 275, 283).

1. 예술창작의 자유

예술창작의 자유는 국가의 간섭과 영향력행사로부터 자유로운 **예술작품의 창작과정을 보호**한다. 예술창작의 자유는 그 핵심적 내용으로서 창작소재를 선택하고 선택한 소재를 구체적으로 형성할 자유(창작소재 및 창작형태에 관한 결정권)는 물론이고, 창작과정의 진행, 창작을 위한 준비와 연습 및 창작된 작품의 보호에까지 미친다.

2. 예술표현의 자유

예술표현의 자유란 **예술작품을 통하여 일반대중에 접근하고 정신적으로 작용할 자유**(예술적 작용의 자유)를 말한다. 예술가가 창작물을 통하여 일반대중과 교류하고 대중에 정신적으로 작용하고자 하는 것이 모든 예술창작의 본질적 요소이자 궁극적 목적이기 때문에, 예술작품이 일반대중과 접촉하는 가능성이 보장되지 않는다면, 예술창작은 대부분의 경우 무의미하다. 예술의 자유에 대한 국가의 침해가 일반적으로 화실이나 작업실에서 예술작품을 창작하는 것을 금지하는 형태로 이루어지는 것이 아니라, 창작된 예술작품이 일반대중과 접촉하는 것을 방해하고 금지하는 형태로 이루어진다는 것을 감안한다면, 예술의 자유의 보호범위가 **'예술가와 대중이 만나는 영역'**으로 확대되지 않고서는 예술의 자유의 헌법적 보장은 공허할 뿐이다.

예술작품의 선전도 예술적 창작이 작용하는 영역으로서 예술의 자유에 의하여 보호된다. 한편, 예술작품의 판매나 저작권 등 예술적 성과를 경제적으로 이용하는 것은 예술의 자유가 아니라 재산권보장에 의하여 보호된다.

V. 제 한

1. 제한의 형태

국가가 예술창작의 자유나 예술표현의 자유를 금지나 제재 등의 수단을 통하여 방해하는 경우, 예술의 자유가 제한된다. 예술의 자유에 대한 제한은 일반적으로 **'명령과 금지'의 고전적 형태**로 이루어진다. 가령, 일정한 예술장르를 타락한 예술로 규정하여 전시와 보급을 금지하는 행위, 예술에 대한 국가의 검열이나 수준심사, 소설의 내용이 포르노라는 이유로 또는 특정인의 인격권을 침해한다는 이유로 소설의 출판이나 판매를 금지하는 행위 등을 예로 들 수 있다. 나아가, 예술의 자유에 대한 제한은 **사실상의 조치**(가령, 국가가 야외음악회를 소음발생을 통하여 방해하는 행위)에 의하여 사실적·간접적 제한의 형태로 이루어질 수 있다.

2. 제한의 가능성

예술의 자유도 다른 법익과의 충돌가능성으로 말미암아 무제한적으로 보장되지 않는다. 헌법적으로 보호되는 다른 법익, 즉 명예를 비롯한 인격권, 청소년의 보호, 제3자의 재산권보장 등을 위하여 요청되는 경우에는 예술의 자유는 제한될 수 있다.

예술의 자유의 보호범위를 예술창작의 자유와 예술표현의 자유로 구분한다면, 예술의 자유의 경우에도 **제한이 허용되는 정도는 개인연관성·사회연관성의 관점에 따라** 달라진다. 예술의 자유가 보장하고자 하는 바는 일차적으로 예술 활동을 통한 인격발현을 의미하는 예술창작이며, 이에 대하여 예술작품의 전시·공연행위는 이에 봉사하는 기능을 가지고 있기 때문에, 예술창작의 영역은 예술가와 외부세계 사이의 의사소통의 영역에 비하여 보다 강하게 보호되어야 한다. 예술작품의 창작이 이루어지는 고도로 개인적이고 사적인 영역은 원칙적으로 제한할 필요도 없고 제한을 허용하지도 않는다. 뿐만 아니라, 예술창작 그 자체는 사물의 본성상 법익충돌을 야기할 가능성이 거의 없는 반면, 외부세계에 정신적으로 작용하고자 하는 예술작품의 전시·상연의 경우 다른 법익과의 충돌가능성이 예정되어 있다. 따라서 개인의 행위가 예술의 자유의 핵심영역인 **예술창작의 영역에 접근할수록**, 국가에 의한 제한은 보다 엄격한 요건 하에서 허용될 수 있다.

제 10 절 재산권의 보장

I. 헌법적 의미

1. 재산권의 자유보장적 기능

재산권과 자유는 서로 불가분의 관계이자 상호보완관계에 있다. 자유로부터 재산권이 나오며(자유에 의한 재산권), 재산권은 자유에 기여한다(재산권에 의한 자유). **재산권은 자기 노력의 결과로서 '자유의 산물'**이다. 사유재산권의 정당성은 자유의 행사를 통한 개인의 노력에 있다. 사유재산권의 보장이란, 사적인 창의와 노력에 의한 경제적 성과를 개인에게 귀속시키고 이를 자유롭게 이용하고 처분할 수 있는 개인의 권리를 보장한다는 것을 의미한다.

나아가, **재산권은 '잠재적인 자유'**이다. 재산권이 곧 개인을 자유롭게 하는 것은 아니지만, 재산권 없이는 자유를 행사하고 인격을 발현하는 가능성에 있어서 큰 제약을 받게 된다. 개인은 자유롭기 위하여 재산권을 필요로 한다("재산권 없이 자유 없다."). 재산권은 개인에게 경제적 독립성을 부여하고, 자유를 실제로 행사할 수 있는 가능성을 제공한다.

헌법질서 내에서 재산권보장의 기능은, 개인이 각자의 인생관에 따라 자신의 생활을 자기책임 하에서 형성하도록 그에 필요한 물질적·경제적 조건을 보장해 주는 데 있다. 재산권보장은 자유로운 인격발현을 위한 경제적 전제조건, 즉 **'자유실현의 물질적 기초'**이다(헌재 1998. 12. 24. 89헌마214, 판례집 10-2, 927, 945). 이로써 재산권보장은 다른 자유권과 마찬가지로 궁극적으로 개인의 자유로운 인격발현과 자기결정을 위한 것이다.

2. 재산권보장의 법적 성격

재산권보장은 다른 자유권과 마찬가지로 개인의 주관적 공권이자 헌법의 객관적 가치결정이라는 이중적 성격을 가지고 있다. 일차적으로, 재산권은 **개인의 주관적 공권**으로서 개인의 구체적 재산권을 국가의 침해로부터 보호하고 방어하는 기능을 한다. 나아가, 헌법 제23조 제1항 전문은 사유재산권에 관한 헌법의 가치결정을 담고 있다. 객관적 가치질서로서의 재산권보장이란, **국가공동체 내에서 사유재산권은 가능하면 보장되어야 한다는 헌법적 가치결정**을 의미하며, 국가기관에게 사유재산권에 관한 헌법의 가치결정을 실현해야 할 의무를 부과한다. 즉, 입법자는 입법을 통하여, 법적용기관은 법의 해석과 적용에 있어서 사유재산권을 보장하고 실현해야 할 의무를 진다.

3. 헌법상 재산권의 개념

헌법상 재산권의 개념은 이미 헌법에 의하여 예정되어 있는 것으로, **입법자가 아니라 헌법 스스로에 의하여 결정**된다. 반면에, 입법자의 과제는 헌법상 재산권의 개념을 입법을 통하여 구체화함으로써 재산권의 보호대상을 확정하는 것에 있다.

헌법상 재산권의 개념은 헌법해석을 통하여 밝혀져야 하며, 헌법 내에서 재산권보장의 의미인 **'재산권의 자유보장적 기능'에 의하여 결정**된다. 재산권이 '자유실현의 물질적 기초'로서 기능하기 위해서는, 재산적 가치가 개인에게 전적으로 귀속되어 사적 이익을 위하여 사용·수익할 수 있어야 하고 이에 대한 원칙적인 처분권이 인정되어야 한다. 따라서 헌법상 재산권은 그의 법적 내용에 있어서 '사적 유용성(私的 有用性)'과 '원칙적 처분권'이라는 2가지 요소에 의하여 규정된다. 헌법상의 재산권이란 **사적 유용성과 그에 대한 원칙적인 처분권한이 인정되는 모든 재산적 가치**를 말한다.

Ⅱ. 보호범위(재산권보장의 보호대상)

1. 법질서의 산물로서 재산권

개인은 자유권을 행사하기 위하여 원칙적으로 입법자에 의한 사전적 형성을 필요로 하지 않는다. **대부분의 자유권이 보호하고자 하는 대상**이란 법질서에 의한 구체화를 필요로 함이 없이 **원래부터 존재하는 '자연적인' 자유와 법익**(생명권, 신체의 자유, 신앙·양심·학문·예술·표현의 자유 등)이다. 그러나 재산권의 경우에는 그 보호대상이 입법자에 의하여 비로소 형성되며, **개인이 재산권을 행사하기 위해서는 입법자에 의한 사전적 형성을 필요**로 한다. 재산권을 자연권 또는 선국가적 권리로 이해한다면, 이는 인간 누구나에게 사유재산을 소유할 권리가 인정된다는 관점에서 타당한 것일 뿐, 재산권이 자연적으로 존재하는 것은 아니다.

재산권의 내용과 한계는 입법자가 법률로써 정한다(헌법 제23조 제1항 후문). 입법자는 법률로써 무엇이 재산권에 해당하는지를 정함으로써 **재산권보장의 보호대상이 비로소 입법자에 의하여 형성**된다(기본권 형성적 법률유보). **재산권은 법질서의 산물**로서 법질서 내에서 인정되고 보호받기 위하여 입법자에 의한 형성을 필요로 한다(헌재 1998. 12. 24. 89헌마214, 판례집 10-2, 927, 944). 예컨대, 입법자가 지적 재산권을 규율하는 저작권법이나 특허법을 제정하기 전에는, 그 누구도 직접 헌법상의 재산권을 근거로 하여 자신의 저작권이나 특허권을 주장할 수 없는 것이다.

2. 입법에 의한 보호대상의 확정

가. 사적 유용성과 그에 대한 원칙적인 처분권을 내포하는 재산가치 있는 구체적 권리

(1) 법질서에 의하여 보호되는 재산권은 헌법으로부터 직접 나오는 권리가 아니라 입법자에 의하여 비로소 매개되는 권리이다. 따라서 '헌법상의 재산권'에 해당하는 '사적 유용성과 그에 대한 원칙적인 처분권한이 인정되는 모든 재산적 가치'가 재산권보장의 보호를 받는 것은 아니다. **입법자가 특정한 재산적 가치를 법률로써 구체적인 권리로 형성한 경우에만**, 개인은 비로소 재산권보장의 보호를 받을 수 있다. 헌법상 재산권보장의 보호대상은 '특정 시점에 합헌적인 법률이 재산권으로 정의한 모든 것'을 포함한다. **헌법상 보장된 재산권은 사적 유용성 및 그에 대한 원칙적인 처분권을 내포하는 재산가치 있는 구체적인 권리**이다.

재산권보장이 특정 시점에 법률로써 형성된 구체적인 권리를 그 보호대상으로 하기 때문에, 재산권보장의 보호대상도 사회상황과 법질서의 변화에 따라 달라질 수밖에 없다. 과거에는 개인의 경제적 생활기반이 주로 토지나 가축 등 소유물이었다면, 산업사회의 발전과 함께 이제는 임금이나 연금 등이 되었고, 이로써 보호대상은 필연적으로 **'자유실현의 물질적 기초'가 될 수 있는 모든 권리로 점점 더 확대**되었다.

(2) 따라서 재산권의 보호대상은 민법상의 소유권에 국한되는 것이 아니라 소유권을 비롯한 모든 종류의 물권 및 채권(가령, 급료청구권, 이익배당청구권, 주주권) 등 **재산적 가치 있는 사법상의 모든 권리, 나아가 일부 공법상의 권리**(가령, 군인연금법상의 연금수급권, 국가유공자의 보상수급권)를 포함한다(헌재 1998. 7. 16. 96헌마246, 판례집 10-2, 283, 309).

지적 재산권과 상속권도 재산권에 포함된다. 지적 재산권은 문학·예술·발명·과학 등 인간의 정신적 창작활동의 결과로서 얻어지는 무형의 산물에 대한 배타적 권리를 말한다. 헌법은 제22조 제2항에서 "저작자·발명가·과학기술자·예술가의 권리는 법률로써 보호한다."고 하여 지적 재산권을 보호하고 있다.

상속권은 피상속인의 재산을 그가 사망한 후에도 상속인의 수중에서 계속 존속하도록 하기 때문에, 재산권과 상속권 사이에는 밀접한 연관관계가 있다. 헌법은 상속권을 보장함으로써, 재산의 사용과 처분에 관한 개인적 자유를 그가 사망한 후에도 보장한다. 상속재산의 처분에 관하여 스스로 결정할 피상속인의 권리는 상속권보장에 있어서 핵심적인 의미를 가지므로, 피상속인의 **'유언의 자유'**는 상속권보장의 핵심적 구성요소로 간주된다.

판 례 헌법재판소는 **'상속승인간주 사건'**에서, **상속권은 재산권의 일종**임을 확인한 다음, "상속인이 귀책사유 없이 상속채무가 적극재산을 초과하는 사실을 알지 못하여 상속개시 있음을 안 날로부터 3월 내에 한정승인 또는 포기를 하지 못한 경우에도 단순승인을 한 것으로 보는 민법 제1026조 제2호는 기본권제한의 입법한계를 일탈한 것으로 재산권을 보장한 헌법 제23조 제1항에 위반된다."고 판단하였다(헌재 1998. 8. 27. 96헌가22).

피상속인이 증여 또는 유증으로 자유로이 재산을 처분하는 것을 제한하여 일정한 범위의 법정상속인에게 법정상속분의 일부가 귀속되도록 보장하는 **'유류분제도'**의 재산권 침해여부가 문제된 사건에서, 유류분제도 자체는 오늘날에도 유족들의 생존권을 보호하고 가족의 긴밀한 연대를 유지하기 위하여 필요하고 유류분권리자와 유류분을 획일적으로 규정한 것은 헌법에 위반되지 않으나, 패륜적인 상속인에 대하여 유류분상실사유를 별도로 규정하지 아니한 것, 상속재산형성에 대한 기여 등이 거의 인정되지 않는 피상속인의 형제자매에게까지 유류분을 인정하는 것, 기여분에 관한 민법조항을 유류분에 준용하는 규정을 두고 있지 않은 것은 재산권을 침해한다고 판단하였다(헌재 2024. 4. 25. 2020헌가4등).

나. 영리획득의 기회

반면에, 개인은 **법률로써 구체적인 권리로 형성되지 아니 한 재산적 가치**를 막연히 헌법상의 재산권이라고 주장하여 재산권보장의 보호를 요청할 수 없다. 구체적인 권리가 아닌 영리획득의 단순한 기회나 기업활동에 유리한 경제적·법적 상황이 지속되리라는 일반적인 기대나 희망은 재산권보장의 보호대상이 아니다.

판 례 헌법재판소는 "헌법상 보장된 재산권은 **사적 유용성 및 그에 대한 원칙적인 처분권을 내포하는 재산가치 있는 구체적인 권리**이므로, 구체적 권리가 아닌 **영리획득의 단순한 기회**나 기업활동의 사실적·법적 여건은 기업에게는 중요한 의미를 갖는다고 하더라도 재산권보장의 대상이 아니다."라고 판시하면서, 과거 구 약사법상 약사에게 인정된 **한약제조권을 폐지**하는 경우(헌재 1997. 11. 27. 97헌바10), **교원의 정년이 단축**되는 경우(헌재 2000. 12. 14. 99헌마112등, 판례집 12-2, 399, 408), 구법에 의하여 허가된 **업무범위가 축소**되는 경우(헌재 2002. 8. 29. 2001헌마159, 판례집 14-2, 203, 214), 종래 적법하게 운영해 온 **게임업 영업을 폐쇄**하게 된 경우(헌재 2002. 7. 18. 99헌마574, 판례집 14-2, 29, 44), '감염병 예방을 위한 집합제한 조치'로 **일반음식점의 영업이익이 감소**한 경우(헌재 2023. 6. 29. 2020헌마1669) 등에 입게 되는 경제적 불이익은 모두 단순한 기대이익이나 영리획득의 기회에 불과한 것으로 재산권의 범위에 포함되지 않는다고 판단하였다.

다. 재산권으로서 공법상의 권리

공법상의 권리의 경우, 모든 공법상의 권리가 아니라, **사법상의 재산권에 버금가는 강력한 법적 지위**가 개인에게 부여되는 경우에 한하여 재산권보장의 보호를 받는다. 공법상의 권리의 경우, 그 권리의 성질상 사법상의 권리와는 달리 권리주체가 자유롭게 처분할 수 없다는 점에서, 헌법상 재산권개념의 요소 중에서 '원칙적인 처분권'의 요건이 충족될 것을 요구할 수 없지만, **'사적 유용성'의 요건**을 충족시켜야 한다. 나아가, 재산권의 보장이란 사적인 창의와 노력에 의한 경제적 성과를 개인에게 귀속시키고자 하는 것이므로, 공법상의 권리가 재산권보장의 보호를 받기 위해서도 사회부조와 같이 국가의 일방적인 급부에 의한 것이 아니라 **수급자의 상당한 자기기여**에 기인해야 한다.

따라서 공법상의 권리가 헌법상의 재산권보장의 보호를 받기 위해서는 첫째, 공법상의 권리가 권리주체에게 귀속되어 개인의 이익을 위하여 이용가능해야 하며(**사적 유용성**), 둘째, 국가의 일방적인 급부에 의한 것이 아니라 권리주체의 노동이나 투자, 특별한 희생에 의하여 획득되어 자신이 행한 급부의 등가물에 해당하는 것이어야 하며(**수급자의 상당한 자기기여**), 셋째, **수급자의 생존의 확보에 기여**해야 한다. 이러한 요건을 통하여 사회부조와 같이 국가의 일방적인 급부에 대한 권리는 재산권의 보호대상에서 제외되고, 단지 사회법상의 지위가 자신의 급부에 대한 등가물에 해당하는 경우에 한하여 사법상의 재산권과 유사한 정도로 보호받아야 할 공법상의 권리가 인정된다(헌재 2000. 6. 29. 99헌마289, 판례집 12-1, 913, 948-949).

나아가, 공법상의 재산적 가치 있는 지위가 헌법상 재산권보장의 보호를 받기 위해서는 그 최소한의 전제조건으로서, 입법자에 의하여 수급요건, 수급자의 범위, 수급액 등 구체적인 사항이 법률에 규정됨으로써 **구체적인 법적 권리로 형성되어 개인의 주관적 공권의 형태**를 갖추어야 한다(헌재 1995. 7. 21. 93헌가14, 판례집 7-2, 1, 20, 22).

판 례 헌법재판소는 **군인연금법상 또는 공무원연금법상의 연금수급권** 등에 대하여 인간다운 생활을 보장하기 위한 사회보험 내지 사회보장적 성격과 아울러 헌법 제23조에 의하여 보장되는 재산권의 성격을 가진다고 판시하고 있다(헌재 1994. 6. 30. 92헌가9, 판례집 6-1, 543, 550; 헌재 1996. 10. 4. 96헌가6, 판례집 8-2, 308, 323).

연금수급자가 지방의회의원에 취임한 경우, 공무원으로서 받는 보수가 기존의 연금에 미치지 못하는 경우에도 **연금 전부의 지급을 정지**하도록 규정한 공무원연금법 및 군인연금법은 과잉금지원칙에 위반하여 연금수급자의 재산권을 침해한다고 판단한 바 있다(헌재 2022. 1. 27. 2019헌바161; 헌재 2024. 4. 25. 2022헌가33).

III. 재산권을 형성하는 입법자에 대한 재산권보장의 이중적 의미와 이중적 구속

1. 재산권보장의 이중적 의미

헌법 제23조 제1항 전문은 "모든 국민의 재산권은 보장된다."고 규정하고 있다. **입법자가 스스로 재산권을 형성**하면서 동시에 헌법상 재산권보장의 구속을 받기 때문에, 재산권보장은 주관적 보장만으로는 기본권적 보호기능을 완전하게 이행할 수 없으며, '재산권을 형성하는 입법자'에 대해서도 보호를 제공해야 한다. 따라서 '재산권보장'은 개인의 구체적인 재산권을 기본권으로서 보호한다는 **'주관적 보장'과** 재산권을 구체적으로 형성하는 입법자에 대한 **'객관적 보장'이라는 이중적 의미**를 가지고 있다.

첫째, 입법자가 법률에 의하여 구체적으로 형성된 기득재산권을 박탈하거나 그 내용을 재산권자에게 불리하게 변경하는 경우, 재산권보장은 각 재산권자에게 귀속된 **구체적인 권리의 존속을 보장**한다(주관적 보장). 둘째, 재산권보장은 입법자에게 재산권을 형성함에 있어서 재산권보장의 객관적 가치결정을 준수할 것을 요청함으로써, 입법자가 **법률로써 재산권을 위헌적으로 형성하는 것에 대하여 객관적인 보호**를 제공한다(객관적 보장). 재산권보장의 이중적 성격에 따라, 재산권의 내용과 한계를 정하는 입법자는 이중적으로 재산권보장의 구속을 받는다.

2. 재산권보장의 이중적 구속

가. 주관적 보장에 의한 입법자의 구속

(1) 재산권 제한의 2가지 형태

재산권의 주관적 보장이란 개인의 구체적 재산권의 존속보장을 의미하므로, **주관적 보장은 개인의 구체적인 재산권이 제한되는 경우에 기능**하고 주관적인 보호를 제공한다. 헌법은 제23조에서 **재산권제한의 형태**로서, 재산권의 내용과 한계를 정하는 재산권내용규정(제1항 및 제2항)에 의한 제한과 공용침해(제3항)의 2종류를 규정하고 있다(헌재 1999. 4. 29. 94헌바37, 판례집 11-1, 289, 305). 개인의 구체적인 재산권에 대한 제한은 헌법 제23조 제1항 및 제2항에 의하여 재산권의 내용을 형성하는 규정이 기득재산권의 내용을 불리하게 변경하는 경우 및 헌법 제23조 제3항에 의한 공용침해의 형태로 나타난다.

(2) 재산권내용규정에 의한 재산권제한의 경우, 신뢰보호원칙에 의한 입법자의 구속

입법자가 **헌법 제23조 제1항 및 제2항에 따라** 법률에 의하여 구체적으로 형성된 기득재산권을 제거하거나 그 내용을 재산권자에게 불리하게 변경하는 경우, **재산권을 새로이 형성하는 법률**은 동시에 구법에 의하여 형성된 기득재산권을 제한하는 효과를 가진다. 가령, 토지거래허가제로 인하여 토지의 자유로운 처분이 제한되는 경우, 종래 지목이 '대지'인 토지가 개발제한구역(그린벨트)으로 묶이는 경우 또는 종래 500평의 택지를 소유하고 있는 자에게 200평으로 택지 소유의 상한을 정하는 경우를 예로 들 수 있다. 이러한 경우, 입법자는 **구체적 재산권의 존속보장의 구속**을 받는다. 재산권의 존속보장은 합법적으로 취득한 구체적인 재산권이 존속하리라는 것에 대한 신뢰보호를 의미한다. 따라서 입법자가 법률개정을 통하여 기득재산권을 제한하는 경우에는 **재산권에 내재한 신뢰보호에 의한 구속**을 받는다.

(3) 공용침해에 의한 재산권제한의 경우, 가치보장에 의한 입법자의 구속

재산권보장의 일차적인 기능은 구체적인 재산적 권리의 '존속보장'에 있지만, 헌법 제23조 제3항에 따라 공공의 필요에 의하여 재산권에 대한 박탈이 불가피한 경우에는, 존속보장은 '재산권의 가치에 대한 보장'으로 전환된다. 헌법 제23조 제3항에 의한 공용침해의 경우 입법자는 정당한 보상을 지급해야 한다는 **'가치보장'의 구속**을 받는다.

나. 객관적 보장에 의한 입법자의 구속

(1) 입법자가 재산권의 내용을 장래에 있어서 새롭게 규율하는 경우, 입법자는 '사유재산권에 관한 헌법적 가치결정'에 의하여 객관적으로 구속을 받는다. 가령, 입법자가 법률로써 택지소유의 상한을 정하면서 **장래에 택지를 취득하는 경우에 한하여 위 법률을 적용하는 경우**, 과거에 택지를 취득한 자에 대해서는 위 법률이 적용되지 않기 때문에, 개인의 구체적인 재산권의 보호 문제인 **'주관적 보장'의 문제는 제기되지 않는다**. 이러한 경우, 재산권보장은 입법자에게 재산권을 형성함에 있어서 재산권보장의 객관적 가치결정을 준수할 것을 요청함으로써, 입법자가 법률로써 재산권을 위헌적으로 형성하는 것에 대하여 객관적인 보호를 제공한다.

(2) 재산권의 객관적 보장은 **종래 주로 '사유재산제도의 보장'으로 이해**되어 왔다. '사유재산제도의 보장'은 입법자에 대하여 사유재산권의 행사를 가능하게 하는 최소한의 법제도를 형성하고 유지해야 할 의무를 부과한다. 그러나 오늘날의 헌법질서에서 사유재산제도의 보장은 **재산권을 형성하는 입법자에 대한 최소한의 요청**으로서 재산권을 형성하는 입법자에 대한 헌법적 구속의 단지 하나의 측면만을 서술하고 있을 뿐이다. 오늘날의 헌법국가에서 입법자를 구속하는 것은, 헌법이 사유재산권을 보장한 것의 정신, 즉 사유재산권에 관한 객관적 가치결정이다.

그러므로 입법자는 재산권을 구체적으로 형성함에 있어서 **'사유재산제도의 보장'을 넘어서 '사유재산권에 관한 헌법적 가치결정'에 의하여 구속**을 받는다. 입법자는 재산권의 내용을 형성하는 **입법을 통하여 사유재산권을 적극적으로 실현해야 할 의무**를 진다. 입법자는 당해 재산적 가치가 개인적 자유에 대하여 가지는 의미를 고려하여 자유실현의 물질적 기초로서 기능할 수 있도록, 재산적 가치를 권리의 주체인 개인에게 그가 사용·수익·처분할 수 있도록 원칙적으로 귀속시켜야 한다.

판 례 헌법재판소는 "재산권보장은 개인이 현재 누리고 있는 재산권을 개인의 기본권으로 보장한다는 의미와 개인이 재산권을 향유할 수 있는 법제도로서의 사유재산제도를 보장한다는 이중적 의미를 가지고 있다."라고 하여 재산권보장의 이중적 의미를 인식하고 있으나, **재산권의 객관적 보장을 '사유재산제도의 보장'으로 한정적으로 이해**함으로써 재산권보장의 이중적 의미를 불완전하게 서술하고 있다(헌재 1993. 7. 29. 92헌바20, 판례집 5-2, 36, 44).

재해근로자의 보험급여를 제한하기 위하여 최고보상제도를 사후적으로 도입한 산업재해보상보험법규정이 재산권을 침해하는지 여부가 문제된 **'산재보험법상의 최고보상제도 사건'**에서, 헌법재판소는 "당해 사건의 재해근로자는 **최고보상제도가 시행된 이후**인 2000. 7. 23. **업무상재해**를 입었으므로 그가 가지는 산재보험수급권은 최고보상기준금액을 한계로 확정된다. 따라서 위 재해근로자로서는 이 사건 법률조항으로 인해 이미 획득한 산재보험수급권의 제한을 받는 것이 아니라 이 사건 법률조항에 의하여 비로소 최고보상기준금액을 한계로 한 산재보험수급권을 획득하게 되므로 재산권 침해를 주장할 지위에 있지 않다."고 하여, **재산권의 내용을 새롭게 형성하는 법률조항이 장래에 발생하는 사실관계에 적용되는 경우**에는 개인의 구체적인 기득재산권이 제한될 여지가 없으므로 **재산권의 주관적 보장은 아무런 보호를 제공할 수 없다**는 것을 확인하고 있다(헌재 2004. 11. 25. 2002헌바52, 판례집 16-2하, 297, 307-308). 여기서 문제되는 것은 재해근로자의 기득재산권에 대한 침해가 위헌인지 여부가 아니라 **입법자가 최고보상제도를 도입한 것이 헌법상 재산권보장의 정신에 부합하는지 여부**이다.

Ⅳ. 헌법 제23조 제2항의 의미

1. 입법자에 대한 헌법적 지침으로서 재산권의 사회적 구속성

헌법은 제23조 제2항에서 "재산권의 행사는 공공복리에 적합하도록 하여야 한다."고 규정하여, 입법자가 재산권을 형성함에 있어서 실현해야 하는 또 다른 지침인 **'재산권의 사회적 구속성'**을 제시하고 있다. 헌법 제23조 제2항의 '사회적 구속성'은 제23조 제1항의 '재산권보장'과 함께 재산권의 내용과 한계를 정하는 입법자를 구속하는 지침으로서 **사회국가원리의 구체화된 형태**라고 할 수 있다. 헌법 제23조 제2항은 **일차적으로 입법자에 대한 헌법적 위임**으로, 법률로써 재산권의 내용을 형성함에 있어서 '재산권보장'뿐만 아니라 또한 '공공복리'도 고려해야 할 입법자의 의무를 규정하고 있다.

2. 개인의 사회적 책임으로서 재산권의 사회적 구속성

나아가, 헌법 제23조 제2항은 재산권의 사회적 구속성을 언급함으로써, **공공복리의 실현을 위하여 개인의 재산권이 제한될 수 있다**는 것, 즉 개인의 사회적 책임성을 표현하고 있다. 헌법 제23조 제2항에서 표현되는 개인의 대(對)사회적 책임이란 '공공복리에 부합하게 재산권을 행사해야 할 개인의 헌법적 의무'를 의미하는 것이 아니라, 사회국가가 실질적 자유와 평등을 실현하기 위하여 불가피하게 개인의 재산권을 제한하는 경우 **개인은 이를 수인해야 한다**는 것을 의미한다(제3편 제8장 Ⅳ. 7. 참조).

그러나 '공공복리'는 단지 기본권적 자유의 한계이지, **개인의 재산권행사가 추구해야 하는 방향이나 지침이 아니다.** 기본권적 자유가 공익실현의 목적에 종속됨으로써 개인이 국가공동체에 바람직한 방향으로 자신의 자유를 행사해야 한다면, 그것은 이미 자유가 아니다. 헌법은 공공복리에 기여하는 자유행사에 대해서만 기본권적인 보호를 제공하는 것이 아니라, 기본권의 제한을 통하여 공공복리를 실현하는 구조를 취하고 있다.

3. 사회적 구속성의 정도

자유와 재산권의 밀접한 관계, 즉 재산권의 자유보장적 기능은 필연적으로 **재산권의 사회적 구속성의 차등화**를 가져온다. 재산권객체가 기본권 주체의 인격발현에 대하여 가지는 의미 및 재산권의 행사가 타인과 사회전반에 대하여 가지는 의미에 따라, 사회적 구속성의 정도가 다르다. **재산권객체가 사회적 연관성과 사회적 기능을 가질수록** 사회적 구속성이 강화되어 입법자에게 폭넓은 규율권한이 인정되고, 이에 대하여 개인적 자유를 보장하는 요소로서의 **재산권의 개인연관적 기능이 문제될수록** 재산권은 더욱 보호를 받는다.

생산재에 관한 재산권, 기업, 투기용 부동산, 임대용 건물 등과 같이, 재산권의 이용과 처분이 소유자의 개인적 영역에 머무르지 않고 타인의 자유행사에 영향을 미치거나 타인이 자신의 자유를 행사하기 위하여 문제되는 재산권에 의존하고 있는 경우에는 사회적 구속성이 강화된다. 반면에, 재산권이 개인의 인격발현을 위하여 필요불가결한 것으로서 개인적 자유를 보장하기 위한 물질적 기초로서 기능하는 경우에는 재산권에 대한 제한의 허용(사회적 구속성) 정도가 약화된다.

토지는 증식이 불가능하고 모든 국민이 주거와 생산의 기반으로서 토지의 합리적인 이용에 의존하고 있기 때문에, **토지재산권의 경우** 다른 재산권에 비하여 공동체의 이익이 보다 더 강하게 관철될 것이 요구된다(헌재 1999. 4. 29. 94헌바37등, 판례집 11-1, 289, 303-304). 물론, 같은 토지재산권이라 하더라도 토지재산권이 '기본권의 주체가 스스로 주거하는 장소'로서 개인의 인격발현과 존엄성실현에 있어서 불가결하고 중대한 의미를 가지는지 아니면 상거래, 부동산투기, 임대, 그 외의 영업적 용도로 이용되는지에 따라 사회적 구속성의 정도가 달라진다(헌재 1999. 4. 29. 94헌바37등, 판례집 11-1, 289, 320).

판 례 "**재산권에 대한 제한의 허용정도**는 재산권행사의 대상이 되는 객체가 기본권의 주체인 국민 개개인에 대하여 가지는 의미와 다른 한편으로는 그것이 사회전반에 대하여 가지는 의미가 어떠한가에 달려 있다. 즉, 재산권 행사의 대상이 되는 **객체가 지닌 사회적인 연관성과 사회적 기능이 크면 클수록** 입법자에 의한 보다 광범위한 제한이 정당화된다."고 하면서(헌재 1998. 12. 24. 89헌마214, 판례집 10-2, 927, 945) "한편 개별 재산권이 갖는 **자유보장적 기능, 즉 국민 개개인의 자유실현의 물질적 바탕이 되는 정도가 강할수록** 엄격한 심사가 이루어져야 한다."고 판시하고 있다(헌재 2005. 5. 26. 2004헌가10).

V. 재산권 내용규정에 의한 재산권 제한

1. 재산권의 내용과 한계를 정하는 내용규정의 위헌심사

재산권의 내용을 새로이 형성하는 법률이 합헌적이기 위해서는 장래에 있어서 적용될 법률이 기득재산권의 침해여부와 관계없이 그 자체로서 재산권보장에 부합해야 할 뿐 아니라, 또한 종래의 법적 상태에 의하여 부여된 구체적 권리에 대한 제한도 재산권보장의 관점에서 정당화되어야 한다. 따라서 재산권의 내용을 형성하는 법률의 위헌여부는 '법률이 장래에 있어서 재산권을 규율하는 것이 헌법에 합치하는지'와 '법률이 구법상태에서 취득한 기득재산권을 제한하는 것이 헌법에 합치하는지'의 **2가지 관점에서 심사**되어야 한다.

가. 장래에 대한 재산권형성의 위헌심사(비례의 원칙에 의한 심사)

재산권의 내용과 한계는 입법자가 정하지만, **헌법 제23조는 제1항 및 제2항에서** 각 '사유재산권의 보장'과 '사회적 구속성'을 규정함으로써, **입법자가 재산권을 형성함에 있어서 고려해야 하는 기본적 지침을 제시**하고 있다. 이에 따라, 입법자는 재산권의 내용을 구체적으로 형성함에 있어서 사적 유용성과 원칙적인 처분권을 그 본질로 하는 '헌법상의 재산권보장'과 재산권의 제한을 요청하는 '재산권의 사회적 구속성'(공공복리)을 함께 고려하여 양 법익이 조화와 균형을 이루도록 하여야 한다(헌재 1998. 12. 24. 89헌마214, 판례집 10-2, 927, 944). 사유재산권의 보장에 의하여 원칙적으로 인정된 **재산권자의 추상적 이익**(당해 재산권이 재산권자의 개인적 자유에 대하여 가지는 의미)과 **공익적 사유**(당해 재산권에 관한 국민 일반의 이익)의 교량을 통하여 입법자가 상충하는 법익 간의 조화를 이루었는지 여부는 **비례의 원칙 또는 법익균형성의 원칙**에 의하여 판단된다.

나. 과거에 발생한 기득재산권 제한의 위헌심사(신뢰보호원칙에 의한 심사)

입법자는 재산권의 내용을 새로이 형성하는 경우 **구법에 의하여 합법적으로 취득한 재산권적**

지위(기득재산권)를 제한할 수 있다는 것을 항상 고려해야 한다. 가령, 저작권법에서 창작물의 보호기간을 종래 50년에서 30년으로 변경하는 경우, 택지소유상한법의 시행으로 법 시행 이전에 취득한 토지에 대해서도 초과분을 처분하도록 강제하는 경우 등이 대표적인 예이다.

재산권보장의 중요한 기능은 재산권에 의하여 보호되는 법적 지위에 관하여 국민에게 법적 안정성을 보장하고 구체적 재산권의 존속에 대한 신뢰를 보호하고자 하는데 있다. 재산적 가치 있는 법적 지위가 제한되는 경우, **재산권보장은 일반적인 신뢰보호원칙에 대한 특별조항으로서 신뢰보호의 기능을 이행**한다.

따라서 기득재산권의 내용을 불리하게 변경하는 법률은 소위 **'부진정소급효'를 가지는 법률로서 신뢰보호의 문제를 야기**한다. 기득재산권에 대한 제한은 공익에 의하여 정당화되어야 하고(기득재산권을 함께 규율해야 할 공익), 기득재산권의 제한을 정당화하는 공익은 구법에 의하여 부여된 재산권적 지위가 존속하리라는 개인의 신뢰에 대하여 우위가 인정될 정도로 중대해야 한다(법익형량). 입법자는 기득재산권의 존속에 대한 개인의 신뢰가 보호되어야 하는 경우에는 **적정한 경과규정**을 통하여 기득재산권자의 신뢰이익을 고려해야 한다.

판 례 (1) 개인에 대하여 그 소유시기와 상관없이 대도시에서 택지소유의 상한을 200평으로 제한하고, 허용된 소유상한을 넘는 택지에 대해서는 처분 또는 이용·개발의무를 부과하면서, 법 시행 이전부터 택지를 소유하고 있는 사람에게도 일률적으로 택지소유상한제를 적용하는 '택지소유상한에 관한 법률'의 위헌여부가 문제된 **'택지소유상한제 사건'**에서, "이 경우 입법자는 재산권을 새로이 형성하는 것이 구법에 의하여 부여된 구체적인 법적 지위에 대한 침해를 의미한다는 것을 고려하여야 한다. … 즉, 장래에 적용될 법률이 헌법에 합치하여야 할 뿐만 아니라, 또한 과거의 법적 상태에 의하여 부여된 구체적 권리에 대한 침해를 정당화하는 이유가 존재하여야 하는 것이다."라고 하여 **재산권내용규정의 위헌여부를 이중적 관점에서 심사해야 한다**고 판시하고 있다(헌재 1999. 4. 29. 94헌바37, 판례집 11-1, 289, 306).

헌법재판소는 첫째, **장래에 적용될 법률이 재산권을 침해하는지 여부**를 과잉금지원칙을 적용하여 판단하였는데, 택지소유의 상한을 일률적으로 200평으로 제한한 것은 '재산권보장'과 '공공복리'의 교량과정에서 일방적으로 공공복리를 강조한 것으로 재산권을 과잉으로 침해한다고 판시하였고, 둘째, **기득재산권을 제한하는 것이 재산권을 침해하는지 여부**는 신뢰보호원칙의 관점에서 판단하였는데, '법 시행 이전부터 택지를 부동산 투기의 대상이 아니라 개인적 주거의 장소로서 소유하고 있는 선의의 택지소유자의 경우, 신뢰보호의 기능을 수행하는 재산권보장의 관점에서 보다 강한 보호를 받아야 하는데, 선의의 택지소유자에 대해서도 일률적으로 소유상한을 적용하도록 한 것은 신뢰이익에 대한 중대한 손상이고, 이를 합헌적으로 규율하기 위해서는 선의의 택지소유자를 위한 경과규정을 두어야 함에도 경과규정을 두지 않은 것은 신뢰보호원칙에 위반되어 재산권을 침해하는 것'이라고 판시하였다(판례집 11-1, 289, 290).

(2) 최고보상제도를 규정하면서 이를 기존의 장해보상연금 수급자에 대해서도 소급하여 적용하도록 규정하는 법률조항의 위헌여부가 문제된 **'산재보험법상 최고보상제도의 소급적용 사건'**에서, 헌법재판소는 우선, **장래에 있어서 적용되는 법률이 헌법에 합치하는지**의 관점에서 '최고보상제도를 규정하는 산재법규정의 위헌여부'에 관하여 판단하였는데, 이에 관하여는 이미 2004. 11. 25. 선고한 2002헌바52결정(산재보험법상 최고보상제도)에서 합헌으로 판단한 바가 있음을 확인한 다음(헌재 2009. 5. 28. 2005헌바20등, 판례집 21-1하, 446, 456), 이어서 **'최고보상제도의 시행 전에 장해보상연금을 수령하고 있던 수급권자에게도** 2년6월의 유예기간 후에는 최고보상제도를 적용하는 산재법 부칙의 위헌여부에 관하여 판단하였는데, 위 부칙이 신뢰보호원칙에 위배하여 재산권을 침해한다고 판시하였다(판례집 21-1하, 446, 458-463).

(3) 건설교통부장관으로 하여금 도시계획으로 개발제한구역(소위 '그린벨트')을 지정할 수 있도록 하면서, 개발제한구역 내에서는 구역지정의 목적에 위배되는 건축물의 건축 등을 할 수 없도록 규정한 도시계획법조항의 위헌여부가 문제된 **'그린벨트 사건'**에서도, 헌법재판소는 **보상의 필요성 문제를 '신뢰보호'의 관점에서 접근**하였고, 개발제한구역으로 지정된 토지를 종래의 용도대로 사용할 수 있는 경우에는 재산권의 제한(개발금지의무의 부과)은 재산권에 내재하는 사회적 제약을 비례의 원칙에 합치하게 합헌적으로 구체화한 것이라고 할 것이나, 종래의 용도로도 토지를 사용할 수 없거나 아니면 사적으로 사용할 수 있는 가능성이 완전히 배제된 경우에는 신뢰이익에 대한 중대한 손상, 이로써 수용적 성격이 인정되므로 이를 합헌적으로 규율하기 위해서는 신뢰이익을 고려하는 경과규정을 두어야 하는데, 아무런 보상규정 없이 이를 감수하도록 하고 있는 한, 비례의 원칙에 위반되어 토지소유자의 재산권을 과도하게 침해하는 것이라고 판단하였다(헌재 1998. 12. 24. 89헌마214등).

2. 내용규정이 수용적 효과를 초래하는 경우의 위헌심사

가. 해결방안으로서 수용이론과 분리이론

도시계획, 자연보호, 문화재보호 등의 공익상의 사유로 개발금지의무를 부과함으로써 토지재산권의 사용을 제한하는 법률은 원칙적으로 토지재산권의 사회적 구속성을 구체화하는 **내용규정**이지만, 경우에 따라 토지소유자에게 수인할 수 없는 과도한 부담을 부과하는 경우가 발생할 수 있다. 그런데 재산권의 내용과 한계를 정하는 규정(내용규정)이 이와 같이 **사회적 제약의 범위를 넘어서 수용적 효과를 발생시키는 경우**, 이를 어떻게 해결할 것인지의 문제가 제기되는데, 이를 해결하는 방법으로는 **수용이론과 분리이론**이 있다.

(1) 수용이론(收用理論)

수용이론(경계이론)에 의하면, 내용규정이나 공용침해 모두 재산권에 대한 제한을 의미하며, 내용규정은 공용침해보다 재산권에 대한 제한의 정도가 적은 경우로서 재산권에 내재하는 사회적 제약(구속성)을 구체화하는 규정으로 보상 없이 감수해야 하는 반면, 공용침해는 재산권의 사회적 제약의 범주를 넘어서는 것으로 보상을 필요로 하는 재산권에 대한 제한을 의미한다. **내용규정과 공용침해는 별개의 것이 아니라 단지 재산권제한의 정도의 차이**로서 '보상을 요하지 않는 사회적 제약'은 재산권제한의 효과가 일정한 강도를 넘음으로써 자동적으로 '보상을 요하는 공용침해'로 전환된다. 따라서 내용규정이 재산권의 사회적 제약의 범위를 넘는 과도한 침해를 초래하는 경우 이를 보상을 요하는 공용침해로 보아 **헌법 제23조 제3항에 근거**하여 법률조항의 위헌성을 심사하고, 이에 따라 재산권제한의 법적 성격이 공용침해에 해당함에도 보상규정을 두지 않았다면 이를 위헌적인 규정으로 판단한다.

그 결과, 수용이론은 **공용침해의 범위를 확대**한다. 공용침해의 범위가 헌법 제23조 제3항의 요건 하에서 이루어지는 '협의의 공용침해'에 한정되지 아니하고, 재산권의 **내용규정이 수용적 효과를 초래하는 경우에도 공용침해**를 인정하여 법률효과(보상)에 관해서는 제3항을 적용하게 된다. 재산권제한의 효과가 일정한 강도를 넘음으로써 자동적으로 공용침해로 전환되기 때문에, 개인의 입장에서는 재산권을 침해하는 위헌적인 법률에 대하여 대항해야만 하는 것은 아니고, **위헌적인 법률을 수인하고 대신 사후적으로 보상을 요구**할 수 있다.

(2) 분리이론(分離理論)

분리이론은 재산권의 내용규정과 공용침해를 그 형식과 목적에 있어서 **서로 상이한 독립된 별개의 법제도로 이해하고 그 위헌성을 심사하는 기준도 서로 다르다고 보는 견해**이다. 즉, **재산권 내용규정**이란 '입법자가 장래에 있어서 추상적이고 일반적인 형식으로 재산권의 내용, 즉 재산권자의 권리와 의무를 형성하고 확정하는 것'이며, 이에 대하여 **공용침해**는 '국가가 구체적인 공적 과제를 이행하기 위하여 이미 형성된 구체적인 재산권적 지위를 의도적으로 전면적 또는 부분적으로 박탈하려고 하는 것'이다(헌재 1999. 4. 29. 94헌바37, 판례집 11-1, 289, 305). 내용규정은 재산권의 내용을 확정하는 일반·추상적인 규정이고, 수용은 국가의 재화조달의 목적으로 개별적·구체적으로 재산권적 지위를 박탈하는 것이다. 그 결과, **공용침해의 범위**가 헌법 제23조 제3항의 요건 하에서 이루어지는 '협의의 공용침해'에 한정되고, 협의의 수용을 가능하게 하는 법률만을 수용법률로 이해한다.

내용규정이 경우에 따라 기득재산권에 대한 과도한 침해를 가져온다면, 이로 인하여 '내용규정'이 '공용침해'로 전환되는 것이 아니라, 내용규정은 단지 내용규정일 뿐이다. 재산권내용규정이 사회적 제약의 범위를 넘는 과도한 침해(수용적 효과)를 초래하는 경우에 입법자가 과도한 재산권침해를 조정하는 **보상규정을 두지 않았다면**, 내용규정은 재산권과 공익의 교량과정에서 지나치게 공익에 비중을 두어 재산권자에게 일방적인 희생을 강요하는 것으로, 비례의 원칙에 위반되어 재산권을 침해하는 **위헌적인 내용규정**이다. 재산권보장에 위반되는 내용규정은 공용침해로 전환되는 것은 아니지만, 그 위헌성은 보상규정을 통하여 제거될 수 있는데, 이러한 경우 내용규정은 **'보상의무 있는 내용규정'**이 된다. 가령, 도시계획, 자연보호, 문화재보호에 관한 법률 등에서 사용제한으로 인하여 토지소유자에게 수용적 효과가 발생한다면, 이는 헌법 제23조 제3항에 의한 공용침해가 아니라 제1항 및 제2항에 의한 '보상의무 있는 내용규정'에 해당한다.

나. 수용이론과 분리이론의 차이점 및 그 타당성

(1) 존속보장과 가치보장의 차이

분리이론과 수용이론의 근본적인 차이는 '헌법상 재산권보장을 어떻게 이해하는지'에 있다. **분리이론에는 존속보장의 사고가, 수용이론에는 가치보장의 사고가 그 바탕**을 이루고 있다. 재산권내용규정이 기득재산권에 대한 과도한 제한을 초래하는 경우, 수용이론은 사후적으로 금전적 보상을 받는 것으로 충분하다는 견해인 반면, 분리이론은 재산권내용규정에 대하여 그 위헌성을 다툼으로써 재산권에 대한 위헌적 침해 자체를 제거해야 한다는 견해이다.

뿐만 아니라, 수용이론에 따라 내용규정이 초래하는 수용적 효과를 헌법 제23조 제3항의 수용으로 보는 경우에는 **합헌성을 회복하기 위한 방법으로 단지 금전보상만**이 고려될 수 있으나, 분리이론에 따라 재산권내용규정으로 파악한다면, 기득재산권의 존속보장과 공익 사이의 조화와 균형을 다시 회복하는 방법으로서 **금전보상뿐 아니라 일차적으로 위헌적 침해의 배제를 비롯하여 다양한 가능성**이 고려될 수 있다. 여기서 말하는 보상규정이란, 기득재산권에 대한 과도한 침해를 다시 합헌적으로 조정할 수 있는 모든 조치를 의미한다. 재산권을 제한하는 법률조항의 위헌성을 다투는 국민이 일차적으로 얻고자 하는 바는, 그린벨트지정의 해제나 택지소유상한규정의 적용배제와 같이 재산권침해의 제거이지 금전적 보상이 아닌 것이다.

(2) 헌법상 재산권보장에 부합하는 이론으로서 분리이론

수용이론이 아니라 **분리이론이 헌법상 재산권보장의 규정형식이나 그 정신에 보다 부합**한다. 헌법은 제23조 제1항과 제2항에 재산권의 내용규정을, 제3항에 공용침해를 각각 규정함으로써 재산권제한의 2가지 형태를 별개의 독립된 법제도로 파악하고 재산권의 제한의 합헌성과 관련하여 서로 다른 헌법적 요청을 하고 있다. 즉, 재산권의 내용규정은 다른 자유권을 제한하는 법률의 위헌심사와 마찬가지로 비례의 원칙, 평등원칙, 신뢰보호원칙 등을 준수해야 하지만, 공용침해는 제23조 제3항이 스스로 정하는 요건 하에서만 허용된다(헌재 2006. 7. 27. 2003헌바18, 판례집 18-2, 32, 47).

재산권보장의 헌법적 기능은 단순히 재산적 가치를 보장해주는 데 그치는 것이 아니라, 기본권의 주체가 재산권을 자유실현의 물질적 기초로서 행사하게끔 기본권주체의 수중에 있는 구체적인 재산권의 존속을 보장하려는 데 있다. 그런데 수용이론은 재산권제한의 강도에 따라 재산권보장의 내용이 존속보장에서 가치보장으로 전환되는 것으로 파악함으로써, 재산권의 제한을 수인한 후 보상을 받을 수 있다면, 재산권은 그 기능을 다하는 것으로 이해하고 있다. 가치보장의 사고에 기초하고 있는 이러한 이해는 헌법상 재산권보장의 정신과 합치하지 않는다.

다. 분리이론을 채택한 헌법재판소의 판례

헌법재판소는 **'그린벨트 사건'**에서 **'분리이론'을 채택**하여 **헌법 제23조 제1항 및 제2항의 재산권 내용규정과 제3항의 공용침해를 '별개의 독자적인 제도'로 이해**함으로써, 수용적 효과를 초래하는 내용규정을 헌법 제23조 제3항의 의미에서의 공용침해로 보지 아니하고 **헌법 제23조 제1항 및 제2항에 근거하여** 그 위헌성을 심사하였다. 재산권 **내용규정이 사회적 제약의 범위를 넘어서 수용적 효과를 초래하는 경우**, 내용규정이 수용으로 전환되는 것이 아니라 단지 '위헌적인 내용규정'으로서 입법자에 대하여 합헌성의 회복을 위한 조치(과도한 재산권침해를 조정하는 조치)를 요구하는 '보상의무 있는 내용규정'이라고 판단하였다.

헌법재판소는 **'택지소유상한제 사건'**에서 "헌법 제23조에 의하여 **재산권을 제한하는 형태**에는, 제1항 및 제2항에 근거하여 **재산권의 내용과 한계를 정하는 것**과, 제3항에 따른 **수용·사용 또는 제한을 하는 것의 두 가지 형태**가 있다. 전자는 '입법자가 장래에 있어서 추상적이고 일반적인 형식으로 재산권의 내용을 형성하고 확정하는 것'을 의미하고, 후자는 '국가가 구체적인 공적 과제를 수행하기 위하여 이미 형성된 구체적인 재산적 권리를 전면적 또는 부분적으로 박탈하거나 제한하는 것'을 의미한다."라고 판시함으로써, **내용규정과 공용침해가 별개의 독자적인 제도라는 것을 다시 확인**하였다(헌재 1999. 4. 29. 94헌바37, 판례집 11-1, 289, 305).

재산권을 제한하는 법률조항의 위헌여부가 심판대상이 된 경우, 헌법재판소는 지금까지 일관되게 **심판대상조항의 법적 성격을 '분리이론'에 따라 판단**하고 있다.

판 례 (1) 재산권을 제한하는 법률조항의 법적 성격

헌재 1998. 12. 24. 89헌마214(그린벨트), 판례집 10-2, 927, [**개발제한구역(이른바 그린벨트) 지정으로 인한 토지재산권 제한의 성격**] "개발제한구역을 지정하여 그 안에서는 건축물의 건축 등을 할 수 없도록 하고 있는 도시계획법 제21조는 헌법 제23조 제1항, 제2항에 따라 토지재산권에 관한 권리와 의무를 일반·추상적으로 확정하는 규정으로서 재산권을 형성하는 규정인 동시에 공익적 요청에 따른 **재**

산권의 사회적 제약을 구체화하는 규정인바, …"

헌재 1999. 4. 29. 94헌바37(택지소유상한제), 판례집 11－1, 289, 306, [**택지소유 상한제도**의 법적 성격] "… 위와 같은 규정은 헌법 제23조 제1항 및 제2항에 의하여 토지재산권에 관한 권리와 의무를 일반・추상적으로 확정함으로써 **재산권의 내용과 한계를 정하는 규정**이라고 보아야 한다."

헌재 2014. 4. 24. 2013헌바110(살처분 보상금), 판례집 26－1하, 88, 94, [가축전염병예방법상 **살처분**의 법적 성격] "살처분은 … 가축 소유자가 수인해야 하는 사회적 제약의 범위에 속한다. … 다만 재산권의 **사회적 제약을 구체화하는 법률조항**이라 하더라도 권리자에게 수인의 한계를 넘어 가혹한 부담이 발생하는 예외적인 경우에는 이를 완화하는 보상규정을 두어야 하는바, 심판대상조항은 살처분 명령에 의하여 가축에 대한 재산권에 제약을 받게 된 가축 소유자에게 그 부담을 완화하기 위하여 보상금을 지급하도록 한 것이다."

(2) **수용적 효과를 초래하는 재산권내용규정의 위헌여부**

헌재 1998. 12. 24. 89헌마214(**그린벨트**), 판례집 10－2, 928, [도시계획법 제21조의 위헌 여부] "도시계획법 제21조에 의한 재산권의 제한은 개발제한구역으로 지정된 토지를 원칙적으로 지정 당시의 지목과 토지현황에 의한 이용방법에 따라 사용할 수 있는 한, 재산권에 내재하는 **사회적 제약을 비례의 원칙에 합치하게 합헌적으로 구체화한 것**이라고 할 것이나, 종래의 지목과 토지현황에 의한 이용방법에 따른 토지의 사용도 할 수 없거나 실질적으로 사용・수익을 전혀 할 수 없는 예외적인 경우에도 아무런 보상 없이 이를 감수하도록 하고 있는 한, **비례의 원칙에 위반되어 당해 토지소유자의 재산권을 과도하게 침해하는 것**으로서 헌법에 위반된다."

헌재 1999. 4. 29. 94헌바37(**택지소유상한제**), 판례집 11－1, 289, 290, [법 시행 이전부터 택지를 소유하고 있는 사람에게도 일률적으로 택지소유상한제를 적용하는 것이 신뢰이익을 해하는지 여부] "… 택지는 소유자의 주거장소로서 … 단순히 부동산투기의 대상이 되는 경우와는 헌법적으로 달리 평가되어야 하고 … 더 강한 보호를 필요로 하는 것이므로, 택지를 소유하게 된 경위나 그 목적 여하에 관계없이 **법 시행 이전부터 택지를 소유하고 있는 개인에 대하여 일률적으로 소유상한을 적용하도록 한 것**은, 입법목적을 달성하기 위하여 필요한 정도를 넘는 과도한 침해이자 신뢰보호의 원칙 및 평등원칙에 위반된다."고 판시하여, 법 시행 이전에 200평 이상 취득한 선의의 택지소유자에 대한 200평 이상 소유금지와 초과분 택지의 처분강제는 **재산권에 대한 과도한 제한으로서 수용적 효과가 있다**고 판단하였다.

헌재 2024. 5. 30. 2021헌가3(**가축 살처분 보상금**), 판례집 36－1하, 18, 26－29, [살처분된 가축의 소유자가 축산계열화사업자인 경우에는 계약사육농가의 수급권 보호를 위하여 보상금을 계약사육농가에 지급한다고 규정한 '가축전염병 예방법'조항이 축산계열화사업자의 재산권을 침해하는지 여부] "가축의 살처분으로 인한 재산권의 제약은 헌법 제23조 제3항에 따라 보상을 요하는 수용에 해당하지 않고, 가축의 소유자가 수인해야 하는 사회적 제약의 범위에 속한다. 그러나 헌법 제23조 제1항 및 제2항에 따라 재산권의 사회적 제약을 구체화하는 법률조항이라 하더라도 권리자에게 수인의 한계를 넘어 가혹한 부담이 발생하는 예외적인 경우에는 이를 완화하는 보상규정을 두어야 한다. … 축산계열화사업자가 가축의 소유자라 하여 **살처분 보상금을 오직 계약사육농가에게만 지급하는 방식**은 축산계열화사업자에 대한 재산권의 과도한 부담을 완화하기에 적절한 보상조치라고 할 수 없다. 따라서 심판대상조항은 입법형성재량의 한계를 벗어나 **가축의 소유자인 축산계열화사업자의 재산권을 침해**한다."

(3) **보상규정의 의미 및 법적 성격**

헌재 1998. 12. 24. 89헌마214등(**그린벨트**), 판례집 10－2, 927, 929, "입법자가 도시계획법 제21조를 통하여 국민의 **재산권을 비례의 원칙에 부합하게 합헌적으로 제한**하기 위해서는, 수인의 한계를 넘어 가혹한 부담이 발생하는 예외적인 경우에는 이를 완화하는 보상규정을 두어야 한다. 이러한 보상규정은 입법자가 헌법 제23조 제1항 및 제2항에 의하여 재산권의 내용을 구체적으로 형성하고 공공의 이익을 위하여 재산권을 제한하는 과정에서 이를 합헌적으로 규율하기 위하여 두어야 하는 규정이다. **재산권의**

침해와 공익간의 비례성을 다시 회복하기 위한 방법은 헌법상 반드시 금전보상만을 해야 하는 것은 아니다. 입법자는 지정의 해제 또는 토지매수청구권제도와 같이 금전보상에 갈음하거나 기타 손실을 완화할 수 있는 제도를 보완하는 등 여러 가지 다른 방법을 사용할 수 있다."

VI. 헌법 제23조 제3항의 공용침해

1. 공용침해의 개념

헌법 제23조 제3항은 "공공필요에 의한 재산권의 수용·사용 또는 제한 및 그에 대한 보상은 법률로써 하되, 정당한 보상을 지급하여야 한다."고 하여 공용침해(公用侵害)의 가능성을 규정하고 있다. 헌법은 '수용·사용 또는 제한'이라는 표현을 통하여 공용침해의 다양한 형태를 구체적으로 열거하고 있는데, 여기서 공용침해란, 헌법재판소가 채택한 분리이론에 따라 헌법 제23조 제3항의 조건 하에서 이루어지는 **'협의의 공용침해'**로 이해해야 한다. **공용침해**는 특정한 공적 과제의 이행을 위하여 구체적 재산권을 전부 또는 부분적으로 박탈하는 고권적 행위를 말한다(헌재 2006. 7. 27. 2003헌바18, 판례집 18-2, 32).

'공용수용'이란, 국가나 지방자치단체가 개인의 재산권을 그의 의사에 반하여 강제적으로 취득하는 것으로, 수용의 주체로의 재산권 이전을 초래한다. **'공용사용'**이란, 국가나 지방자치단체가 개인의 재산권을 그의 의사에 반하여 일시적으로 사용하는 것, '토지재산권 중 사용권의 부분적 박탈'을 말한다. **'공용제한'**이란, 국가나 지방자치단체가 개인의 재산권에 대하여 과하는 그 외의 공법상 제한으로서 물적 공용부담을 말한다.

판 례 재건축의 경우 사인에게 재건축불참자에 대한 매도청구권을 부여하는 법률조항의 위헌여부가 문제된 **'재래시장 재건축 매도청구권 사건'**에서, 헌법재판소는 "이 사건 법률조항에 따른 매도청구권을 헌법 제23조 제1항·제2항의 재산권의 제한으로 볼 것인지, 아니면 헌법 제23조 제3항의 공용수용으로 볼 것인지 문제되나, 위 매도청구권의 행사로 재건축불참자는 그 의사에 반하여 재산권이 박탈당하는 결과에 이른다는 점에서 실질적으로 헌법 제23조 제3항의 공용수용과 같은 것으로 볼 수 있다."고 판시하고 있다(헌재 2006. 7. 27. 2003헌바18).

2. 수용의 방법

수용은 '법률로써' 이루어져야 한다. 수용은 형식적 법률에 의하여 직접 이루어질 수도 있고 또는 법률에 근거하여 행정청의 행정행위에 의해서도 이루어질 수 있으나, 일반적으로 행정청의 수용처분에 의하여 이루어진다.

법률에 의한 직접적인 수용(입법적 수용)은 행정청의 수용처분을 매개로 하지 아니하고 직접 처분적 효과를 발생시키므로, 법률에 의한 행정을 의미하는 **'처분적 법률'**에 해당한다. 나아가, 입법적 수용의 경우 개별적인 경우에 대하여 법률로써 재산권을 박탈하거나 부담을 부과할 수 있기 때문에, 입법적 수용은 평등원칙의 관점에서 헌법적인 의문이 제기되는 **'개별사건법률'에 해당할 가능성**이 있다. 따라서 입법적 수용의 경우에는 개별사건법률인지 여부에 관한 별도의 판단을 필요로 한다.

판 례 한편, 하천법에 의하여 직접 수용이 이루어진 **'하천 제외지 국유화 사건'**에서 헌법재판소는 입법적 수용이 당연히 허용된다는 것을 확인하면서, 그 문제점에 대해서는 전혀 언급하고 있지 않다(헌재 1998. 3. 26. 93헌바12, 판례집 10-1, 226, 246). 위 사건에서 수용이 법률에 의하여 직접 이루어지기 때문에 심판대상조항인 하천법 조항은 '처분적 법률'에 해당하나, 하천법조항이 모든 하천을 일반・추상적으로 국유화한다는 점에서 '개별사건법률'에 해당하지 않는다.

3. 수용의 요건

헌법은 제23조 제3항의 요건 하에서는 불가피하게 **재산권의 존속보장이 가치보장으로 전환**되기 때문에, 개인은 정당한 보상의 지급을 전제로 공공필요에 의한 재산권의 박탈을 수인해야 한다는 것을 밝히고 있다. 재산권보장의 헌법적 의미와 기능은 가치보장이 아니라 존속보장이므로, 재산권의 존속보장을 가치보장으로 전환시키는 **수용의 허용요건은 엄격하게 해석**되어야 한다. 헌법은 수용의 요건으로 **'공공필요'**를 명시적으로 언급함으로써, 수용은 공공복리를 위하여 필요한 경우에만 허용된다는 것을 밝히고 있다. '공공필요'의 개념은 공익적 필요성을 의미하는 것으로 공공복리(공익성)와 필요성이라는 요소로 구성된다. 나아가, 헌법은 '수용과 그에 대한 보상은 법률에 의거할 것' 및 '정당한 보상을 지급할 것'을 명시하고 있다.

판 례 '환매기간제한 사건'에서 "공용수용은 헌법 제23조 제3항에 명시되어 있는 대로 국민의 재산권을 그 의사에 반하여 강제적으로라도 취득해야 할 공익적 필요성이 있을 것, 법률에 의거할 것, 정당한 보상을 지급할 것의 요건을 모두 갖추어야 한다."고 판시하고 있다(헌재 1994. 2. 24. 92헌가15, 판례집 6-1, 38, 57).

가. 공공필요(공익적 필요성)

(1) 공익성(공공복리)

수용의 목적은 오로지 공공복리이므로, **수용은 오로지 공공복리를 위해서만 허용**된다. 따라서 단지 국고적인 이유에서 국가자산을 증식시키기 위한 수용이나 단지 사익을 증가시키기 위한 수용은 허용되지 않는다. 수용이 허용되는지의 판단에 있어서 헌법 제23조 제3항에서 정한 수용요건의 충족 여부가 중요한 것이지, 수용의 주체 또는 직접적인 수혜자가 누구인지는 결정적인 의미를 가지지 않는다. 따라서 **사인에 의한 수용 또는 사인을 위한 수용도 허용**된다. 가령, 국가나 지방자치단체가 지역경제의 활성화나 고용창출의 목적으로 사기업을 위하여 토지를 수용하는 것도 가능하다.

한편, **국가를 위한 수용과 사인을 위한 수용 사이에는 근본적인 차이점**이 있다. 국가나 공공단체를 위한 수용의 경우, 국가와 공공단체는 공익실현의 의무를 지고 있고 이에 구속을 받기 때문에, 국가나 공공단체에 의한 수용은 일반적으로 공공복리에 기여하리라는 추정을 가능하게 한다. 그러나 사인을 위한 수용의 경우에는 사인은 사익을 추구하는 것에 일차적인 목표를 두고 있기 때문에, 사인을 위한 수용은 단지 간접적으로 공공복리에 기여하는 효과만을 기대할 수 있을 뿐이며, 나아가 일방적으로 경제적 약자에게 희생을 강요하는 방법으로 남용될 우려가 있다.

따라서 입법자가 사인을 위한 수용을 허용하는 경우에는 국가기관에게 수용을 허용하는 경우와 비교할 때 **수용의 요건을 보다 엄격하게 규율해야** 한다. 즉, 입법자는, 사인을 위한 수용의 허용여부가 수용주체(행정청이나 사기업)의 자의적인 판단에 맡겨지지 않도록 '허용되는 수용목적'을 명확하게 규정해야 하고, 나아가 개별적인 수용결정에 있어서 '사인을 위한 수용'이 '수용당하는 재산권자'의 이익을 과잉으로 또는 자의적으로 침해하지 않도록 구체적인 실체적 · 절차적 규정을 마련해야 하며, **수용 이후에도** 수용을 허용하는 결정적인 근거가 된 '공익성'을 지속적으로 담보할 수 있도록 사기업을 공공복리에 효과적으로 구속시키는 법적 조치를 취해야 한다.

(2) 필요성

수용은 공공복리를 위하여 '필요한' 경우에만 허용되기 때문에, **과잉금지원칙의 구속**을 받는다. 과잉금지원칙은 수용법률에 근거한 행정청의 개별적 수용뿐만 아니라 수용을 가능하게 하는 수용법률의 위헌여부를 판단하는 중요한 기준으로 기능한다.

수용은 공공복리의 목적을 달성하기 위하여 적합한 수단이어야 하며, 수용의 목적이 수용 외의 방법으로 달리 실현될 수 있다면, 수용은 **최소침해성의 원칙**에 위반되어 허용되지 않는다. 수용이 불가피한 경우에도 여러 선택가능성 중에서 가장 완화된 수단을 채택해야 한다. 가령, 완전수용이 아니라 부분수용이나 물권적 부담으로도 공공복리의 달성이 가능하다면, 보다 재산권을 적게 제한하는 수단을 채택해야 한다. 나아가, **법익균형성의 관점**에서 수용을 통하여 달성되는 '공공의 이익'이 수용에 의하여 침해되는 '재산권자의 이익'을 압도해야 한다.

판 례 **'재래시장 재건축 매도청구권 사건'**에서 "청구인은 시장재건축에 있어서 다소 완화된 요건 하에서 부여되는 매도청구권 자체의 위헌성을 묻고 있으므로 이는 헌법 제23조 제3항 공용수용의 요건 중 **'공공의 필요성'을 갖추었는지**에 대한 의문이라고 볼 수 있고, **이에 대한 심사**는 실질적으로 헌법 제37조 제2항의 **과잉금지원칙**에 따라 이루어져야 할 것이다."라고 판시하여, 일관되게 공공필요성의 심사기준으로서 과잉금지원칙을 언급하고 있다(헌재 2006. 7. 27. 2003헌바18).

한편, 헌법재판소는 **'고급골프장 사업을 위한 수용 사건'**에서 **사기업에 의한 수용을 허용하는 법률조항이 공공필요에 위반되는지 여부**를 판단함에 있어서 "'필요성'이 인정되기 위해서는 공용수용을 통하여 달성하려는 공익과 그로 인하여 재산권을 침해당하는 사인의 이익 사이의 형량에서 **사인의 재산권침해를 정당화할 정도의 공익의 우월성**이 인정되어야 하며, 사업시행자가 사인인 경우에는 그 사업 시행으로 획득할 수 있는 **공익이 현저히 해태되지 않도록 보장하는 제도적 규율**도 갖추어져 있어야 한다."고 판시하고 있다(헌재 2014. 10. 30. 2011헌바172등).

민간기업에게 산업단지개발사업에 필요한 토지를 수용할 수 있도록 규정한 수용조항이 헌법 제23조 제3항의 **공공필요에 위반되는지 여부**가 문제된 **'민간기업에 의한 토지수용 사건'**에서, 민간기업을 수용의 주체로 규정한 것 자체를 두고 위헌이라고 할 수 없다고 확인한 다음, 산업입지법에서 사업시행자인 민간기업이 애초 산업단지를 조성함으로써 달성하고자 한 **공익목적을 해태하지 않도록 규율하고 있다**는 점을 고려하여 이 사건 수용조항은 공공필요성을 갖추고 있다고 판시하여 합헌결정을 하였다(헌재 2009. 9. 24. 2007헌바114).

반면에, 고급골프장 민간개발자에게 수용권한을 부여한 법률조항이 헌법 제23조 제3항의 **공공필요에 위반되는지 여부**가 문제된 **'고급골프장 사업을 위한 수용 사건'**에서 "고급골프장 등 사업은 그 특성상 사업 운영 과정에서 발생하는 지방세수 확보와 지역경제 활성화는 부수적인 공익일 뿐이고, 이 정도의 공익이 그 사업으로 인하여 강제수용 당하는 주민들의 기본권침해를 정당화할 정도로 우월하다고 볼 수는 없다. 따라서 이 사건 법률조항은 공익적 필요성이 인정되기 어려운 민간개발자의 지구개발사업을 위해서까지 공공수용이 허용될 수 있는 가능성을 열어두고 있어 헌법 제23조 제3항에 위반된다."고 하여 과잉금지원칙의 단계 중에서 **법익균형성원칙의 위반을 확인**함으로써 위헌으로 판단하였다(헌재 2014. 10. 30. 2011헌바172등).

한편, 수용조항 입법목적의 '공공성'을 부인하기 어렵고, 나아가 과잉금지원칙에 따른 '공공필요성의 심사'에 있어서도 일반적으로 공익의 우월성이 인정되기 때문에, 사인에 의한 수용을 가능하게 하는 법률조항에 대한 **실체적 심사가 매우 제한적**으로 이루어질 수밖에 없다. 따라서 헌법재판소는 사인에 의한 수용을 허용하는 규정에 대한 위헌심사의 초점을 '공익적 필요성에 관한 실체적 심사'가 아니라, '공공복리를 확보하기 위하여 적합한 **절차적 규정**을 두고 있는지, **공익을 사후적으로 담보하는 제도적 규율을 갖추고 있는지 여부**'에 맞추는 것이 보다 바람직하다.

나. 보상법률(공용수용과 보상은 법률에 의거할 것)

헌법은 제23조 제3항에서 "… 재산권의 수용·사용 또는 제한 및 그에 대한 보상은 법률로써 하되, … "라고 규정함으로써, '공용침해에 관한 규정'과 '보상에 관한 규정'을 함께 규율할 것을 요청하고 있다(소위 '불가분조항' 또는 '결부조항'). 따라서 보상규정을 두지 않는 수용법률은 위헌적 법률로서 무효이다.

불가분조항(不可分條項)은 첫째, 보상 문제가 사전에 규율됨이 없이 개인의 재산권이 수용될 수 없다는 것을 규정함으로써 개인의 재산권을 보호하는 기능을 하고, 둘째, 수용법률이 국가예산에 대하여 특별한 부담을 의미한다는 것을 입법자 스스로 인식하여 공용수용에 관한 결정을 신중하게 하도록 함으로써 입법자의 예산권을 보호하는 기능을 한다.

다. 정당한 보상

헌법 제23조 제3항은 "… 정당한 보상을 지급하여야 한다."고 규정하고 있는데, 여기서 '정당한 보상'이란, 국민일반의 이익과 피수용자의 이익이란 상충하는 양 법익 간에 **'정당한 이익조정의 결과'로서 나오는 보상**을 의미한다. 정당한 보상은 재산권의 가치보장 및 부담평등의 원칙에 비추어 **원칙적으로 피수용재산의 객관적 재산가치(시장가치)를 완전하게 보상**해야 한다는 완전보상을 의미한다(헌재 1990. 6. 25. 89헌마107). 한편, 입법자는 보상의 정도를 정함에 있어서 '재산권자(피수용자)의 자기기여의 사고'나 '재산권의 사회적 구속성'을 고려함으로써 **경우에 따라 시장가치 이하의 보상**을 규정할 수 있다. 재산가치가 피수용자의 자기기여에 기인할수록 보다 완전한 보상을 받아야 하고, 재산가치가 국가의 개발조치 등에 의하여 발생하였거나 일반국민에게 귀속되어야 할수록 보상은 보다 축소될 수 있다.

판 례 헌법재판소는 '공익사업의 시행으로 인하여 비로소 발생하는 개발이익은 피수용토지의 객관적 재산가치 또는 토지수용으로 인하여 피수용자가 입는 손실이라고 볼 수 없으므로, 토지수용에 따른 손실보상액을 산정함에 있어서 **개발이익을 배제하는 것**은 정당보상의 원칙에 반하지 않는다'고 판단하였고(헌재 1990. 6. 25. 89헌마107, 판례집 2, 178, 190), '수용된 토지에 대한 보상액을 **공시지가를 기준으로 산정**하는 것이 정당보상의 원칙에 위반되지 않는다'고 판단하였다(헌재 1995. 4. 20. 93헌바20등).

4. 환매권

환매권이란, 수용된 토지 등이 공익사업에 필요 없게 되었을 경우에 피수용자가 일정한 대가를 지급하고 그 토지 등의 소유권을 다시 취득할 수 있는 권리를 말한다. 헌법은 공공복리를 위하여 필요한 경우에 한하여 수용을 허용하기 때문에, 공공필요가 더 이상 존재하지 않는 경우에는 피수용자가 그 소유권을 다시 회복할 수 있는 권리인 환매권이 **헌법상 재산권보장(존속보장)**으로부터 나온다(헌재 1994. 2. 24. 92헌가15, 판례집 6-1, 38, 57).

입법자는 환매권에 관하여 권리의 내용, 성립요건, 행사기간·방법 등을 규정할 수 있는데, 이러한 규정은 입법자가 헌법 제23조 제1항 및 제2항에 따라 헌법상 보장되는 재산권에 포함되는 **환매권의 내용과 한계를 형성하는 규정**에 해당한다. 따라서 환매권규정의 위헌여부가 문제되는 경우에는 '재산권의 내용과 한계를 정하는 법률규정의 위헌심사'의 법리에 따라 환매권의 내용과 한계가 **비례의 원칙에 부합하는지 여부**를 판단해야 한다(헌재 1994. 2. 24. 92헌가15등, 판례집 6-1, 38, 61). 입법자는 환매권을 규율함에 있어서 재산권보장의 기본정신(존속보장)과 이에 대치하는 반대법익(가령, 법적 안정성, 공익사업의 효율적인 수행 등)을 조화시키는 입법을 해야 한다.

판 례 공공사업의 시행을 목적으로 취득한 토지의 취득일로부터 10년 이내로 환매기간을 제한하는 법률조항의 위헌여부가 문제된 **'환매기간제한 사건'**에서, 환매기간의 제한은 법적 안정성과 공익사업의 효율적인 수행을 위하여 토지재산권을 합리적으로 제한하는 것으로 과잉금지원칙에 위반되지 않는다고 판단하였다(헌재 1994. 2. 24. 92헌가15등, 판례집 6-1, 38, 40). 한편, 헌법재판소는 2020년 **기존의 판례를 변경**하여 토지보상법상 환매권의 발생기간(환매기한)을 일률적으로 토지의 취득일이나 수용일로부터 10년으로 제한한 것이 국민의 재산권을 과도하게 침해하기 때문에 헌법에 위반된다고 결정하였다(헌재 2020. 11. 26. 2019헌바131).

제5장 참정권

제1절 일반이론

참정권이란 **국민이 국가의사형성에 참여하는 권리**를 말한다(제3편 제1장 제2절 Ⅱ. 2. 참조). 대의제를 원칙으로 하면서 예외적으로 직접민주주의적 요소를 가미하고 있는 현행 헌법체계에서, 선거는 국민이 국가의사형성에 참여하는 가장 중요한 수단이다. 선출직 또는 비선출직 공무원으로서 국가의사형성에 직접 참여하는 가능성을 제공하는 공무담임권도 대의제를 실현하기 위한 방법에 속한다.

참정권은 **국가의 존재를 전제로 하는 기본권**으로서 국가의 구성원인 **'국민'에게만 귀속**되는 기본권이다. 헌법은 제24조(선거권) 및 제25조(공무담임권)에서 참정권을 규정하고 있다. 또한, 대통령이 국민투표부의권을 행사하는 경우 인정되는 임의적 국민투표(헌법 제72조)와 헌법개정에 관한 필수적 국민투표(제130조)도 참정권에 속한다. 헌법은 참정권의 규정형식으로 **"법률이 정하는 바에 의하여"**의 표현을 사용함으로써, 자유권과는 달리 입법자에 의한 구체적 형성을 필요로 한다는 것을 밝히고 있다. 참정권의 특징은 입법자의 입법에 의하여 기본권의 내용이 구체적으로 확정된다는 것에 있다.

제2절 선거권

Ⅰ. 입법에 의한 선거권의 구체적 형성

헌법은 제24조에서 "모든 국민은 법률이 정하는 바에 의하여 선거권을 가진다."고 하여 선거권을 규정하고 있다. **선거권은 입법자에 의한 구체적인 형성을 필요**로 하고, 선거권의 구체적인 내용은 법률에 의하여 비로소 확정된다. 국민은 선거권을 실제로 행사하기 위하여 입법자의 입법에 의존하고 있다. 선거연령, 국적, 주거지 등 선거권을 행사할 수 있는 인적 범위를 확정하고 비례대표제 또는 다수대표제 등 구체적인 선거의 절차와 방법을 정하는 선거법의 규율 없이는 국민은 선거권을 행사할 수 없다. 이러한 점에서 자유권을 제한하는 경우와 비교할 때, 선거권을 형성함에 있어서는 입법자에게 보다 광범위한 형성의 자유가 인정된다.

Ⅱ. 입법형성권의 한계

입법자의 형성권은 무제한적인 것이 아니라, 무엇보다도 헌법 제41조 및 제67조에 규정된 선거원칙의 구속을 받는다(제2편 제3장 제4절 Ⅱ. 참조). 입법자가 헌법상 선거원칙에 위반되게 선거권을 구체적으로 형성하는 경우, 국민은 헌법 제24조의 선거권을 침해받게 된다. 선거권과 관련하여 제기되는 헌법적 문제는 **입법자에 의한 규율이 과잉제한인지의 문제가 아니라 헌법상 부여된 입법형성권의 범위를 일탈하였는지 여부**이다. 따라서 선거권의 침해여부는 과잉금지원칙이 아니라 선거원칙의 위반여부를 기준으로 하여 판단하게 된다.

헌법은 국민이 선거를 할 수 있는 가능성으로 대통령선거권(제67조) 및 국회의원선거권(제41조)을 명시적으로 규정하고 있다. 국민은 헌법이 명시적으로 규정하고 있는 선거가능성을 넘어서 국민주권원리나 민주주의원리 등에 입각하여 '다른 국가기관을 선출할 수 있는 선거권'을 주장할 수 없다. 국민은 선거를 통하여 국가권력을 행사하게 되며, **선거는 국민에 의한 국가권력 행사방법의 하나로서 명시적인 헌법적 근거를 필요**로 한다. 국회의원이나 대통령을 선출하는 선거권은 헌법 제24조에 보장된 기본권인 선거권으로부터 직접 나오는 것이 아니라, 별도의 수권규범을 필요로 하며, 이러한 수권규범이 바로 헌법 제41조와 헌법 제67조이다.

제 3 절 공무담임권

Ⅰ. 서 론

헌법 제25조는 "모든 국민은 법률이 정하는 바에 의하여 공무담임권을 가진다."고 규정하고 있다. 헌법 제25조의 공무담임권은 선거직 이외의 공직에 임명될 수 있는 **'공직취임권'뿐만 아니라** 각종 공직선거에 입후보하여 선출될 수 있는 **'피선거권'을 포괄하는 기본권**이다(헌재 1996. 6. 26. 96헌마200, 판례집 8-1, 550, 557).

공무담임권은 공직취임권(公職就任權)과 관련하여 일반적으로 **'공직취임의 기회균등'**을 보장하는 기본권으로 이해되어 왔으나, 헌법재판소가 2000년대에 들어와 공무담임권의 보장내용을 '공무원이 되고자 하는 국민에게 평등을 보장하는 차원'을 넘어서 **'공무원의 신분이나 직무를 보호하는 권리'로 확대**함으로써, '국민의 기본권'을 이와 같이 '공무원의 기본권'으로 확대하는 것이 헌법적으로 정당화될 수 있는지에 대한 근본적인 의문이 제기되었다.

Ⅱ. 공직취임권

1. 공직취임권과 직업의 자유의 관계

가. 공직의 영역에서 직업의 자유의 의미

공직도 하나의 직업으로서 개인에 의하여 자유롭게 선택될 수 있다. 그러나 공직은 다른 직업과는 달리 직업의 자유의 관점에서 다음과 같은 특수성을 가진다.

첫째, **공직에서는 '직업행사(수행)의 자유'가 인정되지 않는다.** 공직은 기능적으로 국가권력의 행사이며 국가과제의 이행이다. 공직자는 직무수행에 있어서 개인의 직업의 자유가 아니라 위임된 국가권력을 행사하는 것이다. 따라서 선택한 직업을 어떠한 방법으로 행사할 것인지에 관하여 자유롭게 결정할 수 있는 권리인 '직업행사의 자유'는 직무수행에 있어서 공익의 구속을 받고 공익을 실현해야 할 의무가 있는 공직에서는 사실상 아무런 의미가 없다. 공직의 자유로운 행사는 공직의 본질에 반하는 것이다. 공직에서 직업행사의 자유가 인정된다면, 공직은 개인의 자의와 이기를 실현하는 수단으로 변질될 것이다.

둘째, **공직의 경우 '직업선택의 자유'는** 다음과 같은 특수한 상황에 의하여 **그 의미에 있어서 근본적으로 수정**된다. 국가는 조직권한을 근거로 과제의 이행을 위하여 필요한 만큼만 공직을 제공하고, 여러 지원자가 한정된 공직을 가지고 경쟁하는 경우에는 평등원칙에 기초한 능력주의(성적주의)에 따라 한정된 공직을 배분한다. 공직의 경우, 직업을 국가의 간섭이나 방해를 받지 아니하고 자유롭게 선택할 수 있는 자유권적 측면은 존재하지 않는다. 공직과 관련하여 직업선택의 자유는 '누구나 자유롭게 공직을 선택할 권리'가 아니라, **'국가에 의하여 제공되는 한정된 공직을 누구나 균등하게 담당할 수 있는 권리'**로 축소된다. 이로써 공직의 영역에서 '직업선택의 자유'는 단지 공직을 '균등하게' 선택할 권리, '공직에 균등하게 접근할 권리'를 의미하게 된다.

나. 직업선택의 자유에 대한 특별기본권으로서 공직취임권

결국, 공직과 관련하여 **'직업선택의 자유'라는 자유권**은 직업으로서의 공직의 특수성으로 인하여 **'균등한 공직취임권'이라는 평등권으로 전환**된다. 이러한 점에서 공직과 관련하여 직업선택의 자유는 원칙적으로 독자적인 의미를 가지지 못한다. '자유로운 공직취임의 권리'가 아니라 '균등한 공직취임의 권리'를 그 보장내용으로 하는 **공직취임권은 직업선택의 자유에 대한 특별기본권으로서 후자의 적용을 원칙적으로 배제**한다(헌재 2000. 12. 14. 99헌마112, 판례집 12-2, 399, 409).

다. 공직과 관련하여 직업선택의 자유가 적용되는 경우

공직에 있어서 직업선택의 자유는 특별기본권인 공무담임권에 의하여 원칙적으로 배제된다. 다만, 국가가 개인에게 직업으로 **공직의 선택을 강요**하는 경우 또는 국가가 공직자에게 근무시간 외에 **부업으로서의 영리활동을 금지**하는 경우에 예외적으로 직업선택의 자유가 독자적 의미를 가지고 적용될 수 있다. 이러한 경우, 공직취임의 기회균등을 보장하는 참정권인 '공무담임권'이 아니라, 국가의 방해나 강요를 받지 않고 자유롭게 직업을 선택할 권리, 즉 자유권인 '직업선택의 자유'가 제한된다.

2. 공직취임권과 평등권의 관계

가. 공직취임권의 보장내용

(1) 공직취임의 기회균등

공직의 제공여부는 국가의 결정에 달려있으나, 국가가 일단 공직을 제공하는 경우에는 국가는 급부를 제공하는 경우와 마찬가지로 평등원칙의 구속을 받기 때문에, 공직의 배분에 있어서 평등원칙을 준수해야 한다. 따라서 공직취임권은 국가에 대한 평등의 요청으로 '공직취임에 있어서 기회의 균등'을 요구한다. **공직취임권은 '누구나 균등하게 공직에 취임할 권리'**이다.

판 례 "여기서 직무를 담당한다는 것은 모든 국민이 현실적으로 그 직무를 담당할 수 있다고 하는 의미가 아니라, 국민이 공무담임에 관한 자의적이지 않고 평등한 기회를 보장받음을 의미하는바, …."라고 판시하여, **공직취임권의 보장내용이 평등권임을 강조**하고 있다(헌재 2002. 8. 29. 2001헌마788 등, 판례집 14-2, 219, 224).

나아가, "공무담임권은 공직취임의 기회균등뿐만 아니라 취임한 뒤 승진할 때에도 균등한 기회제공을 요구한다."고 판시하여(헌재 2018. 7. 26. 2017헌마1183, 판례집 30-2, 184), **공무담임권이 공무원의 임용뿐만 아니라 승진의 경우에도 적용**되는 기본권임을 밝히고 있다.

(2) 능력주의의 보장

공직취임권의 헌법적 보장은 곧 능력주의의 헌법적 보장을 의미한다. 능력주의란, 공무원의 임용과 승진에 있어서 단지 공무원의 '능력과 적성'만이 유일한 기준으로서 고려될 수 있다는 원칙이다. 다수의 국민이 제한된 공직을 가지고 경쟁하는 경우, 평등민주주의의 관점에서 볼 때 직업공무원의 선발에서 고려될 수 있는 유일한 합헌적 기준은 '공직에의 적격성(適格性)', 즉 지원자의 '능력과 적성'일 수밖에 없다.

따라서 헌법 제25조의 공무담임권은 적어도 직업공무원의 임용에 관한 한, 헌법해석을 통하여 "모든 국민은 능력에 따라 균등하게 공직취임권을 가진다."는 의미로 이해되어야 한다. 이로써 **공무원선발에 있어서 능력 외의 다른 요소를 고려하는 것은 원칙적으로 금지**된다. 공무원의 선발에 있어서 지원자의 능력 외에도 다른 요소(가령, 제대군인인지 또는 국가유공자인지 여부 등)를 함께 고려하는 제도는 원칙적으로 능력에 의한 차별만을 허용하는 헌법 제25조의 요청에 반하는 것이므로, 위헌의 의심을 강하게 불러일으키는 차별로서 보다 **엄격하게 심사**되어야 한다.

판 례 "헌법 제25조의 공무담임권 조항은 모든 국민이 누구나 **그 능력과 적성에 따라 공직에 취임할 수 있는 균등한 기회를 보장**함을 내용으로 하므로, 공직자선발에 관하여 **능력주의에 바탕한 선발기준**을 마련하지 아니하고 해당 공직이 요구하는 직무수행능력과 무관한 요소를 기준으로 삼는 것은 국민의 공직취임권을 침해하는 것이 되는바, …."라고 판시하여, 공직취임권의 헌법적 보장은 곧 능력주의의 헌법적 보장을 의미한다는 것을 밝히고 있다(헌재 1999. 12. 23. 98헌마363, 판례집 11-2, 770, 797).

나. 특별평등권으로서 공직취임권

법률조항의 위헌여부를 심사함에 있어서 심사기준으로서 공직취임권과 평등권이 고려되는 경우, **공직취임의 기회균등에 관한 한, 공직취임권은 평등권에 대한 특별규정**으로서 헌법 제11조의 일반적 평등권의 적용을 배제한다. 공무담임권은 공직취임에 있어서 '능력' 외의 기준에 의한 차별을 금지함으로써 특별히 평등을 요구하고 있는 특별평등권이다.

따라서 공무원시험에서 제대군인이나 국가유공자 등에게 **가산점을 부여**하거나 공무원시험의 응시연령 등 **응시자격을 제한**함으로써 특정 응시자집단을 차별대우하는 경우 또는 공무원으로 임용될 수 없는 **결격사유를 규정하는 경우**에는 공직취임의 기회균등이 문제되므로, 오로지 특별평등권인 공무담임권이 적용된다.

그러나 문제되는 공무원 집단과 다른 인적 집단을 비교한다든지 아니면 공무원임용시험에 있어서 7급 공무원과 9급 공무원의 응시연령을 다르게 규정하는 경우에는 '특정 응시자집단에 대한 차별대우'의 문제가 아니어서 공직자 선발에 있어서 기회균등을 요청하는 공무담임권이 적용될 여지가 없으므로, 이러한 경우에는 헌법 제11조의 **일반적 평등권**이 적용된다(헌재 2006. 5. 25. 2005헌마11).

3. 공직취임권에 관한 헌법재판소 판례와 그 문제점

가. 공직취임권에 의한 심사

헌법재판소는 공직취임의 기회균등이 문제되는 일부 결정에서 '공직의 영역에서는 자유권인 직업선택의 자유가 적용되지 않으며 특별평등권인 공무담임권이 일반적 평등권의 적용을 배제한다'는 것을 인식하여, **오로지 공무담임권만을 심사기준으로 하여 판단**하고 있다.

가령, 헌법재판소는 9급 공무원 임용시험의 **응시연령 제한**이 문제된 사건에서 응시연령의 제한을 평등의 문제로 파악하였다. 이에 따라, 응시연령을 이유로 하는 응시자 사이의 차별로 인하여 '제한되는 기본권'은 특별평등권인 공무담임권이고, 7급 공무원시험 응시연령과의 관계에서 발생하는 차별로 인하여 '제한되는 기본권'은 헌법 제11조의 일반적 평등권임을 각 확인하였고, 이어서 **평등심사의 기준**에 따라 위헌여부를 판단하였다(헌재 2006. 5. 25. 2005헌마11).

공무원으로 임용될 수 없는 **결격사유를 규정**하는 법률조항의 위헌여부가 문제된 사건에서도, 심판대상조항으로 인하여 제한되는 기본권이 특별기본권인 공무담임권임을 확인하면서, 여기서는 평등심사가 아니라 **과잉금지원칙을 적용**하여 공무담임권 침해 여부를 판단하였다(헌재 2022. 11. 24. 2020헌마1181; 헌재 2023. 6. 29. 2020헌마1605; 헌재 2024. 7. 18. 2021헌마460). 그러나 공무담임권의 법적 성격이 '특별평등권'이라는 점에서, 심사기준으로 평등심사의 기준이 아니라 과잉금지원칙을 기계적으로 적용하는 것은 문제가 있다(아래 나. 서술 참조).

나. 일반적 평등권 및 공직취임권에 의한 심사

한편, 헌법재판소는 공직취임의 기회균등이 문제되는 일련의 결정에서 **'평등권을 기준으로 하는 평등심사' 및 '과잉금지원칙에 따른 공무담임권의 과잉제한 여부의 심사'로 나누어, 위헌여부의 심사를 이중적으로** 하고 있다. 가령, '제대군인 가산점 사건'에서 헌법재판소는 '가산점제도가 여성, 신체장애자 등의 평등권을 침해하는지 여부'를 판단한 다음, 이어서 공무담임권이 '자유권'임을 전제로 과잉금지원칙에 따라 '가산점제도가 여성, 신체장애자 등의 공무담임권을 침해하는지 여부'를 판단하였다(헌재 1999. 12. 23. 98헌마363, 판례집 11-2, 770, 785면 이하, 798면 이하). 헌법재판소는 '제대군인 가산점 결정'을 비롯하여 종래 다수의 결정에서 공무담임권이 특별평등권이라는 것을 간과한 채, 공무담임권을 직업의 자유와 같은 자유권으로 오해함으로써, 헌법상 존재하지 않는 보호범위를 가진 '가상의 자유권'을 기준으로 하여 과잉금지원칙에 따른 위헌심사를 하고 있다.

그러나 '누구나 자유롭게 공직에 임명되거나 선출될 권리를 보장하는 기본권'이란 헌법상 존재하지 않는다. 공무담임권은 오로지 '공직에의 접근과 배분에 있어서의 평등'을 보장할 뿐이다. 헌법재판에서 공무담임권이 문제된다면, **공무담임권에 대한 과잉제한의 문제가 아니라 평등의 문제**이다. 공무담임권은 직업선택의 자유와 일반적 평등권의 적용을 배제하는 특별조항이므로, **공직취임의 기회균등이 문제되는 경우에는 오로지 특별조항인 공무담임권만이 심사기준으로서 적용되어**

야 한다. 그러므로 공무원시험에서 제대군인이나 국가유공자에게 가산점을 부여하는 경우, 헌법재판소는 특별평등권인 공무담임권을 심사기준으로 하여 위헌여부를 판단해야 하며, 공무담임권이 공직취임에 있어서 특별히 평등을 요청하기 때문에 가산점제도의 위헌여부를 판단함에 있어서 **비례의 원칙에 의한 엄격한 평등심사**를 해야 한다.

Ⅲ. 피선거권

1. 공직선거에서 선출의 기회균등

공직취임권과 마찬가지로, 피선거권도 '누구나 국가의 간섭과 방해를 받지 않고 **자유롭게 선출될 권리'가 아니라 '공직선거에서 선출의 기회균등'을 보장하는 기본권**이다. 피선거권과 관련하여 제기되는 문제는 '공직선거에서 선출될 자유'를 과도하게 제한하는지 여부가 아니라, 공직선거에서 '선출의 기회균등'에 위반되는지의 문제이다.

지자체장 입후보금지, 선거일 전 사퇴의무조항, 후보자의 기탁금제도, 당선된 경우 사직규정, 형의 선고로 인한 당선무효조항 등에서 문제되는 것은, 누구나 선거에 입후보하여 선출될 수 있어야 하고 선거에서 입후보의 기회균등이 보장되어야 하는데 입후보금지규정, 사퇴의무조항이나 기탁금제도 등에 의하여 **선출이나 입후보의 가능성에 있어서 불평등이 발생**한다는 것이다. 이러한 경우에는 공직선거에서 선출의 기회균등을 보장하는 피선거권이 적용된다.

2. 피선거권과 선거원칙의 관계

헌법은 제41조 제1항 및 제67조 제1항에서 선거의 기본원칙을 명시적으로 규정하고 있다. 선거가 대의제에서 그 기능을 이행하기 위해서는, **선거원칙은 선거권뿐만 아니라 피선거권에도 적용**되어야 한다. '정치적 권리의 평등'은 민주주의의 핵심적 요소로서, '민주적 의사형성에 동등하게 참여하는 국민의 권리'는 가능하면 엄격하게 보장될 것을 요청한다. 이러한 의미에서 **보통·평등선거원칙은 엄격하고도 형식적인 평등을 요청**한다. 보통·평등선거원칙의 경우에는 평등대우가 원칙이고 차별대우가 예외이므로, 보통·평등선거원칙에 대한 예외는 불가피한 합리적인 사유에 의하여 특별히 정당화되어야 한다. 보통·평등선거원칙은 헌법 제11조 제1항의 **일반적 평등원칙에 대한 특별규정**이다.

보통·평등선거원칙은 원칙적으로 모든 국민의 평등한 정치적 참여를 요구하고, 이로써 선거권과 피선거권의 영역에서 모든 국민의 원칙적인 평등을 요청한다. 그러므로 모든 국민은 동수의 투표권을 가지며 모든 투표는 가능하면 동등한 비중을 가져야 한다. 나아가, 모든 국민은 선거에 입후보하여 공직에 취임할 수 있는 동등한 권리를 가져야 한다.

3. 피선거권 제한의 경우 헌법적 판단기준으로서 보통·평등선거원칙

헌법은 제25조에서 공무담임권의 보장을 통하여 모든 국민은 '법률이 정하는 바에 의하여' 피선거권을 가진다는 것을 규정하고 있다. **입법자는 입법을 통하여 피선거권을 구체적으로 형성함에 있어서 헌법상의 선거원칙을 준수하고 실현해야** 한다. 이러한 점에서, 헌법 제25조의 피선거권은 그 내용에 있어서 헌법상의 선거원칙에 의하여 본질적으로 결정된다. 헌법 제25조에서 보장하는 피선거권이란 '헌법상 선거원칙에 부합하는 피선거권'이며, 이로써 모든 국민은 무엇보다도 보통·평등선거원칙에 부합하는 피선거권을 가진다. **입법자가 헌법상 선거원칙에 위반되게 피선거권을 구체적으로 형성한 경우, 입법자는 헌법 제25조의 피선거권을 침해**하게 된다. 따라서 **피선거권 제한의 위헌여부는** 일반적 평등원칙에 대한 특별규정인 헌법상 보통·평등선거원칙에 위반되는지의 관점에서 판단해야 한다. 피선거권을 제한하는 규정은 보통·평등선거원칙에 대한 위반의 의심을 불러일으키므로, **엄격한 평등심사**가 요청되며 불가피한 합리적인 사유에 의하여 정당화되어야 한다.

피선거권을 박탈하는 경우에는 **보통선거원칙**에 부합하는지 여부를 판단해야 한다. 예컨대, 국회의원 피선거권의 연령을 25세 이상으로 정한 경우나 지방자치단체장이 임기 중 공직선거에 입후보하는 것을 법적으로 금지하는 경우가 이에 해당한다. 한편, '선거일 前 사퇴의무조항'이나 '기탁금제도', '당선된 경우 사직규정' 등을 통하여 **공직선거에 입후보하는 것을 제한하는 규정**은 '선거에서 선출이나 입후보의 기회균등'의 관점에서 판단되어야 한다. 여기서 문제되는 것은 피선거권 박탈의 문제가 아니라, 피선거권은 인정되나 선출이나 입후보의 가능성에 있어서 발생하는 불평등의 문제이기 때문에, 보통선거원칙이 아니라 **평등선거원칙**의 관점에서 판단되어야 할 문제이다.

4. 헌법재판소 판례의 문제점

가. 헌법재판소는 일부 결정에서는 피선거권 제한의 문제를 평등의 문제로 이해하여 **보통·평등선거원칙의 위반여부를 판단**하였다. 가령, 헌법재판소는 국회의원선거법에서 '과다한 기탁금'을 규정하여 **입후보의 기회를 제한**함으로써 재력이 없는 사람이 국회에 진출할 수 있는 길을 봉쇄하는 것은 보통·평등선거원칙에 위배된다고 결정하였고(헌재 1989. 9. 8. 88헌가6), '지자체장 **입후보금지** 사건'에서 지자체장의 입후보금지조항이 보통선거원칙에 위반되어 청구인들의 피선거권을 침해하는 위헌적인 규정이라고 판단한 바 있다(헌재 1999. 5. 27. 98헌마214, 판례집 11-1, 675, 707).

판 례 헌법재판소는 이미 초기의 결정에서 "현대 선거제도를 지배하는 **보통, 평등, 직접, 비밀, 자유선거의 다섯 가지 원칙은 … 선거인, 입후보자와 정당은 물론 선거절차와 선거관리에도 적용되며, 선거법을 제정하고 개정하는 입법자의 입법형성권 행사에도 당연히 준수하여야 한다**는 원리이다."라고 판시하여, 헌법상 선거원칙이 선거인(유권자)뿐만 아니라 후보자와 정당에 대해서도 적용된다는 것을 명시적으로 확인하고 있다(헌재 1989. 9. 8. 88헌가6, 판례집 1, 199, 211).

나. 그러나 헌법재판소는 대부분의 결정에서 공직취임의 기회균등이 문제되는 경우와 마찬가지로, 피선거권의 제한이 **'공무담임권을 과잉으로 제한하는지 여부' 및 '평등권에 위반되는지 여부'의 이중적인 관점에서 판단**하고 있다. 예컨대, 공무원으로서 공직선거의 후보자가 되고자 하는 자는 선거일 전 90일까지 그 직을 그만 두도록 한 법률조항의 위헌여부가 문제된 **'선거일 전 사퇴의무조항 사건'**에서, 과잉금지원칙에 위배된다고 볼 수 없다고 하여 공무담임권의 침해를 부정한 다음, 이어서 평등원칙에도 위배되지 아니한다고 판단하고 있다(헌재 1995. 3. 23. 95헌마53). 또한, 사립학교교원이 국회의원으로 당선된 경우 그 직을 사직하도록 규정하는 국회법조항의 위헌여부가 문제된 **'당선된**

경우 사립학교교원의 사직규정 사건'(헌재 2015. 4. 30. 2014헌마621) 및 지역구 국회의원선거의 기탁금액수 및 그 반환기준을 정한 **기탁금조항과 반환조항**의 위헌여부가 문제된 사건(헌재 2017. 10. 26. 2016헌마623)에서, 헌법재판소는 심판대상조항이 '공무담임권을 과잉으로 침해하는지 여부' 및 '평등권을 침해하는지 여부'로 나누어 판단하고 있다. 나아가, **국회의원 피선거권의 연령을 25세 이상으로** 정한 공직선거법조항의 위헌여부가 문제된 사건에서도[1] '보통선거원칙에 위배되어 피선거권을 침해하는지'의 관점이 아니라 보통선거원칙을 언급조차 하지 않고 '공무담임권과 평등권'의 관점에서 판단하고 있다(헌재 2017. 10. 26. 2016헌마623).

헌법재판소는 피선거권의 법적 성격이 '공직에의 접근에 있어서의 평등'에 대한 요청이라는 것을 간과한 채, **피선거권을 '누구나 자유롭게 공직에 선출될 권리'라는 자유권으로 오해**함으로써 헌법상 존재하지 않는 '가상의 자유권'을 기준으로 하여 과잉금지원칙에 의한 심사를 하고 있다. 뿐만 아니라, 평등권의 위반여부를 판단함에 있어서도 **보통·평등선거원칙이 특별히 평등을 요청하는 특별평등권이라는 것을 간과**하고, 일반적 평등권을 심사기준으로 하여 판단하고 있다.

Ⅳ. 공무원의 신분보장에 관한 주관적 권리

1. 직무수행에 있어서 공무원의 기본권 주체성

공무원은 국가조직의 일부로서 국가권력을 행사하고 국가기능을 이행하는 것이므로, **국가과제를 수행함에 있어서 국가에 대하여 기본권을 주장할 수 없다**(제4편 제3장 제3절 제7항 Ⅳ. 참조). 공직자가 직무수행을 통하여 국가의 기능과 과제를 이행하는 경우, 공직자는 국가조직의 일부로서 기본권이 아니라 권한과 관할을 행사하는 것이다. 공직자는 직무수행에 있어서 국민의 기본권을 존중해야 하고 기본권의 구속을 받는 것이지 스스로 기본권을 주장할 수 없다(헌재 2008. 1. 17. 2007헌마700, 판례집 20-1상, 139, 159 참조).

2. 공무원의 주관적 권리의 인정 필요성 및 헌법적 근거

가. 공무원의 주관적 권리의 인정 필요성

공무원은 권리와 의무의 형성에 있어서 자신의 고용주인 국가와 대치하는 관계에 있지만, **국가는 동시에 입법자로서 공무원의 근무관계를 일방적으로 규율하는 권한을 가지고 있다.** 입법자는 법률로써 일방적으로 공무원의 급여와 후생에 관하여 결정한다. 개별공무원은 급여수준을 포함하여 근무관계의 구체적인 형성에 대하여 영향을 미칠 수 있는 아무런 법적 가능성을 가지고 있지 않다. 마찬가지로 공무원은 직업상의 공동이익을 추구하기 위하여 집단적으로 투쟁할 수 있는 단체행동권도 가지고 있지 않다.

공무원이 그의 고용주인 국가가 자신의 권리·의무관계를 구체적으로 형성하는 것에 대하여 아무런 영향력을 행사할 수 없다면, 적어도 국가에 의하여 일방적으로 형성된 공직근무관계의 법적 타당성에 대하여 헌법 제7조 제2항의 '공무원의 신분보장'의 관점에서 의문을 제기할 수 있는 가능성을 가져야 한다. **헌법 제7조 제2항은 '공무원의 신분보장'을 입법적으로 형성해야 할 의무**

1) 2022년 공직선거법 개정으로 국회의원, 지방자치단체의 장 및 지방의회의원의 피선거권 제한 연령이 종래 25세에서 18세로 하향 조정되었다(제16조 제2항 및 제3항).

를 부과하고 있으므로, 이에 대응하여 '**직업공무원제도가 기능할 수 있도록 공무원의 신분을 법률로써 보장할 것을 입법자에 대하여 요구**하고, 입법자가 이러한 형성의무를 제대로 이행하고 있지 않는 경우에는 이를 헌법소원을 통하여 다툴 수 있는 공무원의 주관적 권리'를 인정할 수 있다.

나. 헌법적 근거로서 헌법 제7조 제2항의 직업공무원제도의 보장

공무원에게 인정되는 주관적 권리는 직업공무원제도의 특성에 그 바탕을 두고 있기 때문에, 헌법소원을 통하여 관철할 수 있는 **공무원의 주관적 권리를 도출할 수 있는 헌법적 근거는 직업공무원제도를 보장하는 헌법 제7조 제2항**이다. 공무원은 단지 헌법적으로 보장된 자신의 법적 지위인 신분보장과 관련해서만 입법자에 대하여 그 준수를 요구할 수 있는 주관적 권리를 가지므로, **공무원의 주관적 권리는 '신분보장에 관한 주관적 권리'로 한정**된다. 따라서 공무원은 '신분보장'과 관련하여 헌법소원을 통하여 다툴 수 있는 주관적 권리를 가지며, 이로써 신분박탈이나 정년의 단축, 적정한 급여지급의무의 위반 등을 이유로 자신의 주관적 권리의 침해를 주장할 수 있다.

공무원의 주관적 권리는 국가에 대한 공무원의 특수한 관계에서 나오는 **특권인 '신분보장'을 관철하기 위한 헌법적 권리**로서, 모든 개인에게 인정되는 **기본권과는 전혀 다른 성격의 권리**이다. 공무원의 주관적 권리는 공무원 개인의 인격발현을 위하여 보장되는 것이 아니라 직업공무원제도의 기능을 보장하기 위한 수단으로 인정되는 것이며, 직업공무원제도의 헌법적 보장에 대하여 종속적인 것이므로, **직업공무원제도와의 연관관계에서만 도출될 수 있는 권리**이다. 국민의 기본권인 공무담임권은 공무원의 주관적 권리의 헌법적 근거가 될 수 없다.

3. 헌법재판소 판례의 문제점

가. 공무담임권에 의한 공무원의 주관적 권리의 보호

헌법재판소는 신분의 박탈이나 직무의 정지를 통하여 현재 공무를 담임하고 있는 자를 그 공무로부터 배제하는 경우에도 공무원은 공무담임권의 보호를 받는다고 판시함으로써, **공무담임권의 보장내용을 '공직에의 접근에 있어서의 기회균등'을 넘어서 '공무원 신분과 직위의 유지'에까지 확대**하였다.

헌법재판소는 금고 이상의 형의 선고유예를 받은 경우에 **공무원의 당연 퇴직**을 규정한 지방공무원법조항의 위헌여부가 문제된 사건에서, 구체적인 논증의 제시 없이 공무담임권의 보장내용을 '공직취임의 기회균등'뿐만 아니라 **'공무원신분의 부당한 박탈의 금지'도 포함**하는 것으로 확대하였고, 합헌으로 판단한 종래의 판례를 변경하여 최소침해성원칙에 위반되어 공무담임권을 침해한다고 판시하였다(헌재 2002. 8. 29. 2001헌마788 등, 판례집 14-2, 219, 224). 또한, 헌법재판소는 **공무원의 정년규정이나 정년을 단축하는 규정**에 의하여 공무담임권이 제한되지만, 공무원의 신분보장 정신에 위반하여 공무담임권을 침해하는 것이라 할 수 없다고 판시하고 있다(헌재 2000. 12. 14. 99헌마112 등, 판례집 12-2, 399, 414).

지방자치단체의 장이 금고 이상의 형을 선고받고 그 형이 확정되지 아니한 경우 부단체장이 그 권한을 대행하도록 규정한 지방자치법조항의 위헌여부가 문제된 **'지방자치단체장 직무정지 사건'**에서, 헌법재판소는 아무런 부가적인 설명 없이 '**직무의 부당한 정지의 금지'도 공무담임권의 보장내용**에 포함된다고 확인하였고, 나아가 직업공무원이 아닌 '선출직 공무원'의 직무가 정지된

경우에 대해서도 공무담임권의 적용범위를 확대함으로써, 공무담임권은 직업공무원의 신분을 보장하는 기능을 넘어서, **선출직 공무원의 직위도 보장**하는 기능을 담당하게 되었다(헌재 2005. 5. 26. 2002헌마699등, 판례집 17-1, 734, 743).

나. 판시내용의 문제점

첫째, 헌법재판소는 **공무원의 주관적 권리를 직업공무원제도가 아니라 공무담임권으로부터 도출함으로써 '공직자가 되고자 하는 국민의 기본권'인 공무담임권을 '공무를 담임하고 있는 공직자의 기본권'으로 변질**시키고 있다. 헌법재판소는 헌재 2002. 8. 29. 2001헌마788등 결정(공무원의 당연 퇴직)에서 헌법 제25조의 해석상 기본권인 공무담임권으로부터 공무원의 권리를 도출하는 것이 가능하다고 하나, 국민의 기본권으로부터 공직자의 권리를 도출할 수 없으며, 공직자가 국가과제를 수행하는 경우에는 기본권의 주체가 될 수 없다. **공무원의 주관적 권리**는 직업공무원관계의 특수성으로부터 나오는 것이므로, 이를 도출할 수 있는 **헌법적 근거는 국민의 기본권인 '공무담임권'이 아니라 직업공무원제도를 보장하는 '헌법 제7조 제2항'**이다.

둘째, 헌법재판소는 **행정소송을 통하여 다툴 수 있는 '공무원의 법률상 지위'와 헌법소원을 통하여 다툴 수 있는 '기본권 또는 헌법상 권리'를 혼동**하고 있다. 헌법재판소가 헌재 2005. 5. 26. 2002헌마699등 결정(지방자치단체장 직무정지)에서 '공무원의 주관적 권리'의 보장내용을 '신분보장'을 넘어서 '직무와 권한의 유지'에까지 확대한 것은 헌법적으로 별도의 논증을 요하는데, 헌법재판소는 이에 관하여 아무런 설명을 하고 있지 않다. 직업공무원의 신분보장과 관련하여 이를 다툴 수 있는 주관적 권리를 인정하는 것 외에, '현재 보유하고 있는 공직을 유지할 권리'는 헌법적으로 도출할 수 없으므로, 헌법적 권리로서 존재하지 않는다. 공무원의 직무수행권이나 직위보유권은 기껏해야 법률상 지위일 뿐, 기본권이 아님은 물론이고 공무원에게 귀속되는 헌법상 지위도 아니다. 헌법재판소의 소수의견도 "공무원의 직무수행권은 바로 위와 같은 국가의 객관적 권한배분 내지 조직구성권의 행사의 결과로 주어진 '권한'이며 공무원 개인이 국가에 대하여 요구할 수 있는 주관적 공권이라고 볼 수 없다."고 하여 이를 명확히 밝히고 있다(헌재 2005. 5. 26. 2002헌마699등, 판례집 17-1, 734, 737).

셋째, **'공무원의 주관적 권리'를 직업공무원의 신분보장의 범위를 넘어서 '선출직 공무원'의 직위보장에까지 확대하는 경우에는 직업공무원제도의 헌법적 보장 외의 다른 헌법적 근거가 필요**한데, 헌법재판소는 이에 관하여 아무런 논증을 제시하고 있지 않다. 직업공무원의 경우에는 공무원의 신분보장을 명시적으로 언급하고 있는 헌법상 직업공무원제도의 보장과의 연관관계에서 '신분보장에 관한 주관적 권리'를 인정할 여지가 있으나, 선출직 공무원의 경우에는 이러한 방법으로 주관적 권리를 이끌어내는 것이 불가능하다.

한편, 선출직 공무원의 직위 보장에 관한 주관적 권리를 헌법상 도출할 수 있는지의 문제와 관계없이, **선출직 공무원의 직위박탈이나 직무정지로 인하여 제기되는 문제는 기본권행사가 아니라 권한행사의 문제**이다. 예컨대, 특정한 요건 하에서(가령, 비례대표 국회의원이 당적을 변경하는 경우 등) 국회의원이 의원직을 상실한다는 법률조항에 의하여 의원직을 상실하는 경우에 제기되는 문제는 기본권침해가 아니라 권한침해의 문제이므로, 국회의원은 위 법률조항에 대하여 헌법소원을 제기할 수는 없고, 위 법률조항에 의한 **국회의원의 권한침해를 주장하여 권한쟁의심판을 청구해야** 한다. 또한, 지방자치단체장의 직무수행이 정지되어야 하는지의 문제도 지방자치단체 장의 기본권의 문제가 아니라 권한행사의 문제이다. 이러한 문제는 권한대행을 규정하는 법률조항에 의하여 지방자치단체장의 권한이 침해되는지의 문제로서 헌법소원으로 다툴 수 있는 기본권침해의 문제가 아니다.

제 6 장　청구권적 기본권

제 1 절　일반이론

Ⅰ. 개　　념

헌법학에서 '청구권적 기본권'이란 표현을 사용한다면, 협의의 청구권과 광의의 청구권이란 2가지 의미로 사용된다. **'협의의 청구권'**이란 권리의 보장과 구제를 위하여 국가에게 일정한 행위(권리구제절차의 제공)를 적극적으로 요구할 수 있는 권리를 말한다. 이에 대하여 **'광의의 청구권'**이란, 개인이 사실적 급부, 법률의 제정(입법행위) 등 국가에게 적극적인 행위를 요구할 수 있는 권리로서, 재판청구권과 같은 '협의의 청구권'뿐만 아니라 제3자에 의한 기본권침해로부터 국가에 대하여 보호를 요구할 권리(보호청구권), '사회적 기본권' 등을 모두 포함하는 광의의 개념이다.

제6장에서 다루고자 하는 '청구권적 기본권'은 **권리구제를 위한 기본권 또는 기본권보장을 위한 기본권으로서 '협의의 청구권'**이다.

Ⅱ. 법적 성격

자유권이 국가행위를 배제하고 금지하는 소극적인 성격을 가지고 있다면, **청구권은 국가에게 작위를 요구하는 적극적인 성격**을 가지고 있다. 자유권의 보장내용은 '국가의 간섭을 받지 않고 … 할 자유'로서 일반적으로 입법자의 형성행위와 관계없이 이미 존재하는 자연적 자유이며, 입법자의 입법에 의하여 그 보장내용이 제한될 뿐이다.

그러나 국가에게 작위를 요구하는 청구권은 단지 내용적으로 확정된 범위 내에서만 보장될 수 있다. **청구권은 이를 구체화하는 입법이 있을 때에 비로소 행사할 수 있는 기본권**이다. 개인이 청구권을 행사하기 위해서는 입법자에 의한 사전적 형성을 필요로 한다. 개인은 헌법상 보장된 청구권을 근거로 직접 무엇을 청구할 수 없고, 개인이 무엇을 청구할 수 있는지 그 내용과 범위에 관하여 입법자가 법률로써 구체적으로 형성해야 비로소 청구권을 행사할 수 있다. **청구권은 헌법에 의하여 보장되지만, '법률이 정하는 바에 의하여' 행사된다**. 청구권에 있어서 법률이란 청구권을 제한하는 성격을 가지는 것이 아니라 청구권을 구체화하고 실현하는 성격을 가진다.

Ⅲ. 청구권적 기본권에 의한 입법자의 구속

청구권적 기본권은 입법자에 의한 구체화와 실현에 의존하고 있지만, 입법자의 형성권은 무제한적인 것이 아니라 청구권적 기본권을 보장한 헌법적 결정(헌법적 정신)에 의하여 구속을 받는다.

입법자에 대한 헌법적 구속은 첫째, 국민이 헌법상 보장된 **청구권적 기본권을 행사할 수 있도록 이를 가능하게 하는 입법을 해야 할 의무**에서 표현된다. 따라서 입법자가 청구권적 기본권을 구체적으로 형성하는 법률을 전혀 제정하지 않은 경우 입법자의 부작위는 헌법적으로 허용되지 않는 것이므로, 헌법소원심판절차를 통하여 입법부작위의 위헌여부를 다툴 수 있다.

둘째, 입법자는 청구권적 기본권을 구체적으로 형성함에 있어서 이러한 **기본권을 보장한 헌법의 정신과 가치결정을 존중하고 실현해야 하는 의무**를 진다. 따라서 입법자가 청구권적 기본권을 구체화하는 법률을 제정하였으나 법률의 구체적 내용이 청구권적 기본권을 보장한 헌법적 정신에 부합하지 않는 경우에는 헌법소원심판절차 또는 규범통제절차를 통하여 법률의 위헌성을 확인할 수 있는 가능성이 부여된다.

Ⅳ. 헌법상 규정된 청구권적 기본권의 유형

헌법은 공권력행위에 의하여 개인의 기본권이 침해당한 경우 이에 대한 구제를 구할 수 있는 가능성을 기본권의 형태로 보장하고 있다. 이에 해당하는 기본권이 바로 청원권(제26조), 재판청구권(제27조), 형사보상청구권(제28조), 국가배상청구권(제29조), 범죄피해자구조청구권(제30조)이다. 이러한 기본권들은 국가에게 권리구제의 가능성을 요구하는 청구권의 성격을 가지고 있다.

재판청구권은 공권력행위에 의한 권리침해에 대하여 위법행위의 제거를 목적으로 하는 일차적인 권리구제의 가능성을 제공하고, **국가배상청구권**은 위법행위로 인한 손해배상을 목적으로 하는 이차적인 권리구제의 가능성을 제공한다. **형사보상청구권**은 형사소추의 과정에서 발생한 인신구속에 대하여 무과실책임의 손실보상을 제공함으로써 불법행위를 전제로 하는 국가배상청구권의 한계를 보완하고 있다. **청원권**은 다른 권리구제절차의 존재여부와 관계없이 행사될 수 있고 다른 권리구제절차에 대하여 부가적·보완적으로 부여되는 비정규적 구제절차를 제공한다. 한편, **범죄피해자구조청구권**은 공권력의 권리침해에 대한 권리구제가 아니라 범죄피해에 대한 국가구조(救助)를 제공한다는 점에서 권리구제를 위한 청구권과는 약간 성격을 달리 한다.

제2절 청원권

Ⅰ. 헌법적 의미

헌법은 第26조 제1항에서 "모든 국민은 법률이 정하는 바에 의하여 국가기관에 문서로 청원할 권리를 가진다."고 하여 청원권을 보장하고 있다. 청원권은 행정적·사법적 권리구제절차의 존재 여부와 관계없이, 정규적 권리구제절차에 대하여 부가적·보완적으로 부여되는 **비정규적 권리구제절차**이다. 청원권은 형식, 절차, 기간, 비용, 관할이나 대상에 있어서 제한을 받지 않는 점에서, **청원권의 특성은 비형식적 성격**에 있다. 청원권의 행사는 형식이나 기간 등 절차적 요건이나 관할에 관한 규정의 제한을 받지 않으며, 청원절차의 비용을 부담할 필요도 없다. 나아가, 개인은 자신의 권리침해여부와 관계없이 사적 또는 공적 이익과 관계되는 모든 사안에 대하여 청원을 할 수 있다.

청원권은 **국민과 국가 간의 대화와 통합의 수단**이다. 청원권은 청원의 형태로 국가기관에 자유롭게 접근할 수 있는 권리를 보장함으로써 국가의 문을 모든 국민에게 개방한다. 이로써 청원권은 국가와 국민 간의 접촉을 강화하고 대화를 보장하는 기능을 한다. 청원권은 국민과 국가 사이의 갈등을 줄이고 이해와 화합을 통한 국민통합에 기여할 수 있다.

청원권은 **행정부에 대한 통제기능** 및 행정부 내부의 통제기능을 가지고 있다. **의회에의 청원**은 법집행의 상황에 관한 정보를 의회에 제공함으로써 행정부에 대한 통제기능을 효과적으로 이행하게 하며, **소관기관에의 청원**은 상급관청으로 하여금 하급관청의 행위를 심사하는 계기를 부여한다.

청원권은 **민주적 정치의사 형성과정에 참여하는 수단**이다. 국민은 청원권을 공동으로 행사하는 방법을 통하여 여론을 형성하고 민의를 국가기관에 전달함으로써 구체적인 정치적 사안과 관련하여 국가기관의 의사결정과정에 영향력을 행사할 수 있다. 이로써 청원권은 민주국가에서 '시민의 집단적인 정치적 건의권'이라는 성격을 가지게 되었다. **공동청원**은 의회와 정부에 대하여 국민이 정치적 영향력을 행사하는 중요한 수단이 되었다.

Ⅱ. 법적 성격 및 기본권의 주체

1. 법적 성격

가. 자유권적 성격

청원권은 일차적으로 대국가적 방어권으로, **국가의 간섭이나 방해를 받지 않고 자유롭게 개인 또는 공동으로 국가기관에 청원을 할 권리**를 보장한다. 자유권으로서의 청원권은 청원의 제출 시까지 청원권의 행사를 방해하거나 곤란하게 하는 국가행위(예컨대, 청원에 대한 사전심사, 검열, 허가의무, 청원절차비용의 도입 등)를 금지하고, 청원을 했다는 이유로 법적 또는 사실적으로 불이익을 주는 국가행위를 금지한다. 역사적으로 원래 청원권의 핵심적 보장내용은, 개인이 청원의 형태로써 국가행위를 비판하였다는 이유로 불이익이나 처벌을 받지 아니할 자유의 보장에 있었다.

나. 청구권적 성격

나아가, 청원권은 **국가에게 적극적인 행위, 즉 청원의 처리를 요구할 수 있는 권리**를 보장한다. **헌법은 제26조 제2항**에서 "국가는 청원에 대하여 심사할 의무를 진다."고 하여 청원에 대한 국가의 심사의무를 규정하고 있다. 청원인이 궁극적으로 바라는 바는, 국가기관이 청원을 수리하고 내용을 심사하여 그 결과를 통지하는 것이기 때문에, 국가의 청원처리의무에 대응하는 청원인의 '청원의 처리를 요구할 수 있는 권리'는 청원권의 본질적인 보장내용이다.

청원권의 자유권적 측면은 입법자에 의한 구체적 형성을 필요로 하지 않지만, 개인이 '국가에게 청원의 처리를 요구할 수 있는 권리'인 청원권을 행사하기 위해서는 **입법자가 청원처리절차를 사전에 구체적으로 형성해야** 한다. 헌법은 제26조 제1항에서 "법률이 정하는 바에 의하여"란 표현을 통하여 이를 밝히고 있다. 입법자는 국가기관이 청원처리의무를 이행할 수 있도록, 청원처리절차를 법률로써 구체적으로 형성해야 할 의무를 진다. 입법자는 **'청원법'의 제정**을 통하여 이러한 의무를 이행하였다.

2. 기본권의 주체

청원권은 인권으로서 국적과 관계없이 **모든 자연인**에게 보장되며, **사법상의 법인**도 청원권의 주체가 될 수 있다. 특별권력관계에서도 개인은 기본권의 보호를 받으며, 특히 수형자에 대해서도 청원권은 인정되어야 한다.

Ⅲ. 보장내용 및 법적 구제절차

1. 국가기관에 자유롭게 청원서를 제출할 권리

자유권으로서의 청원권은 **국가기관에 청원의 형태로 자유롭게 접근하는 권리**를 보장한다. 청원권의 본질은 비형식성에 있으며, 형식에 구애받음이 없이 국가기관에 자유롭게 접근할 수 있는 가능성의 보장은 청원권의 헌법적 기능을 이행하기 위한 필수적 전제조건이다. 국민이 청원의 형태로써 국가기관에 가능하면 자유롭게 접근할 수 있도록, 청원권은 **최소한의 형식적 요건의 구속**을 받는다. 국민은 관할의 구애를 받지 않고 '모든' 국가기관에 청원을 할 수 있다. 소관기관에 청원을 해야 한다는 것은 청원의 적법요건이 아니다.

뿐만 아니라, 청원권은 자신의 이해관계뿐만 아니라 **타인의 이해관계에 관하여 청원하는 것도 보호**한다. 국민이 자신의 이해관계, 의견이나 희망을 해당 기관에 직접 진술하는 외에 자신을 대리하거나 중개하는 제3자를 통해 진술하더라도 이는 청원권으로서 보호되므로, **유상 로비활동**(공무원의 직무에 속한 사항에 관해 알선을 명목으로 금품을 수수하는 행위)을 처벌하는 법률조항은 청원권을 제한한다(헌재 2005. 11. 24. 2003헌바108, 판례집 17-2, 409, 415-416).

한편, 헌법 제26조 제1항은 **"문서로 청원할 권리"**라고 규정함으로써, 헌법 스스로 형식적 요건을 정하고 있다. '문서 요건'의 목적은 청원의 원활하고도 순조로운 처리를 통하여 청원절차의 효율성을 높이고자 하는 것이다. 청원인이 밝혀지는 경우에만 청원처리 결과의 통지의무의 이행이 가능하기 때문에, '문서 요건'에는 청원인이 청원서에 서명하는 것을 포함한다. 구두로 청원을 한 자는 국가에게 청원에 대한 심사 및 통지의무를 이행할 것을 요구할 수 없다. 청원은 국가기관에 대한 **'구체적인 요구 사항'**을 담고 있어야 한다. 청원은 국가로 하여금 실체적 문제를 다루고 심사할 것을 요구해야 한다. 단순한 정보제공의 요구, 사실관계의 전달・확인이나 국가기관에 대한 충고 등은 청원이 아니다. 청원이 사실적 또는 법적으로 이행이 불가능한 것 또는 법적으로 금지된 것을 요구하거나 명예훼손적 내용을 지니고 있다면, 청원은 부적법하다.

수형자의 '자유롭게 청원할 권리'가 실질적으로 보장되기 위해서는 청원서가 검열을 받아서는 안 되므로, 수형자의 청원권은 **청원서의 검열금지를 요청**한다. 따라서 수형자의 청원권은 청원서의 검열금지를 규정하는 법규범에 의하여 보장되어야 한다. 한편, 입법자는 행형의 목적을 달성하기 위하여 특정 국가기관을 수신인으로 하는 청원의 경우에만 청원에 대한 검열금지를 규정함으로써 수형자의 청원권을 제한할 수 있다. 헌법재판소는 **'수형자의 청원 사건'**에서 '수형자가 발송하는 서신이 법무부장관이 아닌 다른 국가기관을 수신인으로 하는 교도행정에 관한 청원서인 경우, 교도소장이 이를 검열하도록 규정한 것은 청원권을 침해하지 않는다'고 판시한 바 있다(헌재 2001. 11. 29. 99헌마713).

2. 청원에 대하여 심사 및 통지받을 권리

청원권은 청원서를 자유롭게 제출하는 권리를 넘어서, **청원의 처리를 요구할 수 있는 권리**, 즉 청원을 심사하여 청원인에게 그 처리결과를 통지할 것을 요구할 수 있는 권리를 보장한다. 청원권이 **청원의 처리결과에 대하여 이유를 명시할 의무**까지를 포함하는가의 문제가 제기된다. 헌법재판소는 이유명시의 의무를 부정하고 있다(헌재 1994. 2. 24. 93헌마213등). 그러나 청원인의 입장에서는 이유명시를 통해서만 국가기관이 청원에 관하여 과연 내용적으로 심사하였는지 여부를 확인할 수 있고, 이로써 심사의무의 이행여부를 소송을 통하여 다툴 것인지에 관하여 판단할 수 있으며, 나아가 청원의 처리결과를 납득하고 수용할 수 있다. 결국, 국가기관의 이유명시의무를 통해서만 헌법 제26조 제2항에 규정된 국가의 심사의무의 이행이 실질적으로 보장될 수 있다.[1]

판 례 **'종교시설 이전부지 사건'**에서, "헌법상 보장된 청원권은 공권력과의 관계에서 일어나는 여러 가지 이해관계, 의견, 희망 등에 관하여 적법한 청원을 한 모든 국민에게 국가기관이 청원을 수리할 뿐만 아니라 이를 심사하여 청원자에게 그 처리결과를 통지할 것을 요구할 수 있는 권리를 말하나, 청원사항의 처리결과에 심판서나 재결서에 준하여 **이유를 명시할 것을 요구하는 것**은 청원권의 보호범위에 포함되지 아니하므로, 청원 소관관서는 청원법이 정하는 절차와 범위 내에서 청원사항을 성실·공정·신속히 심사하고 청원인에게 그 청원을 어떻게 처리하였거나 처리하려 하는지를 알 수 있는 정도로 결과통지함으로써 충분하다."고 판시하고 있다(헌재 1994. 2. 24. 93헌마213등).

3. 청원처리에 대한 권리구제절차

국가기관의 청원처리에 대하여 청원인은 청원권의 침해를 주장하여 **헌법소원을 제기**할 수 있다. 청원사항의 처리는 국가기관의 자유재량행위로서 그에 대한 소구권은 인정할 수 없다는 것이 대법원의 입장이므로, 청원인은 청원권의 침해를 이유로 행정소송을 제기할 수 없다.

국가기관의 청원처리는 단지 청원권의 보장내용의 범위 내에서만 사법적으로 심사될 수 있다. 청원권이 단지 국가기관에 의한 청원의 수리, 심사 및 처리결과에 대하여 통지 받을 권리만을 보장하므로, 청원인이 청원권의 침해를 이유로 헌법소원을 제기하는 경우에도, **사법적 심사의 대상은 청원의 수리, 내용적 심사 및 그 결과에 대한 통지의 의무를 이행했는지 여부로 제한**된다. 그러

---

1) 한편, 2020년 전부개정된 청원법은 처리결과를 알리는 방식을 대통령령에 위임하고 있고(제21조 제4항), 해당 시행령에서 청원기관의 장에게 **이유명시의무를 부과**하고 있다(령 제16조).

나 국가기관에 의한 **청원처리의 결과가 내용적으로 타당한지에 대한 판단은 사법적 심사의 대상이 아니다.** 청원인은 청원권에 의하여 보장되는 절차적 권리의 준수를 사법적으로 다툴 수 있을 뿐, 본안에 있어서의 실체적 결정의 당부에 대하여는 다툴 수 없다.

판 례 청원인이 건설교통부장관의 청원처리에 대하여 청원처리결과의 부당함을 이유로 청원권의 침해를 주장하여 헌법소원을 제기한 **'종교시설 이전부지 사건'**에서, "적법한 청원에 대하여 국가기관이 수리, 심사하여 그 처리결과를 청원인 등에게 통지하였다면 이로써 당해 국가기관은 헌법 및 청원법상의 의무이행을 필한 것이라 할 것이고, 비록 그 처리내용이 청원인 등이 기대한 바에 미치지 않는다고 하더라도 더 이상 헌법소원의 대상이 되는 공권력의 행사 내지 불행사라고는 볼 수 없다."고 판시하여, 심판청구를 부적법한 것으로 각하하였다(헌재 1994. 2. 24. 93헌마213 등, 판례집 6-1, 183, 190). 헌법소원의 대상이 되는 '공권력의 행사'는 기본권침해의 가능성이 있는 공권력의 행사를 의미하므로, **국가기관이 청원처리의무를 이행했음에도 처리결과의 내용적 타당성을 다투는 경우에는 청원권이 침해될 여지가 없기 때문**이다.

Ⅳ. 제 한

1. 제한의 형태

청원권이 **자유권과 청구권의 이중적인 성격**을 가지고 있으므로, 청원권에 대한 제한도 자유권적 측면에 대한 제한 및 청구권적 측면에 대한 제한으로 나누어 볼 수 있다. **청원권의 자유권적 측면에 대한 대표적인 제한조치**로는 청원에 대한 국가의 사전심사, 검열, 허가의무의 도입, 청원절차비용의 도입, 의회청원 소개절차 등을 예로 들 수 있다. **청원권의 청구권적 측면에 대한 대표적인 제한조치**는 청원인의 청원에 대하여 국가기관이 심사·통지의무를 이행하지 않는 경우이다.

2. 의회청원 소개절차

가. 판 례

의회청원 소개절차에 관하여 보건대, **지방의회에 대한 청원**의 경우 여전히 지방의회 의원의 소개를 받아야만 지방의회에 청원할 수 있고, **국회에 대한 청원**의 경우에도 2019년 국회법 개정 전까지는 의원의 소개를 필요적으로 요구하였기 때문에, 종래에는 의원 모두가 소개를 거부하면 청원권을 행사할 수 없었다.[2] 지방의회에 청원을 할 때에 지방의회 의원의 소개를 얻도록 한 법률조항의 위헌여부가 문제된 **'지방의회에 대한 청원 사건'**에서, 헌법재판소는 '의회청원 소개절차는 청원의 남발을 규제하고 청원심사의 효율성을 확보하기 위한 적절한 수단으로서 공공복리를 위한 필요·최소한의 것으로 청원권을 침해하지 않는다'고 판시하였다(헌재 1999. 11. 25. 97헌마54; 동일한 취지로 국회에 대한 청원에 관하여 헌재 2006. 6. 29. 2005헌마604).

나. 헌법재판소결정의 문제점

헌법재판소는 '청원권의 구체적인 내용은 입법활동에 의하여 형성되며, 입법형성에는 폭넓은 재량권이 있다'고 하여 입법자의 폭넓은 형성권을 강조하나(헌재 1999. 11. 25. 97헌마54, 판례집 11-2, 583, 588), 이러한 판시내용은 청원권의 '청구권적 측면'에 관한 서술로서 타당한 것이다. 그러나 **의회청원의 소개절차에 의하여**

---

2) 2019년 국회법 개정에서 의원의 소개를 받거나 일정한 수 이상의 국민의 동의를 받아 청원서를 제출하도록 규정하였다(제123조).

청원권의 청구권적 측면이 아니라 '국가의 간섭이나 방해를 받지 않고 자유롭게 국가기관에 청원을 할 권리'로서 **청원권의 자유권적 측면이 제한되는 것임을 헌법재판소는 간과**하고 있다.

의원의 소개를 얻도록 한 것은 그 실질에 있어서 청원권을 행사하기 위하여 청원의 내용에 관한 국가의 허가를 얻어야 한다는 것을 의미하며, **청원의 내용에 관한 국가의 사전심사절차**에 해당한다. 의회청원의 경우, 청원권의 행사여부가 의원 개인의 동의에 달려 있는데, **기본권을 행사하기 위하여 국가의 동의를 얻어야 한다면, 그것은 이미 기본권이 아니다.**

입법자는 부적법한 청원을 걸러내는 형식적 심사절차를 도입할 수는 있으나, 청원의 성공가능성 등 청원의 내용에 대한 심사를 하는 것은, 이를 정당화하는 중대한 공익을 발견할 수 없다는 점에서 허용되지 않는다.

소개절차가 '청원남발의 규제'란 입법목적을 달성하기 위하여 '의원의 소개'란 수단을 사용한 것은, **단지 행정편의적 목적을 위하여 국민의 청원권을 사실상 형해화하는 것**으로 청원권의 자유권적 측면을 과도하게 침해하는 것이다. 의회청원의 소개절차를 제거하는 경우 의회청원의 증가로 인하여 청원처리의 어려움이 예상된다면, 이는 **의회의 청원처리기능이 강화**되어야 한다는 것을 요청하는 것이지, 소개절차와 같이 청원권을 형해화하는 절차의 도입을 정당화하는 것은 아니다.

제 3 절 재판청구권

I. 헌법적 의미

헌법 제27조 제1항은 "모든 국민은 헌법과 법률이 정한 법관에 의하여 법률에 의한 재판을 받을 권리를 가진다."고 규정함으로써 재판청구권을 보장하고 있다. 법치국가는 기본권의 보장, 권력분립, 사법을 통한 권리구제절차 등을 통하여 구체화되고 실현된다. 재판청구권은 **법치국가의 실현을 위한 중요한 요소**로서, 실체적 기본권을 비롯하여 개인의 모든 **실체적 권리가 법원의 재판절차에서 실제로 관철되고 실현되는 것을 보장**한다.

모든 국가행위가 법적인 구속을 받는다는 법치국가적 요청은 법원에 의한 사법적 통제를 통하여 실현되고 관철되어야 한다. 따라서 개인의 권리가 **국가공권력에 의하여 침해된 경우, 권리구제절차**를 제공하는 것은 법치국가의 중요한 요소에 속한다. 나아가, 법치국가원리로부터 **사법(私法) 및 형법의 영역에서도 권리구제절차**를 제공해야 할 국가의 의무가 나온다. 국가가 내적인 평화질서를 확보하기 위하여 물리적 강제력을 독점하고 모든 사인에 대하여 물리적 폭력행사와 자력구제를 금지한다면, 국가는 이에 대응하는 의무로서 사인에 의한 권리침해나 범죄행위에 대하여 구제절차를 제공해야 한다.

Ⅱ. 법적 성격 및 기본권의 주체

1. 법적 성격

재판청구권은 실체적 **권리의 구제를 위하여** 국가에게 적극적인 행위, 즉 **권리구제절차의 제공을 요구하는 청구권적 기본권**이다. 국민은 재판청구권을 행사하기 위하여 사전에 입법자에 의한 구체적인 형성을 필요로 한다. 헌법 제27조 제1항은 "법률에 의한 재판을 받을 권리"란 표현을 통하여 이를 밝히고 있다. 절차법은 실체법을 관철하고 실현하는 과제를 이행하며, 이로써 실체법에 봉사하는 기능을 한다.[3] 절차적 기본권의 대표적인 것이 바로 재판청구권이다. 재판청구권은 **실체적 기본권의 보장과 관철에 기여하는 절차적 기본권**이다.

2. 기본권의 주체

재판청구권의 주체는 일차적으로 국민이다. **외국인과 사법인도 실체적 기본권을 주장할 수 있는 범위 내에서 재판청구권의 주체**가 된다. 외국인과 사법인에게도 일정한 범위 내에서 실체적 기본권의 주체성이 인정된다면, 이러한 실체적 기본권의 침해를 주장하고 권리보호를 구할 수 있는 가능성도 함께 보장되어야 한다.

국가기관은 원칙적으로 재판청구권의 주체가 될 수 없다. 다만, **국가기관에게 예외적으로 실체적 기본권의 주체성이 인정될 수 있는 경우**(가령, 국공립대학과 공영방송사)에 한하여 국가기관도 재판청구권의 주체가 될 수 있다. 나아가, 개인이 제기한 소송에 의하여 국가기관이 재판의 당사자가 된 경우에 공정한 재판을 실현하기 위하여 불가결한 범위 내에서 청문청구권이나 공정한 재판을 받을 권리와 같은 사법절차상의 기본권은 국가기관에게도 예외적으로 인정된다.

Ⅲ. "헌법과 법률이 정한 법관"의 의미

독립적이고 중립적인 법원만이 공정한 재판을 보장하고 법이 준수되고 정의가 지배하는 것을 보장함으로써, 사법기능을 이행할 수 있다. 사법의 본질은 독립성과 중립성에 있으며, "헌법과 법률이 정한 법관"의 보장은 **사법의 독립성과 중립성의 보장에 기여**하는 중요한 규정이다.

'헌법이 정한 법관'이란, 헌법 제103조 및 제106조에 의하여 직무상의 독립성과 신분상의 독립성을 보장받은 법관, 즉 **직무상 · 신분상의 독립을 통하여** 사법기능의 이행을 위하여 필수적인 **독립성과 중립성을 갖춘 법관**을 말한다. 누구의 간섭이나 지시도 받지 않고 사법기능을 수행하는 것을 그 내용으로 하는 '직무상 독립성'과 자의적인 파면이나 불리한 처분 등으로부터 법관을 보호하려는 '신분상 독립성'은 사법의 독립성을 확보하기 위한 필수적 요건이다.

'법률이 정한 법관'이란, 재판관할을 규정하는 **법률에 의하여 재판을 담당하도록 사전에 정해진 법관**을 말한다. 외부나 법원내부의 압력 · 영향 등에 의하여 사건마다 임의로 법원을 구성하거나

---

3) 실체법은 국가와 개인 또는 개인과 개인 간의 권리와 의무에 관하여 규율하는 법을 말하며, 절차법이란 절차와 조직에 관하여 규율하는 법을 말한다.

사건을 특정 법원 또는 법관에게 맡긴다면, 사법의 독립성과 중립성은 보장될 수 없다. 따라서 누가 개별사건을 '법률이 정한 법관'으로서 담당하게 되는지 그 대강을 법원조직법, 소송법상의 재판관할규정 및 이를 보완하는 법원의 직무분담계획표에 근거하여 사전에 일반·추상적으로 확정되고 예측될 수 있어야 한다.

판 례 헌법재판소는 **초기의 결정**에서 '법률이 정한 법관'을 '법률이 정한 자격과 절차에 의하여 임명된 법관'의 의미로 해석함으로써, '법률이 정한 법관'의 요건이 사법의 독립성과 중립성을 보장하기 위한 요청임을 인식하지 못하였다(헌재 1993. 11. 25. 91헌바8). 그러나 **최근의 결정**에서는 "여기서 **헌법이 정한 법관**이란, 법관의 자격을 갖추고(헌법 제101조 제3항), 물적 독립(헌법 제103조)과 인적 독립(헌법 제106조)이 보장된 법관을 의미하며(헌재 2000. 6. 29. 99헌가9), **'법률'이 정한 법관이란 개별 사건을 담당할 법관이 법규범에 의하여 가능하면 명확하게 사전에 규정되어야 한다는 것**을 의미하는 것으로서, 이는 근본적인 재판 관할 질서는 입법자 스스로가 형식적 법률로써 정해야 한다는 것을 의미한다."고 판시함으로써 '헌법과 법률이 정한 법관'의 의미를 정확하게 밝히고 있다(헌재 2019. 7. 25. 2018헌바209 등).

Ⅳ. 보장내용

재판청구권의 보장내용을 판단하기 위해서는 우선 **재판청구권의 헌법적 목적**을 파악해야 한다. 헌법이 재판청구권을 규정한 목적은 효과적인 권리구제절차를 제공하고자 하는 것이다. 재판청구권이 보장하는 '재판'이란 '아무런 재판'이 아니라 '효과적인 권리보호를 제공하는 재판'이다. **'효과적인 권리보호의 요청'**은 재판청구권의 객관적 가치결정이자 헌법적 정신으로서, 입법자가 재판청구권을 입법을 통하여 구체적으로 형성함에 있어서 입법자를 구속하는 헌법적 지침이다.

재판청구권이 효과적인 권리구제절차를 제공하기 위해서는, 첫째 권리구제절차가 개설되어야 하고(재판절차의 제공), 둘째 개설된 권리구제절차에의 접근이 용이해야 하며(재판절차에의 용이한 접근), 셋째 공정하고도 신속한 권리구제를 보장하도록 재판절차가 형성되어야 한다(신속하고 공정한 재판).

1. 재판절차의 제공("재판을 받을 권리")

가. 보장내용으로 사법절차의 제도적 보장

(1) 재판청구권은 입법자의 구체적인 입법형성에 의존하고 있고, **재판절차의 개설과 관련하여 입법자에게 특히 광범위한 형성권이 인정**된다. 재판절차의 개설에 관한 한, '국민의 권리보호를 위한 최소한의 정도는 보장되어야 한다'는 의미에서 재판청구권은 **'사법절차의 제도적 보장'**이라고도 일컬어진다.

재판청구권은, 헌법이 특별히 달리 규정하고 있지 않는 한, '법적 분쟁 시 독립된 법원에 의하여 사실관계와 법률관계에 관하여 적어도 한차례의 심리검토의 기회를 제공받을 권리'를 보장한다. 즉, 재판청구권은 **'적어도 한 번의 재판을 받을 권리'**이다.

판 례 **'소액사건 상고제한 사건'**에서 "재판이란 사실확정과 법률의 해석적용을 본질로 함에 비추어 법관에 의하여 **사실적 측면과 법률적 측면의 한 차례의 심리검토의 기회는 적어도 보장되어야 할 것**이며, 또 그와 같은 기회에 접근하기 어렵도록 제약이나 장벽을 쌓아서는 안 된다고 할 것으로, 만일 그러한 보장이 제대로 안 되면 재판을 받을 권리의 본질적 침해의 문제가 생길 수 있다고 할 것이다. 그러나 모든 사건에 대해 똑 같이 세 차례의 법률적 측면에서의 심사의 기회의 제공이 곧 헌법상의 재판을 받을 권리의 보장이라고는 할 수 없을 것이다."고 판시하고 있다(헌재 1992. 6. 26. 90헌바25, 판례집 4, 343, 349-350).

(2) 그러므로 **권리구제절차가 상고심과 같은 법률심에 제한되는 경우**, 이러한 절차법규정은 재판청구권에 위반된다. 입법자가 법원을 배제하고 사실심 재판을 행정청이 하도록 규정하는 것은, 주관적으로는 법관에 의하여 사실확정과 법률적용을 받을 기회를 박탈한 것으로 개인의 재판청구권을 침해하며, 객관적으로는 사법작용은 오로지 법원만이 담당할 수 있도록 사법권을 법원에 귀속시킨 헌법 제101조의 결정에도 위반된다.

판 례 대한변호사협회징계위원회에서 징계를 받은 변호사는 법무부변호사징계위원회에서의 이의절차를 밟은 후 곧바로 대법원에 즉시항고토록 하고 있는 변호사법조항의 위헌여부가 문제된 **'변호사징계절차 위헌 사건'**에서, "법무부변호사징계위원회의 결정이 법률에 위반된 것을 이유로 하는 경우에 한하여 법률심인 대법원에 즉시항고할 수 있도록 한 변호사법조항은, **법관에 의한 사실확정 및 법률적용의 기회를 박탈한 것**으로서 헌법상 국민에게 보장된 '법관에 의한' 재판을 받을 권리를 침해하는 위헌규정이다."라고 판시한 바 있다(헌재 2000. 6. 29. 99헌가9).

또한, 특허청의 항고심판의 심결 또는 각하결정에 대하여는 곧바로 대법원에 상고하도록 규정하고 있는 특허법조항의 위헌여부가 문제된 **'특허쟁송절차 사건'**에서도 헌법재판소는 위 법률조항이 **법원에 의한 사실심 재판을 박탈**하므로, 재판청구권을 침해한다고 판단하였다(헌재 1995. 9. 28. 92헌가11등).

마찬가지로, 대학의 교수재임용결정에 대한 재심위원회의 재심결정에 대하여 제소권한을 학교법인을 배제한 채 교원으로 한정하고 있는 법률조항의 위헌여부가 문제된 **'학교법인 재심불복금지 사건'**에서도 "이 사건 법률조항은 사립학교 교원의 징계 등 불리한 처분에 대한 권리구제절차를 형성하면서 분쟁의 당사자이자 재심절차의 피청구인인 **학교법인에게는 효율적인 권리구제절차를 제공하지 아니하므로** 학교법인의 재판청구권을 침해한다."고 판단하였다(헌재 2006. 2. 23. 2005헌가7등, 판례집 18-1상, 58, 75-77).

한편, 행정관청이 법규위반자에게 금전적 제재를 통고하고 이를 이행한 경우에는 당해 위반행위에 대한 소추를 면하게 하는 **통고처분**은, 당사자가 이에 불응하는 경우 권리구제절차로서 정식재판의 절차가 제공되므로 **재판청구권을 침해하지 않는다**(헌재 2003. 10. 30. 2002헌마275).

나. 심급제도 및 상소(上訴)의 제한

헌법은 일련의 규정을 통하여 **심급제도를 보장**하고 있다.[4] 심급제도의 제도적 보장은, 심급제도가 유지되고 기능하도록 최소한의 규율을 해야 할 의무를 입법자에게 부과한다. 심급제도는 모든 구제절차나 법적 분쟁에서 보장되는 것이 아니라 단지 그 핵심적 내용에 있어서 제도적으로 보장되는 것이므로, **심급제도의 구체적 형성은 입법자의 광범위한 형성권**에 맡겨져 있다.

입법자가 심급제도를 구체적으로 형성하는 경우, 제한된 사법 자원의 효율적 활용과 합리적인 분배의 관점에서 '신중하고 타당한 결정에 관한 이익'과 '신속하고 최종적인 결정에 관한 이익'이란 서로 대치하는 법익을 고려하여 각 영역마다 사건 유형의 성질과 경중에 따라 상이하게 규율

---

4) 헌법 제101조 제2항, 제102조, 제104조, 제105조, 제107조 제2항, 제108조 등은 대법원의 조직, 구성, 관할 등을 규정함으로써, 법적 통일성을 유지하고 법의 발전에 기여하는 상고법원의 기능을 하는 '대법원의 존속과 기능' 및 대법원과 하급법원으로 구성되는 '심급제도'를 제도적으로 보장하고 있다.

할 수 있다.

따라서 재판청구권은 특정한 심급제도(가령, 3심제)나 특정한 형태의 권리구제절차(가령, 배심제나 참심제 또는 헌법소원제도)를 보장하지 않으며, 그에 대응하는 개인의 권리로서 **'상소를 제기할 권리'**(상급심의 재판을 받을 권리)**나 '대법원의 재판을 받을 권리'는 재판청구권에 의하여 보장되지 않는다.** 입법자는 종래 존재하던 심급을 축소하거나, 특별한 허가, 소송물가액, 법률사건의 의미, 특별한 상소이유 등을 조건으로 상소를 허용할 수 있다.

판 례 **상소의 제한**과 관련하여, 강제집행정지신청에 대한 재판에 대해서는 불복을 신청하지 못한다는 내용의 민사소송법규정에 대하여 **상급심에서의 재판을 받을 권리를 박탈**하는 것으로서 재판청구권에 위반된다는 주장으로 제기된 위헌소원사건에서 '어느 정도까지 상급심의 판단을 받을 기회를 부여할 것인가의 문제는 각 사건 유형의 성질과 경중에 따라 입법자가 법률로써 형성할 문제인데, 이 사건에서는 상급심을 제한하는 합리성이 인정된다 할 것이므로 헌법 제27조에 위반되지 않는다'고 판시하였다(헌재 1993. 11. 25. 91헌바8).

헌법재판소는 **상고심재판을 받을 권리**에 관하여, '심급제도는 사법에 의한 권리보호에 관한 한정된 법발견 자원의 합리적인 분배의 문제인 동시에 재판의 적정과 신속이라는 서로 상반되는 두가지의 요청을 어떻게 조화시키느냐의 문제로서 원칙적으로 입법자의 형성의 자유에 속하는 사항이므로, 헌법상 재판을 받을 권리가 사건의 경중을 가리지 않고 모든 사건에 대하여 상고심 재판을 받을 권리를 의미하는 것은 아니다'라는 이유로, 상고심리불속행제도를 규정한 상고심절차에관한특례법 규정을 헌법에 위반되지 아니한다고 판시하였다(헌재 1997. 10. 30. 97헌바37). 마찬가지로, **상고이유를 제한**하는 구 소송촉진등에관한특례법 제11조와 **상고허가제를 규정**하는 동법 제12조(헌재 1995. 1. 20. 90헌바1) 및 상고심절차에관한특례법 제4조(헌재 1998. 2. 27. 96헌마92)에 대해서도 위 결정과 동일한 논리로 합헌으로 판단하였다.

다. 적어도 한 번의 '효과적인' 권리구제절차의 요청

재판청구권은 적어도 한 번의 권리구제절차가 제공되어야 한다면, 이러한 권리구제절차는 **'효과적인' 권리구제절차**일 것을 요청한다. 이러한 관점에서, **법원이 일단 한 번 판단했음에도 불구하고, 또 다른 심급을 필연적으로 요구하는 상황**이 존재할 수 있다. 제1심에서의 판단이 사안의 본질상 또는 구조적인 이유에서 그 심급에서는 제거될 수 없는 법치국가적 결함을 내포하고 있는 경우가 그러한 경우이다.

경미한 범죄에 대하여 정식재판절차를 거치지 아니하고 법관이 형을 선고하는 **약식절차나 즉결심판절차**는 그 자체로서 재판청구권의 요청을 충족시키지 못하므로, 입법자는 이에 대하여 정식재판절차를 청구할 수 있는 가능성을 규정해야 한다. 또한, 신체의 자유의 박탈이나 주거에 대한 압수·수색의 경우, **법원이 영장을 발부**하는 단계에서, 개인은 당사자의 지위를 가지고 법원절차에 영향력을 행사할 수 있는 가능성을 가지지 못하기 때문에, 효과적인 권리보호의 요청을 충족시키지 못한다. 이러한 경우에는 법관에 의한 사전적 통제조치의 적법성을 확인할 수 있는 법원의 사후적 절차인 '체포·구속적부심사'를 요청한다(헌법 제12조 제6항).

라. 재판청구권의 보장내용으로서 헌법재판을 받을 권리(헌법소원심판청구권)?

재판청구권은 공권력에 의한 기본권의 침해에 대하여도 권리구제절차를 제공할 것을 요구한다. 재판청구권이 적어도 한 번의 재판을 받을 기회를 보장하기 때문에, 기본권의 보호에 있어서도 마찬가지로, 적어도 한 번 국민이 기본권의 침해를 주장하고 그의 보호를 요청할 수 있는 구제절차를 요구할 뿐, 그 구제절차가 반드시 헌법소원의 형태로 이루어질 것을 보장하지는 않는다. 그런데 **법원의 재판절차가 법률상 권리의 구제절차이자 동시에 기본권의 구제절차를 의미**하므로, 법원에 의한 기본권의 보호가 이미 기본권의 영역에서의 재판청구권을 충족시키고 있다(헌재 1997. 12. 24. 96헌마172등, 헌재 1997. 12. 24. 96헌마172등, 판례집 9-2, 842, 857-858).

'헌법소원심판청구권'이란 재판청구권에서 당연히 도출되는 것이 아니라 헌법소원제도를 규정하는 별도의 헌법적 결정에 의하여만 인정될 수 있다. '헌법소원심판'이 헌법재판소의 권한을 규정하는 관할규범인 헌법 제111조 제1항에 그 헌법적 근거를 두고 있듯이, '헌법소원심판을 청구할 권리'도 헌법재판소의 권한을 규정하는 헌법규범에 근거하고 있다. 물론 헌법이 헌법재판소의 관할로서 헌법소원심판을 도입함으로써 이에 대응하여 헌법소원심판을 청구할 수 있는 주관적 권리가 어떠한 형태로든 존재한다는 것은 자명한 일이나, 이러한 주관적 권리가 곧 '기본권'을 의미하는 것은 아니다.

헌법소원심판청구권은 그 법적 근거를 헌법에 두고 있다는 점에서 '헌법상 권리'이지만, 헌법상 권리가 곧 '기본권적 권리'인 것은 아니다. 헌법소원심판청구권은 재판청구권에 의하여 보장되는 기본권적 권리가 아니라, 단지 헌법적으로 보장되는 헌법소원제도에 근거하여 입법자의 구체적인 형성의 결과인 헌법재판소법을 통하여 비로소 현실화되는 '헌법상 권리'이다. 개인은 입법자가 헌법의 위임(제111조 제1항 제5호)에 따라 "법률이 정하는 헌법소원에 관한 심판"을 구체화한 헌법재판소법의 규정을 근거로 헌법소원심판을 청구할 수 있을 뿐이다. 따라서 **'헌법소원심판을 청구할 권리'는 재판청구권의 보장내용에 포함되지 않을 뿐만 아니라**, 헌법소원제도를 규정하는 헌법규범의 존부에 따라 발생할 수도 있고 소멸할 수도 있는 권리, 즉 **'제도에 종속적인 권리'로서 개인의 기본권이 아니다.**

2. 재판절차에의 용이한 접근("법률에 의한" 재판을 받을 권리)

가. 헌법 제27조 제1항의 "법률에 의한 재판을 받을 권리"

개인이 재판청구권을 행사하기 위해서는 입법자가 사전에 절차법을 통하여 재판의 관할과 절차에 관하여 구체적으로 형성해야 한다. 입법자는 제소기간, 소송대리, 변호사 강제제도, 소송수수료규정 등을 통하여 원칙적으로 소송법에 규정된 형식적 요건을 충족시켜야 비로소 법원에 제소할 수 있도록, 소송의 주체, 방식, 절차, 시기, 비용 등에 관하여 규율할 수 있다. 헌법 제27조 제1항은 "… 법률에 의한 재판을 받을 권리를 가진다."고 규정함으로써, 재판청구권은 원칙적으로 **입법자에 의하여 형성된 소송법의 범주 안에서 권리구제절차를 보장한다**는 것을 밝히고 있다.

그러나 입법자의 형성권은 무제한적인 것이 아니라, 효과적인 권리보호의 요청에 의하여 구속을 받는다. 입법자가 단지 법원에 제소할 수 있는 형식적인 가능성만을 제공할 뿐, **권리구제의 실효성이 보장되지 않는다면, 권리구제절차의 개설은 사실상 무의미**할 수 있다. 비록 재판절차가 국민에게 개설되어 있다 하더라도, 절차적 규정들에 의하여 법원에의 접근이 합리적인 이유 없이 어렵게 된다면, 재판청구권은 사실상 형해화될 수 있다. 따라서 **'효과적인 권리보호의 요청'은 개설**

된 권리구제절차에의 접근이 용이하도록 소송절차를 형성할 것을 요청한다. 국민이 재판절차에 접근하는 것을 합리적인 이유 없이 부당하게 방해하는 소송법규정은 재판청구권을 침해한다.

판 례 헌법재판소도 "법률에 의한 재판을 받을 권리라 함은 … 법대로의 재판 즉 절차법이 정한 절차에 따라 실체법이 정한 내용대로 재판을 받을 권리를 보장하자는 취지라고 할 것이고 …"라고 판시하여 **개인은 재판청구권을 법률이 정한 바대로 행사한다**는 것을 밝히고 있다(헌재 1993. 11. 25. 91헌바8).

나. 절차법의 형성에 대한 효과적인 권리보호의 구체적 요청

(1) 행정청의 전심절차(前審節次)

재판청구권은 '행정심판절차가 법원절차에의 접근을 곤란하게 하거나 방해해서는 안 된다'는 요청을 함으로써 행정심판절차의 구체적 형성에 대해서도 영향을 미친다. **필요적 행정심판 전치주의**는 행정청의 전심절차를 거치게 함으로써 재판절차에의 접근을 어렵게 하는 측면이 있으므로, 재판절차에의 용이한 접근을 요청하는 재판청구권에 부합하는지의 문제가 제기되나, 합리적인 공익에 의하여 정당화되는 한 재판청구권에 위반되지 않는다(헌재 2002. 10. 31. 2001헌바40; 헌재 2007. 1. 17. 2005헌바86). 입법자는 조세부과처분, 도로교통법상의 처분 등과 같이 대량적으로 행해지는 처분으로서 행정의 통일을 기해야 할 필요가 있거나 행정처분의 특성상 전문적·기술적 성질을 가지는 등 **합리적인 이유가 있는 경우에는 필요적 전치주의를 도입할 수 있다.**

다만, 행정의 자기통제나 신속하고 효율적인 권리구제라는 **행정심판제도의 취지를 살릴 수 없음에도** 전적으로 무용하거나 그 효용이 지극히 미미한 경우에까지 무조건적으로 **전심절차를 강요하는 것**은 재판청구권을 침해하는 것이다(헌재 2001. 6. 28. 2000헌바30, 판례집 13-1, 1326, 1342).

(2) 소송수수료

(가) **소송수수료규정**은 권리보호를 구하는 국민에게 소송비용의 부담을 부과함으로써 법원절차에의 접근을 어렵게 하는 측면이 있으므로, 재판청구권의 위반여부가 문제된다. **소송수수료규정이 재판청구권에 위반되는지 여부**는, 누구나 소송비용의 큰 부담 없이 법원절차에 접근해야 한다는 요청(효과적인 권리보호의 요청)과 소송수수료제도의 도입을 정당화하는 법익(남소의 방지 및 수익자부담의 원칙)을 교량하여, 제소를 곤란하게 하는 소송수수료규정이 합리적인 이유로 정당화될 수 있는지를 판단하는 문제이다. 국민이 법원에 제소하는 것을 불가능하게 할 정도로 소송비용이 너무 높게 책정되어 있다면, 이는 효과적인 권리보호를 요청하는 재판청구권에 위반된다.

소장에 미리 일정액의 인지(印紙)를 붙이도록 규정하는 **인지제도**는 법원의 재판에 대한 수익자부담을 의미하고 남소(濫訴)를 억제함으로써 한정된 사법자원의 효율적인 이용을 가능하게 하고자 하는 것이며 무자력자(無資力者)를 위한 소송구조제도가 마련되어 있다는 점에 비추어, 소송의 기회를 제대로 이용할 수 없을 정도로 어렵게 하거나 차단하는 규정이라고 볼 수 없으므로, 법원에 접근할 수 있는 권리를 지나치게 제약하는 것으로 볼 수 없다(헌재 1994. 2. 24. 93헌바10). 또한, **변호사보수를 소송비용에 산입시켜 패소한 당사자의 부담으로 하도록 규정**하는 민사소송법규정은 남소를 방지하고 정당한 권리행사를 위하여 제소하거나 응소하려는 당사자에게 실효적인 권리구제를 보장하고자 하는 것으로 재판청구권을 침해하지 않는다(헌재 2002. 4. 25. 2001헌바20).

판 례 헌법재판소는 경매절차의 경락허가절차에 대하여 항고를 하고자 하는 자는 담보로서 경락대금의 10분의 5에 해당하는 금액을 공탁해야 한다고 규정한 '경매절차의 항고보증금 조항'은 재판청구권을 침해한다고 판시한 바 있다(헌재 1989. 5. 24. 89헌가37등).

한편, 형사재판절차에서 형의 선고를 하는 때에 소송비용의 전부 또는 일부를 피고인이 부담하게 하도록 정한 형사소송법조항의 위헌여부가 문제된 **'형사소송비용 피고인 부담 사건'**에서, 헌법재판소는 '피고인의 방어권 행사의 남용을 방지함으로써 사법절차의 적정을 도모할 수 있고, 피고인이 부담하는 소송비용의 범위가 제한적이며, 경제적 사정을 고려하여 정하도록 되어 있는 점 등을 고려할 때 재판청구권을 침해하지 않는다'고 판단하였다(헌재 2021. 2. 25. 2018헌바224).

(3) 소송구조제도(訴訟救助制度)

국가가 개인에게 자력구제를 금지하고 자신이 제공하는 권리구제절차의 이용을 강제하고 있다면, 개인이 소송비용을 감당할 수 없기 때문에 권리구제를 포기하도록 해서는 안 된다. 소송구조제도가 무자력자에게 재판절차에의 접근을 비로소 가능하게 하기 때문에, **소송구조제도를 입법적으로 마련하는 것은 '효과적인 권리보호'를 제공하는 재판청구권의 헌법적 요청**이다. 한편, 소송구조제도가 **구조의 범위**를 일체의 소송비용으로 하지 아니하고 재판비용 등 일부에 한정하는 것은 자력이 없는 자에 의한 남소를 방지하기 위한 것으로, 무자력자의 재판청구권을 침해하지 않는다(헌재 2002. 5. 30. 2001헌바28).

(4) 변호사 강제주의

변호사 강제주의는 변호사보수라는 소송의 위험부담을 증가시킴으로써 법원절차에의 접근을 어렵게 하는 측면이 있으므로, 재판청구권에 부합하는지의 문제가 제기된다.

변호사 강제주의가 헌법적으로 허용되는지의 문제는 재판청구권에 내재하는 '효과적인 권리보호의 요청'과 변호사에 의한 당사자 권리보호의 필요성, 원활한 사법기능 등의 대치하는 법익을 서로 교량하여 변호사 강제주의가 합리적인 이유로 정당화되는지를 판단하는 문제이다(헌재 1990. 9. 3. 89헌마120 등, 판례집 2, 288, 295).

(5) 제소기간

제소기간의 확정은 제소기간 내에서만 제소를 허용함으로써 제소를 어렵게 하는 측면이 있으므로, 제소기간도 재판청구권에 부합하는지의 문제가 제기된다. 법원절차에의 용이한 접근을 요구하는 재판청구권의 요청과 법률관계의 조속한 확정을 요구하는 법적 안정성의 관점을 조화시킴에 있어서 입법자에게는 광범위한 형성권이 인정된다. 입법자는 원칙적으로 기한규정에 의하여 제소할 수 있는 가능성을 제한할 수 있다. 다만, **합리적인 이유 없이 제소기간을 너무 짧게 확정한다든지 또는 제소기간에 관한 규정을 불명확하게 규정**한다든지 하여 국민이 구제절차를 밟는 것을 현저히 곤란하게 하는 경우에는 재판청구권이 침해된다.

판 례 '**출소기간의 제한**은 그 제한이 출소를 사실상 불가능하게 하거나 매우 어렵게 하여 사실상 재판의 거부에 해당할 정도로 재판청구권의 본질적인 내용을 침해하지 않는 한, 구체적인 법률관계의 성질에 비추어 그 법률관계를 조속히 확정할 합리적인 필요가 인정되는 경우에는 헌법 제37조 제2항에 따라 상당한 범위 내에서 입법재량으로 허용되는 것이다'라고 판단하였다(헌재 1996. 8. 29. 95헌가15). 또한, **'상소기간의 기**

산정과 관련하여 형사소송법 제343조 제2항이 상소기간을 재판서 송달일이 아닌 재판선고일로부터 계산하는 것이 과잉으로 국민의 재판청구권을 제한한다고 할 수 없다'고 판시하였다(현재 1995. 3. 23. 92헌바1).

나아가, 헌법재판소는 '제소기간과 같은 불변기간은 국민의 기본권인 재판을 받을 권리행사와 직접 관련되기 때문에 국민이 그 기간계산에 있어서 나무랄 수 없는 법의 오해로 재판을 받을 권리를 상실하는 일이 없도록 쉽고 명확하게 규정되어야 함에도 불구하고 이 사건 법률조항이 불명확하고 모호하게 규정되어 기산점의 계산에 혼선을 일으키고 있으므로 헌법 제27조의 재판을 받을 권리에 위반된다'고 하여 위헌결정을 하였다(헌재 1992. 7. 23. 90헌바2등).

3. 재판절차에 대한 효과적인 권리보호의 요청(신속하고 공정한 재판을 받을 권리)

재판청구권은 '재판절차의 개설' 및 '개설된 재판절차에의 용이한 접근'을 넘어서, '재판절차 자체가 효과적인 권리보호를 제공할 것'을 요청한다. 헌법은 제27조 제3항에서 "모든 국민은 신속한 재판을 받을 권리를 가진다."고 하여 재판절차 자체에 대하여 구체적인 요청을 함으로써 재판절차상의 기본권을 보장하고 있다. 재판절차는 효과적인 권리보호를 제공하는 공정하고 신속한 절차여야 한다.

가. 신속한 재판

효과적인 권리보호가 제공되기 위해서는 **권리구제가 적정한 기간 내에 이루어져야** 한다. 장기간의 재판절차는 권리보호를 무가치한 것으로 만들 수 있으므로, **신속한 재판절차만이 진정한 의미의 권리보호**를 제공한다. 과도하게 장기간의 재판절차는 재판청구권에 내재하는 효과적인 권리보호의 요청에 반한다(헌재 1992. 4. 14. 90헌마82). 재판의 신속성은 판결절차뿐만 아니라 집행절차에서도 요청된다(헌재 2007. 3. 29. 2004헌바93). **입법자는 신속한 재판을 받을 권리를 실현하기 위하여**, 법원에게 가능하면 일정한 기간 내에 판결을 선고하도록 노력해야 할 의무를 부과할 수 있고, 당사자나 법원에 의한 절차지연을 방지하고 소송촉진에 기여하는 제도(가령, 실기한 공격·방어방법의 각하규정이나 변론의 집중심리절차 등)를 도입하거나 또는 적시의 권리보호를 보장하기 위하여 구제절차의 심급을 축소할 수 있다(헌재 2005. 3. 31. 2003헌바92).

청구권적 기본권의 성질상, 개인은 헌법 제27조 제3항을 직접적인 근거로 하여 법원으로부터 신속한 재판을 요구할 수 없다. 개인이 '신속한 재판을 받을 권리'를 행사하기 위해서는 입법자가 이러한 기본권을 사전에 법률로써 구체적으로 형성해야 한다. 입법자가 '신속한 재판을 받을 권리'를 구체화한 결과인 소송법규정을 근거로 하여 개인은 신속한 재판을 요구할 수 있다. 한편, **입법자는 '신속한 재판을 받을 권리'를 구체적으로 형성함에 있어서**, 헌법에 명시적으로 표현된 '신속한 재판에 대한 요청'과 실질적 정의에 부합하는 타당한 결정에 이르기 위하여 요구되는 '신중한 재판에 대한 요청'을 대치하는 법익으로서 함께 고려해야 한다. 또한, 소송기간의 적정성은 개별 법원의 구체적 상황(가령, 사건의 접수량), 개별 사건의 특수한 상황(가령, 사건의 난이도나 경중) 등을 고려하여 결정해야 할 문제이므로, 신속한 재판을 받을 권리를 법률로써 구체화함에 있어서 입법자에게는 광범위한 형성권이 인정된다.

판 례 법원이 보안관찰처분의 취소를 구하는 소송에서 보안관찰처분의 효력기간인 2년이 경과한 후에 소의 이익이 없다는 이유로 청구를 기각한 것에 대하여 보호관찰대상자가 재판지연의 위헌확인을 구하는 헌법소원을 제기한 **'재판지연 사건'**에서, 헌법재판소는 "신속한 재판을 받을 권리의 실현을 위해서는 구체적인 입법형성이 필요하며, 다른 사법절차적 기본권에 비하여 폭넓은 입법재량이 허용된다. … 따라서 법률에 의한 구체적 형성 없이는 신속한 재판을 위한 어떤 직접적이고 구체적인 청구권이 발생하지 아니한다."고 판시함으로써 **청구권적 기본권의 본질을 서술**하고 있다(헌재 1999. 9. 16. 98헌마75, 판례집 11-2, 364, 371).

나아가, '작위의무가 없는 공권력의 불행사에 대한 헌법소원은 부적법하다'는 것을 판단의 전제로 확인한 다음, 국민의 재판청구행위에 대하여 법원이 헌법 및 법률상으로 **신속한 재판을 해야 할 작위의무가 존재하는지 여부**에 관하여 판단하였는데, 입법자가 '신속한 재판을 받을 권리'를 구체화한 민사소송법 규정은 단지 권고규정으로 이 기간 내에 반드시 판결을 선고해야 할 법률상의 작위의무가 이로부터 나온다고 볼 수 없으며, 나아가 헌법 제27조 제3항으로부터는 신속한 재판을 청구할 수 있는 구체적인 권리가 직접 발생하지 아니하므로, 법원이 신속하게 판결을 선고해야 할 헌법이나 법률상의 작위의무가 존재하지 아니한다고 하여 심판청구를 부적법한 것으로 각하하였다.

나. 공정한 재판

(1) 재판의 본질로서 '공정한 재판'

헌법 제27조 제1항에서 **'재판'이란 당연히 '공정한 재판'을 의미**한다. 공정하지 아니한 재판은 재판으로서의 기능을 이행할 수 없다. 사법의 본질은 객관성과 공정성에 있는 것이며, 공정한 재판만이 법적 분쟁의 궁극적인 종식과 법적 평화의 회복에 기여할 수 있고 분쟁당사자에 대하여 승복을 기대할 수 있다.

(2) 재판절차에서 청문 기회의 보장(청문청구권)

청문청구권(聽聞請求權)은 재판절차에서의 청문의 기회를 보장하는 권리로서, 법적 분쟁의 당사자가 법원의 결정 이전에 판단의 근거가 된 사실관계와 법률관계에 관하여 진술할 기회를 가질 권리를 말한다. **재판절차에서 청문청구권은 재판청구권에 그 헌법적 근거**를 두고 있다. 청문청구권은 공정한 재판절차가 가능하기 위한 불가결한 조건으로, '공정한 재판을 받을 권리'에 의하여 보장되는 핵심적 내용이다. 청문의 기회가 보장되어야만, 공정한 재판절차와 소송당사자간의 무기대등이 실현될 수 있다. 한편, 재판청구권은 법원절차에만 적용되기 때문에, **행정절차나 수사단계에서의 청문청구권은 '공정한 절차'를 요청하는 법치국가원리에 그 헌법적 근거**를 두고 있다.

청문청구권은 진술권이 효과적으로 행사되기 위한 사실적인 전제조건을 포함하기 때문에, **정보를 구할 권리, 진술할 권리, 진술한 내용의 고려를 요구할 권리의 3 가지 실현단계**로 구성되어 있다. 당사자가 소송절차에서 의미 있는 진술을 하기 위해서는, 그에 필요한 정보를 얻을 수 있어야 한다. 소송수행에 필요한 충분한 정보를 얻지 못한 상태에서는 의미 있는 진술이 불가능하다. **정보를 구할 권리**는 무엇보다도 당사자의 재판 · 수사기록 열람청구권의 형태로 구체화된다. **재판 · 수사기록 열람청구권**은 '알 권리'가 아니라 '공정한 재판을 받을 권리'에서 파생한다. 다른 한편으로는, 법원이 당사자가 진술한 내용을 그의 판단에 있어서 고려해야 할 의무가 없다면, 당사자에게 진술의 기회를 부여하는 것은 무의미하다. 따라서 법원은 당사자가 진술한 내용을 그의 결정에 있어서 고려해야 한다. **당사자의 진술을 고려해야 할 법원의 의무**는 '판결에 이유를 제시할 의무'에서 구체적으로 표현되고 있다. 오로지 **'판결이유의 기재 의무'**를 통해서만 '진술한 내용의 고려를 요구할 권리'가 보장될 수 있기 때문에, 판결이유의 기재 의무는 청문청구권을 관철하기 위한 필수적 요건이다.

판 례 헌법재판소는 **수사기록에 대한 변호인의 열람·등사**는 실질적 당사자대등을 확보하고 공정한 재판을 실현하기 위하여 필요불가결한 것이며, 그에 대한 지나친 제한은 피고인의 **공정한 재판을 받을 권리**를 침해하는 것이라고 판시하고 있다(헌재 1997. 11. 27. 94헌마60, 판례집 9-2, 675, 693-696). 그러나 헌법재판소는 **일부 초기 결정**에서(헌재 1989. 9. 4. 88헌마22; 헌재 1991. 5. 13. 90헌마133) 형사피고인의 형사소송기록 등 행정·사법문서에 대한 열람·등사신청도 표현의 자유에 헌법적 근거를 둔 **'알 권리'**에 의하여 보호되는 것으로 파악한 바 있으나, 이러한 판시내용은 더 이상 타당하지 않다고 보아야 한다. 소송기록열람권은 표현의 자유를 실질적으로 행사하기 위해서가 아니라 공정한 재판을 실현하기 위하여 보장되는 것이다.

(3) 형사절차에서 공정한 재판을 받을 권리

공정한 재판을 받을 권리는 모든 재판절차에 적용되는 기본원칙이지만, 형사절차의 경우 국가의 형벌권행사에 대하여 개인의 방어가능성이 상당히 제한되어 있다는 점에서 특히 형사소송에서 그 특별한 의미를 가진다. 헌법은 형사절차에 관한 일련의 규정들(무죄추정의 원칙, 변호인의 조력을 받을 권리, 진술거부권, 고문의 금지 및 자백의 증거능력 제한)을 통하여 공정한 재판을 받을 권리를 스스로 구체화하고 있다.

형사절차에서 공정한 재판을 받을 권리는 피고인을 형사절차의 단순한 객체로 격하시키는 것을 금지할 뿐만 아니라, 형사피고인이 자신의 권리를 방어하기 위하여 형사절차의 진행과정과 결과에 적극적으로 영향을 미칠 수 있도록 그에 필요한 절차적 권리가 보장될 것을 요청한다. **형사절차에서 청문청구권은 피고인의 반대진술권과 방어권의 형태**로 구체화된다. 따라서 피고인의 반대진술권이나 방어권을 제한하는 형사소송법상의 규정의 경우, 공정한 재판을 받을 권리의 침해여부가 문제된다.

판 례 피고인 등을 증인신문절차에서 배제함으로써 **증인신문에서 피고인의 참여권과 반대진술권**을 보장하지 않음에도 그 증인신문조서에 대하여 증거능력을 부여하고 있는 형사소송법규정의 위헌여부가 문제된 **'공판기일 전 증인신문제도 사건'**에서, 헌법재판소는 '위 형사소송법규정은 피고인의 공격·방어권을 과도하게 제한하여 피고인에게 불리하게 실체적 진실발견을 방해하므로, 청구인의 공정한 재판을 받을 권리를 침해한다'고 판단하였다(헌재 1996. 12. 26. 94헌바1, 판례집 8-2, 808, 820).

또한, 성폭력범죄 사건의 피해자가 미성년자인 경우 **영상물에 수록된 피해자 진술에 대하여 증거능력이 인정**될 수 있도록 규정함으로써 **피고인의 반대신문권을 제한**하는 '성폭력범죄의 처벌 등에 관한 특례법'조항의 위헌여부가 문제된 사건에서, 헌법재판소는 심판대상조항이 피고인의 반대신문권을 보장하면서도 미성년 피해자를 보호할 수 있는 조화적인 방법을 상정할 수 있음에도, 영상물에 수록된 미성년 피해자 진술에 대한 피고인의 반대신문권을 실질적으로 배제하는 것은 피고인의 방어권을 과도하게 제한하는 것으로 공정한 재판을 받을 권리를 침해한다고 판단하였다(헌재 2021. 12. 23. 2018헌바524).

'반국가행위자 궐석재판 사건'에서, 공정한 재판을 받을 권리로부터 **'공판에 출석하여 스스로 방어할 형사피고인의 권리'**를 도출하였고, '피고인이 출석하지 않은 상태에서 **반국가행위자 궐석재판**을 할 수 있도록 규정하는 것은 피고인의 방어권이 일절 행사될 수 없는 상태에서 재판이 진행되도록 규정한 것이고, 피고인이 자신을 방어하기 위해 변호인도 출석시킬 수 없고 증거조사도 없이 실형을 선고받는 것은 공격·방어의 기회를 원천적으로 봉쇄당하는 것이므로, 공정한 재판을 받을 권리를 침해한다'고 판단하였다(헌재 1996. 1. 25. 95헌가5).

다. 공개재판을 받을 권리

헌법은 제109조에서 "재판의 심리와 판결은 공개한다."고 하여 재판의 공개주의를 일반적으로 규정하고 있다. **헌법 제27조 제3항 후문**은 "형사피고인은 상당한 이유가 없는 한 지체 없이 공개재판을 받을 권리를 가진다."고 규정하여 형사재판과 관련하여 공개재판의 중요성을 다시 한 번 강조하고 있다. 재판의 공개주의는 사법의 본질인 공정성과 객관성을 확보하기 위한 중요한 수단이다.

라. 형사피해자의 재판절차진술권

헌법 제27조 제5항은 "형사피해자는 법률이 정하는 바에 의하여 당해사건의 재판절차에서 진술할 수 있다."고 하여 형사피해자의 재판절차진술권을 규정하고 있다. 형사피해자의 재판절차진술권은 범죄로 인한 피해자가 당해사건의 재판절차에 증인으로 출석하여 자신이 입은 피해의 내용과 사건에 관하여 의견을 진술할 수 있는 권리를 말하는데, 형사소추권을 검사에게 독점시키고 있는 **현행 형사소송법상 기소독점주의를 보완**하기 위하여 1987년 헌법에서 도입된 것이다(헌재 2003. 9. 25. 2002헌마533, 판례집 15-2상, 479, 485).

헌법재판의 측면에서 본다면, 재판절차진술권은 검사의 불기소처분이 헌법소원의 대상이 되는데 크게 기여하였다. 헌법재판소는 검사의 자의적인 불기소처분에 의하여 평등권과 함께 형사피해자의 재판절차진술권이 침해될 수 있다고 판시함으로써, **불기소처분에 의한 기본권침해의 가능성**을 인정하였다(헌재 1989. 4. 17. 88헌마3, 판례집 1, 31, 36).

한편, **형사재판절차에서 기본권보호의 중심**은 형사피해자의 보호가 아니라 형사피의자의 보호에 있는 것이며, 형사피해자의 이익은 검사의 형사소추권의 행사에 의하여 전반적으로 충분히 반영되고 있다. **형사피해자의 재판절차진술권은 그 법적 성격에 있어서** 기본권적 주관적 보장이라고 하기 보다는, 형사소송법을 형성함에 있어서 형사피해자가 재판절차에서 진술할 수 있는 이익도 함께 고려해야 한다고 하는 의미에서 **입법자를 구속하는 '헌법적 지침'**으로서의 성격을 가진다.

판 례 헌법재판소는 **'형사미성년자의 형사책임면제'**의 위헌여부가 문제된 사건에서, "형사책임이 면제되는 소년의 연령을 몇 세로 할 것인가의 문제는 현저하게 불합리하고 불공정한 것이 아닌 한 입법자의 재량에 속하는 것인바, … 청구인의 재판절차진술권이나 평등권을 침해한다고 볼 수 없다."고 판단하였고(헌재 2003. 9. 25. 2002헌마533, 판례집 15-2상, 479), **재산범죄의 가해자와 피해자 사이에 일정한 친족관계가 있는 경우 일률적 형면제**("親族相盜例")의 위헌여부가 문제된 사건에서, 심판대상조항이 일률적 형 면제로 인하여 형사피해자의 재판절차진술권을 형해화한다는 이유로 위헌으로 판단하였다(헌재 2024. 6. 27. 2020헌마468등).

Ⅴ. 재판청구권의 위반여부를 판단하는 심사기준

1. 입법자가 합헌적으로 입법형성권을 행사하였는지 여부

자유권은 국가에 대하여 부작위를 요구하고 청구권은 작위를 요구한다는 점에서, 자유권과 청구권의 법적 성격과 구조가 근본적으로 다르기 때문에, **위헌여부를 판단하는 기준도 다르다. 재판청구권에서 문제되는 것은, 국민이 재판청구권을 근거로 하여 '국가에게 특정한 내용의 권리구제절차를 요구할 수 있는지'**에 관한 것이다. 가령, 국민이 재판청구권에 근거하여 3심급의 재판을 요구할 수 있는지, 소송비용의 부담 없이 또는 제소기간의 제한 없이 재판을 받을 것을 요구할 수 있는지의 문제이다. 국민이 국가에게 어느 정도로 권리구제절차를 요구할 수 있는지의 문제는 **'효과적인 권리보호를 요청하는 재판청구권의 정신'과 '이에 대립하는 다른 법익'과의 교량과정을 통하여 판단**된다.

따라서 **재판청구권의 위반여부**는 '국가의 간섭과 방해를 받지 않고 **자유롭게 재판을 청구할 권리'를 과잉으로 제한하는지의 관점이 아니라, 입법자가 재판청구권의 기본정신을 고려하여 입법형성권을 제대로 행사하였는지의 관점에 의하여 판단**된다. 예컨대, 국가가 인지제도를 규정한다면, 여기서 문제되는 것은, 인지제도가 '소송비용 없이 자유롭게 재판받을 권리'를 과잉으로 제한하는지 여부가 아니라, 권리구제절차에 용이하게 접근할 수 있어야 한다는 재판청구권의 요청과 소송비용의 도입을 요청하는 반대법익을 교량하여 조화를 이루는 문제이며, 인지제도를 규정하는 절차법규정이 합리적인 이유에 의하여 정당화될 수 있는지 여부를 판단하는 문제이다.

2. 헌법재판소 판례의 경향

'재판절차의 개설'에 관한 한, 헌법재판소는 재판청구권의 위반여부를 과잉금지원칙이 아니라 입법자가 적어도 한 번의 효과적인 권리구제절차를 제공하는지의 관점에서 판단하고 있다.

'재판절차에의 용이한 접근'이 방해받고 있는 경우나 '신속하고 공정한 재판을 받을 권리'가 문제되는 경우에는 헌법재판소는 초기의 결정에서는 과잉금지원칙이 아니라 재판청구권과 이에 상충하는 반대법익 간의 **법익형량을 통하여 재판청구권의 제한이 합리적인 이유에 의하여 정당화되는지**를 판단하였다(가령, 헌재 1990. 9. 3. 89헌마120등; 헌재 1994. 2. 24. 93헌바10). 그러나 근래 들어 일련의 결정에서 **과잉금지원칙**을 기계적으로 적용하고 있다.

그러나 **과잉금지원칙을 적용하여 절차법규정의 위헌성을 판단한다 하더라도**, 재판청구권이 절차적 기본권으로서 단지 형식적인 보장내용('효과적인 권리보호')만을 가질 뿐, 실체적인 보장내용을 결여하고 있기 때문에, '재판청구권의 제한이 기본권주체에게 어느 정도로 중대한 효과를 초래하는지'를 판단할 수 있는 아무런 실체적 근거를 제시하지 아니한다. 이러한 이유에서, 기본권제한효과에 대한 판단을 전제로 하여 '기본권제한의 효과'와 '공익의 비중'을 교량하는 '법익균형성'의 심사는 사실상 불가능하다. 마찬가지로, 기본권을 보다 적게 제한하는 대안을 찾는 '수단의 최소침해성'의 심사도 형식적인 심사에 그칠 수밖에 없다. 이로써 과잉금지원칙에 의한 심사는 사실상 '목적의 정당성' 및 '수단의 적합성'에 관한 심사에 한정되는 **최소한의 합리성심사를 의미**하는데, 이는 결국 '절차법규정이 합리적인 이유로 정당화될 수 있는지' 여부를 판단하는 작업에 해당한다.

헌법재판소도 이를 인식하여 재판청구권을 형성하는 절차법의 위헌여부를 판단하는 기준으로서 **합리성원칙이나 자의금지원칙**(헌재 2005. 5. 26. 2003헌가7, 판례집 17-1, 558, 567) 또는 **완화된 비례의 원칙**(헌재 2001. 6. 28. 2000헌바77, 판례집 13-1, 1358, 1372)을 언급하고 있다.

제 4 절 형사보상청구권

Ⅰ. 헌법적 의미와 법적 성격

헌법 제28조는 "형사피의자 또는 형사피고인으로서 구금되었던 자가 법률이 정하는 불기소처분을 받거나 무죄판결을 받은 때에는 법률이 정하는 바에 의하여 국가에 정당한 보상을 청구할 수 있다."고 하여 형사보상청구권을 규정하고 있다. 국가는 범죄를 규명하고 형사소추의 과제를 이행하는 과정에서 소추기관의 귀책사유의 여부와 관계없이, 형사책임을 추궁당할 이유가 없는 자를 구금하는 과오를 범할 수 있다. 국가행위의 위법성 및 고의나 과실을 전제로 하는 헌법 제29조의 국가배상제도와는 달리, 형사보상제도는 국가의 정당하고 적법한 행위로 구속되었으나 사후적으로 불기소처분이나 무죄판결이 있는 경우에는 인신구속으로 인하여 발생한 손실을 보상하여 주는 **무과실의 결과책임으로서 손실보상제도**이다.

형사보상청구권은 국가에 대하여 '형사보상'이라는 적극적인 행위를 요구한다는 점에서 **청구권적 기본권**의 일종이다. 따라서 개인이 형사보상청구권을 행사하기 위해서는 입법자에 의한 구체적인 형성을 필요로 한다. 헌법 제28조는 "법률이 정하는 불기소처분", "법률이 정하는 바에 의하여"라는 표현을 통하여 형사보상청구권을 법률을 통하여 구체화해야 할 의무를 부과하고 있다. 입법자는 '형사보상 및 명예회복에 관한 법률'(이하 '형사보상법')의 제정을 통하여 헌법 제28조의 헌법위임을 이행하였다. 입법자는 형사보상청구권을 법률로써 구체적으로 형성함에 있어서 형사보상에 관한 헌법적 정신을 고려하고 존중해야 한다.

Ⅱ. 내 용

헌법 제28조는 **형사보상을 청구할 수 있는 요건**으로서 '형사피의자로서 구금되었던 자가 법률이 정하는 불기소처분을 받는 경우'(**피의자 보상**) 및 '형사피고인으로서 구금되었던 자가 무죄판결을 받는 경우'(**피고인 보상**)의 2가지 상황을 규정하고 있다.

형사보상청구권이 성립하기 위한 일차적 요건은 **국가에 의한 '구금'**, 즉 인신의 구속이다. 형사보상청구권은 본질상 '구금으로 인한 피해에 대한 보상'이므로, 불구속된 자는 형사보상을 청구할 수 없음은 물론이다. '구금'이란 형사소송법상의 구금으로서 미결구금(未決拘禁)과 형집행을 말한다. 형사보상청구권이 성립하기 위한 또 다른 요건은 **국가의 불기소처분이나 무죄판결**이다. 헌법 제28조는 **"법률이 정하는 불기소처분"**이라고 하여, 피의자보상의 경우에는 입법자로 하여금 다양한 유형의 불기소처분의 성격을 고려하여 그 범위를 정할 수 있도록 규정하고 있는데, 형사보상청구권의 헌법적 정신에 비추어 일차적으로 '무혐의처분'이 이에 해당한다. 형사보상법은 기소편의주의에 따른 불기소처분인 기소중지처분이나 기소유예처분의 경우에는 형사보상을 청구할 수 없도록 규정하고 있다. **무죄판결**이란 당해절차에서의 무죄확정판결뿐만 아니라 재심 또는 비상상고절차에 의한 무죄판결을 포함한다.

나아가, 헌법 제28조는 **'정당한 보상'**을 요청하고 있는데, 형사보상청구권자가 입은 물질적·정신적 손실에 대하여 어떠한 보상이 정당한지에 관하여 입법자에게는 광범위한 형성권이 인정된다.

판례 **형사보상의 청구는 무죄재판이 확정된 때로부터 1년 이내**에 하도록 규정하고 있는 형사보상법조항의 위헌여부가 문제된 사건에서, "형사보상청구의 구체적 절차에 관한 입법은 단지 형사보상을 청구할 수 있는 형식적인 권리나 이론적인 가능성만을 허용하는 것이어서는 아니되고, 상당한 정도로 **권리구제의 실효성이 보장**되도록 하는 것이어야 한다. 따라서 형사보상청구에 관하여 어느 정도의 제척기간을 둘 것인가의 문제는 원칙적으로 입법권자의 재량에 맡겨져 있는 것이지만, 그 청구기간이 지나치게 단기간이거나 불합리하여 무죄재판이 확정된 형사피고인이 형사보상을 청구하는 것을 현저히 곤란하게 하거나 사실상 불가능하게 한다면 이는 입법재량의 한계를 넘어서는 것으로서 헌법이 보장하는 형사보상청구권을 침해하는 것이라 하지 않을 수 없다."고 판시하여(헌재 2010. 7. 29. 2008헌가4, 판례집 22-2상, 1, 6) 심판대상조항이 입법재량의 한계를 일탈하여 형사보상청구권을 침해한다고 판단하였다.

피고인이 **무죄판결을 받지는 않았으나** 원판결보다 가벼운 형으로 유죄판결이 확정됨에 따라, 원판결에 따른 구금형 집행이 재심판결에서 선고된 형을 초과하게 된 경우, **재심판결에서 선고된 형을 초과하여 집행된 구금**에 대하여 보상요건을 규정하지 아니한 형사보상법조항이 평등권을 침해하는지 여부가 문제된 사건에서, 형사보상 대상으로 규정하지 아니한 것은 현저히 자의적인 차별로서 평등원칙을 위반하여 청구인들의 평등권을 침해한다고 판단하였다(헌재 2022. 2. 24. 2018헌마998등).

제 5 절 국가배상청구권

Ⅰ. 헌법적 의미

헌법 제29조는 제1항에서 "공무원의 직무상 불법행위로 손해를 받은 국민은 법률이 정하는 바에 의하여 국가 또는 공공단체에 정당한 배상을 청구할 수 있다. 이 경우 공무원 자신의 책임은 면제되지 아니한다."고 하여 국가배상청구권을 규정하면서, 제2항에서 "군인·군무원·경찰공무원 기타 법률이 정하는 자가 전투·훈련 등 직무집행과 관련하여 받은 손해에 대하여는 법률이 정하는 보상 외에 국가 또는 공공단체에 공무원의 직무상 불법행위로 인한 배상은 청구할 수 없다."고 하여 국가배상청구권을 제한하고 있다.

국가배상제도란, 위법한 국가작용에 의하여 발생한 손해에 대한 구제수단이다. 국가배상제도는 재판청구권과 마찬가지로 그 정신적 뿌리를 법치국가원리에 두고 있다. 법적 권리의 절차적 관철을 보장하는 재판청구권은 헌법 제29조의 국가배상청구권에 의하여 보완된다. 공권력행위에 대한 권리구제제도의 체계에서, 재판청구권은 위법행위의 제거를 목적으로 하는 일차적 권리구제의 기능을 하며, 국가배상청구권은 일차적 권리구제가 기능하지 못하는 경우에 위법행위로 인한 손해배상을 목적으로 하는 **이차적 권리구제의 기능**을 한다.

Ⅱ. 법적 성격

국가배상청구권은 **국가에 대하여 '국가배상'이라는 적극적인 행위를 요구하는 청구권적 기본권**이다. 헌법 제29조 제1항은 "법률이 정하는 바에 의하여"라는 표현을 통하여, 입법자로 하여금 배상청구권의 요건·내용·절차에 관하여 구체적으로 정하도록 위임하고 있는데, 입법자는 이러한 위임을 **국가배상법**의 제정을 통하여 이행하였다. 입법자는 국가배상청구권을 법률로써 구체적으로 형성함에 있어서 국가배상에 관한 헌법적 정신을 존중하고 고려해야 한다. 입법자에 의하여 구체화된 국가배상법의 개별규정이 헌법에 위반되는지 여부는 헌법 제29조의 국가배상청구권을 과잉으로 침해하는지의 관점이 아니라, 헌법상 국가배상제도의 정신에 부합하게 국가배상청구권을 형성하였는지의 관점에 따라 판단된다.

한편, '헌법상 국가배상청구권'의 법적 성격과 구분해야 하는 것은, **국가배상법에 의하여 발생한 '구체적인 배상청구권'의 법적 성격**이다. 국가의 불법행위로 인하여 개인에게 손해가 발생한 경우, 국가배상법에 근거하여 국가에 대하여 배상을 청구할 수 있는 구체적 권리가 개인에게 인정되는데, 개인의 이러한 법적 지위는 재산적 가치를 가지는 구체적 권리로서 **채권적 성격을 가지는 재산권의 일종**이다(헌재 1996. 6. 13. 94헌바20, 판례집 8-1, 475, 484).

Ⅲ. 국가배상책임의 본질

1. 유럽국가에서 국가배상제도의 발전

근대 초기까지도 공무원은 국가로부터 적법한 행위에 대한 위임만을 부여받았기 때문에, 공무원이 위법하게 직무를 수행하는 경우에는 공무원의 불법행위는 국가의사에 반하는 행위로서 국가에 귀속될 수 없으며, 공무원이 개인적으로 이에 대하여 책임을 져야 한다는 **국가무책임사상(國家無責任思想)이 서구 국가의 지배적인 사고**였다. 따라서 공무원의 하자있는 직무수행으로 인하여 개인에게 손해가 발생한 경우, 공무원은 모든 사인과 마찬가지로 타인에게 입힌 손해에 대하여 민법에 따라 사법상으로 책임을 져야 했다.

그러나 **20세기에 들어와** 국가의 성격이 사회·복지국가로 전환되면서 국가의 과제와 기능이 확대됨에 따라, 공무원의 직무상 불법행위로 인하여 개인에게 손해를 입히는 상황이 현저하게 증가하였으며, 나아가 공무원의 개인적 배상능력의 부족으로 만족할만한 배상이나 충분한 구제를 기대할 수 없게 되었다. 이에 따라, 1918년의 독일 바이마르헌법 및 이를 계수한 1949년의 독일 기본법은 **'대위책임구조(代位責任構造)의 국가배상제도'**를 규범화하였다. 이러한 국가배상제도는 공무원의 위법한 직무행위의 결과는 오로지 공무원 개인에 대해서만 발생하나, 법률의 규정에 의하여 재정능력이 있는 국가로 이전된다는 **'면책적 채무인수의 성격'**을 가지고 있다. 이와 더불어 고의·중과실이 있는 경우에만 위법행위를 한 공무원에게 내부적으로 구상할 수 있도록 함으로써 공무원의 원활한 직무수행을 도모하였다. 1948년 건국헌법도 제27조 제3문에서 그 당시의 지배적 사고를 반영하여 대위책임구조의 채무인수에 기초하는 국가배상청구권을 명문으로 규정하였다

2. 법치국가에 부합하는 국가배상책임이론으로서 자기책임설

국가배상책임의 본질에 관해서는 학계에서 다음과 같은 견해가 대립하고 있다. **대위책임설**은 국가의 배상책임은 원래 공무원 개인이 지는 책임을 국가가 대신하여 지는 책임이라고 한다. 손해배상청구권은 일단 공무원 개인에 대하여 발생하나, 배상능력이 없는 공무원 대신에 재정능력이 있는 국가가 책임을 진다고 하는 견해이다. 이에 대하여, **자기책임설**은 국가의 배상책임은 공무원을 대신하여 지는 책임이 아니라 국가가 공무원을 자기의 기관으로 사용한 것에 대하여 자기책임을 진다는 견해이다. 즉, 국가는 그의 기관인 공무원을 통하여 행위를 하기 때문에 공무원의 직무행위는 그 효과에 있어서 국가에게 귀속되어야 한다는 것이다. 한편, **절충설**은 공무원의 고의 · 중과실에 대한 국가의 배상책임은 대위책임이지만, 경과실에 대한 국가의 책임은 자기책임의 성격을 가진다고 한다.

자기책임설은 대위책임설에 내재하는 채무인수의 성격에서 벗어나 공무원의 고의 · 과실여부를 불문하고 국가의 배상책임을 성립케 함으로써, 고의 · 과실의 여부와 관계없이 국가의 위법적인 행위에 대하여 전반적으로 책임을 져야 한다는 **법치국가적 요청에 보다 부합**한다. 뿐만 아니라, 자기책임설은 **공법상의 법률관계의 구조에도 부합**한다. 공법상의 외부적 법률관계는 공법상의 법인격을 가지는 국가 등의 행정주체와 개인 사이에 성립하는 것이지, 국가 등 행정주체를 위하여 기관으로서 활동하는 공무원과 개인 사이에서 성립하지 않는다. 공권력과 개인과의 관계에서 이루어지는 법률관계의 상대방은 국가이지 그 기관인 공무원이 아니므로, 국민에 대한 배상책임자는 국가이어야 하고, 국민은 국가에 대해서만 배상청구를 할 수 있다. 공무원은 단지 내부적 관계에서 국가에 대하여 징계책임을 지거나 고의 · 중과실로 개인에게 손해를 입힌 경우에는 구상책임을 지는 것이다.

판 례 국가배상청구권의 성립 요건으로서 공무원의 고의 또는 과실을 규정함으로써 **무과실책임을 인정하지 않은 국가배상법조항이 헌법상 국가배상청구권을 침해하는지 여부**에 관하여, 헌법재판소는 "공무원의 고의 또는 과실이 없는데도 국가배상을 인정할 경우 피해자 구제가 확대되기는 하겠지만 현실적으로 원활한 공무수행이 저해될 수 있어 이를 입법정책적으로 고려할 필요성이 있다. … 이러한 점들을 고려할 때, 이 사건 법률조항이 … 입법형성의 범위를 벗어나 헌법 제29조에서 규정한 국가배상청구권을 침해한다고 보기는 어렵다."고 판시하고 있다(헌재 2015. 4. 30. 2013헌바395).

Ⅳ. 국가배상청구권의 성립요건

국가배상책임이 성립하기 위해서는 공무원의 직무상 불법행위로 타인에 대한 손해가 발생해야 한다. 국가배상청구에 있어서 **공무원**이라 함은, 공무원으로서의 신분을 가진 자에 국한하지 아니하고 널리 공무를 위탁받아 실질적으로 공무에 종사하고 있는 모든 자를 포함하는 '기능적 의미의 공무원'을 말한다. **공무원의 직무행위**에는 행정작용과 입법작용 및 사법작용을 포함하나, 어느 정도로 입법작용과 사법작용이 그 특수성에 비추어 국가배상의 대상이 될 수 있는지에 관해서는 논쟁이 계속되고 있다. **불법행위**란, 고의나 과실로 인하여(책임성) 법령에 위반한(위법성) 행위를 말한다. 불법행위는 '위법성'이란 객관적 요소와 '책임성'이란 주관적 요소로 구성되어 있다. 여기서 **'타인'**이라 함은 가해자인 공무원과 그의 위법한 직무행위에 가담한 자 이외의 모든 사람을 의미하며, 자연인·법인을 가리지 않는다. **'손해'**란 법익침해로 인한 불이익을 말하며, 재산적 손해·정신적(비재산적) 손해 또는 적극적 손해·소극적 손해를 모두 포함한다.

헌법 제29조 제1항 제2문은 "이 경우 공무원 자신의 책임은 면제되지 아니한다."고 하여 국가 등이 내부관계에서 **가해공무원에게 구상할 수 있는 가능성**을 규정하고 있다. 국가배상법에 의하면, 공무원의 직무행위에 있어서 고의 또는 중대한 과실이 있는 때에는 국가 또는 지방자치단체는 그 공무원에게 구상권을 행사할 수 있다(제2조 제2항). 결국, 고의·중과실이 있는 경우 공무원은 국가 등에 의하여 구상을 당하기 때문에, 궁극적으로 배상책임은 공무원에게 돌아간다. 경과실의 경우 구상을 배제한 것은 공무원의 사기저하와 직무수행의 위축으로 인한 사무정체를 방지하기 위한 정책적 고려에 기인한다.

V. 헌법 제29조 제2항에 의한 국가배상청구권의 제한

1951년 제정된 **'국가배상법'은 1967년 전면개정 과정에서** 군인·군무원에 대하여 국가배상청구권을 제한하는 규정(제2조 제1항 단서)을 도입하였다. 군인·군무원에 대하여 국가배상청구권을 제한한 것은, 이들의 직무수행 중에 발생한 사고에 대해서는 국가보상제도에 의하여 별도의 보상을 받기 때문에 국가배상법에 따라 배상을 받는 것은 이중배상이 된다는 이유에서였다. 그러나 **대법원은 1971년의 판결**에서 국가보상제도에 의하여 받는 보상금은 사회보장적인 성격을 가지는 반면, 국가배상법에 의한 배상금은 국가의 불법행위에 대한 손해배상의 성격을 가지기 때문에, 국가보상과 국가배상은 그 성격이 다르다는 점에서 이중배상이 아니며, 군인 등에 대해서만 국가배상청구권을 제한하는 것은 다른 공무원과의 관계에서 형평의 문제가 있다는 이유로 위 단서규정을 위헌으로 판단하였다(대법원 1971. 6. 22. 선고 70다1010 판결). 그런데 **1972년 유신헌법**은 위헌시비를 제거하려는 의도에서 대법원에 의하여 위헌성이 확인된 법률조항과 같은 취지의 규정을 헌법적 차원으로 끌어올려 명문화하였고, 이러한 이중배상금지조항은 현행 헌법까지 그대로 유지되고 있다.

헌법재판소의 발족과 더불어 헌법재판이 활성화되면서, 다시 현행 헌법 제29조 제2항의 위헌성이 문제되었고, **위 헌법조항의 위헌여부를 묻는 헌법소원**이 여러 차례 제기되었다(헌재 1995. 12. 28. 95헌바3; 헌재 1996. 6. 13. 94헌바20; 헌재 2001. 2. 22. 2000헌바38). 여기서 문제가 된 것은 첫째, 위헌적인 헌법규정이 존재할 수 있는지, 이와 관련하여 헌법의 개별규정 간에 효력상의 차이나 우열관계가 존재하는지 여부, 둘째, 헌법의 개별규정이 위헌법률심판이나 헌법소원심판의 대상이 될 수 있는지의 문제였다(제1편 제3장 Ⅳ. 참조). 헌법재판소는 헌법의 개별규정에 대한 위헌심사는 허용되지 않으며, 특정 규정의 효력을 전면적으로 부인할 수 있을 정도로 헌법의 개별규정 간에 효력상의 차이나 우열관계가 존재하지 않는다는 이유로 헌법 제29조 제2항에 대한 심판청구는 각하하였고, 국가배상법 제2조 제1항 단서는 헌법규범의 내용에 부합하는 규범이므로 헌법에 위반되지 않는다고 판단하였다(헌재 1995. 12. 28. 95헌바3).

제 6 절 범죄피해자의 구조청구권

Ⅰ. 헌법적 의미와 법적 성격

헌법 제30조는 "타인의 범죄행위로 인하여 생명 · 신체에 대한 피해를 받은 국민은 법률이 정하는 바에 의하여 국가로부터 구조를 받을 수 있다."고 하여 범죄피해자의 구조청구권(救助請求權)을 규정하고 있다. **범죄피해자의 구조청구권**이란, 사람의 생명이나 신체를 해하는 범죄행위로 인하여 피해를 당하였으나 가해자로부터 피해에 대한 배상을 기대하기 어려운 경우, 피해자 또는 유족이 국가에 대하여 구조를 청구할 수 있는 권리이다. 타인의 범죄행위로 인하여 피해를 입었으나 가해자로부터 피해를 배상받지 못하여 생계유지가 곤란한 국민을 구조하기 위하여 마련한 제도가 바로 **범죄피해자의 구조제도**이다.

범죄피해자의 구조청구권은 한편으로는 국민에 대한 **국가의 보호의무의 산물**이자, 다른 한편으로는 **사회국가원리의 산물**이다. 국가는 국민의 생명과 신체를 타인의 범죄행위로부터 보호해야 할 의무를 지는데, 범죄의 발생으로 인하여 개인의 생명과 신체에 대한 피해가 발생하였으나 가해자로부터 배상을 받지 못하는 경우에는 국가가 적어도 범죄피해자에 대하여 보호의무를 제대로 이행하지 못한 책임의 일부를 지고 이를 국가구조의 형태로 부담하는 것이다. 나아가, 구조청구권은 **사회부조의 일환**이다. 대부분의 경우 범죄자는 피해를 배상할 재력이 없다는 점에 비추어, 국가구조제도는 타인의 범죄행위로 인하여 생계유지가 곤란한 경우 사회보장적 측면에서 범죄피해자의 피해를 구조해 주고자 하는 것이다.

범죄피해자의 구조청구권은 국가로부터 '범죄피해의 구조'라는 일정한 행위를 요구할 수 있는 **청구권적 기본권**이다. 범죄피해자가 헌법상 구조청구권을 실제로 행사하기 위해서는, 사전에 입법자가 구조청구권을 법률로써 구체적으로 형성해야 한다. 입법자는 이러한 헌법적 위임을 **'범죄피해자보호법'**의 제정을 통하여 이행하였다. 모든 청구권적 기본권과 마찬가지로 구조청구권도 그 본질상 입법에 의하여 제한되는 것이 아니라 구체적으로 형성되는 것이다. 가령, 입법자가 법률로써 구조청구권을 구체적으로 형성하면서 구조를 받을 수 있는 범죄피해의 범위를 '사망 또는 장해나 중상해'로 한정한다면, 여기서 문제되는 것은 입법자에 의한 **구조청구권의 과잉제한의 문제가 아니라, 입법자가 헌법 제30조의 정신에 부합하게 입법형성권을 행사하였는지 여부**이다.

Ⅱ. 내 용

구조청구권의 주체는 "타인의 범죄행위로 인하여 생명 · 신체에 대한 피해를 받은 국민"이다. 타인의 범죄행위로 인하여 피해자가 사망한 경우에는 '유족'이 청구하고, 신체에 대한 피해가 발생한 경우에는 '본인'이 청구한다. 이에 따라 범죄피해자보호법은 청구권의 주체에 따라 구조금을 유족구조금과 장해 · 중상해 구조금의 2가지 유형으로 구분하고 있다.

구조청구권이 성립하기 위한 첫 번째 요건은 타인의 범죄행위에 의한 생명과 신체에 대한 피해

의 발생이다. 신체에 대한 피해의 범위를 어떻게 정할 것인지에 관하여 입법자는 형성권을 가지고 있으며, 헌법 제30조의 취지에 비추어 '피해의 범위'를 생계유지를 곤란하게 하는 '장해나 중상해'로 제한할 수 있다. 또한, 입법자는 '대한민국의 주권이 미치는 영역 내에서만 발생한 범죄행위로 인한 피해'로 제한할 수 있다. 헌법이 구조청구권을 도입한 정신적 배경이 국가의 보호의무의 연장에 있다면, 대한민국의 주권이 미치지 않는 곳에서는 국가가 보호의무를 이행할 수 없기 때문이다.

범죄피해자 구조제도는 보충적 성격을 가지는 재해보상(사회보장)제도이므로, 범죄피해자의 구조청구권이 성립하기 위한 **또 다른 요건은** 구조피해자가 피해의 전부 또는 일부를 배상받지 못하는 **'피해배상 가능성의 부재(不在)'**이다. 국가에 대한 구조청구권은 범죄피해자가 달리 배상을 받을 수 없는 경우에 비로소 고려되는 **보충적 수단**이다.

판 례 범죄피해자구조청구권의 대상이 되는 범죄피해의 범위에 관하여 **해외에서 발생한 범죄피해는 포함하고 있지 아니한 것**이 평등원칙에 위배되는지 여부에 관하여 "**범죄피해자 구조청구권을 인정하는 이유**는 크게 국가의 범죄방지책임 또는 **범죄로부터 국민을 보호할 국가의 보호의무를 다하지 못하였다는 것과 그 범죄피해자들에 대한 최소한의 구제가 필요하다는 데** 있다. 그런데 국가의 주권이 미치지 못하고 국가의 경찰력 등을 행사할 수 없거나 행사하기 어려운 해외에서 발생한 범죄에 대하여는 국가에 그 방지책임이 있다고 보기 어렵고, … 따라서 범죄피해자구조청구권의 대상이 되는 범죄피해에 해외에서 발생한 범죄피해의 경우를 포함하고 있지 아니한 것이 현저하게 불합리한 자의적인 차별이라고 볼 수 없어 평등원칙에 위배되지 아니한다."고 판시하고 있다(헌재 2011. 12. 29. 2009헌마354).

제 7 장 사회적 기본권

제 1 절 일반이론

Ⅰ. 문제의 제기

사회적 기본권이란, 헌법 제2장 "국민의 권리와 의무"에 관한 부분에 자유권, 참정권, 청구권 등에 이어서 제31조부터 제36조까지 규정되어 있는 기본권을 말한다.[1] 예컨대 교육을 받을 권리, 근로의 권리, 인간다운 생활을 할 권리, 쾌적한 환경에서 생활할 권리 등이 이에 속한다. 헌법재판소는 일부 결정에서는 '사회적 기본권'이라는 용어를, 일부의 결정에서는 '생존권' 또는 '생존권적 기본권'이라는 용어를 사용하고 있다.

우리 헌법의 기본원리인 **사회국가원리는 헌법적 차원에서 다양한 방법으로 구체화**될 수 있다. 가령, 사회국가원리는 구체적인 사회국가적 목표와 과제를 제시하는 규정(국가목표규정)을 통하여 또는 이러한 구체적인 목표를 실현해야 할 의무를 국가에게 부과하는 규정(헌법위임)을 통하여 아니면 개인의 주관적 권리의 형식(사회적 기본권)을 통하여 구체화될 수 있다.

사회국가원리가 사회적 기본권이라는 주관적 권리의 형식으로 구체화되는 경우, 다음과 같은 문제가 제기된다. 첫째, 사회적 기본권이 주관적 권리의 성격을 가지고 있는가 아니면 근본적으로 객관적인 성격을 가지고 있는가? 주관적 권리로서의 성격이 인정된다면 어느 정도로 인정될 수 있는가? 둘째, 개인이 어느 정도로 헌법재판을 통하여 사회적 기본권을 사법적으로 관철할 수 있는가? 국가에 의한 사회적 기본권의 실현을 강제할 수 있는가?

Ⅱ. 사회적 기본권의 특성 및 개념

1. 특 성

가. 국가에게 작위를 요청하는 기본권

국가에게 작위를 요청하는 기본권(청구권적 기본권 · 사회적 기본권 · 참정권)의 공통적인 특성은, **개인이 기본권을 실제로 행사하기 위하여 입법자의 입법에 의존하고 있다**는 점이다. 사회적 기본권도 그 본질상 입법자에 의한 구체적인 형성에 의존하고 있다.

---

1) 물론, 위 기본권 중에는 자유권과 사회권의 성격 등을 가지고 있는 복합적인 기본권도 있다. 헌법 제33조의 근로3권은 일차적으로 자유권이며, 제36조의 경우에도 국가의 침해로부터 혼인과 가족생활을 보호한다는 측면에서 자유권적 성격도 인정된다.

개인은 사회적 기본권을 근거로 해서는 국가에게 구체적인 급부를 요구할 수 없으며, 입법자가 법률로써 '누가 어떠한 조건 하에서 무엇을 요구할 수 있는지'에 관하여 구체적으로 형성한 경우에 비로소 국가에게 특정한 급부를 요구할 수 있다. 교육을 받을 권리, 근로의 권리, 인간다운 생활을 할 권리 등은 그 자체로서 집행될 수 없다. 가령, 생계보조비의 지급을 규정하는 입법자의 법률 없이는 국민은 헌법 제34조의 '인간다운 생활을 할 권리'를 행사할 수 없다. '인간다운 생활을 할 권리'는 급부의 조건과 범위를 규율하고 그에 필요한 재정을 확보하는 법률에 의한 구체화와 형성을 필요로 한다. **입법자가 사회적 기본권을 실현하는 입법을 함으로써, 사회적 기본권은 비로소 구체적인 권리로 형성된다.** 사회적 기본권으로부터 원칙적으로 사법적으로 관철할 수 있는 개인의 주관적인 권리가 나오지 않는다.

판례 "인간다운 생활을 할 권리로부터는 인간의 존엄에 상응하는 생활에 필요한 '최소한의 물질적인 생활'의 유지에 필요한 급부를 요구할 수 있는 구체적인 권리가 상황에 따라서는 직접 도출될 수 있다고 할 수는 있어도, **동 기본권이 직접** 그 이상의 급부를 내용으로 하는 **구체적인 권리를 발생케 한다고는 볼 수 없다**고 할 것이다. 이러한 구체적 권리는 국가가 재정형편 등 여러 가지 상황들을 종합적으로 감안하여 **법률을 통하여 구체화할 때에 비로소 인정되는 법률적 권리라**고 할 것이다."라고 판시하여, 사회적 기본권은 그 본질상 구체적 권리가 되기 위하여 사전에 입법에 의한 구체적 형성을 필요로 한다는 것을 밝히고 있다(헌재 1995. 7. 21. 93헌가14).

나. 사회적 기본권과 다른 기본권의 차이점

첫째, 사회적 기본권과 다른 기본권의 근본적인 차이점은, **사회적 기본권의 보장이 국가의 재정적 급부능력에 의존하고 있다**는 점이다. 사회적 기본권은 **사회국가적 과제의 실현, 즉 급부의 제공과 배분에 관한 것**으로, 국가의 재정을 필요로 하고 다른 국가과제와의 조정을 통해서만 헌법적으로 보장될 수 있다. 그러나 법치국가나 민주주의를 실현하는 기본권(자유권적 기본권, 청구권적 기본권, 참정권)의 경우에는 국가과제의 실현에 관한 문제가 아니기 때문에, 근본적으로 그 실현여부가 국가재정에 달려 있지 않다.

둘째, 사회적 기본권과 다른 기본권의 또 다른 근본적인 차이점은, **기본권을 사법적으로 관철할 수 있는 가능성의 차이**에 있다. 청구권적 기본권과 선거권도 사회적 기본권과 마찬가지로, 개인이 기본권을 행사하기 위해서는 입법자에 의한 사전적 형성을 필요로 한다. 그러나 청구권적 기본권이나 선거권의 경우에는 헌법이 스스로 입법자가 기본권을 구체적으로 형성함에 있어서 준수해야 하는 지침을 제시하거나 또는 헌법해석을 통하여 헌법적 지침을 도출할 수 있는 반면에,[2] 사회적 기본권의 경우 사법적 심사를 위한 규범적 기준이 존재하지 않기 때문에 **사회적 기본권을 사법적으로 관철할 수 있는 가능성이 매우 제한적**이다.

2. 헌법적 의미 및 개념

헌법이 사회적 기본권을 수용한 이유와 의미는 사회국가원리의 헌법적 의미와 일치한다. 사회

2) 입법자는 선거관련입법을 통하여 국민의 선거권을 구체적으로 형성함에 있어서 헌법상의 선거원칙을 준수하고 실현해야 한다. 마찬가지로, 입법자는 청구권적 기본권을 구체적으로 형성함에 있어서 이러한 기본권을 보장한 헌법의 정신과 가치결정(가령 '효과적인 권리보호의 요청')을 존중하고 준수해야 하는 의무를 진다.

국가란, 사회정의의 이념을 헌법에 수용한 국가, 사회정의를 실현하고자 하는 국가이다. 사회국가 원리의 구체화된 헌법적 표현인 '사회적 기본권'도 **사회정의의 실현을 위한 수단**이다. 사회국가가 실현하고자 하는 **'사회정의'란 국민 누구나 법적인 자유를 실제로 행사할 수 있는 사회적 상황의 실현**을 의미한다. 국가는 자유실현의 사실적 · 사회적 조건을 형성해야 할 책임과 의무를 지며, 바로 사회적 기본권은 자유를 행사하기 위하여 필요한 사회적 조건을 보장하고자 하는 것이다.

자유권은 헌법적으로 보장된 자유를 실제로 행사할 수 있는 사실상의 가능성을 가지지 못한 개인에게는 공허하고 무의미하다. 바로 이러한 관점에서 사회적 기본권은 자유를 행사할 수 있는 사실상의 조건을 형성하고 자유행사에 있어서 실질적인 기회균등을 꾀함으로써, 자유를 실현하고자 하는 것이다. **사회적 기본권이 없이는, 진정한 자유는 존재하지 않는다.** 가령, 개인이 인격을 자유롭게 발현하기 위해서는 최소한의 지식과 교양을 갖추어야 한다. 교육은 헌법상 보장된 개인의 자유를 행사하기 위한 필수적 요건에 속한다. 따라서 '교육을 받을 권리'는 누구나 능력에 따라 교육을 받을 수 있는 사회적 상황을 실현하고자 하는 것이다. 또한, 개인이 직업의 자유를 행사하기 위해서는 누구나 직업과 직장을 자유롭게 선택할 수 있는 사회적 · 경제적 조건이 실현되어야 한다. '근로의 권리'는 국가에게 대량실업을 방지하고 상대적 완전고용을 실현해야 하는 사회국가적 목표를 부과함으로써, 직업의 자유를 행사하기 위한 사실적 조건을 보장하고자 하는 것이다.

이러한 관점에서, 사회적 기본권은 **'자유권을 실제로 행사하기 위하여 필요한 사실적 조건을 형성해야 할 국가의 의무'를 기본권의 형태로 수용**한 것이다. 사회적 기본권이란, 국민 누구나 법적으로 보장된 자유를 행사할 수 있도록, 국가에 대하여 그 사실적 조건을 형성하는 적극적인 행위(사실적 급부나 국가의 규범제정행위와 같은 규범적 급부)를 요구할 수 있는 권리이다.

Ⅲ. 사회적 기본권의 법적 성격

1. 학계의 견해

사회적 기본권의 법적 성격에 관한 학계의 견해는, 사회적 기본권에 의하여 부과된 국가의 의무적 성격을 강조하는지 아니면 국가에 대하여 사법적으로 관철할 수 있는 개인의 주관적 측면을 강조하는지에 따라, 크게 **객관설과 주관설**로 나누어 볼 수 있다.

가. 객관설

(1) **프로그램설**에 의하면, 사회적 기본권은 재판상 청구할 수 있는 구체적인 권리가 아니라 단지 입법자의 입법방향을 제시하는 선언적 규정에 불과하다. 이로써 **사회적 기본권의 실현은 국가기관을 구속하는 헌법적 의무가 아니라 단지 정치적 · 도덕적 의무에 지나지 않는다**고 한다. 그러나 헌법국가에서 모든 헌법규범이 국가기관을 구속하는 규범력을 가진다는 점에서 볼 때, 프로그램설은 오늘날 이미 극복된 이론에 속한다.

(2) **객관적 규범설**은 사회적 기본권을 개인의 주관적 권리가 아니라, **국가에게 사회국가적 목표를 제시하고 이를 실현해야 할 의무를 부과하는 객관적 규범**(국가목표조항, 헌법위임이나 입법위임 등)으로 이해하는 견해이다. 객관적 규범설은, 개인이 사회적 기본권을 구체화하는 입법을 통하여

비로소 사회적 기본권을 행사할 수 있다는 점에서는 프로그램설과 견해를 같이 하나, 법적 구속력을 가지고 **국가기관을 구속하는 헌법규범**으로 사회적 기본권을 이해한다는 점에서, 프로그램설과 근본적인 차이가 있다.

나. 주관설(권리설)

(1) **추상적 권리설**은, 입법자의 법률 없이는 사회적 기본권이 구체적 권리가 될 수 없다는 점에 있어서는 객관설과 실질적인 차이가 없으나, 헌법에서 사회적 기본권을 권리로 규정하고 있기 때문에 **사회적 기본권은 법적 권리로서의 성격을 가지며, 입법자의 활동에 의하여 비로소 구체화되는 권리**라는 의미에서 사회적 기본권을 '추상적 권리'로 이해하고 있다.

(2) **구체적 권리설**은, 입법 없이는 개인의 구체적인 권리가 존재하지 않는다는 의미에서 사회적 기본권의 법적 성격을 근본적으로 추상적 권리로 파악하나, '추상적 권리설'과는 달리 **사회적 기본권의 내용을 구체화하는 입법이 존재하지 않거나 불충분한 경우에는 사회적 기본권의 실현여부를 소송을 통하여 다툴 수 있다**는 것이고, 바로 이러한 점에서 사회적 기본권을 '구체적 권리'로 이해한다. 추상적 권리설과 비교할 때, 구체적 권리설은 사회적 기본권에 대하여 '재판규범으로서의 성격'을 인정한다는 점에서 차이가 있다. 학계에서 권리설의 입장을 취하는 학자는 주로 '구체적 권리설'을 따르고 있다.

2. '권리'라는 규정형식에 의하여 법적 성격이 결정되는지의 문제

사회적 기본권에 의하여 부과된 국가의 과제와 목표는 헌법적 차원에서 사회적 기본권, 제도보장, 국가목표규정, 헌법위임 등 다양한 법적 형식으로 규정될 수 있다는 것이 **오늘날 범세계적으로 공유하는 헌법적 인식**에 속한다. 이러한 점에서, 사회적 기본권이 헌법에 '권리'의 형식으로 규정되어 있다는 이유로 사회적 기본권을 개인의 주관적 권리의 관점에서 파악해야 하는 것은 아니다. 사회적 기본권의 규정형식에 의하여 법적 성격이 자동적으로 결정되지 않으며, **사회적 기본권의 규정형식은 원칙적으로 그 법적 성격과는 무관**하다.

헌법이 사회적 기본권을 규정하는 각조의 제1항에서 예컨대 "근로의 권리", "인간다운 생활을 할 권리"라고 하면서, 이어서 권리의 내용을 국가의 의무를 통하여 상세하게 구체화하고 있는 점을 감안할 때, 각 조항의 서두에서 사회적 기본권을 '국민의 권리'로 표현한 것은 사회적 기본권의 법적 성격을 규정하고자 한 것이 아니라, 단지 입법기술상의 문제로 보아야 할 것이다.

3. 사회적 기본권을 사법적으로 어느 정도로 관철할 수 있는지의 문제

가. 주관적 권리성(權利性)을 판단하는 기준으로서 사법적 관철 가능성

기본권을 비롯하여 모든 주관적 권리의 특징은, 주관적 권리가 국가에 의하여 침해당하는 경우 권리구제절차를 통하여 사법적으로 관철되고 보장된다는 데 있다. 따라서 **사회적 기본권이 주관적 권리인지 여부**는, 개인이 어느 정도로 헌법재판을 통하여 사회적 기본권을 사법적으로 관철할 수 있고 국가에 의한 사회적 기본권의 실현을 강제할 수 있는지의 판단에 달려있다.

개인이 국가에 대하여 사회적 기본권을 사법적으로 관철하기 위해서는 사회적 기본권이 사법적 심사를 위한 규범적 기준을 제시해야 한다. 그러나 사회적 기본권의 경우, 헌법이 스스로 보장

내용을 구체화하는 명시적인 지침을 제시하지도 않을 뿐만 아니라 헌법해석을 통해서도 보장내용이 구체화될 수 없다. 국가에 의한 **사회적 기본권의 실현 여부를 규범적으로 판단할 수 있는 사법적 심사기준이 존재하지 않으므로, 헌법재판소에 의한 사법적 심사의 가능성은 매우 제한적**일 수밖에 없다.

뿐만 아니라, 사회적 기본권의 실현여부에 관한 헌법재판소의 판단은 상충하는 법익 간의 교량을 통해서만 가능한데, **사회적 기본권의 경우 교량대상 법익의 다양성과 다원성으로 말미암아 법익교량이 사실상 불가능**하다. 사회적 기본권의 실현은 국가과제의 실현 및 급부의 제공에 관한 것인데, 이는 국가의 제한된 재정능력 및 실현되어야 하는 다양한 국가과제를 함께 고려하고 조정할 것을 요청한다. 여기서 법익교량과정은 '국가의 다른 모든 목표와 과제' 및 '사회적 기본권의 실현을 위하여 제한되는 자유권' 등 다양한 헌법적 법익을 복합적으로 고려하여야 하는 '다층적·다차원적'인 것이다. 이는 곧 사회적 기본권의 실현여부에 대한 사법적인 심사가능성이 근본적인 한계에 부딪힌다는 것을 의미한다. 결국, 개인이 헌법재판을 통하여 국가에 의한 사회적 기본권의 실현을 사실상 관철할 수 없다는 점에서, **사회적 기본권의 '권리'로서의 성격은 거의 존재하지 않는다**.

나. 주관설의 문제점

'권리설'은, 사회적 기본권이 입법자의 법률에 의하여 비로소 구체적 권리가 된다고 한다는 점에서 객관설과 근본적으로 다르지 않다. '권리설'은 헌법이 사회적 기본권을 규정하고 있는 형식에 집착하여 '권리'로서 파악하려고 하나, '권리설'도 사회적 기본권의 본질을 '사회적 기본권을 실현해야 할 국가의 과제와 의무'로 보고 있다는 점에서 '객관설'과 크게 다를 바 없다. 그렇다면, **권리설과 객관설은 '동일한 대상'을 단지 명칭을 달리 하여 표현하고 있을 뿐**이며, 문제는 어떠한 것이 사회적 기본권의 법적 성격을 보다 잘 표현하고 있는지의 문제인데, 사회적 기본권의 법적 성격은 객관설에 의하여 보다 잘 표현되고 있다.

'구체적 권리설'에서 말하는 '권리'란, 국가에게 특정 내용의 입법이나 특정 급부를 요구할 수 있는 '적극적인' 권리가 아니라, '입법자가 사회적 기본권의 실현 의무를 해태한 경우에 사회적 기본권의 실현을 요구하고 사회적 기본권의 실현여부를 헌법재판을 통하여 다툴 수 있는 권리'에 지나지 않는다. 그러나 **단지 사회적 기본권의 실현여부를 헌법재판을 통하여 다툴 수 있는 소송법적 가능성**을 강조하기 위하여 그 법적 성격을 '권리'로 표현하는 것은 본질적으로 객관적 성격을 가지는 **사회적 기본권의 본질을 왜곡하는 것**이다. 결국, '권리설'은 주관적 권리의 성격이 희박한 것을 '주관적 권리'의 관점에서 설명하려고 시도함으로써, 사회적 기본권의 본질을 포착할 수 없는 한계를 안고 있다.

4. 국가목표규정이자 헌법위임으로서 사회적 기본권

사회적 기본권은 사회국가원리의 구체화된 헌법적 표현이므로, 사회국가원리와 마찬가지로 근본적으로 객관적인 성격을 가지고 있다. 첫째, 사회적 기본권은 사회국가의 실현을 위하여 **헌법에 기본권의 형식으로 규정된 국가목표규정**이다. 사회적 기본권은 국가에게 지속적으로 실현해야 할 사회국가적 과제와 목표를 제시하고 있다. 둘째, 사회적 기본권은 동시에 사회적 기본권에 의하여 구체화된 국가과제를 실현해야 하는 헌법적 의무를 국가기관에게 부과하는 **헌법위임, 특히 입법자에 대한 입법위임**이다. 사회적 기본권의 실현은 일차적으로 입법자의 과제이므로, 사회적 기본권은 사회국가적 목표를 입법을 통하여 실현해야 할 의무를 부과하고 있다. 입법자가 '입법을 통하여 사회적 기본권을 실현해야 할 의무'를 이행하지 않는 경우, 입법자의 객관적 의무에 대응하여 **'입법자의 의무 이행을 요구할 수 있는 개인의 주관적 권리'**가 인정된다.

사회적 기본권은 본질상 국가의 과제와 목표를 담고 있기 때문에, **그 형식이나 장소에 있어서 다양한 방법으로 규정**될 수 있다. 사회적 기본권은 기본권의 형식뿐만 아니라 국가목표규정이나 입법위임규정의 형식으로 헌법에 수용될 수도 있으며, 그 규정장소와 관련해서도 기본권에 관한 장(章) 뿐만 아니라 경제에 관한 장, 또는 별도의 사회질서에 관한 장에 규정될 수도 있다. 이 모두 헌법적 미학(美學)이나 헌법정책의 문제이지, 규정형식과 규정장소에 따라 사회적 기본권의 법적 성격이 달라지는 것은 아니다.

5. 헌법소원의 가능성

사회적 기본권규정은 입법자에게 '입법을 통하여 사회적 기본권을 실현해야 할 의무'를 부과하고 있고, 이러한 의무를 부과하는 이유는 개인의 실질적인 자유행사를 가능하게 함으로써 인간의 존엄성을 실현하는 데 있으므로, 사회적 기본권규정으로부터 **입법자의 객관적 의무에 대응하는 주관적 권리로서 '입법자에 대하여 의무의 이행을 요구할 수 있는 개인의 권리'**가 나온다.[3] 이로써 사회적 기본권규정은 국가에 대하여 객관적 의무를 부과하면서, 동시에 이에 대응하는 개인의 주관적 권리를 부여하고 있다. 따라서 입법자가 사회적 기본권의 실현의무를 제대로 이행하고 있지 않다고 판단되는 경우, 개인은 사회적 기본권규정을 근거로 위 규정으로부터 도출되는 주관적 권리인 **'사회적 기본권의 실현을 요구할 수 있는 권리'가 침해되었다는 주장으로 헌법소원을 제기**할 수 있다. 즉, 사회적 기본권은 직접 급부를 청구할 수 있는 구체적 권리를 부여하지 않지만, 적어도 사회적 기본권의 실현여부를 다툴 수 있는 권리를 부여하는 것이다.

6. 사회적 기본권과 과잉금지원칙

사회적 기본권의 법적 성격을 '주관적 권리'로 파악하는 '권리설'의 입장에서는 헌법 제37조 제2항의 과잉금지원칙이 사회적 기본권에도 적용된다고 주장하나, 이러한 견해는 사회적 기본권과 자유권의 근본적인 구조적 차이를 간과하는 것이다. 사회적 기본권의 영역에서 입법자의 입법에 대하여 제기되는 문제는, **법률이 사회적 기본권을 과잉으로 제한하는지의 문제가 아니라, 입법자가 사회적 기본권의 실현의무를 제대로 이행하였는지 여부**이다.

첫째, 사회적 기본권은 **법률에 의하여 제한되는 것이 아니라, 비로소 실현되고 구체적 권리로서 형성되는 것**이다. 헌법상의 사회적 기본권은 '침해'되는 것이 아니라, 헌법적 의무의 불이행으

---

3) 주관적 권리는 이에 대응하는 '상대방의 법적 의무'를 전제로 하며, 이러한 법적 의무는 '객관적 법규범'에 의하여 부과된다. 공법상의 주관적 권리는, 객관적 법규범이 국가에게 특정한 법적 의무를 부과하고, 국가의 법적 의무를 규정하는 법규범이 공적 이익뿐만 아니라 개인의 이익을 위해서도 존재하는 경우에 인정될 수 있다.

로 인하여 '실현'되지 못할 뿐이다.[4] 둘째, 사회적 기본권은 **'공공복리'에 의하여 제한되는 것이 아니라 '공공복리'를 실현하고자 하는 것**이다. 공공복리의 실현은 일반적으로 자유권에 대한 제한을 통하여 이루어진다. 자유권에 대한 제한은 공익상의 사유로 정당화되어야 하는데, 사회적 기본권은 '자유권의 제한을 정당화하는 헌법적 근거'로 기능함으로써 '공공복리'의 일부를 구성하는 것이다.

Ⅳ. 사회적 기본권과 국가의 다른 목표·과제의 관계

1. 국가과제이행의 우선순위에 관한 입법자의 결정권

사회적 기본권은 국가에게 사회국가적 과제와 목표를 부과하고 있다. 사회적 기본권이 국가에게 어느 정도 그 이행을 강제할 수 있는 헌법적 과제를 부과하기 위해서는, 국가의 다른 과제보다도 사회적 기본권에 의하여 부과된 과제를 우선적으로 실현하여야 한다는 '우열관계'가 전제되어야 한다. 그러나 사회적 기본권에 의하여 제시된 국가과제와 그 외의 국가과제 사이에는 그 실현에 있어서 입법자가 준수해야 하는 일정한 순위관계가 없으므로, **사회적 기본권은 입법과정이나 정책결정과정에서 다른 국가과제에 대하여 우선적 이행을 요구할 수가 없다.**

사회국가에서 실현되어야 하는 국가목표의 우선순위에 관한 결정은 끊임없이 변화하는 사회상황에 적응되어야 한다. 헌법이 스스로 다양한 국가과제의 실현과 관련하여 일정한 순위관계를 정함으로써 입법자를 이미 헌법적 차원에서 특정한 방향의 사회·경제정책에 구속한다면, 그러한 헌법은 끊임없이 변화하는 사회상황에 직면하여 사회국가의 실현을 위하여 불가결한 유연성과 개방성을 스스로 포기하게 될 것이다. 사회정의의 실현을 위하여 구체적으로 **'어떠한 국가과제가 우선적으로 이행되어야 하는지'의 문제**는 매 상황마다 개별적으로 결정되어야 할 사안이고, 이는 의회민주주의에서 일차적으로 **사회형성의 주체인 입법자의 관할**이다.

2. 국가정책결정에서 사회적 기본권의 의미

국가는 사회적 기본권에 의하여 제시된 국가과제를 언제나 국가의 현실적인 재정능력의 범위 내에서 다른 국가과제와의 조화와 우선순위결정을 통하여 이행할 수밖에 없다. 그러므로 사회적 기본권은 입법과정이나 정책결정과정에서 사회적 기본권에 의하여 부과된 국가목표의 무조건적이고 최우선적 배려가 아니라, 모든 정치적 결정과정에서 단지 적절하게 고려될 것을 요청하고 있다. 이러한 의미에서 **사회적 기본권은 국가의 모든 정책결정과정에서 사회적 기본권이 제시하는 국가목표를 적절하게 고려하여야 할 국가의 의무를 의미**한다(헌재 2002. 12. 18. 2002헌마52, 판례집 14-2, 904, 910).

4) 사회적 기본권이 일단 입법에 의하여 주관적 권리로 형성된 경우, **법률상의 구체적 권리**가 국가의 재정능력의 관점에서 또는 다른 공공복리의 실현을 위하여 **다시 법률개정을 통하여 축소·제한될 수 있다.** 그러나 헌법상의 사회적 기본권은 그 본질상 헌법 제37조 제2항의 법률유보조항으로는 제한될 수 없는 성질의 것이다.

V. 헌법소송을 통한 사회적 기본권 실현의 한계

1. 현행 헌법재판제도에서 사회적 기본권의 실현여부를 다툴 수 있는 가능성

입법자가 사회적 기본권을 실현하는 입법을 전혀 하지 않은 경우에는 예외적으로 입법부작위에 대한 헌법소원이 가능할 것이며, 입법은 하였으나 입법의 내용이 불충분한 경우에는 그러한 법규범이 헌법소원이나 위헌법률심판의 대상이 될 수 있다. 국가가 사회적 기본권의 실현의무를 이행하였는지 여부가 헌법소송의 대상이 된 경우, 헌법재판소가 사법적 심사를 통하여 **어느 정도로 국가의무의 이행을 강제할 수 있는지의 문제**가 제기된다.

헌법소송을 통한 사회적 기본권의 실현가능성은 일차적으로 국민경제의 수준, 즉 국가의 재정능력 및 급부능력이라는 사실적 요인에 좌우된다는 **현실적인 한계의 제약**을 받는다. 나아가, 헌법재판소가 헌법재판을 통하여 사회적 기본권을 실현함에 있어서 **2가지 관점에서 규범적 한계**가 나온다. 첫째, 헌법재판소가 헌법해석을 통하여 사회적 기본권의 구체적 보장내용을 어느 정도로 밝혀낼 수 있고 밝혀진 보장내용을 사법적 심사의 기준으로 삼을 수 있는지의 문제, **헌법해석을 통한 사회적 기본권의 구체화의 한계**이다(아래 2.). 둘째, 헌법재판소가 사법적 심사를 통하여 사회적 기본권을 실현함에 있어서 입법자와의 관계에서 준수해야 하는 헌법적 한계의 문제, **권력분립원리와 민주주의원리로부터 나오는 헌법적 한계**이다(아래 3.).

2. 헌법해석을 통한 사회적 기본권의 구체화의 한계

자유권의 경우에도 규정내용의 추상성 때문에 헌법재판소에 의한 해석을 필요로 하지만, 해석의 대상규범이 '국가권력의 한계'를 제시하는 자유권인지 또는 '국가과제의 실현'을 요구하는 사회적 기본권인지에 따라, 헌법재판소가 **헌법해석을 통하여 기본권의 보장내용을 구체화함에 있어서 근본적인 차이**가 있다.

자유권의 경우, 헌법해석은 과거에 발생한 기본권침해에 대한 통제에 관한 것으로 국가행위에 대하여 소극적으로 헌법적 한계를 제시하는 것이다. 자유권의 경우, **헌법이 실현하려고 하는 상태와 실현방법이 이미 헌법에 의하여** '보호법익에 대한 구체적인 침해의 조속한 제거를 통한 자유영역의 원상복구'라는 **구체적인 형태로 예정되어 있다**. 자유권을 심사기준으로 하는 국가행위의 통제는 국가행위의 한계에 관한 소극적인 결정인 것이다.

이에 대하여, 사회적 기본권은 국가과제의 적극적인 실현에 관한 문제로서 '미래지향적'으로 국가의 적극적인 형성을 목적으로 하고 있다. **사회적 기본권의 경우**, 헌법이 단지 일정한 국가과제만을 부과하고 있을 뿐, **헌법이 실현하려고 하는 상태 및 그 실현방법과 실현시기에 관한 구체적인 지침을 제시하고 있지 않다**. 따라서 사회적 기본권은 규범적 심사기준으로서 단지 제한적으로 기능할 수밖에 없다. 이러한 경우에 헌법재판소가 헌법해석을 통하여 사회적 기본권의 보장내용을 적극적으로 구체화하는 것은 객관적인 규범해석의 범위를 벗어나는 주관적인 헌법해석을 통하여 입법자의 정치적 형성권을 침해할 위험을 안고 있다.

3. 헌법소송을 통한 사회적 기본권 실현의 헌법적 한계

가. 권력분립원리

헌법재판소와 입법자는 **헌법의 권력분립질서 내에서 그 헌법적 기능에 있어 서로 상이**하다. 입법자는 헌법의 한계 내에서 정치적 결정을 통하여 공동체를 형성하는데 중심적 역할을 하는 반면, 헌법재판소는 헌법에서 입법형성권의 한계를 도출해 냄으로써 입법자의 정치적 형성에 대하여 헌법적 한계를 제시한다. **사회적 기본권의 실현 문제**, 즉 어떠한 급부를 어떠한 수준으로 제공할 것인지의 문제는 다원적 민주주의에서 여러 상이한 사회적 요청과 이익을 인식하여 이익조정을 하고 다른 국가과제와의 우선순위를 결정하는 문제이며, 이는 **일차적으로 사회형성의 주체인 입법자의 관할**이다. 사법기관으로서의 헌법재판소는 사회적 기본권의 실현에 있어서 주도적 역할을 하기에는 기능적으로 부적합하다.

입법자와 헌법재판소에 대한 사회적 기본권의 요청은 상이하다. **사회적 기본권은 입법자에게는 행위의 지침으로서 '행위규범'을 의미하나, 헌법재판소에게는 위헌심사의 기준으로서 '통제규범'을 의미**한다. 만일 행위규범과 통제규범으로서의 구분이 폐지되어 '입법자에 대한 헌법의 요청'과 '헌법재판소의 심사기준'이 일치한다면, 입법자가 사회적 기본권의 구속을 받는다는 것은 결과적으로 사회형성에 대한 헌법재판소의 현실 판단에 구속을 받는다는 것을 의미한다. 이는, 공동체의 형성이 헌법재판소의 사법적 판단에 의하여 결정되는 사법국가(司法國家)로의 변형을 의미하게 된다.

판 례 국가가 제공하는 급부의 내용이 '인간다운 생활을 할 권리'를 실질적으로 보장할 수 있는 정도에 미치는지의 판단이 문제된 **'생계보호기준 사건'**에서, 헌법재판소는 **사회적 기본권의 행위규범과 통제규범의 성격**에 관하여 "모든 국민은 인간다운 생활을 할 권리를 가지며 국가는 생활능력 없는 국민을 보호할 의무가 있다는 헌법의 규정은 입법부와 행정부에 대하여는 국민소득, 국가의 재정능력과 정책 등을 고려하여 가능한 범위 안에서 최대한으로 모든 국민이 물질적인 최저생활을 넘어서 인간의 존엄성에 맞는 건강하고 문화적인 생활을 누릴 수 있도록 하여야 한다는 행위의 지침 즉 **행위규범으로서 작용**하지만, 헌법재판에 있어서는 다른 국가기관 즉 입법부나 행정부가 국민으로 하여금 인간다운 생활을 영위하도록 하기 위하여 객관적으로 필요한 최소한의 조치를 취할 의무를 다하였는지 여부를 기준으로 국가기관의 행위의 합헌성을 심사하여야 한다는 **통제규범으로 작용**하는 것이다."라고 판시하고 있다(헌재 1997. 5. 29. 94헌마33).

나. 민주주의원리

민주주의원리는 '**사회형성에 관한 결정, 즉 공동체의 중요한 결정은** 헌법재판소에 의한 사법적 판단에 의해서가 아니라, **의회에서의 정치적 논의과정에서 이루어져야 한다**'는 요청을 함으로써, 헌법재판소에 의한 사회적 기본권의 실현에 대하여 헌법적 한계를 제시하고 있다. **사회적 기본권의 실현 문제**, 즉 어떠한 급부를 어느 정도로 제공할 것인지의 판단은 헌법의 해석을 통하여 헌법적으로 타당한 결정을 이끌어내는 헌법재판소의 사법적 법인식작용에 맡겨질 사안이 아니라, 다원적으로 구성된 합의체인 **의회에서 토론과 이익조정을 통하여 결정되어야 할 사안**이다.

다. 사법적극주의에 의한 사회적 기본권 실현의 위험성

사회적 기본권과 같이 그 보장내용이 헌법적으로 확정되지 않은 '개방적인' 국가목표의 실현에 있어서 **헌법재판소가 적극적인 헌법해석을 통하여 사회적 기본권의 보장내용을 구체화**함으로써 사회적 기본권으로부터 구체적인 국가과제나 입법자의 구체적인 의무를 광범위하게 도출하는 경우에는 스스로 사회형성의 주체가 됨으로써 **입법자의 정치적 형성권을 침해할 위험**이 있다.

헌법재판소가 헌법해석을 통하여 사회적 기본권으로부터 입법자의 구체적 의무를 광범위하게 인정한다는 것은 결국 **자신을 정치적 형성의 주체인 입법자로 만드는 것**이고, 나아가 사회적 기본권의 실현이 국가재정의 확보를 전제로 한다는 점에서 **입법자의 예산정책이 본질적인 부분에서 헌법적으로 선결된다**는 것을 의미한다. 따라서 입법자가 사회적 기본권에 의하여 부과된 국가과제를 제대로 이행하였는지에 대한 헌법재판소의 포괄적인 통제는, 헌법재판소가 입법자의 예산결정권을 박탈하여 자신이 스스로 행사하는 결과를 가져온다.

또한, 헌법재판소는 어떤 범위의 급부가 현실적으로 가능한지의 판단에 있어서 현재의 경제상황과 국가재정능력을 기준으로 삼게 되므로, 결국 **'현재 가능한 것', '한시적인 것'을 헌법의 내용으로 확정**하게 된다. 그러나 사회국가는 사회현상의 변화에 적응할 수 있어야 하고 지속적인 수정과 변화에 개방되어 있어야 한다. 헌법재판소가 '현시점에서 현실적으로 실현가능한 법적 상태'를 헌법의 내용으로 확정한다면, 헌법의 기본적인 안정성과 항구성을 상실하게 된다.

4. 사회적 기본권 실현의무의 이행여부에 대한 심사기준

위에서 살펴본 바와 같이, 헌법재판소는 '입법자가 사회적 기본권을 실현해야 할 의무를 제대로 이행하였는지 여부'를 매우 제약적으로만 심사할 수 있다. 사회적 기본권의 경우 헌법재판의 결정과정으로서의 법익교량이 교량대상법익의 다양성과 다원성으로 말미암아 사실상 불가능하다. 따라서 사회적 기본권으로부터 특정조치를 취하여야 할 국가의 의무나 특정법률을 제정하여야 할 구체적인 입법의무를 원칙적으로 이끌어 낼 수 없다.

헌법재판소는 사회적 기본권 실현의무의 이행여부에 관하여 **'과소보장금지의 원칙' 또는 '최소한 보장의 원칙'을 기준으로 단지 국가가 사회적 기본권의 실현을 위한 최소한의 조치를 취하였는지 여부만을 판단**하게 된다. 국가가 사회적 기본권을 실현하기 위한 아무런 조치를 취하지 않았던지, 아니면 취한 조치가 사회적 기본권을 실현하기에 명백하게 부적합하거나 불충분할 때에만 헌법재판소는 국가의 의무이행의 위반을 확인할 수 있다. 헌법재판소가 사회적 기본권을 실현해야 할 입법의무의 이행여부를 판단함에 있어서 **헌법적 한계의 명백한 일탈에 관한 심사에 국한**하지 않는다면, 사회현실에 대한 헌법재판소의 판단과 일치하지 않는 입법자의 판단을 실질적으로 부정하는 결과를 가져오며, 이는 헌법적 심사기준의 결여로 말미암아 자의적일 수밖에 없다.

대부분의 경우, 사회적 기본권 실현의무의 위반이 그 명백성의 결여로 인하여 거의 예외 없이 부정되기 때문에, 사회적 기본권의 실현여부를 다툴 수 있는 '주관적 권리'는 단지 헌법소원의 가능성만을 열어놓을 뿐, 헌법재판을 통하여 국가의 의무이행을 강제할 수 있는 효과는 거의 없다고 보아야 한다.

판 례 저상버스를 도입하지 않은 보건복지부장관의 부작위가 장애인의 인간다운 생활을 할 권리를 침해하는지 여부가 문제된 **'저상버스 도입의무 불이행 사건'**에서 "국가에게 헌법 제34조에 의하여 장애인의 복지를 위하여 노력을 해야 할 의무가 있다는 것은, 장애인도 인간다운 생활을 누릴 수 있는 정의로운 사회질서를 형성해야 할 국가의 일반적인 의무를 뜻하는 것이지, 장애인을 위하여 저상버스를 도입해야 한다는 구체적 내용의 의무가 헌법으로부터 나오는 것은 아니다."라고 판시하여, **사회적 기본권으로부터 구체적 내용의 입법의무를 도출할 수 없다**는 것을 밝히고 있다(헌재 2002. 12. 18. 2002헌마52, 판례집 14-2, 904, 911).

보건복지부장관이 고시한 생활보호사업지침상의 '94년 생계보호기준'이 인간다운 생활을 할 권리를 침해하는 것인지 여부가 문제된 **'생계보호기준 사건'**에서, 헌법재판소는 "국가가 인간다운 생활을 보장하기 위한 헌법적인 의무를 다하였는지 여부가 사법적 심사의 대상이 된 경우에는, **국가가 생계보호에 관한 입법을 전혀 하지 아니하였다든가 그 내용이 현저히 불합리하여 헌법상 용인될 수 있는 재량의 범위를 명백히 일탈한 경우에 한하여 헌법에 위반된다**고 할 수 있다."고 하면서, "이 사건 생계보호기준이 청구인들의 인간다운 생활을 보장하기 위하여 국가가 실현해야 할 객관적 내용의 최소한도의 보장에도 이르지 못하였다거나 헌법상 용인될 수 있는 재량의 범위를 명백히 일탈하였다고는 보기 어렵다."고 판단함으로써 인간다운 생활을 할 권리의 침해를 부인하였다(헌재 1997. 5. 29. 94헌마33).

Ⅵ. 한국 헌법에서 사회적 기본권의 헌법적 의미

1. 사회국가원리의 헌법적 수용

사회적 기본권은 우리 헌법에서 사회국가원리의 가장 중요하고도 뚜렷한 표현이다. 헌법은 무엇보다도 사회적 기본권을 통하여 사회국가원리를 수용하고 있으며, 사회국가원리는 사회적 기본권을 통하여 구체화되고 있다. 여기에 사회적 기본권의 일차적인 헌법적 의미가 있다.

사회적 기본권은 사회국가원리의 구체화된 헌법적 표현으로서 입법자에게 보다 구체적인 내용의 과제와 의무를 부과하고 있지만, 다른 한편으로는 바로 이러한 구체성 때문에 헌법개정을 통하여 사회적 기본권의 목록을 수정하고 보완함으로써 사회현상의 변화에 적응해야 한다.

2. 인간의 존엄성 실현을 위한 불가결한 요소로서 '국가에 의한 자유'

헌법은 사회적 기본권을 자유권과 동일한 형식("권리")으로 "기본권부분"에 규정함으로써, 헌법의 최고의 가치인 **인간의 존엄성의 실현에 있어서 사회적 기본권이 자유권적 기본권과 동등한 의미와 중요성을 갖고 있다**는 것을 표현하고 있다. 인간의 존엄성이 실현되고 자유가 실질적으로 보장되기 위해서는 개인은 국가권력으로부터 개인의 자유를 보호하는 자유권('국가로부터의 자유') 뿐만 아니라, 개인의 자유행사의 실질적인 조건을 형성하고 유지하여야 할 국가의 적극적인 활동('국가에 의한 자유')도 필요로 한다.

3. 다원주의적 민주주의에서 정치적 의사형성과정에 대한 보완

사회적 기본권은 다원적 민주주의에서 정치적 의사형성과정에 대한 헌법의 불신(不信)을 표현하고 있다. 헌법은 사회적 기본권을 수용함으로써 "오늘의 민주국가에서는 사회구성원의 모든 중요한 이익이 빠짐없이 이익단체로 조직되어 정치적 영향력을 행사하고 스스로 알아서 자신의 이익을 관철한다."는 **낙관론에 대하여 부정적인 입장**을 취하고 있다.

부분 · 특수이익간의 자유경쟁에서 정치적 영향력을 행사하기 힘든 **사회적 약자**(여자, 노인, 청소년, 신체장애자 등)**의 이익 또는 전체 국민과 관련되는 일반적 이익**(환경보전이나 소비자보호 등)**이 국가의 정책결정과정에서 함께 고려될 수 있도록**, 헌법은 사회적 기본권을 통하여 정치적 세력다툼에서 불리한 입장에 있는 이러한 이익들을 강조하고 헌법적으로 지지하고 있다. 사회적 기본권은 모든 정책결정과정에서 사회적 기본권이 담고 있는 국가목표를 고려해야 할 국가의 의무를 의미한다.

4. 자유권의 해석에 미치는 영향

사회적 기본권의 또 다른 헌법적 의미는 자유권의 해석에 미치는 영향에 있다. 헌법은 사회적 기본권을 수용함으로써 자유권을 사회적 기본권으로 해석하는 것이 불필요할 뿐 아니라, 원칙적으로 자유권을 동시에 사회권적 측면으로 파악하려는 기본권의 해석에 대하여 부정적인 태도를 취하고 있다. 헌법상 사회적 기본권의 존재는, 오늘날 **자유보장의 두 가지 요소가 자유적 내용과 사회적 내용으로 나뉘어 각 자유권과 사회적 기본권에 귀속된다**는 것을 의미한다.

제 2 절　교육을 받을 권리

Ⅰ. 헌법적 의미

헌법 제31조 제1항은 "모든 국민은 능력에 따라 균등하게 교육을 받을 권리를 가진다."고 규정하고 있다. 국민의 관점에서 주관적으로 표현된 '교육을 받을 권리'의 실질적 내용은 국민에게 실효성 있는 교육을 제공해야 할 국가의 의무나 과제를 뜻한다. **헌법 제31조의 각 항**은 실효성 있는 교육을 제공해야 할 국가의 의무를 이행하기 위하여 불가결한 전제조건을 규정하는 조항으로 서로 유기적인 상호연관관계에서 파악되어야 된다.

교육을 받을 권리는 개인이 자주적 인격체로서 인간다운 생활을 영위하는데 필수적인 전제조건이자 헌법상 보장된 **개인의 자유를 행사하기 위한 실질적 조건**이다. 직업의 자유를 행사하기 위하여 그 전제조건으로서 직업교육을 받아야 하며, 나아가 직업행사와 관계없이 전반적으로 인격을 자유롭게 발현하고 자기결정권을 의미 있게 행사하기 위해서도 최소한의 지식과 교양을 갖추어야 한다.

민주국가에서 교육을 통한 국민의 능력과 자질의 향상은 바로 **국가의 번영과 발전의 토대**가 되는 것이므로, 교육은 현대국가의 중요한 과제에 속한다. 뿐만 아니라, 민주주의의 질은 주권자인 국민의 민주적 수준에 의하여 결정되므로, 교육은 민주주의의 수준을 결정하는 중요한 요소이다. 이러한 점에서, 교육기회의 평등은 **진정한 민주주의를 실현하기 위한 중요한 전제조건**이다. 문화국가에서 공동체 구성원의 정신적 · 문화적 통일성은 본질적으로 공교육을 통한 자녀의 공동교육에 기인한다. 따라서 국가에 의한 공교육은 오늘날 **문화국가의 불가결한 조건**에 속한다.

판 례 "교육을 받을 권리는, 첫째 교육을 통해 개인의 잠재적인 능력을 계발시켜줌으로써 **인간다운 문화생활과 직업생활을 할 수 있는 기초를 마련**해 주고, 둘째 문화적이고 지적인 사회풍토를 조성하고 문화창조의 바탕을 마련함으로써 헌법이 추구하는 **문화국가를 촉진**시키고, 셋째 합리적이고 계속적인 교육을 통해서 민주주의가 필요로 하는 민주시민의 윤리적 생활철학을 어렸을 때부터 습성화시킴으로써 헌법이 추구하는 **민주주의의 토착화에 이바지**하고, 넷째 능력에 따른 균등한 교육을 통해서 직업생활과 경제생활영역에서 실질적인 평등을 실현시킴으로써 헌법이 추구하는 **사회국가, 복지국가의 이념을 실현**한다는 의의와 기능을 가지고 있다."고 판시하고 있다(헌재 1994. 2. 24. 93헌마192).

Ⅱ. 법적 성격 및 보장내용

1. 평등권

헌법 제31조 제1항은 **"능력에 따라 균등하게"**라고 하여 **'교육의 영역에서 법적 평등'**을 보장하고 있다. 이로써 헌법 제31조 제1항은 헌법 제11조의 일반적 평등조항에 대한 특별규정이다(헌재 2017. 12. 28. 2016헌마649, 판례집 29-2하, 537, 544). 평등권으로서의 '교육을 받을 권리'는 **'취학의 기회균등'**, 즉 교육시설에 입학함에 있어서 자의적 차별이 금지되어야 한다는 차별금지원칙을 의미한다.

헌법 제31조 제1항은 교육시설에 입학함에 있어서 고려될 수 있는 유일한 차별기준으로서 '능력'의 요건을 스스로 제시함으로써, **능력 이외의 다른 요소에 의한 차별을 원칙적으로 금지**하고 있다. 여기서 '능력'이란 '수학능력'을 의미한다. 이로써 헌법 제31조 제1항은 **교육의 영역에서 능력주의를 보장**하고 있다. 따라서 가령, 수학능력 외에 다른 기준에 의한 학생선발제도에 대해서는 비례의 원칙에 따른 엄격한 평등심사가 요청된다.

2. 사회적 기본권

교육을 받을 권리는 단순히 소극적으로 '취학의 기회균등'을 요청하는 데 그치는 것이 아니라, 적극적으로 국민 누구나 자기결정권과 자유로운 인격발현권을 실제로 행사할 수 있도록 그에 필요한 실질적 조건을 교육의 영역에서 형성해야 할 국가의 의무를 부과하고 있다. 이에 따라, 교육을 받을 권리는, **모든 국민이 그의 능력에 따라 교육을 받을 수 있도록 공교육제도를 제공해야 할 국가의 과제**를 의미한다. 국가는 수학능력에 따른 교육을 가능하게 하는 교육제도를 제공·정비하고 교육기관을 설립해야 할 의무를 진다.

나아가, 교육을 받을 권리는 **'교육의 영역에서 실질적 기회균등'을 실현해야 할 국가의 의무**, 즉 누구나 개인의 경제적 능력과 관계없이 수학능력에 따른 교육을 받을 수 있도록 교육영역에서의 사회적 급부의 확대(무상의무교육의 도입 및 확대 등)를 통하여 교육기회의 불평등을 완화해야 할 국가의 의무를 부과하고 있다.

판 례 "교육을 받을 권리란, 국민이 위 헌법규정을 근거로 하여 직접 특정한 교육제도나 학교시설을 요구할 수 있는 권리라기보다는 모든 국민이 능력에 따라 균등하게 교육을 받을 수 있는 교육제도를 제공해야 할 국가의 의무를 규정한 것이다. 즉, '교육을 받을 권리'란, 모든 국민에게 저마다의 능력에 따른 교육이 가능하도록 그에 필요한 설비와 제도를 마련해야 할 국가의 과제와 아울러 이를 넘어 사회적 · 경제적 약자도 능력에 따른 실질적 평등교육을 받을 수 있도록 적극적인 정책을 실현해야 할 국가의 의무를 뜻한다."고 판시하고 있다(헌재 2000. 4. 27, 98헌가1, 판례집 12-1, 427, 448-449).

3. 자유권으로서의 성격

학계의 일부에서는 헌법 제31조 제1항의 '교육을 받을 권리'를 자녀의 학습권이나 부모의 자녀교육권과 같은 자유권을 포함하는 포괄적이고 종합적인 교육기본권으로 파악하고자 시도하고 있다. 그러나 이러한 **자유권적 내용은 '교육을 받을 권리'가 아니라 다른 자유권에 의하여 보호**된다. **자녀의 학습권**은 헌법 제10조의 '자녀의 자유로운 인격발현권'에 의하여 보호되며, **부모의 자녀교육권**은 혼인과 가족생활을 보호하는 헌법 제36조 제1항에 그 헌법적 근거를 두고 있다. 교육을 받을 권리로부터 부모의 자녀교육권을 도출한다면, 이러한 자녀교육권은 '학교교육에 국한된 반쪽짜리 자녀교육권'일 뿐이다.

헌법 제31조 제1항의 '교육을 받을 권리'는 국가에게 학교교육의 과제와 의무를 부과하는 규정인 반면, **자녀와 학부모의 기본권은 이러한 국가의 교육권한에 대하여 한계를 설정하는 헌법규범**이다. 이러한 점에서, '교육을 받을 권리'를 한편으로는 자녀와 학부모의 자유를 제한할 수 있는 수권규범인 국가의 과제와 의무로서, 다른 한편으로는 국가에 대한 자녀와 학부모의 방어권으로서 이해함으로써 **동일한 헌법규범에 상충하는 내용을 부여**하는 것은 불필요할 뿐만 아니라 법리적으로 문제가 있다.

Ⅲ. 학교교육과 관련된 당사자들의 권한과 권리

1. 국가의 교육권한

가. 헌법적 근거

헌법은 **제31조 제1항**에서 '교육을 받을 권리'를 규정함으로써, **모든 국민에게 그의 능력에 상응하는 교육가능성을 제공해야 할 의무와 과제를 국가에 부과**하고 있다. 국가는 공교육제도를 제공하고 교육기관을 설립해야 할 의무가 있다. 나아가, 헌법은 **제31조 제6항**에서 입법자로 하여금 학교교육제도를 법률로 정하도록 위임함으로써 **학교교육에 관한 포괄적 책임과 규율권한을 국가에게 부여**하고 있다(헌재 2000. 4. 27, 98헌가16).

헌법은 제31조에서 교육에 대한 포괄적인 책임과 과제를 국가에게 부여함으로써, 현대국가에서 교육이 가지는 중요한 기능에 비추어 적어도 초 · 중등교육에 관한 한, **'학교제도의 원칙적인 국 · 공립화에 관한 헌법적 결정'**을 내리고 있다. 사립학교는 공립학교를 대체해서는 안 되고, 단지 이를 보완하는 부수적 역할에 그쳐야 한다.

나. 국가교육권한의 내용과 한계

국가는 헌법 제31조에 근거하여 **부모의 교육권으로부터 원칙적으로 독립된 독자적인 교육권한**을 부여받았다(헌재 2000. 4. 27. 98헌가16). 국가는 의무교육을 비롯한 공교육의 운영자이자 학교교육의 주체로서, 학교제도를 조직하고 교육 전반(교육과정, 교육목표, 교육내용과 교육방법)에 관하여 규율하는 포괄적인 권한을 가진다. 국가의 교육권한은 학교제도에 관한 전반적인 형성권과 규범제정권 및 학교감독권을 포함한다. 국가는 헌법상 부여된 학교교육의 과제를 이행함에 있어서 광범위한 형성의 자유를 가지고 있으나, **국가교육권한의 한계**는 무엇보다도 부모의 자녀교육권과 자녀의 자유로운 인격발현권에 있다(헌재 2000. 4. 27. 98헌가16, 판례집 12-1, 427, 450).

2. 부모의 자녀교육권

가. 내용 및 헌법적 근거

부모의 자녀교육권이란, 자녀교육에 관한 전반적인 계획을 세우고 **자신의 가치관과 세계관에 따라 자녀의 교육을 자유롭게 형성할 수 있는 부모의 권리**, 무엇보다도 자녀교육의 목표와 수단에 관하여 결정할 수 있는 권리를 말한다(헌재 2000. 4. 27. 98헌가16등, 판례집 12-1, 427, 447). 부모의 자녀교육권은 헌법에서 이를 명시적으로 규정하고 있는지와 관계없이 보장되는 자연적·선국가적 권리로서, **혼인과 가족생활을 보장하는 헌법 제36조 제1항으로부터 도출되는 기본권**이다.

판례 한편, 헌법재판소는 일부 결정에서는 부모 자녀교육권의 헌법적 근거로서 혼인과 가족생활을 보장하는 헌법 제36조 제1항을 언급하고 있으나(헌재 2000. 4. 27. 98헌가16; 헌재 2001. 11. 29. 2000헌마278), 일부 결정에서는 헌법 제31조도 함께 언급하거나 헌법 제31조만을 언급하고 있다(헌재 1995. 2. 23, 91헌마204).

나. 자녀교육권으로부터 파생하는 헌법상 권리

(1) 사립학교의 자유

사립학교의 자유란, 자신의 가치관에 부합하는 교육가능성이 국가에 의하여 제공되지 않는 경우, **사립학교의 설립과 선택을 통하여 자녀교육에서 자신의 종교관과 세계관을 실현할 자유**'를 말한다. 사립학교의 자유는 세계관적 중립의무가 있는 국공립학교에 대하여 **세계관적으로 형성된 대안교육의 가능성을 보장**한다. 사립학교의 자유가 헌법적으로 보장되는 이유는 바로 부모와 자녀의 기본권을 실현하기 위한 것이므로, 사립학교의 자유는 부모의 자녀교육권에 그 헌법적 근거를 두고 있다.

판례 한편, 헌법재판소는 일부 결정에서 사학의 자유의 헌법적 근거를 헌법 제10조의 행복추구권 및 헌법 제31조에서 찾고 있으나, 그 타당성에 대하여 의문이 제기된다(헌재 2001. 1. 18. 99헌바63, 판례집 13-1, 60, 68).

(2) 부모의 학교선택권

학교선택권이란 국가와 사인에 의하여 제공되는 **학교유형과 교육과정 중에서 자유롭게 선택할 수 있는 권리**를 말한다. 학교선택권은 그 헌법적 근거를 부모의 자녀교육권과 자녀의 자유로운 인격발현권에 두고 있다. 부모의 교육권은 자신의 가치관·세계관에 부합하는 교육과정이나 자녀의 능력과 적성에 부합하는 교육과정을 선택할 권리(학교선택권)를 포함한다(헌재 2009. 4. 30. 2005헌마514, 판례집 21-1하, 185, 191). 학생의 인격발현권은 자신의 능력과 적성에 부합하는 학교를 선택할 권리를 포함한다(헌재 2012. 11. 29. 2011헌마827, 판례집 24-2하, 250, 261). 부모와 자녀의 학교선택권은 다양한 유형과 수준의 교육과정 중에서 선택할 수 있는 가능성을 사실적 전제로 하므로, 국가는 교육과정을 제공함에 있어서 **학교선택권의 실질적인 행사**

를 가능하게 하는 조건으로 최소한의 다양성을 보장해야 한다.

헌법 제31조 제1항은 **'균등하게'란 표현을 통하여 '교육평준화'를 요청하는 것이 아니다.** 헌법 제31조에서 언급하는 '균등하게'란 표현은 '능력'(수학능력)에 종속된 개념으로서, '능력에 관계없이 균등하게'의 의미에서 평준화가 아니라 **'능력에 따라 균등하게'란 의미에서 다양성과 차별화를 요청**하고 있다. 헌법 제31조는 개인의 자유로운 인격 발현을 위한 실질적 조건을 교육의 영역에서 보장하고자 하는 것이고, 바로 '능력과 적성에 상응하는 교육가능성'을 보장하고자 하는 것이다. **평준화된 교육은** 개인의 상이한 수학능력과 적성을 무시하고 모든 학생에게 단일화된 수준의 교육을 강요함으로써 **개인의 자유로운 인격발현을 저해**한다. 개인의 개성과 능력을 고려하지 않는 획일적인 공교육제도는 필연적으로 별도의 사교육에 의한 보완을 필요로 하고, 결국 자녀의 능력과 적성을 고려하는 사교육에 의하여 공동화(空洞化)될 수 있는 위험을 안고 있다.

판 례 한편, 헌법재판소는, **거주지를 기준으로 중·고등학교의 입학을 제한**하는 교육법시행령규정은 과열된 입시경쟁으로 말미암아 발생하는 부작용을 방지하고자 하는 입법목적을 달성하기 위한 방안으로 학부모의 학교선택권을 과도하게 제한하지 않는다고 판단하였다(헌재 1995. 2. 23. 91헌마204). 또한, **고등학교의 배정을 원칙적으로 교육감의 추첨에 의하도록 규정**하고 있는 교육법시행령규정도 유사한 이유로 학부모의 학교선택권을 과도하게 제한하지 않는다고 판단하였다(헌재 2009. 4. 30. 2005헌마514).

(3) 학교교육에 관하여 정보를 제공받을 권리

'학교교육에 관한 정보를 제공받을 권리'(아래 3. 나. (3) 참조)는 학부모의 자녀교육권을 행사하기 위한 필수적 전제조건이자 학부모가 학교교육을 통제할 수 있는 유일한 가능성이다(헌재 2011. 12. 29. 2010헌마293).

3. 자녀의 교육에서 국가와 부모의 관계

학교교육의 영역은 원칙적으로 국가교육권한에 속하는 반면, **가정교육과 사교육의 영역**은 원칙적으로 부모의 자녀교육권에 속한다(헌재 2000. 4. 27. 98헌가16등). 그러나 국가와 부모의 교육과제가 영역별로 엄격하게 분할된 것이 아니라, 국가의 교육권한과 부모의 자녀교육권은 상호 영향을 미치는 관계에 있다. 부모와 학교의 교육은 동일한 자녀의 인격발현을 위한 것이므로, 부모와 학교의 공동의 교육과제가 존재한다.

가. 사교육에서 국가와 부모의 관계

부모는 가정교육과 사교육의 영역에서 자녀교육에 관한 원칙적인 결정권을 가지고 있다. 사교육의 영역에서 자녀의 복리에 관한 결정은 일차적으로 부모의 과제이다. 다만, **국가는 감독자적 지위에서 부모교육권의 남용을 방지해야 할 의무**를 진다. 부모의 자녀교육에 대한 국가의 간섭은 부모가 교육책임을 이행하지 않거나 이행할 수 없는 경우, 즉 자녀의 복리가 위협받는 경우에 국한되어야 한다. 따라서 정상적인 상황에서는 국가가 과외교습과 같은 사교육을 금지하거나 제한해야 할 공익적 사유가 원칙적으로 존재하지 않는다.

판 례 학원에 의한 과외교습을 허용하면서 개인적인 과외교습을 금지하는 법률조항의 위헌여부가 문제된 **'과외금지 사건'**에서, 사교육에서의 과열경쟁으로 인한 학부모의 경제적 부담을 덜어주고 나아가 국민이 되도록 균등한 정도의 사교육을 받도록 하려는 **입법목적이 헌법적으로 허용되는 것인지에 대하**

여 진지한 의문을 제기하면서, 깊은 고뇌 끝에 입법목적의 정당성을 '잠정적으로' 인정하였으나, 심판대상조항이 과잉금지원칙에 위반되어 자녀의 인격발현권과 부모의 자녀교육권을 과도하게 침해한다고 판단하였다(헌재 2000. 4. 27. 98헌가16등).

한편, 헌법재판소는 **학원 심야교습제한 사건**에서 입법목적의 합헌성에 대한 아무런 의문의 제기 없이 "학생의 수면 및 휴식시간의 확보", "학부모의 경제적 부담을 덜어주려는 목적", "공교육의 정상화"를 입법목적으로 확인한 다음, 과잉금지원칙을 기계적으로 적용한 결과 자녀의 인격발현권, 부모의 자녀교육권 등을 침해하지 않는다고 판단하였다(헌재 2009. 10. 29. 2008헌마635).

나. 학교교육에서 국가와 부모의 관계

학교교육은 원칙적으로 **국가교육권한의 영역**으로, 국가는 학교교육에 관한 포괄적인 규율권한을 가진다. 학교교육이 자녀의 전체 교육에 중대한 영향을 미치기 때문에, **학교교육에서 부모의 자녀교육권은 다음과 같은 관점에서 존중되어야** 한다.

(1) 세계관적으로 중립적인 학교교육

자녀의 가치관과 세계관의 형성에 관한 교육은 일차적으로 부모의 관할에 속한다. 그러나 이러한 영역에서 국가의 교육권한이 배제된 것은 아니다. 종교, 윤리, 성(性) 등은 사회적 행위의 일부로서 사회적 연관성을 가지기 때문에, **학교에서 수업의 대상으로 삼을 수 있다**. 그러나 국가가 가치관과 세계관에 관한 교육을 실시하는 경우에는 다양한 세계관에 기초한 부모의 자녀교육권을 존중해야 하므로, 이로부터 **세계관적으로 중립적인 학교교육에 대한 요청**이 나온다. 가령, 국가가 종교수업을 실시하는 경우, 특정한 신앙공동체의 신앙적 내용을 전달하는 수업이 아니라, 인류의 모든 주요 종교의 교리를 객관적으로 전달하고 비교하는 비교종교수업만이 허용될 수 있다.

(2) 자녀의 능력과 적성에 부합하는 다양한 교육가능성

국가는 학교제도를 구체적으로 형성함에 있어서 부모의 자녀교육권을 고려하고 존중하여야 한다. 부모가 자녀의 능력과 적성에 따라 학교교육에 관한 계획을 세울 수 있도록, 국가에게는 **'자녀의 능력과 적성에 부합하는 다양한 교육가능성을 제공해야 할 의무'**가 부과된다. 다양한 교육가능성은 부모의 자녀교육권으로부터 파생하는 **'학교선택권'을 행사하기 위한 사실적 전제조건**이다.

(3) 학교교육에 관하여 정보를 제공받을 권리

학부모는 자녀교육권에 근거하여 학교교육에 관하여 정보를 제공받을 권리를 가지고 있다(헌재 2011. 12. 29. 2010헌마293). '정보를 제공받을 권리'는 **학부모의 자녀교육권을 행사하기 위한 필수적 전제조건**이다. 부모가 자녀의 학교교육에 관하여 적시에 충분한 정보를 제공받는 경우에만, 비로소 부모와 학교가 자녀의 교육을 위하여 서로 협력할 수 있고, 학교교육에 의하여 부모의 자녀교육권이 침해받는지를 확인할 수 있으며, 학교교육에 대한 학부모의 건의나 비판, 시정요구 등이 가능하기 때문이다.

그러나 학교의 조직·구조·유형, 학교교육의 내용과 방법, 학교 내부적 사안(징계 등)에 관한 결정은 원칙적으로 국가의 교육권한에 속하므로, 부모는 이에 관하여 함께 결정할 수 있는 **공동결정권을 가지고 있지 않다**. 마찬가지로 부모의 자녀교육권으로부터 학교행정에 참여할 수 있는 학부모의 권리도 도출되지 않는다(헌재 2001. 11. 29. 2000헌마278, 판례집 13-2, 762, 770).

판례 국·공립학교와는 달리 **사립학교의 경우에는 학교운영위원회의 설치를 임의적인 사항으로 규정**하고 있는 법률조항의 위헌여부가 문제된 사건에서, 학교운영위원회의 설치 문제는 입법형성권에 속하는 정책적 문제이므로, 학부모가 사립학교의 운영위원회에 참여하지 못하였다 하더라도 그로 인하여 교육참여권이 침해되었다고 볼 수 없다고 판단하였다(헌재 1999. 3. 25. 97헌마130).

또한, **중학교의 교과용 도서를 표준어 규정에 의하도록 한 법률조항**은 국가공동체의 통합과 원활한 의사소통을 위하여 표준어 규정으로 교과용 도서를 제작하는 것을 선택한 것이고 국가의 학교교육의 포괄적인 규율권한 내의 문제로서 부모의 자녀교육권을 침해하지 않는다고 판시하였다(헌재 2009. 5. 28. 2006헌마618).

교원단체의 가입여부 등 교원의 민감한 개인정보의 공개를 금지한 법령조항이 학부모의 알 권리를 침해하는지 여부가 문제된 **'교원의 개인정보 공개금지 사건'**에서 "부모는 자녀의 교육에 관하여 전반적인 계획을 세우고 자신의 인생관·사회관·교육관에 따라 자녀의 교육을 자유롭게 형성할 권리, 즉 자녀교육권을 가진다. 그리고 자녀교육권을 실질적으로 보장하기 위해서는 자녀의 교육에 필요한 정보가 제공되어야 하는바 학부모는 교육정보에 대한 알 권리를 가진다."고 판시함으로써 제한된 기본권이 표현의 자유로부터 파생하는 알 권리가 아니라 **자녀교육권으로부터 파생하는 알 권리**임을 밝히고 있다(헌재 2011. 12. 29. 2010헌마293, 판례집 23-2하, 879, 887).

나아가, 헌법재판소는 **'학교가 학생에 대해 불이익 조치를 할 경우 해당 학생의 학부모가 의견을 제시할 권리'**도 자녀교육권의 일환으로 보호된다고 판시하고 있다(헌재 2013. 10. 24. 2012헌마832, 판례집 25-2하, 309, 317).

4. 자녀의 학습권

자녀의 학습권이란, **학습과 교육에 있어서 국가의 간섭이나 방해, 부당한 영향을 받지 아니하고 자신의 적성과 능력을 자유롭게 발현할 권리**를 말한다(헌재 2000. 4. 27. 98헌가16등). 학습권은 교육을 통한 인격발현권 또는 교육에 관한 자기결정권을 의미한다. 학습과 교육이 직업과 직접적인 연관성이 없는 일반적인 경우에는 자녀의 학습권은 일반적 자유권인 **'행복추구권'**에 의하여 보호되며, 직업과 직접적인 연관성이 인정되는 교육에 관한 한, 헌법 제15조의 **'직업의 자유'**에 의하여 보호된다.

자녀의 학습권이 국가에 의하여 제한되는 경우로는, 국가가 과외 등 사교육을 금지하는 경우, 학교행정에 의하여 정학이나 퇴학 등 징계조치가 내려짐으로써 학교교육을 통하여 자신의 인격을 발현할 가능성이 제한을 받는 경우, 국가가 정치적·세계관적으로 편향적인 교과서를 채택하거나 교사가 수업을 통하여 사상주입교육을 하는 경우 등을 들 수 있다.

판례 **과외교습을 금지**하는 법률조항은 교육의 영역에서의 자녀의 인격발현권과 부모의 자녀교육권 등을 제한하며(헌재 2000. 4. 27. 98헌가16등), **학교의 정규교과에서 영어나 한자를 배제**하는 교육과학기술부 고시는 학생들의 '자유로운 인격발현권'을 제한하며(헌재 2016. 2. 25. 2013헌마838; 헌재 2016. 11. 24. 2012헌마854), 나아가 대학수학능력시험의 문항 수 기준 70%를 EBS **교재와 연계하여 출제**한다는 내용의 '대학수학능력시험 시행기본계획'에 의하여 제한되는 기본권은 헌법 제31조 제1항의 '교육을 받을 권리'가 아니라, 대학수학능력시험을 준비하는 학생들의 '교육을 통한 자유로운 인격발현권'이라고 판시하고 있다(헌재 2018. 2. 22. 2017헌마691).

5. 교사의 수업권(수업의 자유)

가. 내 용

교사의 수업권이란, 교사의 교육활동이 국가에 의하여 과도하게 규율되어서는 안 되고, **교육활동을 위하여 불가결한 독자적 책임과 자율성이 보장되어야 한다는 요청**을 말한다. 즉, 학생·학교·교사의 개별성과 구체적 상황에 부합하는 교육활동을 가능하게 하기 위하여 교사에게 자유공간이 보장되어야 한다는 요청이다. 교사의 수업권은 교사의 교육활동을 규범화하고 감독하는 **입법자와 학교감독기관에 대한 요청**으로, 교사의 교육활동이 법규정과 감독기관의 지시에 의하여 경직되는 것으로부터 보호하고자 하는 것이다.

나. 헌법적 근거

교사의 수업권은 **기본권적 지위가 아니라 교사 직무의 본질로부터 나오는 헌법적 요청**이며 **학교의 교육목적과 학생의 이익을 구현하기 위한 수단**, 학생의 학습권에 봉사하는 수단이다. 교사의 수업권은 교사 자신의 인격발현을 위하여 교사를 자유롭게 하고자 하는 것이 아니라, 수업에서 교사에게 맡겨진 학생을 가능하면 최상으로 교육시키기 위한 것이다. 대학에서의 강의와는 달리, 초중등학교에서의 수업은 학문의 자유에 의하여 보호되는 '교수'에 해당하지 않으므로, **교사의 수업권은 학문의 자유에 의해서도 보호되지 않는다.**

교사의 직무는 공교육의 책임이 있는 국가의 위임에 의한 것이고 국가는 교사에 대한 포괄적인 감독권을 가지고 있으므로, 교사의 수업권이란 임의로 행사할 수 있는 개인적 자유가 아니라, 교육활동의 본질과 교사직무의 특성에 비추어 **'교육의 자주성·전문성'으로부터 파생하는 헌법적 요청**이다. 이로써 교사의 수업권은, 입법자와 감독관청이 교육의 내용과 방법을 규율함에 있어서 교육의 자주성·전문성을 고려해야 한다는 헌법상의 객관적 요청이다. 교사의 수업권은 교사의 교육활동에 대한 국가의 과도한 규율과 감독을 금지한다.

판 례 **'국정교과서제도' 사건**에서 교사의 수업권이 기본권적 성격을 가지는지에 대해서는 부정적인 입장을 취하면서, 교사의 수업권이란 학생의 수학권의 실현을 위하여 인정되는 것이라고 확인한 다음, 수학권의 보장을 위하여 교사의 수업권은 제약을 받을 수밖에 없다고 판시하고 있다(헌재 1992. 11. 12. 89헌마88, 판례집 4, 739, 757-758).

다. 헌법적 한계

(1) 학부모와 자녀의 기본권

국가로부터 학교교육의 과제를 위임받은 교사의 수업권의 경우에도 국가교육권한과 마찬가지로 **부모와 자녀의 기본권에 의하여 헌법적 한계가 설정**된다. 국가는 학교감독기관으로서 교사에 대하여 국가교육권한의 한계를 제시하고, 이러한 한계가 준수되는지를 감독해야 한다. **교사에 대한 국가의 감독**은 학생과 학부모의 기본권을 보호하기 위하여 불가결한 국가적 통제이다.

교사에게 수업권이 인정된다고 하여, 교사가 **사상주입교육**을 할 권한을 부여받은 것은 아니다. 교사가 특정 정치관이나 세계관을 일방적으로 학생에게 심어주는 것이 국가에 의하여 방치된다면, 학교교육의 중립성은 보장될 수 없고, 국가는 학교교육의 주체로서의 자격을 상실하게 될 것이다. 학부모가 그들의 자녀를 학교에 맡길 수 있는 것은, 학교에서의 교육이 다양한 가치관과 세계관에 대하여 개방적으로 이루어지며 그들의 자녀가 편향적인 이념교육의 희생물이 되지 않으리라는 믿음이 있기 때문이다.

(2) 수업의 내용과 방법에 관한 국가의 규율권한

국가는 학교교육의 과제를 부여받음으로써 동시에 **학교교육에서 최소한의 통일성과 균등성을**

확보해야 할 의무를 진다. 국가가 학생의 기회균등과 교육수준의 균등성의 관점에서 수업의 내용과 방법을 규율해야 한다면, 교사는 수업권에 대한 제한을 수인해야 한다.

국가는 **교과서의 선정과 사용**에 관하여 결정하고, 교육의 중립성요청에 부합하면서 수업목표에 의하여 제시된 요건을 충족시키는 교과서만을 수업에서 사용하도록 감독하는 권한을 가진다. 지정된 교과서를 사용해야 하는 의무로 인하여 교사의 수업권이 제한을 받으나, 이는 교육의 중립성을 유지하고 교육내용에 있어서 객관성·통일성·균등성을 확보함으로써 궁극적으로 부모와 자녀의 기본권을 보호하기 위한 것으로서, 헌법적으로 정당화된다.

판 례 **'국정교과서제도 사건'**에서 "국민의 수학권의 보호라는 차원에서 … 교과용 도서에 대하여 이를 자유발행제로 하는 것이 온당하지 못한 경우가 있을 수 있고 그러한 경우 국가가 관여할 수밖에 없다는 것과 관여할 수 있는 헌법적 근거가 있다는 것을 인정한다면 그 인정의 범위 내에서 국가가 이를 검·인정제로 할 것인가 또는 국정제로 할 것인가에 대하여 재량권을 갖는다고 할 것이다."라고 판시함으로써, 공교육에 대한 책임과 의무를 완수하기 위하여 국가는 교과용도서의 발행에 어떠한 형태로든 관여할 수밖에 없으며, 교과용도서의 국정제는 학문의 자유나 언론·출판의 자유를 침해하는 제도가 아님은 물론이고 교육의 자주성·전문성에도 위반되지 않는다고 하여 국정교과서제도를 합헌으로 판단하였다(헌재 1992. 11. 12. 89헌마88, 판례집 4, 739, 765, 769).

Ⅳ. 교육의 자주성·전문성·정치적 중립성 및 대학의 자율성

1. 교육의 기본원칙의 헌법적 의미

헌법은 제31조 제4항에서 "교육의 자주성·전문성·정치적 중립성 및 대학의 자율성은 법률이 정하는 바에 의하여 보장된다."고 하여 교육의 자주성·전문성·정치적 중립성을 교육의 기본원칙으로 규정하고 있다. 교육의 기본원칙은 국가가 교육제도를 확립함에 있어서 기본방향을 제시하는 중요한 지침이자 입법자를 비롯한 국가기관을 구속하는 헌법적 요청이다.

교육의 기본원칙은 **학교교육이 제대로 기능하기 위한 최소한의 요건이다**. 나아가, 교육의 기본원칙은 **학부모와 자녀에 대하여 국가의 교육권한을 정당화하기 위한 필수적 요건**이자 국가의 교육권한과 교육관련자의 법적 지위(학부모의 자녀교육권, 자녀의 자유로운 인격발현권 및 교사의 교육의 자유)가 서로 조화를 이루기 위한 불가결의 조건이다.

교육의 기본원칙은 **초중등교육에 대한 헌법적 요청**이며, 헌법은 대학교육에 대해서는 '대학의 자율성'이라는 별도의 요청을 하고 있다. 대학교육의 영역에서는, '학문의 자유' 및 헌법 제31조 제4항의 '대학의 자율성'이 국가의 간섭과 영향력행사에 대하여 보호를 제공한다.

2. 교육의 자주성과 전문성

국가의 교육과제는 교육현장에서 수업을 담당하는 교사와 학교에 의하여 이행된다. 학교에서의 **수업이란, 구체적 상황에서 교사와 학생이 만나는 일회적이고 개별적인 과정**이다. 수업은 개별학교의 특수한 교육적 상황, 개별학생의 능력과 적성 및 개별교사의 능력과 인격적 요소에 부합하게 형성되어야 한다. 교육활동은 법적인 규율을 필요로 하면서도, 법규범이나 감독관청의 지시를 단지 집행하는 것 이상의 것이다. 교육활동은 교육의 내용과 방법에 있어서 어느 정도 **교사와 학교의 자율성과 자유공간을 요청**한다.

교육의 자주성과 전문성은 학교교육의 본질과 교사직무의 특수성으로부터 나오는 헌법적 요청이다. **교육의 자주성은 학교교육에 있어서 교사와 학교의 자율성과 독자적인 책임에 대한 요청**이다. **교육의 전문성**이란, 교사직무의 특성에 비추어 교사의 교육과제를 원활하게 수행할 수 있는 기본조건으로 **교육활동에서 요구되는 교원의 전문적 능력에 대한 요청**이다. 교육의 자주성과 전문성은 상호보완의 밀접한 관계에 있는 하나의 통일적 개념이다. 교육의 자주성과 전문성은 교육이란 전문분야의 자율성, 즉 '교육의 전문적 자율성'을 표현하고자 한 것이다.

판 례 **'사립학교교원에 대한 근로3권의 제한 사건'**에서 "교원직무의 전문성·자주성은 바로 교원이 일반근로자와는 달리 교육권이라고 하는 권리를 갖는 사람으로 파악되어야 할 실질적인 근거를 이루는 것으로서 이와 같은 교원의 직무를 수행함에 있어서는 그 직무의 자주성이 보장될 때에 비로소 창의적으로 학생을 지도할 수 있다 할 것이다."라고 판시함으로써 '교육의 자주성과 전문성'을 위와 같은 의미로 파악하고 있다(헌재 1991. 7. 22. 89헌가106, 판례집 3, 387, 415).

헌법재판소는 **사립학교에도 학교운영위원회의 설치를 의무화**하고 있는 법률조항이 교육의 자주성과 전문성에 위반되는지 여부가 문제된 사건에서, "심판대상조항에 의하여 사립학교 교육의 자주성·전문성이 어느 정도 제한된다고 하더라도, 그 입법취지 및 학교운영위원회의 구성과 성격 등을 볼 때, 사립학교 학교운영위원회제도가 현저히 자의적이거나 비합리적으로 사립학교의 공공성만을 강조하고 사립학교의 자율성을 제한한 것이라 보기 어렵다."고 판단하였다(헌재 2001. 11. 29. 2000헌마278).

3. 교육의 중립성

교육의 중립성은 일차적으로 **'외부와의 관계에서 교육의 정치적 중립성'의 요청**, 즉 교육이 국가 등 외부세력으로부터 부당한 정치적 간섭과 영향을 받아서는 안 되며, 교육이 정치영역에 개입해서도 안 된다고 하는 요청을 의미한다. 학계에서는 주로 이런 취지로 '교육의 정치적 중립성'을 이해하고 있다.

나아가, 교육의 중립성은 **'학교교육 자체가 정치적으로 중립적이어야 한다'는 요청**으로, 학교교육의 과제를 이행하는 **국가·학교·교원에 대한 헌법적 요청**이다(헌재 1991. 7. 22. 89헌가106, 판례집 3, 387, 418 참조). 교육의 중립성이란 무엇보다도 학교교육이 정치적·이념적 또는 세계관적 주입교육의 수단으로 사용되어서는 안 된다는 것을 의미한다. 헌법은 '정치적 중립성'만을 언급하고 있으나, 교육의 중립성이란 **교육의 정치적·문화적·종교적·세계관적 중립을 의미**하고, 이는 곧 관용과 다원주의의 요청이다.

국가에 의한 학교교육이 정치적·세계관적으로 편향적으로 실시된다면, 국가가 자녀의 인격발현에 부당한 영향력을 행사함으로써 자녀의 자유로운 인격발현을 저해하게 되고, 부모의 가치관에 따라 자녀의 교육을 자유롭게 형성할 학부모의 자녀교육권을 침해하게 된다. 바로 이러한 이유에서, 학생의 자유로운 인격발현권과 부모의 교육권은 학교교육의 정치적·세계관적 중립성을 요청한다. **교육의 중립성은 '국가의 교육과제'와 '자녀의 자유로운 인격발현권·부모의 자녀교육권'이 서로 조화를 이루고 국가의 학교교육을 정당화하기 위하여 필수적으로 요청되는 것**이다. 이러한 점에서 교육의 중립성은 헌법에서 이를 명시적으로 규정하고 있는지와 관계없이 이미 부모와 자녀의 기본권으로부터 도출되는 것이다.

V. 교육제도 · 교육재정 · 교원지위 법정주의

헌법은 제31조 제6항에서 "학교교육 및 평생교육을 포함한 교육제도와 그 운영, 교육재정 및 교원의 지위에 관한 기본적인 사항은 법률로 정한다."고 하여 소위 '교육제도 · 교육재정 · 교원지위 법정주의'를 규정하고 있다.

1. 교육제도 법정주의

가. 헌법적 의미

'교육제도와 그 운영에 관한 기본적인 사항은 법률로 정해야 한다'는 요청인 '교육제도 법정주의'는 소극적으로는 교육의 영역에서 본질적이고 중요한 결정은 입법자에게 유보되어야 한다는 **의회유보의 원칙**을 규정하면서(헌재 1991. 2. 11. 90헌가27, 판례집 3, 11, 27), 적극적으로는 헌법이 국가에게 학교제도를 통한 교육을 시행하도록 위임함으로써 **학교제도에 관한 포괄적인 국가의 규율권한**을 부여하고 있다.

나. 교육제도의 기본결정에 있어서 의회유보

교육의 영역은 본질적으로 **급부적 성격이 강한 국가행정의 영역**에 속하므로, 기본권침해를 전제로 하는 고전적 침해유보는 단지 제한적으로만 기능할 수밖에 없다. 바로 이러한 이유에서 헌법은 교육의 영역에서 의회유보의 요청을 명시적으로 언급하고 있는 것이다.

'교육제도와 그 운영에 관한 기본적인 사항'(가령, 의무교육의 실시여부 및 그 연한, 학교제도와 조직에 관한 기본결정, 성교육 등 교과목의 확정)은 기본권의 구체적인 침해가능성과 관계없이, 학부모와 학생의 기본권의 행사와 실현에 대하여 중대한 영향을 미칠 수 있다. 기본권의 행사와 실현에 있어서 중요하고 본질적인 것은 입법자에게 유보되어야 한다.

판 례 **중학교의무교육을 대통령령이 정하는 바에 의하여 순차적으로 실시**하도록 규정한 교육법규정의 위헌여부가 문제된 사건에서, 중학교의무교육의 실시여부와 그 연한은 교육제도의 수립에 있어서 본질적인 내용이므로 국회입법에 유보되어야 하나, 그 실시의 시기와 범위 등 구체적 실시에 필요한 세부사항에 관해서는 행정입법에 위임할 수 있으므로, 중학교 의무교육의 단계적 실시를 대통령령에 위임한 것은 포괄위임금지원칙에 위반되지 않는다고 합헌으로 판단하였다(헌재 1991. 2. 11. 90헌가27).

2. 교육재정 법정주의

교육이란 막대한 재원을 필요로 하는 급부행정에 속하는 것이므로, 재정적인 뒷받침이 없이는 교육이 이루어질 수 없다. **교육재정의 확보는 교육과제의 수행을 위한 실질적 전제조건**이다. 교육에 있어서 재정이 차지하는 중요한 의미 때문에, 헌법은 제31조 제6항에서 입법자가 스스로 교육재정에 관한 기본적 사항을 법률로 정하도록 규정하고 있다.

3. 교원지위 법정주의

가. 헌법적 의미

헌법 제31조 제6항은 **입법자에게 교원의 지위를 확정하고 보호하는 최소한의 입법을 해야 할**

의무를 부과하고 있다. 교원의 지위를 법적으로 확정하고 이를 통하여 법적으로 보호하는 것은, **교육의 자주성 · 전문성 · 정치적 중립성 및 대학의 자율성을 확보하기 위하여** 필요한 중요한 요소이다. 법적 지위에 있어서 아무런 보호를 받지 못하는 교원은 자주적이고 중립적으로 교육활동을 하는 데 한계가 있을 수밖에 없다. 따라서 입법자는 교원의 법적 지위가 자의적으로 침해되지 않도록 입법을 통하여 교원의 지위에 관한 기본적인 사항을 규율해야 한다.

판 례 **'대학교수 기간임용제 사건'**에서 "교원의 지위에 관한 '기본적인 사항'은 … 교원이 수행하는 교육이라는 직무상의 특성에 비추어 볼 때 교원이 자주적 · 전문적 · 중립적으로 학생을 교육하기 위하여 필요한 중요한 사항이라고 보아야 한다. 그러므로 입법자가 법률로 정하여야 할 기본적인 사항에는 무엇보다도 교원의 신분이 부당하게 박탈되지 않도록 하는 최소한의 보호의무에 관한 사항이 포함된다."고 판시하고 있다(헌재 2003. 2. 27. 2000헌바26, 판례집 15-1, 176, 188).

나. 대학교원의 기간임용제

'교원지위 법정주의'로부터 모든 대학교원에 대하여 정년보장제를 도입할 국가의 의무는 도출되지 않는다. 따라서 **입법자가 기간임용제를 허용하고 있는 것 자체**는 헌법 제31조 제6항에 위반되지 않는다. 그러나 입법자가 기간임용제를 허용하면서 재임용의 거부사유 · 재임용절차 · 재임용 거부에 대한 구제절차 등을 전혀 규정하지 않음으로써 **재임용여부를 전적으로 임용권자의 자의나 재량에 맡기고 있다면**, 국가의 교육행정이 기능하기 위하여 필요한 요소의 하나로서 교원지위의 법적 보호에 대한 요청이 공동화될 우려가 있다.

판 례 **'대학교수 기간임용제 사건'**에서 기간임용제를 허용하면서 제도의 남용과 자의적 운영을 방지할 수 있는 최소한의 법적 안전장치를 마련하지 않은 사립학교법조항은 대학교원의 신분의 부당한 박탈에 대한 최소한의 보호요청에 비추어 교원지위법정주의에 위반된다고 판시하였다(헌재 2003. 2. 27. 2000헌바26).

제 3 절 근로의 권리

Ⅰ. 헌법적 의미

헌법 제32조 제1항 제1문은 "모든 국민은 근로의 권리를 가진다."고 규정하고 있다. 근로의 권리는 헌법 제15조의 직업의 자유와의 연관관계에서 이해해야 한다(제3편 제4장 제4절 Ⅴ. 참조). 직업의 자유는 고용된 형태의 종속적 직업활동을 선택하고 행사할 자유인 **'근로자의 직장선택의 자유'**도 보장하지만, 근로자의 경우 직장선택의 자유보다 더욱 중요한 것은 **선택할 수 있는 직장의 제공**이다. 근로자가 고용될 직장이 없다면 직장을 선택하는 자유의 헌법적 보장은 무의미하다. 이러한 이유에서 헌법은 제32조에서 '근로의 권리'의 형태로 **국민 누구나 직장선택의 자유를 실제로 행사할 수 있도록 사회적 · 경제적 상황을 형성해야 할 국가의 의무**를 규정하고 있다. 근로의 권리는 직장선택의 자유의 실질적 보장을 위하여 국가의 적극적인 개입을 요구한다.

Ⅱ. 법적 성격

1. 국가목표조항으로서 사회적 기본권

가. 헌법 제32조 제1항에 규정된 '근로의 권리'는, 국가에게 직장을 제공해 줄 것을 요구할 수 있는 **개인의 주관적 권리가 아니다.** 국가가 이러한 내용의 주관적 권리를 보장하는 것은, 모든 생산재의 국유화 및 국가에 의한 경제계획을 전제로 국가가 경제의 모든 조건을 마음대로 처분할 수 있는 사회주의적 계획경제체제에서만 가능하다. 따라서 근로의 권리는 같은 조 제1항 제2문에서 스스로 구체화하고 있듯이, **'상대적 완전고용'을 실현하기 위하여 그에 필요한 사회적 · 경제적 조건을 형성해야 할 국가의 의무와 과제**를 뜻한다. 헌법 제32조 제1항은 **'상대적 완전고용'을 국가경제정책의 중요한 목표로 제시**하면서, 이러한 목표의 달성을 위하여 경제에 영향력을 행사할 수 있는 권한을 부여하고 있다.

학자에 따라서는 사회적 기본권으로서 근로의 권리의 법적 성격을 '구체적 권리설'에 따라 '권리'로 서술하고자 시도하나, '구체적 권리설'을 따르더라도 여기서 '권리'란, 국가에게 근로기회의 제공과 같은 특정 급부를 요구할 수 있는 적극적이고 현실적인 권리가 아니라, '근로의 권리의 실현여부를 헌법재판을 통하여 다툴 수 있는 권리'에 지나지 않는다.

나. 일부 학자는 근로의 권리가 개인의 근로행위에 대한 국가의 방해를 배제하는 **자유권적 성격**을 아울러 가지고 있는 것으로 이해하나, 근로자가 국가의 간섭이나 방해를 받지 아니하고 자신의 노동력을 제공하여 직장을 선택하고 선택한 근로활동을 사용자와 합의된 조건 하에서 수행할 자유(직장선택의 자유)는 **헌법 제15조의 직업의 자유에 의하여 보장**된다(헌재 2002. 11. 28. 2001헌바50, 판례집 14-2, 668, 678). 헌법 제15조에서 직업의 자유를 별도로 규정하고 있는 것에 비추어, 근로의 권리의 보장내용에 직업의 자유를 포함시키는 것은 불필요할 뿐만 아니라 헌법적으로 허용되지 않는다.

판 례 '한국보건산업진흥원의 고용승계배제 사건'에서, "근로의 권리는 사회적 기본권으로서, 국가에 대하여 직접 일자리(직장)를 청구하거나 일자리에 갈음하는 생계비의 지급청구권을 의미하는 것이 아니라, **고용증진을 위한 사회적 · 경제적 정책을 요구할 수 있는 권리**에 그친다. 근로의 권리를 직접적인 일자리 청구권으로 이해하는 것은 사회주의적 통제경제를 배제하고, 사기업 주체의 경제상의 자유를 보장하는 우리 헌법의 경제질서 내지 기본권규정들과 조화될 수 없다."고 판시하고 있다(헌재 2002. 11. 28. 2001헌바50, 판례집 14-2, 668, 678).

2. 인간존엄성을 보장하는 근로조건을 형성해야 할 국가의 의무로서 근로의 권리

가. 일할 자리에 관한 권리 및 일할 환경에 관한 권리로서 근로의 권리

헌법재판소는 "헌법상 근로의 권리는 '일할 자리에 관한 권리'만이 아니라 '일할 환경에 관한 권리'도 의미하는데, **'일할 환경에 관한 권리'**는 인간의 존엄성에 대한 침해를 방어하기 위한 권리로서 외국인에게도 인정되며, 건강한 작업환경, 일에 대한 정당한 보수, 합리적인 근로조건의 보장 등을 요구할 수 있는 권리 등을 포함한다."고 하여, 근로의 권리의 내용을 '일할 자리에 관한 권리'를 넘어서 '일할 환경에 관한 권리'도 포함하는 것으로 확대하고 있다(헌재 2016. 3. 31. 2014헌마367). 여기서 '일할 환경에 관한 권리'란, 인간존엄성을 보장하는 최소한의 근로조건을 요구할 수 있는 권리로 이해된다.

그러나 엄밀한 의미에서, **'일할 자리에 관한 권리'**는 근로의 권리의 구체적 내용을 '국가의 고용증진의무'로 객관적으로 서술하고 있는 헌법 제32조 제1항에 의하여 보장되는 것이고, **'일할 환경에 관한 권리'**는 헌법 제32조 제1항이 아니라 국가에게 '인간존엄성을 보장하는 근로조건의 기준을 정해야 할 의무'를 부과하고 있는 헌법 제32조 제3항으로부터 나오는 것이다. 따라서 근로조건을 규율하는 규정이 '인간존엄성을 보장하는 최소한의 근로조건'에 부합하는지 여부가 문제되는 경우에는 헌법 제32조 제1항이 아니라 헌법 제32조 제3항이 특별조항으로서 심사기준으로 적용되어야 한다.

헌법 제32조 제3항에서 나오는 '인간존엄성을 보장하는 최소한의 근로조건을 요구할 권리'가 **외국인 근로자**에게도 인정된다면, 이는 위 권리가 자유권적 성격을 가져서가 아니라, 헌법 제32조 제3항은 근로의 영역에서 인간의 존엄성을 실현하기 위한 규정이고 인간존엄성은 국민뿐만 아니라 모든 인간에게 귀속되어야 하는 '인권'에 속하기 때문이다. '일할 자리에 관한 권리'가 사회적 기본권인 것과 마찬가지로, '일할 환경에 관한 권리'도 단지 기본권의 주체성과 관련하여 인간존엄성과의 연관성을 가질 뿐, '인간의 존엄성에 부합하는 근로조건을 형성해야 할 국가의 의무와 과제'를 그 본질적 내용으로 하는 **사회적 기본권**이다.

판 례 헌법재판소는 '외국인산업기술연수생 사건'에서 **근로의 권리의 기본권 주체성**에 관하여 "근로의 권리의 구체적인 내용에 따라, 국가에 대하여 고용증진을 위한 사회적·경제적 정책을 요구할 수 있는 권리는 **사회권적 기본권**으로서 국민에 대하여만 인정해야 하지만, 자본주의 경제질서 하에서 근로자가 기본적 생활수단을 확보하고 인간의 존엄성을 보장받기 위하여 최소한의 근로조건을 요구할 수 있는 권리는 **자유권적 기본권**의 성격도 아울러 가지므로 이러한 경우 외국인 근로자에게도 그 기본권 주체성을 인정함이 타당하다."고 판시하고 있다(헌재 2007. 8. 30. 2004헌마670). 그러나 헌법재판소는 위 판시내용에서 '인간존엄성을 보장하는 최소한의 근로조건을 요구할 수 있는 권리'의 성격을 '자유권적 기본권'으로 잘못 판단하고 있다.

나. 인간존엄성을 보장하는 최소한의 근로조건을 요구할 권리의 헌법적 근거

'일할 환경에 관한 권리', 즉 '인간존엄성을 보장하는 최소한의 근로조건을 요구할 권리'는 헌법 제32조 제3항뿐만 아니라, **부차적으로** 근로자의 직업의 자유인 **'직장선택의 자유'**로부터도 나온다. 국가가 근로자의 인간존엄성을 보장하기 위한 근로조건의 기준을 정하는 것은 헌법 제32조 제3항의 위임을 이행하는 것이자 동시에 **사용자와의 근로관계에서 근로자의 직장선택의 자유를 보호해야 할 의무**를 이행하는 것이다. 따라서 '인간존엄성 보장을 위한 최소한의 근로조건을 요구할 권리'는 헌법 제32조 제3항에 근거하는 '사회적 기본권'이자 동시에 자유권인 직업의 자유로부터 파생하는 '국가의 기본권 보호의무'에 대응하는 **'근로자의 보호청구권'**, 즉 국가에게 보호의무의 이행을 요구할 수 있는 근로자의 권리이다.

다. 사용자의 해고로부터 근로자를 보호해야 할 입법자의 의무의 헌법적 근거

여기서 '사용자의 해고로부터 근로자를 보호해야 할 입법자의 의무'의 헌법적 근거가 무엇인지, 이러한 의무도 근로의 권리의 보장내용인지의 문제가 제기된다. 국가가 사용자에 대하여 해고를 제한할 수 있는지의 문제는 일차적으로 **국가의 보호의무, 즉 부당한 해고로부터 근로자를 보호해야 할 의무의 이행**에 관한 것이다. 국가에 의한 해고의 제한은 사회국가적 관점에서 근로자의 직업의 자유를 사용자에 의한 부당한 침해로부터 보호하기 위하여 사회입법의 일환으로서 이루어지는 것이고, 이러한 입법은 필연적으로 사용자의 기본권에 대한 제한을 수반하게 된다. 따라서 사용자에 의한 해고로부터 근로자를 보호해야 할 의무는 일차적으로 자유권인 '직업의 자유'로부터 파생하는 것으로 파악할 수 있다.

한편, '근로관계의 존속보호'나 '직장의 존속보장'을 근로조건에 포함되는 것으로 광의로 해석한다면, '국가에 의한 해고의 제한'도 사회적 기본권인 헌법 제32조 제3항의 **'일할 환경에 관한 권리'에 의하여 보호되는 것**으로 이해할 수도 있다. 헌법재판소는 일부 결정에서 '일할 환경에 관한 권리'에 '해고로부터 근로자의 보호'가 포함된다고 이해하여, '해고로부터 보호'를 **근로의 권리의 내용**으로 판시하고 있다(헌재 2017. 5. 25. 2016헌마640).

판 례 법률로 국가보조 연구기관을 통폐합하면서 근로관계의 당연승계 조항을 두지 아니한 것이 근로의 권리와 직업의 자유를 침해하는지 여부가 문제된 **'한국보건산업진흥원의 고용승계배제 사건'**에서, [**해고로부터 근로자를 보호하여야 할 국가의 의무의 헌법적 근거**에 관하여] "헌법 제15조의 **직업의 자유 또는 헌법 제32조의 근로의 권리**, 사회국가원리 등에 근거하여 실업방지 및 부당한 해고로부터 근로자를 보호하여야 할 국가의 의무를 도출할 수는 있을 것이나, 국가에 대한 직접적인 직장존속보장청구권을 근로자에게 인정할 헌법상의 근거는 없다."고 하면서, [**직업의 자유와 근로관계의 존속보호**에 관하여] "**직장선택의 자유**는 특히 근로자들에게 큰 의미를 지닌다. … 그러나 이 기본권은 원하는 직장을 제공하여 줄 것을 청구하거나 한번 선택한 직장의 존속보호를 청구할 권리를 보장하지 않으며, 또한 사용자의 처분에 따른 직장 상실로부터 직접 보호하여 줄 것을 청구할 수도 없다. 다만 국가는 **이 기본권에서 나오는 객관적 보호의무, 즉 사용자에 의한 해고로부터 근로자를 보호할 의무**를 질 뿐이다."라고 판시함으로써(헌재 2002. 11. 28. 2001헌바50, 판례집 14-2, 668, 678), 근로자에 대한 국가의 보호의무의 헌법적 근거가 일차적으로 직업의 자유에 있음을 밝히고 있다. 헌법재판소는 위 결정에서 '입법자는 근로관계의 존속보호를 위하여 최소한의 보호를 제공하여야 할 의무를 지고 있다'는 것을 확인한 다음, '국가가 근로관계의 존속을 보호하기 위한 최소한의 보호조치를 취하고 있는지 여부'를 과소보호금지원칙에 따라 판단하였는데, 이를 긍정함으로써 심판대상조항을 합헌으로 판단하였다.

한편, 헌법재판소는 "**근로의 권리에는 '일할 자리에 관한 권리'뿐만 아니라 '일할 환경에 관한 권리'도 포함**되고, 일할 환경에 관한 권리는 인간의 존엄성에 대한 침해를 막기 위한 권리로서 건강한 작업환경, 정당한 보수, 합리적 근로조건의 보장 등을 요구할 수 있는 권리까지를 포함하는 것인데(헌재 2007. 8. 30. 2004헌마670등 참조), **근로기준법에 마련된 해고예고제도**는, 근로관계 종료 전 사용자로 하여금 근로자에게 해고예고를 하도록 하는 것으로서 사용자와 근로자 사이의 근로조건을 이루는 중요한 사항에 해당하므로 근로의 권리의 내용에 포함된다(헌재 2015. 12. 23. 2014헌바3 참조)."고 판시함으로써(헌재 2017. 5. 25. 2016헌마640, 판례집 29-1, 234, 237), '해고로부터 근로자의 보호'를 근로의 권리의 내용으로 이해하고 있다.

Ⅲ. 구체적 보장내용

1. 국가의 고용증진의무

헌법 제32조 제1항 제2문 전단은 "국가는 사회적 · 경제적 방법으로 근로자의 고용의 증진 … 에 노력하여야 하며, … "라고 하여, 국가의 고용증진의무를 규정하고 있다. 주관적인 관점에서 표현된 **'근로의 권리'에 대응하는 객관적 의무가 바로 국가의 고용증진의무**이다. 헌법은 이로써 국가에 대하여 '높은 고용수준' 또는 **'상대적 완전고용'을 실현해야 할 의무**를 부과하고 있다. 국가의 고용증진의무는 단지 '국가의 영역'에서 창출할 수 있는 일자리를 극대화하라는 소극적인 의무가 아니라 상대적 완전고용이라는 국민경제적 과제이므로, 국가에 의한 고용확대를 의도하는 특정 입법이 아니라 국가경제정책 전반에 의하여 이행된다.

2. 적정임금보장의 노력의무 및 최저임금제시행의 의무

헌법 제32조 제1항 제2문은 "국가는 … 적정임금의 보장에 노력하여야 하며, 법률이 정하는 바에 의하여 최저임금제를 시행하여야 한다."고 규정하고 있다. **임금에 관한 결정은 근로3권의 보장에 의하여 노사단체의 사적 자치에 맡겨져 있다**. 이러한 헌법적 상황에서 헌법이 '적정임금의 보장에 노력하여야 한다'고 언급한다면, 이는 노사단체에게 보장된 임금에 관한 결정권을 다시 부분적으로 박탈하여 국가에게 부여하는 규정이 아니라, 노사정위원회 등의 수단을 통하여 적정한 임금이 보장될 수 있도록 노사 간의 사적 자치에 간접적으로 영향력을 행사하고 무엇보다도 최저임금제의 시행을 통하여 국가가 최소한의 임금을 보장해야 할 의무를 규정하고 있는 것이다. 따라서 적정임금의 보장은 **단지 국가에 대한 선언적인 호소**이며, 결국 적정임금의 보장에 관한 국가의 노력은 **최저임금제의 시행에서 구체화**되고 표현된다.

한편, **무노동 · 무임금의 원칙**은, 근로자의 임금이 적정한지의 관점에서 파악되어야 할 문제가 아니라, 파업기간 중의 임금지급에 관한 문제로서 **쟁의행위에 있어서 노사 간의 대등성의 원칙에서 파생하는 요청**이라는 점에서, 근로의 권리의 내용이라기보다는 근로3권 중에서 단체행동권에 관한 문제이다.

3. 인간존엄성을 보장하는 근로조건의 기준을 정할 의무

헌법 제32조 제3항은 "근로조건의 기준은 인간의 존엄성을 보장하도록 법률로 정한다."고 규정하고 있다. 입법자는 무엇보다도 **'근로기준법'**의 제정을 통하여 이와 같은 헌법위임을 이행하였다. 이에 따라, 사용자와 근로자는 근로기준법이 정하는 기준에 미달하는 근로조건을 합의할 수 없으며, 근로기준법의 규정에 위반되는 내용의 합의는 무효이다.

한편, 헌법은 **근로3권을 보장함으로써** 국가의 간섭과 영향을 받음이 없이 노사 간의 단체협약을 통하여 **근로조건에 관하여 자율적으로 결정할 권리를 노사단체에게 부여**하고 있다. 그러나 정의로운 경제질서와 노동생활의 합리적인 규율을 실현해야 할 **입법자의 사회국가적 책임**은 노사의 협약자율권에 의하여 면제되지 않는다. 물론, 근로3권의 보장에 의하여 근로조건에 관한 일차적이고 우선적인 규율권한은 노사단체에 있으나, 국가는 사회국가적 관점에서 **보충적인 규율권한**, 즉 **근로자의 인간존엄성보장을 위한 '근로조건의 최저한'을 규율하는 권한**을 가진다.

입법자가 인간존엄성을 보장하기 위하여 어떠한 수준의 근로조건을 규정해야 하는지에 관하여는 **광범위한 형성권**을 가지고 있다. 입법자는 헌법 제32조 제3항에 의하여 인간존엄성에 부합하는 근로조건의 기준을 정해야 할 의무를 지지만, 헌법으로부터 입법자가 취해야 할 구체적인 조치나 정책의 내용이 나오는 것은 아니다. 따라서 근로자는 헌법 제32조 제3항에 근거하여 입법자로부터 구체적인 특정 근로정책의 실현이나 특정한 기준의 근로조건의 확정을 요구할 수 없다. 입법자가 입법재량의 한계를 명백히 일탈하여 인간의 존엄을 보장하기 위한 최소한의 근로조건을 마련하지 않은 경우에 비로소 **근로의 권리에 대한 침해가 인정**될 수 있다.

판 례 헌법재판소는 **'근로의 권리' 침해 여부를 판단하는 심사기준**에 관하여 "연차유급휴가권의 내용이 현저히 불합리하여 헌법상 용인될 수 있는 재량의 범위를 명백히 일탈한 경우에 한하여 헌법에 위반된다고 할 수 있다."(헌재 2008. 9. 25. 2005헌마586, 판례집 20-2상, 556, 563) 또는 "구체적 입법이 헌법상 용인될 수 있는 재량의 범위를 명백히 일탈하여 근로의 권리에 관한 국가의 최소한의 의무를 불이행한 경우가 아닌 한, 헌법위반 문제가 발생한다고 보기 어렵다. 즉, … 입법 내용이 인간의 존엄을 유지하기 위한 최소한 합리성을 담보하고 있으면 위헌이라고 볼 수 없다."(헌재 2016. 3. 31. 2014헌마367, 판례집 28-1상, 471, 484)고 판시하고 있다.

'주 52시간 상한제'의 위헌여부에 관하여 "주 52시간 상한제조항과 같은 근로시간법제는 … 그 위헌성 여부를 심사함에 있어서는 **완화된 심사기준**이 적용된다."고 확인한 다음, "입법자는 … 근로자의 휴식을 보장하는 것이 무엇보다 중요하다는 인식을 정착시켜 장시간 노동이 이루어졌던 왜곡된 노동 관행을 개선해야 한다고 판단했다. 따라서 이러한 **입법자의 판단이 합리성을 결여했다고 볼 수 없으므로** 주 52시간 상한제조항은 과잉금지원칙에 반하여 상시 5명 이상 근로자를 사용하는 사업주인 청구인의 계약의 자유와 직업의 자유, 근로자인 청구인들의 계약의 자유를 침해하지 않는다."고 판단하였다(헌재 2024. 2. 28. 2019헌마500).

4. 여성과 연소자의 근로에 대한 보호의무

헌법 제32조 제4항은 "여자의 근로는 특별한 보호를 받으며, 고용·임금 및 근로조건에 있어서 부당한 차별을 받지 아니한다."고 하면서, **제5항**에서 "연소자의 근로는 특별한 보호를 받는다."고 하여 사회적·경제적 약자인 여자와 연소자의 근로에 대한 보호필요성을 특별히 강조하고 있다.

5. 국가유공자 등에 대한 근로기회를 우선적으로 제공해야 할 의무

헌법 제32조 제6항은 "국가유공자·상이군경 및 전몰군경의 유가족은 법률이 정하는 바에 의하여 우선적으로 근로의 기회를 부여받는다."고 하여 국가유공자 등의 근로기회를 우선적으로 보장하고 있다(제3편 제3장 평등권 Ⅶ. 참조). 이는 국가와 민족을 위하여 헌신한 공로에 대한 국가적 보상조치이다. 헌법재판소는 종래 판례를 변경하여 헌법 제32조 제6항의 대상자의 범위를 조문의 문리해석대로 "국가유공자", "상이군경", "전몰군경의 유가족"으로 엄격하게 해석함으로써, 근로의 기회를 가지고 경쟁하는 다른 국민의 기본권과 조화를 이루고자 시도한 바 있다(헌재 2006. 2. 23. 2004헌마675등).

제 4 절 근로3권

Ⅰ. 헌법적 의미

헌법 제33조 제1항은 "근로자는 근로조건의 향상을 위하여 자주적인 단결권·단체교섭권 및 단체행동권을 가진다."라고 규정하여 근로3권을 보장하고 있다. 근로3권 중에서 핵심적인 자유인 **'근로자의 단결권'은 '근로자의 결사의 자유'**로서, 헌법 제21조의 **결사의 자유에 대한 특별규정**이다. 그럼에도 헌법은 근로3권을 결사의 자유와 완전히 분리하여, 기본권에 관한 장에서 사회권의 부분에 별도의 조항으로 규정함으로써 근로3권의 법적 성격이 무엇인지의 문제가 제기된다.

근로3권은 직업의 자유, 재산권의 보장과 함께 헌법상의 경제질서에 있어서 중요한 의미를 갖는 기본권이다. **근로3권에 의하여 임금과 근로조건에 관한 원칙적인 사적 자치가 노사단체에게 보장**되었다(**협약자율권의 헌법적 보장**). 이로써 국가가 임금과 근로조건에 관하여 영향력을 행사하는 것은 원칙적으로 금지된다. 노사단체는 임금에 관한 결정권한을 가지고 국가경제정책을 국가와 함께 형성한다.

오늘날 민주국가에서 입법자는 그 규율대상에 있어서 원칙적으로 어떠한 제한도 받지 않는다. 그러나 헌법은 제33조에서 근로자의 근로3권을 기본권으로 보장함으로써 **노동생활영역에서는 입법자의 규율권한을 원칙적으로 포기**한다는 것을 밝히고 있다. 헌법은 노사단체 간의 합의에 의하여 임금을 비롯한 근로조건을 결정하는 자율적 규율절차가 근로에 대한 정당한 대가를 발견하는 합목적적 절차임을 신뢰하고 있다. 협약당사자 간의 사적 자치에 의하여 근로조건을 규율하는 절차 외에 보다 실체적 타당성을 보장하는 합리적인 규율절차나 어떠한 대안적 절차도 근로조건의 영역에서는 생각할 수 없기 때문이다.

Ⅱ. 법적 성격

1. 자유권

역사적으로 근로3권의 보장은 근로자단체의 결성이나 활동에 있어서 국가나 사용자에 의한 방해를 금지하고자 하는 것에서 출발하였다. 오늘날에도 근로3권의 주된 기능은 자유권적 기능에 있다. 근로3권은 그 본질상 일차적으로 **국가공권력에 대하여 부당한 침해를 하지 말 것을 요구하는 자유권적 기본권**이다. 종래 근로3권과 관련하여 헌법재판소의 심판대상이 된 사건들은 예외없이 노사의 협약자율권에 대한 침해를 이유로 제기된 것으로서, 일차적으로 자유권에 관한 문제이다.

2. 사회적 보호기능을 가진 자유권

자유권이 국가와 개인 사이의 양자관계를 규율하는 반면에, **근로3권은 국가-근로자-사용자의 3자 관계를 규율대상**으로 하므로, 국가와 개인 간의 대립관계로는 완전히 파악될 수 없다. 근로3

권은 국가공권력에 대하여 근로자 권리의 방어를 일차적인 목표로 하지만, 그보다 더욱 중요한 헌법적 의도는, **근로자단체라는 사회적 반대세력의 창출을 가능하게 함으로써 노동생활의 형성에 있어서 사회적 세력균형을 이루어 근로조건에 관한 노사단체의 사적 자치를 보장**하려는 데 있다. 사회적 약자인 개별근로자는 근로자단체로의 결성을 통하여 집단으로 사용자에 대항함으로써만 비로소 사용자와 대등한 세력을 이루어 근로조건의 형성에 영향을 미칠 수 있는 기회를 가지게 된다. 이러한 의미에서 근로3권은 '사회적 보호기능을 담당하는 자유권' 또는 **'사회권적 성격을 띤 자유권'**이라 할 수 있다(헌재 1998. 2. 27. 94헌바13).

근로3권은 **모든 근로자와 모든 직업**에 대하여 보장된다. 외국인도 근로3권의 주체가 된다. 내국의 사법인 및 내국의 권리능력 없는 사단도 단결권의 주체이다. 헌법은 근로3권의 경우에도 직접적인 제3자효를 명문으로 규정하고 있지 않지만, 학계의 지배적인 견해는 근로3권에 대해서는 **예외적으로 직접적인 대사인적 효력**을 인정하고 있다.

Ⅲ. 단결권의 보호범위

1. 자유권으로서 단결권

자유권으로서의 단결권은 결사의 자유에 대한 특별규정으로서, **결사의 자유와 동일한 구조 및 보장내용**을 가지고 있다. 따라서 근로자의 단결권은 결사의 자유와 마찬가지로 **'근로자 개인의 권리'와 '결성된 단체의 권리'를 포괄하는 이중적 성격의 자유권**이다. 헌법이 개인의 단결권만을 보장하고 결성된 단체의 권리를 보장하지 않는다면, 즉 국가가 임의로 단체의 존속과 활동을 억압할 수 있다면, 개인의 단결권보장은 무의미하기 때문이다.

근로자의 단결권이 '단체의 권리'를 포괄하는 이중적 성격의 자유권이므로, 단체의 권리의 핵심적인 내용인 **'단체교섭권과 단체행동권'도 단결권의 보호범위**에 속한다. 따라서 헌법이 단체교섭권과 단체행동권을 명시적으로 규정하지 않는다 하더라도, 단체교섭권과 단체행동권은 단결권의 보장내용으로서 근로자의 단결권으로부터 파생하는 것이다.

판 례 "헌법 제33조 제1항은 **근로자 개인의 단결권만이 아니라 단체 자체의 단결권도 보장**하고 있는 것으로 보아야 한다. 즉, 헌법 제33조 제1항의 단결권은 조직된 단체의 권리이기도 하므로, 동 규정은 근로자단체의 존속, 유지, 발전, 확장 등을 국가공권력으로부터 보장하고(**단체존속의 권리**), 근로자단체의 조직 및 의사형성절차에 관하여 규약의 형태로 자주적으로 결정하는 것을 보장하며(**단체자치의 권리**), 근로조건의 유지와 향상을 위한 근로자단체의 활동, 즉 단체교섭, 단체협약 체결, 단체행동, 단체의 선전 및 단체가입의 권유 등을 보호한다(**단체활동의 권리**)고 보아야 한다."고 판시함으로써, 단결권의 이중적 성격을 확인하고 있다(헌재 1999. 11. 25. 95헌마154, 판례집 11-2, 555, 573).

가. 근로자 개인의 권리

근로자 개인의 권리로서 단결권은, 근로자가 국가의 간섭이나 방해를 받지 아니하고 자유롭게 근로자단체를 결성하거나 기존의 근로자단체에 가입하고 단체의 활동에 자유롭게 참여할 권리를 보장한다. 자유권의 본질에 속하는 것이 자유의 행사여부에 관하여 결정할 수 있다는 것이므로,

근로자의 단결권은 적극적인 단결권뿐만 아니라 노동조합에 가입하지 아니 할 권리나 노동조합을 탈퇴할 권리인 **소극적 단결권도 보장**한다.

판 례 한편, 노동조합의 조직유지 · 강화를 위하여 당해 사업장에 종사하는 근로자의 3분의 2 이상을 대표하는 노동조합의 경우 단체협약을 매개로 한 **조직강제(이른바 유니언 샵 협정의 체결)를 용인**하고 있는 '노동조합 및 노동관계조정법'조항이 근로자의 단결권을 침해하는지 여부가 문제된 **'Union Shop 협정 사건'**에서, 헌법재판소는 소극적 단결권의 헌법적 근거를 근로3권이 아니라 행복추구권이나 결사의 자유에서 찾고 있으나(헌재 2005. 11. 24. 2002헌바95 등, 판례집 17-2, 392, 401), 이는 법리적으로 타당하지 않다.

나아가, "이 경우 근로자의 단결하지 아니할 자유와 노동조합의 적극적 단결권(조직강제권)이 충돌하게 되나, 근로자에게 보장되는 적극적 단결권이 단결하지 아니할 자유보다 특별한 의미를 갖고 있고, 노동조합의 조직강제권도 이른바 자유권을 수정하는 의미의 생존권(사회권)적 성격을 함께 가지는 만큼 근로자 개인의 자유권에 비하여 보다 특별한 가치로 보장되는 점 등을 고려하면, 노동조합의 적극적 단결권은 근로자 개인의 단결하지 않을 자유보다 중시된다고 할 것이고, 또 노동조합에게 위와 같은 조직강제권을 부여한다고 하여 이를 근로자의 단결하지 아니할 자유의 본질적인 내용을 침해하는 것으로 단정할 수는 없다."고 판시하고 있다(판례집 17-2, 392). 헌법재판소는 위 결정에서 **기본권의 충돌**을 확인하면서 **적극적 단결권이 헌법적으로 소극적 단결권보다 우위에 있다는 사고에서 출발**하고 있으나, 헌법질서 내에서 적극적 단결권과 소극적 단결권은 원칙적으로 동등한 지위를 차지한다. 따라서 헌법재판소는 노사 간의 사적 자치를 위하여 조직강제가 불가피하게 요청되는지, 즉 노사 간의 세력균형이 이루어지기 위하여 근로자의 소극적 단결권에 대한 제한이 불가피한지의 관점에서 **과잉금지원칙**을 적용하여 위헌여부를 판단했어야 한다(제3편 제1장 제9절 Ⅱ. 2. 참조).

나. 근로자단체의 권리

(1) 단체존속 및 단체자치의 권리

단체존속의 권리는 근로자단체의 존속, 유지, 발전, 확장 등을 국가의 간섭과 침해로부터 보호한다. **단체자치의 권리**는 근로자단체의 조직 및 의사형성절차에 관하여 규약의 형태로써 자주적으로 결정하는 것을 보장한다.

(2) 단체활동의 권리

(가) 내용

단체교섭권 및 단체협약체결권은 국가의 간섭을 받지 아니하고 노사 간에 자율적으로 단체교섭을 통하여 단체협약에 이르는 자유를 말하는 것으로, 단체활동의 권리 중에서 가장 핵심적인 권리에 속한다. 헌법은 단체협약체결권을 명시적으로 언급하고 있지 않지만, 근로3권의 궁극적 목적은 단체협약의 체결에 있다. 단결권 · 단체교섭권 · 단체행동권은 모두 단체협약체결을 위한 수단이다.

단체행동권이란, 노동쟁의가 발생한 경우 쟁의행위를 할 수 있는 권리를 말한다. 노동쟁의란 단체협약 당사자 간의 견해의 불일치로 인하여 자주적 교섭에 의한 합의의 여지가 없는 분쟁상태를 말하며, 쟁의행위는 노사의 주도 하에서 자신의 주장을 관철하기 위하여 업무의 정상적인 운영을 저해하는 행위를 의미한다. 대표적인 쟁의행위는 **근로자단체의 파업**과 사용자의 직장폐쇄이다. 쟁의행위의 목표는 단체협약의 체결을 강제하기 위한 것이다. **사용자의 직장폐쇄**는 단체교섭에서

협약당사자간의 세력균형과 실질적인 대등성을 확보하기 위한 필수적 수단이므로, 파업뿐만 아니라 직장폐쇄도 헌법적으로 보장된다. **단체의 선전과 홍보**를 통하여 새로운 조합원을 모집할 자유는 근로자 개인의 권리일 뿐만 아니라 동시에 근로자단체의 활동의 자유이기도 하다.

(나) 근로3권의 헌법적 목적(근로조건의 향상)에 의한 보호범위의 확정

자유권은 일반적으로 '인간의 존엄성 실현'이란 목적 외에는 다른 아무런 목적을 가지고 있지 않으나, 헌법은 **근로3권이 추구하는 헌법적 목적으로 "근로조건의 향상"**을 명시적으로 규정하고 있다. 따라서 근로자단체의 모든 활동이 아니라 **근로자단체의 활동이 '근로조건의 향상'이라는 헌법적 목적을 추구하는 한**, 근로3권에 의한 보호를 받는다. 여기서 '근로조건의 향상'이란 정치적 또는 경제정책적 목표가 아니라 임금과 근로조건의 형성 등 근로영역과 관련된 목표를 말한다. **노동조합의 선거운동**은 노동조합 선거의 경우에는 근로3권에 의하여 보호되나, 가령 국회의원선거와 같은 공직선거에서 선거운동을 하는 것은 단체목적에 기여하지 않는 활동으로서 근로3권의 보호범위에 속하지 않는다. 이러한 정치적 활동은 모든 개인과 단체를 똑같이 보호하는 기본권(선거운동의 자유)의 보호를 받는다.

마찬가지로, **단체행동권도 '근로조건의 향상'이란 단결목적의 실현에 기여하는 범위 내에서만** 보호를 받는다. 파업의 목적은 단체협약의 체결을 강제하고자 하는 것이므로, 이러한 목적으로부터 파업의 대상(투쟁목표)은 단체협약에 의하여 규율될 수 있는 대상이어야 하고, 파업의 주체는 노동조합이며 파업의 상대방은 사용자이어야 한다는 요청이 나온다. 국가정책의 변경을 목표로 하는 **'정치적 파업'**(가령, 이라크 파병에 반대하는 파업)은 사용자에 대한 것이 아니라 국회나 정부와 같은 국가기관에 대한 것이며, 파업의 투쟁목표가 단체협약의 대상이 아니기 때문에, 근로3권에 의하여 보호되지 않는다. 나아가, 대의민주제는 대표자의 자유위임을 그 본질로 하는 것이며, 자유위임은 대의기관에 대한 모든 강제와 부당한 압력행사를 금지한다는 점에서, 정치적 파업은 대의민주제의 본질에도 반한다.

판 례 "쟁의행위에 관하여 관계당사자를 조종·선동·방해하거나 기타 이에 영향을 미칠 목적으로 개입하는 행위를 하여서는 아니 된다."고 하여 **노동쟁의에 대한 제3자 개입금지**를 규정한 법률조항의 위헌여부가 문제된 사건에서, 헌법재판소는 "**쟁의행위는 주로 단체협약의 대상이 될 수 있는 사항을 목적으로 하는 경우에만 허용되는 것이고, 단체협약의 당사자가 될 수 있는 자에 의하여서만 이루어져야** 하는 것이다. 이 점에서 쟁의행위에는 원칙적으로 제3자가 개입하여서는 아니 된다는 성질상의 한계가 있게 되는 것이다."라고 판시하여 쟁의행위의 투쟁목표와 주체에 의한 한계가 제3자 개입금지를 정당화한다고 판시하면서, "제삼자개입금지는 헌법이 인정하는 노동삼권의 범위를 넘어 **분쟁해결의 자주성을 침해하는 행위를 규제하기 위한 입법**일 뿐, 노동자가 단순한 상담이나 조력을 받는 것을 금지하고자 하는 것은 아니므로, 노동자 등의 위 기본권을 제한하는 것이라고는 볼 수 없다."고 하여 심판대상조항을 합헌으로 판단하였다(헌재 1990. 1. 15. 89헌가103, 판례집 2, 4, 14-16).

2. 사회권으로서 단결권

가. 사회국가원리의 구체화된 헌법적 표현

헌법 제33조 제1항은 **근로3권의 주체로서 단지 근로자**만을 언급하고 있다. 반면에, 사용자의

단결권은 일반조항인 결사의 자유에 의하여 보호를 받는다(헌재 2006. 12. 28. 2004헌바67). 헌법이 근로3권을 근로자에게만 귀속시키고 있는 것은, 단결권이 근로자와 사용자에 대하여 가지는 의미가 근본적으로 다르다는 것을 표현하고 있다. 개인으로서의 근로자는 근로조건의 향상을 위하여 단체결성을 통한 근로자 이익의 주장과 관철에 의존하고 있지만, 사용자에 있어서 단결권은 단지 그에게 이미 주어져 있는 가능성을 약간 개선하는 효과만을 가져온다.

이러한 관점에서 근로3권은 **사회적 약자인 근로자를 보호하는 성격**을 가지고 있다. 근로3권은 재산권보장과 직업의 자유에 기초하는 **사용자의 경제적 세력우위에 대한 '대립적 기본권'**으로서 헌법에 삽입되었다. 근로3권은 **노동생활영역에서 사회국가원칙이 구체화된 규범적 표현**이다. 이러한 이유에서 우리 헌법은 근로3권을 자유권이 아닌 사회적 기본권의 부분에 자리 잡게 하였다.

나. 사회권적 성격의 구체적 의미

근로3권의 사회권적 성격은 **근로3권이라는 자유권을 실제로 행사할 수 있는 실질적 조건인 법적 제도와 법규범을 형성해야 할 국가의 의무**에 있다. 기본권적인 자유를 실제로 행사할 수 있는 이러한 조건이 충족되지 않고서는 근로3권은 실질적으로 보장될 수 없다. 예컨대, 근로자가 단결함으로써 사용자와 대등한 지위를 확보하였으나 사용자가 단체교섭에 응하지 않는다면, 헌법상 단결권의 보장은 무의미하다. 근로3권의 사회권적 요소는 국가에게 일정 급부를 요구할 수 있는 주관적 권리가 아니라, 근로자단체와 사용자간의 **근로조건에 관한 사적 자치가 실제로 이루어질 수 있도록 법적 조건을 형성해야 할 의무**, 즉 노동조합관련법의 제정을 통하여 헌법상의 근로3권을 실현할 의무를 뜻한다.

판 례 **근로3권의 사회권적 성격의 의미**에 관하여 "근로3권의 성격은 국가가 단지 근로자의 단결권을 존중하고 부당한 침해를 하지 아니함으로써 보장되는 자유권적 측면인 국가로부터의 자유뿐이 아니라, **근로자의 권리행사의 실질적 조건을 형성하고 유지해야 할 국가의 적극적인 활동**을 필요로 한다. 이는 곧, 입법자가 근로자단체의 조직, 단체교섭, 단체협약, 노동쟁의 등에 관한 노동조합관련법의 제정을 통하여 노사 간의 세력균형이 이루어지고 근로자의 **근로3권이 실질적으로 기능할 수 있도록 하기 위하여 필요한 법적 제도와 법규범을 마련하여야 할 의무**가 있다는 것을 의미한다."고 판시하고 있다(헌재 1998. 2. 27. 94헌바13).

노동조합의 대표자와의 단체교섭을 정당한 이유 없이 거부하는 행위를 부당노동행위로서 금지하고 이를 처벌하는 법률조항이 사용자에게 노사협의를 강제함으로써 사용자의 기본권을 침해하는지 여부가 문제된 **'사용자의 단체교섭거부 사건'**에서, 헌법재판소는 "이 사건 법률 조항은 **헌법상 보장된 단체교섭권을 실효성 있게 하기 위한 것**으로서 정당한 입법목적을 가지고 있다."고 판시하여 사용자의 기본권을 과잉으로 침해하지 않는다고 판단하였다(헌재 2002. 12. 18. 2002헌바12).

Ⅳ. 단체협약제도의 헌법적 보장

1. 단결권의 목적을 실현하기 위한 수단으로서 단체협약제도

근로3권은 다른 자유권과는 달리 "근로조건의 향상"이라는 구체적인 사회적 목적을 추구하는 자유권이다. 근로3권의 특징은 근로자의 단결권과 함께 **"근로조건의 향상"이라는 헌법적 목적을**

달성하기 위한 수단인 제도와 절차가 동시에 헌법적으로 보장된다는 데 있다. 단체협약제도는 노사 간의 사적 자치가 이루어지기 위한 불가결한 제도이다. 헌법 제33조 제1항은 단결권과 함께 단체협약제도의 본질적 구성부분인 단체교섭권과 단체행동권을 명시적으로 보장함으로써 동시에 단결권의 목적을 실현하기 위한 절차인 **단체협약제도를 헌법적 차원에서 보장**하고 있다.

2. 입법형성권을 구속하는 지침

단체협약제도의 헌법적 보장은 입법자에게 **단체협약제도가 기능하도록 법적인 기본구조를 입법으로 보장해야 할 의무를 부과**한다. 나아가, 단체협약제도의 헌법적 보장은 입법자에 대하여 2가지 내용적 지침을 제시한다. '근로자단체의 자주성과 독립성' 및 '협약당사자의 대등성과 국가의 중립의무'는 **단체협약제도가 기능하기 위한 최소한의 조건이자 노사 간의 협약자치가 기능하기 위한 불가결한 조건**으로, 헌법적으로 보장되는 단체협약제도의 핵심적 내용이다.

가. 근로자단체의 자주성과 독립성

단체협약제도가 기능하기 위해서는, **근로자단체와 사용자가 자주적이고 독립적인 협약당사자로서 서로 대치해야** 한다. 입법자는 협약당사자로서 기능할 수 있는 근로자단체만이 단체협약체결권을 가지도록 규율해야 한다. 근로자단체의 목적이 사용자와 대립적 관계에서 조합원인 근로자의 이익을 대변하고 관철하는 데 있기 때문에, 근로자단체의 이러한 목적을 달성하기 위해서는 단체협약의 상대방인 **사용자의 참여와 영향력을 배제함으로써 근로자단체의 자주성과 독립성이 보장되어야** 한다는 헌법적 요청이 나온다.

따라서 그 구성원에 있어서 순수하게 근로자로 결성된 단체만이 단체협약체결권을 가질 수 있으며, 근로자와 사용자가 혼합된 단체는 협약당사자로서 기능할 수 없다. 또한, 근로자단체가 사용자에 재정적으로 의존하고 있다면, 이러한 단체는 '단체협약의 상대방으로부터의 자주성과 독립성' 요건을 충족시키지 못한다.[5)]

판 례 노조전임자에 대한 급여지급 및 이를 위한 쟁의행위를 금지하는 법률조항이 노사 간의 사적 자치를 침해하는지 여부가 문제된 **'노조전임자 급여지급 금지 사건'**에서, 헌법재판소는 "이 사건 노조법 조항들은 노조전임자에 대한 비용을 원칙적으로 노동조합 스스로 부담하도록 함으로써 **노동조합의 자주성 및 독립성 확보에 기여**하는 한편, 사업장 내에서의 노동조합 활동을 일정 수준 계속 보호·지원하기 위한 것이다. … 따라서 이 사건 노조법 조항들이 과잉금지원칙에 위반되어 노사자치의 원칙 또는 청구인들의 단체교섭권 및 단체행동권을 침해한다고 볼 수 없다."고 판시하였다(헌재 2014. 5. 29. 2010헌마606).

한편, 사용자가 노동조합의 운영비를 원조하는 행위를 부당노동행위로 금지하는 노조법상의 **운영비원조금지조항**의 위헌여부가 문제된 사건에서, 헌법재판소는 사용자로부터 **노동조합의 자주성을 확보**하고자 하는 입법목적은 정당하나, 운영비원조금지조항은 단서에서 정한 두 가지 예외를 제외한 일체의 운영

---

5) **2021년 노조법 개정 이전**에는 노동조합의 '상대방으로부터의 독립성'을 보장하기 위하여 **노조전임자에 대한 사용자의 임금지급을 금지**하고(제24조 제2항) 사용자가 전임자에게 급여를 지급하거나 노조의 운영비를 원조하는 행위를 부당노동행위로 규정하였다(제81조 제1항 제4호). 그러나 **2021년 개정 노조법**은 노조전임자에 대한 임금지급 금지규정 및 사용자가 노조전임자에 대한 임금지급시 이를 형사처벌 하는 규정을 삭제하면서, 대신 노조업무에 종사하는 자('근로시간면제자')에 대한 **사용자의 임금지급을 원칙적으로 허용**하고 있다(제24조 제1항). 그러나 노조전임자에 대한 사용자의 임금지급을 이와 같이 광범위하게 허용하는 노조법규정이 근로3권의 헌법적 요청, 즉 협약당사자의 자주성과 독립성의 요청에 부합하는지에 대하여 의문이 제기된다.

비 원조 행위를 금지함으로써 **노동조합의 자주성을 저해할 위험이 없는 경우까지 금지**하고 있으므로, 그 입법목적 달성을 위해서 필요한 범위를 넘어서 노동조합의 단체교섭권을 과도하게 제한하고 있다고 판시하고 있는데(헌재 2018. 5. 31. 2012헌바90), 이러한 판시내용은 운영비원조의 일환인 노조전임자 급여지급을 금지하는 조항에 대한 합헌결정의 판시내용과 모순되는 것으로 일관성이 없다.

사용자가 노조전임자에게 급여를 지원하는 행위를 부당노동행위로 규정하고 이를 형사처벌하는 노조법조항은 사용자의 기업의 자유를 과잉으로 침해하지 않는다고 판단하였다(헌재 2022. 5. 26. 2019헌바341).

나. 협약당사자의 대등성과 국가의 중립의무

헌법은 근로3권을 보장함으로써 근로조건의 형성을 원칙적으로 근로자단체와 사용자의 사적 자치에 위임하고 있다. **노사 간의 사적 자치**는 협약당사자간의 세력균형과 대등한 협상의 기회를 그 전제조건으로 한다. 그러므로 단체협약제도가 기능하기 위해서는, 노사에 의한 사적 자치의 기본조건으로 협약당사자의 대등성과 국가의 중립의무라는 헌법적 요청이 나온다.

협약당사자의 대등성은 헌법적으로 보장된 **노사 간의 사적 자치의 조건이자 단체교섭의 결과로서 체결된 단체협약의 실체적 타당성을 보장하는 근거**이다. 협약당사자간의 세력균형이 이루어진 경우에만 근로자와 사용자의 상충하는 이익이 조화와 타협을 거쳐 정당한 결과에 이를 것을 기대할 수 있다. 또한 협약당사자간의 대등성은 단체교섭이나 노동쟁의에 있어서 국가중립의무의 조건이기도 하다.

Ⅴ. 근로3권의 제한

근로3권이 입법자에 의하여 어느 정도로 제한될 수 있는지의 판단은 근로3권의 보호범위 중에서 구체적으로 어떠한 개별권리가 제한되는지에 따라 다르다. 입법자에 의한 규율의 필요성은, 근로3권의 보장내용인 **개별권리를 행사하는 경우에 발생하는 법익충돌의 정도에 따라** 다르기 때문이다.

1. 개인적 단결권의 제한

개인의 단결권 그 자체는 일반적으로 제3자의 법익이나 공익과 충돌하는 외부적 효과가 없기 때문에, 근로자 개인의 권리로서 단결권에 대한 제한을 정당화할 수 있는 공익이 원칙적으로 존재하지 않는다.

판 례 헌법재판소는 **대학 교원의 단결권을 인정하지 않는 것의 위헌여부**가 문제된 사건에서 '**교육공무원 아닌 대학 교원의 단결권 침해 여부**'와 관련하여 "일반 근로자 및 초·중등교원과 구별되는 대학 교원의 특수성을 인정하더라도, 대학 교원에게도 단결권을 인정하면서 다만 해당 노동조합이 행사할 수 있는 권리를 다른 노동조합과 달리 강한 제약 아래 두는 방법도 얼마든지 가능하므로, 단결권을 전면적으로 제한하는 것은 필요 최소한 제한이라고 보기 어렵다."고 하여 헌법에 위반된다고 판단하면서, '**교육공무원인 대학 교원의 단결권 침해 여부**'와 관련해서도 공무원인 대학 교원의 단결권을 전면적으로 부정하고 있는 심판대상조항은 입법형성의 범위를 벗어나 헌법에 위반된다고 판단하였다(헌재 2018. 8. 30. 2015헌가38(전국교수노동조합), 판례집 30-2, 206-207).

2. 단체존속의 권리 및 단체자치의 권리에 대한 제한

가. 개별근로자가 단체를 결성하고 가입 · 탈퇴하는 자유가 원칙적으로 제한될 수 없다면, **단체존속의 권리**는 개인의 단결권과 불가분의 연관관계에 있고 그 이면을 의미하므로, 결성된 단체의 존속도 입법자에 의하여 원칙적으로 제한될 수 없다.

나. **단체자치의 권리**의 경우, 자기조직권 또는 내부적 형성권으로서 그 효과가 원칙적으로 단체 내부에 그치므로, 사용자와의 관계에서 이루어지는 외부적 활동과는 달리 국가에 의한 규율의 필요성이 크지 않다. 그러나 **단체협약제도가 기능하기 위하여 불가피한 경우** 단체자치는 입법자에 의하여 제한될 수 있다. 단체협약체결권이 인정되는 근로자단체가 충족시켜야 하는 최소한의 요건(노동조합의 개념)이나 단체협약체결권의 구체적 행사가 문제가 되는 경우가 바로 이러한 경우에 해당한다.

모든 근로자단체가 규약의 제정을 통하여 스스로에게 단체협약체결권을 부여하도록 허용할 수는 없다. 입법자는 '사용자에 대한 자주성과 독립성을 갖춤으로써 조합원인 근로자의 이익을 효과적으로 대변할 수 있는 근로자단체'만이 단체협약을 체결하도록 규정함으로써, **'노동조합의 정의규정'을 통하여 단체자치를 제한**할 수 있다. 가령 교원노조법은 교원노조의 자주성을 확보하기 위하여 '정의' 규정에서 교원노조의 조합원을 '재직 중인 교원'으로 한정하고 있다. 나아가, 입법자는 단체협약제도의 원활한 기능을 위하여 **단체협약체결권의 구체적 행사에 관하여 규율**할 수 있다. 가령, 입법자는 단체교섭의 과정에서 노동조합 대표자가 단체교섭권과 단체협약체결권을 가지도록 규정함으로써, 노동조합이 규약의 형태로 단체협약내용에 대한 노조총회의 의결가능성을 규정함으로써 노조대표자의 단체협약체결권을 제한하는 것을 금지할 수 있다.

판 례 '해고된 교원도 조합원 자격을 유지한다'고 규약으로 정한 전교조에 대하여 고용노동부장관이 '법적용대상 교원의 범위를 재직 중인 교원으로 한정하고 있는 교원노조법의 정의규정'에 맞게 시정을 요구하자, 전교조가 위 법률조항에 대하여 헌법소원심판을 청구한 **'해직교원 조합원자격 사건'**에서, 헌법재판소는 "이 사건 법률조항은 대내외적으로 **교원노조의 자주성과 주체성을 확보**하여 교원의 실질적 근로조건 향상에 기여한다는 데 그 입법목적이 있는 것으로 그 목적이 정당하고, … 교원이 아닌 자가 교원노조의 조합원 자격을 가질 경우 교원노조의 자주성에 대한 침해는 중대할 것이어서 법익의 균형성도 갖추었으므로, 이 사건 법률조항은 청구인들의 단결권을 침해하지 아니한다."고 판단하였다(헌재 2015. 5. 28. 2013헌마671등).

'노동조합의 대표자는 그 노동조합을 위하여 사용자와 교섭하고 단체협약을 체결할 권한을 가진다'고 규정하고 있는 법률조항이 노동조합의 단체자치를 침해하는지 여부가 문제된 **'노동조합 대표자의 단체협약체결권 사건'**에서, 헌법재판소는 "노동조합의 대표자 또는 노동조합으로부터 위임을 받은 자에게 단체교섭권과 함께 단체협약체결권을 부여한 이 사건 법률조항의 입법목적은 노동조합이 근로3권의 기능을 보다 효율적으로 이행하기 위한 조건을 규정함에 있다 할 것이다. 따라서 비록 이 사건 법률조항으로 말미암아 노동조합의 자주성이나 **단체자치가 제한**되는 경우가 있다고 하더라도 이는 근로3권의 기능을 보장함으로써 산업평화를 유지하고자 하는 중대한 공익을 위한 것으로서 그 수단 또한 필요 · 적정한 것이라 할 것이므로 헌법에 위반된다고 할 수 없다."고 판시하였다(헌재 1998. 2. 27. 94헌바13등).

3. 단체활동의 권리에 대한 제한

가. 협약자율권의 제한

헌법은 근로3권을 보장함으로써 **노사의 협약자율권이 국가에 의한 규율에 대하여 원칙적인 우위를 차지한다**는 것을 밝히고 있다. 그러나 협약자율권의 보장은, 국가가 노동생활영역에서 근로조건에 관하여 독자적인 규율을 할 수 없다는 것을 의미하지 않는다. 정의로운 경제질서와 노동생활의 합리적인 규율을 실현할 **입법자의 사회국가적 책임은 노사의 협약자율권에 의하여 면제되지 않는다**.

헌법은 제32조 제1항에서 국가에게 적정임금의 보장의무와 최저임금제의 시행의무를 부과하고, 같은 조 제3항에서는 인간의 존엄성에 부합하는 근로조건의 기준을 법률로 정할 의무를 부과하고 있다. 국가가 근로조건에 관한 규율을 전적으로 노사단체에 의한 **사적 자치에 맡긴다면 위와 같은 사회국가적 과제를 이행하기 어려운 경우**, 헌법은 필요한 범위 내에서 근로조건을 규율할 수 있는 권한을 입법자에게 부여하고 있다. 예컨대, 모든 근로관계에 있어서 일원적이고 통일적인 규율이 필요한 때, 국가의 사회정책, 보건정책, 청소년보호정책 등과 불가분의 연관관계에 있기 때문에 노사의 사적 자치에 맡겨둘 수 없을 때에는, 노사에 의하여 자율적으로 규율될 수 있는 대상도 입법자가 독자적으로 규율할 수 있다. 입법자가 근로자의 근로조건을 직접 규정하여 강제로 시행하는 법률로는, 근로기준법, 최저임금법, 산업재해보상보험법, '남녀고용평등과 일·가정 양립지원에 관한 법률' 등 근로조건에 관련된 법률이 있다.

판 례 사납금제를 금지하기 위하여 택시운송사업자는 운수종사자로부터 운송수입금 전액을 납부받도록 규정한 자동차운수사업법조항이 기업의 자유와 단체협약체결의 자유를 침해하는지 여부가 문제된 **'택시운송수입금 전액관리제 사건'**에서, 헌법재판소는 "이 사건 법률조항들은 일반택시운송에 종사하는 근로자의 생활안정을 부수적인 목적으로 하고 있다. 위와 같은 목적의 달성을 위한 이 사건 법률조항들에 의한 단체협약의 자유에 대한 제한은 헌법이 입법자에게 부과한 과제의 이행을 위하여 필요한 범위 안에서 이루어진 것이며, 따라서 이 사건 법률조항들이 노사의 단체협약체결의 자유를 필요이상으로 과도하게 제한하여 헌법에 위반된다고 볼 수는 없다."고 판시하였다(헌재 1998. 10. 29. 97헌마345, 판례집 10-2, 621, 633).

하나의 사업 또는 사업장에 두 개 이상의 노동조합이 있는 경우 단체교섭에 있어 그 창구를 단일화하도록 하고, 교섭대표가 된 노동조합에게만 단체교섭권을 부여하고 있는 '노동조합 및 노동관계조정법' 조항이 단체교섭권을 침해하는지 여부가 문제된 **'교섭창구 단일화 사건'**에서, "교섭창구단일화제도는 근로조건의 결정권이 있는 사업 또는 사업장 단위에서 복수 노동조합과 사용자 사이의 교섭절차를 일원화하여 효율적이고 안정적인 교섭체계를 구축하고, 소속 노동조합과 관계없이 조합원들의 근로조건을 통일하기 위한 것으로, 교섭대표노동조합이 되지 못한 소수 노동조합의 단체교섭권을 제한하고 있지만, … 노사대등의 원리 하에 적정한 근로조건의 구현이라는 **단체교섭권의 실질적인 보장을 위한 불가피한 제도**라고 볼 수 있다. … 따라서 위 '노동조합 및 노동관계조정법' 조항들이 과잉금지원칙을 위반하여 청구인들의 단체교섭권을 침해한다고 볼 수 없다."고 판단하였다(헌재 2012. 4. 24. 2011헌마338, 판례집 24-1하, 235; 또한 헌재 2024. 6. 27. 2020헌마237등).

나. 단체행동권의 제한

단체행동권의 행사는 근로자뿐 아니라 사용자, 나아가서는 국민전체의 경제생활에까지도 큰 영향을 미치게 된다. 그러므로 **단체행동권의 행사는 입법자에 의한 규율을 필요**로 한다. 근로자의

쟁의행위가 국민경제에 미치는 부정적 영향에 비추어, 국가는 단체행동권을 가능하면 '최후의 수단'으로서 사용하게끔 입법을 통하여 **쟁의행위에 대한 사전적 예방조치**를 취할 수 있다. 예컨대, 입법자는 파업이 최종적 수단으로서 기능하도록 '파업실행의 찬반에 대한 **조합원 전원의 투표**'를 파업의 요건으로 규정할 수 있다. 뿐만 아니라, 입법자는 **'조정절차'**를 도입할 수 있다. 노사관계 당사자에 의하여 주도되는 '임의적 조정절차'뿐 아니라 '국가에 의한 법정 조정절차'를 도입할 수 있다. 또한, 국가는 쟁의행위 이전에 일정한 조정절차를 밟을 노사단체의 의무(조정절차 전치주의)를 규정할 수도 있다. 조정은 노사당사자에게 조정안의 수락을 권고하는 절차로서, 권고가 강제적이 아니라는 점에서 노사의 자주적 해결의 원칙에 합치한다. 나아가, 국가는 **강제중재제도**를 도입할 수도 있다.

국가에 의한 강제중재는 단체협약을 구속력 있는 중재위원회의 중재재정으로 대체하므로, **가장 강력하게 노사의 협약자율권을 제한**한다. 따라서 강제중재는 예외적인 상황을 제외하고는 원칙적으로 허용되지 아니한다. 단체행동권의 행사가 협약당사자들의 범위를 넘어서 국민일반에 대하여 지대한 영향을 미치기 때문에, 단체행동권은 타인의 법익이나 공익과 조화를 이룰 수 있는 범위 내에서 행사되어야 한다. 협약당사자가 단체행동권을 공익을 현저하게 저해하는 방향으로 남용하는 경우에, 사회의 모든 부정적 현상에 대하여 대처해야 하는 사회국가는 이를 방관할 수 없으며, 이러한 경우에 한하여 강제중재는 예외적으로 허용된다.

국가에 의한 강제중재는 내우·외환과 같은 헌법적 비상사태뿐만 아니라, 노동쟁의가 국민의 경제·사회생활을 파멸로 몰고 가거나 아니면 생활에 중대한 재화와 용역의 공급, 의료행위 등과 같이 일반국민의 생활에 있어서 잠시도 중단되어서는 아니 되는 중요한 기능이 마비되는 경우(**필수공익사업**)에 한하여 정당화된다. 물론 이러한 경우에도 입법자는 **과잉금지원칙을 준수해야** 한다. 입법자는 공익상의 필요에 의하여 국가의 개입과 간섭이 불가피한 경우에 한하여 단체행동권을 제한해야 한다. 나아가, 단체행동권의 제한은 각 개별적인 경우마다 단체행동권의 행사가 국민경제에 대하여 초래하는 부정적 효과 및 달성하려는 공익이나 대처해야 할 위험의 중요성과 긴급성에 상응하도록 규율해야 한다.

판 례 필수공익사업에서 노동쟁의가 발생한 경우에 노동위원회 위원장이 파업을 실시하기 전에 직권으로 중재회부결정을 할 수 있도록 한 법률조항이 근로자의 단체행동권을 침해하는 것인지 여부가 문제된 **'필수공익사업에서의 강제중재 사건'**에서, 헌법재판소는 "현재의 우리나라의 노사여건 하에서는 위와 같은 필수공익사업에 한정하여 쟁의행위에 이르기 이전에 노동쟁의를 신속하고 원만하게 타결하도록 강제중재제도를 인정하는 것은 공익과 국민경제를 유지·보전하기 위한 최소한의 필요한 조치로서 과잉금지의 원칙에 위배되지 아니한다."고 판시하였다(헌재 2003. 5. 15. 2001헌가31).

Ⅵ. 공무원의 근로3권

1. 직업공무원제도와 근로3권

헌법 제33조 제2항은 "공무원인 근로자는 법률이 정하는 자에 한하여 단결권·단체교섭권 및 단체행동권을 가진다."고 규정함으로써, 입법자로 하여금 공무원의 공법상 근무관계의 특수성을 고려하여 '헌법 제7조의 **직업공무원제도'와 '공무원의 근로3권'을 조화시키도록 위임**하고 있다. **직업공무원제도의 정신에 비추어, 공무원은 근로3권의 제한을 감수해야** 한다. 직업공무원제도의 본질적인 특징은 국가에 대한 공법상의 근무·충성관계이다. 공무원관계는 사법상의 사용자·근로자 관계와는 근본적으로 법적 성격을 달리하기 때문에, 대립하는 당사자 사이의 이익투쟁의 관점에 의해서가 아니라, 조화로운 법익조정을 목표로 하는 입법에 의하여 형성되어야 한다.

이러한 관점에서 헌법적으로 허용될 수 있는 것은 공무원의 단결권인데, 설사 공무원에게 단결권이 인정된다 하더라도 공무원의 단결권은 단체협약과 단체행동을 목표로 할 수 없기 때문에 **'단체협약자치 없는 단결권의 보장'**에 그칠 수밖에 없다. 공무원의 단결체는 단체협약에 의하여 임금을 형성하는 것으로부터 배제되며, 파업권도 인정되지 않는다. 공무원의 단체교섭과 단체행동은 공법상의 근무·충성관계의 규율체제에 반하는 것이며, 신분보장과 경제적 보장을 누리면서 단체행동을 한다는 것은 서로 조화를 이룰 수 없다. 결국, 공무원의 단결체에게는 통상적인 임금과 근로조건의 규율절차의 범위 밖에서 국가나 지방자치단체에 대하여 공무원의 일반적인 이익을 대변하는 영역에서만 헌법적으로 보호되는 활동이 허용될 수 있을 뿐이다.

판 례 사실상 노무에 종사하는 공무원을 예외로 하고 **원칙적으로 공무원의 집단행동을 금지**하고 있는 국가공무원법조항의 위헌여부가 문제된 사건에서, "… 공무원의 근로관계는 근로자와 사용자의 이원적 구조 아래서 서로 투쟁과 타협에 의하여 발전되어온 노동법관계에 의하여 규율하는 것보다는 오히려 공무원의 지위와 직무의 공공성에 적합하도록 형성·발전되도록 하는 것이 보다 합리적이고 합목적적일 수 있다."고 판시하고 있다(헌재 1992. 4. 28. 90헌바27, 판례집 4, 255, 272).

국가·지방자치단체에 종사하는 **근로자의 쟁의행위를 전면적으로 금지**하고 있는 노동쟁의조정법조항이 사실상 노무에 종사하는 공무원의 단체행동권을 침해하는지 여부가 문제된 사건에서, "비교법상 공무원의 단체행동권을 전면 인정하는 입법례는 없는 것으로 알려져 있다. 특히 공무원의 경우는 그 근로조건은 헌법상 국민전체의 의사를 대표하는 국회에서 법률·예산의 형태로 결정되는 것이고, 노사간의 자유로운 단체교섭에 기한 합의에 기하여 결정될 수 있는 것도 아니므로, 일반 사기업의 경우처럼 단체교섭의 일환으로서의 쟁의권이 헌법상 일반적으로 당연히 보장된다고는 단정할 수 없는 일이기 때문이다." 고 판시하여 심판대상조항에 대하여 헌법불합치결정을 하였다(헌재 1993. 3. 11. 88헌마5, 판례집 5-1, 59, 71).

2. 근로3권이 인정되는 공무원의 범위

입법자는 어느 범위의 공무원에게 근로3권을 인정할 것인지에 관하여 입법형성권을 가지고 있으나, 근로3권의 주체가 될 수 있는 공무원의 범위를 정함에 있어서 **위임된 직무의 성격상 공법상의 근무·충성관계를 전제로 하는 직무는 그 본질상 근로3권의 행사와 부합할 수 없다**는 헌법 제7조 및 제33조 제2항의 결정을 존중해야 한다. 입법자는 개별적인 업무의 성격에 비추어 직업공무원관계의 특성이 직무수행을 위하여 요구되는지 여부를 판단해야 한다. 침해행정의 영역뿐만 아니라 **합리적인 과제의 이행이 직업공무원제도의 특성에 의해서만 담보될 수 있는 행정의 영역에서는 공직자의 근로3권이 인정될 수 없다.** 즉, 국가의 공권력을 행사하거나 국가정책결정과 관계되는 영역이나 국가와 국민의 관계를 형성하는 영역에서는 공직자에게 근로3권이 인정될 수 없다. 반면에, 입법자는 법률로써 주로 **단순한 노무에 종사하는 공직자**, 즉 국민과 국가의 관계의 형성에 관하여 아무런 결정권한이 없는 공직자에게는 근로3권을 인정할 수 있다.

판 례 헌법재판소는 "위 법률조항이 **근로3권이 보장되는 공무원의 범위를 사실상의 노무에 종사하는 공무원에 한정**하고 있는 것은, 근로3권의 향유주체가 되는 공무원의 범위를 정함에 있어서 공무원이 일반적으로 담당하는 직무의 성질에 따른 공공성의 정도와 현실의 국가·사회적 사정 등을 아울러 고려하여 사실상의 노무에 종사하는 자와 그렇지 아니한 자를 기준으로 삼아 그 범위를 정한 것으로 보여 진다. … 그러므로 위 법률조항은 … 헌법 제33조 제2항이 입법권자에게 부여하고 있는 형성적 재량권의 범위를 벗어난 것이 아니다."라고 판시하고 있다(헌재 1992. 4. 28. 90헌바27, 판례집 4, 255, 267). 나아가, 공무원의 쟁의행위를 전면적으로 금지하는 노동쟁의조정법규정에 대하여 헌법불합치결정을 하면서, 헌법불합치의 상태를 제거하는 방안으로 "공무원 가운데 사실상 노무에 종사하는 공무원인 근로자에게 그 범위를 한정하여 단체행동권을 부여하는 방안"을 제시하고 있다(헌재 1993. 3. 11. 88헌마5, 판례집 5-1, 59, 73).

Ⅶ. 주요방위산업체에 종사하는 근로자의 단체행동권 제한

헌법 제33조 제3항은 "법률이 정하는 주요방위산업체에 종사하는 근로자의 단체행동권은 법률이 정하는 바에 의하여 이를 제한하거나 인정하지 아니할 수 있다."고 하여 특정 산업영역에 종사하는 근로자의 단체행동권이 제한될 수 있음을 명시적으로 밝히면서, 이를 구체적으로 법률로써 정하도록 입법자에게 위임하고 있다. 주요방위산업체의 영역뿐만 아니라 국방이나 국민의 생존배려와 직결되는 영역에서도 단체행동권이 제한될 수 있다는 점에서, 헌법 제33조 제3항은 헌법 제37조 제2항의 일반적 법률유보조항을 단지 특정 산업영역 근로자의 단체행동권과 관련하여 구체화하고 강조하는 규정이다.

제 5 절 인간다운 생활을 할 권리

Ⅰ. 헌법적 의미

헌법은 제34조에서 "① 모든 국민은 인간다운 생활을 할 권리를 가진다. ② 국가는 사회보장·사회복지의 증진에 노력할 의무를 진다. ③ 국가는 여자의 복지와 권익의 향상을 위하여 노력하여야 한다. ④ 국가는 노인과 청소년의 복지향상을 위한 정책을 실시할 의무를 진다. ⑤ 신체장애자 및 질병·노령 기타의 사유로 생활능력이 없는 국민은 법률이 정하는 바에 의하여 국가의 보호를 받는다. ⑥ 국가는 재해를 예방하고 그 위험으로부터 국민을 보호하기 위하여 노력하여야 한다."고 하여 사회적 기본권으로서 '인간다운 생활을 할 권리' 및 이를 구체화하는 일련의 국가의 의무와 과제를 규정하고 있다.

인간다운 생활을 할 권리는 **사회적 기본권의 이념적 기초이자 일반조항**이다. 모든 사회적 기본권은 궁극적으로 '인간다운 생활'을 실현하기 위하여 존재하는 것이며, '인간다운 생활을 할 권리'

는 국가로부터의 자유를 의미하는 **'자유권'과 함께 '인간의 존엄성'을 실현하기 위한 불가결한 요소**이다. 인간다운 생활을 할 권리는 국민에게 자유행사의 실질적 조건과 물질적 바탕을 마련해 줌으로써 개인이 스스로 자유를 행사할 수 있도록 지원하고자 하는 것이고, 모든 국민이 자유행사에 있어서 균등한 출발의 기회를 가질 수 있도록 실질적 기회균등을 실현하고자 하는 것이다. 행복추구권이 자유권적 기본권의 영역에서 일반적인 자유권에 해당한다면, 인간다운 생활을 할 권리는 사회적 기본권의 영역에서 일반적인 사회권의 역할과 기능을 담당한다.

인간다운 생활을 할 권리는 사회적 기본권의 일반조항의 의미를 넘어서, **헌법 제34조의 규정내용을 통하여** 사회보장·사회복지의 증진을 위하여 노력해야 할 의무, 여자·노인·청소년의 복지향상을 위하여 노력해야 할 의무, 생활능력이 없는 국민을 보호해야 할 의무, 재해의 위험으로부터 국민을 보호해야 할 의무 등과 같은 **국가의 구체적인 과제와 의무를 부과**하고 있다.

Ⅱ. 법적 성격

다른 모든 사회적 기본권과 마찬가지로, 헌법 제34조도 제1항에서 '인간다운 생활을 할 권리'를 개인의 주관적인 권리의 형태로 규정하면서, 권리의 구체적 내용을 제2항 내지 제6항에서 인간다운 생활을 실현하기 위하여 요청되는 국가의 객관적인 의무와 과제를 통하여 구체화하고 있다. '인간다운 생활을 할 권리'는 비록 헌법에 주관적인 권리의 형태로 규정되어 있으나, 일차적으로 국가의 적극적인 사회국가적 활동과 급부를 통하여 모든 국민의 인간다운 생활을 실현해야 할 **국가의 객관적인 목표**로서의 성격을 가진다.

판 례 **'저상버스 도입의무 불이행 사건'**에서 "헌법은 제34조 제1항에서 모든 국민의 '인간다운 생활을 할 권리'를 사회적 기본권으로 규정하면서, 제2항 내지 제6항에서 특정한 사회적 약자와 관련하여 **'인간다운 생활을 할 권리'의 내용을 다양한 국가의 의무를 통하여 구체화**하고 있다. 헌법이 제34조에서 … 특정 사회적 약자의 보호를 명시적으로 규정한 것은, '장애인과 같은 사회적 약자의 경우에는 개인 스스로가 자유행사의 실질적 조건을 갖추는 데 어려움이 많으므로, 국가가 특히 이들에 대하여 **자유를 실질적으로 행사할 수 있는 조건을 형성하고 유지해야 한다**'는 점을 강조하고자 하는 것이다."고 판시하고 있다(헌재 2002. 12. 18. 2002헌마52).

일정 범위의 사업을 산업재해보상보험의 적용 대상에서 제외하는 법률조항이 인간다운 생활을 할 권리에 위반되는지 여부가 문제된 **'산재보험법 적용대상사업의 제외 사건'**에서, 헌법재판소는 "헌법 제34조 제2항, 제6항을 보더라도 이들 규정은 단지 사회보장·사회복지의 증진 등과 같은 **국가활동의 목표를 제시하거나 이를 위한 객관적 의무만을 국가에 부과하고 있을 뿐**, 개인에게 국가에 대하여 사회보장·사회복지 또는 재해 예방 등과 관련한 적극적 급부의 청구권을 부여하고 있다거나 그것에 관한 입법적 위임을 하고 있다고 보기 어렵다."고 판시하고 있다(헌재 2003. 7. 24. 2002헌바51, 판례집 15-2상, 103, 117).

Ⅲ. 구체적 보장내용

1. 사회보장 · 사회복지의 증진을 위하여 노력해야 할 의무

가. 사회국가의 핵심적 과제

헌법 제34조 제2항은 사회보장 · 사회복지의 증진을 위하여 노력해야 할 의무를 부과하고 있다. 사회보장 · 사회복지의 증진이라는 국가과제의 실현의무는 일차적으로 입법자를 구속하는 사회국가적 의무이다. 그러나 입법자는 사회보장 · 사회복지제도를 어떠한 시기에 어떠한 형태로 도입할 것인지에 관하여 국가의 재정상태 및 다른 국가과제와의 관계 등을 고려하여 결정할 수 있는 광범위한 형성권을 가지고 있다. 사회보장이나 사회복지, 사회적 약자에 대한 지원과 배려는 **국가재정이 허용하는 범위 내에서 다른 국가과제와의 조정을 통하여 실현**될 수밖에 없다.

따라서 국민은 원칙적으로 입법자로부터 **특정한 사회정책이나 사회보장 · 사회복지제도의 도입을 요구할 수 없다**. 다만, 국민은 경우에 따라 국가의 사회보장 · 사회복지증진 의무의 실현여부를 헌법재판을 통하여 다툴 수 있을 뿐이고, 이러한 경우에 한하여 사회적 기본권 실현의무에 대응하는 개인의 주관적 권리가 인정될 수 있을 뿐이다.

나. 사회보장수급권

사회보장수급권(社會保障受給權)이란, 입법자가 헌법 제34조 제2항의 헌법위임을 이행하기 위하여 제정한 **사회보장법에서 정하는 바에 따라 사회보장급여를 받을 권리**를 말한다. 사회보장제도란, 질병 · 장애 · 노령 · 실업 등의 사회적 위험으로부터 국민을 보호하고 모든 국민이 인간다운 생활을 영위하고 생활수준을 향상시킬 수 있도록 하기 위하여 시행되는 제도로서 사회보험제도 · 공공부조제도 · 사회복지서비스 등을 포괄하는 개념이다(사회보장기본법 제2조 및 제3조 제1호 참조).

헌법은 제34조 제2항에서 직접 개인에게 사회보장수급권을 보장하고 있는 것이 아니라, 입법자에게 사회보장제도를 통하여 인간다운 생활을 할 권리를 실현해야 할 의무를 부과하고 있다. 사회보장수급권은 입법자가 이러한 과제를 사회보장법의 제정을 통하여 이행함으로써 비로소 발생하는 것이다.

사회적 기본권에 속하는 것은 의료보험수급권, 연금수급권 등과 같은 **사회보장수급권이 아니라 '인간다운 생활을 할 권리'**이다. '인간다운 생활을 할 권리'는 사회보장제도 등을 통하여 모든 국민의 인간다운 생활을 실현해야 할 국가의 과제이자 의무이고, 이러한 보장내용을 가진 사회적 기본권을 실현하기 위한 입법에 의하여 구체적으로 형성된 권리가 바로 사회보장수급권인 것이다. **사회보장수급권은 구체적인 법률에 의하여 비로소 부여되는 법률상 권리로서 사회적 기본권이 아니다.**

판 례 **'국가유공자에 대한 보상금 지급기간의 제한 사건'**에서, 국가유공자의 보상금수급권은 사회보장수급권과 마찬가지로 구체적인 법률에 의하여 비로소 부여되는 권리인데, 보상금수급권의 내용, 그 발생시기 등도 입법자의 광범위한 입법형성의 자유영역에 속하는 것으로 그 구체적 내용이 특히 그 입법재량의 범위를 일탈한 것이 아닌 한 헌법에 위반된다고 할 수 없다고 판시하고 있다(헌재 1995. 7. 21. 93헌가14).

나아가, **'산재보험법 적용대상사업의 제외 사건'**에서 "요컨대 **사회보장수급권**은 헌법 제34조 제1항 및 제2항 등으로부터 개인에게 직접 주어지는 헌법적 차원의 권리라거나 사회적 기본권의 하나라고 볼 수는 없고, 다만 위와 같은 사회보장·사회복지 증진의무를 포섭하는 이념적 지표로서의 인간다운 생활을 할 권리를 실현하기 위하여 입법자가 입법재량권을 행사하여 제정하는 사회보장입법에 그 수급요건, 수급자의 범위, 수급액 등 구체적인 사항이 규정될 때 비로소 형성되는 **법률적 차원의 권리에 불과**하다 할 것이다."라고 판시하고 있다(헌재 2003. 7. 24. 2002헌바51, 판례집 15-2상, 103, 117).

그러나 **헌법재판소의 일부 판례**는 "사회보장수급권은 헌법 제34조 제1항에 의한 인간다운 생활을 보장하기 위한 사회적 기본권 중의 핵심적인 것이고 의료보험수급권은 바로 이러한 사회적 기본권에 속한다."고 하여 사회보장수급권을 사회적 기본권으로 서술하고 있다(헌재 2003. 12. 18. 2002헌바1, 판례집 15-2하, 441, 449). 그러나 이러한 판시내용은 '헌법상의 권리'와 '법률상의 권리'를 혼동하는 **중대한 오류**에 속한다.

2. 여자·노인·청소년의 복지향상을 위하여 노력해야 할 의무

사회국가원리는 특히 **개인적 또는 사회적 상황으로 말미암아 개인적 인격발현에 있어서 불리함을 입는 개인이나 집단**에 대하여 국가가 특별히 배려하고 지원할 것을 요청한다. 헌법 제34조 제3항 및 제4항은 여자, 노인, 청소년 등 사회적·경제적 약자에게도 자유행사의 실질적 조건을 마련해 주고자 하는 사회국가원리의 구체적 표현으로서, 그들에 대한 **유리한 차별의 헌법적 근거를 제공**하는 규범들이다.

3. 신체장애자 및 생활능력이 없는 국민을 보호해야 할 의무

헌법은 제34조 제5항에서 국가에게 신체장애자 및 생활무능력자에 대한 보호의무를 부과하고 있다. 이러한 보호의무를 이행하기 위한 수단 중에서 가장 중요한 것은 생활무능력자에 대한 '최저한의 물질적 급부'의 제공이다. 인간다운 생활을 할 권리로부터 원칙적으로 국가의 구체적인 의무 및 그에 대응하는 개인의 주관적 권리를 도출할 수 없으나, 예외적으로 국가에 대하여 **'최저생계의 급부를 요구할 수 있는 개인의 주관적 권리'**를 도출할 수 있다.

판 례 이미 초기의 판례부터 "인간다운 생활을 할 권리로부터는 인간의 존엄에 상응하는 생활에 필요한 **'최소한의 물질적인 생활'의 유지에 필요한 급부를 요구할 수 있는 구체적인 권리**가 상황에 따라서는 직접 도출될 수 있다고 할 수는 있어도, 동 기본권이 직접 그 이상의 급부를 내용으로 하는 구체적인 권리를 발생케 한다고는 볼 수 없다고 할 것이다."고 판시하고 있다(헌재 1995. 7. 21. 93헌가14).

4. 재해의 위험으로부터 국민을 보호해야 할 의무

자연재해를 비롯하여 현대산업사회에서 발생하는 재해의 위험을 방지하고 재해의 위험으로부터 국민을 보호하는 것도 **사회국가의 과제**에 속한다. 헌법 제34조 제6항은 자연재해, 산업사회에서 생명과 건강을 위협하는 산업시설 및 오염물질 등 환경영역에서의 잠재적 위험원(危險原)으로부터 국민을 보호해야 할 국가의 의무를 부과하고 있다.

Ⅳ. 인간다운 생활을 할 권리의 위반여부를 판단하는 기준

1. 위헌심사의 기준

모든 사회적 기본권과 마찬가지로, 인간다운 생활을 할 권리도 법률에 의하여 제한되는 것이 아니라 비로소 실현되고 구체적인 권리로 형성되는 것이다. 따라서 인간다운 생활을 보장하기 위한 헌법적 의무의 이행여부를 판단함에 있어서 적용되는 심사기준은 과잉금지원칙이 아니라 **과소(보장)금지원칙**이다.

판 례 **'생계보호기준 사건'** 이래 다수의 결정에서 "국가가 인간다운 생활을 보장하기 위한 헌법적 의무를 다하였는지 여부가 사법적 심사의 대상이 된 경우에는, 국가가 최저생활보장에 관한 입법을 전혀 하지 아니하였다든가 그 내용이 현저히 불합리하여 헌법상 용인될 수 있는 재량의 범위를 명백히 일탈한 경우에 한하여 헌법에 위반된다고 할 수 있다."라고 판시함으로써, **과소(보장)금지원칙**이 사회적 기본권의 이행여부를 판단함에 있어서 적용되는 심사기준임을 명시적으로 밝히고 있다(헌재 1997. 5. 29. 94헌마33).

인간다운 생활을 할 권리의 침해여부의 판단기준에 관하여 같은 취지로, 헌재 2004. 10. 28. 2002헌마328(국민기초생활보장 최저생계비), 판례집 16-2하, 195; 헌재 2014. 2. 27. 2012헌바469(산업재해보상보험법상 진폐유족연금), 판례집 26-1상, 241, 251 참조.

2. 사회보장수급권의 축소에 대한 위헌심사기준

한편, '입법자가 인간다운 생활을 할 권리를 구체화한 결과'인 '사회보장법상의 권리'가 사회현상의 변화나 국가재정의 악화 등으로 인하여 다시 제한(축소 또는 폐지)될 수 있는지의 문제가 제기된다(제2편 제5장 제1절 Ⅲ. 3. 참조). **사회보장수급권 제한의 문제**는 본질적으로 법률개정이 제기하는 문제와 동일한 것이며, 이는 **곧 신뢰보호의 문제를 의미**한다. 따라서 이러한 문제는 사회보장수급권이 재산권보장의 보호범위에 속하는지 여부에 따라 재산권보장 또는 신뢰보호원칙의 관점에서 판단되어야 한다.

판 례 장해보상연금을 수령하고 있던 수급권자에게도 2년 6월의 유예기간 후 장해보상연금액을 감액하는 최고보상제도를 적용하는 것의 위헌여부가 문제된 **'산재보험법상 최고보상제도 도입 사건'**에서, 헌법재판소는 "심판대상조항은 신뢰보호의 원칙에 위배하여 청구인들의 재산권을 침해하는 것으로서 헌법에 위반된다."고 판단한 바 있다(헌재 2009. 5. 28. 2005헌바20등).

제 6 절 환 경 권

Ⅰ. 법적 성격

1. 국가의 환경보전의무

가. 환경보전을 위하여 노력해야 할 국가목표

헌법 제35조는 제1항에서 "모든 국민은 건강하고 쾌적한 환경에서 생활할 권리를 가지며, 국가와 국민은 환경보전을 위하여 노력하여야 한다."고 하여 환경권을 규정하면서, 제2항에서 "환경권의 내용과 행사에 관하여는 법률로 정한다."고 하여 환경권의 구체적 내용을 법률로써 정하도록 위임하고 있다. 환경보전은 현대산업국가의 숙명적 과제이다.

환경권은 '건강하고 쾌적한 환경에서 생활할 권리'라는 **주관적인 규정형식에도 불구하고** 본질상 주관적 권리가 아니라, 일차적으로 **환경보전을 위하여 노력해야 할 국가목표**의 성격을 가진다. 환경권은 '환경의 보전'이라는 국가과제를 제시하고 국가기관에게 환경보전의 과제를 이행해야 할 의무를 부과하고 있다. 환경권은 국가의 환경보전의무의 이행을 통하여 비로소 실현되는 기본권이며, 환경보전을 위하여 개인의 자유권에 대한 제한을 전제로 하는 기본권이다. 헌법 제35조의 환경권이 보호하고자 하는 '환경'은 일차적으로 '보전되어야 하는 환경', 즉 자연적 환경이지만, 국민의 일상적 생활이 이루어지는 '생활환경'도 포함한다. 환경권의 핵심적인 헌법적 의미는 **인간다운 생활을 영위하기 위하여 필수적인 자연환경의 보전**에 있다.

나. '환경보전' 과제의 구체화 및 실현

'환경보전'이란 헌법적 과제를 구체화하고 실현하는 것은 **일차적으로 입법자의 과제**로서, 입법자는 환경정책의 주체이다. 국가행위의 목표와 방향은 '환경보전'으로 확정되었으나, 환경보전의 과제를 어떠한 방법으로 어떠한 수준으로 실현할 것인지에 관하여는 입법자의 형성권에 위임하고 있다. 환경보전이라는 국가목표의 실현, 즉 **환경권의 실현은 필연적으로 개인의 자유에 대한 제한을 수반**한다. 국가의 환경정책은 특히 기업의 활동과 재산권행사를 제한하게 된다. 단지 법률에 의해서만 개인의 기본권이 제한될 수 있으므로, 환경보전의 과제를 실현하기 위하여 입법자의 법률을 필요로 한다. 따라서 **환경권은 입법에 의하여 제한되는 것이 아니라 실현되는 것**이다.

국가는 환경보전 외에도 헌법에 명시된 또는 명시되지 아니한 다양한 국가목표를 추구해야 하고, 이러한 국가목표 사이에는 확정된 우위관계가 존재하지 않는다. 환경권은 환경보전이라는 국가과제의 최우선적 실현을 요청하는 것이 아니라, 단지 **국가정책의 모든 법익교량과정에서 환경보전이라는 법익을 적절하게 고려할 것**을 요청한다.

다. '항구적'이자 '범세계적' 과제로서 환경보전

환경 보전의 과제는 **'지속적이고 항구적' 국가과제**이다. 국가과제의 이러한 특성에 비추어 국가의 환경보전의 책임은 현재와 미래에 대한 것이고, 환경보전의 과제는 현재 세대뿐만 아니라 미래세대를 위한 과제이다.

헌법 제35조에서 규정하는 환경보전의 의무는 '기후보호의 의무'를 포괄한다. 이러한 점에서 환경보전의 과제는 **'全地球的 · 범세계적 과제'**이다. 환경보전 과제의 이러한 특성에 비추어 **'기후보호의 과제'**는 국가적 차원에 국한되는 것이 아니라, 모든 국가에게 기후문제를 해결하기 위한 국제적 노력과 협력을 다할 의무를 부과한다. **'지구온난화의 문제'**는 全地球的 현상이고 범세계적 과제이므로, 국가에게 탄소배출로 인한 지구온난화 문제의 해결을 위해 초국가적 차원에서 온실가스를 감축하고 탄소중립을 실현해야 할 의무를 부과한다.

판 례 국가 온실가스 배출량을 2030년까지 2018년의 국가 온실가스 배출량 대비 35퍼센트 이상의 범위에서 대통령령으로 정하는 비율만큼 감축하는 것을 '중장기 국가 온실가스 감축 목표'로 하도록 규정한 '탄소중립기본법' 제8조 제1항이 청구인들의 환경권을 침해하는지 여부가 문제된 **'기후위기 대응을 위한 국가 온실가스 감축목표 사건'**에서, 헌법재판소는 '2030년까지의 온실가스 감축목표'를 정한 것은 기후위기라는 위험상황에 상응하는 보호조치로서 필요한 최소한의 성격을 갖추지 못한 것으로 볼 수 없으나, '2031년부터 2049년까지의 감축목표'와 관련하여 탄소중립기본법 제8조 제1항에서는 2030년까지의 감축목표 비율만 정하고 2031년부터 2049년까지 19년간의 감축목표에 관해서는 어떤 형태의 정량적인 기준도 제시하지 않았다는 점에서 **과소보호금지원칙 및 법률(의회)유보원칙에 반하여 기본권 보호의무를 위반**하였으므로 청구인들의 환경권을 침해한다고 판단하였다(현재 2024. 8. 29. 2020헌마389등).

2. 국민의 환경보전의무

헌법 제35조 제1항 후단은 "… 국가와 국민은 환경보전을 위하여 노력하여야 한다."고 하여 국민도 환경보전의 의무가 있음을 명시함으로써, 환경보전의 과제가 국가만의 과제가 아니라 **국가와 국민의 공동과제**임을 밝히고 있다. 환경침해가 주로 사인에 의하여 야기된다는 점에 비추어, 국민의 협력 없이 국가의 환경보전의 과제는 실현될 수 없다. 그러나 환경보전의무의 직접적인 상대방은 단지 국가이며, 국민은 입법자에 의하여 형성된 환경보호관련 법률에 따라 의무를 부과 받게 된다.

Ⅱ. 구체적 보장내용

1. 국가의 환경침해 금지의무, 환경침해의 방지의무 및 포괄적인 환경보전의무

환경권은 일차적으로 국가가 스스로 환경을 침해하는 행위를 해서는 안 된다는 의미에서 **환경침해 금지의무**를 부과한다. 따라서 국가는 공기업의 운영 등에 있어서 가능하면 환경오염을 최소화할 수 있는 조치를 취해야 할 의무를 진다. 환경의 침해는 일반적으로 사인의 행위에 기인하는 것이므로, 국가에 의한 환경침해는 큰 비중을 차지하지 않는다.

나아가, 국가는 **사인에 의한 환경침해를 방지해야 할 의무**를 진다. 환경침해는 주로 사인에 의하여 발생하는 것이므로, 국가의 환경침해 방지의무는 매우 중요한 의미를 가진다. 국가는 환경보전의 의무를 이행하기 위하여 환경에 나쁜 영향을 미치는 사인의 행위를 규율하게 되며, 이로써 환경보존이라는 공익의 실현을 위하여 기업의 자유, 재산권 등 기본권을 제한하게 된다.

환경권은 소극적으로 국가와 사인에 의한 환경의 침해를 금지할 뿐만 아니라, 나아가 적극적으로 환경보전에 관하여 계획하고 환경침해를 사전에 예방하며 환경의 발전상황에 적절하게 대응해야 할 **포괄적인 환경보전의무**를 국가에게 부과하고 있다.

2. 건강하고 쾌적한 환경에서 생활할 권리?

가. 개인의 방어권 및 보호청구권으로서 환경권?

환경권이 보호하고자 하는 것은 개인의 자유영역이나 법익이 아니라 공기, 물, 토양, 기후, 동·식물계, 경관 등 자연적 생활근거, 즉 자연환경이다. **자연환경은 개인이나 특정 인적 집단에게 전적으로 귀속시킬 수 없는 보호법익**이므로, 개인에게 국가에 대하여 **환경보전을 요구할 수 있**

는 주관적 권리를 부여하지 않는다. 이러한 점에서, 헌법 제35조의 환경권으로부터 국가의 환경침해를 **방어할 권리** 또는 사인에 의한 환경침해로부터 개인의 자유영역이나 법익을 보호해 줄 것을 국가에게 요구할 수 있는 **'보호청구권'은 나올 수 없다.**

나. '건강하고 쾌적한 환경에서 생활할 권리'의 규범적 실체로서 자유권

그러나 **헌법재판소**는 환경권이 헌법에 '권리'의 형식으로 규정되어 있다는 것에 집착하여, 일련의 결정에서 환경권의 내용을 '건강하고 쾌적한 환경에서 생활할 권리'라는 **주권적 권리로 이해**하고 있다. 그 결과, **국가의 보호의무의 헌법적 근거를 '환경권'으로 판단**하여 '환경권 보호의무의 위반여부'를 심사하고 있다(헌재 2008. 7. 31. 2006헌마711; 헌재 2024. 4. 25. 2020헌마107; 헌재 2024. 8. 29. 2020헌마389등).

헌법재판소가 자신의 판례에서 언급하고 있는 소위 **'건강하고 쾌적한 환경에서 생활할 권리'**란, 구체적으로 살펴보면 '건강하고 쾌적한 환경에서의 생활이 국가나 사인에 의하여 침해받지 아니할 권리'를 말하는 것이며, 이는 실질적으로 '건강하고 쾌적한 환경에서의 생활을 구성하는 주된 요소인 개인의 건강, 생명, 재산 등을 침해받지 않는 환경에서 생활할 권리', 즉 '건강, 생명, 재산 등이 침해받지 아니할 권리'를 의미하는 것이다. 결국, 헌법재판소가 환경권의 보장내용으로 언급하는 '건강하고 쾌적한 환경에서 생활할 권리'란 자유권인 건강권, 생명권, 재산권보장 등에 의하여 보호되는 권리의 내용과 다르지 않은 것으로, 그 **규범적 실체는 바로 건강권, 생명권, 재산권 등과 같은 개인의 '자유권적 기본권'**이다.

자유권인 생명권, 건강권 또는 재산권보장은 **환경침해로부터도 개인의 법익을 보호**함으로써 개인의 생활환경을 보호하고, 이로써 환경보호에 기여하는 기능을 아울러 하고 있다. 그렇다면 국민의 건강, 생명, 재산 등 개인적 법익이 환경침해에 의하여 위협받는 경우에 위헌성판단의 심사기준으로 고려되어야 하는 헌법규범은 헌법 제35조의 '환경권'이 아니라 '자유권'인 것이다.

판 례 헌법재판소는 **'공직선거에서 확성장치 사용 사건'**에서, **'환경권의 법적 성격'**에 관하여 "환경권은 건강하고 쾌적한 생활을 유지하는 조건으로서 양호한 환경을 향유할 권리이고, 생명・신체의 자유를 보호하는 토대를 이루며, 궁극적으로 '삶의 질' 확보를 목표로 하는 권리이다. 환경권을 행사함에 있어 국민은 국가로부터 건강하고 쾌적한 환경을 향유할 수 있는 자유를 침해당하지 않을 권리를 행사할 수 있고, 일정한 경우 국가에 대하여 건강하고 쾌적한 환경에서 생활할 수 있도록 요구할 수 있는 권리가 인정되기도 하는바, 환경권은 그 자체 종합적 기본권으로서의 성격을 지닌다."고 하여 **환경권을 '주관적 권리'로 이해**하고 있다(헌재 2008. 7. 31. 2006헌마711, 판례집 20-2상, 345, 357).

학교의 마사토 운동장에 대하여 유해중금속 등 유해물질의 유지・관리 기준을 두지 아니한 학교보건법 시행규칙의 위헌여부가 문제된 **'마사토 운동장 사건'**에서, "심판대상조항에 마사토 운동장에 대한 기준이 도입되지 않았다는 사정만으로 국민의 **환경권을 보호하기 위한 국가의 의무**가 과소하게 이행되었다고 평가할 수는 없다. 따라서 심판대상조항은 청구인의 환경권을 침해하지 아니한다."고 판단하였다(헌재 2024. 4. 25. 2020헌마107). **'기후위기 대응을 위한 국가 온실가스 감축목표 사건'**에서, 국가의 온실가스 감축목표 설정 행위가 **'국민의 환경권'에 관한 보호의무**를 위반하였는지 여부를 과소보호금지원칙을 기준으로 판단하였다(헌재 2024. 8. 29. 2020헌마389등).

Ⅲ. 개인적 법익을 위협하는 환경침해로부터의 보호(자유권에 의한 보호)

국가나 사인에 의한 환경침해로 인하여 **개인의 법익침해가 발생하는 경우, 개인의 법익을 보호하는 개별자유권을 근거로 국가에 대한 방어권이나 보호청구권이 인정**될 수 있다. 예컨대, 군부대나 군공항 등 국가기관에 의하여 대기오염이나 소음공해가 발생함으로써 인근주민의 건강권이나 재산권이 손상되는 경우, **국가의 침해에 대한 '방어권'**이 인정될 수 있다.

또한, 기업활동에 의하여 소음이나 대기오염 등이 발생하고 이로 인하여 인근주민의 건강권 등이 침해되는 경우에도 사인의 침해에 대하여 개인의 기본권을 보호해 줄 것을 요청하는 **'국가에 대한 보호청구권'**이 인정될 수 있다. 그러나 이러한 주관적 권리는 헌법 제35조의 환경권이 아니라 개인의 주관적 공권인 자유권에 근거하는 것이다. 요컨대, **상린관계(相隣關係)에서 발생하는 환경관련 분쟁의 헌법적 문제는 환경권의 문제가 아니라 자유권의 문제**인 것이며, 개인에게 보장되는 자유권의 침해로 인하여 주관적 권리구제의 가능성이 열리는 것이다. 국가목표로서 헌법 제35조의 환경권과 엄격하게 구분해야 하는 것은, 자유권으로부터 파생하는 '국가의 보호의무'와 이에 대응하는 '국가에 대한 개인의 보호청구권'이다. 사인에 의한 환경오염으로부터 개인을 보호해야 할 국가의 의무는 헌법적으로 헌법 제35조의 '환경권'이 아니라 개인의 법익을 보호하는 '자유권'에 자리 잡고 있다.

판 례 공직선거법이 **선거운동 시 확성장치의 소음**에 대한 허용기준조항을 두지 아니하는 등 불충분하여 행복추구권과 환경권을 침해하는지 여부가 문제된 사건에서, 헌법재판소가 선거소음으로부터 생명·신체 등 **개인의 법익을 보호해야 할 국가의무의 헌법적 근거를 헌법 제35조의 환경권에서 찾은 것은 중대한 오류**이다. 헌법재판소는 위 결정에서 **환경권의 보호법익**에 관하여 "환경권의 보호대상이 되는 환경에는 자연 환경뿐만 아니라 인공적 환경과 같은 생활환경도 포함된다. … 그러므로 일상생활에서 소음을 제거·방지하여 정온한 환경에서 생활할 권리는 환경권의 한 내용을 구성한다."고 확인한 후, "국가는 … 적어도 **생명·신체의 보호와 같은 중요한 기본권적 법익 침해**에 대해서는 그것이 국가가 아닌 제3자로서의 사인에 의해서 유발된 것이라고 하더라도 국가가 적극적인 보호의 의무를 진다. 그렇다면 … 국가는 사인인 제3자에 의한 **국민의 환경권 침해**에 대해서도 적극적으로 기본권 보호조치를 취할 의무를 진다."고 판시하고 있는데(헌재 2008. 7. 31. 2006헌마711, 판례집 20-2상, 345, 358), 이러한 판시내용은 제3자인 사인에 의하여 침해되는 것은 환경권이 아니라 생명·신체 등 기본권적 법익임을 스스로 시인하는 것이다. 이어서 헌법재판소는 **과소보호금지원칙을 심사기준**으로 하여 공직선거법이 청구인의 법익보호를 위하여 최소한의 조치를 취하였는지 여부를 판단하였는데, "청구인의 정온한 환경에서 생활할 권리를 보호하기 위한 입법자의 의무를 과소하게 이행하였다고 평가할 수는 없다."고 하여 합헌으로 판단하였다. 헌법재판소는 헌재 2019. 12. 27. 2018헌마730 결정에서 **선례를 변경**하여, 소음 규제기준에 관한 규정을 두지 아니한 것은, 국민이 건강하고 쾌적하게 생활할 수 있도록 노력하여야 할 **국가의 기본권 보호의무를 과소하게 이행**한 것으로서, '건강하고 쾌적한 환경에서 생활할 권리'를 침해하므로 헌법에 위반된다고 판단하였다.

한편, **대법원**은 헌법 제35조의 환경권의 법적 성격을 본질적으로 환경보전을 위하여 노력할 국가의 의무, 이를 위하여 적극적인 조치를 취해야 할 책무로 이해하면서(대법원 2006. 6. 2. 자 2004마1148등 결정), **상린관계에서 발생하는 환경관련 법적 분쟁의 헌법적 문제**를 환경권의 문제가 아니라 소유권 등 자유권의 문제로 파악하고 있다. 대학교의 교육환경 저해 등을 이유로 그 인접 대지 위의 24층 아파트 건축공사 금지 청구를 인용한

부산대학교 판결에서 "**환경권**에 관한 헌법 제35조의 규정이 개개의 국민에게 직접으로 구체적인 사법상의 권리를 부여한 것이라고 보기는 어렵고, …"라고 확인하면서, "인접 대지 위에 건축 중인 아파트가 24층까지 완공되는 경우, … 대학교로서의 경관·조망이 훼손되고 조용하고 쾌적한 교육환경이 저해되며 소음의 증가 등으로 교육 및 연구 활동이 방해받게 된다면, … **그 소유권에 기하여** 그 방해의 제거나 예방을 청구할 수 있고, …"라고 하여 '소유권에 기한 방해배제청구권'을 인정하고 있다(대법원 1995. 9. 15. 선고 95다23378 판결).

Ⅳ. 쾌적한 주거생활을 위하여 노력해야 할 국가의 의무

헌법 제35조 제3항은 "국가는 주택개발정책 등을 통하여 모든 국민이 쾌적한 주거생활을 할 수 있도록 노력하여야 한다."고 규정하고 있다. 헌법 제35조 제3항은 주택개발정책 등을 통하여 모든 국민이 주거를 보유하도록 노력해야 할 국가의 의무인 **'주거에 관한 국민의 권리'를 전제로** 하여, 모든 국민이 쾌적한 주거생활을 할 수 있도록 노력해야 할 국가의 의무를 부과하고 있다. 주거는 인간다운 생활을 영위하기 위한 필수적인 기본요소이므로, 모든 국민에게 **삶의 보금자리로서 주거를 확보해 주어야 할 국가의 의무**를 규정하고 있는 것이다.

제 7 절 혼인과 가족생활의 보장

Ⅰ. 혼인과 가족생활의 보장

1. 헌법적 의미

헌법은 제36조 제1항에서 "혼인과 가족생활은 개인의 존엄과 양성(兩性)의 평등을 기초로 성립되고 유지되어야 하며, 국가는 이를 보장한다."고 규정함으로써, 혼인과 가족을 국가의 특별한 보호 하에 두고 있다. **혼인과 가족생활**은 인간생활의 가장 근본적인 사적 영역에 속하며, 가족은 모든 인간공동체의 자연적 배세포(胚細胞)이자 동시에 국가의 존립근거이기도 하다. 이러한 이유에서, 혼인과 가족생활은 국가의 특별한 보호를 필요로 한다. **'혼인과 가족생활에 대한 국가의 특별한 보호'**란, 일차적으로는 국가공권력에 의한 혼인과 가족생활의 침해금지 및 혼인과 가족생활에 대한 차별금지를 의미하며, 나아가 적절한 조치를 통하여 혼인과 가족생활을 지원해야 할 국가의 의무를 포괄한다. '혼인과 가족생활의 보호'는 국적과 관계없이 **모든 자연인에게 인정되는 인권**이다.

혼인과 가족생활의 개념은 헌법에 기초된 혼인상(婚姻像)과 가족상(家族像), 즉 문화적·역사적으로 형성된 혼인과 가족에 대한 **헌법의 지도적 이념**에 따라 판단되어야 한다. 이에 따라 **혼인**이란, 남성과 여성간의 자유로운 합의에 기초하여 법이 정한 형식에 따라 결합되고 원칙적으로 평생 지속되는 생활공동체를 말한다. **가족**은 부모의 혼인여부, 자녀의 성년여부 등과 관계없이, 혼인·혈연 또는 입양에 의하여 결합된 '부모와 자녀의 생활공동체'이다.

2. 법적 성격 및 보장내용

가. 자유권

(1) 자유권으로서 '혼인과 가족생활의 보호'는 **혼인과 가족생활에 관한 자율적 형성**을 부부와 가족 스스로에게 맡기고 있다. '혼인의 보호'는 구체적으로 혼인의 자유, 혼인생활의 구체적 형성에 관한 자유, 혼인제도와 부합하는 범위 내에서 이혼과 재혼의 자유를 보장한다. '가족생활의 보호'는 가족의 구성을 비롯하여 가족생활의 구체적인 형성을 국가의 간섭으로부터 보호하며, 뿐만 아니라 '가족 내에서 부모와 자녀의 관계'를 보호한다. 따라서 헌법 제36조 제1항은 자녀양육에 관한 부모의 자율권(부모의 자녀양육권)을 보장하고 있다.

판 례 헌법 제36조 제1항의 **자유권적 성격**에 관하여 **'부부자산소득 합산과세제도 사건'**에서 "헌법 제36조 제1항은 혼인과 가족생활을 스스로 결정하고 형성할 수 있는 자유를 기본권으로서 보장하고, 혼인과 가족에 대한 제도를 보장한다."고 판시하고 있고(헌재 2002. 8. 29. 2001헌바82, 판례집 14-2, 170), **'호주제 사건'**에서 "호주제는 혼인·가족생활을 어떻게 꾸려나갈 것인지에 관한 개인과 가족의 자율적 결정권을 존중하라는 헌법 제36조 제1항에 부합하지 않는다."고 판시하고 있다(헌재 2005. 2. 3. 2001헌가9, 판례집 17-1, 2).

8촌 이내 혈족 사이의 혼인을 금지하고 이를 혼인의 무효사유로 규정한 민법조항들의 위헌여부가 문제된 사건에서, 이 사건 '금혼조항'은 과잉금지원칙에 부합하는 것으로 혼인의 자유를 침해하지 않는다고 판단한 반면, 이 사건 '무효조항'에 대해서는, 근친혼이 가까운 혈족 사이의 신분관계 등에 현저한 혼란을 초래하고 가족제도의 기능을 심각하게 훼손하는 경우에 한정하여 무효로 하더라도 충분히 그 입법목적을 달성할 수 있으므로, 과잉금지원칙에 위배하여 **혼인의 자유를 침해**한다고 판단하였다(헌재 2022. 10. 27. 2018헌바115).

(2) **부모의 자녀양육권**은 대국가적 방어권으로 자녀의 양육과 교육에 있어서 국가가 부당하게 간섭하거나 방해하는 것을 금지한다. 자녀의 양육과 교육은 부모의 자연적 권리이자 일차적으로 부모에게 부과되는 의무이다. 부모의 양육권은 부모 자신의 자유행사나 인격발현을 위해서가 아니라 자녀를 위하여 보장된 것이다(헌재 2000. 4. 27. 98헌가16). 부모의 양육권은 본질적으로 **자녀의 복리를 위하여 행사되어야 하는 의무적 성격의 기본권**이다. 부모의 양육권은 '자녀와의 관계에서는' 권리라고 하기 보다는 자녀의 복리에 의하여 규정되는 의무이자 책임이지만, 반면에 **'국가와의 관계에서는' 국가에 대한 방어권**으로서 기본권적 성격을 가진다.

가정 내에서의 양육과 교육은 원칙적으로 부모의 권리에 속한다. 국가는 학교교육의 영역을 제외한다면, 부모의 양육권과 경쟁하는 독자적인 양육권한을 가지고 있는 것이 아니라, 단지 감독자적 지위에서 부모의 양육권의 남용을 방지할 권한과 의무만을 가지고 있다. 부모의 양육권이 공동화(空洞化)되지 않으려면, 국가의 간섭은 자녀의 복리가 위협받는 경우에 국한되어야 한다. **부모의 양육권에 대한 국가의 감독자적 지위**는 자녀의 복리를 스스로 정의하고 이를 최상으로 실현하고자 하는 적극적인 지위가 아니라, 자녀의 복리에 의하여 설정되는 부모 양육권의 한계가 준수되는지, 부모의 의무가 이행되는지를 감시하고 부득이한 경우에 한하여 간섭하는 데 그치는 소극적인 지위이다. 그러므로 부모가 자신의 헌법적 책임을 이행하지 않거나 이행할 수 없는 경우에만 부모의 양육권에 대한 제한은 정당화된다.

판 례 16세 미만의 청소년에게 오전 0시부터 오전 6시까지 인터넷게임의 제공을 금지하는 구 청소년보호법조항의 위헌여부가 문제된 **'강제적 셧다운제 사건'**에서 '자녀양육에 있어서 부모와 국가의 관계'에 관한 깊은 고민 없이, '청소년들의 수면시간 확보'를 입법목적으로 언급하면서 과잉금지원칙을 기계적으로 적용한 결과, '강제적 셧다운제' 조항을 합헌으로 판단하였다(헌재 2014. 4. 24. 2011헌마659등). 국가가 청소년의 인터넷 사용과 관련하여 '부모'에 대한 '국가의 청소년 보호의무'를 주장하여 개입할 수 있다면, 국가는 사교육, 여가생활 등 청소년의 모든 생활영역에서 자신의 보호의무를 주장하여 부모 대신에 청소년의 일상을 규율할 수 있을 것이고, 이로써 자녀양육의 일차적인 주체는 더 이상 부모가 아니라 국가가 될 것이다(사회주의국가에서 이루어지는 '집단적 보육').

나. 제도보장

(1) 헌법 제36조 제1항은 혼인과 가족생활이란 생활질서를 제도로서 보장함으로써 제도적 보장의 성격을 가진다. 혼인과 가족은 선국가적 개념이 아니라 법률에 의하여 비로소 형성되는 개념이다. **혼인과 가족생활이 법질서 내에서 보호받기 위해서는 입법자에 의한 구체적인 형성을 필요**로 한다. 가령, 입법자가 법률로써 혼인의 성립과 효력을 규율하는 혼인제도를 형성해야, 개인은 비로소 혼인의 자유를 행사할 수 있다.

(2) **입법자는 혼인과 가족의 제도를 형성함에 있어서** 첫째, 혼인·가족제도의 핵심적 내용이 보장되어야 한다는 점에서, 둘째, '개인의 존엄'과 '양성의 평등'을 입법형성의 헌법적 지침으로 삼아야 한다는 점에서 **이중적으로 구속**을 받는다.

제도보장으로 인하여 입법자가 혼인과 가족을 폐지할 수 없는 것은 물론이고, 제도의 규범적 핵심을 형해화해서는 안 된다. 입법자는 혼인과 가족생활을 형성함에 있어서 혼인과 가족의 헌법적 개념을 기준으로 삼아야 하고, 이러한 헌법정신에 의하여 구속을 받는다. 입법자는 **혼인과 가족의 헌법적 개념으로부터 나오는 본질적인 구조적 요소**(예컨대, 혼인과 관련하여 일부일처제, 남성과 여성 사이의 합의, 원칙적으로 평생 동안 계획된 생활공동체 등)를 존중하여야 한다.

판 례 사실혼 배우자에게 상속권을 인정하지 않는 민법조항이 헌법 제36조 제1항의 혼인제도보장에 위반되는지 여부에 관하여, 헌법재판소는 "헌법 제36조 제1항에서 규정하는 '혼인'이란 **양성이** 평등하고 존엄한 개인으로서 **자유로운 의사의 합치에 의하여 생활공동체를 이루는 것으로서 법적으로 승인받은 것**을 말하므로, 법적으로 승인되지 아니한 사실혼은 헌법 제36조 제1항의 보호범위에 포함된다고 보기 어렵다."고 판시하고 있다(헌재 2014. 8. 28. 2013헌바119, 판례집 26-2상, 311, 318).

제도보장의 요소로서 일부일처제에 관하여 "제도보장으로서의 혼인은 일반적인 법에 의한 폐지나 제도 본질의 침해를 금지한다는 의미의 **최소보장의 원칙**이 적용되는 대상으로서 **혼인제도의 규범적 핵심**을 말하고, 여기에는 당연히 일부일처제가 포함된다. 그런데 중혼은 일부일처제에 반하는 상태로, 언제든지 중혼을 취소할 수 있게 하는 것은 헌법 제36조 제1항의 규정에 의하여 국가에 부과된, 개인의 존엄과 양성의 평등을 기초로 한 혼인과 가족생활의 유지·보장의무 이행에 부합한다."고 판시하고 있다(헌재 2014. 7. 24. 2011헌바275, 판례집 26-2상, 1, 5).

헌법은 제도보장 외에도, 입법자가 **혼인제도와 가족제도를 형성함에 있어서 준수해야 하는 2가지 중요한 헌법적 지침**인 '개인의 존엄'과 '양성의 평등'을 제시하고 있다. 혼인과 가족생활이 **'개인의 존엄'**에 기초해야 한다는 것은, 혼인과 가족생활의 형성에 관한 자기결정권이 보장되도록 혼인·가족제도를 형성해야 한다는 것을 의미한다. 따라서 개인의 존엄성에 기초하는 혼인제도는 혼인에 관한 자기결정권을 전제로 하는 자유혼(自由婚)제도를 요청하고, 나아가 중혼을 금지하고 일부일처제를 요청한다. 혼인과 가족생활에서 **'양성의 평등'**은 전통적인 남존여비사상과 가부장적 사고를 부정한다. 여기서 '양성의 평등'은 혼인에서의 평등(남편과 처의 관계) 및 가족생활에서의 평등(아들과 딸의 관계)을 포괄한다.

판 례 헌법재판소는 남계혈통을 중심으로 가(家)라는 가족집단을 구성하고 이를 직계비속남자를 통하여 승계시키는 제도인 **호주제도**는 "혼인·가족생활을 어떻게 꾸려나갈 것인지에 관한 개인과 가족의 자율적 결정권을 존중하라는 헌법 제36조 제1항에 부합하지 않는다."고 판시하여 위헌으로 판단하였고(헌재 2005. 2. 3. 2001헌가9), 부계혈통주의에 입각하여 아버지가 대한민국의 국민인 경우에만 그 자(子)가 대한민국의 국적을 취득하도록 규정하는 **국적법상 부계혈통주의조항**은 "헌법 제36조 제1항이 규정한 '가족생활에 있어서의 양성의 평등원칙'에 위배된다."고 판시하여 위헌으로 판단하였다(헌재 2000. 8. 31. 97헌가12). 한편, 성의 사용기준과 관련하여 자(子)로 하여금 부(父)의 성(姓)을 따르도록 하는 **부성주의(父姓主義)**를 원칙으로 규정한 것에 대하여 헌법재판소의 다수의견은 혼인과 가족생활에 있어서의 양성의 평등에 반하지 않는 것으로 판단하였다(헌재 2005. 12. 22. 2003헌가5등).

다. 객관적 가치결정

(1) 헌법 제36조 제1항은 단지 혼인과 가족생활을 주관적 방어권이자 제도적으로 보장하는 것에 그치지 아니하고, 나아가 객관적 가치결정으로서 모든 국가기관에 대하여 혼인과 가족생활을 보장해야 할 의무와 과제를 제시함으로써, 일차적으로 **혼인과 가족생활에 대한 불리한 차별을 금지**할 뿐만 아니라, **혼인과 가족생활을 지원해야 할 국가의 의무**를 부과한다.

(2) 헌법 제36조 제1항은 혼인을 하였다는 이유로 또는 가족을 구성하였다는 이유로 누구도 불리한 차별을 받아서는 안 된다는 요청을 함으로써, 헌법 제11조의 일반적 평등조항에 대한 **특별평등조항**에 해당한다. 따라서 국가가 혼인과 가족생활에 대하여 차별을 하는 경우에는 엄격한 평등심사를 받으며 원칙적으로 위헌이다. 부부와 가족은 **조세상의 부담**을 부과 받음에 있어서 다른 인적 집단에 비하여 불리한 취급을 받아서는 안 된다. 가족으로 인하여 발생하는 사실상의 부양비용은 세법상으로 고려되어야 하며, 부부의 소득에 대한 합산과세 및 자녀와 부모의 소득에 대한 합산과세는 부부나 가족으로 하여금 개인 과세되는 사람보다 더 많은 조세를 부담하게 하므로 위헌이다.

(3) 헌법 제36조 제1항은 혼인과 가족생활에 대한 불리한 차별의 금지를 넘어서, 국가에게 **혼인과 가족생활에 대한 적극적인 지원의 과제**를 부과하고 있다. 이러한 점에서 사회적 기본권의 성격이 인정될 수 있다. 혼인과 가족생활에 대한 지원의 과제는 일차적으로 **혼인과 가족의 공동체를 가능하게 하고 유지해야 할 의무**를 의미한다. 국가는 외국인에 대한 가족의 합류 결정이나 국외추방의 결정에 있어서 혼인과 가족생활의 보호에 관한 헌법적 결정을 고려해야 한다. 나아가, 혼인과 가족생활에 대한 지원의 과제는 자녀양육을 지원하기 위한 육아휴가·육아휴직, 육아시설의 제공, 자녀의 양육부담에 대한 세제혜택 등 다양한 제도의 도입이나 자녀양육보조금과 같은 직접적인 재정적 조치 등을 통하여 이루어질 수 있다. 뿐만 아니라, 국가는 **사인의 침해로부터 혼인과**

가족생활을 보호해야 할 의무를 진다.

판 례 **'부부자산소득 합산과세제도 사건'**에서 **헌법 제36조 제1항의 규범내용**에 관하여 "헌법 제36조 제1항은 혼인과 가족생활을 스스로 결정하고 형성할 수 있는 **자유를 기본권으로서 보장**하고, 혼인과 가족에 대한 **제도를 보장**한다. 그리고 헌법 제36조 제1항은 혼인과 가족에 관련되는 공법 및 사법의 모든 영역에 영향을 미치는 **헌법원리 내지 원칙규범으로서의 성격**도 가지는데, 이는 적극적으로는 적절한 조치를 통해서 혼인과 가족을 지원하고 제삼자에 의한 침해 앞에서 혼인과 가족을 보호해야 할 국가의 과제를 포함하며, 소극적으로는 불이익을 야기하는 제한조치를 통해서 혼인과 가족을 차별하는 것을 금지해야 할 국가의 의무를 포함한다."고 확인한 다음, **평등심사의 기준**에 관하여 "이러한 헌법원리로부터 도출되는 차별금지명령은 헌법 제11조 제1항에서 보장되는 평등원칙을 혼인과 가족생활영역에서 더욱 더 구체화함으로써 혼인과 가족을 부당한 차별로부터 특별히 더 보호하려는 목적을 가진다. 이 때 특정한 법률조항이 혼인한 자를 불리하게 하는 차별취급은 **중대한 합리적 근거가 존재하여 헌법상 정당화되는 경우에만** 헌법 제36조 제1항에 위배되지 아니한다."고 하여 엄격한 심사기준이 적용됨을 밝히고 있다(헌재 2002. 8. 29. 2001헌바82).

종합부동산세의 과세방법을 '인별합산'이 아니라 '세대별 합산'으로 규정한 종합부동산세법규정이 헌법 제36조 제1항에 위반되는 것인지 여부가 문제된 **'종합부동산세사건'**에서 "특정한 조세 법률조항이 혼인이나 가족생활을 근거로 부부 등 가족이 있는 자를 혼인하지 아니한 자 등에 비하여 차별 취급하는 것이라면 **비례의 원칙에 의한 심사**에 의하여 정당화되지 않는 한 헌법 제36조 제1항에 위반된다 할 것인데, …."라고 판시하고 있다(헌재 2008. 11. 13. 2006헌바112).

Ⅱ. 모성의 보호의무

헌법 제36조 제2항은 "국가는 모성의 보호를 위하여 노력하여야 한다."고 하여 모성에 대한 국가의 보호의무를 규정하고 있다. 모성(母性)이라 함은, 혼인여부와 관계없이 자녀의 출산을 앞두고 있거나 자녀를 출산한 여성을 말한다. 모성의 보호는 생물학적 모성으로 인하여 발생하는 특별한 부담인 **임신 · 출산 · 수유(授乳)와 연관**되고 이에 한정된다. 이에 대하여, 자녀의 양육으로 인하여 발생하는 부담은 헌법 제36조 제1항의 '가족의 보호'에 의하여 고려되어야 하는 문제이다. 모성 없이는 부모와 가족이 존재할 수 없기 때문에, 모성은 가족을 구성하는 핵심적 요소이며, 모성의 보호는 가족생활의 전제조건을 보호하는 기능을 한다. 모성의 보호는 특히 우려되는 인구감소의 추세에 비추어 특별한 의미를 가진다.

헌법 제36조 제2항은 국가에게 **모성에 대한 보호와 배려**를 요청한다. 모성에 대한 국가의 보호와 배려는 일차적으로 임신이나 출산으로 인하여 고용 · 해고 · 임금에 있어서 모가 불리한 차별을 받지 않도록 규율할 것을 요청하며, 나아가 건강검진, 출산휴가 등 모성에 대한 적극적인 지원을 요청한다.

Ⅲ. 국민보건에 대한 국가의 보호의무

헌법 제36조 제3항은 "모든 국민은 보건에 관하여 국가의 보호를 받는다."고 하여 국민의 건강을 유지하고 증진시키기 위하여 노력해야 할 국가의 의무와 과제를 규정하고 있다. 헌법 제36조 제3항이 **국가를 구속하는 헌법적 의무와 목표**를 제시하고 있다는 점에서, 이러한 국가목표는 **'보건에 관한 국민의 권리'**라는 '사회적 기본권'의 형태로도 규정될 수도 있다. 개인의 건강이란 행복의 전제조건이자 다른 자유를 행사하기 위한 사실적 기초이므로, 국가의 이러한 의무는 자유를 실제로 행사할 수 있는 실질적 조건을 형성하고자 하는 사회국가적 의무에 속하는 것이다.

국가가 개인의 건강을 침해해서는 안 된다는 의미에서 소극적인 성격의 방어권은 헌법에 명시적으로 규정되지 아니한 자유권인 건강권(신체불가침권)에 의하여 보호되는 반면, 헌법 제36조 제3항은 국가에 대하여 **적극적으로 국민의 보건을 위한 정책을 수립하고 시행해야 할 의무**를 부과하고 있다(헌재 2010. 4. 29. 2008헌마622, 판례집 22-1하, 126, 135).

제 8 장 국민의 기본의무

Ⅰ. 개념 및 의의

19세기 유럽의 법치국가적 헌법은 국민의 의무를 명시적으로 규정하지 않았다. 법치국가적 헌법의 주된 목표는 국가권력을 제한하고자 하는 것이므로, 헌법은 국가를 구속하고 국가기관에 대하여 의무를 부과하는 것이지, 국민에게 의무를 부과하는 것은 법치국가적 헌법의 경향에 반하는 것이었다. 따라서 19세기 헌법에서는 국민의 기본의무가 헌법적으로 규범화된 것을 거의 찾아볼 수 없다. 1919년 **독일 바이마르헌법에서 비로소** 기본권과 함께 일련의 기본의무가 수용됨으로써, 기본권과 기본의무가 처음으로 체계적 연관관계에서 규율되었다. **1948년 우리 건국헌법**은 독일 바이마르헌법을 모델로 삼아 기본권과 함께 국민의 의무를 함께 규율하였고, 이러한 규율체계는 현행 헌법까지도 그대로 유지되고 있다.

국민의 기본의무는 **헌법적으로 규정된 개인의 의무, 즉 국가에 대한 개인의 헌법적 의무**이다. 일반적으로 '국민의 의무'라 한다면, 국방·납세·교육의 의무와 같은 협의의 기본의무를 말한다. 기본의무는 국가에 대한 개인의 헌법적 지위의 양면(기본권과 기본의무) 중에서 한 면을 서술하고 있다. **기본권의 주체로서 국민**은 국가에게 작위와 부작위 등 무엇을 요구할 수 있는 반면, **기본의무의 주체로서 국민**은 국가에 대하여 무엇인가를 부담하고 수인해야 한다. 헌법이 국가공동체의 유지와 존속을 위하여 국민으로부터 특정한 기여나 희생을 요구하는 것에 기본의무의 본질이 있다. 이러한 의미에서 기본의무는 국가공동체에 대한 국민의 기여의무이다.

국민의 기본의무는 **자유민주국가가 존속하고 기능하기 위한 불가결한 조건이자 개인의 자유가 보장되기 위한 필수적 전제조건**에 속한다. 국가는 그 존속과 기능에 있어서 국민이 국가를 방위하고 자녀를 양육하며 조세를 납부하고 법질서에 복종하는 것에 절대적으로 의존하고 있다. 개인에게 헌법상 보장된 '기본권'이 개인의 자유로운 생존을 위한 기본조건에 관한 것이라면, **국민의 '기본의무'는 국가의 생존을 위한 기본조건**에 관한 것이며, 이로써 '국가의 기본권'이라 할 수 있다. 국가의 존속과 기능이 보장되지 않고서는 개인의 자유도 있을 수 없다. 이러한 점에서 기본의무는 자유에 대한 위협이 아니라 자유보장의 필수적 조건이다.

Ⅱ. 법적 성격

1. 입법자의 입법에 의하여 구체화되는 헌법적 의무

법치국가적 헌법질서에서 국민은 자유의 주체이고 국가는 법적 의무의 주체이다. 법치국가적 헌법은 국가권력을 제한하고자 하는 것이므로, 헌법에 의하여 구속을 받고 의무를 지는 것은 국가기관이다. 법치국가적 헌법은 국민에게는 자유를 보장하는 반면, 국가에게는 한편으로는 국가목표·국가과제·헌법위임에 관한 규정을 통하여 이를 실현해야 할 행위의무를 부과하고 다른 한편으로는 자유권의 보장을 통하여 이를 존중해야 할 부작위의 의무를 부과한다.

헌법은 국민에게 직접 집행할 수 있는 의무를 부과하지 않는다. 헌법상 기본의무는 표면상으로는 국민을 수범자로 하고 있지만, 실제로는 국가에 대한 요청이다. 헌법상 기본의무의 실현은 개인의 자유에 대한 제한을 의미하므로, 개인의 자유영역에 대한 모든 제한과 마찬가지로 국민에 대한 의무의 부과는 법률을 필요로 한다. **국민의 기본의무는 관철되고 집행되기 위하여 입법자에 의한 형성과 구체화를 필요**로 한다. 국민의 기본의무는 헌법적 차원에서 규정되고 있으나, 그 구체적 내용과 법적 효력은 법률에 의하여 비로소 획득되며, 오로지 법률을 매개로 하여 개인에 대한 효력을 가진다. 기본의무가 법적인 형성에 의존하고 있다는 것은 기본의무를 규정하는 헌법규범의 법문("법률이 정하는 바에 의하여")에서도 그대로 표현되고 있다.

2. 특정 국가목표·과제의 실현을 위하여 자유권의 제한을 허용하는 헌법적 근거

국민의 기본의무는 입법자에게 법률로써 국민에게 의무를 부과할 수 있는 권한을 부여한다. 입법자에 의한 의무의 부과는 필연적으로 자유권의 제한을 수반하므로, 국민의 기본의무는 입법자에게 자유권을 제한할 수 있는 권한을 부여하는 헌법규범이다. **국민의 기본의무는 국가공동체의 유지를 위하여 불가결한 국가목표·국가과제를 제시하면서, 그 실현을 위하여 자유권에 대한 제한을 허용하는 헌법적 근거**이다. 가령, 국방의 의무는 '국가안보'라는 국가과제를 위하여, 납세의 의무는 '국가재정의 충당'이라는 국가과제를 위하여, 환경보전의무는 '환경의 보전'이라는 국가과제를 위하여, 취학의 의무는 '후세대의 교육'이라는 국가과제를 위하여 국민의 기본권에 대한 제한을 허용하는 것이다.

한편, **국민의 기본의무는 법치국가원리의 관점에서 정당화되는 범위 내에서만 입법자에 의하여 실현되고 구체화**될 수 있다. 따라서 입법자에 의한 기본의무의 실현은 법률유보와 과잉금지원칙의 구속을 받는다. 헌법상 기본의무가 인정되는 한, 국민은 자신의 기본권을 주장하여 기본의무의 이행을 거부할 수 없다. 국민은 헌법상 기본의무의 존재로 말미암아 국가에 의한 '의무부과 그 자체'에 대해서는 이의를 제기할 수 없지만, 입법자에 의한 구체적인 '의무부과의 내용과 형식'에 대해서는 다른 법률의 경우와 마찬가지로 과잉금지원칙과 명확성원칙 등에 근거하여 이의를 제기할 수 있다.

Ⅲ. 주 체

기본의무는 국가공동체의 유지를 위한 의무로서 **일차적으로 국민의 의무**이다. 한편, 기본의무는 국적과 관계없이 모든 인간에게 부과되는 '인간의 의무'는 아니지만, 그렇다고 하여 **반드시 국적과 결부되는 것은 아니다.** 납세의 의무, 환경보전의 의무, 부모의 취학의무가 국민에게만 해당하는 것은 아니다. 기본의무는 자유민주국가를 유지해야 할 필요성에 기인하는 것이므로, 국가는 원칙적으로 **'국가의 존재로부터 이익을 향유하는 모든 사람'**에 대하여 공동체의 유지를 위하여 불가피한 부담을 '부담평등의 원칙'에 따라 분배할 수 있다. 나아가, **법인**도 기본의무의 주체가 될 수 있다. 기본권과 마찬가지로, 기본의무가 그 본질상 법인에게 적용될 수 있다면, 납세의무 등 기본의무는 내국의 사법인에 대해서도 효력을 가진다.

Ⅳ. 헌법상 국민의 기본의무의 구체적 내용

1. 법질서에 대한 복종의무

법질서에 대한 복종의무란 **합헌적 법률과 이에 근거한 국가행위에 대한 복종의무**를 말한다. 법질서에 대한 복종은 법치국가에서 지극히 당연한 것이고 법의 집행에 의하여 관철되기 때문에, 법복종의무는 헌법적으로 명시적으로 규율될 필요가 없다. 법복종의무는 국가의 지배가 가능하기 위한 전제조건이자 법질서가 기능하기 위한 전제조건이지, 법의 규율대상이 아니다. 따라서 법복종의무는 **예외적으로 입법자의 구체적 법률 없이도 국민을 직접 구속하는 헌법적 기본의무**이다. 법적 공동체로서 국가는 국민의 법복종의무 없이는 존재할 수 없다. 법질서에 복종해야 하는 국민의 의무는 법에 의하여 지배되는 법치국가의 당연한 전제조건이다. 법치국가원리가 국가에 대하여 '법에 의한 지배의 의무'를 부과한다면, 이러한 국가의 의무에 대응하는 것이 바로 '법에 복종해야 할 국민의 의무'이다.

국민의 법복종의무는 **사적인 폭력행사와 자력구제를 금지하는 국민의 평화의무**(Friedensp-flicht)를 포함한다. 기본권은 처음부터 평화적 자유행사의 유보 하에 있다. 국민의 평화의무는 모든 자유권의 한계이자 국가의 정치적 지배가 가능하기 위한 필수적 전제조건으로서, 국가로 조직된 모든 공동체에 내재하는 국민의 의무이다.

그러나 국가에 대하여 충성하고 헌법질서를 수호해야 할 국민의 의무는 존재하지 않는다. 저항권은 국민의 저항의무가 아니라 단지 국민의 권리이다. 또한, 자신의 자유를 헌법에 대한 투쟁을 위하여 사용해서는 안 될 국민의 의무도 존재하지 않는다. **헌법과 국가에 대한 국민의 충성의무는 법적으로 강제할 수 없는 윤리적 의무**이다. 다만, 공무원에 한하여 헌법에 대한 충성의무가 존재한다.

2. 납세의 의무

헌법 제38조는 "모든 국민은 법률이 정하는 바에 의하여 납세의 의무를 진다."고 규정하고 있다. 개인의 인격발현을 위한 조건이 국가에 의하여 제공되고 보장된다는 점에서, 국가공동체의 구성원이 재정적으로 국가과제의 이행에 기여해야 한다는 것은 개인의 공동체기속의 관점에서 요청되는 것이다.

3. 국방의 의무

헌법 제39조는 제1항에서 "모든 국민은 법률이 정하는 바에 의하여 국방의 의무를 진다."고 하여 국방의 의무를 규정하고 있다. 국방의 의무는 납세의 의무와는 달리 국민에 대하여 재산적 희생이 아니라 개인적 희생을 요구한다. 헌법 제39조 제1항은 국민에게 직접 국방의무를 부과하는 규정이 아니라, 국가에게 국방의무를 부과할 수 있는 권한을 부여하는 수권규범(授權規範)이다. 국민에 대한 직접적인 의무 부과는 헌법이 아니라 국방의무의 조건·내용·범위를 규정하는 법률에 의하여 이루어진다.

4. 교육을 받게 해야 할 의무

헌법 제31조는 제2항에서 "모든 국민은 그 보호하는 자녀에게 적어도 초등교육과 법률이 정하는 교육을 받게 할 의무를 진다."고 하여 취학의무를 규정하면서, **제3항**에서 "의무교육은 무상으로 한다."고 규정하고 있다. '교육을 받게 해야 할 의무'는 취학아동을 가진 부모 등 보호자가 그 자녀로 하여금 **의무교육을 받도록 취학시킬 의무**를 말한다. 국민의 취학의무(就學義務)는 이에 대응하여 국가가 이에 필요한 교육시설과 교육제도를 제공해야 한다는 것을 당연한 전제로 하고 있다. 취학의무의 경우, 국가는 국민에게 급부제공의 의무가 아니라 국가가 제공하는 급부의 수령의무를 부과한다.

국가가 의무교육의 형태로 국민에게 급부의 수령을 강제한다면, 그 대신 국민으로부터 국가의 급부제공에 대하여 원칙적으로 반대급부를 요구할 수 없다고 하는 것이 바로 **'의무교육의 무상성'**이다. 따라서 **의무교육의 무상(無償)의 범위**는 국가의 급부제공에 대한 반대급부에 해당하는 것에 제한되며, 반대급부에 해당하는 것은 바로 '수업료'이다. 물론, 국가는 다른 국가과제와 국가재정이 허용하는 범위 내에서 무상의 범위를 교재, 학용품, 급식 등에도 확대할 수는 있으나, 헌법적으로 보장되는 무상교육의 범위는 수업료에 국한된다.

판 례 헌법재판소는 **'학교급식비 사건'**에서 **의무교육의 무상의 범위**는 헌법상 교육의 기회균등을 실현하기 위하여 필수불가결한 비용(**수업료를 비롯하여 의무교육과정의 인적·물적 기반을 유지하기 위한 필수적 비용**)에 한정된다고 확인하면서, 의무교육으로 운영되는 중학교에서 급식비의 일부를 학부모에게 부담하도록 규정한 학교급식법규정은 '의무교육 무상의 원칙'에 위반되지 않는다고 판단하였다(헌재 2012. 4. 24. 2010헌바164). 한편, 헌법재판소는 **'학교운영지원비 사건'**에서 의무교육으로 운영되는 중학교에서 의무교육과정의 **인적 기반을 유지하기 위한 비용**을 충당하는데 사용되고 있는 학교운영지원비를 징수하는 것은 '의무교육 무상의 원칙'에 위배된다고 판단하였고(헌재 2012. 8. 23. 2010헌바220), **'학교용지부담금 사건'**에서는 의무교육을 시행하기 위한 **물적 기반인 학교용지**를 확보하기 위하여 학교용지부담금의 형태로 특정한 집단으로부터 그 비용을 추가로 징수하는 것은 의무교육 무상의 원칙에 위반된다고 판단하였다(헌재 2005. 3. 31. 2003헌가20).

5. 근로의 의무

헌법 제32조 제2항은 "모든 국민은 근로의 의무를 진다. 국가는 근로의 의무의 내용과 조건을 민주주의원칙에 따라 법률로 정한다."고 규정하고 있다. 국가가 모든 국민에게 일자리를 제공할 수 있는 경우에만 이에 대응하는 근로의 의무가 성립할 수 있다. 그러나 자유민주국가에서 국민의 주관적 권리로서 근로의 권리가 존재하지 않으며, 이를 전제로 하는 근로의 의무도 존재하지 않는다. 모든 사람이 국가에게 직장을 요구할 수 있는 주관적 권리를 가지고 있다면, 이를 이행하기 위하여 국가는 필연적으로 노동시장에 관한 결정권한을 가져야 할 것이고, 이는 곧 자유주의적 경제질서와 직업선택의 자유의 종말을 의미한다.

따라서 **헌법의 통일성에 비추어 근로의 의무가 직업선택의 자유와 조화를 이루기 위해서는**, 근로의 의무 부과는 **공익상의 이유로 불가피한 영역에 국한**되어야 한다. 이러한 경우란, 무엇보다도 국가비상시의 경우 국민에게 예외적으로 법률로써 민간시설이나 군시설에서의 노력지원(勞力支援)의 의무 등 근로의 의무를 부과하는 상황이다. 또한, 사회보험의 기능유지의 관점에서, 실업보험급여 등 국가의 급부를 요구하는 국민에게 직장선택의 자유를 제한하고 국가가 제공하는 일자리를 수인할 것을 강제하는 경우이다.

6. 환경보전의무

헌법 제35조 제1항 후단은 "… 국가와 국민은 환경보전을 위하여 노력하여야 한다."고 하여, 국가뿐만 아니라 국민에 대해서도 환경보전의무를 지우고 있다. 환경침해행위가 주로 사기업 등 국민에 의하여 발생하기 때문에, 환경보전의 과제는 이에 상응하는 국민의 노력 없이는 실현될 수 없다. 그러나 국민은 헌법적 환경보전의무의 직접적인 상대방이 아니다. 환경보전의무는 일차적으로 입법자에게 부과되며, 국민은 입법자에 의하여 형성된 환경보호관련 법률에 따라 의무를 부과받게 된다. 환경보전이라는 국가목표의 실현은 필연적으로 개인의 자유에 대한 제한을 수반한다.

7. 재산권행사에 대한 제한을 수인해야 할 의무

헌법 제23조 제2항은 "재산권의 행사는 공공복리에 적합하도록 하여야 한다."고 규정하고 있다. 위 조항은 마치 재산권의 행사에 있어서 준수해야 할 국민의 의무를 규정하는 것처럼 표현하고 있지만, **공공복리에 부합하는 방향으로 재산권을 행사해야 할 헌법적 의무는 존재하지 않는다**. 자유행사의 방향과 목적이 공공복리에 의하여 이미 헌법적으로 정해져 있다면, 이는 자유의 종말을 의미한다. 자유행사의 여부와 방법에 관한 자기결정권을 자유의 본질로 이해하는 자유민주국가의 헌법에서, '공공복리에 적합하게 자유를 행사해야 할 의무'는 '법적 의무'로서 존재할 수 없다. 따라서 재산권행사의 공공복리적합의무는 국가공동체가 국민으로부터 그 자발적 이행을 기대할 수밖에 없는 **'윤리적 의무'**에 지나지 않는다.

한편, 헌법 제23조 제2항은 재산권의 사회적 구속성을 언급함으로써 공공복리의 실현을 위하여 재산권이 제한될 수 있다는 **'개인의 사회적 책임성'을 표현**하고 있다(제3편 제4장 제10절 Ⅳ. 참조). 이러한 의미에서 헌법 제23조 제2항은 개인에게 **'공공복리의 실현을 위하여 불가피한 재산권의 제한을 수인해야 할 의무'를 부과**하고 있으므로, **사회국가적 관점에서 부과되는 이러한 헌법적 의무**를 '국민의 기본의무'로 이해할 수 있다.

제 4 편

권력구조

제 1 장 정부형태

Ⅰ. 정부형태의 의미 및 유형

오늘날 각 나라마다 정부형태가 상이하지만, 이러한 다양한 정부형태는 **'미국의 대통령제'**와 **'영국의 의원내각제'라는 2가지 기본유형**을 각국의 정치실정에 맞게 변형한 것이다. 순수한 형태의 대통령제나 의원내각제는 그 발생지에서만 원형을 찾아 볼 수 있고, 대부분의 국가는 위 두 가지 제도를 변형시키거나 혼합한 정부형태를 취하고 있다. 정부형태란 **국가권력구조에서 권력분립원리가 어떻게 실현되고 있는지의 문제**, 특히 정치적 헌법기관인 입법부와 집행부의 관계가 어떠한지에 관한 문제이다.

Ⅱ. 의원내각제

1. 개념 및 역사적 기원

의원내각제는 의회에서 선출되고 **의회에 대하여 정치적 책임을 지는 내각이 집행부의 기능을 담당하는 정부형태**를 말한다. 의원내각제는 영국에서 군주와 시민계급의 투쟁과정에서 생성된 역사적 산물로서, 시민계급을 대표하는 의회에 의하여 군주의 집행권이 제한될 필요가 있다는 사고에 기초하고 있다. 의원내각제는 민주주의적 사고, 즉 **의회주권의 사고**를 보다 강하게 실현하고자 한다. 내각은 그 성립과 존속에 있어서 의회의 신임에 의존하고, 의회에 대하여 지속적으로 정치적 책임을 진다. 의원내각제는 의회주의와 대의제의 이념에 입각한 책임정치의 실현을 목적으로 하여, **의회와 내각 사이의 조직상 · 기능상의 의존성**을 특징으로 하고 있다.

2. 본 질

의원내각제의 본질에 속하는 것은 **집행부의 이원적 구조 및 의회에 대한 내각의 의존성**이다. 의원내각제에서 **집행부의 이원적 구조**는 절대군주제에서 입헌군주제로[1] 이행하는 과정에서 생성된 **역사적 산물**이다. 군주와 의회 사이의 권력투쟁과정에서 의회의 권한이 강화되면서 의회가 집행부에 대하여 정치적 책임을 물을 수 있게 되었는데, 이 과정에서 의회에 대하여 정치적 책임을 지는 **'내각'과** 왕권신수설에 근거하여 신성불가침의 존재로서 정치적 책임을 지지 않는 **'군주'로 집행부가 분리**되었다. 군주의 권력은 시간의 흐름에 따라 점차 약화되어 형식적인 권한으로 축소되었지만, 군주의 지위는 오늘날 상징적 군주나 대통령의 형태로 존속하고 있다.

1) 입헌군주제란, 군주가 스스로 헌법을 제정하여 자발적으로 헌법의 구속을 받는 군주제를 말한다. 입헌군주제에서 군주에 의하여 제정된 헌법을 '흠정헌법'이라 한다.

집행부의 장인 수상이 의회에서 선출되어 내각을 구성하고, 내각은 의회에 대하여 책임을 지므로, **내각의 성립과 존속이 의회에 의존**하고 있다. 내각이 의회에 의하여 선출되고 의원으로 구성되기 때문에, 엄격한 권력분립이 이루어지지 않고 **의회와 내각 간의 밀접한 협조 · 공화관계**가 존재한다. 각료와 의원의 겸직이 가능하고, 내각의 법률안 제출권과 각료의 자유로운 의회출석 · 발언권이 인정된다. **의회의 내각불신임권과 내각의 의회해산권**을 통하여 권력의 균형이 유지된다. 집권당이 의회와 내각을 지배하기 때문에, 권력분립이 집권당과 야당의 대립관계로 나타난다. 따라서 대통령제와 비교할 때, 소수의 보호, 즉 소수에 의한 다수의 통제가 더욱 중요한 의미를 가진다. 내각의 성립과 존속이 의회에 의존하고 있기 때문에, 의회 내 세력분포가 대단히 중요하다. **의회 내 안정적 다수를 확보할 수 있는 선거제도**, 즉 소수의 거대정당이 성립될 수 있는 선거제도가 의원내각제의 현실적 전제조건이다.

Ⅲ. 대통령제

1. 역사적 기원

대통령제는 의회로부터 독립되고 **의회에 대하여 정치적 책임을 지지 않는 대통령이 집행부의 기능을 담당하는 정부형태**를 말한다. 대통령제는 독립전쟁의 결과로 탄생한 미국에서 그 당시의 지배적 시대사상인 **자연법사상의 산물**로 나온 것이다. 미연방헌법은 천부적 인권의 보장과 국가권력의 제한 필요성을 역설한 로크의 자연법적 정치철학을 그대로 반영하고 있을 뿐만 아니라, **몽테스키외의 권력분립원리**가 적용된 최초의 헌법이다. 대통령제는 **권력분립원리**를 보다 강하게 실현하고자 하는 정부형태이다.

2. 본 질

대통령제의 본질에 속하는 것은 **집행부의 일원적 구조, 대통령과 의회의 상호독립성 및 상호견제와 균형이다.** 대통령은 국가원수이자 동시에 집행부의 수반이다. 부대통령제는 대통령의 궐위시에 대비한 제도이고 각료회의는 내각과 달리 대통령의 보좌기관이다.

집행부의 성립과 존속이 의회로부터 완전히 독립되어 있다. 대통령이 국민에 의하여 직접 선출되고 임기 중 정치적 책임을 지지 않는다(직선제 및 임기제). 집행부와 입법부 모두 국민으로부터 직접 선출되어 민주적 정당성을 부여받고 임기 동안 서로 독립적으로 자기책임 하에서 활동하며, 상호 정치적 책임을 지지 않는다. 고전적 권력분립사상에 입각하여 **엄격한 권력분립**이 유지되고, **통치기관의 조직상 · 기능상의 독립**이 최대한으로 유지된다. 정부의 의회해산권이나 정부에 대한 의회의 불신임권이 인정되지 않고, 각료와 의원의 겸직이 허용되지 않으며, 정부의 법률안 제출권이나 의회출석발언권도 인정되지 않는다. **견제수단**으로는 대통령의 법률안거부권과 의회의 집행부구성원의 임명동의권, 국정조사권 및 탄핵소추권을 통하여 권력균형이 유지된다.

Ⅳ. 의원내각제와 대통령제의 차이 및 장·단점

1. 양 정부형태의 근본적인 차이

양 정부형태의 근본적인 차이는 **권력분립의 실현정도와 집행부의 구조**에 있다. 의원내각제의 경우, **권력분립**이 완화되어 의회와 집행부가 상호의존관계 및 협력관계에 있다. 반면에, 대통령제의 경우, 고전적 권력분립원리에 따라 입법과 행정이 엄격히 분리되어 상호독립적인 관계에 있다. **집행부의 구조**의 관점에서 본다면, 의원내각제의 경우 상징적이고 정치적으로 중립적인 명목상의 국가원수(대통령이나 군주)와 실질적인 집행권한을 가진 집행부로 구성되는 이원적 구조가 특징적이다. 반면에, 대통령제의 경우 대통령 단독의 일원적 구조가 특징적이다. 양 제도의 근본적인 차이가 무엇보다도 권력분립의 실현 정도에 있으므로, 의회와 집행부의 상호관계가 의존적인지 또는 독립적인지 여부, 특히 의회의 내각불신임권과 집행부의 의회해산권의 존부가 **양 제도를 구분하는 결정적 기준**이다.

2. 양 정부형태의 장·단점

양 제도의 장·단점은 양 제도의 추상적 비교에 따른 상대적인 것이다. **정국 및 집행부의 안정성의 관점**에서, 대통령제가 상대적으로 유리하다. 의원내각제의 경우 집행부의 존속이 의회의 신임여부에 달려있는 반면에, 대통령제에서는 집행부의 존속이 대통령의 임기제로 인하여 의회에 대하여 독립적이다. **책임정치의 관점**에서, 내각이 의회에 대하여 정치적 책임을 지므로, 의원내각제가 상대적으로 유리하다.

의회와 정부가 서로 대치하는 경우 그 해결가능성이 존재하는지의 관점에서, 의원내각제가 유리하다. **의원내각제**에서는 내각불신임결의와 의회해산을 통하여 정치적 대치상황을 해결할 수 있는 가능성이 있고, 상징적 국가원수의 중재자적 역할을 기대할 수도 있다. **대통령제**의 경우, 의회가 여소야대의 상황에서 예산의결이나 반드시 필요한 입법을 하지 않으면 국가기능이 마비될 우려가 있는데, 이러한 정치적 대립상황을 해결할 제도적 장치가 없다.

Ⅴ. 이원적 집정부제

이원적 집정부제(二元的 執政府制)란, 집행부가 대통령과 내각으로 이원적으로 구성되어 **대통령과 내각이 각 집행에 관한 실질적인 권한을 나누어 가지는 정부형태**를 말한다. 이원적 집정부제는 이원집행부제, 반대통령제(半大統領制) 등으로 불리기도 한다. 1958년 프랑스 제5공화국 헌법에서 찾아볼 수 있는 정부형태로서 '의원내각제의 프랑스식 변형형태' 또는 **'의원내각제와 대통령제의 혼합형태'**라고 할 수 있다. 이원적 집정부제에서는 **집행부가 이원적으로 구성**될 뿐만 아니라, 나아가 **집행권도 이원적으로 배분**된다는 점에서 의원내각제와 차이가 있다. 대통령은 외치, 내각은 내치에 관한 권한을 행사한다.

집행부가 의원내각제와 같이 대통령과 내각으로 나뉘어 있으나, **대통령**이 단지 명목상의 국가원수가 아니라 국민에 의하여 직접 선출되어 외교와 국방에 관한 권한과 국가긴급권을 가지고 비상시에는 실질적 집행권을 행사한다. **내각의 수상**은 국내의 행정권으로 대표되는 대내적 권한을 가진다. 내각은 의회에 대하여 책임을 지며, 의회는 내각에 대한 불신임권을 가진다. 의회가 내각에 대하여 불신임을 의결한 경우, 대통령은 의회를 해산할 수 있다. 이원적 집정부제는 특히 군소정당이 난립하는 정치 판도에서 의원내각제의 정치적 불안정적 요소를 해결하고자 하는 시도이다.

Ⅵ. 한국헌법과 정부형태

1. 건국헌법 이래 정부형태

1948년 건국헌법 이래, 한국헌법은 1960년 제2공화국 헌법의 의원내각제를 제외하고는, **대통령제를 기본으로 하면서 의원내각제적 요소를 가미하는 정부형태**를 채택하고 있다.

2. 1987년 개정된 현행 헌법의 정부형태

가. 대통령제의 요소

현행 헌법의 정부형태는 '의원내각제의 요소가 일부 가미된 대통령제'라 할 수 있다. 대통령은 국가를 대표하는 국가원수이며 행정부의 수반이다(**집행부의 일원적 구조**). 대통령은 국민에 의하여 직접 선출되며, 5년의 임기 동안 국회에 대하여 책임을 지지 않는다(제67조 제1항, 제70조). 국회는 대통령에 대하여 불신임결의를 할 수 없으며, 대통령도 국회해산권을 가지고 있지 않다(**국회와 대통령의 상호 독립성**). **상호견제와 균형의 장치로서,** 대통령은 법률안에 대하여 이의가 있을 때에는 국회에 재의를 요구할 수 있으며(제53조 제2항), 국회는 국무총리임명에 대한 동의권(제86조), 국정감사·조사권(제61조), 탄핵소추권(제65조)을 가진다.

나. 의원내각제의 요소

의원내각제적 요소로 간주될 수 있는 것으로는, 대통령의 국법상 행위에 대한 국무총리와 관계 국무위원의 부서제도(제82조), 대통령의 국회출석 · 발언권(제81조), 국무총리 · 국무위원의 국회출석 · 발언권(제62조), 정부의 법률안 제출권(제52조), 국무위원의 의원직 겸직의 허용, 국무회의제도 등을 언급할 수 있다. 현행헌법이 이와 같은 의원내각제적 요소를 가미하고 있는 것 외에도, **미국형 대통령제와는 달리** 부통령제를 설치하고 있지 않다는 점, 대통령이 긴급명령권을 보유한다는 점 등에 비추어, 현행 헌법의 정부형태가 순수한 미국형 대통령제라 할 수 없다.

한편, 현행헌법은 **국무회의 · 국무총리 · 국무위원의 제도**를 두고 있으나, 이러한 제도들은 단지 외형적으로만 의원내각제적 요소일 뿐, 그 실질과 기능에서는 의원내각제적 요소라 할 수 없다. 국무회의는 의원내각제에서의 내각과 같이 의결기관이 아니라 단지 심의기관에 불과하다. 국무총리와 국무위원은 집행에 관한 책임이 독자적으로 귀속되는 기관이 아니라, 단지 대통령의 보좌기관이다(제86조 제2항, 제87조 제2항). 국무총리나 국무위원에 대한 국회의 해임건의도 단순히 건의에 불과할 뿐, 법적 구속력이 있는 불신임결의가 아니다.

그러나 **국무회의 · 국무총리 제도는 대통령의 권한행사에 대한 통제장치**로서 나름의 고유한 의미를 가지고 있다. 대통령의 중요정책은 국무회의의 심의를 거쳐야 하고, 대통령이 행정각부의 장을 임명하기 위하여 국무총리의 제청을 필요로 하기 때문에 행정부의 구성에 있어서 국무총리의 협조가 필수적이다. 나아가, 대통령은 의회의 동의를 얻어야만 국무총리를 임명할 수 있기 때문에 국무총리를 임의로 임명 또는 해임할 수 없을 뿐만 아니라, 특히 국회 내의 세력분포가 여소야대의 상황에서는 행정부의 구성이 의회의 동의에 의존할 수도 있다.

제2장 국 회

제1절 의회주의

Ⅰ. 개 념

의회주의란, **의회에서 국가의사가 결정되고 의회가 국정운영의 중심이 되는 정치원리**를 말한다. 정치원리로서의 '의회주의'와 정부형태로서의 '의원내각제'는 구분되어야 한다.

의회주의 개념이 형성되고 논의가 이루어진 곳은 주로 의원내각제를 채택한 유럽국가지만, 대통령제에서도 의회가 입법을 통하여 국가의사를 실질적으로 지배한다는 점에서 의회주의의 기본사고와 논의는 대통령제 국가에서도 마찬가지로 유용하다. 의회주의는 주로 정당국가화의 경향으로 인한 **의회주의의 구조변화와 의회기능의 약화의 관점에서 논의**되고 있다.

Ⅱ. 의회주의의 약화

1. 정당국가화의 경향으로 인한 의회주의의 약화

원래 의회주의이론은, 모든 이해관계로부터 자유로운 가운데 독립적으로 활동하는 사려 깊은 의원들이 이성적인 공개토론을 통하여 공동체의 문제에 관한 타당한 해결책을 발견한다는 사고에 기초하고 있다. 그러나 **정당과 이익단체의 등장**은 이러한 사고의 근간을 박탈하였다. 의회는 더 이상 공개적이고 이성적인 토론을 통하여 진리와 정의를 발견하는 장소가 아니라, **정당간의 권력투쟁의 장소**, 사회 내 **다양한 이익 간의 경합의 장소**로 변질되었다. 정당과 이익단체의 등장으로 인하여 의회의 의사형성과정이 변화하였고, 이에 따라 다음과 같이 **의회의 기능이 약화**되었다.

첫째, 의회가 국정의 중심이 되는 '의회제 민주주의'는 오늘날 정당의 발달에 따라 **정당이 국정의 중심이 되는 '정당제 민주주의'로 변질**되었다. 정당국가에서 국가의 의사는 형식적으로는 의회나 정부 등 국가기관에 의하여 결정되나, 실질적으로는 그 배후에 있는 정당에 의하여 결정된다. 이로써 정당은 의회의 의사를 형성하고 결정하는 국정의 실질적인 담당자로 기능한다. 정당에 의하여 지배된 의회는 더 이상 이성적인 토론을 통하여 상대방을 설득하고자 하는 토론의 장소가 아니다. **중요한 정치적 결정은 이미 정당과 교섭단체에 의하여** 내부적으로 내려지고, 의회는 정당의 결정을 일반국민에 대하여 서술하고 정당화하는 기능을 하게 되었다.

둘째, **집권당이 집행부와 입법부를 함께 지배**함으로써 집권당에 의한 국가권력의 통합현상이 발생하였다. 이로써 의회는 **정부에 대한 국정통제기능을 상실**하였고, 권력분립의 구조도 '의회와 정부 간의 권력분립'에서 '정부 · 집권당과 야당 사이의 권력분립'으로 변화하였다. 정부에 대한 국정통제기능은 이제 의회가 아니라 야당의 과제가 되었다.

셋째, 정당정치의 발달은 **의원의 정당기속을 심화**하였다. 정당제 민주주의에서 선거의 성격이 인물선거에서 정당에 대한 선택으로 변화함에 따라, 의원으로 선출되기 위해서는 정당의 지원이 필수적인 것이 되었다. 정당의 공천은 후보자의 당선을 위한 사실상의 전제조건이 되었고, 이로써 **정당이 후보자추천에 대한 사실상의 독점권을 보유**하게 되었다. 그 결과, 의원의 정당기속이 강화됨으로써, 자유위임에 근거한 의원의 자유로운 의정활동이 제약을 받게 되고, 의회는 정당에 의하여 사전에 결정된 사항을 추인하는 장소로 전락하였다.

2. 사회국가화의 경향으로 인한 입법기능의 약화

사회국가에서 국가과제가 확대되고 입법대상이 증가함에 따라 의회의 역량이 한계에 부딪히게 되었다. 입법수요가 증가하고 고도의 전문성 · 기술성 · 효율성을 요구하는 사안이 등장함에 따라, **입법과정에서 집행부의 역할이 증가**하게 되었다. 이로써 의회의 기능이 집행부에 의하여 준비된 **법률안을 별다른 심의 없이 그대로 통과**시키는 '통법부(通法府)'로 축소되는 현상이 나타났다. 의회의 심의기능을 강화하고 의안처리의 효율성을 높이기 위하여 의회의 운영방식을 **본회의 중심에서 상임위원회 중심으로 개편**한 것은 오늘날 모든 민주국가의 일반적인 정치현상이다.

Ⅲ. 오늘날 의회주의의 의미

오늘날 변화한 헌법현실에서 의회주의의 새로운 의미는 **집권당과 야당 사이의 대립과 논쟁**에서 찾을 수 있다. 의회주의의 새로운 존립근거는 의회 내 야당의 지위를 향상시켜 정부에 대한 의회의 통제기능을 강화함으로써 확보될 수 있다. 의회주의의 이러한 새로운 의미가 유지되기 위해서는 정부와 야당의 대립구조 및 야당 권리의 강화가 필수적이다.

비록 의회의 정치적 의사가 본회의에서 토론과 협의를 통하여 형성되는 것이 아니라 정당과 의회 위원회에 의하여 사전에 내려진 결정이 본회의에서 일반국민에게 단지 제시된다 하더라도, **의회에서의 논의**는 야당의 비판을 가능하게 하고 정부로 하여금 자신의 정책을 정당화해야 하는 강제로 작용함으로써, **정치의 합리화를 담보하는 요소로** 기능한다.

제 2 절 국회의 헌법적 지위와 기능

Ⅰ. 국민대표기능

국회는 핵심적인 대의기관으로서, 대의제의 이념이 가장 직접적으로 표현된 기관, 국민대표성이 가장 강한 기관이다. 그러나 국회가 다른 국가기관과의 관계에서 우위에 있는 것은 아니다.

Ⅱ. 입법기능

국회는 **중심적인 입법기관**이다. **헌법 제40조**는 "입법권은 국회에 속한다."고 하여 입법권을 국회에 귀속시키고 있다. 그러나 국회는 독점적·배타적인 입법기관은 아니다. 국회가 입법권을 가진다는 것은, 다른 국가기관의 입법권(행정부의 행정입법권, 지방자치단체의 자치입법권, 헌법기관의 규칙제정권 등)이나 입법과정에의 참여(정부의 법률안 제출권, 대통령의 법률공포권 등)를 배제하지 않는다.

국회의 입법기능은 **국회에게 국정운영과 국가공동체의 형성에 있어서 중심적 지위**를 부여한다. 오늘날 의회유보의 원칙에 따라 공동체의 모든 중요한 결정은 의회에서 내려져야 한다. 법률은 국회의 의사결정에 법적 구속력을 부여하고 이로써 모든 국가기관과 국민을 구속하기 때문에, 국회는 입법을 통하여 다른 국가기관을 지배하고 정치·사회·경제·문화의 모든 생활영역의 형성에 결정적 영향력을 행사한다.

Ⅲ. 국정통제의 기능

의회의 고전적 기능에 속하는 것은 국정통제기능이다. 물론, 오늘날 정당국가화의 현상에 따라 정부에 대한 통제기능은 의회가 아니라 **야당의 과제**가 되었다. 국회의 중요한 **국정통제수단**으로는 국정감사·조사권, 대정부 출석요구권, 탄핵소추권, 예산심의권, 국무총리·감사원장·대법원장·헌법재판소장에 대한 임명동의권, 집행부와 사법부의 구성에 대한 참여권 등을 언급할 수 있다.

제 3 절 국회의 구성과 조직

Ⅰ. 입법기관의 구성원리

1. 양원제

입법기관을 하나 또는 두 개의 합의제기관으로 구성하는지에 따라 **단원제와 양원제로 구분**된다. **양원제**란 입법기관을 상원·하원과 같이 2개의 상호 독립한 합의제기관으로 구성하고(독립조직의 원칙), 양원이 서로 독립하여 활동하는(독립의결의 원칙) 입법기관의 구성원리이다. 양원제에는 법률의 제정을 위하여 양원의 찬성을 필요로 하는 형태도 있고(가령, 미국), 양원의 일치된 의사를 요구하지 않거나(가령, 영국) 또는 특정 법률의 경우에만 양원의 일치된 의사를 요구하는 형태(가령, 독일)도 있다.

양원제에서, **하원**은 국민의 대표자로 구성되고, **상원**은 신분적 대표나 지역적 대표(연방국가의 경우 주의 대표)로 구성된다. 양원제는 영국·네덜란드와 같은 입헌군주제의 정치전통이나 미국·

독일과 같은 연방국가적 구조와 밀접한 관계가 있다. 양원제가 **입헌군주제**에서는 귀족과 평민이라는 양(兩) 신분의 대의에 적절하고(신분적 양원제), **연방국가**에서는 연방국가의 구조적 특성, 즉 주(州) 고유의 이익과 연방 전체의 이익을 대변하기에 적합하다(연방국가형 양원제). 연방국가에서, 상원은 연방을 구성하는 각 주를 대표하고, 하원은 국민 전체를 대표하게 된다.

2. 단원제

단원제는 입법기관을 하나의 합의제기관으로 구성하는 원리이다. 단원제는 주로 연방국가가 아닌 단일국가나 입헌군주제의 전통이 없는 신생국가에서 흔히 볼 수 있는 제도이다. 단원제 의회는 국민에 의하여 선출되는 의원으로 구성되는 것이 원칙이다.

3. 양원제와 단원제의 장·단점

양원제에서는 의안을 심의함에 있어서 신중을 기할 수 있고, 의회 내에서 기관내부적인 권력분립원리를 도입할 수 있다. 특히, 하원의 다수당과 상원의 다수당이 일치하지 않는 경우에는 권력분립의 기능은 뚜렷하게 드러난다. 반면에, 중복된 절차로 인하여 의안의 심의가 지연되고 국력을 낭비할 우려가 있다. 나아가, 양원이 서로에게 책임을 전가함으로써 의회의 책임소재가 불분명하다. **단원제**는 신속하고 능률적인 의안심의를 기할 수 있고 의회의 책임소재를 분명하게 해준다는 장점이 있으나, 양원제의 장점을 취할 수 없다는 단점이 있다.

Ⅱ. 한국 헌법에서 국회의 구성

우리 헌법은 건국헌법 이래로 **한 차례의 예외를 제외하고는 줄곧 단원제**를 채택하였다. 1952년 제1차 개헌으로 양원제가 규정되었으나 시행되지 못하였고, **1960년 헌법**에서 민의원과 참의원으로 구성되는 양원제를 채택하였다. 한국이 비록 연방국가는 아니지만, 이러한 양원제는 민의원으로 하여금 국민 전체의 이익을, 참의원으로 하여금 각 도의 특수성과 이익을 대변하게 하려는 의도를 엿볼 수 있다. **현행 헌법**은 국회의 구성을 단원제로 하고 있다. 국회는 국민의 선거에 의하여 선출된 국회의원으로 구성되며(헌법 제41조 제1항), 국회의원의 수는 법률로 정하되, 200인 이상으로 한다(헌법 제41조 제2항). 국회의원의 임기는 4년으로 한다(헌법 제42조).

Ⅲ. 국회의 조직

1. 본회의

국회가 국민대표의 기능을 이행하기 위해서는 **'전체 대의의 원칙'**이 준수되어야 한다. 전체로서의 국회만이 국민의 대의기관으로서 국민을 위한 구속력 있는 결정을 내릴 수 있으며, 이러한 경우에만 국회의 결정이 민주적으로 정당화될 수 있다. 국회의 '전체 대의의 원칙'으로부터 '**전체 의원이 국회의 결정에 참여해야 한다**'는 요청이 중요한 회의원칙으로서 나온다.

따라서 국회의 결정은 원칙적으로 의원 모두가 참여하는 본회의에서 이루어져야 하며, 국회의 본회의는 선출된 전체 의원으로 구성되어야 한다. 의회 작업의 효율성 때문에 본회의의 준비 작업이 위원회에서 이루어질 수 있으나, **구속력 있는 결정은 오로지 본회의에서 내려져야** 한다. 헌법에서 '국회'라 함은 일반적으로 본회의를 말하는 것이다. 본회의의 과제는 무엇보다도 법률안의 심의와 의결인데, 이는 일반적으로 국회의 하부조직에 의하여 준비된다. 국회는 두 가지의 하부조직을 가지고 있는데, 그 하나는 특정 과제의 이행을 위하여 구성되는 **위원회**이고, 다른 하나는 정당정치적으로 구성되는 **교섭단체**이다.

2. 의장과 부의장

국회는 1명의 의장과 2명의 부의장을 선거로 선출한다(헌법 제48조). 임기는 모두 2년이며(국회법 제9조), 부의장은 의장의 사고시 직무대리의 역할을 담당한다(국회법 제12조). 의장은 다른 국가기관 및 국민과의 관계에서 국회를 대표하고 의사를 정리하며 질서를 유지하고 사무를 감독하는 권한을 가진다(국회법 제10조). 의장은 그 직에 있는 동안 당적을 가질 수 없다(국회법 제20조의2 제1항). 뿐만 아니라, 의장과 부의장은 원칙적으로 의원 외의 직을 겸할 수 없으므로(국회법 제20조), 다른 의원과는 달리 국무위원직을 겸할 수 없다.

3. 위원회

가. 의의와 기능

(1) 의안처리의 전문성과 효율성의 제고

위원회는 국회 본회의의 의안심의에 앞서 본회의에서 의안심의를 원활하게 할 목적으로 전문적 지식을 가진 소수의 의원들로 하여금 의안을 예비적으로 심사・검토하게 하는 소회의제(小會議制)를 말한다. 오늘날 현대국가에서 국회 심의사안이 양적으로 증가하고 질적으로 전문화됨에 따라 입법에서도 고도의 전문성과 효율성이 요구되기 때문에, **의안처리의 전문성과 효율성**을 높이기 위하여 고안된 것이 바로 위원회제도이다.

위원회는 그 소관에 속하는 의안을 심사하여 본회의에서 의결할 수 있는 의안으로 입안하는 기능을 한다. 위원회의 바로 이러한 기능 때문에, 국회뿐만 아니라 위원회도 국무총리와 국무위원 등의 출석과 답변을 요구할 수 있고 의안심사를 위하여 필요한 정보를 요청할 수 있다(헌법 제62조 제2항). 한편, **위원회제도의 부작용**으로는, 이익단체의 로비활동을 용이하게 함으로써 의안처리의 공정성을 해칠 위험이 있으며, 위원회가 소관사무와 관계되는 행정부서와 밀착되어 행정부에 대한 견제기능이 약화될 수도 있다는 점이 지적되고 있다.

(2) 국회운영에 있어서 상임위원회 중심주의

오늘날 의회는 **'발언의 장'으로서 본회의와 '실질적 작업의 장'으로서 위원회**로 나뉘어져 기능한다. 본회의는 공개적 논의를 통하여 사안에 관한 정당의 입장을 서술하고 국민에게 전달하는 기능을 하는 반면, 사안에 관한 실질적 논의는 소수의 전문가로 구성되는 위원회에서 이루어진다. **국회법**은 국회운영에 있어서 **'상임위원회 중심주의'와 '본회의 결정주의'를 채택**하고 있다. 법안처리, 정보의 요청, 국정통제, 국정조사 등 국회기능의 본질적인 부분이 위원회에 의하여 이행되고 있다. 국회의 의사형성이 사실상 위원회에서 이루어지기 때문에, **위원회는 실질적으로 국회의 기능을 대행**한다고 보아야 한다.

위원회에서의 작업(의안의 심의 · 입안 · 제출)은 본회의에 대하여 구속력을 가지는 것은 아니지만, 본회의에서 의안심의의 근거가 되기 때문에 실질적으로는 본회의의 결정을 사전에 형성하는 효과를 가진다. 본질적인 결정은 이미 사실상 위원회에서 내려지기 때문에, 본회의에서 의결은 대부분 법률안의 경우 단지 형식적인 의미를 가진다.

판 례　**'국회의원과 국회의장간의 권한쟁의 사건'**에서 **위원회제도의 의미**에 관하여 "우리나라 국회의 법률안 심의는 본회의 중심주의가 아닌 소관 상임위원회 중심으로 이루어진다. 소관 상임위원회에서 심사 · 의결된 내용을 본회의에서는 거의 그대로 통과시키는 이른바 **'위원회 중심주의'를 채택**하고 있는 것이다. … 의원 전원이 장기간의 회기동안 고도의 기술적이고 복잡다양한 내용의 방대한 안건을 다루기에는 능력과 시간상의 제약이 따른다. 이러한 한계를 극복하기 위한 방안으로 위원회제도가 창설된 것이다."고 판시하고 있다(헌재 2003. 10. 30. 2002헌라1, 판례집 제15-2하, 17, 30-31).

나. 구성

(1) 국회의 축소화된 복사판으로서 위원회

오늘날 위원회가 실질적으로 국회의 과제를 이행하기 때문에, 국회 활동의 중심이 본회의에서 위원회로 이동하였고, 이로써 국회에 의한 대의의 과정이 사실상 위원회로 전이되었다. 이에 따라 위원회도 '국회에 의한 국민의 대의(代議)' 과정에 포함되어야 한다. 따라서 위원회는 **국민의 정치적 대의에 있어서 본회의의 축소판**이어야 하며, 국회의 정당정치적 구성이 위원회의 구성에 거울상처럼 그대로 반영되어야 한다. 그 결과, 위원회는 '국회의 축소화된 복사판'이다. 국회법은 이러한 요청을 반영하여 위원회를 **'교섭단체 소속의원 수의 비율'에 따라 구성**하고 있다(국회법 제48조 제1항).

(2) 위원회의 구성에 있어서 교섭단체의 역할

위원회가 교섭단체 소속의원 수의 비율에 따라 구성되기 때문에, 위원회의 위원은 국회에서 선출되는 것이 아니라, **교섭단체의 요청에 의하여 의장이 선임**하고 개선(改選)한다(국회법 제48조 제1항). 뿐만 아니라, 국회의 실질적 기능이 위원회에서 이루어진다면, 모든 의원이 위원회의 작업에 참여할 것이 요청된다. 따라서 교섭단체에 속하지 않은 의원이나 교섭단체의 규모에 이르지 못하는 의원의 집단에게도 '위원회에 동등하게 참여할 권리'가 인정되어야 한다.

다. 종류

국회법에 규정된 위원회로는 **상임위원회와 특별위원회의 2 종류**가 있다(국회법 제35조). **상임위원회**란 소관에 속하는 의안과 청원 등을 예비적으로 심의하기 위하여 상설적으로 설치된 위원회를 말한다(국회법 제36조). 상임위원회의 분류는 통상적으로 행정각부의 분류에 따른다. 현재 국회운영위원회를 비롯하여 17개의 상임위원회가 있다(국회법 제37조). **특별위원회**란 둘 이상의 상임위원회와 관련된 안건이거나 특히 필요하다고 인정한 안건을 효율적으로 처리하기 위하여 활동기한을 정하여 본회의 의결로 설치되는 한시적인 특별위원회(국회법 제44조) 및 국회법에 따라 명시적으로 특별위원회로 설치되는 예산결산 · 윤리 · 인사청문특별위원회(국회법 제45조, 제46조, 제46조의3)를 말한다. 특별위원회 위원도 각 교섭단체의 소속의원 수에 비례하여 국회의장이 선임한다(국회법 제48조 제4항).

라. 운영

상임위원회는 본회의의 의결이 있거나 의장 또는 위원장이 필요하다고 인정할 때, 재적위원 1/4 이상의 요구가 있을 때에 개회한다(국회법 제52조). 위원회는 그 소관사항에 관하여 법률안 등 기타 의안을 제출할 수 있는데, 재적위원 과반수의 출석과 출석위원 과반수의 찬성으로 의결한다(국회법 제51조, 제54조).

위원회는 중요한 안건 또는 전문지식을 요하는 안건을 심사하기 위하여 **공청회**를 열어 이해관계자 또는 학식 · 경험이 있는 자 등으로부터 의견을 들을 수 있고(국회법 제64조), 중요한 안건의 심사에 필요한 경우 증인 · 감정인 · 참고인으로부터 증언 · 진술의 청취와 증거의 채택을 위하여 **청문회**를 열 수 있다(국회법 제65조). 대통령이 헌법재판소 재판관 · 중앙선거관리위원회 위원 등 고위공직의 후보자에 대한 인사청문을 요청한 경우에는 소관 상임위원회별로 **인사청문회**를 연다(국회법 제65조의2 제2항).

4. 교섭단체

가. 의의와 기능

(1) 국회의사결정의 촉진제로서 헌법생활의 필수적 기구

교섭단체(交涉團體)란, 원칙적으로 같은 정당의 소속의원으로 구성되는 원내 정치단체를 말한다. 교섭단체는 원칙적으로 동일한 정치적 신념을 가진 의원의 단체이다. 교섭단체는 **국회와의 관계**에서 국회의사결정을 용이하게 하는 촉진제로서 기능하고, **정당과의 관계**에서 '국회 내의 정당'으로서 의원의 정당기속을 강화하는 수단으로 기능한다.

국회가 효율적으로 작업하기 위해서는 개별의원을 일정 단위로 묶는 단결체의 존재를 필요로 한다. 교섭단체는 의원의 다양한 정치적 입장을 합의 가능한 소수의 대안으로 묶음으로써 국회의 의사형성과정을 유도하고 의사결정을 용이하게 한다. 교섭단체는 **'헌법생활의 필수적 기구'로서 국회의사결정의 촉진제 역할**을 하고 국회의 원활한 기능을 보장한다. 교섭단체는 이러한 과제를 이행하기 위하여 위원회의 위원을 지명하고(국회법 제48조) 의안을 발의하며(국회법 제79조) 국무위원 등의 출석요구를 발의(국회법 제121조)하는 권한을 가진다. 국회에서 다루어지는 모든 의안은 발의되어야 하는데, 국회법상 가능한 모든 발의는 교섭단체에 의하여 이루어질 수 있다.[1]

교섭단체에게 부여되는 권리의 핵심적 의미는, 국정통제기능을 이행하는 **소수의 권리**로서 **의회 야당의 과제이행을 보장**하는 것에 있다. 야당은 교섭단체에게 부여되는 각종 발의권 등 소수의 권리를 행사함으로써, 국정통제기능을 수행하고 자유민주적 기본질서에서 본질적인 의미를 가지는 정권교체의 기회를 구현하는 것이다.

(2) '국회 내의 정당'으로서 의원의 정당기속을 강화하는 수단

교섭단체는 **국회 내에서 정당의 대표자**이다. 정당은 국회 내에서 교섭단체에 의하여 대변되고,

1) 교섭단체를 구성하기 위하여 필요한 의원의 수(국회법 제33조의 20인 이상)와 법률안을 비롯한 의안의 발의권을 행사하기 위한 의원의 수(국회법 제79조의 10인 이상), 국무위원 등의 출석요구를 발의하기 위한 의원의 수(국회법 제121조의 20인 이상)는 일치하는 것은 아니나, 교섭단체가 각종 발의권을 행사하기 위한 요건을 충족시키고 있다. 다만, 조사위원회를 구성하기 위한 발의권은 재적의원 4분의 1 이상으로 규정하고 있다(국정감사 및 조사에 관한 법률 제3조).

교섭단체를 통하여 국회의 의사형성에 대하여 영향력을 행사하고, 국가의사형성과정에서 자신의 정책을 관철하고자 시도한다. 교섭단체는 정당국가에서 **의원의 정당기속을 강화하는 수단**으로 기능하고, 소속의원들의 원내 행동통일을 기함으로써 의안의 심의에 있어서 정당의 정책을 최대한으로 반영하고자 한다(헌재 2003. 10. 30. 2002헌라1, 판례집 제15-2하, 17, 30). 이러한 점에서 의원의 자유위임과 정당기속 간의 갈등은 예정되어 있다.

나. 구성

(1) 교섭단체 구성의 헌법적 근거

교섭단체의 구성은 개별의원의 자발적인 결정에 기초하는 것이고, 이는 결국 헌법상 보장된 자유위임을 행사한 결과이다. 의원은 헌법상 보장된 자유위임을 근거로 다른 의원과 자발적으로 교섭단체를 결성하는 것이므로, 교섭단체의 헌법적 근거는 **국회의원의 자유위임을 보장하는 헌법 제46조 제2항**이다. 헌법은 교섭단체를 전혀 언급하고 있지 않지만, 국회의원의 헌법적 지위를 규정하는 헌법규정에 의하여 교섭단체는 헌법적으로 보장된다.

(2) 정치적 경향의 동질성의 요건

교섭단체의 중요한 기능에 비추어, 국회법이 교섭단체의 지위를 **정치적 목표와 경향의 동질성 요건에 결부**시키는 것은 헌법적으로 허용된다. 동일한 정치적 신념을 가지지 않은 의원들도 교섭단체를 구성할 수 있다면, 이러한 교섭단체는 결집력의 약화와 압력행사 가능성의 결여로 말미암아 의회 내에서 자신에게 부여된 기능(국회의사결정의 촉진제)을 제대로 이행할 수 없을 것이다. 따라서 국회법은 동일한 정치적 신념을 가진 의원의 단체에게만 교섭단체의 지위를 인정할 수 있다. 한편, **국회법**은 교섭단체를 구성하기 위하여 필요한 의원의 수를 **20인 이상**으로 정하고 있으며, 국회에 20인 이상의 소속의원을 가진 정당뿐만 아니라 다른 교섭단체에 속하지 않는 20인 이상의 의원도(가령, 여러 정당의 소속의원끼리 아니면 무소속의원끼리) 따로 교섭단체를 구성할 수 있도록 규정함으로써, **정치적 동질성의 요건을 제시하고 있지 않다**(제33조 제1항).

국회는 **교섭단체의 지위를 얻기 위한 '의원의 수'**를 확정함에 있어서 조직자치에 근거하여 폭넓은 형성권을 가지고 있으나, 이 경우에도 '국회의 원활한 기능의 확보'라는 관점을 기준으로 삼아야 한다. 국회는 교섭단체가 그 기능을 효과적으로 이행하기 위해서 필요한 최소한의 규모를 규정해야 한다.

(3) 정당의 조직이 아니라 국회의 조직

교섭단체와 정당은 법적·제도적으로 구분되어야 한다. 교섭단체는 정당의 조직이 아니라 국회의 조직이다. 사회적 영역에 귀속되는 정당과는 반대로, 교섭단체는 **고유한 권한을 부여받은 국회의 조직**으로서 국가조직의 영역에 귀속되며, **'국가기관'**으로서 권한쟁의심판의 당사자가 될 수 있다. 교섭단체가 정당의 조직이 아니라 국회의 조직이기 때문에, 교섭단체의 헌법적 근거는 헌법 제8조의 정당조항이 아니라 국회의원의 헌법적 지위를 규율하는 헌법 제46조 제2항이다. 교섭단체와 정당은 법적으로 명확하게 구분되기 때문에, 교섭단체는 정당의 집행기관이 아니며 **정당의 결정에 법적으로 구속을 받지 않는다**. 나아가, 국회의원은 자유위임으로 말미암아 정당의 지시에 법적으로 구속을 받지 않는다.

교섭단체의 기관으로는 **대표의원과 의원총회**가 있다. 교섭단체 대표의원은 통상 원내대표 또는 원내총무라고 불리는데, 정당의 원내 지도자로서 소속의원들의 통일된 의사형성과 행동통일을 위하여 노력한다. 의원총회는 교섭단체의 의사결정을 위하여 원내대표가 소집한다.

제 4 절 국회의 회의운영과 의사원칙(議事原則)

Ⅰ. 국회의 회의운영

1. 회기와 입법기

회기(會期)란, 국회가 의안처리를 위하여 실제로 활동하는 기간을 말한다. 국회는 상시로 활동하는 것이 아니라 정기회와 임시회의 회기 동안만 활동한다. **헌법 제47조 제2항**은 정기회의 회기를 100일로, 임시회의 회기를 30일로 제한하고 있다. **입법기(立法期)**란 의회기(議會期)라고도 하는데, '제 몇 대 국회'란 표현처럼, 한 번 구성된 국회가 임기가 만료될 때까지 또는 국회가 해산될 때까지(의원내각제의 경우) 활동하는 기간을 말한다. 입법기는 **헌법 제42조**의 국회의원 임기와 일치한다.

2. 정기회와 임시회

정기회는 매년 1회 정기적으로 소집되는 국회를 말한다. 국회의 정기회는 매년 9. 1.에 집회하며(국회법 제4조), 정기회의 회기는 100일을 초과할 수 없다(헌법 제47조 제2항). 정기회의 주된 의안은 일차적으로 **다음 회계연도의 예산안처리**이다. 이러한 이유에서 정기회를 통상적으로 '예산국회' 또는 '감사국회'라 부르기도 한다. **헌법 제54조 제2항**에 의하여 정부는 회계연도 개시 90일 전까지 예산안을 편성하여 제출해야 하고, 국회는 회계연도 개시 30일 전까지 이를 의결해야 한다.[2] 국회는 예산안처리를 위한 자료 수집을 목적으로 매년 정기회 집회일 이전에 감사 시작일부터 30일 이내의 기간을 정하여 국정 전반에 걸쳐 소관 상임위원회 별로 **국정감사를 실시**한다(국정감사 및 조사에 관한 법률 제2조 제1항).

임시회는 국회가 필요에 따라 수시로 집회하는 회의를 말하는데, 임시회의 회기는 30일을 초과할 수 없다(헌법 제47조 제2항). 국회의 임시회는 대통령 또는 국회재적의원 1/4 이상의 요구로 집회하거나(헌법 제47조 제1항) 국회법에 따라 집회한다(국회법 제5조의2 제2항). 대통령이 임시회의 집회를 요구할 때에는 기간과 집회 이유를 명시해야 한다(헌법 제47조 제3항). 국회재적의원 1/4 이상이 임시회를 요구할 수 있도록 규정한 것은, 오늘날 대정부통제기능을 야당이 담당한다는 점에서 소수보호의 관점에서 중요한 의미를 가진다.

Ⅱ. 국회의 의사원칙(議事原則)

국회에서 의안을 심의하고 의사(意思)를 결정하는 과정은 민주적이고 효율적이어야 한다. 국회

---

2) 회계연도란 국가의 예산편성과 집행의 기준기간을 말한다. 우리의 회계연도는 매년 1. 1.부터 시작하여 12. 31. 종료되는 '1년 예산주의'를 채택하고 있다.

의 의사원칙(회의원칙)은 '의사결정의 민주성' 및 '의안처리의 효율성'을 확보하기 위한 원칙이다.

1. 회의공개의 원칙

가. 본회의 회의공개원칙의 의미와 기능

(1) 의정활동에 대한 정보제공과 국민의 통제가능성 확보

헌법은 제50조 제1항에서 "국회의 회의는 공개한다."고 하여 **회의공개(會議公開)의 원칙**을 규정하면서, 같은 항 단서조항에서 "다만, 출석의원 과반수의 찬성이 있거나 의장이 국가의 안전보장을 위하여 필요하다고 인정할 때에는 공개하지 아니할 수 있다."고 하여 예외를 인정하고 있다.

국회가 국민의 대표기관으로서 국민을 위하여 활동한다면, 국민은 국회에서 무엇이 논의되는지 알아야 한다. 회의공개의 원칙은 선출된 대표자의 **의정활동에 관한 정보를 국민에게 제공**하고, 의원의 **의정활동에 대한 국민의 통제가능성을 확보**하고자 하는 것이다. 나아가, 회의공개의 원칙은 특히 대중매체를 통하여 의회에서 법안과 정책의 결정과정에 관하여 정보를 제공함으로써 **국민의 여론형성을 가능**하게 하고, 이로써 국회로 하여금 의사결정과정에서 **'형성된 국민의사'를 고려**하도록 한다.

판 례 **'국회상임위원회 방청불허 사건'**에서 **의사공개원칙의 의미와 기능**에 관하여 "의사공개의 원칙은 의사진행의 내용과 의원의 활동을 국민에게 공개함으로써 민의에 따른 국회운영을 실천한다는 민주주의적 요청에서 유래하는 것으로서 국회에서의 토론 및 정책결정의 과정이 공개되어야 주권자인 **국민의 정치적 의사형성과 참여, 의정활동에 대한 감시와 비판이 가능**하게 될 뿐더러, 의사의 공개는 **의사결정의 공정성을 담보**하고 정치적 야합과 부패에 대한 방부제 역할을 하기도 하는 것이다."고 판시하면서, **의사공개원칙의 구체적 내용**에 관하여 "의사공개의 원칙은 방청 및 보도의 자유와 회의록의 공표를 그 내용으로 하는데, …"라고 판시하고 있다(헌재 2000. 6. 29. 98헌마443, 판례집 12-1, 886, 897).

(2) 회의공개원칙의 구체적 요청

회의의 공개는 일반국민에 대한 **방청의 허용**과 대중매체에 대한 **보도의 허용**의 형태로 이루어진다. 회의의 공개성이란, 일차적으로 국민이면 누구나 방청의 형태로 본회의에 접근할 수 있다는 것을 의미한다. 물론, 질서유지나 장소적 제약의 측면에서 방청인의 수를 제한하거나 방청권을 교부하는 등 제한이 가능하다. 또한, 회의의 공개성은 무엇보다도 방송과 신문 등 대중매체의 보도를 통하여 의회의 활동이 전체 유권자에게 전달됨으로써 실현된다.

회의공개의 원칙은 어느 정도 **구두주의(口頭主義)에 근거하여 회의가 진행**될 것을 요청한다. 본회의가 발언을 서면으로 대체함으로써 서면주의(書面主義)에 근거하여 이루어지는 경우, 방청객은 그 의미를 이해할 수 없을 것이므로, 회의공개원칙이 그 기능을 이행하기 위해서는 최소한의 발언이 필수적이다.

(3) 오늘날 정당국가에서 본회의 공개의 의미

한편, 오늘날 의회의 의사형성이 본회의가 아니라 이미 본질적으로 '정당과 교섭단체의 내부' 및 '의회 위원회'에서 이루어진다. 따라서 본회의 공개의 의미는 의사결정과정의 공개에 있는 것이 아니라, **의사결정과정의 결과를 각 정당의 입장에서 국민에게 설명하고 정당화**하는 것에 있다. 여당과 정부는 자신의 입장과 정책을 야당의 비판에 대하여 옹호화고 정당화해야 한다. 결정에 이르는 과정의 공개성이 확보될 수 없다면, 내려진 결정을 공개적으로 정당화하는 것, 즉 결정의 이유와 근거를 공개하는 것은 더욱 중요한 의미를 가진다.

나. 위원회 회의의 공개여부

(1) 헌법 제50조 제1항의 해석

헌법 제50조 제1항의 "국회의 회의는 공개한다."에서 '국회의 회의'는 '본회의'만을 의미하는지 아니면 '위원회의 회의'도 포함하는지의 문제가 제기된다. **헌법에서 '국회'라 함은 일반적으로 본회의**를 말하는 것이며, 위원회와 국회를 구분함으로써 이는 더욱 분명해진다. 헌법 제50조 제1항 본문과 단서조항("의장")의 연관관계, '국회와 위원회'를 구분하여 사용하는 헌법 제62조와의 연관관계, 헌법 제47조 이하의 규정들이 전부 국회 본회의에 관한 규정이라는 점 등을 고려하여 **체계적으로 해석**한다면, 헌법 제50조의 '국회의 회의'란 단지 본회의만을 의미한다는 결론에 이른다.

(2) 위원회 회의의 공개여부에 관한 찬반 논란

회의의 비공개를 찬성하는 견해에 의하면, 비공개적인 위원회 회의에서는 대중과 이익단체를 의식하지 아니하고 발언을 할 수 있기 때문에 **자유로운 발언과 토론이 보장**되며, **보다 효율적인 작업**이 이루어질 수 있다고 한다. 회의의 비공개는 이익단체의 압력과 간섭을 배제한 채 모든 국민을 위한 합의와 결정에 도달하는 데 유리하고, 타협에 이르는 상호양보가 용이하며, 또한 정부에 대한 '여당'의 통제기능도 촉진한다고 주장한다. 위원회 회의가 공개되는 경우에는 실질적인 심의가 비공식적인 협상의 장소로 전이될 것이기 때문에, 위원회에서는 본회의와 마찬가지로 국민을 의식하는 형식적인 발언만이 이루어질 우려가 있다고 한다(**위원회의 본회의화**). 본회의에서 의회의 결정에 관하여 일반국민에게 정보를 제공하는 기회가 주어진다면 회의공개의 원칙은 충족된다고 한다.

회의의 공개를 찬성하는 견해에 의하면, 오늘날 의회 작업의 중심이 본회의에서 위원회로 이동하였기 때문에, **위원회 회의의 비공개**는 의회제도의 근간을 구성하는 **회의공개의 원칙을 사실상 포기**하는 것이며, 회의공개의 원칙이 유지되기 위해서는 위원회의 회의가 공개되어야 한다고 주장한다. 나아가, 회의의 공개가 위원회의 작업효율성을 저해하는지 여부는 입증된 바가 없다고 한다.

판 례 "위원회에서는 의원이 아닌 자는 위원장의 허가를 받아 방청할 수 있다."고 규정하는 국회법 조항이 알 권리 등 기본권을 침해하는지 여부가 문제된 **'국회상임위원회 방청불허 사건'**에서, 헌법재판소는 "헌법 제50조 제1항은 … 의사공개의 원칙을 규정하고 있는바, 이는 단순한 행정적 회의를 제외하고 국회의 헌법적 기능과 관련된 모든 회의는 원칙적으로 국민에게 공개되어야 함을 천명한 것"이라고 판시함으로써 **헌법 제50조의 의사공개원칙이 위원회의 회의에도 직접 적용**되는 것으로 판단한 다음, 심판대상조항은 위원회의 회의공개원칙을 전제로 하여 예외적으로 방청불허의 가능성을 규정한 것으로 **합헌적으로 해석**하여 합헌결정을 선고하였다(헌재 2000. 6. 29. 98헌마443).

그러나 헌법 제50조의 의사공개원칙에 대한 이러한 판시내용은 일반적으로 인정된 법률해석의 한계를 넘어서는 것이다. **위원회에 대해서도 의사공개원칙이 인정된다면, 이는 헌법 제50조에 직접 근거하는 것이 아니라**, 대의제 민주주의에서 회의공개원칙이 매우 중요한 의미를 가지고 있다는 점, 오늘날 국회 기능의 중심이 본회의에서 위원회로 옮겨져 국회의 의사가 실질적으로 위원회에서 결정된다는 점, 오늘날 변화한 정치현실에서 회의공개원칙이 기능하기 위해서는 위원회에 대해서도 확대되어야 한다는 점 등의 연관관계에서 **헌법적으로 도출될 수 있는 것**이다.

다. 회의 공개에 대한 예외

헌법 제50조 제1항 단서조항에 의하면 출석의원 과반수의 찬성이나 의장의 결정으로 회의 공개를 배제할 수 있다. **의장의 결정**으로 회의 공개를 배제하는 경우에 대해서는 헌법은 비공개를 정당화하는 사유를 '국가의 안전보장'으로 한정하고 있다. 그러나 **출석의원의 의결**로 회의 공개를 배제하는 경우에 대해서는 헌법에서 비공개를 정당화하는 사유를 명시적으로 언급하고 있지 않지만, 의사공개원칙의 근본적인 민주적 의미에 비추어 '매우 중대한 비밀유지의 이익'만이 회의의 비공개를 정당화할 수 있다. 본회의의 비공개를 허용하는 **예외조항은 위원회에 대해서도 준용**된다.

판 례 헌법재판소는 **'국회상임위원회 방청불허 사건'**에서 방청불허의 사유로서 헌법 제50조 제1항 단서조항의 예외사유를 간과하였으나(헌재 2000. 6. 29. 98헌마443), **'국회소위원회 비공개 사건'**에서는 "출석의원 과반수의 찬성이 있거나 의장이 국가의 안전보장을 위하여 필요하다고 인정할 때에는 국회 회의를 공개하지 아니할 수 있다고 규정한 동항 단서 역시 소위원회의 회의에 적용된다."고 판시함으로써 이를 수정하였다(헌재 2009. 9. 24. 2007헌바17).

정보위원회 회의는 공개하지 아니한다고 규정하고 있는 국회법조항이 의사공개원칙에 위배되는지 여부에 관하여, 헌법재판소는 "헌법상 의사공개원칙은 모든 국회의 회의를 항상 공개하여야 하는 것은 아니나 이를 공개하지 아니할 경우에는 헌법에서 정하고 있는 일정한 요건을 갖추어야 한다."고 하면서, "특정 위원회의 회의를 일률적으로 비공개한다고 정하면서 공개의 여지를 차단하는 것은 헌법 제50조 제1항에 부합하지 아니한다."고 판단하였다(헌재 2022. 1. 27. 2018헌마1162).

2. 회기계속의 원칙 및 의회기불연속의 원칙

헌법 제51조는 "국회에 제출된 법률안 기타의 의안은 회기 중에 의결되지 못한 이유로 폐기되지 아니한다. 다만, 국회의원의 임기가 만료된 때에는 그러하지 아니하다."고 규정하여 회기계속의 원칙 및 의회기불연속의 원칙을 규정하고 있다. 위 원칙들은 **회기나 의회기 중 의결되지 못한 의안의 폐기 또는 존속의 여부에 관한 것**이다.

가. 회기계속의 원칙

회기계속(會期繼續)의 원칙이란, 회기 중에 의결되지 못한 의안은 폐기되지 아니하고 다음 회기에서 계속 심의할 수 있다는 원칙을 말한다.

나. 의회기불연속의 원칙

의회기불연속(議會期不連續)의 원칙이란, **국회의원의 임기 만료와 함께 국회에 제출된 모든 의안은 폐기**되고, 의회기 내에서 해결되지 못한 의안은 새로 선출된 의회에 다시 제출되어야 하며 모든 절차를 다시 거쳐야 한다는 원칙을 말한다. **의회기불연속의 원칙의 일차적인 취지와 목적**은, 새로 구성된 의회에게 지난 의회에서 처리하지 못한 과제의 부담을 덜어주고자 하는 데 있다. 새로 선출된 의회는 지난 의회에서 처리하지 못한 의안에 의하여 부담을 받아서는 안 되고, 어떠한 의안과 과제를 처리할 것인지에 관하여 스스로 결정할 수 있어야 한다. 지난 의회가 임기를 넘어서 차기 의회의 활동을 구속할 수 없다.

의회기불연속의 원칙은, 대의제에서 의회가 **선거에 의하여 국가권력을 한시적으로 위임받는다는 것으로부터 나오는 필연적인 결과**이다. 새로운 선거에서 표현된 국민의사가 지난 선거에 의하여 구성된 의회의 민주적 정당성을 박탈한다. 의회기의 종료와 함께 의원은 의원직을 상실하고, 임기 중에 임의로 설치된 의회기관은 그 존재의 근거를 상실하며, 처리되지 못한 의안은 폐기된다.[3] 국회의원의 임기 만료와 함께 조사위원회의 작업은 종료되며, 새로 선출된 국회에서 조사활동을 하기 위해서는 조사절차를 새롭게 개시하는 새로운 조사위원회가 구성되어야 한다. **의회기불연속의 원칙은 그 효력이 의회 내부적인 영역에만 제한**되기 때문에, 외부적 효과를 가지는 법률행위, 소송행위, 국회사무처직원과의 계약 등은 그 효력을 그대로 유지한다. 예컨대 국회의 탄핵소추의결행위 및 탄핵심판청구는 국회의원의 임기만료로 인하여 그 효력을 상실하지 않는다.

3. 일사부재의의 원칙

일사부재의(一事不再議)의 원칙이란, **의회에서 한번 부결된 동일한 안건은 같은 회기 중에 다시 발의하지 못한다**는 원칙을 말한다(국회법 제92조). **국회법에서 일사부재의의 원칙을 채택한 취지**는, 의사진행의 효율성을 높이고 소수파에 의한 의사방해를 막기 위한 것이다. 의회에서 한번 부결된 의안이 다시 발의될 수 있다면, 회의의 원활한 운영이 저해되고 특히 소수파에 의하여 의사진행을 방해할 목적으로 남용될 우려가 있다. **일사부재의의 원칙의 위반여부**는 이러한 의미와 목적에 비추어 판단해야 한다. 따라서 부결되기 전에 철회한 안건의 재의, 회기를 달리 하는 동일한 안건의 재의, 새로 발생한 사유에 의한 해임건의안의 재의, 위원회에서 의결한 사안의 본회의 심의 등과 같이 의도적인 의사방해에 해당하지 않거나 원활한 의사진행을 저해하지 않는 재의는 일사부재의의 원칙의 적용을 받지 않는다.

판 례 **표결 결과 '재적의원 과반수의 출석' 요건을 흠결하는 경우 그 법적 효력**이 문제된 **'제1차 미디어법 사건'**에서, **5인의 재판관**은 '출석의원 과반수의 찬성에 미달한 경우는 물론 재적의원 과반수의 출석에 미달한 경우에도 **국회의 의사는 부결로 확정**되었다고 보아야 하므로, 이를 무시하고 재표결을 실시한 행위는 **일사부재의 원칙**(국회법 제92조)**에 위배**된다'는 견해를 밝힌 반면, **4인의 재판관**은 '재적의원 과반수의 출석이라는 의결정족수는 국회의 의결을 유효하게 성립시키기 위한 전제요건인 의결능력에 관한 규정으로서, 의결정족수에 미달한 국회의 의결은 유효하게 성립한 의결로 취급할 수 없으므로, 재표결을 실시한 것이 일사부재의 원칙에 위배된다고 할 수 없다'는 견해를 밝혔다(헌재 2009. 10. 29. 2009헌라8, 판례집 21-2하, 14, 21-22).

4. 정족수의 원리

가. 의사정족수

정족수(定足數)란, 국회와 같이 다수인으로 구성되는 합의체에서 의안을 심의하고 의사를 결정

---

3) 의회기불연속의 원칙의 의미와 목적(지난 의회의 미해결 과제의 부담으로부터 면제)에 비추어, **의안이 법률안인 경우 헌법 제51조의 '의안의 의결'이란** '국회에서 법률안처리의 종결'을 의미하는 것으로 해석해야 하며, 이로써 대통령이 거부권을 행사하는 경우에는 '의안의 의결'은 입법절차에서 국회의 재의결을 포함하는 것으로 이해해야 한다. 따라서 대통령이 거부권을 행사하는 경우 법률안의 처리는 국회의 재의결에 의하여 종결되는데, 국회에서 재의결에 이르지 못하고 의회기의 종료를 맞은 경우에, 법률안은 자동으로 폐기된다.

하기 위하여 필요한 최소한의 구성원의 수를 말한다. 정족수의 원리란 국회의 의사결정에 민주적·절차적 정당성을 부여하기 위한 원리이다. 정족수는 **의사정족수와 의결정족수로 구분**된다.

의사정족수(議事定足數)란, 국회의 회의가 개의하여 의안을 심의하기 위하여 필요한 최소한의 출석의원수를 말한다. 국회법은 위원회와 본회의의 경우 "재적의원 5분의 1 이상의 출석으로 개의한다."고 하여 의사정족수를 규정하고 있다(국회법 제54조 및 제73조).

나. 의결정족수

(1) 일반정족수

의결정족수(議決定足數)는 국회의 의결이 유효하기 위한 최소한의 구성원 수(출석의원 또는 찬성의원의 수)를 말하는데, **일반정족수와 특별정족수**로 나뉜다. **일반정족수**는 헌법이나 법률에 특별한 규정이 없는 한 적용되는 의결정족수이다. **헌법 제49조**는 "국회는 헌법 또는 법률에 특별한 규정이 없는 한 재적의원 과반수의 출석과 출석의원 과반수의 찬성으로 의결한다. 가부동수인 때에는 부결된 것으로 본다."고 하여 의결에 관한 일반정족수를 규정하고 있다.

헌법재판소는 **헌법 제49조**를 단순히 형식적으로 일반적 의결정족수를 규정한 것이 아니라, 이를 넘어서 의회민주주의의 기본원리인 **다수결의 원리를 선언**한 것으로, 다수결의 전제로서 **소수파의 출석과 토론을 포함**하는 실질적 의미로 이해하고 있다(제2편 제3장 제2절 Ⅲ. 4. '다수결원리와 소수의 보호' 참조). 다수결원리는 모든 구성원에 대하여 구속력 있는 결정을 내리는 다수의 권리인데, 소수가 결정과정에서 자신의 견해를 피력하고 결정과정에 영향력을 행사할 수 있는 가능성을 가져야만, 소수는 다수의 결정에 승복할 수 있고 다수의 결정은 실체적 정당성을 가질 수 있기 때문이다.

판 례 **소수당 소속 상임위원회 위원들의 출입을 봉쇄**한 상태에서 상임위원회 전체회의를 개의하여 안건을 상정한 행위가 헌법 제49조의 다수결의 원리에 위반되어 조약비준동의안에 대한 심의권을 침해한 것인지 여부가 문제된 **'한미 FTA 비준동의안 사건'**에서 "**헌법 제49조**는 의회민주주의의 기본원리인 **다수결의 원리**를 선언한 것으로서 이는 단순히 재적의원 과반수의 출석과 출석의원 과반수에 의한 찬성을 형식적으로 요구하는 것에 그치지 않는다. 헌법 제49조는 국회의 의결은 통지가 가능한 **국회의원 모두에게 회의에 출석할 기회가 부여된 바탕 위에** 재적의원 과반수의 출석과 출석의원 과반수의 찬성으로 이루어져야 한다는 것으로 해석하여야 한다."고 판시하고 있다(헌재 2010. 12. 28. 2008헌라7 등, 판례집 22-2하, 567, 588).

나아가, 헌법재판소는 "**헌법 제49조가 천명한 다수결의 원칙**은 국회의 의사결정과정의 합리성 내지 정당성이 확보될 것을 전제로 한 것이고, … 따라서 법률안에 대한 **표결의 자유와 공정이 현저히 저해**되고 이로 인하여 표결 결과의 정당성에 영향을 미칠 개연성이 인정되는 경우라면, 그러한 표결 절차는 헌법 제49조 및 국회법 제109조가 규정한 다수결 원칙의 대전제에 반하는 것으로서 국회의원의 법률안 표결권을 침해한다."고 판시함으로써, **표결의 자유와 공정이 현저히 저해된 상황에서 이루어진 표결의 경우에도 다수결의 원리에 위반될 수 있다**는 것을 밝히고 있다(헌재 2009. 10. 29. 2009헌라8, 판례집 21-2하, 14, 18-19).

(2) 특별정족수

헌법은 의결대상 사안의 중요성과 의미에 따라 의결의 요건을 달리 규정하고 있는데, 이와 같이 **헌법이 일반정족수와는 달리 특별히 정하고 있는 의결정족수**를 특별정족수라고 한다. 의결의 요건이 엄격할수록, 국회의 소수가 국회의 의결을 봉쇄할 수 있으므로 소수보호의 효과가 있다.

헌법이 **특별정족수를 규정하고 있는 예**로는, 법률안의 재의결(재적의원 과반수의 출석과 출석의원 2/3 이상의 찬성), 국무총리 및 국무위원의 해임건의(재적의원 과반수의 찬성), 계엄의 해제요구(재적의원 과반수의 찬성), 헌법개정안의 의결(재적의원 2/3 이상의 찬성), 국회의원 제명처분(재적의원 2/3 이상의 찬성), 탄핵소추의결(대통령의 경우 재적의원 2/3 이상의 찬성, 그 외 고위공직자의 경우 재적의원 과반수의 찬성) 등을 언급할 수 있다.

제 5 절 국회의 권한

제 1 항 입법에 관한 권한

Ⅰ. 민주적 법치국가에서 규범제정

1. 입법의 개념

입법(立法)이란 **일반적이고 추상적인 법규범을 정립하는 국가작용**을 말한다. 여기서 '일반적'이란 법규범이 불특정 다수인을 대상으로 함을 의미하고, '추상적'이란 불특정 다수의 사건에 적용됨을 의미한다. **일반성과 추상성**은 단지 '사람' 또는 '사건'을 기준으로 삼는지에 따른 구분일 뿐, 결과적으로 불특정 다수인을 규율한다는 점에서 실질적으로 동일한 의미를 가진다. 입법은 포괄적 개념으로서 제정주체와 관계없이, 외부적 효력 또는 내부적 효력을 가지는지와 관계없이, **모든 법규범의 정립작용**을 의미한다. 따라서 법률, 명령, 규칙, 조례의 제정이 모두 입법에 포함되고, 입법주체에 따라 국회입법, 행정입법, 사법입법, 자치입법의 개념이 성립할 수 있다.

2. 규범제정의 분권화(分權化)

현대의 사회국가에서 국가과제가 크게 증가함에 따라 규범의 수요도 엄청나게 증가하였다. 국가 내에서 **다수의 규범제정의 주체가 분업적으로 활동**하는 경우에만 사회국가는 규범의 수요를 충족시킬 수 있다. 헌법은 입법주체가 누구인지에 따라 법률(제53조), 명령(제75조, 제95조), 조례(제117조)등 다수의 상이한 법원(法源)을 언급하고 있다.

3. 법질서의 통일성과 법원(法源)의 우열관계

가. 법질서의 통일성

다수의 법원(法源)에 의하여 구성되는 **국가의 법질서는 하나의 통일체**로서 법규범간의 상호모순이 없이 짜 맞추어져야 한다. 그러한 경우에만, 법질서는 정의·법적 평화 및 법적 안정성을 제공하는 과제를 이행할 수 있다. 한편, 국가 내에서 다수의 규범제정의 주체가 함께 공동으로 작용하는 경우에 규범제정에 있어서 모순이 발생할 수 있으므로, 규범간의 모순과 충돌을 해결하는 **'법규범간의 순위질서에 관한 규칙'**이 존재해야 한다.

나. 법원(法源)의 우열관계

서로 다른 단계의 법규범이 충돌하는 경우, 상위규범이 우위를 차지하므로 하위규범의 위법 또는 위헌을 결과로 가져온다. **국가의 법은 자치입법에 대하여** 우위를 차지한다. 자치입법은 국가의 법에서 유래하고 그에 기원을 두고 있기 때문이다. **국가법 내에서는** '수권(授權)의 근거규범'의 순서에 따라 헌법 · 법률 · 명령의 순서로 서열이 결정된다. 관습법은 모든 단계에서 형성될 수 있으며, 규범의 서열에 있어서 자신이 형성된 단계의 지위를 차지한다.

동일한 단계의 법규범이 충돌하는 경우, 헌법적 차원에서는 원칙적으로 헌법규범 사이의 우열관계가 존재하지 않으므로, '실제적 조화의 원칙'이 적용된다. **법률의 차원**에서는 '특별법 우선의 원칙'과 '신법 우선의 원칙'이 적용되는데, 양자 중에서는 '특별법 우선의 원칙'이 우선적으로 적용된다.

Ⅱ. 법률제정에 관한 권한

1. 형식적 의미의 법률과 실질적 의미의 법률

형식적 또는 실질적 의미의 법률의 구분은 **법규범의 형식 또는 내용**을 기준으로 삼는지에 따른 법규범의 분류에 관한 것이다. 헌법은 제40조에서 "입법권은 국회에 속한다."고 하여 국회가 **'형식적 의미의 법률'**의 제정권을 가진다는 것을 규정하고 있다. '형식적 의미의 법률'이란, 헌법이 정하는 입법절차에 따라 의회에 의하여 제정된 법규범, 즉 국회가 제정한 법률을 말한다. 통상적으로 '법률'이라고 한다면, 이는 형식적 의미의 법률, 즉 의회법률을 말하는 것이다. 이에 대하여 **'실질적 의미의 법률'**이란 대외적 구속력을 가지고 국민의 권리와 의무를 규율하는 모든 법규범(법률, 명령, 조례, 관습법 등)을 말한다.

헌법상 입법절차에 의하여 의회에서 제정되고 대외적 구속력을 가진 법규범(가령, 민법, 형법 등)은 **'형식적 의미'의 법률이자 동시에 '실질적 의미'의 법률**에 해당한다. 명령과 조례는 행정주체와 국민의 관계를 규율하는 외부적 효력을 가지고 있는 한 **'단지 실질적 의미'의 법률**에 해당한다. 한편, 행정각부의 설치 · 조직 · 직무범위에 관한 법률 등(헌법 제96조) 순전히 직제에 관한 법률은 행정조직 내부에서만 구속력을 가진다는 점에서 **'단지 형식적 의미'의 법률**에 속한다.

2. 법률의 규율사항

가. 의회유보(議會留保)

헌법 제40조의 국회입법의 원칙은, 국회가 형식적 법률의 제정권을 가진다는 것을 넘어서, 국가공동체의 본질적인 결정은 다른 국가기관에 위임해서는 안 되고 스스로 해야 한다는 요청(본질성이론)을 포함하고 있다. 국가의 기본적이고 본질적인 사항에 관한 결정은 국민의 대표기관인 의회에 유보되어야 한다(의회유보의 원칙). **의회유보의 원칙**은, 국가의 근본적인 중요결정은 국민의 대표기관인 의회에서 해야 한다는 민주주의원리의 당연한 귀결이다.

이러한 점에서, 의회유보의 원칙은 **의회입법과 행정입법이 규율할 수 있는 입법범위의 경계**를 확정하는 기준이기도 하다. 헌법이 법률로써 규율하도록 입법자에게 명시적으로 위임하고 있는 사항, 즉 국가조직에 관한 기본적이고 본질적인 사항[4] 및 국가의 중요정책사항[5]은 물론이고, 국가공동체의 모든 중요한 사항, 특히 국민의 기본권실현에 있어서 중요하고 본질적인 모든 문제는 입법자가 스스로 법률로써 결정해야 한다.

판 례 "**헌법 제40조의 의미**는 적어도 국민의 권리와 의무의 형성에 관한 사항을 비롯하여 국가의 통치조직과 작용에 관한 기본적이고 본질적인 사항은 반드시 국회가 정하여야 한다는 것이다."라고 판시하고 있다(헌재 1998. 5. 28. 96헌가1, 판례집 10-1, 509, 516).

나. 권력분립원리의 관점에서 국회입법의 한계

(1) 사법부와의 관계

헌법 제101조 제1항은 "사법권은 법관으로 구성된 법원에 속한다."고 하여 사법권을 전적으로 사법부에 유보하고 있기 때문에, 입법자가 구체적인 소송사건과 관련하여 입법의 형태로 사법기능을 행사하는 것은 허용되지 않는다. 따라서 입법자가 사실상 재판적 기능을 하는 법률(소위 '재판적 법률')을 제정하는 것은 금지된다.

판 례 법원으로 하여금 검사의 공소에 근거하여 증거조사 없이 형을 선고하도록 규정하는 법률조항의 위헌여부가 문제된 **'반국가행위자 궐석재판 사건'**에서, "사법(司法)의 본질은 법 또는 권리에 관한 다툼이 있거나 법이 침해된 경우에 독립적인 법원이 원칙적으로 직접 조사한 증거를 통한 객관적 사실인정을 바탕으로 법을 해석·적용하여 유권적인 판단을 내리는 작용이라 할 것이다. 그런데 특조법 제7조 제7항이 특정 사안에 있어 법관으로 하여금 증거조사에 의한 사실판단도 하지 말고, 최초의 공판기일에 공소사실과 검사의 의견만을 듣고 결심하여 형을 선고하라는 것은 입법에 의해서 사법의 본질적인 중요부분을 대체시켜 버리는 것에 다름 아니어서 우리 헌법상의 권력분립원칙에 어긋나는 것이다."라고 판시하면서, 나아가 사법권을 법원에 귀속시키고 있는 헌법 제101조 제1항에 위반된다고 판단하였다(헌재 1996. 1. 25. 95헌가5, 판례집 8-1, 1, 18-19).

(2) 집행부와의 관계

또한, **헌법은 제66조 제4항**에서 "행정권은 대통령을 수반으로 하는 정부에 속한다."고 하여 행정권을 일반적으로 집행부에 유보하고 있다. 따라서 입법자가 집행부와의 관계에서 존중해야 하는 영역이 존재하는데, 국군통수권, 정부의 재정권한(예산편성권을 비롯한 정부의 동의권), 의회동의권의 유보 하에서 외교정책, 집행부 고유책임의 핵심적 영역, 인사권, 법률의 집행 등이 집행부에 유보된 영역이다. 따라서 입법자가 입법의 형태로 집행작용의 고유한 영역을 침범하는 것은 허용되지 않는다.

---

4) 헌법은 가령, 대통령의 선거(제67조 제5항), 국회의원의 선거(제41조), 국군의 조직·편성(제74조 제2항), 행정각부조직(제96조), 법원조직(제102조 제3항), 헌법재판소의 조직(제113조 제3항), 선관위의 조직(제114조 제7항) 등에서 입법자에게 법률로써 규율하도록 위임하고 있다.

5) 헌법은 가령, 국적(제2조 제1항), 공무원제도(제7조), 정당제도(제8조), 교육제도(제31조 제6항), 국토의 이용·개발(제120조) 등에서 입법자에게 법률로써 규율하도록 위임하고 있다.

3. 개별사건법률 및 처분적 법률

가. 개별사건법률

(1) 개 념

개별사건법률은 일반적 법률에 대립되는 개념이다. 법률이란 원래, 일반적이고 추상적인 내용을 가진 **'일반적 법률'**로서 불특정 다수인을 규율대상으로 한다. 이에 대하여, **개별사건법률**이란, 특정인만이 법률의 적용을 받도록 법률요건이 구체적으로 규정되어 있는 법률을 말한다. 법률의 적용을 받는 수규자(법률의 적용대상자)가 일의적으로 확정되어 있거나 확정될 수 있다면, 또는 어떤 구체적 특정 사건에만 법률이 적용됨으로써 결국 적용대상자가 한정된다면, 이는 개별사건법률에 해당한다.

예컨대, "甲과 乙의 부정 축재한 재산은 국고에 귀속된다."고 규정하는 경우이다. 이에 대하여, 甲과 乙이 부정축재방지법을 제정하는 계기를 제공하였으나, 법률이 일반 · 추상성으로 말미암아 현재는 비록 위 2인에게만 적용되지만, 장래에 부정축재한 모든 사람에게 적용될 여지가 있다면, 이는 일반적 법률이다.

(2) 개별사건법률의 허용여부

헌법은 개별사건법률의 입법을 금지하는 명문의 규정이 없다. 그러나 법률이 개별사건에만 적용되는 경우에는 평등원칙에 위반될 수 있는 고도의 개연성이 있기 때문에, 법률은 일반적으로 적용되어야지 어떤 개별사건에만 적용되어서는 안 된다. **개별사건법률금지의 원칙**은, 입법자에 대하여 '기본권을 제한하는 법률은 일반적 성격을 가져야 한다'는 형식을 요구함으로써 **평등원칙에 위반될 수 있는 고도의 개연성을 입법과정에서 사전에 방지**하려는 데 그 목적이 있다(헌재 1996. 2. 16. 96헌가2 등, 판례집 8-1, 51, 69). 따라서 개별사건법률금지의 원칙은 **평등원칙에 그 헌법적 근거**를 두고 있다.

개별사건법률은 개별사건에만 적용되는 것이므로, 평등원칙에 위배되는 자의적인 규정일 가능성이 크다. 그러나 특정규범이 개별사건법률에 해당한다 하여 곧바로 위헌임을 뜻하는 것은 아니다. 비록 특정 법률 또는 법률조항이 단지 하나의 사건만을 규율한다 하더라도, 이러한 **차별적 규율이 합리적인 이유로 정당화될 수 있는 예외적인 경우에는 합헌적**일 수 있다.

판 례 헌정질서파괴범죄에 대하여 공소시효의 정지를 규정한 특별법조항이 특정한 헌정질서파괴범죄행위에 대해서만 적용되는 개별사건법률로서 위헌인지 여부가 문제된 **'5 · 18 특별법 사건'**에서, 헌법재판소는 "… 비록 특별법이 개별사건법률이라고 하더라도 입법을 정당화할 수 있는 공익이 인정될 수 있다고 판단된다. 따라서 이 법률조항은 개별사건법률에 내재된 불평등요소를 정당화할 수 있는 합리적인 이유가 있으므로 헌법에 위반되지 아니한다."고 판단하였다(헌재 1996. 2. 16. 96헌가2등, 판례집 8-1, 51, 68-70).

나. 처분적 법률

(1) 개념

일반적 법률은 통상적으로 집행행위나 재판작용을 매개로 하여 비로소 구체적으로 개별사건에 적용된다. 이에 대하여, 처분적 법률(Maßnahmegesetz)이란, **집행을 매개로 하지 않고 직접 '구체적이고 개별적인' 처분적 효과를 가지는 조치를 취하는 법률**을 말한다. 처분적 법률의 특징적 요소는, **현실의 구체적 상황을 단기적으로 처리하고 극복하기 위한 목적**으로 집행행위의 매개 없이 법률로써 직접 구체적인 조치를 취한다는 것에 있다.[6)]

현대의 사회국가에서는 국민의 생존과 복지를 배려하고 위기상황(경제적 · 사회적 위기상황, 자연재해 등)에 적절하게 대처하기 위하여, 구체적인 상황이나 사안을 규율의 대상으로 하는 **처분적 법률이 불가피**하게 되었다. 처분적 법률은 **헌법적 관점에서 원칙적으로 허용되는 것**이다. 처분적 법률은 통상 '특별조치법', '임시조치법', '특별법' 등의 명칭을 사용하고 있다.

처분적 법률은 그 구성요건을 어떻게 형성하는지에 따라 개별사건법률 또는 일반적 법률일 수도 있기 때문에, **처분적 법률이 곧 개별사건법률을 의미하는 것은 아니다**. '일반적 법률'의 반대개념은 '개별사건법률'이지 '처분적 법률'이 아니다.

(2) 처분적 법률에 대하여 제기되는 헌법적 문제

입법자가 처분적 법률로써 구체적인 조치를 취하는 경우, '법률의 형태로 된 행정행위'를 통해서 입법자가 집행부의 영역을 침범하는 측면이 있으나, 효율적인 국가기능의 수행이란 관점에서 정당화되는 이상, **권력분립의 원칙**에 위배되지 않는다.

처분적 법률이 동시에 개별사건법률에 해당하는 경우에는 **평등원칙**에 위반되는지의 문제가 제기되나, 예외적으로 개별사건법률을 정당화하는 합리적인 관점을 인정할 수 있다면 평등원칙에 위반되지 않는다.

4. 헌법에의 기속과 입법행위에 의한 자기구속

가. 입법자가 헌법에 의하여 어느 정도로 구속을 받는지의 문제

입법자는 입법행위에 있어서 헌법의 구속을 받는다. 그러나 행정청이 법률을 집행하는 바와는 달리, 입법자는 헌법을 집행하는 것이 아니라, 광범위한 입법형성권을 근거로 **입법을 통하여 헌법의 내용을 구체화하고 실현**하는 것이다. 헌법은 입법자에게 행위의 지침과 한계를 제시함으로써 입법자를 구속하지만, 헌법으로부터 입법자의 구체적인 행위의무, 즉 입법의무를 원칙적으로 이끌어낼 수 없다.[7)]

입법행위는 공동체질서의 형성에 관하여 입법자가 내리는 창조적 결정이다. 입법자는 **헌법이 허용하는 범위 내에서 고유한 정치적 형성의 공간**을 가지고 있으며, 입법자의 이러한 형성의 자유는 민주주의헌법의 기본적인 구성요소에 해당한다. 입법자에게 광범위한 형성권이 인정된다는 것에서 헌법에 의한 구속의 한계가 드러난다.

---

6) 처분적 법률이 기본권을 제한하는 경우 집행행위의 매개 없이 직접 법률로써 기본권을 제한한다는 점에서, 처분적 법률에 대한 헌법소원의 경우 예외 없이 '기본권침해의 직접성요건'이 인정된다. 그러나 **집행행위의 매개 없이 직접 기본권을 제한하는 모든 법률이 처분적 법률은 아니다**.

7) 입법자는 법률이란 형식으로 행정부에게 공권력의 행사에 있어서 준수해야 할 구체적인 행위기준을 제시하므로, 바로 이러한 점에서 행정청은 법률을 집행한다. 반면에 헌법은 입법자가 준수해야 할 일반적이고 추상적인 방향만을 제시할 뿐, 어떠한 내용의 법률을 언제, 어떠한 형식으로 만들 것인지에 관하여 원칙적으로 입법자의 광범위한 재량에 맡기고 있다. 법률로부터는 행정청의 구체적인 행위의무가 나오지만, 헌법으로부터는 구체적인 헌법적 입법위임을 제외한다면 원칙적으로 입법자의 구체적인 입법의무가 나오지 않는다. 바로 여기에 **입법자와 행정청의 근본적인 차이**가 있다.

나. 입법행위에 의한 자기구속

(1) 입법자는 오로지 헌법에 의해서만 구속을 받고, 원칙적으로 자신이 만든 법률에 의하여 구속을 받지 않는다. 다만, 입법자는 **법치국가적 신뢰보호원칙과 체계정당성의 원칙**이라는 2가지 측면에서 자신의 사전적(事前的) 입법행위에 의하여 구속을 받는다.

(2) 입법자가 법률의 제정을 통하여 개인에게 행위의 기준으로 삼을 수 있는 신뢰의 근거를 제공하였다면, 법률을 개정함에 있어서 구법(舊法) 질서의 존속을 신뢰한 **개인의 신뢰이익을 법적 안정성의 관점에서 존중해야 할 의무**를 진다. 헌법상 신뢰보호의 목적은, 국가가 입법행위를 통하여 개인에게 신뢰의 근거를 제공한 이상, 입법자를 자신의 사전적 입법행위에 구속하려는 데 있다.

(3) **체계정당성의 원칙**이란, **입법자가 일련의 규정을 통하여 하나의 규율체계를 형성한 경우** 입법자의 결정은 기존의 규율체계에 부합해야 한다는 요청, **기존의 규율체계로부터 임의로 벗어날 수 없다**고 하는 요청을 말한다. 체계정당성의 원칙은 그 **헌법적 근거를 법치국가원리와 평등원칙**에 두고 있다.

법적 안정성의 관점에서, 국가는 수규자가 서로 모순되는 법규범의 적용을 받지 않도록 법질서를 형성해야 할 의무를 지기 때문에, 입법자가 일련의 입법을 통하여 하나의 체계를 형성한 경우에는 그 체계를 지탱하는 기본원칙을 기준으로 삼아 개별규정을 모순 없이 규율해야 할 의무를 진다. 이로써 입법자는 단지 중대한 사유에 의해서만 규율체계로부터 벗어날 수 있다. **평등원칙의 관점**에서도, 입법자의 결정은 기존의 규율체계에 부합해야 하고 이로부터 자의적으로 벗어나서는 안 된다. 입법자의 결정이 기존의 규율체계에 위반된다는 것은 그 자체로서 평등원칙에 위반되는 것은 아니지만, 평등원칙의 위반을 시사하는 하나의 징표이다.

체계정당성의 원칙에 위반되는지 여부는 규율체계로부터 벗어나는 것을 정당화하는 합리적인 사유가 존재하는지에 달려있다. 입법자는 규율체계의 연속성과 일관성을 요청하는 사유보다도 더욱 중대한 합리적인 사유에 의해서만 종래의 규율체계로부터 벗어날 수 있다.

판 례 **'명의신탁재산의 증여의제 사건'**에서 "**규범 상호간의 체계정당성을 요구하는 이유**는 입법자의 자의를 금지하여 규범의 명확성, 예측가능성 및 규범에 대한 신뢰와 법적 안정성을 확보하기 위한 것이고 이는 국가공권력에 대한 통제와 이를 통한 국민의 자유와 권리의 보장을 이념으로 하는 **법치주의 원리**로부터 도출되는 것이라고 할 수 있다."고 하면서, "그러나 일반적으로 일정한 공권력작용이 체계정당성에 위반한다고 해서 곧 위헌이 되는 것은 아니다. … **입법의 체계정당성위반과 관련하여 그러한 위반을 허용할 공익적인 사유가 존재한다면 그 위반은 정당화**될 수 있고 따라서 입법상의 **자의금지원칙**을 위반한 것이라고 볼 수 없다."고 판시하고 있다(헌재 2005. 6. 30. 2004헌바40, 판례집 17-1, 946, 962-963).

5. 법률제정의 절차

가. 법률안의 제출

입법절차는 법률안의 제출로써 개시된다. 국회의원과 정부는 법률안을 제출할 수 있다(헌법 제52조). 법률안은 그 자체로서 채택될 수 있을 정도로 구체적으로 작성되어야 하고, 이유를 붙여야 한다(국회법 제79조 제2항).

정부가 법률안을 제출하는 경우 국무회의의 심의를 거쳐야 한다(헌법 제89조 제3호). 법치국가에서 대부분의 중요한 정부 정책이 법률의 형태로 실현되기 때문에, **법률안제출은 정부의 정책을 실현하기 위한 수단**이다. 법률의 규율대상이 복잡해지고 전문화됨에 따라 법률안의 입안(立案) 작업도 점차 어려워지고 있다. 정부는 **법률안을 기초하기 위하여 필요한 전문적인 행정조직**을 가지고 있기 때문에, 오늘날 대부분의 국가에서 다수의 법률안이 의회 내부가 아니라 정부로부터 제출된다. 그러나 우리의 경우에는 의원입법이 매우 활발하게 이루어지는 예외적 현상을 보이고 있다.

국회의원의 경우 10인 이상이 법률안을 제출할 수 있다(국회법 제79조 제1항). 헌법은 제52조에서 "국회의원"이라는 표현을 사용하고 있지만, **국회법에서 제안권자를 개별 의원이 아니라 '10인 이상의 의원'으로 구체화**한 것은, 국회에서 다수의 지지를 얻을 수 있는 최소한의 기회를 가진 의안만을 다루고자 하는 것으로, 헌법 제52조의 취지에 위반되지 않는다.

나. 법률안의 심의 및 의결

국회에서 법률안의 심의와 의결은 입법절차의 핵심적 부분에 해당한다. 그러나 **헌법은 제53조 제1항에서**("국회에서 의결된 법률안") 단지 법률안이 국회에서 의결된다는 것만을 규정할 뿐, 법률안의 심의와 의결에 관하여 **상세한 것은 국회법에서 규율**하고 있다.

(1) 법률안의 심의

법률안이 제출되면 국회의장은 이를 의원에게 배부하고 본회의에 보고한 후, **소관 상임위원회에 회부하여 심사**하게 한다(국회법 제81조 제1항). 위원들이 충분한 검토시간을 갖도록 하기 위하여, 법률안이 그 위원회에 회부된 후 일부개정법률안의 경우에는 15일, 제정법률안, 전부개정법률안 및 폐지법률안의 경우에는 20일, 체계·자구심사를 위하여 법제사법위원회에 회부된 법률안의 경우에는 5일을 경과한 후에만, 위원회는 이를 의사일정으로 상정할 수 있다(국회법 제59조). 위원회는 안건을 심사함에 있어서 먼저 그 취지의 설명과 전문위원의 검토보고를 듣고 대체토론(大體討論)[8]과 축조심사(逐條審査)[9] 및 **찬반토론을 거쳐 표결**한다(국회법 제58조 제1항).

상임위원회에서 심의·채택된 법률안은 **법사위원회에 넘겨서 체계 및 자구심사**를 거쳐야 한다(국회법 제86조 제1항). 국회는 주요의안의 본회의 상정 전이나 본회의 상정 후에 재적의원 1/4 이상의 요구에 의하여 의원 전원으로 구성되는 전원위원회(全院委員會)의 심사를 거치도록 할 수 있다(국회법 제63조의2 제1항).

(2) 법률안의 의결

위원회의 심사가 끝나면 **법률안은 본회의에 부의(상정)**된다(국회법 제81조 제1항). 본회의는 안건을 심의함에 있어서 그 안건을 심사한 위원장의 심사보고를 듣고 **질의·토론을 거쳐 표결**한다(국회법 제93조). **법률안에 대한 수정동의(수정안)**는 의원 30인 이상의 찬성을 필요로 한다(국회법 제95조 제1항). 본회의에 상정된 법률안은 재적의원 과반수의 출석과 출석의원 과반수의 찬성으로 의결된다(헌법 제49조, 국회법 제109조).

8) 안건 전체에 대한 문제점과 당부에 관한 일반적 토론을 말하며 제안자와의 질의·답변을 포함한다.
9) 의안 심사 방법의 한 형태로서 의안의 한 조항씩 낭독하면서 의결하는 것을 말한다.

다. 법률안의 정부에의 이송 및 법률의 공포

(1) 법률안의 이송(移送) 및 환부거부(還付拒否)의 가능성

법률안이 본회의에서 의결되면 의장은 이를 정부에 이송해야 한다(헌법 제53조 제1항, 국회법 제98조 제1항). 대통령은 **법률안에 대하여 이의가 없는 경우**, 정부에 이송된 날로부터 15일 이내에 공포해야 한다(헌법 제53조 제1항). **법률안에 대하여 이의가 있는 경우**에는 대통령은 정부에 이송된 날로부터 15일 이내에 이의서를 붙여서 국회에 환부하고 재의를 요구할 수 있다(같은 조 제2항). 이를 **환부거부**라 한다. 헌법은 제53조 제2항 후문에서 "국회의 폐회 중에도 또한 같다."고 하여, 대통령의 법률안거부권행사와 관련하여 제51조 본문의 **'회기계속의 원칙'을 다시 한 번 강조**하고 있다. '회기불계속의 원칙'을 의회의 의사원칙으로 채택한 미국과 달리, **보류거부(保留拒否)는 인정되지 않는다.**[10] 우리의 경우, 국회의 폐회 중이라 하더라도 대통령이 법률안을 공포하지 않고 그대로 가지고 있게 되면, 법률안이 자동으로 법률로 확정된다(헌법 제53조 제5항). 다만, '의회기불연속의 원칙'으로 인하여, 법률이 정부에 이송된 날로부터 15일 이내에 국회의 임기가 만료되는 경우에는 임기만료와 함께 법률안이 자동으로 폐기되기 때문에, **이러한 경우에 한하여 보류거부의 효과**가 발생할 수 있다.

국회에 환부된 법률안은 **국회에서 재의**에 붙여져 재적의원 과반수의 출석과 출석의원 3분의 2 이상의 찬성으로 재의결되면, 법률로서 확정된다(같은 조 제4항). 법률안이 재의결되지 않는 경우, 법률안은 폐기된다. 이 경우, 대통령은 국회의 재의에 의하여 확정된 법률이 정부에 이송된 후 지체 없이 공포해야 하고, 5일 이내에 대통령이 공포하지 아니하는 경우에는 국회의장이 대신 공포한다(같은 조 제6항). 대통령이 15일 이내에 **재의의 요구도 공포도 하지 아니하는 경우**, 법률안은 법률로서 확정된다(같은 조 제5항). 대통령은 확정된 법률을 지체 없이 공포해야 하고, 법률이 확정된 후 5일 이내에 공포하지 아니 할 때에는 국회의장이 공포한다(같은 조 제6항).

(2) 법률 공포의 의미

법률의 공포는 **입법절차의 마지막 단계**이다. 법률은 **관보에 게재**됨으로써 공포되고, **공포됨으로써 법적으로 존재**한다. 관보에 게재되지 않은 법률은 법적으로 존재하지 않으므로, 법률이 아니다. 공포된 법률만이 법적 안정성과 법적 명확성을 보장하고 국민이 자신의 권리와 의무에 관하여 알 수 있는 가능성을 제공하기 때문에, 법률의 공포는 **법치국가적 요청**이다. 법률이 관보에 공포되면, 국민이 법률의 존재와 내용을 알고 있는 것으로 추정된다.

6. 법률의 효력 발생(시행)

헌법 제53조 제7항은 "법률은 특별한 규정이 없는 한 공포한 날로부터 20일을 경과함으로써 효력을 발생한다."고 규정하여, **'법률의 공포'와 '법률의 효력 발생(시행)'을 구분**하고 있다. 법률은 공포 시점부터 법적으로 존재하나, 법적 구속력을 가지고 수규자인 국민과 국가기관에 대하여 권리와 의무 또는 권한을 발생시키는 것은 효력 발생 시점(시행일)부터이다.

---

10) 미국의 경우, 대통령은 법률안 이송 시부터 10일 이내에 법률안을 환부할 수 있는데, 10일 이내에 의회가 폐회하는 경우, **'회기불계속의 원칙'**으로 인하여 대통령은 환부하지 않고 그대로 가지고 있는 것만으로 법률안을 폐기시킬 수 있다(보류거부). **보류거부는 회기불계속의 원칙의 산물**이다.

법률의 공포와 더불어 입법절차는 종료되기 때문에, **법률의 시행은** 입법절차의 한 부분이 아니라 **법률 내용의 한 부분**이다. '입법절차'에 관해서는 입법자가 헌법의 구속을 받기 때문에 임의로 정할 수 없는 반면, '법률의 내용'에 관해서는 **입법자가 원칙적으로 임의로 형성**할 수 있다. 헌법은 제53조 제7항에서 "특별한 규정이 없는 한"이라는 표현을 통하여 언제 법률이 효력을 발생하는지에 관하여 입법자가 결정할 수 있다는 것을 밝히고 있다. 입법자는 법률의 공포와 동시에 시행된다는 것을 규정할 수도 있고 아니면 공포 이후의 시점을 별도의 시행일로 정할 수도 있으며, 심지어 시행일을 공포일 이전의 시점으로 앞당김으로써 법률에 소급효를 부여할 수도 있다.

Ⅲ. 그 외 입법권한

국회는 헌법개정에 관하여 발의 · 심의 · 의결권을 가지는데, **헌법개정에 관한 권한**도 국회의 입법기능에 속한다. 국회의 의결을 거친 헌법개정안은 국민투표로써 확정되지만, 헌법개정안에 관한 국회의 의결권은 헌법개정절차의 핵심적 부분에 해당한다.

중요조약의 체결 · 비준에 대한 국회의 동의는 조약이 국내법상으로 효력을 발생하기 위한 요건이다. 중요조약은 국회의 동의라는 절차를 거쳐야 비로소 국내법과 같은 효력을 가지기 때문에(헌법 제6조 제1항), 헌법 제60조 제1항에 열거한 중요조약의 체결 · 비준에 대하여 국회가 동의권을 가지는 것도 **넓은 의미에서 국회의 입법기능**에 속한다고 볼 수 있다.

국회는 법률에 저촉되지 않는 범위 안에서 그 의사(議事)와 내부규율에 관한 규칙을 제정할 수 있다(헌법 제64조 제1항). **국회규칙의 제정권**은 국회의 의사와 조직에 관한 자치를 보장하기 위한 것이다(제4편 제2장 제5절 제4항 '국회의 자율권' 참조). 내부 영역을 규율하는 규칙제정권은 모든 합의제 헌법기관의 전형적 특징이다. 국회규칙은 국회 내부 영역을 규율대상으로 하고, 그 효력범위는 국회 내부 영역에 제한된다. 국회규칙은 인적 관점에서 단지 국회의 구성원에 대해서만, 규율대상의 관점에서는 국회의 사안에 대해서만 효력을 가진다.

제 2 항 재정에 관한 권한

Ⅰ. 조세 · 재정에 관한 권한

1. 재정과 조세의 일반적 의미

가. 재정의 의미와 기능

재정이란, 국가나 지방자치단체가 공공의 수요를 충족하기 위하여 필요한 재원을 조달하고 재산을 관리 · 사용 · 처분하는 일체의 행위를 말한다. 오늘날 사회국가에서 국가과제의 증가와 함께 국가의 지출과 재정수요도 증가하였다.

재정은 **국가의 과제이행을 위한 재원의 조달**을 가능하게 할 뿐만 아니라, **경제정책적 또는 사회정책적 목적**을 위해서도 투입될 수 있다. 국가의 재정을 경기의 흐름을 조종하는 수단으로 활용하고자 하는 **재정정책**은 통화정책과 함께 경기정책의 주된 수단이다. 공공단체는 공공예산의 지출(가령, 공공사업의 확대)이나 수입(조세의 인상이나 인하)을 통하여 경기를 활성화하거나 위축시키는 방법으로 전경제적 수요에 대하여 영향력을 행사하고 경기의 흐름을 조종하고자 시도할 수 있다.

나. 조세국가

(1) 조세국가(租稅國家)란, 국가의 영리활동이나 준조세의 징수를 통해서가 아니라 **조세를 통하여 국가재정을 충당하는 것을 원칙으로 하는 국가**를 말한다. 헌법에서 재정과 관련된 규정은 단지 조세에 관한 것뿐이다. 이로써 헌법은 국가재정은 원칙적으로 조세에 의하여 조달해야 한다는 기본결정을 표현하고 있다. 오늘날의 사회국가는 급부국가이며, 국가는 국민으로부터 받은 것 없이는 아무런 급부도 제공할 수 없다는 점에서 **급부국가는 조세국가**이다.

판 례 '**먹는샘물 수입판매업자에 대한 수질개선부담금 사건**'에서, "**헌법이 여러 공과금 중 조세에 관하여 위와 같이 특별히 명시적 규정을 두고 있는 것**은 국가 또는 지방자치단체의 공적 과제 수행에 필요한 재정의 조달이 일차적으로 조세에 의해 이루어질 것을 예정하였기 때문이라 할 것이다."라고 판시하고 있다(헌재 2004. 7. 15. 2002헌바42, 판례집 16-2상, 14, 26).

(2) 헌법은 국민의 납세의무를 규정하는 제38조 및 조세의 종목과 세율을 법률로 정하도록 규정하는 제59조에서 **국가의 과세권을 허용**하고 있다(국가과세권의 헌법적 근거). 경제적 자유권을 통하여 사경제적 질서를 보장하는 헌법체계에서 국가는 스스로 영리적으로 활동하지 않기 때문에, 필요한 재원을 조세의 형태로 국민으로부터 가져와야만 한다. 국가의 과세권 및 이에 대응하는 국민의 납세의무는 사유재산제도와 **자유경제질서의 헌법적 보장이 가져오는 필연적인 결과**이다.

나아가, **조세의 정당성은 국가과제의 정당성과 불가분의 관계**에 있다. 개인의 자유와 안전이 국가에 의하여 제공되고 보장된다는 점에서, 국가공동체의 구성원이 조세의 형태로 국가과제의 이행에 기여해야 한다는 것은 **개인의 공동체기속**의 관점에서 요청되는 것이다. 납세의 의무 없이는 개인의 자유와 안전도 있을 수 없다.

2. 조세의 개념과 목적

가. 조세와 준조세의 차이점

조세는 국가 또는 지방자치단체 등 공권력의 주체가 일반적 국가과제의 수행을 위한 재원조달의 목적으로 일반국민으로부터 반대급부 없이 강제적으로 부과·징수하는 과징금이다. 조세는 **반대급부 없이**, 즉 국가로부터 구체적으로 받은 것 없이 납부해야 한다는 점에서, 반대급부를 전제로 하는 사용료, 수수료와 구별되며, 법률상 과세요건을 충족시키는 **모든 국민으로부터 징수**된다는 점에서 특정 공익사업과 이해관계가 있는 자로부터 징수되는 '부담금'과 구별되고, 재원조달의 목적에 있어서 **일반적인 국가재정의 조달을 위하여** 부과된다는 점에서, 특별한 과제수행을 위하여 그 재정을 충당할 목적으로 부과되는 특별부담금과 구별된다.

나. 조세의 목적

원래 조세의 고전적이고 일차적인 목적은 **재정조달의 목적**이었으나, 오늘날 사회국가로의 국가성격의 변화와 함께 조세는 누진적 세율 등을 통하여 **사회국가적 재분배의 목적**을 추구할 수 있다. 나아가, 입법자는 조세를 **경제정책적 · 사회정책적 목적**을 실현하는 수단으로 사용할 수 있다. 가령, 입법자는 조세의 부담과 감면을 통하여 투자를 억제하거나 유도하는 효과, 물가를 안정시키거나 경기를 부양하는 효과 등을 꾀함으로써 사경제를 유도하고 조종할 수 있으며, 특정한 가족정책, 주택정책, 건강정책이나 환경정책 등을 실현하기 위한 행위조종의 수단으로 조세의 부담과 감면을 사용할 수 있다.

3. 조세입법에 관한 기본원칙

조세입법자는 헌법상 '법치국가원리'(조세법률주의) 및 '평등원칙에서 파생하는 조세정의의 원칙'(조세평등주의)의 구속을 받는다. 조세법률주의는 조세평등주의와 함께 조세법의 기본원칙이다(헌재 1992. 12. 24. 90헌바21, 판례집 4, 890, 899).

가. 조세법률주의

조세법률주의는 조세법의 영역에서 법률유보원칙의 구체화된 표현으로, **조세의 부과와 징수는 법률의 근거를 필요로 한다**는 원칙이다, **헌법은 제38조**에서 "모든 국민은 법률이 정하는 바에 의하여 납세의 의무를 진다."고 하고, **제59조**에서 "조세의 종목과 세율은 법률로 정한다."고 하여 조세법률주의를 규정하고 있다. 조세법률주의는 과세요건 법정주의, 과세요건 명확주의 및 소급과세금지의 원칙을 그 핵심적 내용으로 하고 있다.

과세요건 법정주의(法定主義)란, 과세요건(납세의무자, 과세대상, 과세표준, 과세기간, 세율 등)과 과세절차 · 징수절차를 법률로써 규정해야 한다는 원칙을 말한다. 과세요건과 과세기준에 관하여 어느 정도로 입법자가 스스로 법률로써 정해야 하는지는 의회유보원칙(본질성이론)에 따라 판단된다.

과세요건 명확주의란, 조세의 분야에서 '법률의 명확성원칙'의 구체화된 표현으로서, 법률이 그 내용, 대상, 목적에 있어서 명확하고 제한적이어서 납세의무자가 조세부담을 어느 정도 예측할 수 있어야 한다는 법치국가적 요청을 말한다(명확성원칙의 과세법적 표현). 조세법의 영역에서도 불확정 법개념의 사용은 허용된다. 그러나 법률의 해석을 통해서도 행정청이나 법원의 자의적인 적용을 배제하는 객관적인 기준을 얻는 것이 불가능한 경우, 조세법규정은 명확성원칙에 위반된다.

소급과세금지(遡及課稅禁止)의 원칙은 납세의무를 발생케 한 사실관계에 대해서 그 사실관계가 성립된 이후에 제정된 새로운 세법에 의하여 소급하여 과세해서는 안 된다는 원칙이다. 이와 같이 **진정소급효를 가지는 과세**는 법치국가적 법적 안정성의 요청에 정면으로 반하는 것으로 허용되지 않는다. 헌법 제13조 제2항은 소급입법에 의한 재산권박탈을 명시적으로 금지함으로써 소급입법에 의한 과세가 금지됨을 강조하고 있다.

나. 조세평등주의

(1) 조세정의의 원칙 및 담세능력에 따른 과세원칙

조세평등주의란, 평등원칙의 조세법적 표현으로서 조세부담이 국민들 사이에 공평하게 배분되도록 법률을 제정할 것을 요청하는 원칙을 말한다. 조세평등주의는 개인의 재력에 상응하는 공정하고 실질적으로 평등한 과세를 요청한다. 평등원칙으로부터 세법의 영역에서 '조세정의의 원칙'

이 파생되며, 조세정의의 원칙은 과세가 개인의 경제적인 담세능력에 따라 이루어져야 한다는 **'담세능력(擔稅能力)에 따른 과세원칙'**, 즉 응능부담(應能負擔)의 원칙에 의하여 구체화된다. 담세능력에 따른 과세원칙은 수평적 조세정의와 수직적 조세정의를 요청한다.

(2) 수평적 조세정의와 수직적 조세정의

수평적 조세정의는, 동일한 소득은 동일하게 과세될 것을 요구한다. **가족의 부양으로 인하여 납세자에게 발생하는 필요적 부양경비**는 납세자의 담세능력을 감소시키므로, 입법자는 자녀와 부모 등에 대한 부양경비를 담세능력의 판단에 있어서 고려해야 한다. 가족의 부양을 위한 경비가 소득에서 공제되지 않는다면, 부양가족이 있는 납세자의 경우 담세능력이 감소했음에도 불구하고 부양가족이 없는 납세자와 동일한 조세부담을 지기 때문에, 결과적으로 담세능력에 따른 과세원칙에 위반되어 과중한 부담을 지게 된다.

수직적 조세정의는, 서로 소득이 다른 납세자에게 조세부담을 배분하는 경우 소득이 많으면 높게 과세되어야 한다는 요청을 말한다. 나아가, 수직적 조세정의는 **최저생계를 위하여 필요한 경비**는 과세로부터 제외되어야 할 것을 요청한다(최저생계를 위한 공제). 수직적 조세정의는 단지, 담세능력이 강한 자는 담세능력이 약한 자에 비하여 더 많은 세금을 낼 것을 요구할 뿐, 반드시 누진적으로 과세될 것을 요구하지 않는다(헌재 1999. 11. 25. 98헌마55, 판례집 11-2, 593, 609). 소득에 단순 비례하여 과세할 것인지 아니면 누진적으로 과세할 것인지는 입법자의 정책적 결정에 맡겨져 있다.

(3) 조세징수를 통한 납세의무의 관철에 있어서의 평등

세법에 있어서 평등원칙은 납세자가 세법에 의하여 '법적으로' 평등하게 부담을 받을 것(**'납세의무의 규범적 평등'**)을 요청할 뿐만 아니라, 나아가 '실질적으로' 평등하게 부담을 받을 것('조세징수를 통한 **납세의무의 관철에 있어서의 평등**')을 요청한다. 따라서 실체적 세법은 사실적 결과에 있어서도 부담의 평등을 원칙적으로 보장할 수 있는 **절차적 규범(조세징수규정)**과 결합되어야 한다.

판 례 "**조세평등주의**라 함은 헌법 제11조 제1항에 규정된 평등원칙의 세법적 구현으로서, **조세의 부과와 징수를 납세자의 담세능력에 상응하여 공정하고 평등하게 할 것을 요구**하며 합리적인 이유 없이 특정의 납세의무자를 불리하게 차별하거나 우대하는 것을 허용하지 아니한다."고 판시하고 있다(헌재 1997. 10. 30. 96헌바14, 판례집 9-2, 454, 463).

나아가, **'금융소득분리과세 사건'**에서 "조세평등주의가 요구하는 이러한 **담세능력에 따른 과세의 원칙**(또는 응능부담의 원칙)은 한편으로 동일한 소득은 원칙적으로 동일하게 과세될 것을 요청하며(이른바 **'수평적 조세정의'**), 다른 한편으로 소득이 다른 사람들 간의 공평한 조세부담의 배분을 요청한다(이른바 **'수직적 조세정의'**)."고 판시하고 있다(헌재 1999. 11. 25. 98헌마55, 판례집 11-2, 593, 608).

헌법재판소는 **'직장·지역가입자의 재정통합 사건'**에서 **보험료 납부의무의 관철과 관련한 헌법적 문제점**에 관하여 "소득파악이 가능한 보험가입자와 소득파악이 제대로 되지 않는 보험가입자를 단일의료보험자의 관리 하에 두고 그 재정을 통합하는 경우에 **보험가입자간의 소득파악율의 차이, 즉 '보험료 납부의무의 관철에 있어서의 차이'**는 공과금부과의 평등의 관점에서 헌법적으로 간과할 수 없는 본질적인 차이이다."라고 확인한 다음, "직장가입자와 지역가입자 사이의 '보험료 납부의무의 관철'에 있어서의 본질적인 차이가 현존하는 상황에서 직장·지역가입자의 재정을 통합하여 보험료를 부담시키는 경우에는 가입자간의 보험료부담의 형평이 이루어지지 않고, 지역가입자가 부담해야 할 보험료의 일부분을 직장가입자가 부담해야 할 가능성이 있다. 따라서 직장가입자와 지역가입자간의 **보험료부담의 평등이 보장되지**

않는 한, 의료보험의 재정통합은 헌법적으로 허용되지 아니한다."고 판시하고 있다(헌재 2000. 6. 29. 99헌마289, 판례집 12-1, 913, 958).

4. 조세입법의 한계로서 기본권

조세입법자는 **형식적 측면에서** 조세법률주의의 구속을 받을 뿐만 아니라, **내용적 측면에서** 자유권과 평등권 등 기본권에 의한 구속을 받는다. 한편, 헌법재판소는 조세법의 내용이 헌법에 합치되어야 한다는 요청을 **'실질적 조세법률주의'**의 개념을 통하여 수용하고 있다(헌재 1997. 11. 27. 95헌바38, 판례집 9-2, 591, 600-601).

가. 인간존엄성의 보장

인간존엄성의 보장은 사회국가원리와의 연관관계에서, 국가는 **납세의무자의 최저생계**의 유지를 위하여 필요한 수단을 조세를 통하여 **박탈해서는 안 된다**는 것을 요청한다. 국가가 최저생계에 대한 과세를 통하여 최저생계를 위한 소득을 일단 박탈한 후에 생활능력이 없는 자에게 다시 사회부조적 급부를 제공하는 것은 인간의 존엄성보장에 부합하지 않는다.

나. 재산권

(1) 세법이 토지 등 **구체적 재산권의 이용이나 처분, 보유 등 특정 행위에 대하여 조세를 부과**하는 경우, 토지재산권의 자유로운 이용과 처분을 보장하는 재산권(헌법 제23조)을 기준으로 하여 세법의 위헌성을 판단하게 된다.

그러나 세법이 구체적 재산권의 이용이나 처분 등 특정 행위에 대하여 조세를 부과하는 것이 아니라 **소득세나 재산세, 상속세 등의 형태**로 단지 국민의 재산을 감소시키는 경우, 과세에 의하여 재산권보장의 보호대상이 되는 '구체적이고 개별적인 재산권'이 제한되는 것이 아니라 **단지 납세의무자의 '전체적 재산가치'가 감소**된다. 헌법 제23조의 재산권보장이 궁극적으로 보장하고자 하는 바가 재산권객체가 아니라 재산권을 바탕으로 한 개인의 인격발현 가능성이므로, 세법이 단지 납세의무자의 전체적 재산가치를 감소시키는 경우에도 **재산권보장은 국가과세권의 행사에 대하여 헌법적 한계로서 기능**해야 한다.

(2) 입법자가 **세법을 통하여 구체적인 목적을 추구하고 이러한 목적을 달성하기 위한 수단으로 조세를 부과하는 경우**에 과잉금지원칙에 의한 심사가 가능하기 때문에, 재산권이 세법의 위헌여부를 판단하는 심사기준으로 기능할 수 있다. 그러나 **소득세나 재산세와 같이 부담분배적 과세의 경우**에는, 입법자가 특정 목적을 달성하기 위하여 개인의 재산권을 제한하고자 하는 것이 아니라, 국가의 일반적인 재정을 충당하기 위하여 부담을 국민들 사이에 공평하게 분배하는 문제에 관한 것이다. 이러한 경우, 개인의 소득에 대한 어느 정도의 과세가 재산권을 과도하게 침해하는 것인지에 관하여 헌법상의 재산권보장은 사실상 아무런 기준도 제시하지 못하기 때문에, 재산권은 위헌심사의 기준으로서 단지 제한적으로만 기능할 수 있다.

판 례 헌법재판소가 조세의 부과와 재산권보장의 관계를 어떻게 이해하는지는 불분명하다. 헌법재판소는 일부 결정에서 아무런 구체적인 언급이 없이 "**조세는 국민의 재산권을 침해하는 것**이 되므로 …"라고 판시하고 있다(가령, 헌재 1992. 12. 24. 90헌바21, 판례집 4, 890, 899). 반면에, 일부 결정에서는 "**원칙적으로 조세의 부과·징수는 국민의 납세의무에 기초하는 것으로서 재산권의 침해가 되지 않으나,** 그에 관한 법률조항이 조세법률주의에 위반되고 이로 인한 자의적인 과세처분권 행사에 의하여 납세의무자의 사유재산에 관한 이용·수익·처분권이 중대한 제한을 받게 되는 경우에는 **예외적으로 재산권의 침해가 될 수 있다.**"고 판시하고 있다(헌재 1997. 12. 24. 96헌가19, 판례집 9-2, 762, 773; 헌재 2002. 1. 31. 2000헌바35, 판례집 14-1, 14, 27). 그러나 전반적으로, 헌법재판소는 종래 판례에서 조세의 부과로 인하여 구체적 재산권적 지위에 대한 제한이 존재하지 않음에도, **재산권을 세법의 위헌성을 심사하는 기준으로 삼아 판단해 왔음을 확인**할 수 있다.

다. 평등권

평등권은 세법규정의 위헌여부를 판단하는 **가장 중요한 헌법적 심사기준**이다. 세법규정의 위헌여부가 문제되는 대부분의 경우, 세법규정이 개인의 재산권을 과잉으로 침해하는지의 문제가 아니라 다른 납세자와의 관계에서 차별적으로 조세부담을 부과하는지의 문제, 즉 **'분배의 공평성 및 차별의 정당성'의 문제가 일차적으로 제기**된다. 특히 **부담분배적 과세**에 있어서는 자유권이 위헌심사의 기준으로 큰 실효성이 없으므로, 위헌심사는 주로 평등원칙을 기준으로 하여 이루어진다.

나아가, 헌법 제36조 제1항은 특별평등조항으로 **조세를 통하여 혼인과 가족생활을 불리하게 차별하는 것을 금지**한다. **부부합산과세**는 개인별과세의 원칙에 위반되어 부부를 불리하게 차별하는 것이므로, 헌법 제36조 제1항의 가치결정에 위반된다. 여기서 문제는, 부부가 합산과세로 인하여 누진세율의 적용을 받음으로써 개인 과세되는 독신자 등 다른 사람들보다 더 많은 조세를 부담하게 된다는 것에 있다.

판 례 **'부부자산소득 합산과세제도 사건'**에서 "소득세법 제61조 제1항이 자산소득합산과세의 대상이 되는 혼인한 부부를 혼인하지 않은 부부나 독신자에 비하여 차별 취급하는 것은 헌법상 정당화되지 아니하기 때문에 헌법 제36조 제1항에 위반된다."고 판단한 바 있다(헌재 2002. 8. 29. 2001헌바82).

5. 조세 외 공과금

가. 조세 외 공과금 부과의 기본원칙

헌법은 조세 외의 공과금(요금, 부담금, 특별부담금) 또는 준조세(準租稅)에 관한 별도의 규정을 두고 있지 않다. 이로써 헌법은 조세와 그 외 공과금을 근본적으로 구분하면서, 입법자가 임의로 조세 대신에 조세 외의 공과금을 통하여 일반적 재정수요를 충당하는 것은 허용되지 않는다는 것을 밝히고 있다. 헌법은 조세와 그 외의 공과금을 근본적으로 구분하고 있기 때문에, 조세 외의 공과금에 대해서는 조세에 관한 기본원칙(가령, 조세법률주의)이 적용되는 것이 아니라 **일반적 법원칙**(가령, 법률유보원칙이나 법률의 명확성원칙)이 적용된다(헌재 2000. 6. 29. 99헌마289, 판례집 12-1, 913, 954).

조세 외의 공과금은, 원칙적으로 조세를 통하여 국가재정을 충당한다는 **조세국가원칙에 대한 예외**로서, 특별한 정당성을 필요로 한다. 조세 외 공과금의 경우 일반적으로 예산에 나타나지 않기 때문에, 어느 정도로 국민이 공적 과제의 재정조달을 위하여 부담을 받는지를 명확하게 확인할 수 없고, 그 결과 **국가재정에 대한 입법자의 통제권이 약화**된다. 이러한 관점에서도 조세 외의 공과금을 통한 재정수요의 충당은 **예외적으로 허용되어야** 한다. 나아가, 자의적 부과를 금지하는 **부담평등의 요청**에 비추어, 공과금의 징수는 부담에 있어서 납부의무자의 평등을 고려해야 한다.

나. 공공요금(사용료와 수수료)

공공요금은 공행정의 특정 급부를 요구한 것에 대한 **반대급부**로서 부과되는 공과금의 일종이다. **사용료**는 시의 수영장과 같은 공공시설의 이용이나 공공재산의 사용에 대한 반대급부이며, **수수료**는 운전면허나 여권의 발급 등 특정인을 위한 공무행위에 대한 반대급부이다. 사용료와 수수료가 반대급부의 성격을 가지기 때문에, 요금의 정도는 제공되는 국가의 급부와 적정한 관계에 있어야 한다.

다. 부담금

부담금도 국가의 급부에 대한 **반대급부**로서 성격을 가진다. 그러나 사용료나 수수료와는 달리, 부담금은 국가의 시설이나 급부를 사실상으로 이용한 것에 대해서가 아니라 단지 **잠재적인 이용가능성**, 즉 특정한 기간시설(하수시설, 개발시설, 온천요양객에게 과하는 세금)을 사용할 가능성에 대하여 징수된다.

라. 특별부담금

(1) 조세와의 유사성으로 인한 남용 가능성

특별부담금은 **국가의 급부 없이 특정 공익사업과 관련하여 부과하는 공과금**이다. 특별부담금은 공적 급부에 대한 반대급부가 아니라는 점에서 수수료·사용료나 부담금이 아니라 **조세와 유사**하지만, 일반적 요건에 따라 모든 국민으로부터 징수되는 것이 아니라 특정한 집단으로부터 특정 공익사업의 수행을 위하여 징수되기 때문에 조세가 아니다.

특별부담금은 반대급부 없이 징수된다는 점에서 조세와 유사하기 때문에, **입법자에 의하여 남용될 위험**이 있다. 입법자는 국민의 조세저항을 피하기 위하여 '조세의 형식'으로 조달해야 하는 국가의 일반재정을 '부담금의 형식'으로 조달하고자 시도할 수 있다. 입법자는 공적 과제의 이행을 위하여 필요한 재정을 조세 또는 특별부담금으로 조달할 것인지에 관하여 자유롭게 선택할 수 없다. 입법자가 조세와 특별부담금 중에서 임의로 선택할 수 있다면, 헌법이 예정하고 있는 조세국가원칙은 무의미하게 되고, **조세에 기초하고 있는 헌법상 재정질서를 교란**하게 될 것이다.

판 례 **'먹는샘물 수입판매업자에 대한 수질개선부담금 사건'**에서 "만일 실질적으로는 국가 등의 일반적 과제에 관한 재정조달을 목표로 하여 조세의 성격을 띠는 것임에도 단지 국민의 조세저항이나 이중과세의 문제를 회피하기 위한 수단으로 부담금이라는 형식을 남용한다면, 조세를 중심으로 재정을 조달한다는 헌법상의 기본적 **재정질서가 교란될 위험**이 있을 뿐만 아니라, **조세에 관한 헌법상의 특별한 통제장치가 무력화될 우려**가 있다."고 판시하고 있다(헌재 2004. 7. 15. 2002헌바42, 판례집 16-2상, 14, 27).

(2) 특별부담금의 헌법적 문제와 허용요건

(가) 재정에 대한 국회 통제기능의 약화 및 부담평등의 저해

특별부담금이 제기하는 두 가지 헌법적 문제는, 준조세는 예산에 나타나지 않는다는 점에서 **재정에 대한 입법자의 통제권을 약화**시킬 우려가 있고, 차별적으로 부과되는 준조세의 징수에 의하여 **공과금부담의 평등을 저해**할 우려가 있다는 것이다.

(나) 부담평등에 대한 예외가 정당화되기 위한 요건

특정 집단에 대해서만 차별적으로 부과되는 특별부담금의 경우, 공과금부담의 평등에 대한 예외를 정당화하기 위해서는 다음과 같은 요건을 충족시켜야 한다. 아래 요건은 특별부담금의 부과로 인한 **차별대우를 정당화하는 합리적인 사유**를 서술하고 있다.

부담금의 납부의무자는 공동의 이해관계나 특수한 상황에 의하여 일반국민으로부터 명확히 구분될 수 있는 동질적인 집단이어야 하고(**집단의 동질성**), 납부의무자 집단은 부담금의 징수를 통하여 추구하는 목적과 특별히 밀접한 관계에 있어야 하며(**객관적 근접성**), 이러한 밀접한 관계로 인하여 부담을 져야 할 책임이 인정될만한 집단이어야 하고(**집단적 책임성**), 부담금의 수입은 일반적 공적 재정수요의 충당을 위해서가 아니라 주로 납부의무자 집단의 이익을 위하여 사용되어야 한다(**집단적 효용성**). 이러한 요건이 충족되는 경우, 납부의무자 집단은 부담금을 통하여 추구하는 공적 과제에 대하여 '특별히 밀접한 관련성'을 가짐으로써, 부담금을 당해 집단에 귀속시키는 특별한 근거가 인정되고, 부담평등의 원칙에 대한 예외가 정당화된다.

판 례 영화발전기금의 재원 마련을 위하여 영화 관람객에게 부과금을 부과하고 있는 법률조항이 관람객의 기본권을 침해하는지 여부가 문제된 **'영화상영관 입장권 부과금 사건'**에서, **특별부담금의 헌법적 문제**에 관하여 "재정조달목적 부담금은 특정한 반대급부 없이 부과될 수 있다는 점에서 조세와 매우 유사하므로 헌법 제38조가 정한 조세법률주의, 헌법 제11조 제1항이 정한 법 앞의 평등원칙에서 파생되는 공과금 부담의 형평성, 헌법 제54조 제1항이 정한 국회의 예산심의·확정권에 의한 재정감독권과의 관계에서 오는 한계를 고려하여,…"라고 판시하고 있다.

이어서, **부담평등에 대한 예외가 정당화되기 위한 요건**에 관하여 "특히 부담금 납부의무자는 그 부과를 통해 추구하는 공적 과제에 대하여 '특별히 밀접한 관련성'이 있어야 한다는 점에 있어서 ① 일반인과 구별되는 동질성을 지녀 특정집단이라고 이해할 수 있는 사람들이어야 하고(집단적 동질성), ② 부담금의 부과를 통하여 수행하고자 하는 특정한 경제적·사회적 과제와 특별히 객관적으로 밀접한 관련성이 있어야 하며(객관적 근접성), ③ 그러한 과제의 수행에 관하여 조세외적 부담을 져야 할 책임이 인정될만한 집단이어야 하고(집단적 책임성), ④ 만약 부담금의 수입이 부담금 납부의무자의 집단적 이익을 위하여 사용될 경우에는 그 부과의 정당성이 더욱 제고된다(집단적 효용성)."고 판시하고 있다(헌재 2008. 11. 27. 2007헌마860, 판례집 20-2하, 447, 460).

(3) 재정조달목적 부담금과 정책실현목적 부담금

재정조달목적 부담금은 **특별한 공적 과제를 수행하기 위한 재정을 조달하기 위하여** 부과되는 부담금이다. 재정조달목적 부담금의 예로는, 필요한 학교시설의 확보에 있어서 소요되는 재정을 충당하기 위하여 부과되는 **학교용지부담금**(헌재 2005. 3. 31. 2003헌가20), 교통안전기금의 재원을 조달하기 위하여 운송업자 및 교통수단 제조업자에 대하여 부과되는 **교통안전분담금**(헌재 1999. 1. 28. 97헌가8), 문화예술진흥을 위하여 필요한 재원을 확보하고자 부과되는 **문화예술진흥기금**(헌재 2003. 12. 18. 2002헌가2), 영화산업의 발전기금을 마련하기 위하여 영화상영관을 이용하는 관람객에게 부과되는 **영화상영관 입장권 부과금**(헌재 2008. 11. 27. 2007헌마860) 등을 들 수 있다.

정책실현목적 부담금은 일차적으로 재정을 조달하기 위해서가 아니라, **특정한 사회적·경제적 정책을 실현하기 위하여** 부과되는 부담금이다. 정책실현목적 특별부담금의 경우, 재정조달의 목적은 단지 부수적인 목적이다. 국가는 명령·금지와 같은 직접적인 규제수단을 사용하는 대신에 부담금의 부과를 통하여 간접적으로 국민의 행위를 유도하고 조종함으로써 사회적·경제적 정책목적을 달성할 수 있다. 가령, 법적으로 규정된 비율의 장애인을 고용하지 않는 사용자에게 장애인의 고용을 유도하기 위한 **장애인고용부담금**, 공장폐수의 배출을 억제하기 위하여 부과되는 **환경오염부담금**, 먹는 샘물의 수질개선을 위하여 먹는 샘물 제조업자나 수입판매업자에게 부과되는 **수질개선부담금**(헌재 1998. 12. 24. 98헌가1; 헌재 2004. 7. 15. 2002헌바42) 등을 들 수 있다.

(4) 특별부담금의 위헌여부를 판단하는 심사기준

(가) 평등의 문제로서 특별부담금

부담금은 일반국민이 아니라 특정 납부의무자 집단에 대하여 **차별적으로 부과**되는 공과금이기 때문에, **부담금에 대한 위헌심사의 중점은 평등심사**에 있다. 특별부담금의 납부의무자가 부담금의 부과에 대하여 일차적으로 제기하는 문제는, 왜 납부의무자가 속한 특정 집단에게만 차별적으로 공과금을 부과하는지에 관한 것이다. 부담금의 정도가 과도하여 납부의무자의 **재산권을 과도하게 침해하는지의 여부**는 공과금부과에 있어서의 차별적인 대우가 정당화되는 경우에 비로소 제기되는 부차적인 문제이다. 따라서 부담금의 부과가 헌법적으로 정당화되는지의 판단에 있어서 제기되는 본질적인 문제는 일차적으로 평등의 문제, 즉 **부담금부과로 인한 차별대우가 헌법적으로 정당화되는지**의 문제, 즉 공과금부담 평등의 문제인 것이다.

판 례 헌법재판소는 특별부담금의 일차적인 **헌법적 문제가 공과금부담 평등의 문제라는 것을 제대로 인식하지 못하고 있기 때문에**, 재정조달목적 부담금의 위헌여부를 판단함에 있어서 **일관된 입장을 취하지 못하고 있다**. 헌법재판소는 **'학교용지부담금 사건'**에서 부담금의 위헌여부를 **평등원칙의 관점**에서 판단하였다(헌재 2005. 3. 31. 2003헌가20). 이에 대하여, **'영화상영관 입장권 부과금 사건'**에서는 부담금부과의 문제가 본질적으로 평등의 문제라는 것을 인식하지 못하고 일차적으로 '재산권 및 직업수행의 자유의 침해여부'의 관점에서 **과잉금지원칙을 적용**하여 판단하면서 '수단의 적절성'의 단계에서 부담금의 부과가 평등원칙에 위반되는지를 판단하는 요건(집단적 동질성, 객관적 근접성, 집단적 효용성 등)을 적용하는 **중대한 오류**를 범하였다(헌재 2008. 11. 27. 2007헌마860).

그러나 **최근의 일부 결정**에서는 부담금 부과의 헌법적 문제가 근본적으로 평등의 문제라는 것을 인식하여, **전적으로 평등원칙을 심사기준으로 하여 부담금의 위헌여부를 판단**하고 있다. 헌법재판소는 **'골프장 시설의 입장료에 대한 부가금**을 국민체육진흥기금의 재원으로 규정한 국민체육진흥법조항의 위헌여부'가 문제된 결정에서, 골프장 부가금은 조세와 구별되는 것으로서 **재정조달목적 부담금**에 해당한다는 것을 확인한 다음, "골프장 부가금은 일반 국민에 비해 특별히 객관적으로 밀접한 관련성을 가진다고 볼 수 없는 골프장 부가금 징수 대상 시설 이용자들을 대상으로 하는 것으로서 **합리적 이유가 없는 차별을 초래하므로, 헌법상 평등원칙에 위배**된다."고 판시하였다(헌재 2019. 12. 27. 2017헌가21, 판례집 31-2하, 8, 10).

(나) 부담금의 성격에 따른 차별화된 기준

재정조달목적 부담금의 경우, 특정 집단에 대해서만 부담금을 부과하는 것이 '공과금부담 평등'의 관점에서 정당화되는지 여부가 결정적인 역할을 한다. 따라서 **'공과금부과에 있어서 차별대우'가 헌법적으로 허용되는지 여부**는, 납부의무자 집단이 부담금의 부과를 통하여 추구하는 공적 과제와 밀접한 관련성을 가지는지의 관점에서 엄격하게 판단된다.

정책실현목적 부담금의 경우, **부담금은 특정 정책적 목표를 실현하기 위한 수단**으로서 투입된다. 따라서 이러한 부담금이 헌법적으로 허용되는지 여부는, 국민들 간의 부담평등의 관점보다는 일차적으로 입법자가 선택한 **부담금이라는 수단이 의도하는 정책적 목표를 실현하기에 적합한지의 관점**에서 판단된다. 따라서 정책실현목적 부담금의 경우에는 재정조달목적 부담금에 대하여 요청되는 엄격한 요건(객관적 근접성이나 집단적 책임성, 집단적 효용성)이 어느 정도 완화될 여지가 있다.

판 례 헌법재판소는 **부담금이 공과금부담의 평등의 관점에서 정당화되는지**를 판단함에 있어서 재정조달목적 부담금과 정책실현목적 부담금을 구분하여 **정책실현목적 부담금에 대하여 보다 완화된 위헌심사기준을 적용**하고 있다.

'먹는샘물 수입판매업자에 대한 수질개선부담금 사건'에서 "부담금도 그 납부의무자에게 추가적인 공과금을 부담시킬 만한 합리적 이유가 있으면 공과금 부담의 형평성에 반하지 않는다. 그리고 바로 그러한 합리적 이유로서, **재정조달목적 부담금의 경우**에는 납부의무자가 재정조달의 대상인 공적 과제에 대하여 일반국민에 비해 특별히 밀접한 관련성을 가질 것이 요구되는 것이다. 그런데 **정책실현목적 부담금의 경우**에는, 특별한 사정이 없는 한, 부담금의 부과가 정당한 사회적·경제적 정책목적을 실현하는 데 적절한 수단이라는 사실이 곧 합리적 이유를 구성할 여지가 많다. 그러므로 이 경우에는 '재정조달 대상인 공적 과제와 납부의무자 집단 사이에 존재하는 관련성' 자체보다는 오히려 '재정조달 이전 단계에서 추구되는 특정 사회적·경제적 정책목적과 부담금의 부과 사이에 존재하는 상관관계'에 더 주목하게 된다."고 판시하고 있다(헌재 2004. 7. 15. 2002헌바42, 판례집 16-2상, 14, 29). 이러한 이유에서 부담금이 재정조달목적뿐 아니라 정책실현목적도 함께 가지는 경우에는 차별대우를 정당화하는 엄격한 요건이 완화될 여지가 있기 때문에, 먹는샘물 수입판매업자에 대한 수질개선부담금 부과가 평등원칙이나 과잉금지원칙에 위배되지 않는다고 판단하였다.

Ⅱ. 예산의 심의·확정권

1. 예산의결권의 헌법적 의미

헌법은 제54조 제1항에서 "국회는 국가의 예산안을 심의·확정한다."고 하여 국회의 예산의결권을 규정하고 있다. 국회의 예산의결권은 **의회의 대정부(對政府) 통제 및 정치적 형성**을 위한 중요한 도구이다. 대부분 국가과제의 이행이 지출을 수반하기 때문에, 예산에는 정부의 정치적 목표설정이 표현되어 있다. 예산은 1년간 정부의 시정계획(施政計劃)을 위한 재정적 기초이므로, 예산에 대한 국회의 동의는 **정부의 시정계획(정책시행에 관한 계획)에 대한 동의**를 의미한다. 국회가 필요한 재원을 거부한다면 재정적 지출을 필요로 하는 정부의 계획은 시행될 수 없다. 예산의결권은 국회가 행정부의 정책을 조종할 수 있는 가장 중요한 '고삐'인 것이다.

2. 예산의 개념 및 법적 성격

가. 법규범으로서 예산

예산이란 1회계연도에 있어서 국가의 세입·세출에 관한 예정 계획으로, **국회의 의결로써 성립하는 법규범의 일종**이다. 예산은 법률의 형식으로(예산법률주의) 또는 법률 외의 형식으로(예산비

법률주의) 존재할 수 있으나, 비법률(非法律)의 형식으로 존재하는 예산도 법규범으로서의 성질을 가진다. 미국, 영국, 독일, 프랑스 등 다수 국가에서는 예산법률주의를 채택하고 있는 반면, 우리를 비롯하여 일본, 스위스 등의 국가에서는 법률과는 다른 특수한 형식으로 의결되고 있다.

헌법은 제53조의 법률의결권과는 별도로 제54조에서 예산의결권을 규정함으로써 **법률과 예산의 형식을 구별**하고 있다. 우리 헌법처럼 법률과 예산을 별개의 형식으로 규정하는 경우, **예산은 법률과 다음과 같은 차이점**을 가진다. 법률은 공포와 시행을 통하여 법적으로 존재하고 효력을 발생하나 예산은 국회의 의결로써 법적으로 존재하고 효력을 발생하며, 예산안 제안권은 법률안 제안권과는 달리 정부만이 가지며, 대통령은 법률안과는 달리 국회가 의결한 예산안에 대하여 거부권을 행사할 수 없다. 그 효력에 있어서도, 예산은 1회계연도에 한하여 효력을 가지는 반면, 법률은 원칙적으로 영구적 효력을 가진다.

나. 국가 내부적 법규범

외부적 효력을 가지는 일반적 법률과는 달리, 예산은 단지 국가 내부적 법규범으로서 **국가기관만을 구속할 뿐, 국민에 대한 권리와 의무를 발생시키지 않는다.** 따라서 국가는 세입예산에 근거하여 직접 조세를 징수할 수 없고, 조세 등의 징수는 별도의 법률을 필요로 한다. 세출예산은 단지 국가의 지출에 대한 행정내부적인 수권규범이므로, 국민은 예산에 책정된 항목에 근거하여 특정한 급부를 요구할 수 없다.

판 례 헌법재판소는 "예산은 **일종의 법규범**이고 법률과 마찬가지로 국회의 의결을 거쳐 제정되지만, 법률과 달리 **국가기관만을 구속할 뿐 일반국민을 구속하지 않는다.**"고 확인하였고(헌재 2006. 4. 25. 2006헌마409), 국방예산을 증액한 것이 기본권을 침해한다고 주장하면서 청구한 헌법소원심판에서 "정부가 국방예산을 증액하였다고 하더라도 이로 인하여 청구인의 기본권이 현재, 직접적으로 침해되었다고 보기 어려우므로, 이 사건 심판청구는 **기본권침해의 법적 관련성이 인정되지 아니한다.**"고 판시하였다(헌재 2016. 12. 27. 2016헌마1092).

3. 예산의 성립과정

예산에 관한 헌법규정은 정부에 의한 예산안의 편성, 국회에 의한 예산안의 의결, 정부에 의한 예산의 집행, 감사원을 통한 국회의 결산이라는 4 단계의 순환적 구조를 전제로 하고 있다. 예산은 **정부에 의한 예산안의 편성·제출, 국회에 의한 예산안의 심의·의결**의 과정을 거쳐서 성립한다. **예산안 편성의 기본원리**로는, 예산을 1회계연도마다 편성해야 하는 **1년 예산주의**, 각 회계연도의 경비를 그 연도의 세입으로서 충당하는 **'회계연도 독립의 원칙'**, 국가의 세입·세출을 합하여 하나의 예산으로 통일하여 편성하는 **단일예산주의**(회계통일주의), 국가의 모든 세입과 세출을 예산에 계상하여 편성하는 **예산총계주의원칙** 등이 있다.

가. 예산안의 편성과 제출

정부는 회계연도마다 예산안을 편성하여 회계연도 개시 90일 전까지 국회에 제출해야 한다(헌법 제54조 제2항). 헌법에서 이와 같이 **정부의 예산안 제출기한을 확정**한 것은, 국회에서 예산심의기간의 부족을 방지하기 위한 것이다. 법률안 제안권과는 달리, **정부만이 예산안 제안권**을 가지고 있다. 국회에게는 복잡한 예산안을 편성하기 위하여 필요한 조직과 전문성이 결여되어 있다.

나. 예산안의 심의·수정·의결

(1) 예산심의·의결의 절차

정부가 예산안을 국회에 제출하면, 국회는 회계연도 개시 30일 전까지 예산안을 의결해야 한다(헌법 제54조 제2항). **예산안의 심의**는 정부의 시정연설의 청취, 상임위원회의 예비심사, 예산결산특별위원회의 종합심사, 국회본회의에서 의결·확정이라는 4단계로 이루어진다. 국회가 의결한 예산은 정부에 이송되어 대통령이 공고한다. 예산은 단지 국가 내부적 법규범으로서 외부적 효력을 가지지 않기 때문에, 예산의 공고는 그의 효력발생요건이 아니다.

(2) 국회 예산심의권의 한계

헌법 제57조는 "국회는 정부의 동의 없이 정부가 제출한 지출예산 각 항의 금액을 증가하거나 새 비목(費目)을 설치할 수 없다."고 규정하여, **국회 예산심의권의 규범적 한계**를 제시하고 있다. 이에 따라 국회는 예산의 심의에 있어서 **예산안을 폐지, 삭제, 감액하는 것은 허용**되지만, 증액수정이나 새로운 비용항목을 설치할 수 없다. 국회에게 이러한 권한을 부여한다면, 이는 결국 헌법상 인정되지 않는 예산안 제안권을 부여하는 것이 되기 때문이다. 따라서 국회에 의한 예산안의 축소적 수정은 가능하나, **확장적 수정은 정부의 동의, 즉 정부의 예산안 제출을 필요**로 한다. 예산안에 대해서는 국회가 법률안과는 달리 전면거부를 할 수 없고 **단지 일부수정만이 가능**하다.

나아가, 국회는 이미 법적으로 확정된 지출(가령, 인건비, 사회적 급부 등)이나 기존의 국가시설(행정청이나 법원 등)의 유지를 위하여 필요한 지출을 가능하게 해야 하기 때문에, 예산안의 심의에 있어서 **사실상의 구속**을 받는다.

다. 계속비와 예비비

계속비(繼續費)란, 수년 도에 걸친 대규모 사업에 소요되는 경비로서 그에 대하여 정부가 연한을 정하여 일괄하여 국회의 의결을 얻는 경비를 말한다(헌법 제55조 제1항). 예산은 1회계 연도마다 편성해야 한다는 **'1년 예산주의'에 대한 예외**에 해당한다.

예비비(豫備費)란, 예측할 수 없는 예산 외 지출이나 예산초과지출에 충당하기 위하여 예산에 계상되는 비용을 말한다. 예비비의 경우, 지출의 용도를 예상할 수 없다는 점에서 비용항목을 명시할 수 없기 때문에, **단지 총액만 계정**하여 국회의 의결을 얻어야 하고, 그 지출에 대해서는 **나중에 차기 국회의 승인**을 얻어야 한다(헌법 제55조 제2항). 예산은 한 번 성립된 후에는 임의로 변경할 수 없기 때문에, 예산의 내용 중에 예비비를 둘 수 있도록 하고, 예산 성립 이후에 예비비만으로 해결할 수 없는 경우에는 **추가경정예산안**을 편성·제출해야 한다.

4. 예산의 불성립과 변경

가. 임시예산

새로운 회계연도가 개시될 때까지 국회가 예산안을 의결하지 못하는 경우, 이를 **예산의 불성립**이라 한다, 이러한 경우, 헌법은 국정의 마비를 방지하기 위하여 **임시예산(잠정예산)을 허용**함으로써, 특정한 지출을 할 수 있는 권한을 정부에 부여하고 있다.

헌법 제54조 제3항에 의하면, 정부는 제한된 범위 내에서 국회에서 예산안이 의결될 때까지 전년도 예산에 준하여 집행할 수 있다. **법적으로 또는 사실적으로 지출이 예정되어 있는 경우**에는 국회의 의결 이전에 경비가 집행된다 하더라도 국회의 예산의결권에 대한 침해가 우려되지 않는다. 국가기관의 유지에 필요한 지출("1. 헌법이나 법률에 의하여 설치된 기관 또는 시설의 유지·운영"), 법적 의무의 이행을 위한 지출("2. 법률상 지출의무의 이행") 및 이미 개시한 사업을 계속하기 위하여 필요한 지출("3. 이미 예산으로 승인된 사업의 계속") 등이 이에 속한다. 헌법 제54조 제3항의 **임시예산에 관한 규정은 예외적 규정으로서 엄격하게 해석**해야 한다. 위 헌법규정은 예산을 대체하고자 하는 것이 아니라 비상상황에 대처하여 제한된 범위 내에서 잠정적인 집행을 가능하게 하고자 하는 것이다.

나. 추가경정예산안

정부가 **예산 성립 이후에 발생한 사유로 말미암아 이미 성립된 예산에 변경**을 가할 필요가 있을 때에는, 의결된 예산안과 동일한 방법으로 국회에 추가경정예산안을 제출하고, 그 의결을 얻어야 한다(헌법 제56조). 추가경정예산안을 편성할 수 있는 사유로는 가령, 대규모 자연재해, 경기침체, 대량실업 등을 들 수 있다(국가재정법 제89조 제1항).

Ⅲ. 결산심사권

1. 통제로서 결산심사

예산의결권이 재정에 대한 국회의 사전적 통제라면, 결산심사권은 국회의 사후적 통제라 할 수 있다. **헌법은 제99조**에서 "감사원은 세입·세출의 결산을 매년 검사하여 대통령과 차년도 국회에 그 결과를 보고하여야 한다."고 하여, 국회에 대한 '감사원의 결산검사보고의무'의 형식으로 국회의 결산심사권을 간접적으로 규정하고 있다.

국회가 예산을 심의·확정하면, 관계국가기관이 확정된 **예산을 집행**하게 된다. 예산의 집행결과에 대해서는 일차적으로 **감사원**이 매년 세입·세출의 결산을 검사하고, 그 결과를 **정부**에 보고한다. 정부가 감사원의 검사를 거친 국가결산보고서를 **국회**에 제출하면, 국회에서의 결산심사절차가 진행된다(국가재정법 제58조 내지 제61조). 결산심사절차는 예산안 심의의 경우와 같다(국회법 제84조). 즉, 결산이 제출된 후 소관상임위원회에 회부하여 심사를 거쳐 예산결산특별위원회의 심사에 붙이고, 이어서 본회의에 부의해 의결한다.

2. 국회의 의결·부결의 효과

국회의 의결 또는 부결은 단지 정치적인 의미만을 가질 뿐, 법적인 의미가 없다. 국회는 의결을 통하여 예산집행의 합법성과 합당성을 확인하는 것이고, 국회에서 부결된다면 정치적인 비난을 의미할 뿐, 정부나 장관의 퇴진을 요구할 수 없다. 물론, 국회는 결산심사의 결과, 위법·부당한 예산집행사항이 발견되면, 정부에 정치적 책임(해임건의)과 법적 책임(탄핵소추, 관련자의 형사고발)을 추궁할 수 있다.

Ⅳ. 헌법재판소에 의한 예산 통제

국가기관은 국회의 예산의결 또는 정부의 예산집행에 의하여 헌법 또는 법률에 의하여 부여된 자신의 권한이 침해되었다는 주장으로 **권한쟁의심판을 청구**할 수 있다. 가령, 국회가 정부의 동의 없이 새로운 비목을 설치함으로써 정부의 동의권이 침해당했다고 주장하는 경우 또는 정부가 예산안이 의결될 때까지 잠정적으로 집행할 수 있는 범위를 넘어서 집행함으로써 국회의 예산안 의결권을 침해했다고 주장하는 경우가 이에 해당한다.

Ⅴ. 정부의 중요 재정행위에 대한 동의권

헌법 제58조는 "국채를 모집하거나 예산외에 국가의 부담이 될 계약을 체결하려 할 때에는 정부는 미리 국회의 의결을 얻어야 한다."고 규정하고 있다. 국회의 동의는 정부에게 국채의 모집이나 계약 체결의 권한을 부여한다.

정부가 국채를 모집하고자 할 때에는 국회의 사전동의를 얻어야 하는데, 이를 **기채동의권**(起債同意權)이라 한다. 국채란, 국가가 국고의 세입부족을 보충하기 위하여 부담하는 채무를 말한다. 국채는 이자와 원금을 상환해야 하기 때문에 장래 회계연도의 예산에 부담을 주게 된다. **예산 외에 국가의 부담이 될 계약을 체결하려 할 때**에도 국회의 동의를 얻어야 한다. 여기서의 '계약'이란 2 회계연도 이상에 걸쳐 채무를 부담하는 사법상의 계약을 말한다. 가령, 국가가 1회계연도를 넘어서 지출을 야기할 수 있는 사법상의 보증채무 등을 지는 경우이다. 이러한 보증채무는 장래의 회계연도에 현저한 재정적 부담을 초래할 수 있다.

제3항 국정통제에 관한 권한

Ⅰ. 국정감사·조사권

1. 개 념

헌법은 제61조 제1항에서 "국회는 국정을 감사하거나 특정한 국정사안에 대하여 조사할 수 있으며, 이에 필요한 서류의 제출 또는 증인의 출석과 증언이나 의견의 진술을 요구할 수 있다."고 하여 국회의 국정감사·조사권을 규정하면서, 제2항에서 그 절차에 관한 사항은 법률로써 정하도록 규정하고 있다. 국정감사 및 조사의 절차에 관해서는 **'국정감사 및 조사에 관한 법률'**(이하 '국감법') 및 **'국회에서의 증언·감정 등에 관한 법률'**(이하 '증감법')이 제정되어 시행되고 있다.

가. 국정감사

국정감사란, **국정 전반을 대상**으로 하여 법률이 정하는 대상기관에 대하여 정기적으로 공개리에 행하는 **일반적 국정조사**를 말한다. 국정감사란 별개의 제도가 아니라 **국정조사의 특수한 형태**

를 의미한다. 국정감사권은 국회의 예산의결권과 결부되어 예산안 심의·의결을 위한 선행적 제도로 사용되고 있다. 국정감사는 국정전반에 대하여 포괄적으로 실시되는 것이므로, **국정감사의 대상기관**도 모든 국가기관 및 지방자치단체 중 특별시, 광역시 및 도 등 포괄적이다(국감법 제7조).

국정감사는 서구 민주국가에서는 찾아볼 수 없는 **한국헌법의 특유한 제도**이다. 서구 민주국가의 경우, 헌법에서 국정조사권만을 규정할 뿐 별도의 국정감사권을 언급하고 있지 않은 반면, 우리 헌법은 국정조사권 외에도 국정감사권을 구분하여 규정하고 있다. 서구 민주국가에서 국정감사권을 규정하지 않은 것은, 일 년 내내 국정에 관한 자료와 정보가 수집되기 때문에 예산안의 심의·의결을 위하여 별도의 국정감사가 불필요하다는 인식에 기인하는 것이다.

나. 국정조사

국정조사란, **특정의 국정 사안**(국민적 의혹이나 비리사건 등)을 대상으로 하여 조사의 필요가 있을 때 수시로 공개리에 행하는 조사를 말한다. **국정조사의 대상**은 국회의 권한범위에 속하는 모든 사안이다. 가령, 집행부에 대한 통제의 목적으로 이루어지는 집행부의 행정과 재정 등에 대한 조사, 법률안을 준비하기 위한 정보의 수집, 국회의 권위를 유지하고 자기정화(自己淨化)에 기여하는 조사 등이 이에 속한다. **국정조사의 대상기관**은 국정조사의 사안에 의하여 제한되므로, 국회본회의의 의결로써 승인한 조사계획서에 기재된 기관에 한정된다.

법원은 사실관계를 확인하여 확정된 사실관계에 해당 법률을 적용함으로서 법적으로 판단하고 결정하는 반면, **국회의 조사위원회**는 특정 국정사안에 관하여 '무슨 일이 발생하였는지' 그 사실관계를 규명하고 '누가 그에 대하여 책임을 져야 하는지'를 정치적 관점에서 평가하는 것에 그친다. 국정조사권은 단지 사실관계를 규명하는 것만으로도 정치적 압력으로 작용함으로써, 해당 국가기관이 스스로 시정하거나 또는 당사자가 알아서 스스로 그에 대한 책임을 지고 공직에서 물러나도록 하는 효과가 있다.

2. 헌법적 의미와 기능

가. 국정통제기능을 이행하는 핵심적인 제도

국정감사·조사권은 일차적으로 **집행부와 사법부를 감시하고 통제하는 기능**을 한다. 국정조사권은 특히 집행부의 비리와 부정을 규명함으로써 집행부에 대한 통제기능을 담당한다. 국정감사·조사권은 국회의 통제기능을 이행하기 위한 여러 제도 중에서 가장 일상적으로 활용되고(특히, 국정조사의 경우) 또한 가장 실효성이 있는 핵심적 제도이다. 의회는 국정조사를 통하여 특정 국정사안을 정부나 법원 등 다른 국가기관으로부터 독립하여 독자적으로 조사하는 가능성을 가진다.

의회의 대정부 통제과제가 주로 소수파(야당)에 의하여 이행되는 오늘날의 정당국가에서, 국정조사권은 **의회의 소수가 대정부 통제기능을 이행하는 핵심적인 제도**이다. 따라서 국정조사권은 소수에 의한 국정통제가 실질적으로 기능할 수 있는 제도(소수의 권리)로서 형성되어야 한다.

나. 정보획득의 수단

국정감사·조사권은 입법, 예산심의, 국정통제, 정책결정 등 의정활동에 필요한 자료와 정보를 얻기 위한 제도로서 기능한다. 국회는 예산을 심의하거나 입법을 위하여 정보를 필요로 하며, 국회는 국정의 실태를 파악하여 예산심의나 입법의 자료로 삼는다.

다. 국회의 보조적 권한

국정감사·조사권은 스스로 독자적인 목적과 기능을 가진 국회의 권한이 아니라, 입법기능, 국정통제기능, 예산심의기능 등 헌법상 부여된 국회의 기능을 이행하기 위하여 필요한 부수적이고 **보조적인 권한**, 즉 **국회의 헌법상 기능을 이행하기 위한 수단**으로서 부여되는 권한이다.

3. 국정감사·조사의 시기 및 절차

가. 국정감사의 시기 및 절차

국정감사는 각 상임위원회의 위원장이 국회운영위원회와 협의하여 작성한 감사계획서에 의거하여 **소관 상임위원회별로** 매년 정기회 집회일 이전에 감사시작일부터 30일 이내의 기간을 정하여 실시한다(국감법 제2조). 다만, 본회의 의결로 정기회 기간 중에 감사를 실시할 수 있다.

나. 국정조사의 시기 및 절차

국감법 제3조 제1항은 **국회재적의원 1/4 이상의 요구가 있을 때**에는 국회는 국정조사를 시행하게 하도록 규정하고 있다. 국회재적의원 1/4에 해당하는 소수가 조사위원회의 활동(국정조사)을 요구할 수 있기 때문에, 국정조사는 **소수의 보호**를 위한 중요한 제도이다. 정치현실에서도 대다수의 국정조사가 소수의 요구에 의한 것이다.

다. 국정조사권의 구체적 형성에 관한 입법형성권의 한계

헌법은 제61조 제1항에서 국회의 국정조사권을 규정하면서, 제2항에서 구체적인 규율을 입법자에게 위임하고 있다. 그러나 입법자의 형성권은 무제한적인 것이 아니라, 입법자는 오늘날 변화한 권력분립구조에서 가지는 **국정조사권의 헌법적 기능과 의미에 의하여 구속**을 받는다. 따라서 입법자는 국정조사권의 절차 등을 구체적으로 형성함에 있어서 헌법상 국정조사권의 의미와 목적을 고려하여 국정조사권이 실제로 기능할 수 있도록 규율해야 한다. 무엇보다도 국정조사권이 오늘날 의회의 소수당이 정부를 통제하기 위한 중요한 제도라는 점에 비추어, 입법자는 국정조사권을 '소수의 보호를 위한 수단'이자 **'소수에 의한 국정통제수단'으로 기능할 수 있도록 법률로써 구체화**해야 한다. 만일, 입법자가 국회재적의원 과반수의 요구로써 국정조사가 이루어질 수 있도록 국정조사의 절차를 규정하는 경우, 국정조사권의 기능을 무의미하게 만드는 것으로 위헌일 것이다.

국회의 **국정조사권이 소수의 권리보호를 위한 제도로서 기능하려면**, 첫째, 소수가 조사(조사위원회의 구성)를 요구할 수 있어야 하고, 둘째, 무엇에 관하여 조사해야 하는지, 조사의 대상(조사목적과 조사사항)을 확정할 수 있어야 한다. 조사의 대상은 소수의 의사에 반하여 축소되거나 변경되어서는 안 된다. 조사위원회의 활동을 요구할 수 있는 권리와 마찬가지로 증거조사권도 소수의 권리이다. 단지 비합리적이거나 절차의 지연을 목적으로 하는 남용적인 증거신청만이 거부될 수 있다. 증거조사와 관련해서는 형사소송법이 준용된다.

라. 조사계획서 본회의 승인제도의 헌법적 문제점

국감법 제3조에 의하면, 국정조사의 요구는 조사목적, 조사사항, 조사위원회를 기재한 '조사요구서'를 제출함으로써 이루어지고(제2항), 해당상임위원회에 회부되거나 특별위원회가 구성되어 조사위원회가 확정된다(제3항). 조사위원회는 증인신문을 위한 청문회계획 등이 포함된 '조사계획서'를 본회의에 제출하여 승인을 얻어서 활동하는데(제4항), 본회의는 조사계획서를 의결로써 승인하거나 반려하며(제5항), 조사계획서가 반려된 경우 조사위원회는 이를 그대로는 본회의에 다시 제출할 수 없다고 하여 수정의무를 부과하고 있다(제6항).

이로써 **국감법 제3조 제4항 내지 제6항**은, 소수가 제출한 조사요구서를 근거로 작성된 조사위원회의 조사계획서에 대하여 본회의에서 다수결로 승인여부를 결정하도록 하면서 조사계획서가 반려된 경우에는 조사계획서를 수정하도록 규정하고 있다. 그러나 이러한 규정은 의회 다수의 동의를 얻어야 의회 소수가 의도하는 국정조사가 가능하다는 것을 의미한다. 이러한 규정은 오늘날 정당국가에서 소수에 의한 통제가능성으로서의 **국정조사권의 헌법적 기능을 형해화할 가능성이 있으므로, 위헌의 소지가 다분**하다.

4. 국정감사 · 조사의 방법

사실관계를 규명하기 위하여 감사 · 조사에 필요한 **보고나 서류의 제출**을 관계인 또는 관계기관에 요구하고, **증인, 감정인, 참고인의 출석을 요구**할 수 있도록, 위원회에게 형사소송법상의 증거수단을 제공하고 있다(국감법 제10조 제1항). 이에 관한 보다 구체적인 내용은 증감법에서 규율하고 있다. **청문회**는 1988년 국회법개정을 통하여 처음으로 도입되었는데, 국정감사나 조사에 있어서 판단의 기초가 되는 정보나 자료를 입수하기 위하여 증인, 감정인, 참고인 등을 출석시켜 증언, 진술 등을 청취하는 기회를 말한다. 위원회는 증거의 채택 또는 증거의 조사를 위하여 청문회를 열 수 있다(국감법 제10조 제3항). 감사 및 조사는 위원회의 의결로 달리 정하지 않는 한 **원칙적으로 공개적**이다(국감법 제12조).

5. 국정감사 · 조사권의 한계

가. 권력분립원리에 의한 한계

국정감사 · 조사권은 **국회의 권한범위에 속하는 사안**에 제한된다. 국회는 국정감사 · 조사권을 행사함에 있어서 다른 국가기관의 권한과 관할을 존중해야 한다. 범죄수사와 형사소추는 실체적 진실을 규명하기 위하여 공정성과 독립성이 보장되어야 하므로, 국회가 감사나 조사의 형태로 **범죄수사와 형사소추**에 관여하는 것은 허용되지 않는다(국감법 제8조 참조). 그러나 국회는 현재 수사 중인 사건이라 할지라도 탄핵소추나 해임건의를 위한 사전 단계로서 그에 필요한 정보의 수집을 위하여 국정조사를 할 수 있다. 이러한 경우, 법원이나 수사기관은 조사위원회의 조사결과에 의하여 영향을 받지 아니한다.

국회가 **법원에 계속 중인 재판**을 국정감사나 조사의 대상으로 삼음으로써 사법기능에 영향력을 행사하는 것은 허용되지 않으며, **법원의 판결**도 국정조사의 대상이 되지 않음은 물론이다(국감법 제8조 참조). 한편, 법원과 헌법재판소의 예산운용, 사법행정에 관한 사항(재판의 신속한 처리여부, 법관의 증원과 효율적 배치) 등은 국회의 권한에 속하는 사항으로서 감사와 조사의 대상이 될 수 있다. 또한, 지방자치제도의 보장을 통하여 자치사무를 지방자치단체에게 원칙적으로 귀속시키고 있는 헌법 제117조의 규정에 비추어, **지방자치단체의 자치사무**는 국회의 감사 · 조사대상에서 제외된다(국감법 제7조 제2호 단서 참조).

나. 개인의 기본권 및 국가의 이익에 의한 한계

(1) 개인의 기본권에 의한 한계

국정감사 · 조사가 공개원칙에 따라 공개리에 행해지고 그 결과가 공개되기 때문에, 이로 인하여 개인의 사생활이나 기업의 중요한 기밀이 공개됨으로써 개인의 인격권이나 기업의 자유 · 재산권이 침해될 수 있다. 물론, 개인의 기본권은 제한될 수 있으며, 국회의 국정조사권은 **개인의 기본권을 제한할 수 있는 권한을 부여하는 헌법적 제도**이다. 그러나 이 경우에도 **'비례의 원칙'을 준수**해야 한다.

그러므로 특정 국정 사안에 관하여 규명해야 할 공익의 실현을 위하여 필요한 정도를 넘어서 개인의 기본권이 침해되어서는 안 되며, 개인의 기본권에 대한 제한이 중대할수록, 기본권의 제한을 정당화하는 공익도 이에 상응하여 중대해야 한다. 단지 개인의 사생활을 침해할 목적으로 행사되는 국정감사 · 조사권은 사생활의 침해를 정당화하는 공익을 제시할 수 없다. **국감법 제8조**는 국정감사 · 조사가 개인의 사생활을 침해할 목적으로 행사되어서는 안 된다고 규정하고 있다.

(2) 국가의 이익에 의한 한계

국회의 감사 및 조사는 중대한 국가이익에 의하여 제한을 받는다. 국회가 국정감사 · 조사를 위하여 정보를 요구하는 경우, 정보의 제출을 요구받은 해당 국가기관은 원칙적으로 증언이나 서류 등의 제출을 거부할 수 없으나, **예외적으로 중대한 공익상의 이유로 비밀유지의 필요성**이 있고, 회의의 비공개 등 비밀을 유지하고자 하는 국회의 조치를 통해서도 비밀유지의 요청이 보장될 수 없다고 판단되는 경우에는 **정보의 제공을 거부**할 수 있다(증감법 제4조 참조).

6. 국정감사 · 조사의 종료

국정감사 · 조사가 완료되면, 위원회는 지체 없이 '감사 · 조사보고서'를 작성하여 의장에게 제출해야 한다(국감법 제15조 제1항). 보고서를 제출받은 의장은 지체 없이 본회의에 보고해야 한다(같은 조 제3항). 국회는 본회의의 의결로 감사 · 조사결과를 처리한다(국감법 제16조 제1항). 감사 또는 조사의 결과에 따라 해당기관에 시정을 요구하거나 스스로 처리하도록 이송한다(같은 조 제3항). 해당기관은 시정요구를 받거나 이송 받은 사항을 지체 없이 처리하고 그 결과를 국회에 보고해야 한다(같은 조 제4항).

7. 국정감사 · 조사제도 운영의 문제점

국정감사는 고비용 · 저효율의 대표적인 사례로 꼽힌다. 국정감사는 국회 상임위원회가 평소 정부를 상대로 실시하는 정책질의와 다름없으며, 약 500개의 피감기관을 상대로 16개의 상임위원회가 하루에 2, 3개의 기관씩 감사를 실시하는 국정감사는 피상적으로 이루어질 수밖에 없다. 국정감사를 위한 국회의 서류제출 요구가 과다하여 거의 2달간 행정부의 국정을 마비시키고 있다.

따라서 **국정감사제도를 폐지하고 대신 국정조사제도를 활성화해야** 한다는 주장이 오래 전부터 제기되어왔다. 한편, **국정조사**의 경우 지금까지 제대로 실시되어 최종적으로 조사보고서가 채택된 적이 거의 없다. 여 · 야의 이견으로 증인이 채택되지 못하였거나 또는 채택된 증인이 불출석하는 등 제 기능을 하지 못하고 있다.

Ⅱ. 정부에 대한 출석요구권 및 질문권

1. 헌법 제62조의 헌법적 의미

헌법 제62조 제2항은 "국회나 그 위원회의 요구가 있을 때에는 국무총리 · 국무위원 또는 정부위원은 출석 · 답변하여야 하며, 국무총리 또는 국무위원이 출석요구를 받은 때에는 국무위원 또는 정부위원으로 하여금 출석 · 답변하게 할 수 있다."고 하여 **대정부(對政府) 출석요구권과 질문권**을 규정하고 있다. 정부는 국회의 요구가 없어도 필요한 경우 국회 본회의나 위원회에 출석하여 국정처리상황을 보고하거나 진술할 수 있지만(헌법 제62조 제1항), 국회의 요구가 있을 때에는 반드시 출석하여 답변하여야 한다(같은 조 제2항). 출석요구를 받은 국무총리와 국무위원의 경우, 국무위원과 정부위원에 의한 **대리가 가능**하다.

헌법 제62조 제1항은 정부의 발언권과 이에 대응하는 국회의 발언청취의무를 규정하고 있고, **같은 조 제2항**은 정부의 출석 · 답변의무와 이에 대응하는 국회의 출석요구권과 질문권을 규정하고 있다. 헌법 제62조는 정부가 의회의 신임에 의존하고 있는 **의원내각제 정부체제의 산물**이다. 대통령제에서 원칙적으로 허용되지 않는 '정부의 국회출석발언권'과 '국회의 출석요구권'을 헌법에 수용한 것은 우리 헌법상의 정부형태가 **'변형된 대통령제'**라는 것을 나타내는 하나의 징표이다.

2. 정보제공요구권의 강조된 형태로서 출석요구권과 질문권

헌법 제62조 제2항의 대정부 출석요구권과 질문권은 정부에게는 **출석과 구두답변의 의무**를 넘어서, 질문에 대하여 답변하고 국회 과제의 수행을 위하여 필요한 **정보를 제공해야 할 의무**를 포괄적으로 부과한다. 국회가 정부각료의 출석과 구두에 의한 답변을 요구할 수 있다면, 서면에 의한 답변과 정보제공도 당연히 요구할 수 있어야 한다.

따라서 국회의 출석요구권은 본질상 정보제공요구권이라는 점에서 **'정보제공요구권의 강조된 형태'**라 할 수 있다. 국회의 정보제공요구권은, 정보의 보유에 있어서 현저한 열세에 있는 국회가 정부에 대한 통제기능을 효과적으로 수행하기 위한 필수적 전제조건이다.

3. 질문권의 헌법적 한계

국회의 질문권이 본질적으로 정보제공요구권이기 때문에, 여기서도 **국회 국정조사권의 한계**가 적용된다. 따라서 국회의 질문이 **국회의 권한 범위**를 벗어났거나 중대한 공익상의 이유로 헌법적으로 허용되지 않는 경우에 한하여 정부는 답변의무의 이행을 거부할 수 있다. 국회가 요구하는 정보에 대하여 **비밀유지의 필요성**이 인정되고 비밀유지의 요청이 국회의 조치(회의의 비공개나 공개적 보도의 금지, 의원의 비밀준수의무 등)에 의해서도 보장될 수 없다고 판단한다면, 정부는 정보의 제공을 거부할 수 있다. 정부의 정보제공 거부가 헌법적으로 정당화되는지에 관하여 다툼이 있는 경우에는 **권한쟁의심판**의 형태로 헌법재판소의 결정을 구할 수 있다.

4. 국회법상 출석요구권의 위헌여부

헌법 제62조 제2항의 출석요구권은 단지 정부각료에 대한 것으로, 다른 헌법기관에 대해서는 출석요구권이 인정되지 않는다. 그러나 **국회법 제121조 제5항**은 국회의 출석요구권을 **대법원장·헌법재판소장·중앙선거관리위원회위원장·감사원장에게까지 확대**하고 있다. 국회법 제121조 제5항에서 규정하는 대법원장 등에 대한 출석요구권은 **'출석의무를 수반하지 않는 구속력이 없는 요구권'**을 의미하며, 위 국회법규정은 이와 같이 해석하는 한, 헌법에 합치한다. 국회법은 국회의 내부영역을 규율하는 자치규범으로서 **기관내부적 효력**을 가진다(제4편 제2장 제5절 제4항 '국회의 자율권' 참조). 국회법은 헌법에서 다른 국가기관을 구속하는 것 이상으로 외부에 대한 구속력을 가지고 다른 국가기관에게 의무를 부과할 수 없다. 대법원장 등은 국회를 존중하여 자발적으로 출석할 수는 있으나, 정부 각료와는 달리 출석·답변의 의무가 없다. 만일, 국회가 국회법을 통하여 자신의 권한을 확장하고 다른 국가기관을 구속하는 법적 의무를 부과할 수 있다면, 이는 헌법상의 권한배분질서를 임의로 변경하는 것으로 허용될 수 없다.

5. 국회 및 위원회의 권리로서 출석요구권

정부각료의 국회출석을 요구할 수 있는 권리는 개별의원의 권리가 아니라 **국회나 위원회의 권리**이다. 본회의와 위원회는 **출석요구권의 행사여부를 다수결로 결정**한다(국회법 제121조). 국회나 위원회가 출석요구권의 행사에 관하여 재적의원 과반수의 출석과 출석의원 과반수의 찬성으로 의결하는 경우, 출석해야 할 법적 의무가 발생한다. **정부각료가 국회의 의결에 따르지 않는 경우**에는 국회는 정부각료의 해임을 건의할 수 있고, 나아가 출석요구의 불이행이 헌법 제62조 제2항에 위반된다는 확인을 구하는 권한쟁의심판을 헌법재판소에 청구할 수 있다.

한편, 오늘날 대정부 통제의 기능이 야당의 과제라는 점에서, 야당도 출석요구권을 행사할 수 있도록 **출석요구권을 '소수의 권리'로 강화해야 한다는 요청**이 제기될 수 있다. 그러나 개별 국회의원을 비롯하여 의회의 야당이나 소수파에게 정부에 대하여 서면으로 정보를 청구할 수 있는 권리가 보장된다는 점(국회법 제122조)을 고려할 때, 출석요구권은 소수의 보호를 위한 수단으로서 큰 의미를 가지지 못한다. 나아가, 정부각료 출석요구권을 소수의 권리로 형성하는 경우, 출석요구권이 남용될 우려가 있고 정부각료에 대한 너무 빈번한 출석요구로 인하여 정부의 원활한 기능이 저해될 위험이 있으므로, 현행 **국회법이 국회의 출석요구권을 국회 다수의 권리로 규정**한 것은 헌법적으로 하자가 없다.

Ⅲ. 국무총리·국무위원에 대한 해임건의권

1. 해임건의권의 제도적 의의

헌법 제63조 제1항은 "국회는 국무총리 또는 국무위원의 해임을 대통령에게 건의할 수 있다."

고 하여 국회의 해임건의권을 규정하고 있다. 해임건의권은 그 실질에 있어서 '의회의 내각 불신임권'에 해당하는 것은 아니지만, **대통령제에서 이질적 요소**이다. 대통령제에서 대통령은 임기 중 국민과 의회에 대하여 정치적 책임을 지지 않기 때문에, 국회는 해임건의권의 형태로 대신 대통령을 보좌하는 국무총리 · 국무위원에 대하여 정치적 책임을 추궁함으로써 대통령의 국정운영에 대한 국회의 불만과 불신을 표현하고, 이러한 방법으로 **간접적이나마 대통령을 견제**하고자 하는 것이다. 해임건의권은 대통령에게 간접적이나마 정치적 책임을 묻는 제도라는 점에서 **국정통제수단**에 해당한다.

국회는 국정통제기관으로서 **의결을 통하여 모든 정치적 사안에 대하여 입장을 표명**할 수 있고 정부의 정책을 비판할 수 있다. 따라서 국회는 포괄적인 국정통제권한의 일환으로서 의결을 통하여 국무총리나 국무위원의 해임도 건의할 수 있다. 이러한 점에서, 해임건의권은 **국회의 포괄적인 국정통제권한을 단지 확인하거나 구체화하는 조항**에 지나지 않는다. 국회는 헌법 제63조와 같은 명문의 규정이 없더라도 국정통제의 일환으로서 해임건의의 권한을 가지는 것이므로, 이러한 측면에서 볼 때 헌법 제63조는 반드시 필요한 규정은 아니다. 다만, **헌법이 해임건의권을 명시적으로 규정하지 않은 경우**에는 해임건의의 의결을 위하여 일반적인 의결정족수(헌법 제49조)가 적용되는 반면, 헌법 제63조 제2항은 해임건의에 대하여 보다 강화된 의결정족수를 명시적으로 규정하고 있다는 점에서 별도의 의미가 있을 뿐이다.

2. 해임건의의 사유

헌법은 해임건의의 사유에 관하여 아무런 언급이 없으나, 해임건의의 사유는 해석을 통하여 **해임건의의 목적**으로부터 밝혀진다. 해임건의의 목적이 국무총리와 국무위원에 대하여 정치적 책임을 묻고자 하는 것이므로, 해임건의의 사유는 **법규범에 대한 위반의 경우**뿐만 아니라 정치적 무능, 정책결정상의 과오, 부하직원의 과오 등 **정치적 책임을 추궁할 수 있는 모든 경우**를 포함한다. 해임건의의 사유는 탄핵소추의 사유보다 광범위하다.

3. 해임건의의 절차

해임건의는 의원내각제에서 내각에 대한 '일괄적인 불신임의결'과는 달리, **국무총리와 국무위원에 대하여 일괄적으로 또는 개별적으로** 할 수 있다("국무총리 또는 국무위원"). 해임건의는 국회재적의원 1/3 이상의 발의에 의하여 국회재적의원 과반수의 찬성으로 한다(헌법 제63조 제2항). 이는 국회의 **탄핵소추의 발의 및 의결을 위한 요건(헌법 제65조 제2항)과 동일**하다. 해임건의가 법적 구속력이 없음에도 이와 같이 의결의 요건을 강화한 것은, 너무 빈번한 해임건의로 인하여 대통령의 안정적인 국정운영이 저해되는 것을 방지하고자 하는 것이다.

4. 해임건의의 효과

해임건의는 대통령에 대한 법적 구속력이 없고, 대통령은 단지 국회의 해임건의를 정치적인 고려에서 존중할 것인지의 문제만이 있을 뿐이다. 따라서 대통령은 자신의 정치적 판단에 따라 해임여부를 결정할 수 있다.

판 례 국회가 행정자치부장관 해임결의안을 의결하였음에도 이를 수용하지 아니한 대통령의 행위가 헌법을 준수하고 수호해야 할 의무를 위반한 것인지 여부가 문제된 **'노무현 대통령 탄핵 사건'**에서 "국회는 국무총리나 국무위원의 해임을 건의할 수 있으나(헌법 제63조), 국회의 해임건의는 대통령을 기속하는 해임결의권이 아니라, 아무런 **법적 구속력이 없는 단순한 해임건의**에 불과하다. 우리 **헌법 내에서 '해임건의권'의 의미**는, 임기 중 아무런 정치적 책임을 물을 수 없는 대통령 대신에 그를 보좌하는 국무총리·국무위원에 대하여 정치적 책임을 추궁함으로써 대통령을 간접적이나마 견제하고자 하는 것에 지나지 않는다. … 결국, 대통령이 국회인사청문회의 결정이나 국회의 해임건의를 수용할 것인지의 문제는 대의기관인 국회의 결정을 정치적으로 존중할 것인지의 문제이지 법적인 문제가 아니다."라고 판시한 바 있다(헌재 2004. 5. 14. 2004헌나1, 판례집 16-1, 609, 650-651).

Ⅳ. 탄핵소추권

1. 국정통제수단으로서 탄핵소추권의 의미

오늘날 대부분의 민주국가에서 의회가 탄핵소추의 권한을 가지고 있으므로, 탄핵제도는 의회가 행정부와 사법부를 견제하고 통제하기 위한 하나의 수단이라고 볼 수 있다. 물론, 탄핵제도가 정치적 책임이 아니라 법적 책임을 묻는 제도라는 점에서, 집행부와 사법부에 대한 의회의 통제수단으로서 가지는 의미와 비중은 크지 않다. 한국헌법상의 탄핵제도는 **국회에 의한 탄핵소추**(헌법 제65조)와 **헌법재판소에 의한 탄핵심판**(헌법 제111조 제1항 제2호)의 두 절차로 구성되어 있다(제4편 제5장 제3절 제6항 탄핵심판 참조).

2. 국회의 탄핵소추권

헌법 제65조 제1항은 "대통령·국무총리·국무위원·행정각부의 장·헌법재판소 재판관·법관·중앙선거관리위원회 위원·감사원장·감사위원 기타 법률이 정한 공무원이 그 직무집행에 있어서 헌법이나 법률을 위배한 때에는 국회는 탄핵의 소추를 의결할 수 있다."고 하여, 탄핵소추의 대상자, 탄핵소추의 사유 및 탄핵소추기관을 명시함으로써 **국회의 탄핵소추권**을 규정하고 있다. 탄핵소추는 국회재적의원 3분의 1 이상의 발의가 있어야 하며, 그 의결은 국회재적의원 과반수의 찬성이 있어야 한다. 다만, 대통령에 대한 탄핵소추는 국회재적의원 과반수의 발의와 국회재적의원 3분의 2 이상의 찬성이 있어야 한다(헌법 제65조 제2항). **국회법은 제11장**(탄핵소추)에서 탄핵소추의 발의와 의결에 관하여 자세하게 규정하고 있다.

탄핵소추의 의결을 받은 자는 탄핵심판이 있을 때까지 그 권한행사가 정지된다(헌법 제65조 제3항). 소추의 결서가 송달된 때에는 임명권자는 소추된 사람의 사직원을 접수하거나(공무원법상의 의원면직) 해임(공무원법상의 직권면직)할 수 없다(국회법 제134조 제2항).[11] 임명권자는 소추된 사람을 파면할 수 있으나, 소추된 사람이 결정선고 이전에 파면되면, 헌법재판소는 탄핵심판청구를 기각해야 한다(헌법재판소법 제53조 제2항).

11) **국가공무원법상 면직**에는 공무원 자신의 자유로운 의사에 의하여 공무원관계를 소멸시키는 '의원면직'과 국가의 일방적인 의사에 의하여 일정한 면직사유가 있는 경우 공무원관계를 소멸시키는 '직권면직'이 있으며, 이에 대하여 **'해임'**(예컨대 해임건의권)이란 국가의 고급공무원에 국한된 '면직'의 헌법적 개념이다. 한편, **파면**이란, 징계절차를 거쳐서 국가의 일방적인 의사에 의하여 공무원관계를 소멸시키는 행정처분을 말한다.

3. 헌법재판소의 탄핵심판권

소추위원(국회법제사법위원회 위원장)이 소추의결서를 헌법재판소에 제출함으로써 **탄핵심판이 개시**된다(헌법재판소법 제49조). 탄핵심판에서는 국회의 소추의결서가 청구서를 갈음한다(헌법재판소법 제26조 제1항 단서) 탄핵심판에는 **형사소송법이 준용**된다(헌법재판소법 제40조). 헌법재판소는 형사소송법에 준하는 증거조사 및 원칙적인 구두변론을 거쳐 심판한다.

탄핵심판청구가 이유 있는 때(즉, 탄핵소추사유가 있는 때)에는 헌법재판소는 피청구인을 당해 **공직에서 파면하는 결정**을 선고한다(헌법재판소법 제53조 제1항). 탄핵결정을 할 때에는 재판관 6인 이상의 찬성이 있어야 한다(헌법 제113조 제1항). 탄핵제도의 목적은 단지 파면이기 때문에, 헌법재판소의 탄핵결정으로 인하여 다른 민사상, 형사상의 책임이 면제되지 않는다(헌법 제65조 제4항). 탄핵결정에 의하여 파면된 자는 결정선고가 있은 날로부터 5년을 경과하지 아니하면 공무원이 될 수 없다(헌법재판소법 제54조 제2항).

Ⅴ. 그 외 국정통제권

1. 정부의 중요정책에 대한 동의권

국가의 중요한 외교정책과 국방정책은 국회의 동의를 필요로 한다(헌법 제60조). 국회는 중요한 조약의 체결·비준에 대한 동의권 및 외국에 대한 선전포고, 국군의 외국에의 파견, 외국군대의 대한민국 영역 안에서의 주류결정에 관한 동의권을 가지는데, 이는 대통령의 **외교정책과 방위정책에 대한 국회의 국정통제수단**을 의미한다.

2. 예산심의권 및 결산심사권

집행부는 국회가 동의한 예산만을 집행할 수 있기 때문에, 국회는 예산의결권을 통하여 정부의 정책에 대하여 영향력을 행사할 수 있다. 이러한 점에서 국회의 예산심의권은 재정에 대한 **사전적 통제**인 반면, 국회의 결산심사권은 재정에 관한 **사후적 통제**이다.

3. 국회의 인사권(헌법기관구성에 관한 권한)

국무총리, 감사원장, 대법원장과 대법관 및 헌법재판소장에 대한 임명동의권, 헌법재판소 재판관 3인의 선출권, 중앙선거관리위원회 위원 3인의 선출권 등 **집행부와 사법부의 구성에 대한 참여권**도 대통령의 일방적인 임면을 통제한다는 의미에서, 국회의 국정통제수단에 속한다.

4. 대통령의 국가긴급권발동에 대한 통제권

대통령이 긴급재정경제처분·명령, 긴급명령, 계엄과 같이 국가긴급권을 발동한 경우 국회는 이에 대하여 승인권이나 해제요구권의 형태로 사후적으로 통제할 수 있는 가능성을 가진다. 이러한 **승인권과 해제요구권**은 모두 대통령의 권한행사를 통제하기 위한 수단이다.

5. 대통령의 일반사면에 대한 동의권

대통령은 사면을 명할 수 있지만(헌법 제79조 제1항), **일반사면**을 하려면 국회의 동의를 얻어야 한다(동조 제2항).

국회의 동의권은 대통령의 사면권남용을 방지하고자 하는 통제수단이다.

제 4 항 국회의 자율권

Ⅰ. 국회 자율권의 의미와 내용

국회의 자율권은 다른 헌법기관의 간섭을 받지 아니하고 자신의 의사(議事)와 내부사항을 독자적으로 결정할 수 있는 권한을 말한다. 국회의 자율권은 자신을 스스로 조직하고 헌법상 부여받은 과제를 이행할 수 있는 상태로 내부질서를 형성하는 권한을 의미한다.

국회의 자율권은, 의사절차・회의운영・의사결정의 요건 등에 관하여 독자적으로 결정할 수 있는 **의사자율권**, 집회・휴회・폐회・회기 등 집회의 여부와 방법에 관하여 스스로 결정할 수 있는 **집회자율권**, 내부의 조직을 스스로 결정할 수 있는 **조직자율권**, 의사절차와 내부조직을 독자적으로 규율할 수 있는 권한인 **규칙제정권**(헌법 제64조 제1항), 국회나 회의장의 질서유지를 위하여 필요한 조치를 스스로 결정할 수 있는 **질서자율권**(경호권과 질서유지권), 의원의 자격심사 및 징계 등 의원의 신분에 관한 **신분자율권**(헌법 제64조 제2항) 등을 포괄한다.

Ⅱ. 헌법기관의 규칙제정권

헌법은 제64조 제1항에서 '의사와 내부규율'에 관한 **국회**의 규칙제정권을, 제108조에서 '소송에 관한 절차, 법원의 내부규율과 사무처리'에 관한 **대법원**의 규칙제정권을, 제113조 제2항에서 '심판에 관한 절차, 내부규율과 사무처리'에 관한 **헌법재판소**의 규칙제정권을, 제114조 제6항에서 '내부규율'에 관한 **중앙선거관리위원회**의 규칙제정권을 각 규정하고 있다. 헌법기관의 **규칙제정권은 합의제 헌법기관의 고유한 권한**이자 전형적인 특징이다. 헌법이 합의제기관을 창설하였다면 모든 합의제기관은 활동하기 위하여 의사와 내부조직에 관한 규율을 필요로 하기 때문에, 이로부터 내부적 사안을 독자적으로 규율할 수 있는 권한인 규칙제정권이 나온다. 헌법기관의 규칙제정권은 **내부적 사안의 규율에 있어서 독자성과 독립성을 보장**하고자 하는 것이다.

헌법기관의 규칙은 기관 내부적 규율이라는 점에서는 행정청의 행정규칙과 유사하고 자율성을 보장한다는 점에서는 자치단체의 조례 등 자치법규와 유사하지만, 행정청이나 자치단체가 아니라 헌법기관의 내부적 자치를 보장하고자 한다는 점에서 이와 구분되는 **'독자적인 규율형식'**이다. 헌법기관의 규칙은 헌법기관의 자율권을 근거로 헌법기관에 의하여 제정되어 **기관 내부적으로만 효력을 가지는 내부법**(內部法)이다. 자율권을 근거로 규율할 수 있는 헌법기관의 권한이 내부적 질서의 규율에 한정되므로, 헌법기관의 규칙은 그 내부적 성격으로 인하여 법적 효력에 있어서도 제한적이다. 헌법기관의 규칙은 원칙적으로 단지 국가기관 내부에서만 효력을 가지고 국민 또는 다른 국가기관과의 관계에서는 외부적 효력을 가질 수 없다.

Ⅲ. 국회법의 법적 성격 및 국회법 위반의 법적 효과

1. 내부적 효력을 가지는 규범으로서 국회법

영국, 미국, 독일 등 서구의 국가에서는 의회내부의 조직과 의사절차에 관하여 법률이 아니라 **의회규칙**으로 정하고 있다. 그러나 우리의 경우, 헌법 제64조 제1항의 명시적인 규칙제정권에도 불구하고, 의사와 내부규율에 관한 사항은 일차적으로 규칙이 아니라 **'국회법'**에 의하여 규율되고 있다. 국회가 헌법 제64조 제1항의 규율자율권을 어떠한 형식으로 행사하든 간에 **그 규율대상에 있어서 내부영역에 국한된 수권**으로 인하여 외부적 효력을 가지고 규율할 수 없다. **국회법의 규율대상**은 '국회의 의사와 조직'과 같이 '자신의 사안'으로서 국회 내부영역에 제한되고, **그 효력범위**도 국회 내부영역에 제한된다. 국회법은 의사와 조직의 자치에 관한 규율로서 **단지 내부적 효력을 가지는 규범**이다.

따라서 국회법은 헌법에서 이미 다른 국가기관을 구속하는 것 이상으로 외부적 구속력을 가지고 **다른 국가기관에게** 법적 의무를 부과할 수 없다. 국회법이 헌법에서 규정한 내용을 단지 확인하는 것을 넘어서, 가령 정부나 사법기관 등 외부기관과의 관계를 규율한다면, 이러한 국회법규정은 외부기관에 대한 법적 구속력을 가질 수 없다. 또한, 국회법은 단지 내부적 효력을 가지고 국회의 내부적 절차만을 규율할 수 있기 때문에, 국회의 절차에 참여하는 **사인에 대해서도** 외부적 효력을 가지고 의무를 부과할 수 없다. 국민에 대한 법적 의무는 단지 외부적 효력을 가지는 법률에 의하여 부과될 수 있기 때문에, 국회 내부질서의 규율에 제한되는 국회법에 의하여 규율될 수 없다.[12)]

2. 국회법 위반의 법적 효과

국회법이 국회 내부적 효력만을 발휘하고 직접적으로 기관내부의 구성원만을 구속할 수 있기 때문에, 필연적으로 국회법은 **단지 국회 내부적으로만 위반**될 수 있다. 따라서 내부적 구속력을 가지는 **국회법에 대한 위반은 오로지 내부적 효과**를 가진다. 법률이 국회법에 위반되어 제정되었다 하더라도, 국회법위반이 국회 내부적으로 국회구성원의 권한을 침해함으로써 권한쟁의심판의 대상이 될 수 있는지 여부는 별론으로 하고, 그 법률은 유효하다. 이는, 국회법이 그 법적 성격에 있어서 내부적 자치규범이라는 것의 필연적 결과이다. 외부적 효력을 가지는 국회 행위는 국회법의 위반에도 불구하고 원칙적으로 유효하며, 다만 **국회법위반이 동시에 헌법위반을 의미하는 경우에만 그 법률은 무효**이다. 예컨대, 법률안의 제출을 위한 의원 수에 미달하여 법률안이 제출되었거나 또는 의사진행절차에 관한 국회법규정에 위반하여 법안 등을 의결한 경우, 그 법률의 효력은 법치국가적 법적 안정성의 관점에서 '그 효력범위가 내부영역에만 국한되는 국회법'의 위반여부에 달려 있지 않다.

---

12) 그러므로 국회는 국회법에 근거하여 위원회의 공청회에서 이해관계인이나 참고인 등에 대하여 출석이나 발언을 강요할 수 없다. 이에 따라, 국민의 기본권제한과 관련되는 구체적인 절차 또는 형사소송법상의 강제수단은 모두 별도의 개별법률에서 규율되고 있다.

헌법재판소는 국회의사절차의 적법성을 심사함에 있어서 **의사절차의 형성에 관한 국회의 자율권**을 강조하고 있다. 그러나 헌법과 헌법재판소법에 의하여 헌법재판소에 권한쟁의심판에 관한 관할이 부여된 이상, 헌법재판소는 국회의 자율권을 이유로 **권한쟁의심판을 회피할 수 없으며**, 피청구인의 처분에 의하여 청구인의 법률상 또는 헌법상 권한의 침해 가능성을 인정할 수 있는 이상, 청구인의 권한침해여부에 관하여 판단을 해야 한다.

한편, 의사절차가 국회법에 위반되는 경우 **국회법위반이 제정된 법률의 효력에 아무런 영향을 미치지 않는 것**은, 국회자율권에 대한 존중 때문이 아니라 국회법 위반의 효과가 단지 내부적인 효력을 가지기 때문인 것이며, 나아가 국가기관간의 권한쟁의의 본질에 비추어 헌법재판소의 판단이 적극적인 형성적 결정이 아니라 단지 소극적인 확인결정에 그쳐야 하기 때문이다.

판 례 "국회는 국민의 대표기관, 입법기관으로서 폭넓은 자율권을 가지고 있고, 그 자율권은 권력분립의 원칙이나 국회의 지위, 기능에 비추어 존중되어야 하는 것이지만, 한편 법치주의의 원리상 모든 국가기관은 헌법과 법률에 의하여 기속을 받는 것이므로 **국회의 자율권도 헌법이나 법률을 위반하지 않는 범위 내에서 허용**되어야 하고 따라서 국회의 의사절차나 입법절차에 헌법이나 법률의 규정을 명백히 위반한 흠이 있는 경우에도 국회가 자율권을 가진다고는 할 수 없다."고 판시하고 있다(헌재 1997. 7. 16. 96헌라2, 판례집 9-2, 154, 165).

제 6 절 국회의원의 헌법적 지위

Ⅰ. 국회의원의 헌법상 지위

1. 헌법 제46조 제2항의 의미

가. 국회의원의 헌법적 지위에 관한 근거규범

국회가 헌법상 부여받은 기능을 이행하기 위해서는 그 구성원인 국회의원도 이에 부합하는 헌법적 지위를 가져야 한다. 이러한 점에서 국회의원의 헌법상 지위는 **국회 기능의 보장을 위한 불가결한 전제조건**으로서 보장되는 것이다.

헌법은 제46조 제2항에서 "국회의원은 국가이익을 우선하여 양심에 따라 직무를 행한다."고 하여, 국회의원이 임기 동안 전체 국민의 대표자로서 외부의 지시와 명령에 구속을 받지 않고 자신의 신념과 독자적인 판단에 따라 직무를 행한다는 것을 규정하고 있다. 헌법 제46조 제2항은 헌법 제7조 제1항, 제42조, 제44조, 제45조 등과 함께 임기 동안 의원직의 존속 및 실질적인 행사를 포괄적으로 보호하는 **'국회의원의 헌법적 지위에 관한 근거규범'**이다. 국회의원 헌법적 지위의 핵심적 내용은 **'전국민(全國民) 대표성'**과 **'자유위임(自由委任)'**이다.

판 례 **'전국구국회의원 의석승계 사건'**에서, 헌법 제7조 제1항, 제45조, 제46조 제2항의 규정들을 종합하여 볼 때 "헌법은 국회의원을 자유위임의 원칙하에 두었다고 할 것이다."라고 판시하고 있다(헌재 1994. 4. 28. 92헌마153, 판례집 6-1, 415, 425-426).

나. 전국민 대표성

헌법 제46조 제2항은 **"국가이익을 우선하여"**라는 표현을 통하여, 헌법 제7조 제1항의 공익실현의 의무를 국회의원에게도 부과하면서, 나아가 국회의원은 특정 정당이나 사회단체 또는 특정 지역의 부분이익을 대변하는 것이 아니라 국가이익, 즉 **전체 국민의 이익을 대변한다고 하는 '전국민 대표성'**을 표현하고 있다. 의원은 전체 국민의 대표자로서 국회에서 전체 국민을 위하여 결정해야 한다. 한편, 지역구 국회의원이 특별한 관심을 가지고 자신의 지역구를 돌보고 지역구의 이익을 전달하고 추구하고자 하는 것은 헌법 제46조의 자유위임원칙에 반하지 않는다.

다. 자유위임

헌법 제46조 제2항은 **"양심에 따라 직무를 행한다."**라는 표현을 통하여, 국회의원이 외부의 지시와 명령에 종속되지 않는다는 의미에서, 국회의원 직무의 **'자유위임' 또는 '무기속위임(無羈束委任)'**을 규정하고 있다. 여기서 말하는 '양심'이란 헌법 제19조의 의미에서 개인적·인격적 양심이 아니라 직무상 양심을 말하는 것이고, 이는 곧 직무상의 독립성을 보장하고자 하는 것이다. "양심에 따라"란 '오로지 양심의 구속을 받는다'는 것이고, 이는 **'모든 외부적 구속으로부터의 자유'**를 의미한다. 자유위임은 국가권력의 영향과 사회(유권자, 지역구의 주민, 소속정당, 사회단체)의 구속으로부터의 자유를 의미한다. 의원 개인의 신념과 독자적 판단이 그의 모든 결정과 행위의 유일한 기준이 된다. 국회의원이 법적으로 구속을 받는다면, 오로지 헌법에 의해서만 구속을 받을 뿐이다.

자유위임에서 본질적인 것은, 의원이 **정당이나 유권자와의 관계에서** 정치적으로 또는 윤리적으로 구속을 받을 수는 있으나, 법적으로는 어떠한 구속도 받지 않는다는 것이다. 따라서 지역구 국회의원에 대한 유권자의 불신임투표나 지역주민에 의한 **국회의원의 소환**은 허용되지 않는다. 국회의원은 자신의 선거 전(前) 발언이나 **선거공약**에 의하여 구속을 받지 아니한다. 의원의 선거공약이나 정당의 선거프로그램이 국민의 선거행위에 의하여 다음 임기동안 정당이나 의원의 정치적 행위를 법적으로 구속하는 지침이 되는 것은 아니다.

판 례 국회의 여소야대의 상황에서 이를 극복하기 위하여 무소속 의원을 여당에 입당시킨 대통령의 행위가 '국민의 국회구성권'을 침해한다는 주장으로 유권자가 헌법소원을 제기한 **'국회구성권침해 사건'**에서, 헌법재판소는 "대의제 민주주의 하에서 … **국민과 국회의원은 명령적 위임관계에 있는 것이 아니라 자유위임관계**에 있으므로, 유권자가 설정한 국회의석분포에 국회의원들을 기속시키고자 하는 내용의 '국회구성권'이라는 기본권은 오늘날 이해되고 있는 대의제도의 본질에 반하는 것이어서 헌법상 인정될 여지가 없고, …"라고 판시하여, 기본권침해의 가능성이 없다는 이유로 심판청구를 부적법한 것으로 각하하였다(헌재 1998. 10. 29. 96헌마186).

라. 자유위임의 기능

국민과 대의기관 사이의 관계로서 '대표자의 자유위임'은 대의제의 본질에 속한다. 자유위임은 **대의민주제가 기능하기 위한 필수적인 요소**이다. 이미 '국민 전체의 대표자'로서의 의원의 지위로부터 '자유위임의 요청'이 나온다. 대의기관의 대의적 행위(국민 전체의 이익을 위한 행위)가 가능하기 위해서는, 의원이 '국민 전체를 위하는 것이 무엇인지'를 자유롭고 독자적으로 판단할 수 있어야 한다. 자유위임은 **공익실현을 위하여 불가결한 '독자적인 판단과 행위의 법적 가능성'을 의원에게 부여**한다.

나아가, 자유위임은 **정당내부의 민주화의 관점에서도 불가결**하다. 자유위임은 정당 내부적으로 자유로운 토론과 의사결정을 가능하게 함으로써 정당의 과두정치화의 경향을 방지하고 당내 민주주의를 촉진한다.

뿐만 아니라, 자유위임은 국회라는 합의제 의결기관이 정상적으로 기능하기 위해서도 불가결하다. 국회의원이 명령위임으로 인하여 매번 외부로부터 지시와 위임을 받아야 한다면, 의회의 원활한 의사형성이 불가능하다. **국가의사형성을 위하여 필수적인 유연성**을 의원에게 확보해 주고자 하는 것도 자유위임의 목적이다.

2. 자유위임과 정당기속의 관계

가. 헌법 제46조 제2항과 제8조의 긴장관계

(1) 국회의원의 이중적 지위로 인한 '자유위임과 정당조항의 긴장관계'

오늘날 정당민주주의에서 국회의원은 **'국민의 대표자'이자 동시에 '정당의 대표자'**이다. 오늘날 정당국가에서 국회의원은 정당의 지원과 배경에 힘입어 선출되며, 동일 정당소속 의원들과 함께 원내교섭단체를 구성하여 의회 내에서 공동으로 정당의 정책을 실현하고자 한다. 나아가, 헌법 제8조 제1항은 **정당설립 · 활동의 자유**를 보장함으로써, 정당이 자신의 정책을 국가영역에서 실현하기 위하여 교섭단체 소속의원에게 영향력을 행사할 수 있는 가능성을 함께 보장하고 있다. 이에 따라, 헌법 제46조 제2항의 '자유위임'과 제8조의 '정당조항'은 **서로 긴장관계**에 있다.

(2) 자유위임과 정당기속의 관계

헌법 제46조 제2항은 '오늘날 정당민주주의에서도 정당으로부터 국회의원의 독립성은 보장된다'는 것을 분명하게 밝힘으로써 **정당기속성에 대한 자유위임원칙의 우위를 천명**하고 있다. 위 헌법조항은, 의원이 정당이나 교섭단체의 지시에 의하여 '정치적으로는' 구속을 받을 수 있으나 '법적으로는' 구속받지 않는다는 것을 규정한 것이다. 이에 대하여, **헌법 제8조의 정당조항**은 '국회의원이 정당에 기속된다'는 것을 규정한 것이 아니라, 오늘날 대의제 민주주의에서 가지는 정당의 의미와 중요성에 비추어 정당에게 특별한 지위를 부여하고 정당의 존속과 활동을 헌법적으로 보호하고자 하는 것이다.

이러한 관점에서 본다면, 헌법 제46조 제2항과 제8조 사이에 존재하는 **긴장관계**는 규범적 차원에서가 아니라 **단지 '헌법과 정치현실' 사이에서 존재**한다. 정당국가적 정치현실은 의원을 정당에 구속시키고자 하나, 헌법은 자유위임의 요청을 통하여 의원에 대한 정당의 영향력을 제한하고 있다. 요컨대, 의원은 정치적으로는 정당의 구속을 받으나, 헌법적으로는 자유위임의 구속을 받는다.

나. 교섭단체의 강제

(1) 직접적 강제(법적 강제)

오늘날 의원은 **다양한 측면에서 정당과 교섭단체의 구속**을 받고 있다. 정당이 사실상 후보자

지명의 독점권을 가지고 있다는 점에서 의원의 재선여부에 관하여 결정하며, 교섭단체는 의원이 활동해야 할 위원회를 정하는 등 의회 내에서 의원의 작업과 참여의 가능성에 관하여 결정한다. 정당과 교섭단체는 집권을 위한 정치적 투쟁에서 결집력을 가지기 위하여 소속의원들의 단결과 통일적인 행동을 촉구한다. 따라서 **소속 의원의 표결행위에 영향을 미치고자 하는 '교섭단체의 강제'**가 어느 정도로 헌법적으로 허용되는지의 문제가 제기된다.

직접적 강제란 의원에게 물리적 강제력을 행사하는 것을 의미하는 것이 아니라, 교섭단체의 다수 의사에 따라 표결하도록 **소속의원을 법적으로 구속하고자 하는 강제**, 즉 자유위임의 가능성을 배제하는 강제를 말한다. 직접적 강제는 의원의 자유위임과 합치하지 않으므로, **헌법적으로 허용되지 않는다**. 따라서 소속의원에 대하여 일정한 표결행위를 강제하고자 하는 모든 법적 수단(가령, 계약에 의한 합의, 의원직포기각서 등)은 처음부터 위헌적인 것으로 무효이다.

(2) 간접적 강제(사실상의 강제)

간접적 강제란, 정당의 결속을 호소함으로써 또는 당직의 배분이나 차기 선거에서의 공천에 있어서 불이익을 약속함으로써, 의원의 표결행위에 대하여 영향력을 행사하거나 간접적인 압력을 가하는 행위를 말한다. **소속의원을 법적으로 구속하고자 하는 것이 아닌 사실상의 강제**, 즉 자유위임의 가능성을 배제하지 않는 **간접적 강제는 허용**된다.

정당의 목적이 스스로 선택한 정치적 목표의 실현에 있으므로, 정당은 목표실현을 위하여 교섭단체 소속의원에게 정치적 영향력을 행사할 수 있는 가능성을 가져야 한다. **교섭단체의 목적**은 교섭단체 내의 통일된 의사형성을 통하여 소속의원들의 원내 행동통일을 꾀함으로써 의회에서 정당의 정책을 최대한으로 반영하려는 데 있다. 따라서 **공동의 정치적 목표를 달성하기 위하여** 개별 의원에 대한 교섭단체의 영향력행사 가능성, 즉 **간접적 강제는 불가피**하다. 의원은 헌법상 자유위임원칙으로 인하여 법적으로는 자유롭게 결정할 수 있으나, 정치적으로는 소속정당에 대하여 책임을 져야 하고, 소속정당의 지시로부터 벗어나는 경우에는 정치적 불이익을 감수해야 한다.

간접적 강제의 수단으로 다음과 같은 것이 고려된다. 소속의원이 위원회에서 당론이나 교섭단체의 결정을 대변하지 않는 경우, 위원회에서 활동하는 소속의원은 '교섭단체의 대표'로서의 성격을 가지므로, 교섭단체는 언제든지 **위원회에서 당해 의원을 사임**시킬 수 있다. 뿐만 아니라, 정당은 당론을 따르지 않는 소속의원에게 **당직의 배분이나 차기선거의 공천에 있어서 불이익**을 줄 수 있다. 나아가, 정당과 근본적으로 정치적 노선을 달리하는 의원을 **교섭단체에서 제명**하는 것도 허용된다.

판 례 국회의장이 한나라당 교섭단체대표의원이 제출한 사·보임 요청서에 결재함으로써 자신을 위원회에서 강제 사임시킨 행위로 말미암아 국회의원으로서의 법률안 심의·표결권이 침해되었다고 주장하면서 소속 국회의원이 권한쟁의심판을 청구한 **'상임위원회 강제 사임 사건'**에서, "무릇 국회의원의 원내활동을 기본적으로 각자에 맡기는 **자유위임**은 자유로운 토론과 의사형성을 가능하게 함으로써 당내 민주주의를 구현하고 정당의 독재화 또는 과두화를 막아주는 순기능을 갖는다. 그러나 자유위임은 의회 내에서의 정치의사형성에 정당의 협력을 배척하는 것이 아니며, 의원이 정당과 교섭단체의 지시에 기속되는 것을 배제하는 근거가 되는 것도 아니다. 또한 국회의원의 국민대표성을 중시하는 입장에서도 특정 정당에 소속된 국회의원이 정당기속 내지는 교섭단체의 결정(소위 '당론')에 위반하는 정치활동을 한 이유로 제재를 받는 경우, 국회의원 신분을 상실하게 할 수는 없으나 **'정당내부의 사실상의 강제' 또는 소속 '정당으로부터의 제명'은 가능하다**고 보고 있다. 그렇다면, 당론과 다른 견해를 가진 소속 국회의원을 당해 교섭단체의 필요에 따라 다른 상임위원회로의 전임(사·보임)하는 조치는 특별한 사정이 없는 한 헌법상 용인될 수 있는 '정당내부의 사실상 강제'의 범위 내에 해당한다고 할 것이다."라고 판시함으로써, '교섭단체의 사·보임 요청은 헌법에 위반되지 않으므로, 이에 따른 국회의장의 행위에 의하여 국회의원의 권한이 침해되지 않는다'고 판단하여 국회의원의 심판청구를 기각하였다(헌재 2003. 10. 30. 2002헌라1, 판례집 15-2하, 17, 33).

한편, **위 사건에서 심판대상**은 형식적으로는 '국회의장의 사·보임 요청서 결재행위'의 위헌여부이지만, **실질적으로는 '교섭단체의 사·보임 요청'의 위헌여부**이다. 국회법상 교섭단체가 위원회 위원의 사보임을 요청하면 국회의장은 이에 따를 수밖에 없기 때문에, 국회의장의 행위는 법적으로 독자적인 의미를 가지지 못한다.

또한, 국회의장이 교섭단체의 요구에 응하여 **사법개혁 특별위원회 위원을 개선한 행위**가 강제 사임된 청구인(국회의원)의 법률안 심의·표결권을 침해하는지 여부가 문제된 사건에서, 헌법재판소는 "이 사건 개선행위는 사개특위의 의사를 원활하게 운영하고, 사법개혁에 관한 국가정책결정의 가능성을 높이기 위하여 국회가 자율권을 행사한 것으로서, 이 사건 개선행위로 인하여 자유위임원칙이 제한되는 정도가 위와 같은 헌법적 이익을 명백히 넘어선다고 단정하기 어렵다. 따라서 **이 사건 개선행위는 자유위임원칙에 위배되지 않는다.**"고 판시하여, 종래의 견해를 그대로 유지하였다(헌재 2020. 5. 27. 2019헌라1).

다. 제명이나 당적변경에 따른 의원직의 상실여부

헌법 제46조 제2항은 국회의원의 전국민 대표성과 자유위임을 통하여 **'의원직의 보유는 원칙적으로 정당소속과 무관하다'**는 것을 표현하고 있다. 정당소속과 의원직의 존속여부를 결부시키는 것은 자유위임에 기초한 의원의 독립성을 그 핵심에 있어서 부정하는 것이다. 따라서 정당으로부터의 제명이나 의원의 당적변경은 의원직의 존속에 아무런 영향을 미치지 않는다.

국회의원은 헌법적으로 **'정당의 대표자'가 아니라 '전국민의 대표자'**이다. 따라서 정당은 제명을 통하여 소속의원의 의원직을 임의로 처분할 수 없다. 국회의원이 **소속정당에서 제명되는 경우** 의원직을 상실한다는 법률조항은, 정당이 처분할 수 없는 의원의 헌법적 지위('국민의 대표자')를 처분하는 결과를 가져오므로, 헌법 제46조 제2항에 위반된다.

뿐만 아니라, 헌법 제46조 제2항에 규정된 국회의원의 지위는 원칙적으로 자의에 의한 탈당이든 아니면 타의에 의한 제명이든 간에 그와 관계없이 보장되어야 한다. 의원직의 보유는 특정 정당의 소속과 무관한 것이기 때문에, 국회의원이 그 임기 중 **당적을 변경하거나 그 소속정당이 해산된 경우**에도 의원직을 계속 보유하게 된다.

다만, **정당해산심판에 의한 정당해산의 경우**에는 '정당소속과 의원직의 보유를 결부시켜서는 안 된다'는 원칙에 대한 **예외가 허용**될 수 있다. 이 경우는 정상적 상황에서 발생하는 국회의원의 정당기속성과 국민 대표성 사이의 갈등 문제가 아니라, 헌법수호의 관점에서 정당해산의 결과로서 파생하는 문제이기 때문이다. 의원은 헌법의 구속을 받는 국가기관의 일부로서 그의 직을 헌법과 합치하도록 행사해야 할 당연한 의무를 지고 있으며, 방어적 민주주의의 관점에서 정당해산결정의 실효성을 확보하기 위해서는 위헌정당 소속의원의 의원직 상실이 불가피하다(제4편 제5장 제3절 제7항 VI. 3. 참조).

판 례 전국구국회의원으로 당선된 의원이 소속정당을 탈당하였으나 그 국회의원의 신분이 상실되는 법률규정이 없다는 이유로 의석승계결정을 하지 아니하고 방치한 **중앙선거관리위원회의 부작위에 대하여 정당이 위헌확인을 구하는 헌법소원심판**을 청구한 **'전국구의원 의석승계 사건'**에서 "자유위임제도를 명문으로 채택하고 있는 헌법 하에서는 국회의원은 선거모체인 선거구의 선거인이나 정당의 지령에도 법적으로 구속되지 아니하며, 정당의 이익보다 국가의 이익을 우선한 양심에 따라 그 직무를 집행하여야 하며, 국회의원의 정통성은 정당과 독립된 정통성이다. 이런 **자유위임하의 국회의원의 지위는 그 의원직을 얻은 방법 즉 전국구로 얻었는가, 지역구로 얻었는가에 의하여 차이가 없으며, 전국구의원도 그를 공천한 정당을 탈당하였다고 하여도** 별도의 법률규정이 있는 경우는 별론으로 하고 **당연히 국회의원직을 상실하지는 않는다**는 것이다."라고 판시함으로써, 전국구의원이 소속정당을 탈당한 경우에도 그 의원직을 상실하지 않기 때문에 중앙선거관리위원회 위원장이 의석승계결정을 해야 할 작위의무가 존재하지 아니한다고 하여 소속정당의 심판청구를 각하하였다(헌재 1994. 4. 28. 92헌마153, 판례집 6-1, 415, 424-425).

그러나 헌법재판소는 위 결정이유에서, 한편으로는 '자유위임 하에서 국회의원은 지역구의원이든 전국구의원이든 그 헌법적 지위에 있어서 차이가 없다'는 것을 확인하면서, 다른 한편으로는 "별도의 법률규정이 있는 경우는 별론으로 하고"라고 하여 입법자가 법률로써 전국구의원을 차별할 수 있는 가능성을 유보하는 **상호모순**을 보이고 있다.

라. 비례대표의원의 당적 변경의 경우 의원직 상실의 헌법적 문제점

공직선거법 제192조 제4항은 '비례대표의원의 경우 그 임기 중 소속정당이 합당·해산되거나 소속정당에서 제명되는 이유 외 사유로 당적을 이탈·변경하거나, 둘 이상의 당적을 가지고 있을 때에는 의원직을 상실한다.'고 규정하고 있다. **헌법 제46조 제2항의 자유위임의 요청**은 비례대표의원에게도 동일하게 적용된다. 국회의원은 헌법상 국민의 대표자이지 정당의 대표자가 아니다.[13] 바로 이러한 이유에서 의원의 당적변경은 의원직의 보유에 아무런 영향을 미치지 않는다. 위 공직선거법규정에는 '비례대표의원은 국민의 대표자가 아니라 정당의 대표자'라는 사고가 바탕에 깔려 있는데, 이러한 사고는 헌법 제46조의 요청에 정면으로 반한다.

합의제기관으로서 의회가 기능하기 위한 필수적인 요건에 속하는 것이 바로 법적 지위에 있어서 구성원의 평등이다. 합의제기관은 그 기능을 이행하기 위하여 모든 구성원이 기관의 의사형성에 대하여 동등한 영향력을 행사할 수 있어야 하며, 이를 위해서는 **구성원의 법적 평등**이 필수적이다.

의원이 자발적으로 탈당하는 경우에 의원직을 박탈하는 것은 의원의 정당에의 기속을 심화시키고 정당의 독재화·과두화의 경향을 안고 있다. 의원의 탈당이 의원직의 상실을 초래한다면, 의원은 정당 내에서 마찰과 충돌을 두려워하지 않고 소신껏 활동할 수 없으며, 소속정당과 더 이상 정치적 목표를 함께 하지 않는 경우에도 탈당을 할 수 없다. 따라서 **당내 민주화의 관점**에서도 탈당에 대한 의원직 박탈은 허용되지 않는다.

---

13) 물론 비례대표의원의 경우, 정당의 명부를 통하여 선출됨으로써 비로소 의원직을 얻는다는 점에서 **소속 정당에 대한 보다 강한 기속성**이 인정되며, 당적변경에도 불구하고 의원직을 보유하는 것은 **유권자의 의사를 왜곡**하는 것이라고 할 수 있다. 그러나 정당민주주의에서 정당의 공천은 후보자의 당선에 결정적인 영향을 미친다는 점에서 의원직의 획득에 있어서 정당소속이 어느 정도로 기여하는지는 단지 정도의 차이일 뿐이다. 나아가, 지역구의원의 경우에도 오늘날 선거가 후보자 개인의 인물에 대한 선거라고 하기 보다는 정당의 정책에 대한 국민투표적 성격이 강하다는 점에서, 지역구의원이 당적을 변경하는 경우에도 그를 선출한 유권자의 의사가 왜곡되는 측면이 있다.

Ⅱ. 국회의원의 권리와 의무

1. 국회의원의 권리

가. 국회의원 권리의 일반적 내용과 성격

(1) 국회 구성원으로서 국회의원의 권리

의원은 임기개시와 더불어 의원 자격을 취득하여, 임기만료로써 자격을 상실한다. **국회의원의 임기**는 4년이다(헌법 제42조). 헌법에 확정된 의원의 임기는 곧 의회 선거의 주기를 의미한다. **선거주기의 헌법적 확정**은 어떠한 주기로 의회가 민주적 정당성을 새롭게 획득해야 하는지를 표현할 뿐만 아니라, 나아가 의회에게 자신의 과제를 효과적이고 지속적으로 이행하는 것을 가능하게 하고자 하는 것이다. **의원의 신분도 필연적으로 선거주기의 헌법적 확정에 의하여 함께 보장**된다. 국회의원의 권리는 개인적 자유나 권리가 아니라 **국회의 구성원으로서 의원에게 부여되는 관할 또는 권한**이다. 의원은 그의 권한을 행사함으로써 국회의 의사결정과정에 참여하는 것이고, 의원의 권한은 국회의 과제와 기능을 이행하기 위하여 부여되는 것이다.

(2) 국회의 과제이행에 참여할 의원의 권리

전체 국민의 대표자로서 선출된 의원은 그 전체로서 국민의 대의기관인 국회를 구성한다. 따라서 **'국회에 의한 국민의 대의'**란 **'의원 전체에 의한 전체 국민의 대의'**를 의미한다. 그러므로 의원 전체에 의한 전체 국민의 대의가 이루어지기 위하여, **모든 의원은 국회의 의사형성 및 의사결정의 과정에 참여해야** 한다. 국회의원의 헌법적 지위에 속하는 것은 무엇보다도 국회의 과제이행과 의사결정에 참여할 권리이다. 의원의 이러한 권리에 속하는 것에는 국회의 회의에 참여할 권리, 의회에서 발언권, 표결권, 발의권, 의회의 질문권과 정보요구권의 행사에 참여할 권리, 의회 내 선거에 참여할 권리, 다른 의원들과 교섭단체를 구성할 권리 등이 있다. **의원은 이러한 권한을 행사함으로써 국회의 과제이행에 참여하는 것**이다.

(3) 권리와 의무에 있어서 의원의 평등

국회에 의한 국민의 대의가 이루어지기 위해서는, 의원은 권리와 의무에 있어서 평등해야 한다. 의원은 전체로서 국민의 대표에 해당하기 때문에, 그 전체로서 국회를 구성하는 모든 의원은 동등한 법적 지위를 가져야 한다. **모든 의원에 의한 전체 국민의 대의는 모든 의원의 동등한 법적 지위와 참여권한을 전제로** 한다. 결국, 모든 의원이 국회의 심의와 의결에 동등하게 참여하는 가능성을 통하여 국회에 의한 국민의 대의가 확보된다. 합의제기관이 기능하기 위해서는, 모든 구성원이 기관의 의사형성에 있어서 동등한 영향력을 행사할 수 있어야 하며, 모든 구성원이 법적으로 평등해야 한다. 의원의 평등은, 모든 의원이 전체로서 국민을 대표할 수 있다는 **'합의제 대표기관의 본질'**에 근거한다.

나. 권리의 구체적 내용

(1) 교섭단체 구성권

모든 의원은 다른 의원과 함께 교섭단체를 구성할 권리를 가진다(국회법 제33조 제1항). 의원은 헌법상 보장된 자유위임을 근거로 하여 다른 의원과 함께 자발적으로 교섭단체를 구성하므로, 교섭단체를 구성할 권리의 헌법적 근거는 **국회의원의 자유위임을 보장하는 헌법 제46조 제2항**이다.

(2) 상임위원회 소속 활동권

오늘날 국회작업의 본질적인 부분이 본회의가 아니라 위원회에서 이루어지므로, '모든 의원이 국회의 과제이행에 동등하게 참여해야 한다는 원칙'은 무엇보다도 모든 의원이 위원회의 활동에 참여해야 한다는 것을 의미한다. 의원은 2개 이상의 위원회에 소속되어 활동할 수 있다(국회법 제39조 제1항). 교섭단체에 속하지 않은 의원의 경우, 의장이 상임위원으로 선임한다(국회법 제48조 제2항).

(3) 발언권과 표결권

의원은 회의의 심의와 의결에 참여할 권리가 있으며, 본회의와 위원회에서 **발언하고 표결함으로써 심의·의결권을 행사**한다. 국회와 위원회에서 질의와 토론은 개별 의원의 발언에 의하여 이루어지므로, **발언권**은 국회와 위원회에서 안건을 심의함에 있어서 **질의와 토론을 하기 위한 수단**이다(국회법 제93조, 제99조 참조). 의원의 발언권은 무제한적인 것이 아니라, 의회활동의 원활한 진행을 위하여 의사진행에 관한 의회의 결정을 따라야 한다. 발언시간의 제한과 발언원칙에 관하여 국회법에서 상세하게 규율하고 있다(제103조 및 제104조).

국회법은 기명 또는 무기명투표 등 **표결방법**에 관하여 상세하게 규정하고 있다(제112조). 특히, **본회의**에서는 책임정치를 실현하기 위하여 표결시 찬·반의원의 성명이 기록되는 '전자투표(電子投票)에 의한 기록표결(記錄表決)', 즉 기명투표를 일반적인 표결방법으로 채택하였다. 한편, 의회 내에서 표결과 선거는 무기명투표로 이루어지는 경우에만, 의원의 독립적인 결정이 사실상 보장될 수 있다. 입법자는 국회법에서 **기명투표(記名投票)를 일반적인 표결방법**으로 규정함으로써 '의원의 표결행위에 대한 국민의 민주적 통제'가 '정당과 이익단체의 구속으로부터 의원의 보호' 보다 더욱 중요하다는 것을 표현하고 있다. 한편, 의원이 표결사안과 관련되어 있다는 이유로 표결에의 참여로부터 배제되지 않으며, 이를 이유로 스스로 회피할 수도 없다.

국회의원의 발언권과 표결권은 국회의원의 법적 지위를 규정하는 헌법 제42조 내지 제46조, 특히 '발언과 표결'에 관한 면책특권을 규정하는 **제45조** 및 국회의원의 헌법적 지위에 관한 기본규정인 **제46조 제2항**에 그 **헌법적 근거**를 두고 있다.

판 례 대통령이 국회의 동의 없이 조약을 체결·비준한 행위에 의하여 국회의원들이 '자신의 조약안 심의·표결권' 및 '국회의 조약 체결·비준 동의권'을 침해당했다고 주장하면서 권한쟁의심판을 청구한 **'쌀협상 합의문 사건'**에서, 헌법재판소는 "**국회의원의 심의·표결권은 국회의 대내적인 관계에서 행사되고 침해될 수 있을 뿐 다른 국가기관과의 대외적인 관계에서는 침해될 수 없는 것**이므로, 국회의원들 상호간 또는 국회의원과 국회의장 사이와 같이 국회 내부적으로만 직접적인 법적 연관성을 발생시킬 수 있을 뿐이고 대통령 등 국회 이외의 국가기관과 사이에서는 권한침해의 직접적인 법적 효과를 발생시키지 아니한다. 따라서 피청구인인 **대통령이 국회의 동의 없이 조약을 체결·비준하였다 하더라도 국회의원인 청구인들의 심의·표결권이 침해될 가능성은 없다.**"고 판시함으로써, 대통령의 행위에 의하여 국회의원의 심의·표결권이 침해될 수 없다는 이유로 심판청구를 각하하였다(헌재 2007. 7. 26. 2005헌라8).

한편, 헌법재판소는 일부 결정에서 "국회의원의 법률안 심의·표결권은 비록 헌법에는 이에 관한 명문의 규정이 없지만 의회민주주의의 원리, 입법권을 국회에 귀속시키고 있는 헌법 제40조, 국민에 의하여 선출되는 국회의원으로 국회를 구성한다고 규정하고 있는 헌법 제41조 제1항으로부터 당연히 도출되는 헌법상의 권한이다."라고 하여, **국회의원의 심의 · 표결권의 헌법적 근거로서 헌법 제40조 및 제41조**를 언급하고 있다(헌재 1997. 7. 16. 96헌라2, 판례집 9-2, 154, 169). 그러나 **헌법 제40조 및 제41조**는 각 국회의 권한과 구성에 관한 규정으로서 **국회의원의 권한에 관한 직접적인 근거규정이 될 수 없다.** 더욱이, 헌법재판소가 위 '쌀협상 합의문 사건'에서 명시적으로 '국회의 권한'과 '국회의원의 권한'을 서로 별개의 것으로 구분하면서도, 국회의원 권한의 근거규범으로 국회의 권한 규정을 언급하는 것은 **그 자체로서 모순**이다.

(4) 질문권(정보요구권)

개별의원은 **헌법 제62조의 '국회와 위원회의 질문권'과는 별도로** 질문권을 가진다. 의원이 안건에 대한 전문적인 심의와 표결의 과제를 이행하기 위해서는 그 안건의 판단을 위한 충분한 정보를 필요로 한다. 의원의 질문권은 국회의 과제이행에 참여하기 위한 필수적인 요건이다. 국회법 제122조는 정부에 대한 의원의 **서면질문**의 가능성을 규정하고 있다.

(5) 수당 · 여비수령권 및 교통편익권

역사적으로 국회의원의 세비(歲費)는 **피선거권의 실질적 평등**의 관점에서 중요한 의미를 가진다. 보수의 지급을 통하여 비로소 재산이 없는 일반대중도 의원직을 행사하는 것이 가능하게 되었다. 의원 보수의 지급은 '형식적으로 평등한 피선거권'을 '실질적으로 평등한 피선거권'으로 완성하는 결정적인 계기가 되었다.

의원은 **'적정한 보수를 지급받을 권리'**를 가진다. 의원의 보수는 의원과 그의 가족에 대한 부양으로서의 성격을 가진다. '적정한 보수를 지급받을 권리'는 의원의 경제적 독립성을 보장함으로써, 궁극적으로 **직무상 독립성과 자유위임을 실현**하고자 하는 것이다. 한편, 의회가 의원의 보수에 관하여 결정하는 것은 **자신의 이해관계가 달린 사안에 관하여 스스로 결정**하는 것이므로, 의원 세비가 본회의에서 공개적이고 투명한 절차에서 논의되고 확정됨으로써, 일반국민에 의한 통제가 가능해야 한다.

(6) 그 외에 공동으로 행사할 수 있는 권리

국회재적의원 1/4 이상의 의원은 **임시회의 집회를 요구**할 수 있다(헌법 제47조 제1항) **국정조사요구권**의 행사에 관해서는 헌법 제61조 제2항에서 구체적인 규율을 법률에 위임하고 있다. 국감법은 재적의원 1/4 이상의 요구가 있는 때에는 국정조사를 실시하도록 규정하고 있다(제3조 제1항). 의원은 10인 이상의 찬성으로 **의안을 발의**할 수 있다(국회법 제79조).

2. 국회의원의 의무

가. 헌법상의 의무

(1) 청렴의무와 지위남용금지

헌법은 제46조에서 "국회의원은 청렴의 의무가 있다."고 하여 청렴의무를 규정하면서(제1항), "국회의원은 그 지위를 남용하여 국가 · 공공단체 또는 기업체와의 계약이나 그 처분에 의하여 재산상의 권리 · 이익 또는 직위를 취득하거나 타인을 위하여 그 취득을 알선할 수 없다."고 하여 지위를 남용한 이권개입금지를 규정하고 있다(제3항).

(2) 겸직금지

헌법 제43조는 "국회의원은 법률이 정하는 직을 겸할 수 없다."고 하여 국회의원의 겸직금지를 법률로써 규정하도록 위임하고 있다. **헌법상 겸직금지조항의 목적과 의미**는 동일인이 행정부나 사법부의 공직과 의원직을 동시에 보유함으로써 발생할 수 있는 이해충돌의 위험성을 방지하고 조직상의 권력분립을 보장하고자 하는 것이다(헌재 1995. 5. 25. 91헌마67, 판례집 7-1, 722, 739). 국회의원의 겸직금지는, 공직자가 입후보하여 의원직에 선출될 수는 있으나 의원직의 보유는 다른 공직의 포기를 전제로 한다는 것을 의미한다.

겸직금지에 관하여 규율하는 입법자의 형성권은 무제한적인 것이 아니라, 겸직금지에 관한 헌법적 가치결정에 의하여 제한을 받는다. 입법자는 헌법 제43조의 위임을 이행함에 있어서 헌법상의 권력분립원칙 및 직업공무원제도의 정치적 중립성(헌법 제7조 제2항), 사법의 독립성 등에 의한 구속을 받는다. 이러한 점에서, 입법자가 국회의원으로 하여금 직업공무원이나 법관의 직을 겸할 수 있도록 규율한다면, 이는 헌법에 위반될 것이다. 한편, 국회법은 '국회의원의 겸직이 금지되는 직'에 **국무총리와 국무위원**을 포함시키고 있지 않다.

나. 국회법상의 의무

국회법은 국회의원의 의무를 상세하게 규정하고 있다. 국회법상 의원의 의무에 속하는 것으로, 품위유지의 의무(제25조), 국회 본회의와 위원회에 출석할 의무(제32조), 국회규칙에 따라 회의장의 질서를 준수할 의무 등을 언급할 수 있다.

Ⅲ. 국회의원의 헌법상 특권

의원의 헌법상의 특권은 개별의원의 이익을 위해서가 아니라, **국회의 기능을 유지하고 보장**하기 위하여 부여되는 것이다. 나아가, 불체포특권과 면책특권은 **의원직무의 독립성과 자유위임을 확보**하는 기능을 한다. 국회의원의 헌법상 특권의 목적이 국회기능의 보호에 있기 때문에, 국회의원은 임의로 자신의 특권을 포기할 수 없다.

1. 불체포특권

가. 헌법적 의미

헌법은 제44조 제1항에서 "국회의원은 현행범인인 경우를 제외하고는 회기 중 국회의 동의 없이 체포 또는 구금되지 아니한다."고 하여 의원의 불체포특권(不逮捕特權)을 규정하고 있다.불체포특권은 영국의 헌정사에서 유래한다. 절대군주가 의회를 탄압하기 위하여 의원을 불법적으로 체포・구속하는 방법을 자주 사용하여 왔는데, 이에 대한 법적 보장으로서 의원의 불체포특권이 성립되었다. 불체포특권은 의원의 불법적인 체포를 방지함으로써 **의회의 원활한 기능을 보장**하기 위한 것이고, 국민에 의하여 확정된 의회 내 다수관계를 조작하여 변경시키고자 하는 시도로부터 **대의제원칙을 보호**하기 위한 것이다.

나. 내용

(1) 헌법 제44조 제1항은 **"현행범인인 경우를 제외하고는"**이라고 하여, 현행범에게는 불체포특권을 인정하지 않고 있다. 이는 '국회의 기능보장'과 '형사정의의 실현'이란 양 법익을 비교할 때, 현행범의 경우에는 형사정의의 실현이 우위를 차지한다는 헌법적 결정의 표현이다.

(2) 불체포특권은 **'회기 중'**으로 한정된다. 따라서 국회의원은 집회일에서 폐회일까지의 전기간 중, 휴회 중도 포함하여 불체포특권을 누린다. 그러나 회기 외에는 의원은 국회의 동의 없이 체포 또는 구금될 수 있다. 다만, 이러한 경우 국회는 회기 전에 체포 또는 구금된 의원의 석방을 회기 중 요구할 수 있다(헌법 제44조 제2항).

(3) 불체포특권은 범죄수사나 공소제기와 같은 형사소추권의 발동까지 막는 것이 아니라 단지 국회의 동의 없는 체포·구금만 방지하는 것이다(**"체포 또는 구금되지 아니한다."**). 체포·구금이란 신체의 자유를 제한하는 모든 공권력의 강제처분을 의미한다.

(4) 회기 중 국회의원의 체포나 구금은 **'국회의 동의'**를 필요로 한다(국회법 제26조 참조). 국회는 동의의 여부에 관하여 결정할 수 있는 재량권을 가지고 있는데, 재량권을 잘못 행사하는 경우 의회의 권위 및 의회에 대한 국민의 신뢰를 잃어버릴 수 있으므로, 체포·구금에 대한 동의의 거부는 의회의 기능을 위하여 꼭 필요한 경우로 한정해야 한다. 국회는 동의여부에 관한 재량권을 행사함에 있어서 **'국회의 기능보장'이라는 불체포특권의 헌법적 목적과 '국가의 형사소추권'이라는 상충하는 법익을 교량**해야 한다. **형사소추기관이 부당하고 편파적인 동기에 의하여 활동하는 경우에만**, 의회의 기능 및 의원 보호의 이익이 국가의 형사소추의 이익에 대하여 우위를 차지한다. 따라서 편파적인 형사소추라고 인식할만한 객관적인 근거가 없다면, 의회는 동의를 거부해서는 안 된다.

국회의원이 회기 전에 체포·구금된 때에는 현행범인이 아닌 한 국회의 요구가 있으면 회기 중 석방된다(헌법 제44조 제2항). 이 경우에도 국회가 석방요구에 관한 재량권을 행사함에 있어서 불체포특권의 헌법적 목적과 의의를 고려하여 판단해야 한다.

2. 면책특권

가. 헌법적 의미

헌법은 제45조에서 "국회의원은 국회에서 직무상 행한 발언과 표결에 관하여 국회 외에서 책임을 지지 아니한다."고 하여 의원의 면책특권(免責特權)을 규정하고 있다. 의회에서 자유로운 토론이 이루어지기 위해서는 의원의 자유로운 발언과 표결이 보장되어야 한다. 면책특권은 발언과 표결에 있어서 의원의 자유위임과 독립성을 보장하고자 하는 것이고, 이로써 궁극적으로 **국회에서의 자유토론을 보장하고 야당활동을 보호**하고자 하는 것이다.

나. 내용

(1) "국회의원은"

면책특권을 누리는 자는 단지 국회의원이다. 국회에 출석하여 발언하는 국무총리·국무위원 등은 면책특권을 누릴 수 없다. 국회의원이 국무총리·국무위원 등을 겸직하는 경우(국회법 제29조), 의원이 정부각료로서 의회에서 행한 발언은 면책의 대상이 되지 아니하나, 의원의 자격으로 행한 원내발언에 대해서는 면책특권이 인정된다.

(2) "국회에서"

여기서 "국회에서"란 개념은 국회라는 장소적 의미가 아닌 **'국회의 직무범위'라는 기능적 의미**로 이해해야 한다. 따라서 "국회에서"란, 어떠한 장소에서 개최되는지와 관계없이 의회작업으로 간주될 수 있는 **'의회조직의 모든 작업형태'**를 포괄한다. 따라서 '국회'란 국회 본회의, 위원회, 의사당 밖에서 개최되는 위원회(가령 국정감사) · 공청회 등을 포함하는 포괄적 개념이다. 오늘날 의회가 단지 '교섭단체로 구성된 의회'로서만 기능할 수 있다는 점에서, 교섭단체 및 그 조직(하부기관)도 의회작업과의 밀접한 기능적 연관성 때문에 '국회'에 포함된다. 이에 대하여 전당대회나 선거운동을 위한 집회에서 행한 의원의 발언은 기능적으로 의회 범위 밖에서의 발언으로 면책행위의 대상이 아니다.

(3) "직무상 행한 발언과 표결에 관하여"

면책특권이 의원의 발언과 표결과 관련하여 독립성을 보장하기 위한 것이므로, 이러한 제도의 정신에 비추어 볼 때, **면책특권에 의하여 보호받는 행위의 범위**는 본회의와 위원회에서 행한 발언과 표결에 제한되는 것이 아니라 **직무상 원내에서의 발언 · 표결과 직접적인 연관성이 있는 모든 대의적 의사표현행위**가 포함된다. 발언은 의견표명 및 사실주장을 포괄하는데, 발언에는 구두발언뿐 아니라 서면에 의한 질의도 포함된다. 국회본회의에서 질문할 내용을 기재한 원고를 사전에 배포한 행위도 국회의원의 면책특권의 대상에 포함된다(대법원 1992. 9. 22. 선고 91도3317 판결). 면책대상행위는 직무상 행위에 제한되기 때문에 의제와 관련 없는 발언은 면책의 대상이 되지 않는다.

면책대상행위와 관련하여, **타인의 명예를 훼손하는 발언이나 타인의 사생활에 관한 발언도 면책특권의 대상인지의 문제**가 제기된다. **국회법**에서는 이러한 발언을 금지하고 이러한 행위를 징계사유로 삼고 있다(제146조, 제155조). 그러나 '국회법상의 징계'와 '면책특권'의 헌법적 의미와 기능이 상이하므로, 타인의 명예나 사생활을 침해하는 발언이라 하더라도, 단지 그러한 이유만으로 면책특권의 대상으로부터 배제되는 것은 아니다. 국회의원의 발언이 타인의 명예를 훼손한다 하더라도 이러한 발언을 통하여 공익의 실현이나 중대한 진실의 규명에 기여하고자 한다면, 면책특권을 규정하는 헌법의 취지에 비추어 면책의 대상에 포함되어야 한다. 그러나 발언내용이 직무와는 아무런 연관성이 없음이 명백하거나 또는 명백히 허위임을 알면서도 허위의 사실을 적시하여 타인의 명예를 훼손하는 경우, 이러한 발언은 직무연관성이 없거나 아니면 이러한 발언을 정당화하는 공익적 사유를 찾아 볼 수 없으므로, 면책특권의 대상이 될 수 없다(대법원 2007. 1. 12. 선고 2005다57752 판결).

(4) "국회 외에서 책임을 지지 아니한다."

의원직의 자유로운 행사와 의회에서 자유로운 발언을 보호하기 위하여, 의원은 의회에서 행한 자신의 발언이나 표결에 관하여 **'임기 중' 뿐만 아니라 '임기 후'에도** 책임을 지지 않는다. 면책특권은 국가공권력에 의한 **형사소추**를 금지하는 것은 물론이고, 나아가 손해배상 등 **민사상의 책임**과 일반공직자가 지는 **징계법상의 책임**을 묻는 것도 금지한다. 다만, 면책특권은 국회 외에서의 책임을 배제하지만 **국회 내에서의 책임**을 묻는 것까지 금지하는 것은 아니므로, 의원의 발언이 국회법에 규정된 징계사유(제155조)에 해당하는 경우(가령, 비공개회의내용을 공표하거나 직무상 알게 된 국가기밀을 공개하는 경우)에는 국회가 징계처분을 할 수 있다.

Ⅳ. 국회의원의 헌법적 지위에 대한 보호

1. 권리구제절차로서 국가기관간의 권한쟁의심판

의원의 헌법적 지위가 효과적으로 보장되기 위하여, 의원은 자신의 권리가 침해된 경우에 권리구제절차를 밟을 수 있어야 한다. 여기서 문제되는 것은 모든 국민에게 귀속되는 주관적 권리가 아니라 **의회 구성원의 지위에 있어서 그에게 귀속되는 신분적 권리**, 즉 국가기관의 법적 지위이다. 이러한 법적 지위의 보호를 위한 헌법재판절차가 바로 **국가기관간의 권한쟁의심판**이다. 의원이 가령, 국회나 국회의장에 대하여 신분적 권리의 침해를 주장하는 한, 그 침해여부는 국가기관간의 권한쟁의의 형태로 다투어져야 한다. 국회의원은 헌법과 법률에 의하여 고유한 권한을 부여받은 국가기관으로서 권한쟁의심판에서 당사자능력을 가지고 있다.

한편, 의원이 의회 구성원의 지위로부터 나오는 신분적 권리의 침해가 아니라 **국민으로서의 지위에 있어서 그에게 귀속되는 권리의 침해를 주장하는 경우**, 헌법소원을 제기할 수 있다. 예컨대, 의원이 다른 국민과 마찬가지로 공직선거의 후보자로서 선거에서의 기회균등의 위반을 주장한다면, **헌법소원심판을 청구해야** 한다. 의원이 헌법소원을 제기할 수 있는지의 여부를 판단하는 결정적인 기준은, 의원이 그 침해를 주장하는 권리가 무엇인지, 의원이 아닌 일반국민도 주체가 될 수 있는 권리의 침해를 주장하는지의 관점이다.

2. 국회의원의 권한침해가 발생하는 경우

가. 자유위임을 보장하기 위한 의원의 개별적 권리가 침해되는 경우

국회의원의 헌법적 지위로부터 파생하는 개별적 권리, 즉 발언권이나 표결권, 질문권(정보요구권), 위원회 소속 활동권 등이 국회 내부적인 관계에서 침해되는 경우, 의원은 권한쟁의심판을 청구할 수 있다. 가령, 교섭단체가 소속 의원을 **위원회로부터 강제로 사임시키는 경우**에도 의원은 자신의 권리 침해를 권한쟁의심판으로 다투어야 한다(헌재 2003. 10. 30. 2002헌라1). 또한, 국회에서 **의원의 발언권이 제한되는 경우**, 국회에서 의원의 발언은 국민의 지위에서 표현의 자유가 아니라 국회구성원으로서의 지위에서 신분적 권리인 발언권을 행사하는 것이므로, 발언에 관한 분쟁의 경우 헌법소원심판이 아니라 권한쟁의심판으로 다투어야 한다.

판례 **'법률안 변칙처리에 대한 국회의원의 헌법소원 사건'**에서, "… 국회의원이 국회 내에서 행사하는 **질의권·토론권 및 표결권** 등은 입법권 등 공권력을 행사하는 국가기관인 **국회의 구성원의 지위에 있는 국회의원에게 부여된 권한**으로서 국회의원 개인에게 헌법이 보장하는 권리 즉 기본권으로 인정된 것이라고 할 수는 없다. 그러므로 국회의 구성원인 지위에서 공권력작용의 주체가 되어 오히려 국민의 기본권을 보호 내지 실현할 책임과 의무를 지는 국회의원이 국회의 의안처리과정에서 위와 같은 권한을 침해당하였다고 하더라도 이는 헌법재판소법 제68조 제1항에서 말하는 '기본권의 침해'에는 해당하지 않으므로, 이러한 경우 **국회의원은 개인의 권리구제수단인 헌법소원을 청구할 수 없다**고 할 것이다."라고 판시하고 있다(헌재 1995. 2. 23. 90헌마125등, 판례집 7-1, 238, 242).

나. 의원직을 상실하는 경우

비례대표의원이 당적을 변경함으로써 공직선거법 제192조 제4항에 의하여 의원직을 상실하는 경우나 의원의 자격심사의 결과로서 또는 징계처분의 결과로서 제명처분에 의하여 의원직을 상실하는 경우, 당사자인 의원은 권한쟁의심판을 청구할 수 있다. 이 경우, 의원은 헌법 제46조 제2항 및 제42조에 근거하여 **'임기 동안 자유위임에 근거하여 전체 국민의 대표자로서 활동할 권리'**의 침해를 주장할 수 있다. 의원이 자신의 헌법적 지위로부터 나오는 개별적 권리의 침해를 주장할 수 있다면, 의원의 신분 자체가 침해되는 경우에도 당연히 그 침해를 주장할 수 있어야 한다.

한편, **헌법재판소**는 공무담임권의 보장내용을 모든 공직자의 신분보장에 관한 권리로 확대함으로써 의원이 의원직을 상실하는 경우에도 **공무담임권의 침해를 주장하여 헌법소원을 제기할 수 있는 가능성**을 열어놓았다. 그러나 국민의 기본권인 '공무담임권'으로부터 특정 신분의 권리인 '공무원 신분보장의 권리'를 헌법이론적으로 도출할 수 없다는 점에서 **위 판시내용은 중대한 오류**에 속한다(제3편 제5장 제3절 공무담임권 Ⅳ. 참조).

다. 교섭단체에서 제명되는 경우

의원이 교섭단체에서 제명되는 경우, **'교섭단체에 소속되어 활동할 권리'**는 '위원회에 소속되어 활동할 권리'와 마찬가지로 의회 내부영역에 속하는 것이고 기본권에 의하여 보호되지 않는다. **다른 의원과 함께 교섭단체를 구성할 권리**는 헌법 제46조 제2항의 자유위임조항으로부터 나오는 의원 지위의 산물이다. 따라서 교섭단체에서의 제명에 대하여 다툴 수 있는 헌법재판절차는 헌법소원심판이 아니라 권한쟁의심판이다. 피청구인인 교섭단체도 헌법과 법률에 의하여 고유한 권한을 부여받은 국가기관으로 권한쟁의심판의 당사자능력이 인정된다.

제3장 정 부

제 1 절 헌법 第66조 제4항의 행정권

Ⅰ. 행정권의 의미

헌법 제66조 제4항은 "행정권은 대통령을 수반으로 하는 정부에 속한다."고 하여 행정권을 정부의 권한으로 귀속시키고 있다. 헌법 제66조 제4항은 헌법 제40조(입법권) 및 제101조(사법권)과 함께, **헌법상 권력분립원리 및 대의제의 직접적인 표현**이다.

헌법 제66조 제4항의 행정권은 '협의의 행정작용'과 '통치행위'를 포괄하는 **광의의 행정권, 즉 집행권**을 말한다. 집행부는 법률의 형식으로 표현되는 의회의 결정을 집행한다는 점에서, 행정권을 일반적으로 **'집행권'**이라 한다. 행정권은 법률의 집행에 관한 권한(협의의 행정권) 외에 고도의 정치적 성격을 가진 통치행위를 포함한다. 행정권이란, '국가기능의 내용'에 따라 **실체적 의미에서 정의**한다면, '법에 따라 국가목표나 공익의 실현을 위하여 구체적으로 행해지는 적극적·능동적인 형성적 국가작용'이라고 정의할 수 있다.

Ⅱ. 정부의 개념

헌법 제66조 제4항에서 '행정권'이 행정기능과 통치기능을 포괄하는 광의의 집행권을 의미하는 바와 같이, 행정권의 주체인 '정부'란 협의의 정부가 아니라 **입법부와 사법부에 대응하는 집행부**를 말한다.

1. 정부(협의의 정부)

협의의 정부란, '기능적 의미'에서 고도의 정치적 성격을 가지는 국정운영을 의미하고, '조직상의 의미'에서 이러한 기능을 담당하는 국가기관(대통령, 국무총리, 국무위원, 행정각부의 장)을 말한다. 헌법은 **정부의 권한에 속하는 중요한 과제**를 무엇보다도 국무회의의 심의사항을 규정하는 제89조에서 명시적으로 언급하고 있다. 국정의 기본계획과 정부의 일반정책, 외교정책, 예산안의 작성, 군사정책, 법률안 제출 등 정부의 과제와 권한은 한 마디로 **'국가적 차원에서 정치적 형성과 지도에 관한 권한'**으로 서술할 수 있다.

정부는 국가활동의 기본방침을 결정할 뿐만 아니라, 집행부의 행위를 유도하고 집행부의 행위에 대하여 최종적인 책임을 진다. 민주주의원리는 집행부가 정부의 지휘감독으로부터, 이로써 민주적 통제로부터 벗어나는 것을 금지한다. **민주주의원리로부터 요청되는 '행정부의 헌법적 구조'** 에 속하는 것은, 정부의 지휘감독으로부터 자유로운 행정의 영역이 원칙적으로 존재해서는 안 된다는 것이다. 따라서 정부는 자신의 정책이 하부(下部) 행정기관에 의하여 집행되고 준수되도록, 집행부에 대한 지휘감독권을 가지며 행정규칙을 제정할 수 있다.

2. 행 정

가. 개념

행정은 집행부의 또 다른 구성부분으로서, 일차적으로 **법률의 집행 및 일상적인 국가과제의 이행**을 주된 과제로 한다. 행정기관은 일반·추상적인 법률을 구체적인 경우에 대하여 집행하고 현실에 적용하는 과제를 진다. 나아가, 행정은 법률안의 준비작업, 행정각부의 중요한 계획과 정책의 수립, 하부 행정기관에 대한 감독 등 **행정각부의 장이 정부 과제를 이행함에 있어서 지원**하는 역할도 담당한다. 정부와 행정은 서로 완전히 분리되는 것이 아니라, **행정각부의 장을 통하여 정부와 행정이 조직상·기능적으로 연결**된다. 행정각부의 장은 '중앙행정조직의 수장'이자 동시에 '정부의 구성원'이다.

나. 행정의 본질과 특성

(1) 행정의 법기속성

행정은 법률에 근거하여 법률에 따라 행해져야 한다(법치행정). 행정은 법규범을 구체적인 현실에 적용하는 '법의 집행 작용'이다. 한편, 행정은 법의 구속을 받으면서도, 다른 한편으로는 자기책임 하에서 **독자적으로 활동할 수 있는 영역**을 가진다. 법질서가 단지 목표와 방침만을 제시하는 경우(가령, 계획행정의 경우) 또는 재량규정을 통하여 행정청에게 독자적인 결정권한으로서 행위재량을 인정하는 경우가 그 대표적인 예에 속한다.

(2) 행정의 적극성·능동성

행정작용과 사법작용은 모두 법을 집행하고 적용하는 국가기능이라는 점에서는 공통점을 가지나, **법을 집행하고 적용하는 궁극적인 목적**에 있어서 근본적으로 다르다. **사법작용**은 구체적인 법적 분쟁을 계기로 당사자의 신청에 의하여 무엇이 법인지를 판단하고 선언함으로써 법질서를 소극적으로 유지하고 보장하고자 하는 소극적·수동적·현상유지적 국가작용인 반면, **행정작용**은 공익의 실현 및 공적 과제의 이행을 위하여 법에 근거하여 법적 관계를 적극적·능동적으로 규율하고 형성하는 국가작용이다.

(3) 사회적 법치국가에서 행정권의 확대 및 강화

19세기 유럽의 자유방임국가에서 국가의 기능은 치안·국방 등 최소한의 활동에 제한되었으나, **오늘날 국가의 성격이 사회국가로 변화**함에 따라, 현대국가는 국민의 생존배려와 복지향상을 위한 국가의 적극적인 행정활동을 요청하고 있다. 그 결과, 사회적 법치국가에서 침해행정 외에도 급부·복지·사회·문화·경제행정 등 **새로운 유형의 행정영역이 등장**함으로써, 집행권이 강화되고 확대되는 현상을 엿볼 수 있다.

제2절 대통령

제1항 대통령의 헌법상 지위

Ⅰ. 정부형태에 따른 대통령의 지위

민주공화국에서 국가원수는 일반적으로 대통령이다. 민주공화국에서도 집행부가 일원적 또는 이원적 구조를 취하고 있는지에 따라 대통령의 헌법적 지위는 다르드다. 집행부가 일원적 구조에 기초하고 있는 **대통령제 국가**에서 대통령은 국가원수이자 집행부 수반인 반면, **의원내각제 국가**에서 대통령은 일반적으로 명목적·상징적인 국가원수이다(제4편 제1장 Ⅱ. 2. 참조).

Ⅱ. 헌법상 대통령의 지위

1. 국민대표기관

대통령은 국민에 의하여 직접 선출됨으로써(헌법 제67조), 국민을 대표하는 기관이다. 대통령은 국민으로부터 직접 민주적 정당성을 부여받음으로써 **국회와 함께 민주적 정당성의 양대축**(兩大築)을 형성하고, **다른 국가기관에게 민주적 정당성을 중개**하는 역할을 한다. 우리 헌법에서 대통령과 국회가 공동으로 다른 국가기관(가령, 대법원, 헌법재판소)을 구성하는 것은 대통령과 국회의 국민대표성으로부터 나오는 필연적인 결과이다.

2. 국가의 원수

대통령은 국가의 원수이며, 외국에 대하여 국가를 대표한다(헌법 제66조 제1항). **국가의 원수**란, 대외적으로는 국가를 대표하고, 대내적으로는 국민의 통일성을 대표할 자격을 가진 국가기관을 말한다. 대통령은 국제법상의 교류에 있어서 국가를 대표한다. 대통령은 조약을 비준하고 외교사절을 신임·접수 또는 파견하며, 선전포고와 강화를 한다(헌법 제73조). 대통령은 외국의 국가원수를 접견하고 외국을 순방한다.

3. 행정부의 수반

헌법 제66조 제4항은 "행정권은 **대통령을 수반으로 하는 정부**에 속한다."고 하여, 대통령이 행정부의 수반임을 규정하고 있다. **행정부의 수반**이라 함은, 행정부를 조직하고 통할하는 집행에 관한 최고책임자를 말한다. 행정부의 수반으로서 대통령은 국가최고정책심의기관인 국무회의의 의장이다(헌법 제88조 제3항). 대통령은 **집행에 관한 최고책임자**이다. 대통령은 오로지 그의 권한과 책임 하에서 집행에 관한 최종적인 결정을 행하고, 행정부의 모든 구성원에 대하여 최고의 지휘·감독권을 가진다. 대통령은 **행정부의 조직권자**이다. 대통령은 그의 보좌기관인 행정부구성원(국무총리, 국무위원, 감사원장 등)을 임명하고 해임할 권한을 가진다(헌법 제78조).

제2항 대통령의 선거 및 신분·직무

Ⅰ. 대통령의 선거

1. 대통령의 선출방법

대통령의 선출방법은 정부형태에 따라 다르다. **대통령제 국가의 대통령**은 국민에 의하여 직접 선출됨으로써 민주적 정당성을 확보하는 것이 일반적이다. 반면, **의원내각제 국가의 대통령**은 명목적인 국가원수이므로, 반드시 국민에 의하여 선출될 필요가 없다. 의원내각제 국가에서는 대통령 선출방식으로 일반적으로 간선제를 채택하고 있다. 우리의 역대 헌법은 간선제를 채택한 경우가 적지 않았으며, 1980년의 헌법도 대통령의 간선제를 채택하였다. 그러나 **1987년의 헌법**은 대통령의 선거방식을 **직선제로 개정**하였다(제67조 제1항).

2. 현행 헌법상의 대통령선거

가. 당선에 필요한 득표율

현행 헌법은 대통령당선에 필요한 득표율을 규정하고 있지 않다. 다만, 후보자가 1인인 경우에 한하여 당선에 필요한 득표율을 '선거권자 총수의 1/3 이상'으로 규정하고 있다(헌법 제67조 제3항).대통령 직선제의 경우, **민주적 대표성의 확보를 위하여 투표자 과반수의 지지**를 기반으로 하는 것이 바람직하다. 이러한 이유에서, 다수의 국가에서는 대통령당선에 요구되는 득표율을 과반수로 하고, 1차 투표에서 과반수득표자가 없는 경우에는 최고득표자와 차점자에 대하여 2차 투표를 실시하는 **결선투표제**를 채택하고 있다.

나. 국회에 의한 대통령 간선(間選)의 가능성

대통령선거에서 최고득표자가 2인 이상인 때에는 국회의 재적의원 과반수가 출석한 공개회의에서 다수표를 얻은 자를 당선자로 한다(헌법 제67조 제2항). 이로써 현실적으로 발생가능성이 없는 지극히 예외적인 상황에 대하여 국회에 의한 대통령 간선제를 규정하고 있다. 그러나 대통령과 국회가 헌법상 국민으로부터 각자 독자적으로 민주적 정당성을 부여받아야 하는 **대통령제에서 대통령이 국회로부터 선출**된다는 것은 대통령제 정부형태의 기본정신에 부합하지 않는다.

다. 대통령의 피선거권과 법률에 의한 구체적 사항의 규율

헌법은 제67조 제4항은 "대통령으로 선거될 수 있는 자는 국회의원의 피선거권이 있고 선거일 현재 40세에 달하여야 한다."고 하여 대통령의 피선거권을 규정하고 있으며, **같은 조 제5항**에서 "대통령의 선거에 관한 사항은 법률로 정한다."고 하여 입법자에게 상세한 규율을 위임하고 있다. 입법자는 대통령의 선거에 관한 구체적 사항을 공직선거법에서 규정하고 있다.

라. 대통령당선인의 법적 지위

대통령당선인이 확정된 후 대통령 취임 시까지 대통령당선인의 법적 지위를 규율하기 위하여 **'대통령직 인수에 관한 법률'**이 제정되었다. 위 법률은 대통령당선인으로서의 지위와 권한을 명확히 하고 대통령직 인수를 원활하게 하는 데에 필요한 사항을 규정함으로써, 국정운영의 계속성과 안정성을 도모함을 목적으로 한다(제1조).

위 법률에 의하면, 대통령당선인은 대통령직 인수를 위하여 필요한 권한을 가지며(제3조), 대통령 취임 즉시 국정에 임하도록 하기 위하여, 대통령당선인이 **임기 시작 전에 국무총리 및 국무위원 후보자를 지명**함으로써 국회의 인사청문절차를 거칠 수 있도록 규정하고 있다(제5조). 대통령당선인을 보좌하여 대통령직의 인수와 관련된 업무를 담당하기 위하여, 대통령의 임기 시작일 이후 30일의 범위에서 존속하는 **대통령직인수위원회**를 설치한다(제6조).

Ⅱ. 대통령의 신분과 직무

1. 취임 및 임기

대통령은 **대통령직에 취임**함으로써 대통령으로서의 신분을 취득하고 직무를 수행할 수 있다. 대통령은 취임에 즈음하여 **선서**를 한다(헌법 제69조). 대통령의 임기는 5년이며 중임할 수 없다(헌법 제70조). **대통령 단임제**는 대통령의 장기집권으로 인한 독재를 체험한 한국헌정사에서 임기의 제한을 통하여 이러한 위험성을 방지하고자 하는 시도이다. 1980년 헌법에서 최초로 대통령의 7년 단임제가 도입된 후, 1987년 현행 헌법에서는 5년 단임제를 규정하고 있다. 그러나 대통령의 단임제는 점차 비판과 개헌논의의 대상이 되고 있다. **대통령의 임기연장 또는 중임변경을 위한 헌법개정**은 그 헌법개정 제안 당시의 대통령에 대하여는 효력이 없다(헌법 제128조 제2항).[1)]

2. 형사상 특권

가. 내란 또는 외환의 죄 이외의 범죄의 경우

대통령은 내란 또는 외환의 죄를 범한 경우를 제외하고는 재직 중 형사상의 소추를 받지 아니한다(헌법 제84조). 대통령의 형사상 특권은, 국가의 원수이자 행정부의 수반이라는 대통령의 막중한 지위를 감안하여 **대통령의 임기 중 원활한 직무수행을 보장하고자 하는 것**이다. 헌법 제84조는 내란 또는 외환의 죄 이외의 범죄의 경우에는 '대통령에 대한 형사소추의 이익'보다 '대통령직의 기능을 보장하고 대통령과 국가의 권위를 유지해야 하는 이익'에 우위를 부여하고 있다. 국회의원에게 인정되는 '불체포특권'과는 달리, 대통령의 형사상 특권은 **'불소추특권'**으로 범죄수사・공소제기・형사재판권의 행사 등을 모두 배제한다. 대통령은 재직 중에는 형사피고인으로서 뿐만 아니라 증인으로서도 구인당하지 아니한다. 대통령의 형사상 특권의 목적이 대통령 개인의 보호가 아니라 대통령직의 기능보장과 국가의 권위 유지에 있기 때문에, 대통령은 임의로 형사상 특권을 포기할 수 없다.

한편, **"재직 중 형사상 소추"가 배제**되므로, 퇴직 후에는 형사상 소추가 가능함은 물론이고, 재직 중에도 민사상・행정상의 책임은 면제되지 않는다. 재직 중 소추하지 아니하는 기간 동안에는 **공소시효의 진행이 정지**된다. 헌법 제65조에 의한 탄핵소추는 형사상의 소추가 아니므로, 대통령

---

1) 이에 관하여 상세하게 위 제1편 제3장 II. 4. 나. 참조.

재직 중에도 탄핵소추가 가능함은 물론이다.

판 례 **대통령의 불소추특권의 의의**에 관하여 "… 대통령의 불소추특권에 관한 헌법의 규정이, 대통령이라는 특수한 신분에 따라 일반국민과는 달리 대통령 개인에게 특권을 부여한 것으로 볼 것이 아니라, 단지 국가의 원수로서 외국에 대하여 국가를 대표하는 지위에 있는 대통령이라는 특수한 **직책의 원활한 수행을 보장**하고, 그 권위를 확보하여 **국가의 체면과 권위를 유지**하여야 할 실제상의 필요 때문에 대통령으로 재직 중인 동안만 형사상 특권을 부여하고 있음에 지나지 않는 것으로 보아야 할 것이다."라고 판시하고 있다(헌재 1995. 1. 20. 94헌마246, 판례집 7-1, 15, 46).

나아가, **'대통령 재직 중'에 공소시효가 정지되는지 여부**에 관하여 "공소시효제도나 공소시효정지제도의 본질에 비추어 보면, … 헌법이나 형사소송법 등의 법률에 대통령의 재직 중 공소시효의 진행이 정지된다고 명백히 규정되어 있지는 않다고 하더라도, 위 헌법규정의 근본취지를 대통령의 재직 중 **형사상의 소추를 할 수 없는 범죄에 대한 공소시효의 진행은 정지**되는 것으로 해석하는 것이 원칙일 것이다."고 판시하고 있다(헌재 1995. 1. 20. 94헌마246, 판례집 7-1, 15, 49).

나. 내란 또는 외환의 죄를 범한 경우

한편, 대통령이 내란 또는 외환의 죄를 범한 경우에는 **재직 중에도 형사상 소추가 가능**하다. 내란 또는 외환의 죄의 경우에는 이러한 범죄가 **국가와 헌법질서에 대하여 초래하는 침해의 중대성**에 비추어, '임기 중 직무수행의 보장'이라는 법익에 대하여 '국가와 헌법의 수호'라는 법익이 우위를 차지한다는 헌법적 결정의 표현이다.

대통령이 내란 또는 외환의 죄를 범한 경우에는 재직 중에도 형사소추가 가능하므로, 이론상으로는 내란 또는 외환의 죄에 관한 **공소시효는 재직 중에도 진행**된다고 보아야 한다. 그러나 대통령의 재직 중에는 내란 또는 외환의 죄로 인한 **형사상 소추가 현실적으로 불가능**하다는 문제가 있다. 이러한 이유에서 전두환 · 노태우 전직 대통령의 헌정질서파괴범죄에 대한 형사소추를 가능하게 하기 위하여 **'5 · 18민주화운동 등에 관한 특별법'**을 제정하였고, 대통령의 재직기간은 국가의 소추권행사에 장애사유가 존재한 기간으로 간주함으로써 공소시효의 진행이 정지된 것으로 본다고 규정하였다.

3. 헌법상 의무

가. 직무상 의무

헌법은 국가의 원수이자 행정부의 수반이라는 대통령의 막중한 지위를 감안하여 이에 대응하는 헌법적 의무를 규정하고 있다. **헌법 제66조 제2항**은 "대통령은 국가의 독립 · 영토의 보전 · 국가의 계속성과 헌법을 수호할 책무를 진다."고 하면서, **같은 조 제3항**에서 "대통령은 조국의 평화적 통일을 위한 성실한 의무를 진다."고 규정하고 있고, **제69조**는 "나는 헌법을 준수하고 국가를 보위하며 조국의 평화적 통일과 국민의 자유와 복리의 증진 및 민족문화의 창달에 노력하여 대통령으로서의 직책을 성실히 수행할 것을 국민 앞에 엄숙히 선서합니다."라고 취임선서의 내용을 규정함으로써 **국가수호 및 헌법수호의 의무, 평화적 통일의 의무 등 대통령의 헌법적 의무**를 구체화하고 강조하고 있다.

판 례 **헌법 제69조의 법적 성격**에 관하여 "헌법 제69조는 단순히 대통령의 취임선서의무만을 규정한 것이 아니라, 헌법 제66조 제2항 및 제3항에 규정된 대통령의 헌법적 책무를 구체화하고 강조하는 **실체적 내용**을 지닌 규정이다."라고 판시하고 있다(헌재 2004. 5. 14. 2004헌나1, 판례집 16-1, 609, 646).

나. 겸직금지의무

헌법 제83조는 "대통령은 국무총리·국무위원·행정각부의 장 기타 법률이 정하는 공사(公私)의 직을 겸할 수 없다."고 하여 겸직금지의 의무를 규정하면서, "기타 법률이 정하는 공사의 직"이라고 하여, 입법자에게 겸직이 금지되어야 하는 직무의 범위를 법률로써 정하도록 위임하고 있다. 입법자는 겸직이 금지되는 직무의 범위를 임의로 정할 수 있는 것이 아니라, 헌법 제83조 규정의 취지에 의하여 구속을 받는다.

헌법이 제83조에서 **대통령의 겸직금지를 규정한 취지**를 살펴보면, 첫째, 대통령이 국무총리·국무위원·행정각부의 장의 직을 겸하지 않도록 규정함으로써 **기관내부적 권력분산을 실현**하고자 하는 데 있다. 대통령이 위의 공직을 겸하는 경우에는 헌법이 예정하고 있는 행정부 내부에서의 권한 분산과 권력통제의 장치가 무의미하게 된다, 가령, 국무총리의 국무위원 제청권(헌법 제87조)이나 국무총리와 국무위원의 부서권(헌법 제82조) 등은 행정부 내부적 권력통제의 수단인데, 이러한 수단이 형해화될 우려가 있다. 둘째, 대통령이 특정 부처의 직을 담당하는 경우에는 특정 부처의 과제나 입장을 우선적으로 또는 과잉으로 대변할 우려가 있기 때문에 **균형 잡힌 국정운영을 저해할 우려**가 있으며, 나아가 대통령이 헌법상 부여된 고유한 직무인 '전반적인 국정운영'에 전념할 수 없는 결과를 초래할 수 있다. 셋째, 사(私)의 직을 겸하는 것을 금지함으로써 대통령에게 헌법상 부과되는 공익실현의 의무와 사익(부분·특수이익) 사이의 **이익충돌을 방지**하고자 하는 것이다.

4. 대통령의 유고 및 권한대행

가. 궐위와 사고

대통령이 궐위되거나 사고로 인하여 직무를 수행할 수 없을 때에는 국무총리, 법률이 정한 국무위원의 순서로 그 권한을 대행한다(헌법 제71조). **헌법 제71조**는 **대통령직을 수행할 수 없는 경우를 궐위와 사고로 구분**하고 있는데, 이와 같이 대통령직 자체에 장애가 발생한 경우를 **포괄적으로 '유고(有故)'**라 한다. **헌법 제68조 제2항**은 "대통령이 궐위된 때 또는 대통령 당선자가 사망하거나 판결 기타의 사유로 그 자격을 상실한 때에는 60일 이내에 후임자를 선거한다."고 규정하고 있다.

궐위(闕位)라 함은, **대통령이 취임은 하였으나 재직하고 있지 아니한 경우**를 말한다. 궐위란 대통령의 취임과 재직, 즉 현직대통령의 존재를 전제로 하는 것이다. 구체적으로 현직대통령의 궐위가 발생하는 경우란, 대통령이 취임한 후 사망하거나 사임한 경우, 탄핵결정으로 파면된 경우(헌법 제65조 제4항), 대통령 취임 후 피선거권의 상실 및 판결 기타의 사유로 자격을 상실한 경우이다. **사고(事故)**라 함은, **대통령이 재직 중임에도 직무를 수행할 수 없는 경우**, 예컨대 신병 등으로 직무를 수행할 수 없는 경우 및 국회의 탄핵소추의 의결로 말미암아 대통령의 권한행사가 정지된 경우(헌법 제65조 제3항)를 말한다.

나. 대통령의 권한대행

대통령의 궐위나 사고로 인하여 **대통령의 유고**가 확인되고 결정되면, 헌법상 **국무총리가 제1순위 권한대행자**가 되고, 이어서 정부조직법상 국무위원의 순서로 대통령권한을 대행한다(헌법 제71조, 정부조직법 제12조). 헌법 제68조 제2항은 대통령이 궐위된 때에는 60일 이내에 후임자를 선거한다고 규정함으로써 **대통령 궐위 시 권한대행의 기간**은 60일을 초과할 수 없도록 제한하고 있다. 한편, 대통령 사고 시 권한대행의 기간을 확정할 수 없기 때문에, 권한대행기간의 제한이 없다.

대통령 권한대행자의 직무범위는 권한대행자의 민주적 정당성 및 권한대행의 본질에 비추어 판단해야 한다. 대통령 권한대행권자인 국무총리나 국무위원이 국민으로부터 직접 민주적 정당성을 부여받지 않았다는 점, 권한대행이란 그 성질상 본질적으로 잠정적이고 과도기적인 성격을 가진다는 점에서, 권한대행의 직무는 대통령의 궐위와 사고의 경우를 막론하고, 적극적이고 형성적인 권한행사가 아니라 **원칙적으로 소극적이고 현상유지적인 권한행사에 제한**되어야 한다. 따라서 대통령 기본정책의 전환이나 국무위원의 임면 등의 적극적 형성행위는 권한대행의 직무범위를 넘는 것으로 보아야 한다. 한편, 국무총리가 대통령권한을 대행하는 기간 중이라도 국가의 위기상황 등 중대한 정치적 결단을 요구하는 상황에서는 예외적으로 이에 대처하기 위하여 필요한 최소한의 조치를 취할 수 있다.

국무총리는 선거에 의하여 직접 선출되지 않았기 때문에 국가권력행사에 불가결한 **민주적 정당성을 독자적으로 중개할 수 없다**는 관점에서도 국무위원 등을 임명하는 것은 헌법적으로 문제가 있으며, 현실정치적으로도 **적극적 형성행위에 필요한 정치적 기반과 지지를 결여**하고 있으므로, 기존정책의 전환이나 새로운 정책을 추진하는 데 한계가 있을 수밖에 없다.

다. 대통령에 대한 탄핵소추 시 헌법적 절차의 진행과정

국회에서 탄핵소추의 의결과 동시에 대통령의 권한행사가 정지되고(헌법 제65조 제3항), 이로써 대통령이 사고로 인하여 직무를 수행할 수 없는 상태가 발생하기 때문에, 국무총리가 그 권한을 대행한다(헌법 제71조). **헌법재판소의 탄핵결정**과 더불어 대통령은 공직에서 파면된다(헌법 제65조 제4항). 이로써 대통령이 궐위되는 상태가 발생하므로 국무총리가 그 권한을 대행하고(헌법 제71조), 60일 이내에 후임자를 선출해야 한다(헌법 제68조 제2항).

라. 대통령의 궐위 시 선출된 후임자의 임기

헌법 제68조 제1항에 의하여 **대통령의 임기만료**로 인하여 후임자가 선거로 선출되는 경우 그 임기는 5년이다. **대통령의 궐위 시**에도 후임자가 헌법상의 규정에 의하여 자동으로 대통령직을 승계하는 것이 아니라 선거로써 선출되어야 한다면, 그 임기는 전임자의 잔여임기가 아니라 새롭게 다시 개시된다고 보아야 한다. 선거에 의하여 후임자가 직접 선출되는 한, 선거의 계기가 임기만료인지 아니면 전임자의 유고인지의 사유는 비본질적이다. 헌법이 대통령의 궐위 시 선출된 후임자의 임기를 전임자의 잔여임기로 제한하고자 의도하였다면, 이를 **제68조 제2항**에서 명시적으로 규정했을 것이다.

5. 전직대통령에 대한 예우

전직대통령의 신분과 예우에 관하여는 법률로 정한다(헌법 제85조). 이에 따라 입법자는 **'전직대통령 예우에 관한 법률'**을 제정하였다. 직전대통령은 **국가원로자문회의**의 의장이 되고, 그 밖의 전직대통령은 그 위원이 된다(헌법 제90조 제2항). 그러나 국정의 중요한 사항에 관한 대통령의 자문에 응하기 위하여 국가원로로 구성되는 국가원로자문회의(헌법 제90조 제1항)는 현재까지 구성된 바 없다.

제 3 항 대통령의 권한

Ⅰ. 국민투표부의권

1. 헌법 제72조의 국민투표의 법적 성격과 효력

가. 대통령의 발의에 의한 임의적 국민투표

헌법 제72조는 "대통령은 필요하다고 인정할 때에는 외교·국방·통일 기타 국가안위에 관한 중요정책을 국민투표에 붙일 수 있다."고 하여 국가기관 중 **대통령에게만 국민투표부의권**(國民投票附議權)을 부여하고 있다. 헌법 제72조는 국민투표의 실시여부를 대통령의 재량으로 한다는 점에서 **임의적 국민투표**이다.

대통령은 국민투표의 실시 여부, 시기, 구체적 부의사항, 설문내용 등을 결정함으로써 자신에게 유리한 방향으로 국민투표를 실시할 수 있다. 나아가, 대통령이 단순히 특정 정책에 대한 국민의 의사를 확인하는 것을 넘어서, 국민투표를 자신의 정치적 입지를 강화하는 수단으로 사용함으로써 **정치적 무기화(武器化)할 수 있다는 위험성**을 안고 있다. 대통령의 발의에 의하여 실시되는 국민투표는, 그것이 신임문제와 결부되든 아니든 간에, 대통령이 국민에게 자신에 대한 지지를 호소한다는 측면에서 그 속성상 어느 정도 **대통령에 대한 신임과 연관된다**는 성격을 지닌다.

나. 법적 구속력을 가지는 확정적 국민투표

헌법 제72조의 국민투표는 국민에게 단지 의견을 묻는 **자문적 국민투표(국민질의)가 아니라 법적 구속력을 가지는 확정적 국민투표**이다. 국민의 의사에 결정권을 부여하지 않음으로써 주권자인 국민을 단지 국가기관의 상담자나 조언자로 격하시키는 '국민질의'는 국민주권의 원리에 부합하지 않는다. 국민질의는 법적 구속력은 없으면서 현실적으로는 대통령에게 거부할 수 없는 강력한 정치적 압력을 의미하므로, 정치적 혼란만을 가중시킬 우려가 크다. 만일 헌법이 단지 국민질의를 도입하려고 하였다면, 이를 명시적으로(예컨대 "자문을 구하기 위하여 국민투표에 붙일 수 있다" 또는 "자문적 국민투표", "국민질의" 등) 표현하였을 것이다.

다. 국민투표의 가결정족수 및 구체적 효력

국민투표의 구체적 절차(가결정족수 등)와 효력은 헌법이 스스로 정해야 함에도 헌법 제72조가 이에 관하여 규율하지 않은 것은 중대한 결함이나, 헌법 제72조의 적용이 가능하도록 **헌법의 해석을 통하여 규율의 공백을 메워야** 한다. **투표원칙**과 관련하여 보통·평등·직접·비밀선거원칙을 규정하는 헌법 제41조 제1항 및 제67조 제1항의 규정이 국민투표에 유추 적용되어야 하고, **국민투표의 가결정족수 및 효력**과 관련하여 합의제기관의 일반적 의결정족수를 규정하는 헌법 제49조 및 헌법개정안에 대한 국민투표를 규정하는 헌법 제130조의 규정내용이 유추 적용될 수 있다.

따라서 헌법 제72조의 정책에 대한 국민투표는 국회의원 선거권자 과반수의 투표와 투표자 과반수의 찬성을 얻어야 하며(제130조 제2항 참조), 특정 정책이 위의 찬성을 얻은 경우에는 대통령에 의한 정책의 수행은 확정되어(제130조 제3항 참조), 대통령은 국민투표에 의하여 확정된 정책을 수행해야 할 법적 의무를 부과 받게 된다.

2. 국민투표의 대상으로서 '국가안위에 관한 중요정책'

가. '국가안위'의 의미

대의제를 원칙으로 하는 헌법에서 **제72조는 예외조항**에 해당한다. 헌법 제72조의 확대 해석에 의하여 다른 국가기관의 권한이 침해되어서는 안 되며, 나아가 가능하면 국민투표의 정치적 남용을 방지할 수 있도록 **엄격하게 해석**되어야 한다.

헌법 제72조는 **국민투표의 대상**을 '외교 · 국방 · 통일 기타 국가안위(國家安危)에 관한 중요정책'으로 한정하고 있다. 문리적 해석에 의하면, **'국가안위'**가 중요정책의 내용을 규정하는 주개념이고, 이를 수식하는 '외교 · 국방 · 통일 기타'는 국가안위와 관련될 수 있는 구체적 부분영역을 예시하고 있다. 국가안위의 내용은 대표적으로 예시한 위 3가지 영역에 의하여 본질적으로 결정되고 구체화된다. 안정되고 평상적인 정치적 상황에서만 현실적으로 국민투표의 실시가 가능하고 국민투표의 준비는 많은 시간과 경비가 소요된다는 점에서, **국가의 위기적 상황**과 국민투표의 실시는 현실적으로 서로 배제하는 관계에 있다. 이러한 점에서 국민투표의 대상으로서 '국가안위'란, 국가비상사태 등 국가의 위기적 상황과 관계없는 일반적인 개념으로서 **'국가의 안전보장'**으로 이해된다.

나. 입법사항이나 법률안이 국민투표의 대상이 되는지 여부

'국가안위'의 개념을 '국가안전보장'의 의미로 제한적으로 해석하지 아니하고, 정치 · 경제 · 사회의 영역에서 국민적 합의가 필요한 **모든 중요한 정책으로 확대 해석**한다면, 국회의 입법권에 속하는 입법사항이나 법률안도 국민투표의 대상이 될 수 있다. 예컨대 '호주제 폐지', '대체복무의 도입' 등 오늘날 우리 사회에서 논의되는 중요한 문제가 헌법 제72조의 '중요정책'이자 동시에 '법률안'이 될 수 있다.

대통령이 국회에서 입법절차를 거쳐 법률로써 제정되어야 할 사안을 미리 '정책'의 형태로 국민투표에 붙인다면, 국회가 결정해야 할 사안을 국민이 결정함으로써 국회의 입법절차가 공동화될 수 있다. 법률안이 국민투표의 대상이 될 수 있다면, 대통령의 법률안 제안에 의하여 국민이 국민투표로써 법률의 제정여부를 사실상 결정하게 된다. 국가의 모든 중요한 정책이 국민투표의 대상이 될 수 있다면, 대통령이 국민투표부의권을 빈번하게 행사함으로써 심지어 대의제를 직접민주제로 전환시킬 수 있다. 따라서 대통령이 국민투표부의권의 임의적 행사를 통하여 **국회의 입법권을 침해하고 대의제를 형해화**할 수 있기 때문에, **입법사항이나 법률안은 국민투표의 대상이**

되지 않는다.

3. 헌법 제72조의 국민투표의 헌법적 의미 및 기능

헌법 제72조의 국민투표는 입법이나 헌법개정에 국민의 참여를 가능하게 하는 **입법수단적 국민투표가 아니라 중재적(仲裁的) 국민투표**의 성격을 지니고 있다. 중재적 국민투표란, 정치적 헌법기관인 행정부와 입법부 사이의 충돌이 있는 경우, 국민이 국정에 관한 최고의 조정자로서 직접 심판하도록 하는 제도이다. 헌법 제72조는 국가안위관련 중요정책에 관하여 대통령과 국회의 견해가 서로 대립하는 경우, 대통령에게 국민투표의 형식으로 국민의 의사를 직접 확인할 수 있는 가능성을 부여함으로써, 국회의 반대를 극복하여 자신의 안보정책을 관철할 수 있는 헌법적 도구를 제공하고 있다.

헌법 제72조의 국민투표의 대상이 되는 '외교 · 국방 · 통일 등 국가안위에 관한 대통령의 중요정책'은 **대부분의 경우 헌법 제60조에 의하여 국회의 동의를 필요**로 하는데, 이러한 헌법적 상황으로 말미암아, 대통령과 국회가 서로 충돌할 수 있다. 헌법 제72조의 국민투표는 **헌법 제73조의 대통령의 외교 · 국방 · 통일정책 결정권과 헌법 제60조의 국회동의권이 서로 충돌하는 경우**, 대통령이 직접 국민에게 자신의 정책에 대한 지지를 호소하는 헌법적 중재수단으로 파악해야 한다.[2] 헌법 제72조의 국민투표는 국가안전보장에 관한 대통령의 정책결정이 국회의 동의를 얻어야 하나, 국회가 동의절차를 비정상적으로 지연시키거나 동의를 거부하는 경우를 그 대상으로 삼고 있다. **헌법 제72조를 이러한 의미에서 파악해야만**, '국가안위에 관한 중요정책'의 의미가 구체적으로 한정됨으로써 대통령이 국민투표부의권의 임의적 행사를 통하여 국회의 입법권을 침해하고 대의제를 형해화하는 것을 방지할 수 있고, 국민투표를 정치적 도구로 남용하는 가능성을 최소화할 수 있다.

국민투표의 대상은 구체적으로, 안전보장에 관한 조약, 주권의 제약에 관한 조약, 선전포고, 국군의 외국에의 파견, 외국군대의 대한민국 영역 안에서의 주류(駐留), 국회의 동의를 요하는 남북관계에 관한 기본정책, 국가안보에 관한 조약체결로 인하여 국가나 국민에게 중대한 재정부담을 지우는 정책 등 협의의 국가안전보장(외교 · 국방 · 통일)의 영역에 제한된다.

4. 국민의 신임여부가 국민투표의 대상이 되는지 여부

대통령이 이미 선거를 통하여 획득한 자신에 대한 신임을 국민투표의 형식으로 재확인하고자 하는 것(**순수형 재신임 국민투표**)은, 대의제를 실현하기 위하여 직접민주주의적 수단을 남용하는 것으로 헌법적으로 허용되지 않는다. 국민투표는 직접민주주의를 실현하기 위한 수단으로서 법안이나 특정 정책을 그 대상으로 하므로, 국민투표의 본질상 **'대표자에 대한 신임'은** 오직 선거의 형태로써 이루어져야 하며, **국민투표의 대상이 될 수 없다.**

대통령이 특정정책을 국민투표에 붙이면서 이에 자신의 신임을 연계시켜 '국민의 불신임의 경

2) 물론, 대통령과 국회 사이에 견해의 충돌이 없는 경우에도, 이론적으로는 대통령은 헌법 제72조에 의하여 국민투표부의권을 행사할 수 있지만, 권한의 충돌이라는 구체적인 계기 없이 실시되는 국민투표는 일반적으로 상정하기 어렵고, 국민투표에 붙여야 할 실익도 없다.

우 사임하겠다'고 압력을 가하는 것(**정책연계형 재신임 국민투표**)은, 특정정책에 대한 **국민의 결정에 부당한 압력을 행사**하는 것으로 헌법적으로 허용되지 않는다. 국민투표의 경우에도 선거와 마찬가지로 **'자유투표의 원칙'**이 적용되며, 이에 따라 국민의 의사형성과 의사결정은 국가기관의 부당한 간섭이나 영향력의 행사 없이 자유롭게 이루어져야 한다.

판 례 **'대통령 노무현 탄핵 사건'**에서 "국민투표의 본질상 **'대표자에 대한 신임'은 국민투표의 대상이 될 수 없으며,** 우리 헌법에서 대표자의 선출과 그에 대한 신임은 단지 선거의 형태로써 이루어져야 한다. 대통령이 이미 지난 선거를 통하여 획득한 **자신에 대한 신임을 국민투표의 형식으로 재확인**하고자 하는 것은, 헌법 제72조의 국민투표제를 헌법이 허용하지 않는 방법으로 위헌적으로 사용하는 것이다. 대통령은 헌법상 국민에게 자신에 대한 신임을 국민투표의 형식으로 물을 수 없을 뿐만 아니라, **특정 정책을 국민투표에 붙이면서 이에 자신의 신임을 결부시키는 대통령의 행위**도 위헌적인 행위로서 헌법적으로 허용되지 않는다. … 헌법은 대통령에게 국민투표를 통하여 직접적이든 간접적이든 자신의 신임여부를 확인할 수 있는 권한을 부여하지 않는다."고 판시하고 있다(헌재 2004. 5. 14. 2004헌나1, 판례집 16-1, 609, 649).

Ⅱ. 헌법기관구성에 관한 권한

대통령은 국민의 대표기관으로서 국회와 함께 다른 헌법기관의 구성에 참여하여 민주적 정당성을 중개하는 역할을 한다. **대법원장과 대법관**은 국회의 동의를 얻어 대통령이 임명한다(헌법 제104조 제1항 및 제2항). **헌법재판소의 재판관**은 대통령이 임명하나(헌법 제111조 제2항), 국회가 선출한 3인 및 대법원장이 지명한 3인에 대해서는 형식적인 임명권만을 행사하고, 재판관 중 3인만을 대통령이 직접 실질적으로 임명한다(헌법 제111조 제3항). **헌법재판소의 장**은 국회의 동의를 얻어 재판관 중에서 대통령이 임명한다(헌법 제111조 제4항). **중앙선거관리위원회**는 대통령이 임명하는 3인, 국회에서 선출하는 3인과 대법원장이 지명하는 3인의 위원으로 구성한다(헌법 제114조 제2항). **감사원장**은 국회의 동의를 얻어 대통령이 임명하고(헌법 제98조 제2항), **감사위원**은 감사원장의 제청으로 대통령이 임명한다(헌법 제98조 제3항).

Ⅲ. 입법에 관한 권한

1. 헌법개정에 관한 권한

대통령은 **헌법개정을 제안할 권한**을 가진다(헌법 제128조 제1항). 헌법개정안은 국무회의의 심의를 거쳐야 한다(헌법 제89조 제3호). 제안된 헌법개정안은 대통령이 20일 이상의 기간 이를 공고하여야 한다(헌법 제129조). 헌법개정안이 국민투표로써 확정되면, 대통령은 즉시 이를 공포하여야 한다(헌법 제130조 제3항).

2. 법률제정에 관한 권한

가. 법률안 제안권

대통령은 국무회의의 심의를 거쳐 법률안을 제출할 수 있다(헌법 제52조, 제89조 제3호). 정부의 법률안 제출권은 대통령제 국가에서는 이질적인 **의원내각제적 요소**이다.

나. 법률안 거부권

(1) 행사절차

국회에서 의결된 법률안이 정부에 이송되면, 이송 후 15일 이내에 대통령은 이를 공포해야 한다(헌법 제53조 제1항). 그러나 대통령은 정부에 이송된 법률안에 대하여 이의가 있다면, **15일 이내에 이의서를 첨부하여 국회에 환부하고 그 재의를 요구**할 수 있다(헌법 제53조 제2항). 헌법은 "대통령은 법률안의 일부에 대하여 또는 법률안을 수정하여 재의를 요구할 수 없다."고 하여, **일부거부 및 수정거부를 부인**하고 있다(헌법 제53조 제3항).

(2) 내용과 효과

법률안 거부권이란, 대통령이 국회의 의결을 거친 법률안을 종국적으로 거부할 수 있는 권한이 아니라, 단지 법률안에 대하여 이의를 제기하고 재의(再議)를 요구할 수 있는 **'법률안 재의요구권'**이다. 법률안 거부권은 단지 입법절차를 일시적으로 정지시키는 효과를 가질 뿐이다. 국회가 **가중된 의결정족수**(재적의원 과반수의 출석과 출석의원 3분의 2 이상의 찬성)로써 법률안을 재의결하면 그 법률안은 법률로서 확정되고(헌법 제53조 제4항), 재의결하지 못하면 그 법률안은 폐기된다.

대통령이 법률안에 대하여 이의를 제기하는 경우, 국회는 가중된 정족수에 의해서만 대통령의 거부권을 극복할 수 있으므로, 대통령의 거부권 행사는 국회의 정상적인 세력구도 하에서는 여·야 공동의 지지를 얻어야만 법률안이 재의결될 수 있다는 결과를 초래함으로써, **소수의 보호라는 부수적 효과**를 가진다.

(3) 제도적 의미와 목적에 따른 행사요건

법률안 거부권은 **미연방헌법에서 유래한 제도**인데, 미연방헌법은 **몽테스키외의 권력분립이론**을 그대로 수용하였다.[3] 이러한 역사적 관점에서 볼 때, 대통령의 법률안 거부권은 의회의 권한행사에 대한 고전적인 권력통제수단에 해당한다. 헌법은 제53조 제2항에서 **"법률안에 이의가 있을 때에는"**이라고 일반적으로만 규정함으로써, '어떠한 경우에 법률안 거부권을 행사할 수 있는지' 그 사유에 관하여 밝히고 있지 않다. 따라서 행사요건은 해석을 통하여, 특히 **법률안 거부권의 제도적 의미와 목적에 비추어** 판단되어야 한다. 대통령제에서 대통령의 법률안 거부권은 **의회에 대한 고전적인 권력통제수단**이며, 헌법의 법문도 단지 "이의가 있을 때"라고 포괄적으로 규정하여 법률안 거부권의 이러한 제도적 의미를 반영하고 있다.

따라서 대통령은 **법률안이 헌법에 위반된다고 판단되는 경우**에는 헌법의 구속을 받는 국가기관으로서 법률안에 대하여 이의를 제기할 수 있는 가능성을 가져야 한다. 헌법은 대통령의 헌법수호의무 및 헌법에의 기속을 명문으로 규정하고 있다(제66조 제2항 및 제69조). 따라서 법률안 거부권은 법률안에 대하여 헌법에서 규정하는 입법절차가 준수되었는지 여부에 관한 **형식적 심사권**뿐만 아니라 입법내용이 헌법에 합치하는지 여부에 관한 **실체적 심사권**도 포함한다. 나아가, 대통령에게는 공익실현의 의무가 있고 제정된 법률을 집행하는 것은 집행부의 과제이므로, **법률안이 현저하게 공익에**

---

3) 몽테스키외의 이론에 따라, 미국 연방의회는 양원으로 구성되고 법률이 양원의 동의에 의하여 제정됨으로써 의회 내부에서 통제가 이루어지며, 대통령은 의회에서 의결된 법률안에 대하여 거부권을 행사할 수 있다. 대통령의 거부권은 양원의 2/3의 찬성으로 극복될 수 있다.

반한다고 판단되는 경우 또는 법률안의 집행이 현실적으로 불가능하거나 현저하게 불합리하다고 판단되는 경우에도 집행부의 수장인 대통령은 이의를 제기할 수 있는 가능성을 가져야 한다.

(4) 법률안 거부권의 행사에 대한 탄핵소추 및 권한쟁의심판청구의 가능성

헌법은 대통령에게 법률안 거부권의 행사와 관련하여 폭넓은 판단재량을 인정하고 있으며, 국회는 재의를 통하여 대통령의 거부권을 스스로 극복할 수 있다. 대통령이 법률안에 대하여 신중하게 검토한 결과 이를 위헌으로 간주하거나 현저하게 공익에 반한다고 판단하는 경우, 거부권의 행사는 헌법이 허용하는 범위 내에서의 **정당한 권한행사**로서 **탄핵소추의 대상이 되지 않는다**. 설사 대통령이 법률안의 위헌여부나 공익위반여부에 관하여 잘못 판단한다 하더라도, 헌법이나 공익을 실현하기 위한 대통령의 이러한 노력은 '헌법이나 법률의 위반'이라는 탄핵소추의 사유가 될 수 없다.

대통령이 법률안을 거부하는 경우, 국회는 대통령의 법률안 거부권 행사에 대하여 헌법재판소에 **권한쟁의심판을 청구할 수 없다**. 국회가 권한쟁의심판을 청구하기 위해서는 국회 권한의 침해가능성이 있어야 하는데, 대통령의 정당한 권한행사에 의하여 **국회의 권한이 침해될 가능성은 없다**. 헌법은 대통령의 법률안 거부권을 국회의 권한행사에 대한 통제수단으로 규정하고 있으므로, 거부권의 행사를 통한 국회 권한의 견제는 헌법에서 스스로 의도하고 있는 것이다.[4)]

3. 행정입법에 관한 권한

가. 현대 사회국가에서 입법권 위임의 불가피성

국가의 성격이 사회국가로 변화함에 따라 국가과제의 확대와 함께 **입법수요가 크게 증가**하였다. 입법자가 증가한 규율수요를 충족시키기에는 역부족이므로, 입법권의 위임은 불가피하다. 복잡·다양하고 끊임없이 변화하는 현대사회에서 구체적이고 세부적인 전문적·기술적 규정은 현장의 사정에 정통한 당해 집행기관에 의해 규율되는 것이 보다 **효율적**이며, 이는 상황의 변화에 **신속하게 적응하는 가능성**을 확보하기 위해서도 불가피하다. 이러한 현실적인 필요에 의하여 행정입법은 현재 날로 증가하는 추세에 있다. 행정입법은 의회입법을 대체하는 것이 아니라, 정치적으로 결정되어야 할 사안이 아닌 전문적·기술적 세부사항의 규율을 통하여 **입법자의 업무를 경감**하고자 하는 것이다. 입법권의 위임은 입법자의 지위와 기능을 약화시키는 것이 아니라, 입법자의 업무를 경감함으로써 입법자가 **'공동체의 중요한 정치적 결정'**이라는 **본연의 과제에 전념**케 하고자 하는 것이다.

나. 헌법 제75조 및 제95조의 의미

(1) 행정입법(법규명령)의 헌법적 근거

헌법 제75조 및 제95조는 행정입법의 헌법적 근거이다. 헌법은 제75조에서 "대통령은 법률에서 구체적으로 범위를 정하여 위임받은 사항과 법률을 집행하기 위하여 필요한 사항에 관하여 대통령령을 발할 수 있다."고 하면서, 제95조에서는 "국무총리 또는 행정각부의 장은 소관사무에 관

4) 설사, 국회 권한의 침해가능성을 인정한다 하더라도, 대통령이 법률안 거부권을 행사하는 경우에 대하여 헌법은 국회와 대통령 사이의 분쟁을 스스로 해결할 수 있는 절차로서 '국회에 의한 재의' 가능성을 명시적으로 제공하고 있으므로, 헌법재판소에 **권한쟁의심판을 청구할 이익이 인정되지 않는다**.

하여 법률이나 대통령령의 위임 또는 직권으로 총리령 또는 부령을 발할 수 있다."고 하여, 행정부가 **행정입법에 관한 권한**을 가지고 있음을 규정하고 있다.

행정입법은 대외적 효력을 가지는지 여부에 따라 **법규명령과 행정명령(행정규칙)**으로 구분된다.[5] 행정입법의 중심을 이루는 것은 법규명령으로, 법규명령은 다시 헌법 제75조에서 규정하는 **위임명령과 집행명령**으로 구분된다. 법규명령은 헌법 제75조에 헌법적 근거를 두고 있는 반면, 행정명령은 헌법상 근거를 필요로 하지 아니한다.

(2) 헌법 제75조의 위임명령과 집행명령

헌법은 제75조에서 대통령이 제정할 수 있는 행정입법을 "법률에서 구체적으로 범위를 정하여 위임받은 사항"에 관한 위임명령과 "법률을 집행하기 위하여 필요한 사항"에 관한 집행명령으로 구분하고 있다. **위임명령**(委任命令)은 법률의 위임에 따라 제정되는 명령인데 반하여, **집행명령**(執行命令)은 법률에 의한 별도의 명시적인 위임 없이 제정되는 명령이다. 집행명령이란, 법률이 정한 내용을 단순히 집행하기 위하여 제정되는 명령, 즉 법률의 집행에 있어서 필요한 구체적 절차나 방법 등 세칙을 정하는 명령을 말한다.

위임명령의 경우, 행정부는 위임된 범위 내에서 위임의 목적을 고려하여 이를 구체화할 수 있는 보충적 권한을 가지는 반면, **집행명령**의 경우 입법자가 법률로써 이미 구체적인 행위지침을 제공하기 때문에 행정부에게는 행정입법을 통하여 독자적으로 보충하거나 구체화할 수 있는 여지가 남아있지 아니하고 단지 집행만을 할 수 있을 뿐이다. 따라서 집행명령의 제정은 집행하고자 하는 법률에 의하여 설정된 범위 내에서 이루어지기 때문에, 법률에 의한 별도의 위임을 필요로 하지 아니한다.

헌법 제75조에서 대통령령을 위임명령과 집행명령으로 나누고 있는 바와 같이, **총리령 · 부령도 다시 위임명령과 집행명령으로** 나누어진다(헌법 제95조). 여기서 법률이나 대통령령의 위임으로 발하는 명령이 위임명령이고, 직권으로 발하는 명령이 집행명령이다(헌법 제95조 참조).

판 례 수신료의 징수방식을 종래 '수신료와 전기요금의 통합징수'에서 **'수신료의 분리징수'**로 변경한 방송법 시행령조항이 **법률유보원칙에 위반되는지 여부**에 관하여, 헌법재판소는 "심판대상조항은 수신료의 징수를 규정하는 상위법의 시행을 위하여 수신료 납부통지에 관한 절차적 사항을 규정하는 집행명령이다. **집행명령**의 경우 법률의 구체적 · 개별적 위임 여부 등이 문제되지 않고, 다만 상위법의 집행과 무관한 독자적인 내용을 정할 수 없다는 한계가 있다. 심판대상조항은 … 수신료 징수업무를 위탁하는 경우 그 구체적인 시행방법을 규정하고 있을 뿐이라는 점에서 집행명령의 한계를 일탈하였다고 볼 수 없다."고 판시하고 있다(헌재 2024. 5. 30. 2023헌마820등).

5) **법규명령**이란, 국민의 권리 · 의무에 관한 사항을 규정하는 것으로, 국민에 대하여 일반적 구속력을 가지는 법규적 명령을 말한다. 이에 대하여, **행정명령(행정규칙)**은 일반국민의 권리 · 의무와는 직접 관련이 없이 행정기관 내부의 조직과 근무 등에 관하여 규율하는 행정내규(行政內規)를 말한다. 행정명령은 행정기관 내부에서만 효력을 가질 뿐, 대외적 구속력을 가지지 아니한다. 행정명령은 훈령이나 고시 등 다양한 형식으로 제정된다.

(3) 입법위임의 명확성원칙(포괄위임금지원칙)[6)]

헌법 제75조는 "대통령은 법률에서 구체적으로 범위를 정하여 위임받은 사항 … 에 관하여 대통령령을 발할 수 있다"고 규정함으로써, 행정(위임)입법의 헌법적 근거를 마련함과 동시에 위임은 "구체적으로 범위를 정하여" 하도록 하여 **입법위임의 명확성을 요구하고 포괄위임을 금지**하고 있다(**포괄위임금지원칙**). 헌법 제75조는 '입법자의 업무 부담을 경감해야 할 필요성'과 '행정부의 규율권한을 입법부의 의사에 종속시킴으로써 행정입법의 민주적 정당성을 확보해야 한다는 요청'을 함께 고려하여 조화를 이룬 결과이다. 입법자가 헌법 제95조에 의하여 **총리령이나 부령으로 정하도록 입법권을 위임하는 경우에도** 법률에서 구체적으로 범위를 정하여 위임해야 한다는 '헌법 제75조의 포괄위임금지'의 구속을 받는다.

첫째, 헌법 제75조는 행정입법의 요건으로서 **개별적 법률에 의한 입법권의 위임**, 즉 행정입법의 법률적 근거를 요구함으로써, 입법자가 개별적으로 법률로써 입법권을 위임하는 경우에 한하여 행정부가 입법권을 행사할 수 있다는 것을 규정하고 있다. 위임명령은 개별적 법률의 위임을 전제로 하는 행정입법이므로, 법률에 대하여 종속적인 관계에 있다. 따라서 모법인 위임법률이 개정되거나 소멸하는 경우, 위임명령은 모법과 그 운명을 같이 한다. 둘째, 헌법 제75조는 입법위임의 명확성을 요구함으로써, 개별법률에 의한 위임의 경우에도 **포괄위임을 금지**하고 있다. 헌법 제75조는 위임의 명확성 요건을 통하여 행정부에 위임된 입법권의 행사를 입법자의 의사에 종속시키고자 하는 것이고, 이로써 입법자의 입법권을 보호하고 유지하고자 하는 것이다.

(4) 행정입법의 규율형식에 관한 입법자의 선택권

입법자는 입법권을 행정부에 위임함에 있어서 **규율의 형식을 스스로 선택하여 위임**할 수 있다. 헌법은 제75조 및 제95조에서 입법자가 대통령, 국무총리 또는 행정각부의 장에게 **대통령령, 총리령 또는 부령**을 발하도록 입법권을 위임할 수 있음을 명시적으로 규정하고 있다. 한편, 헌법 제75조 및 제95조에서 언급하고 있는 **위임입법의 형식은 예시적인 것**으로 보아야 한다. 입법자는 입법권을 대통령령이나 총리령, 부령뿐만 아니라 **예외적으로 고시나 훈령 등 행정규칙**으로 규율하도록 위임할 수도 있다.

그러나 국민의 권리와 의무에 관한 사항(입법사항), 즉 외부적 관계를 규율하기 위하여 내부적 효력을 가지는 행위형식인 **행정규칙을 사용하는 것**은 이를 정당화하는 객관적 사유가 존재하는 **예외적 경우에 한정되어야** 한다. 또한, 외부적 효력을 가지는 법규명령과 내부적 효력을 가지는 행정규칙의 성립·효력요건이 서로 다르다는 점에서도 법규범의 형식과 내용이 가능하면 일치할 것이 요청된다. 법규명령은 행정절차법상 입법예고제도를 거쳐야 하며, 외부에 공포함으로써 유효하게 성립하는 반면, 행정규칙은 입법예고절차를 필요로 하지 않으며, 대외적인 공포의 형식을 요하지 않는다.

---

6) 한편, 용어의 사용에 있어서, '**입법위임**'이란, 입법자가 행정부에 자신의 입법권을 위임하는 것을 말하며, '**위임법률 또는 수권법률**'은 입법권을 위임하는 법률을 말한다. '**위임입법**'이란, 법률의 위임에 의하여 입법자로부터 위임받은 입법권을 행사하여 이루어지는 입법으로서 행정입법을 말한다. '**위임법률의 위헌성**'이란 '수권법률이 포괄위임금지원칙에 위반되는지'의 문제에 관한 것이고, '**위임입법의 위헌성**'이란 '행정입법이 모법의 위임 없이 또는 위임의 범위를 벗어나 제정된 것인지'의 문제에 관한 것이다.

판 례 **법률이 입법사항을 대통령령이나 부령이 아닌 고시와 같은 행정규칙의 형식으로 위임하는 것이 허용되는지 여부**에 관하여 "… 입법자가 규율의 형식도 선택할 수도 있다 할 것이므로, **헌법이 인정하고 있는 위임입법의 형식은 예시적**인 것으로 보아야 할 것이고, 그것은 법률이 행정규칙에 위임하더라도 그 행정규칙은 위임된 사항만을 규율할 수 있으므로, 국회입법의 원칙과 상치되지도 않는다. 다만, 형식의 선택에 있어서 규율의 밀도와 규율영역의 특성이 개별적으로 고찰되어야 할 것이고, 그에 따라 입법자에게 상세한 규율이 불가능한 것으로 보이는 영역이라면 행정부에게 필요한 보충을 할 책임이 인정되고 극히 전문적인 식견에 좌우되는 영역에서는 행정기관에 의한 구체화의 우위가 불가피하게 있을 수 있다. **그러한 영역에서 행정규칙에 대한 위임입법이 제한적으로 인정**될 수 있다."고 판시하고 있다(헌재 2004. 10. 28. 99헌바91).

(5) 헌법 제95조의 재위임(再委任)

헌법 제95조에 의하면, 입법자는 법률로써 직접 국무총리 또는 행정각부의 장에게 총리령 또는 부령을 제정하도록 입법권을 위임할 수도 있고, 또는 **대통령이 위임받은 입법권을 국무총리 또는 행정각부의 장에게 다시 위임**할 수도 있다(소위 위임입법권의 재위임).

대통령은 위임받은 입법권을 재위임함에 있어서 헌법 제75조의 **'입법권위임의 법리'('구체적으로 범위를 정하여')에 의한 제한**을 받는다. 즉, 대통령이 위임받은 사항에 관하여 그 대강만을 정하고, 상세한 것을 총리령이나 부령으로 규율하도록 구체적으로 범위를 정하여 다시 위임하는 것은 허용되지만, 법률에서 위임받은 사항을 전혀 규정하지 아니하고 그대로 재위임하는 것은 **수권법(授權法)의 내용을 변경**하는 결과를 초래하기 때문에 허용되지 아니한다.

입법자가 입법권을 위임함에 있어서 규율대상의 의미나 중요성, 규율영역의 특성, 행정입법절차의 차이 등을 고려하여 행정입법의 주체를 특정하게 되는데, 이러한 입법자의 의도가 대통령의 백지재위임에 의하여 무의미하게 된다. 가령, 총리령이나 부령과는 달리, 대통령령의 제정은 국무회의의 심의를 거쳐야 하고(헌법 제89조 제3호), 그 공포에는 국무총리와 관계국무위원의 부서가 있어야 한다(헌법 제82조). "위임받은 권한을 그대로 다시 위임할 수 없다."는 소위 **'복위임금지(復委任禁止)의 법리'**는 바로 이러한 이유에서 존재한다.

판 례 **대통령령으로 위임받은 사항을 그대로 재위임할 수 있는지**에 관하여 "살피건대 법률에서 위임받은 사항을 전혀 규정하지 않고 재위임하는 것은 **'위임받은 권한을 그대로 다시 위임할 수 없다'는 복위임금지의 법리에 반할 뿐 아니라 수권법의 내용변경을 초래**하는 것이 되고, 부령의 제정·개정절차가 대통령령에 비하여 보다 용이한 점을 고려할 때 재위임에 의한 부령의 경우에도 위임에 의한 대통령령에 가해지는 헌법상의 제한이 당연히 적용되어야 할 것이다. 따라서 법률에서 위임받은 사항을 전혀 규정하지 아니하고 그대로 재위임하는 것은 허용되지 않으며 **위임받은 사항에 관하여 대강을 정하고 그 중의 특정사항을 범위를 정하여 하위법령에 다시 위임하는 경우에만 재위임이 허용**된다."고 판시하고 있다(헌재 1996. 2. 29. 94헌마213, 판례집 8-1, 147, 162-163).

다. 포괄위임금지원칙의 위반여부를 판단하는 기준

(1) 헌법재판소의 '예측가능성 기준'

헌법 제75조는 "구체적으로 범위를 정하여"라는 표현을 통하여 입법위임의 명확성을 요청하고 있다. 헌법재판소는 초기의 판례부터 현재까지 일관되게 "법률에서 구체적으로 범위를 정하여 위임받은 사항이라 함은 법률에 이미 대통령령으로 규정될 내용 및 범위의 기본사항이 구체적으로 규정되어 있어서 누구라도 당해 법률로부터 대통령령에 규정될 내용의 대강을 예측할 수 있어야 함을 의미한다."고 하여 **'예측가능성의 관점'을 포괄위임의 여부를 판단하는 기준**으로 삼아 심사하고 있다(헌재 1995. 11. 30. 93헌바32, 판례집 7-2, 598, 607).

헌법재판소는 "여기서 그 예측가능성의 유무는 당해 특정조항 하나만을 가지고 판단할 것이 아니고 관련 법조항 전체를 유기적·체계적으로 종합 판단하여야 하며, 각 대상법률의 성질에 따라 구체적·개별적으로 검토하여야 할 것"이라고 판시함으로써(헌재 1996. 8. 29. 94헌마113, 판례집 8-2, 141, 164), 위임법률의 명확성이란 '**일반적 법률해석을 통한 명확성'**이라는 중요한 기준을 제시하고 있다. 나아가, 헌법재판소는 "위임의 구체성·명확성의 요구 정도는 규제대상의 종류와 성격에 따라서 달라진다. 기본권침해영역에서는 급부행정영역에서 보다는 구체성의 요구가 강화되고, 다양한 사실관계를 규율하거나 사실관계가 수시로 변화될 것이 예상될 때에는 위임의 명확성의 요건이 완화되어야 한다."고 판시하여(헌재 1991. 2. 11. 90헌가27, 판례집 3, 11, 29), 입법권의 위임에 의하여 초래되는 **기본권제한의 효과 및 규율대상의 성격에 따라** 입법위임의 명확성에 대한 요구가 달라져야 한다는 것을 밝히고 있다.

(2) '예측가능성 기준'의 문제점

'예측가능성의 관점'을 기준으로 삼아 포괄위임인지 여부를 판단하는 것은 매우 불확실하고 어려운 작업이기 때문에, 헌법재판소에 의한 **자의적 판단의 근거**를 제공하고 있다. 입법권을 위임하는 대부분의 경우, **수권법률로부터 행정입법에 규율될 내용의 대강을 예측한다는 것에는 사실상 한계**가 있다. 예측가능성의 기준은 법률과 개별적 행정행위의 관계에서 의미가 있는 것이지, 법률과 개별적 행정행위 사이에 행정입법의 제정이란 단계가 삽입되는 경우에는 실효성이 없는 기준이다. 대부분의 경우, 국민은 시행령 등 행정입법을 직접 보아야만 비로소 현재의 법적 상태를 어느 정도 예측할 수 있다. 따라서 입법위임의 명확성은 '국민이 법률로부터 국가의 행위를 예측할 수 있어야 한다'는 요청에는 거의 기여하지 못한다.

법률의 명확성의 경우 일차적으로 국민과 국가권력의 관계에서 공권력행위에 대한 예견가능성 및 법적 안정성의 문제이고 개인의 자유보장의 문제이지만, **포괄위임금지(입법위임의 명확성)의 경우**에는 '입법권을 위임하는 입법자'와 '이를 위임받는 행정부'의 관계, 즉 규율권한의 배분이 주된 문제이다. **헌법 제75조의 주된 목적**은 개인의 자유보장이 아니라 행정부에 대하여 입법자의 기능을 보장하고자 하는데 있으며, 법치국가적 안정성의 보장보다는 민주국가적 기능질서의 보장에 있다. 이러한 의미에서, 법치국가적 관점에서 파생하는 예견가능성의 기준을 헌법 제75조의 요청에 그대로 적용하는 것은 문제가 있다.

판 례 예컨대, 극장주가 국산영화를 의무적으로 상영해야 할 **연간상영일수(年間上映日數)에 관하여 대통령령으로 정할 것을 위임하는 영화법규정이 포괄위임금지원칙에 위반되는지 여부**가 문제된 사건에서, 헌법재판소는 "비록 법률규정이 의무상영일수의 상한이나 하한을 명시적으로 설정하고 있지는 않지만, 대통령령에 규정될 내용이 **연간상영일수의 일부를 대상으로 한다는 점에서 그 대강을 충분히 예측할 수 있다** 할 것이다."라고 판시함으로써, 예측가능성을 논거하기 위하여 기발한 발상에 의존하고 있다(헌재 1995. 7. 21. 94헌마125, 판례집 7-2, 155, 166). 위 판시내용은, 입법위임의 명확성의 문제가 예측가능성의 문제가 아니라 **규율권한의 배분 문제**, 즉 입법자가 스스로 정해야 하는 사항인지의 문제라는 것을 잘 보여주고 있다.

또한, 학원 강사의 자격을 대통령령으로 정하도록 위임하는 **학원법규정이 포괄위임금지원칙에 위반되는지 여부가 문제된 '학원강사 자격 사건'**에서 **재판관 4인의 합헌의견**은 "위 법률의 입법목적과 여러 규정들을 상호 유기적·체계적 관련 하에서 파악하여 볼 때 학원강사로 하여금 학습자에게 평생교육의 일환으로서 필요한 지식·기술·예능을 교습하기에 적합한 자질과 능력을 갖추도록 하기 위하여 학력, 교습과정에 대한 전문지식 또는 기술·기능, 교습경력 등과 같은 요소들을 기준으로 한 **자격기준이 위임입법에 규정될 것임을 능히 예측할 수 있으므로**, 이 사건 법률조항은 … 위임입법의 명확성을 구비하고 있다."고 판시하고 있는 반면, **재판관 5인의 위헌의견**은 "이 사건 법률조항은 그 문언 자체로 볼 때 도무지 입법으로써 어떠한 범위에서 무엇을 기준으로 강사의 자격기준을 정할 것인지를 제시하지 아니한 채 그에 대한 규율 일체를 하위법규인 대통령령에 백지위임하고 있고, 관련 법조항을 유기적·체계적으로 살펴보아도 그 구체적인 자격기준으로 삼을 만한 어떠한 단서도 찾아볼 수 없다. 그 결과 강사의 자격기준을 … **도무지 예측할 수 없다.**"고 판시함으로써, **예측가능성 기준이 객관적 논증의 기준이 될 수 없음**을 보여주고 있다(헌재 2003. 9. 25. 2002헌마519).

(3) 의회유보원칙(본질성이론)에 의한 보완의 필요성

헌법재판소는 입법위임의 명확성을 판단함에 있어서 '**국민의 관점에서** 공권력행위가 예측가능한지'의 기준에 일방적으로 의존하는 것으로부터 벗어나, **입법자와 행정부 사이의 규율권한의 배분의 관점에서** 규율대상의 의미, 중요성 및 특성을 고려하는 실체적 기준을 우선적으로 또는 적어도 함께 적용해야 한다. 포괄위임금지원칙은 '입법자가 법률에서 위임의 내용, 목적, 범위 등이 확정될 수 있도록 스스로 정해야 한다'는 요청을 함으로써, **입법자의 위임가능성을 제한하고 근본적인 결정을 입법자에게 유보**하고 있다. 이로써 입법자가 입법위임의 명확성에 부합하도록 스스로 정해야 하는 범위 내에서는 입법권을 위임할 수 없다. 포괄위임금지원칙은 '무엇을 입법자가 스스로 결정해야 하고 무엇을 행정부에 위임할 수 있는지'에 관한 문제이고, 이는 입법영역에서 입법자와 행정부 사이의 합리적인 과제배분의 문제이다.

결국, **포괄위임금지원칙의 요청은 의회유보원칙의 요청과 근본적으로 동일**하다. '구체적으로 범위를 정하여 위임해야 한다'는 요청은 '본질적인 것은 스스로 결정하고 위임해서는 안 된다'는 요청과 동일한 것이다. 입법권의 위임에 관한 한, 헌법 제75조의 **포괄위임금지원칙은 의회유보원칙의 구체화된 헌법적 표현**이다. 그렇다면, 의회유보원칙에서 '무엇이 본질적이기에 입법자에게 유보되어야 하는지'를 판단하는 실체적 관점이 포괄위임인지 여부를 판단함에 있어서도 마찬가지로 고려되어야 한다.

따라서 포괄위임인지 여부는, 한편으로는 입법권의 위임을 제한하는 관점인 **'기본권적 중요성'과 '의회입법절차의 필요성'**, 다른 한편으로는 입법권의 위임을 정당화하는 관점인 **'규율대상의 성격'**을 함께 종합적으로 고려하여 판단해야 한다(제2편 제4장 제5절 Ⅱ. 3. 참조). 포괄위임금지원칙과 의회유보원칙은 본질적으로 동일한 헌법적 요청이므로, 입법위임의 위헌여부를 '포괄위임금지원칙에 의한 심사'와 '의회유보원칙에 의한 심사'로 나누어 **중복적으로 판단하는 것은 불필요**하다.

판 례 그러나 헌법재판소는 일부 결정에서 위임법률의 위헌여부를 판단함에 있어서 **'포괄위임금지**

원칙의 위반여부'와 '의회유보원칙의 위반여부'로 나누어 중복적으로 판단하고 있다. 예컨대, **'제1차 안마사자격 사건'**에서 **재판관 5인의 위헌의견**은 "안마사에관한규칙 제3조 제1항이 시각장애인 아닌 사람은 안마사자격을 원천적으로 받을 수 없도록 하고 있는 것은 국민들의 직업선택의 자유를 제한하는 것으로 이는 기본권의 제한과 관련된 중요하고도 본질적인 사항이어서 마땅히 법률로 정하는 것이 원칙이고 하위법규에 그 입법을 위임할 수 없는 문제이다. 그러므로 이는 **의회유보원칙을 위반**한 것이다. 또한 이 조항은 하위법규에 입법을 위임하면서 아무런 기준과 범위를 설정하지 아니하여, … **포괄위임을 금지한 헌법 제75조에 위반**된다."고 판시한 바 있다(헌재 2003. 6. 26. 2002헌가16, 판례집 15-1, 663, 674-675).

(4) 의회유보원칙에 의한 사례 해결의 예시(例示)

안마사의 자격을 보건복지부령으로 정하도록 위임하는 의료법규정 및 **학원 강사의 자격**을 대통령령으로 정하도록 위임하는 학원법규정이 **포괄위임금지원칙에 위반되는지 여부**는 다음과 같은 관점에서 판단되어야 한다.

첫째, **규율대상이 의회입법절차에서의 공개적 토론과 상충하는 이익 사이의 조정을 필요로 하는지의 관점**에 의하여 판단되어야 한다. 안마사의 자격요건의 경우, 특정 직업을 특정집단(시각장애인)에 계속 독점시킬 것인지의 문제는 의회의 입법절차에서 공개토론과 상충하는 이익간의 조정을 통하여 결정되어야 할 사안이다. 이에 대하여 학원 강사 자격요건의 설정은 학원 강사가 되기 위해서는 누구나 충족시켜야 하는 요건을 사안의 전문적 구조와 본질에 부합하게 정하는 문제로서 이익조정의 필요성이 적은 사안이다.

둘째, **규율대상의 기본권적 중요성의 관점**에 의하여 판단하여야 한다. 안마사의 자격요건을 규율하는 것은 안마사란 직업을 시각장애인에게 계속 독점시킬 것인지에 관한 결정으로, 이해관계인의 기본권실현(직업의 자유)에 있어서 매우 중대한 의미를 가지는 것이다. 이에 대하여 학원 강사의 자격요건을 규율하는 것은, 직업의 정상적인 수행을 위하여 누구나 충족시켜야 할 직업선택의 요건을 정하는 것으로, 당사자의 기본권실현에 미치는 효과가 상대적으로 적다.

셋째, **규율대상의 특성이 입법권의 위임을 정당화하는 관점**으로 고려되어야 한다. 학원 강사의 경우, 규율대상의 다양성과 변화가능성이 인정되고, 학원 강사의 자격요건은 누가 정하는지와 관계없이 이미 사안의 본질에 내재하는 독자적·전문적 구조에 의하여 상당 부분 선결되므로, 입법권의 위임이 정당화된다. 이에 대하여 안마사의 경우, 규율대상의 다양성이나 변화가능성이 인정되지 않으므로, 입법권의 위임을 정당화하는 규율대상의 특성을 찾을 수 없다.

결국, **안마사의 경우**, 규율대상이 입법절차에서의 이익조정을 필요로 하며 기본권실현에 미치는 효과가 중대한 반면, 입법권의 위임을 정당화하는 규율대상의 특성을 인식할 수 없기 때문에, 위임의 명확성에 대하여 엄격한 요구를 해야 하며, 그 결과 위임법률이 충분히 명확하지 않다는 결론에 이를 수 있다. 그에 대하여 **학원 강사의 경우**, 사안의 특성상 규율내용이 규율대상의 본질에 의하여 선결되는 효과가 있기 때문에 굳이 의회입법절차에서의 이익조정을 필요로 하지 않고, 규율대상의 다양성에 비추어 입법권의 위임이 정당화되며, 규율대상이 기본권실현에 미치는 효과도 중대하지 않으므로, 위임의 명확성의 정도에 대하여 엄격한 요구를 할 수 없고, 그 결과 위임법률이 충분히 명확하다는 판단에 이를 수 있다.

(5) 자치입법과 포괄위임금지원칙의 관계

헌법 제75조는 입법권을 행정부에 위임하는 경우에 한정하여 위임의 명확성을 요청하고 있으므로, 헌법 제75조의 **포괄위임금지원칙은 자치입법에는 직접 적용되지 않는다**. 대신, 입법자가 공법상 법인에게 지방의회의 조례 등 **자치입법으로 규율하도록 입법권을 위임하는 경우**에는 헌법 제75조의 바탕에 깔려있는 일반적 원칙인 **의회유보원칙의 구속**을 받는다. 여기서도, 헌법 제75조의 포괄위임금지원칙은 의회유보원칙의 구체화된 헌법적 표현이라는 것이 드러나고 있다.

판 례 헌법재판소도 '입법자가 입법권을 자치입법에 위임하는 경우에는 헌법 제75조가 적용되지 않지만 대신 의회유보가 준수되어야 한다'고 판시함으로써, **헌법 제75조가 의회유보원칙의 구체화된 형태임을 인식**하고 있다. **자치입법으로 정하도록 위임하는 법률에 포괄위임금지원칙이 적용되는지 여부**에 관하여 "법률이 정관에 자치법적 사항을 위임한 경우에는 헌법 제75조, 제95조가 정하는 **포괄적인 위임입법의 금지는 원칙적으로 적용되지 않는다**고 봄이 상당하다. … 한편 법률이 자치적인 사항을 정관에 위임할 경우 원칙적으로 헌법상의 포괄위임입법금지 원칙이 적용되지 않는다 하더라도, 그 사항이 국민의 권리 의무에 관련되는 것일 경우에는, 적어도 국민의 권리와 의무의 형성에 관한 사항을 비롯하여 국가의 통치조직과 작용에 관한 기본적이고 본질적인 사항은 반드시 국회가 정하여야 한다는 법률유보 내지 **의회유보의 원칙이 지켜져야** 할 것이다."라고 판시하고 있다(헌재 2001. 4. 26. 2000헌마122, 판례집 13-1, 962, 972-973).

Ⅳ. 사법(司法)에 관한 권한

1. 사면권(赦免權)

대통령은 법률이 정하는 바에 의하여 사면·감형 또는 복권을 명할 수 있다(헌법 제79조 제1항). 일반사면을 명하려면 국회의 동의를 얻어야 한다(제2항). 사면·감형 및 복권에 관한 사항은 법률로 정한다(제3항). 입법자는 헌법 제79조 제3항의 위임에 따라 '사면법'을 제정하였다.

가. 사면의 개념 및 종류

(1) 사면

대통령의 '사면권'이나 이를 규율하기 위하여 제정된 '사면법'에서 '사면'이라 함은 사면·감형·복권을 포괄하는 **광의의 사면**을 의미한다. 이에 대하여 **협의의 사면**이란, 공소권을 소멸시키거나 형의 집행을 면제시키는 국가원수의 특권을 말한다. 헌법 제79조 제1항에서 언급하는 "사면·감형 또는 복권"에서 사면은 협의의 사면을 말한다.

협의의 사면에는 일반사면과 특별사면이 있다. **일반사면**이란 죄의 종류를 지정하여 일정 범위의 범죄인에게 집단적으로 형의 집행을 면제하거나 공소권을 소멸시키는 것을 말한다. 일반사면은 **대통령령**으로 하되(사면법 제8조), 국무회의의 심의를 거쳐 국회의 동의를 받아야 한다(헌법 제89조 제9호, 제79조 제2항). 일반사면의 경우, **국회의 사전적 동의절차**를 통하여 대통령의 사면권행사에 대한 통제수단을 마련하고 있다. 미국이나 독일 등의 경우 일반사면은 의회의 형식적 법률을 필요로 한다. **특별사면**이란 특정인에 대하여 개별적으로 형의 집행을 면제하는 것을 말한다. 특별사면은 법무부장관이 사면심사위원회의 심사를 거쳐 대통령에 상신하여(사면법 제10조), 국무회의의 심의를 거쳐 대통령이 한다(사면법 제9조).

(2) 감형

감형(減刑)은 형의 선고를 받은 자에 대하여 형을 변경하거나(일반감형) 형집행을 감경시켜주는(특별감형) 국가원수의 특권을 말한다. 감형에는 인적 집단에 대한 일반감형과 개별적으로 행해지는 특별감형이 있다. **일반감형**은 죄 또는 형의 종류를 정하여 국무회의의 심의를 거쳐 대통령령으로 한다(사면법 제8조). **특별감형**은 특정인에 대하여 법무부장관이 사면심사위원회의 심사를 거쳐 대통령에게 상신하고 대통령은 국무회의의 심의를 거쳐 특별감형을 한다(사면법 제9조, 제10조).

(3) 복권

복권(復權)이란 형의 선고의 부수적 효과로서 다른 법령에 의하여 자격이 상실되거나 정지된 경우에 그 상실되거나 정지된 자격을 회복시켜 주는 것을 말한다. **일반복권**은 죄 또는 형의 종류를 정하여 국무회의의 심의를 거쳐 대통령령으로 한다(사면법 제8조). **특별복권**은 특정인에 대하여 법무부장관이 사면심사위원회의 심사를 거쳐 대통령에게 상신하고 대통령은 국무회의의 심의를 거쳐 특별복권을 한다(사면법 제9조, 제10조).

나. 사면권의 한계

(1) 사면권의 헌법적 한계

사면권의 한계 및 **사면권행사에 대한 사법심사의 가능성**과 관련하여, 사면은 법으로부터 자유로운 행위이며 통치행위의 일종으로서 사법적 심사의 가능성을 부인하는 **부정설**과 대통령의 사면권이 법적인 구속을 받으므로 사면권행사는 사법적 심사의 대상이 된다고 보는 **긍정설**이 대립하고 있다. 생각건대, 모든 국가기관이 헌법의 구속을 받는 헌법국가에서 대통령도 당연히 모든 권한행사에 있어서 헌법적 구속을 받는다. 대통령의 사면권행사에 대한 헌법적 구속은 다음과 같은 이중적인 측면에서 제시된다.

첫째, 공공복리의 실현은 모든 국가기관의 의무이므로, 대통령은 사면권의 행사에 있어서도 **공공복리에 부합하도록 사면권을 행사해야** 한다. 따라서 대통령의 사면권은 당리당략적 목표가 아니라, 국민적 화합이나 형사사법제도의 경직성을 완화할 목적 등을 위하여 행사되어야 한다. 둘째, 대통령은 그의 재량에 따라 사면에 관하여 결정할 수 있으나, **재량의 한계로서 평등원칙을 준수해야** 하는 헌법적 구속을 받는다. 특히 일반사면의 경우, 사면권은 자의금지원칙을 준수해야 한다.

한편, 사면권의 행사로 인하여 법원의 사법적 판단을 제한된 범위에서나마 결과적으로 무력화시키는 사실상의 효과가 발생하지만, 이러한 효과는 헌법이 대통령에게 사면권을 부여함으로써 이미 예정하고 있는 것이다. 다만, 대통령의 광범위한 일반사면으로 인하여 사법부의 재판기능이 사실상 무의미하게 되는 경우에 한하여, **사면권행사로 인한 사법기능의 침해**가 논의될 수 있을 것이다. 나아가, 탄핵제도와 사면의 대상인 형사소추·처벌은 전혀 별개의 것이므로, 사면권에 의하여 **탄핵제도의 기능이 저해될 가능성**은 처음부터 없다.

(2) 사면권행사에 대한 사법적 심사

대통령이 **국회의 동의를 받지 않고 일반사면을 행한 경우**에는 국회는 권한쟁의심판을 청구할 수 있다. 또한, 법원이 대통령의 사면권행사로 인하여 **사법권이 침해되었다고 주장하는 경우**에도,

법원은 권한쟁의심판을 헌법재판소에 청구할 수 있을 것이다. **'사면의 대상에서 제외된 자'**는 평등권의 위반을 이유로 헌법소원을 제기할 수 있다. 그러나 **일반국민**은 대통령의 사면행위에 의하여 자신의 기본권이 침해되었다는 것을 주장할 수 없으므로, 타인에 대한 사면권행사의 위헌여부를 다투는 헌법소원 심판청구는 부적법하다.

판 례 대통령이 전두환·노태우 전(前)대통령을 특별사면한 행위에 대하여 대통령의 사면권행사가 평등권을 침해하고 권력분립원리에 위반된다는 주장으로 일반국민이 헌법소원심판을 청구한 **'전두환·노태우 전(前)대통령에 대한 특별사면 사건'**에서, 헌법재판소는 "청구인들은 대통령의 특별사면에 관하여 일반국민의 지위에서 사실상의 또는 간접적인 이해관계를 가진다고 할 수는 있으나 대통령의 청구외 인들에 대한 특별사면으로 인하여 청구인들 자신의 법적이익 또는 권리를 직접적으로 침해당한 피해자라고 볼 수 없으므로 이 사건 심판청구는 자기관련성, 직접성이 결여되어 부적법하다."고 판시하고 있다(헌재 1998. 9. 30. 97헌마404, 판례집 10-2, 563).

2. 정당해산제소권

정당의 목적이나 활동이 민주적 기본질서에 위배될 때에는 정부는 헌법재판소에 그 해산을 제소할 수 있다(헌법 제8조 제4항). 위헌정당해산제소권은 정부의 권한이지만, 정부는 대통령을 수반으로 하므로 **실질적으로 대통령의 권한**이라 할 수 있다. 정당해산의 제소는 국무회의의 심의사항에 속한다(헌법 제89조 제14호).

V. 국가긴급권

1. 현행 헌법상 국가긴급권의 특징

헌법은 제76조 및 제77조에서 대통령에게 긴급재정경제처분·명령권, 긴급명령권과 계엄선포권 등 국가긴급권을 부여하고 있다. 헌법상 국가긴급권은 크게 긴급명령권과 계엄선포권으로 구분할 수 있다. **긴급명령권**은 국회가 법률로 정해야 할 사안에 대하여 대통령이 입법권을 행사하는 긴급입법제도이다. 반면, **계엄선포권**은 비상계엄의 선포와 동시에 계엄사령관이 계엄지역 안의 모든 행정사무와 사법사무를 관장하는 효과를 초래한다는 점에서 긴급행정사법제도이다.

대통령은 국가긴급권을 행사함에 있어서 스스로 **국가비상사태의 존부에 관한 결정권**을 가진다. 헌법은 자기수권(自己授權)의 위험성을 최소화하고 국가긴급권이 권력 장악의 수단으로서 남용되는 것을 방지하기 위하여, 제76조에서 대통령에게 **대상과 행사요건에 있어서 매우 제한된 국가긴급권**을 부여하고 있다. 헌법 제76조 제1항의 국가긴급권은 단지 '재정과 경제의 영역'에 국한되며, 같은 조 제2항의 국가긴급권은 "국가의 안위에 관계되는 중요한 교전상태"를 국가긴급권의 행사요건으로 명시적으로 규정하고 있다.

국가긴급권은 **법치국가원리에 대한 중대한 예외**에 해당한다. 대통령이 **법률의 근거 없이 처분을 한다든지 또는 법률의 효력을 가지는 명령을 발한다는 것**은, 집행부의 행위에 대하여 법률의 근거를 요구하는 법률유보원칙, 공동체의 모든 중요한 결정은 의회에 유보되어야 한다는 의회유보원칙, 입법권을 국회에 귀속시키는 권력분립원리 등 법치국가원리에 대한 중대한 예외를 의미한다. 헌법은 입법자에게 대통령에 의한 국가긴급권의 행사를 사후적으로 합법화하고 통제할 수 있는 가능성을 부여함으로써(제76조 제3항), 잠정적으로 정지된 법치국가원리를 다시 회복하고자 시도하고 있다.

2. 긴급재정경제처분 · 명령권

가. 의미

헌법 제76조 제1항은 "대통령은 내우 · 외환 · 천재 · 지변 또는 중대한 재정 · 경제상의 위기에 있어서 국가의 안전보장 또는 공공의 안녕질서를 유지하기 위하여 긴급한 조치가 필요하고 국회의 집회를 기다릴 여유가 없을 때에 한하여 최소한으로 필요한 재정 · 경제상의 처분을 하거나 이에 관하여 법률의 효력을 가지는 명령을 발할 수 있다."고 하여 긴급재정경제처분 · 명령권을 규정하고 있다. **긴급재정경제처분 · 명령권**이란 재정 · 경제에 관한 정상적인 처분이나 입법으로는 대처하기 곤란한 내우 · 외환 · 천재 · 지변 또는 중대한 재정 · 경제상의 위기가 발생하여(**긴급사태의 발생**) 긴급한 조치가 필요하고 국회의 집회를 기다려서는 그 목적을 달성할 수 없는 경우에(**긴급조치의 필요성**), 대통령이 국가의 안전보장 또는 공공의 안녕질서를 유지하기 위하여 행사하는 **긴급처분제도 또는 긴급입법제도**이다.

나. 실체적 · 절차적 요건

대통령의 긴급재정경제처분 · 명령은 원래 정상적인 상황에서는 국회가 스스로 결정해야 하거나 또는 국회의 동의를 필요로 하는 사안이다. 대통령의 긴급재정경제처분 · 명령은 **국회의 입법권과 재정에 관한 결정권에 대한 예외**에 해당한다. 예외적 규정의 요건은 **엄격하게 해석되어야** 한다. 따라서 국가적 위기상황에 대처하기 위하여 헌법상 부여되는 대통령의 예외적 권한은 공공복리의 증진과 같은 적극적인 목적을 위해서가 아니라 헌법질서의 유지와 회복을 위하여 **현상유지적이고 소극적으로** 행사되어야 하며, **필요한 최소한의 조치에 제한**되어야 한다.

대통령의 긴급재정경제처분 · 명령은 국무회의의 심의를 거쳐야 한다(헌법 제89조 제5호). 대통령이 처분 또는 명령을 한 때에는 지체 없이 국회에 보고하여 그 승인을 얻어야 한다(헌법 제76조 제3항). 대통령은 국회의 승인사유와 승인거부의 사유를 지체 없이 공포해야 한다(헌법 제76조 제5항).

판 례 대통령이 헌법이 정한 요건을 갖추지 못하였음에도 금융실명제에 관한 긴급명령을 발함으로써 자신의 재산권 등을 침해하였다는 주장으로 일반국민이 헌법소원심판을 청구한 **'금융실명제 사건'**에서, 헌법재판소는 "**긴급재정경제명령**은 정상적인 재정운용 · 경제운용이 불가능한 중대한 재정 · 경제상의 위기가 현실적으로 발생하여(그러므로 위기가 발생할 우려가 있다는 이유로 **사전적 · 예방적으로 발할 수는 없다**) 긴급한 조치가 필요함에도 국회의 폐회 등으로 국회가 현실적으로 집회될 수 없고 국회의 집회를 기다려서는 그 목적을 달할 수 없는 경우에 이를 사후적으로 수습함으로써 기존질서를 유지 · 회복하기 위하여(그러므로 **공공복리의 증진과 같은 적극적 목적을 위하여는 발할 수 없다**) 위기의 직접적 원인의 제거에 **필수불가결한 최소의 한도 내에서 헌법이 정한 절차에 따라** 행사되어야 한다. 그리고 긴급재정경제명령은 평상시의 헌법 질서에 따른 권력행사방법으로서는 대처할 수 없는 중대한 위기상황에 대비하여 헌법이 인정한 비상수단으로서 **의회주의 및 권력분립의 원칙에 대한 중대한 침해**가 되므로 **위 요건은 엄격히 해석되어야** 할 것이다."라고 하면서(헌재 1996. 2. 29. 93헌마186, 판례집 8-1, 111, 120-121), 나아가 "긴급권은 본질상 비상사태에 대응하기 위한 잠정적 성격의 권한이므로 긴급권의 발동은 그 목적을 달성할 수 있는 **최단기간 내로 한정**되어야 하고 그 원인이 소멸된 때에는 지체 없이 해제하여야 할 것 …."이라고 판시하고 있다(판례집 8-1, 111, 124).

다. 긴급재정경제처분 · 명령의 효력

긴급재정경제처분 · 명령이 **국회의 승인을 얻지 못한 경우**에는 그 처분 또는 명령은 그때부터 효력을 상실한다. 이 경우 그 명령에 의하여 개정 또는 폐지되었던 법률은 그 명령이 승인을 얻지 못한 때부터 당연히 효력을 회복한다(헌법 제76조 제4항). 긴급재정경제처분이 **국회의 승인을 얻은 경우**에는 국회의 의결을 거친 행정처분으로서의 성격을 가지게 되며, 긴급재정경제명령의 경우에는 그 형식에 있어서는 명령이지만 국회가 제정한 **법률과 동일한 효력**을 가진다.

3. 긴급명령권

헌법 제76조 제2항은 "대통령은 국가의 안위에 관계되는 중대한 교전상태에 있어서 국가를 보위하기 위하여 긴급한 조치가 필요하고 국회의 집회가 불가능한 때에 한하여 법률의 효력을 가지는 명령을 발할 수 있다."고 하여 대통령의 긴급명령권을 규정하고 있다. **긴급명령**이란, 교전상태라는 비상사태가 발생하고 국회의 집회가 불가능한 때에 국회가 법률로써 정해야 할 사안을 대통령의 명령으로 규정할 수 있는 **긴급입법제도**이다.

모든 국가긴급권이 위기적 상황에 대처하기 위한 잠정적이고 현상유지적인 조치이므로, 긴급명령권도 '국가를 보위하기 위한 목적'으로 **소극적이고 제한적으로 행사되어야** 한다. 따라서 국가긴급권의 소극적 성격에 비추어 긴급명령으로써 헌법을 개정할 수 있는지 또는 국회를 해산할 수 있는지의 문제는 당연히 부정되어야 하며, **국가긴급권의 예외적이고 잠정적인 성격**에 비추어 긴급명령권을 행사할 수 있는 요건은 엄격하게 해석해야 한다. 긴급명령권의 **절차적 요건**은 긴급재정경제처분 · 명령의 절차적 요건과 같다. **긴급명령의 효력**도 긴급재정경제명령의 효력과 같다.

판 례 **유신헌법에 근거**하여, 유신헌법을 반대하는 일체의 행위를 금지하고 이에 위반하면 처벌하도록 규정한 대통령긴급조치의 위헌여부가 문제된 **'긴급조치 사건'**에서, "**최소한 법률과 동일한 효력**을 가지는 이 사건 긴급조치들의 위헌여부 심사권한도 헌법재판소에 전속한다."고 확인한 다음, "헌법재판소가 행하는 구체적 규범통제의 심사기준은 원칙적으로 **헌법재판을 할 당시에 규범적 효력을 가지는 현행 헌법**이다."라고 판시하여 **현행헌법을 위헌 심사의 준거규범**으로 삼아 이 사건 긴급조치를 위헌으로 판단한 바 있다(헌재 2013. 3. 21. 2010헌바132 등, 판례집 25-1, 180, 181).

4. 계엄선포권

가. 의미

헌법 제77조 제1항은 "대통령은 전시 · 사변 또는 이에 준하는 국가비상사태에 있어서 병력으로써 군사상의 필요에 응하거나 공공의 안녕질서를 유지할 필요가 있을 때에는 법률이 정하는 바에 의하여 계엄을 선포할 수 있다."고 하여 대통령의 계엄선포권을 규정하고 있다. 계엄이란, 전시 · 사변 등 국가비상사태에서 대통령이 전국 또는 일정한 지역을 병력으로써 경비하고 당해 지역의 행정사무와 사법사무의 일부 또는 전부를 군(軍)의 관할 하에 두는 국가긴급권제도를 말한다.

나. 실체적 · 절차적 요건

계엄선포권도 국가긴급권의 일종으로서 '군사상의 필요나 공공의 안녕질서의 유지'라는 **소극적이고 현상유지적인 성격**을 가진다. 계엄선포권은 군정(軍政)을 일반국민에게까지 확대하는 중대한 효과를 가져오므로, **그 요건은 엄격하게 해석되어야** 한다. 계엄은 전시 · 사변 또는 이에 준하는 국가비상사태가 발생한 경우에 군사상의 필요에 응하거나 공공의 안녕질서를 유지하기 위하여 병력의 동원이 요청되는 경우에 한한다.

대통령이 계엄을 선포하려면 국무회의의 심의를 거쳐야 한다(헌법 제89조 제5호). 계엄을 선포한 때에는 대통령은 지체없이 국회에 통고하여야 한다(헌법 제77조 제4항). 국회가 폐회 중일 때에는 대통령은 지체 없이 국회에 집회를 요구하여야 한다(계엄법 제4조 제2항).

다. 계엄의 종류 및 효력

헌법 제77조 제2항은 "계엄은 비상계엄과 경비계엄으로 한다."고 하여 계엄의 종류를 비상사태의 긴급성과 위험성에 따라 **비상계엄과 경비계엄**으로 구분하고 있다. 비상계엄의 상황이 경비계엄과 비교할 때 보다 긴급하고 절박한 상황이므로(계엄법 제2조 참조), 계엄의 효력도 이에 비례하여 보다 강력할 수밖에 없다(계엄법 제7조 참조).

헌법 제77조 제3항은 "비상계엄이 선포된 때에는 법률이 정하는 바에 의하여 영장제도, 언론 · 출판 · 집회 · 결사의 자유, 정부나 법원의 권한에 관하여 특별한 조치를 할 수 있다."고 하여 국민의 기본권 및 정부와 법원에 대하여 특별조치를 취할 수 있음을 규정하고 있다. 여기서 **"정부나 법원의 권한에 관하여 특별한 조치"** 라 함은, 비상계엄의 선포와 동시에 계엄사령관은 계엄지역안의 모든 행정사무와 사법사무를 관장함으로써 정부와 법원의 권한이 군대의 관할 하에 들게 된다는 것을 의미한다.

라. 계엄의 해제

대통령은 계엄 상황이 평상상태로 회복되거나 국회가 계엄의 해제를 요구한 경우에는 지체 없이 계엄을 해제하고 이를 공고하여야 한다(계엄법 제11조 제1항). 국회가 재적의원 과반수의 찬성으로 계엄의 해제를 요구한 때에는 대통령은 국무회의의 심의를 거쳐 이를 해제하여야 한다(헌법 제77조 제5항).

5. 국가긴급권의 행사에 대한 사법적 심사

가. 국가긴급권 행사요건의 충족여부에 대한 심사

대통령에 의한 국가긴급권의 행사는 고도의 정치적 행위이기는 하나, 소위 '통치행위'도 사법적 심사의 대상이 된다. **헌법이 스스로 국가긴급권을 행사하기 위한 실체적 요건과 절차적 요건을 규정**하고 있는 이상, 대통령은 이러한 헌법적 요건에 의하여 구속을 받으므로, 국가긴급권의 행사에 대한 **사후적인 사법적 통제가 가능**해야 한다.

여기서 **사법기관이 어느 정도로 헌법이 정한 요건이 충족되었는지 여부를 심사할 수 있는지의 문제**가 제기된다. 사법기관은 대통령의 국가긴급권 행사의 타당성과 적정성을 판단함에 있어서 대통령에게 폭넓은 정치적 판단재량을 인정해야 하고, 비상상황에 대한 대통령의 정치적 판단을 자신의 정치적 판단으로 대체하고자 해서는 안 된다. 따라서 국가긴급권 행사요건의 충족여부에 대한 사법적 심사는 일반적으로 **대통령의 판단이 명백히 비합리적이거나 자의적인지를 심사**하는 '명백성의 판단'에 제한된다.

판례 **헌법재판소가 어느 정도로 국가긴급권 행사요건의 충족여부를 심사할 수 있는지**에 관하여 "대통령은 기존의 금융실명법으로는 앞서 본 바와 같은 재정·경제상의 위기상황을 극복할 수 없다고 판단하여 이 사건 긴급명령을 발한 것임을 알 수 있고, **대통령의 그와 같은 판단이 현저히 비합리적이고 자의적인 것이라고는 인정되지 않으므로 이는 존중되어야 할 것**이며, …"라고 판시하고 있다(헌재 1996. 2. 29. 93헌마186, 판례집 8-1, 111, 120, 123).

나. 대통령의 긴급명령·처분의 내용에 대한 심사

국가긴급권 행사요건의 충족여부에 대한 심사와 구분해야 하는 별개의 문제는 **국가긴급권을 행사한 '결과'인 대통령의 긴급명령·처분의 위헌여부**에 관한 심사이다. 대통령의 **긴급명령·처분의 내용**에 대해서는 일반적인 사법적 심사가 가능하다. 가령, 국회의 승인을 얻은 긴급명령이나 긴급재정경제명령은 법률적 효력을 가지므로, 위헌법률심판이나 헌법소원심판을 통하여 헌법재판소에 의한 심사가 가능하다. 이러한 경우, 대통령의 긴급명령의 내용에 대한 위헌심사는 일반적 법률의 위헌심사와 마찬가지로 과잉금지원칙, 평등원칙 등의 관점에서 이루어진다.

판례 한편, 헌법재판소는 **'금융실명제 사건'**에서 **대통령의 긴급재정경제명령이 개인의 기본권을 침해하는지 여부**에 관하여 "긴급재정경제명령이 아래에서 보는 바와 같은 **헌법 제76조 소정의 요건과 한계에 부합하는 것**이라면 그 자체로 목적의 정당성, 수단의 적정성, 피해의 최소성, 법익의 균형성이라는 기본권제한의 한계로서의 **과잉금지원칙을 준수하는 것**이 되는 것이다."라고 판시하고 있는데(헌재 1996. 2. 29. 93헌마186, 판례집 8-1, 111, 119-120), 이러한 판시내용은 '국가긴급권 행사요건의 충족여부에 대한 심사'와 '국가긴급권행사의 결과로서의 긴급명령의 내용에 대한 위헌심사'를 동일시하고 있다는 점에서, 그 **타당성에 대하여 의문이 제기**된다. 대통령은 긴급명령을 발함에 있어서 헌법이 정한 요건을 충족시켜야 할 뿐만 아니라, 나아가 긴급명령의 내용도 헌법에 위반되어서는 안 된다.

VI. 집행에 관한 권한

1. 집행에 관한 최고결정권(最高決定權)

헌법은 "행정권은 대통령을 수반으로 하는 정부에 속한다."고 규정하여(제66조 제4항), 대통령이 집행권의 최고책임자이자 집행에 관한 최종결정권자임을 명시적으로 밝히고 있다.

2. 외교에 관한 권한

대통령은 국가원수로서 **외국에 대하여 국가를 대표**한다(헌법 제66조 제1항). 대통령은 **조약을 체결하고 비준**하는 권한을 가진다(헌법 제73조). 헌법 제60조 제1항에 열거된 조약을 체결·비준하는 경우에는 반드시 국회의 동의를 얻어야 한다. 대통령은 외교사절을 신임·접수 또는 파견하며, **선전포고와 강화를 할 권한**을 가진다(헌법 제73조). 대통령이 선전포고를 하거나 강화조약을 체결하는 경우에는 국회의 동의를 얻어야 한다(헌법 제60조). 헌법은 제60조 제2항에서 '**국군의 외국에의 파견 또는 외국군대의 대한민국 영역 안에서의 주류**에 대한 국회의 동의권'을 규정함으로써, 간접적으로 이에 관한 대통령의 권한을 규정하고 있다.

3. 재정에 관한 권한

대통령은 재정에 관한 일련의 권한을 가지고 있는데, 이러한 권한은 재정에 관한 국회의 권한에 대응하는 것이다. 재정에 관한 대통령의 권한에는 예산안 편성 · 제출권(헌법 제54조), 준예산 집행권(제54조 제3항), 예비비 지출권(제55조 제2항), 추가경정예산안 편성 · 제출권(제56조), 국채모집권 및 예산외 국가부담계약 체결권(제58조), 긴급재정 · 경제처분 및 명령권(제76조 제1항), 결산검사권(제99조) 등이 속한다.

4. 공무원임면권

대통령은 헌법과 법률이 정하는 바에 의하여 공무원을 임명하고 면직시킬 수 있는 권한을 가진다(헌법 제78조). 대통령의 공무원임면권(公務員任免權)은 공무원의 임명에 다른 국가기관의 협력이나 동의를 요구하는 **권력분립원리**, 직업공무원의 신분보장을 요청하는 **직업공무원제도** 및 그 외 **헌법과 법률의 개별규정**에 의하여 **제한**을 받는다.

헌법은 대통령에 의한 공무원의 임명에 대하여 **다른 기관의 제청**을 요구함으로써(가령, 대법관, 국무위원, 감사위원 등의 경우), **다른 기관의 동의**를 요구함으로써(국무총리, 대법원장과 대법관, 헌법재판소장, 감사원장 등의 경우), **법정의 자격**을 요구함으로써(가령, 헌법재판소 재판관의 경우) 또는 **국무회의의 심의**를 요구함으로써(가령, 검찰총장, 합동참모의장, 각군참모총장, 국립대학교총장, 대사 등의 경우), **대통령의 공무원임면권을 제한**하고 있다.

5. 국군통수권

가. 국군통수권의 내용

대통령은 헌법과 법률이 정하는 바에 의하여 국군을 통수하는 권한을 가진다(헌법 제74조). 헌법은 대통령에게 국군통수권(國軍統帥權)을 부여함으로써, 대통령이 **국군의 최고사령관이자 최고의 지휘 · 명령권자**임을 밝히고 있다. 헌법은 대통령에게 국가를 수호해야 할 의무를 부과하고(제66조 제2항) 선전포고와 강화를 할 수 있는 권한(제73조), 병력동원을 전제로 하는 계엄을 선포할 수 있는 권한(제77조), 외국에 국군을 파병할 수 있는 권한(제60조) 등 **국가방위와 군사(軍事)에 관한 포괄적인 의무와 권한을 부여**하고 있는데, 대통령의 국군통수권은 이러한 권한을 행사하고 의무를 이행하기 위한 **필수적인 수단**이다.

나. 국군통수권의 한계

헌법 제74조 제2항은 **국군의 조직과 편성**은 법률로 정하도록 규정함으로써, 국군의 기본구조는 국가공동체의 본질적이고 중대한 결정으로 **국회에 유보되어야** 한다는 것을 밝히고 있다. 뿐만 아니라, 헌법은 국무회의의 심의사항을 규정하는 제89조에서 "합동참모의장 · 각군참모총장"을 언급함으로써 국군의 조직과 편성에 있어서 고려해야 하는 지침을 간접적으로 제시하고 있다. 이에 따라 국군은 **각군분리주의**(各軍分離主義)에 따라 각군의 전문성과 특수성을 보장하는 육 · 해 · 공

3군의 병립체제로 조직·편성되어야 한다.

또한, 헌법이 **침략적 전쟁을 부인**하고 있기 때문에(제5조 제1항), 대통령이 국군통수권을 침략전쟁의 목적을 위하여 행사할 수 없음은 당연하고, **문민원칙**(文民原則)을 규정하는 헌법 제86조 제3항 및 제87조 제4항에 비추어, 문민원칙을 배제하는 국군통수권의 행사 역시 허용될 수 없다. 그 외에도, 대통령은 안전보장에 관한 조약, 강화조약, 선전포고, 국군의 외국파견, 외국군대의 대한민국 영역 안에서의 주류에 대하여 **국회의 동의**를 얻어야 한다는 제약을 받는다(헌법 제60조).

6. 영전수여권

대통령은 법률이 정하는 바에 의하여 훈장 기타 영전(榮典)을 수여(授與)하는 권한을 가진다(헌법 제80조). 훈장 기타 영전의 수여는 국가에 공로가 있는 자를 표창할 목적으로 공상(功償)을 부여하는 행위를 말한다. 영전수여에 관한 법률로는 **상훈법**(賞勳法)이 있다. 훈장 등의 영전은 이를 받은 자에게만 효력이 있고, 어떠한 특권도 이에 따르지 않는다(헌법 제11조 제3항).

Ⅶ. 대통령의 권한행사의 방법

1. 문서주의(文書主義)

대통령은 헌법상 부여받은 권한을 행사하는 경우, 헌법과 법률이 정한 절차와 방법에 따라야 한다. 대통령의 **국법상 행위는 문서로써** 한다(헌법 제82조). **'국법상 행위'**란, 헌법이나 법령이 대통령의 권한으로 하고 있는 일체의 행위를 말한다. 대통령의 국법상 행위를 **문서로써** 하도록 한 것은, 대통령의 권한행사의 내용을 문서로써 명확하게 하고 그에 관한 증거를 남김으로써 **법적 안정성**을 꾀하고, 구두에 의한 권한행사의 경우 발생할 수 있는 임의성이나 즉흥성을 피하고 **신중**을 기하게 하려는 데에 그 목적이 있다.

2. 부 서

가. 부서의 개념

헌법 제82조는 "대통령의 국법상 행위는 문서로써 하며, 이 문서에는 국무총리와 관계 국무위원이 부서(副署)한다. 군사에 관한 것도 또한 같다."고 하여 대통령의 국법상 행위에 대한 국무총리와 국무위원의 부서권을 규정하고 있다. **부서**란, 대통령의 권한행사를 위한 문서에 대통령의 서명에 이어 국무총리와 관계 국무위원이 서명하는 것을 말한다. **'관계 국무위원'**이란 그 사무를 주관하는 행정각부의 장인 국무위원을 말한다.

나. 헌법상 부서제도의 의미

부서제도의 의미 또는 법적 성격에 관하여 **책임소재설**(부서는 보좌기관으로서의 책임을 지우고 책임소재를 분명히 하고자 한다는 견해)과 **물적 증거설**(부서는 대통령의 국법상 행위에 참여하였다는 물적 증거를 의미한다는 견해)이 서로 대립하고 있다.

부서는 원래 입헌군주제에서 군주의 친서에 대신(大臣)이 서명하는 제도에서 유래한다. 역사적 생성배경에서 볼 때, 부서권이란 **군주의 전횡을 방지**하면서 군주의 통치행위와 관련하여 신성불가침한 군주를 대신하여 그가 임명한 **대신에 대하여 책임을 묻기 위한 제도**로서 형성된 것이다.

과거 군주국가에서 인정되던 **부서제도의 의미는 대통령제 국가에서는** 사실상 존재하지 않는다. 우리 헌법에서 국회는 국무총리 · 국무위원에 대하여 그 해임을 건의할 수 있을 뿐, 국무총리 · 국무위원은 국회에 대하여 정치적 책임을 지지 않기 때문에, 책임이 없는 자에게 책임소재를 명백히 한다는 것은 무의미하다. 다만, 부서제도에는 대통령의 권한행사에 대한 **기관내부적 권력통제수단으로서의 기능**이 일부 인정될 수 있다. 그러나 대통령이 국무총리 · 국무위원을 원칙적으로 자유로이 해임할 수 있기 때문에, 부서제도의 권력통제기능은 매우 제한적이다.

다. 부서 없는 대통령의 국법상 행위의 효력

이에 관하여 유효설과 무효설이 대립하나, 부서는 대통령의 **국법상의 행위에 관한 유효요건이 아니라 적법요건**으로 보아야 한다는 유효설이 타당하다. 대통령의 국정행위에 국무총리와 관계국무위원이 부서하였는지 여부는 외부에서 확인하고 판단할 수 없기 때문에, 대외적 효과를 가지는 대통령의 국정행위의 효력을 기관내부의 절차적 하자 여부에 결부시킴으로써 부서 없는 대통령의 국정행위를 소급적으로 무효로 만드는 것은 **법치국가적 법적 안정성의 요청**에 반하는 것이다. 따라서 **부서 없는 국법상의 행위는 무효가 되는 것이 아니라 단지 위법적 행위**가 되는 것이며, 국회는 대통령의 위법적 행위에 대하여 단지 탄핵소추를 할 수 있을 뿐이다.

국무총리와 국무위원은 국가기관으로서 헌법과 법률의 구속을 받으므로, 대통령의 국법행위에 대하여 헌법상 또는 법률상 하자의 의심이 있는 경우에는 **부서를 거부할 수 있다**. 물론, 국무총리나 국무위원이 부서를 거부하는 경우, 대통령은 그를 언제든지 해임할 수 있으므로, 부서를 거부할 수 있는지 여부는 현실적인 의미를 가지지 못한다.

3. 국무회의의 심의

국무회의는 정부(집행부)의 권한에 속하는 중요한 정책을 심의한다(헌법 제88조 제1항). 대통령이 헌법 제89조에 의하여 국무회의의 심의를 거쳐야 하는 것은 사실상 **대통령의 중요한 권한에 속하는 모든 사항**이다.

4. 자문기관의 자문

헌법은 **제90조 내지 제93조**에서 다양한 대통령 자문기관을 규정하고 있다. 이 중에서 **필수적으로** 설치되어야 하는 자문기관은 단지 '국가안전보장회의'뿐이고, 나머지 자문기관인 국가원로자문회의, 민주평화통일자문회의, 국민경제자문회의 등은 **임의적으로** 설치될 수 있다. 대통령은 국가안전보장에 관련되는 대외정책 · 군사정책과 국내정책의 수립에 관하여 국무회의의 심의에 앞서 국가안전보장회의의 자문을 구할 수 있다(헌법 제91조). **자문의 본질상**, 대통령은 자문기관에게 자문을 구할 것인지 여부 및 자문기관의 자문의견을 따를 것인지 여부를 자유롭게 결정할 수 있다. 자문기관의 의견은 단지 대통령이 고려할 수 있는 하나의 참고자료일 뿐이지, 대통령을 기속할 수 없음은 당연하다.

제3절 행정부

제1항 국무총리

Ⅰ. 국무총리제의 헌법상 의미

헌법은 제86조에서 "① 국무총리는 국회의 동의를 얻어 대통령이 임명한다. ② 국무총리는 대통령을 보좌하며, 행정에 관하여 대통령의 명을 받아 행정각부를 통할한다. ③ 군인은 현역을 면한 후가 아니면 국무총리로 임명될 수 없다."고 규정하고 있다. 현행헌법상 **국무총리**는 대통령의 보좌기관이라는 점에서 집행부의 실질적 수반인 의원내각제의 수상에 해당하지도 않고, 미국형 대통령제 정부형태에서 대통령의 유고에 대비하여 두는 부통령에 해당하지도 않는다. **국무총리제는 우리 헌정사에서 유래하는 특유한 제도**로서, 건국헌법의 제정과정에서 정치적 타협의 산물로서 도입된 것이다.

국무총리제의 헌법적 의미는 다음과 같다. 첫째, 국회의 국무총리 해임건의권, 국무총리의 국회 출석·답변의무에서 나타나듯이, 국무총리는 **대통령을 대신하여 집행부의 대입법부 창구**(對立法部 窓口) 및 일상적인 국정운영에서 대통령의 정치적 방파제로서의 역할을 한다. 둘째, 국무총리의 국무위원 임명제청권·해임건의권 및 대통령의 모든 직무행위에 대한 부서권에서 나타나는 바와 같이, 대통령의 권한행사에 대하여 **기관내부적 통제수단**으로서 기능한다.

Ⅱ. 국무총리의 헌법상 지위

국무총리는 독자적으로 정치적 결정권을 행사하는 기관이 아니라 집행에 관하여 대통령을 보좌하는 **대통령의 보좌기관**이다. 국무총리는 대통령에 다음가는 집행부의 제2인자로서의 지위를 가진다. 국무총리는 행정각부와의 관계에서 **대통령 다음의 상급행정관청**으로서의 지위를 가진다. 국무총리는 대통령의 명을 받아 **행정각부를 통할**한다. 뿐만 아니라 국무총리는 행정각부의 사무를 기획·조정하는 업무(정조법 제7조 제5항) 및 특정의 행정각부에 소속시킬 수 없는 성질의 사무를 그 **소관사무**로서 처리한다.

Ⅲ. 국무총리의 신분

1. 국무총리의 임명과 해임

국무총리는 국회의 동의를 얻어 대통령이 임명한다(헌법 제86조 제1항). **국무총리의 임명을 위하여 국회의 동의를 얻도록 한 것**은, 헌법상 국무총리에게 부여된 기능, 특히 행정부 내부적 통제권한(국무위원 임명제청권·해임건의권·부서권 등)에 비추어 국무총리직을 수행하기에 적합한 인물을 임명하도록 대통령의 임명권을 견제하고자 하는 것이고, 또한 국무총리가 대통령을 대신하여 국회와 직접 접촉하고 공화관계를 유지하는 기능을 이행한다는 점에서 국회의 신임을 바탕으로 집행부의 대국회(對國會) 창구(窓口)의 역할을 할 수 있도록 하고자 하는 것이다.

대통령은 **국무총리를 임의로 해임**할 수 있다. 다만, 대통령은 국무총리의 임면과 관련하여 국회의 동의권에 의한 사실상의 구속을 받는다. 특히 **국회 내의 세력분포가 여소야대의 상황**에서는 국회가 차기 국무총리에 대한 동의를 거부할 수 있으므로, 대통령이 임의로 국무총리를 해임하거나 임명할 수 없는 상황이 전개된다.

2. 국무총리의 문민원칙(文民原則)

헌법은 군인은 현역을 면한 후가 아니면 국무총리로 임명될 수 없다고 규정함으로써(제86조 제3항) 문민통치의 원칙을 표명하고 있다. 현역군인은 국무위원으로도 임명될 수 없다(헌법 제87조 제4항). 이러한 문민원칙은 **군의 정치적 중립성**(헌법 제5조 제2항)**을 보장하기 위한 하나의 수단**이라 할 수 있다.

Ⅳ. 국무총리의 권한

1. 행정부구성의 관여권

국무총리는 국무위원과 행정각부의 장의 임명에 대한 제청권(헌법 제87조 제1항, 제94조)과 국무위원해임건의권(헌법 제87조 제3항)을 가지고 **행정부의 구성에 관여**한다. 국무위원과 행정각부의 장은 국무총리의 제청으로 대통령이 임명한다. 국무총리가 임명제청을 해야 대통령이 국무위원을 임명할 수 있으므로, 국무총리의 협조 없이는 행정부의 구성이 불가능하다.

국무총리에게 **국무위원과 행정각부의 장 임명제청권을 부여**한 것은, 행정부 내부적으로 권한의 분산을 통하여 대통령의 조직권한을 통제하고자 하는 **기관내부적 통제장치**로서 고안된 것이다. 그러나 대통령은 보좌기관인 국무총리의 제청에 법적 구속을 받지 않으므로, 임명제청권은 형식적 권한에 불과하다. 다만, 대통령이 국무총리의 임명제청을 따르지 않는 경우에는 이를 정당화해야 하는 사실상의 압력으로 작용할 수 있다. 임명제청과 마찬가지로, 국무위원에 대한 **국무총리의 해임건의**도 대통령을 구속하지 않는다. 대통령이 **국무총리의 제청 없이** 국무위원이나 행정각부의 장을 임명한 경우, 대통령의 그러한 행위가 헌법위반으로 탄핵소추의 대상이 될 수는 있으나, 그 임명행위가 무효로 되는 것은 아니다.

2. 행정각부의 총할·감독권

국무총리는 대통령의 명을 받아 행정에 관하여 **행정각부를 통할**하고, 행정각부의 장에 대한 상급관청으로서 **행정각부의 장의 권한행사에 대하여 지휘·감독**을 할 수 있는 권한을 가진다(헌법 제86조 제2항, 정조법 제18조).

3. 총리령 제정권

국무총리는 소관사무에 관하여 법률이나 대통령령의 위임 또는 직권으로 **총리령을 제정**할 수 있다(헌법 제95조). 국무총리는 법률이나 대통령령의 위임에 의한 **위임명령**, 법률이나 대통령령의 집행을 위한 **직권명령**(집행명령) 및 행정기관 내부에서만 효력을 가지는 **행정명령**(행정규칙)을 발할 수 있다. 국무총리가 위임명령과 집행명령을 제정함에 있어서 준수해야 하는 사항은 헌법 제75조에서 대통령의 위임명령과 집행명령에 대하여 제기되는 요청과 동일하다.

국무총리가 제정하는 총리령과 행정각부의 장이 제정하는 부령 사이에는 효력상 우열의 차이는 없다. **총리령과 부령이 동위(同位)에 있다**고 하는 것은 헌법 제95조의 법문에서도 표현되고 있다. 여기서 문제가 되는 것은 우열의 문제가 아니라 국무총리와 행정각부의 장 중에서 어떠한 기관이 규율대상을 규율하기에 보다 적합한지에 관한 합목적성의 문제이다.

4. 그 외의 권한

국무총리는 집행부의 제2인자로서 대통령의 유고시 제1차적으로 **대통령의 권한을 대행**한다(헌법 제71조). 국무총리는 **국무회의의 부의장**으로서 국무회의에서 정부의 권한에 속하는 중요한 정책의 심의에 참여할 수 있는 권한을 가진다(헌법 제88조 제3항, 제89조). 국무총리는 **국회나 그 위원회에 출석**하여 국정처리상황을 보고하거나 **의견을 진술**하고 질문에 응답할 수 있다(헌법 제62조). 국무총리는 문서로써 하는 대통령의 모든 국무행위에 **부서**할 수 있는 권한을 가진다(헌법 제82조). 반면에, 국무위원은 그와 관계가 있는 사항에 대해서만 부서한다.

제 2 항 국무위원

Ⅰ. 국무위원의 헌법상 지위

헌법은 제87조에서 "① 국무위원은 국무총리의 제청으로 대통령이 임명한다. ② 국무위원은 국정에 관하여 대통령을 보좌하며, 국무회의의 구성원으로서 국정을 심의한다. ③ 국무총리는 국무위원의 해임을 대통령에게 건의할 수 있다. ④ 군인은 현역을 면한 후가 아니면 국무위원으로 임명될 수 없다."고 하여 국무위원에 관하여 규정하고 있다. 국무위원은 집행부의 최고정책심의기관인 **국무회의의 구성원**으로서 집행부의 권한에 속하는 중요정책을 심의한다. 국무위원은 **대통령의 보좌기관**으로서 국정에 관하여 대통령을 보좌한다(헌법 제87조 제2항).

Ⅱ. 국무위원의 신분

국무위원은 국무총리의 제청으로 대통령이 임명한다(헌법 제87조 제1항). 군인은 현역을 면한 후가 아니면 국무위원으로 임명될 수 없다(동조 제4항). 국무위원의 수는 15인 이상 30인 이하이다(헌법 제88조 제2항). 국무위원은 의원직을 겸할 수 있고(헌법 제43조), 행정각부의 장도 겸할 수 있다. 행정각부의 장은 국무위원 중에서 국무총리의 제청으로 대통령이 임명한다(헌법 제94조). 임명권자인 대통령은 국무위원을 자유로이 해임할 수 있다. 국무총리와 국회도 국무위원의 해임을 건의할 수 있는데(헌법 제87조 제3항, 제63조), 해임건의는 대통령을 구속하지 않는다.

Ⅲ. 국무위원의 권한

국무위원은 국무회의의 구성원으로서 **국무회의의 심의에 참여하여 정책을 심의**할 수 있는 권한을 가진다. 국무위원은 의장에게 의안을 제출하고 국무회의의 소집을 요구할 수 있으며(정조법 제12조 제3항), 국무회의는 국무위원이 제출한 의안을 심의해야 한다(헌법 제89조 제17호). 국무위원은 **국회나 그 위원회에 출석하여 국정처리상황을 보고하거나 의견을 진술**하고 질문에 응답할 수 있다(헌법 제62조 제1항). 국무위원은 자신의 업무와 관련되는 **대통령의 국정행위문서에 부서**할 수 있는 권한을 가진다(헌법 제82조). 대통령이 궐위되거나 사고로 인하여 직무를 수행할 수 없을 때에는 국무총리에 이어 법률(정조법 제26조 제1항)이 정한 국무위원의 순서로 **대통령의 권한을 대행**한다.

제3항 국무회의

Ⅰ. 국무회의의 헌법적 지위

헌법은 제88조에서 "① 국무회의는 정부의 권한에 속하는 중요한 정책을 심의한다. ② 국무회의는 대통령·국무총리와 15인 이상 30인 이하의 국무위원으로 구성한다. ③ 대통령은 국무회의의 의장이 되고, 국무총리는 부의장이 된다."고 하여 **국무회의의 기능과 구성**에 관하여 규정하면서, **제89조**에서 구체적으로 **국무회의의 심의사항을 열거**하고 있다. 국무총리제와 마찬가지로, 국무회의제도도 미국형 대통령제에서는 유례를 찾아 볼 수 없는 **우리 헌법의 특유한 제도**이다.

1. 대통령의 정책보좌기관

국무회의는 대통령과 국무총리 및 국무위원으로 구성되는 회의체(會議體)에서 집행부의 권한에 속하는 중요한 정책을 사전에 심의함으로써 대통령의 정책결정을 보좌하는 정책보좌기관이다. 국무총리나 국무위원이 단독으로 대통령을 보좌하는 반면, 국무회의는 회의체의 형태로 대통령을 보좌한다는 점에서 **'회의체 보좌기관'**이라 할 수 있다. 한편, 대통령의 보좌기능 외에도, 국무회의는 **행정각부의 정책을 조정·통합**함으로써 정부정책의 통일성과 조화를 꾀하며, 대통령의 정책결정에 있어서 신중을 기하게 하고 대통령 단독의 독단적인 정책결정을 방지하는 **기관내부적 권력통제수단으로서의 기능**도 한다.

2. 집행부의 최고정책심의기관

국무회의는 집행부의 권한에 속하는 중요한 정책을 심의하는 집행부 내의 최고정책심의기관이다. 한편, 국무회의는 법문 그대로 정책을 의결하는 기관이 아니라 **단지 정책을 심의**하는 데 그치는 기관이다. **심의기관으로서의 국무회의의 성격**은 이미 **대통령의 보좌기관의 성격**으로부터 필연적으로 나오는 것이다. 국무회의는 집행부의 모든 중요한 정책을 심의할 수 있지만, 대통령은 그 심의내용에 구속을 받지 않으며 국무회의의 심의내용과 다른 정책결정을 내릴 수 있다.

국무회의는 의결기관이 아니라는 점에서 집행부의 정책에 관하여 구속력을 가지고 의결하는 **의원내각제의 내각**과 다를 뿐만 아니라, 집행부의 중요한 정책은 헌법상 반드시 국무회의의 심의를 거쳐야 한다는 점에서 대통령을 보좌하는 단순한 자문기관인 **미국형 대통령제의 각료회의**와도 구분된다.

3. 필수적 회의체(會議體) 헌법기관

국무회의는 의결의 형식으로 기관의 의사를 형성하고 결정하는 합의제기관이 아니라, 대통령과 국무총리 및 국무위원으로 구성되는 회의체이다. 그러나 국무회의제도는 **적어도 심의과정에서 합의체의 형식**을 취함으로써 합의제원칙이 제공하는 장점을 취하고자 시도하고 있다. 국무회의는 헌법에서 그 설치를 명문으로 규정하고 있다는 점에서, **필수적 헌법기관**이다. 이러한 점에서 국무회의는 헌법에 규정이 없는 미국형 대통령제의 각료회의와 다르다.

Ⅱ. 국무회의의 구성

회의체로서 국무회의는 대통령을 비롯하여 국무총리와 15인 이상 30인 이하의 국무위원으로 구성된다(헌법 제88조 제2항). 대통령은 국무회의의 의장이 되고, 국무총리는 부의장이 된다(동조 제3항). 대통령은 국무회의 의장으로서 회의를 소집하고 이를 주재한다(정조법 제12조 제1항). 국무조정실장 · 인사혁신처장 · 법제처장 · 국가보훈처장 · 식품의약품안전처장 그 밖에 법률로 정하는 공무원은 필요한 경우 국무회의에 출석하여 발언할 수 있다(정조법 제13조 제1항).

Ⅲ. 국무회의의 기능

1. 심의사항

국무회의는 **정부(집행부)의 권한에 속하는 중요한 정책을 심의**하는데(헌법 제88조 제1항), **헌법은 제89조**에서 국무회의의 심의를 반드시 거쳐야 하는 **심의사항을 구체적으로 열거**하고 있다. 특히 **헌법 제89조 제17호**는 "기타 대통령 · 국무총리 또는 국무위원이 제출한 사항"을 국무회의의 심의사항으로 규정함으로써, 같은 조 제1호 내지 제16호에서 열거한 사항 외에도 **사실상 집행부의 권한에 속하는 모든 중요한 정책**이 국무회의의 심의대상이 될 수 있음을 밝히고 있다. 이로써 국무회의는 매우 포괄적인 정책심의기능을 가진다.

2. 심의의 효과

국무회의에서 집행부의 중요한 정책에 관하여 심의가 이루어진다 하더라도, 대통령은 국무회의의 **심의내용에 의하여 아무런 구속을 받지 않는다**. 한편, 국무회의의 심의사항임에도 불구하고 **대통령이 그 심의를 거치지 아니하고 정책결정을 한 경우 대통령의 국정행위가 효력을 가지는지의 문제**가 제기된다. 대통령이 정책결정과정에서 국무회의의 심의를 거쳤는지에 관하여 외부에서는 판단할 수 없는 상황에서, 대외적인 효과를 가지는 대통령의 국정행위의 효력여부를 기관내부적

의사결정절차의 준수여부에 결부시킴으로써 국무회의의 심의를 거치지 않은 정책결정을 소급적으로 무효로 만드는 것은 **법적 안정성의 요청에 반하는 것**이다. 따라서 국무회의의 심의를 거치지 않은 대통령의 국정행위는 기관내부적 의사결정의 하자에도 불구하고 **유효하다**. 그러나 대통령의 이러한 행위는 헌법위반으로서 **탄핵소추의 대상**이 될 수 있다.

제 4 항 행정각부

Ⅰ. 행정각부의 기능과 설치 · 조직

1. 기 능

행정각부는 집행부의 구성단위로서, 대통령이 국무회의의 심의를 거쳐 결정한 정책의 집행과 법률의 집행 및 일상적인 국가과제의 실현을 주된 과제로 하는 **중앙행정기관**이다. 행정각부는 대통령과 국무총리의 단순한 보좌기관이 아니라, **독자적인 행정업무가 소관사무로서 귀속**되는 중앙행정기관이다.

2. 설치 · 조직

행정각부의 설치 · 조직과 직무범위는 법률로 정한다(헌법 제96조). 헌법이 행정각부의 설치와 조직을 법률로 정하도록 입법자에게 위임하고 있는 것에서, 국가조직에 관한 기본적인 결정은 국가의 중요하고도 본질적인 사항에 관한 결정으로서 국민의 대표기관인 의회에 유보되어야 한다는 **'의회유보원칙'이 표현**되고 있다. 입법자가 이러한 헌법위임을 이행한 것이 **정부조직법**이다.

정부조직법은 총칙(제1장), 대통령 및 그 소속기관(제2장), 국무총리와 그 소속기관(제3장), 행정각부(제4장)로 구성되어 있으며, 행정각부로서 기획재정부 · 교육부 · 과학기술정보통신부 · 외교부 · 통일부 · 법무부 · 국방부 · 행정안전부 · 국가보훈부 · 문화체육관광부 · 농림축산식품부 · 산업통상자원부 · 보건복지부 · 환경부 · 고용노동부 · 여성가족부 · 국토교통부 · 해양수산부 · 중소벤처기업부 등의 19부를 규정하고 있다(제26조 제1항). 행정각부에 장관 1명과 차관 1명을 두되, 장관은 국무위원으로 보하고, 차관은 정무직으로 한다(제26조 제2항).

Ⅱ. 행정각부의 장

1. 지 위

행정각부의 장(長)은 국무위원 중에서 국무총리의 제청으로 대통령이 임명한다(헌법 제94조). **행정각부의 장을 국무위원 중에서 임명하도록 한 것**은, 국무회의에서 심의되는 집행부 중요정책의 효율적인 실현을 담보하고자 하는 것이다. 행정각부의 장은 대통령, 국무총리, 국무위원으로 구성되는 국무회의의 심의를 거쳐 결정된 집행부의 정책을 실현함에 있어서 **집행부 내에서 통치기구와 행정기구를 연결하는 가교(架橋) 역할**을 한다. 이로써 집행부 내에서 통치기구와 행정기구는 서로 완전히 분리되는 것이 아니라, 행정각부의 장을 통하여 통치기능과 행정기능이 조직상으로 그리고 기능적으로 연결된다.

행정각부의 장은 국무위원으로서 **국무회의의 구성원이자 중앙행정관청의 수장이라는 이중적 지위**를 가진다. 비록 국무위원과 행정각부의 장이 동일인이라 하더라도, 그 지위에 따라 기능도 달라지므로, 양자는 개념적으로 구분해야 한다. 국무위원은 집행부 최고의 정책심의기관인 국무회의의 구성원으로서 집행부의 중요정책의 심의에 참여하는 반면, 행정각부의 장은 국무회의의 심의를 거친 집행부의 중요정책을 대외적으로 집행하고 실현하는 기능을 한다.

2. 권　한

각 행정기관의 장은 **소관사무를 통할**하고 소속공무원을 지휘·감독하며(정조법 제7조 제1항), 소관사무에 관하여 지방행정의 장을 지휘·감독하는 권한을 가진다(정조법 제26조 제3항). 행정각부의 장은 소관사무에 관하여 법률이나 대통령령의 위임 또는 직권으로 **부령을 발할 수 있다**(헌법 제95조). 부령에는 위임명령·집행명령·행정명령의 3가지가 있는데, 그 성질과 효력은 총리령과 같다. 법률안 및 행정입법의 준비작업, 행정각부의 소관사무에 관한 계획과 정책의 수립, 예산안의 작성 등도 행정각부의 장의 권한에 속한다. 또한, 행정각부의 장은 소속공무원에 대한 임용권 및 임용제청권을 가진다(국가공무원법 제32조).

제5항 감사원

Ⅰ. 감사원의 헌법상 지위

1. 대통령 소속의 독립기관

헌법 제97조는 "국가의 세입·세출의 결산, 국가 및 법률이 정한 단체의 회계검사와 행정기관 및 공무원의 직무에 관한 감찰을 하기 위하여 대통령 소속하에 감사원을 둔다."고 하여, 국가예산 집행에 관한 회계검사와 공무원의 직무에 관한 감찰업무를 감사원에 맡기고 있다. **헌법 제100조**("감사원의 조직·직무범위·감사위원의 자격·감사대상공무원의 범위 기타 필요한 사항은 법률로 정한다.")의 위임에 의하여 **감사원법**이 제정되었다. 감사원은 조직상으로는 **대통령에 소속된 중앙행정기관**이지만, 그 기능에 있어서는 누구의 지시나 간섭을 받지 않고 독립적으로 업무를 수행하는 **독립기관**이다. 헌법은 비록 독립기관으로서 감사원의 지위를 명시적으로 규정하고 있지 않지만, **감사원의 독립성**은 이미 헌법에 의하여 부여받은 감사원의 과제와 기능의 본질로부터 나오는 것이다. 감사원의 독립성이 보장되지 않고서는, 감사원은 헌법상 부과 받은 과제를 제대로 이행할 수 없다.

2. 필수적인 합의제 헌법기관

감사원은 헌법이 그 설치와 운영을 명령하는 **필수적 헌법기관**이다. 감사원은 감사원장과 감사위원으로 구성되는 감사위원회의에서 주요업무를 처리하고 의결에 의하여 기관의 의사를 결정하는 **합의제기관**이다(감사원법 제11조). 감사원장과 감사위원은 합의제기관의 구성원으로서 감사업무의 의결에 있어서 동등한 지위를 가진다.

Ⅱ. 감사원의 구성

감사원은 원장을 포함한 5인 이상 11인 이하의 감사위원으로 구성한다(헌법 제98조 제1항). 감사원법에 의하면 감사원은 감사원장을 포함한 7명의 감사위원으로 구성한다(법 제3조). 감사원장은 감사원을 대표하며 소속 공무원을 지휘하고 감독한다(법 제4조 제2항).

감사원장은 국회의 동의를 얻어 대통령이 임명한다(헌법 제98조 제2항). 감사원장의 임명에 국회의 동의를 얻도록 한 것은, 대통령이 감사원 직무의 독립성과 정치적 중립성을 확보하기에 적합한 인물을 임명하도록 대통령의 임명권한을 견제함으로써 감사원의 독립성을 강화하고자 하는 것이다. **감사위원은 원장의 제청으로 대통령이 임명**한다(헌법 제98조 제3항). 감사원장의 제청권과 대통령의 임명권과의 관계는 국무총리의 국무위원 제청권의 경우와 같다. 따라서 대통령은 감사원장의 제청에 구속을 받지 않는다.

감사원장과 감사위원의 임기는 4년으로 하며, 1차에 한하여 중임(重任)할 수 있다(헌법 제98조 제2항, 제3항). **임기제를 채택한 것**은 신분보장을 통하여 신분상의 독립성을 확보하고, 이로써 직무상의 독립성을 보완하고 강화하기 위한 것이다. 감사원법에서는 **법관에 준하는 강력한 신분보장**을 규정하고 있다(제8조). 한편, **연임(連任)을 배제한 것**은, 연임가능성을 고려하여 임명권자를 비롯한 정치권의 눈치를 살피는 등 임기 중 직무독립성이 저해될 위험을 사전에 차단하기 위한 것이다. **중임(重任)을 1차에 제한한 것**도, 장기재직으로 인하여 직무의 독립성이 약화될 위험을 방지하고자 하는 것이다.

Ⅲ. 감사원의 권한

1. 결산검사권 및 회계검사권

감사원은 국가의 세입·세출의 결산, 국가 및 법률이 정한 단체의 회계를 검사하는 권한을 가진다(헌법 제97조). 감사원의 이러한 권한은 국가의 세입·세출의 **결산에 대한 검사권**(결산검사권), 국가의 **회계에 대한 검사권** 및 법률이 정한 단체의 회계에 대한 검사권(회계검사권)으로 구분할 수 있다. 감사원은 세입·세출의 결산을 매년 검사하여 대통령과 차년도 국회에 그 결과를 보고하여야 한다(헌법 제99조).

2. 직무감찰권

감사원은 행정기관 및 공무원의 직무에 관한 감찰을 할 수 있는 권한을 가진다(헌법 제97조). 직무감찰권에는 공무원의 비위적발을 위한 **비위감찰권**과 법령상·제도상 또는 행정상 모순에 관한 **행정감찰권**(감사원법 제34조)이 속한다. 직무감찰의 범위에 관하여는 감사원법 제24조에서 규정하고 있는데, 국회·법원 및 헌법재판소에 소속한 공무원은 직무감찰의 대상에서 제외된다(동조 제3항). 감사원은 **감사결과를 처리하기 위하여 필요한 일련의 권한**을 가진다. 감사원법은 변상책임의 판정권, 징계·문책의 요구권, 시정 등의 요구권, 법령·제도·행정의 개선요구권, 권고권, 수사기관에의 고발권 등을 규정하고 있다(제31조 내지 제35조).

제6항 대통령의 자문기관

헌법은 국정의 중요한 사항에 관하여 대통령의 자문에 응하기 위하여 대통령의 자문기관으로서 **국가원로자문회의, 국가안전보장회의, 민주평화통일자문회의 및 국민경제자문회의**를 규정하고 있다(제90조 내지 제93조). 대통령의 자문기관 중에서 국가안전보장회의는 헌법상 반드시 설치해야 하는 **필수적 자문기관**이고, 나머지의 경우에는 그 설치여부가 대통령의 재량에 달려있는 **임의적 자문기관**이다. 헌법은 이러한 자문기관의 설치를 통하여 대통령이 국가안보·통일·경제정책 등을 수립하고 결정함에 있어서 해당 전문가의 전문적 지식과 경험을 활용할 수 있는 가능성을 제공하고 있다. 자문기관의 본질상, 자문을 받을 것인지의 여부가 전적으로 대통령의 자유재량에 달려있으므로, **대통령이 어느 정도로 자문기관을 활용할 것인지**는 전적으로 대통령의 선택에 달려있다.

헌법은 자문기관의 설치에 관하여 구체적인 사항은 법률로써 정하도록 위임하고 있는데, 이에 관한 법률로서 **국가안전보장회의법, 민주평화통일자문회의법, 국민경제자문회의법**이 제정되었다. 한편, 헌법은 제127조에서 과학기술의 혁신과 정보 및 인력의 개발을 통하여 국민경제가 발전하도록 이에 필요한 자문기구를 둘 수 있다고 규정하고 있다(소위 '국가교육과학기술자문회의'). 이러한 자문기구는 헌법상의 기관이 아니라는 점에서 다른 자문기관과 구별된다.

제7항 공무원제도

Ⅰ. 헌법 제7조 제1항의 의미

1. 공무원의 개념 및 공직의 헌법적 의미

가. 공무원의 개념

헌법 제7조 제1항은 "공무원은 국민전체에 대한 봉사자이며, 국민에 대하여 책임을 진다."고 규정함으로써, **'국민의 공복(公僕)'으로서 공무원의 헌법적 지위**를 규정하고 있다. **일반적으로 공무원**이란, 국민에 의하여 선출 또는 임용되어 국가나 공공단체와 공법상의 근무관계를 맺고 공공적 업무를 담당하고 있는 사람들을 말한다(헌재 1992. 4. 28. 90헌바27, 판례집 4, 255, 264). 한편, 공무원은 헌법이나 법률에서 다양한 의미로 사용되고 있다. **헌법 제7조 제1항에서 말하는 '공무원'**은 공법상의 모든 근무관계를 포괄하는 개념으로, 공무원법상 경력직과 특수경력직을 포괄하는 '광의의 공무원'(공직자)이다. 반면에, 같은 조 **제2항에서 말하는 '공무원'**은 신분이 보장되는 경력직 공무원(직업공무원)만을 의미하는 협의의 공무원을 의미한다.[7]

나. 공직(公職)의 헌법적 의미

국가는 공법인으로서 필연적으로 **공직자**, 즉 국가의 이름으로 국가에 대한 효력을 가지고 행동하는 자연인을 필요로 한다. 국가는 공직을 통하여 활동한다. **공직**은 국가과제의 이행을 위한 국가의 인적 도구이다. 공직은 기능적으로 국가권력의 행사이며 국가과제의 이행이다.

공직자는 자신의 관할과 권한의 범위 내에서 국가로 기능하기 때문에, 이로부터 공직자에게는 국민을 위하여 국가과제를 이행해야 하는 공직자의 의무와 책임이 발생한다. 공직자는 국민으로부터 위임받은 국가권력을 행사함에 있어서 **공익실현의 의무**를 지며, 수탁자로서 신탁자인 **국민에 대하여 책임**을 진다. 이러한 신탁관계로부터 공직의 사고는 **공직자의 공익실현과 개인의 사적 이익 추구를 구분**할 것을 필연적으로 요청한다. 공직자는 **공직수행에 있어서** 단지 공익실현의 객관적인 의무만을 질 뿐, 개인적 이익을 추구하고 인격을 발현하는 주관적 권리를 가질 수 없다.

2. "국민전체에 대한 봉사자"의 헌법적 의미

헌법 제7조 제1항은 "공무원은 국민전체에 대한 봉사자이며, …"의 표현을 통하여, **공무원의 공익실현의무**를 규정하고 있다. **공공복리의 실현**은 국가공동체의 존재의미이자 모든 국가행위의 궁극적 목적이다. 국가의 궁극적인 목적이 공공복리의 실현이라면, 국가의 도구로서 기능하는 공직자가 공공복리의 구속을 받는 것은 당연하다. 공직자는 국민의 공복이기 때문에, 특정 개인이나 집단, 정당 등의 부분이익이나 특수이익이 아니라 모든 국민의 이익, 즉 공익을 실현해야 한다. 공익실현의 의무는 직업공무원뿐만 아니라 의회나 정부의 정치적 공무원을 포괄하는 모든 공직자에 대하여 적용된다.

공익실현의무는 **직무수행에서 주관성과 자의의 금지, 이기와 자기실현의 포기**를 의미한다. 국가권력이 공직자의 사적 이익을 위하여 행사되는 그 순간에, 국가권력의 행사는 그 정당성을 상실한다. 공직은 자신을 위한 것이 아니라 국민을 위한 것이다.

판 례 헌법재판소는 일련의 결정에서 **공무원의 공익실현의무에 관하여** "공무원은 국민전체에 대한 봉사자이므로 중립적 위치에서 공익을 추구하고 …"(헌재 2004. 3. 25. 2001헌마710, 판례집 16-1, 422, 436) 또는 "헌법 제7조 제1항은 … 공무원은 특정 정당이나 집단의 이익이 아니라 국민 전체의 복리를 위하여 직무를 행한다는 것을 규정하고 있다."(헌재 2004. 5. 14. 2004헌나1, 판례집 16-1, 609, 634)고 판시하고 있다.

3. "국민에 대하여 책임을 진다."의 헌법적 의미

헌법 제7조 제1항은 "공무원은 … 국민에 대하여 책임을 진다."고 하여 국민에 대한 공무원의 책임을 언급하고 있다. 학계의 일부 견해는 여기서의 '책임'을 '공직자의 구체적인 직무수행에 대하여 법적·정치적 책임을 추궁할 수 있다'는 의미로 이해하고 있다. 그러나 헌법은 제7조 제1항

7) 국가공무원법과 지방공무원법에 의하면, 공무원은 임명주체가 국가 또는 지방자치단체인지에 따라 **국가공무원과 지방공무원**으로 대별되고, 이들은 각 다시 일반직(행정일반)·특정직(법관·검사·경찰·교육·군인 등)으로 세분되는 **경력직공무원**과 정무직(선출직 및 정무직)·별정직으로 세분되는 **특수경력직공무원**으로 구분된다. 경력직공무원이란 실적과 자격에 따라 임용되고 그 신분이 보장되며 평생토록 공무원으로 근무할 것이 예정되는 공무원을 말하며, 특수경력직공무원이란 경력직공무원 외의 공무원을 말한다(국가공무원법 제2조).

에서 '공무원의 책임'이란 표현을 통하여 **보다 포괄적이고 근본적인 것**을 규정하고 있다.

공직자의 책임은 '위임된 국가권력'이라는 공직의 사고로부터 나오는 필연적인 결과이다. '국민으로부터 국가권력의 행사를 위임받은 공직자'는 그 권한행사에 있어서 '국가권력을 위임한 국민'에 대하여 책임을 져야 한다. 공직은 국민에 대한 봉사이고, 봉사는 의무이며, 의무는 책임을 수반한다. 결국, 국민에 대하여 책임을 진다는 것은, 일차적으로 **공직이 국민으로부터 위임받은 국가권력이라는 것**을 표현하는 것이고, 나아가 이로부터 파생하는 공직자의 책임과 의무인 '주관성과 자의의 금지', '이기와 자기실현의 포기'를 강조하고 있는 것이다.

Ⅱ. 헌법 제7조 제2항의 의미

1. 직업공무원제도의 헌법적 보장

헌법은 제7조 제2항에서 "공무원의 신분과 정치적 중립성은 법률이 정하는 바에 의하여 보장된다."고 규정하고 있다. 이로써 헌법은 **직업공무원제도를 헌법적 제도로서 보장**하면서, 신분보장과 정치적 중립성을 본질적 구성요소로 하는 **직업공무원제도를 법률로써 형성해야 할 의무**를 입법자에게 부과하고 있다(제도보장에 관하여 제3편 제1장 제5절 Ⅰ. 3. 참조). 우리의 경우 직업공무원제도에 관한 고유한 역사와 전통을 결여하고 있기 때문에, 헌법은 이러한 현실을 감안하여 제7조 제2항에서 서구에서 형성된 직업공무원제도를 수용하면서, **'신분보장'과 '정치적 중립성'**의 요소를 통하여 헌법이 예정하는 **직업공무원제도의 구조적 원칙**을 스스로 제시하고 있다.

2. 직업공무원제도의 구조적 원칙

가. **직업공무원제도**란, 국가공권력의 행사를 전문적 지식과 능력, 충성적인 의무이행에 기초하는 공법상의 근무관계에 있는 공무원에게 위임함으로써 안정적이고 효율적인 행정을 확보하고 나아가 국가생활을 형성하는 정치적 세력에 대한 균형적 요소로 기능하게 하고자 하는 제도이다.

직업공무원제도는 이러한 **헌법적 과제와 기능**(안정적이고 효율적인 국가행정의 확보)**을 이행할 수 있도록 법적으로 구체적으로 형성되어야** 한다. **직업공무원제도를 형성하는 본질적 요소**에는 공무원의 충성의무, 공무원의 신분보장, 공무원의 정치적 중립성 및 능력주의가 속한다. 이러한 요소들은 직업공무원제도가 헌법상 부여받은 기능과 과제를 이행하기 위하여 갖추어야 하는 필수적인 조건에 해당한다.

판례 헌법재판소는 **헌법 제7조 제2항의 의미 및 직업공무원제도의 기능**에 관하여 "헌법 제7조 제2항은 공무원의 신분과 정치적 중립성을 법률로써 보장할 것을 규정하고 있다. 위 조항의 뜻은 공무원이 정치과정에서 승리한 정당원에 의하여 충원되는 엽관제를 지양하고, 정권교체에 따른 국가작용의 중단과 혼란을 예방하며 일관성 있는 공무수행의 독자성과 영속성을 유지하기 위하여 **공직구조에 관한 제도적 보장으로서의 직업공무원제도를 마련해야 한다**는 것이다."라고 판시하고 있다(헌재 1997. 4. 24. 95헌바48, 판례집 9-1, 435, 442).

나. 헌법은 제7조 제1항에서 모든 공직자의 헌법적 지위를 "국민전체에 대한 봉사자"로 규정함으로써 **공익실현의 의무**를 제시하고, 제2항에서 직업공무원제도의 2가지 본질적 요소인 **'공무원의**

신분보장'과 '정치적 중립성'을 명시적으로 언급함으로써 입법자가 공무원제도를 구체적으로 형성함에 있어서 준수해야 하는 지침을 제시하고 있다. '공무원의 신분보장'과 '정치적 중립성'은 직업공무원제도를 구성하는 핵심적인 구조원칙이다.

'공무원의 신분보장'은 **'공무원의 충성의무'**에 대응하는 국가의 보호・배려의무의 헌법적 표현이다. 공무원의 신분보장은 이에 대응하는 공무원의 충성의무를 전제로 한다는 점에서, 헌법은 비록 공무원의 충성의무를 명시적으로 언급하고 있지 않지만, '공무원의 신분보장'이란 표현을 통하여 '공무원의 충성의무'를 간접적으로 규정하고 있다.

직업공무원제도는 헌법적으로 **국가와 공무원 상호 간의 충성**, 즉 '국가에 대한 공무원의 충성의무'와 이에 대응하는 '공무원에 대한 국가의 보호・배려의무'에 기초하고 있다. 공무원은 국가에 대하여 충성과 복종의 의무, 사익을 배제한 채 공익실현을 위하여 직무에 전념해야 할 의무를 지는 대신, 국가는 이에 대한 반대급부로서 공무원에 대한 보호・배려의무를 진다. 국가의 보호・배려의무의 주된 내용이 바로 공무원에 대한 신분보장과 경제적 보장(부양의무)이다.

다. 나아가, 헌법은 제25조에서 국가에 의하여 제공된 공직을 누구나 균등하게 담당할 수 있는 권리(공무담임권)를 국민의 기본권으로 보장함으로써, 여러 지원자가 한정된 공직을 가지고 경쟁하는 경우에는 평등원칙에 그 바탕을 둔 **'능력주의'**에 따라 최적격자가 선발된다는 것을 함께 규정하고 있다.

3. 입법자가 직업공무원제도의 형성에 있어서 어떠한 구속을 받는지의 문제

가. 직업공무원제도를 도입한 헌법의 가치결정에 의한 구속

헌법재판소는 "제도적 보장은 기본권 보장의 경우와는 달리 그 본질적 내용을 침해하지 아니하는 범위 안에서 입법자에게 제도의 구체적인 내용과 형태의 형성권을 폭넓게 인정한다는 의미에서 '최소한 보장의 원칙'이 적용될 뿐인 것이다."라고 판시하여, **직업공무원제도의 헌법적 보장을 제도보장이론에 따라 '최소한의 보장'으로 이해**하고 있다(헌재 1997. 4. 24. 95헌바48, 판례집 9-1, 435, 444). 그러나 모든 국가기관이 헌법의 구속을 받는 오늘날의 헌법국가에서, 입법자는 직업공무원제도를 구체적으로 형성함에 있어서 독일 바이마르 공화국의 특수한 헌법적 상황에서 발생한 '제도보장이론'이라는 특정한 헌법이론의 구속을 받는 것이 아니라 직업공무원제도를 보장하고 있는 헌법규범, 즉 직업공무원제도를 도입한 헌법의 가치결정의 구속을 받는다.

따라서 입법자는 직업공무원제도를 구체적으로 형성함에 있어서 직업공무원제도를 보장하는 헌법의 가치결정을 존중하고 고려해야 한다는 구속을 받는다. 입법자는 직업공무원제도에 관한 헌법의 가치결정, 즉 '제도의 구조적 원칙'과 '이와 충돌하는 반대법익'을 교량함에 있어서 '실제적 조화의 원칙'에 따라 가능하면 양 법익을 모두 최대한으로 실현할 수 있도록 규율해야 하고, 이로써 양 법익 사이에 조화와 균형을 이루고자 시도해야 한다. 이러한 의미에서 **'자유는 최대한으로 보장되지만, 제도는 최소한으로 보장된다'는 헌법재판소의 판시내용은 더 이상 타당하지 않다.**

나. 헌법재판소의 위헌심사기준

물론, 입법자에 대한 제도보장의 헌법적 요청(행위규범)과 헌법재판소의 위헌심사기준(통제규범)

이 일치하는 것은 아니다. 헌법이 입법자에게 어느 정도로 입법형성권을 부여하는지 또는 역으로 어느 정도로 입법형성권을 제한하는지에 따라 헌법재판소의 위헌심사기준은 달라진다. 직업공무원제도의 형성과 관련하여 입법자에게 상당히 광범위한 입법형성권이 인정된다는 점을 고려한다면, 직업공무원제도를 구체적으로 형성하는 법률의 위헌여부를 판단하는 헌법적 기준은 가령 과잉금지원칙과 같이 '원칙과 예외의 관계'를 전제로 하여 엄격한 심사를 요청하는 기준일 수는 없다. '직업공무원제도의 보장'과 '이에 충돌하는 헌법적 법익' 사이에는 '개인적 자유와 국가권력의 관계'에서 전제되는 '원칙과 예외의 관계'가 존재하지 않는다.

그러나 **직업공무원제도를 형성하는 법률의 위헌여부는 적어도 상충하는 법익 간의 교량과정을 통하여 판단되고 논증되어야** 한다. 따라서 헌법재판소에 의한 위헌심사의 기준은 제도보장이론에 근거한 '최소한 보장의 원칙'이 아니라, 입법자가 직업공무원제도의 가치결정에 부합하게 입법형성권을 제대로 행사하였는지 여부, 즉 **직업공무원제도의 구조적 원칙에 대한 예외가 합리적인 공익에 의하여 정당화될 수 있는지 여부**이다. 가령, 입법자가 직업공무원제도를 규율하면서 '능력주의에 대한 예외'를 허용하는 경우 또는 신분보장을 받지 못하는 '별정직공무원제도'나 '직권면직제도'를 도입하는 경우, 이러한 법률조항이 직업공무원제도에 위반되는지 여부는 '최소한 보장의 원칙'의 관점에서가 아니라, 직업공무원제도의 구성요소인 '능력주의나 신분보장'과 '능력주의나 신분보장에 대한 예외를 요청하는 반대법익' 간의 교량을 통하여 직업공무원제도의 구조적 원칙에 대한 예외가 공익에 의하여 정당화되는지의 관점에서 판단되어야 한다.

판례 헌법재판소는 일부 결정에서 심사기준으로 '최소한 보장의 원칙'을 습관적으로 언급하면서도, 실질적으로는 법익교량을 통하여 '직업공무원제도의 구조적 원칙에 대한 예외가 합리적인 공익에 의하여 정당화되는지 여부'의 관점에서 심판대상조항의 위헌여부를 판단하고 있다. 가령, 헌법재판소는 **'직권면직규정이 직업공무원제도에 위반되는 것인지 여부'**에 관하여 "한편, 우리 헌법 제7조가 정하고 있는 직업공무원제도는 … 공무원의 정치적 중립과 신분보장을 그 중추적 요소로 한다. 이러한 직업공무원제도 하에서 입법자는 직제폐지로 생기는 유휴인력을 직권면직하여 행정의 효율성 이념을 달성하고자 할 경우에도 직업공무원제도에 따른 공무원의 권익이 손상되지 않도록 **조화로운 입법**을 하여야 하는데, 직제가 폐지되면 해당 공무원은 그 신분을 잃게 되므로 직제폐지를 이유로 공무원을 직권면직할 때는 **합리적인 근거를 요하며**, 직권면직이 시행되는 과정에서 합리성과 공정성이 담보될 수 있는 절차적 장치가 요구된다."고 판시하고 있다(헌재 2004. 11. 25. 2002헌바8). 그러나 이러한 논증이 '최소한 보장의 원칙'에 기초한 논증에 해당하지 않는다는 것을 헌법재판소가 스스로 인식하고 있는지는 의문이다.

Ⅲ. 직업공무원제도의 본질적 구성요소

1. 직업공무원의 충성의무

직업공무원제도의 본질적 특성에 속하는 것은 직업공무원의 충성의무이다. 절대군주제에서 충성의무는 군주에 대한 것이었으나, 민주국가에서는 그 내용이 **국민에 대한 충성의무**로 대체되었다. 오늘날 충성의무는 **공무원법에 구체적으로 규정된 다양한 의무**로 발전하였다. 직업공무원의 충성의무에 속하는 것으로, 정치적 충성의무(국가와 헌법에 대한 충성의무), 명령복종의 의무, 공정의 의무, 비밀엄수의 의무, 직무전념의 의무, 품위유지의 의무 등을 들 수 있다(국가공무원법 제7장 복무).

직업공무원의 충성의무 중에서 가장 중요한 것은 소위 **'정치적 충성의무'**이다. 직업공무원의 정치적 충성의무는 특정인이나 특정정당에 대한 것이 아니라 국가와 국민에 대한 것이다. 여기서 정치적 충성의무란 **'국가와 헌법에 대한 충성의무'**, **'자유민주적 기본질서에 대한 충성의무'**를 뜻하는 것이다. 공무원은 국가와 헌법을 긍정하고 이를 보호할만한 가치로서 인정하며 적극적으로 지지해야 할 의무를 진다. 공무원이 정치적 충성의무를 진다는 것은 곧 **헌법을 수호해야 할 의무**를 진다는 것을 의미한다.

2. 직업공무원의 신분보장

직업공무원의 신분보장은 일차적으로, 공무원의 충성의무로 인하여 필연적으로 수반되는 기본권제한에 대한 보상으로서 제공되는 **국가의 보호 · 배려의무의 이행**에 해당한다. 나아가, 직업공무원의 신분보장은 공무원의 지위를 법적 · 경제적으로 보장함으로써 동시에 **직무수행의 독립성 · 전문성 · 공정성을 확보**하고자 하는 것이다. 직업공무원의 '신분보장'은 **공무원의 공익실현의무와 '정치적 중립성'을 확보하기 위한 필수적 수단**이다. 공익실현과 정치적 중립성의 구속을 받는 공무원의 직무수행은, 원칙적으로 종신(終身)으로 임명되고 경제적으로 적정하게 부양되며 연금의 형식으로 노후가 보장되는 신분보장을 통하여 비로소 가능하다.

직업공무원의 신분보장은 **인사와 직무수행에 대한 외부의 영향력행사를 차단**하는 효과를 가진다. 공무원을 종신직으로 임명하는 것은 직무수행의 독립성을 보장하기 위한 중요한 수단이다. 이러한 경우, 공무원은 임용권자의 재량에 의하여 면직될 수 없고, 선출직 공무원과는 달리 자신의 재임명이나 재선에 영향력을 행사할 수 있는 집단을 고려해야 할 필요가 없다. 헌법은 직업공무원의 신분을 보장함으로써, 정권교체에 따라 선거에서 승리한 정당이 전리품의 형식으로 공직을 처분하는 소위 **'엽관제(獵官制)'를 방지**하고, 정권교체에도 불구하고 **행정의 연속성과 안정성을 확보**하고자 하는 것이다. 또한, 경제적 보장도 직무수행의 독립성과 밀접한 관계에 있다. 공무원과 그 가족의 생계와 노후를 보장하는 적정한 급여와 연금이 지급된다는 것은 직무의 독립성에 크게 기여한다.

판 례 헌법재판소는 **직업공무원의 신분보장에 관하여** "만약 공무원이 공법상의 근무 및 충성관계를 바탕으로 국가와 특수한 관계를 맺고 있다는 이유로 이들의 권리를 제약하고 많은 의무를 부과하면서 그 신분을 보호할 수 있는 제도적 장치를 마련하지 않는다면, 이들의 불안정한 지위로 인해 행정의 안정성과 계속성은 담보될 수 없을 것이고, 직업공무원제도가 추구하는 공무의 원활한 수행이라는 목적은 달성될 수 없을 것이다."라고 판시하고 있다(헌재 2004. 11. 25. 2002헌바8, 판례집 16-2하, 282, 292).

3. 직업공무원의 정치적 중립성

직업공무원의 정치적 중립성은 **공익실현을 위한 불가결한 수단**이다. 직업공무원은 직무수행에 있어서 정치적 중립의 의무를 진다. 공무원이 특정 정치세력과 일체감을 가진다면, 직무를 중립적이고 공정하게 수행할 수 없고 공익을 실현할 수 없다. 공무원이 모든 사회적 · 정치적 세력에 대하여 중립성과 등거리를 유지하는 것은 공익실현을 위하여 필수적이다.

뿐만 아니라, 공무원의 정치적 중립성에 대한 요청은 **정당민주주의가 기능하기 위한 필수적 조건**이다. 정당민주주의는 한시적인 정권위임을 전제로 하는 정권교체의 가능성에 기초하고 있다. 종래의 집권정당과 일체감을 가지는 행정은 정권의 교체를 통하여 이루어지는 민주적 변화를 봉쇄하게 된다. 정치적으로 중립적인 국가행정만이 정당민주주의에서 정권교체 및 새로운 정권에 대한 적응을 가능하게 한다.

4. 능력주의

능력주의는 **행정의 독립성·공정성을 보장**함으로써 직업공무원제도가 헌법에 의하여 부여받은 과제와 기능을 이행하기 위한 필수적 요소에 속한다. 행정의 독립성과 공정성은 직업공무원이 능력주의에 따라 선발되고 승진될 것을 요청한다. 능력주의는 행정의 효율성에 기여할 뿐만 아니라, 공직수행과 인사에 대한 외부의 영향력을 차단함으로써 행정의 독립성과 공정성에 기여한다.

Ⅳ. 공직자의 기본권제한

1. 국민의 공복이자 기본권의 주체로서 공직자의 이중적 지위

직업공무원을 비롯한 모든 공직자는 공익실현의 의무가 있는 국민의 공복이자, 동시에 기본권에 의하여 보장된 자유의 행사를 통하여 자신의 인격을 발현하는 기본권의 주체이다. 동일한 주체에 인정되는 상이한 두 가지 법적 지위는 공무원의 공직수행에 있어서 서로 혼합될 우려가 있기 때문에, 공무원이 어떠한 경우에 또는 어떠한 상황에서 기본권의 주체로서 기본권을 주장할 수 있는지, 입법자가 '공직자로서의 지위'와 '기본권주체로서의 지위'를 어떻게 양립시키고 조화시킬 수 있는지의 문제가 제기된다.

판 례 헌법재판소는 **공직자의 이중적 지위에 관하여** "모든 공직자는 선거에서의 정치적 중립의무를 부과 받고 있으며, 다른 한편으로는 동시에 국가에 대하여 자신의 기본권을 주장할 수 있는 국민이자 기본권의 주체이다. 마찬가지로, 대통령의 경우에도 소속정당을 위하여 정당활동을 할 수 있는 **사인으로서의 지위**와 국민 모두에 대한 봉사자로서 **공익실현의 의무가 있는 헌법기관으로서의 대통령의 지위는 개념적으로 구분**되어야 한다."고 판시하고 있다(헌재 2004. 5. 14. 2004헌나1, 판례집 16-1, 609, 638).

나아가, 헌법재판소는 **공직자의 기본권 주체성에 관하여** "심판대상 조항이나 공권력 작용이 넓은 의미의 **국가 조직영역 내에서 공적 과제를 수행하는 주체**의 권한 내지 직무영역을 제약하는 성격이 강한 경우에는 그 기본권 주체성이 부정될 것이지만, 그것이 **일반 국민으로서 국가에 대하여 가지는 헌법상의 기본권을 제약**하는 성격이 강한 경우에는 기본권 주체성을 인정할 수 있다."고 판시하고 있다(헌재 2008. 1. 17. 2007헌마700, 판례집 20-1상, 139, 159-160).

2. 공직자의 기본권 주체성

가. 직무수행의 영역

공직자는 직무수행에 있어서 국민의 기본권을 존중해야 하고 기본권의 구속을 받는 것이지, 스스로 **기본권을 주장할 수 없다**. 공직자가 국가의 기능과 과제를 이행하는 경우, 공직자는 **국가조직의 일부**로서 기본권이 아니라 **권한과 관할을 행사**하는 것이다. 공직자가 직무수행에 있어서 기본권적 자유를 주장할 수 있다면, 공직은 주관적 독단과 자기실현의 수단으로 변질될 것이며, 자의적인 공권력행사를 가능하게 함으로써 법치국가의 종말을 의미할 것이다. 그러므로 국가과제의 수행을 의미하는 '공직'과 '개인의 기본권적 자유'는 원칙적으로 양립할 수 없으며 동시에 실현될 수 없다.

공직자가 직무수행의 영역에서 기본권을 주장할 수 없다고 하는 것은 **다음의 예**에서 뚜렷하게 드러난다. 행정행위는 개인의 '일반적 행동자유권'의 표현이 아니라 국가권한의 행사이다. 공직자의 직무상 입장표명은 '표현의 자유'에 의하여 보호되는 개인의 의견표명이 아니라, 국가기관의 공식적인 입장 표명이다. 공직자는 근무공간에서 '주거의 자유'의 보호를 받지 못하며, 공직자가 직무수행을 위하여 근무지의 전화를 사용하는 경우에는 '통신의 비밀'의 보호를 받지 못한다. 국공립학교 교사의 수업활동은 교사의 사적인 기본권행사가 아니라 기본권의 구속을 받는 국가교육권한의 행사이다.

나. 근무영역

공직자는 근무영역에서도 자신의 복장이나 외양 등에 관하여 스스로 결정함으로써 **기본권을 행사하는 기본권의 주체**이다. 따라서 공직자는 **근무영역에서도 국가와의 관계에서 사인의 지위를 가지고 대립**함으로써 기본권이 보호하고자 하는 전형적인 위험상황에 처할 수 있다. 가령, 경찰공무원이나 군인에게 제복을 입도록 규정하거나 장발을 금지하는 경우, 공무원에 대하여 근무시간 중 특정 종교의 상징물이나 정치적 표어를 담은 배지의 착용을 금지하는 경우가 이러한 상황에 해당한다. 이러한 경우, 공직으로부터 나오는 권한이나 관할이 아니라, **근무 중 기본권의 행사에 관한 것**으로 공무원의 개인적인 관계가 침해된다.

공직자는 근무영역에서도 기본권주체성을 상실하지 않으므로, 일반적으로 근무 중 자신의 복장 및 외양에 관하여 스스로 결정할 수 있다. 그러나 외양에 관한 공직자의 자기결정권의 한계는 '공직자가 스스로 선택한 외양에 의하여 직무수행의 공정성과 객관성에 대한 국민의 신뢰가 저해되어서는 안 된다'는 것에 있다. 국가행정의 원활한 기능이 공직자의 기본권행사에 의하여 저해되어서는 안 되므로, **근무영역에서 공직자의 기본권은 직무상의 이익 등 공익실현을 위하여 광범위하게 제한**될 수 있다. 이러한 점에서, 종교적 상징물이나 정치적 표어를 적은 배지의 착용도 종교의 자유나 표현의 자유에 의하여 보호되는 것이지만, 공정하고 중립적인 국가행정이나 국가의 종교적 중립성에 대한 국민의 신뢰를 저해할 우려가 있는 경우에는 착용금지가 헌법적으로 정당화된다.

판 례 공무원에 대하여 **직무 수행 중 정치적 주장을 표시하는 복장 등의 착용행위를 금지**한 국가공무원 복무규정이 공무원의 정치적 표현의 자유를 침해하는지 여부가 문제된 **'국가공무원 복무규정 사건'**에서 헌법재판소는 "위 규정들은 공무원의 근무기강을 확립하고 공무원의 정치적 중립성을 확보하려는 입법목적을 가진 것으로서, 공무원이 직무 수행 중 정치적 주장을 표시·상징하는 복장 등을 착용하는 행위는 그 주장의 당부를 떠나 국민으로 하여금 공무집행의 공정성과 정치적 중립성을 의심하게 할 수 있으므로 공무원이 직무수행 중인 경우에는 그 활동과 행위에 더 큰 제약이 가능하다고 하여야 할 것인바, 위 규정들은 오로지 공무원의 직무수행 중의 행위만을 금지하고 있으므로 침해의 최소성원칙에 위배되지 아니한다. 따라서 위 규정들은 과잉금지원칙에 반하여 공무원의 정치적 표현의 자유를 침해한다고 할 수 없다."고 판시하고 있다(헌재 2012. 5. 31. 2009헌마705등).

다. 직무 외의 사적 영역

공직자는 직무 외의 사적 영역에서는 **사인이자 기본권의 주체**이다. 가령, 경찰공무원은 근무시간 외에 사복으로 특정 종교의 선교활동을 할 수 있으며, 사인으로서 공적 행사에 참여할 수 있고, 정치적으로 의견을 표명할 수 있다. 그러나 공직자에 있어서 **공직의 영역과 사적 생활형성의 영역을 명확하게 구분하여 완전히 분리하는 것이 불가능**하다. 국가와 헌법에 대한 충성의무, 직무전념의 의무, 품위유지의 의무, 종교적 중립의 의무 등 공무원의 복무의무는 공직자의 기본권행사와 사적인 생활형성에 대해서도 영향을 미칠 수밖에 없다. 사적 영역에서도 공직자의 기본권행사로 인하여 직무상의 이익이 손상되거나 공익이 위협받아서는 안 되므로, **직무상의 이익이 사적 영역에서의 기본권행사에 대한 제한을 요청**할 수 있다.

가령, **공직자의 부업**으로 인하여 직무의 원활한 수행이 저해될 우려가 있다면, 부업은 금지될 수 있다. 사적 영역에서의 **공직자의 선교활동**으로 인하여 일반국민에 대하여 편파의 우려를 낳을 수 있는 경우에는 예외적으로 선교활동이 금지될 수 있다. 주거지를 선택함에 있어서도 **공직자의 거주이전의 자유**는 근무지 거주의무에 의하여 제한될 수 있다. 그 외에도 공직자는 사적인 생활형성에 있어서 공직에 대한 국민의 신뢰를 저해하기에 적합한 행위를 해서는 안 된다는 **'품위유지의 의무'**에 의하여 공직자의 사적인 자유는 제한된다. 직무 외의 사적 영역에서 **정치적 의견표명**은 공직자에게 원칙적으로 허용되지만, 공정하고 중립적인 국가행정에 대한 국민의 신뢰가 손상되지 않도록 발언해야 한다는 **'정치적 자제의 의무'**에 의하여 제한을 받는다. 직무 외에 정치적으로 활동하는 공직자의 언행으로 인하여, 공직자가 더 이상 자신의 직무를 공정하게 수행할 수 없으리라는 인상을 국민에게 주어서는 안 된다(헌재 2004. 5. 14. 2004헌나1, 판례집 16-1, 609, 638).

판 례 선거에서 공무원의 중립의무를 규정하는 공직선거법규정이 **공무원의 정치적 표현의 자유를 침해하는지 여부**가 문제된 **'대통령의 선거중립의무 준수요청 조치 사건'**에서 헌법재판소는 "이 사건 법률조항은 공무원에게 정치적 중립의무를 부과하여 선거의 공정이 이루어지도록 함으로써 궁극적으로 선거를 통한 국민주권원리가 구현될 수 있도록 하는 정당한 입법목적을 가지고 있다."고 확인한 다음, "이 사건 법률조항이 과잉금지원칙에 위배되어 청구인의 정치적 표현의 자유를 침해하는 것으로 볼 수 없다."고 판시한 바 있다(헌재 2008. 1. 17. 2007헌마700, 판례집 20-1상, 139, 143).

3. 공무원의 정치활동금지의 헌법적 문제

국가공무원법은 제65조에서 정당의 결성과 가입의 금지를 비롯하여 공무원의 '정치운동의 금지'를 규정하고 있다. 공무원의 정치적 중립성은 직무수행에 국한된 것이기 때문에, 공무원 '개인으로서의 정치활동'까지 금지하는 것은 아니다. **공무원의 정치활동금지는 원칙적으로 '공직에서의 정치활동'에 제한되어야** 한다. '국민의 공복으로서의 지위'와 '기본권주체로서의 지위'가 가능하면 양립할 수 있도록 공무원제도가 형성되어야 하고, **공무원의 기본권은 직업공무원제도의 기능에 불가결한 중립성과 공정성을 확보하기 위하여 필요한 범위 내에서 제한되어야** 한다. 입법자는 공무원제도를 구체적으로 형성함에 있어서 공무원의 이중적 지위가 양립할 수 있도록 그에 필요한 수단을 마련할 수 있다. 대표적인 것이 직무수행에 있어서 공무원의 정치적 중립의무 및 정치적 자제의 의무를 부과하고 이를 징계 등을 통하여 관철하는 것이다.

공무원에게 정치적 중립의무와 공익실현의무를 부과하고 의무위반의 경우 이를 강력하게 징계함으로써 직무수행에 있어서 정치적 중립성을 확보할 수 있다면, 공무원의 정치적 자유를 전면적으로 부정하는 것은 공무원의 기본권에 대한 과도한 제한이다. 따라서 **공무원의 정치활동을 직무의 영역에 국한하지 아니하고 전반적으로 금지하는 것**은, 이러한 의무부과를 통하여 직무수행의 중립성을 확보할 수 없다고 판단되는 경우에 비로소 **최종적으로 고려될 수 있는 수단**이다. 물론, 이러한 판단은 우리의 정치문화, 법문화, 국민의 민주적 성숙도, 직업공무원제도의 확립여부 등 다양한 사실적 요소에 대한 평가적 판단을 요하는 문제이다.

판 례 공무원의 정당가입을 금지하는 정당법조항이 공무원인 국·공립학교 초·중등교원의 정당가입의 자유를 침해하고, 정당가입이 허용되는 대학교원과 비교할 때 평등원칙에 위반되는지 여부가 문제된 **'초·중등교원의 정당가입 금지 사건'**에서 **재판관 5인의 다수의견**은 "정당가입 금지조항은 공무원의 정치적 중립성을 보장하고 초·중등학교 교육의 중립성을 확보한다는 점에서 **입법목적의 정당성**이 인정되고, 정당에의 가입을 금지하는 것은 입법목적 달성을 위한 **적합한 수단**이다. 공무원은 정당의 당원이 될 수 없을 뿐, 정당에 대한 지지를 선거와 무관하게 개인적인 자리에서 밝히거나 투표권을 행사하는 등의 활동은 허용되므로 **침해의 최소성 원칙**에 반하지 않는다. 정치적 중립성, 초·중등학교 학생들에 대한 교육기본권 보장이라는 공익은 공무원이 제한받는 불이익에 비하여 크므로 **법익균형성**도 인정된다. 또한 초·중등학교 교원에 대하여는 정당가입을 금지하면서 대학교원에게는 허용하는 것은, 기초적인 지식전달, 연구기능 등 직무의 본질이 서로 다른 점을 고려한 합리적 차별이므로 **평등원칙**에 반하지 아니한다."고 판시하고 있다(헌재 2014. 3. 27. 2011헌바42; 또한 유사한 취지로 헌재 2004. 3. 25. 2001헌마710).

반면에, **재판관 4인의 반대의견**은 "공무원의 정치적 중립성을 확보하고 근무기강을 확립하는 방안이 국가공무원법에 충분히 마련되어 있음에도 불구하고 정당가입을 일체 금지하는 것은 **침해의 최소성 원칙**에도 위배되고, 공무원의 정당가입을 금지함으로써 실현되는 공익은 매우 불확실하고 추상적인 반면 정당가입의 자유를 박탈당하는 공무원의 기본권에 대한 제약은 매우 크기 때문에 **법익균형성**도 인정하기 어렵다. … 초·중등학교 교원이 정당에 가입하면 편향된 교육을 할 것이라는 추측은 논리적 비약이라는 점 등에 비추어 볼 때, 현저히 불합리한 차별에 해당하여 **평등원칙**에도 위배된다."고 판시하고 있다.

한편, 헌법재판소는 초·중등학교의 교육공무원이 정치단체의 결성에 관여하거나 이에 가입하는 행위를 금지한 **국가공무원법조항 중 '그 밖의 정치단체'에 관한 부분**은 명확성원칙 및 과잉금지원칙에 위배된다는 이유로 헌법에 위반된다고 판단한 반면, 초·중등학교의 교육공무원이 정당의 결성에 관여하거나 이에 가입하는 행위를 금지한 **정당법조항 및 국가공무원법조항 중 '정당'에 관한 부분**은 기존 결정의 판시내용을 그대로 유지하여 헌법에 위반되지 않는다고 판단하였다(헌재 2020. 4. 23. 2018헌마551).

제 4 절　선거관리위원회

Ⅰ. 선거관리위원회 제도의 헌법적 의미

헌법은 제114조 제1항에서 "선거와 국민투표의 공정한 관리 및 정당에 관한 사무를 처리하기 위하여 선거관리위원회를 둔다."고 규정하고 있다. 주기적으로 실시되는 선거에서 다수의 정당이 정권획득을 위하여 서로 경쟁하는 현대 경쟁민주주의에서, **선거와 정당은 경쟁민주주의가 기능하기 위한 불가결한 요소**이다. 이러한 점에서 선거와 정당에 관한 사무에 있어서 **국가의 중립성을 확보해야 할 필요성**은 매우 크다. 따라서 헌법은 선거와 정당에 관한 사무를 기능적으로 일반 행정업무로부터 분리시킬 뿐만 아니라 나아가 조직상으로도 독립된 헌법기관에 맡김으로써, 직무수행의 독립성과 정치적 중립성을 보장하고 있다.

Ⅱ. 선거관리위원회의 헌법상 지위

선거관리위원회는 감사원과는 달리, 그 기능에 있어서 그리고 조직상으로도 입법부·집행부·사법부 등 국가권력으로부터 독립되어 설치된 **독립기관**이다. 선거관리위원의 헌법상 임기제, 법관에 준하는 신분보장 및 정치활동금지 등(헌법 제114조 제3항, 제4항, 제5항)은 모두 신분상·직무상 독립성을 통하여 기관의 독립성을 보장하고자 하는 제도적 장치이다.

선거관리위원회는 9인의 선거관리위원으로 구성되는 **합의제기관**이다. 따라서 기관의 의사결정은 위원의 의결을 통하여 이루어진다. 합의제기관의 성격상, 위원장과 위원은 위원회사무의 처리와 의결에 있어서 법적으로 동등한 지위를 가진다.

Ⅲ. 선거관리위원회의 종류와 구성

헌법은 제114조 제7항에서 "각급 선거관리위원회의 조직·직무범위 기타 필요한 사항은 법률로 정한다."고 하여 조직과 구성에 관한 구체적 사항을 법률로 정하도록 위임하고 있는데, 이에 관한 법률이 **선거관리위원회법**이다. 위 법에 의하면, 선거관리위원회의 종류에는 1. 중앙선거관리위원회, 2. 특별시·광역시·도선거관리위원회, 3. 구·시·군선거관리위원회, 4. 읍·면·동선거관리위원회가 있다.

중앙선거관리위원회는 대통령이 임명하는 3인, 국회에서 선출하는 3인과 대법원장이 지명하는 3인의 위원으로 구성된다(헌법 제114조 제2항). 가능하면 대통령의 정치적 영향력을 배제하기 위하여 위원장은 대통령에 의하여 임명되는 것이 아니라 위원 중에서 호선된다. 위원의 임기는 6년으로 하며, 연임이나 중임에 관한 제한은 없다(동조 제3항). 기관의 정치적 중립성을 확보하기 위하여, 위원은 정당에 가입하거나 정치에 관여할 수 없다(동조 제4항). 위원은 탄핵 또는 금고 이상의 형의 선고에 의하지 아니하고는 파면되지 아니하도록 규정함으로써(동조 제5항), 법관에 준하는 신분보장을 받는다.

Ⅳ. 선거관리위원회의 권한

선거관리위원회는 선거운동을 관리하고(헌법 제116조), 국가 및 지방자치단체의 선거에 관한 사무(투표와 개표·당선자의 확정 등) 및 국민투표에 관한 사무, 선거관리위원회가 관리하는 공공단체의 선거(위탁선거)에 관한 사무를 담당한다(선거와 국민투표의 관리사무). 선거관리위원회는 정당법에 따라 **정당에 관한 사무**를 처리한다. 또한, 정치자금법은 정치자금의 기탁과 기탁된 **정치자금 및 국고보조금을 각 정당에 배분하는 사무**를 선거관리위원회에 맡기고 있다(제22조 내지 제30조).

선거관리위원회는 독립된 헌법기관으로서 내부규율을 스스로 정할 수 있는 **규칙제정권**을 가진다. 중앙선거관리위원회는 법령의 범위 안에서 선거관리·국민투표관리 또는 정당사무에 관한 규칙을 제정할 수 있으며, 법률에 저촉되지 아니하는 범위 안에서 내부규율에 관한 규칙을 제정할 수 있다(헌법 제114조 제6항).

제 5 절 지방자치제도

Ⅰ. 지방자치제도의 헌법적 의미

헌법은 제117조 제1항에서 "지방자치단체는 주민의 복리에 관한 사무를 처리하고 재산을 관리하며, 법령의 범위 안에서 자치에 관한 규정을 제정할 수 있다."고 하여 지방자치제도를 헌법적으로 보장하고 있다. 또한, 헌법은 같은 조 제2항에서 "지방자치단체의 종류는 법률로 정한다."고 하면서, **제118조** 제1항에서 "지방자치단체에 의회를 둔다.", 제2항에서 "지방의회의 조직·권한·의원선거와 지방자치단체의 장의 선임방법 기타 지방자치단체의 조직과 운영에 관한 사항은 법률로 정한다."고 규정하여, 지방자치단체의 종류, 조직과 운영 등 지방자치제도의 구체적 형성을 입법자에게 위임하고 있다. 입법자는 이러한 헌법의 위임을 **지방자치법**의 제정을 통하여 이행하였다.

1. 분권적 민주주의의 실현

지방자치제도는 지방자치단체로 하여금 그 지역의 공동관심사를 단체의 자치기구에 의하여 스스로의 책임 아래 처리하도록 함으로써 지방자치행정의 민주성과 능률성을 제고하고, 지방의 균형 있는 발전과 국가의 민주적 발전을 도모하고자 하는 제도이다(헌재 1991. 3. 11. 91헌마21). 지방자치제도는 **다원적이고 분권적(分權的) 민주주의 구조**를 형성하고, 아래에서 위로 향하는 **'민주주의의 배아세포'**로 기능한다. 지방자치제도는 지역주민으로 하여금 지역의 고유한 사무를 스스로 처리하게 함으로써, 국민자치의 사상을 실현하고 지방의 문화적·경제적·향토적 특성을 살릴 수 있다. 정치적 공동체의 의사형성단위가 분화되면, 지역주민의 정치적 참여가능성이 증가하고 민주적 연습의 기회가 증가한다. 이러한 점에서 지방자치는 민주시민을 양성하는 **'민주주의의 교실'**이자 **'풀뿌리 민주주**

의'의 실현을 위하여 불가결한 요소이다. 나아가, 지방자치제도는 지역적 차원에서 주민투표, 주민소환 등 직접민주제적 요소의 도입을 가능하게 한다.

2. 분권적 행정의 실현

지방자치제도는 자치행정의 보장을 통하여 국가의 간섭과 지시로부터 자유로운 독자적인 행정의 가능성을 부여함으로써, **행정의 분권화와 수직적인 권력분립**에 기여한다. 지방자치제도의 실시로 인하여 국가권력이 수직적으로 분할됨으로써, 중앙집권을 완화하고 지방분권을 실현한다. 나아가, 지방자치제도는 각 지방자치단체마다 지역실정에 적합한 행정을 가능하게 하고, 지방의 균형있는 발전에 기여한다.

지방자치행정은 국가행정의 일부로서(헌재 2001. 11. 29. 2000헌바78, 판례집 13-2, 646, 657), 국가조직 내에서 집행부에 속한다. 지방의회의 조례제정도 권력분립원리의 관점에서 입법이 아니라 행정의 영역에 속한다. **지방자치단체기관의 모든 활동은 행정작용**으로서 법률우위의 원칙과 법률유보원칙의 구속을 받으며, 이에 관하여 사법부의 통제를 받는다. 지방자치단체가 과제이행을 통하여 개인의 권리를 침해하는 경우에는 입법자에 의한 별도의 수권을 필요로 한다.

Ⅱ. 지방자치행정의 헌법적 보장의 법적 성격

1. 지방자치행정의 제도적 보장

헌법이 지방자치행정을 보장한 것은 지방자치행정에 관한 선국가적·자연법적 권리를 보장하는 것이 아니라, **지방자치행정을 공법상의 제도로서 보장**하는 것이다. 지방자치행정의 제도적 보장은 **지방자치행정이라는 특수한 국가조직구조의 헌법적 보장**을 의미한다. 법제도가 유지되고 기능하기 위해서는 그에 필요한 최소한의 요건이 입법자에 의하여 규율되어야 하므로, 제도적 보장은 **입법자에 의한 구체적인 형성**을 필요로 한다.

2. 입법자가 지방자치제도를 형성함에 있어서 어떠한 구속을 받는지의 문제

헌법재판소의 판례와 학계의 다수견해는 지방자치행정의 헌법적 보장을 제도적 보장으로 이해하고 있는데, 이는 독일 바이마르 공화국시대에 형성된 **'제도적 보장이론'**에 기인한다. '제도적 보장이론'에 의하면, 지방자치제도는 서구 유럽국가에서 역사적·전통적으로 형성된 제도로서, 그 제도의 '본질적 내용'만이 입법자의 자의로부터 헌법적으로 보호를 받는다. 지방자치단체가 자치권을 행사할 수 있는 충분한 공간이 존재하지 않을 정도로 지방자치행정의 본질적 내용은 입법자에 의하여 침해되어서는 안 되며, 입법자에 의하여 자치권이 제한된 후에도 독자적으로 처리할 수 있는 지역적 과제의 핵심적 부분이 지방자치단체에게 남아있어야 한다. 그러나 **지방자치행정의 핵심영역만을 보호**하는 제도적 보장이론은 입법자로부터 지방자치행정을 보호하는 기능을 거의 이행하지 못하고 있다는 근본적인 문제점을 안고 있다.

바이마르공화국 당시 제도적 보장이론은 헌법의 구속을 받지 않는 입법자를 제도의 본질적 내용에 구속시킴으로써 입법자의 형성권을 제한하고자 한 것이었고, 이로써 지방자치행정의 보호와 강화에 기여하였다. 그러나 **오늘날의 헌법국가**에서, 입법자는 바이마르 공화국시대 헌법학의 유물인 '제도적 보장이론'의 구속을 받는 것이 아니라, **지방자치행정을 보장하는 헌법규범의 구속**을 받는다. 오늘날의 헌법국가에서 입법자를 구속하는 것은 무엇보다도 헌법이 지방자치행정을 보장한 것의 정신, 즉 **지방자치행정에 관한 객관적 가치결정**이다.

판 례 헌법재판소는 "**지방자치제도는 제도적 보장**의 하나로서, … 제도적 보장은 주관적 권리가 아닌 객관적 법규범이라는 점에서 기본권과 구별되기는 하지만 헌법에 의하여 일정한 제도가 보장되면 입법자는 그 **제도를 설정하고 유지할 입법의무**를 지게 될 뿐만 아니라 헌법에 규정되어 있기 때문에 법률로써 이를 폐지할 수 없고, 비록 **내용을 제한한다고 하더라도 그 본질적 내용을 침해할 수는 없다**. 그러나 기본권의 보장은 … '최대한 보장의 원칙'이 적용되는 것임에 반하여, 제도적 보장은 기본권 보장의 경우와는 달리 **그 본질적 내용을 침해하지 아니하는 범위 안에서** 입법자에게 제도의 구체적인 내용과 형태의 **형성권을 폭넓게 인정한다는 의미에서 '최소한 보장의 원칙'이 적용**된다."고 판시하고 있다 (헌재 2006. 2. 23. 2005헌마403, 판례집 18-1상, 320, 334).

3. 헌법 제117조의 보장내용으로서 '분권적 과제이행의 우위 원칙'

헌법이 보장하는 **지방자치행정의 목적과 기능**은 분권적 민주주의와 분권적 행정의 실현을 통하여 **지역적 차원에서 주민의 민주적 참여를 강화**하고자 하는 것이다. 지역주민이 지역공동체의 사무에 민주적으로 참여하는 것이 가능하기 위해서는, 지역공동체의 사무는 원칙적으로 지방자치단체에게 귀속되어야 하고 지방자치단체에 의하여 자율적으로 처리되어야 한다. 헌법의 이러한 결정으로부터 주민의 복리와 관련된 **지역적 사무는 지방자치단체에 의하여 자율적으로 처리되어야 한다**는 원칙이 나온다. 헌법 제117조는 국가조직에 관한 규정이자 **국가조직상의 과제배분에 관한 원칙**이다. 헌법은 제117조에서 지방자치행정의 보장을 통하여 지역적 사무에 관한 한, 국가에 의한 중앙집권적인 과제이행에 대하여 **지방자치행정에 의한 분권적인 과제이행의 원칙적인 우위**를 표현하고 있다.

따라서 입법자는 지방자치제도를 입법을 통하여 구체적으로 형성함에 있어서 **'분권적 과제이행의 우위 원칙'을 지침으로 삼아야** 하며, 지역공동체의 사무는 원칙적으로 지방자치단체에 의하여 자율적으로 처리되어야 한다는 헌법적 결정에 의한 구속을 받는다.

4. 국가로부터 위임받은 권한으로서 지방자치권

지방자치권의 본질에 관하여 국가와의 관계에서 지방자치권을 어떻게 이해할 것인지에 따라 자치고유권설과 자치위임설이 서로 대립하고 있다. **'자치고유권설'**은 지방자치권을 국가의 성립 이전부터 지역주민이 보유해 온 고유한 권리로 이해하는 반면, **'자치위임설'**은 국가에 의하여 지방자치단체에 위임된 권한으로 이해한다.

지방자치권이란 지역주민이나 지방자치단체의 고유한 권리가 아니라 **국가로부터 위임받은 전래적(傳來的) 권한**이다(통설). 민주적 법치국가에서 국가의 의사로부터 독립된 자치권이란 존재할 수 없다는 점에서, 지방자치권은 오로지 국가의 위임에 근거하여 그리고 위임의 범위 내에서만 존재한다. 지방자치권은 국가가 일정 범위 내에서 자치단체에 위임하였기 때문에 행사할 수 있다.

지방자치권이란 법질서에 의하여 형성되어 단지 국가의 법질서의 범위 내에서 인정된다.

지방자치권은 입법자에 의한 지방자치제도의 구체적 형성을 전제로 하여 이로부터 부수적으로 파생하는 것으로, 헌법상의 **주관적 권리가 아니라 지방자치단체의 권한**이다. 지방자치행정의 영역에서 입법자의 규율은 국가행정과 지방행정의 과제분할의 문제이고, 국가의 지시와 감독으로부터 자유로운 과제이행의 자율성의 문제로서 **국가행정 내부의 문제**이다. 따라서 자유와 그에 대한 제한을 전제로 하는 과잉금지원칙이 지방자치보장에 적용될 수 없으며, **자치권의 제한이 합헌적인지 여부**는 입법자가 헌법상 보장된 지방자치제도의 정신에 부합하게 입법형성권을 행사하였는지의 관점에서 판단된다.

Ⅲ. 지방자치권의 침해여부를 판단하는 기준

헌법재판소는 자치권의 침해여부를 판단함에 있어서 '제도의 본질적 내용을 침해하지 않는 한, 입법자에 의한 규율은 가능하다'는 **핵심영역이론(최소한 보장의 원칙)**을 적용하고 있다(헌재 2008. 5. 29. 2005헌라3, 판례집 20-1하, 41, 50). 그러나 무엇이 제도의 본질적 내용(핵심영역)인지를 객관적으로 파악할 수 없으므로, 핵심영역이론은 지방자치를 보장하는 기준으로 거의 기능하지 못한다. 헌법재판소가 핵심영역이론에 따라 판단하는 경우에는 **아무런 구체적 논증이나 법익형량의 과정 없이** 단지 '입법자의 규율이 아직 본질적 내용의 침해에 이르지 않았기 때문에 지방자치권을 침해하지 않는다'는 일방적인 확인에 그치고 있다. 핵심영역이론을 적용하는 경우, **법익교량을 통한 최소한의 논증이 불가능**하다.

지방자치권을 제한하는 법률의 위헌여부는 핵심영역이론이 아니라 헌법 제117조의 기본정신인 **'분권적 과제이행의 우위 원칙'**에 의하여 판단되어야 한다. 헌법의 이러한 과제배분원칙은 **지역적 사무의 자율적 처리에 관하여 '원칙과 예외의 관계'를 설정**한다. 입법자가 헌법에 의하여 의도된 이러한 원칙에서 벗어나고자 하는 경우, 즉 원칙에 대하여 예외를 설정하고자 하는 경우에는 입법자에게 필연적으로 '논증과 정당화의 책임'이 부과된다.

입법자는 지방자치제도를 구체적으로 형성함에 있어서 실제적 조화의 원칙에 따라 '지방자치행정의 헌법적 보장'(분권적 과제이행의 우위 원칙)과 '자치권의 제한을 요청하는 공익' 간의 법익형량을 통하여 양 법익을 가능하면 최대한으로 실현하고자 시도해야 한다. 입법자가 법익형량의 결과 지방자치권을 제한하는 경우에는 지방자치행정의 헌법적 보장에 대하여 자치권의 제한을 정당화하는 법익이 우위에 있다는 것을 논증해야 한다. 이러한 의미에서, **'자유는 최대한으로 보장되지만, 제도는 최소한으로 보장된다'는 '제도보장이론'은 더 이상 타당하지 않다**. 헌법재판소는 더 이상 '제도보장이론'에 따라 아무런 구체적 논증이나 법익형량의 과정이 없이 '입법자의 규율이 핵심영역의 침해에 이르렀는지 여부'를 일방적으로 확인해서는 안 되고, 상충하는 **법익간의 형량과정을 통하여 지방자치행정에 대한 제한이 공익적 사유에 의하여 정당화되는지 여부를 판단해야** 한다.

국가가 **지방자치단체로부터 지역적 과제를 박탈**함으로써 지역적 과제의 분권적 처리의 원칙에 대하여 예외를 설정하고자 하는 경우, 지역적 과제를 이전하지 않고서는 달리 원활한 과제이행이 더 이상 확보될 수 없는 경우에만, 지역적 과제의 박탈이 정당화될 수 있다. 마찬가지로, **지역적 과제의 자율적 이행에 대한 국가의 간섭**은 정당화되어야 하므로, 지방자치단체가 입법자의 간섭 없이는 지역적 과제를 처리할 수 없다거나 공익이 국가의 간섭을 필수적으로 요청한다는 것을 입법자는 소명해야 한다.

Ⅳ. 지방자치제도를 구성하는 본질적 요소

1. 지방자치제도의 본질적 요소로서 전권능성과 자기책임성

헌법이 제117조 제1항에서 지방자치행정을 헌법적 제도로서 보장하고 있다면, 여기서 제도를 구성하는 본질적 요소가 무엇인지의 문제가 제기된다. 독일기본법이 '지역공동체의 모든 사안을 자기책임 하에 규율할 수 있는 권리가 보장된다'고 규정하여 지방자치제도의 본질적 요소인 **'전권능성'(全權能性)과 '자기책임성'(自己責任性)**을 명시적으로 제시하고 있는 것과는 달리, 우리 헌법은 지방자치제도를 규율함에 있어서 제도를 구성하는 본질적 요소를 구체적으로 언급하고 있지 않다.

자치행정은, 특정한 공적 과제와 특별히 관련이 있는 인적 집단으로 하여금 국가의 간섭을 받지 않고 자율적으로 공적 과제를 처리하게 하고자 하는 것이다. 헌법은 지방자치, 공영방송의 자치, 대학의 자치 등의 생활영역에서 자치행정을 보장하고 있다. **모든 자치행정의 특징적 요소**에 속하는 것은 **'관련자의 참여 원칙'과 '자기책임성'**이다. 자치행정에서 '관련자의 참여'는 자치행정의 '대상과 과제'를 결정짓는 요소이고, '자기책임성'은 자치행정의 '방법'을 결정짓는 요소이다.

지방자치행정과 관련하여 보건대, 헌법이 지방자치행정을 보장하는 목적은 지역주민에게 지역공동체의 사무에의 참여를 가능하게 하고자 하는 데 있다. 따라서 **'관련자의 참여'**란 지역주민의 참여를 의미하는 것이고, 지역주민이 참여해야 한다는 자치행정의 요청에 의하여 자치행정의 대상과 과제가 지역주민이 참여할 수 있는 사안, 즉 지역주민과 관련된 사안인 지역공동체의 사무로 결정된다. 또한, 헌법 제117조 제1항은 **'자율성'이나 '자기책임성'**을 명시적으로 언급하고 있지 않지만, 자율성은 모든 자치행정의 본질적 요소에 속하는 것으로 자치행정에 내재된 것이다. 따라서 지방자치행정의 헌법적 보장으로부터 필연적으로 '자치행정의 대상'으로서 **지역적 사무에 관한 원칙적인 관할권**(전권능성)과 '자치행정의 방법'으로서 **지역적 사무의 자율적 이행가능성**(자기책임성)이 나온다. 전권능성과 자기책임성은 지방자치행정의 본질로부터 나오는 것이며, **지방자치제도가 기능하기 위하여 필수적**으로 요청되는 것이다.

2. 헌법 제117조 제1항의 의미

헌법 제117조 제1항은 "주민의 복리에 관한 사무를 처리하고"의 부분을 통하여 **'자치사무의 보장'**(전권능성)을 표현하고 있고, "재산을 관리하며, 법령의 범위 안에서 자치에 관한 규정을 제정할 수 있다."는 부분을 통하여 자치재정권과 자치입법권을 예시적으로 언급함으로써 **'자치기능의 보장'**(자기책임성)을 표현하고 있다.[8]

"주민의 복리에 관한 사무를 처리하고"의 부분은 '주민의 복리에 관한 사무'를 지방자치단체의 자치사무로 귀속시킴으로써 지방자치단체에게 자치사무에 관한 원칙적인 관할권(전권능성)을 부여하는 규정으로, '자치사무의 보장'에 관한 것이다. 이에 대하여, **"재산을 관리하며", "법령의 범위 안에서 자치에 관한 규정을 제정할 수 있다."**의 부분은 주민의 복리에 관한 사무를 자율적으로 처리하기 위하여 필수적으로 요구되는 대표적인 수단인 자치재정권과 자치입법권을 예시하고 있는 것으로, '자치기능의 보장'에 관한 것이다. 자치입법권은 자치행정의 자율성과 자기책임성의 대표적인 표현이다.

Ⅴ. 제도적 보장의 구체적 내용

지방자치제도가 기능하기 위해서는, 일차적으로 지방자치행정의 주체가 될 수 있는 지방자치단체가 제도적으로 존속해야 하며, 나아가 지역주민의 참여 하에서 처리할 수 있는 행정과제가 지방자치단체에게 귀속되어야 하고, 지방자치단체가 자신에게 귀속된 행정과제인 지역적 사무를 자기책임 하에서 자율적으로 처리할 수 있어야 한다. 이러한 3가지 요소는 지방자치제도가 기능하기 위한 필수적인 요건에 해당한다. 이러한 관점에서 볼 때, 지방자치제도의 본질적 보장내용은 **자치단체의 존속보장**, 지역적 사무라는 **자치사무의 보장**, 자기책임 하에서 자율적으로 과제를 이행할 수 있는 **자치기능의 보장**이라는 3가지 요소에 의하여 구성된다.

판 례 "헌법 제117조, 제118조가 제도적으로 보장하고 있는 **지방자치의 본질적 내용**은 '자치단체의 보장, 자치기능의 보장 및 자치사무의 보장'이라고 할 것이다."라고 판시하고 있다(헌재 1994. 12. 29. 94헌마201, 판례집 6-2, 510, 522).

1. 자치단체의 존속보장

자치단체의 존속보장은 주로 **지방자치단체간의 통·폐합의 경우나 구역변경**을 통하여 그 구역을 새롭게 확정하는 경우에 문제된다. 지방자치제도의 헌법적 보장은 국가구조 내에서 지방자치단체라는 행정유형이 **제도적으로 존속**해야 한다는 것을 보장하지만, 개별 지방자치단체의 존속을 보호하는 것은 아니다. 그러므로 개별 지방자치단체의 해체, 통합·병합 및 구역변경은 헌법적으로 보장된 자치행정권을 원칙적으로 침해하지 않는다.

지방자치단체는 지방자치행정의 헌법적 보장을 근거로 폐치·분합이나 구역 변경을 막을 수는 없지만, 이러한 조치가 적어도 **공익상의 이유로 그리고 당사자인 지방자치단체의 의견과 이익을 고려하여** 이루어질 것을 입법자에 대하여 요청할 수 있다(헌재 1995. 3. 23. 94헌마175, 판례집 7-1, 438, 451-452). 법적 지위의 근본적인 변경을 초래하는 중요한 결정에 앞서 당사자의 의견을 고려해야 한다는 것은 법치국가적 절차의 핵심적 요청이다. 따라서 자치단체의 존속보장과 관련하여 헌법적으로 보장된 핵심영역에

8) 한편, **학계의 일각**에서는 헌법 제117조 제1항을 지방자치단체의 권한인 **'자치행정권, 자치재정권, 자치입법권'을 규정하고 있는 것으로 이해**하고 있다. 그러나 자치행정권은 전권능성과 자기책임성을 포괄하는 상위 개념이고, 자치입법권과 자치재정권은 자기책임성에 속하는 하위 개념이다. 뿐만 아니라, 자치입법권도 입법기능이 아니라 행정기능에 해당하기 때문에 자치행정권의 한 부분이고, 자치재정권도 자치행정권의 한 유형이다. 따라서 학계의 위 견해는 각 요소 사이의 상관관계를 전혀 고려하지 아니할 뿐만 아니라, 이러한 요소들을 통해서는 지방자치단체의 권능을 온전하게 서술할 수도 없다는 하자를 안고 있다.

속하는 것은, 당사자인 지방자치단체에게 의견진술, 즉 **사전적 청문의 기회를 부여**해야 한다는 것이다.

판 례 지방자치단체의 통폐합을 추진하는 법률이 폐지되는 개별 지방자치단체의 자치행정권을 침해하는지 여부가 문제된 **'영일군과 포항시의 폐치 · 분합 사건'**에서, "자치제도의 보장은 지방자치단체에 의한 자치행정을 일반적으로 보장한다는 것뿐이고 특정자치단체의 존속을 보장한다는 것은 아니며 지방자치단체의 폐치 · 분합에 있어 지방자치권의 존중은 위에서 본 **법정절차(청문절차)의 준수**로 족한 것이다."라고 판시하고 있다(헌재 1995. 3. 23. 94헌마175, 판례집 7-1, 438, 452).

2. 자치사무의 보장

헌법은 제117조 제1항에서 **"지방자치단체는 주민의 복리에 관한 사무를 처리하고"**라고 하여, '주민의 복리에 관한 사무'를 지방자치단체의 사무로 귀속시키고 있다. 이로써 헌법 제117조 제1항은 국가와 지방자치단체 간에 행정관할을 배분하는 **관할배분규범**이다. 여기서 관할배분의 기준은 사무가 '주민의 복리'에 관한 것인지 여부이고, 이는 곧 사무의 '지역적 연관성'을 의미한다. 헌법이 지방자치단체에게 자치사무로서 보장하는 것은 '지역적 사무'이다. 지방자치행정의 보장은 **지역적 사무에 관한 원칙적인 관할권(전권능성)의 보장**을 의미한다. 자치사무의 보장은, 입법자가 종래 지방자치단체에 의하여 이행되어 오던 지역적 과제를 보다 광역 차원의 행정기관에게 이전하는 경우, 가령, 폐기물처리나 하수처리를 기초지방자치단체에서 광역지방자치단체나 국가로 이전하는 경우에 문제된다.

여기서 **'지역적 사무'**란, 지역공동체에 뿌리를 두고 그 효력이 미치는 범위가 본질적으로 지역공동체에 국한되며 지역주민의 공동생활과 밀접하게 관련되는 사무를 말한다. 이로써 지방자치단체의 관할은 지역공동체적인 요소에 의하여 결정된다. 주민의 참여가 가능한 지역적 과제란 일차적으로 **지역형성적 과제와 생존배려적 과제**로서, 사회복지, 빈민구제 및 보건진료, 지역개발 및 기간시설의 설치, 교육 · 체육 · 문화 · 예술의 사무 등이다.

판 례 지방선거비용을 해당 지방자치단체에게 부담시킨 행위가 지방자치단체의 지방자치권을 침해하는 것인지 여부가 문제된 '지방선거비용 사건'에서, "… **지방선거사무는 지방자치단체의 존립을 위한 자치사무에 해당**하고, 따라서 법률을 통하여 예외적으로 다른 행정주체에게 위임되지 않는 한, 원칙적으로 지방자치단체가 처리하고 그에 따른 비용도 지방자치단체가 부담하여야 한다. … 이 사건의 경우와 같이 지방선거의 선거사무를 구 · 시 · 군 선거관리위원회가 담당하는 경우에도 그 비용은 지방자치단체가 부담하여야 하고, 이에 피청구인 대한민국국회가 지방선거의 선거비용을 지방자치단체가 부담하도록 공직선거법을 개정한 것은 지방자치단체의 자치권한을 침해한 것이라고 볼 수 없다."고 판시하고 있다(헌재 2008. 6. 26. 2005헌라7).

한편, 헌법재판소는 위 결정에서 지방선거사무가 자치사무에 해당한다고 판단하였는데, '지방선거사무가 자치사무인지'에 대하여 **강한 의문이 제기**된다. 지방선거사무란 지역공동체에 기반을 두고 지역적 요소에 의하여 지역공동체에 국한되는 사무가 아니라 전국적으로 통일적인 기준에 의하여 일원적으로 이루어지는 **초지역적 사무**이며, **자치사무인지의 여부를 판단하는 결정적인 기준**이 자치사무의 이행여부와 이행방법에 관하여 자율적으로 결정할 수 있는지 여부라는 점에서 지방자치단체가 지방선거사무를 자율적으로 처리할 가능성은 전혀 없으므로, 국가사무로 보아야 한다(유사하게 재판관 2인의 반대의견, 판례집 20-1하, 340, 360).

3. 자치기능의 보장

자치기능의 보장이란 **자치사무의 이행에 있어서 자기책임성의 보장**을 의미한다. **자기책임성**이란, 지방자치단체가 국가의 간섭과 지시를 받지 않고 자치사무를 자기책임 하에서 처리할 수 있는 권한을 말한다. 자기책임성이란 자치사무를 이행할 것인지 여부, 이행의 시기와 방법에 관한 결정권의 보장을 의미한다.

헌법이 지역적 사무를 지방자치단체의 원칙적인 과제로 규정하면서 지방자치단체가 지역적 사무를 국가의 지시에 따라 이행해야 한다면, 자치사무의 보장은 무의미하게 될 것이다. 자치기능의 보장은 헌법 제117조 제1항에 명시적으로 표현되어 있지 않지만, **'자치사무'의 헌법적 보장은 필연적으로 '자치사무의 자주적 이행'의 보장을 함께 요청**한다. 자치사무의 보장은 지방자치단체의 **과제와 관할**에 관한 문제인 반면, 자치기능의 보장은 자치사무의 보장에 의하여 귀속된 지역적 **과제의 이행 방법**에 관한 문제이다. 국가가 법령의 제정을 통하여 감독과 지시의 형태로 지방자치단체의 과제이행에 대하여 간섭하는 경우, 자치기능에 대한 제한이 헌법적으로 정당화되는지의 문제가 발생한다.

한편, 지방자치행정은 국가행정의 일부이므로, **자치행정에 대한 국가의 감독은 불가피**하다. 국가의 감독은 분권화된 행정조직 내에서 모든 행정의 합법적인 행위와 일원적인 작용을 보장한다. 그러나 자치행정을 유지하기 위하여 자치사무에 대한 국가의 감독은 원칙적으로 단지 법령을 준수하는지의 **합법성에 대한 감독에 제한**된다. 지방자치단체가 국가의 시각에서 가장 이상적이고 합목적적인 방법을 택하였는지 여부에 관한 합목적성의 통제는 이루어지지 않는다. 자기책임성이란 자치사무와 관련하여 **합목적성에 관한 지시로부터의 자유**를 의미한다.

헌법이 자치기능을 보장하기 위해서는 **자치사무의 자율적인 이행을 위한 필수적인 수단으로서 일련의 행위가능성**을 함께 보장해야 한다. 가령, 독자적인 규범제정권한이 없이 또는 직접 임용한 공무원에 대한 인사권이 없이 자기책임 하에서의 활동가능성이 존재하지 않는다. 따라서 자기책임성의 보장은 이를 위하여 전제되는 필수적 조건으로서 자치재정권, 자치입법권, 자치인사권, 자치조직권 등 **지방자치단체의 자치고권**을 함께 보장한다.

판 례 "시간외 근무수당의 지급기준·지급방법 등에 관하여 필요한 사항은 행정자치부장관이 정하는 범위 안에서 지방자치단체의 장이 정한다."는 내용의 대통령령이 지방자치권을 침해하는지 여부가 문제된 '**강남구청과 대통령간의 권한쟁의 사건**'에서, "행정자치부장관이 정하게 되는 '범위'라는 것이, 지방자치단체장의 구체적인 결정권 행사의 여지를 전혀 남기지 않는 획일적인 기준을 의미하는 것으로 볼 근거는 전혀 없는 것이므로, 문제조항은 그 형식이나 내용면에서 결코 **지방자치단체장의 규칙제정권, 인사권, 재정권 등을 부정하는 것이 아니므로** 청구인의 헌법상 **자치권한을 본질적으로 침해한다고 볼 수 없다.**"고 판시하고 있다(헌재 2002. 10. 31. 2001헌라1).

판 례 감사원이 지방자치단체에 대하여 자치사무의 합법성뿐만 아니라 합목적성에 대하여도 감사한 행위가 지방자치권을 침해하였다고 주장하며 지방자치단체들이 권한쟁의심판을 청구한 **'자치사무에 대한 감사원의 감사 사건'**에서 "지방자치단체의 사무와 그에 소속한 지방공무원의 직무"를 감사원의 감사대상으로 규정하는 **감사원법조항의 위헌여부를 선결문제로서 판단**하였는데, **다수의견**은 "감사원법은 지방자치단체의 **위임사무나 자치사무의 구별 없이 합법성 감사뿐만 아니라 합목적성 감사도 허용하고 있는 것**"으로 보아야 한다고 하면서, "감사원법에서 지방자치단체의 자치권을 존중할 수 있는 장치를 마련해두고 있는 점, 국가재정지원에 상당부분 의존하고 있는 우리 지방재정의 현실, 독립성이나 전문성이 보장되지 않은 지방자치단체 자체감사의 한계 등으로 인한 외부감사의 필요성까지 감안하면, 이 사건 관련규정이 지방자치단체의 고유한 권한을 유명무실하게 할 정도로 지나친 제한을 함으로써 **지방자치권의 본질적 내용을 침해하였다고는 볼 수 없다.**"고 판시하고 있다(헌재 2008. 5. 29. 2005헌라3).

이에 대하여 **재판관 3인의 반대의견**은 "감사원이 지방자치단체의 자치사무에 대하여까지 합목적성 감사까지 하게 된다면 지방자치단체는 자치사무에 대한 자율적 정책결정을 하기 어렵고, 독립성과 자율성을 크게 제약받아 중앙정부의 하부행정기관으로 전락할 우려가 다분히 있게 되어 **지방자치제도의 본질적 내용을 침해**하게 될 것이다. 따라서 이 사건 관련규정, 특히 감사원법 제24조 제1항 제2호 소정의 '지방자치단체의 사무에 대한 감찰' 부분을 해석함에 있어 지방자치단체의 사무 중 **자치사무에 대한 합목적성 감찰까지 포함된다고 해석하는 한 그 범위 내에서는 위헌**이다."라고 판시하고 있다(판례집 20-1 하, 41, 42).

국가가 자치사무에 관하여 합법성 감사뿐만 아니라 합목적성 감사까지 할 수 있다면 자치사무의 보장이 무의미하므로, 위 결정에서 **다수의견**이 감사원법조항을 합목적성 감사도 허용하는 것으로 해석한 것은 **중대한 오류**이다.

판 례 한편, 헌법재판소는 **'자치사무에 대한 정부의 감사 사건'**에서 "지방자치단체의 자치사무에 관하여 감사원의 사전적·포괄적 합목적성 감사가 인정되므로 국가의 중복감사가 필요하지 않고 정부가 지방자치단체의 자치사무까지 포괄하여 감독하겠다는 종전 태도는 지양되어야 한다."고 판시하면서, 지방자치단체 자치사무에 대한 정부의 감사는 특정한 법령위반행위가 확인되었거나 위법행위가 있었으리라는 합리적 의심이 가능한 경우, 즉 **합법성 감사로 그 대상과 범위가 제한된다**고 판단함으로써, 서울특별시에 대한 정부의 포괄적인 합동감사는 서울특별시의 지방자치권을 침해한다고 결정하였다(헌재 2009. 5. 28. 2006헌라6).

나아가, 헌법재판소는 **'기초자치단체 자치사무에 대한 광역자치단체의 감사 사건'**에서 위 헌재 2009. 5. 28. 2006헌라6 결정의 판시내용이 '기초지방자치단체의 자치사무에 대한 광역지방자치단체의 감사'에도 그대로 적용된다는 것을 확인한 다음, 남양주시에 대한 경기도의 자료제출요구는 실질적으로 **자치사무에 대한 합목적성 감사에 해당**하므로, 남양주시의 지방자치권을 침해한다고 결정하였다(헌재 2022. 8. 31. 2021헌라1).

Ⅵ. 현행 지방자치제도

1. 지방자치단체의 종류, 기관 및 기능

가. 지방자치단체의 종류

지방자치법에 의하면, 지방자치단체는 일반지방자치단체와 특별지방자치단체로 나뉘며, **일반지방자치단체**는 광역지방자치단체(특별시, 광역시, 특별자치시, 도, 특별자치도)와 기초지방자치단체(시와 군 및 구)의 2종류로 구분된다. 지방자치법은 일반지방자치단체 외에도 **특별지방자치단체**를 설치할 수 있도록 규정하고 있는데, 2개 이상의 지방자치단체가 하나 또는 둘 이상의 사무를 공동으로 처리할 필요가 있을 때에는 **지방자치단체조합**을 설립할 수 있고(제176조), 지방자치단체의 장이나 지방의회의 의장은 상호 간의 교류와 협력을 증진하고 공동의 문제를 협의하기 위하여 각각 전국적 협의체를 설립할 수 있으며, 나아가 전국적 협의체가 모두 참가하는 **지방자치단체 연합체**를 설립할 수 있다(제182조).

나. 지방자치단체의 기관

지방의회는 지방자치단체의 의결기관으로서 임기 4년으로 주민의 선거에 의하여 선출된 의원에 의하여 구성되는 합의제기관이다. 지방의회는 조례의 제정 및 개폐, 예산의 심의·확정, 결산의 승인, 주민이 부담하는 조세 및 조세 외 공과금의 부과 및 징수에 관한 의결권을 가지며(제47조), 서류제출요구권(제48조), 행정사무감사 및 조사권(제49조), 행정사무처리상황을 보고받을 권한과 질문권(제51조)을 가진다.

지방자치단체의 장은 지방자치단체의 집행기관으로서 임기 4년으로 주민의 선거에 의하여 직접 선출되며(제107조), 3기에 한하여 계속 재임(在任)할 수 있다(제108조). 지방자치단체의 장은 지방자치단체를 대표하고, 그 사무를 총괄하며(제114조), 지방자치단체의 장에게 위임된 자치사무를 관리하고 집행하며(제116조), 소속 직원을 지휘·감독한다(제118조). 지방자치단체의 장은 법령 또는 조례의 범위에서 그 권한에 속하는 사무에 관하여 규칙을 제정할 수 있다(제29조). 그 외에도 지방자치단체의 장은 지방의회에 대하여 의안발의권(제76조), 임시회 요구권(제54조), 재의요구권(제120조)을 가지며 주민투표부의권(제18조)을 가진다. 한편, 지방자치단체의 장은 국가사무도 위임받아 처리해야 하는데(제115조), 이 경우 국가의 지방행정기관의 지위에 서게 된다.

다. 지방자치단체의 기능

(1) 자치행정권

지방자치단체는 주민의 복리에 관한 **자치사무**를 처리한다(제12조). 지방자치단체는 자치사무 외에도 단체위임사무와 기관위임사무를 처리한다. **단체위임사무**란 법령에 의하여 국가나 상급지방자치단체로부터 지방자치단체에게 위임된 사무이다(제13조 제1항). **기관위임사무**란, 국가 또는 상급지방자치단체로부터 지방자치단체의 장에게 위임된 사무를 말한다(제115조). 위임을 받은 지방자치단체의 장은 지방자치단체의 기관이 아닌 국가의 하급기관으로서 기능한다. 위임된 국가사무의 경우에는 합법성에 대한 감독은 물론이고, 합목적성에 대한 감독도 이루어진다(제185조). 자치사무의 경우, 상급감독관청은 자치사무에 관하여 보고를 받거나 감사할 수 있으나, 감사는 법령위반사항에 대하여만 실시한다(제190조).

(2) 조례제정권

지방자치단체의 자율적인 과제이행을 위하여 필수적인 수단인 **자치고권**에는 자치재정권, 자치입법권, 자치인사권, 자치조직권 등이 있으나, 아래에서는 자치입법권에 관해서만 살펴보기로 한다.

자기책임성의 보장은 조례를 통하여 구속력을 가지고 자치사무를 규율할 권한인 **자치입법권**을 요청한다. 헌법 제117조 제1항은 '법령의 범위 안에서 자치에 관한 규정을 제정할 수 있다'고 규정함으로써 **자치사무를 독자적으로 이행하기 위한 중요한 수단**으로서 자치입법권을 명시적으로 부여하고 있다. 조례는 '법령의 범위 안에서' 제정될 수 있는 것이기 때문에, 상위규범인 법령에 위반되어서는 안 된다. 여기서의 법령이란 의회입법, 법규명령, 외부적 효과를 가지는 행정규칙 등 모든 법규범을 포괄하는 광의의 의미로 이해되어야 한다. 자치입법권은 단지 자치사무의 이행과 관련하여 부여받은 것이기 때문에, 지방자치단체가 조례로써 규율할 수 있는 대상은 원칙적으로 자치사무에 국한된다. 지방자치단체는 지방자치단체의 장에게 위임된 기관위임사무에 관한 사항을 조례로써 규율할 수 없다.

지방자치단체는 헌법 제117조 제1항 및 이를 다시 확인하고 있는 지방자치법 제28조에 근거하여 **자치사무에 관한 한, 법률에 의한 별도의 위임 없이** 조례를 제정할 수 있다. 그러나 **개인의 권리를 제한**하는 조례는 법률유보원칙에 따라 별도의 법률적인 근거를 필요로 한다. 개인의 기본권 제한은 개별적인 법률의 수권이 있어야만 가능하다. 또한, 조례위반의 경우 벌칙을 정하기 위해서도 별도의 법적 근거를 필요로 한다.

입법자가 조례제정권을 위임하는 경우 **헌법 제75조의 포괄위임금지원칙**이 직접 적용되는 것은 아니지만, 그럼에도 포괄적인 위임은 허용되지 않는다. 조례제정은 비록 주민에 의하여 선출된 지방의회의 관할이라 하더라도, **행정권에 의한 규범제정**이다. 이러한 경우에도 입법자는 기본권적으로 중요한 사안 및 공동체의 본질적인 사안에 관하여는 스스로 규율해야 한다는 **'의회유보의 원칙'에 의한 구속**을 받는다. 조례에 입법권을 위임하는 법률의 명확성은 행정입법에 입법권을 위임하는 경우와 비교할 때 다소 위임의 명확성이 완화될 수는 있으나 헌법 제75조의 요건에서 너무 멀어져서는 안 된다.

판 례 헌법재판소는 **'담배자판기 설치금지조례 사건'**에서, "조례의 제정권자인 지방의회는 선거를 통해서 그 지역적인 민주적 정당성을 지니고 있는 주민의 대표기관이고 헌법이 지방자치단체에 포괄적인 자치권을 보장하고 있는 취지로 볼 때, 조례에 대한 법률의 위임은 법규명령에 대한 법률의 위임과 같이 반드시 구체적으로 범위를 정하여 할 필요가 없으며 포괄적인 것으로 족하다."고 판시하여(헌재 1995. 4. 20. 92헌마264등), 행정입법에 입법권을 위임하는 경우에 대하여 제기되는 **헌법 제75조의 엄격한 요건은 조례에 입법권을 위임하는 경우에는 적용되지 않는다**고 한다.

한편, 대법원은 **조례로써 규율할 수 있는 대상**에 관하여 "지방자치단체가 조례를 제정할 수 있는 사항은 지방자치단체의 고유사무인 **자치사무**와 개별법령에 의하여 자치단체에 위임된 이른바 **단체위임사무**에 한하고, 국가사무로서 지방자치단체의 장에 위임된 이른바 기관위임사무에 관한 사항은 조례제정의 범위 밖이라고 할 것이다."라고 판시하고 있다(대법원 1992. 7. 28. 선고 92추31 판결).

2. 주민투표 및 주민소환

주민투표제도는 헌법상 보장된 지방자치제도에 의하여 필수적으로 요청되는 것은 아니므로, 헌법이 주민투표제도의 도입을 보장하는 것은 아니며 그 도입여부는 입법자의 형성권에 위임되어 있다(헌재 2001. 6. 28. 2000헌마735). 따라서 **주민투표권**도 헌법상 참정권이 아니라 단지 법률상의 권리이다(헌재 2001. 6. 28. 2000헌마735). 지방자치법에 의하면, 지방자치단체의 장은 주민에게 과도한 부담을 주거나 중대한 영향을 미치는 지방자치단체의 주요 결정사항 등에 대하여 주민투표에 부칠 수 있다(제18조). 주민투표의 대상·발의자·발의요건·투표절차 등에 관한 사항은 **주민투표법**에서 규정하고 있다. 지방자치단체의 결정사항에 관한 주민투표의 경우 주민투표의 결과에 구속력을 인정하고 있으나, 국가정책에 관한 주민투표는 투표결과의 법적 구속력이 인정되지 않는 단지 자문적인 주민의견 수렴절차에 해당한다(헌재 2007. 6. 28. 2004헌마643, 판례집 19-1, 843, 852).

나아가, 지방자치법은 주민이 지방자치단체의 장 및 지방의회의원을 소환할 권리를 규정하고 있는데(제25조), 주민소환의 투표 청구권자 · 청구요건 · 절차 및 효력 등에 관하여는 **주민소환법**에서 규정하고 있다. 주민투표제도와 마찬가지로, 헌법이 지방자치제도의 보장과 더불어 주민소환제도도 함께 보장하는 것은 아니므로, 입법자가 그 도입여부에 관하여 결정할 수 있다(헌재 2009. 3. 26. 2007헌마843). **주민소환청구권**도 헌법상의 기본권이 아니라 단지 입법에 의하여 형성된 주민소환청구제도에 따라 행사할 수 있는 법률상의 권리에 불과하다(헌재 2011. 12. 29. 2010헌바368).

판 례 **지방자치법에서 규정한 주민투표제가 헌법이 보장하는 지방자치제도에 포함되는지 여부**에 관하여 "… 이러한 제도는 어디까지나 입법자의 결단에 의하여 채택된 것일 뿐, 헌법이 이러한 제도의 도입을 보장하고 있는 것은 아니다. 그러므로 … 주민투표에 관련된 구체적인 절차와 사항에 대하여 입법하여야 할 헌법상 의무가 국회에게 발생하였다고 할 수는 없다."고 판시하고 있다(헌재 2001. 6. 28. 2000헌마735).

주민소환제가 헌법이 보장하는 지방자치제도에 포함되는지 여부에 관하여 "**주민소환제 자체는 지방자치의 본질적인 내용이라고 할 수 없으므로** 이를 보장하지 않는 것이 위헌이라거나 어떤 특정한 내용의 주민소환제를 반드시 보장해야 한다는 헌법적인 요구가 있다고 볼 수는 없으나, 다만 이러한 주민소환제가 지방자치에도 적용되는 원리인 **대의제의 본질적인 내용을 침해하는지 여부**는 문제가 된다 할 것이다. 주민이 대표자를 수시에 임의로 소환한다면 이는 곧 명령적 위임을 인정하는 결과가 될 것이나, 대표자에게 원칙적으로 자유위임에 기초한 독자성을 보장하되 극히 예외적이고 엄격한 요건을 갖춘 경우에 한하여 주민소환을 인정한다면 이는 대의제의 원리를 보장하는 범위 내에서 적절한 수단이 될 수 있을 것이다."라고 판시하고 있다(헌재 2009. 3. 26. 2007헌마843, 판례집 21-1상, 651, 668-669).

제4장 법 원

제1절 사법(司法)의 개념 및 본질

Ⅰ. 헌법 제101조 제1항의 의미

1. 법치국가의 본질적 요소로서 사법의 보장

헌법 제101조 제1항은 "사법권은 법관으로 구성된 법원에 속한다."고 규정하여 사법권을 법원에 귀속시키고 있다. 이로써 헌법은 입법권·행정권과 함께, 사법권을 독립적인 국가기능으로 보장하고 있다. **사법권의 헌법적 과제와 기능**은 법적 분쟁의 해결을 통한 법의 유지와 관철 및 개인의 자유와 권리의 보호이다.

사법권의 보장은 **법치국가의 핵심적 구성요소**이다. 법치국가의 특징에 속하는 것은, 사법기능을 조직상으로 다른 국가권력으로부터 분리하여 독립적인 법관으로 구성된 법원에 귀속시키고, 국가행위의 합법·합헌성 여부에 관한 심사를 법원의 관할로 하는 것이다. 여기서 '법원(法院)'이란 **국가에 의하여 설립된 법원**을 뜻한다. 다른 모든 국가기능과 마찬가지로 사법권도 오로지 국민으로부터 민주적 정당성을 직접 또는 간접적으로 부여받은 국가기관에 의하여 행사되어야 한다는 것은 민주주의의 당연한 요청이다.

2. 권력분립원리의 표현

헌법 제101조 제1항은 제40조(입법권), 제66조 제4항(행정권)과 함께 권력분립원리의 명시적인 표현이다. 헌법 제101조 제1항은 사법권을 법원에 귀속시킴으로써, 사법권에 해당하는 국가과제는 오로지 법원에 의해서만 행사되어야 한다는 적극적인 의미를 담고 있다. **사법권은 전적으로 법원의 권한영역**에 속한다. 입법부와 집행부 간에는 상호 영향을 미칠 수 있는 가능성과 기능의 중복이 존재하는 반면, 사법부는 권력분립의 구조에서 특별히 고립되어 있다. 입법부와 집행부로부터 사법부의 엄격한 분리와 고립만이 사법부를 정치적으로 중립적인 권력으로 형성할 수 있으며, 기능상·조직상으로 독립된 권력만이 다른 권력에 대한 통제기능을 이행할 수 있다. 사법기능을 입법부나 집행부의 기관에 위임하거나 입법부나 집행부가 사법부에 영향력을 행사하려고 하는 것은 헌법적으로 허용되지 않는다.

한편, 법원도 **일정한 범위 내에서 행정과제를 이행**한다(司法行政). 사법권이 법원에 속한다는 것은 사법기능은 단지 법원에 의해서만 행사될 수 있다는 것을 말하는 것이지, 법관이 단지 사법기능만을 이행할 수 있다는 것을 의미하는 것은 아니다.

Ⅱ. 사법의 개념

사법을 국가기능의 내용에 따라 실체적으로 정의한다면, **사법**이란 구체적인 법적 분쟁이 발생한 경우 독립적 지위를 가진 중립적 기관이 무엇이 법인가를 인식하고 선언함으로써 법질서의 유지와 법적 평화에 기여하는 국가작용(비정치적 법인식기능)이다(실질적 의미의 사법). 헌법 제101조 제1항은 **'실질적 의미의 사법'**으로 간주되는 사안에 대하여 법원만이 결정할 수 있다는 **'법원유보(法院留保)'**를 규정하고 있다.

법원에 유보되어야 하는 '실질적 의미의 사법'에는 민사재판권과 형사재판권 및 공권력행사에 대한 권리보호가 속한다. 이러한 영역에서는 행정부에게 사법기능을 위임하는 것은 허용되지 않는다. 그러나 비송사건(非訟事件)과 같이 실질적 의미의 사법에 속하지 않는 과제는 헌법상의 사법권에 속하지 않으므로, 법관이 아닌 다른 국가기관이 이를 이행할 수 있다.

Ⅲ. 사법의 본질적 요소

1. 법적 분쟁에 관한 구속력 있는 결정

사법이란, '독립적인 국가기관'이 '법적 분쟁'에 관하여 '구속력 있는 결정'을 내리는 국가작용이다. **사법의 대상은 법적 분쟁**이고, 법적 분쟁의 판단기준은 법이다. 따라서 사법의 유일한 판단기준은 법이다. 법적 분쟁이 대립하는 양 당사자를 전제로 하므로, 사법은 일반적으로 원고와 피고 또는 검찰과 피고가 서로 대립하는 대심적(對審的) 절차에서 이루어진다.

사법의 본질에 속하는 것이 법적 분쟁을 최종적으로 종결시키는 **'구속력 있는 결정'**이다. 사법의 기능은 법적 분쟁을 확정적으로 종결함으로써 **법적 평화를 다시 회복**하고자 하는 것이다. 법적 평화의 회복은 소송법적으로 법원의 판결에 대하여 인정되는 **'기판력(旣判力)'**이란 제도를 통하여 달성된다.

2. 사법의 독립성 · 객관성 · 공정성

사법기관이 '법적 분쟁에 관련되지 않은 제3자'로서 법적 분쟁을 객관적으로 공정하게 결정하기 위해서는, 사법은 독립적이고 중립적이어야 한다. 이는 한편으로는 **사법의 '조직상의 독립'**과 다른 한편으로는 구체적인 개별사건에서 결정하는 **'법관의 독립'**을 요청한다. 중립적이고 독립적인 법원만이 공정한 재판을 보장할 수 있고, 공정한 재판만이 법적 분쟁을 종식시키고 궁극적으로 법적 평화를 회복할 수 있으므로, 사법의 독립성 · 객관성 · 공정성은 **사법기능의 유지와 보장을 위하여 불가결한 요소**이다.

3. 사법의 소극적 · 수동적 · 반응적 기능

입법기능과 집행기능이 사회질서를 적극적으로 형성하기 위하여 목표를 설정하고 이를 능동적으로 실현하는데 반하여, 사법기능은 단지 당사자의 소송제기에 반응하여 분쟁해결에 필요한 범위 내에서만 활동함으로써, 법질서를 유지하고 법적 평화를 회복하고자 하는 **소극적이고 수동적**

인 국가작용이다. 사법의 목적이 법질서의 유지와 법적 평화의 실현이라는 점에서, 사법은 근본적으로 **현상유지적 성격**을 가지고 있다. **사법의 반응적(反應的) 성격**으로부터, 사법기관은 스스로 활동하는 것이 아니라 단지 당사자의 신청에 의하여 활동해야 한다는 요청이 나온다(신청주의). 즉, 원고 없이는 법관도 없다. 사법작용은 쟁송의 제기가 있는 경우에만 비로소 개시되는 수동적인 국가작용이다.

Ⅳ. 사법의 절차

1. 사법절차의 법치국가적 형성

공정한 재판이 이루어지기 위해서는 **법관의 독립성 및 재판절차의 공정성과 객관성이 보장**되어야 한다. 따라서 사법은 법관의 독립성뿐만 아니라 사법절차의 법치국가적 형성을 필요로 한다. 사법절차는 공정한 재판을 보장할 수 있도록 법치국가적으로 형성되어야 한다.

사법절차의 법치국가적 형성에는 **'공정한 절차만이 공정한 재판을 보장할 수 있다'**는 사고가 그 바탕에 깔려있다. '결정에 이르는 절차의 타당성에 의하여 결정의 내용적 타당성을 최대한으로 확보할 수 있다'는 사고를 대표적으로 실현하고 있는 것이 바로 사법절차이다.

2. 청문청구권의 보장

사법절차에 대한 가장 중요한 법치국가적 요청은 바로 **청문청구권 또는 진술기회의 보장**이다. 청문청구권은 **공정한 재판을 보장하기 위한 필수적 전제조건**이다. 소송당사자는 법원의 결정에 앞서 사실적 또는 법적 관점에서 모든 중요한 사안에 관하여 진술할 수 있는 기회를 가져야 하고, 이로써 당사자가 절차의 형성과 결과에 대하여 영향을 미칠 수 있는 가능성을 가져야 한다. 소송당사자가 재판절차의 단순한 객체라면, 공정한 재판이 보장될 수 없다.

제 2 절 법원의 관할 및 권한

Ⅰ. 쟁송재판권

1. 민사 · 형사재판권

쟁송재판권(爭訟裁判權)이란 민사 · 형사 · 행정재판권과 같은 법적 쟁송에 관한 재판권을 말한다. 비록 헌법이 명시적으로 언급하고 있지는 않지만, **민사재판권과 형사재판권**의 행사는 사법의 전통적인 과제이자 핵심영역에 속한다.

현대국가는 물리력행사에 관한 독점권을 보유하고 개인에게 자력구제(自力救濟)를 금지하고 있다. 국가가 사인과의 관계에서 자력으로 권리를 관철하거나 범죄인을 징계하는 것을 금지한다면, 이에 대응하여 국가는 법적 분쟁을 해결할 수 있는 효과적인 민사 · 형사재판절차를 제공해야 할 의무(사법보장의무)를 진다. **국가의 사법보장의무**는 '물리력행사의 국가적 독점권'과 '개인에 의한 자력구제의 금지'에 대응하는 의무로서 법치국가원칙에 내재하는 것이다.

2. 행정재판권

가. 행정재판권의 헌법적 표현으로서 헌법 제107조 제2항 및 제3항

헌법은 **공권력에 대한 권리보호**에 관하여 명시적으로 표현하고 있지 않지만, **제107조 제2항**에서 "…처분이 헌법이나 법률에 위반되는 여부가 재판의 전제가 된 경우에는 대법원은 이를 최종적으로 심사할 권한을 가진다."고 하여 '처분'에 대한 재판을 언급하고 있고, 또한 **같은 조 제3항**에서 행정재판의 전심절차인 '행정심판절차'를 규정함으로써, 행정처분의 위헌·위법여부를 심사하는 **행정재판권도 법원의 관할임을 간접적으로** 밝히고 있다.

헌법 제107조 제2항 및 제3항은 행정재판을 규정함으로써, **사법을 통한 권리구제보장에 있어서 법치국가적 이념을 완성**하고 있다. 국가권력의 행사가 법적으로 구속을 받는다면, 개인의 권리가 국가공권력에 의하여 침해된 경우, 사법적 권리구제의 가능성이 보장되어야 한다. 개인이 국가와의 관계에서 권리를 주장하고 사법적(司法的)으로 관철할 수 있는 경우에 비로소 법치국가는 궁극적으로 실현된다.

나. 처분의 경우, 헌법 제107조 제2항의 '재판의 전제성'의 의미

법령에 대한 위헌심사의 경우, 집행행위가 위헌적인 법령에 기초하고 있다는 이유로 구체적인 소송사건에서 법령의 위헌여부를 재판의 전제로서 심사하는 '선결문제로서의 위헌심사'와 법령에 의하여 '직접' 기본권이 침해되는 경우 헌법소원심판의 형태로 이루어지는 '직접 심판대상으로서의 위헌심사'가 가능하다. 그러나 **처분의 경우** 이러한 이중적 구조가 존재하지 않는다.

처분은 그 자체가 집행행위로서 기본권을 직접 침해하므로, 처분의 위헌·위법여부는 구체적 소송사건에서 재판의 전제가 될 수 없다. 따라서 선결문제로서의 처분의 위헌성과 직접 심판대상으로서의 처분의 위헌성을 나누는 것이 부적절하다. 그렇다면, **처분의 경우 "재판의 전제성"**이란 처분의 위헌·위법여부에 관한 법원의 판단에 따라 재판의 결과(청구의 인용여부)가 달라지는 경우를 의미한다고 보아야 한다.

다. 헌법 제107조 제3항의 의미

헌법 제107조 제3항은 "재판의 전심절차로서 행정심판을 할 수 있다. 행정심판의 절차는 법률로 정하되, 사법절차가 준용되어야 한다."고 규정하여, **행정심판제도의 도입을 허용**하면서, '행정심판절차에 사법절차가 준용되어야 한다'는 것을 규정함으로써, **입법적 형성의 한계를 제시**하고 있다.

판 례　**'도로교통법의 행정심판전치주의 사건'**에서 **사법절차 준용의 헌법적 의미**에 관하여, "헌법 제107조 제3항 제2문은 '결정절차의 타당성이 결정내용의 타당성을 확보해 준다'는 대표적인 예가 바로 사법절차이며, 사법절차가 준용되지 않는 행정심판절차는 그 결정의 타당성을 담보할 수 없어, 사전적 구제절차로서의 기능을 제대로 이행할 수 없다'는 것을 밝히면서, **행정심판절차가 불필요하고 형식적인 전심절차가 되지 않도록 이를 사법절차에 준하는 절차로서 형성해야 할 의무**를 입법자에게 부과하고 있는 것이다. 행정심판제도는 재판의 전심절차로서 인정되는 것이지만, 공정성과 객관성 등 사법절차의 본질적인 요소가 배제되는 경우에는 국민들에게 무의미한 권리구제절차를 밟을 것을 강요하는 것이 되어 국민의 권리구제에 있어서 오히려 장애요인으로 작용할 수 있으므로, 헌법 제107조 제3항은 **사법절차에 준하는 객관성과 공정성을 갖춘 행정심판절차의 보장을 통하여 행정심판제도의 실효성을 어느 정도 확보하고자** 하는 것이다."라고 판시하고 있다(헌재 2002. 10. 31. 2001헌바40).

3. 선거에 관한 소송의 심판권

현행법상 대통령선거 및 국회의원선거, 시장 · 도지사 선거에 관한 소송의 심판권은 **대법원**이 가지고(단심제), 지방의회선거 및 기초지방자치단체장의 선거에 관한 소송은 선거구 관할 고등법원이 가지는 것(2심제)으로 규정되어 있다(공직선거법 제222조).

그러나 민주국가에서 대의기관을 구성하고 대의기관에 민주적 정당성을 부여하는 선거의 중요성에 비추어, 적어도 국가권력의 행사와 관련된 전국적인 차원에서의 선거인 **대통령선거와 국회의원선거에 대한 심사는 헌법재판의 핵심적인 구성부분**이라 할 수 있다. 따라서 대통령과 국회의원의 선거에 관한 심사권을 법원이 아니라 헌법재판소의 관할로 하는 것이 바람직하다.

Ⅱ. 명령 · 규칙에 대한 위헌 · 위법심사권

1. 헌법 제107조 제2항의 제도적 의미

헌법 제107조 제2항은 "명령 · 규칙 … 이 헌법이나 법률에 위반되는 여부가 재판의 전제가 된 경우에는 대법원은 이를 최종적으로 심사할 권한을 가진다."고 하여 **법원의 명령 · 규칙심사권**을 규정하고 있다. 법원은 구체적인 법적 분쟁의 판단과정에서 당해사건에 적용될 명령 · 규칙의 위헌 · 위법성이 문제되는 경우(가령, 과세처분에 대한 행정소송에서 과세처분의 법적 근거가 되는 세법 시행령규정의 위헌 · 위법여부가 재판의 전제가 되는 경우) 구체적 사건의 재판을 계기로 하여 부수적으로 명령 · 규칙의 위헌 · 위법성을 심사하게 된다. **구체적 또는 부수적(附隨的) 규범통제**란, 구체적인 소송사건의 해결을 계기로 하여 법규범이 상위법과 합치하는지의 여부, 특히 법규범의 위헌성을 심사하는 제도를 말한다.

법원은 헌법과 법률의 기속을 받으므로(헌법 제103조), 당해사건에 적용되는 명령 · 규칙이 위헌 또는 위법이라고 판단되면, 이를 **당해사건에 적용하는 것을 거부할 수 있어야** 한다. 따라서 헌법 제107조 제2항의 명령 · 규칙심사권은 **'법원이 헌법과 법률에 기속된다'는 법치국가적 요청**의 당연한 결과이다.

판 례 **구체적 규범통제의 권한 배분**에 관하여 "헌법은 당해사건에 적용될 법률(조항)의 위헌 여부를 심사하는 구체적 규범통제의 경우에, '법률'의 위헌 여부는 헌법재판소가, 법률의 하위 규범인 '명령 · 규칙 또는 처분' 등의 위헌 또는 위법 여부는 대법원이 그 심사권한을 갖는 것으로 그 권한을 분배하고 있다(헌법 제107조 제1항, 제2항 참조)."고 판시하고 있다(헌재 2013. 3. 21. 2010헌바132 등, 판례집 25-1, 180, 192).

2. 명령 · 규칙심사권의 주체

명령 · 규칙심사권의 주체는 **대법원뿐만 아니라 모든 각급법원**이다. 각급법원은 명령 · 규칙이 헌법이나 법률에 위반되는 여부가 재판의 전제가 된 때에는 그에 대한 심사권을 가지고, 위헌 ·

위법으로 판단되는 명령과 규칙의 적용을 거부할 수 있다. 다만, 명령·규칙의 위헌·위법여부에 관한 최종적인 심사권은 최고법원인 대법원의 권한이다.

3. 명령·규칙심사권의 요건으로서 재판의 전제성

법원이 명령·규칙을 심사하기 위해서는 명령 또는 규칙이 헌법이나 법률에 위반되는 여부가 재판의 전제가 되어야 한다. **'재판의 전제가 된다는 것'**은, 당해재판에 적용되는 명령·규칙의 위헌·위법여부가 당해재판의 선결문제가 된다는 것, 즉 명령·규칙의 위헌·위법여부에 따라 당해사건을 담당한 법원이 다른 내용의 재판을 하게 되는 경우(당해재판의 결과가 달라지는 경우)를 말한다. 가령, 과세처분에 대한 행정소송에서 과세처분의 법적 근거가 되는 세법시행령규정의 위헌·위법여부에 따라 당해재판의 결과가 달라지는 경우를 예로 들 수 있다.

4. 위헌·위법적 명령·규칙의 효력

명령·규칙이 헌법이나 법률에 위반된다고 인정되는 경우, 법원은 이러한 **명령·규칙을 당해사건에 적용하는 것을 거부**할 수 있을 뿐, 이에 대하여 무효를 선언할 수 없다. 부수적 규범통제의 본질상, 법원의 과제는 구체적 당해사건의 해결이지, 명령·규칙의 효력 그 자체를 심사하는 것이 아니기 때문이다. 명령·규칙이 위헌 또는 위법인 경우, 위헌·위법적 명령·규칙에 의거하여 한 행정행위는 취소될 수는 있으나, 자동으로 무효가 되는 것은 아니다.

Ⅲ. 법률에 대한 일차적인 위헌심사권(위헌제청권)

1. 헌법 제107조 제1항의 위헌법률심판 제청권

법률이 헌법에 위반되는 여부가 재판의 전제가 된 경우에는 법원은 헌법재판소에 위헌법률심판을 제청할 수 있다(헌법 제107조 제1항). **'법률이 헌법에 위반되는 여부가 재판의 전제가 된다는 것'**은 바꾸어 표현하면, 당해재판에 적용되는 법률의 위헌여부가 당해재판의 선결문제가 된다는 것, 즉 법률의 위헌여부에 따라 당해재판의 결과가 달라진다는 것을 의미한다. 헌법은 구체적 규범통제에 있어서 법원에게는 **일차적인 위헌심사권과 위헌제청권만을 부여**하고, 법률에 대한 위헌결정권은 헌법재판소에 독점적으로 귀속시키고 있다.

법원도 위헌제청의 여부를 판단하기 위하여 법률의 위헌여부에 관하여 **'일차적으로 심사할 권한'**을 가지고 있다. 이로써 법원은 명령·규칙의 경우와는 달리, 위헌이라고 판단되는 법률의 적용을 완전히 거부할 권한은 없으나, 위헌제청을 통하여 재판절차를 정지시킴으로써 헌법재판소의 결정시까지 **'법률을 잠정적으로 적용하지 아니할 권한'**을 가지고 있다.

2. 법원의 '헌법에의 구속'의 표현으로서 위헌제청의무

모든 국가기관과 마찬가지로 법원도 헌법의 구속을 받으며, 법관의 헌법에의 구속은 무엇보다도, 법원이 법률을 가능하면 헌법에 합치되게 해석해야 할 의무(합헌적 법률해석) 및 법률의 위헌제청의무를 통하여 나타난다. 헌법을 최고의 정점으로 하는 법질서에서 모든 법률은 헌법에 합치하는 경우에만 적용될 수 있고, 법원이 헌법의 구속을 받는다는 것은 바로 당해재판에서 적용되는 법률이 헌법과 합치하는지 여부를 판단해야 한다는 것을 의미한다.

Ⅳ. 규칙제정권

헌법 제108조는 "대법원은 법률에 저촉되지 않는 범위 안에서 소송에 관한 절차, 법원의 내부 규율과 사무처리에 관한 규칙을 제정할 수 있다."고 하여, **대법원에 규칙제정권을 부여**하고 있다. 대법원규칙은 대법관회의의 의결로 제정한다(법원조직법 제17조 제2호). 규칙제정권은 모든 합의제 헌법기관의 고유한 권한이다. 헌법이 **합의제 헌법기관에게 '규칙제정권을 부여한 목적'과 '규칙제정권의 본질'**에 비추어, 대법원은 헌법상 부여받은 규칙제정권을 근거로 하여 단지 자신의 내부질서만을 자율적으로 규율할 수 있을 뿐, 개인이나 다른 국가기관과의 외부적 관계를 임의로 형성할 수 없다(제4편 제2장 제5절 제4항 Ⅱ. 참조). 어떠한 국가기관도 자신의 자율권을 근거로 외부적 관계를 규율할 수 없으며, 개인의 기본권을 제한할 수 없다.

대법원은 헌법 제108조의 규칙제정권에 근거하여 법률에서의 **별도의 수권여부와 관계없이 자신의 내부관계**를 자율적으로 규율할 수 있다. 따라서 대법원은 자신의 내부질서의 규율에 관한 한, 법률에서 명시적으로 규칙으로 정하도록 위임한 사항뿐만 아니라 이를 넘어서 내부질서에 관하여 전반적으로 규율할 수 있다. 그러나 헌법 제108조의 수권이 **단지 법원 내부질서의 규율에 한정**되므로, 대법원은 규칙제정권을 근거로 하여 다른 국가기관이나 사인 등 외부적 관계를 규율할 수 없다. 대법원이 규칙을 통하여 **외부적 관계를 규율**하기 위해서는 **입법자에 의한 별도의 수권을 필요로** 한다. 따라서 대법원이 규칙을 통하여 재판절차에 참여하는 사인 등에 대하여 권리와 의무를 규율하기 위해서는 법률에서 입법자가 명시적으로 규율권한을 부여해야 하고, 입법자는 규율권한의 위임에 있어서 **포괄위임금지원칙을 준수해야** 한다.

판례 헌법재판소는 **위임입법이 대법원규칙인 경우에도 수권법률에서 포괄위임금지원칙을 준수하여야 하는지 여부**에 관하여 '위임입법이 대법원규칙인 경우에도 수권법률에서 포괄위임금지원칙은 준수되어야 한다'고 판시하고 있다(헌재 2016. 6. 30. 2013헌바27, 판례집 28-1하, 441, 447). 한편, **재판관 3인의 소수의견**은 '헌법은 제108조에서 대법원에게 기본권을 제한할 수 있는 권한을 직접 부여한 것이므로, 기본권제한을 위하여 별도의 법률위임 필요로 하지 않으며, 이에 따라 헌법 제75조의 포괄위임금지원칙은 대법원규칙에는 적용되지 않으므로, 포괄위임금지원칙의 준수여부를 심사할 필요 없다'는 견해를 밝히고 있다(판례집 28-1하, 441, 450-451). 그러나 **소수의견은 헌법 제108조의 규칙제정권의 본질을 오해**하고 있다.

제 3 절 사법권의 독립

Ⅰ. 법원의 독립

사법권의 독립은 사법권을 담당하는 **법원의 조직상 독립**과 구체적 재판을 담당하는 **법관의 재판상 독립**을 전제로 한다. **법원의 독립**이란, 권력분립의 차원에서 법원이 조직과 기능에 있어서 입법부와 행정부로부터 독립해야 한다는 것을 의미한다. 나아가, 법관은 인적 권력분립의 관점에서 국회의원 또는 집행부의 구성원을 겸직할 수 없다(겸직금지의 요청).

Ⅱ. 법관의 독립

1. 직무상 독립

가. 헌법과 법률 및 양심에 따른 심판

(1) 직무상 독립

법관의 독립은 공정한 재판을 보장하기 위한 불가결한 수단으로서 **'직무상 독립'**과 **'신분상 독립'**을 의미한다. 헌법 제103조는 "법관은 헌법과 법률에 의하여 그 양심에 따라 독립하여 심판한다."고 하여 법관의 **'직무상(재판상) 독립'**을 규정하고 있다. '직무상의 독립'은 누구의 간섭이나 지시도 받지 않고 사법기능을 수행하는 것을 그 내용으로 한다. 법관의 직무상 독립은 사법의 독립성을 훼손할 수 있는 모든 관계, 즉 **국가기관, 사회세력, 소송당사자 및 법원 내부로부터의 간섭에 대한 것**이다.

헌법 제103조는 **"헌법과 법률에 의하여"**라고 하여 '헌법과 법률'을 사법적 판단의 기준으로 언급하고 있다. 법관이 오로지 법의 구속을 받고 법에 따라 판단한다는 것은 '외부의 지시나 명령의 구속을 받지 않는다는 것의 동의어'로서, 법관의 독립성을 확보하기 위한 필수적 요건이다. 궁극적으로 법관의 직무상 독립성은 **헌법과 법률에의 기속을 통하여 공정한 재판, 즉 사법의 객관성과 공정성을 보장**하고자 하는 것이다.

(2) 헌법 제103조의 "양심"의 의미

헌법은 제103조에서 법관의 직무와 관련하여 "양심"을 언급하고 있는데, 여기서 "양심"은 헌법 제19조의 양심의 자유에서 말하는 '인격적 · 윤리적 양심'과는 그 성질을 달리하는 **'직무상 양심'**을 의미하는 것이다. 헌법은 직무상 양심을 언급함으로써 **'지시나 명령으로부터의 독립성'**을 표현하고 이를 강조하고 있는 것이다.

법관이 양심에 따라 심판한다는 것은, 법관에게 재판작용에서 자신의 주관적 정의관이나 초실정법적 가치를 임의로 실현할 수 있는 권한을 부여하는 것이 아니다. 헌법국가에서 '정의가 무엇인지'는 헌법이 스스로 인간의 존엄성과 기본권의 보장, 법치국가원리, 사회국가원리 등과 같은 규범을 통하여 구체화하고 있다. 이러한 의미에서 **헌법은 법공동체가 지향하는 일반적 정의를 실정법화한 것**이고, 정의는 실체적 헌법규범을 통하여 구체적으로 표현되고 있다. 그러므로 **정의의 기준은 법관에게 이미 정해져 있다**. 법관은 자신의 개인적 정의관을 주장하여 법규범의 문언과 해석을 통한 객관적 의미로부터 벗어나 법을 임의로 적용하거나 왜곡해서는 안 된다. 법관은 법규범이 위헌적인 경우에만 법규범에 대하여 이의를 제기할 수 있다.

법질서가 법관의 정의관과 충돌하는 경우, 법관의 정의관이 헌법적 가치결정과 일치한다면, 법관은 위헌의 의심이 있는 법률에 대하여 헌법재판소에 위헌제청을 하거나 또는 당해사건에서 법규범(법규명령 등)의 적용을 거부함으로써 자신의 갈등을 해소할 수 있는 가능성을 가지고 있다.

그러나 자신의 정의관이 헌법적 가치결정과 일치하지 않는다면, 법관은 자신의 정의관을 제쳐두고 헌법과 법률에 따라 재판을 해야 한다.

나. 외부적 간섭으로부터 독립

(1) 다른 국가기관으로부터의 독립

어떠한 국가기관도 법관의 재판에 간섭하거나 영향력을 행사하고자 시도해서는 안 된다. 가령, 법원의 재판은 국회의 국정감사나 국정조사의 대상이 되지 않음은 물론이고, 국회는 국정감사·조사권의 행사를 통하여 계속 중인 재판에 영향을 미쳐서도 안 된다.

(2) 사회적·정치적 세력으로부터의 독립

오늘날 민주국가에서 법관의 독립성에 대한 심각한 위협은 국가기관으로부터가 아니라 사회적 세력으로부터 나온다. 특히 **대중매체나 강력한 사회단체**는 여론 형성을 주도하거나 여론의 조작을 통하여 사법부에 압력을 행사하고 법원의 판결을 일정한 방향으로 유도하고자 시도할 수 있다. 특히 언론매체가 계류 중인 재판에 대하여 **법원의 판결에 앞서 '여론재판'**의 형태로 일종의 사전적 판결을 내리는 것은 법원의 독립성에 대한 중대한 침해이다. 이에 대하여, 종료된 재판의 경우 **판결에 대한 비판**은 원칙적으로 허용된다.

(3) 소송당사자로부터의 독립

소송당사자로부터 법관의 독립성을 유지하기 위한 제도로서 **법관의 제척제도**(소송당사자와 특수한 관계에 있다든지 아니면 소송사건과 직접 이해관계가 있는 경우), **기피제도**(법관의 편파의 우려가 있는 경우), **회피제도**(법관이 스스로 재판의 공정을 기대할 수 없다고 판단하는 경우)가 마련되어 있다.

(4) 사법부 내부적 간섭으로부터의 독립

법원 내부적으로도 법관의 결정에 영향을 미쳐서는 안 된다. 대법원장이나 각급법원장도 검찰과는 달리, 법관의 **재판에 관한 지휘·감독권한이 없다**. 대법원은 하급심법원의 판결을 파기·환송할 수 있을 뿐, 자신의 견해를 따르도록 요청하거나 권유할 수 없다. 법원이 선판례(先判例)에 의하여 내부적으로 구속을 받는 영미법계 국가와는 달리, 대륙법계 국가에서 법원은 법전(法典)의 구속을 받는 것이지, **판례의 구속을 받지 않는다.** 하급심법원은 법적으로 선판례의 구속을 받지 않으므로, 상급법원의 판결을 비판하거나 따르지 않을 수 있다. 물론, 이러한 경우 상급심법원에 의하여 파기·환송당할 위험을 감수해야 하기 때문에, 실질적으로 선판례 구속의 경우와 유사한 효과가 발생한다.

한편, 법원조직법 제8조에 의하면, "상급법원의 재판에 있어서의 판단은 **해당 사건에 관하여 하급심을 기속**한다."고 규정하고 있다. 위 법률조항은 하급법원의 판결이 상소법원에 의하여 파기·환송되는 경우 하급심법원이 '당해사건에 한하여' 상급심법원의 판결에 따라야 한다는 것을 의미하는 것으로, 상소제도를 인정하는 이상 수반되는 당연한 결과이다. 하급심법원은 당해사건이 아니라 다른 사건의 경우에는 설사 동일한 종류의 사건이라 하더라도, 상급법원과 다른 판단을 할 수 있다.

2. 신분상 독립

가. 일반적 의미

법관의 직무상 독립은 자의적인 파면이나 불리한 처분 등으로부터 법관을 보호하려는 '신분상 독립'에 의하여 보완되고 강화된다. 법관의 신분보장이 제대로 되어 있지 않은 경우에는 법관의 직무상 독립이 약화될 위험이 있다. 가령, 법관이 재판의 내용으로 인하여 인사상의 불이익을 받을 위험이 있다면 직무상의 독립은 사실상 공허하게 될 수 있다.

나. 법관의 임기제 및 정년제

헌법 제101조 제3항은 "**법관의 자격**은 법률로 정한다."고 규정하고 있다. 나아가, 헌법 제104조 제3항은 "대법원장과 대법관이 아닌 법관은 대법관회의의 동의를 얻어 대법원장이 임명한다."고 하여 **법관인사의 독립성**을 보장하고 있다.

헌법은 제105조 제1항 내지 제3항에서 **대법원장 · 대법관 및 그 외의 법관의 임기제**를 규정하고 있다. 일반법관의 임기는 10년이나 연임할 수 있다. 한편, 헌법 제105조 제4항은 "법관의 정년은 법률로 정한다."고 하여 **법관정년제**를 규정하면서 구체적인 정년연령을 법률로 정하도록 위임하고 있다. '본래 의미의 정년제'란 정년까지 법관의 신분이 보장되는 제도를 말하는 반면, **헌법 제105조 제4항의 정년제**란 '임기제의 유보 하에 있는 정년제'를 의미한다. 일반법관의 임기제의 경우, 일반적으로 과실이 없는 한 정년까지 신분이 보장되는 것으로 볼 수 있으나, 다른 한편으로는 재임용제도로 인하여 법관의 신분보장이 사법부 내부적으로 위협받을 수 있으므로, 법관의 독립이 약화될 수 있는 부정적인 측면이 있다.

다. 법관의 신분보장

헌법은 제106조 제1항에서 "법관은 탄핵 또는 금고 이상의 형의 선고에 의하지 아니하고는 파면되지 아니하며, 징계처분에 의하지 아니하고는 정직 · 감봉 기타 불리한 처분을 받지 아니한다."고 규정하고 있다. 법관의 신분보장을 강화하기 위하여 "탄핵 또는 금고 이상의 형의 선고에 의하지 아니하고는 파면되지 않는다."고 하여 **파면사유를 제한**하고 있다. 나아가, 법관은 징계처분을 받을 수는 있으나, 법관에 대한 **징계처분의 효력을 정직 · 감봉 기타 불리한 처분으로 제한**하고 있다. 법관에 대한 징계사건을 심의 · 결정하기 위하여 대법원에 법관징계위원회를 두며(법관징계법 제4조), 법관에 대한 징계처분은 정직 · 감봉 · 견책의 세 종류로 한다(법관징계법 제3조 제1항).

임기제에 의한 신분보장 때문에 임기 전에 원칙적으로 본인의 의사에 반하여 퇴직하게 할 수 없고, 다만 헌법 제106조 제2항에 의하여 "법관이 중대한 심신상의 장애로 직무를 수행할 수 없을 때에는" 법률이 정하는 바에 의하여 퇴직하게 할 수 있다(**임기 전 퇴직사유의 제한**).

제 4 절 사법권의 한계

Ⅰ. 헌법상 특별규정

헌법은 국회의 독립성과 자율권을 존중한다는 의미에서 국회의원의 자격심사 · 징계 · 제명을 국회의 권한으로 하고 있다(헌법 제64조 제2항 및 제3항). 헌법 제64조 제4항은 의원의 신분에 관한 국회의 결정에 대하여 법원에 제소할 수 없다고 규정함으로써, **국회의원의 자격심사 · 징계 · 제명에 관한 처분은 법원의 사법적 심사의 대상이 될 수 없음**을 밝히고 있다.

여기서 **국회의원의 제명처분 등에 대하여 헌법재판소에서 다툴 수 있는지의 문제**가 제기된다. 이에 관하여 '헌법 제64조 제4항은 국회 자율권을 존중하는 취지에서 국회의 자격심사 · 징계 · 제명에 관한 처분을 사법적 심사의 대상에서 배제한 것이므로 헌법재판소에서 다투는 것도 불가능하다'는 견해와 '단지 "법원"에 제소할 수 없다고 규정하고 있는 헌법 제64조 제4항의 법문에 비추어 헌법재판소에서 다투는 것은 가능하다'는 **견해가 대립**하고 있다. **고전적인 삼권분립의 체계 내에서 전통적으로** 법원은 의회입법의 구속을 받고 입법자의 법률을 해석 · 적용할 수 있을 뿐이지 법률의 개폐(改廢)에 관하여 심사할 수 없다고 간주되어 왔다. 이와 같은 맥락에서, 헌법은 고전적인 삼권분립의 체계 내에서 의회입법의 구속을 받는 법원이 의회구성원의 신분에 관한 의회의 결정을 심사할 수 없다고 규정함으로써 의회의 자율권을 법원으로부터 보호하고자 한 것이다. 위 조항을 이러한 배경에서 이해한다면, 헌법이 별도의 헌법재판소를 설립하여 헌법재판의 기능을 맡긴 경우에는 **헌법재판소에서 다투는 것은 가능하다**고 보아야 한다. 의원의 제명처분 등에 의하여 의원의 헌법적 지위가 침해되는 경우에는 헌법재판소에 의한 위헌심사가 가능해야 한다.

의원의 제명처분 등에 의하여 침해되는 의원의 법적 지위는 국민 누구에게나 귀속되는 개인의 기본권이 아니라 국회의 구성원인 국가기관으로서의 권한과 지위이므로, 국회의원은 국회의 제명처분 등에 대하여 **국가기관간의 권한쟁의**로 다투어야 한다(제4편 제2장 제6절 Ⅳ. 참조). 한편, 공무담임권이 모든 공직자의 신분보장까지도 보장한다고 이해하는 **헌법재판소의 판례에 의하면**, 국회의 제명처분에 대하여 **헌법소원을 제기하는 것도 가능**하다. 그러나 의원이 제명처분에 대하여 이와 같이 이중적으로 다툴 수 있다고 하는 법적 상황은 국민의 기본권인 공무담임권을 공무원의 기본권으로 변질시킨 **'헌법재판소의 잘못된 판례'**에 기인하는 것이다.

Ⅱ. 통치행위

1. 통치행위의 개념 및 이에 관한 논의

통치행위라 함은, 고도의 정치적 결단에 의한 국가행위로서 사법적 심사의 대상으로 삼기에 적절하지 못한 행위를 말한다(헌재 1996. 2. 29. 93헌마186, 판례집 8-1, 111, 115). 통치행위의 개념을 인정할 것인지, 통치행위가 사법적 심사의 대상이 되는지에 관하여 **긍정설과 부정설이 대립**한다.

통치행위 긍정설에 의하면, 고도의 정치적 성격을 띤 국가행위에 대하여 사법부가 자제하는 것이 바람직하기 때문에, 통치행위가 사법적 심사의 대상에서 제외된다고 한다. 미연방대법원에 의하여 형성된 '사법적 자제의 요청'과 '정치문제이론'이 그 사상적 배경을 이루고 있다. **통치행위 부정설**에 의하면, 헌법국가에서 모든 국가작용이 헌법의 구속을 받고 사법적 심사의 대상이 되어야 하므로, 통치행위라는 개념 자체를 인정할 수 없다고 한다. 사법적 심사의 대상이 되지 않는 통치행위를 인정하게 되면, 집행행위에 대한 사법부의 위헌·위법심사권을 부정하는 것이 된다고 한다.

2. 통치행위가 사법적 심사의 대상이 되는지의 문제

가. 사법적 자제(司法的 自制)의 요청

사법적 자제(judicial-self-restraint)란, 사법기관이 사법적 심사에 있어서 자발적으로 스스로 자제해야 한다는 요청으로, **사법부의 자발적인 자제 또는 자기구속(自己拘束)을 강조**하고 있다. 그러나 헌법국가에서 어떠한 국가기관도 자신에게 스스로 부과하는 자기구속을 받는 것이 아니라 헌법에 의한 구속을 받는 것이다. 헌법국가에서 국가기관의 '자기구속'이나 '자제'란 있을 수 없다.

따라서 '사법적 자제'의 표현을 사용한다면, 이는 **헌법 내에서 사법기관의 권한적·기능적 한계를 강조**하는 것으로 이해해야 한다. 사법적 자제의 요청을 입법부나 집행부와의 관계에서 권력분립원리로부터 나오는 **'헌법재판의 기능적 한계'의 준수에 대한 일반적 요청**, 즉 헌법재판소는 헌법재판을 통하여 다른 국가기관의 권한을 침해해서는 안 된다는 요청으로 이해한다 하더라도, 이로부터 정치적 국가행위가 처음부터 사법심사의 대상에서 배제된다는 원칙이 도출되는 것은 아니다.

나. 정치문제이론

정치문제이론이란, **정치와 헌법을 구분**하여 외교행위와 같은 고도의 정치적 성격을 가지는 국가행위를 사법심사의 대상에서 제외하고자 하는 견해를 말한다. 정치와 헌법을 구분하는 정치문제이론은 정치를 헌법에 구속시키고자 하는 우리 헌법질서에 적용될 수 없다. 헌법은 모든 국가기관을 구속하기 때문에 모든 국가권력의 행사가 헌법의 구속을 받으며, **헌법은 헌법재판소에게 헌법의 준수여부를 감시하는 과제를 부여**하고 있다. 헌법재판은 정치적 영역에서 발생하는 헌법적 분쟁을 그 대상으로 하며, 특히 국가기관간의 권한쟁의심판의 경우 그 심판대상은 고도의 정치적 성격을 가진 헌법적 분쟁이다.

국가의 정치생활이 이루어져야 하는 규범적 울타리를 제시하는 것이 헌법의 기능이라면, 헌법재판소에 의한 위헌심사가 가능한지 여부가 '심사대상이 정치적 문제인지' 여부에 달려있을 수 없다. 오히려 헌법재판소는 국가의 정치생활이 헌법의 범주 내에서 이루어지고 있는지를 심사해야 한다. 판례를 통하여 스스로에게 위헌심사권을 부여한 **미연방대법원과는 달리, 우리 헌법재판소에게는** 헌법상 '국가행위의 위헌심사에 관한 권한'이 명시적으로 부여되었기 때문에, 사법적으로 심사할 수 없는 국가행위를 인정할 수 있는 가능성은 처음부터 없다. 뿐만 아니라, **헌법 제27조의 재판청구권**은 '그 성질상 개인의 권리침해를 야기할 수 있는 모든 공권력행위'는 사법적 심사의 대상이 될 것을 요청한다. 따라서 정치적 국가행위를 사법심사의 대상으로부터 배제하고자 하는 시도는 재판청구권의 요청에도 부합하지 않는다.

다. 사법적 심사의 대상이 아니라 심사기준의 존부나 심사의 밀도에 관한 문제

외교·국방의 영역에서 정부의 정치적 결정은 처음부터 사법심사의 대상으로부터 제외되는 것이 아니라, 고도의 정치적 행위가 일반적으로 개인의 권리침해를 직접적으로 야기할 수 없기 때문에 **'기본권침해의 법적 관련성'이 결여**되어 사법적 심사를 받지 못한다. 설사, 통치행위가 개인의 권리를 직접 침해할 가능성이 있기 때문에 헌법소원심판의 적법요건이 충족된다 하더라도, **통치행위에 대하여 구체적 지침을 제시하고 이를 구속하는 헌법규범이 존재하지 않는다**.

따라서 통치행위는 대부분의 경우 '결과적으로' 헌법재판소에 의하여 심사될 수 없다. 그러나 이러한 결과는, 통치행위가 처음부터 사법심사의 대상에서 제외되기 때문이 아니라, 통치행위의 내용을 구체적으로 규정하는 헌법규범이 없기 때문에 발생하는 것이다. 통치행위의 헌법적 문제는 **사법적 심사의 대상에 관한 문제가 아니라, 심사기준의 존부에 관한 문제**이며, 헌법재판소가 정치적 국가행위에 대하여 어느 정도로 통제할 수 있는지의 **'심사밀도의 문제'**이다.

판 례 금융실명제의 도입을 위하여 대통령이 내린 긴급재정경제명령에 대하여 일반국민이 헌법소원을 제기한 **'금융실명제 사건'**에서, 헌법재판소는 **통치행위에 대한 사법적 통제가 가능한지 여부**에 관하여, "헌법재판소는 헌법의 수호와 국민의 기본권 보장을 사명으로 하는 국가기관이므로 비록 고도의 정치적 결단에 의하여 행해지는 국가작용이라고 할지라도 그것이 국민의 기본권 침해와 직접 관련되는 경우에는 당연히 헌법재판소의 심판대상이 될 수 있는 것"이라고 판시하여, **공권력행위의 정치적 성격이 사법적 심사를 배제하지 않는다**고 판단하였다(헌재 1996. 2. 29. 93헌마186, 판례집 8-1, 111, 115-116).

한편, 대통령의 국군부대의 이라크전쟁 파견결정과 국회의 파견동의에 의하여 자신의 기본권이 침해당했다고 주장하며 일반국민이 헌법소원을 제기한 **'제1차 이라크파병 사건'**에서, "청구인들은 이 사건 파견결정에 관하여 일반 국민의 지위에서 사실상의 또는 간접적인 이해관계를 가진다고 할 수는 있으나, 이 사건 파견결정으로 인하여 … 청구인들 자신의 기본권을 현재 그리고 직접적으로 침해받는다고는 할 수 없다."고 판시하여 **'기본권침해의 법적 관련성'을 부인**함으로써 심판청구를 각하하였다(헌재 2003. 12. 18. 2003헌마255등).

그러나 대통령의 이라크전쟁 파견결정에 대하여 일반국민이 헌법소원을 제기한 **'제2차 이라크파병 사건'**에서, "이 사건 파견결정은 그 성격상 국방 및 외교에 관련된 고도의 정치적 결단을 요하는 문제로서, 헌법과 법률이 정한 절차를 지켜 이루어진 것임이 명백하므로, 대통령과 국회의 판단은 존중되어야 하고 헌법재판소가 사법적 기준만으로 이를 심판하는 것은 자제되어야 한다."고 판시하여 **대통령의 파견결정이 사법심사의 대상이 됨을 부인**함으로써 심판청구를 각하하였다(헌재 2004. 4. 29. 2003헌마814).

'제2차 이라크파병 사건'의 판시내용이 헌법재판소의 종래 입장에 대한 근본적인 방향전환을 의미하는 것은 아니라고 본다. 헌법재판소는 통치행위의 위헌여부를 묻는 헌법소원심판에서 통치행위의 사법대상성을 부인할 것이 아니라, **통치행위에 의하여 청구인의 기본권이 침해될 가능성이 있는지의 관점에서 심판청구의 적법여부를 판단하는 것이 보다 바람직**하다.

한편, 헌법재판소가 **기본권침해의 가능성을 인정하여 본안판단을 하는 경우**, 통치행위에 대하여 구체적 지침을 제시하고 이를 구속하는 헌법규범이 존재하지 않는다는 이유로 **대부분의 경우 통치행위의 합헌성을 인정하게 될 것**이다. 가령, 이라크파병결정과 관련하여, 헌법은 헌법 전문 및 제5조에서 세계평화주의를 국가목표로 제시함으로서 파병결정의 심사기준을 제공하고 있지만, 이러한 국가목표를 어떠한 방법으로 실현할 것인지에 관하여는 아무런 구체적인 지침을 제시하지 아니하고 이를 정치적 헌법기관인 정부와 국회의 광범위한 형성권에 맡기고 있으므로, 파병결정은 헌법에 위반되지 않는다.

또한, 헌법재판소도 **'개성공단 전면중단 조치'**에 관한 헌법소원사건에서 고도의 정치적 결단에 기초한 사안에서 위헌여부를 판단함에 있어서는 **정책 판단이 명백히 비합리적이거나 자의적인 것이 아닌 한 대통령의 정치적 결단은 존중되어야** 한다고 판시하였다(헌재 2022. 1. 27. 2016헌마364). 통치행위의 일종인 '국가긴급권의 행사에 대한 사법적 심사'에 관하여 위 제4편 제3장 제2절 제3항 V. 5. 서술부분 참조.

제 5 절 법원의 조직 및 관할

Ⅰ. 대 법 원

1. 헌법적 지위

가. 최고법원

대법원은 사법부의 **법원조직에서 최고법원**의 지위를 가진다(헌법 제101조 제2항). 대법원은 사법부가 담당하는 민사·형사·행정·특허재판 등 **재판권을 행사함에 있어서 최종심**으로서 기능한다. 대법원은 사법기능에서뿐만 아니라 사법행정기능에서도 최고법원이므로, **최고사법행정기관**이기도 하다.

나. 기본권보호기관

대법원을 비롯한 법원은 **기본권을 보호하고 관철하는 일차적인 주체**이다. 사법부도 기본권의 구속을 받으므로, 법원은 그의 재판작용에서 기본권을 존중하고 준수해야 하고, 행정청이나 법원 하급심에 의한 기본권의 침해를 제거해야 한다. 기본권의 보호는 헌법재판소만의 전유물이나 특권이 아니라, **모든 법원에게 부과된 과제**이다. 미국이나 일본 등과 같이 별도의 독립된 헌법재판기관을 두고 있지 않는 국가에서는, 법원이 기본권보호의 임무를 비롯하여 헌법재판을 담당하고 있다. 우리 법원에게도 마찬가지로 기본권을 보호하는 과제가 부과되어 있다.

다. 헌법재판기관

헌법 제107조 제2항은 명령·규칙·처분의 위헌·위법성 심사에 관한 대법원의 최종적 심사권을 규정하고 있다. 대법원이 행정작용에 대한 최종적인 심사권을 가진다는 것은 또한 **행정작용에 대한 최종적 위헌심사권**을 가진다는 것을 의미한다. 위 조항은 구체적인 소송사건에서 명령·규칙의 위헌여부가 재판의 전제가 된 경우 명령·규칙의 위헌여부를 심사하는 소위 '구체적 규범통제절차'에서 대법원의 최종적인 위헌심사권을 규정하고 있다. 또한, 헌법 제107조 제2항은 처분에 대한 대법원의 최종적인 위헌심사권을 규정하고 있다.

이로써, 헌법은 제107조 및 제111조에서 원칙적으로 **입법작용에 대한 헌법재판권을 헌법재판소의 관할**로, 명령·규칙·처분 등 **집행작용에 대한 헌법재판권을 법원의 관할로 각 귀속**시키고 있다. 헌법은 **헌법재판기관을 이원화(二元化)**하여, 헌법의 수호 및 기본권의 보호가 헌법재판소만의 과제가 아니라 헌법재판소와 법원의 공동과제라는 것을 표현하고 있다(헌재 1997. 12. 24. 96헌마172등, 판례집 9-2, 842, 854).

2. 구성과 조직

대법원장은 법원을 대표하는 법원의 수장이며, 대법원의 구성원으로서 대법관의 지위를 가진다. 또한, 대법원장은 대법관전원합의체의 재판장의 지위를 가지며(법 제7조 제1항), 대법관으로 구성되는 대법관회의 의장의 지위를 가진다(법 제16조 제1항). 대법원장은 사법행정사무를 총괄하며, 사법행정사무에 관하여 관계 공무원을 지휘·감독한다(법 제9조 제1항). 대법원장은 대법관이 아닌 법관을 대법관회의의 동의를 얻어 임명한다(헌법 제104조 제3항). 대법원장은 국회의 동의를 얻어 대통령이 임명한다(헌법 제104조 제1항). 대법원장의 임기는 6년이며 중임(重任)할 수 없다(헌법 제105조 제1항). 정년은 70세이다(법 제45조 제4항). 대법원장은 대법관의 임명제청권을 가지며(헌법 제104조 제2항), 헌법재판소 재판관 중 3인의 지명권(헌법 제111조 제3항) 및 중앙선거관리위원회 위원 중 3인의 지명권(헌법 제114조 제2항)을 가진다.

대법관은 대법관전원합의체 및 대법관회의의 구성원이다. 대법관은 최고법원인 대법원의 구성원으로서 사법권을 행사한다. 대법관의 수는 대법원장을 포함하여 14명으로 한다(법 제4조 제2항). 대법관은 대법원장과 동일한 법조경력을 가진 자 중에서 대법원장이 임명을 제청하고 국회의 동의를 얻어 대통령이 임명한다(헌법 제104조 제2항, 법 제42조 제1항). 대법관의 임기는 6년으로 하며, 법률이 정하는 바에 의하여 연임할 수 있다(헌법 제105조 제2항).

대법원의 심판은 대법관 전원의 2/3 이상으로 구성되고 대법원장이 재판장이 되는 **대법관전원합의체**에서 행한다(법 제7조 제1항). 한편, 헌법 제102조 제1항에 의하면 "대법원에 **부**를 둘 수 있다." 부에는 일반부(민사부와 형사부) 및 특별부(행정·조세·노동·군사·특허 등)가 있는데, 대법관 3인 이상으로 구성한다(법 제7조). **대법원의 전담부제도**는 재판업무의 전문성과 효율성을 제고하고 재판의 신속·적정을 기하기 위한 것이다. 대법원의 지나친 업무 부담으로 인하여 대부분 사건의 경우에는 대법관 3인 이상으로 구성된 부에서 재판한다. 대법관전원으로 구성되는 **대법관회의**는 법관인사, 규칙제정, 예산 등 법원의 행정과 관련된 사안에 관하여 의결한다(법 제16조, 제17조).

3. 관 할

대법원은 상고심·재항고심·선거소송의 관할을 가진다. 대법원은 명령·규칙의 위헌·위법 여부에 관한 최종적 심사권(헌법 제107조 제2항)과 위헌법률심판의 제청권(헌법 제107조 제1항)을 가진다. 명령·규칙의 위헌·위법 여부에 관한 심사권 및 위헌법률심판의 제청권은 대법원뿐만 아니라 각급법원의 권한이다.

Ⅱ. 하급법원

헌법은 제101조 제2항에서 "법원은 최고법원인 **대법원과 각급법원**으로 조직된다."고 하면서, 제102조 제3항에서 "대법원과 각급법원의 조직은 법률로 정한다."고 규정하고 있다. 이로써 헌법은 단지 법원이 대법원과 각급법원으로 조직된다는 것만을 밝힐 뿐, 각급법원의 구체적 내용에 관한 규율을 입법자에게 위임하고 있다. 각급법원의 조직에 관해서는 **법원조직법**에서 상세하게 규정하고 있다. 법원조직법에 의하면, 법원에는 **대법원·고등법원·지방법원·특허법원·가정법**

원 · 행정법원 · 회생법원의 7종이 있다.

Ⅲ. 군사법원

1. 조직과 관할

군사재판을 관할하기 위하여 **특별법원으로서 군사법원**을 둘 수 있다(헌법 제110조 제1항). 군사법원의 **상고심은 대법원**에서 관할한다(같은 조 제2항). 군사법원의 조직 · 권한 및 재판관의 자격은 법률로 정한다(같은 조 제3항). 이를 규율하는 법률이 **군사법원법**이다.

종래 군사법원에는 보통군사법원과 고등군사법원이 있었으나, **2022년 군사법원법의 개정**으로 국방부에 설치되었던 '고등군사법원'은 폐지되고 '보통군사법원'의 명칭은 '군사법원'으로 변경되었다. **군사법원은 1심만 담당**하고, 법원조직법상의 고등법원이 군사법원의 재판에 대한 항소사건, 항고사건 등에 대하여 심판한다(법 제10조).

또한, 군사법원의 심판관을 임명하고 재판관을 지정하던 '관할관제도'가 폐지되었고, 군판사와 함께 재판관의 기능을 담당하였던 '심판관제도'가 폐지됨으로써 군사법원에서는 군판사 3명을 재판관으로 한다(법 제22조).[1]

2. 일반법원과 특별법원

가. 특별법원의 개념

특별법원이란, **국가의 법원조직에 속하지 않으면서** 헌법 제101조의 의미에서 법원에 귀속된 **실질적 의미의 사법기능을 담당하는 법원**을 말한다. 따라서 특별법원은 헌법 제110조의 군사법원과 같이 직접 국가에 의하여 설립된 국가기관의 형태를 갖출 필요는 없으며, 변호사나 의사의 단체 등 직능단체에 의하여 설립되는 **신분법원**도 실질적 사법기능을 담당하는 한, 특별법원에 속한다. 헌법은 제110조 제1항에서 유일하게 **군사법원**과 관련하여 '특별법원'을 언급하고 있다. 군사법원은 국가의 법원조직 외부에 존재하면서 그 재판이 법관의 자격이 없는 국군장교에 의하여 행해진다는 점에서, 헌법이 명시적으로 규정하는 유일한 특별법원이다. 군사재판은 군인과 군무원 등 특수한 신분을 대상으로 하는 **신분적(身分的) 재판**이고(군사법원법 제2조), 군사법원은 일종의 신분법원이다.

나. 특별법원이 사법권을 행사할 수 있는 조건

특별법원과 관련하여 제기되는 문제는, 특별법원이 어떠한 요건 하에서 사법권을 행사할 수 있는지에 관한 것이다. 국가법원조직에 속하지 않는 특별법원이 사법기능을 행사하기 위해서는 국가법원이 충족시켜야 하는 모든 요건을 갖추어야 한다. 즉, 특별법원은 첫째, 그의 설립이 법률에 근거해야 하고 재판소의 인적 구성에 대한 국가의 충분한 영향력행사가 보장되어야 하며, 둘째, 행정청과 조직상 · 인적 분리가 이루어져야 하고 법관의 독립성과 중립성이 보장되어야 하며,

---

1) 한편, 관할관제도와 심판관제도 및 고등군사법원은 '평시'에 한하여 폐지되었고, '전시'가 되면 다시 부활하여 기능한다(군사법원법 제534조의2, 제534조의12).

셋째, 공정한 결정을 기대할 수 있는 절차가 보장되어야 한다. 따라서 입법자는 이러한 요건이 충족될 수 있도록 군사법원법을 구체적으로 형성해야 한다.

판 례 군사법원의 재판관을 군판사 및 일반장교 중에서 임명되는 심판관으로 구성하도록 규정하는 군사법원법조항의 위헌여부가 문제된 '**군사법원 사건**'에서, "헌법이 군사법원을 특별법원으로 설치하도록 허용하되 대법원을 군사재판의 최종심으로 하고 있고, 구 군사법원법 제21조 제1항은 **재판관의 재판상의 독립**을, 같은 조 제2항은 **재판관의 신분을 보장**하고 있으며, 또한 같은 법 제22조 제3항, 제23조 제1항에 의하면 군사법원의 재판관은 반드시 **일반법원의 법관과 동등한 자격을 가진 군판사를 포함**시켜 구성하도록 하고 있는바, 이러한 사정을 감안하면 … "이라고 판시하여, 위 조항들이 재판청구권이나 평등권에 위반되지 않는다는 이유로 합헌으로 판단한 바 있다(헌재 1996. 10. 31. 93헌바25).

제 6 절 법원의 절차

Ⅰ. 재판의 심급제

1. 심급제의 의미

헌법 제101조 제2항은 "법원은 최고법원인 대법원과 각급법원으로 조직된다."고 하여 간접적으로 심급제(審級制)를 규정하고 있고, **법원조직법**은 심급제와 관련하여 원칙적으로 3심제를 규정하고 있다. **심급제의 목적**은 소송절차를 신중하게 함으로써 공정한 재판을 확보하려는 데 있다. 헌법은 제101조 제2항에서 단지 상하의 법원으로 이루어지는 심급제만을 규정하고 있을 뿐, 반드시 **3심제 등 특정 형태의 심급제를 보장하는 것은 아니다**.

2. 심급제의 구체적 형성

법원조직법에 의하면, **민사재판 · 형사재판 · 행정재판은 3심제를 원칙으로** 한다.

특허소송의 경우, 법원조직법은 제1심을 특허법원(고등법원급)의 관할로 하고, 제2심을 대법원의 관할로 하는 **2심제**를 규정하고 있다. **선거소송**의 경우, 지방의회의원 및 기초자치단체장의 선거쟁송에 관한 재판의 경우 고등법원에서 대법원으로 이어지는 **2심제**로 하고 있다(공선법 제222조, 제223조). 한편, 대통령 · 국회의원 · 시도지사의 선거쟁송에 관한 재판은 대법원을 전속관할로 하는 **단심제**이다. 위 선거에 관한 소송을 단심제로 한 것은 대통령 · 국회의원 등의 선거에 관한 소송은 조속한 시일 내에 확정할 필요가 있기 때문이다.

군사재판도 **평상시에는 3심제**의 원칙을 따른다. 군사법원법은 제1심을 군사법원의 관할로, 제2심을 법원조직법상의 고등법원의 관할로, 제3심을 대법원의 관할로 하는 3심제를 규정하고 있다(제9조 내지 제11조). 한편, "**비상계엄하의 군사재판**은 군인 · 군무원의 범죄나 군사에 관한 간첩죄의 경우와 초병 · 초소 · 유독음식물공급 · 포로에 관한 죄 중 법률이 정한 경우에 한하여 단심으로 할 수 있다. 다만, 사형을 선고한 경우에는 그러하지 아니하다."(헌법 제110조 제4항)

Ⅱ. 재판의 공개주의

1. 의 미

헌법은 **제109조 본문**에서 "재판의 심리와 판결은 공개한다."고 하여 재판의 공개주의를 일반적으로 규정하면서, **제27조 제3항 후문**에서 "형사피고인은 상당한 이유가 없는 한 지체없이 공개재판을 받을 권리를 가진다."고 하여 형사피고인에 대하여 공개재판을 다시 한 번 강조하고 있다. **재판의 공개주의**는 소송의 심리와 판결을 공개함으로써 여론의 감시 하에 재판의 공정성을 확보하고 소송당사자의 인권을 보호하며, 나아가 재판에 대한 국민의 신뢰를 확보하려는 데에 그 제도적 의의가 있다.

2. 내 용

재판공개주의의 대상은 "재판"의 "심리와 판결"이다. 공개의 대상은 **"재판"**이므로, 재판 외 분쟁해결방법인 비송사건절차는 공개의 대상이 아니다. 또한, 공개의 대상은 **재판의 "심리와 판결"**이므로, 공판준비절차나 소송법상의 결정이나 명령은 공개할 필요가 없다. 여기서 **"심리"**란, 법관의 면전에서 원고와 피고가 신문을 받으며, 증거를 제시하고 변론을 전개하는 것을 말한다. 민사사건에서의 심리의 요체는 구두변론이고, 형사사건에서는 공판절차이다. **"판결"**이란, 심리의 결과에 따라서 사건의 실체에 대하여 법관이 내리는 판단을 말한다. **"공개한다"**는 것은 일반인에 대한 공개를 의미하지만, 공간 또는 설비의 한정으로 인하여 방청인의 수를 제한하는 조치를 취하는 것은 공개재판주의에 위반되지 않는다.

3. 예 외

재판은 공개를 원칙으로 하지만, "다만, **심리**는 국가의 안전보장 또는 안녕질서를 방해하거나 선량한 풍속을 해할 염려가 있을 때에는 법원의 결정으로 공개하지 아니할 수 있다."(헌법 제109조 단서). **비공개는 심리에 한하여 가능하고, 판결은 언제나 공개해야** 한다. 판결의 비공개를 정당화하는 법익은 찾을 수 없기 때문이다. 재판의 비공개를 요청하는 객관적 사유가 있는 경우, 법원은 공개여부를 판단함에 있어서 재판의 비공개를 요청하는 공익 또는 사익(가령, 개인의 인격권)과 재판의 공개를 요청하는 법익을 비교형량하여 결정한다.

Ⅲ. 국민이 참여하는 재판제도

1. 배심제와 참심제

국민이 재판에 참여하는 제도로서 배심제와 참심제가 있다. **배심제(陪審制)**란, 법률전문가가 아닌 일반국민 중에서 선출된 일단의 배심원(陪審員)이 직업법관으로부터 독립하여 **사건의 사실관계에 관한 재판권을 행사하는 경우**를 말한다. 배심제에서 배심원단은 사실문제에 대한 평결을 내리고 법관은 이에 구속되어 재판을 한다. 배심제는 형사배심의 형태로 미국, 캐나다, 호주 등의 국가에서 실시하고 있다.

참심제(參審制)란, 법률전문가가 아닌 일반국민 중에서 선거나 추첨에 의하여 선출된 참심원(參審員)이 법률전문가인 직업법관과 함께 합의제 재판부를 구성하여, 재판부가 **사실문제와 법률문제를 판단하고 형사재판의 경우 유무죄여부와 양형을 결정하는 제도**이다. 독일, 프랑스, 이탈리아 등 유럽국가에서 실시되고 있다. 참심제를 채택하는 국가에서 사법권이 귀속되는 **'법원의 법관'**에는 직업법관뿐만 아니라 명예직 법관도 속한다. 명예직 법관은 법관 자격을 필요로 하지 않으며, 합의제 재판부에서 직업법관과 동일한 표결권을 가지고 법관의 독립성을 누린다. 직업법관이 아닌 **일반국민을 명예직 법관으로서 재판에 참여시키는 이유**는, '사법의 민주화'의 관점에서 사법의 부가적 정당성을 확보하고자 하거나 명예직 법관의 전문지식이나 실무경험 등을 활용하고자 하는데 있다.

2. 국민사법참여제도

사법민주화의 관점에서 일반국민을 형사재판에 참여시키는 문제와 관련하여, **배심제나 참심제가 헌법적으로 허용되는지에 관하여 논란**이 되어 왔다. 학계의 논의는 주로 참심재판이나 배심재판이 헌법 제27조의 "헌법과 법률이 정한 법관에 의한 재판"에 해당하는지, 헌법 제101조 이하에서 언급하는 '법관'이 직업법관만을 의미하는 것인지 여부에 관한 것이었다.

2008년 시행된 '국민의 형사재판 참여에 관한 법률'에 따라, 사법의 민주적 정당성과 신뢰를 높이기 위하여 **국민사법참여제도**가 처음으로 도입되었다. 현행 국민사법참여제도는 국민이 사실인정 및 유무죄여부와 양형의 결정에 모두 참여한다는 점에서 독일의 참심제와 유사하지만, 배심원의 의견은 법관을 구속하지 아니하고 **단지 '권고적 효력'**만을 가질 뿐이라는 점에서 참심제와 구분된다. 현행 국민사법참여제도는 배심제나 참심제의 도입에 대하여 제기되는 위헌논의를 불식시키고 국민참여재판을 시험적으로 도입하기 위하여 법관에 대한 구속력을 배제한 것이다. **국민참여재판의 대상이 되는 사건**은 모든 범죄가 아니라 중대범죄이다. 국민참여재판은 **피고인이 원하는 경우에만** 개시될 수 있다. **배심원의 평결과 의견은 법원을 기속하지 아니한다**(제46조). 재판장은 판결 선고 시 피고인에게 배심원의 평결결과를 고지하여야 하며 **배심원의 평결결과와 다른 판결을 선고할 때에는** 피고인에게 그 이유를 설명하고 판결서에 기재하여야 한다(제48조 제4항, 제49조 제2항).

제 5 장 헌법재판소

제 1 절 헌법재판제도 일반이론

Ⅰ. 헌법재판의 의미 및 기능

1. 헌법재판의 의미

헌법재판이란, 사법기관이 헌법적 분쟁을 헌법을 기준으로 하여 심판함으로써 헌법을 실현하고 관철하는 국가작용을 말한다. '심사기준'의 관점에서 볼 때 헌법재판이란 **헌법을 심사기준으로 하는 재판**이며, 그 '목적'의 관점에서 볼 때 궁극적으로 **헌법을 실현하고 관철하고자 하는 재판**이다. 헌법재판이란 헌법을 심사기준으로 하여 국가권력행사의 합헌성여부를 사법적으로 통제하는 국가작용으로서, 위헌법률심판, 권한쟁의심판, 탄핵심판, 헌법소원심판, 정당해산심판, 선거소송심판 등을 포함하는 개념이다.

2. 헌법재판의 연혁

역사적으로 **헌법재판은 법규범에 대한 사법적 통제로부터 출발**하였다. 법규범에 대한 사법적 통제가 가능하기 위해서는 **법규범 사이의 우열관계**가 존재해야 한다. 법규범 간의 우열관계로 말미암아, 상위규범이 하위규범의 심사기준으로 작용할 수 있으며, 이로써 하위규범이 상위규범에 합치하는지의 사법적 판단, 즉 사법적 규범통제가 가능하게 된다. 이러한 관점에서 볼 때, 법규범에 대한 사법적 통제는 '법률에 대한 헌법의 우위'와 '주법(州法)에 대한 연방법의 우위'라는 2가지의 역사적 근원을 가지고 있다.

연방으로 하여금 주법에 대한 규범심사를 가능하게 하는 것은 연방국가제에 근거를 둔 **'주법에 대한 연방법의 우위'**이다. 대표적인 것이 독일 바이마르 공화국 당시 주법이 제국의 법률에 합치하는지 여부를 판단한 제국법원의 규범통제이다. 이러한 규범통제는 그 실질에 있어서 주에 대한 연방의 감독으로서의 성격을 가지고 있다.

이에 대하여, '**헌법의 우위**'는 '헌법은 상위의 규범이고, 모든 법률은 상위규범인 헌법에 합치하는 경우에만 적용될 수 있다'는 사고에 기초하고 있다. 미국의 연방대법원은 **1803년 '마버리 대(對) 매디슨 사건**(Marbury v. Madison, 5 U.S. 137(1803))'에서 '헌법은 법률에 상위하는 최고의 법규범으로서 법률이 헌법에 위반될 때는 법원은 법률의 적용을 거부해야 한다'는 논리로 최초로 규범심사를 하였다. 이로써 미연방대법원에 의하여 법률에 대한 규범통제가 처음으로 시작되었다. 미국의 위헌법률심사제도는 헌법에 명문으로 규정되어 있는 것이 아니라, 연방대법원이 판례로써 확립한 것이다. 미연방대법원이 규범통제의 권한을 헌법에 의하여 명시적으로 부여받지 않았음에도 규범통제를 할 수 있었던 것은, 바로 헌법의 최고규범성과 법률에 대한 헌법의 우위를 인정하였기 때문이었고, 이를 사법적으로 관철하고자 함으로써 가능한 것이었다.

독일을 비롯한 유럽은 성문헌법의 존재에도 불구하고 바이마르 공화국 당시까지도 헌법의 최고규범성 및 법률에 대한 헌법의 우위를 인정하지 않았으므로, 법률에 대한 규범통제가 가능하기 위한 이론적 바탕이 존재하지 않았다. 제2차 세계대전 이후에야 비로소 헌법의 우위를 인정함으로써 법률에 대한 위헌심사가 가능하게 되었다.

3. 헌법재판의 기능

가. 헌법의 보장

헌법재판의 기능 중에서 가장 중요하고 핵심적인 것은 헌법을 유지하고 보장하는 기능이다. 헌법보장기능은 헌법의 적으로부터 발생하는 헌법침해에 대하여 헌법을 수호하는 기능을 넘어서, 일반적으로 **헌법의 규범적 효력을 보장하고 헌법을 실현하고 관철하는 포괄적인 기능**을 말한다. 따라서 헌법보장기능은 모든 심판절차에 인정되는 기능이다. 헌법재판소가 헌법재판을 통하여 헌법의 규범적 효력을 최종적으로 관철한다는 점에서, 헌법재판소는 '최종적인 또는 **최고의 헌법수호자**'이다.

나. 기본권의 보장

기본권의 보호는 **모든 국가와 헌법의 궁극적인 목적**이다. 현대헌법의 탄생이 국가권력을 제한함으로써 국민의 자유와 권리를 보호하고자 하는 사고로부터 출발하였다는 점을 감안한다면, 헌법의 규범력을 보장하고자 하는 헌법재판의 기능이 또한 헌법의 중요한 구성부분인 기본권의 보호에 있다는 것은 당연한 것이다. 기본권의 보호를 위한 가장 핵심적인 제도는 헌법소원제도와 규범통제제도이다. 물론, 일반법원의 재판작용도 기본권 보호의 기능을 수행하지만, 헌법재판은 모든 공권력작용에 의한 기본권침해를 최종적으로 구제하는 기능을 한다. 이러한 의미에서 헌법재판은 국민의 '**기본권을 보호하는 최후의 보루**' 기능을 한다.

다. 권력통제기능 및 소수의 보호

헌법재판의 권력통제기능은 국가공권력에 의한 헌법위반으로부터 헌법의 규범력을 보장하고자 하는 **'헌법의 보장기능'의 부수적 효과**로서 발생하는 기능이다. 헌법재판은 위헌법률심판, 헌법소원심판, 탄핵심판 등을 통하여 국가행위가 헌법적 한계를 넘었는지 여부를 심사함으로써, 국가권력을 제한하고 국가기관의 권력남용을 방지하는 기능을 한다. 또한, 헌법재판은 권한쟁의심판 등을 통하여 국가기능 사이에 견제와 균형이 이루어지는지를 통제함으로써, 헌법상 권력분립질서의 유지에 기여한다.

오늘날 변화한 권력분립구조에서 헌법상 권력분립질서의 보장은 소수의 보호를 통해서만 가능하다. 이러한 점에서 **'소수의 보호를 통한 권력통제기능'**도 헌법재판의 중요한 기능에 속한다. 소수의 보호를 위한 헌법재판제도로서 중요한 기능을 하는 것이 의회의 소수파에게 심판청구권이 인정되는 '권한쟁의심판'과 '추상적 규범통제'이다.

라. 국가권력에 대한 교육적 효과

헌법재판으로 인하여 헌법이 공권력행위의 위헌여부를 판단하는 사법적 심사기준(재판규범)으로 기능한다는 것은, 곧 모든 국가권력의 행사가 잠재적으로 헌법재판기관의 심판대 위에 오를 수 있다는 것을 의미한다. 공권력의 행사가 사후적으로 사법적 심사의 대상이 될 수 있다는 가능성으로 말미암아, 헌법재판의 존재 그 자체가 이미 국가기관으로 하여금 공권력행사에 앞서서 자신의 행위의 합헌성여부를 신중하게 검토하도록 하는 **교육적 효과**, 나아가 이를 통하여 위헌적인 공권력행사를 사전에 방지하는 **예방적 효과**가 있다.

마. 사회통합과 정치적 평화의 보장

헌법의 기능이 또한 사회통합과 정치적 평화에 기여하는 데 있다면, 헌법을 실현하고 유지하고자 하는 헌법재판의 기능도 마찬가지로 사회통합과 정치적 평화의 보장에 있다. 헌법재판은 국가의 정치적 과정에서 또는 개인과 국가가 일상적으로 충돌하는 기본권의 영역에서 발생하는 헌법적 분쟁에 관하여 최종적으로 결정함으로써 헌법적 가치를 확인한다. 헌법재판은 이러한 방법으로 헌법으로부터 나오는 '국가와 사회의 기본적 합의', 즉 헌법의 기본적인 가치가 관철되는 것을 보장함으로써 사회통합에 기여한다.

Ⅱ. 헌법재판의 법적 성격과 한계

1. 헌법재판의 법적 성격

독립적인 국가기관인 헌법재판소가 법적 분쟁에 관하여 구속력 있는 결정을 내린다는 점에서, 헌법재판은 **본질적으로 사법기능**에 해당한다. 헌법재판소는 공동체를 적극적으로 형성하거나 정치적 의사결정을 내리는 것이 아니라, 정치적 영역에서 발생하는 헌법적 분쟁에 관하여 결정함으로써 **사후(事後)통제적으로** 기능한다. 헌법재판의 대상은 헌법적 분쟁이며, 헌법적 분쟁에 관한 결정은 비록 정치적 파급효과를 가진다 하더라도, 분쟁의 심사기준이 헌법이라는 점에서 **법적 결정**이다. 헌법재판은 정치적 형성작용이 아니라, 헌법의 해석과 적용을 통하여 헌법적으로 타당한 결정에 이르고자 하는 **사법적 법인식작용**이다. 헌법재판소는 단지 공권력행위의 헌법적 허용여부에 관하여 결정할 뿐, 정치적 합목적성에 관하여 판단하지 않는다. 헌법재판소는 사법기관으로서 단지 **당사자의 심판청구**에 의해서만 활동을 개시할 수 있으며, 심판청구에 의하여 헌법재판소가 결정할 수 있는 헌법적 분쟁의 범위(심판대상)가 제한되고 확정된다.

한편, 헌법재판은 **정치적 성격**을 가진다. 헌법재판의 정치적 성격은 무엇보다도 '헌법의 개방성'에 기인한다. 헌법규범의 개방성으로 인하여 헌법의 해석은 고전적 의미의 해석이 아니라, 헌법의 구체화와 실현의 형태로 헌법의 내용을 채우고 보충하는 창조적인 작업을 의미한다. 헌법재판소가 법창조적인 해석을 통하여 **개방적인 헌법규범의 내용을 최종적으로 확정**함으로써 정치적 헌법기관(의회와 집행부)에 대하여 헌법적으로 허용되는 활동범위의 한계를 제시하는 것에서, 헌법재판의 정치적 성격은 뚜렷하게 드러난다. 나아가, 헌법재판의 정치적 성격은 **'헌법재판소결정의 정치적 비중 및 파급효과'**에 기인하는 것이기도 하다. 헌법재판소는 의회와 집행부 사이의 권한쟁의에 관하여 심판하고 위헌결정을 통하여 위헌적 법률의 효력을 제거하고, 위헌정당을 해산하며, 의회의 탄핵소추에 의하여 고위공직자를 파면함으로써, 국가의 정치생활에 개입하게 된다. 헌법재판은 이러한 정치적 성격에도 불구하고 본질적으로 사법기능에 해당한다는 점에서, **헌법재판의 법적 성격은 '정치적 사법기능'**이다.

2. 헌법재판의 한계

헌법재판소는 헌법해석에 관한 최종적인 결정권을 가지고 헌법의 내용을 확정한다. 헌법재판소는 사법기관으로서 헌법재판의 심사기준인 헌법의 구속을 받으나, **헌법의 내용이 무엇인지는 헌법재판소가 해석을 통하여 스스로 확정**하며, 헌법은 헌법재판소가 해석하는 대로 그 효력을 가진다. 따라서 헌법재판소와 같이 헌법해석에 관한 최종적인 결정권자로서 **자신의 권한을 스스로 결정할 수 있는 권한**을 가진 국가기관, 즉 **'외부에 의하여 통제될 수 없는 통제자'**가 헌법재판의 권한을 행사함에 있어서 그 한계가 어디에 있는지의 문제는 필연적으로 제기될 수밖에 없다. 오늘날 헌법재판에 관하여 논쟁이 있다면, 이는 더 이상 헌법재판의 정당성에 관한 것이 아니라 헌법재판의 한계에 관한 것이다.

헌법의 해석과 실현은 헌법재판소만의 과제가 아니다. 입법 · 행정 · 사법의 **모든 국가기관이** 헌법에 의하여 부여된 **고유기능을 행사함으로써 동시에 헌법을 구체화하고 실현**한다. 입법자는 입법 활동을 통하여 헌법을 실현하고 구체화하며, 헌법재판소는 헌법재판을 통하여 헌법의 규범력을 확보하고 헌법을 실현하려고 한다. 이로써 입법자와 헌법재판소는 헌법의 실현에 있어서 서로 경쟁관계에 있게 되나, 입법자는 우선적 형성권을, 헌법재판소는 최종적 결정권을 가지게 된다. 헌법재판소가 자신의 결정을 통하여 최종적으로 헌법의 내용을 확정하기 때문에, 헌법재판소에 의한 포괄적이고 빈틈없는 헌법의 구체화는 필연적으로 **권력분립원칙 및 민주주의원칙과의 충돌**을 의미한다. 다른 국가기관도 각자에게 귀속된 헌법상의 기능을 행사함으로써 헌법을 실현하기 때문에, 헌법재판소가 다른 국가기관에 의한 헌법의 구체화와 실현을 일정 범위 내에서 존중해야만 각 기능의 독자성이 유지될 수 있다. 그러므로 권력분립원리 및 민주주의원리는 헌법재판소에 의한 헌법실현의 한계를 요구한다. 이러한 의미에서 헌법재판의 한계 문제는 **헌법을 구체화하고 실현하는 권한의 분배**에 관한 문제이다.

헌법재판의 한계는 무엇보다도 헌법상의 **권력분립질서에 기초한 헌법기관의 상이한 기능**으로부터 나온다. **헌법재판의 기능적 한계**란, 헌법재판소는 그의 활동에 있어서 헌법상 부여된 사법기능의 범위 내에 머물러야 한다는 요청을 의미한다. 헌법재판소는 다른 국가권력의 통제에 있어서, 가령 그가 스스로 입법자의 자리를 점유한다든지, 정부 대신 정치적인 결정을 내린다든지, 아니면 법원 대신 민 · 형사 사건을 재판하는 등, 다른 국가기관의 기능을 스스로 이행하고 대체할 정도로 통제의 결과가 과도해서는 안 된다.

Ⅲ. 헌법재판제도의 유형

1. 심판기관에 따른 유형

가. 전통적으로 헌법재판을 부정하는 국가

영국, 덴마크, 스웨덴, 네덜란드 등은 국민주권주의와 의회우위의 사상(의회주권주의)에 기초하는 '법의 지배' 이념에 따라 법원에 의한 법률의 위헌심사를 부정하고 있다. 법관이 국민의 대표인 입법자가 제정한 법률의 구속을 받는 것이지, 입법자가 법관의 판결에 구속된다는 것은 의회주권주의와 영국의 전통적인 '법의 지배' 이념에 합치하지 않는다는 사고가 바탕에 깔려있다.

나. 일반법원형(사법기관형)

일반법원형(一般法院型)이란, 헌법재판소와 같이 조직상·제도적으로 독립된 사법기관을 별도로 설치하지 않고 기존의 사법부가 헌법재판을 담당하는 형태를 말한다. 따라서 이를 사법기관형(司法機關型)이라고도 한다. 이러한 유형에 속하는 것이 대표적으로 미국과 일본의 헌법재판제도이다.

일반법원형의 경우, **헌법재판의 관할이 통상 구체적 규범통제에 국한**된다. 일반법원형의 헌법재판제도에서 규범통제는 오로지 구체적 규범통제, 즉 재판을 통한 헌법재판, 재판과정에서의 헌법재판의 형태로만 가능하다. 법원은 구체적인 법적 분쟁의 판단과정에서 적용되는 법규범(법률 및 행정입법)의 위헌성이 문제되는 경우, 구체적 사건의 재판을 계기로 하여 부수적으로 법규범의 위헌성을 심사하게 된다. 구체적 소송사건의 발생과 관계없이, 법규범의 위헌성을 심사하는 제도인 추상적 규범통제나 헌법소원을 통한 법규범의 위헌심사는 있을 수 없다.

다. 독립기관형(헌법재판소형)

독립기관형(獨立機關型)은 헌법재판을 일반법원에 맡기는 것이 아니라, 독립된 헌법법원을 설치하여 헌법재판을 담당하게 하는 헌법재판제도이다. 따라서 이를 헌법재판소형(憲法裁判所型)이라고도 한다. 독립기관형은 오늘날 독일, 오스트리아, 이태리, 스페인, 포르투갈, 러시아를 비롯한 동구의 국가들, 터키 등에서 찾아볼 수 있다. 독립기관형은 독자적인 권한을 가진 헌법재판소에 헌법재판권을 집중함으로써, **헌법재판의 관할을 확대**하고(구체적 규범통제, 추상적 규범통제, 헌법소원심판, 권한쟁의심판, 탄핵심판, 선거소송심판 등), **별도의 절차법**에 의하여 각 심판절차의 특성에 부합하게 심판절차를 특수하게 형성하고 있다.

2. 규범통제의 유형

가. 규범통제기능의 집중·분산 여부에 의한 분류

일반적으로 규범통제제도란, 법규범의 위헌여부를 심사하여 위헌적인 법규범의 적용을 배제하거나 효력을 상실시킴으로써 헌법의 최고규범성을 수호하려는 헌법재판제도를 말한다. 규범통제기능이 특정 헌법재판기관에 집중되어 있는지 여부에 따라 비집중형(非集中型)과 집중형(集中型)으로 나누어 볼 수 있다.

비집중형(분권형)이란, **'모든' 법원**이 법규범에 대한 위헌심사권을 가지는 제도를 말하는데, 이러한 제도는 미국에서 유래한 유형이므로 '미국형'이라고도 부르며, 이러한 유형에서는 규범통제기능을 담당하는 기관이 법원이므로 '법원형'이라고도 부르기도 한다. 법규범의 위헌심사는 단지 구체적인 소송의 범주 내에서 부수적 심사의 형태(구체적 규범통제)로 이루어진다.

이에 대하여, **집중형**이란, 규범통제기능을 비롯한 헌법재판권한이 **'하나의' 특정 헌법재판기관**에 집중되는 제도를 말한다. 이러한 제도는 그 기원을 1920년의 오스트리아 헌법에 두고 있기 때문에 '오스트리아 유형'이라고도 하며, 이러한 유형에서는 헌법재판기능을 담당하는 기관이 일반적으로 헌법재판소이므로 '헌법재판소형'이라고 부르기도 한다. 집중형에서는 규범통제가 구체적 규범통제 · 추상적 규범통제 · 헌법소원 등 다양한 형태로 가능하다.

나. 규범통제의 계기에 의한 분류

규범통제의 계기가 어떻게 부여되는지에 따라 규범통제는 '추상적' 규범통제와 '구체적' 규범통제로 유형화할 수 있다. 구체적 소송사건을 계기로 하여 법규범의 위헌여부를 심사한다는 의미에서 이러한 규범통제제도를 **'구체적' 규범통제**라고 부르는 반면, 구체적 소송사건의 발생과 관계없이 추상적으로 법규범의 위헌여부를 심사한다는 의미에서 이러한 규범통제제도를 **'추상적' 규범통제**라고 부른다.

구체적 규범통제란, 구체적인 사건을 계기로 하여, 즉 법원에 의한 법규범의 적용을 계기로 하여 법규범이 헌법과 합치하는지 여부를 심사하는 제도를 말한다. **비집중형(법원형)**에서는 모든 심급의 법원이 위헌심사권을 가지고 개별 사건에 대한 재판을 계기로 '부수적으로' 해당 법규범의 위헌여부를 판단하여, 당해재판에서 위헌으로 간주되는 법규범의 적용을 배제하고 재판한다. 반면에, **집중형(헌법재판소형)**에서는 법규범에 대한 '일차적인 위헌심사권'과 '위헌결정권'이 분리되어, 법규범의 위헌여부가 재판의 전제가 된 경우 일차적인 위헌심사권을 가진 법원의 위헌제청에 의하여 헌법재판소가 법규범의 위헌여부에 관하여 결정한다.

추상적 규범통제란, 구체적 소송사건의 발생과 관계없이 일정한 국가기관(연방정부, 주정부, 의회 재적의원 1/3 이상 등)의 심판청구에 의하여 법규범(법률 및 법규명령)의 위헌여부를 헌법재판소가 심사하는 제도를 말한다.

다. 규범통제의 시기에 의한 분류

규범통제의 시기가 **법규범의 공포시점을 기준**으로 하여 그 이전인지 아니면 그 이후인지의 여부에 따라 사전적 규범통제와 사후적 규범통제로 구분할 수 있다. **사전적 규범통제**란 규범통제의 대상인 법규범이 공포되기 이전에 그 위헌성을 심사하는 제도로서 추상적 규범통제의 일종이다. 구체적 규범통제는 법규범의 시행을 전제로 하여 구체적인 재판에 적용되는 법규범의 위헌여부를 다투는 것이므로 필연적으로 사후적 규범통제의 형태로 이루어진다. 한편, 추상적 규범통제는 일반적으로 사후적 규범통제의 형태로 이루어지지만, 사전적 규범통제를 채택하는 국가도 있다.

제 2 절 헌법재판소의 조직·구성 및 일반심판절차

제 1 항 헌법재판소의 조직과 구성

Ⅰ. 헌법재판소법의 체계

헌법은 헌법재판소의 조직과 운영 기타 필요한 사항은 법률로 정하도록 규정하고 있고(제113조 제3항), 이에 따라 제정된 법률이 **헌법재판소법**(이하 '법')이다. 헌법재판소법은 제1장 총칙, 제2장 조직, 제3장 일반심판절차, 제4장 특별심판절차, 제5장 전자정보처리조직을 통한 심판절차의 수행, 제6장 벌칙으로 구성되어 있다. **일반심판절차**(제3장)는 각종심판절차에 일반적으로 적용되는 심판절차를 말하며, 특별심판절차(제4장)란 개별심판절차에 적용되는 심판절차를 말하는데, **특별심판절차**는 헌법 제111조 제1항 각호의 순서대로 위헌법률심판절차(제1절), 탄핵심판절차(제2절), 정당해산심판절차(제3절), 권한쟁의심판절차(제4절), 헌법소원심판절차(제5절)로 구성된다.

Ⅱ. 헌법재판소의 구성

1. 현행법상 헌법재판소 재판관의 선임

헌법은 제111조에서 "헌법재판소는 법관의 자격을 가진 9인의 재판관으로 구성하며, 재판관은 대통령이 임명한다."(제2항), "제2항의 재판관중 3인은 국회에서 선출하는 자를, 3인은 대법원장이 지명하는 자를 임명한다."(제3항), "헌법재판소의 장은 국회의 동의를 얻어 재판관 중에서 대통령이 임명한다."(제4항)고 규정하고 있다. 헌법재판소 재판관은 모두 대통령이 임명하지만, 그 중 3인은 국회에서 선출된 자를, 3인은 대법원장이 지명한 자를 임명한다. 따라서 대통령이 선임할 수 있는 재판관은 3인이다. 이로써 **입법부 · 행정부 · 사법부가 각 3인씩 나누어** 헌법재판소 재판관을 선임한다.

재판관 선임에 관한 국회와 대법원장의 결정은 대통령에 의한 내용적 심사의 대상이 아니다. 따라서 대통령은 국회나 대법원장에 의하여 선임된 후보자가 재판관으로 적합한지 여부를 심사할 수 없다. 대통령은 재판관 임명권을 행사함에 있어서 기껏해야 법 제5조에서 규정하고 있는 재판관 자격요건의 충족여부나 국회에서의 선출절차의 준수여부(다수결요건의 충족 여부)와 같은 **형식적 심사를 할 수 있을 뿐**이다.

2. 헌법재판소의 독립성과 민주적 정당성의 확보

재판관의 선임에 있어서 고려해야 할 중요한 요소는 헌법재판소의 독립성과 민주적 정당성을 확보하는 문제이다. 재판관 선임제도와 관련하여 모든 나라에서 제기되는 보편적인 문제는 헌법재판소에 의하여 통제받는 국가기관이 통제기관인 헌법재판소의 구성권을 가지고 있고, 이로써 **헌법재판소의 독립성이 저해될 위험**이 상존하고 있다는 점이다.

헌법재판소 **재판관이 민주적 정당성을 간접적으로 확보하기 위해서는** 선출과정에서 민주적 정당성을 가진 국가기관인 의회의 참여가 불가피하고, 민주적 정당성을 직접 부여받은 국가기관의 참여는 오늘날의 정당국가에서 필연적으로 정당의 영향력행사란 결과를 가져오게 된다. 따라서 **'정당의 영향력행사'**는 재판관의 임명에 있어서 민주적 정당성의 요청으로부터 나오는 필연적 결과이자, 헌법재판소의 민주적 정당성을 확보하기 위하여 치러야 하는 필요악(必要惡)이다.

그런데 **헌법재판소의 독립성과 기능에 대한 최대의 위험**은 헌법재판소가 또 하나의 정치적 헌법기관으로 인식되는 것이다. 헌법재판소가 그의 결정을 통하여 정치적 영향력을 행사하지만, 모든 정치적 세력이나 방향과 일정한 거리를 두고 독립적으로 헌법에 따라 판단한다는 것에 헌법재판의 존재이유와 그 정당성이 있다. 그러나 임명하는 주체와의 정치적 친밀성이나 정치적 성향에 따라 재판관이 임명된다면, 헌법재판이 헌법적인 기준이 아니라 정치적인 고려에 의하여 이루어진다는 인상을 줄 것이며, 이는 헌법재판소의 권위와 신망에 대하여 치명적일 것이다.

현행 재판관 선임제도는 실질적으로 3부가 3인씩 재판관 선임권을 나누어 가짐으로써 소위 '자기 사람'을 재판관으로 임명할 위험이 있다. 따라서 모든 재판관의 선임에 있어서 국회재적의원 2/3 이상의 동의를 얻도록 함으로써 야당의 동의를 구해야만 재판관으로 임명될 수 있도록 하여 정치적으로 편향적인 후보자가 재판관으로 선임되는 것을 방지하는 것이 바람직하다. 이러한 방법으로 헌법재판소의 민주적 정당성을 보다 강화하면서 동시에 헌법재판에 있어서 불가결한 독립성을 확보할 수 있다.

Ⅲ. 헌법재판소의 조직

헌법재판소장은 국회의 동의를 얻어 재판관 중에서 대통령이 임명한다(헌법 제111조 제4항). 헌법재판소장은 헌법재판소를 대표하고, 헌법재판소의 사무를 총괄하며, 소속공무원을 지휘·감독한다(법 제12조 제3항).

헌법재판소는 법관의 자격을 가진 9인의 **재판관**으로 구성하며, 재판관은 대통령이 임명한다(헌법 제111조 제2항). 헌법재판소 재판관의 임기는 6년으로 하며, 법률이 정하는 바에 의하여 연임(連任)할 수 있다(헌법 제112조 제1항). 재판관의 정년은 70세로 한다(법 제7조 제2항). 헌법재판소 재판관은 정당에 가입하거나 정치에 관여할 수 없다(헌법 제112조 제2항). 헌법재판소 재판관은 탄핵 또는 금고 이상의 형의 선고에 의하지 아니하고는 파면되지 아니한다(헌법 제112조 제3항).

재판관회의는 헌법재판소의 본래의 업무인 심판사무와 관계없는 행정사무에 관하여 결정하는 기구이다. 재판관회의는 재판관 전원으로 구성하며, 헌법재판소장이 의장이 된다(법 제16조 제1항). 재판관회의는 재판관 전원의 3분의 2를 초과하는 인원의 출석과 출석인원 과반수의 찬성으로 의결한다(법 제16조 제2항).

헌법재판소의 행정사무를 처리하기 위하여 헌법재판소에 **사무처**를 둔다(법 제17조 제1항). 헌법재판소에 헌법재판소규칙으로 정하는 수의 특정직국가공무원인 **헌법연구관**을 둔다(법 제19조 제1항 및 제2항). 헌법 및 헌법재판 연구와 헌법연구관, 사무처 공무원 등의 교육을 위하여 헌법재판소에 **헌법재판연구원**을 둔다(법 제19조의4).

제2항 일반심판절차

Ⅰ. 개 론

일반심판절차(제3장)는 각종심판절차에 일반적으로 적용되는 심판절차를 말하며, **특별심판절차**(제4장)란 개별심판절차에 적용되는 심판절차를 말한다. 헌법재판소의 심판절차에 관하여는 법에 특별한 규정이 있는 경우를 제외하고는 헌법재판의 성질에 반하지 아니하는 한도 내에서 민사소송에 관한 법령의 규정을 준용한다. 이 경우 탄핵심판의 경우에는 형사소송에 관한 법령을, 권한쟁의심판 및 헌법소원심판의 경우에는 행정소송법을 함께 준용한다(법 제40조 제1항). 이 경우에 형사소송에 관한 법령 또는 행정소송법이 민사소송에 관한 법령과 저촉될 때에는 민사소송에 관한 법령은 준용하지 아니한다(법 제40조 제2항).

Ⅱ. 재판부

1. 전원재판부

재판관 전원으로 구성되는 전원재판부는 법에 특별한 규정이 있는 경우를 제외하고는 원칙적으로 **헌법재판소의 심판을 관장**한다. 재판부의 재판장은 헌법재판소장이 된다(법 제22조). 전원재판부는 재판관 7인 이상의 출석으로 사건을 심리한다(법 제23조 제1항). 전원재판부는 종국심리에 관여한 **재판관 과반수의 찬성**으로 사건에 관한 결정을 한다. 다만, 법률의 위헌결정, 탄핵의 결정, 정당해산의 결정 또는 헌법소원에 관한 인용결정을 하는 경우 및 종전에 헌법재판소가 판시한 헌법 또는 법률의 해석적용에 관한 의견을 변경하는 경우에는 **재판관 6인 이상의 찬성**이 있어야 한다(헌법 제113조 제1항, 법 제23조 제2항).

판례 헌법재판소는 **'8인 재판관에 의한 탄핵심판 결정 가부'**에 관하여 "헌법과 헌법재판소법은 재판관 중 결원이 발생한 경우에도 헌법재판소의 헌법 수호 기능이 중단되지 않도록 **7명 이상의 재판관이 출석하면 사건을 심리하고 결정할 수 있음**을 분명히 하고 있다. 그렇다면 헌법재판관 1인이 결원이 되어 8인의 재판관으로 재판부가 구성되더라도 탄핵심판을 심리하고 결정하는 데 헌법과 법률상 아무런 문제가 없다."고 판시하고 있다(헌재 2017. 3. 10. 2016헌나1, 판례집 29-1, 1, 2).

2. 지정재판부

재판관 3인으로 구성되는 지정재판부는 **헌법소원심판의 사전심사를 담당**한다(제72조 제1항). 헌법재판소에 접수된 헌법소원심판사건(법 제68조 제1항 및 동조 제2항에 의한 헌법소원)은 먼저 지정재판부의 사전심사를 거치게 된다(법 제72조 제1항). 사전심사는 심판청구의 본안에 대한 판단이 아니라 단지 적법요건의 구비여부만을 심사하는데, 3인의 재판관으로 구성된 지정재판부에서 명백히 부적법한 사건을 일치된 의견으로 각하한다(법 제72조 제3항). 지정재판부가 심판청구를 각하하지 아니하는 경우에는 그 사건을 전원재판부의 심판에 회부하는 결정을 하여야 하는데, 심판청구일로부터 30일이 경과할 때까지 각하결정이 없는 때에는 전원재판부의 심판에 회부하는 결정이 있는 것으로 본다(법 제72조 제4항).

3. 재판관의 제척 · 기피 · 회피

재판관이 제척 · 기피 · 회피 등의 사유에 해당하여 심판의 공정을 기대하기 어려운 경우에는 그 사건에 관한 직무집행으로부터 배제된다(법 제24조). 독립적이고 중립적인 재판관만이 공정한 재판을 보장할 수 있으므로, 재판관의 제척 · 기피 · 회피는 **헌법재판의 독립성과 공정성을 보장**하기 위하여 필수적인 제도이다.

법 제24조 제4항은 "당사자는 동일한 사건에 대하여 2명 이상의 재판관을 기피할 수 없다."고 규정하고 있는데, 위 조항은 헌법재판소의 심리정족수를 7인 이상으로 규정한 법 제23조 제1항과 연관관계에서 **헌법재판소의 재판기능을 유지하고자 하는 규정**으로, 법문의 불명확한 표현에도 불구하고 양 당사자가 동일한 사건에서 2명까지만 기피할 수 있다는 의미로 이해해야 한다.

Ⅲ. 헌법소송의 당사자 및 대표자 · 대리인

1. 심판당사자

헌법재판절차에서 자기 이름으로 심판을 청구하는 자를 **청구인**이라 하고, 그 상대방을 **피청구인**이라 한다. 청구인과 피청구인을 **당사자**라 한다. 구체적인 당사자는 심판절차 유형별로 다르다.

위헌법률심판에서 법원은 비록 제청의 주체이나, 분쟁의 당사자가 아니라 구체적 법적 분쟁을 심판하는 과정에서 그 해결을 위한 선결문제로서 위헌제청을 하는 것이므로, 청구인의 지위를 인정하기 어렵다. 위헌법률심판에서 심판대상은 법률의 위헌여부이지 구체적 법률제정행위의 위헌여부가 아니므로 청구의 상대방이 되는 피청구인도 존재하지 않는다. **법 제68조 제2항에 의한 헌법소원심판**에서, 청구인은 위헌제청신청을 한 당해사건의 당사자이지만, 피청구인은 위헌법률심판과 마찬가지로 존재하지 않는다.

법 제68조 제1항에 의한 헌법소원심판에서, 청구인은 공권력의 행사 또는 불행사로 인하여 헌법상 보장된 기본권을 침해받은 자이다. 법령을 심판대상으로 하는 헌법소원심판의 경우 위헌법률심판과 마찬가지로 헌법소원의 상대방인 피청구인은 존재하지 않는 것으로 보는 반면, 그 밖의 개별적 공권력의 행사 또는 불행사를 다투는 헌법소원심판의 경우에는 당해 행위를 한 공권력의 주체 또는 당해 행위의무가 있는 공권력의 주체가 피청구인이 된다(법 제75조 제4항 참조).

대립적 소송구조로 형성된 **탄핵심판**에서, 청구인은 국회법제사법위원회의 위원장이 소추위원이 되는 국회(제49조)이며, 피청구인은 탄핵소추 대상자이다(법 제48조). 역시 대립적 소송구조를 취하고 있는 **정당해산심판**에서, 청구인은 정부이며(법 제55조), 피청구인은 해당 정당이다(법 제55조, 57조). **권한쟁의심판**에서도, 대립적 소송구조로 인하여 청구인은 권한침해를 주장하는 국가기관 또는 지방자치단체이고(법 제61조 제1항), 피청구인은 청구인의 권한을 침해한 국가기관이나 지방자치단체이다(법 제61조 제2항, 제62조).

2. 대표자 · 대리인

각종 심판절차에 있어서 **정부가 당사자인 때**에는 법무부장관이 이를 대표하며(법 제25조 제1항), 당사자인 국가기관 또는 지방자치단체는 변호사 또는 변호사의 자격이 있는 소속직원을 대리인으로 선임하여 심판을 수행하게 할 수 있다(법 제25조 제2항).

각종 심판절차에 있어서 당사자인 사인은 변호사를 대리인으로 선임하지 아니하면 심판청구를 하거나 심판수행을 하지 못한다. 다만, 그가 변호사의 자격이 있는 때에는 그러하지 아니하다(법 제25조 제3항). 이를 **변호사 강제주의**(强制主義)라 하며, **주로 헌법소원심판에서 문제**된다.[1] 변호사의 자격이 없는 사인인 청구인이 한 헌법소원 심판청구나 주장은 변호사인 대리인이 추인한 경우에 한하여 적법한 헌법소원심판청구와 심판수행으로서의 효력이 있다(헌재 1992. 6. 26. 89헌마132, 판례집 4, 387, 398).

Ⅳ. 심판의 청구

헌법재판소에의 심판청구는 심판사항별로 정하여진 **청구서**를 헌법재판소에 제출함으로써 한다. 다만, 위헌법률심판에 있어서는 **법원의 제청서**, 탄핵심판에 있어서는 **국회의 소추의결서**의 정본으로 이에 갈음한다(법 제26조 제1항). 헌법재판소가 청구서를 접수한 때에는 지체 없이 그 등본을 피청구기관 또는 **피청구인에게 송달**하여야 한다(법 제27조 제1항). 위헌법률심판의 제청이 있은 때에는 법무부장관 및 당해 소송사건의 당사자에게 그 제청서의 등본을 송달한다(법 제27조 제2항). 청구서의 송달을 받은 피청구인은 헌법재판소에 심판청구의 취지와 이유에 대응하는 답변을 기재한 **답변서를 제출**할 수 있다(법 제29조).

Ⅴ. 심리의 방식

1. 구두변론과 서면심리

탄핵심판·정당해산심판·권한쟁의심판의 경우 **구두변론을 원칙**으로 하고, 위헌법률심판 및 헌법소원심판의 경우 **서면심리를 원칙**으로 한다(법 제30조). 다만, 위헌법률심판 및 헌법소원심판의 경우, 재판부의 재량에 따라 구두변론을 열어 당사자·이해관계인 기타 참고인의 진술을 들을 수 있다. 심판의 변론은 심판정에서 행하며(법 제33조), 심판의 변론은 공개한다. 다만, 서면심리는 공개하지 아니한다(법 제34조 제1항).

2. 증거조사

재판부는 사건의 심리를 위하여 필요하다고 인정하는 경우에는 **당사자의 신청 또는 직권에 의하여** 증거조사를 할 수 있다(법 제31조 제1항). 헌법재판은 법원의 민·형사 재판과는 달리 주관적인 권리구제절차에 그치는 것이 아니라 객관적인 헌법질서를 보장하는 기능을 가지므로, 헌법재판소는 당사자가 주장하지 않은 사실도 직권으로 수집하여 재판의 기초로 삼을 수 있다.

---

1) 탄핵심판의 피청구인인 '탄핵소추 대상공직자'의 경우나 정당해산심판의 피청구인인 '정당'에 대해서도 변호사강제주의가 적용되는지에 관하여 학계에서 논란이 있다. 변호사강제주의가 재판청구권의 관점에서 헌법적으로 허용되기 위해서는 자력이 없는 당사자에게 재판청구권의 행사를 비로소 가능하게 하는 국선대리인제도와 결합되어야 한다는 점에서, **변호사강제주의는 국선대리인제도를 두고 있는 헌법소원심판에만 적용**되는 것으로 보는 것이 타당하다.

Ⅵ. 평 의

평의(評議)에서는 먼저 주심재판관이 사건에 대한 검토내용을 요약하여 발표하고, 재판관들의 자유로운 발언과 토론을 거쳐 최종적으로 표결하는 평결(評決)을 하게 된다. 법 제34조 제1항 단서는 "평의는 공개하지 아니한다."고 하여 '**평의의 비밀**'을 규정하고 있다. 평의의 비밀은 평의의 경과, 각 재판관들의 개별의견 및 그 의견의 수를 포함한다(헌재 2004. 5. 14. 2004헌나1). 평의의 비밀은 **재판의 독립성을 보장**하기 위한 것이다.

평결방식은 법령에 규정된 바 없으므로, 재판부가 스스로 결정해야 할 사항이다. 평결방식에는 적법요건과 본안에 관한 문제를 쟁점별로 각각 표결하여 결론을 도출하는 방식인 **쟁점별(爭點別) 평결방식**과 적법요건이나 본안에 관한 문제를 개개 쟁점별로 표결하지 않고 결론에 초점을 맞추어 전체적으로 표결하여 주문을 결정하는 방식인 **주문별(主文別) 평결방식**이 있는데, 헌법재판소는 발족 이래 일관되게 주문별 평결방식에 입각하여 결론을 도출하고 있다(헌재 1994. 6. 30. 92헌바23, 판례집 6-1, 592, 617-618).

가령, 재판관 9인 중 적법요건에 관하여 5인이 적법하다는 견해, 4인이 부적법하다는 견해를 표명하는 경우, **쟁점별 평결방식**에 의하면 심판청구는 적법한 것으로 간주되어 다음 단계로서 본안에 관하여 9인이 다 같이 판단하게 되는 반면, **주문별 평결방식**에 의하면 적법요건의 판단에서 부적법하다는 견해를 표명한 4인의 재판관들은 본안판단에 참여하지 않게 되어, 설사 재판관 5인이 위헌의견을 밝힌다 하더라도 위헌결정에 필요한 6인의 심판정족수를 충족하지 못하여 합헌결정을 하게 된다.

Ⅶ. 종국결정

1. 결정서의 작성 및 종국결정의 선고

재판부가 **심리를 마친 때**에는 종국결정(終局決定)을 한다(법 제36조 제1항). 종국결정을 할 때에는 **결정서를 작성**하고 심판에 관여한 재판관 전원이 이에 서명·날인하여야 한다(동조 제2항). 심판에 관여한 재판관은 결정서에 **의견을 표시**하여야 한다(동조 제3항). 따라서 소수의견을 피력한 재판관도 그 의견을 표시할 의무를 진다. 종국결정의 선고는 심판정에서 행한다. 다만, 헌법재판소장이 필요하다고 인정하는 경우에는 심판정 외의 장소에서 이를 할 수 있다(법 제33조). 종국결정의 선고는 공개한다(법 제34조 제1항).

2. 소수의견제도

소수의견제도는 재판소의 평의내용 중 일부를 공개하는 것이기 때문에, 법률에 명시적인 근거가 있어야 한다. 헌법재판소법은 제36조 제3항에서 "심판에 관여한 재판관은 결정서에 의견을 표시하여야 한다."고 규정하여, **소수의견을 낼 수 있는 근거조항**을 마련하고 있다.

소수의견제도는 **헌법해석의 방법과 그 결론의 다양성과 개방성의 표현**이라 할 수 있다. 헌법재판소는 소수의견을 통하여 가령, 재판관 사이에서 헌법해석에 관하여 상이한 견해가 존재한다는 것이나 재판관의 구성이나 사회현상의 변화에 따라 판례가 장차 변할 수 있다는 가능성을 표현할 수 있다. 소수의견제도란 결정의 타당성을 놓고 여러 의견이 일반국민 앞에서 공개적으로 경쟁하는 제도이므로, 비판적인 소수의견의 존재로 인하여 다수의견이 자신의 견해를 보다 설득력 있고 **투명하게 논증해야 할 동기와 자극**을 부여받게 된다. 물론, 소수의견제도에 의하여 **헌법재판소결정의 권위가 약화될 수 있다는 우려**도 있으나, 소수의견제도를 채택한 것은 위와 같은 인식이 보다 중요하다는 판단의 결과이다.

Ⅷ. 결정의 효력

1. 확정력

헌법재판소의 결정은 확정력, 모든 국가기관에 대한 기속력 및 일반국민에 대한 법규적 효력을 가진다. 헌법재판소법에는 **확정력(確定力)**에 관한 명문의 규정은 없으나, 제39조에서 "헌법재판소는 이미 심판을 거친 동일한 사건에 대하여는 다시 심판할 수 없다."(일사부재리)고 규정하고 있고, 헌법재판소의 심판절차에는 일반적으로 민사소송에 관한 법리가 준용된다는 점을 고려한다면(제40조 제1항), 헌법재판소 결정에도 법원의 판결과 마찬가지로 형식적·실체적 확정력이 발생한다.

이로써 헌법재판소결정은 더 이상 헌법재판소에 의하여 변경될 수 없고(**불가변력**), 당사자에 의하여 더 이상 다투어질 수 없으며(**불가쟁력 또는 형식적 확정력**), 당해심판을 넘어서 후행 심판에서도 당사자와 헌법재판소를 구속하므로 당사자는 동일한 사항에 대하여 다시 심판을 청구하지 못하고 헌법재판소도 선행심판의 판단내용에 구속된다(**기판력 또는 실체적 확정력**). 결정의 확정력은 주관적 측면에서는 단지 당해심판 당사자에만 미치고, 객관적 측면에서는 결정주문에서 표현되는 '심판대상에 관한 결정'에만 미친다.

판 례 **헌법소원심판에서 각하결정의 효력**에 관하여 "헌법소원심판청구가 부적법하다고 하여 헌법재판소가 각하결정을 하였을 경우에는, 그 각하결정에서 판시한 요건의 흠결을 보정할 수 있는 때에 한하여 그 요건의 흠결을 보정하여 다시 심판청구를 하는 것은 모르되, 그러한 요건의 흠결을 보완하지 아니한 채로 동일한 내용의 심판청구를 되풀이하는 것은 허용될 수 없다."고 하여, 헌법재판소의 **각하결정을 받은 경우 그 요건의 흠결을 보정하여 다시 심판을 청구하는 것은 각하결정의 기판력에 반하지 않는다**고 판시하고 있다(헌재 1993. 6. 29. 93헌마123).

2. 국가기관에 대한 기속력

가. 기속력의 의미

법 제47조 제1항은 위헌법률심판절차에서의 위헌결정의 효력에 관하여 "법률의 위헌결정은 법원 기타 국가기관 및 지방자치단체를 기속한다."고 규정하고 있고, **법 제75조 제1항**은 "헌법소원의 인용결정은 모든 국가기관과 지방자치단체를 기속한다."고 규정하고 있으며, **법 제75조 제6항**은 법 제68조 제2항의 헌법소원을 인용하는 경우에는 제47조의 규정을 준용하도록 규정하고 있으며, 나아가 **법 제67조 제1항**은 "헌법재판소의 권한쟁의심판의 결정은 모든 국가기관과 지방자치단체를 기속한다."고 규정함으로써 **법률의 위헌결정, 헌법소원의 인용결정 및 권한쟁의심판의 결정에 대하여 기속력을 부여**하고 있다.

헌법재판소결정의 효력을 강화하는 기속력은 헌법재판절차에서만 인정되는 **독자적인 것**이다. 헌법재판소의 결정에 기속력을 부여한 것은 모든 국가기관을 헌법재판소의 결정에 구속시킴으로써 **국가기관에 대하여 헌법을 실현하고 관철**하며 궁극적으로 헌법의 우위를 보장하기 위한 것이다. 헌법재판소결정의 기속력의 범위가 이와 같이 모든 국가기관에 대하여 확장된다는 점에서, 원칙적으로 소송절차의 당사자들에게만 효력이 미치는 법원의 판결에 대한 '기판력'과 구분된다.

한편, 합헌결정에 기속력을 인정해야 한다는 견해도 있으나, 헌법재판소법은 **법률에 대한 위헌결정과 헌법소원의 인용결정**에 대해서만 명시적으로 기속력을 인정하고 있다. 헌법재판소도 합헌결정의 기속력을 인정하지 않으며, 이미 합헌으로 선언된 법령조항에 대하여 이를 달리 판단해야 할 사정변경이 있다고 인정되지 아니한 경우에는, 다시 합헌결정을 하고 있다.

나. 기속력의 범위

(1) 주관적 범위(인적 범위)

법 제47조 제1항, 제67조 제1항 및 제75조 제1항에 의하면, 헌법재판소 결정의 기속력이 미치는 범위는 "법원 기타 국가기관 및 지방자치단체"이다. 기속력은 단지 입법・행정・사법의 공권력의 주체에 대해서만 효력을 가지며, 사인인 일반국민에게는 미치지 않는다.

(2) 객관적 범위(내용적 범위)

헌법재판소 결정의 효력이 **심판대상에 관한 결정인 결정주문**에 미친다는 것은 의문의 여지가 없다. 여기서 헌법재판소결정의 기속력과 관련하여 제기되는 문제는 **'결정의 기속력이 결정의 주문에만 한정되는지 아니면 결정이유에도 미치는지'의 문제**이다. 헌법재판소는 아직까지 이에 관하여 명확한 입장을 밝힌 바 없다. 한편, 독일 연방헌법재판소는 헌법재판소결정의 기속력은 결정주문뿐만 아니라 '헌법해석과 관련되고 결정주문의 이론적 기초를 구성하는 중요한 결정이유'에도 미치는 것으로 판단하고 있다.

판 례 헌법재판소는 "법률의 위헌결정 및 헌법소원 인용결정의 기속력과 관련하여, 입법자인 국회에게 기속력이 미치는지 여부, 나아가 결정주문뿐 아니라 결정이유에까지 기속력을 인정할지 여부는 헌법재판소의 헌법재판권 내지 사법권의 범위와 한계, 국회의 입법권의 범위와 한계 등을 고려하여 신중하게 접근할 필요가 있다. **설령 결정이유에까지 기속력을 인정한다고 하더라도, 결정주문을 뒷받침하는 결정이유에 대하여 적어도 위헌결정의 정족수인 재판관 6인 이상의 찬성이 있어야 할 것**이고, 이에 미달할 경우에는 결정이유에 대하여 기속력을 인정할 여지가 없는데, 헌법재판소가 … 위헌으로 결정한 2003헌마715등 사건의 경우 그 결정이유에서 비맹제외기준이 과잉금지원칙에 위반한다는 점과 관련하여서는 재판관 5인만이 찬성하였을 뿐이므로 위 과잉금지원칙 위반의 점에 대하여 기속력이 인정될 여지가 없다."라고 하여(헌재 2008. 10. 30. 2006헌마1098), **결정이유도 기속력을 가지는지에 관하여 판단을 회피**하면서, 설사 결정의 기속력이 그 이유에 대해서도 미친다 하더라도 결정이유의 기속력이 인정되기 위해서는 위헌결정의 정족수에 필요한 6인 이상의 의견이 있어야 한다는 것만을 확인하고 있다. 그러나 헌법재판소의 위 견해를 따른다면, 헌법재판소의 결정은 위헌결정이지만 그 위헌결정을 지탱하는 결정이유, 즉 기속력을 가지는 결정이유는 존재하지 않는다는 **이율배반적인 결과**에 이른다.

다. 기속력의 내용

(1) 결정준수의무와 반복금지의무

헌법재판소결정의 기속력에 따라 **모든 국가기관이 헌법재판소의 결정을 존중해야** 하며, 그들이 장래에 어떤 처분이나 결정을 할 때에는 헌법재판소의 결정을 따라야 한다(결정준수의무). 위헌으로 결정된 법률은 효력을 상실하기 때문에, 더 이상 적용되어서는 안 되고 그 법률에 근거한 어떠한 행위도 할 수 없다. 나아가, 위헌으로 확인된 공권력행사로 인하여 초래된 법적·사실적 결과를 제거해야 할 의무도 부담한다. 가령, 헌법소원심판에서 기탁금조항이 위헌으로 선언되었다면, 관할 선거관리위원회는 당해 헌법소원의 청구인에게 기탁금을 반환해야 하며, 권한쟁의심판에서 권한침해확인결정을 내린다면, 피청구인은 자신이 야기한 위헌·위법상태를 제거하여 합헌·합법적 상태를 회복해야 할 의무를 진다.

나아가, 결정의 기속력이 결정의 중요이유에도 미치는 것으로 이해한다면, 기속력은 모든 국가기관에 대하여 동일한 이유에 근거하여 헌법재판소결정의 심판대상과 동일한 내용의 공권력의 행사 또는 불행사를 금지한다(**반복금지의무**).

(2) 입법자에 대한 기속력

헌법재판소가 법률에 대하여 위헌결정을 한 경우 **입법자가 위헌으로 선언된 법률과 동일한 내용의 법률을 다시 제정할 수 있는지의 문제**가 제기된다. 위헌결정의 기속력이 단지 '특정 법률의 위헌여부(심판대상)에 관한 결정'인 주문에만 한정된다는 입장을 취한다면, 동일한 내용의 '다른 법률'을 제정하는 것은 기속력에 반하지 않는다. 그러나 **헌법재판소 결정의 기속력이 중요한 결정이유에도 미친다는 입장**에 선다면, 입법자가 위헌으로 결정된 법률과 동일한 내용의 규범을 다시 제정하는 것은 기속력에 반하는 것으로 허용되지 않는다(**동일규범 반복금지**).

그러나 헌법재판소결정의 기속력이 헌법해석에 관한 중요한 결정이유를 포함한다 하더라도, **헌법재판소의 헌법해석은 입법자를 절대적으로 구속하는 것은 아니다**. 헌법재판소의 결정도 특정 사회적 상황이나 법인식의 구속을 받는 한시적 결정으로서, 사회현상과 법인식의 변화로 인하여 과거에 위헌이었던 법률이 장래에는 합헌일 가능성을 배제할 수 없다. 이러한 경우, 입법자는 위헌으로 선언된 법률과 내용적으로 동일한 법률을 새로 제정할 수 있는 가능성을 가져야 한다. 물론, 입법자가 헌법재판소의 헌법해석으로부터 벗어나 동일한 내용의 규범을 반복적으로 제정하기 위해서는, **헌법적 판단에서 중요한 사실적·법적 관계의 근본적인 변화 및 법적 견해의 본질적 변화**가 존재해야 한다. 그러나 입법자가 근본적인 법적·사실적 변화가 존재하지 않음에도 다시 동일한 내용의 규범을 제정하는 것은 허용되지 않는다.

3. 대세적·일반적 효력(법규적 효력)

헌법재판소결정의 대세적(對世的) 효력 또는 법규적 효력이란, 국가기관에 대해서만 가지는 기속력의 주관적 범위를 넘어서 **일반사인에 대해서도 미치는 일반적 효력**을 말한다. 법규적 효력의 의미는 단지 국가기관에 대해서만 미치는 **결정의 기속력을 모든 국민에 대하여 확대**하는 것에 있다. 헌법재판소의 결정은 당해사건의 당사자뿐 아니라 다른 모든 사람을 구속하므로, 일반국민은 헌법재판소에 의하여 위헌으로 선언된 법규범에 의하여 더 이상 구속을 받지 않는다. 헌법재판소 결정의 법규적 효력에 관한 명시적인 규정은 없으나, 법규적 효력은 **위헌결정으로 인하여 법률이 효력을 상실하는 경우에 원칙적으로 발생하는 효과**라고 할 수 있다. 위헌결정에 의하여 법률의 효력이 상실된다면, 그 법률은 당연히 모든 사람과의 관계에서 무효가 되기 때문이다.

4. 재심의 허용여부

헌법재판소법은 헌법재판소의 결정에 대한 재심의 허용여부에 관하여 별도의 명문규정을 두고 있지 않다. 심판절차의 종류에 따라 종국결정의 효력이 다르므로, 재심의 허용여부 및 그 정도는 **심판절차의 종류에 따라 개별적으로 판단**해야 한다.

법 제68조 제2항의 헌법소원심판 및 법 제68조 제1항의 헌법소원심판에서 **법령의 위헌여부에 관한 헌법재판소결정**은 대세적 · 법규적 효력을 가지기 때문에 법적 안정성의 관점에서 그에 대한 재심은 허용되지 않는다. 반면에, 법 제68조 제1항의 헌법소원심판에서 **개별적 · 구체적인 공권력 행사의 위헌여부에 관한 헌법재판소결정**의 경우 그 효력이 단지 당사자에게만 미치기 때문에 그러한 결정에 대해서는 법령에 대한 헌법소원과는 달리 민사소송법상의 재심규정을 준용하여 재심이 허용될 수 있다.

판 례 **법률의 위헌여부에 관한 결정에 대한 재심절차의 허용 여부**에 관하여 "(법 제68조 제2항에 의한 헌법소원에서) 헌법재판소의 인용결정은 위헌법률심판의 경우와 마찬가지로 이른바 일반적 기속력과 대세적 · 법규적 효력을 가지는 것이고, 이러한 효력은 일반법원의 확정판결이 그 기속력이나 확정력에 있어서 원칙적으로 소송당사자에게만 한정하여 그 효력이 미치는 것과 크게 다르므로, …원칙적으로 재심을 허용하지 아니함으로써 얻을 수 있는 법적 안정성의 이익이 재심을 허용함으로써 얻을 수 있는 구체적 타당성의 이익보다 높기 때문에, 사안의 성질상 재심을 허용할 수 없다."고 판시하고 있다(헌재 1995. 1. 20. 93헌아1, 판례집 7-1, 113, 120).

반면에, 헌법재판소는 법 제68조 제1항에 의한 헌법소원 중 **행정작용에 속하는 공권력작용을 대상으로 하는 헌법소원의 경우**(가령, 불기소처분 취소), '헌법재판소의 결정에 영향을 미칠 중대한 사항에 관하여 판단을 유탈한 때'를 재심사유로 인정하고 있다(헌재 2001. 9. 27. 2001헌아3, 판례집 13-2, 457, 460).

IX. 심판비용과 심판기간

1. 심판비용

헌법재판소의 심판비용은 **원칙적으로 국가부담**으로 한다(법 제37조 제1항 본문). 다만, 당사자의 신청에 의한 증거조사의 비용은 헌법재판소규칙이 정하는 바에 따라 그 신청인에게 부담시킬 수 있다(법 제37조 제1항 단서). 헌법재판소법은 무분별한 헌법소원심판청구와 권리의 남용을 방지하기 위하여 **공탁금제도**를 규정하고 있다(법 제37조 제2항, 제3항).

2. 심판기간

헌법재판소는 심판사건을 접수한 날로부터 180일 이내에 종국결정의 선고를 하여야 한다. 다만, 재판관의 궐위로 7인의 출석이 불가능한 때에는 그 궐위된 기간은 심판기간에 이를 산입하지 아니한다(法 第38條). 심판기간의 이행을 강제하는 별도의 제재규정이 없다는 점에서, 심판기간규정은 **훈시규정**으로 간주된다.

제3절 헌법재판소의 권한

제1항 개 관

Ⅰ. 헌법재판소의 권한을 결정하는 2가지 요소

헌법재판의 목적이 헌법을 유지하고 관철하고자 하는 것이라면, 헌법재판기관의 권한은 이러한 목적을 실현할 수 있도록 규정되어야 한다. 그러나 헌법재판제도를 도입한다면 필수적으로 인정되어야 하는 헌법재판기관의 특정한 관할이나 권한이 존재하는 것은 아니다. 비교법적으로 보더라도, 헌법재판기관의 권한은 각 나라마다 실정법에 의하여 매우 상이하게 형성되어 있다.

국가조직 내에서의 헌법재판소의 역할은 한편으로는 '헌법이 헌법재판소에 어떠한 관할과 권한을 부여하고 있는지'의 관점과 다른 한편으로는 '헌법재판소가 헌법상 부여받은 권한을 어떻게 행사하고 있는지'의 관점에 의하여 결정된다. 첫 번째의 관점은 헌법상 부여받은 **법적 권한의 문제**이고, 두 번째 관점은 주어진 관할의 범위 내에서 **헌법해석을 통하여 자신의 권한을 적극적 또는 소극적으로 행사하는지의 문제**로서, 이는 곧 다른 국가권력, 특히 입법자에 대한 심사밀도(審査密度)의 문제를 의미한다.

Ⅱ. 현행 헌법상 헌법재판소의 권한

1. 헌법재판소의 관장사항으로서 열거주의

헌법은 제111조 제1항에서 헌법재판소의 관장사항으로서 법원의 제청에 의한 위헌법률심판, 탄핵심판, 정당해산심판, 권한쟁의심판, 헌법소원심판을 규정함으로써 헌법재판소의 권한을 규정하고 있다. 헌법 제101조 제1항이 "사법권은 법관으로 구성된 법원에 속한다."고 하여 사법권을 포괄적으로 사법부에 귀속시키는 **개괄주의**에 입각하여 사법부의 관할을 규율하고 있는 것과는 달리, 헌법은 헌법재판소에게 관할을 포괄적으로 부여하지 아니하고 헌법 제111조 제1항에서 헌법재판소의 관장사항을 개별적으로 언급하는 **열거주의**를 채택하고 있다.

2. 헌법재판소와 법원의 관할 배분에 관한 헌법규정

헌법 제107조 및 제111조는 헌법재판소와 법원의 관할을 배분하는 규정이다. 헌법은 제107조에서 구체적 규범통제절차에서의 법률에 대한 위헌심사권과 집행부의 행위형식인 명령·규칙·처분에 대한 위헌심사권을 서로 분리하여 각각 헌법재판소와 대법원에 귀속시키면서, 제111조 제1항 제5호에서 법률과 명령·규칙에 의하여 직접 기본권이 침해되는 경우에는 이에 대한 주관적 권리구제절차로서 헌법소원의 가능성을 열어 놓았다.

따라서 우리 헌법은 제107조 및 제111조에서 원칙적으로 **입법작용에 대한 헌법재판권을 헌법재판소에, 집행작용에 대한 헌법재판권을 법원에 각각 귀속**시키고 있다. 이로써 우리 헌법은 **헌법재판기관을 이원화**하여 헌법의 수호 및 기본권의 보호가 헌법재판소만의 과제가 아니라 헌법재판소와 법원의 공동과제라는 것을 표현하고 있다(헌재 1997. 12. 24. 96헌마172 등, 판례집 9-2, 842, 854).

3. 개별심판절차를 구체화하는 헌법규정

위헌법률심판과 헌법소원심판은 헌법 제107조에 의하여 구체화되고 있고,[2] **탄핵심판**은 탄핵소추권을 국회에 부여하면서 탄핵소추의 사유와 탄핵결정의 효력을 규정하는 헌법 제65조에 의하여 구체화되고 있으며. **정당해산심판**도 정당해산의 제소권을 정부에 부여하면서 정당해산의 사유를 규정하는 헌법 제8조 제4항에 의하여 구체화되고 있다. 반면에, **권한쟁의심판**의 경우, 헌법은 헌법재판소에 이에 관한 권한을 부여하는 헌법 제111조 제1항 제4호의 규정내용 외에는 심판절차를 구체화하는 어떠한 헌법규정도 두고 있지 않으며, 이로써 구체적인 규율을 입법자에게 위임하고 있다.

4. 현행법상 헌법재판소의 주된 관할

헌법재판소의 주된 관할은 **위헌법률심판제도와 헌법소원제도**에 있다. 법 제68조 제1항이 헌법소원 중에서 재판소원을 배제하고 있으므로 법 제68조 제1항에 의한 헌법소원은 결국 법률에 대한 소원을 의미하며, 국민의 위헌제청신청이 기각된 경우 국민이 직접 법률에 대한 헌법소원을 제기할 수 있는 가능성을 제공하는 법 제68조 제2항도 법률을 심판의 대상으로 하고 있다. 또한 법 제41조는 법관의 위헌제청에 의하여 법률의 위헌성을 심사하는 구체적 규범통제를 규정하고 있다. 따라서 현행법상 헌법재판소의 주된 과제는 **입법자에 대한 규범통제**에 있다.

제 2 항 위헌법률심판

Ⅰ. 위헌법률심판의 의미 및 목적

1. 의 미

헌법 제111조 제1항 제1호는 헌법재판소의 관장사항으로서 "법원의 제청에 의한 법률의 위헌여부심판"이라 규정하고, **헌법 제107조 제1항**에서는 "법률이 헌법에 위반되는 여부가 재판의 전제가 된 경우에는 법원은 헌법재판소에 제청하여 그 심판에 의하여 재판한다."고 규정하고 있다.

---

2) 헌법 제107조 제2항의 해석에 관하여 논란이 있으나, 위 조항이 처분에 대한 최종적 심사권을 대법원에 부여하고 있으므로, 처분의 위헌성에 관하여 헌법재판소가 다시 헌법소원의 형태로 심사할 수 없다고 보아야 하고, 뿐만 아니라 처분의 위헌성에 대한 심사의 결과인 법원의 재판을 헌법소원의 대상으로 삼는 것은 허용되지 않는다고 보는 것이 타당하다. 그렇다면 헌법 제107조는 재판소원의 형태로 법원의 재판을 헌법재판소의 심사대상으로 삼는 것을 금지하거나 아니면 적어도 포괄적인 재판소원의 도입을 금지하는 헌법적 표현이다.

법 제41조 제1항은 "법률이 헌법에 위반되는지 여부가 재판의 전제가 된 경우에는 당해사건을 담당하는 법원은 직권 또는 당사자의 신청에 의한 결정으로 헌법재판소에 위헌여부 심판을 제청한다."고 하여 위 헌법규정의 내용을 구체화하고 있다.

위헌법률심판은, 법률의 위헌여부가 법원에서 구체적 사건의 해결을 위한 선결문제가 되는 경우, 법원이 헌법재판소에 위헌여부의 심판을 제청하고 헌법재판소가 그 위헌여부를 결정하는 **구체적 규범통제절차**이다. 위헌법률심판절차는 제청의 주체와 심판의 주체를 달리 하여, **'법원의 제청절차'**와 **'헌법재판소의 심판절차'**로 구분된다. 법원은 법률에 대한 '위헌제청권'을 가지며, 헌법재판소는 법률의 위헌여부에 관하여 최종적으로 구속력 있는 판단을 할 수 있는 '위헌결정권'을 가지는 구조로 되어 있다.

당해사건에 적용되는 법률이 위헌이라는 의심이 있는 경우, 법관은 법률의 위헌여부에 관하여 스스로 결정해서는 안 되고, **재판절차를 정지**하고 위헌제청의 형태로 법률의 위헌여부에 관한 헌법재판소의 판단을 구해야 하며, 헌법재판소가 법률의 위헌여부에 관하여 결정한 후 법관은 당해사건의 절차를 재개하여 헌법재판소의 결정에 따라 재판한다.

2. 목 적

위헌법률심판은 법률의 위헌여부에 관한 결정권을 헌법재판소에 독점시킴으로써, 법원의 서로 다른 판결로 인하여 야기되는 법적 불안정성과 법적 분열을 방지하고, 법률의 위헌여부에 관한 헌법재판소의 구속력 있는 결정을 통하여 **법적 안정성과 법적 통일성을 확보**하고자 하는 것이다. 나아가, 위헌법률심판은, 법률의 구속을 받는 법원이 개별사건에서 법률을 적용하지 않음으로써 입법자를 무시하거나 법률에 복종하지 않는 것을 방지하고자 하는 것이다.

Ⅱ. 위헌제청절차

1. 법원의 위헌제청결정

법원은 **직권 또는 당사자의 신청에 의한 결정**으로 헌법재판소에 위헌여부의 심판을 제청할 수 있다(법 제41조 제1항). 법원은 당사자의 위헌제청신청이 없더라도, **직권으로** 위헌심판제청을 결정할 수 있다. 당사자는 당해사건을 담당하는 법원에 **위헌제청의 신청**을 할 수 있다. 위헌제청신청을 받은 당해 법원은 신청의 대상인 법률의 위헌여부가 당해 소송에서 재판의 전제가 되고 또한 합리적인 위헌의 의심이 있는 때에는 **결정의 형식으로 위헌심판제청을 결정**한다.

그러나 제청신청대상인 법률이 당해사건에 적용되는 것이 아니기 때문에 재판의 전제성이 없다고 판단하는 경우 또는 법률이 아닌 행정입법이나 법원의 재판에 대하여 제청신청을 하는 경우, 법원은 당사자의 **제청신청을 각하**하는 결정을 한다. 한편, 법원이 당해사건에 적용되는 법률을 합헌적으로 판단하는 경우에는 당사자의 **제청신청을 기각**하는 결정을 한다. 위헌제청신청을 기각하는 결정(각하결정을 포함하여)에 대해서는 **항고나 재항고를 할 수 없다**(법 제41조 제4항). 대신, 법원이 위헌제청신청을 기각한 때에는 그 신청을 한 당사자는 헌법재판소에 법 제68조 제2항에 의한 헌법소원을 제기할 수 있다.

2. 위헌제청결정서의 송부

위헌법률심판에 있어서 법원의 위헌제청서는 **위헌법률심판의 청구**에 해당한다(법 제26조 제1항 단서). 위헌제청서의 기재사항은 법 제43조에 규정되어 있다. 대법원 외의 법원이 위헌제청결정을 한 때에는 **대법원을 거치도록** 되어있다(법 제41조 제5항). 이 경우, 대법원은 각급법원의 위헌법률심판의 제청을 심사할 권한을 가지고 있지 않다.

3. 당해사건의 재판 정지

법원이 위헌법률심판을 제청한 때에는 **당해 소송사건의 재판**은 헌법재판소의 위헌여부의 결정이 있을 때까지 정지된다(법 제42조 제1항). 다만, 법원이 긴급하다고 인정하는 경우에는 종국재판 외의 소송절차를 진행할 수 있다(법 제42조 제1항 단서규정).

동일한 법률의 위헌여부가 재판의 전제가 된다 하더라도 **제청법원이 아닌 다른 법원에 계속 중인 사건**은 정지되지 않는다. 헌법재판소가 위헌제청의 대상법률에 대하여 위헌결정을 하는 경우, **위헌결정의 효력이 미치는지 여부**는 재판이 확정되었는지의 여부에 달려있으므로, 재판의 전제성이 있는 법률을 위헌으로 간주하는 법원은 다른 법원이 동일한 법률에 대하여 이미 위헌제청을 한 경우에도 위헌제청을 하고 재판을 정지해야 한다. 법원의 위헌제청에 대하여 **대법원을 경유하도록 한 것**은 이러한 사정을 고려한 것으로 보인다.

Ⅲ. 위헌법률심판(법관의 위헌제청)의 적법요건

1. 제청권자로서 법원

법원만이 법률의 위헌여부에 대하여 헌법재판소에 위헌제청을 할 수 있다. 여기서 법원이란 최고법원뿐만 아니라 모든 법원을 포괄한다. 재판의 전제성요건으로 인하여, 법률의 위헌여부가 재판의 전제가 된 **당해사건의 재판을 담당하는 법원**만이 위헌제청을 할 수 있다. **당해소송의 당사자**는 법원에 위헌제청의 신청을 할 수 있을 뿐, 직접 헌법재판소에 위헌법률심판을 청구할 수 없다. 다만, 법원이 소송당사자의 위헌제청신청을 기각한 경우에는 법 제68조 제2항에 의하여 헌법소원을 제기할 수 있다.

2. 위헌법률심판의 대상(위헌제청의 대상)

가. 시행되어 효력이 발생한 '형식적 의미의 법률'

헌법 제111조 제1항 제1호 및 헌법 제107조 제1항은 위헌법률심판의 대상으로 "법률"이라고 규정하고 있다. 위헌제청의 대상은 오로지 **대한민국의 '형식적인 의미의 법률'**이다. '형식적 의미의 법률과 동일한 효력'을 갖는 **긴급명령이나 조약**도 대상이 된다. 대통령의 긴급재정경제명령과 긴급명령은 국회의 승인을 얻은 경우 국회가 제정한 법률과 동일한 효력을 가진다(헌법 제76조 참조). 헌법 제6조 제1항 및 헌법 제60조 제1항에 의하여 국회의 동의를 요하는 중요한 조약은 국회의 동의를 얻은 경우 국내법의 법률과 같은 효력을 가진다. 헌법재판소의 판례에 의하면, 법률과 같은 효력을 가지는 **관습법**도 위헌법률심판의 대상이 된다(헌재 2013. 2. 28. 2009헌바129).

위헌법률심판은 헌법에 위반되는 법률의 효력을 상실시키는 것이므로, 이미 효력이 발생한 법률, 즉 **시행된 법률만이 심판대상**이 될 수 있다(헌법 제53조 제7항 참조). 따라서 제청 당시에 공포는 되었으나 아직 시행되지 않은 법률은 위헌제청의 대상이 아니다. 그러므로 **현재 시행 중이거나 과거에 시행되었던 법률만**이 위헌제청의 대상이 된다. **폐지된 법률**이라 하더라도, 당해 소송사건에 적용될 수 있어 재판의 전제가 되는 경우에는 위헌제청의 대상이 될 수 있다. 그러나 헌법재판소에 의하여 **'이미 위헌결정이 선고된 법률'**은 법질서에서 제거되므로 위헌법률심판의 대상이 될 수 없다.

나. 헌법규정 · 입법부작위 · 명령 · 규칙 · 조례 등

위헌법률심판은 '형식적 법률'이 헌법에 위반되는지 여부를 심사하는 것이므로, **명령 · 규칙 · 조례는** 위헌제청의 대상이 되지 않으며, 이에 관한 위헌여부는 헌법 제107조 제2항에 의하여 법원이 스스로 판단한다. 헌법재판소의 판례에 의하면, 헌법에서 심판대상을 "법률"로 제한하고 있으므로, **헌법규정**도 위헌법률심판의 대상이 될 수 없다(헌재 1995. 12. 28. 95헌바3, 판례집 7-2, 841, 846). 입법자가 아직 입법을 하지 않은 상태인 **'입법부작위'**도 위헌법률심판의 대상이 될 수 없다. 입법부작위에 대해서는 '공권력의 불행사'를 대상으로 하는 헌법소원심판의 형태로만 다툴 수 있다. 다만, 존재하는 법률의 불완전 · 불충분함을 다투는 **'부진정입법부작위'의 경우**에는 그 법률이 위헌법률심판의 대상이 된다.

3. 재판의 전제성

가. 구체적 규범통제의 본질적 요소

법률의 위헌여부가 재판의 전제가 된다는 것은, 구체적인 **쟁송사건의 해결을 위한 선결문제**가 된다는 것을 의미한다. 따라서 법원이 헌법재판소에 법률의 위헌여부에 관한 판단을 구하는 것은 **구체적 사건의 해결을 위하여 필요한 경우에 한하여** 이루어져야 한다. 구체적 규범통제와 추상적 규범통제를 구분하는 결정적인 기준이 바로 '재판의 전제성'이다. **'재판의 전제성' 요건은 구체적 규범통제의 본질**로부터 나오는 것이다.

법원이 위헌이라고 간주하는 **법률을 적용하지 않고도 법적 분쟁에 대한 재판을 할 수 있는 가능성**을 가지고 있다면, 재판의 전제성은 존재하지 않는다. 법원은 위헌제청을 하기 전에 사실관계의 규명을 통하여 위헌제청이 불필요해질 수 있는지 여부를 판단해야 한다. **가령, 간통죄의 혐의로 공소가 제기된 형사사건**에서 피고인이 간통죄의 구성요건을 충족시키지 않은 경우에는 설사 법원이 간통죄에 대하여 위헌의 의심을 가지고 있다 하더라도 간통죄의 위헌여부가 재판의 전제가 되지 않기 때문에, 간통죄의 위헌여부를 헌법재판소에 제청할 수 없다. 그러므로 간통죄규정에 대하여 위헌의 의심을 가지기 때문에 위헌제청을 하고자 하는 법관은 재판의 전제성여부를 확인하기 위하여 일차적으로 증거조사를 통하여 사실관계를 확인해야 하고, 그 결과 피고인이 간통죄의 구성요건을 충족시킨 경우에 비로소 간통죄의 위헌여부에 관하여 위헌제청을 할 수 있다.

나아가, 법관이 당해사건에 적용되는 법률에 대하여 위헌의 의심을 가지고 있으나 **법률을 헌법과 합치하는 방향으로 해석**할 수 있고, 이러한 방법으로 법률에 대한 위헌확인을 피할 수 있는 경우에는 위헌제청을 할 수 없다.

판 례 헌법재판소는 "재판의 전제가 되는 요건을 갖추지 못한 안기부법개정법에 대한 위헌심사는 **추상적 규범통제**를 하는 결과가 되어 허용할 수 없는 것이므로 이 부분 위헌심판제청은 부적법하다."고 판시하여 **재판의 전제성을 갖추지 못한 법률조항에 대한 위헌심사의 위험성**을 언급하고 있다(헌재 1997. 9. 25. 97헌가4, 판례집 9-2, 332, 337).

나. 재판의 의미

재판이란 법원의 판결 · 결정 · 명령 등 그 형식 여하와 본안에 관한 재판인지 소송절차에 관한 것인지를 불문하며, 심급을 종국적으로 종결시키는 종국재판뿐만 아니라, 법원의 심리 도중 문제가 된 사항에 대하여 판단하여 종국재판의 준비로 하는 재판인 중간재판도 포함한다. 법원이 행하는 **증거채부결정, 인지첩부를 명하는 보정명령**, 법원이 행하는 **구속기간갱신결정** 등은 당해 소송사건을 종국적으로 종결시키는 재판은 아니라고 하더라도, 그 자체가 소송절차에 관한 재판에 해당하는 법원의 의사결정으로서 헌법 제107조 제1항에 규정된 재판에 해당되므로, 이에 관한 재판절차에서도 위헌제청이 가능하다(증거채부결정과 관련하여, 헌재 1996. 12. 26. 94헌바1).

다. 재판의 전제성

(1) 개괄적 의미

법률에 대한 위헌제청이 적법하기 위해서는 법원에 계속 중인 구체적인 사건에 적용할 법률이 헌법에 위반되는 여부가 재판의 전제가 되어야 한다. **'재판의 전제'**라 함은, **첫째,** 구체적 사건이 법원에 계속 중이어야 하고, **둘째,** 위헌여부가 문제되는 법률이 당해 소송사건의 재판에 적용되는 것이어야 하며, **셋째,** 그 법률의 위헌여부에 따라 당해사건을 담당하는 법원이 다른 내용의 재판을 하는 경우를 말한다. 다른 내용의 재판을 하게 되는 경우라 함은, 당해사건의 재판의 결론이나 주문에 어떤 영향을 주는 경우뿐만 아니라, 법률의 위헌 여부가 비록 재판의 주문 자체에는 아무런 영향을 주지 않는다고 하더라도 재판의 내용과 효력에 관한 법률적 의미가 달라지는 경우도 포함된다(헌재 1993. 12. 23. 93헌가2, 판례집 5-2, 578, 587).

(2) 구체적인 사건이 법원에 계속 중일 것

구체적인 사건이 **위헌제청결정 당시는 물론이고, 헌법재판소의 결정시까지** 법원에 계속 중이어야 한다(헌재 1993. 12. 23. 93헌가2, 판례집 5-2, 578, 588). **당해사건은 법원에 적법하게 계속되어 있어야** 한다. 당해사건이 부적법한 경우, 위헌제청의 대상이 되는 법률의 위헌여부에 관계없이 소가 각하되므로, 그 법률의 위헌여부는 당해재판에 어떠한 영향도 미칠 수 없기 때문이다.

판 례 "당해사건이 부적법한 것이어서 법률의 위헌여부를 따져 볼 필요조차 없이 각하를 면할 수 없을 때에는 재판의 전제성요건을 갖추지 못한다."고 판시하고 있다(헌재 1992. 8. 19. 92헌바36, 판례집 4, 572, 574).

(3) 위헌여부가 문제되는 법률이 당해 소송사건의 재판에 적용되는 것일 것

(가) 재판의 선결문제로서 위헌여부가 문제되는 법률조항의 적용여부

어떠한 법률에 대하여 위헌의 의심이 있다 하더라도, 그 법률이 당해사건에 적용될 것이 아니라면, 재판의 전제성요건은 충족되지 않는다. 그러므로 **당해사건에 적용되지 않는 법률에 대한 위**

헌제청의 경우, 이러한 법률의 위헌여부는 재판의 선결문제가 아니기 때문에, 재판의 전제성이 없어 각하해야 한다. 가령, 위헌제청대상 법률조항이 당해사건에 적용되는 구법조항이 아니라 동일한 내용의 신법조항인 경우, 그 신법조항의 위헌여부는 당해사건의 재판과 아무런 관련이 없어 재판의 전제성이 없다(헌재 2001. 4. 26. 2000헌가4, 판례집 13-1, 783, 791). 마찬가지로 위헌제청 이후에 개정된 신법에 의하여 당해사건에 신법을 적용하도록 하였다면, 구법조항은 재판의 전제가 될 수 없다(헌재 2000. 8. 31. 97헌가12).

(나) 간접적으로 적용되는 법률

법률이 비록 당해사건에 직접 적용되는 것은 아니지만 그 법률의 위헌여부에 의하여 당해사건에 직접 적용되는 법률의 위헌여부가 결정되는 경우 또는 당해사건에 직접 적용되는 '법규명령'의 위헌여부가 그의 법적 근거인 '수권법률'의 위헌여부에 관한 판단에 달려있는 경우, **'간접적으로 적용되는 법률'**이나 **당해사건에 직접 적용되는 법규명령의 '수권법률'**에 대해서도 위헌제청이 가능하다. 나아가, 헌법재판소는 '간접적으로 적용되는 법률'의 범위를 **'당해사건에 직접 적용되는 법률과 내적인 연관관계 또는 불가분적 관계에 있는 법률'로 확대**하고 있다.

판 례 헌법재판소는 당해재판에 직접 적용되는 시행령의 위헌여부가 모법(母法)인 위임법률의 위헌여부에 달려 있는 경우, **위임법률이 당해사건에 간접적으로 적용되는 것으로 판단**하여 위임법률의 위헌여부에 대하여 재판의 전제성을 인정하고 있다(헌재 1994. 6. 30. 92헌가18, 판례집 6-1, 557, 564).

나아가, 헌법재판소는 '심판의 대상이 되는 법률은 법원의 당해사건에 직접 적용되는 법률인 경우가 대부분이겠지만, 당해재판에 적용되는 법률이라면 반드시 직접 적용되는 법률이어야 하는 것은 아니고, **양 규범 사이에 내적인 관련이 있는 경우**에는 간접적으로 적용되는 법률규정에 대해서도 재판의 전제성을 인정할 수 있다'고 판시하고 있다(헌재 1996. 10. 31. 93헌바14, 판례집 8-2, 422, 429-430).

(다) 형사사건에서 공소제기와 재판의 전제성

형사사건에 있어서, **공소가 제기되지 아니한 법률조항**의 위헌 여부는 원칙적으로 당해 형사사건의 재판의 전제가 될 수 없다(헌재 1993. 7. 29. 92헌바48, 판례집 5-2, 65, 72-76). 그러나 법원은 공소장의 변경 없이도 직권으로 공소장 기재와는 다른 법조를 적용할 수 있으므로, 공소장에 적시되지 않은 법률조항이라 하더라도 법원이 공소장의 변경 없이 **실제 적용한 법률조항**에 대해서는 재판의 전제성이 인정된다. 한편, 공소장에 적시된 법률조항이라 하더라도 법원이 적용하지 않은 법률조항의 경우, 재판의 전제성이 인정되지 않는다(헌재 1993. 7. 29. 92헌바48, 판례집 5-2, 65, 72-76).

(라) 재심사건과 재판의 전제성

재심의 청구를 받은 법원은 재심의 심판(본안사건에 대한 심판)에 들어가기 전에 먼저 재심의 청구가 이유 있는지 여부를 가려야 하는데, **'재심청구에 대한 심판'**은 원판결에 소송법이 정한 재심사유가 있는지 여부만을 우선 결정하는 재판이어서, **원판결에 적용된 법률조항의 위헌여부**는 당해사건인 재심사건에 적용될 법률조항이 아니므로 재판의 전제성이 없다(헌재 2010. 11. 25. 2010헌가22).

(4) 법률이 헌법에 위반되는지의 여부에 따라 당해사건을 담당하는 법원이 다른 내용의 재판을 하게 되는 경우일 것

(가) 다른 내용의 재판

법률의 위헌여부에 따라 법원이 "다른 내용의" 재판을 하게 되는 경우라 함은 원칙적으로 제

청법원이 당해사건에서 법률이 위헌일 때에는 합헌일 때와 다른 판단을 할 수밖에 없는 경우, 즉 **판결의 주문이 달라지는 경우**를 말한다. 예컨대, 간통죄의 혐의로 공소가 제기된 형사사건에서 간통죄 규정의 위헌여부에 따라 형사사건의 유 · 무죄가 결정되는 경우가 이에 해당한다. 나아가, 다른 내용의 재판을 하게 되는 경우라 함은, 당해사건의 재판의 결론이나 주문에 어떤 영향을 주는 경우뿐만 아니라, 법률의 위헌 여부가 비록 재판의 주문 자체에는 아무런 영향을 주지 않는다고 하더라도 재판의 내용과 효력에 관한 법률적 의미가 달라지는 경우도 포함된다(헌재 1993. 12. 23. 93헌가2, 판례집 5-2, 578, 587).

판 례 법원이 무죄 등을 선고하면 구속영장은 효력을 잃지만 검사가 사형, 무기 등 중형을 구형하는 경우에는 예외로 한다는 형사소송법 제331조 단서규정에 대하여 법원이 위헌제청을 한 **'중형 구형 시 석방제한 사건'**에서, 헌법재판소는 위 단서규정의 위헌여부에 따라 비록 당해 형사재판의 판결주문의 형식적 내용이 달라지는 것은 아니라 하더라도 그 판결의 실질적 효력에 차이가 있게 되는 것이므로, 재판의 전제성이 인정된다고 판시하였다(헌재 1992. 12. 24. 92헌가8, 판례집 4, 853, 866).

(나) 손해배상소송과 재판의 전제성

당해사건이 손해배상소송인 경우, 손해를 야기한 원인행위의 근거가 된 법률조항의 위헌여부는 원칙적으로 당해 손해배상소송에서 재판의 전제가 될 수 없다. 헌법재판소도 원칙적으로 **재판의 전제성을 부인**하는 입장을 취하고 있다.

판 례 국가가 군사상 필요 없게 된 징발매수재산의 피징발자에게 수의계약에 의한 매각을 할 수 있게 하는 '징발재산정리에 관한 특별조치법'조항(이하 '이 사건 법률조항')의 위헌 여부가 수의매각 요청을 거절한 공무원의 행위에 대한 손해배상청구소송에서 재판의 전제성을 갖추었는지 여부에 관하여 "**헌법재판소가 이 사건 법률조항을 위헌으로 결정함으로써** 이 사건 법률조항에 근거하여 행한 **공무원의 수의매각계약 체결 거절행위가 결과적으로 위법하게 된다 하더라도,** 법률의 헌법 위반 여부를 심사할 권한이 없는 당해 공무원이, 이 사건 법률조항… 에 따라 수의매각계약 체결을 거절한 것에 불법행위의 고의 또는 과실이 있다거나 그로써 **국가의 청구인들에 대한 손해배상책임이 성립한다고는 볼 수 없다.** 따라서 이 사건은 이 사건 법률조항의 위헌 여부에 따라 당해사건 재판의 주문이 … 달라지는 경우에 해당한다고 할 수 없으므로, 청구인들의 이 사건 심판청구는 재판의 전제성 요건을 갖추지 못하였다."고 판시하고 있다(헌재 2011. 9. 29. 2010헌바65 등).

(다) 쟁송기간이 경과한 후에 행정처분의 근거법률의 위헌성을 다투는 경우 재판의 전제성

헌법재판소는 **행정처분에 대한 제소기간이 도과한 후 그 처분에 대한 무효확인의 소를 제기한 경우 당해 행정처분의 근거법률이 위헌인지 여부가 당해사건 재판의 전제가 되는지 여부**에 관하여, 제소기간이 경과함으로써 그 행정처분을 더 이상 다툴 수 없게 된 뒤에도 당사자가 그 처분의 무효확인소송에서 언제든지 그 처분의 근거 법률이 위헌이라는 이유를 들어 그 처분의 효력을 부인할 수 있도록 한다면, 제소기간의 규정이 무의미해지고, 심각한 법적 불안정을 초래할 수 있다는 이유로 **재판의 전제성을 부인**하고 있다.

판 례 "행정처분의 근거법률이 헌법에 위반된다는 사정은 헌법재판소의 위헌결정이 있기 전에는 객관적으로 명백한 것이라고 할 수는 없으므로 특별한 사정이 없는 한 그러한 하자는 행정처분의 취소사유에 해당할 뿐 당연무효사유는 아니어서, **제소기간이 경과한 뒤에는 행정처분의 근거 법률이 위헌임을**

이유로 무효확인소송 등을 제기하더라도 행정처분의 효력에는 영향이 없음이 원칙이다. 따라서 행정처분의 근거가 된 법률조항의 위헌 여부에 따라 당해 행정처분의 무효확인을 구하는 당해사건 재판의 주문이 달라지거나 재판의 내용과 효력에 관한 법률적 의미가 달라지는 것은 아니므로 재판의 전제성이 인정되지 아니한다."고 판시하고 있다(헌재 2014. 1. 28. 2010헌바251).

라. 재판의 전제성요건의 심사

(1) 제청법원의 법적 견해에 대한 원칙적인 존중

재판의 전제성은 **위헌제청의 적법요건이자 동시에 위헌법률심판의 적법요건**이다. 법원은 위헌제청을 하기 위하여 '재판의 전제성' 요건을 판단해야 하며, 헌법재판소는 자신이 관장하는 헌법재판절차의 적법요건인 '재판의 전제성' 요건이 충족되는지 여부에 관하여 심사할 권한과 의무를 가진다. 여기서 헌법재판소가 재판의 전제성요건에 관한 법원의 판단을 어느 정도로 심사할 수 있는지의 문제가 제기된다.

법원은 당해사건의 해결에 관한 원칙적인 관할을 가진다. 구체적 법적 분쟁의 해결에 있어서 관할법원의 법적 견해, 특히 법률의 해석과 적용에 관한 법적 견해는 원칙적으로 존중되어야 한다. 따라서 헌법재판소는 법률이 재판의 전제성요건을 갖추고 있는지의 판단에 있어서 **제청법원의 견해를 존중하는 것을 원칙**으로 삼고 있으나, 재판의 전제성에 관한 **제청법원의 법적 견해가 명백히 유지될 수 없는 경우**에는 이를 직권으로 조사할 수 있으며(헌재 1993. 5. 13. 92헌가10), 법원의 위헌제청을 부적법한 것으로 각하하거나 또는 반대로 재판의 전제성을 인정할 수 있다.

반면에, **재판의 전제성이 헌법적 판단에 달려 있는 경우**, 헌법의 해석은 헌법재판소의 관할이다. 따라서 재판의 전제성이 헌법적 선결문제의 판단에 달려있다면, 헌법재판소는 헌법해석의 최종적인 결정권자로서 헌법적 선결문제에 관한 제청법원의 판단을 전면적으로 심사할 수 있으며, 이로써 제청법원의 헌법적 견해를 배척하고 자신의 견해로 대체할 수 있다.

판 례 헌법재판소는 이른바 노동관련법 등 날치기 통과와 관련한 법원의 위헌제청을 **법원의 견해가 명백히 유지될 수 없다고 보아 이를 각하**한 바 있다(헌재 1997. 9. 25. 97헌가4, 판례집 9-2, 332, 336; 또한, 헌재 2003. 11. 27. 2002헌바102, 판례집 15-2하, 258, 266-269 참조).

반면에, 법원은 재판의 전제성이 없다는 이유로 위헌제청신청에 대하여 각하결정을 하였으나, 헌법재판소는 "만일 위 법률조항이 평등의 원칙 등에 위배된다면 그에 관하여 헌법불합치결정이 선고될 가능성이 있고, 이에 따라 청구인에게 유리한 내용으로 법률이 개정되어 적용됨으로써 이 사건 당해사건의 결론이 달라질 수 있다."고 하여 **재판의 전제성을 인정**한 바 있다(헌재 1999. 12. 23. 98헌바33, 판례집 11-2, 732, 744).

(2) 법률의 위헌성에 대한 의심의 정도

헌법재판소의 확립된 판례에 의하면, 법원은 담당법관 스스로의 법적 견해에 의할 때 법률조항에 대하여 **단순한 의심을 넘어선 합리적인 위헌의 의심**을 가지고 있다면, 위헌여부의 심판을 제청할 수 있다(헌재 1993. 12. 23. 93헌가2, 판례집 5-2, 578, 592). 이로써, 헌법재판소는 '단순한 의심'과 독일 연방헌법재판소의 판례가 요구하는 '위헌에 대한 확신' 사이의 중간적인 입장인 **'합리적인 의심설'**을 취하고 있다.

재판의 전제성에 대한 심사에 있어서 **어느 정도 엄격한 기준이 적용되어야** 한다는 것은, 헌법상 **재판청구권의 요청**이기도 하다. 헌법 제27조의 재판청구권은 법관에 대하여 헌법재판소에 위헌제청을 함으로써 재판이 지연되는 것을 가급적 억제할 수 있도록 법적 분쟁을 다룰 것을 요청한다.

마. 위헌제청 이후 사정변경으로 인한 재판의 전제성 소멸

재판의 전제성은 법원에 의한 위헌제청의 시점뿐만 아니라 헌법재판소에 의한 위헌법률심판의 시점에도 충족되어야 한다(헌재 1993. 12. 23. 93헌가2). 당해사건이 법원에 일단 적법하게 계속되었더라도 위헌제청 이후 **헌법재판소의 심리기간 중에 사정변경으로 인하여 재판의 전제성이 소멸**될 수 있다. 재판의 전제성이 사후적으로 소멸하였음에도 제청법원이 위헌제청을 철회하지 않는 경우에는, 헌법재판소는 그 위헌제청을 재판의 전제성이 없어 **부적법한 것으로 각하**한다(헌재 1989. 4. 17. 88헌가4).

가령, 당해소송의 당사자는 당해 법원에 계속 중인 **소송의 종료를 초래하는 소송행위**(소의 취하, 화해, 인낙 등)를 함으로써 당해소송절차를 종료시킬 수 있다. 이 경우, 법원에 계속 중인 구체적인 사건의 존재를 전제로 하는 '구체적 규범통제절차'로서의 본질상, 위헌법률심판절차도 무의미해진다. 따라서 제청법원은 이 경우 위헌제청을 철회해야 한다. 소송수계가 불가능한 사건에서 당사자가 사망한 경우도 마찬가지이다. 또한, 위헌제청 이후에 **법률의 폐지, 법률에 대한 헌법재판소의 위헌결정** 등으로 인하여 위헌제청의 대상법률이 당해사건에 더 이상 적용되지 않기 때문에 재판의 전제성요건이 더 이상 충족되지 않는다면, 법원은 위헌제청을 철회해야 한다.

바. 재판의 전제성 소멸의 경우 헌법적 해명의 필요성

헌법재판소는 당사자의 소 취하 등으로 당해 소송절차가 종료되어 재판의 전제성이 소멸된 경우이거나 또는 법 제68조 제2항에 의한 헌법소원심판에서 심판대상조항에 대한 헌법소원이 인용된다 하더라도 당해 소송사건에 영향을 미칠 수 없어 재판의 전제성이 없는 경우에도, **제청 또는 제청신청 당시에 전제성이 인정되는 한, 헌법적 해명이 필요한 긴요한 사안이나 기본권침해가 반복될 위험이 있는 경우에는 예외적으로 객관적 헌법의 수호·유지를 위하여 심판의 필요성을 인정하여 본안판단**을 하고 있다(헌재 1993. 12. 23. 93헌가2).

그러나 법률의 위헌여부에 관한 확인이 당해사건의 해결에 기여하는 바가 없음에도 단지 헌법적 해명의 필요성 때문에 법률의 위헌여부를 판단한다는 것은, 당해사건의 해결을 전제로 하는 '구체적 규범통제'를 당해사건의 해결과 분리된 **'추상적 규범통제'로 변질시킬 수 있다는 위험**을 안고 있다.

Ⅳ. 위헌법률심판의 심사기준

위헌법률심판은 객관적 헌법의 수호와 유지에 기여하는 객관소송의 일종이므로, **헌법의 모든 규정**이 위헌심사의 기준이 된다. 따라서 위헌심사는 기본권의 침해여부에 국한되지 않는다. 여기서의 헌법이란, 형식적 의미의 헌법전(憲法典)을 말하나, **헌법해석을 통하여 헌법재판소가 인정한 헌법의 원칙이나 근본적 결정**을 포함한다. **관습헌법**도 위헌심사의 기준이 될 수 있다. 그러나 조약이나 국제인권법과 같은 **국제법규**는 헌법적 효력이 인정되지 않으므로 위헌심사의 기준이 될 수 없다(헌재 2005. 10. 27. 2003헌바50).

Ⅴ. 심판대상의 확정(심판의 범위)

법 제45조는 "헌법재판소는 제청된 법률 또는 법률조항의 위헌여부만을 결정한다. 다만, 법률조항의 위헌결정으로 인하여 해당 법률 전부를 시행할 수 없다고 인정될 때에는 그 전부에 대하여 위헌결정을 할 수 있다."고 규정하고 있다.

'재판의 전제성' 요건은 한편으로는 **법원의 제청가능성을 제한**하면서, 다른 한편으로는 헌법재판소에 대하여 **심판대상을 제한**한다. 헌법재판소는 원칙적으로 제청법원에 의하여 제청된 법률 또는 법률조항만을 심판의 대상, 나아가 위헌결정의 대상으로 삼을 수 있다. 이러한 제한은 구체적 규범통제의 본질로부터 나오는 것이자, 사법작용에 일반적으로 적용되는 신청주의의 표현이다. 제청법원은 법률조항이 분할될 수 있다면 가능한 한 세분하여 재판의 전제가 되는 부분에 대하여 위헌제청을 하여야 하고, 헌법재판소는 심사범위를 위헌심판을 제청한 범위에 한정해야 한다.

한편, **법 제45조 단서**는 법적 명확성과 안정성, 법질서의 통일성, 소송경제의 관점에서 제청되지 않은 법률조항에 대해서도 **심판대상을 확장할 수 있는 가능성**을 인정하고 있다. 재판의 전제가 된 법률조항이 해당 법률의 핵심적 요소에 해당하기 때문에 이에 대한 위헌결정으로 인하여 **해당 법률 전부를 시행할 수 없다고 인정되는 경우**가 이에 해당한다(헌재 1994. 7. 29. 92헌바49). 나아가, 재판의 전제가 된 법률조항에 대한 위헌결정으로 인하여 **당해 법률의 다른 법률조항이 독자적인 규범적 존재로서 의미를 잃게 되는 경우**에도 헌법재판소는 재판의 전제성이 있는 조항과 체계적으로 밀접한 관련성이 있는 다른 조항에 대하여 심판대상을 확장하고 있다(헌재 2001. 7. 19. 2000헌마91).

Ⅵ. 법률의 위헌심사에 있어서 결정의 유형과 효력

1. 종국결정의 유형

헌법재판소가 위헌법률심판에 관한 심리를 마치면 **종국결정**을 한다. 법률의 위헌여부는 위헌법률심판뿐만 아니라 법 제68조 제1항 및 제2항에 의한 헌법소원심판에서도 심판대상이 될 수 있으므로, 법률의 위헌심사에 있어서 종국결정의 유형은 동일하다. 위헌제청이나 헌법소원심판청구가 부적법한 경우, 헌법재판소는 **각하결정**을 한다. 위헌법률심판의 경우, "이 사건 위헌여부심판제청을 각하한다."는 형식으로, 헌법소원심판의 경우, "이 사건 심판청구를 각하한다."는 형식으로 표시한다.

헌법재판소가 심판대상인 법률을 합헌으로 판단하는 경우에는 **합헌결정**을 한다(헌법 제113조 제1항, 법 제23조 제2항). 위헌법률심판 및 법 제68조 제2항에 의한 헌법소원의 경우, **객관소송**임을 반영하여 "법률은 헌법에 위반되지 아니한다."라는 주문형식을 채택한다. 법 제68조 제1항에 의한 헌법소원의 경우, **주관소송**임을 반영하여 "이 사건(또는 청구인의) 심판청구를 기각한다."는 주문형식을 채택한다.

헌법재판소가 심판대상인 법률을 위헌으로 판단하는 경우에는 **위헌결정**을 한다. 위헌법률심판 및 법 제68조 제1항 및 제2항에 의한 헌법소원의 경우에 모두 공통적으로 "법률은 헌법에 위반된다."는 주문형식을 취한다(법 제75조 제6항, 제45조, 제47조). 한편, **일부위헌결정**(一部違憲決定)이란 심판의 대상인 법조문 중에서 특정의 항이나 일부 문구만을 위헌이라고 선언하는 결정유형이다.

헌법재판소법은 규범통제의 결과를 합헌결정과 위헌결정의 2 가지 형태로만 규정하고 있다(법 제45조 및 제47조). 그러나 이 두 가지 결정유형만으로는 규범통제에서 나타나는 다양한 문제를 합리적으로 해결할 수 없기 때문에, 헌법재판소는 **변형결정이란 제3의 결정형식**을 택하고 있다. 변형결정으로는 헌법불합치결정 및 한정위헌·한정합헌결정이 있다. 변형결정은 **위헌결정의 일종**이다.

2. 위헌결정의 시간적 효력

헌법재판소가 법률에 대하여 위헌결정을 내리면, 그 법률은 효력을 상실하게 된다. 위헌결정의 효력을 언제부터 발생시킬 것인지, 즉 **위헌결정을 하는 경우 위헌법률의 효력을 언제부터 상실시킬 것인지**에 관하여는 소급무효(遡及無效)와 장래무효(將來無效)가 대치하고 있다. 법적 안정성과 실질적 정의 중에서 어떠한 법익에 더 비중을 두는지에 따라 소급무효 또는 장래무효를 택할 것인지의 문제가 결정된다.

가. 소급무효

소급무효설에 의하면, **위헌적인 법률은 당연히 무효**이기 때문에(당연무효의 법리), 법률을 제거하는 다른 별도의 형성행위를 필요로 함이 없이 법제정 당시부터 아무런 법적 효력을 갖지 않는다. 즉 위헌적인 법률은 처음부터 법률일 수 없다. 이러한 법리에 따르면, 존재하지 않는 것은 제거할 수도 없기 때문에, 헌법재판소는 위헌결정을 통하여 위헌적인 법률을 제거하는 것이 아니라 단지 무효임을 선언적으로 확인하는 것이다.

위헌결정의 이러한 소급효력은 필연적으로 **무효인 법률이 근거가 된 모든 공권력의 행위도 무효**가 된다는 결과를 가져온다. 그러나 이러한 결과는 법적 혼란을 가져오고 법적 안정성을 크게 저해하므로, 소급무효의 원칙을 인정한다 하더라도 **법적 안정성의 측면에서 소급효를 다시 제한**할 수밖에 없다. 소급무효설을 취하는 **독일**에서 위헌결정의 효력은 원칙적으로 소급무효이나, 법적 안정성의 관점에서 소급효를 대폭 제한하고 있다. 독일 연방헌법재판소법 제79조 제2항은 "위헌결정 당시 이미 확정된 판결이나 행정처분은 위헌결정에 아무런 영향을 받지 않는다."고 규정하고 있다.

나. 장래무효

장래무효설에 의하면, 위헌적인 법률도 헌법재판소의 결정이 있을 때까지는 유효한 것으로 간주되어 법질서의 일부를 구성하며, 단지 폐지될 수 있을 뿐이다. 이에 따라, 위헌적 법률은 당연히 처음부터 무효인 것이 아니라 위헌결정으로 장래효력을 상실하도록 폐지될 수 있다. 장래무효설(폐지무효설)은 **오스트리아** 헌법재판제도에서 취하는 입장으로, **우리 헌법재판소법**도 이를 따르고 있다. 한편, 오스트리아 헌법재판소는 실질적 정의의 관점에서 위헌결정의 직접적인 계기를 제공한 당해사건과 유사사건에 대하여 소급효력을 인정하고 있다.

다. 헌법재판소법 제47조 제2항의 위헌결정의 시간적 효력 범위

(1) 장래무효의 원칙

헌법재판소법은 제47조 제2항에서 "위헌으로 결정된 법률 또는 법률의 조항은 **그 결정이 있는**

날로부터 효력을 상실한다."고 규정함으로써 위헌결정의 시간적 효력에 관하여 '위헌적 법률은 당연히 처음부터 무효인 것이 아니라 위헌결정으로 장래효력을 상실하도록 폐지될 수 있다'는 **장래무효의 원칙**을 채택하였다. 헌법재판소법은 법적 안정성을 중시하여 원칙적으로 장래무효의 입장을 취하면서, 다만 형벌에 관한 조항에 관해서는 실질적 정의의 관점에서 소급무효를 따르고 있다. **위헌결정의 장래효**란, 위헌결정 전에 이미 법률조항의 요건을 충족시킨 사건에 대해서는 위헌결정의 효력이 미치지 않음으로써 위헌결정 이후에도 위헌으로 선언된 법률조항을 적용해야 한다는 것을 의미한다.

판 례 위헌결정의 원칙적인 장래무효를 규정한 **법 제47조 제2항의 위헌여부**에 관하여 "헌법재판소에 의하여 위헌으로 선고된 법률 또는 법률의 조항이 제정 당시로 소급하여 효력을 상실하는가 아니면 장래에 향하여 효력을 상실하는가의 문제는 특단의 사정이 없는 한 헌법적합성의 문제라기보다는 입법자가 법적 안정성과 개인의 권리구제 등 제반이익을 비교형량하여 가면서 결정할 **입법정책의 문제**인 것으로 보인다. 우리의 입법자는 헌법재판소법 제47조 제2항 본문의 규정을 통하여 형벌법규를 제외하고는 법적 안정성을 더 높이 평가하는 방안을 선택하였는바, 이에 의하여 **구체적 타당성이나 평등의 원칙이 완벽하게 실현되지 않는다고 하더라도 헌법상 법치주의의 원칙의 파생인 법적 안정성 내지 신뢰보호의 원칙에 의하여 정당화된다** 할 것이고, 특단의 사정이 없는 한 이로써 헌법이 침해되는 것은 아니라 할 것이다."라고 판시하고 있다(헌재 1993. 5. 13. 92헌가10 등).

(2) 소급효의 인정 필요성

한편, **장래무효의 원칙을 무제한적으로 인정한다면**, 위헌결정 이후에 발생하는 사실관계에 대해서만 위헌결정의 효력이 미침으로써 위헌으로 선언된 법률의 적용이 배제된다. 위헌결정 전에 이미 발생하여 위헌법률의 요건을 충족시킨 사실관계에 대해서는 **심지어 당해사건에조차, 위헌결정 이후에도 여전히 위헌법률이 적용되어야 한다는 결과가 발생**한다. **그러나 당해사건에까지 위헌결정의 소급효를 부인한다면**, 이로써 당해사건도 위헌법률의 적용을 받아야 한다면, 이는 위헌제청의 재판의 전제성을 부인하고 헌법소원을 제기할 실익마저 없게 되는 결과를 초래한다. 당해사건에 위헌결정의 소급효가 미친다는 것은 위헌제청의 재판의 전제성과 헌법소원의 권리보호이익을 인정함으로써 위헌법률심판과 헌법소원심판을 가능하게 하기 위한 당연한 전제조건이다.[3)]

나아가, 평등원칙과 실질적 정의의 관점에서 볼 때, 소급효를 인정함에 있어서 당해사건과 유사사건(동종사건, 병행사건, 일반사건 등)을 서로 달리 취급해야 할 아무런 합리적인 이유가 없으므로, **대법원**은 위헌결정의 소급효를 헌법재판소와 법원에 계속 중인 모든 유사사건에 대해서도 확대하고 있다. 위헌결정의 계기를 부여한 당해사건이 되는지 여부는 헌법재판소가 동일 법률에 대한 위헌법률심판사건을 모두 병합하여 결정하는지 또는 법원이 위헌제청을 언제 하는지 등 우연한 요소에 의하여 결정되는데, 우연한 사정에 의하여 위헌결정의 적용을 받는지 여부가 결정된다

3) **위헌제청이 적법하기 위해서는** 재판의 전제성이 인정되어야 하는데, 만일 제청을 하게 된 당해사건에 대해서도 소급효를 인정하지 않는다면, 법률의 위헌여부에 따라 재판의 결과가 달라지지 않으므로 제청 당시 이미 재판의 전제성요건을 흠결하여 제청조차 할 수 없다(대법원 1991. 6. 11. 선고 90다5450 판결). 또한, 법률에 대한 **헌법소원이 적법하기 위해서는** 권리보호이익이 존재해야 하는데, 만일 당해사건에까지 위헌결정의 소급효를 부인한다면, 청구인에게는 헌법소원심판을 청구할 수 있는 권리보호이익이 존재하지 아니하므로 권리보호이익의 결여로 말미암아 결국 아무도 헌법소원을 제기할 수 없다는 결과가 발생한다.

는 것은 불합리하다.

결국, 헌법재판소법은 제47조 제2항에서 위헌결정의 소급효에 관하여 명시적으로 규정하고 있지 않지만, 위와 같은 이유에서 해석을 통하여 적어도 **제한적인 범위에서나마 소급효를 인정**해야 한다. 장래무효의 원칙을 취하는 경우 일정 범위의 사건에 대하여 소급효를 인정하지 않을 수 없으며, 소급무효의 원칙을 취하는 경우에는 법적 안정성의 관점에서 소급효를 대폭 제한하지 않을 수 없기 때문에, **입법자가 위헌결정의 시간적 효력과 관련하여 장래무효 또는 소급무효 중 어느 것을 취하든 간에, 결과적으로 유사한 결과**에 이르는 현상을 엿볼 수 있다. 소급효가 미치는 범위는 '위헌법률의 적용을 받는 기존의 법률관계가 확정되었는지'의 기준에 의하여 판단된다.[4)]

판 례 **헌법재판소도 근본적으로 대법원과 유사한 입장**이다. 헌법재판소는 최근의 결정에서 '예외적으로 소급효를 인정하여야 하는 범위'에 관하여, 첫째, 헌법재판소에 법률의 위헌결정을 위한 계기를 부여한 사건(당해사건), 위헌결정이 있기 전에 이와 동종의 위헌 여부에 관하여 헌법재판소에 위헌제청을 하였거나 법원에 위헌제청신청을 한 사건(동종사건), 그리고 따로 위헌제청신청을 아니하였지만 당해 법률조항이 재판의 전제가 되어 법원에 계속 중인 사건(병행사건)에 대하여는 예외적으로 소급효를 인정하여야 하고, 둘째, 위헌결정 이후에 제소된 사건(일반사건)이라도 구체적 타당성의 요청이 현저하고 소급효의 부인이 정의와 형평에 반하는 경우에는 예외적으로 소급효를 인정할 수 있다는 입장을 밝히고 있다(헌재 2013. 6. 27. 2010헌마535, 판례집 25-1, 548, 554).

(3) 형벌조항에 대한 위헌결정의 소급효

법 제47조 제3항은 "제2항에도 불구하고 형벌에 관한 법률 또는 법률의 조항은 소급하여 그 효력을 상실한다. 다만, 해당 법률 또는 법률의 조항에 대하여 종전에 합헌으로 결정한 사건이 있는 경우에는 그 결정이 있는 날의 다음 날로 소급하여 효력을 상실한다."고 하여 형벌조항에 대하여 예외적으로 위헌결정의 소급효를 인정하고 있다. 여기서 **형벌조항에 대한 위헌결정의 소급효**란, 위헌결정 전에 이미 형벌조항의 구성요건을 충족시킨 사건이라 하더라도 위헌결정이 소급적으로 효력을 미침으로써 더 이상 형벌조항을 적용할 수 없다는 것을 의미한다. 따라서 검사는 불기소처분이나 공소취소를 해야 하고, 법원은 무죄판결을 해야 한다. 나아가, 위헌으로 선언된 형벌조항을 적용한 유죄판결이 확정되었다면, 재심을 청구할 수 있다(법 제47조 제4항). 재심청구에 대해서는 형사소송법을 준용한다(같은 조 제5항). 여기서 "형벌에 관한 법률의 조항"이란 범죄의 성립에 관한 **실체적인 형벌조항에 한정**된다. 형사절차에 관한 절차적인 법률조항에 대한 위헌선언의 경우에는 소급효가 인정되지 않는다(헌재 1992. 12. 24. 92헌가8, 판례집 4, 853, 887).

한편, **법 제47조 제3항 단서**는, 형벌조항에 대하여 종전에 헌법재판소의 합헌결정이 있는 경우에는 위헌결정의 소급효가 합헌결정 이후에만 미치도록 규정함으로써, **위헌결정의 소급효를 제한**하고 있다. 가령, 헌법재판소는 간통죄를 처벌하는 형법 제241조에 대하여 과거에 4차례에 걸쳐 합헌결정을 하였다가, 2015년 위헌결정(헌재 2015. 2. 26. 2009헌바17)을 하였는데, 이 경우 위헌결정의 소급효는 마

4) 한편, 법률을 적용하는 **구체적인 집행행위가 있는 일반적인 경우**에는 집행행위의 확정여부를 통하여 소급효가 미치는 범위를 결정할 수 있다. 그러나 **예외적으로 집행행위가 없이 직접 기본권을 제한하는 법률의 경우**에는 소급효가 미치는 범위를 위와 같이 집행행위의 확정여부에 따라 설정하는 기준이 존재하지 않는다. 이러한 경우, 입법자는 법 제47조의 정신을 고려하여 소급효가 미치는 범위를 스스로 정해야 한다.

지막 합헌결정(헌재 2008. 10. 30. 2007헌가17)을 하였던 날의 다음 날까지 미친다.

3. 헌법불합치결정

가. 불합치결정을 정당화하는 헌법적 사유

헌법불합치결정(憲法不合致決定)은 위헌결정의 일종으로서, 심판대상이 된 법률이 위헌이라 할지라도 입법자의 형성권을 존중하여 그 법률에 대하여 단순위헌결정을 선고하지 아니하고 '헌법에 합치하지 아니 한다'는 선언에 그치는 변형결정의 주문형식이다.

법률이 헌법에 위반되는 경우, 헌법의 최고규범성을 보장하기 위하여 그 법률은 원칙적으로 위헌으로 선언되어야 한다. 그러나 헌법불합치결정을 정당화하는 헌법적 사유가 있는 경우, 예외적으로 위헌결정을 피하고 법률의 위헌성만을 확인하는 불합치결정을 할 수 있다. **헌법불합치결정을 정당화하는 헌법적 사유**는, 첫째, 헌법재판소가 위헌결정을 통해서는 합헌적 상태를 다시 회복할 수 없고 입법자의 활동을 통해서 비로소 합헌적 상태가 회복될 수 있는 경우, 둘째, 위헌결정을 한다면 법적 공백과 혼란이 우려되는 경우로 크게 나누어 볼 수 있다.

(1) 시혜적 법률이 평등원칙에 위반되는 경우

시혜적(施惠的) 법률이 평등원칙에 위반되는 경우가 불합치결정을 하는 대표적인 사유에 속한다. 여기서 불합치결정을 정당화하는 사유는 **'입법형성권에 대한 존중'**이다.

예컨대, 일정한 범위의 수혜자에게 혜택을 부여하는 법률이 수혜대상으로부터 청구인을 배제한 것이 평등원칙에 위반된다는 주장으로 법률에 대한 헌법소원이 제기된 경우, 이러한 시혜적 규정에 대하여 위헌선언을 한다면 이미 존재하는 혜택마저도 없애게 되므로, 헌법재판소는 법률규정이 평등원칙에 위반하여 위헌임을 확인하는 불합치결정을 하고 입법자에게 그 위헌성을 제거할 의무를 지우게 된다. 시혜적 법률이 평등권에 위반되는 경우, 평등원칙에 부합하는 상태를 실현할 수 있는 여러 가지 선택가능성(시혜적 법률에 의하여 부여된 혜택의 박탈, 수혜대상의 확대 또는 수혜대상범위의 재확정 등)이 있을 수 있으며, 그 중에서 무엇을 선택하는지는 입법자에게 맡겨진 과제이다.

그러한 경우에 헌법재판소가 평등원칙에 위반되었음을 이유로 단순위헌결정을 한다면, 위헌적 상태가 제거되기는 하지만 입법자의 의사와 관계없이 헌법이 규정하지 않은 특정한 법적 상태를 일방적으로 형성하는 결과가 되고, 결국 입법자의 형성권을 침해하게 된다. 따라서 시혜적 법률이 평등원칙에 위반되는 경우, 입법자의 형성권을 존중하기 위하여 헌법재판소는 불합치결정을 한다(헌재 1997. 8. 21. 94헌바19등, 판례집 9-2, 243, 263).

(2) 위헌결정으로 인하여 법적 공백과 혼란의 우려가 있기 때문에 위헌적 법률의 잠정적 계속 적용이 요청되는 경우

위헌결정을 통하여 법률조항을 법질서에서 제거하는 것이 법적 공백과 혼란을 초래할 우려가 있는 경우에는 예외적으로 위헌조항의 잠정적 적용을 명하는 헌법불합치결정을 할 수 있다. 헌법재판소가 헌법불합치결정을 내려야 비로소 위헌적 법률을 계속 적용토록 명할 수 있기 때문에, 바로 이러한 이유에서 헌법불합치결정을 하는 것이다. 여기서 헌법불합치결정을 통하여 위헌적 법률을 존속케 하고 잠정적으로 적용하게 하는 헌법적 근거는 법치국가적 **'법적 안정성'의 요청**이다.

자유권을 침해하는 위헌적 법률의 경우, 헌법재판소가 위헌결정을 통하여 자유권에 대한 침해를 제거함으로써 합헌성이 회복될 수 있으므로, 법률이 평등원칙에 위반되는 경우와는 달리, 자유권을 침해하는 위헌적 법률에 대하여 불합치결정을 하는 것은 원칙적으로 정당화되지 않는다. 그러나 위헌결정으로 인한 위헌법률의 제거가 법적 공백과 혼란을 초래할 우려가 있기 때문에 위헌법률의 잠정적인 적용이 요구되는 경우, 헌법재판소는 법치국가적으로 용인하기 어려운 법적 공백과 그로 인한 혼란을 방지하기 위하여 입법자가 합헌적인 방향으로 법률을 개선할 때까지 **일정기간 동안 위헌적인 법률조항을 잠정적으로 적용**하게 할 필요가 있다(헌재 1999. 10. 21. 97헌바26, 판례집 11-2, 383, 418).

(3) 자유권을 침해하는 위헌적 법률의 경우 헌법불합치결정의 문제점

자유권을 침해하는 위헌적 법률에 대해서는 위헌결정을 하는 것이 원칙이나, 심판대상인 법률조항의 합헌부분과 위헌부분의 경계가 불분명하여 헌법재판소의 단순위헌결정으로는 이에 적절하게 구분하여 대처하기가 어렵고, 다른 한편으로는 권력분립의 원칙과 민주주의원칙의 관점에서 입법자에게 위헌적인 상태를 제거할 수 있는 여러 가지의 가능성을 인정할 수 있다고 판단하는 경우, 헌법재판소는 **자유권이 침해되었음에도 불구하고 입법자의 형성권을 존중하여 헌법불합치결정**을 하고 있다(헌재 2002. 5. 30. 2000헌마81, 판례집 14-1, 528, 546).

그러나 자유권을 제한하는 법률의 위헌성이 문제되는 경우, 항상 '기본권의 제한이 가능한지 여부'가 아니라 '그 제한의 정도가 과도한지 여부'가 문제된다. 만일 기본권의 제한 그 자체는 합헌이나 그 제한의 정도가 과도하여 위헌인 경우에도 헌법불합치결정을 할 수 있다면, 법률의 위헌성이 확인된 경우 원칙적으로 해야 하는 위헌결정은 그 존재이유를 잃게 되고, 사실상 헌법재판소는 자유권을 제한하는 모든 법률에 대하여 불합치결정을 할 수 있게 된다. 따라서 헌법재판소는 '위헌인 법률에 대하여는 위헌결정을 해야 한다'는 것을 원칙으로 삼아, **불합치결정을 정당화하는 진정한 사유가 있을 때에만 불합치결정을 하는 것이 바람직**하다.

나. 불합치결정의 효력

(1) 위헌법률의 존속과 입법자의 입법개선의무

위헌결정의 경우 위헌적 법률이 효력을 상실함으로써 제거되는 것에 반해, 불합치결정의 경우 **위헌적 법률은 우선 형식적으로 존속**한다. 헌법재판소가 위헌적 법률을 제거함으로써 스스로 합헌적 상태를 실현할 수 없고, 위헌적 상태의 제거는 입법자의 활동에 달려있기 때문에, 위헌적 법률을 제거하지 않고 존속케 함으로써, 나중에 입법자가 헌법과 합치되는 방향으로 입법개선을 할 수 있도록 하는 것이다. 그러므로 불합치결정은 위헌적 상태를 조속한 시일 내에 제거해야 할 **입법자의 입법개선의무를 수반**한다.

(2) 위헌법률의 적용금지와 절차의 정지

불합치결정의 경우 위헌적 법률은 소멸하지 아니하고 형식적으로 존속하지만, 위헌결정에서와 마찬가지로 **원칙적으로 위헌적 법률의 적용이 금지**되고, 심판의 계기를 부여한 당해사건 및 법원과 행정관청에 계류 중인 모든 유사사건의 **절차가 정지**된다. '위헌적 법률의 적용금지'는 법치국가적 요청의 당연한 귀결이다. 헌법재판소가 어떠한 결정유형으로 법률의 위헌성을 확인하였는지

그와 관계없이, 모든 국가기관은 위헌법률의 적용과 집행으로 인하여 스스로 위헌적 국가행위를 해서는 아니 된다. 위헌법률의 적용금지는 법원이나 행정청에게 이의를 제기한 사건에 있어서는 당연히 '절차의 정지'라는 형태로 나타난다.

그러므로 **불합치결정과 위헌결정의 가장 본질적인 차이**는 바로 위헌법률의 적용금지로 인한 '절차의 정지'에 있다. 위헌결정의 경우 아직 확정되지 않은 사건에 한하여 원칙적으로 소급효가 인정됨으로써 위헌적 법률의 적용이 배제되고, 법원이 절차를 정지하는 것이 아니라 헌법재판소의 결정에 따라 재판을 하게 된다. 반면에, 불합치결정은 구체적인 사건에 대한 법원의 판단을 입법자의 입법개선 시까지 미결상태로 보류하게 함으로써, 당사자가 개정법률의 결과에 따라 혜택을 받을 수 있도록 그 때까지 기회를 열어 놓아야 한다는 데 그 특징이 있다. 위헌법률의 적용금지와 절차의 중지는 불합치결정에 내재된 본질적 요소이므로, 헌법재판소가 불합치결정을 하는 경우 심판대상인 법률조항의 적용을 중지시키는 별도의 주문을 필요로 하지 않는다. 한편, 헌법재판소는 일련의 결정에서 당해 법률조항의 적용을 주문에서 명시적으로 중지시키고 있다(헌재 1999. 12. 23. 99헌가2, 판례집 11-2, 686, 690).

(3) 개정법률의 소급효력

불합치결정도 위헌결정의 일종으로서 **아직 확정되지 않은 당해사건과 병행사건**에 있어서는 불합치결정의 소급효를 인정해야 한다(헌재 2011. 8. 30. 2008헌마343). **위헌결정**에 있어서는 헌법재판소가 위헌결정을 통해서 법원에게 최종적이고 확정적인 판단근거를 제공하지만, **불합치결정**의 경우에는 헌법재판소가 위헌적 상태의 제거에 대한 최종적인 결정을 입법자에게 미루고 있기 때문에, 법원은 입법자의 최종결정을 기다려 그에 따라 판단해야 한다.

헌법재판소의 불합치결정은 입법자의 최종결정을 통해서 비로소 불합치결정의 실질적 내용과 효력을 갖게 되므로, 불합치결정의 소급효력은 당연히 입법자의 최종결정(개정법률이나 법률의 폐지)의 소급효력을 의미하고, 따라서 당해사건과 병행사건은 입법자의 최종결정인 신법의 적용을 소급하여 받는다는 것을 의미한다. 개정법률의 소급효력은 불합치결정에 내재되어 있는 본질적인 요소이다.

(4) 위헌법률의 예외적인 잠정적 적용

불합치결정의 경우에도 결정주문에서 예외적으로 위헌법률의 잠정적인 적용을 명문으로 확정하지 않는 한, 위헌적인 법률은 더 이상 적용되어서는 아니 된다. 그러나 예컨대, 단순불합치결정으로 인하여 공무원의 봉급이 지급되지 않는다면, 회계연도의 국가재정을 충당하는 세금을 징수할 수 없다면, 또는 잠시도 중단되어서는 안 되는 국가의 중요행정이 중단된다면, 위헌법률의 적용금지와 절차의 정지로 인한 법적 공백상태는 헌법과 더욱 합치하지 않는 상황을 초래할 수 있다. 이러한 경우 헌법재판소는 종래의 위헌적 상태보다도 더욱 헌법적 질서에서 멀어지는 법적상태의 발생을 방지하기 위하여 예외적으로 위헌법률의 잠정적용을 허용할 수 있다.

헌법재판소가 위헌법률의 계속적용을 명하는 경우, 법원과 행정청은 계류 중인 사건을 위헌법률에 근거하여 결정하여야 한다. 위헌규범의 계속적용은 헌법소원심판이나 위헌법률심판에서의 **당해사건**에도 해당된다. 이러한 경우에는 주관적인 기본권보호와 객관적인 헌법질서의 유지라는 헌법소원의 두 가지 기능 중에서 주관적 권리보호의 요소가 예외적으로 객관적 기능에 완전히 양보하게 된다.

4. 한정합헌결정과 한정위헌결정

가. 의 미

한정합헌 · 한정위헌결정이란, 심판대상이 된 법률조항의 문언을 다의적으로 해석할 수 있는 경우 특정한 내용으로 해석 · 적용되는 한, 합헌 또는 위헌이라는 주문의 결정이다. 한정합헌 · 한정위헌결정은 헌법재판에서 합헌적인 법률해석의 필연적인 결과이다. 한정합헌 · 한정위헌결정은 법질서에서 법문을 제거하는 방법을 통해서가 아니라 법률의 적용에 있어서 위헌적인 해석방법을 배제함으로써 법률의 위헌성을 제거한다는 의미에서 **'질적인 일부위헌결정'**이다.

한정합헌결정은, 합헌적 법률해석을 통하여 심판의 대상이 되는 법률을 헌법과 합치하는 방향으로 한정적으로 해석함으로써, 이것이 그 법률의 본래적 의미이며 그 의미범위 내에서 합헌이라는 결정이다. 한정합헌결정은 "… 으로 해석하는 한 헌법에 위반되지 아니한다."는 주문형식을 취한다. **한정위헌결정**은 합헌적 법률해석을 통하여 법조문의 해석 중에서 헌법과 합치될 수 없는 내용을 한정해서 밝힘으로써 그러한 해석을 통한 법적용을 배제하려는 결정유형이다. 한정위헌결정은 "… 으로 해석하는 한 헌법에 위반된다."는 주문형식을 취한다.

위 두 가지 방법은 **서로 표리관계**에 있는 것이어서 실제적으로는 차이가 있는 것이 아니다. 합헌적인 한정축소해석은 위헌적인 해석 가능성과 그에 따른 법적용을 소극적으로 배제한 것이고, 적용범위의 축소에 의한 한정적 위헌선언은 위헌적인 법적용 영역과 그에 상응하는 해석 가능성을 적극적으로 배제한다는 뜻에서 차이가 있을 뿐, **본질적으로는 다 같은 부분위헌결정**이다(헌재 1992. 2. 25. 선고, 89헌가104). 법률에 대한 위헌결정에는 단순위헌결정은 물론, 한정합헌 · 한정위헌결정과 헌법불합치결정도 포함되고 이들은 모두 당연히 **기속력**을 가진다(헌재 1997. 12. 24. 96헌마172등).

나. 한정위헌 · 한정합헌결정의 헌법적 정당성

합헌적 법률해석의 바탕에 깔려있는 사고는 민주주의와 권력분립원칙의 관점에서 입법자의 **입법형성권에 대한 존중**이다. 사법기능을 담당하는 기관은 가능한 한 입법자의 의사를 존중하여 입법자가 제정한 규범이 존속하고 적용될 수 있도록 해석해야 한다. 헌법재판소도 사법기관으로서 법률을 합헌적으로 해석해야 할 의무가 있고, 헌법재판소에 의한 합헌적 법률해석은 한정합헌 · 한정위헌결정이라는 결정주문의 형태로 나타난다.

제 3 항 권리구제형 헌법소원심판

Ⅰ. 개 론

1. 헌법소원의 개념

헌법소원을 채택하고 있는 국가마다 헌법소원의 구체적 형성, 특히 헌법소원의 대상에 있어서 그 형태를 달리 하고 있다. 오늘날 시행되고 있는 각국의 헌법소원제도의 본질적 요소는 '**공권력행위에 의한 헌법상 권리의 침해여부를 다툴 수 있는 개인의 주관적 권리구제절차**'라는 것에서 찾을 수 있다(헌재 1997. 12. 24. 96헌마172 등, 판례집 9-2, 842, 855). '헌법소원제도'가 갖추어야 할 최소한의 개념적 요소는, 첫째, 주관적 권리구제절차로서 '개인의 심판청구'에 의해야 하고, 둘째, '헌법상 권리의 침해'를 주장해야 하며, 셋째, 헌법상 권리의 침해는 '공권력행위'에 의한 것이어야 한다.

2. 한국의 헌법재판제도에서 헌법소원심판

헌법소원심판은 한국 헌법재판의 역사에서 1987년 헌법에서 처음으로 도입된 새로운 심판절차이다. **헌법은 제111조 제1항 제5호**에서 헌법재판소의 관장사항으로 "법률이 정하는 헌법소원에 관한 심판"이라고 규정함으로써 헌법소원제도를 보장하면서 입법자에게 그의 구체적인 형성을 위임하였고, 입법자는 **법 제68조 이하의 규정**에서 헌법소원제도를 구체적으로 규율하고 있다. 법 제68조 제1항 및 제2항에 규정된 헌법소원은 그 법적 성격에 있어서 상이하며, 심판청구의 적법요건과 대상도 다르다.

가. 권리구제형(權利救濟型) 헌법소원

법 제68조 제1항에 의한 헌법소원은 공권력의 행사·불행사로 인하여 기본권을 침해당한 자가 청구하는 **개인의 주관적 권리구제절차**이다(권리구제형 헌법소원). 이러한 형태의 헌법소원이 **원래 의미의 헌법소원**이다. 여기서 **헌법소원의 대상**은 '공권력의 행사 또는 불행사'이다. 권리구제형 헌법소원은 헌법과 법률에 의하여 구체적으로 어떻게 형성되는지에 따라 입법·행정·사법을 포괄하는 모든 국가권력에 대한 헌법재판소의 통제를 가능하게 하고, 이로써 헌법의 우위를 모든 국가권력에 대하여 실현하고 관철할 수 있는 가능성을 내포하고 있다. 개인이 헌법소원을 적법하게 제기하기 위해서는, 소의 이익이 있어야 한다.

나. 위헌심사형(違憲審査型) 헌법소원

법 제68조 제2항에 의한 헌법소원은 위헌법률심판의 제청신청이 법원에 의하여 기각된 경우 제청신청을 한 당사자가 청구하는 **규범통제형 헌법소원**이다. 이러한 헌법소원은 **구체적 규범통제절차에서 파생된 절차**로서 그 성격상 위헌법률심판절차라 할 수 있다. 이에 따라, **헌법소원의 대상**은 단지 '법률'이다. 심판청구가 적법하기 위해서는 법률의 위헌여부가 재판의 전제가 되어야 한다.

Ⅱ. 권리구제형 헌법소원심판의 기능

1. 주관적 권리구제기능

헌법소원심판은 공권력에 의하여 기본권을 침해당한 자가 헌법재판소에 제기하는 **주관적 권리구제절차**로서, 공권력의 남용으로부터 개인의 기본권을 보호하려는 헌법재판제도이다. 헌법소원심판의 기능은 일차적으로 개인의 주관적 권리인 **기본권의 보장과 관철**에 있다.

헌법소원심판은 개인의 기본권침해를 구제해 주는 제도이므로, 그 제도의 목적상 **권리보호이**

익이 있는 경우에 비로소 헌법소원을 제기할 수 있다. 권리보호이익이란, 소송을 통하여 청구가 인용되는 경우 당사자의 법적 지위의 향상이 있어야 한다는 것을 의미한다.

2. 객관적 헌법질서의 보장 기능

가. 헌법소원심판의 객관적 기능의 의미

헌법소원심판은 그 기능에 있어서 개인의 기본권보호에 그치지 아니하고, **객관적 헌법을 수호하고 헌법의 해석과 발전에 기여하는 기능**을 가지고 있다. 이러한 점에서, 헌법소원심판은 동시에 '객관적 헌법의 보장수단'이다. 기본권이 국가생활과 헌법생활, 특히 민주적인 정치적 의사형성과정에 대하여 가지는 본질적인 의미, 나아가 국가의 전체 법질서에 미치는 근본적인 의미에 비추어, 헌법소원을 통한 기본권의 실현은 단지 개인적인 기본권보호의 차원을 넘어서는 객관적인 의미를 가진다. 헌법소원이 객관적 헌법의 수호와 형성에 기여한다 하더라도, 헌법소원의 일차적이고 주된 기능은 주관적 기능이며, 주관적 기능이 객관적 기능에 의하여 강화되는 것이다.

나. 헌법소원심판에서 객관적 기능의 영향

(1) 모든 헌법적 관점에 의한 위헌심사

청구인은 헌법소원을 적법하게 제기하기 위하여 자신의 기본권이 침해받았음을 주장해야 하지만, 헌법재판소는 **일단 적법하게 제기된 헌법소원**에 대해서는 당사자가 주장하는 기본권침해가 존재하는지의 심사에 그치는 것이 아니라, **모든 헌법적 관점에서** 심판대상인 공권력행위의 위헌여부를 심사한다.

판 례 "헌법소원이 단지 주관적인 권리구제절차일 뿐이 아니라 객관적 헌법질서의 수호와 유지에 기여한다는 이중적 성격을 지니고 있으므로, 헌법재판소는 본안판단에 있어서 모든 헌법규범을 심사기준으로 삼음으로써 청구인이 주장한 기본권의 침해여부에 관한 심사에 한정하지 아니하고 **모든 헌법적 관점에서** 심판대상의 위헌성을 심사한다."고 판시하고 있다(헌재 1997. 12. 24. 96헌마172등, 판례집 9-2, 842, 845).

(2) 주관적 권리보호이익이 없음에도 불구하고 '객관적 심판의 이익'의 인정

헌법소원이 적법하게 제기되었으나, **헌법재판소에서 심리 중** 심판대상인 법률이 폐지되는 등의 사유로 **사후적으로 주관적 권리보호이익이 소멸**하는 경우가 발생할 수 있는데, 이러한 경우 헌법재판소는 비록 주관적 권리보호이익은 없다 하더라도 헌법소원의 객관적 헌법질서보장의 기능에 근거하여 예외적으로 심판의 이익을 인정할 수 있다.

나아가, 헌법재판소는 **이미 심판청구 당시에** 침해행위가 종료되었기 때문에 **기본권침해의 현재관련성**, 즉 심판청구 당시에 주관적 권리보호이익이 존재하지 않는 경우에도, 현재관련성이 충족된 것으로 간주하고 본안판단을 하였는데, 비록 명시적으로 밝힌 바는 없으나 이는 객관적 심판의 이익을 인정한 결과라고 볼 수밖에 없다.

다. 심판대상의 확대

법 제75조 제5항은, 청구인이 심판청구서에 기재한 '기본권침해의 원인이 되는 공권력의 행사'가 위헌인 법률에 기인하는 경우에는 인용결정에서 해당 법률이 위헌임을 선고할 수 있다고 하여 심판대상을 확대하고 있다(헌재 1992. 1. 28. 91헌마111; 헌재 1995. 7. 21. 92헌마144). 법이 심판대상을 이와 같이 확대하여 **청구인이 위헌**

확인을 구하지 않은 근거법률까지 위헌임을 확인할 수 있도록 하는 것은, 헌법소원이 개인의 권리보호라는 주관적 기능을 넘어서 객관적 헌법질서의 수호와 유지에 기여한다는 객관적 기능에 기인하는 것이다.

Ⅲ. 헌법소원의 대상

헌법소원의 대상은 '공권력의 행사 또는 불행사'로서, 입법 · 행정 · 사법을 포괄하는 모든 국가작용이다. 그러나 현행 헌법재판제도에서 헌법소원을 통하여 **적법하게 다툴 수 있는 국가작용의 범위**는 다음과 같이 **현저하게 축소**된다.

1. 입법작용

가. 법률

법률이 헌법소원의 대상이 되려면 **현재 시행 중인 유효한 것이어야 함이 원칙**이나, 법률이 효력을 발생하기 이전이라도 이미 공포되어 있고 청구인이 불이익을 입게 될 수 있음을 충분히 예측할 수 있는 경우에는 그 법률에 대하여 예외적으로 헌법소원을 제기할 수 있다(헌재 1994. 12. 29. 94헌마201, 판례집 6-2, 510, 523).

개인의 기본권이 일반적으로 법률에 의하여 직접 침해되는 것이 아니라 법률을 적용하는 구체적인 집행행위에 의하여 비로소 침해되기 때문에, **법률을 집행하는 구체적인 매개행위가 있는 경우**에는 개인은 집행행위에 대하여 우선 법원의 구제절차를 경유해야 하고(헌법소원의 보충성), 이러한 구제절차과정에서 법원의 위헌법률심판제청을 기대하거나 또는 법 제68조 제2항에 의한 헌법소원을 제기할 수 있다. 다만, **개인의 기본권이 예외적으로 법률을 집행하는 매개행위 없이 직접 법률에 의하여 침해되는 경우**에는 법원에 소송을 제기할 길이 없어 구제절차가 있는 경우가 아니므로, 법률에 대하여 바로 헌법소원을 제기할 수 있다(헌재 1990. 6. 25. 89헌마220, 판례집 2, 200, 203). **법률에 대한 헌법소원에서 '기본권침해의 직접성'을 요구하는 이유**는, 헌법재판소가 개별사건에서 법률의 구체적인 적용과 유리되어 추상적으로 규범통제를 하는 것을 방지하기 위한 것이고, 나아가 사실관계와 법적 문제에 대한 법원의 사전적 규명 없이 규범통제를 하는 것을 막기 위한 것이다.

나. 헌법규정이나 조약 · 긴급재정경제명령 · 긴급명령

헌법 제6조 제1항 및 제60조 제1항에 의하여 국회의 동의를 요하는 **조약**은 국내법에서 법률과 같은 효력을 가지므로, 헌법소원심판의 대상이 된다(헌재 2001. 3. 21. 99헌마139 등, 판례집 13-1, 676, 692). 국회의 동의를 요하지 않는 조약은 법규명령으로서의 효력을 가지는데, 마찬가지로 공권력의 행사로서 헌법소원의 대상이 된다. 헌법 제76조 제1항 및 제2항에 의한 **대통령의 긴급재정경제명령과 긴급명령**은 법률의 효력을 가지므로 헌법소원의 대상이 된다(헌재 1996. 2. 29. 93헌마186). 그러나 형식적 의미의 법률에 해당하지 아니하는 **헌법의 개별조항**은 위헌심사의 대상이 될 수 없으므로 이를 대상으로 한 헌법소원심판청구는 부적법하다(헌재 1998. 6. 25. 96헌마47).

다. 입법부작위

(1) 헌법소원의 대상으로서 입법부작위

입법부작위에 대한 헌법소원의 문제는, 어떠한 경우에 헌법이 스스로 입법자에게 개인의 기본권보장을 위하여 구체적 입법의무를 부과하고 있기 때문에, 개인이 헌법소원의 형태로 입법의무의 이행을 요구할 수 있는지의 문제이다.

법 제68조 제1항은 공권력의 행사뿐만 아니라 '공권력의 불행사'도 헌법소원심판의 대상이 될 수 있음을 밝히고 있다. 여기서 말하는 '공권력'에는 당연히 입법작용이 포함되므로, 입법권의 불행사를 의미하는 **입법부작위도 헌법소원의 대상**이 된다. 헌법재판에서 입법부작위는 오직 법 제68조 제1항에 의한 헌법소원에서만 대상이 될 수 있다.

입법부작위는 헌법이 입법자에게 입법의무를 부과함에도 불구하고 입법자가 이를 이행하고 있지 않는 법적 상태를 의미한다. 그러므로 입법부작위가 성립하기 위해서는 **헌법적인 입법의무**가 존재해야 한다. 헌법재판소가 헌법에서 명시적으로 부과된 입법의무(입법위임)를 넘어서 헌법해석을 통하여 입법자의 헌법적 입법의무를 폭넓게 인정할수록, **입법자의 형성의 자유**는 축소되고 헌법해석의 최종적 결정권자인 헌법재판소의 결정에 구속을 받게 된다. 따라서 입법자의 민주적 형성권을 유지하기 위하여, 헌법적 입법의무는 단지 예외적으로 인정되고 가능하면 헌법상의 명시적인 위임에 제한되어야 한다.

헌법재판소의 아래 판시내용에 의하면, 헌법이 입법의무의 내용 및 범위를 정하여 입법자에게 일정 사항에 관하여 입법할 것을 명시적으로 위임한 **입법위임의 경우**와 비록 명시적인 헌법상의 위임이 없더라도 헌법해석을 통하여 일정사항에 관하여 **입법자의 보호의무 또는 행위의무가 발생한 경우**에 한하여 헌법적 입법의무가 인정된다.

판 례 헌법재판소는 초기의 판례부터 일관되게 "입법부작위에 대한 헌법재판소의 관할권은 극히 한정적으로 인정할 수밖에 없다고 할 것이므로, 헌법에서 기본권보장을 위하여 법령에 **명시적인 입법위임**을 하였음에도 입법자가 이를 이행하지 않을 때, 그리고 헌법해석상 특정인에게 구체적인 기본권이 생겨 이를 보장하기 위한 **국가의 행위의무 내지 보호의무가 발생**하였음이 명백함에도 불구하고 **입법자가 아무런 입법조치를 취하지 않는 경우에만 헌법소원의 대상**이 된다."고 판시하고 있다(헌재 1989. 3. 17. 88헌마1).

(2) 헌법소원의 독자적인 대상으로서 진정입법부작위

입법부작위는 헌법소원의 대상이 될 수 있는 진정(眞正)입법부작위 및 헌법소원의 독자적인 대상이 될 수 없는 부진정(不眞正)입법부작위로 구분된다. **진정입법부작위**란, 입법자가 헌법상 명시적인 또는 헌법해석을 통한 입법의무가 있음에도 전혀 입법을 하지 않음으로써 입법행위의 흠결이 있는 경우를 말한다. 이러한 경우에만 **달리 헌법소원을 제기할 가능성이 없으므로**, 입법부작위가 헌법소원의 독자적인 대상이 될 수 있다. 공권력의 불행사로 인한 기본권침해는 그 불행사가 계속되는 한 지속된다 할 것이므로, 진정입법부작위에 대한 헌법소원심판은 입법자의 부작위가 계속되는 한 **기간의 제약 없이** 청구할 수 있다.

부진정입법부작위란, 헌법적 입법의무의 존부와 관계없이 입법자가 입법은 하였으나 불완전 ·

불충분하게 규율함으로써 입법행위의 흠결이 있는 경우를 말한다. 부진정입법부작위의 경우 청구인은 입법부작위에 대한 헌법소원을 제기할 수 없고, 불완전성이나 불충분함을 다투는 **법률조항을 대상**으로 하여 청구기간 내에 헌법소원을 제기할 수 있을 뿐이다. 예컨대, 입법자가 법률로써 헌법적 입법의무를 불완전하거나 불충분하게 이행한 경우, 입법자가 법률을 개정하면서 청구인의 신뢰이익을 고려하는 경과규정을 두지 않은 경우, 시혜적 법률을 제정하면서 청구인을 수혜대상에 포함시키지 않음으로써 평등원칙에 위반되는 경우 등은 모두 부진정입법부작위에 해당되는 경우로서, 청구인은 제정된 법률에 대하여 그 위헌성을 다투어야 한다.

부진정입법부작위도 헌법소원의 독자적인 대상이 될 수 있다면, 청구인은 청구기간 내에는 제정된 법률에 대하여 그리고 청구기간 후에는 입법부작위에 대하여 이중적으로 헌법소원을 제기할 수 있게 된다. **동일한 법적 문제에 대한 이중적 심사**는 법률 자체에 대한 위헌심사를 받을 수 있는 권리구제수단이 존재한다는 관점에서도 불필요하고, 나아가 **청구기간이 무의미해지는 결과**를 초래한다.

(3) 입법부작위에 대한 헌법소원의 적법요건

헌법소원의 대상으로서 입법부작위는 오로지 진정입법부작위이다. 입법부작위에 대한 헌법소원의 적법요건은 헌법소원 심판청구의 적법요건과 근본적으로 동일하며, 다만 **헌법적 입법의무의 존재 및 입법의무의 불이행의 요건을 추가로 충족시켜야** 한다. 헌법적 입법의무가 존재하지 않는다면 입법부작위에 의하여 청구인의 기본권이 침해될 가능성이 없으므로, 헌법적 입법의무의 존재는 **본안판단의 문제가 아니라 적법요건**에 속한다. 진정입법부작위에 대해서는 달리 다툴 수 있는 가능성이 없으므로 보충성의 원칙이 적용되지 않으며, 청구기간의 제한을 받지 않는다.

판 례 헌법재판소는 **'조선철도 주식의 보상금청구에 관한 헌법소원 사건'**에서 헌법 제23조 제3항의 보상의무를 헌법적 입법의무로 해석함으로써 보상규정을 마련하지 않은 공용침해의 경우에는 **보상규정을 두지 않은 입법부작위를 대상으로 하여 헌법소원을 제기할 수 있다**고 판시함으로써 심판청구가 적법하다고 하여 본안에서 청구를 인용한 바 있다(헌재 1994. 12. 29. 89헌마2). 그러나 입법자가 공용수용의 형태로 재산권을 제한하면서 보상규정을 두지 않은 경우, 청구인은 '보상규정을 두지 아니한 입법부작위'가 아니라 **'보상규정을 두지 아니한 법률'**을 심판대상으로 삼아 다투어야 한다는 점에서, **판시내용의 타당성이 의문시**된다.

한편, 그 외의 다른 모든 결정에서는 청구인이 주장하는 내용의 헌법위임이 존재하지 않는다는 이유로(헌재 1991. 9. 16. 89헌마163) 또는 경과규정의 결여는 부진정입법부작위에 해당한다는 이유로(헌재 1989. 7. 28. 89헌마1) 또는 평등원칙의 위반은 부진정입법부작위에 해당한다는 이유로(헌재 1996. 11. 28. 93헌마258) 입법부작위의 위헌확인을 구하는 **심판청구를 부적법한 것으로 각하**하였다.

2. 행정작용

헌법은 제107조 제2항에서 행정작용에 대한 심사권을 법원의 관할로 규정하고 있고, 헌법재판소법에서는 헌법소원의 보충성원칙과 재판소원의 금지규정을 통하여 행정작용에 대한 통제를 법원의 관할로 하고 있다. 그러므로 행정소송에 의하여 권리구제를 받을 수 있는 행정처분 등 **대부분의 행정작용은 실질적으로 헌법소원의 대상에서 제외**되므로, **헌법소원의 대상이 되는 행정작용**

은 행정소송에 의하여 권리구제를 받을 수 없는 경우에 한정된다.

이에 속하는 대표적인 것이 심판청구 당시 **종료된 권력적 사실행위 및** 집행행위의 매개 없이 **기본권을 직접 침해하는 행정입법**이다. 또한, 2008년 형사소송법이 개정되기 전까지는 **검사의 불기소처분**도 헌법소원의 대상이 되는 행정작용 중에서 대표적인 것이었다. 헌법재판소가 이러한 행정작용을 헌법소원의 대상에 포함시킨 것은, 법원이 권리구제절차를 제공하지 않는 경우 권리구제의 공백이 발생하므로 이를 헌법소원제도를 통하여 메우고자 하는 것이었다.

가. 행정입법

(1) 헌법 제107조 제2항은 명령·규칙의 위헌·위법성여부가 재판의 전제가 된 경우, 이에 대한 최종적인 심사권을 대법원에 부여하고 있다. **명령·규칙의 위헌·위법성여부가 재판의 전제가 된 경우**란, 행정입법을 적용하는 구체적인 집행행위가 있어 그에 대하여 소송이 제기되었고, 그 과정에서 구체적 소송사건의 재판을 위한 선결문제로서 행정입법의 위헌여부가 문제되는 경우를 말하는 것이며, 이러한 경우에 한하여 법원은 행정입법의 위헌성을 심사할 수 있다.

그러나 명령·규칙에 있어서 그의 집행행위가 존재하지 않는다면, 명령·규칙의 위헌·위법성은 집행행위를 매개로 한 구체적인 재판절차에서 심사될 수 없다. 따라서 **명령·규칙에 의하여 개인의 기본권이 직접 침해되는 경우**에는 대법원의 최종적 심사권이 미치지 아니한다. 이 경우 권리구제의 사각지대가 발생하므로, 헌법재판소는 '기본권침해의 직접성이 있는 경우'에 한하여 행정입법에 대한 헌법소원을 허용하고 있다(헌재 1990. 10. 15. 89헌마178). 따라서 법규명령 또는 행정규칙으로 인하여 직접 기본권을 침해당한 개인은 헌법소원심판을 청구할 수 있다. **대법원규칙**이나 **지방자치단체의 조례** 그 자체에 의하여 직접 기본권이 침해되는 경우, 대법원규칙이나 조례도 헌법소원의 대상이 된다(헌재 1995. 2. 23. 90헌마214; 1995. 4. 20. 92헌마264등).

(2) 한편, **행정규칙**은 일반적으로 행정조직 내부에서만 효력을 가지는 것이고 대외적인 구속력을 갖는 것이 아니어서 원칙적으로 헌법소원의 대상이 아니다. 그러나 그 제정형식이 비록 고시·훈령·예규 등과 같은 행정규칙이라 하더라도 **법령의 위임에 따라 그 법률을 시행하는 데 필요한 구체적 사항을 정한 것이라면**, 상위법령과 결합하여 대외적인 구속력을 가지는 법규명령으로 기능하게 되므로(**법규보충적 행정규칙**), 헌법소원의 대상이 된다(헌재 1992. 6. 26. 91헌마25, 판례집 4, 444, 449). 나아가, 행정규칙이 재량권행사의 준칙으로서 그 정한 바에 따라 되풀이 시행되어 행정관행이 성립됨으로써 평등의 원칙이나 신뢰보호의 원칙에 따라 **행정기관이 그 상대방에 대한 관계에서 그 규칙에 따라야 할 자기구속을 당하게 되는 경우**에는 대외적인 구속력을 갖게 되어 헌법소원의 대상이 된다(헌재 1990. 9. 3. 90헌마13, 판례집 2, 298, 303).

나. 행정입법부작위

행정입법부작위가 헌법소원의 대상이 되기 위해서는 **헌법에서 유래하는 작위의무**(행정입법의무)가 있음에도 행정부가 이를 이행하지 않았어야 한다. 한편, 행정입법부작위에 있어서도 그것이 부진정행정입법부작위에 해당하는 경우에는 헌법소원의 독자적인 대상이 될 수 없고 불완전한 행정입법에 대하여 헌법소원을 제기해야 한다.

헌법재판소의 판시내용에 의하면, '헌법에서 유래하는 행정입법의무'란 헌법에서 직접 도출되는 의무뿐만 아니라 **법률에 의하여 부과되는 의무도 포함**한다. 행정권이 행정입법 등을 통하여 법률을 집행해야 하는 것은 삼권분립과 법치행정의 원칙으로부터 나오는 헌법적 의무로서, **입법자가 행정입법의 제정을 행정부에 위임하였음에도 불구하고** 행정부가 정당한 이유 없이 이를 이행하지 않는다면 권력분립과 법치행정의 원칙에 위배되기 때문에, 헌법에서 유래하는 행정입법의 작위의무가 있다.

판 례 헌법재판소는 **'치과전문의 자격시험 불실시 사건'**에서 "삼권분립의 원칙, 법치행정의 원칙을 당연한 전제로 하고 있는 우리 헌법 하에서 **행정권의 행정입법 등 법집행의무는 헌법적 의무**라고 보아야 한다. 왜냐하면 … 이 사건과 같이 치과전문의제도의 실시를 법률 및 대통령령이 규정하고 있고 그 실시를 위하여 시행규칙의 개정 등이 행해져야 함에도 불구하고 **행정권이 법률의 시행에 필요한 행정입법을 하지 아니하는 경우**에는 행정권에 의하여 입법권이 침해되는 결과가 되기 때문이다. 따라서 보건복지부장관에게는 헌법에서 유래하는 행정입법의 작위의무가 있다."라고 판시하고 있다(헌재 1998. 7. 16. 96헌마246).

헌법재판소는 **'군법무관 보수 사건'**에서 "행정과 사법은 법률에 기속되므로 국회가 특정한 사항에 대하여 **행정부에 위임하였음에도 불구하고 행정부가 정당한 이유 없이 이를 이행하지 않는다면** 권력분립의 원칙과 법치국가 내지 법치행정의 원칙에 위배되는 것이다. 따라서 이 사건과 같이 군법무관의 보수의 지급에 관하여 대통령령을 제정하여야 하는 것은 헌법에서 유래하는 작위의무를 구성한다."는 논리로 행정입법부작위에 대한 헌법소원을 허용하고 있다(헌재 2004. 2. 26. 2001헌마718).

다. 행정처분

행정처분의 경우, 청구인은 **헌법소원의 보충성원칙** 때문에 법원의 행정소송절차를 밟아야 하고, 헌법 제107조 제2항에 의하여 대법원이 처분의 위헌여부에 대하여 최종적으로 심사하며, 법 제68조 제1항이 **'재판소원'을 제외**하였으므로, 행정처분은 사실상 헌법소원의 대상이 되지 못 한다. 따라서 행정처분에 대하여 곧바로 헌법소원을 제기하면 보충성 요건을 갖추지 못하여 부적법하다는 이유로 각하된다.

법원의 재판을 거쳐 확정된 행정처분(**원행정처분**)은 확정판결의 기판력으로 인하여 헌법소원의 대상이 되지 아니한다. 원행정처분에 대한 헌법소원심판청구를 허용하는 것은 헌법 제107조 제2항이나 법원의 재판을 제외하고 있는 헌법재판소법 제68조 제1항의 취지에도 어긋난다(헌재 1998. 5. 28. 91헌마98등). **다만, 법원의 판결에 대한 헌법소원이 예외적으로 허용되는 경우에 한하여** 그 판결의 대상이 된 행정처분에 대한 심판청구도 예외적으로 허용된다.

판 례 법원의 재판을 제외하는 법 제68조 제1항의 위헌여부가 문제된 **'재판소원허용 사건'**에서, '위헌으로 결정한 법령을 적용하여 국민의 기본권을 침해한 법원의 재판은 취소될 수 있다'고 판시한 바 있다(헌재 1997. 12. 24. 96헌마172등, 판례집 9-2, 842, 865). 이에 따라 법원의 재판이 취소될 수 있는 경우에 한하여 **원행정처분에 대한 심판청구가 가능**하다.

라. 권력적 사실행위

행정상의 사실행위는 정보제공이나 행정지도와 같이 대외적 구속력이 없는 '비권력적 사실행위'와 행정청이 우월적인 지위에서 일방적으로 강제하는 '권력적 사실행위'로 나뉜다. **권력적 사실행위는 공권력의 행사이므로 헌법소원의 대상**이 되는 반면, 비권력적 사실행위는 헌법소원의 대상이 되는 공권력의 행사에 해당하지 아니한다(헌재 2012. 7. 26. 2011헌마332). 권력적 사실행위가 헌법소원의 대상이 되는 경우는 **예외 없이 심판청구 당시에 사실행위가 종료된 경우**이다. 권력적 사실행위는 처분성이 인정되어 항고소송의 대상이 되나, 사실행위가 종료된 경우에는 소의 이익이 없다는 이유로 법원에서 각하될 가능성이 크기 때문에, **보충성의 예외**에 해당한다.

판 례 교도소장의 미결수용자의 서신에 대한 검열 · 지연발송 · 지연교부행위(헌재 1995. 7. 21. 92헌마144), 교도소내 접견실의 칸막이 설치행위(헌재 1997. 3. 27. 92헌마273), 구치소장이 미결수용자로 하여금 수사 및 재판을 받을 때 재소자용 의류를 입게 한 행위(헌재 1999. 5. 27. 97헌마137등), 유치장관리자가 현행범으로 체포된 피의자에게 차폐시설이 불충분한 화장실을 사용하도록 한 행위(헌재 2001. 7. 19. 2000헌마546), 경찰서장이 피의자들을 유치장에 수용하는 과정에서 실시한 정밀신체수색행위(헌재 2002. 7. 18. 2000헌마327) 등은 이른바 권력적 사실행위로서 헌법소원의 대상이 된다고 판시하고 있다.

마. 행정계획, 공고

행정계획이나 공고가 헌법소원의 대상이 되는 '공권력의 행사'에 해당하는지 여부는 행정계획이나 공고가 국민에 대하여 **대외적 구속력을 가지는지, 그 내용에 있어서 기본권에 직접 영향을 미치는 것인지**의 관점에 의하여 결정된다.

국민에 대하여 대외적 구속력을 갖는 **행정계획**은 공권력의 행사에 해당하지만, 행정계획이 단지 사실상의 준비행위나 사전안내 또는 행정기관 내부의 지침에 지나지 않는 경우에는 공권력의 행사라 할 수 없다. 다만, 가령 '서울대학교입시요강'과 같이 사실상의 준비행위나 사전안내라 하더라도 그 내용이 기본권에 직접 영향을 미치는 경우(헌재 1992. 10. 1. 92헌마68등) 또는 행정계획이 법률조항과 결합하여 법규적 효력을 가지는 경우(헌재 2003. 6. 26. 2002헌마402), 공권력의 행사에 해당한다.

공고는 특정한 사실을 불특정 다수에게 알리는 행위로서, 법령조항에 이미 확정적으로 규정되어 있는 것을 단순히 알리는 경우에는 개인의 기본권에 미치는 외부적 효과가 없으므로 공권력의 행사에 해당하지 않지만, 세부적인 내용을 구체적으로 확정함으로써 기본권에 불리한 효과를 발생시키는 경우에는 공권력의 행사에 해당한다(헌재 2001. 9. 27. 2000헌마159).

바. 행정청의 거부행위 및 행정청의 부작위

(1) **국민의 신청에 대한 행정청의 거부행위**가 헌법소원심판의 대상인 공권력의 행사가 되기 위해서는 국민이 행정청에 대하여 신청에 따른 행위를 해 줄 것을 요구할 수 있는 권리가 있어야 한다(헌재 1999. 6. 24. 97헌마315, 판례집 11-1, 802, 816). **신청권에 근거하지 않은 단순한 신청에 대한 거부행위**는 헌법소원의 대상이 되는 공권력의 행사가 아니다(헌재 1999. 10. 21. 98헌마407). **신청권에 근거한 신청에 대한 거부행위**는 거부처분으로서 행정소송의 대상이 되므로 거부처분에 대한 헌법소원은 보충성요건을 충족시키지 못하여 부적법하다.

(2) **행정청의 부작위**는 헌법소원의 대상이 되나, 공권력의 주체에게 **헌법에서 유래하는 작위의무**가 특별히 구체적으로 규정되어 이에 의거하여 기본권의 주체가 행정행위를 청구할 수 있음에도 공권력의 주체가 그 의무를 해태하는 경우에 허용되므로, **이러한 작위의무가 인정되지 않는 단순한 부작위**는 헌법소원의 대상이 될 수 없다(헌재 1996. 11. 28. 92헌마237, 판례집 8-2, 600, 606). 헌법에서 유래하는 작위의무는

헌법상 명문으로 작위의무가 규정되어 있는 경우, 헌법의 해석상 작위의무가 도출되는 경우 및 법령에 작위의무가 구체적으로 규정되어 있는 경우를 포괄한다(헌재 2004. 10. 28. 2003헌마898, 판례집 16-2하, 212, 219).

판 례 헌법재판소는, 국방부장관이 국가유공자의 유족이 보상금을 받도록 유가족등록이나 대리 등록하지 아니한 부작위는 **그에 상응하는 작위의무가 인정되지 않으므로** 헌법소원의 대상이 될 수 있는 공권력의 행사라고 볼 수 없다고 하였고(헌재 1998. 2. 27. 97헌가10 등, 판례집 10-1, 15, 27), 반면에 국회는 청원에 대하여 심사할 의무를 지고 청구인에게는 심사를 요구할 수 있는 권리가 있으므로, **국회의장의 청원심사부작위**는 헌법소원의 대상이 될 수 있다고 판단하였다(헌재 2000. 6. 1. 2000헌마18, 판례집 12-1, 733, 738).

사. 검사의 불기소처분

2008년 **개정되기 이전의 형사소송법**은 범죄의 피해자가 검사의 불기소처분에 대하여 법원에서 다툴 수 있는 재정신청절차를 규정하면서 이를 단지 공무원의 특정 범죄 등에 대해서만 매우 제한적으로 허용하고 있었기 때문에, 검찰의 기소독점주의를 취하고 있는 우리의 법제에서 검찰의 기소권행사에 대한 유효한 견제수단이 존재하지 않았다. 따라서 헌법재판소는 '검사의 불기소처분이 자의적으로 행해진 경우 형사피해자는 헌법 제27조 제5항의 재판절차에서의 진술권과 제11조의 평등권을 침해당했다고 주장할 수 있다'고 판시함으로써 헌법소원의 대상을 검사의 불기소처분으로 확대하였다(헌재 1989. 4. 17. 88헌마3).

한편, 2008. 1. 1.**부터 시행된 형사소송법의 개정**으로 재정신청의 대상범죄가 모든 범죄로 확대됨에 따라, 모든 범죄에 대하여 고소권자로서 고소를 한 자 및 형법상 공무원의 직무에 관한 범죄에 대하여 고발을 한 자는 불기소처분의 당부에 관하여 재정을 신청할 수 있으므로 이에 해당하는 대부분의 불기소처분은 헌법소원의 대상에서 제외되었다. 다만, **피의자가 기소유예처분**(혐의가 있음에도 공소를 제기하지 않는 경우)**에 대하여 혐의 없음을 주장하여 헌법소원을 제기하는 경우**에는 재정신청의 대상이 될 수 없으므로, 헌법소원의 대상이 된다. 나아가, 헌법재판소는 **고소인이 아닌 범죄피해자**가 재정신청을 할 수 없으므로 곧바로 헌법소원심판을 청구할 수 있다고 판단하였다(헌재 2010. 6. 24. 2009헌마482). 그러나 재정신청제도를 활용할 수 있음에도 이를 활용하지 않은 경우에 대하여 헌법소원의 가능성을 인정하는 것은 재정신청제도를 확대한 취지에 반하는 것이므로, 헌법소원을 허용하지 않는 것이 타당하다.

아. 각종 위원회의 결정 등

공정거래위원회의 무혐의처분 및 심사불개시결정은 공권력의 행사로서 헌법소원의 대상이 된다(헌재 2002. 6. 27. 2001헌마381; 헌재 2004. 3. 25. 2003헌마404). 부패방지법상의 국민감사청구에 대한 **감사원장의 기각결정**도 공권력의 행사로서 헌법소원의 대상이 된다(헌재 2006. 2. 23. 2004헌마414).

국가인권위원회의 진정 각하결정 및 진정 기각결정도 공권력의 행사로서 헌법소원의 대상이 되고 보충성의 예외에 해당한다고 하였으나(헌재 2004. 4. 29. 2003헌마538; 헌재 2009. 2. 26. 2008헌마275), 국가인권위원회의 위 결정들은 **항고소송의 대상이 되는 행정처분**에 해당하므로 행정소송 등의 사전구제절차를 거치지 아니하고 그 취소를 구하는 헌법소원심판을 청구한 경우에는 보충성 요건을 충족하지 못한다고 판례를 변경하였다(헌재 2015. 3. 26. 2013헌마214등).

3. 사법작용

가. 법원의 재판에 대한 헌법소원(재판소원)의 의미

(1) 법 제68조 제1항은 "… 법원의 재판을 제외하고는 헌법재판소에 헌법소원심판을 청구할 수 있다."고 규정하여 **법원의 재판을 헌법소원의 대상에서 제외**하고 있다.

재판소원이란, 개인이 법원의 재판에 의하여 자신의 기본권을 침해당했다고 주장하면서 제기하는 헌법소원을 말한다.[5] 일반적으로 **재판소원을 크게 2개의 유형으로 구분**한다면, 첫째, 법원이 재판에서 위헌적인 법률을 적용하는 경우에 '법원이 위헌적 법률을 적용함으로써 재판을 통하여 자신의 기본권을 침해했다'는 주장으로 재판에 대한 헌법소원을 제기함으로써 궁극적으로는 당해 재판에 적용된 법률의 위헌여부를 묻는 재판소원(소위 **'간접적 법률소원'**)과 둘째, 구체적 소송사건에서 법원의 재판내용이나 재판절차가 청구인의 기본권을 침해했다는 주장으로 제기되는 재판소원(**재판 자체에 대한 헌법소원**)으로 나누어 볼 수 있다. 우리 헌법재판제도에서는 법원이 재판에서 위헌적인 법률을 적용한다는 의심이 있는 경우에 소송당사자가 헌법재판소에 법률의 위헌여부를 물을 수 있는 가능성을 제공하는 '법 제68조 제2항의 헌법소원'을 통하여 실질적으로 '첫 번째 유형의 재판소원(간접적 법률소원)'을 수용하고 있으므로,[6] 법 제68조 제1항에서 **'금지하는 재판소원'**이란 결국 두 번째 유형인 '재판 자체에 대한 헌법소원'을 말한다.

(2) **재판 자체에 대한 헌법소원**에서 청구인이 법원의 재판에 대하여 헌법소원을 제기하는 경우란, '재판내용의 하자'를 이유로 법원이 재판에 적용되는 법령의 해석·적용에 있어서 기본권의 효력과 의미를 간과하거나 근본적으로 오인함으로써 청구인의 실체적 기본권을 침해했다는 주장으로 제기하는 경우(**재판내용에 대한 헌법소원**)이거나 또는 '재판절차의 하자'를 이유로 절차적 기본권인 재판청구권이나 청문청구권 등을 침해했다는 주장으로 제기하는 경우(**재판절차에 대한 헌법소원**)이다. 재판내용과 재판절차가 재판의 실체를 구성하는 본질적 요소라는 점에서 '재판'이란 바로 '재판의 내용과 절차'의 동의어이며, **'재판 자체에 대한 헌법소원'**이란 필연적으로 **'재판내용이나 재판절차에 대한 헌법소원'**인 것이다.

나. 재판소원금지의 의미

(1) 법 제68조 제1항은 법원의 재판을 헌법소원의 대상에서 제외하고 있기 때문에, 법원의 재판, 즉 재판내용이나 재판절차는 헌법소원의 대상이 될 수 없으며, **법원의 재판내용이나 재판절차의 위헌여부를 다투는 심판청구는 허용되지 않는다**. 따라서 현행법상 법원의 재판에 대하여, 즉 법원의 재판내용이나 재판절차를 그 대상으로 하여 헌법소원을 제기한다면 이는 부적법하다(법 제72조 제3항 제1호).

---

5) 헌법재판소는 법원 판결의 타당성 여부를 모든 법적인 관점에서 심사하는 '초상고심법원'이 아니다. 헌법재판소의 주된 과제는 헌법의 해석과 적용에 있고 헌법소원심판에서 헌법만이 심사기준이기 때문에, 법원이 법률이나 명령과 같은 헌법하위법을 올바르게 해석·적용하였는지에 대한 심사는 원칙적으로 이루어지지 않는다. 법원이 재판에 적용되는 법령의 해석과 적용을 통하여 기본권을 침해할 가능성이 있는 경우에만, 즉 단순한 법률위반이 아니라 헌법위반의 경우에만, 헌법재판소는 법원의 재판에 대하여 심사할 수 있다.

6) 법 제68조 제2항의 헌법소원이 '재판소원의 기능'도 담당한다는 것에 관하여 아래 제4항 Ⅱ. 참조.

판례 헌법재판소는 **재판의 지연이나 재판진행 등 '재판절차의 위헌여부'를 다투는 심판청구는 '금지된 재판소원'에 해당한다**는 것을 인식하여 종래 일관되게 부적법한 것으로 각하하였다.

가령, 헌법재판소는 '법원의 재판'이란 "재판 그 자체뿐만 아니라 재판절차에 관한 법원의 판단도 포함되는 것으로 보아야 하고, **재판장의 소송지휘 또는 재판진행**을 그 대상으로 하는 헌법소원심판청구는 결국 법원의 재판을 직접 그 대상으로 하여 청구한 경우에 해당하므로 부적법하다."고 판시함으로써 '재판절차의 하자에 대한 헌법적 판단'은 헌법소원의 대상이 될 수 없다는 것을 밝히고 있다(헌재 1992. 6. 26. 89헌마271, 판례집 4, 413, 418). 한편, 헌법재판소는 "법원의 재판이란 재판 그 자체뿐만 아니라 …"라고 판시하고 있는데, 이러한 판시내용은 '재판 자체에 대한 헌법소원'이란 곧 재판내용과 재판절차에 대한 헌법소원이라는 것을 간과하고 있다.

또한, **재판의 지연**으로 인한 기본권침해를 주장하며 재판의 지연이란 **공권력행사**에 대하여 제기한 헌법소원에서, 청구인이 기본권침해사유로 주장하는 재판의 지연은 결국 법원의 재판절차에 관한 것이므로 헌법소원의 대상이 될 수 없다고 판단하였다(헌재 1998. 5. 28. 96헌마46). 한편, 청구인이 재판의 지연을 부작위로 보아 **공권력의 불행사**를 다투는 경우, 헌법재판소는 재판의 지연은 사법작용의 부작위로서 '공권력의 불행사'에 해당하여 헌법소원의 대상이 되나, 심판청구가 적법하기 위해서는 사법부의 작위의무가 존재해야 하는데, 신속한 재판을 해야 할 헌법이나 법률상의 작위의무가 없다는 이유로 부작위 위헌확인을 구하는 심판청구를 각하하였다(헌재 1999. 9. 16. 98헌마75).

(2) 나아가, 법 제68조 제1항의 재판소원금지조항은 현행 헌법재판제도에서 헌법재판소와 법원 사이의 재판관할을 배분하는 규정으로서, **법원의 재판에 대한 헌법적 통제는 헌법재판소의 관할이 아니라 법원의 관할**임을 밝히고 있다.

'헌법소원의 대상에서 법원의 재판을 제외한 것'은 법 제68조 제1항의 헌법소원에서 법원의 재판내용이나 재판절차에 대한 헌법재판소의 헌법적 통제를 배제하는 것뿐만 아니라, 나아가 '헌법재판소에 의한 심사가 실질적으로 법원의 재판에 대한 헌법적 통제를 야기하는 경우'에도 **이러한 성격의 통제가 어떠한 심판절차에서 이루어지는지와 관계없이 헌법재판소의 관할이 아니라는 것**을 의미하는 것이다.

만일 법 제68조 제1항에서 배제한 법원의 재판에 대한 헌법적 통제가 다른 심판절차를 통하여 다시 부활한다면, 이는 법원에 대한 헌법적 통제를 헌법재판소의 관할로부터 배제하고자 한 입법자의 객관적 의사에 정면으로 반하여 재판소원금지조항을 사실상 폐지하는 것이 된다. 따라서 법 제68조 제1항에 의하여 금지된 '재판소원'은 가령 법 제68조 제2항의 헌법소원의 형태로도 다시 도입되어서는 안 된다.

다. 헌법재판소법 제68조 제1항에 대한 한정위헌결정 및 대법원판결의 취소

법원의 재판을 헌법소원의 대상에서 제외하고 있는 **법 제68조 제1항의 위헌여부**는 헌법재판소의 출범 당시부터 학계와 실무에서 끊임없는 논란의 대상이었다. 헌법재판소는 법 제68조 제1항의 위헌여부를 최초로 판단한 헌재 1997. 12. 24. 96헌마172등 결정(재판소원허용 사건)에서 위 규정의 **원칙적인 합헌성을 인정**하면서, 다만 법원이 헌법재판소에 의하여 위헌으로 선언된 법률을 적용하여 국민의 기본권을 침해하는 경우에는 **법원의 재판도 예외적으로 헌법소원의 대상**이 될 수 있다고 판단하였다.

판 례 **[재판소원허용 사건]** 헌법재판소는 1995. 11. 30. 94헌바40등 결정에서 소득세법규정에 대하여 한정위헌결정을 선고하였다. 그러나 대법원은 1996. 4. 9. 95누11405 판결에서 헌법재판소의 소득세법규정에 대한 한정위헌결정을 배척하고 그 기속력을 부인하면서, '헌법재판소가 한정적으로 위헌이라고 판단한 소득세법조항을 유효하다'고 간주하여 이를 그대로 당해사건에 적용함으로써 당해사건 당사자의 청구를 기각하였다.

당해사건의 당사자인 청구인이 헌법재판소에 대법원 판결의 취소를 구하는 헌법소원을 제기하면서 동시에 그 선결문제로서 법 제68조 제1항의 "재판을 제외하고는" 부분의 위헌확인을 구한 '재판소원허용 사건'에서, 헌법재판소는 '법 제68조 제1항이 법원의 재판을 헌법소원심판의 대상에서 제외한 것은 원칙적으로 헌법에 위반되지 아니하나, 법원이 헌법재판소가 위헌으로 결정하여 그 효력을 전부 또는 일부 상실하거나 위헌으로 확인된 법률을 적용함으로써 국민의 기본권을 침해한 경우에도 법원의 재판에 대한 헌법소원이 허용되지 않는 것으로 해석한다면, 동 법률조항은 그러한 한도 내에서 헌법에 위반된다'고 하여 **법 제68조 제1항에 대하여 한정위헌결정**을 하였고, 나아가 '심판대상인 대법원판결은 헌법재판소의 한정위헌결정으로 인하여 이미 부분적으로 그 효력이 상실된 법률조항을 적용한 것으로서 위헌결정의 기속력에 반하는 재판임이 분명하고 이로 말미암아 청구인의 헌법상 보장된 기본권인 재산권이 침해되었다'고 하여 법 제75조 제3항에 따라 위 **대법원 판결을 취소**하였다(헌재 1997. 12. 24. 96헌마172등, 판례집 9-2, 842, 844-845).

[재심기각결정취소 사건] 대학교수인 청구인은 '공무원의 직무와 관련하여 뇌물을 수수하였다'는 범죄사실로 항소심에서 징역 2년을 선고받고, 그에 대한 상고가 기각되어 위 항소심 판결이 확정되었다. 청구인은 항소심 계속 중 형법 제129조 제1항 등에 대하여 법 제68조 제2항에 의한 헌법소원심판을 청구하였고, 헌법재판소는 2012. 12. 27. 2011헌바117 결정(뇌물죄의 주체인 '공무원'의 해석·적용에 대한 위헌소원 사건)에서 "형법 제129조 제1항의 '공무원'에 … 심의위원 중 위촉위원이 포함되는 것으로 해석하는 한 헌법에 위반된다."는 한정위헌결정을 선고하였다. 청구인은 이 사건 한정위헌결정 이후 위 상고기각 판결에 대하여 재심을 청구하였으나 기각되었다. 이에 청구인은 법 제68조 제1항 본문의 '법원의 재판' 부분에 대한 위헌청구와 함께 위 재심기각결정의 취소를 구하는 헌법소원심판을 청구하였다.

헌법재판소는 헌재 2022. 6. 30. 2014헌마760등 결정에서 법 제68조 제1항 본문 중 '법원의 재판' 가운데 '법률에 대한 위헌결정의 기속력에 반하는 재판' 부분은 헌법에 위반되고, 헌법재판소 한정위헌결정의 기속력을 부인한 **'법원의 재심기각결정'은 청구인들의 재판청구권을 침해한 것이므로 이를 취소한다**는 결정을 선고하였다.

라. 한정위헌결정과 관련하여 헌법재판소와 법원이 충돌하는 이유[7)]

(1) 헌법재판소와 법원의 위와 같은 충돌상황에서 표출되는 문제는 표면적으로는 '한정위헌결정이 법원을 구속하는 기속력을 가지는지'의 형태로 나타난다. 그러나 **한정위헌결정의 기속력을 둘러싼 논의의 본질**은 헌법재판소가 법 제68조 제2항의 헌법소원사건('헌바사건')에서 당해사건 당사자의 심판청구(한정위헌청구)에 의하여 한정위헌결정을 함으로써 실질적으로 현행법상 '금지된 재판소원'에 대한 판단을 할 수 있다는 데 있다.

헌법재판소가 헌재 1997. 12. 24. 96헌마172등 결정(재판소원허용 사건)을 야기한 헌재 1995. 11. 30. 94헌바40등 결정(소득세법에 대한 한정위헌결정)에서 또는 헌재 2022. 6. 30. 2014헌마760등 결정(재심기각결정취소 사건)을 야기한 헌재 2012. 12. 27. 2011헌바117 결정(뇌물죄에 대한 한정위헌결정)에서 당해사건 당사자의 심판청구를 적법한 것으로 받아들여 법률에 대한 한정위헌결정을 내

7) 이에 관한 상세한 서술로는 아래 제4편 제5장 제3절 제4항 Ⅳ. '한정위헌청구' 참조.

린 것은 구체적으로 다음과 같은 문제점을 안고 있다.

(2) 청구인이 당해사건의 당사자로서 법원에 소송을 제기하였으나 법원이 지금까지 재판에 적용되는 법률조항을 청구인에게 불리하게 특정한 내용으로 해석·적용하고 있기 때문에 법원에서 구제받을 가능성이 사실상 없는 상황에서 법 제68조 제1항의 헌법소원의 형태로 '법원의 법률해석의 위헌여부'를 다툰다면, **재판소원금지로 말미암아 부적법**하여 각하될 것이 명백하다. 따라서 청구인은 재판소원금지를 우회하기 위하여 **법 제68조 제2항의 헌법소원의 형태로** '법률조항을 법원과 같이 해석하는 한 법률조항은 위헌'이라는 주장을 하면서 법률에 대하여 심판을 청구하는데, 이러한 심판청구를 **'한정위헌청구'**라 한다.

법 제68조 제2항의 헌법소원에서 당해소송의 당사자가 법원의 구체적인 법률해석의 위헌여부를 다투기 위하여 법률에 대한 위헌판단을 구하는 '한정위헌청구'는 비록 형식적으로는 법률에 대한 위헌판단을 구하고 있으나 **실질적으로는 법원의 법률해석에 대한 위헌판단을 구하는 것**으로, 그 실질에 있어서 바로 법 제68조 제1항이 '**금지하는 재판소원의 제기**'에 해당하는 것이다.

(3) 그러나 법 제68조 제1항은 헌법소원의 대상에서 법원의 재판을 배제함으로써 **현행 헌법재판제도에서 법원의 재판에 대한 헌법적 통제는 헌법재판소의 관할이 아님**을 밝히고 있다. 법 제68조 제1항의 헌법소원에서 청구인이 법원의 법률해석의 위헌성을 이유로 '법원의 재판'에 대하여 심판을 청구하는 경우에는 '금지된 재판소원'이기 때문에 부적법하지만, 법 제68조 제2항의 헌법소원에서 청구인이 법원의 법률해석의 위헌성을 이유로 '법원의 재판'이 아니라 '법원이 해석·적용한 법률'에 대하여 심판을 청구하는 경우에는 형식적으로 법률에 대한 헌법소원이기 때문에 적법한 것으로 판단한다면, 이는 '법원의 법률해석에 대한 헌법적 통제'를 헌법재판소의 관할에서 제외하고자 한 입법자의 객관적 의사에 반하여 **재판소원금지조항을 사실상 공동화시키는 것**이다.

헌법재판소는 법 제68조 제2항의 헌법소원에서 당해소송 당사자의 한정위헌청구가 '금지된 재판소원의 제기'에 해당한다는 것을 인식해야 하고, 설사 법원의 법률해석을 위헌적인 것으로 간주하기 때문에 이에 동의할 수 없다 하더라도 헌법재판권을 헌법재판소와 대법원에 배분하여 귀속시키고 있는 현행 헌법재판제도의 관할배분을 존중하여, 당사자의 한정위헌청구를 부적법한 것으로 각하해야 한다. 헌법재판소가 당사자의 한정위헌청구를 법률의 위헌여부에 대한 판단을 구하는 적법한 것으로 간주하여 법원의 법률해석의 위헌여부를 판단한다면, 실정법상의 재판소원금지조항을 폐기하고 헌법소원의 대상에서 제외된 **재판소원을 사실상 도입하는 결과**에 이르게 된다.

Ⅳ. 헌법소원의 적법요건

1. 청구인능력

법 제68조 제1항에 의하면 '기본권을 침해받은 자', 즉 기본권의 주체가 될 수 있는 자만이 헌법소원을 제기할 수 있다. 따라서 청구인능력의 문제는 곧 **기본권 주체성의 문제**이다.

모든 **자연인**은 살아있는 동안 기본권의 주체이다. 다만, 사자(死者)나 태아의 경우에 기본권 주체성이 문제될 수 있다. **공무원**의 경우, 국가조직의 일부로서 직무를 수행하는 경우에는 기본권

주체성이 부인되지만, 그 외의 경우에는 기본권의 주체이다. **외국인**의 경우, 성질상 인간 누구에게나 귀속되는 '인간의 권리'에 대해서는 기본권 주체성이 인정된다.

기본권이 그 본질상 **사법인**에게 적용될 수 있는 경우에만 사법인은 기본권의 주체가 될 수 있으므로, 사법인은 성질상 기본권의 주체가 될 수 있는 범위 내에서 청구인능력을 가진다. **공법인**은 원칙적으로 기본권의 주체가 될 수 없으나, 다만 국공립대학은 학문의 자유와 관련하여, 공영방송사는 방송의 자유와 관련하여 기본권의 주체로 간주되며, 이러한 기본권을 주장할 수 있는 범위 내에서 재판청구권의 주체가 될 수 있다.

판 례 정당이 생명권과 건강권의 침해를 주장하며 헌법소원을 제기한 **'미국산 쇠고기수입의 위생조건에 관한 고시 사건'**에서 "이 사건에서 침해된다고 하여 주장되는 기본권은 **생명 · 신체의 안전에 관한 것**으로서 성질상 자연인에게만 인정되는 것이므로, 이와 관련하여 청구인 진보신당과 같은 권리능력 없는 단체는 위와 같은 기본권의 행사에 있어 그 주체가 될 수 없고, … **청구인 진보신당은 청구인능력이 인정되지 아니한다.**"고 판시하고 있다(헌재 2008. 12. 26. 2008헌마419, 판례집 20-2하, 960, 973).

2. 공권력의 행사 또는 불행사의 존재

헌법소원의 대상은 대한민국 국가기관의 공권력작용이다. 헌법소원의 대상으로서의 '공권력'이란 입법 · 행정 · 사법의 모든 공권력을 말한다. 또한, 간접적 국가행정, 예컨대 공법인, 국립대학교 등의 행위도 공권력의 행사에 속한다. 그러나 외국이나 국제기관의 공권력작용은 이에 포함되지 않는다.

헌법소원의 심판청구가 기본권의 제한을 전제로 한다는 점에서, 헌법소원의 대상이 되는 '공권력의 행사'는 기본권을 제한하는 공권력행위를 의미한다. 따라서 공권력행위는 국민의 법적 지위에 불리한 영향을 미쳐야, 즉 **기본권에 대하여 불리한 외부적 효과를 발생시켜야** 한다. 헌법재판소는 헌법소원의 심판대상인 공권력의 행사는 **국민의 권리와 의무에 대하여 직접적인 법률효과를 발생시켜야** 하고 청구인의 법적 지위를 그에게 불리하게 변화시키기에 적합해야 한다'고 판시하고 있다(헌재 1994. 8. 31. 92헌마174, 판례집 6-2, 249, 264). 그러나 대통령의 법률안 제출행위, 국가기관간의 내부적 행위, 행정청의 지침이나 의견진술, 당사자의 질의에 의한 국가기관의 단순한 회신이나 통보, 행정규칙 등은 기본권의 보호법익이나 행사에 대하여 불리한 외부적 효과를 발생시키지 않기 때문에, 공권력의 행사에 해당하지 않는다.

판 례 헌법재판소는 **대통령의 법률안 제출행위**는 국가기관간의 내부적 행위에 불과하고 국민에 대하여 직접적인 법률효과를 발생시키는 행위가 아니므로 '공권력의 행사'에 해당되지 않는다고 하였고(헌재 1994. 8. 31. 92헌마174, 판례집 6-2, 249, 265), 대통령이 기자회견과 국회연설을 통하여 **신임투표를 실시하겠다는 의사를 표명한 행위**는 신임투표의 실시를 위한 사전 준비행위에 불과하여 국민의 법적 지위에 어떠한 영향을 미친다고 볼 수 없으므로 헌법소원의 대상이 되는 '공권력의 행사'라고 할 수 없다고 판단하였으며(헌재 2003. 11. 27. 2003헌마694등), **행정규칙**은 행정조직 내부에서만 효력을 가지는 것으로 대외적 구속력이 없어서 원칙적으로 '공권력의 행사'가 아니라고 판단하였다(헌재 2000. 6. 29. 2000헌마325). 그러나 행정규칙이라 하더라도 재량권행사의 준칙으로서 행정관행 및 그에 근거한 **'행정의 자기구속의 법리'**를 성립시키거나 또는 법령의 위임에 따라 그 법률의 시행에 필요한 구체적 사항을 정한 것이라면(**법규보충적 행정규칙**), 이러한 행정규칙은 외부적 효력을 가지는 공권력의 행사에 해당한다. **표준어의 개념을 정의하는 조항**에 대하여 그 자체만으로는 아무런 법적 효과를 갖고 있지 아니하여 청구인들의 법적 지위에 영향을 미치지 아니하므로, 이로 인한 기본권 침해의 가능성을 인정하기 어렵다고 하여 공권력행사의 성격을 부인하였다(헌재 2009. 5. 28. 2006헌마618).

3. 기본권침해의 가능성

헌법소원은 '기본권의 침해를 받은 자'가 그 침해를 구제받기 위해 헌법재판소에 심판을 청구하는 제도이므로, 기본권침해의 가능성이 존재해야 한다. **기본권침해의 가능성**이란, 기본권이 침해될 가능성이 있는지 여부에 관한 것이다. 청구인이 실제로 기본권의 침해를 받았는지 여부는 본안 판단의 문제이다. 기본권침해의 가능성 요건은 이미 '공권력의 행사' 요건의 단계에서 함께 심사되므로, 일반적으로 별도의 판단이 불필요하다. **기본권침해의 가능성을 별도로 판단해야 하는 경우**란 처음부터 기본권침해의 가능성이 의문시되는 경우이다.

판 례 헌법재판소는 청구인이 자신의 **'국회구성권'**의 침해를 주장하며 헌법소원심판을 청구한 사건에서 **기본권침해의 가능성을 부인**하여 심판청구를 각하하였고(헌재 1998. 10. 29. 96헌마186), 마늘교역에 관한 합의서에 의하여 중국산 마늘에 대한 수입제한조치가 연장되지 않음으로써 마늘재배농가의 경영상황이 악화되더라도 이로 인하여 재산권이나 직업의 자유 등 **기본권이 침해될 가능성은 없다**고 하여 심판청구를 각하하였으며(헌재 2004. 12. 16. 2002헌마579), 강원도지사가 혁신도시 입지로 원주시를 선정한 것에 대하여 춘천시 시민들이 청구한 헌법소원심판청구에 대하여 "해당 지역 주민들이 받는 이익 내지 혜택은 공공정책의 실행으로 인하여 주어지는 사실적 · 경제적인 것이며, 청구인들이 그러한 이익 내지 혜택에서 배제되었다 해서 기본권이 침해되었다 할 수 없다."고 하여 **기본권침해의 가능성을 부인**하였다(헌재 2006. 12. 28. 2006헌마312).

4. 기본권침해의 법적 관련성

헌법소원제도는 국민의 기본권침해를 구제해 주는 제도이므로, 그 제도의 목적상 권리보호이익이 있는 경우에 비로소 제기할 수 있다. **권리보호이익**이란, 소송을 통하여 청구가 인용되는 경우, 당사자의 법적 지위의 향상이 있어야 한다는 것을 의미한다. 기본권침해의 법적 관련성은 **심판청구 당시에 권리보호이익이 존재하는지 여부**에 관한 것이다. 청구인은 원칙적으로 **자신의 기본권이 현재, 그리고 직접 침해당한 경우에만** 헌법소원의 제기를 통하여 법적 지위의 향상을 기대할 수 있다. 자신의 기본권이 아니라 타인의 기본권이 침해된 경우, 자신의 기본권이 현재 침해되지 않은 경우 또는 자신의 기본권이 별도의 집행행위를 매개로 하여 비로소 침해되는 경우에는 헌법재판소가 인용결정을 한다 하더라도 청구인 법적 지위의 향상을 기대할 수 없다. 이러한 의미에서 기본권침해의 법적 관련성은 **일반적 권리보호이익이 헌법소원심판절차에서 구체화된 형태**라 할 수 있다.

가. 기본권침해의 자기관련성(自己關聯性)

헌법소원을 적법하게 제기하기 위해서는 청구인은 공권력작용에 의한 기본권침해에 스스로 법적으로 관련되어야 한다. **기본권침해의 자기관련성을 요구하는 이유**는, 승소하는 경우 법적 지위의 향상을 꾀할 수 있는 사람만이 소송을 제기할 수 있도록 함으로써, 민중소송을 막고자 하는 것이다. 원칙적으로 자신의 기본권을 침해당한 자만이 헌법소원을 제기할 수 있으므로, 헌법소원을 통하여 타인의 기본권침해를 주장할 수 없다. 그러므로 단체가 자신의 기본권이 아니라 그 구성원의 기본권이 침해되었음을 이유로 심판을 청구하는 경우, 자기관련성이 인정되지 않는다(헌재 1991. 6. 3. 90헌마56). 또한, 자신의 기본권이 침해당한 것이 아니라 단지 간접적·사실적·반사적 불이익을 받은 경우에도 자기관련성이 인정되지 않는다.

헌법재판소는 공권력작용의 직접적인 상대방이 아닌 **제3자의 자기관련성**과 관련하여, "공권력의 작용의 직접적인 상대방이 아닌 제3자라고 하더라도 공권력의 작용이 그 제3자의 기본권을 직접적이고 법적으로 침해하고 있는 경우에는 그 제3자에게 자기관련성이 있다고 할 것이다. 반대로 타인에 대한 공권력의 작용이 단지 간접적, 사실적 또는 경제적인 이해관계로만 관련되어 있는 제3자에게는 자기관련성은 인정되지 않는다고 보아야 할 것이다."라고 하면서(헌재 1993. 3. 11. 91헌마233, 판례집 5-1, 104, 111), "법률에 의한 기본권침해의 경우 어떠한 경우에 제3자의 자기관련성을 인정할 수 있는가의 문제는 입법의 목적, 실질적인 규율대상, 법규정에서의 제한이나 금지가 제3자에게 미치는 효과나 진지성의 정도 … 등을 종합적으로 고려하여 판단해야 한다."고 판시하고 있다(헌재 1997. 9. 25. 96헌마133, 판례집 9-2, 410, 416).

판 례 학교법인이 운영하는 중·고등학교에 재학 중인 학생들은 **학교법인에 대한 과세처분**에 관하여 단지 간접적이고 사실적이며 경제적인 이해관계가 있는 자들일 뿐 법적인 이해관계인이 아니므로, 자기관련성이 인정되지 않는다(헌재 1993 7. 29. 89헌마123, 판례집 5-2, 127, 134).

법무사가 고용할 수 있는 사무원의 수를 제한하는 **법무사법시행규칙**조항에 대하여 고용된 사무원이 제기한 헌법소원에서, 헌법재판소는 "제35조 제4항에 의하여 법무사가 사무원 중 일정 인원을 해고하여야 하는 법률상 의무를 직접 부담하는 경우에는 위 해고의 대상 중에 포함되어 있어 해고의 위험을 부담하는 것이 분명한 사무원들도 위 법령에 의하여 직접적이고 법적인 침해를 받는다고 할 것이다."라고 판시하여 **제3자인 사무원의 자기관련성**을 인정하였다(헌재 1996. 4. 25. 95헌마331).

반면에, **백화점의 셔틀버스운행을 금지**하는 법률조항에 대하여 백화점을 이용하는 소비자들이 제기한 헌법소원에서 "소비자들이 그동안 백화점 등의 셔틀버스를 이용할 수 있었던 것은 백화점 등의 경영자가 셔틀버스를 운행함으로써 누린 반사적인 이익에 불과한 것이므로, 백화점 등의 셔틀버스운행을 금지하는 법률조항의 시행으로 인하여 기본권을 침해받는 것이 아니어서 청구인적격이 인정될 수 없다."고 하여 소비자의 자기관련성을 부인하였다(헌재 2001. 6. 28. 2001헌마132, 판례집 13-1, 1441, 1456).

나. 기본권침해의 현재관련성(現在關聯性)

헌법소원을 적법하게 제기하기 위해서는 **기본권침해가 이미 발생하여 현실화되어 지속되고 있는 경우**, 즉 청구인이 현재 기본권을 침해당한 경우라야 한다. 장래에 언젠가 기본권침해가 발생할 가능성이 있다는 것만으로는 충분하지 않다. 그러나 **가까운 장래에 기본권침해가 발생할 것이 현재 확실하게 예측될 정도로 기본권침해 상황이 성숙되어 있다면**, 기본권구제의 실효성의 관점에서 기본권침해의 현재성을 인정할 수 있다(소위 '상황성숙이론').

나아가, 헌법재판소는 **이미 심판청구 당시에** 권력적 사실행위가 종료되는 등 침해행위가 종료되었기 때문에 **기본권침해의 현재관련성, 즉 심판청구 당시에 주관적 권리보호이익이 존재하지 않는 경우**에도, 현재관련성이 충족된 것으로 간주하여 본안판단을 하였는데, 비록 명시적으로 밝힌 바는 없으나, 이는 기본권침해의 반복의 위험성이나 헌법적 해명의 필요성의 관점에서 객관적 심판의 이익을 인정하였기 때문에 가능한 것이다.

판 례 혼인을 앞둔 예비신랑은 경조기간 중 주류 및 음식물의 접대를 금지하는 **'가정의례에 관한 법률'**규정으로 인하여 현재 기본권을 침해받고 있지는 않으나, 결혼식 때에는 하객들에게 주류 및 음식물을 접대할 수 없는 불이익을 받게 되는 것이 현재 시점에서 충분히 예측할 수 있는 경우이므로 현재성이 인정된다(헌재 1998. 10. 15. 98헌마168, 판례집 10-2, 586, 595). 심판청구 당시에 **이미 종료된 수형자의 서신검열행위**의 위헌 확인을 구하는 헌법소원에서, 헌법적 해명의 필요성을 이유로 심판청구의 이익을 인정하고 있다(헌재 1998. 8. 27. 96헌마398).

다. 기본권침해의 직접관련성(直接關聯性)

(1) 청구인의 기본권은 공권력작용에 의하여 직접적으로 침해되어야 한다. 구체적 집행행위를 매개로 함이 없이 헌법소원의 대상이 되는 공권력행위에 의하여 직접 기본권침해가 발생하는 경우, 기본권침해의 직접관련성이 인정된다. 행정작용이나 법원의 재판의 경우, 별도의 집행행위가 없기 때문에 직접성요건은 문제되지 않는다. 따라서 직접성요건은 **법령에 대한 헌법소원**에서 실질적인 의미를 가진다.

법령에 대한 헌법소원에 있어서 '기본권침해의 직접성'을 요구하는 이유는, 법령은 일반적으로 그의 집행이나 적용을 통해서 비로소 개인의 기본권을 침해하기 때문에, 개인은 기본권의 침해를 우선 법원에 소송을 제기함으로써 방어해야 한다는 데 있다. 따라서 법령의 집행행위가 존재한다면 국민은 우선 그 집행행위를 기다렸다가 집행행위에 대하여 소송을 제기하여 구제절차를 밟아야 한다. 그러나 **예외적으로 법령을 집행하는 행위가 존재하지 않는다면**, 바로 이러한 경우 법령에 의한 기본권침해의 직접성을 인정할 수 있고, 이로써 직접 법령에 대한 소원이 허용되는 것이다.

따라서 법령조항에 대하여 헌법소원을 제기하기 위해서는 **구체적인 집행행위에 의하지 아니하고 그 법령조항에 의하여 직접 기본권을 침해받아야** 한다. 집행행위에는 입법행위도 포함된다. 법령규정이 그 규정의 구체화를 위하여 하위규범의 시행을 예정하고 있는 경우에는 기본권침해는 하위규범에 의하여 비로소 발생하는 것이지 법령규정에 의하여 곧바로 발생하는 것은 아니므로, 당해 법령으로 인한 기본권침해의 직접성은 부인된다(헌재 1996. 2. 29. 94헌마213).

판 례 헌법재판소의 일관된 판례는 '법령 자체가 헌법소원의 대상이 될 수 있으려면, 청구인의 기본권이 그 법령에 기한 다른 집행행위를 기다리지 아니하고 그 법령에 의하여 직접 침해받아야 한다'고 하면서, '기본권침해의 직접성이란 집행행위에 의하지 아니하고 법령 그 자체에 의하여 자유의 제한, 의무의 부과, 법적 지위의 박탈이 발생하는 경우를 말하므로, 당해 법령에 근거한 구체적인 집행행위를 통하여 비로소 기본권침해의 법률효과가 발생하는 경우에는 직접성의 요건이 결여된다'고 밝히고 있다(헌재 1992. 11. 12. 91헌마192).

"누구든지 과외교습을 하여서는 아니 된다."고 규정하는 '학원의 설립·운영에 관한 법률'조항의 경우 별도의 집행행위를 기다릴 것 없이 법률에 의하여 바로 과외교습을 하지 않을 의무를 직접 부담하고 있다고 하여 **기본권침해의 직접성을 인정**하였고(헌재 2000. 4. 27. 98헌가16 등, 판례집 12-1, 427, 445), 지방의회에 청원할 때에는 필요적 요건으로 지방의회의원의 소개를 얻도록 규정하고 있는 지방자치법 제65조의 경우, 의원의 소개가 없는 청원은 지방의회에 의한 청원서의 수리거부 또는 반려행위 등의 집행행위를 기다릴 것도 없이 확정적으로 청원을 하지 못하는 결과가 발생한다고 하여 **기본권침해의 직접성을 인정**하였다(헌재 1999. 11. 25. 97헌마54, 판례집 11-2, 583, 587).

반면에, 급여의 제한을 규정하는 국민건강보험법조항은 그 자체로 직접 자유의 제한, 의무의 부과 또는 권리나 법적 지위의 박탈을 초래하는 것이 아니며, 국민건강보험공단의 보험급여거부처분이라는 집행행위를 통하여 비로소 기본권에 대한 직접적 현실적 침해가 있게 되므로 위 조항은 **기본권 침해의 직접성이 없다**(헌재 2001. 8. 30. 2000헌마668, 판례집 13-2, 287, 293).

(2) **집행행위가 존재하는 경우라도 그 집행행위를 대상으로 하는 구제절차가 없거나 구제절차가 있다고 하더라도 권리구제의 기대가능성이 없고** 다만 기본권 침해를 당한 청구인에게 불필요한 우회절차를 강요하는 것밖에 되지 않는 경우에는 예외적으로 기본권침해의 직접성이 인정됨으로써 당해 법령을 직접 헌법소원의 대상으로 삼을 수 있다(헌재 1997. 8. 21. 96헌마48, 판례집 9-2, 295, 303).

판 례 헌법재판소는 피고인이나 변호인의 공판정에서의 녹취허가신청에 대한 **법원의 녹취불허결정**에 대해서는 직접적인 구제절차가 없다고 보아 **그 근거규정인 형사소송규칙의 직접성을 인정**하였고(헌재 1995. 12. 28. 91헌마114), '한나라당 대통령후보 이명박의 주가조작 등 범죄혐의의 진상규명을 위한 특별검사의 임명 등에 관한 법률'에 규정된 동행명령조항의 경우, 기본권침해는 동행명령장의 발부라는 구체적인 집행행위가 있어야만 구체적으로 현실화되나, **동행명령**에 대하여는 구제절차가 없거나 권리구제의 기대가능성이 없어, 구체적 집행행위의 존재에도 불구하고 예외적으로 당해 법률을 직접 헌법소원의 대상으로 삼을 수 있는 경우에 해당하므로 **심판대상조항에 의한 기본권침해의 직접성을 인정**하였다(헌재 2008. 1. 10. 2007헌마1468).

(3) 나아가, 헌법재판소는 집행행위가 존재하는 경우에도 **집행행위가 재량행위인 경우**에는 재량권의 행사에 의하여 비로소 기본권침해가 현실화된다고 보아 기본권침해의 직접성을 부인하면서(헌재 1998. 4. 30. 97헌마141), 반면에 **집행행위가 기속행위에 해당하는 경우**에는 기본권침해의 직접성이 인정되는 것으로 판단함으로써 **직접성요건을 현저하게 완화**하고 있다. 그러나 현행 헌법재판제도에서는 집행행위의 위헌·위법여부를 다투는 과정에서 집행행위의 근거가 되는 법률에 대하여 헌법소원을 제기할 수 있는 절차인 법 제68조 제2항의 헌법소원이 별도로 마련되어 있기 때문에, 이러한 입장은 법률조항에 대한 위헌심사를 이중적으로 가능하게 한다는 점에서 **그 타당성에 대하여 의문이 제기**된다.

판 례 "**법규범이 집행행위를 예정하고 있더라도** 법규범의 내용이 집행행위 이전에 이미 국민의 권리관계를 직접 변동시키거나 국민의 법적 지위를 결정적으로 정하는 것이어서 **국민의 권리관계가 집행행위의 유무나 내용에 의하여 좌우될 수 없을 정도로 확정된 상태**라면 그 법규범의 권리침해의 직접성이 인정된다."고 판시하고 있다(헌재 1997. 7. 16. 97헌마38, 판례집 9-2, 94, 104).

(4) 설사, 집행행위가 존재하는 경우라 하더라도, 법률의 집행행위를 기다렸다가 그 **집행행위에 대하여 권리구제절차를 밟는 것을 국민에게 요구할 수 없는 경우**에는 기본권침해의 직접성이 인정된다. 국민에게 그 합헌성이 의심되는 형벌조항에 대하여 위반행위를 우선 범하고 법관에 의한 형벌조항의 적용행위를 기다려 법원의 판결에 대하여 심판청구를 할 것을 요구할 수는 없다.

판 례 "국민에게 행위의무 또는 금지의무를 부과한 후 그 위반행위에 대한 제재로서 형벌, 행정벌 등을 부과할 것을 정한 경우에 그 형벌이나 행정벌의 부과를 위 직접성에서 말하는 집행행위라고 할 수 없다. **국민은 별도의 집행행위를 기다릴 필요 없이 제재의 근거가 되는 법률의 시행 자체로 행위의무 또는 금지의무를 직접 부담하는 것**이기 때문이다."고 하여 '청구인이 풍속영업법위반으로 아직 제재를 받은 일이 없다고 할지라도 직접성을 결여하였다고 할 수는 없다'고 판시하고 있다(헌재 1996. 2. 29. 94헌마213, 판례집 8-1, 147, 154).

5. 보충성의 원칙

가. 의미

(1) 법 제68조 제1항 단서규정은 "다만, 다른 법률에 구제절차가 있는 경우에는 그 절차를 모두 거친 후가 아니면 청구할 수 없다"라고 하여 '보충성의 원칙'을 규정하고 있다. **헌법소원은 그 본질상 기본권침해에 대한 예비적이고 보충적인 최후의 구제수단**이므로, 공권력작용으로 말미암아 기본권의 침해가 있는 경우에는 먼저 다른 법률이 정한 절차에 따라 침해된 기본권의 구제를 받기 위한 모든 수단을 다하였음에도 불구하고 그 구제를 받지 못한 경우에 비로소 청구할 수 있다(헌재 1993. 12. 23. 92헌마247, 판례집 5-2, 682, 692).

여기서 **'다른 법률에 구제절차가 있는 경우'**란 주로 법원의 소송절차, 대표적으로 행정소송절차를 의미한다. '구제절차'란 공권력작용을 직접 대상으로 하여 그 효력을 다툴 수 있는 구제절차를 의미하는 것이므로, 간접적이거나 사후적 · 보충적 구제수단인 손해배상청구나 손실보상청구 등은 여기서 말하는 '구제절차'에 해당하지 않는다(헌재 1989. 4. 17. 88헌마3, 판례집 1, 31, 35).

(2) 보충성의 원칙은 기본권의 침해를 제거할 수 있는 다른 사전적 가능성, 즉 법원에 의한 기본권의 구제를 전제로 하고 있다. 보충성의 원칙을 정당화하는 이유가 바로 법원의 일차적인 기본권 보호기능에 있다. 따라서 **'보충성'이란 바로 '기본권구제의 보충성'**을 의미한다. 보충성의 원칙은 법원을 경유한 후에 헌법소원을 제기할 수 있는 가능성, 즉 재판소원의 가능성을 전제로 하므로, **보충성원칙을 규정하면서 재판소원을 배제하는 것은 모순**이라고 할 수 있다. 보충성원칙의 원래 의미와 목적은 첫째, 법원을 경유하는 과정에서 기본권침해가 구제될 수 있기 때문에 헌법재판소의 업무 부담을 덜고, 둘째, 사실관계와 법적 문제에 대한 법원의 사전적 규명을 통하여 헌법재판소가 헌법적 판단에 집중할 수 있도록 하려는 것이다.

그러나 **재판소원을 배제하는 우리 헌법재판제도에서 보충성원칙의 기능**은 독일과 같이 재판소원을 포함하는 헌법재판제도에서의 기능과 다를 수밖에 없다. 한국의 헌법소원제도에서의 보충성원칙은 **재판소원의 배제와 결합하여** 행정청에 의한 기본권 침해여부의 심사를 법원의 관할로 함으로써, **법원의 헌법재판권을 구성하는 기능**을 한다. 결국, '다른 구제절차'가 법원의 재판인 경우에는 헌법소원을 제기할 수 없다는 것을 의미한다.

나. 보충성의 예외

청구인이 그의 불이익으로 돌릴 수 없는 정당한 이유 있는 착오로 전심절차를 밟지 않은 경우, 전심절차로 권리가 구제될 가능성이 거의 없거나 권리구제절차가 허용되는지 여부가 객관적으로 불확실하여 **전심절차 이행의 기대가능성이 없을 때에는 보충성의 예외**로 바로 헌법소원을 제기할 수 있다(헌재 1995. 12. 28. 91헌마80, 판례집 7-2, 851, 865). 한편, 법령 자체에 의하여 직접 기본권을 침해당하는 경우나 입법부작위에 의한 기본권침해의 경우 등 **법률상 달리 구제절차가 없는 경우**에는 보충성원칙의 예외가 아니라 **보충성의 원칙이 적용되지 않으므로,** 보충성의 원칙에 반하지 않는다(헌재 1993. 5. 13. 91헌마190, 판례집 5-1, 312, 321).

판 례 **미결수용자의 서신에 대한 교도소장의 검열 · 지연발송행위**는 권력적 사실행위로서 행정소송의 대상이 된다고 단정하기도 어려울 뿐만 아니라, 설사 그 대상이 된다고 하더라도 이미 종료된 행위로서 소의 이익이 부정될 가능성이 많아 헌법소원심판을 청구하는 외에 달리 효과적인 구제방법이 있다고 보기 어려우므로, 보충성의 원칙에 대한 예외에 해당한다고 판시하였다(헌재 1995. 7. 21. 92헌마144, 판례집 7-2, 94, 102). 또한, 유사한 취지로 헌재 2011. 6. 30. 2009헌마406(서울광장 차벽) 참조.

6. 청구기간

가. 청구기간의 유형

법 제69조 제1항은 "제68조 제1항의 규정에 의한 헌법소원의 심판은 그 사유가 있음을 안 날부터 90일 이내에, 그 사유가 있은 날부터 1년 이내에 청구하여야 한다. 다만, **다른 법률에 의한 구제절차를 거친** 헌법소원의 심판은 그 최종결정을 통지받은 날로부터 30일 이내에 청구하여야 한다."라고 규정하고 있다.

청구기간제도의 목적은, 청구기간 이후에는 공권력작용을 더 이상 다툴 수 없도록 함으로써 공권력의 행사로 인한 법률관계를 신속히 확정하여 법적 안정성을 확보하기 위한 것이다. 헌법소원심판의 청구기간이 준수되었는지 여부는 법에 특별한 규정이 없는 이상, 법의 일반적 원칙인 **도달주의**에 따라 '헌법재판소에 심판청구서가 접수된 날'을 기준으로 삼아 판단된다(헌재 1990. 5. 21. 90헌마78). '다른 법률에 따른 구제절차'의 유무에 따라 **청구기간의 유형**은 다음과 같이 나누어 볼 수 있다.

(1) 다른 법률에 의한 구제절차를 거친 경우

다른 법률에 의한 구제절차를 거친 경우에는 헌법소원심판은 최종결정을 통지받은 날부터 30일 이내에 청구하여야 한다(법 제69조 제1항 단서). 다른 법률에 의한 구제절차를 거친 경우란, **불기소처분에 대하여 검찰청법상의 항고·재항고를 거친 경우**를 말한다(검찰청법 제10조 제1항 및 제3항, 형사소송법 제260조 제1항).

2008년 형사소송법 개정 이전에는 재정신청이 불가능한 검찰의 불기소처분에 대해서는 검찰청법이 권리구제수단으로 항고·재항고절차를 규정하고 있었으므로, 이러한 불기소처분에 대해서는 검찰청법에 의한 구제절차를 거친 후 헌법소원심판을 청구해야 하였다. 그러나 **형사소송법의 개정**으로 인하여 재정신청의 대상범죄가 크게 확대됨에 따라 검찰의 불기소처분에 대하여 법원에서 다툴 수 있는 가능성도 확대되었다. 이로써 검사의 불기소처분에 대한 피해자의 헌법소원이 헌법소원의 대상에서 대부분 제외되었다.

(2) 다른 법률에 의한 구제절차를 거치지 않은 경우

다른 법률에 의한 구제절차를 거치지 않은 경우란, **다른 법률에 의한 구제절차가 없는 경우**를 말한다. **기본권을 직접 침해하는 법령과 이미 종료된 권력적 사실행위**에 대해서는 달리 구제절차가 없으므로, 이러한 법령과 권력적 사실행위에 대한 헌법소원심판은 그 사유가 있음을 안 날부터 90일 이내에, 그 사유가 있은 날부터 1년 이내에 청구하여야 한다(법 제69조 제1항 본문).

여기서 그 사유가 '있은 날'이라 함은 공권력의 행사에 의해서 기본권침해가 발생한 날을 말하며, 그 사유가 있음을 '안 날'이란 기본권침해의 발생을 안 날을 말하는데, 적어도 공권력행위에 의한 기본권침해의 사실관계를 특정할 수 있을 정도로 현실적으로 인식하여 심판청구가 가능해진 경우를 의미한다(헌재 1993. 7. 29. 89헌마31, 판례집 5-2, 87, 109). 기본권침해의 발생을 안 날부터 90일이 지났거나 또는 기본권침해가 발생한 날부터 1년이 지났으면, 즉 둘 중 어느 하나의 기간이 지났으면 그 심판청구는 부적법하다.

나. 법령에 대한 헌법소원의 청구기간

(1) 기본권을 직접 침해하는 법령에 대한 헌법소원심판은 그 사유가 있음을 안 날부터 90일 이내에, 그 사유가 있은 날부터 1년 이내에 청구하여야 한다. 법령은 한번 제정되어 시행되면 입법자가 스스로 그 법률을 개폐하기 전이나 헌법재판소에 의해 그 위헌성이 확인되기 전에는 계속하여 효력을 갖게 된다는 사정에 비추어, 법령과 같은 입법행위에 의하여 기본권이 침해되는 경우 **청구기간의 기산점을 법령의 시행일로 한다면**, 헌법소원을 통하여 법령으로 인한 기본권침해를 구제받을 수 있는 가능성은 현저히 축소됨으로써 기본권구제의 실효성이 크게 저하된다. 따라서 헌법재판소는 법령에 대한 헌법소원의 청구기간을 해석을 통하여 '법령의 시행과 동시에 기본권을 침해받는 경우'와 '법령이 시행된 뒤 비로소 기본권을 침해받게 된 경우'로 나누어 기산함으로써, **법령에 대한 헌법소원의 청구기간을 확장**하였다.

즉, **그 법령의 시행과 동시에 기본권의 침해를 받게 되는 경우**에는 그 법령이 시행된 사실을 안 날부터 90일 이내에, 법령이 시행된 날부터 1년 이내에 헌법소원을 제기해야 하고(헌재 1999. 4. 29. 96헌마352등, 판례집 11-1, 477, 496), **법령이 시행된 뒤에 비로소 그 법령에 해당되는 사유가 발생하여 기본권의 침해를 받게 되는 경우**에는 그 사유가 발생하였음을 안 날부터 90일 이내에, 그 사유가 발생한 날부터 1년 이내에 헌법소원을 제기해야 한다(헌재 1998. 7. 16. 95헌바19 등, 판례집 10-2, 89, 101). 가령, 입법자가 약사의 직업활동을 제한하는 방향으로 약사법을 개정하는 경우, 약사법의 개정 당시에 이미 약국을 개설하여 운영하는 약사의 경우에는 개정약사법이 시행된 사실을 안 날부터 90일 이내에, 개정약사법이 시행된 날부터 1년 이내에 헌법소원을 제기해야 한다. 이에 대하여, 약사법의 개정 이후에 약국을 개설하여 운영하는 약사의 경우에는 개정법률에 의한 기본권침해의 사실관계를 안 날로부터 90일 이내에, 약국을 개설한 시점부터 1년 이내에 헌법소원을 제기해야 한다.

(2) 청구기간의 기산점도 **현재성요건을 판단하는 상황성숙이론**에 따라 판단해야 하는지의 문제가 제기된다. 법령에 대한 헌법소원의 경우, 기본권을 침해받기도 전에 그 침해가 확실히 예상되는 등 실체적 요건이 성숙하여 헌법판단에 적합하게 된 때로부터 청구기간을 기산한다면, 청구기간의 기산점이 앞당겨지므로 청구인에게 불리하게 청구기간이 단축되는 부작용이 발생한다. 따라서 법령에 대한 헌법소원의 **청구기간은 상황성숙의 시점이 아니라 기본권을 현실적으로 침해받은 때로부터 기산해야** 한다. **아직 기본권의 침해는 없으나** 장래에 확실히 기본권 침해가 예측되므로 미리 앞당겨 기본권침해의 현재성을 인정하는 경우에는 아직 기본권침해가 현실화되지 않았기 때문에, **청구기간 도과의 문제가 발생할 여지가 없다**(헌재 1999. 12. 23. 98헌마363, 판례집 11-2, 770, 780).

한편, **법령이 시행과 관련하여 유예기간을 둔 경우 청구기간 기산점**에 관하여, 헌법재판소는 종래 일관되게 유예기간과 관계없이 이미 그 법령 시행일에 기본권의 침해를 받은 것으로 간주함으로써 청구기간의 기산점을 '유예기간이 경과한 때'가 아니라 **'법령의 시행일'**로 보았으나(헌재 1996. 3. 28. 93헌마198, 판례집 8-1, 241, 251; 헌재 2013. 11. 28. 2011헌마372), 2020년 **판례를 변경**하여 **유예기간이 경과한 때**를 청구기간의 기산점으로 보고 있다(헌재 2020. 4. 23. 2017헌마479).

다. 진정입법부작위에 대한 헌법소원의 청구기간

입법자가 헌법적 입법의무의 존재에도 불구하고 전혀 입법을 하지 않은 **진정입법부작위도 달리 구제절차가 없는 경우**에 해당한다. 진정입법부작위에 대한 헌법소원심판은 그 불행사가 계속되는 한, **기간의 제약 없이** 적법하게 청구할 수 있고, 이는 행정입법부작위의 경우에도 마찬가지이다(헌재 1994. 12. 29. 89헌마2, 판례집 6-2, 395, 408; 헌재 1998. 7. 16. 96헌마246, 판례집 10-2, 283, 298-299). 반면에, 입법자가 입법은 하였으나 그 법률의 내용이 청구인의 입장에서 불완전하고 불충분하기 때문에 청구인이 소위 '결함이 있는 입법권의 행사'에 대하여 다투는 **부진정입법부작위**의 경우, 청구인은 그 법률에 대하여 법 제69조 제1항의 청구기간 내에 헌법소원을 제기해야 한다(헌재 1996. 10. 31. 94헌마204).

라. 국선대리인 선임신청한 때의 청구기간

법 제70조 제1항에 의하면, 헌법소원심판을 청구하고자 하는 자가 변호사를 대리인으로 선임할 자력(資力)이 없는 경우, 헌법재판소에 국선대리인을 선임하여 줄 것을 신청할 수 있고, 이 경우 헌법소원심판의 청구기간은 국선대리인의 선임신청이 있는 날을 기준으로 정한다. **국선대리인 선임신청이 인용되고 그 후에 심판청구서가 제출된 경우**, 청구기간 준수여부는 국선대리인 선임신청이 청구기간 내에 이루어졌는지에 의하여 판단해야 한다(헌재 1998. 7. 16. 96헌마268, 판례집 10-2, 312, 336). 따라서 청구기간 경과 후에 심판청구서를 제출하더라도, 국선대리인 선임신청이 청구기간 내에 이루어졌다면, 청구기간은 준수한 것이 된다. 반면에, 심판청구서를 제출하기 전에 먼저 **국선대리인 선임신청을 하였으나 헌법재판소가 국선대리인을 선정하지 아니한다는 결정을 한 때**에는, 신청인이 선임신청을 한 날로부터 위 결정통지를 받은 날까지의 기간은 법 제69조의 청구기간에 이를 산입하지 아니한다(법 제70조 제4항). 청구기간이 아직 도과하지 않은 경우, 청구인은 남은 기간 내에 심판청구서를 제출해야 한다.

한편, **대리인의 선임 없이 심판청구서가 먼저 제출**되거나 국선대리인신청서와 함께 제출된 경우에는 법 제69조에 따라 **청구기간은 심판청구서가 접수된 날을 기준으로** 한다. 청구인이 제출한 심판청구서는 나중에 대리인으로 선임된 변호사가 추인함으로써 적법한 헌법소원심판청구의 효력을 가지는 것으로 간주된다. 변호사의 자격 없는 사인인 청구인이 한 헌법소원심판청구나 심판수행이 헌법소원심판대상이 되기 위한 요건으로, 헌법재판소는 나중에 선임된 변호사의 추인을 요구하고 있다(헌재 1992. 6. 26. 89헌마132, 판례집 4, 387, 398). 나중에 선임된 변호사 대리인이 심판청구서를 작성하여 제출하는 경우, 이는 원칙적으로 청구인이 제출한 심판청구서를 묵시적으로 추인하고 보완하는 것으로 봄이 상당하다.

마. 청구기간의 도과와 정당한 사유

청구기간을 준수하지 못한 심판청구는 원칙적으로 부적법한 것으로 각하된다. 한편, 행정소송법 제29조 제2항 단서는 '정당한 사유가 있는 경우' 제소기간을 경과한 행정소송을 허용하고 있다. 헌법재판소는 법 제40조에 의하여 위 행정소송법규정을 준용하여, **헌법소원에서도 '정당한 사유'가 있는 경우**에는 청구기간을 경과하여 제기된 헌법소원심판청구는 적법하다고 해석하면서, 여기서의 '정당한 사유'라 함은 청구기간경과의 원인 등 여러 가지 사정을 종합하여 지연된 심판청구를 허용하는 것이 사회통념상으로 보아 상당한 경우를 뜻한다고 판시하고 있다(헌재 1993. 7. 29. 89헌마31, 판례집 5-2, 87, 111).

7. 권리보호이익

헌법소원은 국민의 기본권침해를 구제해 주는 제도이므로, 그 제도의 목적상 권리보호이익이 있는 경우에만 헌법소원을 제기할 수 있으며, 권리보호이익은 **헌법소원의 제기 당시뿐만 아니라 헌법재판소가 결정을 선고할 당시에도 존재해야** 한다. 그러나 헌법재판소에서의 심리절차가 장시간을 요하기 때문에, 헌법소원의 제기 이후에 기본권침해의 원인이 된 법률이 폐지되거나 공권력행사가 취소되는 등 사정변경으로 인하여 결정 당시에 권리보호이익이 없는 경우가 발생할 수 있다. 이러한 경우, 청구인이 주장하는 기본권의 침해가 종료되어 청구인은 더 이상 국가의 공권력에 의하여 기본권의 침해를 받고 있지 않기 때문에, 그 **심판청구는 더 이상 권리보호이익이 없게 되어 원칙적으로 부적법하**다.

한편, 개인의 주관적 권리구제절차이자 객관적 헌법질서의 보장이라는 **헌법소원의 이중적 기능**으로 말미암아, 비록 주관적 권리보호이익은 없다 하더라도 헌법소원의 객관적 기능의 관점에서 심판의 이익을 인정할 수 있다. 헌법재판소는 침해행위가 이미 종료하여 이를 취소할 여지가 없기 때문에 헌법소원이 주관적 권리구제에 별 도움이 안 되는 경우라도 **'기본권침해의 반복의 위험성'이나 '헌법적 해명의 필요성'의 관점에서 객관적 심판의 이익을 인정**하여 이미 종료한 침해행위가 위헌이었음을 선언하고 있다(헌재 1992. 1. 28. 91헌마111; 헌재 1997. 11. 27. 94헌마60).

> **판 례** 헌법재판소는 **수사기관의 변호인접견불허처분**에 대하여 취소를 구하는 헌법소원사건에서 '당해사건에 대한 본안판단이 헌법질서의 수호·유지를 위하여 긴요한 사항이어서 그 해명이 헌법적으로 중요한 의미를 지니고 있는 경우나, 그러한 침해행위가 앞으로도 반복될 위험이 있는 경우 등에는 예외적으로 심판청구의 이익을 인정하여 이미 종료된 침해행위가 위헌임을 확인할 필요가 있다'고 판시하였고(헌재 1991. 7. 8. 89헌마181), 그 후 일련의 결정을 통하여 **확립된 판례**로 자리 잡았다. 예컨대, 심판청구 당시에 이미 종료된 **수형자의 서신검열행위**를 다투는 경우(헌재 1998. 8. 27. 96헌마398, 판례집 10-2, 416, 425-426), 청구인이 출소하였으나 수용자로 있을 당시 수용자가 구독하는 **신문기사의 일부삭제행위**를 다투는 경우 심판의 이익이 있다고 하였다(헌재 1998. 10. 29. 98헌마4, 판례집 10-2, 637, 644). 나아가, 선거를 앞두고 공직선거법조항들에 대하여 제기된 헌법소원에서도 헌법재판소는 대통령 선거가 이미 종료되었고 이 시간 법률규정도 폐지되었지만 **기탁금제도의 위헌여부**에 관하여 심판의 이익이 있다고 판단하였고(헌재 1995. 5. 25. 92헌마269 등, 판례집 7-1, 768, 777), **선거연령의 제한**도 청구인이 선거연령에 도달하였거나 선거가 종료되었지만 심판의 이익이 있다고 판단하였다(헌재 1997. 6. 26. 96헌마89, 판례집 9-1, 674, 678).

8. 변호사 강제주의

헌법소원심판절차에서 청구인이 사인인 경우에는 변호사를 대리인으로 선임하지 아니하면 심판청구를 할 수 없다(법 제25조 제3항).

제 4 항 헌법재판소법 제68조 제2항에 의한 헌법소원심판

Ⅰ. 법적 성격

1. 복합적 성격의 심판절차

당해재판에 적용되는 법률에 대하여 위헌의 의심이 있는 경우, 법원은 직권 또는 당사자의 신청에 의한 결정으로 헌법재판소에 위헌여부의 심판을 제청해야 한다(법 제41조 제1항). 그런데 당사자의 위헌제청신청이 법원에 의하여 기각된 경우, 법 제68조 제2항은 **당사자가 직접 법률에 대한 헌법소원을 제기할 수 있는 가능성**을 부여하고 있다. 법 제68조 제2항의 헌법소원심판은 위헌법률심판에 이르는 과정에서 파생된 절차로서 위헌법률심판과 마찬가지로 **구체적 규범통제절차의 한 유형**이다. 그러나 다른 한편으로는 아래에서 서술하는 바와 같이 **헌법소원으로서의 기능**도 하고 있으므로, 위 헌법소원제도는 헌법소원심판과 위헌법률심판의 성격을 함께 가지고 있는 '복합적 성격의 심판절차'이다.

2. 헌법재판소의 입장

헌법재판소는 **초기의 결정**에서는 법 제68조 제2항에 의한 헌법소원심판을 '헌법소원제도의 한 유형'으로 이해하는 입장을 취하였다. 이에 따라 헌법재판소는 법 제68조 제2항에 의한 심판청구에 대하여 **'헌마'라는 사건번호를 부여**하였고, 심판청구의 적법성을 법 제68조 제1항의 헌법소원의 적법요건을 기준으로 하여 판단하였다(헌재 1989. 9. 29. 89헌마53). 그러나 헌법재판소는 **1990년부터** 법 제68조 제2항에 의한 심판청구에 대하여 **별도로 '헌바'라는 사건번호를 부여**하였고, 법 제68조 제2항에 의한 헌법소원심판을 위헌법률심판의 한 유형으로 인식함으로써 심판청구의 적법성을 '재판의 전제성요건'에 의하여 판단하였다. 이로써, 법 제68조 제2항의 헌법소원심판은 위헌법률심판과 함께 구체적 규범통제의 한 유형으로서 법률의 위헌여부를 심판하는 제도로 확립되었다. 헌법재판소는 '구체적 규범통제의 성격에 비추어 행정소송의 피고인 **행정청도** 근거법률의 위헌여부에 대한 심판의 제청을 신청할 수 있고 **헌법소원을 제기할 수 있다**'고 판시하고 있다(헌재 2008. 4. 24. 2004헌바44).

Ⅱ. 재판소원으로서의 기능

1. 재판소원을 배제하는 헌법소원제도 내에서의 기능

헌법재판소법이 당해소송의 당사자에게 당해소송에 적용되는 법률의 위헌성을 헌법재판소에 직접 물을 수 있는 제도를 둔 것은, 우리 헌법소원제도가 법 제68조 제1항에서 재판소원을 배제하고 있는 것과 밀접한 연관관계가 있다(헌재 2003. 2. 11. 2001헌마386, 판례집 15-1, 443, 456-457). 법 제68조 제2항의 헌법소원은 재판소원을 배제하는 우리 헌법재판제도에서 법원이 구체적 재판에서 위헌적인 법률을 적용하는 경우, 즉 **법원의 재판이 위헌적인 법률에 기인하는 경우에도 법률의 위헌심사를 가능하게 하는 기능**을 하고 있다.

재판소원을 인정하는 독일의 헌법재판제도에서는 당해재판에 적용되는 법률에 대하여 위헌의 의심이 있음에도 법관이 스스로 위헌제청을 하지 않는다면, 소송당사자는 원칙적으로 법원의 모든 심급을 경유한 후에 위헌적인 법률을 적용한 재판에 대하여 헌법소원을 제기하게 된다. 그러나 **우리 헌법재판제도**에서는 재판소원을 배제함으로써 소송당사자가 법원의 심급을 모두 경유한 후에 재판소원의 형태로써 재판에 적용된 법률의 위헌성을 물을 수 있는 길이 막혀 있다. 그 대신, 헌법재판소법은 제68조 제2항의 헌법소원을 도입함으로써 법원이 위헌제청을 하지 않고 위헌적인 법률을 그대로 적용하여 재판을 한다는 의심이 있는 경우, 소송당사자가 법원의 심급을 거칠 필요 없이 직접 헌법재판소로 하여금 규범의 위헌성을 심사하게 할 수 있는 길을 열어 놓고 있다.

2. 재판소원을 일부 수용하는 기능

재판소원을 도입한 헌법재판제도에서 발생하는 재판소원의 상황을 크게 2개의 유형으로 구분한다면, 첫째, 법원이 재판에서 위헌적인 법률을 적용하는 경우에, 즉 법원의 재판이 위헌적인 법률에 기인하는 경우에 재판소원의 형태로 당해 재판에 적용된 법률의 위헌여부를 묻는 재판소원(소위 '간접적 법률소원')과 둘째, 구체적 소송사건에서 법원의 재판내용이나 재판절차가 청구인의 기본권을 침해했다는 주장으로 제기되는 재판소원(재판 자체에 대한 헌법소원)으로 나누어 볼 수 있다.

헌법재판소법은 제68조 제2항을 통하여 '법원의 재판이 위헌적인 법률에 기인하는지'에 관한 심사를 헌법재판소의 관할로 규정하고 있다. 이로써 제68조 제2항의 헌법소원은 **'기능상으로는' 재판소원의 일부분인 '간접적 법률소원'을 수용**하고 있다. **법 제75조 제7항에서 법원의 확정된 판결에 대하여 재심을 허용**한 것도 법 제68조 제2항에 의한 헌법소원제도가 재판소원의 기능을 하고 있다는 것을 보여주고 있다. 법 제75조 제7항에서 재판에 적용된 법률의 위헌성이 확인된 경우 당해사건의 당사자가 재심을 청구할 수 있도록 함으로써 비록 헌법재판소가 법원의 재판을 직접 취소하지는 못하지만, 법원이 스스로 재판을 취소하도록 한 것은, 사실상 헌법재판소의 결정에 의한 '간접적인 재판 취소'에 해당하는 것이다.

Ⅲ. 적법요건

법 제68조 제2항에 의한 심판청구가 적법하기 위해서는, 법원의 위헌제청신청 기각결정이 있어야 하고, 재판의 전제성요건이 충족되어야 하며, 청구기간을 준수해야 한다. 나아가, 청구인이 사인인 경우, 변호사를 대리인으로 선임해야 한다.

1. 위헌제청신청 기각결정

가. 당해법원이 당사자의 제청신청에 대하여 각하결정을 한 경우

법 제68조 제2항의 헌법소원심판은 법률의 위헌여부심판의 **제청신청을 하여 그 신청이 기각된 때에만 청구**할 수 있는 것이므로, 청구인이 당해소송법원에 위헌여부심판의 제청신청을 하지 않았고 이에 따라 법원이 '기각결정'을 하지 않았다면, 심판청구는 그 요건을 갖추지 못하여 부적법하다(헌재 2000. 7. 20. 98헌바74, 판례집 12-2, 68, 76). 법원이 당해사건에 적용되는 법률을 합헌적으로 판단하는 경우에는 당사자의 제청신청을 **기각하는 결정**을 한다. 이에 대하여 각하결정은 형식적 요건에 대한 판단이므로, 가령 법률이 당해사건에 적용되는 것이 아니기 때문에 재판의 전제성이 없다고 판단하는 경우 또는 법률이 아닌 행정입법이나 법원의 재판에 대하여 제청신청을 하는 경우, 법원은 당사자의 제청신청을 **각하하는 결정**을 한다.

법원이 당사자의 제청신청에 대하여 **'기각결정'을 한 경우에 심판청구를 허용**하는 것은, 당해사건의 당사자가 법률의 위헌여부에 관하여 법원의 실체적 판단을 받은 후에 비로소 헌법재판소에 심판청구를 해야 한다는 사고에 기인하는 것이며, 법원이 실체적 판단을 하는 경우에는 법원이 스스로 위헌제청을 할 가능성을 배제할 수 없기 때문이다. 따라서 **각하결정의 경우**에는 법원이 법률의 위헌여부에 관하여 실체적 판단을 하지 아니하였으므로, 심판청구는 **원칙적으로 부적법**하다.

다만, 법원이 재판의 전제성이 없다거나 위헌제청의 대상이 되지 않는다고 하여 각하결정을 하였으나, **재판의 전제성 등에 관한 법원의 법적 견해가 명백히 유지될 수 없는 경우**에는 헌법재판소가 직권으로 조사하여 재판의 전제성 등을 인정할 수 있고(헌재 1999. 12. 23. 98헌바33, 판례집 11-2, 732, 744), 법원이 제청신청의 적법여부를 올바르게 판단하였다면 당해사건에 적용되는 법률조항의 위헌여부에 관하여 실체적 판단을 하였으리라는 점에서 실질적으로는 기각결정이나 위헌제청을 해야 함에도 각하결정을 한 경우에 해당하여 **심판청구는 적법**하다. 한편, **법원이 실질적으로 법률의 위헌여부에 관한 판단을 하였으므로 제청신청을 기각해야 함에도 각하결정을 내린 경우**에는, 법원의 잘못된 결정에 의하여 권리구제여부가 결정되어서는 안 되므로, 심판청구는 적법하다(헌재 1989. 12. 18. 89헌마32등, 판례집 1, 343, 346).

나. 청구인이 법원의 기각결정의 대상이 아닌 법률조항에 대하여 심판청구를 한 경우

설사 청구인이 제청신청을 하였고 이에 따라 법원이 기각결정을 하였다 하더라도, **제청신청과 기각결정의 대상이 되지 않은 법률조항에 대한 심판청구**는 '기각결정'의 요건을 갖추지 못한 것으로 부적법하다(헌재 1994. 4. 28. 89헌마221, 판례집 6-1, 239, 256). 이 경우에도, 법원이 법률의 위헌여부에 관하여 실체적으로 판단할 기회를 가지지 못하기 때문에, 심판청구 이전에 법원의 실체적 판단을 거칠 것을 요구하는 '기각결정'의 요건을 충족시키지 못한다.

그러나 당사자가 제청신청의 대상으로 삼지 않았고 또한 법원이 기각결정의 대상으로도 삼지 않았음이 명백한 법률조항이라 하더라도, 예외적으로 위헌제청신청을 기각한 법원이 **당해 조항을 실질적으로 판단하였거나** 당해 조항이 명시적으로 위헌제청신청을 한 조항과 필연적 연관관계를 맺고 있어서 **법원이 위 조항을 묵시적으로 위헌제청신청의 대상으로 판단한 것으로 볼 수 있는 경우**에는, 이러한 법률조항에 대한 심판청구도 적법하다(헌재 2001. 2. 22. 99헌바93, 판례집 13-1, 274, 281).

다. 법 제68조 제2항 제2문의 "당해사건의 소송절차"의 의미

법 제68조 제2항 후문은 "이 경우 그 당사자는 당해사건의 소송절차에서 동일한 사유를 이유로 다시 위헌여부심판의 제청을 신청할 수 없다."고 규정하고 있다. **기각결정을 받고 헌법소원심판을 청구한 경우**, 헌법소원심판을 청구한 자는 '같은 심급'에서뿐만 아니라 '다른 심급'에서도 다시 제청신청을 할 수 없다. 왜냐하면 제청신청을 해야 할 실익이 없기 때문이다(헌재 2011. 5. 26. 2009헌바419).

한편, 당사자가 **기각결정을 받고 헌법소원심판을 청구하지 않은 경우 같은 심급 또는 다른 심**

급에서 제청신청을 할 수 있는지의 문제가 제기된다. 기각결정을 받고 헌법소원심판을 청구하지 않은 경우, **같은 심급**에서 다시 동일한 이유로 제청신청을 하는 것은 법 제68조 제2항 후문의 규정에 위배되어 부적법하다. 나아가, 헌법재판소와 대법원은 "당해사건의 소송절차란 당해사건의 상소심 소송절차를 포함한다 할 것이다."고 하여 **다른 심급**에서도 제청신청을 할 수 없다고 판시하고 있다(헌재 2007. 7. 26. 2006헌바40; 대법원 2000. 4. 11. 98카기137). 매 심급마다 새롭게 제청신청을 할 수 있다면, 제1심이나 제2심에서 심판청구기간이 도과한 후에도 다시 항소심이나 상고심에서 제청신청을 하여 기각결정을 받은 후 헌법소원심판을 청구할 수 있으므로, 이 경우 법 제69조 제2항의 **청구기간에 관한 규정이 사실상 무의미해지는 결과**가 발생한다. 따라서 일단 제청신청을 하여 기각결정을 받고 헌법소원심판을 청구하지 않은 자는 다른 심급에서 다시 제청신청을 할 수 없다고 보는 것이 타당하다.

2. 재판의 전제성

가. 재판의 전제성의 의미

법 제68조 제2항에 의한 헌법소원심판절차의 경우, 그 본질은 구체적 규범통제로서 위헌법률심판과 다를 바 없기 때문에, 재판의 전제성의 요건을 갖추어야 한다(헌재 1997. 11. 27. 96헌바60, 판례집 9-2, 629, 641). 여기서 '재판의 전제성'의 의미는 위헌법률심판에서 '재판의 전제성'의 의미와 동일하다. 법원에 계속된 구체적 사건에 적용될 법률이 헌법에 위반되는지의 여부가 재판의 전제가 되어야 한다.

나. 당해소송사건이 확정되는 경우 재판의 전제성

법 제68조 제2항에 의한 헌법소원심판의 경우에는 **구체적 사건이 적어도 위헌제청신청 시에 법원에 계속 중이어야** 한다. 법관이 위헌제청을 하는 경우와는 달리, 위 헌법소원심판의 경우 당해 소송사건의 재판이 헌법소원의 제기에 의하여 정지되지 않는다. 따라서 헌법재판소의 결정 이전에 당해 소송사건이 확정되어 종료되는 경우가 발생할 수 있다. 그러나 당해 소송사건에서 **청구인 패소판결이 확정**된 때라도 헌법소원이 인용된 경우에는 당사자는 **법 제75조 제7항에 의하여 재심을 청구**할 수 있으므로, 판결이 확정되었더라도 재판의 전제성이 소멸된다고 볼 수 없다(헌재 1998. 7. 16. 96헌바33등, 판례집 10-2, 116, 142). 반면에, 당해소송에서 **청구인 승소판결이 확정**된 경우에는 재판의 전제성이 소멸된다.

판 례 헌법재판소는 당해사건인 형사사건에서 무죄의 확정판결을 받은 경우를 비롯하여 **심판청구 이후에 당해소송에서 청구인 승소판결이 확정된 경우**에는, 헌법소원이 인용되더라도 당해소송에서 승소한 청구인은 재심을 청구할 수 없고, 당해사건에서 청구인에게 유리한 판결이 확정된 마당에 심판대상조항에 대하여 헌법재판소가 위헌결정을 한다 하더라도 당해사건 재판의 결론이나 주문에 영향을 미치는 것도 아니므로 **재판의 전제성을 부인**하고 있다(헌재 2000. 7. 20. 99헌바61, 판례집 12-2, 108, 113; 헌재 2009. 5. 28. 2006헌바109, 판례집 21-1하, 545, 554).

3. 청구기간

헌법소원심판은 위헌여부심판의 제청신청을 **기각하는 결정을 통지받은 날부터 30일 이내**에 청구하여야 한다(법 제69조 제2항). 청구기간의 기산점은 제청신청을 기각하는 결정을 내린 날이 아니라 기각결정을 송달받은 날이다.

4. 변호사 강제주의

법 제68조 제2항의 헌법소원심판의 경우에도 당해소송의 당사자가 사인인 경우에는 변호사 강제주의가 적용된다. 따라서 변호사를 대리인으로 선임하지 아니하면 심판청구를 하거나 심판수행을 하지 못한다(법 제25조 제3항).

Ⅳ. 한정위헌청구

1. 한정위헌청구의 의미

한정위헌청구란, 법 제68조 제2항에 의한 헌법소원에서 **청구인(당해 사건의 당사자)이 법원의 구체적인 법률해석의 위헌여부를 문제 삼아 법률조항에 대한 한정위헌의 판단을 구하는 심판청구**를 말한다.

청구인이 한정위헌청구를 하는 상황이란, 청구인이 당해소송의 당사자로서 법원에 소송을 제기하였으나 법원이 지금까지 재판에 적용되는 법률조항을 청구인에게 불리하게 특정한 내용으로 해석·적용하고 있기 때문에 법원에서 구제받을 가능성이 사실상 없는 상황에서, 법 제68조 제2항의 헌법소원의 형태로 '법률조항을 법원과 같이 해석하는 한 법률조항은 위헌'이라는 주장을 하는 경우이다. 따라서 종래 한정위헌청구가 문제되는 심판절차는 예외 없이 법원의 구체적 재판을 계기로 하여 규범통제가 이루어지는 법 제68조 제2항의 헌법소원이었다.

법 제68조 제2항의 헌법소원심판이 가지는 재판소원의 기능으로 말미암아, 청구인의 한정위헌청구에 의하여 헌법재판소가 적용법률에 대하여 한정위헌결정을 하는 경우, 이러한 **한정위헌결정은 '입법자에 대한 통제'이자 동시에 '법원의 법률해석에 대한 통제'의 성격을 가질 수 있다**는 점에서 법원과 헌법재판소의 관할에 관한 충돌이 발생할 위험을 안고 있다.

판 례 대학교수인 甲은 제주도 산하(傘下) 위원회 심의위원으로 위촉되어 심의를 하는 과정에서 심의위원의 직무와 관련하여 금품을 수수하였다는 범죄사실로, 항소심에서 형법 제129조 제1항(공무원의 수뢰죄)이 적용되어 징역 2년을 선고받았다. 甲은 항소심 계속 중 "형법 제129조 제1항의 **'공무원'에** 일반공무원이 아닌 지방자치단체 산하 **위원회의 심의위원이 포함된다고 해석하는 한도에서 헌법에 위반된다.**"는 취지의 위헌법률심판 제청신청을 하였으나, 법원이 이를 기각하자 위 법률조항에 대하여 헌법재판소법 제68조 제2항에 의한 헌법소원심판을 청구하였다.

헌법재판소는 위 **'뇌물죄의 주체인 공무원의 해석에 대한 위헌소원 사건'**에서 "이 사건 법률조항의 '공무원'에 국가공무원법·지방공무원법에 따른 공무원이 아니고 공무원으로 간주되는 사람도 아닌 제주자치도 위촉위원이 포함된다고 해석하는 것은 법률해석의 한계를 넘은 것으로서 죄형법정주의에 위배된다."고 판시하여, 형법 제129조 제1항은 법원과 같이 해석하는 한, 헌법에 위반된다는 한정위헌결정을 내렸다(헌재 2012. 12. 27. 2011헌바117).

2. 헌법재판소법 제68조 제1항의 재판소원금지의 의미[8)]

가. 법 제68조 제1항에서 금지하는 재판소원이란, 법 제68조 제2항에 의하여 기능상으로 수용

8) 이에 관하여 상세하게 위 제4편 제5장 제3절 제3항 Ⅲ. 3. '나. 재판소원금지의 의미' 참조.

된 '간접적 법률소원'을 제외한 '나머지 재판소원', 즉 법원이 재판에 적용되는 법률을 헌법, 특히 기본권에 위배되게 해석함으로써 청구인의 기본권을 침해했다는 주장으로 또는 재판절차의 하자로 인하여 재판청구권 등을 침해했다는 주장으로 제기되는 헌법소원을 말한다. 따라서 법원의 재판, 즉 재판내용이나 재판절차는 헌법소원의 대상이 될 수 없으므로, **법원의 재판내용**(법원의 법률해석)**이나 재판절차**(법원에 의한 재판절차의 구체적 형성)**의 위헌여부를 다투는 심판청구는 허용되지 않는다**.

나. 나아가, 법 제68조 제1항의 재판소원금지조항은 헌법재판소와 법원 사이의 재판관할을 배분하는 규정으로서, 현행 헌법재판제도에서 **'법원의 재판내용이나 재판절차에 대한 헌법적 통제'는 헌법재판소의 관할이 아니라는 것**을 의미한다.

즉, 법 제68조 제1항은 '재판소원금지'를 통하여, 법 제68조 제1항의 헌법소원에서 법원의 재판내용이나 재판절차에 대한 헌법재판소의 헌법적 통제를 배제하는 것은 물론이고, 나아가 '헌법재판소에 의한 심사가 실질적으로 법원의 재판에 대한 헌법적 통제를 야기하는 경우'에도 **이러한 성격의 통제가 어떠한 심판절차에서 이루어지는지와 관계없이 헌법재판소의 관할이 아니라는 것**을 밝히고 있다. 따라서 재판소원을 금지하는 법 제68조 제1항의 취지에 비추어, 법 제68조 제2항의 헌법소원심판을 비롯하여 다른 심판절차에서도 법원의 재판에 대한 헌법재판소의 헌법적 통제는 배제된다.

3. 금지된 재판소원의 제기로서 한정위헌청구[9]

법 제68조 제2항에 의한 헌법소원에서 청구인(당해소송의 당사자)이 법원의 구체적인 법률해석의 위헌여부를 다투는 경우, **헌법재판소가 당사자의 한정위헌청구에 의하여 법원의 법률해석의 오류를 확인한다면**, 헌법재판소로서는 재판소원의 배제로 말미암아 '법률을 법원과 같이 해석하는 한, 법원의 해석은 헌법에 위반된다'라는 이유로 법원의 재판을 취소할 수 없기 때문에, 그 대신 '법률을 법원과 같이 해석하는 한, 그 법률은 헌법에 위반된다'라는 한정위헌결정의 형태로 법률의 위헌성을 확인하게 된다.

그러나 여기서 **한정위헌청구에 의한 헌법재판소의 한정위헌결정**은 형식적으로는 '법률의 위헌성에 대한 확인'이지만 실질적으로는 '법원의 법률해석의 위헌성에 대한 확인', 즉 **법원의 재판에 대한 위헌확인**을 의미한다. 그렇다면, 여기서 **한정위헌청구**는 법원의 법률해석의 위헌여부를 다투는 헌법소원심판의 청구로서 바로 법 제68조 제1항이 **'금지하는 재판소원의 제기'**에 해당하는 것이며, 한정위헌청구에 의한 헌법재판소의 한정위헌결정은 법원의 재판에 대한 위헌확인으로서 법원의 재판에 대한 헌법재판소의 통제에 해당하는 것이다.

4. 한정위헌청구의 적법여부에 대한 헌법재판소의 판례

종래 **헌법재판소의 선례**에 의하면, 한정위헌청구는 법률 자체의 위헌판단을 구하는 것이 아니라 법률 해석의 위헌판단을 구하는 것으로 원칙적으로 부적법하고, 다만 법률조항 자체의 불명확

9) 이에 관하여 또한 위 제4편 제5장 제3절 제3항 Ⅲ. 3. 라. '한정위헌결정과 관련하여 헌법재판소와 법원이 충돌하는 이유' 참조.

성을 다투는 것으로 볼 수 있는 경우 또는 일정한 해석이 법원에 의하여 형성·집적된 경우 등에는 예외적으로 적법성을 인정하였다(헌재 1997. 2. 20. 95헌바27; 헌재 1995. 7. 21. 92헌바40). 그러나 헌법재판소는 2012년 결정에서 **선례를 변경하여 한정위헌청구를 원칙적으로 적법한 것으로 판단**하였다.

판 례 헌법재판소는 한정위헌청구의 적법여부에 관하여 "법률의 의미는 결국 개별·구체화된 법률해석에 의해 확인되는 것이므로 법률과 법률의 해석을 구분할 수는 없고, 재판의 전제가 된 법률에 대한 규범통제는 해석에 의해 구체화된 법률의 의미와 내용에 대한 헌법적 통제로서 헌법재판소의 고유권한이며, 헌법합치적 법률해석의 원칙상 법률조항 중 위헌성이 있는 부분에 한정하여 위헌결정을 하는 것은 입법권에 대한 자제와 존중으로서 당연하고 불가피한 결론이므로, 이러한 **한정위헌결정을 구하는 한정위헌청구는 원칙적으로 적법하다**고 보아야 한다. 다만, 재판소원을 금지하는 헌법재판소법 제68조 제1항의 취지에 비추어, 개별·구체적 사건에서 **단순히 법률조항의 포섭이나 적용의 문제**를 다투거나, 의미있는 **헌법문제에 대한 주장 없이 단지 재판결과**를 다투는 헌법소원 심판청구는 여전히 허용되지 않는다."고 판시하고 있다(헌재 2012. 12. 27. 2011헌바117).

5. 한정위헌청구의 적법성을 인정한 헌법재판소결정의 문제점

가. 헌법재판소의 위 판시내용은 법 제68조 제1항에서 **금지하는 재판소원에 대한 이해가 전혀 없다**는 것을 드러내고 있다. '재판소원'이란 법원의 재판에 의하여 청구인의 기본권이 침해되었다는 주장으로 제기되는 헌법소원이므로, 법원의 재판에 의한 기본권침해의 가능성이 있어야만 재판소원을 적법하게 제기할 수 있다. 단순히 사실인정, 법률조항의 단순한 포섭이나 적용을 다투거나 헌법문제에 대한 주장없이 단지 법원의 재판결과를 다투는 심판청구는 처음부터 기본권침해의 가능성이 없기 때문에 아예 재판소원의 대상으로 고려조차 되지 않는다.

헌법재판소가 재판소원의 도입을 통하여 '초상고심법원'으로서의 지위를 의도하지 않는 이상, 헌법재판소가 '금지하는 재판소원'이라고 주장하는 '단순히 법률조항의 포섭이나 적용의 문제를 다투거나 헌법문제에 대한 주장없이 단지 재판결과를 다투는 심판청구'는 헌법재판소법에서 '금지하는 재판소원'이 아니라 '**재판소원으로 다툴 수 없는 심판청구**', '재판소원의 대상이 되지 않는 심판청구'에 해당하는 것이다. 헌법재판소법이 '금지하는 재판소원'이란, 법 제68조 제2항의 헌법소원심판에서 한정위헌청구에 의하여 법원의 법률해석의 위헌여부를 판단하는 경우를 말하는 것이고, 바로 이것이 재판소원제도를 두고 있는 국가에서 시행되는 재판소원의 핵심에 속하는 것이다.

나. 나아가, '법률의 의미는 법률해석에 의하여 밝혀지는 것으로 법률과 법률의 해석을 구분할 수 없기 때문에, **법률에 대한 헌법적 통제와 법률의 해석에 대한 헌법적 통제는 불가분**의 것으로 모두 헌법재판소의 고유권한에 속해야 한다'는 판시내용은 **중대한 이론적 흠결**을 안고 있다. 법률해석과 법률이 일치하고 법률해석의 위헌성이 자동적으로 법률의 위헌성으로 전환될 수 있다면, 모든 법률이 법원에 의하여 잘못 해석될 수 있다는 점에서 '모든 법률이 잠재적으로 위헌적인 법률'이라는 납득하기 어려운 결과에 이르게 된다.

오늘날 대부분의 법률은 해석을 필요로 하는 불확정 법개념을 내포하고 있으나, 법률해석을 통하여 그 불명확성이 해소될 수 있고 그 의미내용이 헌법에 부합하게 해석될 수 있는 법률조항은 그 자체로서 합헌적인 법률이며, 다만 개별사건에서 법원에 의한 구체적인 법률해석·적용이 위헌일 수 있을 뿐이므로, 법률해석의 위헌성이 곧 법률의 위헌성을 의미하는 것은 아니다. 재판소원을 두고 있는 독일 등에서는 **'법률에 대한 헌법적 통제'와 '법원의 법률해석에 대한 헌법적 통제'를 구분**하여 각 '법률에 대한 소원'와 '재판에 대한 소원'의 영역으로 나누어 귀속시키고 있으며, 헌법재판소법이 제68조 제1항에서 '재판소원'을 제외한 것도 이러한 구분이 가능하다는 것을 전제로 '법원의 법률해석에 대한 헌법재판소의 통제'를 배제하고자 한 것이다.

다. 결국, 헌법재판소는 법 제68조 제1항에서 '금지된 재판소원'의 의미를 '단순히 법률조항의 포섭이나 적용의 문제를 다투거나 헌법문제에 대한 주장없이 단지 재판결과를 다투는 헌법소원 심판청구'로 잘못 이해함으로써, '금지된 재판소원'의 제기에 해당하는 한정위헌청구를 원칙적으로 적법한 것으로 판단하는 중대한 오류를 범하였다. 그 결과, 헌법재판소는 자신의 권한을 제한하는 **'재판소원배제규정'을 스스로 폐기하고 '금지된 재판소원'을 자신의 관할로 선언**하였는데, 이는 곧 자신의 결정을 통하여 재판소원을 사실상 도입하였다는 것을 의미한다.

제 5 항 권한쟁의심판

Ⅰ. 권한쟁의심판의 헌법적 의미 및 특징

1. 헌법적 의미 및 목적

가. 객관소송으로서 권한쟁의심판

헌법 제111조 제1항 제4호는 "국가기관 상호간, 국가기관과 지방자치단체간 및 지방자치단체 상호간의 권한쟁의에 관한 심판"이라고 하여 권한쟁의심판을 헌법재판소의 관장사항으로 귀속시키면서 권한쟁의의 종류를 명시적으로 규정하고 있다.

권한쟁의심판은 국가기관 사이나 국가기관과 지방자치단체, 또는 지방자치단체 사이에 권한에 관한 분쟁이 발생한 경우 이를 해결함으로써 국가기능의 원활한 수행을 도모하고 국가권력 간의 균형을 유지하여 헌법질서를 수호·유지하고자 하는 제도이다. 권한쟁의심판이란 특히 헌법상의 권력분립질서를 유지하기 위한 헌법재판이다. 권한쟁의심판의 목적은 **객관적 헌법의 수호와 유지**에 기여하는 객관적인 목적에 있으며, 권한을 침해당한 기관의 보호라는 주관적 목적은 객관적 목적을 효과적으로 실현하기 위한 수단으로서 단지 부차적인 목적일 뿐이다. 권한쟁의심판은 **객관소송**(客觀訴訟)으로서의 성격을 가진다.

판 례 **권한쟁의심판의 의미와 목적**에 관하여 "**국가기관 상호간의 권한쟁의심판**은 헌법상의 국가기관 상호간에 권한의 존부나 범위에 관한 다툼이 있고 이를 해결할 수 있는 적당한 기관이나 방법이 없는 경우에 헌법재판소가 헌법해석을 통하여 그 분쟁을 해결함으로써 **국가기능의 원활한 수행을 도모하고 국가권력 간의 균형을 유지하여 헌법질서를 수호·유지하고자 하는 제도**라고 할 것이다."라고 판시하고 있다(헌재 1997. 7. 16. 96헌라2, 판례집 9-2, 154, 163).

나아가, **권한쟁의심판의 법적 성격**에 관하여 "첫째, 민사소송은 … 개인의 주관적 권리구제를 목적으로 삼고 있는 반면, 권한쟁의심판은 국가기관 또는 지방자치단체의 권한의 존부 또는 범위를 대상으로 삼아 이에 관한 분쟁을 해결하는 절차로서 궁극적으로는 헌법적 가치질서 및 **헌법의 규범적 효력을 보호하는 객관적인 기능**을 수행한다."고 판시한 바 있다(헌재 2001. 6. 8. 2000헌라1).

나. 객관소송의 주관화(主觀化)

한편, 권한쟁의심판에서 분쟁당사자들은 청구인과 피청구인의 관계로 상호대립적 쟁송절차를 형성하고 서로 대치함으로써 객관소송의 주관화가 이루어진다. 헌법상의 권력분립질서는 각 분쟁당사자로 하여금 자신의 권한을 스스로 방어하도록 함으로써 가장 잘 유지될 수 있기 때문에, 헌법은 권한쟁의심판을 **청구인과 피청구인간의 대립적 쟁송절차**로 형성하고 있다.

객관소송인 **권한쟁의심판의 주관화**는 첫째, 청구인이 '자신의' 법적 권한의 침해를 주장해야만 심판청구를 할 수 있다는 것을 의미하며, 둘째, 심판절차의 개시 및 심판대상이 청구인의 심판청구에 의하여 주관적으로 결정된다는 것을 의미한다.

다. 정당국가에서 소수의 보호를 위한 중요한 수단

정당국가에서 권력분립질서가 기능하는지 여부는 무엇보다도 소수의 보호에 달려있다. 오늘날의 정당국가에서 실제적인 권력 분립이 의회의 여당과 야당 사이에서 이루어짐에 따라, 권력분립원리의 실현은 본질적으로 의회의 야당이 기능하는지, 소수의 보호가 기능하는지 여부에 달려있다. 따라서 소수의 보호가 기능할 수 있도록, 의회나 소수당의 권한이 침해된 경우에는 이를 소송법적으로 관철할 수 있는 가능성이 보장되어야 한다. 소수의 보호를 위한 헌법소송제도로서 중요한 기능을 하는 것이 바로 권한쟁의심판이다.

2. 현행 권한쟁의심판의 특징

첫째, 현행 권한쟁의심판의 가장 큰 특징은 그 본질과 기능에 있어서 **상이한 3가지 유형의 권한쟁의심판을 하나로 묶어서 통합적으로 규율**하고 있다는 점이다. 헌법은 국가기관 상호간의 권한쟁의심판, 국가기관과 지방자치단체간의 권한쟁의심판 및 지방자치단체 상호간의 권한쟁의심판의 3가지 종류를 규정하고 있는데(제111조 제1항 제4호), 위 3가지 유형의 권한쟁의심판은 그 본질, 기능 및 목적에 있어서 상이하다. 이로써 권한쟁의심판의 종류에 따라 **당사자의 범위**(가령 '국가기관'의 의미)가 달라지며, 나아가 **결정의 내용이나 주문**도 달라질 수 있다.

둘째, 권한쟁의심판의 대상이 되는 법적 분쟁이 헌법상의 분쟁뿐만 아니라 법률상의 분쟁도 포괄한다는 것이다(법 제61조 제2항). 권한쟁의심판의 대상에 법률상의 분쟁도 포함됨으로써, 헌법재판소의 권한쟁의심판권은 법원의 행정소송 관할권과 충돌할 가능성이 있다.

셋째, 헌법재판소의 관장사항으로 되는 소송을 행정소송법상의 기관소송에서 제외함으로써 권한쟁의심판에 관한 한 헌법재판소에 원칙적이고 포괄적인 관할권을 인정하고 있다(행정소송법 제3조 제4호).

Ⅱ. 국가기관 상호간의 권한쟁의심판

1. 국가기관 간의 권한쟁의가 발생하는 주요 상황

국가기관간의 권한쟁의는 주로 정치적 헌법기관인 의회와 정부의 관계에서 문제된다. 국가기관간의 권한쟁의에서 실질적 중요성을 차지하는 것은, 정치적 소수가 자신의 권한침해를 주장함으로써 자신의 법적 지위를 방어하고자 하는 상황 및 의회의 권한이 정부에 의하여 침해되었으나 의회가 스스로 자신의 권한을 방어하고자 하지 않는 경우, 개별 국회의원이나 정치적 소수(야당)가 의회의 부분기관으로서 전체기관인 의회를 위하여 의회의 권한침해를 주장하는 상황이다.

이를 구체적으로 살펴보면, 첫째, 국회 내에서 국회의 부분기관 사이에서(가령, 국회의장이 국회의원에게 발언권을 부여하지 않거나 국회의원을 위원회로부터 사임시키는 경우 국회의장과 국회의원의 권한쟁의), 둘째, 국회와 정부의 사이에서(가령, 대통령이 국회의 동의 없이 국무총리를 임명하거나 조약을 체결·비준하거나 예산을 집행하는 경우), 셋째, 국회의 부분기관과 정부의 부분기관 사이에서(가령, 국무위원이 국회 위원회의 출석요구에 응하지 않거나 조사위원회의 자료제출요구에 정부가 응하지 않는 경우) 주로 권한쟁의가 발생한다.

2. 당사자 범위의 확대 필요성

권한쟁의심판은 일차적으로 의회 내 소수의 보호를 위한 절차로 기능하고 있으며, 이러한 기능을 이행하기 위해서는 국회의원이나 국회 소수당에게도 자신의 권한침해를 주장할 수 있는 **당사자능력**이 인정되어야 한다. 나아가, 오늘날의 정당국가적 권력분립구조에서 실제적인 권력분립이 의회의 여당과 야당 사이에서 이루어지므로, 국회는 정부에 의하여 자신의 권한을 침해당한 경우에도 자신의 권한침해를 주장하지 않을 수 있다. 따라서 국회와 정부 간의 권한쟁의가 현실적으로 가능하기 위해서는, 국회의 부분기관이 국회를 대신하여 침해된 국회의 권한을 관철할 수 있는 **제3자소송담당**이 인정되어야 한다.

3. 심판청구의 적법요건

가. 당사자능력

당사자능력이란, 구체적 소송사건의 내용과 관계없이 **'일반적으로'** 권한쟁의심판의 당사자, 즉 청구인과 피청구인이 될 수 있는 자격을 말한다. 당사자능력과 관련하여 문제되는 것은, 법 제62조에 언급하고 있는 당사자 외에 해석을 통하여 당사자의 범위를 확대할 수 있는지에 관한 것이다.

법 제62조 제1항 제1호는 국가기관 상호간의 권한쟁의심판을 "국회, 정부, 법원 및 중앙선거관리위원회 상호간의 권한쟁의심판"이라고 하여 '당사자'를 규정하고 있는데, **'당사자의 범위'**는 권한쟁의심판의 본질과 목적을 고려하여 심판절차가 현실적으로 기능할 수 있도록 **합헌적으로 해석**되어야 한다. 헌법기관 사이에서 발생하는 권한분쟁을 해결하여 헌법상의 권력분립질서를 보장하고자 하는 '국가기관 상호간의 권한쟁의'의 의미와 목적을 고려한다면, 법 제62조 제1항의 '당사자'는 '전체로서의 국가기관'뿐만 아니라 헌법에 의하여 설치되고 헌법과 법률에 의하여 독자적인 권한을 부여받은 **'그의 부분기관'도 포함하는 것으로 예시적인 것으로 해석**되어야 한다. 따라서 국회나 정부뿐만 아니라 그 부분기관으로서 국회의원, 국회의장, 위원회 또는 대통령, 국무총리, 각부장관 등도 당사자능력을 가진다.

판 례 여당소속 의원들만이 출석한 가운데 노동관계법개정법률 등을 가결시킨 국회의장의 가결선포행위에 대하여 야당의원들이 그의 위헌확인을 구하는 권한쟁의심판사건에서, "헌법재판소법 제62조

제1항 제1호 … 는 한정적, 열거적인 조항이 아니라 **예시적인 조항이라고 해석하는 것이 헌법에 합치**되므로 이들 기관 외에는 권한쟁의심판의 당사자가 될 수 없다고 단정할 수 없다."고 하면서, "헌법 제111조 제1항 제4호 소정의 '국가기관'에 해당하는지 여부는 **그 국가기관이 헌법에 의하여 설치되고 헌법과 법률에 의하여 독자적인 권한을 부여받고 있는지, 헌법에 의하여 설치된 국가기관 상호간의 권한쟁의를 해결할 수 있는 적당한 기관이나 방법이 있는지 등을 종합적으로 고려**하여야 할 것인바, 이러한 의미에서 국회의원과 국회의장은 위 헌법조항 소정의 '국가기관'에 해당하므로 권한쟁의심판의 당사자가 될 수 있다."고 판시하고 있다(헌재 1997. 7. 16. 96헌라2).

한편, 헌법재판소는 "권한쟁의심판의 당사자능력은 헌법에 의하여 설치된 국가기관에 한정하여 인정하는 것이 타당하므로, **법률에 의하여 설치된** 청구인에게는 권한쟁의심판의 당사자능력이 인정되지 아니한다."고 하여 **국가인권위원회, 국가경찰위원회, 문화재청장**에 대해서는 당사자능력을 부인하였다(헌재 2010. 10. 28. 2009헌라6; 2022. 12. 22. 2022헌라5; 헌재 2023. 12. 21. 2023헌라1). 또한, 국회 위원회의 부분기관에 불과한 **소위원회 및 그 위원장**은 헌법에 의하여 설치된 국가기관에 해당한다고 볼 수 없으므로, 당사자능력이 인정되지 않는다(헌재 2020. 5. 27. 2019헌라4; 헌재 2020. 5. 27. 2019헌라5). **정당**은 국민의 자발적 조직으로 '국가기관'에 해당한다고 볼 수 없으므로, 권한쟁의심판의 당사자능력이 인정되지 아니한다(헌재 2020. 5. 27. 2019헌라6 등).

나. 당사자적격

(1) 의미

당사자적격이란 **'구체적'** 권한쟁의심판사건에서 청구인과 피청구인이 될 수 있는 자격, 즉 당사자로서 소송을 수행하고 본안판단을 받을 수 있는 자격을 말한다. **자신의 권한을 침해당한 국가기관**만이 권한의 침해를 주장하여 심판청구를 할 수 있는 청구인적격을 가지고 있다(법 제61조 제2항). 헌법소원심판의 경우, 기본권침해의 자기관련성을 가지는 자만이 헌법소원을 청구할 수 있는 것과 마찬가지로, 권한쟁의심판의 경우에도 침해당했다고 주장하는 권한과 법적 관련성이 인정되는 기관만이 청구인적격을 가지는 것이다. 한편, **처분 또는 부작위를 야기한 국가기관**만이 피청구인적격을 가지므로, 심판청구는 이 기관을 상대로 하여야 한다.

(2) 제3자 소송담당

'제3자 소송담당'이란 권리주체가 아닌 제3자가 자신의 이름으로 권리주체를 위하여 소송을 수행할 수 있는 권능이다. 권한쟁의심판에서 제3자 소송담당이란, 제3자의 당사자적격에 관한 문제, 즉 제3자인 기관이 다른 국가기관에게 귀속되는 권한의 침해를 주장하여 자신의 이름으로 권한의 주체를 위하여 권한쟁의심판을 청구할 수 있는지의 문제에 관한 것이다.

법 제61조 제1항은 '국가기관 상호간에 권한의 유무 또는 범위에 관하여 다툼이 있을 때에는 해당 국가기관은 헌법재판소에 권한쟁의심판을 청구할 수 있다'고 하고, **같은 조 제2항**은 "제1항의 심판청구는 피청구인의 처분 또는 부작위가 헌법 또는 법률에 의하여 부여받은 청구인의 권한을 침해하였거나 침해할 현저한 위험이 있는 경우에만 할 수 있다."고 규정함으로써, 법문상으로는 청구인은 '청구인'의 권한침해만을 주장할 수 있도록 되어 있다. 이로써 헌법재판소법은 제3자 소송담당의 가능성을 명시적으로 규정하고 있지 않다.

그러나 **제3자 소송담당이 인정되지 않는다면, 국회와 정부 사이의 권한쟁의심판은 사실상 불가능**하며, 이로써 권한쟁의심판의 본질적 기능이 폐지되는 결과를 초래한다. 오늘날의 정당국가적 권력분립구조에서 실제적인 권력분립이 의회의 여당과 야당 사이에서 이루어지므로, 국회는 정부에 의하여 자신의 권한을 침해당한 경우에도 자신의 권한침해를 주장하지 않을 수 있다. 그렇다면 국회의 부분기관이 국회를 대신하여 국회의 권한을 관철하는 것이 가능해야 한다. 권한쟁의심판이 헌법상 권력분립질서의 유지라는 본연의 기능을 이행할 수 있도록, 청구인적격에 관한 절차법 규정은 합헌적으로 해석되어야 한다. 비록 실정법상 명문의 규정은 없더라도, **법 제61조 제2항의 '청구인'을 '청구인 또는 그가 속한 기관'으로 합헌적으로 해석함으로써 제3자소송담당을 인정해야** 한다.

판 례 헌법재판소는 헌법재판소법에서 제3자 소송담당의 가능성을 명시적으로 규정하고 있지 않기 때문에 인정하기 어렵다는 입장이다. 국회의 동의 없이 국무총리서리를 임명한 대통령의 행위에 대하여 **국회의원들이 국회 동의권한의 침해를 주장**하면서 권한쟁의심판을 청구한 **'국무총리서리 사건'**에서 헌법재판소는 '야당의원들이 권한쟁의심판을 청구할 자격(청구인적격)이 없다'는 이유로 청구인들의 심판청구를 각하하였다(헌재 1998. 7. 14. 98헌라1).

국회의 동의 없이 쌀협상 합의문을 체결·비준한 대통령의 행위에 대하여 **국회의원들이 국회의 조약체결·비준 동의권 및 자신들의 조약안 심의·표결권의 침해를 주장**하면서 권한쟁의심판을 청구한 **'쌀협상 합의문 사건'**에서 헌법재판소는 제3자 소송담당의 문제에 관하여 다시 판단할 기회를 가지게 되었다. 위 사건에서 문제된 것은 **첫째,** 국회의원이 국회를 위하여 국회의 권한침해를 주장하는 권한쟁의심판을 청구할 수 있는지, 즉 권한쟁의심판에 있어서 이른바 '제3자 소송담당'이 허용되는지 여부이고, **둘째,** 국회의원의 심의·표결 권한이 국회 외부의 국가기관에 의하여 침해될 수 있는지 여부이다. 헌법재판소는 첫 번째 쟁점에 관하여 "국가기관의 부분 기관이 자신의 이름으로 소속기관의 권한을 주장할 수 있는 '제3자 소송담당'을 명시적으로 허용하는 법률의 규정이 없는 현행법 체계 하에서는 국회의 구성원인 국회의원이 국회의 조약에 대한 체결·비준 동의권의 침해를 주장하는 권한쟁의심판을 청구할 수 없다."고 하여 **제3자소송담당을 부인**함으로써 청구인적격이 없다는 이유로, 두 번째 쟁점에 관하여 "국회의원의 심의·표결권은 국회의 대내적인 관계에서 행사되고 침해될 수 있을 뿐 다른 국가기관과의 대외적인 관계에서는 침해될 수 없는 것"이라고 하여 **권한침해의 가능성이 없다**는 이유로 심판청구를 각하하였다(헌재 2007. 7. 26. 2005헌라8).

다. 피청구인의 처분 또는 부작위의 존재

(1) 처분

(가) 처분의 의미

법 제61조 제2항의 '피청구인의 처분'은 행정처분에 해당하는 개념이 아니라 모든 법규범의 제정행위, 행정행위, 사실행위를 포함하는 포괄적인 개념으로 부작위에 대립되는 개념인 '작위'나 '적극적인 행위'에 해당한다. 한편, **법적 중요성을 지니기 때문에 청구인의 권한을 침해하기에 적합한 행위**만이 피청구인의 처분으로 고려된다. **기관내부적인 효력만을 가지는 행위**나 외부적 효력을 가지는 행위를 단지 준비하는 행위는 청구인의 법적 지위에 구체적으로 영향을 미칠 가능성이 없는 행위로서 '처분'에 해당하지 않는다. 따라서 정부의 법률안제출행위나 행정자치부장관이 지방자치단체에게 한 단순한 업무협조요청, 업무연락, 견해표명은 처분이라 할 수 없다.

판 례 헌법재판소는 **정부의 법률안 제출행위가 권한쟁의심판의 대상이 될 수 있는 '처분'에 해당하**

는지 여부에 관하여 "여기서 '처분'이란 법적 중요성을 지닌 것에 한하므로, 청구인의 법적 지위에 구체적으로 영향을 미칠 가능성이 없는 행위는 '처분'이라 할 수 없어 이를 대상으로 하는 권한쟁의심판청구는 허용되지 않는다. … 따라서 정부가 법률안을 제출하는 행위는 입법을 위한 하나의 사전 준비행위에 불과하고, 권한쟁의심판의 독자적 대상이 되기 위한 법적 중요성을 지닌 행위로 볼 수 없다."고 판시하고 있다(헌재 2005. 12. 22. 2004헌라3).

(나) 법률에 대한 권한쟁의심판

법률이나 시행령과 같은 법규범 그 자체도 권한쟁의심판의 대상이 될 수 있는지의 문제가 제기된다. 국회가 제정한 법률이 국회의원이나 소수파의 권한을 침해하거나 또는 지방자치단체의 자치행정권을 침해할 수 있으므로, **법률의 내용 그 자체**가 권한쟁의심판의 대상이 될 수 있다. 그러나 권한쟁의심판에서 심판의 대상은 '법률이 위헌인지 여부'가 아니라 '피청구인의 행위에 의하여 청구인의 권한이 침해되었는지 여부'이므로, 법률의 내용에 의하여 청구인의 권한이 침해되는 경우에도 **법규범이 아니라 '법규범의 제정행위'**를 심판대상으로 삼아야 한다.

판 례 종합부동산세법의 제정으로 지방자치단체의 자치행정권을 침해하였다는 주장으로 청구된 '강남구 등과 국회 간의 권한쟁의심판'에서, **국회의 법률제정행위가 권한쟁의심판의 대상이 될 수 있는 '처분'에 해당하는지 여부**에 관하여 "여기서의 처분은 입법행위와 같은 법률의 제정과 관련된 권한의 존부 및 행사상의 다툼, 행정처분은 물론 행정입법과 같은 모든 행정작용 그리고 법원의 재판 및 사법행정작용 등을 포함하는 넓은 의미의 공권력 처분을 의미하는 것으로 보아야 할 것이므로, **법률에 대한 권한쟁의심판도 허용된다**고 봄이 일반적이나 **다만, '법률 그 자체'가 아니라 '법률제정행위'를 그 심판대상으로 하여야 할 것**이다."고 판시하고 있다(헌재 2006. 5. 25. 2005헌라4).

(2) 부작위

부작위란 헌법상 또는 법률상의 작위의무가 있음에도 불구하고 이를 이행하지 않는 것을 말한다(헌재 1998. 7. 14. 98헌라3, 판례집 10-2, 74, 81). 가령, 국무위원이 국회나 위원회에 출석하여 답변해야 할 의무가 있음에도 출석하지 않는 경우(헌법 제62조 제2항), 정부가 회계연도 개시 90일 전까지 예산안을 국회에 제출하지 않는 경우(헌법 제54조 제2항) 등을 예로 들 수 있다.

라. 권한의 침해 또는 현저한 침해위험의 가능성

'권한의 침해'는 과거에 발생하였거나 현재까지 지속되는 침해를 말하며, '현저한 침해위험'은 조만간 권한침해에 이르게 될 개연성이 현저하게 높은 상황을 말한다. 적법요건의 단계에서 '침해'요건은 청구인의 권한이 구체적으로 관련되어 침해가능성이 있다고 인정되는 경우에 충족된다. 권한의 침해가 실제로 존재하고 위헌 또는 위법한지의 여부는 본안판단에서 심사하게 된다(헌재 2006. 5. 25. 2005헌라4, 판례집 18-1하, 28, 35).

마. 청구기간

권한쟁의심판은 그 사유가 있음을 안 날로부터 60일 이내에, 그 사유가 있은 날로부터 180일 이내에 청구해야 한다(법 제63조 제1항). 여기서 '그 사유가 있음'이란 권한쟁의심판의 청구사유가 발생한 경우(법 제61조 제2항), 즉 피청구인의 처분 또는 부작위에 의하여 청구인의 권한이 침해되었거나 침해될 현저한 위험이 있는 경우를 말한다. 청구인은 피청구인의 행위에 의하여 청구인의 권한이 침해된 것을 안 날로부터 60일 이내에, 권한침해가 있은 날로부터 180일 이내에 심판청구를 해야 한다.

처분의 경우, 청구기간의 기산점은 처분이 청구인에게 현실적인 권한침해를 야기하는 시점이다. 국회의 법률제정행위에 대한 권한쟁의심판의 경우, 청구기간은 법률이 공포되었거나 이와 유사한 방법으로 일반에게 알려진 것으로 간주된 때로부터 기산된다(헌재 2006. 5. 25. 2005헌라4). 부작위의 경우에는 부작위가 계속되는 한 권한침해가 계속된다. 따라서 **부작위**에 대한 권한쟁의심판은 그 부작위가 계속되는 한 기간의 제약 없이 적법하게 청구할 수 있다.

바. 권리보호이익

권리보호이익의 요건은, 청구인이 소송절차를 이용해야 할 이익을 인정할 수 있는지 여부에 관한 것이다. 권한쟁의심판이 그 객관적 성격에도 불구하고 청구인과 피청구인이 서로 대치하는 **대심적인 구조를 통하여 주관화**되었다는 점에서, 권한쟁의심판에서도 청구인은 원칙적으로 권리보호이익을 가져야 한다. 피청구인에 의한 권한침해가 종료된 것이 아니라 현재 계속 유지되고 있다면, 헌법재판소가 권한침해확인결정을 하는 경우에 권한침해가 제거되므로, 일반적으로 권리보호이익이 인정된다.

권한쟁의심판에서 권리보호이익은 일반적으로 다음과 같은 2가지 상황에서 문제된다. 하나는 청구인이 심판청구를 통하여 달성하고자 하는 권리보호의 목적을 심판절차 없이도 달성할 수 있는 경우, 즉 **분쟁해결에 적합한 다른 수단을 가지고 있는 경우**이다. 가령, 정부 내부기관 사이에 권한분쟁이 발생하는 경우, 정부 내부에서 스스로 해결할 수 있으므로, 권리보호이익이 인정되지 않는다. 또 다른 하나는 **피청구인의 침해행위가 종료**되어 청구인이 더 이상 피청구인에 의하여 권한을 침해받고 있지 않기 때문에 헌법재판소에 의한 주관적 권리보호의 필요성이 존재하지 않는 경우이다. 이러한 경우, 비록 주관적 권한보호의 필요성은 인정되지 않지만, 객관적 헌법의 수호와 유지의 관점에서 권리보호이익(헌법적 문제에 관한 객관적 해명의 필요성)을 인정할 수 있다. 헌법재판소는 권리보호이익의 판단과 관련하여 헌법소원심판에서와 동일한 논리를 사용하고 있다.

판 례 **'국회 상임위원회 강제사임 사건'**에서 "헌법소원심판과 마찬가지로 권한쟁의심판도 주관적 권리구제뿐만 아니라 객관적인 헌법질서 보장의 기능도 겸하고 있으므로, 청구인에 대한 권한침해 상태가 이미 종료하여 이를 취소할 여지가 없어졌다 하더라도 **같은 유형의 침해행위가 앞으로도 반복될 위험이 있고, 헌법질서의 수호·유지를 위하여 그에 대한 헌법적 해명이 긴요한 사항에 대하여는 심판청구의 이익을 인정할 수 있다**고 할 것이다."라고 판시하여, 청구인이 헌법재판소결정 당시에 보건복지위원회에 다시 배정된 상태이지만 헌법적 해명의 필요성이 있어 심판의 이익이 있다고 판단한 바 있다(헌재 2003. 10. 30. 2002헌라1, 판례집 15-2하, 17, 29).

Ⅲ. 국가기관과 지방자치단체 간의 권한쟁의심판

1. 의미와 기능

국가기관과 지방자치단체 간의 권한쟁의심판은 독립된 법인격체로서 국가와 지방자치단체 간의 **수직적 권력분립관계에서 헌법상 보장되는 지방자치권을 보호**하고, 통일적 국가행정에 있어서 국가기관과 지방자치단체 간의 권한 분배에 관한 다툼을 조정하는 의미를 가진다.

국가기관과 지방자치단체 간의 권한쟁의심판은 지방자치단체에게는 헌법상 보장되는 지방자치권의 침해를 주장하고 이를 사법적으로 관철할 수 있는 중요한 절차이다. '국가기관과 지방자치단체 간의 권한쟁의'는 대부분 지방자치단체에 대한 국가의 감독권행사 또는 국회의 입법행위와 관련하여 **지방자치권의 침해여부**가 문제되는 경우이다.

2. 심판청구의 적법요건

가. 당사자능력

(1) 법 제62조 제1항 제2호는 '국가기관과 지방자치단체 간의 권한쟁의심판'의 종류를 규정하면서, 당사자로서 "가. 정부와 특별시·광역시·특별자치시·도 또는 특별자치도 간의 권한쟁의심판", "나. 정부와 시·군 또는 지방자치단체인 구(이하 "자치구"라 한다) 간의 권한쟁의심판"으로 나누어 언급하고 있다. 법 제62조 제1항 제2호에 의하면, 국가기관과 지방자치단체 간의 권한쟁의심판에서 당사자는 정부와 지방자치단체(광역자치단체 및 기초자치단체)이다.

(2) 법 제62조 제1항 제2호는 일방 당사자가 되는 **국가기관을 '정부'로만 규정**하고 있는데, 국가기관 상호간의 권한쟁의심판의 경우와 마찬가지로, '수직적 권력분립질서의 유지와 보장'이라는 국가기관과 지방자치단체 간의 권한쟁의심판의 의미와 목적에 비추어 여기서의 '정부'도 **예시적인 것**으로 보는 것이 타당하다. '국가기관 상호간의 권한쟁의'와 '국가기관과 지방자치단체 간의 권한쟁의'는 그 기능과 목적에 있어서 상이하므로, 국가기관의 의미도 다르다. '국가기관 상호간의 권한쟁의'는 헌법상의 수평적 권력분립구조를 유지하고 보장한다는 관점에서 여기서의 국가기관은 헌법기관을 의미하지만, '국가기관과 지방자치단체 간의 권한쟁의'는 일차적으로 지방자치단체의 자치권의 보호를 위한 법적 수단으로 기능한다는 점에서, 여기서의 국가기관은 헌법과 법률에 의하여 고유한 권한을 부여받은 **헌법기관 및 그 부분기관을 넘어서, 그 기능에 있어서 지방자치권을 침해할 가능성이 있는 모든 국가기관**을 의미한다. 가령, **지방자치단체의 장**은 자치사무뿐만 아니라 국가사무(기관위임사무)도 함께 처리하므로, 지방자치단체의 장이 **기관위임사무를 이행하는 경우**에는 국가기관으로 기능한다.

판 례 헌법재판소는 당사자인 '국가기관'을 '국가의 기능을 이행하는 모든 기관'으로 그 기능의 관점에서 실질적으로 파악함으로써, 국가기관의 범위를 헌법기관과 그 부분기관을 넘어서 **사실상 지방자치권을 침해할 가능성이 있는 모든 국가기관**으로 확대하였다.

'강남구 등과 국회 등 간의 권한쟁의 사건'에서 "헌법재판소는 헌법재판소법 제62조 제1항 제2호의 '정부'를 예시적인 것으로 보고 있으므로 위 규정에서 구체적으로 나열하고 있지 않은 기관이라 하더라도 **지방자치단체의 자치권을 침해할 가능성이 있는 국가기관**은 권한쟁의 심판청구의 피청구인으로서 당사자 능력이 인정된다고 할 것이다."라고 판시하고 있다(헌재 2008. 6. 26. 2005헌라7, 판례집 20-1하, 340, 352).

광역자치단체의 장이 행정심판의 재결청의 지위에서 행한 처분이 관할구역 내에 있는 기초자치단체의 권한을 침해한 것인지 여부가 문제된 **'성남시와 경기도간의 권한쟁의 사건'**에서, 헌법재판소는 "이 사건의 쟁점은 피청구인이 재결청의 지위에서 행정심판법 제37조 제2항의 규정에 따라 행한 직접처분이 청구인의 권한을 침해하는가 여부이다. 따라서 이 사건은 지방자치단체인 청구인 (성남시)과 국가기관인 재결청으로서의 피청구인 (경기도지사) 사이의 권한쟁의 사건이라고 할 것이다."라고 하여, **재결청인 광**

역지방자치단체의 장은 국가기관의 지위에 있다고 보아 권한쟁의를 '지방자치단체 상호간의 권한쟁의'가 아니라 **'국가기관과 지방자치단체 간의 권한쟁의'로 판단**한 바 있다(헌재 1999. 7. 22. 98헌라4, 판례집 11-2, 51, 65).

(3) 국가기관과 지방자치단체 간의 권한쟁의에서 또 **다른 당사자는 '지방자치단체'**이다. '지방자치단체의 기관'도 당사자가 될 수 있는지의 문제에 관하여, 헌법재판소는 국가사무가 아닌 **지방자치단체의 권한에 속하는 사항에 관하여** 지방자치단체의 장은 원칙적으로 당사자가 될 수 없다고 판시하여, **지방자치단체 기관의 당사자능력을 부인**하고 있다(헌재 2006. 8. 31. 2003헌라1).

나. 당사자적격 또는 권한침해의 가능성

헌법과 법률에 의하여 부여받은 권한을 가진 자만이 그 권한의 침해를 주장하여 권한쟁의심판을 청구할 수 있는 **청구인적격**을 가지고 있다(법 제61조 제2항). 당사자적격을 판단함에 있어서 지방자치단체가 '자치사무'를 이행하는지 아니면 '국가사무'를 이행하는지에 따라, 자신에게 귀속된 권한의 침해를 주장할 수 있는지의 여부가 달라진다. 지방자치단체가 자치사무를 이행하는 경우에는 당사자적격이 인정되지만, 국가사무를 이행하는 경우에는 당사자적격이 부인된다.

판 례 '성남시와 경기도 간의 권한쟁의심판'에서 **지방자치단체가 기관위임사무에 관하여 권한쟁의 심판을 청구할 수 있는지 여부**에 관하여 "지방자치단체는 헌법 또는 법률에 의하여 부여받은 **그의 권한, 즉 지방자치단체의 사무에 관한 권한이 침해되거나 침해될 우려가 있는 때에 한하여** 권한쟁의심판을 청구할 수 있다고 할 것인데, 도시계획사업실시계획인가사무는 건설교통부장관으로부터 시·도지사에게 위임되었고, 다시 시장·군수에게 재위임된 기관위임사무로서 **국가사무**라고 할 것이므로, 청구인의 이 사건 심판청구 중 도시계획사업실시계획인가처분에 대한 부분은 지방자치단체의 권한에 속하지 아니하는 사무에 관한 것으로서 부적법하다고 할 것이다."라고 판시하고 있다(헌재 1999. 7. 22. 98헌라4).

다. 그 외의 적법요건은 국가기관 상호간의 권한쟁의심판과 동일하다.

Ⅳ. 지방자치단체 상호간의 권한쟁의심판

법 제62조 제1항 제3호는 지방자치단체 상호간의 권한쟁의로서 광역지방자치단체간의 권한쟁의, 기초지방자치단체간의 권한쟁의, 광역지방자치단체와 기초지방자치단체 간의 권한쟁의를 규정하고 있다. 지방자치의 활성화와 더불어, 지방자치단체간의 이해의 상충 또는 경쟁관계의 확대를 초래하였고, 지방자치단체간의 갈등과 분쟁이 증가함에 따라 이러한 분쟁을 헌법재판소의 결정으로 종식시키고 해결해야 하는 필요성이 있다.

지방자치단체 상호간의 권한분쟁은 헌법상 권한에 관한 분쟁이 아니라 **전적으로 법률상 권한분쟁**이라는 특징을 가진다. 헌법이 보장하는 '자치행정권'이란 그 본질에 있어서 '국가의 통제와 간섭으로부터의 자율성'을 의미하므로, 국가와의 관계에서 보장되고 침해될 수 있는 성격의 것이지, 지방자치단체 상호간의 관계에서 침해될 수 있는 성격의 것이 아니다. 지방자치단체 상호간의 관계에서 침해될 수 있는 것은, 입법자가 법률로써 정한 관할과 권한이다.

종래 헌법재판소가 판단한 지방자치단체 상호간의 권한분쟁은 헌법상 자치행정권의 침해를 주장하는 '헌법상 권한분쟁'이 아니라, 지방자치단체의 관할이나 권한을 규정하는 법령조항의 불명확성이나 부재(不在)로 인하여 **법률상 관할이나 권한을 다투는 '법률상 권한분쟁'**이었고, 이로써 해석을 통하여 지방자치단체 상호간에 법률상 관할 또는 권한을 획정하고 귀속시키는 문제였다.

지방자치단체 상호간의 권한쟁의에서 **당사자는 지방자치단체**이고, 지방자치단체의 장이 대표한다. **지방자치단체의 장**이 국가위임사무에 대해 국가기관의 지위에서 처분을 행한 경우에는 '국가기관과 지방자치단체 간의 권한쟁의심판'에서 국가기관으로서 당사자가 될 수 있지만, 국가사무가 아니라 자치사무에 관한 한, 지방자치단체의 장은 지방자치단체의 기관으로서의 지위만 가질 뿐 권한쟁의의 당사자가 될 수 있는 지방자치단체가 아니므로 **당사자능력이 없다**.

판 례 '광양시와 순천시 간의 권한쟁의심판 사건'에서 청구인인 지방자치단체 장의 심판청구와 지방자치단체의 장을 피청구인으로 하는 심판청구를 모두 당사자능력이 결여되어 부적법하다고 판단한 바 있다(헌재 2006. 8. 31. 2003헌라1).

헌재 2004. 9. 23. 2000헌라2(당진군과 평택시 간의 권한쟁의), 헌재 2006. 8. 31. 2003헌라1(광양시와 순천시 간의 권한쟁의), 2006. 8. 31. 2004헌라2(부산광역시 강서구와 진해시 간의 권한쟁의), 헌재 2008. 12. 26. 2005헌라11(북제주군과 완도군 간의 권한쟁의); 헌재 2009. 7. 30. 2005헌라2(옹진군과 태안군 간의 권한쟁의); 헌재 2019. 4. 11. 2016헌라8등(고창군과 부안군 사이의 해상경계) 등은 모두 **법령의 해석을 통하여 지방자치단체 상호간 관할구역의 경계를 획정하는 문제**였다.

V. 결정주문 및 결정의 효력

1. 결정주문

가. 권한의 유무 또는 범위확인

법 제66조 제1항은 "헌법재판소는 심판의 대상이 된 국가기관 또는 지방자치단체의 권한의 유무 또는 범위에 관하여 판단한다."고 규정하고 있다. 위 규정은 그 자체로서는 무엇에 관한 판단인지 불명확하나, 심판청구의 내용과 사유를 규정하는 법 제61조와의 연관관계로부터 '피청구인이 헌법이나 법률에 위반되어 자신의 권한범위를 넘어서 권한을 행사함으로써 청구인의 권한을 침해하였는지 여부'에 관하여 판단한다는 것을 읽어낼 수 있다.

피청구인의 행위가 헌법이나 법률에 위반된 경우에 비로소 그로 인하여 청구인의 권한이 침해될 수 있기 때문에, **법 제66조 제1항에 의한 권한침해확인결정**은 피청구인의 행위가 청구인의 권한을 침해했다는 확인과 함께 피청구인의 행위가 헌법이나 법률에 위반된다는 것을 그 전제로서 확인하는 **이중적 의미의 '확인결정'**을 의미한다. 헌법재판소는 권한침해확인청구를 인용하는 결정을 하는 경우에는 "피청구인의 행위는 헌법 또는 법률에 의하여 부여된 청구인의 권한을 침해한 것이다."는 주문의 형태를, 권한침해확인청구를 기각하는 결정을 하는 경우에는 "청구인의 피청구인에 대한 심판청구를 기각한다."는 주문의 형태를 취하고 있다.

나. 처분의 취소 또는 무효확인

(1) 재판부의 재량에 따른 결정주문

법 제66조 제2항은 "제1항의 경우에 헌법재판소는 권한침해의 원인이 된 피청구인의 처분을 취소하거나 그 무효를 확인할 수 있고, 헌법재판소가 부작위에 대한 심판청구를 인용하는 결정을 한 때에는 피청구인은 결정취지에 따른 처분을 하여야 한다."고 규정하고 있다. '권한의 유무 및 범위'에 관하여는 법 제66조 제1항에 의하여 헌법재판소가 필요적으로 판단해야 하지만, 동조 제2항은 헌법재판소에게 재량을 부여하고 있으므로, **재판부의 재량에 따라** 제2항에 의한 주문이 필요하다고 판단되면 제1항의 주문에 **부가적으로 처분의 취소나 무효확인**을 할 수 있다.

처분의 취소결정 또는 무효확인결정을 하는 경우, 헌법재판소는 "피청구인의 처분을 취소한다." 또는 "피청구인의 처분이 무효임을 확인한다." 라는 형식의 결정주문을 선택한다. 헌법재판소는 지금까지 국가기관 상호간의 권한쟁의에서 취소나 무효확인의 결정을 한 예는 없고, 예외 없이 **국가기관과 지방자치단체 간의 권한쟁의나 지방자치단체 상호간의 권한쟁의에서 처분의 취소나 무효확인의 결정**을 하였다(헌재 1999. 7. 22. 98헌라4; 헌재 2006. 8. 31. 2003헌라1; 헌재 2006. 8. 31. 2004헌라2).

(2) 국가기관 상호간의 권한쟁의에서 무효확인결정을 할 수 있는지의 문제

헌법재판소와 정치적 헌법기관 간의 권한배분의 관점에서, 헌법재판소는 **정치적 헌법기관의 정치적 형성권을 존중**하여 권한의 침해여부만을 확인하는 것에 그쳐야 하고, 이를 넘어서 피청구인 행위의 취소나 무효확인과 같은 형성적 결정을 내리는 것은 가능하면 자제해야 한다. 만일 헌법재판소가 피청구인의 처분의 효력에 관한 결정을 한다면, 헌법재판소는 스스로 독자적인 정치적 형성행위를 함으로써 정치적 헌법기관의 형성권을 침해할 위험이 있다. 입법절차의 하자가 문제되는 권한쟁의심판절차에서 피청구인 행위에 대한 무효확인결정은 법률의 효력에 대한 결정을 의미하는 것이고, 법률의 효력에 관한 결정은 심판청구의 범위를 넘어서 기관 상호간의 분쟁해결을 그 목적으로 하는 권한쟁의심판절차의 본질을 벗어나 이를 규범통제절차로 변형시키는 것이다.

나아가, **입법절차의 하자가 국회법위반을 넘어서 헌법위반의 경우에만 무효확인결정을 할 수 있는 이유**는 내부법으로서 국회법의 법적 성격과 그에 따른 국회법위반의 법적 효과에 있다(제4편 제2장 제5절 제4장 Ⅲ. 참조).

판 례 헌법재판소는 일련의 권한쟁의사건(헌재 2009. 10. 29. 2009헌라8; 헌재 2010. 12. 28. 2008헌라7)에서 피청구인의 행위(국회의장의 법률안 가결선포행위, 국회 상임위원회 위원장의 안건상정행위 등)가 청구인인 국회의원의 법률안 심의·표결권을 침해하였다는 것을 확인하였으나, **피청구인 행위의 무효확인을 구하는 심판청구는 기각**하였다. 가령, **'제1차 미디어법 사건'**에서 **법률안 가결선포행위에 대한 무효확인 청구의 인용여부**에 관하여 일부 재판관은 "헌법재판소는 **피청구인의 정치적 형성권을 가급적 존중**하여야 하므로, … 헌법재판소는 처분의 권한 침해만을 확인하고, 권한 침해로 인하여 야기된 위헌·위법상태의 시정은 피청구인에게 맡겨 두는 것이 바람직하다."는 이유로 심판청구를 기각한 반면(헌재 2009. 10. 29. 2009헌라8, 판례집 21-2하, 14, 23), 일부 재판관은 **"법률안의 가결선포행위의 효력은 입법 절차상 위 헌법규정을 명백히 위반한 하자가 있었는지에 따라 결정되어야 할 것**이다. 피청구인의 방송법안 가결선포행위는 비록 국회법을 위반하여 청구인들의 심의·표결권을 침해한 것이지만, 그 하자가 입법 절차에 관한 헌법규정을 위반하는 등 가결선포행위를 취소 또는 무효로 할 정도에 해당한다고 보기 어렵다."는 이유로 심판청구를 기각하였다(판례집 21-2하, 14, 23-24).

2. 결정의 효력

법 제67조 제1항은 "헌법재판소의 권한쟁의심판의 결정은 모든 국가기관과 지방자치단체를 기속한다."고 하여 결정의 기속력을 규정하고 있다. 헌법소원의 경우 인용결정이 다른 국가기관에 대한 기속력을 가지는 것에 반하여(법 제75조 제1항), 권한쟁의심판의 경우 모든 결정이 기속력을 가진다. 권한쟁의심판의 본안결정이 내려지면, 피청구인은 위헌·위법성이 확인된 행위를 반복하여서는 아니 될 뿐만 아니라, 나아가 자신이 야기한 기존의 위헌·위법상태를 스스로 제거하여 합헌·합법적 상태를 회복해야 할 의무를 부담한다. 부작위에 대한 인용결정의 경우 피청구인은 결정취지에 따른 처분을 하여야 한다(법 제66조 제2항).

제 6 항 탄핵심판

I. 헌법 제65조의 탄핵심판의 본질 및 법적 성격

1. 본질 및 기능

가. 권력통제수단으로서 탄핵심판

영국에서 발생한 탄핵제도의 목적은, 국왕을 보좌하는 고위공직자에 대한 탄핵을 통하여 의회가 군주의 권력을 통제하기 위한 것이었고, 14세기에 이르러 하원에서 소추하고 상원에서 심판하는 형태를 갖추기에 이르렀다. 영국에서 발전한 탄핵제도는 미국에 전파되어 1787년에 제정된 미연방헌법에서 최초로 규정되었고, 그 후 다시 유럽대륙으로 전파되었다. 오늘날에도 탄핵제도를 두고 있는 **모든 민주국가에서 의회가 탄핵소추의 권한**을 가지고 있다. 탄핵제도는 의회가 행정부와 사법부를 견제하고 통제하기 위한 하나의 수단이다. 그러나 탄핵제도가 정치적 책임이 아니라 법적 책임을 묻는 제도라는 점에서, 의회가 탄핵제도를 통하여 **행정부의 국정을 통제하는 가능성은 매우 제한적**이다.

나. 헌법수호수단으로서 탄핵심판

탄핵제도는 연혁적으로 의회의 권력통제수단으로 출발하였으나, 오늘날 탄핵제도의 주된 기능은 헌법수호의 기능에 있다. 탄핵심판은 **집행부와 사법부의 고위공직자에 의한 헌법침해로부터 헌법을 수호하고 유지**하기 위한 제도이다. 탄핵심판은 고위공직자에 의한 헌법위반에 대하여 탄핵소추의 가능성을 규정함으로서, 그들에 의한 헌법위반을 사전에 방지하는 기능을 하고, 나아가 고위공직자가 직무수행에 있어서 헌법에 위반한 경우 그에 대한 법적 책임을 추궁함으로써, 헌법의 규범력을 확보하고자 하는 것이다(헌재 2004. 5. 14. 2004헌나1).

헌법은 헌법수호절차로서의 탄핵심판의 기능을 이행하도록 하기 위하여, 제65조에서 탄핵소추의 사유를 '헌법이나 법률에 대한 위배'로 명시함으로써 탄핵심판을 정치적 책임을 묻는 정치적 심판절차가 아니라 **법적 책임을 묻는 규범적 심판절차**로 규정하였다. 한편, 집행부와 사법부가 입법자의 법률을 준수하는지의 문제는 헌법상의 권력분립원리를 비롯하여 법치국가원리를 준수하는지의 문제, 즉 헌법질서에 대한 준수와 직결되기 때문에, 헌법 제65조는 **탄핵사유를 헌법위반에 한정하지 아니하고, 헌법과 법률에 대한 위반으로 규정**하고 있다.

2. 법적 성격

가. 특별한 헌법재판절차

헌법 제65조의 탄핵심판은 형사절차 또는 징계절차의 성격을 가진 것이 아니라, **헌법질서의 수호에 기여하는 특별한 헌법재판절차**이다. 헌법상 탄핵심판의 목적은 고위공직자에 대한 형사적·민사적 책임을 묻고자 하는 것이 아니라, 고위공직자의 개별적 직무행위에 대한 헌법적 징벌에 있는 것이다. **법 제54조 제1항**은 '탄핵결정은 민사상 또는 형사상의 책임을 면제하지 아니한다'고 규정함으로써, 탄핵심판이 그 법적 성격에 있어서 형사절차가 아니라는 것을 명시적으로 밝히고 있다. 물론, 탄핵심판이 당사자의 위법행위에 대한 개별적 탄핵이라는 점에서 형사절차와 유사성을 보이고 있으므로, 헌법재판소법은 제40조 제1항에서 탄핵심판의 경우에는 헌법재판의 성질에 반하지 않는 한도 내에서 **형사소송법을 준용**하도록 규정하고 있다.

나. 공직자의 사임, 해임, 퇴임 또는 국회의 임기종료의 경우 절차의 진행여부

(1) 탄핵심판절차가 헌법적 문제의 해명을 통하여 헌법질서를 수호하는 절차이므로, 탄핵소추절차의 개시(국회의 탄핵소추 발의) 후에는 당사자의 사임이나 해임 또는 임기만료에 의한 퇴임, 탄핵을 의결한 국회의 임기종료 등은 **탄핵소추절차 및 탄핵심판절차의 진행에 아무런 영향을 미치지 않는다**. 공직에서 사임·퇴임한 또는 해임된 자에 대하여 탄핵소추절차와 탄핵심판절차를 진행해야 하는 이유는 공직자에 의한 헌법위반을 확인해야 할 중대한 이익이 있기 때문이다. 나아가, 피소추자가 사임·퇴임이나 해임의 가능성을 통하여 탄핵절차를 면탈하고 무력화시키는 것을 방지해야 할 필요가 있다.

국회법 제134조 제2항은 "소추의결서가 송달된 때에는 … 임명권자는 피소추자의 사직원을 접수하거나 해임할 수 없다."고 규정하여, 적어도 헌법재판소의 탄핵심판절차가 개시된 후에는 대통령 이외의 피소추자의 사임이나 해임의 가능성을 명시적으로 배제하고 있다.

(2) 헌법재판소가 본안판단에서 '공직자의 법위반여부'와 '파면여부'를 구분하여 2단계로 심사하는 한,[10] **공직자의 행위가 위헌·위법임을 확인해야 할 심판의 이익**이 존재한다. 헌법재판소는 이미 사임·퇴임한 또는 해임된 공직자에 대하여 비록 파면결정을 할 수는 없을 것이나, 공직자의 행위가 위헌·위법임을 확인하는 결정을 할 수 있다.

헌법재판소가 파면결정을 선고하기 위해서는 공직자의 행위가 위헌·위법임을 일차적으로 확인해야 하므로, 파면결정은 '피소추자인 공직자의 행위가 위헌 또는 위법임'을 그 전제로서 확인하는 '위헌확인결정'을 내포하고 있다. 법 제53조는 결정유형으로서 '파면결정'만을 언급하고 있으나, 피소추자인 공직자가 사임이나 해임 또는 퇴임 등으로 더 이상 공직에 있지 않는 경우에 대해서는 탄핵심판의 실효성을 보장하기 위하여 '**공직자 행위의 위헌·위법성을 확인하는 결정**'을 선고할 수 있는 것으로 합헌적으로 해석해야 한다. 헌법재판소는 이미 오래전부터 이와 유사한 헌법적

10) 이에 관하여 아래 Ⅳ. '본안판단의 핵심적 문제' 참조.

상황에서는 헌법재판소법의 명시적인 규정내용에서 벗어나 '위헌확인결정'을 하고 있음을 확인할 수 있다.[11)]

판 례 (1) 국회는 피청구인 법관에 대하여 다른 법관의 재판에 관여하였다는 이유로 2021. 2. 1. 탄핵소추안을 발의하였고 2021. 2. 4. 탄핵소추안을 가결함으로써 같은 날 피청구인에 대한 탄핵심판을 청구하였다. 피청구인은 2021. 2. 28. 임기만료되어 2021. 3. 1. 퇴직하였다. 국회의 탄핵소추의결 이후 헌법재판소의 탄핵심판 중 임기만료로 피청구인이 법관의 직에서 퇴직한 **'법관에 대한 탄핵심판 사건'**(헌재 2021. 10. 28. 2021헌나1)에서, 헌법재판소는 재판관 5인의 각하의견으로, 탄핵심판에서는 파면결정을 할 수 있는 경우에만 '심판의 이익'이 존재한다는 전제 하에서, 이미 임기만료로 퇴직한 피청구인에 대해서는 본안판단에 나아가도 파면결정을 선고할 수 없으므로 결국 이 사건 **탄핵심판청구는 부적법하여 각하한다는 결정**을 선고하였다.

(2) 그러나 **위 각하의견**은 법문과 탄핵심판제도의 자의적인 해석에 기초하여 **탄핵심판의 목적과 기능을 현저하게 저해하는 견해**로서 받아들이기 어렵다. 위 각하의견은 "헌법 제65조 제4항 전문과 법 제53조 제1항은 헌법재판소가 **탄핵결정을 선고할 때 피청구인이 '해당 공직에 있음'을 전제**로 하고 있다."고 주장하나, 위 조항들은 '탄핵심판의 대상공무원'에 관한 것이 아니라 오로지 '탄핵심판 결정주문의 내용'에 관한 규정이다. 위 조항들에서 전제된 것이 있다면, 그것은 '헌법재판소가 결정을 선고할 때 피청구인이 해당 공직에 있어야 한다'는 것이 아니라, 단지 '공직자가 해당 공직에 있어야 비로소 파면결정이 가능하다는 것', 즉 '해당 공직 보유가 파면결정의 선결조건'이라는 지극히 당연한 것이다. 위 각하의견은 '파면결정의 선결조건으로서 해당 공직의 보유 여부'와 '탄핵심판의 대상공무원으로서 현직 공무원 여부'를 혼동함으로써 위와 같이 잘못된 해석에 이르고 있다.

탄핵심판의 이익을 인정하기 위해서는 탄핵결정 선고 당시까지 피청구인이 '해당 공직'을 보유해야 한다는 위 각하의견에 의하면, 헌법재판소가 퇴임이 다가오는 공직자에 대하여 우연히 공직자의 '퇴임 이전에' 결정을 선고하는 경우에는 심판의 이익을 인정하여 본안판단에 들어가 '본안에 관한 결정'을 하게 되고, 공직자의 '퇴임 이후에' 선고하는 경우에는 심판의 이익을 부인하여 '각하결정'을 하게 된다. 그러나 이러한 견해는 **'헌법재판소가 언제 결정을 선고하는지'의 우연한 사정에 의하여 본안판단여부 및 결정유형이 달라진다는 것을 의미**하는데, 자의를 배제하여 법적 안정성을 확보하고자 하는 법치국가적 관점에서 이러한 견해가 타당할 수 없다. 나아가, 탄핵심판의 헌법적 기능과 목적에 비추어 볼 때 심판의 이익을 인정함에 있어서 공직자의 '사임·해임의 상황'과 '퇴임의 상황'을 달리 취급해야 할 하등의 이유가 없다. 그럼에도 이를 구분하여, 국회법상 공직자가 탄핵소추의결서 송달 후에는 사임이나 해임은 할 수 없기 때문에 사임·해임의 상황에 대해서는 심판의 이익을 인정하고, 퇴임의 상황에 대해서는 심판의 이익을 부인한다는 것은 **'전적으로 공직자의 영역에 위치하는 개별적 상황'에 의하여 법적 결과가 자의적으로 결정된다는 것을 의미**하는 것으로, 이 또한 법치국가적 관점에서 정당화될 수 없다.[12)]

---

11) 가령, 헌법재판소는 **헌법소원심판**에서 심판청구 당시에 이미 '권력적 사실행위'가 종료되었기 때문에 주관적 권리보호이익이 인정되지 않는 경우에도 객관적 심판의 이익을 인정하여 본안의 판단을 하고 있는데, 헌법재판소법 제75조 제3항에서는 '공권력의 행사에 대한 취소결정'만을 언급하고 있음에도, 종료된 사실행위가 위헌인 경우에는 침해행위가 이미 종료되어 이를 취소할 여지가 없기 때문에 **'취소결정' 대신 '위헌확인결정'**을 하고 있다.

12) 또한, 탄핵심판의 대상공무원 중에서 가장 중요한 대통령의 경우 임명권자에 의한 사직원접수나 해임을 금지하는 국회법조항이 적용되지 않으므로, 위 '각하의견'에 의하면 대통령은 탄핵소추의결서 송달 후에도 스스로 사임함으로써 심판의 이익을 소멸시키고 탄핵심판절차를 종결시킬 수 있다. 뿐만 아니라, 그 외의 공무원의 경우 탄핵소추의결서 송달 이전에는 위 국회법조항의 적용을 받지 않음으로써 자유롭게 사임 또는 해임이 가능하므로, 공직자의 사임과 해임을 통하여 국회의 탄핵소추절차의 진행에 영향을 미칠 수 있다. 이러한 법적 상황은 모두 **'전적으로 공직자의 영역에 위치하는 개별적 상황'에 의하여 법적 결과가 임의로 결정되는 것**으로, 법치국가적 관점에서 정당화될 수 없다.

결국, 국회에 의한 탄핵소추절차의 개시 후에는, 아니면 적어도 탄핵심판절차의 개시 후에는 **피소추자의** 사임 · 해임 · 퇴임 등 **모든 행위나 상황이 일률적으로 탄핵소추 · 탄핵심판절차의 진행에 아무런 영향을 미치지 않는 경우에만** 탄핵심판은 매 구체적 상황마다 심판의 이익의 존부에 관하여 자의적으로 달리 판단해야 하는 법치국가적 모순에서 벗어날 수 있고, 나아가 그 헌법적 기능을 제대로 이행할 수 있다. 따라서 헌법과 헌법재판소법은 이러한 관점에서 탄핵심판의 헌법적 목적과 기능에 부합하게 해석되어야 한다.

Ⅱ. 외국의 탄핵제도

오늘날 세계적으로 시행되고 있는 탄핵제도의 공통점은 **탄핵소추기관과 탄핵심판기관이 분리**되어 있다는 점이다. 탄핵제도를 두고 있는 모든 나라의 경우, **탄핵소추권을 의회에 부여**하고 있다. 의회에 의하여 탄핵소추가 의결된 후에 '탄핵에 관한 결정을 누가 하는가'에 관하여는 '의회가 탄핵소추권과 탄핵심판권을 모두 가지고 있는 구조'와 '의회는 탄핵소추권만을 가지고 탄핵심판권은 독립된 사법기관에게 맡기는 구조'로 크게 나누어 볼 수 있다.

의회가 탄핵소추권과 탄핵심판권을 가지고 있는 구조는 일반적으로 의회가 양원제를 취하고 있는 국가에서 볼 수 있는 형태로서, 하원에게는 탄핵소추권을 부여하고 상원에게는 탄핵심판권을 부여하고 있다. 이에 속하는 국가로는 미국을 비롯하여 러시아, 멕시코 등을 들 수 있다. 탄핵제도의 또 다른 형태는, **의회는 탄핵소추만을 의결**하고, 헌법재판소나 법원 등 독립된 사법기관이 탄핵심판권을 가지는 유형이다. 독일이나 오스트리아 등이 이러한 구조를 취하고 있다.

Ⅲ. 적법요건

1. 탄핵소추의결서의 제출

소추위원이 헌법재판소에 **소추의결서의 정본을 제출함으로써, 심판청구**를 하게 된다(법 제49조 제2항). 헌법재판소에 제출된 탄핵소추의결서는 탄핵의 원인이 된 피소추자의 작위 또는 부작위, 위반된 헌법 또는 법률의 규정, 증거자료를 기재하여야 한다. 이러한 기재내용 중 하나라도 결여된 경우에는 심판청구는 부적법한 것이 된다. 그러나 헌법재판소는 소추의결서의 보정을 요구할 수 있다(법 제28조).

탄핵심판의 심판대상은 단지 탄핵의 원인이 된 사실관계(소추사유)이다. 헌법재판소는 사법기관으로서 원칙적으로 탄핵소추기관인 국회의 탄핵소추의결서에 기재된 **소추사유에 의하여 구속**을 받는다. 따라서 헌법재판소는 탄핵소추의결서에 기재되지 아니한 소추사유를 판단의 대상으로 삼을 수 없다. 그러나 헌법재판소는 **공직자의 법위반 여부를 판단함에 있어서** 소추의결서에서 그 위반을 주장하는 헌법 또는 법률의 규정에 의하여 구속을 받지 않으므로, 청구인이 그 위반을 주장한 법규정 외에 다른 관련 법규정에 근거하여 탄핵의 원인이 된 사실관계를 판단할 수 있다(헌재 2004. 5. 14. 2004헌나1).

판 례 헌법재판소는 **'대통령(박근혜)탄핵 사건'**에서 **'소추사유의 특정 여부'**에 관하여 "탄핵소추사유는 그 대상 사실을 다른 사실과 명백하게 구분할 수 있을 정도의 구체적 사실이 기재되면 충분하다. 이 사건 소추의결서의 헌법 위배행위 부분은 소추사유가 분명하게 유형별로 구분되지 않은 측면이 있지만, 소추사유로 기재된 사실관계는 법률 위배행위 부분과 함께 보면 다른 소추사유와 명백하게 구분할 수 있을 정도로 충분히 구체적으로 기재되어 있다."고 판시한 바 있다(헌재 2017. 3. 10. 2016헌나1, 판례집 29-1, 1).

2. 국회의 탄핵소추의 발의 및 의결의 존부

헌법재판소는 탄핵소추가 국회재적의원 1/3 이상 또는 과반수의 발의에 의하여 이루어졌는지 여부 및 탄핵소추의 의결이 국회재적의원 과반수 또는 2/3 이상의 찬성에 의하여 이루어졌는지 여부(헌법 제65조 제2항 제2문)를 판단한다. 헌법재판소는 탄핵소추의 적법여부 판단에 있어서 국회의 탄핵소추절차에 명백한 흠결이 있는지의 명백성의 심사에 제한한다(헌재 2004. 5. 14. 2004헌나1, 판례집 16-1, 609, 628).

3. 탄핵소추의 대상공무원에 해당되는지 여부

가. 탄핵심판의 대상공무원(對象公務員)

헌법 제65조 제1항 및 법 제48조에 의하면, 대통령 · 국무총리 · 국무위원 · 행정각부의 장 · 헌법재판소재판관 · 법관 · 중앙선거관리위원회위원 · 감사원장 · 감사위원 기타 법률이 정한 공무원에 대해서만 탄핵소추가 가능하다. 따라서 위에 규정된 공무원에 해당하지 않는 것이 명백한 경우, 그러한 공무원에 대한 심판청구는 부적법하여 각하해야 한다.

'피소추자가 탄핵소추 또는 탄핵심판의 당시에 **현직(現職)에 있어야 하는지**'의 문제가 제기된다(이에 관하여 위 제6항 I. 2. 나. 참조). 피소추자가 탄핵소추절차의 개시 후에 스스로 사임하거나 임기만료로 퇴임하는 것은 탄핵소추절차 및 탄핵심판절차에 아무런 영향을 미치지 않으므로, 피소추자가 현직에 있어야 한다는 것은 '대상공무원'인지 여부를 판단하는 기준이 아니다.

나. '기타 법률이 정한 공무원'의 범위

헌법은 제65조 제1항에 명시적으로 언급된 공직자의 범위를 넘어서 "기타 법률이 정한 공무원"을 언급함으로써 입법자로 하여금 탄핵대상 공무원을 법률로써 정할 것을 위임하고 있다. 헌법을 유지하고 수호하고자 하는 것이 탄핵심판의 본질이라면, 입법자가 정하는 '탄핵대상공무원의 범위'도 역시 탄핵심판의 본질에 비추어 판단되어야 한다. 따라서 입법자는 공직자의 권한과 기능의 비중에 비추어 **그 직무수행 중의 법위반행위로 인하여 헌법수호의 관점에서 헌법질서에 대한 특히 중대한 위협이 우려되는 공무원**의 범위를 확정하여 이를 탄핵의 대상으로 삼을 수 있다. 물론, 탄핵대상공무원의 범위를 법률로써 정함에 있어서 입법자에게는 광범위한 형성의 자유가 인정된다. 이러한 공무원의 범위에는 헌법에 명시적으로 규정된 공무원 외에 예컨대 각군 참모총장, 검사, 경찰청장 등이 속한다.

4. 탄핵소추사유의 존재 가능성

가. "직무집행에 있어서 헌법이나 법률을 위배한 때"

헌법 제65조에 규정된 탄핵소추사유는 "직무집행에 있어서 헌법이나 법률을 위배한 때"이므로, 탄핵심판을 청구하기 위해서는 **'직무집행에 의한 헌법이나 법률에 대한 위반가능성'**이 존재해야 한다. 따라서 위와 같은 위반가능성이 명백하게 존재하지 않는 경우에는 심판청구는 부적법한 것으로 각하하게 된다.

"직무집행에 있어서"의 '직무'란, 법제상 소관 직무에 속하는 고유업무 및 통념상 이와 관련된 업무를 말한다. 대통령의 경우 대통령의 직무상 행위는 법령에 근거한 행위뿐만 아니라, '대통령의 지위에서 국정수행과 관련하여 행하는 모든 행위'를 포괄하는 개념이다(헌재 2004. 5. 14. 2004헌나1; 헌재 2017. 3. 10. 2016헌나1). 그러나 집무집행과 관계없는 행위, 즉 직무개시 이전이나 퇴임 후의 행위 또는 명백하게 사적인 행위(예컨대, 사적인 계약위반에 의한 민법규정의 위반)는 탄핵의 대상이 될 수 없다.

탄핵심판의 본질이 형사소추절차가 아니라 고위공직자의 직무집행 중 법위반행위에 대하여 법적 책임을 추궁함으로써 헌법의 규범력을 확보하고자 하는 헌법재판절차라는 점에서, **현직(現職) 중의 법위반행위만이 탄핵사유**가 된다. 탄핵사유의 요건을 '직무' 집행으로 한정하고 있으므로, 위 규정의 해석상 직위를 보유하고 있는 상태에서 범한 법위반행위만이 소추사유가 될 수 있다. 따라서 당선 후 취임 시까지의 기간에 이루어진 대통령의 행위는 소추사유가 될 수 없다(헌재 2004. 5. 14. 2004헌나1, 판례집 16-1, 609, 651).

헌법은 탄핵사유를 **"헌법이나 법률을 위배한 때"**로 규정하고 있는데, '헌법'에는 명문의 헌법규정뿐만 아니라 헌법재판소의 결정에 의하여 형성되어 확립된 불문헌법도 포함된다. '법률'이란 단지 형식적 의미의 법률 및 그와 등등한 효력을 가지는 국제조약, 일반적으로 승인된 국제법규 등을 의미한다(헌재 2004. 5. 14. 2004헌나1). 그러나 명백하게 명령이나 규칙 위반에 근거한 심판청구 또는 법위반여부가 아니라 **대통령의 부도덕한 행위, 정치적 무능력**에 대한 심판청구, 정치적 판단의 당부를 다투는 심판청구는 부적법하다. 법위반행위에는 고의나 과실에 의한 경우뿐만 아니라 법의 무지로 인한 경우도 포함된다. 그러나 법위반행위가 과실이나 법의 무지로 인한 경우에는 본안판단의 '법위반의 중대성'을 판단하는 과정에서 고려될 수 있다.

판 례 **'불성실한 직책수행이 탄핵심판절차의 판단대상이 되는지 여부'**에 관하여 "대통령의 '직책을 성실히 수행할 의무'는 헌법적 의무에 해당하지만, '헌법을 수호해야 할 의무'와는 달리 규범적으로 그 이행이 관철될 수 있는 성격의 의무가 아니므로 원칙적으로 사법적 판단의 대상이 되기는 어렵다. 세월호 참사 당일 피청구인이 **직책을 성실히 수행하였는지 여부는 그 자체로 소추사유가 될 수 없어**, 탄핵심판절차의 판단대상이 되지 아니한다."고 판시한 바 있다(헌재 2017. 3. 10. 2016헌나1, 판례집 29-1, 1, 4-5).

나. 법위반의 중대성을 고려해야 하는지의 문제

사소한 법위반행위를 사유로 하는 탄핵심판청구의 남용을 방지하기 위하여, **이미 적법요건의 단계에서 법위반의 중대성의 관점을 고려해야 하는지의 문제**가 제기된다. '헌법이나 법률에 대한 위반이 중대해야 하는지'의 문제는 원칙적으로 적법요건의 단계에서 결정해야 할 문제가 아니라 **본안판단의 문제**이다. 탄핵소추기관인 국회의 관점에서 볼 때 '중대한 법위반'과 '중대하지 않은 법위반'의 경계설정이 불명확할 뿐만 아니라, 나아가 탄핵소추의 의결을 위한 엄격한 요건(국회재적의원 과반수 또는 3분의 2 이상의 찬성)으로 말미암아 현실적으로도 사소한 법위반행위를 이유로 탄핵절차가 개시될 가능성은 거의 없다.

다만, 헌법수호절차로서의 탄핵심판의 헌법적 의미와 목적에 비추어, 모든 법위반이 탄핵의 대상행위가 되는 것이 아니라, **어느 정도의 헌법적 또는 정치적 중요성**을 가지기 때문에 위반여부에 관한 헌법적 해명의 필요성이 있는 법위반만이 탄핵의 대상이 될 수 있다. 따라서 교통법규에 대한 위반이나 민법상 계약위반 등 **비정치적 · 비헌법적 성격의 사소한 법위반행위**에 대한 심판청구는 부적법하여 각하해야 한다.

5. 청구기간

탄핵심판의 경우 청구기간에 관한 규정이 없으므로, 탄핵심판의 청구는 청구기간의 제한을 받지 않는다. 따라서 탄핵사유가 언제 발생하였는지 또는 언제 소추기관이 이를 알았는지 여부와 관계없이, 직무수행 개시 이후의 모든 행위가 소추의 대상행위가 될 수 있다.

Ⅳ. 본안판단의 핵심적 문제

1. 헌법재판소가 언제 파면결정을 해야 하는지의 문제

법 제53조 제1항은 "탄핵심판청구가 이유 있는 때에는 헌법재판소는 피청구인을 당해 공직에서 파면하는 결정을 선고한다."고 규정하고 있다. 여기서 **"탄핵심판청구가 이유 있는 때"를 어떻게 해석해야 하는지**, 즉 헌법 제65조 제1항에 규정된 탄핵사유인 "그 직무집행에 있어서 헌법이나 법률을 위배한" 것이 확인되는 경우, 헌법재판소가 자동적으로 공직자에 대한 파면결정을 해야 하는지 아니면 헌법해석을 통하여 별도의 불문(不文)의 탄핵사유(예컨대, 법위반의 중대성 등)를 인정할 것인지의 문제가 제기된다.

법 제53조 제1항은 헌법 제65조 제1항의 탄핵사유가 인정되는 모든 경우에 자동적으로 파면결정을 하도록 규정하고 있는 것으로 문리적으로 해석할 수 있다. 그러나 직무행위로 인한 모든 사소한 법위반이 파면을 결과로 가져온다면, 이는 피청구인의 책임에 상응하는 헌법적 징벌의 요청, 즉 비례의 원칙에 위반된다. 헌법재판소도 다른 국가기관과 마찬가지로, **헌법재판권을 행사함에 있어서 비례의 원칙을 준수**해야 한다.

2. 공직자의 파면을 정당화할 정도로 중대한 법위반

위와 같은 이유에서, 법 제53조 제1항의 "탄핵심판청구가 이유 있는 때"란, 모든 법위반의 경우가 아니라, 단지 **공직자의 파면을 정당화할 정도로 중대한 법위반의 경우**를 말한다(헌재 2004. 5. 14. 2004헌나1; 헌재 2017. 3. 10. 2016헌나1). 헌법재판소는 본안판단에서 우선 법위반여부를 확인하는 작업을 하게 되고, 법위반사실이 확인되는 경우에 이러한 법위반이 공직자의 파면을 정당화할 정도로 중대한지 여부에 관하여 판단하게 된다. **법위반행위가 파면을 정당화할 정도로 중대하지 않은 경우**, 헌법재판소는 단지 공직자의 법위반사실만을 확인하는데 그치게 된다.

'법위반이 중대한지' 또는 '파면이 정당화되는지'의 여부는 그 자체로서 인식될 수 없는 것이므로, **'법위반이 어느 정도로 헌법질서에 부정적 영향이나 해악을 미치는지의 관점'**과 **'피청구인을 파면하는 경우 초래되는 효과'를 서로 형량**하여 탄핵심판청구가 이유 있는지 여부 즉, 파면여부를 결정해야 한다(헌재 2004. 5. 14. 2004헌나1). 대통령을 제외한 다른 공직자의 경우 파면결정으로 인한 효과가 일반적으로 작기 때문에, 상대적으로 경미한 법위반행위에 의해서도 파면이 정당화될 가능성이 매우 큰 반면, 대통령의 경우에는 파면결정으로 인한 효과가 크기 때문에, 파면결정을 정당화하기 위해서는 이를 압도할 수 있는 중대한 법위반이 존재해야 한다. 따라서 대통령의 직을 유지하는 것이 더 이상 헌법수호의 관점에서 용납될 수 없거나 대통령이 국민의 신임을 배신하여 국정을 담당할 자격을 상실한 경우에 한하여, 대통령에 대한 파면결정은 정당화된다(헌재 2004. 5. 14. 2004헌나1).

판 례 헌법재판소는 **'대통령(박근혜) 탄핵사건'**에서 "**대통령을 탄핵하기 위해서는** 대통령의 법 위배행위가 헌법질서에 미치는 부정적 영향과 해악이 중대하여 대통령을 파면함으로써 얻는 헌법 수호의 이익이 대통령 파면에 따르는 국가적 손실을 압도할 정도로 커야 한다. 즉, **'탄핵심판청구가 이유 있는 경우'**란 대통령의 파면을 정당화할 수 있을 정도로 중대한 헌법이나 법률 위배가 있는 때를 말한다."고 판시하고 있다(헌재 2017. 3. 10. 2016헌나1, 판례집 29-1, 1, 21).

3. 본안 판단에 관한 주요 헌법재판소결정

대통령(노무현) 탄핵사건에서 핵심적인 쟁점으로 부각된 것은, 대통령의 법위반사실이 확인된 경우, 헌법재판소가 자동적으로 파면결정을 해야 하는지 아니면 '법위반의 중대성을 불문의 탄핵사유로서 인정함으로써 파면여부에 관하여 결정할 재량을 가지고 있는지의 문제였다. 헌법재판소는 법 제53조 제1항의 '탄핵심판청구가 이유 있는 때'를 '공직자의 파면을 정당화할 정도로 중대한 법위반'의 경우로 해석하였고, 그 결과 법위반사실을 확인하였음에도 "파면결정을 통하여 헌법을 수호하고 손상된 헌법질서를 다시 회복하는 것이 요청될 정도로, 대통령의 법위반행위가 헌법수호의 관점에서 중대한 의미를 가진다고 볼 수 없고, 또한 대통령에게 부여한 국민의 신임을 임기 중 다시 박탈해야 할 정도로 국민의 신임을 저버린 경우에 해당한다고도 볼 수 없으므로, 대통령에 대한 파면결정을 정당화하는 사유가 존재하지 않는다."고 판시함으로써, **심판청구를 기각하는 결정**을 하였다(헌재 2004. 5. 14. 2004헌나1).

대통령(박근혜) 탄핵사건에서도 헌법재판소는 대통령(노무현) 탄핵사건에서 확립한 법리를 그대로 수용하여 이에 근거하여 판단하였는데, 법위반사실을 확인한 다음, "피청구인의 이 사건 헌법과 법률 위배행위는 국민의 신임을 배반한 행위로서 헌법수호의 관점에서 용납될 수 없는 중대한 법 위배행위라고 보아야 한다. 그렇다면 피청구인의 법 위배행위가 헌법질서에 미치게 된 부정적 영향과 파급 효과가 중대하므로, 피청구인을 파면함으로써 얻는 헌법수호의 이익이 대통령 파면에 따르는 국가적 손실을 압도할 정도로 크다고 인정된다."고 판시함으로써 **피청구인을 파면하는 결정**을 하였다(헌재 2017. 3. 10. 2016헌나1).

행정안전부장관(이상민) 탄핵사건에서, 헌법재판소는 '피청구인이 재난관리 주무부처의 장으로서 재난대응 과정에서 최적의 판단과 대응을 하지 못하였다 하더라도 헌법이나 법률을 위반한 것으로 보기는 어려우며, 재난대응의 미흡함을 이유로 그 책임을 묻는 것은 규범적 심판절차인 탄핵심판절차의 본질에 부합하지 않는다'고 판단하여 탄핵심판청구를 기각하였다(헌재 2023. 7. 25. 2023헌나1).

제 7 항 정당해산심판

Ⅰ. 서 론

헌법 제8조 제4항은 "정당의 목적이나 활동이 민주적 기본질서에 위배될 때에는 정부는 헌법재판소에 그 해산을 제소할 수 있고, 정당은 헌법재판소의 심판에 의하여 해산된다."고 규정하고 있다. **헌법 제111조 제1항 및 법 제55조 이하의 규정**은 정당의 해산심판을 헌법재판소가 관장한다고 규정하고 있다. 정당해산심판은 자유민주적 기본질서를 파괴할 목적으로 조직되어 활동하는 정당을 헌법재판절차에 따라 해산시킴으로써, 정당의 형식으로 조직된 헌법의 적으로부터 헌법을 수호하고자 하는 제도이다. 1960년 헌법에 정당조항과 함께 도입된 정당해산심판은 심판기관의 변천을 겪으면서 현재까지 계속 유지되어 왔다.

2013. 11. 정부가 '통합진보당'의 해산을 구하는 심판을 청구하면서, 정당해산심판이 도입된 이후 처음으로 정당의 위헌여부가 헌법재판소의 심판대에 오르게 되었다. 헌법재판소는 2014. 12. 19. '통합진보당을 해산하고 그 소속 국회의원은 의원직을 상실한다'는 결정을 선고하였다(2013헌다1).

Ⅱ. 정당해산심판의 의의와 목적

1. 정당해산심판의 이중적 목적

오늘날 정당은 대의제 민주주의가 기능하기 위한 불가결한 요소이면서, 동시에 민주주의의 잠재적 파괴자일 수 있다. 대의민주주의에서 정당이 가지는 이러한 이중적 기능에 상응하여, 정당해산심판의 목적도 이중적이다. 정당해산심판은 헌법의 적으로부터 **헌법을 수호하고자 하는 목적**과 대의민주제에서 정당기능의 중요성에 비추어 정당금지의 요건을 엄격하게 정함으로써 다른 정치적 결사에 비하여 **정당을 보다 두텁게 보호하고자 하는 목적**을 가지고 있다.

2. 정당해산심판이 민주주의에 모순되는 제도인지의 문제

국가가 국민 일부의 지지를 받는 정당을 강제로 정치적 의사형성과정으로부터 제거한다는 점에서, 정당해산심판은 '국가로부터 자유로운 국민의사형성'을 요청하는 민주주의 이념과 모순되는 것으로 보인다. 그러나 정당해산심판은 우리 헌법의 민주주의에 대한 이해와 모순되지 않는다. 우리 헌법은 자유민주적 기본질서를 최고의 헌법적 가치로 선언하고 방어적 민주주의를 도입함으로써, 가치중립적·상대적 민주주의가 아니라 **가치구속적·방어적 민주주의를 채택**하였다. 정당해산심판은 이와 같이 변화한 민주주의에 대한 이해가 가져온 결과이다. 정당해산심판을 자유민주주의의 본질에 부합하게 해석하고 적용하는 한, 정당해산심판은 자유민주주의에 모순되는 제도가 아니라 **자유민주주의를 구성하는 한 요소**이다.

3. 민사소송법의 준용 문제

헌법재판소법은 제40조에서 정당해산심판에 민사소송법을 준용하도록 규정하고 있다. **정당해**

산심판과 탄핵심판은 모두 청구인의 입장에서는 법적 책임을 묻고자 하는 것이고 피청구인의 입장에서는 이러한 비난에 대하여 방어하고자 하는 것이므로, 양 심판절차의 절차적 특수성은 **준형법적(準刑法的) 성격**에 있다. 따라서 양 심판절차는 그 성격에 있어서 형사소송에 가장 근접한다.

그러나 법 제40조가 탄핵심판에 대해서는 일차적으로 형사소송법을 준용토록 하면서 정당해산심판에 대해서는 민사소송법을 준용토록 한 것은, 정당해산심판의 목적과 절차적 특수성을 제대로 고려하지 **입법적 오류**라 할 수 있다. 민사소송법의 준용이 정당해산심판의 본질에 반하기 때문에 대부분의 경우 민사소송법규정의 적용이 배제되는 결과에 이르게 될 것이므로, 이러한 경우에는 정당해산심판의 절차적 특수성에 가장 부합하는 형사소송법규정의 준용가능성을 살펴보아야 한다.

판 례 한편, 정당해산심판절차에 민사소송에 관한 법령을 준용할 수 있도록 규정한 헌법재판소법 제40조 제1항 전문이 청구인의 **공정한 재판을 받을 권리를 침해하는지 여부**가 문제된 사건에서 "민사소송에 관한 법령을 준용하도록 한 것이 현저히 불합리하다고 볼 수 없다. … 따라서 준용조항은 청구인의 공정한 재판을 받을 권리를 침해한다고 볼 수 없다."고 판단한 바 있다(헌재 2014. 2. 27. 2014헌마7).

Ⅲ. 정당해산심판의 청구

1. 심판청구의 주체

정당해산심판은 **위헌정당해산 제소권**과 위헌정당해산 결정권을 분리하여 각 정부와 헌법재판소에 부여하고 있다(헌법 제8조 제4항, 법 제55조). **단지 정부**만이 심판청구를 할 수 있다. 정당의 위헌여부에 대한 일차적인 판단은 정부의 권한에 속한다. 여기서의 '정부'란 실질적으로 '정부의 수반인 대통령'을 의미한다. 대통령이 국무회의의 심의를 거쳐(헌법 제89조 제14호) 헌법재판소에 해산을 제소한다.

2. 심판청구의 내용

정부는 민주적 기본질서에 위배되는 **'정당의 해산'**을 청구할 수 있다(법 제55조). 정부의 제소 후에 피소된 정당이 해산결정을 회피하기 위하여 자진해산하는 경우, **정당의 자진해산**은 심판절차의 진행에 아무런 영향을 미치지 않는다. 정당의 자진해산으로 인하여 정당해산심판의 기능이 무력화되는 것을 방지하기 위해서는, 해산결정 외에도 '자진 해산된 정당이 **위헌정당이었음을 확인하는 결정**'을 할 수 있는 것으로 법 제59조(결정의 효력)를 해석해야 한다.

3. 심판청구에 관한 정부의 재량여부

가. 기속행위설과 재량행위설의 대립

정부가 위헌으로 간주되는 정당에 대하여 심판청구를 해야 할 의무가 있는지의 문제가 제기된다. 위 문제와 관련하여 기속행위설과 재량행위설이 대립하고 있다. **기속행위설**은, 헌법 제8조 및 법 제55조의 문언("제소할 수 있다" 또는 "청구할 수 있다")에도 불구하고 헌법수호의 수단으로서 정당해산심판의 기능에 비추어 정부가 특정 정당의 목적과 활동이 민주적 기본질서에 위배된다고 판단한다면 해당정당에 대하여 심판청구를 해야 한다고 한다. 이에 대하여 **재량행위설(정치적 재량설)**은, 헌법 제8조 및 법 제55조의 문언상의 표현에 비추어 보건대 심판청구의 여부나 시기 등을 결정하는 것은 정부의 재량적 판단에 달려있다고 한다.

나. 정부의 정치적 재량

정부의 심판청구권 행사여부는 정치적 재량에 속한다는 정치적 재량설이 타당하다. 정당해산심판제도의 기능이 헌법수호에 있고, 정부는 국가기관으로서 헌법의 구속을 받고 헌법수호의 의무가 있으나, 한편으로는 헌법수호의 방법은 다양하고 고도의 정치적 판단을 요하는 사안이라 할 수 있다. 정당해산이 곧 위헌정당을 형성케 한 '위헌적 사고의 해체'나 위헌적 사고를 지지하는 '위헌적 국민의 해체'를 의미하지는 않는다.

정부는 구체적 상황에 따라 특정 정당에 대하여 심판청구를 하지 않는 것 또는 이를 연기하는 것이 헌법수호의 관점에서 보다 바람직하다고 판단할 수도 있다.[13] 따라서 정부는 헌법재판소의 심판을 통하여 '사법적(司法的)으로' 정당해산을 달성할 것인지 아니면 헌법적대적인 정당에 대하여 '정치적으로' 투쟁할 것인지에 관하여 결정할 수 있는 재량을 가져야 한다. **정당해산심판에서 청구기간이 존재하지 않는다**는 것도 정부의 제소여부가 정치적 재량에 맡겨져 있다는 견해를 뒷받침하고 있다. 정당해산심판에서 청구기간의 규정은 심판청구기관의 제소의무를 전제로 해서만 가능한 것이다.

4. 심판청구의 취하

심판청구의 여부를 정부의 정치적 재량사항으로 보는 한, 정부는 심판청구 이후의 상황변화 등을 이유로 헌법재판소가 **결정을 선고하기 전까지는 청구를 취하할 수 있다.** 심판청구의 여부가 전적으로 심판청구의 주체인 정부의 정치적 재량에 맡겨져 있다는 점을 고려한다면, 청구인이 심판청구를 취하한 경우에는 헌법재판소는 청구인의 의사에 반하여 절차를 진행할 수 없다고 보아야 한다. 심판청구의 취하가 원칙적으로 가능하다고 보는 경우, 취하에 관한 민사소송법규정을 준용하여 적어도 **변론절차가 개시된 후에는 피청구인 정당의 동의를 받아야** 취하의 효력이 있다고 보아야 한다.

5. 심판청구의 절차

법무부장관이 정부를 대표하여 정당해산의 심판청구서를 헌법재판소에 제출해야 한다(법 제25조 제1항). 정당해산심판의 경우 청구기간이 존재하지 않으므로, 청구사유가 존재하는 한 기간의 제한 없이 언제든지 심판청구가 가능하다.

6. 일사부재리의 원칙

헌법재판소가 정당의 위헌여부에 대하여 **실체적으로 판단한 경우**에는 동일한 정당에 대하여 동일한 사유로 다시 제소할 수 없다(법 제39조). 그러나 헌법재판소의 종국결정시까지 정당의 해산여부를 판단할 때 고려할 수 없었던 **'새로운 사실'에 기초하여** 동일한 정당에 대하여 거듭 심판청구를

13) 국가권력이 헌법재판을 통하여 위헌정당을 강제로 해산시키는 경우, 민주주의의 적이 표면적으로는 정치적 무대로부터 제거되지만 그 지지 세력은 그대로 남아 다른 형태로 계속 활동할 수 있으며, 국민으로서는 위헌정당의 문제에 관하여 공개적으로 논쟁하고 정신적으로 투쟁할 수 있는 '민주시민으로서의 학습기회', 위헌정당에게 동력을 제공한 정치적 요인에 관한 성찰의 기회를 박탈당하게 된다.

하는 것은 일사부재리의 원칙에 위반되지 않는다.

Ⅳ. 정당해산심판의 대상이 되는 정당(피청구인)

1. 정 당

정당해산심판의 대상이 되는 정당이란 **'헌법상 정당'의 개념을 충족시키는 정치적 결사**를 말한다(제2편 제3장 제5절 Ⅲ. 참조). 헌법에 의하여 특별한 보호를 받는 정당의 개념이 오로지 헌법에 의하여 설정되어야 하는 것과 마찬가지로, 정당해산의 대상이 되는 정당의 개념도 헌법에 의하여 확정되어야 한다. 정당해산심판의 대상이 되는 정당은 원래 '헌법상 정당'이지만, 헌법재판소의 결정에 의하면 입법자가 헌법상 정당 개념에 부합하게 정당법에서 정당의 개념을 '정당등록절차와 정당등록요건'을 통하여 구체화하였고, 이에 따라 **'헌법상 정당 개념'과 '정당법상 정당 개념'이 그 내용에 있어서 실질적으로 일치**하므로, 결과적으로 정당해산심판의 대상이 되는 정당은 원칙적으로 **정당법에 따라 정당으로서 등록을 필한 기성정당**이다.

또한, 정당법에 따라 정당의 창당활동이 진행되어 **등록절차만을 남겨둔 소위 '등록 중의 정당'**도 피청구인이 될 수 있다. 이러한 조직은 아직 정당법상 정당에 해당하지는 않지만, 정당법에서 정하는 법정수의 시·도당과 그 당원수를 보유함으로써 이미 헌법상 정당 개념을 충족시키고 있기 때문이다. 한편, 법 제55조 및 제56조는 피청구인을 확정적으로 '정당'으로 규정하고 있으므로, **정당의 '부분조직'**은 피청구인이 될 수 없다.

2. 심판청구 후 피청구인 정당의 자진해산 및 분당·합당의 허용여부

심판청구 후 정당이 자진해산이나 분당·합당을 통하여 자신의 법적 지위에 직접적인 변동을 가져오는 행위를 하는 경우 이러한 행위가 허용되는지, 심판절차에 어떠한 영향을 미치는지의 문제가 발생한다.

자진해산의 경우, 피청구인의 행위가 해산결정의 효과와 일치하므로, **자진해산은 헌법적으로 허용**된다. 현행법상 정당의 자진해산을 금지하는 규정도 없다. 그러나 피청구인의 자진해산 행위는 헌법재판소의 심판절차의 진행에 아무런 영향을 미치지 않으며, **자진해산에도 불구하고 심판절차는 계속 진행**된다. 정당이 해산결정의 불리한 법적 효과를 피하기 위하여 자진해산하는 경우에 계속 중인 정당해산절차의 종료를 선언해야 한다면, 피소된 정당은 자진해산을 통하여 정당해산심판절차를 임의로 무력화시킬 수 있다. 위헌확인결정이 대체정당금지와 정당재산의 몰수라는 법적 효과를 야기하므로, 헌법재판소로서는 정당의 자진해산에도 불구하고 절차를 진행해야 할 실익이 인정된다.

심판청구 후 피청구인이 확정된 후에는 **분당(分黨)이나 합당(合黨)** 등의 방법으로 해산결정을 회피하고 실질적으로 대체정당을 설립하는 행위는 **헌법적으로 허용되지 않는다**. 피청구인 정당의 분당 및 합당의 금지는 정당해산심판의 실효성을 확보하기 위하여 헌법으로부터 직접 나오는 필수적 요청이다.

V. 정당해산의 사유

1. 민주적 기본질서의 의미

헌법 제8조 제4항은 **정당해산의 사유**를 "정당의 목적이나 활동이 민주적 기본질서에 위배될 때"로 규정하고 있다. 학계에서는 민주적 기본질서를 자유민주적 기본질서뿐 아니라 사회민주적 기본질서도 포괄하는 넓은 의미로 이해함으로써 **양자를 구분하는 견해**(소수설)와 양자의 구분을 부정함으로써 **양자를 동일한 것으로 보아야 한다는 견해**(다수설)가 대립하고 있다. 민주주의를 자유민주주의와 사회민주주의로 구분하는 견해의 경우, 사회민주주의란 일반적으로 사회국가적 민주주의를 의미하는 것이다.

헌법 제8조에서 '민주적 기본질서'라고 언급하고 있지만, 이는 자유민주적 기본질서보다 상위의 개념이거나 포괄적인 개념이 아니라 **'자유민주적 기본질서'와 동일**한 것을 의미한다. **자유민주주의**는 평등민주주의에 내재하는 사회국가적 경향 때문에 필연적으로 **사회국가로 발전**하게 되고, 정의로운 사회질서의 실현을 국가목표로서 추구하므로 **사회민주주의의 내용을 포함**하게 된다. 오늘날의 민주국가의 형태로는 '사회적 자유민주주의' 외에는 다른 선택의 가능성이 없다. 이러한 이유에서 헌법 제8조 제4항의 '민주적 기본질서'란 헌법 전문 및 제4조에서 명시적으로 언급하는 우리 헌법의 기본질서인 '자유민주적 기본질서' 외에 다른 것을 의미할 수 없다.

2. 정당의 목적이나 활동이 민주적 기본질서에 위배될 때

가. 정당의 목적이나 활동

(1) 정당의 위헌성을 확인하기 위한 2가지 징표

헌법은 제8조 제4항에서 "정당의 목적이나 활동이 민주적 기본질서에 위배될 때"라고 하여 정당해산의 사유를 스스로 규정하고 있다. 정당의 목적과 활동은 **정당해산사유가 충족되는지 여부를 판단하기 위한 2가지 징표이**다. 여기서 정당의 '목적'이란 민주적 기본질서를 제거하고자 하는 주관적 의도를 의미하는 것이고, 정당의 '활동'이란 이러한 주관적 의도를 객관적으로 구현하고자 하는 행위를 말한다.

정당의 목적과 활동은 **개념적으로는 구분**될 수 있으나, **정치현실에서는 상호불가분의 관계**에 있는 것으로 분리되어 생각할 수 없다. 한편으로는 정당조직 및 당원의 활동은 정당의 목표를 밝히기 위한 중요한 징표이며, 다른 한편으로는 당원의 활동이 정당에 귀속될 수 있는지 여부를 판단하기 위해서는 당원의 활동이 정당의 목표에 부합하는지, 정당의 강령이나 지도부의 연설에 의하여 야기되었는지의 관점이 중요한 역할을 한다. 한편, 헌법수호수단으로서 정당해산심판의 목적에 비추어, 정당이 자신의 목적이나 활동이 민주적 기본질서에 위배된다는 인식, 즉 위헌성에 대한 인식을 가질 필요는 없다.

(2) 정당의 목적

예방적 헌법수호수단으로서의 정당해산심판의 기능에 비추어, **단기적인 목적뿐만 아니라 장기적인 목적도** 정당해산사유를 구성하는 '목적'에 해당한다. 또한, 정당의 위헌적 목적이 공개적으로 표명되고 선전될 필요도 없다. 따라서 공식적으로 표명된 목적은 물론이고, **비밀리에 추구하는 '은폐된 목적'**도 정당의 '목적'에 해당한다. '공식적으로 표명한 정당의 목적'과 '정당의 실질적인 활동'이 일치하지 않는 경우에는 은폐된 목적이 정당의 '진정한' 목적으로 고려된다.

정당의 목적이 민주적 기본질서에 위배되는 경우란, **정당의 목적을 인식할 수 있는 자료**를 종합적으로 고려하여 판단할 때 그 정당의 전체적 성격이 민주적 기본질서에 위배되는 경우를 말한다. 정당의 목적을 판단할 수 있는 자료로는 일차적으로 정당의 공식적인 강령, 정당의 선언문, 정당지도자의 연설과 발언, 정책선전자료, 정당의 각종 출판물 등이 고려될 수 있다. 또한, 정당기관이나 당원의 행동이나 발언도 정당의 목적을 파악할 수 있는 근거가 된다.

(3) 정당의 활동

정당의 활동이란, 정당 명의의 활동뿐만 아니라 당간부와 평당원의 활동 등 정당이 구성원의 활동에 실질적으로 영향력을 행사할 수 있기 때문에 **정당에 귀속시킬 수 있는 모든 행위**를 포함한다. 정당의 기관(당원총회, 대의기관, 집행기관, 지구당이나 시도당과 같은 정당의 지역조직 등)이 당헌·당규에 따라 그 기관의 지위에서 행하는 활동은 물론이고, 정당이 일반당원에 대한 영향력행사를 통하여 당원의 행동을 통제할 수 있는 가능성이 인정되는 경우에는 일반당원의 활동도 원칙적으로 정당의 활동으로 귀속시켜야 한다. 그러나 당원이 정당의 노선을 벗어나 개별적으로 행한 일탈적 행위는 원칙적으로 정당의 활동으로 귀속될 수 없다.

판 례 **"정당의 목적이나 활동"의 의미에 관하여,** "**'정당의 목적'**이란, 어떤 정당이 추구하는 정치적 방향이나 지향점 혹은 현실 속에서 구현하고자 하는 정치적 계획 등을 통칭한다. 이는 주로 정당의 공식적인 강령이나 당헌의 내용을 통해 드러나겠지만, 그밖에 정당대표나 주요 당직자 등의 공식적 발언, 정당의 기관지나 선전자료와 같은 간행물, 정당의 의사결정과정에서 일정한 영향력을 가지거나 정당의 이념으로부터 영향을 받은 당원들의 행위 등도 정당의 목적을 파악하는 데에 도움이 될 수 있다. 만약 정당의 진정한 목적이 숨겨진 상태라면 이 경우에는 강령 이외의 자료를 통해 진정한 목적을 파악해야 한다. 한편 **'정당의 활동'**이란, 정당 기관의 행위나 주요 정당관계자, 당원 등의 행위로서 그 정당에게 귀속시킬 수 있는 활동 일반을 의미한다."고 판시하고 있다(헌재 2014. 12. 19. 2013헌다1).

나. 위헌정당의 해산이 언제 정당화되는지의 문제

(1) 정당해산제도의 위험성

정당해산조항의 헌법이론적인 정당성에도 불구하고, 헌법 제8조 제4항이 규정하는 '위헌정당의 해산'은 원래 민주주의를 수호하기 위한 수단의 성격을 벗어나, 오늘날 오히려 민주주의를 저해하는 수단으로 변질될 가능성이 있다. 따라서 헌법 제8조 제4항의 가능성이 남용되는 것을 방지하기 위하여, 위헌정당의 해산이 구체적으로 어떠한 경우에 정당화되는지의 문제가 규명되어야 한다.

(2) 정당해산사유의 해석

헌법해석을 통하여 정당해산사유인 "정당의 목적이나 활동이 민주적 기본질서에 위배될 때"의 의미를 밝히는 문제는, 정당이 언제 **자유민주주의가 관용할 수 있는 한계**를 넘는지, 국가가 언제 **정당에 대한 정치적 중립성을 포기**하고 개방적인 정치적 과정의 보장을 위하여 **정당간의 자유경**

쟁에 개입해야 하는지의 문제를 의미한다.

정당해산사유를 해석함에 있어서 고려해야 하는 중요한 헌법적 지침은, 한편으로는 정당의 자유(정치적 과정의 개방성)가 가능하면 보장되어야 한다는 것이고, 다른 한편으로는 정당해산심판이 예방적 헌법수호수단으로서 기능해야 한다는 것이다. 한편으로는 정당해산심판이 악용되지 않도록 해산사유를 엄격하게 해석해야 할 필요성이 인정되지만, 다른 한편으로는 지나치게 엄격한 해석을 통하여 예방적 헌법수호수단으로서의 기능을 마비시키는 결과를 초래해서도 안 된다.

헌법재판소의 정당해산결정은 정당의 자유에 대한 중대한 침해를 의미하므로, 헌법재판소가 헌법 제8조 제4항의 해산사유를 해석함에 있어서도 **과잉금지원칙의 요청에 부합하는 합헌적인 해석**, 즉 헌법수호의 법익을 실현하면서도 가능하면 정당의 자유를 최소한으로 침해하는 해석을 선택해야 한다는 구속을 받는다. 정당해산은 헌법적대적인 정당에 대한 투쟁에서 최종적인 수단이다.

(3) 민주적 기본질서에 위배될 때

(가) 주관적 목적만으로 해산사유를 충족시키는지의 여부

정당해산사유와 관련하여 일차적으로 제기되는 문제는, 정당이 자유민주적 기본질서에 반하는 목적을 추구하는 것만으로 이미 정당해산의 대상으로서 고려될 수 있는지 여부이다. **헌법 제8조 제4항**은 정당의 목적이나 활동 중에서 어느 하나가 민주적 기본질서에 위배되면 정당해산의 요건이 충족되는 것으로 규정하고 있으므로, **문언상으로는** 이러한 주관적 의도만으로도 정당해산의 사유가 될 수 있다고 해석할 수 있다.

그러나 이러한 해석은 자유민주적 기본질서를 구성하는 본질적 요소이자 **정당해산심판의 목적인 '정치적 과정의 개방성'**과 부합하지 않는다. 자유민주적 기본질서의 본질에 속하는 것은, 모든 정치적 견해가 공적 토론에 참여할 수 있도록 함으로써 자유롭고 개방적인 의사형성과정을 보장하는 것, 즉 모든 정치적 방향과 주제에 대한 개방성이다. 정치적 과정의 개방성은 본질적으로 '표현의 자유'에 의하여 보장되고 실현된다. 그러므로 자유민주주의를 인정하는 전제에서 이루어지는 비판뿐만 아니라, 자유민주주의 자체를 의문시하거나 부정하는 견해도 허용되어야 한다. 자유민주주의와 독재체제의 근본적인 차이가 바로 모든 정치적 견해에 대한 개방성에 있다.

따라서 국가는 정당이 자유민주적 기본질서에 반하는 '목적'을 추구한다는 이유만으로 정당해산이라는 강제적 조치를 취할 수 없다. 정당해산의 요건을 충족시키기 위해서는, 자유민주적 기본질서를 제거하고자 하는 의도를 단순히 표명하거나 전파하는 것을 넘어서, 이러한 의도가 구체적 행위를 통하여 외부적으로 가시화되고 구현됨으로써 **자유민주적 기본질서를 제거하기 위한 객관적인 행위가 존재해야** 한다.

(나) 민주적 기본질서에 대한 구체적 위험성

한편, 정당의 해산이 헌법적으로 정당화되기 위해서는, 정당이 **자유민주적 기본질서를 파괴하고 제거하려는 적극적·투쟁적·공격적이고 계획적인 시도**를 하는 것('추상적 위험성')만으로는 부족하고, 나아가 **자유민주적 기본질서에 실질적 위해를 가할 수 있는 '구체적 위험성'을 초래해야** 한다. '구체적 위험성'의 요건은 비록 헌법에 명시적으로 표현되어 있지는 않지만, 법치국가원리의

핵심적 요소에 해당하는 **과잉금지원칙**으로부터 도출되는 것이다. 자유민주주의에 대한 구체적 위험이 존재하지 않는다면, 자유민주주의에 대한 보호는 불필요하다.

판 례 헌법재판소도 "강제적 정당해산은 헌법상 핵심적인 정치적 기본권인 정당활동의 자유에 대한 근본적 제한이므로, 헌법재판소는 이에 관한 결정을 할 때 헌법 제37조 제2항이 규정하고 있는 **비례원칙을 준수**해야만 한다."고 하면서, "여기서 말하는 **민주적 기본질서의 '위배'**란, 민주적 기본질서에 대한 단순한 위반이나 저촉을 의미하는 것이 아니라, 민주사회의 불가결한 요소인 정당의 존립을 제약해야 할 만큼 그 정당의 목적이나 활동이 우리 사회의 민주적 기본질서에 대하여 실질적인 해악을 끼칠 수 있는 구체적 위험성을 초래하는 경우를 가리킨다."고 판시하고 있다(헌재 2014. 12. 19. 2013헌다1, 판례집 26-2하, 1, 3).

(다) 구체적 위험을 판단하는 관점

어떠한 경우에 '자유민주적 기본질서에 대한 구체적 위험'을 인정할 수 있는지의 문제는 정당해산심판의 의미와 목적에 비추어 판단되어야 한다. 정당해산심판은 정치적 과정의 개방성을 부정하고 위협하는 위헌정당을 배제함으로써, **정치적 과정의 개방성과 정당간의 자유경쟁을 보장**하고자 하는 것이다.

헌법적대적 정당이 **폭력의 행사나 폭력행사의 선동 등** 자유롭고 개방적인 정치의사형성과정을 저해하기에 적합한 비민주적 수단을 통하여 정치적 경쟁질서를 파괴하고 **정치적 과정의 개방성을 제거하고자 시도하는 경우**에는 국가가 정치적 경쟁질서의 확립과 정치적 과정의 개방성을 보장하기 위하여 개입하는 것이 정당화된다. 나아가, 헌법수호의 수단은 폭력적·불법적 수단을 통한 헌법침해뿐만 아니라 평화적·합법적 수단을 통한 헌법침해에 대해서도 기능해야 한다. 이러한 점에서, 정당이 폭력이나 불법적 수단을 사용하는지의 여부와 관계없이, **자유민주적 기본질서를 제거하고자 하는 시도가 성공가능성이 있는 경우('헌법적대적 목표의 실현가능성')**에도 자유민주적 기본질서에 대한 구체적이고 직접적인 위험을 인정할 수 있다.

구체적 위험이 발생하였는지의 판단에 있어서, 자유민주적 기본질서를 공격하는 '정당의 상태(목적과 활동)'뿐만 아니라 **보호법익인 '자유민주적 기본질서의 상태'**도 함께 고려해야 한다. 자유민주주의는 자신이 취약하고 불안정할수록 적으로부터의 보호를 보다 요청할 것이고, 반면에 강력하고 견고할수록 자신에 대한 보호를 불필요한 것으로 간주할 것이다. 구체적 위험의 발생여부에 관한 판단은 각국이 처한 구체적인 정치적 상황(특히 외부로부터의 위협의 여부 등), 자유민주적 기본질서에 대한 위협요소의 성격과 비중, 각국의 민주주의의 확립여부 등 다양한 요소에 의하여 결정되는 구체적 상황에 따라 달라질 수밖에 없다.

판 례 **한국사회의 특수성으로서 남북한 대립상황에 대한 고려의 필요성**에 관하여 "이 사건 정당해산심판에서도 입헌주의의 보편적 원리에 더하여, 우리 사회가 처해 있는 여러 현실적 측면들, 대한민국의 특수한 역사적 상황 그리고 우리 국민들이 공유하는 고유한 인식과 법 감정들의 존재를 동시에 숙고할 수밖에 없다."고 판시하고 있다(헌재 2014. 12. 19. 2013헌다1, 판례집 26-2하, 1, 4).

Ⅵ. 정당해산심판의 결정과 그 효력

1. 결정과 주문형식

헌법재판소는 6인 이상의 찬성으로 **정당의 해산결정**을 할 수 있다(헌법 제113조 제1항). 정당해산의 심판청구가 이유 있는 때에는 "피청구인 … 정당을 해산한다."는 형식으로 피청구인 정당의 해산을 명하는 결정을 선고한다. 심판청구가 이유 없을 때에는 기각결정을 한다.

피청구인 정당의 자진해산 행위가 심판절차의 진행에 아무런 영향을 미치지 않는 경우에만 정당해산심판은 그 기능을 유지할 수 있다. 따라서 법 제59조는 결정유형으로서 '해산결정'만을 언급하고 있으나, 피청구인 정당이 제소 후에 자진해산한 경우에 대해서는 **'정당의 위헌성을 확인하는 결정'(위헌확인결정)**을 선고할 수 있는 것으로 해석해야 한다.

2. 해산결정의 효력

가. 창설적 효력

헌법재판소가 해산결정을 선고한 때에는 그 정당은 해산된다(헌법 제8조 제4항 및 법 제59조). 해산결정의 선고를 받은 정당은 선고와 동시에 장래를 향하여 불법결사가 되고, 모든 정당특권을 상실한다. 해산결정은 별도의 집행행위의 매개 없이 해산결정에 의하여 바로 법률관계의 변동이 발생한다는 점에서 **형성결정**이다.[14)]

헌법재판소의 정당해산결정은 **창설적 효력**을 가진다. 여기서 '창설적'이란, 정당의 위헌성확인에 관한 헌법재판소의 독점적 권한으로 인하여 **'정당해산결정이 선고된 이후에야 비로소 당해정당은 법적으로 위헌적인 정당으로 취급될 수 있다'**는 것을 의미한다. 헌법재판소의 해산결정이 있기 전까지는 정당의 활동은 정당특권에 의하여 보호된다. 따라서 해산결정에 대하여 소급효는 인정되지 않는다. 헌법재판소에 의하여 그 위헌성이 확인된 정당과 그 당원에게는 사후적으로 불이익이 발생해서는 안 된다.

나. 대체정당의 설립금지 등

헌법재판소의 정당해산결정이 내려지면, 해산된 정당의 대표자 및 간부는 해산된 정당의 강령과 동일하거나 또는 유사한 목적을 가진 정당, 이른바 **대체정당**(代替政黨)을 설립할 수 없다(정당법 제40조). 위헌정당을 정치생활에서 배제하고자 하는 해산결정이 대체정당의 설립에 의하여 무력화될 수 있기 때문에, 해산된 정당과 같은 목적을 추구하는 정당의 창설이 금지된다. **해산된 정당과 동일한 명칭**은 정당의 명칭으로 사용할 수 없다(정당법 제41조 제2항). 해산된 **정당의 잔여재산은 국고에 귀속**된다(정당법 제48조 제2항).

---

14) 법 제60조에서 '헌법재판소의 결정은 중앙선거관리위원회가 집행한다'고 규정하고 있어, 해산결정은 마치 이행결정(특별한 집행처분이 있어야만 법률관계의 변동이 생기는 결정)인 것처럼 보이지만, 중앙선거관리위원회가 정당법 제47조에 따라 정당의 등록을 말소하고 지체 없이 공고하는 행위는 단지 사후적 행정처리에 불과하다.

3. 소속국회의원의 자격상실 문제

가. 학계의 견해 대립

현행법은 정당해산결정의 경우 소속의원의 지위에 관한 명문의 규정을 두고 있지 않다. 헌법재판소의 정당해산결정에 따라 정당이 해산된 경우, 해산된 정당에 소속되어 있던 국회의원의 지위는 어떻게 되는지의 문제와 관련하여, 학계의 견해는 국회의원의 지위를 유지한다는 견해와 그 지위를 상실한다는 견해로 나뉘어있다.

지위를 상실한다는 견해는, 정당해산심판제도가 가지고 있는 예방적 헌법수호의 취지나 방어적 민주주의의 이념에 비추어 정당이 위헌으로 해산되면 그 정당에 소속되어 있던 국회의원의 자격은 당연히 상실된다고 주장한다. 이에 대하여 **지위를 유지한다는 견해**는, 국회의원은 국민의 대표이지 정당의 대표가 아니므로 국민에 의하여 선임된 국회의원의 지위는 소속정당의 해산에 의하여 상실하지 않는다고 주장한다. 이러한 견해에 의하면, 입법자가 입법을 통하여 소속의원의 의원직 상실을 규정하는 조항을 도입하는 것도 헌법상 자유위임에 반하기 때문에 위헌이라는 결론에 이른다.

나. 예외적 상황에서 헌법수호의 실효성 문제

헌법재판소가 정당해산결정을 내리는 경우 소속국회의원의 지위와 관련하여 제기되는 문제는, 정상적 상황에서 국회의원의 정당기속성과 국민대표성 사이의 갈등의 문제가 아니라, 헌법수호의 관점에서 위헌정당이 강제로 해산되어야 한다면, **정당해산심판의 본질과 목적**에 비추어 소속국회의원의 지위가 상실되어야 하는지 여부이다.

모든 공직자와 마찬가지로, 국회의원도 헌법의 구속을 받고 그의 직을 헌법과 합치하도록 행사해야 할 의무를 지고 있다. 자유민주적 기본질서를 기본결정으로 채택한 헌법에서 의원의 자유위임이란 **'자유민주적 기본질서 내에서의 자유위임'**이다. 의원의 자유위임이란 자유민주적 기본질서를 존중하고 수호해야 한다는 유보 하에서 조건적으로 부여받은 것이다. 의원이 자유위임을 자유민주적 기본질서를 제거하는 방향으로 남용하는 경우, 의원의 자유위임은 그 효력을 상실한다.

위헌정당이 자유민주적 기본질서에 대한 위험성으로 말미암아 해산결정에 의하여 국민의사형성과정에서 배제되어야 한다면, 위헌정당이 **의회 내에서 국가의사형성과정으로부터 배제되어야 할 필요성**은 더욱 크다. 만일 헌법재판소의 해산결정의 효력이 단순히 정당해산에 그친다면, 비록 위헌정당은 없어졌으나 위헌정당의 핵심적 세력인 소속의원이 의회에서 계속 활동하는 결과가 발생하기 때문에, 위헌정당의 강제해산이라는 방어적 민주주의의 수단으로서의 실효성이 의문시되고, 위헌결정 그 자체의 효과가 반감된다. 따라서 비록 소속국회의원의 자격상실에 관한 명문의 규정은 없으나, 정당해산절차의 기능을 보장하기 위해서는 헌법재판소는 해산결정 외에도 소속의원의 자격상실을 선고할 수 있어야 한다.

판 례 정당해산결정이 선고되는 경우 그 정당 소속 **국회의원이 의원직을 상실하는지 여부**에 관하여, "헌법재판소의 해산결정으로 정당이 해산되는 경우에 그 정당 소속 국회의원이 의원직을 상실하는지에 대하여 명문의 규정은 없으나, 정당해산심판제도의 본질은 민주적 기본질서에 위배되는 정당을 정치적 의사형성과정에서 배제함으로써 국민을 보호하는 데에 있는데 해산정당 소속 국회의원의 의원직을 상실시키지 않는 경우 정당해산결정의 실효성을 확보할 수 없게 되므로, 이러한 정당해산제도의 취지 등에 비추어 볼 때 헌법재판소의 정당해산결정이 있는 경우 그 정당 소속 국회의원의 의원직은 당선 방식을 불문하고 모두 상실되어야 한다."고 판시하고 있다(헌재 2014. 12. 19. 2013헌다1, 판례집 26-2하, 1, 7).

부록

제 1 장 본안판단의 심사구조(위헌여부를 판단하는 주요 관점)

A. 법률이 심판대상인 경우

Ⅰ. 법률이 스스로 기본권을 제한하는 경우(기본유형)

사 례 자동차 운전자에게 좌석안전띠를 매도록 하고 이를 위반했을 때 범칙금을 부과하는 도로교통법규정의 기본권침해 여부가 문제된 **'좌석안전띠 착용의무 사건'**(헌재 2003. 10. 30. 2002헌마518), 공무원인 국·공립학교 초·중등교원에 대하여 정당가입을 금지하는 정당법조항이 정당가입의 자유를 침해하고, 정당가입이 허용되는 대학교원과 비교할 때 평등원칙에 위반되는지 여부가 문제된 **'초·중등교원의 정당가입 금지 사건'**(헌재 2014. 3. 27. 2011헌바42).

판단내용 ① 법률조항에 의하여 제한되는 기본권의 확인 ② 법률조항이 규율밀도에 있어서 충분히 명확한지 여부 ③ 법률조항이 규율내용에 있어서 기본권을 과잉으로 침해하는지 또는 ④ 평등원칙에 위반되는지 여부

심사구조 **1. 제한되는 기본권 2. 법률의 명확성원칙 위반여부 3. 과잉금지원칙 위반여부 4. 평등권 침해여부**

1. 제한되는 기본권

가. 심판대상조항에 의하여 제한되는 기본권의 확인

본안판단에 있어서 청구인의 주장에 구속을 받지 않으므로, 청구인이 그 침해를 주장하는 기본권들 외에 다른 기본권들도 '제한되는 기본권'으로 고려되는지 여부를 판단해야 한다.

'제한되는 기본권'을 확인함에 있어서, 우선 개별기본권의 보호범위를 간략하게 서술한 다음, 심판대상조항에 의하여 개별기본권의 보호범위가 제한되는지 여부를 확인한다.

[예시] "일반적 행동자유권은 모든 행위를 할 자유와 행위를 하지 않을 자유로 가치 있는 행동만 그 보호영역으로 하는 것은 아닌 것으로, 그 보호영역에는 개인의 생활방식과 취미에 관한 사항도 포함되며, 여기에는 위험한 스포츠를 즐길 권리와 같은 위험한 생활방식으로 살아갈 권리도 포함된다. 따라서 좌석안전띠를 매지 않을 자유는 헌법 제10조의 행복추구권에서 나오는 일반적 행동자유권의 보호영역에 속한다."

나. 심판대상조항에 의하여 여러 기본권이 제한되는 경우, 기본권의 경합

(1) 구체적 사건에서 하나의 기본권주체가 여러 기본권의 침해를 주장하는 경우(기본권의 경합), 어떠한 기본권을 심사기준으로 삼아 공권력행위의 위헌여부를 판단해야 하는지의 문제가 제기된다.

(2) 첫째, 일반·특별관계에 있는 기본권이 경합하는 경우, 특별기본권을 심사기준으로 삼아야

하고, 둘째, 그 외의 경우에는 청구인의 주장취지와 공권력의 동기 등을 고려하여 사안과 가장 밀접한 관계에 있는 기본권을 중심으로 판단한다.

2. 법률의 명확성원칙 위반여부

유의사항 심판대상조항이 불확정 법개념을 사용하는 등 법률의 명확성에 대하여 의문이 있는 경우, 즉 판단의 계기를 제공하는 경우에는 법률의 명확성원칙 위반여부를 판단해야 한다.

가. 의미

법률의 명확성원칙이란, 법률이 그 내용에 있어서 충분히 명확하여 국민이 행정의 행위를 어느 정도 예측할 수 있어야 한다는 요청을 말한다(예측가능성의 기준). 법률이 명확해야만 법적용기관을 구속하고 자의적인 법적용을 방지하는 법률유보의 기능을 할 수 있으므로, 명확성원칙은 법률유보원칙이 기능하기 위한 필수적인 조건이다. 따라서 그 **헌법적 근거**는 법치국가적 법적 안정성의 요청 및 권력분립의 원리에 있다.

나. 명확성여부를 판단하는 기준

(1) 법률의 명확성 여부는 당해 조항의 문언만으로 판단해서는 안 되고, **법률해석의 방법에 따라** 관련조항을 유기적 · 체계적으로 고려하여 판단해야 한다. 법률이 불확정 개념을 사용하는 경우라도, 법률해석을 통하여 법적용기관의 자의적인 적용을 배제하는 객관적인 기준을 얻는 것이 가능하다면, 즉 불확정 법개념이 법원의 법률해석을 통하여 구체화될 수 있기 때문에 행정청의 공권력행사에 대한 사법부의 심사가 가능하다면, 법률의 명확성원칙에 위반되지 않는다.

(2) **법률의 명확성의 정도에 대한 요구**는 '입법자가 규율대상을 어느 정도로 명확하게 규정하는 것이 가능한지'의 관점인 **규율대상의 성격** 및 법률이 당사자에 미치는 **규율효과**(기본권제한의 효과)에 따라 다르다. 규율대상이 수시로 변화하거나 다양한 사실관계를 포함하는 경우, 법률의 명확성에 대한 요구가 완화된다. 반면에, 법률에 의한 기본권제한의 효과가 중대할수록, 법률의 명확성에 대한 요구가 강화된다. 침해적 법률은 수혜적 법률에 비하여 명확성의 요구가 강화되고, 침해적 법률의 경우에도 신체의 자유를 제한하는 형벌법규의 경우, 명확성에 대한 요구는 특별히 강화된다.

다. 구체적 사건에 위 기준과 관점을 적용

[예시] "이 사건 법률조항에 규정된 '○○' 개념이 약간의 모호함에도 불구하고 법률해석을 통하여 충분히 구체화될 수 있고, 이로써 행정청과 법원의 자의적인 법적용을 배제하는 객관적인 기준을 제공하고 있으므로, 이 사건 법률조항은 법률의 명확성원칙에 위반되지 않는다."

3. 과잉금지원칙 위반여부

유의사항 1. 과잉금지원칙은 수단과 목적의 상관관계에 관한 심사이므로, 과잉금지원칙을 적용하기 위해서는 일차적으로 **'수단' 및 '목적'을 확인**해야 한다.
2. 과잉금지원칙의 위반여부는 **원칙적으로 단계별로 심사**하며, 4단계를 한 번에 묶어서 서술하는 것은 바람직하지 않다. 각 단계의 일반적 의미를 간략하게 서술한 후, 구체적 사건에 적용("이 사건의 경우")하는 것이 바람직하다.

3. 심판대상조항이 과잉금지원칙의 **4단계 중에서 어느 하나의 요청에 부합하지 않는 경우**, 이는 곧 과잉금지원칙에 대한 위반을 의미하므로, 다른 단계의 요청에 부합하는지의 심사는 소송경제의 관점에서 불필요하다. 그러나 **시험에서는** 특정 단계의 요청이 준수되지 않았음을 확인한 경우라 하더라도, 과잉금지원칙의 적용 방법을 알고 있다는 것을 표현하기 위하여, 가령 "가사, 수단의 적합성이 인정된다 하더라도, …" 등의 방법을 사용하여 다음 단계의 위반여부를 판단해야 한다.
4. 통상 입법목적의 정당성 및 수단의 적합성 단계에서는 목적의 정당성과 수단의 적합성이 인정되므로, 과잉금지원칙의 심사는 실질적으로 최소침해성 및 법익균형성의 단계에 집중된다. 따라서 **최소침해성 및 법익균형성의 단계에서 최소한의 논증**을 해야 한다.

[머리말 예시] "과잉금지원칙이란, 국가가 공익상의 이유로 기본권을 제한할 수는 있으나, 제한하는 경우에는 반드시 필요한 경우에 한하여 필요한 만큼만 제한해야 한다는 요청으로, 법치국가원리와 헌법 제37조 제2항에 그 헌법적 근거를 두고 있다."

가. 목적의 정당성

유의사항 입법자는 헌법의 한계 내에서 헌법적으로 금지되지 않은 모든 목적을 추구할 수 있으므로, 목적의 정당성은 '입법목적이 헌법에 명시적으로 표현된 공익에 해당하는지'의 관점이 아니라 '입법목적이 헌법에 위반되는지'의 관점에 의하여 판단된다.

(1) 의미

목적의 정당성이란, 법률이 추구하는 목적이 정당해야 한다는 요청, 즉 헌법적으로 허용되는 것이어야 한다는 요청이다. 일차적으로 입법목적을 확인하고 이어서 입법목적이 헌법에 부합하는 것인지 여부를 판단해야 한다.

(2) 구체적 사건에 적용

[예시] "이 사건 법률조항의 입법목적은 ○○을 방지하고자 하는 것인데, 이는 입법자가 추구할 수 있는 정당한 입법목적이므로, 목적의 정당성은 인정된다."

나. 수단의 적합성(적절성)

(1) 의미

수단의 적합성이란, 입법자가 선택한 수단은 추구하는 목적을 달성하고 촉진하기에 적합해야 한다는 요청이다. 입법자가 선택한 수단이 목적달성에 어느 정도 기여할 수 있다면, 수단의 적합성은 인정된다.

(2) 구체적 사건에 적용

[예시] "이 사건의 경우, 입법자가 선택한 수단인 ○○가 입법목적을 달성하는 데 기여하는 바가 있으므로, 수단의 적합성도 인정된다."

다. 수단의 최소침해성

유의사항 최소침해성의 위반을 논증하기 위해서는, 입법목적을 달성하기에 동등하게 효과적이면서도 기본권을 보다 적게 침해하는 **대안을 확인하고 제시**해야 한다(가령, 임의적 규정과 필요적 규정, 부분적 금지와 전면적 금지, 기본권행사의 방법에 관한 규정과 기본권행사의 여부에 관한 규정 등). 반면에, 최소침해성의 위반을 부정하기 위해서는 심판대상조항이 선택한 수단이 입법목적을 달성하기에 불가피하다는 것, 즉 대안이 존재하지 않는다는 것을 논증해야 한다.

(1) 의미

최소침해성의 원칙이란, 입법목적을 달성하기에 동등하게 적합한 여러 수단 중에서 기본권을 가장 적게 침해하는 수단을 선택해야 한다는 요청이다.

(2) 구체적 사건에 적용

[예시] "이 사건의 경우, 기본권을 보다 적게 침해하는 수단인 ○○(가령, 전면적 금지가 아니라 부분적 예외의 허용)으로도 입법목적의 달성이 가능하므로, 최소침해성원칙에 위반된다."

라. 법익의 균형성

유의사항 헌법적 법익 또는 기본권 사이에 추상적인 위계질서가 존재하지 않으므로, 제한되는 기본권과 입법목적을 추상적으로 비교하는 것은 무의미하다. 따라서 개별사건의 구체적인 상황을 고려하여, 입법적 수단에 의하여 '구체적으로 달성되는 공익적 효과'와 이로 인하여 발생하는 '구체적인 기본권제한의 효과', 즉 구체적으로 제한된 자유행사 가능성의 의미, 보호가치, 중요성을 비교해야 한다(**개별사건과 관련된 구체적인 법익형량**).

(1) 의미

법익균형성의 원칙이란, 수단이 초래하는 기본권제한의 정도는 추구하는 목적의 중요성이나 비중과 적정한 비례관계에 놓여야 한다는 요청이다. 수단과 목적이 적정한 비례관계를 현저하게 일탈하는 경우, 법익균형성원칙에 위반된다. 헌법재판소의 단순화된 표현에 의하면, 수단에 의하여 보호되는 공익과 침해되는 사익을 비교형량할 때 보호되는 공익이 더 커야 한다.

(2) 구체적 사건에 적용

[예시] "이 사건의 경우, 기본권을 보다 적게 침해하는 대안을 통해서도 입법목적이 달성될 수 있다는 점에서, 이 사건 법률조항을 통하여 달성되는 공익실현의 효과는 가상적이고 추상적인 것으로 불확실한 반면, 이 사건 법률조항에 의하여 초래되는 기본권제한의 효과는 중대하므로, 법익균형성요건도 충족하지 못하였다."

4. 평등권 침해여부

[머리말 예시] "이 사건 법률조항은 대학교원의 정당가입을 허용하면서도 청구인들과 같은 초 · 중등학교의 교원에 대하여는 이를 금지하고 있으므로, 헌법 제11조의 평등원칙에 위반되는지 여부가 문제된다."

가. 헌법 제11조 제1항의 평등권의 의미

헌법 제11조의 '법 앞에서의 평등'이란 법적용의 평등 및 법제정(법 내용상)의 평등을 포함한다. 여기서의 평등이란 도식적(절대적) 평등이 아니라 상대적 평등으로 같은 것은 같게 다른 것은 다르게 취급할 것을 요청한다.

나. 본질적으로 같은 것의 차별대우

유의사항 '본질적으로 같은 것의 차별대우'란 평등권에 위반될 가능성이 있기 때문에 헌법적으로 정당화될 필요가 있는 차별대우를 말한다. 본질적으로 같은 것의 차별대우를 확인하는 것은 **법적으로 의미 있는 평등심사를 하기 위한 사전 작업**(비교대상의 선정)이다. '본질적으로 같은 것의 차별대우'를 부인하고 "본질적으로 다른 것을 다르게 취급하는 것으로 차별대우 아니다."라고 확인함으로써 평등심사를 종료해야 하는 경우는 시험에서 예외적인 경우에 해당한다. 따라서 시험에서는 '본질적으로 같은 것의 차별대우'를 부인하더라도, "가사, 본질적으로 같은 것의 차별대우를 인정한다 하더라도, 다음과 같은 이유로 차별대우가 헌법적으로 정당화된다."는 형식으로 차별대우의 헌법적 정당성 여부를 판단함으로써 자신이 평등심사의 구조를 알고 있다는 것을 표현하는 것이 바람직하다.

(1) 의미

비교대상의 선정을 통한 차별대우의 확인

(2) 구체적 사건에 적용

[예시] "국공립학교 대학교원과 초중등학교 교원은 모두 '교육공무원'이라는 측면에서는 본질적으로 같은 데도, 정당가입금지규정은 국공립학교 대학교원과 초중등학교 교원을 차별적으로 규정하고 있다."

다. 차별대우가 헌법적으로 정당화되는지 여부

(1) 평등권 침해여부를 판단하는 심사기준

심사기준으로는 완화된 심사기준인 '자의금지원칙'과 엄격한 심시기준인 '비례의 원칙'이 있다. 자의금지원칙에 의한 심사의 경우 차별을 정당화하는 합리적인 이유가 존재하는지 여부를 판단하는 반면, 비례의 원칙에 의한 심사의 경우에는 '차별대우'와 '차별목적' 사이의 상호관계를 비례의 원칙에 따라 엄격하게 심사한다.

헌법이 특별히 차별을 금지하거나 평등을 요청하는 경우, 즉 헌법이 스스로 차별의 근거로 삼아서는 안 되는 기준이나 차별이 이루어져서는 안 되는 영역을 특별히 제시하고 있는 경우(가령 헌법 제31조 제1항, 헌법 제32조 제4항, 헌법 제36조 제1항 등)나 차별대우가 관련기본권에 중대한 제한을 초래하는 경우에는 비례의 원칙에 의한 엄격한 심사가 정당화된다.

(2) **구체적 사건의 경우, 어떠한 심사기준이 적용되는지를 판단**하여 아래와 같이 자의금지원칙 또는 비례의 원칙에 의한 심사를 한다.

[예시] "이 사건의 경우, 헌법이 명시적으로 차별을 금지하는 것도 아니고 차별대우가 관련기본권에 중대한 제한을 초래하는 것도 아니므로, 자의금지원칙에 따라 평등권침해여부를 판단하기로 한다."

(가) **자의금지원칙**에 의한 완화된 심사

차별대우를 정당화하는 어떠한 합리적인 이유도 존재하지 않는 경우, 차별대우는 자의금지원칙에 위반되어 평등권을 침해한다. '차별을 정당화하는 합리적인 이유'로 고려되는 관점은 차별대우를 통하여 달성하려고 하는 '입법목적'이나 '비교대상 간에 존재하는 사실상의 차이'이다. 따라서 '입법목적'이나 '비교대상 간에 존재하는 사실상의 차이'가 차별대우를 정당화하는 합리적인 이유에 해당하는지 여부를 판단한다.

(나) **비례원칙**에 의한 엄격한 심사

유의사항 이미 앞에서 자유권 침해여부와 관련하여 법률조항이 과잉금지원칙에 위반되는지 여부를 판단한 경우에는 비례심사를 반복할 필요 없이 "위에서 과잉금지원칙 위반여부의 판단에서 확인한 바와 같이, 차별대우의 최소침해성(불가피성)과 차별목적과 차별대우 사이의 법익균형성이 인정된다 또는 인정되지 않는다."는 형식으로 간략하게 언급한다.

1) 정당한 차별목적: 차별을 통하여 추구하는 목적이 헌법적으로 허용되는지의 문제이다.

2) 차별대우의 적합성: 차별대우는 입법자가 추구하는 입법목적(차별목적)을 촉진하는데 기여해야 한다.

3) 차별대우의 불가피성: 입법자의 차별목적은 차별대우 없이는 달성될 수 없어야 한다. 그러나 차별대우가 자유권에 불리한 영향을 미치는 경우에는 '차별은 최소한의 부담을 가져오는 수단이어야 한다'는 의미에서 차별효과의 최소침해성을 의미한다.

4) 법익균형성: 차별을 정당화하는 이유와 차별대우 사이의 상관관계의 비례성에 관한 것이다. 비례의 원칙을 기준으로 한 헌법재판소의 심사는 주로 이 부분에 집중되고 있다. 법익균형성은, '입법목적'이나 '비교대상 간에 존재하는 사실상의 차이'가 그 성질과 비중에 있어서 차별대우를 정당화할 정도로 과연 그만큼 현저하고 중대한 것인지의 문제에 관한 것이다.

II. 법률이 행정청에 입법권을 위임하는 경우

사 례 학원 강사의 자격을 대통령령으로 정하도록 위임하는 학원법규정의 위헌여부가 문제된 **'학원강사자격 사건'**(헌재 2003. 9. 25. 2002헌마519), 안마사자격을 보건복지부령으로 정하도록 위임하는 의료법규정의 위헌여부가 문제된 **'안마사자격 사건'**(헌재 2003. 6. 26. 2002헌가16)

판단내용 ① 입법자가 입법권을 위임하는 법률(위임법률)에서 선택한 위임입법(행정입법)의 형식이 헌법적으로 허용되는지 여부 ② 위임법률이 충분히 명확한지 여부 ③ 위임법률이 본질적인 사항을 스스로 정하고 있는지 여부

심사구조 **1. 위임입법 형식의 헌법적 허용여부 2. 포괄위임금지원칙 위반여부 3. 의회유보원칙 위반여부**

유의사항 1. 일반적으로 입법권을 위임하는 법률의 경우, 법률이 스스로 기본권을 제한하지 않고 입법권의 위임을 통하여 기본권의 제한을 행정부에 위임하므로, **법률의 내용적 위헌여부**(과잉금지원칙이나 평등원칙 위반여부)**의 판단은 원칙적으로 불필요**하다.
2. 포괄위임금지원칙과 의회유보원칙은 모두 궁극적으로 '어떠한 규율대상이 중요하기 때문에 의회에 의하여 스스로 결정되어야 하는지'에 관한 것으로, '구체적으로 범위를 정하여 위임해야 한다'는 **포괄위임금지원칙의 요청**은 '본질적인 것은 스스로 결정하고 위임해서는 안 된다'는 **의회유보원칙의 요청과 실체적으로 동일**한 것이다. 입법권의 위임에 관한 한, 헌법 제75조의 '포괄위임금지원칙'은 의회유보원칙이 헌법에 명문으로 구체화된 것이다. 따라서 입법자가 공법상 법인에게 **자치입법으로 규율하도록 입법권을 위임하는 경우**, 포괄위임금지원칙은 자치입법에는 직접 적용되지 않지만, 그 대신 의회유보원칙의 구속을 받는다(아래 A. III. 참조).
그러나 **헌법재판소는 포괄위임금지원칙과 의회유보원칙을 별개의 헌법적 요청으로 이해**하여, 포괄위임금지원칙은 '위임법률의 명확성 여부'에 관한 것으로 '예측가능성의 기준'에 의하여 판단하고 있고, 의회유보원칙은 '본질적 사안의 규율 여부'에 관한 것으로 '본질성이론'에 의하여 판단하고 있다.

1. 위임입법 형식의 헌법적 허용여부

유의사항 입법자가 고시나 훈령 등 행정규칙으로 정하도록 법률에서 입법권을 위임한 경우에는 법률에서 선택한 **위임입법의 형식이 헌법적으로 허용되는지 여부**를 서술해야 한다.

헌법 제75조 및 제95조에 규정된 위임입법의 형식인 '대통령령, 국무총리령, 부령' 등은 예시적인 것으로, 입법자는 입법권을 행정부에 위임함에 있어서 위임입법의 형식을 선택할 수 있다. 입법자는 예외적으로 사안의 성질상 불가피한 경우, 가령 전문적 · 기술적인 사항의 경우 고시나 훈

령 등 행정규칙으로 규율하도록 입법권을 위임할 수 있다.

2. 포괄위임금지원칙 위반여부

유의사항 포괄위임금지원칙은 입법권을 위임하는 법률의 명확성원칙을 의미하므로, 이와 별도로 **법률의 명확성원칙에 의한 심사는 불필요**하다. 그 위반여부를 판단하는 기준도 법률의 명확성원칙의 위반여부를 판단하는 기준과 동일하다. 다만, 심판대상인 법률조항이 '입법권을 위임하는 부분' 외에 '별도의 독자적인 내용을 가진 부분'을 포함하고 있고, '별도의 다른 부분'의 의미가 불명확한 경우에 한하여 예외적으로 법률의 명확성원칙에 의한 심사가 요청된다.

가. 포괄위임금지원칙의 헌법적 근거 및 의미

(1) 헌법적 근거: **헌법 제75조 및 제95조**는 포괄위임금지원칙의 헌법적 근거이자 동시에 행정입법의 헌법적 근거이다. 법률에서 총리령이나 부령으로 정하도록 위임하는 경우, 헌법 제95조도 함께 언급해야 한다.

(2) 의미: 입법자는 입법권을 행정부에 위임할 수 있으나, **법률에서 구체적으로 범위를 정하여 위임해야** 한다.

나. 포괄위임여부를 판단하는 기준

(1) 예측가능성의 기준: **법률에서 구체적으로 범위를 정하여 위임해야 한다는 것은** 당해 법률로부터 행정입법에 규정될 내용의 대강을 예측할 수 있어야 한다는 것을 의미한다. 여기서 **예측가능성의 유무는** 당해조항 하나만을 가지고 판단할 것이 아니라, 일반적 법률해석원칙에 따라 관련 법조항 전체를 유기적 · 체계적으로 종합하여 판단하여야 한다.

(2) 위임의 명확성에 대한 요구의 정도: 다양한 형태의 사실관계를 규율하거나 규율대상인 사실관계가 상황에 따라 자주 변화하리라고 예상된다면 규율대상인 사실관계의 특성을 고려하여 위임의 명확성에 대하여 엄격한 요구를 할 수 없다. 반면에, 입법권의 위임에 의하여 초래되는 기본권제한의 효과가 강할수록 보다 명확한 수권이 요구된다. 가령, 기본권 침해영역에서는 급부행정영역에서 보다는 구체성의 요구가 강화된다.

다. 구체적 사건에 위 기준과 관점을 적용

[예시] "학원강사자격의 경우 규율하고자 하는 사실관계가 매우 다양하고, 입법권의 위임에 의하여 초래되는 기본권제한의 효과도 직업지원자가 자신의 노력에 의하여 충족시킬 수 있는 주관적 허가요건에 해당하며, 자격제도를 규율하는 입법자에게 광범위한 입법형성권이 인정된다는 점에 비추어, 위임의 명확성에 대하여 엄격한 요청을 할 수 없다. 이 사건 법률조항의 입법취지 및 다른 관련조항과의 체계적 · 목적적 해석을 통하여 위임입법에 규정될 내용의 대강을 충분히 예측할 수 있으므로, 포괄위임금지원칙에 위반되지 않는다."

3. 의회유보원칙 위반여부

가. 의회유보원칙의 의미: 법률유보원칙은 행정이 법률에 근거하여 행해져야 한다는 요청이나, **오늘날 법률유보원칙**은 단순히 행정작용이 법률에 근거를 두기만 하면 충분한 것이 아니라, 민주국가에서 국가공동체의 본질적인 사항은 국민의 대의기관인 의회에 유보되어야 하고 의회가 법률로써 정해야 한다는 요청을 포함하고 있다. 의회유보원칙은, 입법자는 본질적 사안에 관하여 스스

로 규율해야 하고 행정입법이나 자치입법 또는 행정청의 재량에 위임해서는 안 된다는 요청으로, **본질적인 사안에 대한 위임의 금지**를 의미한다.

나. 의회유보원칙의 위반여부를 판단하는 기준: 본질성이론

여기서 본질적이란, 일반적으로 기본권실현에 있어서의 본질적인 것을 의미한다(**사안의 기본권적 중요성**). 사안이 당사자의 기본권실현에 미치는 효과가 중대할수록, 입법자가 스스로 정해야 하고 보다 명확하게 규율해야 한다. 나아가, 헌법재판소의 일부 판례에서는 '**국회에서의 공개토론을 통한 이익조정의 필요성**'을 판단기준으로 함께 언급하고 있다. 국회 입법절차에서 공개토론을 통하여 상충하는 이익이 조정되어야 할 필요성이 클수록, 입법자가 스스로 규율해야 한다.

다. 구체적 사건에 위 기준과 관점을 적용

[예시] "시각장애인 아닌 사람은 안마사자격을 원천적으로 받을 수 없도록 하고 있는 것은 국민들의 직업선택의 자유를 제한하는 것으로 이는 기본권의 제한과 관련된 중요하고도 본질적인 사항이어서 마땅히 법률로 정하는 것이 원칙이고 하위법규에 그 입법을 위임할 수 없는 문제이다. 그러므로 이는 의회유보원칙을 위반한 것이다."

Ⅲ. 법률이 본질적 사안의 규율을 행정청의 재량이나 자치입법에 위임하는 경우

사 례 텔레비전 방송수신료의 금액에 대하여 국회가 스스로 결정함이 없이 한국방송공사로 하여금 결정하도록 한 한국방송공사법조항의 위헌여부가 문제된 '**텔레비전 방송수신료 사건**'(헌재 1999. 5. 27. 98헌바70), 사업시행인가 신청에 필요한 **동의정족수를 자치규약으로** 정하도록 한 도시정비법조항의 위헌여부가 문제된 사건(헌재 2011. 8. 30. 2009헌바128)

판단내용 법률이 심판대상인 경우, 법률(침해)유보원칙의 위반여부는 판단의 대상이 아니다. 그러나 입법자가 본질적인 사안을 행정청이 재량으로 규율하도록 위임하거나 자치입법으로 규율하도록 위임하는 경우, 의회유보의 관점에서 법률유보원칙의 위반 문제가 발생할 수 있다. 입법자가 공법상 자치단체에게 자치입법으로 규율하도록 입법권을 위임하는 경우, 포괄위임금지원칙은 적용되지 않는다(위 A. II. 유의사항 2. 참조).

심사구조 **의회유보원칙 위반여부**

본질성이론에 의한 심사(위 A. Ⅱ. 3. 참조)

[예시] "토지소유자의 동의정족수를 정하는 것은 국민의 권리와 의무의 형성에 관한 기본적이고 본질적인 사항이므로, 사업시행인가 신청에 필요한 동의정족수를 자치규약에 정하도록 한 도시정비법조항은 법률유보 내지 의회유보원칙에 위배된다."

Ⅳ. 개정 법률의 위헌여부가 문제되는 경우

사 례 의료기관 내에서 약국을 개설하는 것을 금지하면서, 약사법 개정 이전에 개설된 약국에 대해서도 개정된 약사법규정을 적용하도록 규정한 개정 약사법조항이 직업의 자유를 침해하는지 여부가 문

제된 '**의료기관시설 등에서의 약국개설금지 사건**'(헌재 2003. 10. 30. 2001헌마700등)

판단내용 ① 개정법률조항에 의하여 제한되는 기본권의 확인 ② 개정법률조항이 장래에 있어서 특정 생활영역을 규율하는 경우 그 규율내용이 과잉금지원칙이나 평등원칙에 위반되는지 여부 ③ 개정법률조항이 장래에 발생할 사실관계뿐만 아니라 과거에 이미 발생하여 현재까지 지속되고 있는 사실관계도 함께 규율하는 경우, 신뢰보호원칙에 위반되어 기본권을 침해하는지 여부

심사구조 1. 제한되는 기본권 2. 과잉금지원칙 등 위반여부 3. 신뢰보호원칙 위반여부

유의사항 "개정법률의 위헌여부를 판단하시오."의 형태로 문제가 제시되는 경우, 개정법률에 의한 기본권제한의 위헌여부 및 개정법률이 구법의 존속을 신뢰한 기존의 사실관계에 대해서도 기본권의 제한을 확대하여 적용하는 것의 위헌여부라는 **이중적인 관점**에서 판단해야 한다.

1. 제한되는 기본권: 위 A. I. 1. 참조.

2. 과잉금지원칙 위반여부: 위 A. I. 3. 참조.

3. 신뢰보호원칙 위반여부

가. 진정소급입법에 해당하는지 여부

유의사항 제한되는 기본권으로 재산권이 문제되는 경우, 진정소급입법에 의한 재산권의 소급적 박탈을 금지하고 있는 **헌법 제13조 제2항**을 별도로 언급해야 한다. 그 외의 경우에는 아래와 같이 심판대상조항이 진정소급입법인지 여부를 판단한다. 진정소급입법은 법치국가에서 매우 예외적인 입법으로, 소급효가 문제되는 대부분의 경우는, 개정법률이 기존의 사실관계에 미치는 불리한 효과를 다투는 부진정소급효의 문제, 즉 법률개정으로 인한 신뢰보호의 문제이다.

(1) 진정소급효와 부진정소급효

소급효는 법률이 이미 종료된 사실관계에 작용하는지 아니면 현재 진행 중인 사실관계에 작용하는지에 따라 진정소급효와 부진정소급효로 구분된다. ① 진정소급효는 이미 종결된 사실관계를 소급하여 다시 평가하고 규율하는 것으로 법적 안정성의 요청에 반하므로 원칙적으로 허용되지 않는다. ② 반면에 부진정소급효는, 개정 법률이 장래에 발생하는 사실관계뿐만 아니라 기존의 사실관계도 함께 규율하는 경우에 법률의 개정이 기존의 사실관계에 미치는 불리한 효과를 말하는 것으로 원칙적으로 허용되지만, 신뢰보호의 요청에 의하여 입법자의 형성권이 제한된다.

(2) 구체적 사건에서 심판대상조항이 진정 또는 부진정소급효에 해당하는지 확인한다.

[예시] "법규범을 개정하면서 기존의 사실관계를 함께 규율하는 것이 허용되는지의 문제에 관한 것이므로, 이 사건 개정법률은 부진정소급효를 가지는 법규범에 해당한다. 따라서 개정법률의 위헌여부는 신뢰보호원칙에 따라 판단되어야 한다."

나. 개정된 법규범이 신뢰보호원칙에 위반되는지 여부

신뢰보호원칙이란, 개인이 법질서의 존속을 신뢰할 수 있어야 한다는 법치국가적 법적 안정성의 요청이다.

(1) 헌법적으로 보호되는 신뢰이익이 존재하는지 여부: 개인의 신뢰가 형성될 수 있는 근거인 법규범이 존재해야 하고, 개인은 구법질서의 존속을 신뢰하여 외부로 자신의 신뢰를 현실화(행사)해야 한다.

(2) 기존의 사실관계를 함께 규율해야 할 공익이 존재하는지 여부: 장래의 사실관계뿐만 아니라 기존의 사실관계도 함께 규율해야만 법규범의 개정을 통하여 의도하는 목적을 달성할 수 있는지 여부. 한편, 헌법재판소는 위 요건이 대부분의 경우 충족되는 것으로 보아 그 판단을 생략하는 경향이 있다.

(3) 신뢰이익과 공익간의 법익형량: 신뢰이익과 법률개정이익(공익) 간의 법익형량을 통하여 무엇이 우위를 차지하는지를 판단한다. 신뢰이익의 보호정도는 '법률개정의 예견성' 및 '법률이 부여하는 기회의 활용인지 아니면 국가에 의하여 유도된 신뢰의 행사인지 여부'에 따라 다르다.

(4) 경과규정을 두어야 하는지 여부: 법률개정이익이 신뢰이익에 대하여 우위를 차지하더라도, 적정한 유예기간 등 경과규정을 통하여 신뢰이익을 적절하게 고려해야 하는지 여부. 만일 경과규정을 두어야 함에도 두지 않는다면, 공익에 의해서도 정당화될 수 없을 정도로 신뢰이익을 과도하게 침해하는 것이다.

[예시] "이 사건의 경우, 사회경제상황의 변화에 따른 법률개정이 예측가능하고 국가에 의하여 유도된 신뢰행사에 해당하지 않으므로, 특별히 보호되어야 하는 신뢰이익이 존재하지 않는다. 이에 대하여 법률을 개정해야 할 공익의 비중은 매우 크다. 따라서 공익(법률개정이익)이 개인의 신뢰이익에 대하여 우위를 차지하고, 개정법률은 개인의 신뢰이익을 적절하게 고려하는 경과규정을 두고 있으므로, 신뢰보호원칙에 위반되어 기본권을 침해하지 않는다."

V. 법률이 국가의 기본권보호의무를 이행하였는지 여부가 문제되는 경우

사 례 중대한 과실로 인한 교통사로로 말미암아 피해자가 중상해를 입은 경우에도 자동차종합보험에 가입하였다는 이유로 공소제기를 하지 못하도록 규정한 **'교통사고처리특례법' 사건**(헌재 1997. 1. 6. 90헌마110등)

판단내용 법률조항이 사인의 침해로부터 개인의 기본권을 보호해야 할 국가의 의무를 제대로 이행하고 있는지 여부

심사구조 **1. 사인에 의한 기본권침해의 상황 및 국가의 기본권보호의무 발생의 확인 2. 보호의무의 내용 및 헌법적 근거 3. 보호의무의 위반여부**

유의사항 국가의 기본권보호의무 이행과 관련하여, **피해자의 입장**에서는 국가가 기본권보호의무를 제대로 이행하고 있는지의 문제가 제기되나, **가해자의 입장**에서는 국가가 피해자에 대한 기본권보호의무를 이행하기 위하여 자신의 기본권을 과잉으로 제한하는지의 문제가 제기된다.

[머리말 예시] "자동차 운전자의 과실운전에 의하여 일반국민의 건강권과 생명권이 침해될 수 있으므로, 이러한 상황에 직면하여 국가에게는 교통과실범으로부터 개인의 기본권을 보호해야 할 의무가 발생한다. 따라서 이 사건 법률조항이 국가의 기본권보호의무를 제대로 이행하고 있는지의 문제가 제기된다."

1. 기본권보호의무의 의미 및 헌법적 근거

국가의 기본권보호의무란, 사인에 의한 침해로부터 개인의 기본권을 보호해야 할 국가의 의무를 말한다. 대국가적 방어권으로서 자유권은 '국가로부터의' 침해를 방지하는 것을 목적으로 하지만, 기본권보호의무는 '사인으로부터의' 침해를 방지하는 것을 그 목적으로 한다. 대국가적 방어권은 자유영역에 대한 침해의 금지라는 '소극적인 부작위'를 요구하지만, 보호의무는 그 의무의 이행

을 위한 '적극적인 행위'를 국가로부터 요구한다.

국가의 기본권보호의무의 **헌법적 근거**는 헌법 제10조 후문의 '국가의 인권보장 의무'(헌법재판소의 판례) 및 '객관적 가치질서로서의 자유권의 성격'에 있다.

2. 보호의무의 위반여부

가. 보호의무의 위반여부를 판단하는 기준으로서 **과소보호금지원칙**

보호의무는 국가에 대하여 단지 보호과제만을 제시할 뿐, 과제이행의 시기와 방법에 관하여 국가의 광범위한 형성권에 맡기고 있다. 국가는 단지 적어도 기본권의 보호를 위하여 요청되는 적절하고 효율적인 최소한의 조치를 취해야 하는 구속을 받는다. 그렇다면, 국가가 아무런 보호조치를 취하지 않았거나 또는 취한 조치가 개인의 기본권을 보호하기에 명백히 부적합하거나 완전히 불충분한 경우에 한하여 보호의무의 위반을 인정할 수 있다(과소보호금지의 원칙).

나. 위 기준을 구체적 사건에 적용하여 판단한다.

[예시] "이 사건의 경우, 국가가 취한 제반의 보호조치와 교통과실범에 대한 형사처벌조항을 고려한다면, 단지 일정 과실범에 대하여 형벌권을 행사할 수 없는 법망의 틈새가 존재한다고 하여, 그것이 곧 국가보호의무의 위반을 의미하지는 않는다."

Ⅵ. 법률이 기본권충돌 상황을 내재하는 경우

사 례 금연구역으로 지정된 장소에서의 흡연을 금지하는 법률조항이 흡연자의 기본권을 침해하는지 여부가 문제된 '**금연구역지정 사건**'(헌재 2004. 8. 26. 2003헌마457)

판단내용 ① 법률조항에 의하여 제한되는 기본권의 확인 ② 기본권충돌 상황의 확인 및 그 해결방안의 제시 ③ 법률조항이 과잉금지원칙에 위반되는지 여부

심사구조 **1. 제한되는 기본권 2. 기본권충돌의 의미 및 그 해결방안 3. 과잉금지원칙의 위반여부**

유의사항 1. 법률에 대한 위헌심사를 하면서 기본권충돌과 그 해결방법을 언급하는 것은 사안의 해결을 위하여 **반드시 필요한 것은 아니다.** 헌법재판소는 기본권의 충돌 상황이 내재된 대부분의 사건에서는 기본권충돌을 언급하지 않은 채 과잉금지원칙에 따라 판단하고 있다. 기본권이 서로 충돌하는 상황에서 입법자가 하나의 기본권을 위하여 다른 기본권을 제한하기로 결정하는 경우에는 입법자가 '개인의 기본권보호'를 '입법목적'으로 삼음으로써 입법에 의하여 보호되는 '개인의 기본권'이 '공익'으로 전환되고, **'기본권과 기본권의 충돌'이 '공익과 기본권의 충돌'로 전환**된다. 국가가 공익을 실현하기 위하여 자유권을 제한하는 경우, 자유와 공익 사이의 실제적 조화를 구현하는 방법이 바로 과잉금지원칙이다. 그렇다면, **법률의 위헌심사**는, 입법자가 제3자의 기본권보호를 이유로 개인의 기본권을 과도하게 침해하는지의 판단, 즉 **과잉금지원칙에 의한 심사로 귀결**된다.

2. 헌법재판소는 일부 결정에서는 기본권의 충돌 상황을 '실제적 조화의 원칙'에 따라 해결해야 한다고 판시하면서, 일부 결정에서는 그 외에도 서열이론('상위기본권 우선의 원칙'), 법익형량의 원리 등을 해결방안으로 제시함으로써 매우 혼란스런 모습을 보이고 있다. 그러나 헌법이 스스로 법익간의 우열관계를 추상적으로 확정하고 있지 않다는 점에서, 그리고 모든 헌법규범을 하나의 통일체로 이해하는 '헌법의 통일성'의 사고에 비추어, **실제적 조화의 원칙**은 헌법적 법익 간의 충돌을 해결하는 **유일하게 합헌적인 방법**이다. 서열이론 등을 언급하는 헌법재판소의 판시내용은 중대한 오류로서 고려의 대상이 되지 않

는다(제3편 '기본권의 충돌' 참조).

1. 제한되는 기본권: 위 A. I. 1. 참조.

2. 기본권의 충돌 및 그 해결방안

가. 의미: 하나의 동일한 사건에서 복수의 기본권의 주체가 국가에 대하여 자신의 기본권을 서로 대립적으로 주장하는 경우, 이를 기본권의 충돌이라 한다. 입법자가 법률을 통하여 일정 생활영역을 규율함에 있어서 서로 대립적인 이익을 가지는 양 기본권주체의 기본권을 함께 고려해야 하는 경우, 양 기본권 주체가 국가에 대하여 자신의 기본권을 서로 대립적으로 주장하는 기본권충돌의 상황이 발생한다.

나. 해결방안: 실제적 조화의 원칙. 기본권충돌의 경우, 입법자는 '헌법의 통일성'의 관점에서 '실제적 조화의 원칙'에 따라 양 법익이 모두 최적으로 실현될 수 있도록 양 법익간의 조화와 균형을 도모해야 한다.

3. 과잉금지원칙의 위반여부: 위 A. I. 3. 참조.

B. 행정입법이 심판대상인 경우

사 례 공무원에 대하여 직무수행 중 정치적 주장을 표시하는 복장 등의 착용을 금지하는 '대통령령'인 국가공무원 복무규정이 공무원의 표현의 자유를 침해하는지 여부가 문제된 국가공무원 복무규정 사건(헌재 2012. 5. 31. 2009헌마705등)

판단내용 ① 행정입법에 의하여 제한되는 기본권의 확인 ② 행정입법이 법률의 위임에 근거하고 있으며 위임의 범위 내에 있는지 여부 ③ 행정입법이 스스로 충분히 명확한지 여부 ④ 행정입법이 그 내용에 있어서 과잉금지원칙이나 평등원칙에 위반되는지 여부

심사구조 **1. 제한되는 기본권 2. 법률유보원칙 위반여부 3. (행정입법의) 명확성원칙 위반여부 4. 행정입법의 내용적 심사**

유의사항 1. 행정입법이 심판대상인 경우, **법률유보원칙**을 일차적인 위헌심사의 기준으로 삼아야 한다. 2. 행정입법이 유효하기 위해서는 **수권법률이 합헌적**이어야, 즉 ① 입법권을 위임하는 법률이 충분히 명확하여 포괄위임금지원칙에 위반되지 않으며, ② 그 내용상 합헌적이어야 한다.
① **수권법률의 포괄위임금지원칙 위반여부**는 사실관계가 특별히 판단의 계기를 제공하는 경우에만 심사하는 것이 바람직하다. 그렇지 않은 경우 불필요한 심사를 하게 되고, 나아가 행정입법의 위헌여부를 묻는 문제를 수권법률의 위헌여부를 묻는 문제로 변형시킬 위험이 있다. **수권법률의 명확성원칙**은 '포괄위임금지원칙'(입법위임의 명확성원칙)과 동일한 요청이므로, 별도로 판단할 필요가 없다.
② **수권법률의 내용적 위헌여부(과잉금지원칙 위반여부)**는 일반적으로 문제되지 않는다. 수권법률이 스스로 기본권을 제한하지 아니하고 기본권의 제한을 행정입법에 위임하고 있기 때문에, 과잉금지원칙에 의한 심사는 행정입법에 대하여 이루어진다.

1. 제한되는 기본권: 위 A. I. 1. 참조.

2. 법률유보원칙 위반여부

가. **헌법 제37조 제2항은** 개인의 자유를 제한하는 경우에 대하여 법률적 근거를 요구하고 있다(법률유보원칙). 행정부가 행정입법의 제정을 통하여 기본권을 제한하는 경우에도 법률적 근거를 필요로 한다. 따라서 행정입법이 **법률의 위임 없이 또는 그 위임의 범위를 벗어나** 제정됨으로써 기본권을 제한하는 경우, 법률유보원칙에 위반된다.

개인의 기본권을 제한하는 **조례**도 법률유보원칙에 따라 법률에 의한 명시적인 위임(별도의 법률적 근거)을 필요로 한다. 다만, 자치사무에 관한 한, 지방자치단체는 법률에 의한 별도의 위임 없이 조례를 제정할 수 있다(헌법 제117조 제1항).

나. **구체적 사건에서** 행정입법이 **법률의 위임에 근거하는지 및 위임의 범위를 벗어났는지 여부**를 판단한다.

[예시] "이 사건 복무규정은 공무원의 정치적 표현행위를 규제하는 것으로, 공무원의 정치활동을 규제하는 국가공무원법 ○○의 위임에 근거한 것이고, 국가공무원법 ○○에서 하위법령에 위임하고 있는 '정치적 행위의 금지에 관한 한계'를 보다 구체화한 것으로 그 위임의 범위를 넘지 않았다고 할 것이므로 법률유보원칙에 위배되지 아니한다."

3. (행정입법의) 명확성원칙 위반여부

유의사항 법률의 명확성원칙은 법률뿐만 아니라 모든 법규범에 대하여 적용되는 법치국가적 원칙이다.

가. 명확성원칙의 요청 및 위반여부를 판단하는 기준: 위 A. I. 2. 참조.
행정입법이 충분히 명확한지 여부: 예측가능성의 기준에 의한 심사.

나. 구체적 사건에서 행정입법조항이 명확성원칙에 위반되는지 여부를 판단한다.

4. 행정입법의 내용적 심사

법률의 위임에 의하여 제정된 행정입법이 그 내용에 있어서 헌법에 위반되는지 여부를 과잉금지원칙, 평등원칙, 신뢰보호원칙 등의 관점에서 판단한다.

C. 행정청의 사실행위가 심판대상인 경우

사 례 교육부장관이 교육정보시스템을 구축하여 개인정보를 수집하고 보유하는 행위가 기본권을 침해하는지 여부가 문제된 **'교육정보시스템(NEIS) 사건'**(헌재 2005. 7. 21. 2003헌마282), 차벽의 설치를 통하여 서울광장의 통행을 전면적으로 제지한 '경찰청장의 통행제지행위'가 일반시민의 기본권을 침해하는지 여부가 문제된 **'서울광장 차벽사건'**(헌재 2011. 6. 30. 2009헌마406)

판단내용 ① 행정청의 사실행위에 의하여 제한되는 기본권의 확인 ② 사실행위에 의한 기본권의 제한이 법률에 근거하고 있는지 여부(법률유보의 원칙) 및 나아가 ③ 수권법률이 충분히 명확한지 여부(법률의 명확성원칙) ④ 수권법률에 근거한 사실행위가 그 내용에 있어서 헌법에 위반되는지 여부

심사구조 1. 제한되는 기본권 2. 법률유보원칙 위반여부(명확성원칙 위반여부 포함하여) 3. 사실행위의 내용적 위헌여부

1. 제한되는 기본권: 위 A. I. 1. 참조.

[예시] "개인정보자기결정권은 개인정보의 공개와 이용에 관하여 스스로 결정할 권리를 말한다. 국가에 의한 개인정보의 수집·보관·처리·이용 등의 행위는 개인정보자기결정권에 대한 제한에 해당한다."

2. 법률유보원칙 위반여부

유의사항 **행정작용이 심판대상인 경우, 항상 법률유보원칙**을 위헌심사의 기준으로 삼아야 한다. **수권법률의 내용적 위헌여부**(과잉금지원칙 위반여부 등)는 심사를 요하는 특별한 계기가 있는 경우에만 판단한다.

가. 사실행위가 법률에 근거하고 있는지 여부

(1) **법률유보원칙**이란, 행정은 법률에 근거하여, 즉 법률의 수권에 의하여 행해져야 한다는 법치국가적 요청이다. 행정은 법률의 수권이 있는 경우에만 개인의 자유를 제한할 수 있다(헌법 제37조 제2항). 행정청이 법률의 근거 없이 기본권을 제한하는 경우, 이는 이미 위헌적인 기본권침해에 해당한다.

(2) 구체적 사건에서, 수권법률로 고려되는 법률조항을 찾음으로써 행정청에 의한 기본권제한이 법률에 근거하고 있는지 여부를 판단한다.

나. 수권법률의 명확성원칙 위반여부

(1) 법률유보원칙은 명확한 법률에 의한 유보원칙을 의미한다. 법률이 충분히 명확하여 행정청에게 구체적인 지침을 제시하는 경우에만 법률은 법적용기관을 구속하는 법률유보의 기능을 이행할 수 있다. 따라서 수권법률이 충분히 명확한지 여부를 판단해야 한다(위 A. I. 2. 참조).

(2) 구체적 사건에서 예측가능성기준에 의하여 법률의 명확성 여부를 판단한다.

[예시] "국가에 의한 개인정보의 수집·보유·처리의 근거법률은 ○○이다. 개인정보의 종류와 성격, 정보처리의 방식과 내용 등에 따라 수권법률의 명확성에 대한 요구의 정도는 달라진다. 보유정보의 성격과 양(量) 등을 종합하면 수권법률의 명확성이 특별히 강하게 요구되지 않으므로, ○○와 같은 일반적 수권조항에 근거하여 피청구인들의 보유행위가 이루어졌다 하더라도 법률유보원칙에 위배되지 않는다."

3. 사실행위의 내용적 위헌여부

유의사항 입법자는 입법을 통하여 개인의 자유를 제한함에 있어서 과잉금지원칙을 준수해야 하며, 행정청은 법률의 해석과 적용을 통하여 개인의 자유를 제한함에 있어서, 특히 재량을 행사함에 있어서 과잉금지원칙을 준수해야 한다. 따라서 행정청의 사실행위가 기본권을 과잉으로 제한하는지 여부가 문제된다.

행정청의 재량행위가 그 내용에 있어서 헌법에 위반되는지 여부를 과잉금지원칙, 평등원칙 등의 관점에서 심사한다.

[예시] "피청구인은 이러한 일반적 개인정보보호규정의 테두리 내에서 보유목적 달성에 필요한 최소한도의 정보만을 보유하고 있으므로, 과잉금지원칙을 위반하여 청구인들의 개인정보자기결정권을 침해하였다고 볼 수 없다."

제 2 장 심판유형별 적법요건

A. 적법요건의 판단에 있어서 유의사항

1. 심판절차의 확인

심판절차에 따라 적법요건의 판단이 달라지므로, 심판절차의 확인은 사례 해결에 있어서 결정적이다. 사례에서 문제되는 심판절차가 가령, 헌법재판소법(이하 '법') 제68조 제1항의 헌법소원 또는 제2항의 위헌소원 또는 위헌법률심판에 해당하는지를 일차적으로 확인해야 한다.

2. 심판대상의 확인

심판대상에 따라 적법요건 및 위헌여부를 판단하는 주요 관점(위 제1장 참조)이 달라지므로, 심판대상이 무엇인지를 확인해야 한다. 가령, 위헌법률심판과 위헌소원의 경우 심판대상은 오로지 법률(의 위헌여부)이며, 권리구제형 헌법소원의 경우 모든 공권력의 행사 또는 불행사(의 기본권침해여부)이다. 답안 작성 과정에서 심판대상이 바뀌는 경우가 종종 발생하므로, 답안을 작성하는 동안 심판대상을 눈에서 놓치지 말아야 한다.

3. 제시된 질문에 따른 적법요건의 판단

가. **"적법요건에 관하여 판단하시오."**의 형태로 문제가 제시되는 경우, 모든 적법요건에 점수가 골고루 배정되는 것이 일반적이므로, 원칙적으로 모든 적법요건을 서술해야 한다. 다만, 배점이 중요도에 따라 다르므로, 사례에서 문제되는 적법요건을 보다 상세하게 서술하고, 문제가 되지 않는 적법요건은 간략하게 서술하는 것이 바람직하다.

가령, 법률이나 행정입법 등 법령이 헌법소원의 심판대상인 경우, 법령에 의한 기본권이 직접 침해되는 것은 예외적이므로, 일차적으로 '기본권침해의 직접성'이 문제된다. 반면에, 행정청의 사실행위가 헌법소원의 심판대상인 경우, 행정작용에 대하여 법원에 소송을 제기할 수 있다는 점에서 일차적으로 '보충성원칙'이 문제되고, 권력적 사실행위의 경우 예외 없이 기본권침해가 종료되므로, '기본권침해의 현재성' 및 '권리보호이익'이 문제된다.

나. **적법요건 중에서 일부 특정 요건에 한정하여 묻는 경우**, 원칙적으로 이에 한정하여 판단해야 하며, 그 외의 적법요건에 대한 판단은 불필요하다.

B. 권리구제형 헌법소원심판(법 제68조 제1항)의 적법요건

[머리말 예시] "甲의 심판청구는 법 제68조 제1항의 심판청구에 해당한다. 심판청구가 적법하기 위해서는 다음과 같은 요건을 충족시켜야 한다."

1. 청구인능력

가. 기본권의 주체가 될 수 있는 자만이 헌법소원심판을 청구할 수 있으므로, 청구인능력의 문제는 곧 기본권주체성의 문제이다. 특히 태아, 공무원, 외국인, 법인의 경우에 기본권주체성, 즉 청구인능력이 문제된다.

나. 이 사건 심판청구의 경우, 청구인에게 청구인능력이 인정되는지 여부.

[예시] ① "청구인은 살아있는 자연인으로 청구인능력이 인정된다." ② "청구인이 그 침해를 주장하는 기본권은 성질상 자연인에게만 인정되는 것이므로, 청구인과 같은 사법인은 그러한 기본권의 주체가 될 수 없어 청구인능력이 인정되지 않는다."

2. 공권력의 행사

가. 헌법소원의 대상은 대한민국 국가기관의 모든 공권력작용이다. 헌법소원의 심판청구가 기본권침해를 전제로 하므로, 헌법소원의 심판대상인 '공권력의 행사'는 '기본권침해의 가능성이 있는 공권력의 행사'를 의미한다. 따라서 공권력의 행사는 기본권에 대하여 불리한 **외부적 효과를 발생시키거나 또는 국민의 권리와 의무에 대하여 직접적인 법률효과를 발생시켜야** 한다.

따라서 국가기관간의 내부적 행위, 사실상의 준비행위나 사전안내, 행정기관 내부의 지침 등은 '공권력의 행사'에 해당하지 않는다. **고시나 훈령 등 행정규칙**은 일반적으로 행정조직 내부에서만 효력을 가질 뿐 대외적 구속력을 가지지 않지만, '법규보충적 행정규칙'은 헌법소원의 대상인 '공권력의 행사'에 해당한다. **행정계획이나 공고**도 국민에 대하여 대외적 구속력을 가지는 경우에 한하여 '공권력의 행사'에 해당한다.

나. 이 사건 심판대상인 공권력행위가 '공권력의 행사'에 해당하는지 여부.

[예시] ① "대통령의 법률안 제출행위는 국가기관간의 내부적 행위에 불과하고 국민에 대하여 직접적인 법률효과를 발생시키는 행위가 아니므로 '공권력의 행사'에 해당되지 않는다." ② "이 사건 권력적 사실행위는 청구인에 대하여 불리한 직접적인 외부효과를 가지는 행정작용으로 '공권력의 행사'에 해당한다."

3. 기본권침해의 가능성

유의사항 기본권침해의 가능성은 이미 '공권력의 행사' 요건의 단계에서 함께 심사되므로, **일반적으로 별도의 판단이 불필요**하다. 다만, 처음부터 기본권침해의 가능성이 의문시되는 경우(가령, '국회구성권'을 기본권으로 주장하거나, 표준어의 개념을 정의하는 법률조항이나 청구인의 기본권을 보호하는 법률조항에 대하여 기본권침해를 주장하는 경우 등), 기본권침해의 가능성을 별도로 판단할 필요가 있다.

가. 헌법소원은 기본권을 침해받은 자가 그 침해를 구제받기 위하여 제기하는 제도이므로, 헌

법소원을 제기하기 위해서는 기본권침해의 가능성이 존재해야 한다. 이에 대하여, 기본권이 실제로 침해되는지 여부는 본안판단의 문제이다.

나. 이 사건 심판대상에 의하여 기본권이 침해될 가능성이 있는지 여부.

[예시] "이 사건 법률조항이 개인의 건강과 생명을 보호하기 위한 조치를 제대로 취하지 않은 경우, 국가가 기본권보호의무를 위반하여 청구인의 건강권과 생명권을 침해할 수 있으므로, 기본권침해의 가능성이 인정된다."

4. 기본권침해의 법적 관련성

유의사항 1. 청구인은 자신의 기본권이 현재 그리고 직접 침해당한 경우라야 헌법소원을 제기할 수 있다. '기본권침해의 법적 관련성' 요건은 **심판청구 당시에 권리보호이익이 존재하는지 여부**, 즉 심판청구가 인용되는 경우에 청구인이 법적 지위의 향상을 기대할 수 있는지 여부에 관한 것이다. 2. 기본권침해의 법적 관련성은 **기본권침해의 자기관련성**만을 의미하는 **'청구인적격'**과 일치하지 않는다.

가. 기본권침해의 자기관련성

(1) 청구인은 공권력작용에 의한 기본권침해에 스스로 법적으로 관련되어야 한다. 원칙적으로 자신의 기본권을 침해당한 자만이 헌법소원을 제기할 수 있으므로, 헌법소원을 통하여 타인의 기본권침해를 주장할 수 없다.

[예시] ① "청구인은 이 사건 법률조항의 수범자로서 그의 적용을 받아 자신의 기본권을 침해받고 있으므로, 기본권침해의 자기관련성이 인정된다." ② "청구인은 이 사건 사실행위의 직접적인 상대방으로 이 사건 사실행위에 의하여 자신의 기본권을 침해받았으므로, 자기관련성이 인정된다." 한편, 청구인의 주장 여부에 따라 적법요건의 충족여부가 결정되지 않으므로, "청구인은 자신의 기본권이 침해된다고 주장하므로 자기관련성이 인정된다."는 형태의 서술은 전형적인 오류에 속한다.

(2) 공권력행위의 수규자나 상대방이 아닌 제3자가 헌법소원을 제기하는 경우, 자기관련성이 문제된다. **공권력작용의 직접적인 상대방이 아닌 제3자**라고 하더라도 공권력작용이 제3자의 기본권을 직접적이고 법적으로 침해하고 있는 경우에는 제3자에게 자기관련성이 인정된다. 그러나 제3자가 타인에 대한 공권력작용에 대하여 단지 간접적, 사실적 또는 경제적인 이해관계에 있는 경우에는 제3자에게 자기관련성이 인정되지 않는다.

[예시] "청구인인 학생들은 학교법인에 대한 과세처분에 관하여 단지 간접적이고 사실적이며 경제적인 이해관계가 있는 자들일 뿐, 위 과세처분에 의하여 직접적이고 법적인 침해를 받는 것이 아니므로, 자기관련성이 인정되지 않는다."

나. 기본권침해의 현재관련성

(1) 헌법소원을 적법하게 제기하기 위해서는 청구인이 현재 기본권을 침해당한 경우라야, 즉 기본권침해가 이미 발생하여 현실화되어 지속되고 있는 경우라야 한다. 과거에 기본권침해가 발생하였다거나 장래에 언젠가 기본권침해가 발생할 가능성이 있다는 것만으로는 충분하지 않다.

[예시] "이 사건 법률조항은 이미 시행되었고 청구인은 그 시행과 동시에 1년 이내에 … 해야 할 의무를 부담받고 있으므로, 기본권침해의 현재관련성이 인정된다."

(2) 그러나 ① **가까운 장래에 기본권침해가 발생할 것이 현재 확실하게 예측**될 정도로 기본권 침해 상황이 성숙되어 있다면(사례: 결혼식하객 접대 금지사건), 기본권구제의 실효성의 관점에서 기본권침해의 현재성을 인정할 수 있다('상황성숙이론'). ② 나아가, 사실행위의 경우 거의 예외 없이 **심판청구 당시에 이미 기본권침해가 종료**되므로 기본권침해의 현재성(심판청구 당시의 주관적 권리보호이익)이 존재하지 않지만, 헌법소원의 이중적 성격에 근거하여 기본권침해의 반복의 위험성이나 헌법적 해명의 필요성의 관점에서 객관적 심판이익을 인정함으로써, 현재관련성을 인정할 수 있다(사례: 서울광장 차벽사건).

[예시] "혼인을 앞둔 예비신랑의 경우 결혼식 때에 비로소 기본권침해가 구체적·현실적으로 발생하나, 결혼식 하객의 접대를 금지하는 이 사건 법률조항에 의하여 청구인의 기본권이 가까운 장래에 침해될 것이 현재 확실하게 예측되고, 기본권침해가 현실화된 시점에서는 적시에 권리구제를 기대할 수 없으므로, 기본권침해의 현재성이 인정된다."

다. 기본권침해의 직접관련성

(1) 청구인의 기본권은 공권력작용에 의하여 직접적으로 침해되어야 한다. **별도의 구체적 집행행위를 매개로 함이 없이** 헌법소원의 대상이 되는 공권력작용에 의하여 직접 기본권침해가 발생하는 경우, 직접관련성이 인정된다.

법령은 일반적으로 그 집행이나 적용을 통해서 비로소 기본권을 침해하기 때문에, **법령에 대한 헌법소원의 경우에 직접성이 문제**된다. 법령조항에 대하여 헌법소원을 제기하기 위해서는 구체적인 집행행위에 의하지 아니하고 그 법령조항에 의하여 직접 기본권을 침해받아야 한다. 반면에, 행정청의 행위나 법원의 판결의 경우, 별도의 집행행위가 없기 때문에 직접성은 문제되지 않는다.

[예시] ① "이 사건 법률조항은 별도의 집행행위를 매개로 함이 없이 직접 자유를 제한하고 있으므로(또는 의무를 부과하고 있으므로), 기본권침해의 직접성이 인정된다." ② "청구인이 주장하는 기본권의 침해는 이 사건 법률조항에 의하여 직접 발생하는 것이 아니라, 이 사건 법률조항을 근거로 하여 이루어지는 별도의 집행행위인 부과처분에 의하여 비로소 현실적으로 나타나는 것이므로, 기본권침해의 직접성이 없다."

(2) **집행행위가 존재하는 경우라도,** ① **집행행위가 기속행위에 해당하는 경우**(법규범이 집행행위를 예정하고 있더라도, 법규범의 내용이 집행행위의 개입여부와 관계없이 이미 국민의 법적 지위를 확정적으로 정하고 있는 경우) ② **집행행위를 대상으로 하는 구제절차가 없거나 구제절차가 있다고 하더라도 권리구제의 기대가능성이 없기 때문에 불필요한 우회절차를 강요하는 경우** ③ 국민에게 금지의무를 부과하고 그 위반행위에 대하여 형벌 등을 부과하는 형벌조항의 경우 '형벌의 부과'라는 집행행위가 존재하더라도, 국민에게 형벌조항에 대하여 위반행위를 우선 범하고 법률의 집행행위(법관에 의한 형벌조항의 적용행위, 즉 판결)를 기다렸다가 그 **집행행위에 대하여 권리구제절차를 밟는 것을 요구할 수 없는 경우**에는 예외적으로 기본권침해의 직접성이 인정된다.

5. 보충성원칙

가. **다른 법률에 구제절차가 있는 경우**에는 그 절차를 모두 거친 후에 비로소 헌법소원심판을 청구할 수 있다(법 제68조 제1항 단서). **법령이나 입법부작위에 대한 헌법소원**의 경우, 법령이나 입법부작위에 대해서는 법률상 달리 구제절차가 없으므로, 보충성의 원칙이 적용되지 않아 보충성의 원칙에 반

하지 않는다.

[예시] "법령에 대해서는 그 효력을 직접 다툴 수 있는 구제절차가 달리 존재하지 않으므로, 보충성원칙에 위반되지 않는다."

나. 다른 법률에 구제절차가 있다 하더라도, 전심절차로 권리가 구제될 가능성이 거의 없거나 권리구제절차가 허용되는지 여부가 객관적으로 불확실하여 **전심절차 이행의 기대가능성이 없는 경우**(특히 권력적 사실행위의 경우), **보충성원칙에 대한 예외**로서 바로 헌법소원을 제기할 수 있다.

[예시] "경찰청장의 통행제지행위는 권력적 사실행위로서 처분성이 인정되어 항고소송의 대상이 되나, 사실행위가 종료된 경우에는 소의 이익이 없다는 이유로 법원에서 각하될 가능성이 많아 전심절차의 이행을 기대할 수 없는 경우에 해당하므로, 보충성원칙에 대한 예외가 인정된다."

6. 청구기간

가. 법 제69조 제1항 본문의 청구기간

(1) **법령이나 (종료된) 사실행위에 대한 헌법소원**의 경우 다른 법률에 의한 구제절차가 없으므로, 법 제69조 제1항 본문의 청구기간이 적용된다. 여기서 "사유가 있은 날"이란 '기본권침해가 발생한 날'이고, "사유가 있음을 안 날"이란 '기본권침해의 발생(사실관계)을 안 날'을 말한다.

법령에 대한 헌법소원의 청구기간과 관련하여, **그 법령의 시행과 동시에** 기본권의 침해를 받게 되는 경우에는 그 법령이 시행된 사실을 안 날부터 90일 이내에, 법령이 시행된 날부터 1년 이내에 헌법소원심판을 청구하여야 하고, **법령이 시행된 뒤에** 비로소 그 법령에 해당되는 사유가 발생하여 기본권의 침해를 받게 되는 경우에는 그 사유가 발생하였음을 안 날부터 90일 이내에, 그 사유가 발생한 날부터 1년 이내에 헌법소원심판을 청구하여야 한다.

(2) ① **국선대리인 선임신청이 인용된 후에 심판청구서가 제출된 경우**, 청구기간의 준수여부는 국선대리인 선임신청일을 기준으로 하여 판단한다(법 제70조 제1항). 국선대리인 선임신청이 청구기간 내에 이루어졌다면, 청구기간을 준수한 것이다. ② 한편, 헌법재판소가 **국선대리인을 선정하지 아니한다는 결정을 한 때**에는 선임신청일부터 결정통지를 받은 날까지의 기간 동안 청구기간의 진행이 정지된다(법 제70조 제4항). 청구기간이 아직 도과하지 않은 경우, 남은 기간 내에 변호사를 대리인으로 선임하여 심판청구를 해야 한다. ③ 청구인이 **대리인의 선임 없이 심판청구서를 먼저 제출한 경우**, 나중에 대리인으로 선임된 변호사가 심판청구서를 추인하는 것으로 간주함으로써, 심판청구서가 접수된 날을 기준으로 청구기간의 준수여부를 판단한다.

[예시] "이 사건 법률조항에 대한 헌법소원의 경우, 법 제69조 제1항 본문의 청구기간이 적용된다. 청구인은 그 사유가 있음을 안 날로부터 90일 이내에, 그 사유가 있은 날로부터 1년 이내에 헌법소원심판을 청구해야 한다. 청구인이 심판청구를 하기 전에 국선대리인 선임신청을 한 경우에는 청구기간의 준수여부는 국선대리인 선임신청일을 기준으로 하여 판단한다(법 제70조 제1항). 청구인은 기본권침해의 사실관계를 안 날인 6. 3.로부터 90일 이내인 7. 21. 국선대리인 선임신청을 하였으므로, 청구기간을 준수하였다."

(3) ① **아직 기본권의 침해는 없으나 상황성숙이론에 따라** 장래에 확실히 기본권 침해가 예측되므로 미리 앞당겨 기본권침해의 현재성을 인정하는 경우에도, 청구기간은 '상황성숙의 시점'이 아니라 '기본권을 현실적으로 침해받은 때'로부터 기산해야 하므로, 이러한 경우 아직 기본권침해

가 현실화되지 않았기 때문에 **청구기간 도과의 문제가 발생할 여지가 없다.** ② **법령이 시행과 관련하여 유예기간을 둔 경우, 청구기간의 기산점**은 '법령의 시행일'이 아니라 '유예기간이 경과한 때'이다(2020년 판례 변경).

나. 법 제69조 제1항 단서의 청구기간

다른 법률에 의한 구제절차가 있는 경우, 법 제69조 제1항 단서가 적용된다. 이러한 경우란, 2008년 형사소송법 개정 이전에 재정신청이 불가능한 검찰의 불기소처분에 대하여 검찰청법상의 항고・재항고를 거친 후 헌법소원을 제기하는 경우를 말한다. 그러나 위 단서조항은 현재는 사문화(死文化)되었다.

7. 권리보호이익

가. 권리보호이익은 심판청구 당시뿐만 아니라 **결정 선고 시에도** 존재해야 한다. 심판청구 당시에는 권리보호이익(기본권침해의 법적 관련성)이 존재하였으나, 그 이후에 심판대상인 법률이 폐지되는 이유 등으로 **기본권침해가 종료되는 경우**, 청구인은 더 이상 기본권의 침해를 받고 있지 않으므로 권리보호이익이 없다.

[예시] "헌법재판소가 이 사건 법률조항에 대하여 위헌결정을 선고하면 기본권침해가 구제되므로, 권리보호이익이 인정된다."

나. 그러나 **기본권침해가 종료되는 경우라도**, 헌법소원의 이중적 기능(개인의 주관적 권리구제절차이자 객관적 헌법질서의 보장)에 근거하여 주관적 권리보호이익이 없음에도 기본권침해의 반복의 위험성이나 헌법적 해명의 필요성의 관점에서 객관적 심판의 이익을 인정할 수 있다.

[예시] "이 사건의 경우, 심판청구 후에 기본권침해가 종료되었기 때문에 주관적 권리보호이익이 존재하지 않지만, 기본권침해의 반복의 위험성이 있고 나아가 헌법적 해명의 필요성이 있으므로 객관적 심판의 이익이 인정될 수 있다."

8. 변호사강제주의

헌법소원심판절차에서 청구인이 사인인 경우에는 변호사를 대리인으로 선임하지 아니하면 심판청구를 할 수 없다(법 제25조 제3항).

[예시] "이 사건의 경우, 청구인은 변호사를 대리인으로 선임하였으므로, 변호사강제주의 요건을 충족하였다(법 제25조 제3항)."

C. 입법부작위에 대한 헌법소원심판(법 제68조 제1항)의 적법요건

유의사항 ① 어떠한 경우에 입법부작위가 헌법소원의 독자적인 대상이 될 수 있는지 ② 헌법적 입법의무가 언제 인정될 수 있는지 문제가 제기된다. ①과 관련하여, 입법자가 입법은 하였으나 청구인이 법률의 불완전성이나 불충분함으로 주장하는 **부진정입법부작위의 경우**, 그러한 법률에 대하여 청구기간 내에 헌법소원을 제기할 수 있으므로, 부진정입법부작위는 헌법소원의 독자적인 대상이 될 수 없다. 만일 부진정입법부작위도 헌법소원의 독자적인 대상이 될 수 있다면, 청구인은 청구기간 내에는 '제정된 법률'에 대하여 그리고 청구기간 후에는 '입법부작위'에 대하여 이중적으로 헌법소원을 제기할 수 있게 된다. 동일한 법적 문제에 대한 이중적 심사는 법률 자체에 대한 위헌심사를 받을 수 있는 권리구제수단이 존재한다는 관점에서도 불필요하고, 나아가 청구기간이 무의미해지는 결과를 초래한다.

1. 입법부작위가 헌법소원의 대상이 되는지 여부

가. 법 제68조 제1항에 의하면, 기본권을 침해당한 자는 공권력의 행사 또는 불행사에 대하여 헌법소원을 제기할 수 있다. 여기서 공권력이란 입법작용을 포괄하는 것이므로, 입법권의 불행사인 **입법부작위도 헌법소원의 대상**이 된다.

나. **헌법소원의 대상으로서 입법부작위는 오로지 진정입법부작위**이다. 진정입법부작위란 헌법적 입법의무가 존재함에도 이를 전혀 이행하지 않은 경우를 말한다. 이러한 경우에만 달리 헌법소원을 제기할 가능성이 없으므로, 입법부작위가 헌법소원의 독자적인 대상이 될 수 있다.

2. 적법요건

유의사항 1. 권리구제형 헌법소원 심판청구의 적법요건과 근본적으로 동일하며, 다만 헌법적 입법의무가 존재해야 하고 입법의무를 전혀 이행하지 않았다는 **진정입법부작위의 요건을 추가로 충족시켜야** 한다. 2. **적법요건의 판단에 있어서 문제**되는 것은 보호의무의 이행 여부가 아니라 보호의무의 존부 및 그에 근거한 헌법적 입법의무의 존부이다. 따라서 국가가 보호의무를 제대로 이행하였는지 여부를 판단하는 **과소보호금지원칙을 언급할 필요 없다**. 과소보호금지원칙은 제정된 적극적인 법률의 위헌여부를 판단하는 심사기준이다.

가. 헌법적 입법의무의 존재 및 의무의 불이행

헌법이 입법자에게 명시적으로 입법의무를 부과하거나(명시적인 입법위임) 헌법해석을 통하여 행위의무나 보호의무를 도출할 수 있는 경우, 헌법적 입법의무가 인정된다. 대부분의 경우, 명시적인 입법위임이 존재하지 않으므로, 헌법해석을 통하여 도출할 수 있는 국가의 기본권보호의무 및 그로부터 파생하는 헌법적 입법의무가 문제된다.

나. 기본권침해의 법적 관련성

(1) 자기관련성: 입법부작위가 청구인 자신의 기본권을 침해해야 한다. 입법자가 헌법적 입법의무를 이행하는 경우에 혜택을 받을 수 있는 인적 범위에 속한다면, 자기관련성이 인정된다.

(2) 현재관련성: 입법부작위가 청구인의 기본권을 과거나 장래가 아닌 현재 침해하고 있어야 한다. 입법부작위가 지속되는 한 현재관련성이 인정된다.

(3) 직접관련성: 입법부작위의 경우 집행행위가 존재하지 않으므로, 별도의 심사가 불필요하다.

다. 청구기간 및 보충성원칙

입법부작위가 계속되는 한, 청구기간의 구속을 받지 않는다. 또한, 입법부작위에 대하여 다툴 수 있는 다른 구제절차가 존재하지 않으므로, 보충성원칙이 적용되지 않는다.

D. 위헌법률심판의 적법요건

유의사항 **위헌법률심판의 적법요건과 법원의 위헌제청의 적법요건은 동일**하다. 아래에서 언급하는 '심판대상으로서 법률' 및 '재판의 전제성'은 위헌제청의 적법요건이자 동시에 위헌법률심판의 적법요건이다. 법원은 위헌제청을 하기 위하여 위 요건의 충족여부를 판단해야 하며, 헌법재판소는 법원의 위헌제청에 의하여 개시되는 위헌법률심판에서 그 적법요건의 충족여부를 판단해야 한다.

1. 제청권자로서 법원: 당해사건의 재판을 담당하는 법원만이 위헌제청을 할 수 있다.

2. 위헌법률심판(위헌제청)의 대상: 오로지 '형식적 의미의 법률'이다. 형식적 의미의 법률과 동일한 효력을 가지는 긴급명령이나 조약도 대상이 된다. 나아가, '시행된 법률'만이 심판대상이 될 수 있다. '폐지된 법률'이라 하더라도, 당해 소송사건에 적용될 수 있어 재판의 전제가 되는 경우에는 심판대상이 될 수 있다.

3. 재판의 전제성

가. 재판의 전제성이란, (1) 구체적인 사건이 (위헌제청결정 당시는 물론이고 헌법재판소의 결정 시까지) 법원에 계속 중이어야 하고 (2) 위헌여부가 문제되는 법률이 당해 소송사건의 재판에 적용되는 것이어야 하며 (3) 법률이 헌법에 위반되는지 여부에 따라 당해 사건을 담당하는 법원이 다른 내용의 재판을 하게 되는 경우를 말한다. 여기서 '다른 내용의 재판을 하게 되는 경우'라 함은, 당해 사건의 재판의 결론이나 주문에 어떤 영향을 주는 경우뿐만 아니라, 법률의 위헌 여부가 비록 재판의 주문 자체에는 아무런 영향을 주지 않는다고 하더라도 재판의 내용과 효력에 관한 법률적 의미가 달라지는 경우도 포함된다.

[예시] "이 사건의 경우, 첫째, 甲의 행정소송이 관할행정법원에 계속 중이고, 둘째, 행정청이 이 사건 법률조항에 근거하여 반려처분을 하였고 甲은 반려처분의 취소를 구하는 소송을 제기하였으므로, 이 사건 법률조항이 위 행정소송사건에 적용되며, 셋째, 이 사건 법률조항이 위헌일 경우 담당법원은 반려처분을 취소하는 판결을 하게 될 것이므로, 법률의 위헌여부에 따라 재판의 결과가 달라지는 경우에 해당한다. 따라서 이 사건 법률조항의 위헌여부는 재판의 전제가 된다."

나. 헌법재판소는 위 (2)의 요건과 관련하여 다음과 같은 경우에는 **당해사건에 간접적으로 적용되는 법률에 대해서도 재판의 전제성을 인정**하고 있다. ① 당해재판에 직접 적용되는 시행령의 위헌여부가 모법(母法)인 위임법률의 위헌여부에 달려 있는 경우, 위임법률이 당해사건에 간접적으로 적용되는 것으로 판단하여 위임법률에 대하여 ② 당해사건에 직접 적용되는 법률과 내적인 연관관계 또는 불가분적 관계에 있는 법률에 대하여 재판의 전제성을 인정하고 있다.

E. 규범통제형 헌법소원심판(법 제68조 제2항)의 적법요건

유의사항 법 제68조 제2항에 의한 헌법소원심판(위헌소원 또는 규범통제형 소원)은 위헌법률심판에 이르는 절차에서 파생된 심판절차이므로, 그 적법요건은 위헌법률심판의 적법요건(재판의 전제성)과 근본적으로 동일하다. 심판청구가 적법하기 위해서는 헌법소원의 대상이 법률이어야 하고, 법원의 위헌제청신청 기각결정이 있어야 하고, 재판의 전제성요건이 충족되어야 하고, 청구기간이 준수되어야 하며, 변호사 강제주의를 준수해야 한다.

[머리말 예시] "甲은 소송 계속 중에 근거법률조항에 대한 제청신청을 하였으나, 법원이 이를 기각(또는 각하)하자 헌법소원을 제기하였으므로, 甲의 심판청구는 법 제68조 제2항에 의한 심판청구에 해당한다. 심판청구가 적법하기 위해서는 아래와 같은 요건을 충족시켜야 한다."

1. 헌법소원의 대상: 오로지 '형식적 의미의 법률'(위 D. 2. 참조).

유의사항 **한정위헌청구의 적법여부:** 헌법재판소의 변경된 판례에 의하면, 법률조항의 특정한 해석을 다투는 한정위헌청구는 적법하고, 다만 구체적 사건에서 단순히 사실인정, 법률조항의 단순한 포섭문제나 법원의 재판결과를 다투는 청구는 재판소원금지조항에 비추어 허용되지 않는다.

2. 법원의 위헌제청신청 기각결정

유의사항 제청신청대상인 법률이 당해사건에 적용되는 것이 아니기 때문에 재판의 전제성이 없다고 판단하는 경우 또는 법률이 아닌 행정입법에 대하여 제청신청을 하는 경우, 즉 위헌제청의 적법요건을 갖추지 못한 경우, 법원은 당사자의 **제청신청을 각하**하는 결정을 한다. 한편, 법원이 당해사건에 적용되는 법률을 합헌적으로 판단하는 경우에는 당사자의 **제청신청을 기각**하는 결정을 한다.

가. 법원의 **기각결정**의 의미: 당해사건의 당사자가 법률의 위헌여부에 관하여 법원의 실체적 판단을 받은 경우에 비로소 헌법재판소에 심판청구를 할 수 있다. 법원이 제청신청에 대하여 기각결정이 아니라 **각하결정을 한 경우**, 법원이 법률의 위헌여부에 관하여 실체적 판단을 하지 아니하였으므로, 심판청구는 원칙적으로 부적법하다.

나. 다만, 법원이 재판의 전제성이 없다고 하여 각하결정을 하였으나, **재판의 전제성에 관한 법원의 법적 견해가 명백히 유지될 수 없는 경우**, 이는 법원이 실질적으로는 기각결정이나 위헌제청을 해야 함에도 각하결정을 한 경우에 해당하여 심판청구는 적법하다. 나아가, 법원이 실질적으로 법률의 위헌여부에 관한 판단을 하였으므로 **제청신청을 기각해야 함에도 각하결정을 내린 경우**에는, 법원의 잘못된 결정에 의하여 권리구제여부가 결정되어서는 안 되므로, 심판청구는 적법하다.

다. 법원의 **위헌제청신청 기각결정의 대상이 아닌 법률조항에 대한 심판청구**는 심판청구 이전에 법원의 실체적 판단을 거칠 것을 요구하는 기각결정의 요건을 충족시키지 못하여 원칙적으로 부적법하다. 그러나 법원이 그 법률조항을 **실질적으로 판단하였거나** 위헌제청신청을 한 조항과 필연적 연관관계 맺고 있어서 법원이 **묵시적으로 판단**한 것으로 볼 수 있는 경우에는 이러한 법률조항에 대한 심판청구도 적법하다.

3. 재판의 전제성

가. 법 제68조 제2항의 심판청구가 적법하기 위해서는 재판의 전제성요건을 충족시켜야 한다. 여기서 '재판의 전제성'의 의미는 위헌법률심판에서 '재판의 전제성'의 의미와 동일하다(위 D. 3. '재판의 전제성' 참조). 다만, 당해 소송사건의 재판이 헌법소원의 제기에 의하여 정지되지 않으므로, 헌법소원심판의 경우에는 (1)의 요건과 관련하여 "**구체적 사건이 적어도 위헌제청신청 시에** 법원에 계속 중이어야 하고", (2), (3)의 요건은 동일하다.

나. 헌법소원의 제기에 의하여 당해 소송사건의 재판이 정지되지 않으므로 헌법재판소의 결정 이전에 당해 소송사건이 확정되어 종료되는 경우가 발생할 수 있다. 심판청구 이후에 당해 소송사건에서 **청구인 패소판결이 확정**된 때라도 헌법소원이 인용된 경우에는 당사자는 재심을 청구할 수 있으므로(법 제75조 제7항), 판결이 확정되었더라도 재판의 전제성이 소멸되지 않는다. 그러나 당해소송에서 **청구인 승소판결이 확정된 경우**에는, 헌법소원이 인용되더라도 당해소송에서 승소한 청구인은 재심을 청구할 수 없으므로 재판의 전제성이 인정되지 않는다.

4. 청구기간

헌법소원심판은 위헌여부심판의 제청신청을 **기각하는 결정을 통지받은 날부터 30일 이내**에 청구하여야 한다(법 제69조 제2항). 청구기간의 기산점은 제청신청의 기각결정을 내린 날이 아니라 '기각결정을 송달받은 날'이다.

5. 변호사강제주의(법 제25조 제3항): 위 B. 8. 참조.

F. 권한쟁의심판의 적법요건

유의사항 1. 헌법 제111조 제1항 제4호는 그 본질과 기능에 있어서 상이한 3가지 유형의 권한쟁의 심판의 관할권을 헌법재판소에 부여하고 있다. '국가기관 상호간의 권한쟁의심판'은 헌법기관 간의 **수평적 권력분립질서의 유지와 보장**에 기여하는 심판절차인 반면, '국가기관과 지방자치단체 간의 권한쟁의 심판'은 **수직적 권력분립질서의 유지와 보장**에 기여하는 심판절차이다. 반면, 헌법상 보장된 지방자치권은 오로지 국가와의 관계에서만 보장되고 침해될 수 있기 때문에, '지방자치단체 상호간의 권한쟁의심판'은 헌법상 권한에 관한 분쟁이 아니라 전적으로 **법률상 권한에 관한 분쟁**이다.
2. **국가기관과 지방자치단체 간의 권한쟁의심판**은 지방자치단체에게는 헌법상 보장되는 지방자치권의 침해를 주장하고 이를 사법적으로 관철할 수 있는 중요한 절차이다. '국가기관과 지방자치단체 간의 권한쟁의'는 대부분 지방자치단체에 대한 국가의 감독권행사 또는 국회의 입법행위와 관련하여 지방자치권의 침해여부가 문제되는 경우이다. 따라서 헌법재판에서 대부분의 경우 '청구인'은 지방자치단체이고, '피청구인'은 국가기관이다.

1. 당사자능력

가. 의미: 당사자능력이란 구체적 소송사건의 내용과 관계없이 '일반적으로' 권한쟁의심판의 당

사자(청구인과 피청구인)가 될 수 있는 자격을 말한다.

나. 국가기관 상호간의 권한쟁의심판에서 당사자능력

법 제62조 제1항은 권한쟁의심판의 종류별로 당사자를 규율하고 있는데, 국가기관 상호간의 권한쟁의심판의 당사자인 '국가기관'을 국회, 정부, 법원 및 중앙선관위로 규정하고 있다(제1호). 여기서 법에서 명시적으로 언급하고 있는 당사자 외에 해석을 통하여 당사자의 범위를 확대할 수 있는지의 문제가 제기된다.

헌법 제111조 제1항 제4호 및 법 제62조 제1항의 '국가기관'은 권한쟁의심판의 본질과 목적을 고려하여 심판절차가 현실적으로 기능할 수 있도록 합헌적으로 해석되어야 한다. 헌법기관 사이에서 발생하는 권한분쟁을 해결하여 헌법상의 권력분립질서를 보장하고자 하는 '국가기관 상호간의 권한쟁의심판'의 의미와 목적을 고려한다면, 법 제62조 제1항의 '국가기관'은 '전체로서의 국가기관'뿐만 아니라 헌법에 의하여 설치되고 헌법과 법률에 의하여 독자적인 권한을 부여받은 **'그의 부분기관'도 포함하는 것으로 예시적인 것으로 해석**되어야 한다. 따라서 국회의원, 국회의장, 대통령 등도 권한쟁의심판의 당사자가 될 수 있다.

다. 국가기관과 지방자치단체 간의 권한쟁의심판에서 당사자능력

(1) 국가기관과 지방자치단체 간의 권한쟁의심판에서 당사자는 정부와 지방자치단체(광역자치단체 및 기초자치단체)이다(제2호). 법 제62조 제1항 제2호는 일방 당사자가 되는 '국가기관'을 **'정부'**로만 규정하고 있는데, 여기서 다른 국가기관은 당사자가 될 수 없는지의 문제가 제기된다.

국가기관 상호간의 권한쟁의심판의 경우와 마찬가지로, '수직적 권력분립질서의 유지와 보장'이라는 국가기관과 지자체 간의 권한쟁의심판의 의미와 목적에 비추어 여기서의 '정부'도 예시적인 것으로 보는 것이 타당하다. 여기서 '국가기관'이란, 일차적으로 헌법에 의하여 설치되고 헌법과 법률에 의하여 독자적인 권한을 부여받은 **헌법기관과 그 부분기관**을 의미하고, 나아가 이를 넘어서 **지방자치권을 침해할 가능성이 있는 모든 국가기관**을 포괄한다.

가령, **지방자치단체의 장**은 자치사무뿐만 아니라 국가위임사무(기관위임사무)도 함께 처리하므로 처리하는 사무의 성격에 따라 그 기능이 달라지는데, 광역 지방자치단체의 장이 국가기관의 지위에서 행한 처분이 기초자치단체의 권한을 침해한 것인지 여부가 문제되는 권한쟁의는 '지방자치단체 상호간의 권한쟁의'가 아니라 '국가기관과 지방자치단체 간의 권한쟁의'에 해당한다.

(2) 국가기관과 지방자치단체 간의 권한쟁의에서 또 다른 당사자는 '지방자치단체'인데, 지방자치단체의 장은 원칙적으로 당사자가 될 수 없다. 다만, 지방자치단체의 장이 국가위임사무에 대해 국가기관의 지위에서 처분을 행한 경우에는 '피청구인으로서' 당사자가 될 수 있다.

2. 당사자적격

유의사항 청구인이 '권한침해를 야기한 국가기관'에 대하여 '자신의 권한침해'를 주장하는 한, 청구인적격과 피청구인적격이 인정되므로 당사자적격은 문제되지 않는다. 그러나 청구인이 자신의 권한침해가 아니라 제3자의 권한침해를 주장하는 경우, 가령 국회의 구성원인 국회의원이 국회의 권한침해를 주장하는 경우에는 당사자(청구인)적격의 문제가 제기된다.

가. 의미: 당사자적격이란 '구체적' 권한쟁의심판사건에서 청구인과 피청구인이 될 수 있는 자격을 말한다('이 사건 권한쟁의심판의 당사자적격'). 헌법과 법률에 의하여 부여받은 권한을 가진 자만이 그 권한의 침해를 주장하여 권한쟁의심판을 청구할 수 있는 청구인적격을 가지고 있다. 반면에, 처분 또는 부작위를 야기한 기관만이 피청구인적격을 가지므로, 심판청구는 이 기관을 상대로 하여야 한다.

나. 국가기관 상호간의 권한쟁의심판에서 제3자소송담당의 인정여부

(1) 제3자소송담당이란 '제3자의 청구인적격'에 관한 것으로, 제3자인 국가기관이 다른 국가기관에게 귀속되는 권한의 침해를 주장하여 자신의 이름으로 권한의 주체를 위하여 권한쟁의심판을 청구할 수 있는지의 문제를 말한다. 법 제61조 제1항 및 제2항에 의하면, 청구인은 침해된 청구인의 권한만을 주장할 수 있도록 규정하고 있으므로, 제3자소송담당에 관한 명시적인 규정이 없다.

(2) 헌법재판소는 제3자소송담당을 인정하기 위해서는 법에 명시적인 규정이 있어야 하며, 의회 소수가 다수결로 결정된 것에 대하여 다투는 것은 다수결원리와 의회주의 본질에 반한다는 이유로 제3자소송담당을 인정하고 있지 않다(부정설).

(3) 그러나 학계의 다수견해는, 오늘날의 정당국가적 권력분립구조에서 국회는 정부에 의하여 권한이 침해당한 경우에도 자신의 권한침해를 주장하지 않을 수 있으므로, 제3자소송담당을 인정하지 않는 경우에는 헌법재판소가 국회와 정부 간의 권한쟁의에 관하여 사실상 판단할 수 없는 상황이 초래됨으로써 권한쟁의심판의 기능이 크게 저해된다는 이유로, 국회의 부분기관인 야당의 교섭단체나 국회의원이 국회를 대신하여 국회의 권한침해를 주장하는 것이 가능해야 한다는 입장을 취하고 있다(긍정설).

권한쟁의심판이 그 본연의 기능(헌법상 권력분립질서의 보장)을 이행할 수 있도록 헌법재판소법은 해석되어야 한다는 점에서, 법 제61조 제2항의 '청구인의 권한'을 '청구인이나 청구인이 속한 국가기관의 권한'으로 합헌적으로 해석함으로써 제3자소송담당을 인정해야 한다.

다. 국가기관과 지방자치단체 간의 권한쟁의심판에서 지방자치단체의 청구인적격

지방자치단체는 헌법 또는 법률에 의하여 부여받은 그의 권한, 즉 지방자치단체의 사무에 관한 권한이 침해되거나 침해될 우려가 있는 때에 한하여 권한쟁의심판을 청구할 수 있다. 지방자치단체가 자치사무를 이행하는 경우에는 청구인적격이 인정되지만, 국가위임사무를 이행하는 경우에는 피청구인인 국가기관과의 관계에서 단지 하부 국가기관으로서 기능하기 때문에 청구인적격이 부인된다.

3. 피청구인의 처분 또는 부작위

가. 법 제61조 제2항의 처분의 의미: 여기서 '처분'은 행정처분에 해당하는 개념이 아니라 넓은 의미의 공권력작용을 말한다. 다만, 법적 중요성을 가지기 때문에, 청구인의 권한을 침해하기에 적합한 행위만이 처분으로 고려된다. 따라서 기관내부적 효력만을 가지는 행위나 외부적 효력을 가지는 행위를 단지 준비하는 행위는 처분에 해당하지 않는다.

나. 법률 그 자체도 권한쟁의심판의 대상이 될 수 있는지 여부: 국회가 제정한 법률이 그 내용에 있

어서 다른 국가기관이나 지방자치단체의 권한을 침해할 수 있으므로, 입법절차의 하자뿐만 아니라 법률의 내용 그 자체도 권한쟁의심판의 대상이 될 수 있다. 그러나 권한쟁의심판은 위헌법률심판과 구분되어야 하고, **권한쟁의심판에서 심판의 대상**은 '법률이 위헌인지 여부'가 아니라 '피청구인의 행위에 의하여 청구인의 권한이 침해되었는지 여부'이므로, 법률의 내용에 의하여 청구인의 권한이 침해되는 경우에도 피청구인의 '처분'이란 법규범이 아니라 **'법규범의 제정행위'**이다. 즉, 권한쟁의의 심판청구는 법규범 그 자체가 아니라 입법기관에 의한 법규범의 제정행위를 그 대상으로 한다.

다. 권한쟁의심판의 대상으로서 부작위: 헌법상 또는 법률상의 작위의무가 있음에도 불구하고 피청구인이 이를 이행하지 않는 경우, 부작위도 청구인의 권한을 침해할 수 있다. 가령, 국무위원이 국회나 위원회에 출석하여 답변해야 할 의무가 있음에도(헌법 제62조 제2항) 출석하지 않는 경우나 정부가 회계연도 개시 90일 전까지 예산안을 국회에 제출하지 않는 경우(헌법 제54조 제2항), 부작위에 대한 심판청구가 가능하다.

4. 권한침해의 가능성

권한쟁의심판을 청구하기 위해서는, 피청구인의 처분 또는 부작위가 청구인의 권한을 침해하였거나 침해할 현저한 위험이 있어야 한다(법 제61조 제2항). 적법요건의 단계에서는 단지 권한침해의 가능성여부를 판단하며, 권한의 침해가 실제로 존재하는지 여부는 본안판단에서 심사한다.

예컨대, 국회의원의 권한은 국회 내부적으로만 행사되고 침해될 수 있을 뿐, 다른 국가기관과의 대외적인 관계에서 침해될 수 없다. 대통령이 국회의 동의 없이 조약을 체결하거나 국무총리를 임명하더라도, 대통령의 행위에 의하여 국회의 권한이 침해되는지 여부는 별론으로 하고, 국회의원의 권한이 침해될 여지는 없다. 따라서 국회의원이 대통령의 행위에 의하여 자신의 권한이 침해되었다고 주장하는 한, 권한침해의 가능성이 없으므로 심판청구는 부적법하다.

5. 청구기간

권한쟁의심판은 피청구인의 행위에 의하여 청구인의 권한이 침해된 것을 안 날로부터 60일 이내에, 권한침해가 있은 날로부터 180일 이내에 청구해야 한다(법 제63조 제1항). 처분의 경우, 청구기간의 기산점은 처분이 청구인에게 현실적인 권한침해를 야기하는 시점을 말한다. 국회의 법률제정행위에 대한 권한쟁의심판의 경우, 청구기간은 법률이 공포되었거나 이와 유사한 방법으로 일반에게 알려진 것으로 간주된 때로부터 기산된다. 부작위에 대한 권한쟁의심판은 그 부작위가 계속되는 한 기간의 제약 없이 적법하게 청구될 수 있다.

6. 권리보호이익

권리보호이익이란, 청구인이 소송절차를 이용해야 할 이익을 인정할 수 있는지의 문제이다. 권리보호이익이 문제되는 상황이란, ① 청구인이 심판청구를 통하여 달성하고자 하는 권리보호의 목적을 심판절차 없이도 달성할 수 있는 경우, 즉 청구인이 분쟁해결에 적합한 다른 수단을 가지고 있는 경우(가령, 정부 내에서 권한분쟁이 발생하는 경우) 또는 ② 피청구인의 침해행위가 종료되어 청구인이 더 이상 피청구인에 의하여 권한을 침해받지 않고 있는 경우(가령, 국회 상임위원회 강제사임사건)이다. 이러한 경우, 비록 주관적 권리보호의 필요성은 인정되지 않지만, 객관적 헌법의 수호와 유지의 관점에서 심판의 이익(헌법적 문제에 관한 객관적 해명의 필요성 등)을 인정할 수 있다.

[예시] ① 권리보호이익이 **특별히 문제되지 않는 일반적인 경우**: "이 사건의 경우, 피청구인에 의한 권한침해가 종료된 것이 아니라 현재 계속 유지되고 있고, 헌법재판소가 권한침해의 확인결정을 하는 경우에는 권한침해가 제거되므로, 권리보호이익이 인정된다." ② 피청구인에 의한 권한침해가 종료되는 등 권리보호이익이 **특별히 문제되는 경우**: "청구인이 이 사건 권한쟁의심판청구에 의하여 달성하고자 하는 목적은 이미 이루어져 주관적 권리보호이익은 소멸하였다. 그러나 상임위원회 위원의 사·보임행위는 다시 반복될 수 있는 사안이어서 헌법적 해명의 필요성이 있으므로 이 사건은 심판의 이익이 있다."

사항 색인

ㄱ

ㄴ

ㄷ

ㅁ

ㅂ

ㅅ

저자약력

독일 Freiburg 대학교 법과대학 학사 · 석사
독일 제1차 사법시험 합격
독일 Freiburg 대학교 법과대학 법학박사
독일 제2차 사법시험 합격(독일변호사)
헌법재판소 헌법연구관
사법시험 출제위원
홍익대학교 법과대학 법학과 교수
한국법학원 제10회 법학논문상 수상
법제처 정부입법자문위원회 위원
법무부 차별금지법 특별분과위원회 위원장
국가인권위원회 인권위원(비상임)
중앙대학교 법학전문대학원 교수

››› 주요저서

헌법학, 법문사, 제14판(2025)
헌법상 권력구조의 재조명, 법문사, 2021
기본권의 새로운 이해, 법문사, 2020
주석 헌법재판소법, 헌법재판연구원, 2015(한수웅 외 3인)
Merkmale der verfassungsrechtlichen Ordnung der Wirtschaft in Deutschland und Korea, 1993

헌법학 입문 [제8판]

2017년 8월 20일 초판 인쇄
2018년 8월 15일 제2판 발행
2019년 6월 25일 제3판 발행
2020년 8월 20일 제4판 발행
2021년 8월 20일 제5판 발행
2022년 8월 25일 제6판 발행
2024년 3월 10일 제7판 발행
2025년 3월 10일 제8판 1쇄 발행

저 자 한 수 웅
발행인 배 효 선
발행처 도서출판 法 文 社

주 소 10881 경기도 파주시 회동길 37-29
등 록 1957년 12월 12일 / 제2-76호 (윤)
전 화 (031)955-6500~6 FAX (031)955-6525
E-mail (영업) bms@bobmunsa.co.kr
(편집) edit66@bobmunsa.co.kr
홈페이지 http://www.bobmunsa.co.kr
조 판 법 문 사 전 산 실

정가 45,000원 ISBN 978-89-18-91595-1